오피스 분야 베스트셀러 저자와 최고의 스태프가 만든 책, 독자 여러분이 읽고 인정한 책입니다.

엑셀 기능+함수 실무 테크닉 135
김영주, 김민정, 이은정 저

엑셀 서적에 대한 독자 서평

KYOBO 교보문고

최근 나온 엑셀책 중에서 제일 괜찮네요.

표지가 깔끔해서 책을 집어 들었는데, **내용도 괜찮고 값도 비싸지 않고** 암튼 좋네요~~ ^.^

light907 님

실무에 도움이 많이 되네요

바쁜 일과 중에 **그때그때 찾아서 볼 수도 있고**, 실무에 바로 쓸 수 있어 좋아요. 파워포인트는 이런 책 안 나오나요?

easyfun 님

YES24.COM

엑셀을 자유자재로 다루고 싶은 이들에게 추천한다

여자 친구가 새 직장에 들어가 엑셀 작업을 어려워하기에 서점에서 찾아보고 추천해 준 책이다. 엑셀책이 많아 여러 책을 함께 놓고 목차를 쭉 살펴보았는데, 이 책이 **내용이 충실하고 예제도 좋았다.**

tensun 님

역시! 내용

회사에서 엑셀을 자주 다루기 때문에 평소에 엑셀책에 관심이 많은 편입니다.…(중략)… 새로 나온 책이고 책의 디자인도 깔끔해서 살펴보았는데, 디자인뿐만 아니라 **내용적으로도 흠잡을 데가 없더군요.**

yuriblue 님

인터파크

엑셀책을 몇 권 샀다가 실패를 했는데……

37살의 직장인입니다. 회사에서 엑셀로 자료를 만들어야 하는데, 엑셀의 기초도 모르는 상태라. 그래서 몇 권의 엑셀 책을 샀습니다. 나만 안 되는지는 몰라도 정말 어렵더군요. 엑셀 잘 하는 사람한테 책 추천을 해 달라고 하니 **이 책을 추천해 주더군요.**

escape89 님

내용 괜찮아요

책이 오자마자 펴 봤는데 내용이 괜찮네요. 예제도 충실하고. 지금 반 정도 봤는데 **따라하기가 어렵지 않아서 진도가 빨리 나가요.** 아주 흡족하네요.^^

myth153 님

7년 동안 모아진 독자 여러분의 의견이 이 책의 중심이 되었습니다.
독자들의 많은 사랑을 받았던 엑셀, 파워포인트 서적에 대한 독자들의 의견을 들어 보았습니다.
이 책을 사랑해 주시고 관심을 가져 주신 독자 여러분께 깊은 감사를 드립니다.

다음은 최근에 출간된 〔엑셀 기능+함수 실무 테크닉 135〕와 〔네이버 실무 카페와 함께 하는 파워포인트〕에 대한 독자 서평을 발췌한 것입니다.
여러 독자 서평 중에서 최근의 글을 실었으며, 독자 서평을 올린 분의 의도를 살리기 위해 맞춤법만 통일하고 이모티콘 등은 그대로 살렸습니다.

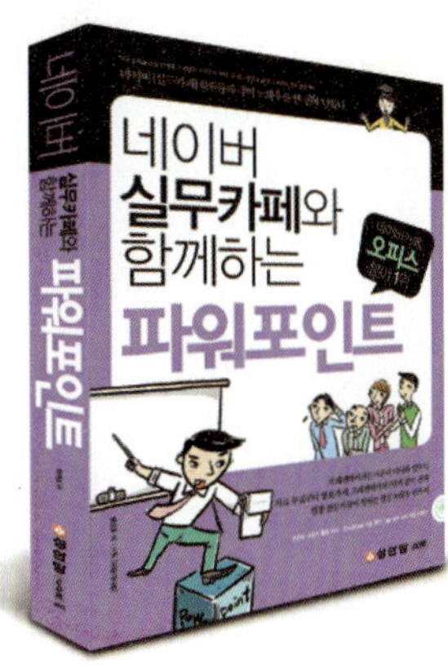

네이버 실무 카페와 함께하는 파워포인트
장경호, 신진원 저

파워포인트 서적에 대한 독자 서평

실무카페는 이런 게 도움이 되네요

책을 보고 도움이 많이 되고 있습니다. **실무를 중심으로 구성**되어 있더군요. 특히 시디 내에 삽입되어 있는 배경 그림들이 정말 '굿' 입니다. 상세한 설명들 너무 잘 보고 있습니다. 앞으로도 좋은 책 많이 쓰시기 바랍니다.

kms3841 님

너무 쉽고 편하다

처음 여러 책을 두고 무슨 책을 살까 고민을 많이 했는데, 그 중에서 **눈에 확 띄는 책이 이 책**이었습니다. 눈에 잘 들어오는 깔끔한 편집에 이해하기 쉬운 설명에 어느새 책 한 권을 다 띄었습니다.

sulchangsu 님

자세하게 설명되어 있는 최고의 파워포인트 강좌 책이었습니다

제가 파워포인트를 조금 할 줄 압니다. 학교에서 슬라이드 쇼를 만드는 것도 제가 도맡아 하고 그랬었죠. 그래서인지 이 책이 익숙하게 느껴졌는데요. 제가 보기에도 **처음 보는 분들이 쉽게 따라 할 수 있게** 잘 정리되어 있었습니다.

로우로니 님

YES24 추천 도서???

사내에서 다른 출판사에서 나온 책을 보다가 개인적으로 따로 공부할 필요성이 있어서 구매합니다. …(중략)… 집에서 보려고 서점에서 파워포인트 관련된 **이 책 저 책 고르다가 이 책을 선택하였습니다.**

josk202 님

인터파크

좋네요……

가격 대비 아주 알찬 내용으로 꾸며진 것 같네요. 초보자인 제가 사용하기에도 적절하고 **좀 더 심도 있게 하고자 하는 사람에게도 적절**한 것 같습니다. 알기 쉽고, 눈에 확 띄게 해 놓으셔서 정말 좋습니다. CD에 들어 있는 유용한 자료도 진짜... 진짜... 좋네요~~~~!!!!

suny4217 님

멋진 책이네요

네이버 카페 모임에서 책을 출간을 하다니... 하여간 대단들 하십니다. 저의 신랑이 카페 모임 회원인데 무척 좋아하더라구요. 신랑과 저 역시 카페에서 만든 책을 보고 열심히 공부할게요.

hhsalang 님

당신의 업무 능력,
엑셀 2007이
경쟁력입니다.

엑셀 2007

김영주 저 | 기획 [사람과사람] · 홍종남

기본+활용

실무 테크닉

BM 성안당

(실무 테크닉 시리즈 No.10)

엑셀 2007 기본+활용 실무테크닉

2007. 7. 5. 1판 1쇄 발행
2018. 3. 21. 1판 10쇄 발행

검인

지은이 | 김영주
펴낸이 | 이종춘
펴낸곳 | BM 주식회사 성안당

주소 | 04032 서울시 마포구 양화로 127 첨단빌딩 5층(출판기획 R&D 센터)
| 10881 경기도 파주시 문발로 112 출판문화정보산업단지(제작 및 물류)

전화 | 02) 3142-0036
| 031) 950-6300

팩스 | 031) 955-0510
등록 | 1973. 2. 1. 제406-2005-000046호
출판사 홈페이지 | **www.cyber.co.kr**
ISBN | 978-89-315-5544-8 (13000)
정가 | 25,000원

이 책을 만든 사람들
책임 | 최옥현
진행 | 조혜란
기획 | 사람과사람
교정 · 교열 | 안종군
본문 · 표지 디자인 | d_box
홍보 | 박연주
국제부 | 이선민, 조혜란, 김해영
마케팅 | 구본철, 차정욱, 나진호, 이동후, 강호묵
제작 | 김유석

도움을 주신 분들 | 오피스튜터 전경수 대표 | 예스폼 이광석 대표 | 베타테스터 오승관, 최선숙, 배경미

■ **도서 A/S 안내**

성안당에서 발행하는 모든 도서는 저자와 출판사, 그리고 독자가 함께 만들어 나갑니다.
좋은 책을 펴내기 위해 많은 노력을 기울이고 있습니다. 혹시라도 내용상의 오류나 오탈자 등이 발견되면 **"좋은 책은 나라의 보배"**로서 우리 모두가 함께 만들어 간다는 마음으로 연락주시기 바랍니다. 수정 보완하여 더 나은 책이 되도록 최선을 다하겠습니다.
성안당은 늘 독자 여러분들의 소중한 의견을 기다리고 있습니다. 좋은 의견을 보내주시는 분께는 성안당 쇼핑몰의 포인트(3,000포인트)를 적립해 드립니다.

잘못 만들어진 책이나 부록 등이 파손된 경우에는 교환해 드립니다.

〔기본 + 활용 실무 테크닉〕은

- 초보자의 눈높이에 맞춰 설명하였습니다.
- 프로그램의 기본 기능부터 활용까지 제대로 담았습니다.
- 프로그램의 막강해진 기능을 쏙쏙 뽑았습니다.

이 책으로 당신의 실력을 보여 주세요.

BM 성안당

1년 가까이 엑셀 2007에 미쳐서 살았습니다.

평소 직장인들을 만나 이야기를 나누다 보면 업무에서 가장 많이 사용하는 프로그램 중의 하나로 엑셀을 꼽지만 스스로 비효율적으로 사용하고 있다고 생각하는 분이 많습니다. 그 예로 기존에 만들어 둔 문서를 약간만 변경하면 원하는 문서가 되는데 잘못 건드려 오류가 발생할까봐 기존 문서를 사용하지 못하고, 또한 신입 사원을 교육하면 기능은 알지만 어디에 어떻게 사용해야 하는지 실무와의 연결고리를 못 찾는다고 합니다.

위의 두 사례 중 첫 번째는 엑셀을 오래도록 사용하였지만 기본 개념에 대한 정확한 이해가 부족하여 오류의 원인을 못 찾거나 활용도가 떨어지는 것이고, 두 번째는 엑셀을 배울 때 너무 간단한 예제로 습득하여 실무에 바로 활용할 수 없는 것입니다.

이 책은 기본 개념이 미흡하거나 실무 활용과 응용에 약한 기존 엑셀 사용자와 엑셀을 처음 접하는 모두가 만족할 수 있도록 구성하였습니다.
최강의 「엑셀 2007 기본+활용 실무 테크닉」은 엑셀 기능에 대한 정확한 이해를 위한 개념 설명, 기능 이해를 위한 실습 예제(도전! 엑셀), 이런 기능이 유기적으로 실무에 활용되는지를 파악할 수 있는 실습 예제(실력다지기)로 구성되었습니다.

Special Thanks······

2006년 초가을부터 시작된 집필이 여름을 앞둔 이제야 마무리를 짓게 되었습니다. 1년 가까이 함께 고생한 가족들, 실무 예제를 위해 전화로 메일로 귀찮게 했지만 응답해 주었던 여러 지인들······ 이제야 한숨 돌리며 감사드립니다. 또한 이 책의 기획부터 출판까지 많은 도움을 준 [사람과사람]의 배경희 실장님과 성안당 관계자 여러분께 감사드립니다.

2007년 김영주 드림

이 책의 품질은 최선숙 님, 오승관 님이 보장합니다.

이 책을 진행하는 데는 최선숙 님, 오승관 님이 베타테스터로 참여했습니다. 베타테스트 제도는 이 책을 출간하기 전에 책의 내용을 초보자들이 따라할 수 있는지를 미리 점검하는 과정입니다. 다음은 베타테스터를 마친 두 분의 소감입니다. 베타테스터에 참여했던 두 사람을 믿고 여러분도 엑셀 2007의 완벽 가이드인 「엑셀 2007 기본+활용 실무 테크닉」을 만나 보세요.

베타테스터로 참여한 **이 책의 다양하고 따라하기 쉬운 예제를 통해 엑셀 2007이란 프로그램을 진정한 의미의 오피스 도구로서 익힐 수 있는 좋은 기회**였습니다. 이전 버전보다 사용하기 편리한 인터페이스를 갖춘 엑셀 2007이지만 그만큼 막연한 부담감도 있었는데, 베타테스터를 하면서 그러한 부담감도 덜게 되어 앞으로도 더욱 편리하고 능숙하게 프로그램을 이용할 수 있을 것 같습니다.

최선숙 님(36세, 직장인, sunnychois@nate.com)

4년여 만에 드디어 엑셀 2007이 출시되었습니다. 모든 엑셀 이용자가 기대했던 만큼 정말 멋진 작품이 탄생했습니다. 엑셀 2007의 가장 두드러진 특징은 초보자도 쉽게 사용할 수 있도록 결과지향적인 디자인을 가지고 있다는 것입니다. 표, 차트, 함수식 계산 등의 어려운 작업이 단지 클릭 몇 번 만에 해결될 수 있습니다. 이 책에는 이런 **엑셀 2007의 새로운 기능을 포함해 사용자들에게 엑셀 프로그램의 기능을 보다 쉽고 편리하게 사용할 수 있도록 쉽게 설명**하고 있습니다. 이 책은 무엇보다도 엑셀 입문자에게 중점을 두어 쉬운 설명과 더불어 이미지를 삽입했으며, 팁과 마우스 포인터의 위치 등 세심한 부분도 놓치지 않습니다. 아직 학생인 저에게도 어렵지 않았고, 어떻게 엑셀을 활용하면 될지 예제의 난이도도 단계적으로 나누어 구성하여 차근차근 계단을 밟아 나가듯이 실력을 쌓을 수 있게 하였습니다. 이 책은 엑셀의 초보자는 중급자로, 중급자는 엑셀 고수로 이끌어 줄 것입니다.

오승관 님(20세, 학생, osk4710@naver.com)

여러분의 경험과 책에 대한 평가를 이 책에 담아드립니다.

- 이 책을 접하면서 겪은 재미있는 경험이나 자신만의 프로그램 사용 요령 등을 보내주세요.
- 이 책의 내용뿐만 아니라 예제 샘플, 설명 방법 등에 대한 다양한 의견과 평가를 보내 주세요.
  애정 어린 충고는 물론 따끔한 질책까지도 감사하게 듣고 충실히 반영하겠습니다.

보내실 곳 : 〔사람과사람〕 독자 지원팀(help@ilovesaram.co.kr)

 PART03 데이터 편집과 워크시트 능숙하게 다루기

A

지사별 상반기 매출 실적

단위:천원

지사	1월	2월	3월	1/4분기	4월	5월	6월	2/4분기	합계
서울동부	2,252	1,769	1,525	5,546	1,850	1,765	1,922	5,537	11,083
서울서부	1,527	2,120	2,713	6,360	2,760	1,916	3,269	7,945	14,305
서울중부	1,260	2,125	1,705	5,090	1,250	2,945	3,200	7,395	12,485
서울남부	1,730	2,320	3,129	7,179	4,980	3,419	3,217	11,616	18,795
서울북부	1,850	2,379	2,908	7,137	2,980	2,419	3,200	8,599	15,736
부산남부	1,529	2,120	2,713	6,362	2,760	1,916	3,269	7,945	14,307
부산북부	1,730	2,320	3,127	7,177	4,980	3,419	3,217	11,616	18,793
광명지사	1,260	2,125	1,705	5,090	1,250	2,945	3,200	7,395	12,485
창원지사	1,850	2,379	2,910	7,139	2,980	2,419	3,200	8,599	15,738
전주지사	1,260	2,125	1,705	5,090	1,250	2,945	3,200	7,395	12,485
광주지사	1,254	1,769	1,525	4,548	1,850	1,765	1,922	5,537	10,085

C 일자별 매출 현황

일자	업체코드	매출처명	상품코드	상품명	단위
2007-02-02	J0001	진동집	7047	상추(적)	box
2007-02-02	J0001	진동집	7079	깻잎	box
2007-02-02	J0001	진동집	7229	양파(12kg)	망
2007-02-02	J0001	진동집	7247	애호박	개
2007-02-02	J0001	진동집	7017	쪽파	단
2007-02-02	J0001	진동집	7209	고구마(대)	box
2007-02-02	J0001	진동집	7271	팽이	개
2007-02-02	J0001	진동집	7741	무순	팩
2007-02-03	S0002	소공동 뚝배기	4567	물엿용진황5L	EA
2007-02-03	S0002	소공동 뚝배기	3567	유부신미500G	봉
2007-02-03	S0002	소공동 뚝배기	7669	고사리	kg
2007-02-03	S0002	소공동 뚝배기	7655	도라지(채)	kg
2007-02-04	L0005	놀부집	7639	숙주나물	box
2007-02-04	L0005	놀부집	7229	양파(12kg)	망
2007-02-04	L0005	놀부집	7022	실파(단)	단
2007-02-04	L0005	놀부집	7242	오이(청)	개
2007-02-04	L0005	놀부집	7045	상추(청)	box
2007-02-04	L0005	놀부집	7302	피망(청)	kg

B

업체코드	사업자등록번호	대표	업태	우편번호	주소	전화번호
경남09	905-08-93368	석길홍	어업		서울 영등포 영등포동3가 4	658-9939-2
금성09	938-02-95998	양정문	서비스		안양시 동안구 호계3동 968-9	
한서09	925-90-49989	조종수	서비스		서울시 종로구 종로3가	
휴메09	935-05-82693	이상평	서비스		용인 남 산 38-2 명지대학교제	
케이03	290-08-89992	안상환	서비스	932-023	서울 용산구 한남동 655-45 9F	099-559-5064
한국09	920-89-63948	최대현	무역	935-090	서울시 강남구 삼성동 955-9	3468-0992
원메09	930-89-50048	현승호	도소매		경기 부천 소사 괴안동 6-90	
한양09	206-82-09898	송미영	도소매	933-050	서울시 성동구 행당동 95	2290-9905
한양02	932-82-03538	정은평	도소매	459-020	경기도 구리시 교문동 249-9	039-560-2994
윤정09	905-96-95500	최유롱	도소매		마포 대롱 92-23 중우빌딩4층	595-3526
제림09	299-96-29269	정상호	도소매	935-920	서울시 강남구 신사동 580-3	545-0294
엔에09	929-89-59494	안상부	도소매		성남 분당 야탑 959 분당테크	098-249-0892
우리04	920-03-89352	전진호	도소매		서울시 송파구 신천동 99-9	495-6558
삼성04		이창우	도소매			
서울05	495-09-95953	이지환	도소매		전남 여수 중두 629-29	
세연09	220-03-49990	강윤회	도소매		강남구 도곡동 946-92	
대원02	226-89-03893	김대상	도소매		강원 감릉 주문진 교황 농공단	033-669-3562
동국09	505-82-02454	김현주	도소매	580-940	경북 경주시 용강동 355번지	054-550-8995
국립09	928-82-06609	박외준	도소매		경기도 고양시 일산구 마두9동 809번지	039-920-9989-4
동부09	205-96-95459	이현욱	도소매	943-930	서울시 광진구 화양동 24-95	463-6600
두솔03	936-09-95904	이종훈	도매		인천 서구 석남 523-22	032-552-4282
물공09	209-05-89859	안창호	도매		성복 돈암 609-9 스카이프라자	
가남099		진병명	도매			584-2249
가온099	603-06-86995	권미연	도매		부산 사하구 하단동 503-95	059-294-8235
강남099	905-06-68029	김동규	도매		서울시 영등포구 영등포동4가 425-90	658-8568
개곡099	208-89-99245	안병환	도매		서울시 종로구 종로6가 955-9	565-2544-5
경서099	935-09-63289	이훈	도매		인천시 서구 석남동 223-594	032-555-4646
경원099	290-25-90090	김성회	도매		강복구 수유동 594-99	999-9992-3
대건099	924-89-49889	이준성	도매		경기 화성군 팔탄면 창곡리 555-2	
미래09	220-05-53245	장기호	도매		서울 강남구 포이동 236-2	529-6592
바이09	295-08-65900	김진환	도매		성복 안암5 933-6 노산B/D 202	926-9602
동국03	929-82-04258	이해재	도매	463-020	성남시 분당구 수내동 31079	039-590-3500
박이09	908-96-98085	이호선	도매		서울 동작구 노량진동 50-95	
박철09	220-90-65558	김기환	도매		강남구 역삼동 648-26 원빌딩	555-0959
반포09	994-06-29853	안만길	도매		서초구 잠원동 69-22	596-0859

D

2007년 1사분기 실적

항목		영업1팀	영업2팀	영업3팀	영업4팀	영업5팀
매출액	국내 판매 상품	406	282	238	267	239
	기타 용역 수입	273	97	119	108	275
	수출 판매	205	119	239	304	98
	매출할인	141	124	98	78	107
	임대 수익	234	301	107	294	236
		1,259	923	801	1,051	955
매출원가		567	632	484	616	319
매출이익		692	291	317	435	636

 PART04 보고서의 이해와 완성도를 높이는 서식

A 2007년 2월 지출 내역

날짜	사용처	항목	내용	수량	단가	금액	전체비율
2월 5일	식당	복리후생비	석식	5	₩ 4,000	₩ 20,000	14%
2월 6일	식당	복리후생비	석식	4	₩ 3,000	₩ 12,000	8%
2월 7일	식당	복리후생비	석식	1	₩ 27,000	₩ 27,000	18%
2월 7일	문방구	사무용품비	볼펜외2	1	₩ 24,330	₩ 24,330	17%
2월 7일	주유소	사무용품비	석유	3	₩ 9,000	₩ 27,000	18%
2월 7일	마포고무	기타	신죽이용	1	₩ 3,000	₩ 3,000	2%
2월 8일	은행	기타	송금	1	₩ 8,900	₩ 8,900	6%
2월 9일	주유소	기타	경유	1	₩ 25,000	₩ 25,000	17%
2월 12일	오토바이	예비비	뤽서비스	1	₩ 10,000	₩ 10,000	7%
2월 12일	모닝글로리	사무용품비	라벨지	2	₩ 5,000	₩ 10,000	7%
2월 12일	홈플러스	다과비	음료	10	₩ 500	₩ 5,000	3%
2월 12일	이마트	소모품	쓰레기통	1	₩ 7,800	₩ 7,800	5%
2월 13일	우체국	우편물	우편	30	₩ 980	₩ 29,400	20%
2월 14일	이마트	다과비	음료	20	₩ 650	₩ 13,000	9%

A. 2006년 01월 해외 호텔 예약 현황

예약일자	예약자	호텔명	장소	룸형태	통화	금액	환율	Amount In KRW	Commision
1/2	이한구	만다린 호텔	필리핀 마닐라	TWIN	USD	US$ 100.00	945	₩ 94,500	₩ 3,780
1/4	조혜윤	상그릴라 호텔	태국 방콕	DOUBLE	USD	US$ 120.00	945	₩ 113,400	₩ 4,536
1/6	한기래	포시즌 호텔	호주 시드니	TRIPLE	AUD	$ 250.00	450	₩ 112,500	₩ 4,500
1/6	Michel CK	상그릴라 호텔	태국 방콕	TRIPLE	USD	US$ 150.00	945	₩ 141,750	₩ 5,670
1/7	김영주	포시즌 호텔	호주 시드니	TWIN	AUD	$ 250.00	480	₩ 120,000	₩ 4,800
1/7	이덕구	포시즌 호텔	호주 시드니	DOUBLE	AUD	$ 250.00	480	₩ 120,000	₩ 4,800
1/8	조혜정	포시즌 호텔	호주 시드니	TRIPLE	AUD	$ 250.00	450	₩ 112,500	₩ 4,500
1/8	이준회	르네상스 리조트 호텔	일본 오키나와	DOUBLE	JPY	¥ 250.00	1000	₩ 250,000	₩ 10,000
1/8	권신근	르네상스 리조트 호텔	일본 오키나와	DOUBLE	JPY	¥ 250.00	1000	₩ 250,000	₩ 10,000
1/8	천미회	만다린 호텔	필리핀 마닐라	TWIN	USD	US$ 131.00	945	₩ 123,795	₩ 4,952
1/8	조전임	상그릴라 호텔	태국 방콕	TWIN	USD	US$ 112.00	960	₩ 107,520	₩ 4,301
1/8	박현주	보모 아일랜드	피지	DOUBLE	USD	US$ 113.00	960	₩ 108,480	₩ 4,339
1/8	이예원	보모 아일랜드	피지	DOUBLE	USD	US$ 125.00	960	₩ 120,000	₩ 4,800
1/8	이선규	쉐라톤 리조트	방콕 파타야	DOUBLE	USD	US$ 120.00	960	₩ 115,200	₩ 4,608
1/8	한가인	보모 아일랜드	피지	DOUBLE	USD	US$ 130.00	960	₩ 124,800	₩ 4,992
1/8	김주욱	만다린 호텔	필리핀 마닐라	DOUBLE	USD	US$ 130.00	960	₩ 124,800	₩ 4,992
1/9	김건수	쉐라톤 리조트	방콕 파타야	TRIPLE	USD	US$ 180.00	960	₩ 172,800	₩ 6,912
1/9	이정훈	만다린 호텔	필리핀 마닐라	DOUBLE	USD	US$ 150.00	960	₩ 144,000	₩ 5,760
1/9	주홍식	쉐라톤 리조트	방콕 파타야	DOUBLE	USD	US$ 130.00	960	₩ 124,800	₩ 4,992
1/10	오경욱	르네상스 리조트 호텔	일본 오키나와	TWIN	JPY	¥ 250.00	1000	₩ 250,000	₩ 10,000
1/11	이용래	르네상스 리조트 호텔	일본 오키나와	TWIN	JPY	¥ 250.00	1000	₩ 250,000	₩ 10,000
1/15	임병준	포시즌 호텔	호주 시드니	TWIN	AUD	$ 250.00	500	₩ 125,000	₩ 5,000
1/15	표경민	르네상스 리조트 호텔	일본 오키나와	DOUBLE	JPY	¥ 130.00	1000	₩ 130,000	₩ 5,200
1/15	이혜정	상그릴라 호텔	태국 방콕	TRIPLE	USD	US$ 100.00	970	₩ 97,000	₩ 3,880
1/15	박경민	보모 아일랜드	피지	DOUBLE	USD	US$ 150.00	970	₩ 145,500	₩ 5,820
1/23	김영실	쉐라톤 리조트	방콕 파타야	TRIPLE	USD	US$ 180.00	945	₩ 170,100	₩ 6,804
1/23	김지수	쉐라톤 리조트	방콕 파타야	TRIPLE	USD	US$ 180.00	990	₩ 178,200	₩ 7,128
합 계								₩ 3,926,645	₩ 157,066

B

강백호 2월 총 근무시간	194시간 15분		
일자	출근	퇴근	근무시간
2/01 (목)	9:00	18:00	9시간 00분
2/02 (금)	9:00	19:00	10시간 00분
2/05 (월)	9:10	18:30	9시간 20분
2/06 (화)	9:00	21:00	12시간 00분
2/07 (수)	9:00	18:00	9시간 00분
2/08 (목)	9:30	18:00	8시간 30분
2/09 (금)	9:00	18:00	9시간 00분
2/12 (월)	9:00	18:00	9시간 00분
2/13 (화)	10:00	18:40	8시간 40분
2/14 (수)	9:00	19:50	10시간 50분
2/15 (목)	9:00	18:00	9시간 00분
2/16 (금)	9:00	20:00	11시간 00분
2/19 (월)	10:15	21:00	10시간 45분
2/20 (화)	9:00	23:30	14시간 30분
2/21 (수)	9:00	18:00	9시간 00분
2/22 (목)	9:20	18:00	8시간 40분
2/23 (금)	9:00	18:00	9시간 00분
2/26 (월)	9:00	18:00	9시간 00분
2/27 (화)	9:00	18:00	9시간 00분
2/28 (수)	9:00	18:00	9시간 00분

C. 지역 영업사원 체력 테스트

작성일 : 2007.02.23 (금)

이 름	지 역	기초체력		종	목	
		키	몸무게	100M 달리기	턱걸이	던지기
박기봉	강남	162cm	45kg	1:15초	6개	50m
김도규	영등포	167cm	75kg	1:20초	5개	39m
이상민	부산	157cm	65kg	1:16초	6개	40m
김영주	광주	162cm	70kg	2:10초	3개	49m
구상모	창원	160cm	58kg	1:50초	8개	48m
이영실	강남	163cm	60kg	1:17초	2개	38m
이영철	영등포	176cm	67kg	2:01초	4개	51m
이언욱	부산	150cm	80kg	2:15초	3개	47m
장정회	영등포	160cm	58kg	1:53초	4개	57m
한명회	영서	162cm	43kg	1:20초	7개	71m
정길수	영서	176cm	57kg	1:17초	4개	61m
김민수	광주	160cm	75kg	2:15초	5개	75m
홍의진	전주	160cm	72kg	2:15초	7개	45m
김판철	부산	163cm	78kg	2:15초	11개	88m
표경민	전주	157cm	50kg	1:10초	10개	56m
이혜정	창원	157cm	48kg	1:25초	9개	67m
이한구	창원	168cm	59kg	1:05초	8개	76m
이덕구	강남	170cm	70kg	1:09초	15개	80m
최고기록				1:05초	15개	88m

D

	농가가구수	면적(단보)	경지면적(단보)	논-농가가구
서울특별시	6296	53086	46250	3876
경기도	253875	5625649	2759406	232234
강원도	150770	3162410	1500000	113500
충청북도	159441	3308154	1407415	139553
충청남도	270016	4756411	2353215	244907
전라북도	269507	3625561	2148607	246010
전라남도	408708	5558295	3089678	363725
경상북도	405806	6967146	3159762	376725
경상남도	355713	5113056	2355064	330460
제주도	48996	542314	330850	5908
합계	2,329,128	38,712,082	19,150,247	2,056,898

E

	농가가구수	면적(단보)	경지면적(단보)	논-농가가구
서울특별시	6,296	53,086	46,250	3,876
경기도	253,875	5,625,649	2,759,406	232,234
강원도	150,770	3,162,410	1,500,000	113,500
충청북도	159,441	3,308,154	1,407,415	139,553
충청남도	270,016	4,756,411	2,353,215	244,907
전라북도	269,507	3,625,561	2,148,607	246,010
전라남도	408,708	5,558,295	3,089,678	363,725
경상북도	405,806	6,967,146	3,159,762	376,725
경상남도	355,713	5,113,056	2,355,064	330,460
제주도	48,996	542,314	330,850	5,908
합계	2,329,128	38,712,082	19,150,247	2,056,898

F. 원 현황 리스트

사번	이름	부서명	주민등록번호	입사일	학력	기본급	상여금	주소	월 급여
00008	김길동	해외영업팀	730514-1248097	1996-08-01	대졸	700,000	210,000	서울시	910000
01235	김동수	관리팀	600526-2449645	1993-01-01	고졸	700,000	210,000	서울시	910000
03366	이다연	특수판매팀	610715-1938618	1991-01-22	대졸	750,000	225,000	서울시	975000
03424	박유찬	관리팀	610322-1185518	1984-01-12	대졸	580,000	174,000	서울시	754000
05715	이예원	관리팀	740111-2318791	1992-01-01	대졸	550,000	165,000	서울시	715000
06995	김영실	특수판매팀	720313-2952335	1993-08-01	고졸	500,000	150,000	경기도	650000
12818	박하하	해외영업팀	660822-2619594	1982-10-12	대학원졸업	600,000	180,000	경기도	780000
13452	박명수	총무팀	680816-2149953	1994-04-01	대퇴	658,000	197,400	서울시	855400
14961	성유리	영업2팀	590607-2712046	1993-12-01	대학원졸업	580,000	174,000	성남시	754000
14997	이회우	영업1팀	711104-2931093	1993-12-01	대학원수료	758,000	227,400	경기도	985400
15445	우회진	영업1팀	660123-1264713	1984-11-29	대졸	680,000	204,000	경기도	884000
20285	진미령	특수판매팀	790211-2720108	1996-01-01	대학원졸업	658,000	197,400	경기도	855400
20320	진술미	해외영업팀	660811-1700314	1995-01-01	고졸	600,000	180,000	서울시	780000
20371	유병준	기획팀	660828-1277469	1996-01-01	대퇴	580,000	174,000	서울시	754000
20526	임병준	관리팀	750320-1476442	1995-01-01	대학원수료	600,000	180,000	서울시	780000
20563	박수연	총무팀	681227-2967739	1995-01-01	고졸	550,000	165,000	서울시	715000
22175	김형훈	영업1팀	621002-1160571	1995-01-01	대졸	550,000	165,000	서울시	715000
22337	이영석	영업1팀	800704-2117574	1996-01-24	대졸	620,000	186,000	부천시	806000
22655	Julia.k	관리팀	681005-1156208	1996-03-15	대학원졸업	580,000	174,000	서울시	754000
23069	박남균	영업1팀	611005-2567156	1994-05-01	대학원졸업	650,000	195,000	인천시	845000
23070	전성진	특수판매팀	580226-2184705	1994-05-01	대졸	660,000	198,000	서울시	858000
23082	최준혁	영업2팀	760216-1923667	1994-05-16	대학원수료	550,000	165,000	경기도	715000
23179	신인식	영업1팀	660803-2407321	1994-05-04	대졸	485,000	145,500	서울시	630500
23320	김재주	영업2팀	760725-2685328	1994-06-01	대졸	528,000	158,400	서울시	686400
23981	김구훈	영업2팀	690917-2265155	1996-08-05	대졸	560,000	168,000	서울시	728000
23993	김종선	해외영업팀	720904-2426121	1996-08-01	대졸	658,000	197,400	서울시	855400
24011	김한회	영업2팀	601217-2412631	1996-08-19	고졸	750,000	225,000	서울시	975000
24090	이영준	총무팀	700928-1209331	1994-07-19	고졸	500,000	150,000	경기도	650000
24470	권혁봉	해외영업팀	580818-1433889	1994-11-01	대퇴	700,000	210,000	서울시	910000
24545	이용철	해외영업팀	650517-2683130	1995-05-01	대학원수료	680,000	204,000	서울시	884000
24790	이중호	기획팀	710627-2687499	1995-05-08	고졸	656,000	196,800	성남시	852800
25162	박현인	특수판매팀	660204-2370876	1995-06-01	대학원졸업	700,000	210,000	서울시	910000
25235	한성룡	기획팀	690824-2186972	1995-07-01	대졸	458,000	137,400	서울시	595400
25333	유소영	기획팀	760714-1645991	1995-07-01	대졸	550,000	165,000	경기도	715000
25651	강인수	영업2팀	771022-1679293	1995-07-24	대졸	658,000	197,400	서울시	855400
25675	최현곤	특수판매팀	670226-1168942	1995-08-01	대학원졸업	660,000	198,000	서울시	858000
25797	하대식	해외영업팀	630314-1197452	1995-01-01	대퇴	592,000	177,600	서울시	769600
25809	오준걸	총무팀	680817-1836012	1995-10-09	고졸	458,000	137,400	서울시	595400
25920	유현중	해외영업팀	680114-1047521	1995-12-01	대졸	630,000	189,000	서울시	819000
72092	이철룡	영업1팀	520815-1552522	1979-04-16	대졸	600,000	180,000	서울시	780000
76670	이항섭	영업1팀	530301-1069016	1978-10-13	대학원수료	568,000	170,400	서울시	738400
요약	45					609,622	182,887		35662900

Lesson 01 | 셀 서식의 종류와 지정 방법 알아보기

A 실력다지기 호텔 예약 현황 서식 지정하기

Lesson 02 | 데이터 종류에 따른 사용자 지정 표시 형식

B 도전!엑셀 날짜/시간에 대한 사용자 지정 표시 형식 적용하기

C 실력다지기 체력 테스트 결과에 다양한 사용자 지정 표시 형식 적용하기

Lesson 03 | 새로워지고 향상된 스타일 그룹

D 도전!엑셀 쉽고 빠른 셀 스타일 적용하기

E 도전!엑셀 스타일을 복제하여 새 스타일 등록하기

F 도전!엑셀 표에서 데이터 요약하기

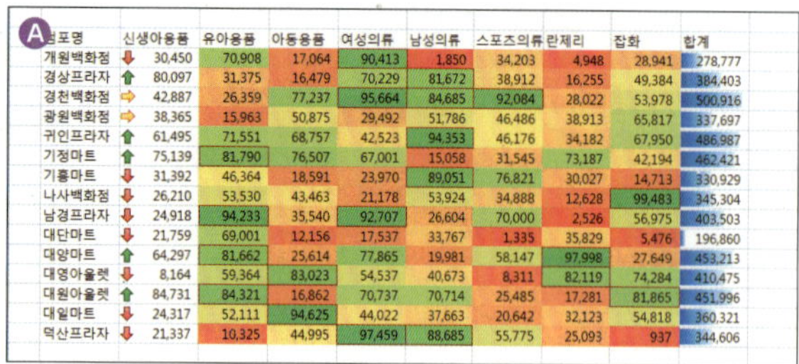

점포명		신생아용품	유아용품	아동용품	여성의류	남성의류	스포츠의류	란제리	잡화	합계
개원백화점	↓	30,450	70,908	17,064	90,413	1,850	34,203	4,948	28,941	278,777
경상프라자	↑	80,097	31,375	16,479	70,229	81,672	38,912	16,255	49,384	384,403
경천백화점	⇨	42,887	26,359	77,237	95,664	84,685	92,084	28,022	53,978	500,916
광원백화점	⇨	38,365	15,963	50,875	29,492	51,786	46,486	38,913	65,817	337,697
귀인프라자	↑	61,495	71,551	68,757	42,523	94,353	46,176	34,182	67,950	486,987
기정마트	↑	75,139	81,790	76,507	67,001	15,058	31,545	73,187	42,194	462,421
기흥마트	↓	31,392	46,364	18,591	23,970	89,051	76,821	30,027	14,713	330,929
나사백화점	↓	26,210	53,530	43,463	21,178	53,924	34,888	12,628	99,483	345,304
남경프라자	↓	24,918	94,233	35,540	92,707	26,604	70,000	2,526	56,975	403,503
대단마트	↓	21,759	69,001	12,156	17,537	33,767	1,335	35,829	5,476	196,860
대양마트	↑	64,297	81,662	25,614	77,865	19,981	58,147	97,998	27,649	453,213
대영아울렛	↓	8,164	59,364	83,023	54,537	40,673	8,311	82,119	74,284	410,475
대원아울렛	↑	84,731	84,321	16,862	70,737	70,714	25,485	17,281	81,865	451,996
대일마트	↓	24,317	52,111	94,625	44,022	37,663	20,642	32,123	54,818	360,321
덕산프라자	↓	21,337	10,325	44,995	97,459	88,685	55,775	25,093	937	344,606

B 상반기 유아용품 매출현황							
상품명	1월	2월	3월	4월	5월	6월	합계
망아지 모빌	80,097	31,375	16,479	70,229	81,672	38,912	318,764
꿈나라 모빌	42,887	166,359	77,237	45,664	84,685	92,084	508,916
딸랑이	38,365	15,963	50,875	29,492	51,786	46,486	232,967
헝겊 애벌레	91,495	71,551	68,757	42,523	294,353	46,176	614,855
헝겊책	25,139	81,790	76,507	67,001	215,058	31,545	497,040
아기체육관	190,450	70,908	97,064	90,413	189,850	184,203	822,888
치아발육기	31,392	46,364	18,591	23,970	89,051	76,821	286,189
곰돌이인형	26,210	53,530	43,463	21,178	53,924	34,888	233,193
푸우핸드폰	24,918	94,233	35,540	92,707	26,604	70,000	344,002
개구리전화기	21,759	69,001	12,156	17,537	33,767	1,335	155,555
병아리 오뚝이	64,297	81,662	25,614	77,865	19,981	58,147	327,566
동물친구 모빌	8,164	59,364	83,023	54,537	40,673	8,311	254,072
곰돌이 오뚝이	34,731	84,321	16,862	20,737	10,714	25,485	192,850
실로폰	124,317	52,111	54,625	44,022	217,663	20,642	513,380
헝겊공	21,337	10,325	44,995	97,459	88,685	55,775	318,576
요약	825,558	988,857	721,788	795,334	1,498,466	790,810	5,620,813

Lesson 03 | 새로워지고 향상된 스타일 그룹

A 도전!엑셀 데이터 시각화 구성표 만들기

B 실력다지기 상반기 유아 용품 매출 시각화하기

PART05 문서 인쇄와 데이터 보호하기

A [1/4 분기 실적]

영업소	상품	1월	2월	3월
서울 북부	상품1	54	10	11
서울 영등포	상품2	22	14	8
서울 남부	상품3	46	66	47
서울 동부	상품4	91	9	80
서울 서부	상품5	48	79	20
수원	상품6	0	46	15
인천	상품7	67	4	80
분당	상품8	49	97	30
일산	상품9	67	97	38

[2/4 분기 실적]

영업소	상품	4월	5월	6월
서울 북부	상품1	40	81	82
서울 영등포	상품2	38	77	9
서울 남부	상품3	6	49	39
서울 동부	상품4	69	0	77
서울 서부	상품5	48	79	95
수원	상품6	53	15	59
인천	상품7	92	45	27
분당	상품8	3	35	18
일산	상품9	74	51	58

[3/4 분기 실적]

영업소	상품	7월	8월	9월
서울 북부	상품1	87	85	80
서울 영등포	상품2	47	25	41
서울 남부	상품3	33	46	13
서울 동부	상품4	22	48	83
서울 서부	상품5	46	2	60
수원	상품6	90	27	60
인천	상품7	7	28	50
분당	상품8	38	69	8
일산	상품9	17	93	95

[4/4 분기 실적]

영업소	상품	10월	11월	12월
서울 북부	상품1	75	23	58
서울 영등포	상품2	55	75	64
서울 남부	상품3	33	43	74
서울 동부	상품4	54	14	24
서울 서부	상품5	66	87	22
수원	상품6	21	41	26
인천	상품7	79	5	7
분당	상품8	24	26	99
일산	상품9	85	92	55

B 종합 결과

이 름	입사일	영어	전공	총점	평균	승진여부
강백호	1992-04-06	57	63	120.0	60.0	
김대협	1995-12-08	88.5	78	166.5	83.3	승진
권현구	1993-02-03	42	49	91.0	45.5	
김대호	1998-07-04	55.5	40.5	96.0	48.0	
김문식	1999-05-04	70.5	82	152.5	76.3	
김양경	1997-06-12	54.5	61	115.5	57.8	
김운형	1993-04-06	77.5	94	171.5	85.8	승진
이한나	1998-06-04	62.5	74	136.5	68.3	
채소연	1995-08-12	49	58	107.0	53.5	
양미라	1993-06-24	53	24	77.0	38.5	
김순호	1999-07-19	46.5	54.5	101.0	50.5	
서태웅	1997-05-09	84.5	83	167.5	83.8	승진
송태섭	1994-03-07	47	56.5	103.5	51.8	
윤대협	1996-10-05	93.5	89	182.5	91.3	승진
정대만	1993-04-05	88.5	85.5	174.0	87.0	승진
채치수	1999-02-10	53.5	80	133.5	66.8	

C 2006년 01월 해외 호텔 예약 현황

예약일자	예약자	호텔명	장소	룸형태	통화	금액	환율	Amount In KRW	Commission
1/2	이한구	만다린 호텔	필리핀 마닐라	TWIN	USD	US$ 100.00	945	₩ 94,500	₩ 3,780
1/4	조혜용	상그릴라 호텔	태국 방콕	DOUBLE	USD	US$ 120.00	945	₩ 113,400	₩ 4,536
1/6	한기래	포시즌 호텔	호주 시드니	TRIPLE	AUD	$ 250.00	450	₩ 112,500	₩ 4,500
1/6	Michel CK	상그릴라 호텔	태국 방콕	TRIPLE	USD	US$ 150.00	945	₩ 141,750	₩ 5,670
1/7	김영주	포시즌 호텔	호주 시드니	TWIN	AUD	$ 250.00	480	₩ 120,000	₩ 4,800
1/7	이억구	포시즌 호텔	호주 시드니	DOUBLE	AUD	$ 250.00	480	₩ 120,000	₩ 4,800
1/8	조혜정	포시즌 호텔	호주 시드니	TRIPLE	AUD	$ 250.00	450	₩ 112,500	₩ 4,500
1/8	이준회	르네상스 리조트 호텔	일본 오키나와	DOUBLE	JPY	¥ 250.00	1000	₩ 250,000	₩ 10,000
1/8	권신근	르네상스 리조트 호텔	일본 오키나와	DOUBLE	JPY	¥ 250.00	1000	₩ 250,000	₩ 10,000
1/8	천미회	만다린 호텔	필리핀 마닐라	TWIN	USD	US$ 131.00	945	₩ 123,795	₩ 4,952
1/8	조전임	상그릴라 호텔	태국 방콕	TWIN	USD	US$ 112.00	960	₩ 107,520	₩ 4,301
1/8	박형주	보오 아일랜드	피지	DOUBLE	USD	US$ 113.00	960	₩ 108,480	₩ 4,339
1/8	이예원	보오 아일랜드	피지	DOUBLE	USD	US$ 125.00	960	₩ 120,000	₩ 4,800
1/8	이선규	쉐라톤 리조트	방콕 파타야	DOUBLE	USD	US$ 120.00	960	₩ 115,200	₩ 4,608
1/8	한가인	보오 아일랜드	피지	DOUBLE	USD	US$ 130.00	960	₩ 124,800	₩ 4,992
1/8	김주욱	만다린 호텔	필리핀 마닐라	DOUBLE	USD	US$ 130.00	960	₩ 124,800	₩ 4,992
1/9	김건수	쉐라톤 리조트	방콕 파타야	TRIPLE	USD	US$ 180.00	960	₩ 172,800	₩ 6,912
1/9	이정훈	만다린 호텔	필리핀 마닐라	DOUBLE	USD	US$ 150.00	960	₩ 144,000	₩ 5,760
1/9	주홍식	쉐라톤 리조트	방콕 파타야	DOUBLE	USD	US$ 130.00	960	₩ 124,800	₩ 4,992
1/10	강영욱	르네상스 리조트 호텔	일본 오키나와	TWIN	JPY	¥ 250.00	1000	₩ 250,000	₩ 10,000
1/11	임유래	르네상스 리조트 호텔	일본 오키나와	TWIN	JPY	¥ 250.00	1000	₩ 250,000	₩ 10,000
1/15	임병준	포시즌 호텔	호주 시드니	TWIN	AUD	$ 250.00	500	₩ 125,000	₩ 5,000
1/15	표경민	르네상스 리조트 호텔	일본 오키나와	DOUBLE	JPY	¥ 130.00	1000	₩ 130,000	₩ 5,200
1/15	이혜정	상그릴라 호텔	태국 방콕	DOUBLE	USD	US$ 100.00	970	₩ 97,000	₩ 3,880
1/15	박경민	보오 아일랜드	피지	DOUBLE	USD	US$ 150.00	970	₩ 145,500	₩ 5,820
1/23	김영실	쉐라톤 리조트	방콕 파타야	DOUBLE	USD	US$ 180.00	945	₩ 170,100	₩ 6,804
1/23	김지수	쉐라톤 리조트	방콕 파타야	TRIPLE	USD	US$ 180.00	990	₩ 178,200	₩ 7,128
합 계								₩ 3,926,645	₩ 157,066

Lesson 01 | 완성된 문서 확인하고 인쇄하기

A 도전!엑셀 분기별로 인쇄할 페이지 나누기

Lesson 02 | 중요한 데이터는 보호하라!

B 도전!엑셀 시험 결과 문서 통째로 보호하기

C 실력다지기 호텔 예약 현황 문서 수식 보호하기

PART06 필요할 때 뽑아 쓰는 영역별 실무 함수

A

지사 직급별 현황

재직년수 20년 이상인 인원수	10명
현직급 재직년수가 5년 이상인 인원수	12명
현직급 5년이상 재직자의 재직년수 평균	9년

번호	소속	직급	성명	입사일	현직급	재직년수	현직급재직년수
1	부산지사 영업1팀	차장	양갑선	1983-01-13	2003-01-13	24	4
2	부산지사 영업1팀	부장	신동욱	1980-04-07	1999-03-07	26	7
3	부산지사 영업1팀	부장	최혜숙	1983-03-07	2000-03-07	23	6
4	부산지사 영업1팀	팀장	신인욱	1983-03-07	2003-03-07	23	3
5	광주지사 영업팀	차장	김경숙	1983-03-07	1999-03-07	23	7
6	광주지사 영업팀	부장	박혜경	1983-03-07	1998-03-07	23	8
7	광주지사 영업팀	부장	김경순	1983-03-07	1993-03-04	23	13
8	광주지사 영업팀	팀장	신수영	1987-03-07	1993-03-04	19	13
9	경기 수원지사 영업1팀	차장	김달순	1983-07-15	1993-07-12	23	13
10	경기 수원지사 영업1팀	부장	한인숙	1984-03-20	1994-03-18	22	12
11	경기 수원지사 영업1팀	팀장	민경란	1985-07-10	1995-07-08	21	11
12	경기 수원지사 영업2팀	차장	정은숙	1989-09-01	2003-08-30	17	3
13	경기 수원지사 영업2팀	부장	황정혜	1989-09-01	1999-08-30	17	7
14	경기 수원지사 영업2팀	팀장	김은숙	1989-09-01	2002-08-30	17	4
15	대전지사 영업1팀	차장	김은회	1989-09-01	1999-08-30	17	7
16	대전지사 영업1팀	부장	김옥련	1989-09-01	2002-08-30	17	4
17	대전지사 영업1팀	부장	장인지	1989-09-01	1999-08-30	17	7
18	대전지사 영업1팀	팀장	양순욱	1993-10-01	2003-09-29	13	3
19	인천지사 영업팀	차장	노경회	1993-10-01	2003-09-29	13	3
20	인천지사 영업팀	차장	안정심	1994-03-11	2004-03-08	12	2
21	인천지사 영업팀	부장	이현욱	1994-03-11	2004-03-08	12	2
22	인천지사 영업팀	팀장	노수욱	1994-03-11	2004-03-08	12	2

B 2006년 11월 예산/지출 집계

항 목	예산	지출	차액	비고
다과	600,000	257,370	342,630	
통신비	500,000	100,000	400,000	
우편물	300,000	395,120	- 95,120	
소모품	300,000	174,750	125,250	
기타	100,000	14,000	86,000	
예비비	500,000	213,600	286,400	
소 계	2,300,000	1,154,840	1,145,160	

C 지사별 체육대회 조편성 현황

소속	직급	성명	조
부산지사 영업1팀	차장	양갑선	A조
부산지사 영업1팀	부장	신동욱	B조
부산지사 영업1팀	부장	최혜숙	C조
부산지사 영업1팀	팀장	신인욱	A조
광주지사 영업팀	차장	김경숙	B조
광주지사 영업팀	부장	박혜경	C조
광주지사 영업팀	부장	김경순	A조
광주지사 영업팀	팀장	신수영	B조
경기 수원지사 영업1팀	차장	김달순	C조
경기 수원지사 영업1팀	부장	한인숙	A조
경기 수원지사 영업1팀	팀장	민경란	B조
경기 수원지사 영업2팀	차장	정은숙	C조
경기 수원지사 영업2팀	부장	황정혜	A조
경기 수원지사 영업2팀	팀장	김은숙	B조
대전지사 영업1팀	차장	김은회	C조
대전지사 영업1팀	부장	김옥련	A조
대전지사 영업1팀	부장	장인지	B조
대전지사 영업1팀	팀장	양순욱	C조
인천지사 영업팀	차장	노경회	A조
인천지사 영업팀	차장	안정심	B조
인천지사 영업팀	부장	이현욱	C조
부산지사 영업1팀	차장	양갑선	A조
부산지사 영업1팀	부장	신동욱	B조

D 직원 근무년수 현황

현재 날짜	2007-06-07
현재 시간	2007-06-07 21:49

이 름	입사일	근속년수	근속개월	근속일	근속기간
정대만	1992-04-06	15	182	5,540	15년 2개월 1일
채치수	1995-12-08	11	137	4,199	11년 5개월 29일
윤대협	1980-02-03	27	328	9,986	27년 4개월 4일
송태섭	1984-07-04	22	275	8,373	22년 11개월 3일
김순호	1999-05-04	8	97	2,956	8년 1개월 3일
서태웅	1997-06-12	9	119	3,647	9년 11개월 25일
김덕훈	1993-04-06	14	170	5,175	14년 2개월 1일
유가을	1990-10-08	16	199	6,086	16년 7개월 29일
윤대현	1992-06-04	15	180	5,481	15년 0개월 3일
이동숙	1995-08-12	11	141	4,317	11년 9개월 25일
정유진	1993-06-24	13	167	5,096	13년 11개월 13일
채소연	1999-07-19	7	94	2,880	7년 10개월 18일
최소라	1997-05-09	10	120	3,681	10년 0개월 28일
선하라	1994-03-07	13	159	4,840	13년 3개월 0일

E 우리산업 사원명부

2007-06-07 현재

사번	채용구분	부서	직책	성명	입사일	퇴사일	근속월수	계약월수	계약만료일
WD0405-001	정규직	관리부	부장	이한구	2004-05-15		36		
WD0405-002	정규직	총무부	사원	이덕구	2004-05-20		36		
WD0405-003	정규직	영업부	사원	황보훈	2004-05-30	2006-12-31	31		
WD0501-001	정규직	관리부	사원	김상훈	2005-01-08		28		
WD0501-002	정규직	영업부	대리	이자영	2005-01-20	2006-12-31	23		
WD0504-001	정규직	총무부	과장	임병준	2005-04-15	2007-01-03	20		
WD0607-002	정규직	영업부	부장	천미회	2006-07-19		10		
WD0504-002	계약직	경리부	과장	박두일	2006-04-19		13	12	2007-04-19
WD0607-001	계약직	경리부	대리	한기래	2006-07-10		10	18	2008-01-10
WD0701-001	계약직	영업부	사원	이은성	2007-01-04		5	24	2009-01-04

F 공장 공정현황

LOT_ID	원 LOT_ID	진행일자	검사매수	불량발생 수
AA30H500	AA30-H-500	2006-11-18	48	0
AA30H501	AA30-H-501	2006-11-18	50	1
AA30H502	AA30-H-502	2006-11-18	44	0
AA30H503	AA30-H-503	2006-11-18	38	0
AA30H504	AA30-H-504	2006-11-18	40	0
AA30H505	AA30-H-505	2006-11-18	48	1
AA30H506	AA30-H-506	2006-11-18	40	0
AA30H507	AA30-H-507	2006-11-18	42	2
AA30H508	AA30-H-508	2006-11-18	48	11
AA30H509	AA30-H-509	2006-11-18	44	0
AA30H510	AA30-H-510	2006-11-18	44	1
AA30H511	AA30-H-511	2006-11-19	46	0
AA30H512	AA30-H-512	2006-11-19	46	0
AA30H513	AA30-H-513	2006-11-19	50	0
AA30H514	AA30-H-514	2006-11-19	44	0
AA30H515	AA30-H-515	2006-11-19	42	0
AA30H516	AA30-H-516	2006-11-19	46	0
AA30H517	AA30-H-517	2006-11-19	48	1
AA30H518	AA30-H-518	2006-11-19	42	1

Lesson 02 │ 통계를 구하는 함수

A 실력다지기 직급별 현황에서 다양한 통계 구하기

Lesson 03 │ 수학 계산을 위한 함수

B 실력다지기 항목별 지출 현황 집계하기

Lesson 04 │ 논리를 판단하는 함수

C 실력다지기 지사별 체육 대회 조 편성하기

Lesson 05 │ 날짜와 시간을 다루는 시간 함수

D 도전!엑셀 입사일을 기준으로 근속 기간 구하기

E 실력다지기 사원 명부 관리하기

Lesson 06 │ 텍스트를 다루는 함수

F 도전!엑셀 데이터 가공하여 새로운 데이터로 만들기

A 민번호 대체하기

이 름	주민번호
정대만	741215-*******
채치수	681226-*******
윤대협	410820-*******
송태섭	460629-*******
김순호	620129-*******
서태웅	620409-*******
김억훈	551121-*******
유가을	631213-*******
윤대현	631110-*******
이동숙	640807-*******
정유진	740912-*******
채소연	710307-*******
최소라	780307-*******
선하라	740318-*******

B 시간제 사원 근무 시간 계산

시간당 급여 20,000

사원	출/퇴근	2월 5일(월)	2월 6일(화)	2월 7일(수)	2월 8일(목)	2월 9일(금)	2월 10일(토)	2월 11일(일)	시간합계	주간합계금액
강백호	출근	9:00	9:00	14:00	15:00	15:00	19:00	9:00	45:30	910,000
	퇴근	18:00	20:00	19:30	18:00	18:00	21:00	21:00		
	근무시간	9:00	11:00	5:30	3:00	3:00	2:00	12:00		
서태웅	출근	10:00	10:00	10:00	10:00	10:00	10:00		18:00	360,000
	퇴근	13:00	13:00	13:00	13:00	13:00	13:00			
	근무시간	3:00	3:00	3:00	3:00	3:00	3:00	0:00		
윤대협	출근	13:00	13:00	13:00	13:00	13:00	13:00	13:00	35:00	700,000
	퇴근	18:00	18:00	18:00	18:00	18:00	18:00	18:00		
	근무시간	5:00	5:00	5:00	5:00	5:00	5:00	5:00		
송태섭	출근	11:00	11:00	11:00	11:00	11:00	11:00		24:00	480,000
	퇴근	15:00	15:00	15:00	15:00	15:00	15:00			
	근무시간	4:00	4:00	4:00	4:00	4:00	4:00	0:00		
이한나	출근	15:00	15:00	15:00	15:00	15:00	15:00	15:00	42:00	840,000
	퇴근	21:00	21:00	21:00	21:00	21:00	21:00	21:00		
	근무시간	6:00	6:00	6:00	6:00	6:00	6:00	6:00		

C 제품별 공급 금액

공급일자	영업소	제품명	제품단가	수량	공급금액
2005-01-10	서초점	냉장고(540)	534,500	10	5,345,000
2006-10-01	광주점	TV(29)	390,000	25	9,750,000
2006-04-01	창원점	컴퓨터(P3)	1,330,000	5	6,650,000
2006-01-10	분당점	냉장고(566)	578,900	7	4,052,300
2005-06-05	서초점	컴퓨터(P3)	1,330,000	18	23,940,000
2005-11-15	광주점	냉장고(540)	534,500	35	18,707,500
2005-01-19	분당점	TV(29)	390,000	3	1,170,000
2006-08-17	서초점	컴퓨터(P4)	1,178,000	50	58,900,000
2006-09-19	창원점	컴퓨터(P4)	1,178,000	79	93,062,000
2006-03-19	서초점	컴퓨터(P4)	1,178,000	17	20,026,000
2006-01-20	광주점	냉장고(566)	578,900	15	8,683,500
2005-10-30	분당점	TV(25)	340,000	20	6,800,000
2005-11-22	창원점	TV(25)	340,000	30	10,200,000
2005-12-01	서초점	컴퓨터(P4)	1,178,000	14	16,492,000
2005-09-29	광주점	컴퓨터(P4)	1,178,000	28	32,984,000
2006-12-10	창원점	컴퓨터(P4)	1,178,000	30	35,340,000

제품명	생산공장	단가
냉장고(540)	1공장	534,500
냉장고(566)	1공장	578,900
TV(25)	2공장	340,000
TV(29)	2공장	390,000
컴퓨터(P3)	2공장	1,330,000
컴퓨터(P4)	2공장	1,178,000

D 근무년수별 상여금 지급내역

성명	근무년수	기본급	상여금비율
장은정	4	1,000,000	40%
이경희	12	1,500,000	80%
장정회	2	800,000	30%
김영주	1	750,000	30%
이정진	7	1,200,000	50%
이명선	10	1,400,000	60%

상여금 지급기준표

근무년수	상여금비율
1	30%
3	40%
5	50%
10	60%
12	80%
15	100%

E

날짜	상품명	출고지	형번호	배달지	열번호	탁송비
2007-02-12	소나타	Z01	1	B0	1	177
2007-02-12	프라이드	Z02	3	D1	2	47
2007-02-12	그랜저	Z02	3	D2	3	64
2007-02-12	무쏘	Z02	3	P0	4	172
2007-02-12	카니발	Z06	4	M0	5	139
2007-02-12	무쏘	Z06	4	K0	6	144
2007-02-12	무쏘	Z06	4	H0	7	92
2007-02-12	프라이드	Z06	4	U0	8	169
2007-02-12	그랜저	Z10	5	B0	1	33
2007-02-12	카니발	Z10	5	K0	6	144
2007-02-12	그랜저	Z10	5	H0	7	92
2007-02-12	아반떼	Z10	5	U0	8	169
2007-02-12	싼타페	Z10	5	B0	1	33
2007-02-12	아반떼	Z04	6	P0	4	172
2007-02-12	아반떼	Z04	6	M0	5	153
2007-02-12	쏘렌토	Z04	6	K0	6	144
2007-02-12	쏘렌토	Z08	7	D1	2	95
2007-02-12	쏘렌토	Z08	7	D2	3	100

출고지 \ 배달지	B0	D1	D2	P0	M0	K0	H0	U0
Z01	177	177	196	68	77	153	132	29
Z12	177	177	196	50	84	153	132	53
Z02	47	47	64	172	139	144	92	169
Z06	47	47	64	172	139	144	92	169
Z10	33	39	46	172	139	144	92	169
Z04	47	37	55	172	153	144	102	169
Z08	86	95	100	176	140	156	100	171

Lesson 06 | 텍스트를 다루는 함수

A 도전!엑셀 주민등록번호의 일부분을 '*'로 대체하기

B 실력다지기 시간제 사원 주간 급여 구하기

Lesson 07 | 값을 참조하여 찾아오는 함수

C 도전!엑셀 제품별 공급 단가 찾아오기

D 도전!엑셀 근무년수별 상여금 비율 찾아오기

E 도전!엑셀 출고지와 배달지에 따른 배송비 찾아오기 I

F 실력다지기 급여 명세서 작성하기

F 2007년 2월 급여명세서

사원번호	C-112	성명	정회라		
부서	관리부	직위	차장	호봉	2

실수령액	₩2,233,117		
급여내역		공제내역	
기본급	₩1,880,000	건강보험	₩103,020
직위수당	₩600,000	국민연금	₩154,540
시간외수당	₩15,667	세금	₩84,990
가족수당	₩80,000		
급여합계	₩2,575,667	공제 합계	₩342,550

기본급 테이블

직위 \ 호봉		1	2	3	4	5	6
이사	1	2,500,000	2,600,000	2,700,000	2,800,000	2,900,000	3,000,000
부장	2	2,000,000	2,100,000	2,200,000	2,300,000	2,400,000	2,500,000
차장	3	1,800,000	1,880,000	1,960,000	2,040,000	2,120,000	2,200,000
과장	4	1,600,000	1,660,000	1,740,000	1,820,000	1,900,000	1,980,000
대리	5	1,400,000	1,440,000	1,520,000	1,600,000	1,680,000	1,760,000
사원	6	1,200,000	1,230,000	1,310,000	1,390,000	1,470,000	1,550,000

직위수당 테이블

직 책	이사	부장	차장	과장	대리	사원
금 액	1,000,000	800,000	600,000	400,000	200,000	-

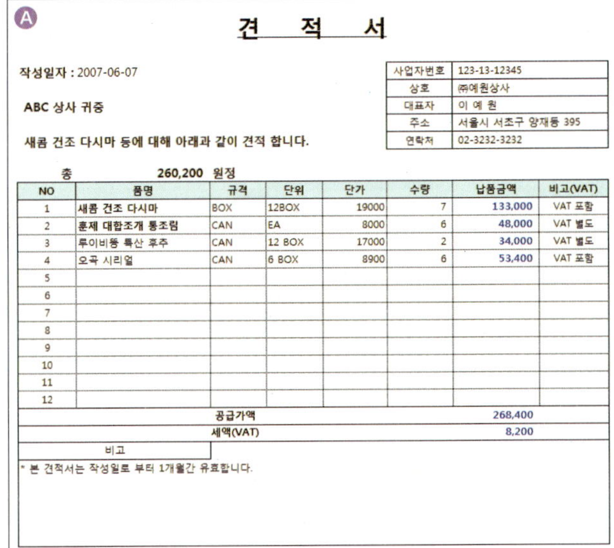

견 적 서

작성일자 : 2007-06-07

ABC 상사 귀중

새콤 건조 다시마 등에 대해 아래과 같이 견적 합니다.

	사업자번호	123-13-12345
	상호	㈜예원상사
	대표자	이 예 원
	주소	서울시 서초구 양재동 395
	연락처	02-3232-3232

총		260,200 원정					
NO	품명	규격	단위	단가	수량	납품금액	비고(VAT)
1	새콤 건조 다시마	BOX	12BOX	19000	7	133,000	VAT 포함
2	훈제 대합조개 통조림	CAN	EA	8000	6	48,000	VAT 별도
3	루이비통 특산 후추	CAN	12 BOX	17000	2	34,000	VAT 별도
4	오곡 시리얼	CAN	6 BOX	8900	6	53,400	VAT 포함
5							
6							
7							
8							
9							
10							
11							
12							
			공급가액			268,400	
			세액(VAT)			8,200	
	비고						

* 본 견적서는 작성일로 부터 1개월간 유효합니다.

Lesson 08 │ 정보를 제공하는 함수

Ⓐ 실력다지기 견적서 수식 미리 작성하기

PART 07 데이터를 시각적으로 분석하는 차트

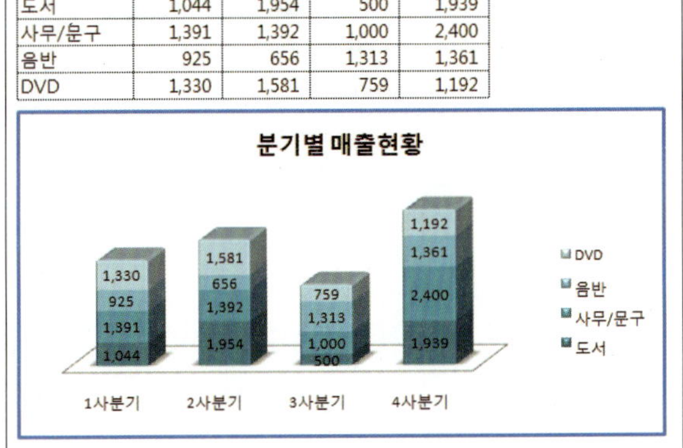

Ⓐ 라인 분기별 매출 현황

구분	1사분기	2사분기	3사분기	4사분기
도서	1,044	1,954	500	1,939
사무/문구	1,391	1,392	1,000	2,400
음반	925	656	1,313	1,361
DVD	1,330	1,581	759	1,192

분기별 매출현황

Ⓑ 보통신 수출입 현황

구분	수출	수입	무역수지
통신기기	2,221,100	303,800	1,917,300
정보기기	776,500	464,700	311,800
방송기기	222,900	206,000	16,900
부품	2,963,200	264,900	2,698,300

Lesson 01 │ 엑셀에서 만들 수 있는 차트

Ⓐ 도전!엑셀 차트 도구로 매출 현황 차트 만들기

Lesson 02 │ 차트의 화려한 변신, 차트 편집하기

Ⓑ 도전!엑셀 차트 종류를 편집하기

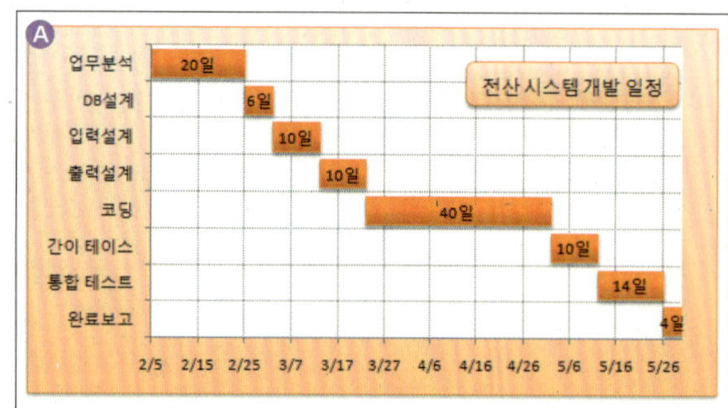

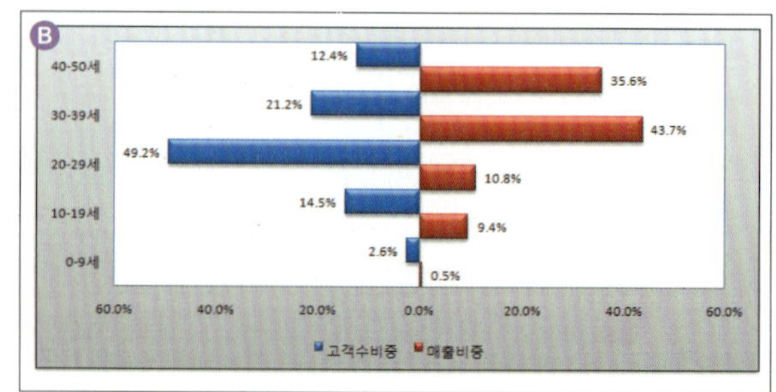

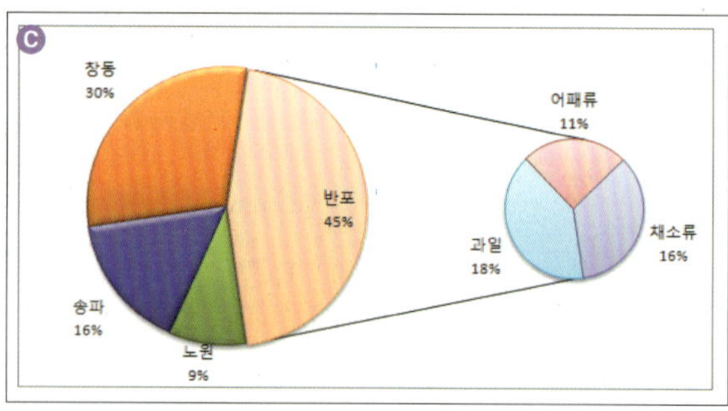

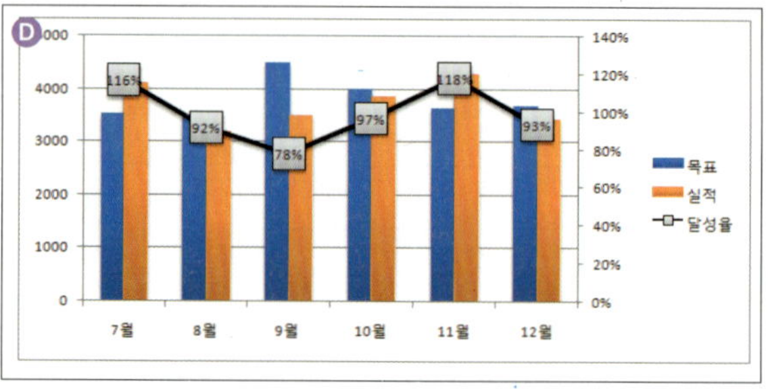

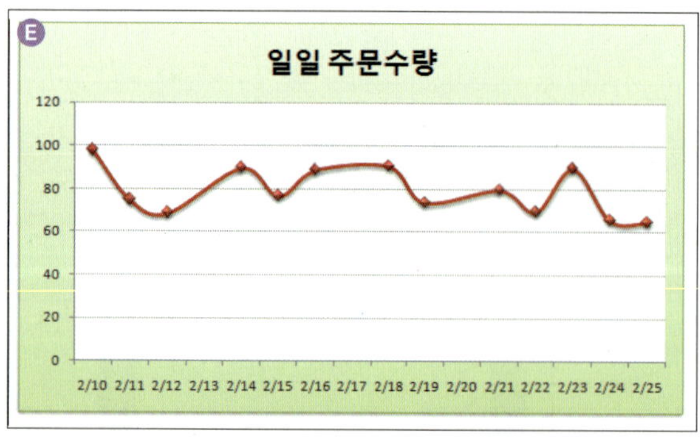

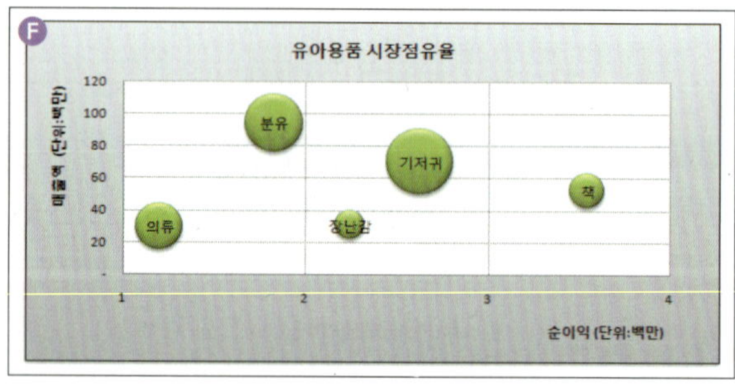

Lesson 03 │ 차트 200% 활용하기, 기본 차트를 변형한 실무 활용

Ⓐ 도전!엑셀 누적 가로 막대형, 프로젝트 일정 간트 차트로 만들기

Ⓑ 도전!엑셀 가로 막대형, 연령대별 고객수/매출액 양방향 차트로 비교하기

Ⓒ 도전!엑셀 원형 대 원형, 지점별 판매 실적과 세부 내역을 2개의 원형으로 나타내기

Ⓓ 도전!엑셀 이중 축 혼합형, 금액과 달성율을 하나의 차트로 비교하기

Ⓔ 도전!엑셀 꺾은선형, 빈 셀을 선으로 연결하기

Ⓕ 도전!엑셀 거품형, 매출액/순이익/시장 점유율을 하나의 차트로 만들기

PART08 데이터 관리도 능력이다

A

2007년 직원 현황

성명	성별	나이	부서	근속년수	직급	기본급	수당	총액
채치수	남	57	총무부	25	이사	2,500,000	100,000	2,600,000
오영수	남	55	총무부	20	이사	2,800,000	280,000	3,080,000
정대만	남	45	노무부	12	과장	1,900,000	80,000	1,980,000
윤대협	남	43	홍보부	10	과장	1,800,000	100,000	1,900,000
김순호	남	40	교육부	7	대리	1,700,000	150,000	1,850,000
김기수	남	38	노무부	10	과장	1,900,000	300,000	2,200,000
서태웅	남	38	홍보부	7	대리	1,700,000	150,000	1,850,000
김찬진	남	38	총무부	6	과장	2,000,000	200,000	2,200,000
송태섭	남	36	총무부	6	대리	1,350,000	120,000	1,470,000
김덕훈	남	35	총무부	4	과장	1,800,000	180,000	1,980,000
이한구	남	33	교육부	5	대리	2,000,000	200,000	2,200,000
안정훈	남	32	홍보부	7	차장	2,100,000	210,000	2,310,000
윤대현	남	30	홍보부	3	대리	1,670,000	167,000	1,837,000
강백호	남	25	교육부	5	사원	1,550,000	250,000	1,800,000
선하라	여	40	교육부	9	차장	2,000,000	200,000	2,200,000
유가을	여	39	영업부	4	대리	1,750,000	175,000	1,925,000
김소미	여	36	노무부	6	차장	2,000,000	200,000	2,200,000
이한나	여	32	홍보부	4	과장	1,250,000	200,000	1,450,000
서장금	여	30	총무부	3	사원	1,400,000	200,000	1,600,000
정유진	여	29	영업부	4	대리	1,850,000	185,000	2,035,000
최소라	여	28	교육부	4	대리	1,750,000	175,000	1,925,000
이동숙	여	28	영업부	3	사원	1,800,000	180,000	1,980,000
채소연	여	28	교육부	2	사원	950,000	190,000	1,140,000
김영주	여	20	총무부	5	사원	2,000,000	100,000	2,100,000

B

섬포명		신생아용품	유아용품	아동용품	여성의류	남성의류	스포츠의류	란제리	잡화	합계
귀인프라자	⬆	61,495	71,551	68,757	42,523	94,353	46,176	34,182	67,950	486,987
기정마트	⬆	75,139	81,790	76,507	67,001	15,058	31,545	73,187	42,194	462,421
대양마트	⬆	64,297	81,662	25,614	77,865	19,981	58,147	97,998	27,649	453,213
대원아울렛	⬆	84,731	84,321	16,862	70,737	70,714	25,485	17,281	81,865	451,996
경천백화점	➡	42,887	26,359	77,237	95,664	84,685	92,084	28,022	53,978	500,916
경상프라자	⬆	80,097	31,375	16,479	70,229	81,672	38,912	16,255	49,384	384,403
개원백화점	⬇	30,450	70,908	17,064	90,413	1,850	34,203	4,948	28,941	278,777
광원백화점	➡	38,365	15,963	50,875	29,492	51,786	46,486	38,913	65,817	337,697
기풍마트	⬇	31,392	46,364	18,591	23,970	89,051	76,821	30,027	14,713	330,929
나사백화점	⬇	26,210	53,530	43,463	21,178	53,924	34,888	12,628	99,483	345,304
남경프라자	⬇	24,918	94,233	35,540	92,707	26,604	70,000	2,526	56,975	403,503
대단마트	⬇	21,759	69,001	12,156	17,537	33,767	1,335	35,829	5,476	196,860
대영아울렛	⬇	8,164	59,364	83,023	54,537	40,673	8,311	82,119	74,284	410,475
대일마트	⬇	24,317	52,111	94,625	44,022	37,663	20,642	32,123	54,818	360,321
먹산프라자	⬇	21,337	10,325	44,995	97,459	88,685	55,775	25,093	937	344,606

C

2007년 직원 현황

성명	성별	나이	부서	근속년수	직급	기본급	수당	총액
오영수	남	55	총무부	20	이사	2,800,000	280,000	3,080,000
채치수	남	57	총무부	25	이사	2,500,000	100,000	2,600,000
김소미	여	36	노무부	6	차장	2,000,000	200,000	2,200,000
선하라	여	40	교육부	9	차장	2,000,000	200,000	2,200,000
안정훈	남	32	홍보부	7	차장	2,100,000	210,000	2,310,000
김기수	남	38	노무부	10	과장	1,900,000	300,000	2,200,000
김덕훈	남	35	총무부	4	과장	1,800,000	180,000	1,980,000
김찬진	남	38	총무부	6	과장	2,000,000	200,000	2,200,000
윤대협	남	43	홍보부	10	과장	1,800,000	100,000	1,900,000
이한나	여	32	홍보부	4	과장	1,250,000	200,000	1,450,000
정대만	남	45	노무부	12	과장	1,900,000	80,000	1,980,000
김순호	남	40	교육부	7	대리	1,700,000	150,000	1,850,000
서태웅	남	38	홍보부	7	대리	1,700,000	150,000	1,850,000
송태섭	남	36	총무부	6	대리	1,350,000	120,000	1,470,000
유가을	여	39	영업부	4	대리	1,750,000	175,000	1,925,000
윤대현	남	30	홍보부	3	대리	1,670,000	167,000	1,837,000
이한구	남	33	교육부	5	대리	2,000,000	200,000	2,200,000
정유진	여	29	영업부	4	대리	1,850,000	185,000	2,035,000
최소라	여	28	교육부	4	대리	1,750,000	175,000	1,925,000
강백호	남	25	교육부	5	사원	1,550,000	250,000	1,800,000
김영주	여	20	총무부	5	사원	2,000,000	100,000	2,100,000

Lesson 02 │ 정렬은 내게 맡겨라~

A 도전!엑셀 여러 기준으로 정렬하기

B 도전!엑셀 조건부 서식에서 지정한 서식을 기준으로 정렬하기

C 도전!엑셀 직급이 높은 순서대로 정렬하기

Lesson 03 │ 새로워진 필터와 중복 데이터 제거하기

D 도전!엑셀 다양한 기준으로 필터 적용하기

E 실력다지기 외주가공비 내역만 다른 시트로 추출하기

D 라인 도서 판매 목록

도서명	분야	출판년	정가	인터넷판매		판매수	판매금
하치이야기	수필	2006-05-23	9,000	8,100	⬆	75	610,740
어린이를 위한 배려	아동	2006-05-03	8,500	7,650	⬆	90	688,500
곰보빵	수필	2006-04-24	8,900	9,010	⬆	71	636,106
청소부 밥	경제/경영	2006-11-01	10,000	9,000	⬆	82	736,200

E

날짜	원가요소	거래처	금액
2006-01-03	외주가공비	뜨거열처리	777,000
2006-01-03	외주가공비	뜨거열처리	555,000
2006-01-03	외주가공비	영일너트	12,000
2006-01-03	외주가공비	영일너트	13,000
2006-01-03	외주가공비	오래오래열처리	10,500
2006-01-03	외주가공비	오래오래열처리	13,000
2006-01-07	외주가공비	한영정밀	100,000
2006-01-07	외주가공비	성산정밀접착	120,000
2006-01-07	외주가공비	귀인정밀	382,000
2006-01-07	외주가공비	영일너트	68,114
2006-01-07	외주가공비	한영정밀	2,520,000
2006-01-07	외주가공비	한영정밀	3,640,000
2006-01-11	외주가공비	성실한공업사	10,500
2006-01-11	외주가공비	성실한공업사	46,900
2006-01-11	외주가공비	영일너트	22,000
2006-01-11	외주가공비	영일너트	33,000
2006-01-11	외주가공비	영일너트	85,900
2006-01-11	외주가공비	영일너트	45,700
2006-01-16	외주가공비	성실한공업사	100,000
2006-01-16	외주가공비	성실한공업사	7,500
2006-01-16	외주가공비	영어록수강	770,000
2006-01-16	외주가공비	기정기계	67,200
2006-01-16	외주가공비	남경정밀	784,000

PART09　엑셀 고수가 알려주는 데이터 집계와 분석 기법

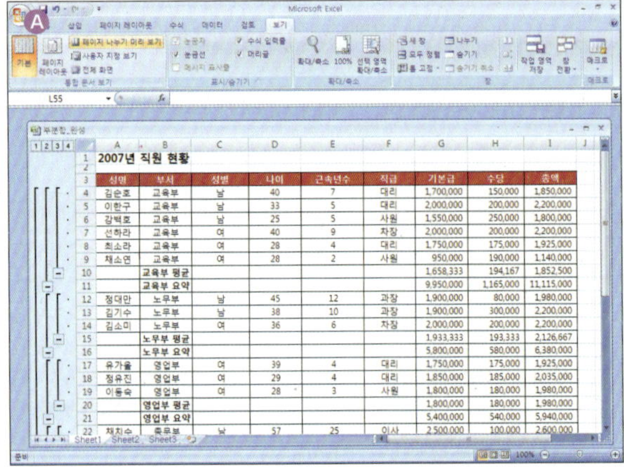

2007년 직원 현황

성명	부서	성별	나이	근속년수	직급	기본급	수당	총액
김순호	교육부	남	40	7	대리	1,700,000	150,000	1,850,000
이한구	교육부	남	33	5	대리	2,000,000	200,000	2,200,000
강백호	교육부	남	25	5	사원	1,550,000	250,000	1,800,000
선하라	교육부	여	40	9	차장	2,000,000	200,000	2,200,000
최소라	교육부	여	28	4	대리	1,750,000	175,000	1,925,000
채소연	교육부	여	28	2	사원	950,000	190,000	1,140,000
교육부 평균						1,658,333	194,167	1,852,500
교육부 요약						9,950,000	1,165,000	11,115,000
정대만	노무부	남	45	12	과장	1,900,000	80,000	1,980,000
김기수	노무부	남	38	10	과장	1,900,000	300,000	2,200,000
김소미	노무부	여	36	6	차장	2,000,000	200,000	2,200,000
노무부 평균						1,933,333	193,333	2,126,667
노무부 요약						5,800,000	580,000	6,380,000
유가을	영업부	여	39	4	대리	1,750,000	175,000	1,925,000
정유진	영업부	여	29	4	대리	1,850,000	185,000	2,035,000
이동숙	영업부	여	28	3	사원	1,800,000	180,000	1,980,000
영업부 평균						1,800,000	180,000	1,980,000
영업부 요약						5,400,000	540,000	5,940,000
채치수	총무부	남	57	25	이사	2,500,000	100,000	2,600,000

B　부서별 용접 실적대비 결함율

소속부서	사번	용접사명	실적	결함	결함율
생산1팀	7301054	강대영	100	10	10%
생산1팀	942783	강대진	40	20	50%
생산1팀	6706202	강무신	400	20	5%
생산1팀	952717	강병록	150	-	0%
생산1팀	0795086	김민철	100	-	0%
생산1팀	1704038	박상완	20	-	0%
생산1팀	7207220	박석근	100	20	20%
생산1팀	823113	박석순	160	-	0%
생산1팀	901733	이민호	200	-	0%
생산1팀	6208203	이병길	100	20	20%
생산1팀 평균			137	9	11%
생산2팀	2704004	강광영	250	20	8%
생산2팀	1104092	강구내	300	30	10%
생산2팀	802007	강기중	500	-	0%
생산2팀	802007	김기중	400	-	0%
생산2팀	943286	김대식	600	10	2%
생산2팀	343445	노유민	234	-	0%
생산2팀	424354	송태섭	140	30	21%
생산2팀	7503052	이경철	200	10	5%
생산2팀	536535	임해철	180	-	0%
생산2팀 평균			312	11	5%
생산기술팀	7010202	강명복	250	-	0%
생산기술팀	7903059	강상기	100	-	0%
생산기술팀	1103019	김병철	200	20	10%
생산기술팀	0998088	박동권	100	-	0%
생산기술팀	7101221	이대준	20	20	100%
생산기술팀	9903137	이도영	50	10	20%
생산기술팀	1202013	이도현	10	-	0%
생산기술팀	0998088	이동권	200	40	20%
생산기술팀 평균			116	11	19%
품질보증팀	6310060	강대훈	30	-	0%
품질보증팀	676776	강백호	346	31	9%
품질보증팀	823113	강석순	40	-	0%
품질보증팀	353535	김영길	175	22	13%

C　대리점 전체 재고 현황

품명	색상	90호	95호	100호	105호	110호	총합계
라운드T	흰색	11	5	12	6	4	38
	그레이	4	2	5	2	4	17
	검정색	5	4	4	2	6	21
	초록색	5	5	4	3	6	23
남성반팔T	흰색	3	1	6	4	9	23
	그레이	2	4	8	8	2	24
	검정색	2	6	14	6	9	37
	초록색	7	7	5	10	11	40
남성긴팔T	흰색	7	5	4	4	2	22
	그레이	4	4	6	12	3	
	검정색	2	4	5	2	4	17
	초록색	3	5	3	2	5	18
여성반팔T	흰색	3	9	3	6	4	25
	그레이	3	5	5	2	3	18
	검정색	6	5	7	2	5	25
	초록색	5	6	3	2	3	19

Lesson 01 │ 그룹별 집계를 계산하는 부분합

A 도전!엑셀 부분합을 이용하여 부서별 집계하기

B 실력다지기 부분합 요약 정보만 강조하기

Lesson 02 │ 흩어져 있는 데이터 통합하기

C 실력다지기 대리점별 재고 현황 통합하기

Lesson 03 │ 방대한 데이터를 요약해주는 피벗 테이블

D 실력다지기 전화 사용 실적 나이대별로 분석하기

D　객 전화요금 내역

고객명	성별	생년월일	나이	전화번호	전화요금
강백호	남	1996-10-01	11	010-***-****	1,750
윤대협	남	1974-01-17	33	010-***-****	21,931
서태웅	남	1992-03-01	15	010-***-****	46,360
이한나	여	1970-11-15	37	010-***-****	10,903
오일상	남	1968-01-02	39	010-***-****	11,770
김양경	남	1974-08-01	33	010-***-****	292,035
김운형	남	1970-02-05	37	010-***-****	583,588
이민영	여	1970-03-05	37	010-***-****	653,362
김태욱	남	1970-04-05	37	010-***-****	432,406
오하람	여	1970-05-05	37	010-***-****	337,266
김효진	여	1970-06-05	37	010-***-****	426,809
박명화	여	1970-07-05	37	010-***-****	952,369
박세희	여	1970-08-05	37	010-***-****	953,116
신예지	여	1970-09-05	37	010-***-****	341,419
박영환	남	1970-10-05	37	010-***-****	59,798
김회수	여	1970-11-05	37	010-***-****	798,560
박서현	여	1970-12-05	37	010-***-****	676,686
이정길	남	1971-01-05	36	010-***-****	113,154
김태백	남	1992-08-01	15	010-***-****	495,207
박태산	남	1994-12-05	13	010-***-****	23,889
황선룡	남	1999-07-01	8	010-***-****	4,819
강니나	여	1996-07-01	11	010-***-****	292,000
성운용	남	1995-05-01	12	010-***-****	527,155
김말자	여	2000-01-03	7	010-***-****	41,100
임태자	남	1987-05-17	20	010-***-****	23,340
이정수	남	1988-02-04	19	010-***-****	1,320
강풍석	남	1985-02-15	22	010-***-****	25,440
박만영	여	1987-03-16	20	010-***-****	19,080
임재기	남	1989-03-16	18	010-***-****	12,480
문병덕	남	1993-02-10	14	010-***-****	51,720
이인동	남	1995-02-10	12	010-***-****	24,240
김경애	여	1997-03-15	10	010-***-****	21,720
이두원	여	1997-03-15	10	010-***-****	30,420

	값			
나이	고객수	고객수 비중	매출액	매출액 비중
0-9세	2명	1.04%	₩45,919	0.14%
10-19세	27명	13.99%	₩3,026,521	9.45%
20-29세	99명	51.30%	₩3,561,916	11.12%
30-39세	41명	21.24%	₩13,989,348	43.66%
40-50세	24명	12.44%	₩11,416,000	35.63%
총합계	193명	100.00%	₩32,039,704	100.00%

PART10 마케팅을 도와 주는 가상 분석과 기타 기능

A 기간별 할인 요금 추이

기본요금	₩10,000
사용기간(개월)	1
할인율	5%
할인요금	500

	₩10,000	₩15,000	₩20,000	₩25,000	₩30,000	₩35,000
1개월	500	750	1,000	1,250	1,500	1,750
2개월	1,000	1,500	2,000	2,500	3,000	3,500
3개월	1,500	2,250	3,000	3,750	4,500	5,250
4개월	2,000	3,000	4,000	5,000	6,000	7,000
5개월	2,500	3,750	5,000	6,250	7,500	8,750
6개월	3,000	4,500	6,000	7,500	9,000	10,500
7개월	3,500	5,250	7,000	8,750	10,500	12,250
8개월	4,000	6,000	8,000	10,000	12,000	14,000
9개월	4,500	6,750	9,000	11,250	13,500	15,750
10개월	5,000	7,500	10,000	12,500	15,000	17,500
11개월	5,500	8,250	11,000	13,750	16,500	19,250
12개월	6,000	9,000	12,000	15,000	18,000	21,000

B

소요 경비		예상 매출 및 이익	
인건비	3,000,000	판매단가	200,000
홍보비	1,250,000	판매수량	81
간접비	1,943,182	예상매출	16,193,182
경비합계	6,193,182	예상이익	10,000,000

C 시나리오 요약

	현재 값:	2%인상	4%인상
변경 셀:			
$C$4	100%	102%	104%
$C$5	100%	102%	104%
$C$6	100%	102%	104%
$C$7	100%	102%	104%
$C$8	100%	102%	104%
결과 셀:			
$E$4	50,000,000	51,000,000	52,000,000
$E$5	45,000,000	45,900,000	46,800,000
$E$6	40,000,000	40,800,000	41,600,000
$E$7	35,000,000	35,700,000	36,400,000
$E$8	28,000,000	28,560,000	29,120,000

참고: 현재 값 열은 시나리오 요약 보고서가 작성될 때의 변경 셀 값을 나타냅니다. 각 시나리오의 변경 셀들은 회색으로 표시됩니다.

D (단위:백만)

시나리오 요약

	현재 값:	호조	악화
변경 셀:			
가전_성장율	4%	5%	3%
통신_성장율	10%	12%	5%
컴퓨터_성장율	-1%	1%	-5%
결과 셀:			
가전_매출계획	572	578	567
통신_매출계획	605	616	578
컴퓨터_매출계획	196	200	188

E 시간제 사원 근무 시간 계산

사원	출/퇴근	2월6일(월)	2월6일(화)	2월7일(수)	2월8일(목)	2월9일(금)	2월10일(토)	2월11일(일)	시간합계	주간합계급액
강백호	출근	9:00	9:00	14:00	15:00	15:00	19:00	9:00	45:30	910,000
	퇴근	18:00	20:00	19:30	18:00	18:00	21:00	21:00		
	근무시간	9:00	11:00	5:30	3:00	3:00	2:00	12:00		
서태웅	출근	10:00	10:00	10:00	10:00	10:00	10:00		18:00	360,000
	퇴근	13:00	13:00	13:00	13:00	13:00	13:00			
	근무시간	3:00	3:00	3:00	3:00	3:00	3:00	0:00		
윤대협	출근	13:00	13:00	13:00	13:00	13:00	13:00	13:00	35:00	700,000
	퇴근	18:00	18:00	18:00	18:00	18:00	18:00	18:00		
	근무시간	5:00	5:00	5:00	5:00	5:00	5:00	5:00		
송태섭	출근	11:00	11:00	11:00	11:00	11:00	11:00		24:00	480,000
	퇴근	15:00	15:00	15:00	15:00	15:00	15:00			
	근무시간	4:00	4:00	4:00	4:00	4:00	4:00	0:00		
이한나	출근	15:00	15:00	15:00	15:00	15:00	15:00	15:00	42:00	840,000
	퇴근	21:00	21:00	21:00	21:00	21:00	21:00	21:00		
	근무시간	6:00	6:00	6:00	6:00	6:00	6:00	6:00		

시간당 급여 20,000

Lesson 01 | 가상 분석을 위한 데이터 표
A 실력다지기 사용 기간에 따른 기본 요금의 할인액 파악하기

Lesson 02 | 결과값에 도달하기 위한 입력값 예측
B 실력다지기 목표 이익금을 달성하기 위한 판매 수량 계획

Lesson 03 | 다양한 상황을 예측하는 시나리오
C 도전!엑셀 직급별 연봉 인상률에 대한 시나리오 작성하기
D 실력다지기 매출 계획 시나리오 작성하기

Lesson 04 | 알아두면 편리한 기타 기능
E 도전!엑셀 엑셀 문서 PDF로 저장하기

PART11 반복되는 작업을 자동화하는 매크로

A

성별순 부분합 삭제 지역별

고객명	성별	지역	생년월일	나이	매출액
오일상	남	남부	1968-01-02	39	11,770
손재식	남	남부	1960-09-01	47	875,000
허윤정	남	남부	1960-10-01	47	565,000
권환오	남	남부	1960-11-01	47	754,000
정경상	남	남부	1960-12-01	47	150,000
민병도	남	남부	1961-01-01	46	56,000
권태환	남	남부	1961-03-01	46	491,000
정효규	남	남부	1961-04-01	46	428,000
민순식	남	남부	1961-07-01	46	517,000
최신석	남	남부	1961-08-01	46	533,000
김치우	남	남부	1980-01-01	27	41,305
서재리	남	남부	1980-03-01	27	16,060
김삼랑	남	남부	1983-12-02	24	23,360

Lesson 03 | 매크로 편집 및 삭제하기
A 실력다지기 부분합을 자동화하는 매크로

EXCEL

PART **04** 보고서의 이해와 완성도를 높이는 서식

PART 09 엑셀 고수가 알려주는 데이터 집계와 분석 기법   **490**

PART 10   534
마케팅을 도와 주는 가상 분석과 기타 기능

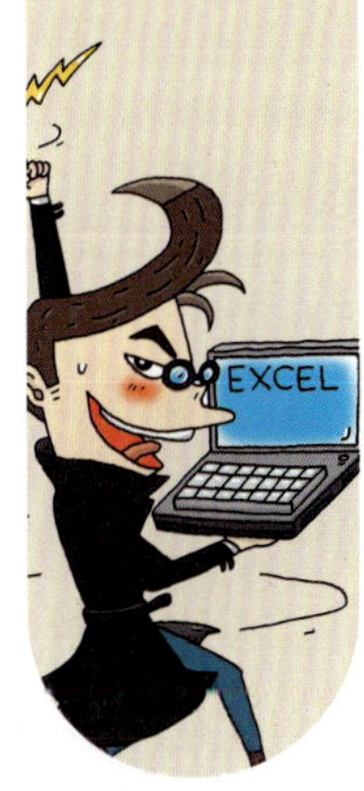

PART 11   568
반복되는 작업을 자동화하는 매크로

부록 CD에는 이 책에서 유용한 자료가 들어 있습니다.
이 책을 따라하는 데에 꼭 필요한 파일은 물론 업무에 활용할 수 있는
문서 서식이 들어 있으니 참고하세요.

예제 샘플과 결과 파일

본문에 있는 예제 파일을 불러 와서 공부할 수 있도록 경로를 표시했습니다. 그러므로 따라하기를 할 때마다 불러 와서 사용하세요. 부록 CD에서 파일을 불러 오는 방법은 모두 아시죠?

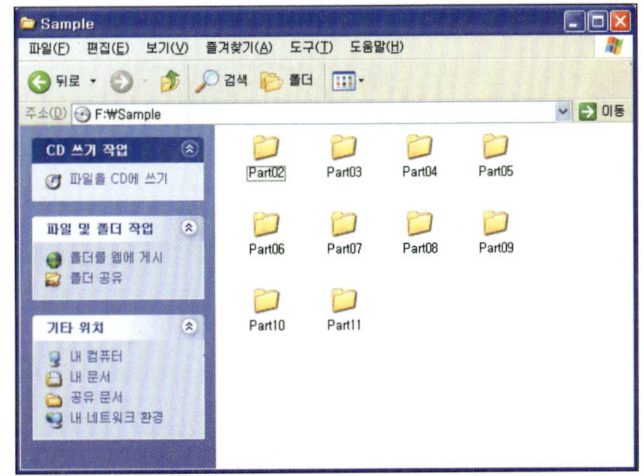

● 경로 : CD\Sample

예스폼에서 제공하는 디자인 서식

대한민국 대표 문서/서식 회사인 예스폼에서 제공하는 한글(100), 파워포인트(100), 엑셀(100) 개의 서식 디자인을 제공합니다.

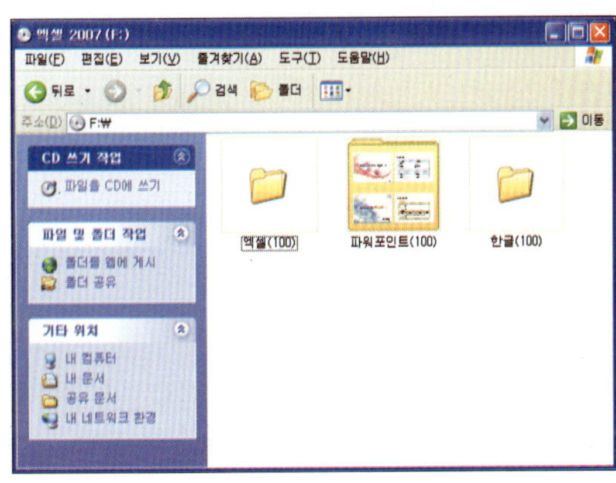

● 경로 : CD\예스폼

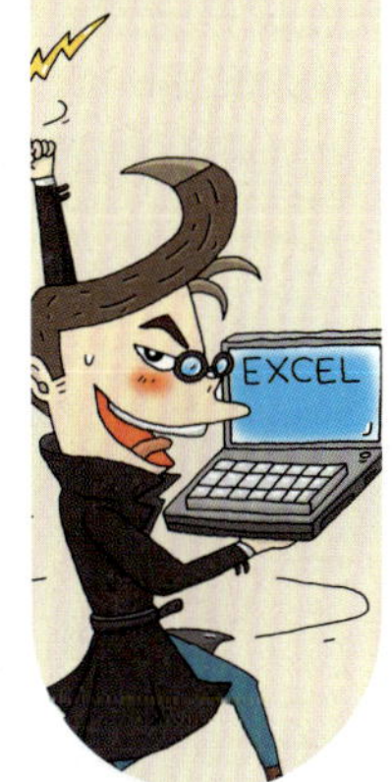

이 책은 저자의 풍부한 경험에서 얻은 테크닉을 독자에게 제공하는 엑셀 2007 입문서입니다.
이 책의 구성 방식은 과학적이기 때문에 더욱 효율적으로 학습할 수 있습니다.
수많은 독자들이 읽고, 눈에 쏙 들어온다고 감탄한 이 책의 구성을 직접 확인해 보세요.

Lesson

독자 여러분이 쉽게 따라할 수 있도록 각 기능을 Lesson 단위로 묶었습니다.

들어가는 말

Lesson에서 배울 내용을 간결하고 쉽게 설명합니다.

선뽑기

꼼꼼히 안내해 주는 선을 따라 학습하다 보면 내용을 쉽게 이해할 수 있습니다.

주의

예제를 따라하다 막힌 경험이 있나요? 주의를 참고하면 실수를 미리 예방할 수 있습니다.

TIP

본문에서 다루지 않은 알짜배기 노하우를 살짝 공개합니다. 실무에 유용한 비법이 담겨 있으니 놓치지 말고 꼭 보세요.

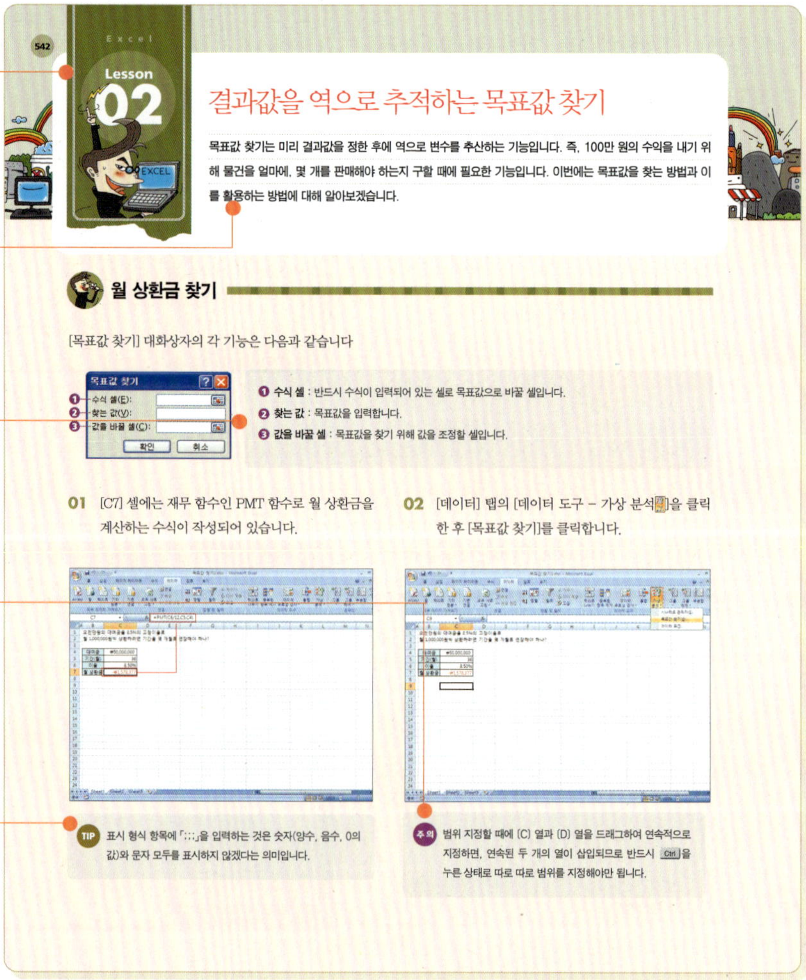
542

Excel Lesson 02

결과값을 역으로 추적하는 목표값 찾기

목표값 찾기는 미리 결과값을 정한 후에 역으로 변수를 추산하는 기능입니다. 즉, 100만 원의 수익을 내기 위해 물건을 얼마에, 몇 개를 판매해야 하는지 구할 때에 필요한 기능입니다. 이번에는 목표값을 찾는 방법과 이를 활용하는 방법에 대해 알아보겠습니다.

월 상환금 찾기

[목표값 찾기] 대화상자의 각 기능은 다음과 같습니다

❶ 수식 셀 : 반드시 수식이 입력되어 있는 셀로 목표값으로 바꿀 셀입니다.
❷ 찾는 값 : 목표값을 입력합니다.
❸ 값을 바꿀 셀 : 목표값을 찾기 위해 값을 조정할 셀입니다.

01 [C7] 셀에는 재무 함수인 PMT 함수로 월 상환금을 계산하는 수식이 작성되어 있습니다.

02 [데이터] 탭의 [데이터 도구 – 가상 분석]을 클릭한 후 [목표값 찾기]를 클릭합니다.

TIP 표시 형식 항목에 「;;;」을 입력하는 것은 숫자(양수, 음수, 0의 값)와 문자 모두를 표시하지 않겠다는 의미입니다.

주의 범위 지정할 때에 (C) 열과 (D) 열을 드래그하여 연속적으로 지정하면, 연속된 두 개의 열이 삽입되므로 반드시 Ctrl 을 누른 상태로 따로 따로 범위를 지정해야만 됩니다.

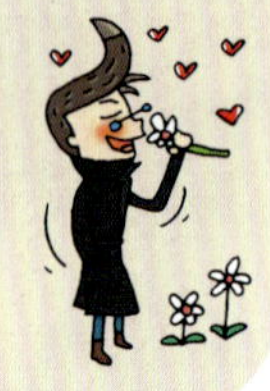

목표 이익금을 달성하기 위한 판매 수량 계획

Master Excel
실력다지기

소요 경비와 예상 매출 및 이익에 대한 수식은 미리 작성되어 있습니다. 이번에는 예상 이익 10,000,000원을 달성하기 위해 상품을 얼마 만큼 판매해야 하는지에 대해 알아보겠습니다.

[예제 파일 경로] 부록 CD\Sample\Part10\목표값찾기2.xlsx | [결과 파일 경로] 부록 CD\Sample\Part10\Master\목표값찾기2_완성.xlsx

완성
예제
미리
보기

소요 경비		예상 매출 및 이익	
인건비	3,000,000	판매단가	200,000
홍보비	1,250,000	판매수량	81
간접비	1,943,182	예상매출	16,193,18
경비합계	6,193,182	예상이익	10,000,000

01 [데이터] 탭의 [데이터 도구 – 가상 분석]을 클릭한 후 [목표값 찾기]를 클릭합니다.

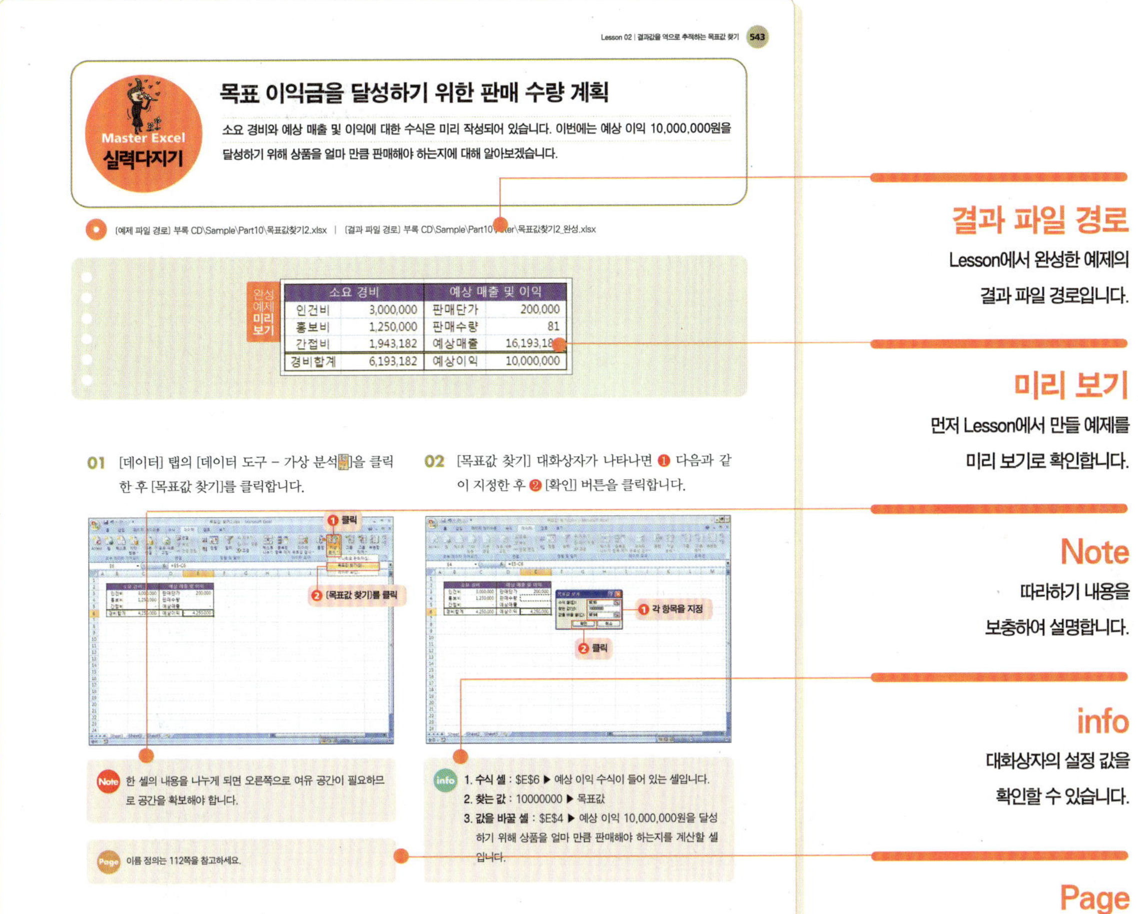

02 [목표값 찾기] 대화상자가 나타나면 ① 다음과 같이 지정한 후 ② [확인] 버튼을 클릭합니다.

Note 한 셀의 내용을 나누게 되면 오른쪽으로 여유 공간이 필요하므로 공간을 확보해야 합니다.

Page 이름 정의는 112쪽을 참고하세요.

info 1. **수식 셀** : $E$6 ▶ 예상 이익 수식이 들어 있는 셀입니다.
2. **찾는 값** : 10000000 ▶ 목표값
3. **값을 바꿀 셀** : $E$4 ▶ 예상 이익 10,000,000원을 달성하기 위해 상품을 얼마 만큼 판매해야 하는지를 계산할 셀입니다.

결과 파일 경로
Lesson에서 완성한 예제의 결과 파일 경로입니다.

미리 보기
먼저 Lesson에서 만들 예제를 미리 보기로 확인합니다.

Note
따라하기 내용을 보충하여 설명합니다.

info
대화상자의 설정 값을 확인할 수 있습니다.

Page
표시된 쪽으로 이동하면, 자세한 설명을 확인할 수 있습니다.

PART
01

똑똑해진
엑셀 2007, 반가워

엑셀 2007 기본＋활용
실무 테크닉

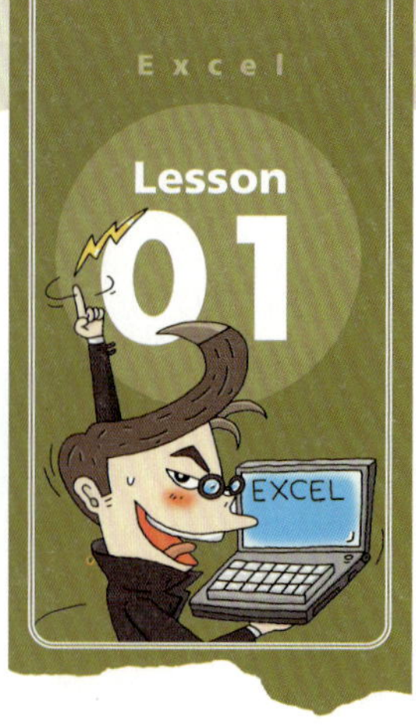

Lesson 01

수식 계산의 마술사, 엑셀

엑셀은 스프레드시트(Spread Sheet)의 한 종류로 수식 계산, 표 작성, 차트 작성, 데이터 관리 및 분석 작업 등을 할 수 있는 프로그램입니다. 1990년대 초반 한글 엑셀 5.00이 널리 보급되면서부터 엑셀 7.0, 엑셀 97, 엑셀 2002, 엑셀 2003의 진화를 거쳐 최근에는 엑셀 2007이 출시되었습니다. 지금부터 엑셀의 기능에 대해 하나씩 살펴보겠습니다.

스프레드시트 프로그램인 엑셀

스프레드시트는 말 그대로 여러 장의 종이를 펼쳐 놓은 작업 공간을 말합니다. 즉, 종이 한 장이 아니라 여러 장의 종이를 펼쳐 놓고 서로 참조하면서 작업을 해 나간다는 뜻입니다. 스프레드시트에는 엑셀 외에도 Lotus 1-2-3, Quart Pro 등이 있지만 지금은 대부분 엑셀을 많이 사용합니다.

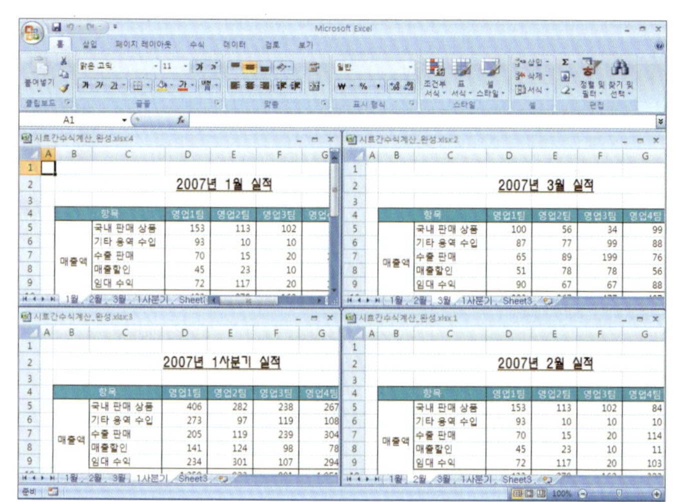

엑셀의 다재다능한 능력들

엑셀은 우리 생활의 여러 영역에서 이용되고 있습니다. 예를 들어 가정에서는 가계부를 작성하거나 주소록을 관리하는 데에 이용되며, 학교에서는 학생의 성적 관리나 학사 관리에 이용되고, 회사에서는 각종 세금 계산이나 급여 계산 등에 이용됩니다. 이 밖에도 엑셀을 이용하여 할 수 있는 일들은 무궁무진하며 그 활용 범위도 넓습니다.

엑셀의 주요 기능을 정리하면 다음과 같습니다.

● 계산기보다 똑똑한 계산 능력

다양한 함수와 연산 기능을 이용하여 복잡한 수식을 쉽고 빠르게 계산할 수 있습니다. 계산이 복잡한 거래 명세표나 세금 계산서, 급여 명세표 등도 간편하게 작성하거나 관리할 수 있습니다.

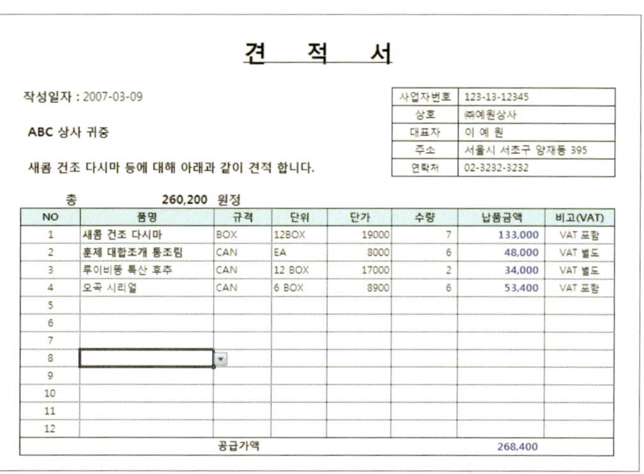

● 규격과 서식이 있는 문서 양식

엑셀에는 일정한 규격으로 나뉘어진 행과 열이 있기 때문에 표를 포함하고 있는 문서를 만들 경우 워드프로세서보다 쉽게 표를 작성할 수 있을 뿐만 아니라 수식을 사용하여 표의 내용을 좀 더 빠르게 완성할 수 있습니다. 스프레드시트 프로그램의 본래 목적에는 다소 어긋나지만 엑셀은 규격과 서식이 일정한 문서 양식을 만들 때에도 편리하게 이용할 수 있습니다.

● 수치를 한눈에 보여 주는 차트 작성

매출액이나 연령 등의 수치 데이터를 비교하거나 분석할 때에는 데이터보다는 차트로 작성하는 것이 효율적입니다. 엑셀은 막대형, 꺾은선형, 원형, 분산형 등과 같은 여러 종류의 차트를 제공하기 때문에 원하는 차트를 쉽고 빠르게 만들 수 있습니다. 특히 엑셀 2007은 차트의 그래픽 효과가 강화되어 전문가 수준의 세련된 문서를 매우 쉽게 만들 수 있습니다.

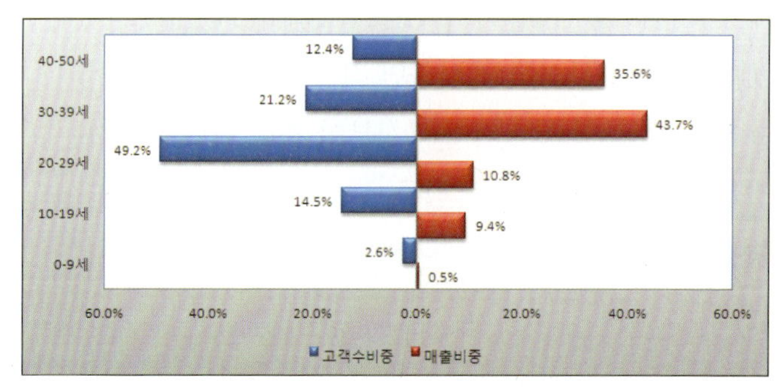

● 수많은 데이터 관리와 분석도 척척

업무가 많아질수록 관리해야 하는 데이터의 양도 많아지게 마련입니다. 엑셀을 이용하면 수천 명이 넘는 직원들의 정보를 쉽게 관리할 수 있을 뿐만 아니라 데이터를 다양한 기준으로 검색, 정렬, 분석할 수도 있기 때문에 업무의 효율성을 높일 수 있습니다.

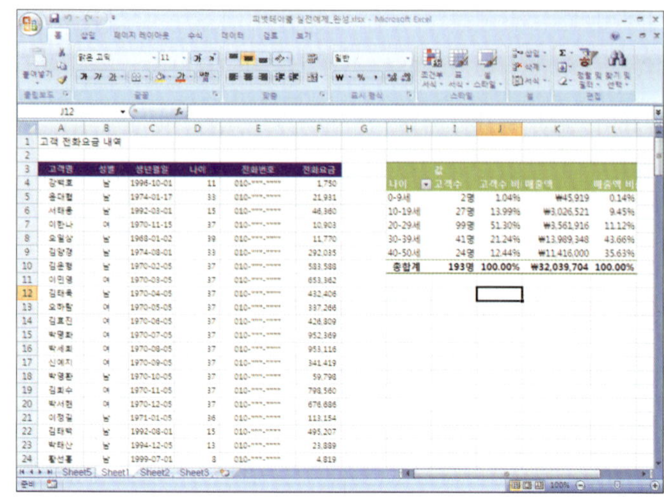

● 프로그램을 직접 만들 수 있는 매크로

프로그래밍 기능인 매크로를 이용하면 매번 반복되는 작업을 몇 번의 클릭만으로도 쉽게 처리할 수 있습니다.

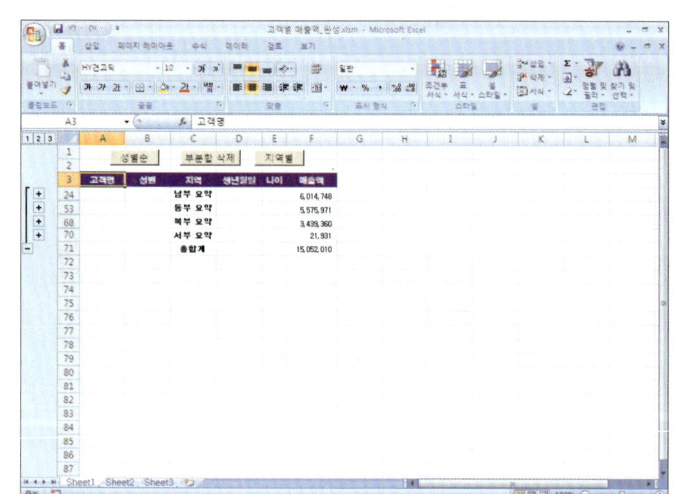

● 직원들간의 협업기능

Excel서비스를 이용하여 Office SharePoint Server 2007에 엑셀 문서를 게시하면 직원들간 최신의 데이터를 유지할 수 있으며 여러 복사본이 조직 내에 산재하는 것을 방지할 수 있는 등 공동 작업을 보다 원활하게 실행 할 수 있습니다.

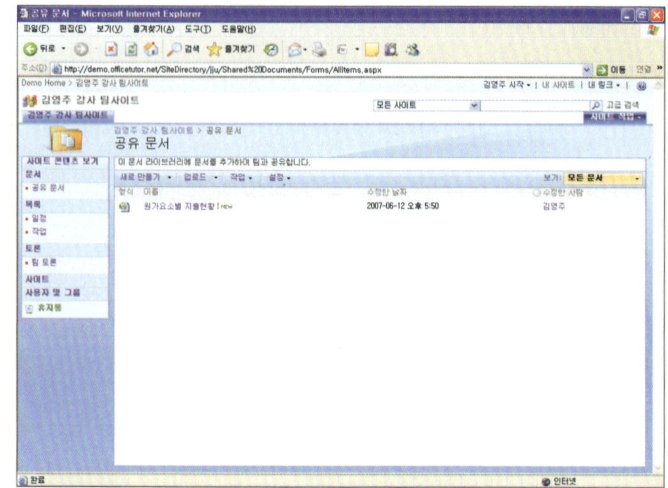

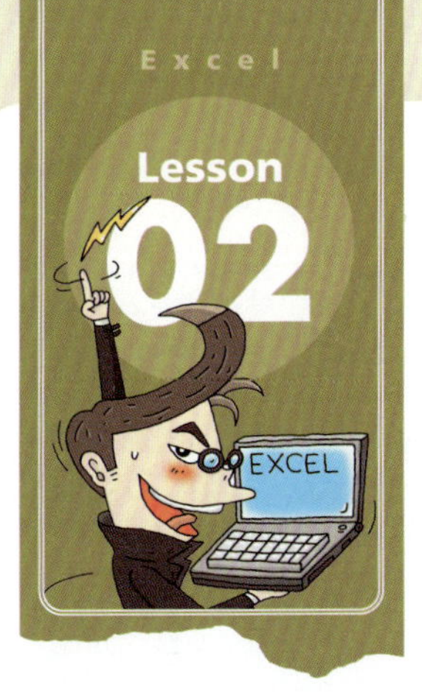

Excel

Lesson 02

막강해진 엑셀 2007의 새로운 기능

엑셀 2003 이후 오랜 기간의 공백 끝에 출시된 엑셀 2007은 이전 버전에 비해 기능이 월등히 향상되었습니다. 이번 레슨에서는 엑셀 2007의 새로운 기능 및 향상된 기능에 대해 살펴보고, 아울러 프로그램을 설치하기 위한 시스템 요구 사항에 대해서도 알아보겠습니다.

향상된 인터페이스 및 작업 공간

엑셀 2007을 이용하면 데이터를 쉽게 분석할 수 있으며, 몇 번의 클릭만으로도 전문가 수준의 차트나 표를 만들 수 있습니다. 또한 Microsoft Office SharePoint Server 2007과 함께 제공되는 Excel 서비스를 이용하면 동료, 고객, 비즈니스 파트너와 더욱 안전하게 데이터를 공유할 수 있습니다.

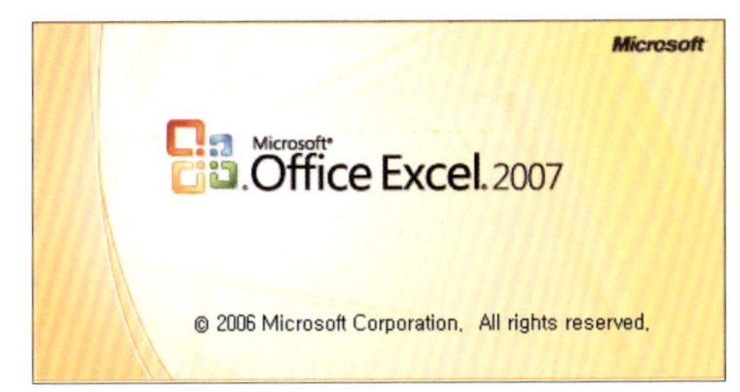

1 │ 리본 메뉴

기존 버전에서의 메뉴, 도구 모음, 작업 창을 리본 메뉴로 대체함으로써 사용자가 필요로 하는 도구를 곧바로 제공하여 더욱 빠르게 원하는 결과를 얻을 수 있게 되었습니다.

엑셀 2007에는 리본 메뉴 외에도 각각의 작업 상황에 따라 달리 나타나는 상황 메뉴가 있습니다. 예를 들면 그림과 같이 차트를 선택했을 경우 차트를 편집할 수 있는 [디자인], [레이아웃], [서식]이라는 차트 관련 상황 메뉴가 나타납니다.

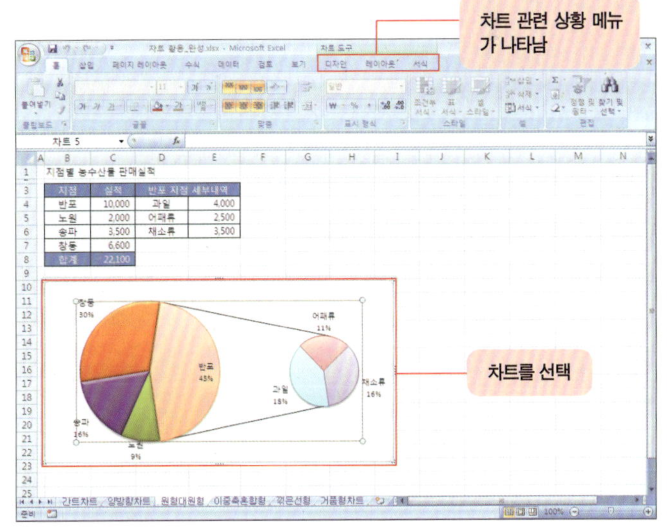

2 | 증가된 워크시트의 작업 영역

이전 버전에 비해 작업 영역인 워크시트의 행은 1,048,576개, 열은 16,384개로 증가되어 하나의 시트에서 더 많은 데이터를 관리할 수 있습니다. 하나의 시트에서 관리하고 싶지만 작업 영역이 부족하여 여러 개의 시트로 나눌 수밖에 없었던 기존의 문제점들이 해결된 것이지요.

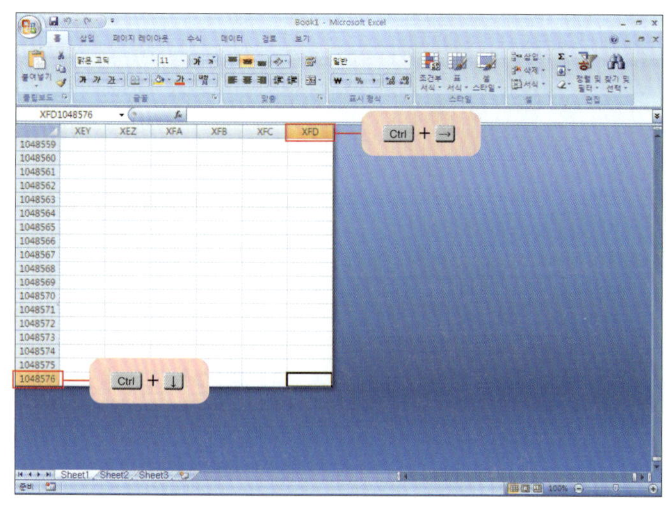

3 | Excel 옵션 대화상자 나타내기

엑셀에서 수식, 고급 기능, 추가 기능에 대한 다양한 옵션을 설정하려면 [Office 단추]를 클릭한 후 [Excel 옵션]을 클릭합니다.

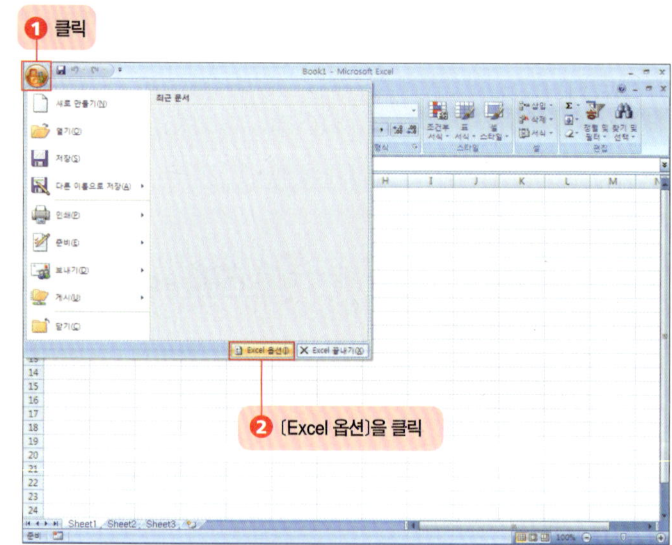

4 | 수식 입력줄 확장

셀에 입력된 긴 내용이나 수식을 확인할 경우에는 [수식 입력줄 확장]을 클릭하거나 수식 입력줄 경계선을 드래그하여 영역을 자유롭게 조절할 수 있습니다.

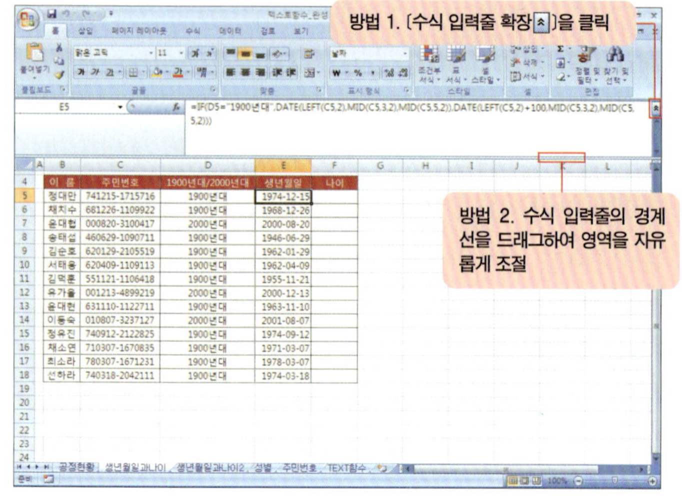

5 | 간편해진 시트 삽입

왼쪽 아래의 시트 탭에 있는 [워크시트 삽입]을 클릭하면 새로운 시트를 간편하게 삽입할 수 있습니다.

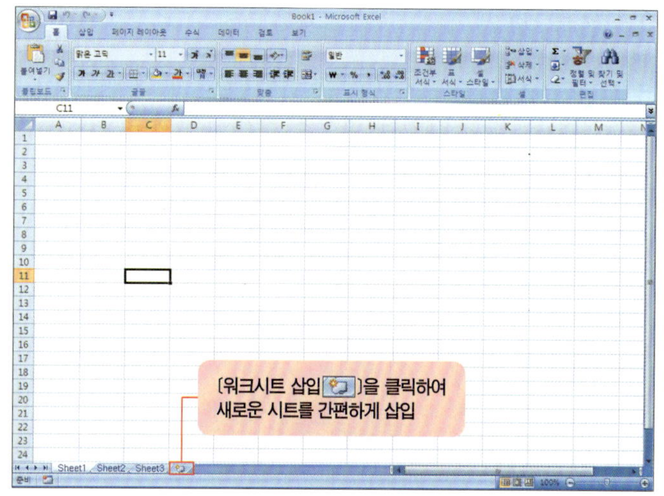

6 | 확장된 상태 표시줄

상태 표시줄에는 기본적으로 합계, 평균, 개수 등의 정보가 표시되며, 마우스 오른쪽 버튼을 클릭하면 더욱 다양한 정보를 확인할 수 있습니다.

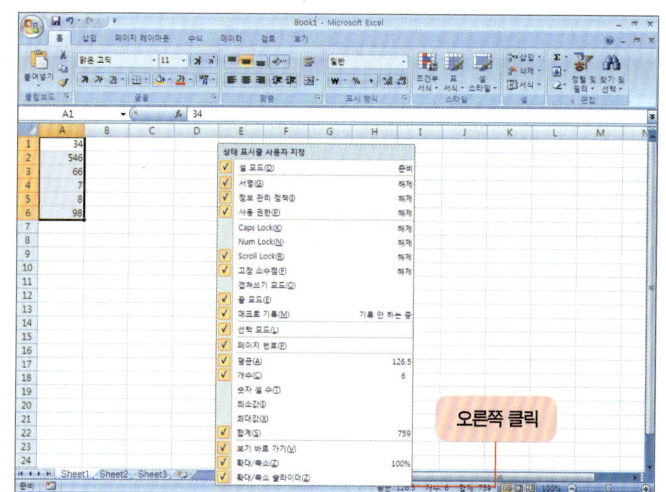

7 | [화면 확대/축소] 컨트롤

화면을 확대 또는 축소하려면 화면 오른쪽 아래에 있는의 [확대/축소] 컨트롤을 드래그하거나 202% 를 클릭하면 나타나는 [확대/축소] 대화상자를 이용하여 구체적인 배율을 지정할 수도 있습니다.

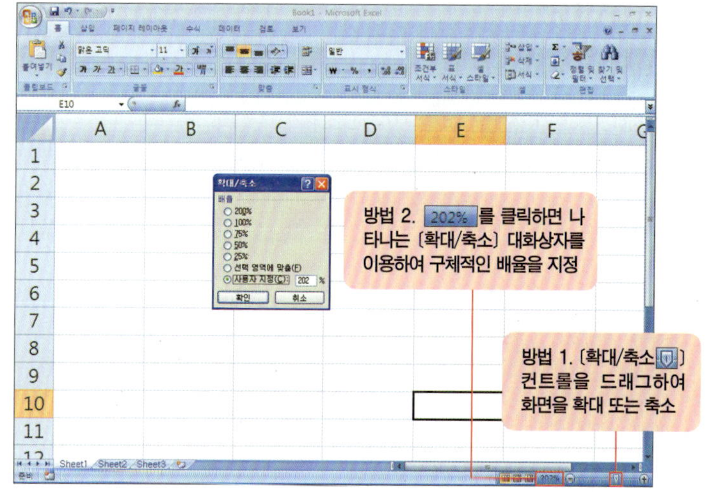

● 셀 서식을 빠르게 지정해 주는 〔셀 스타일〕

글꼴 종류, 셀 색, 테두리를 지정할 때에는 사전에 정의
된 스타일 중에서 선택하여 손쉽게 변경할 수 있습니다.
또한 원하는 셀 스타일에 마우스 포인터를 올려놓으면
실시간으로 미리 보기를 할 수 있습니다.

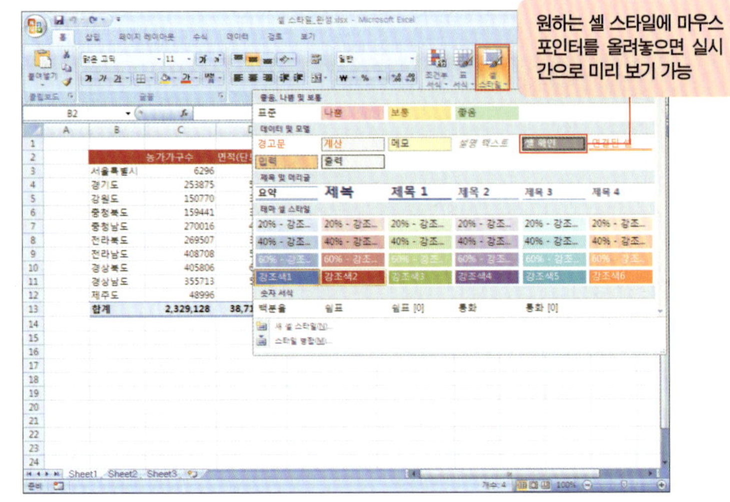

● 향상된 표 서식

엑셀 2003의 Excel 목록이 Excel 표로 바뀌었습니다.
몇 번의 클릭만으로도 데이터를 표로 작성할 수 있으며,
데이터가 추가되면 표의 서식과 수식이 자동으로 확장
됩니다. 또한 자동 필터를 만들 수 있을 뿐만 아니라 데
이터가 긴 경우에는 열 머리글을 고정할 수도 있습니다.

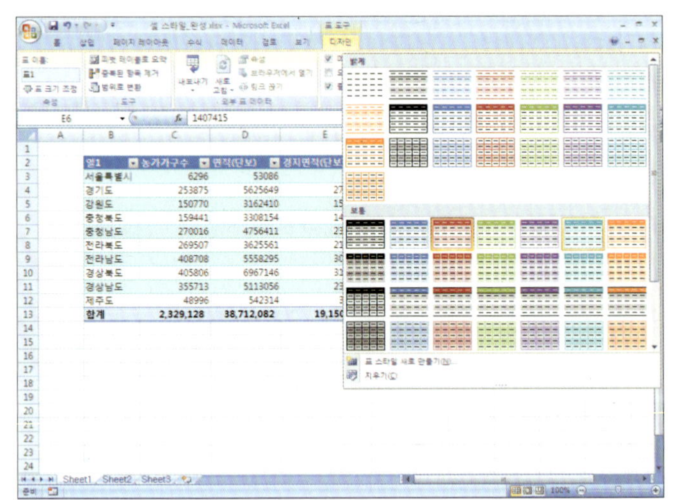

● 페이지 레이아웃 보기

인쇄 미리 보기를 하지 않더라도 스프레드시트의 인쇄
모양을 정확하게 볼 수 있으며, 머리글 및 바닥글을 추
가하거나 편집할 수도 있습니다.

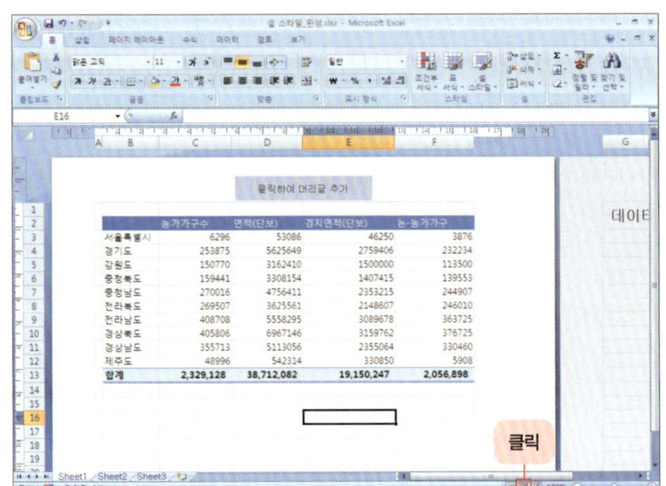

● 데이터 시각화 구성표로 조건부 서식을 지정

색 그러데이션, 데이터 막대, 아이콘을 사용하여 조건부
서식을 지정한 후 주요 추세를 파악하거나 예외를 강조
할 수 있습니다.

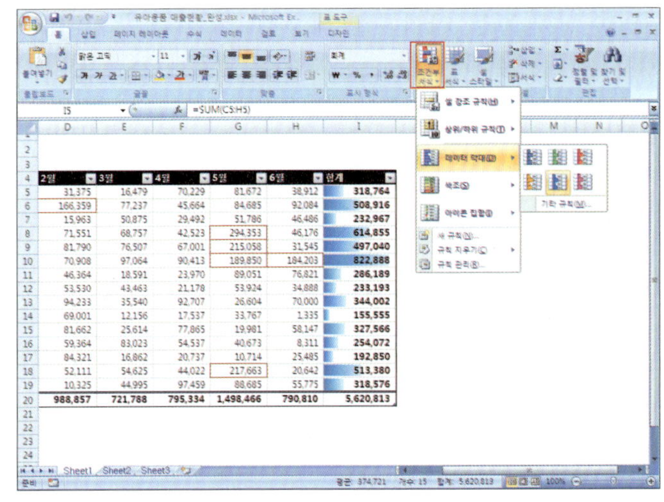

● 전문적인 차트 도구

차트 종류별로 전문가 수준의 차트 스타일이 등록되어
있기 때문에 차트로 작성할 데이터를 범위 지정한 후 몇
번의 클릭만으로도 전문적인 차트 모양을 만들 수 있습
니다. Office Excel 2007의 차트 엔진은 Microsoft
Office Word 2007 및 Microsoft Office PowerPoint
2007과 연동되기 때문에 사용 중인 응용 프로그램에 관
계 없이 동일한 방법으로 차트를 작성할 수 있습니다.

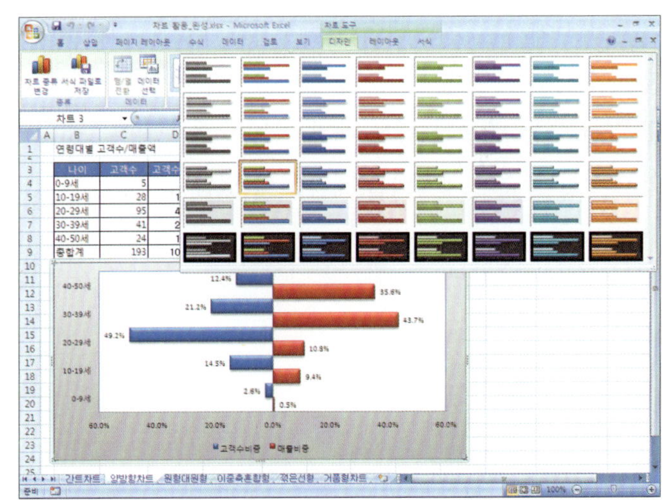

● 향상된 데이터 정렬

날짜, 텍스트, 숫자로 정렬할 수 있을 뿐만 아니라 셀
색, 글꼴 색, 아이콘별로 정렬할 수 있습니다. 또한 최대
64단계까지 정렬 단계를 관리할 수도 있습니다.

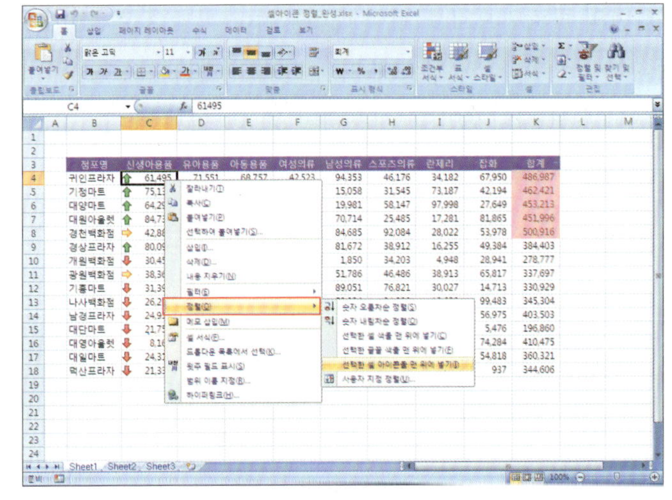

● 향상된 자동 필터

다양한 날짜 조건, 아이콘별, 색상별로 필터를 할 수 있으며, 한 필드에서 2개 이상의 필터 조건을 지정할 수도 있습니다.

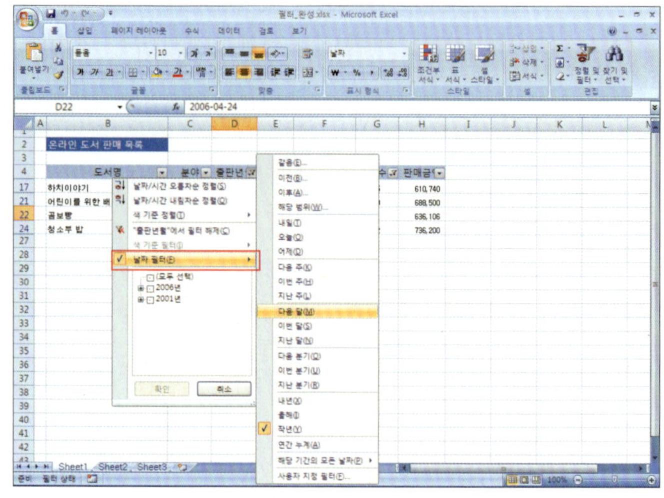

● 중복 데이터 제거

이전 버전에서는 중복 데이터를 제거하려고 할 경우 복잡한 수식을 사용하거나 고급 필터를 이용하였지만, 엑셀 2007에는 중복된 항목 제거 기능이 추가되어 보다 쉽고 빠르게 중복 데이터를 제거할 수 있습니다.

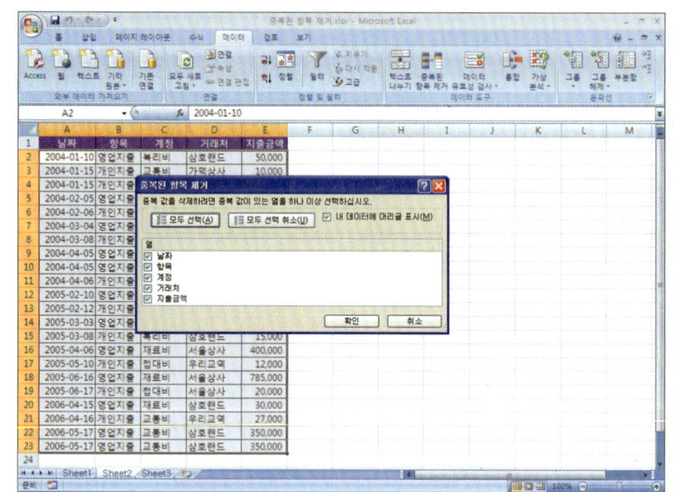

● 사용하기 쉬워진 피벗 테이블

몇 번의 클릭만으로도 피벗 테이블이나 피벗 차트를 만들 수 있으며, 작업 상황에 따라 달리 나타나는 상황 메뉴인 [옵션], [디자인]을 사용하여 좀 더 쉽게 데이터를 분석할 수 있습니다.

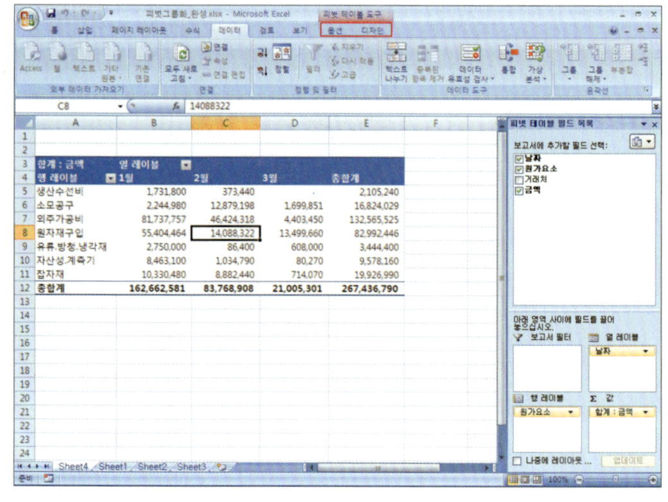

● PDF 또는 XPS 파일로 저장

추가 기능을 설치하면 데이터를 고정시키는 PDF 또는
XPS 파일로 저장할 수 있습니다.

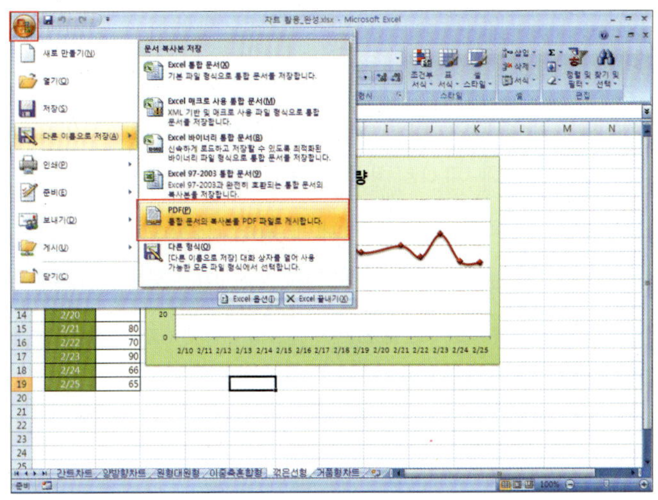

● 달라진 확장자

엑셀 2007에서 문서를 저장하면 XML(Extensible Markup Language)이라는 파일 포맷으로
저장됩니다. 새로운 Microsoft Office Excel XML 압축 형식은 파일 크기가 작으며, 관련 아키
텍처는 손상된 파일의 데이터 복구 기능을 향상시킵니다. 매크로를 포함하지 않는 기본 엑셀 통
합 문서 파일의 확장자는 *.xlsx입니다. 엑셀 2007에서 저장할 수 있는 확장자의 종류는 다음과
같습니다.

구 분	확장자	설 명
엑셀 통합 문서	*.xlsx	통합 문서에 매크로가 포함되지 않은 파일 형식
매크로 포함 통합 문서	*.xlsm	통합 문서에 매크로나 VBA 코드가 포함된 파일 형식
엑셀 서식 파일	*.xltx	엑셀 서식 파일
엑셀 추가 기능 파일	*.xlam	엑셀 추가 기능 파일
엑셀 매크로 사용 서식 파일	*.xltm	매크로나 VBA가 포함된 통합 문서 서식 파일
XML이 아닌 이진 통합 문서	*.xlsb	Office Excel 2007 이진 파일 형식
엑셀 97-2003 통합 문서	*.xls	Excel 97~2003을 사용하고 있으며, Office 2007용 Microsoft 호환 기능 팩이 없거나 통합 문서를 공유해야 하는 경우에는 이 파일 형식으로 저장합니다.
Microsoft Excel 5.0/95 통합 문서	*.xls	Excel 5.0을 사용하거나 통합 문서를 공유해야 할 경우에는 이 파일 형식으로 저장합니다. 이 파일 형식으로 저장하면 Excel 2007의 새로운 기능은 대부분 사용할 수 없습니다.

 **TIP 엑셀 확장자의 의미**

xl은 Excel, s는 Spread Sheet, m은 Macro, x는 XML, t는 Templet, a는 Add-In, b는 Binary의 약자입니다.

● 효율적인 정보 관리

Office Excel 2007 및 Excel 서비스를 사용하면 중요한 비즈니스 정보를 관리하고 제어할 수 있습니다. Excel 2007을 사용하여 만든 문서를 Office SharePoint Server 2007에 게시하면 스프레드시트의 여러 복사본 또는 오래된 복사본이 조직 내에 확산되는 것을 방지할 수 있습니다. 또한 권한 기반 액세스를 이용하면 서버에서 스프레드시트를 열람하거나 수정할 수 있는 사용자를 관리할 수 있습니다.

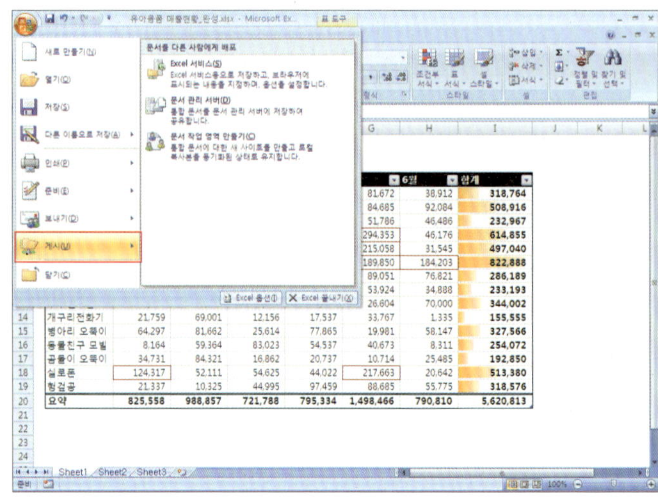

오피스 2007 시스템 요구 사항

Microsoft Office Excel 2007을 설치하기 위한 시스템 요구 사항은 다음과 같습니다.

구성 요소	요구 사항
컴퓨터 및 프로세서	500MHz 이상의 프로세서
메모리	256MB RAM 이상
하드 디스크	1.5GB 프로그램을 설치한 후 원본 다운로드 패키지를 하드 드라이브에서 제거하면 이 디스크 공간을 다시 사용할 수 있습니다.
드라이브	CD-ROM 또는 DVD 드라이브
디스플레이	모니터 해상도 1024×768 이상
운영 체제	Microsoft Windows® XP 서비스 팩 2(SP2)또는 Windows Server® 2003 서비스 팩 1 (SP1) 이상의 운영 체제
기타	정보 권한 관리 기능을 사용하려면 Microsoft Windows SharePoint Services를 실행 중인 Windows 2003 Server with SP1 이상에 액세스해야 합니다.
추가 구성 요소	실제 요구 사항 및 제품 기능은 시스템 구성과 운영 체제에 따라 다를 수 있습니다.

엑셀 2007 내 컴퓨터에 설치하기

프로그램을 제대로 설치하지 않으면 실제 작업 시에 어려움을 겪을 수 있습니다. 특히 엑셀 2007의 강력한 기능들을 충분히 활용하기 위해서는 설치 과정에서부터 많은 신경을 써야 합니다.

01 설치 CD를 넣으면 먼저 [제품 키 입력] 대화상자가 나타납니다.

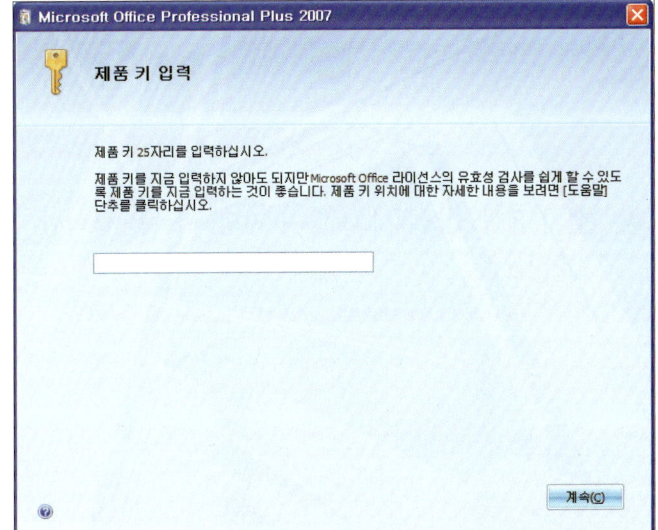

TIP 구입한 제품의 종류에 따라 처음 화면에 표시되는 장면을 다를 수 있습니다.

02 ❶ 텍스트 상자에 제품 키를 입력한 후 오른쪽에 체크 표시가 나타나면 ❷ [계속] 버튼을 클릭합니다.

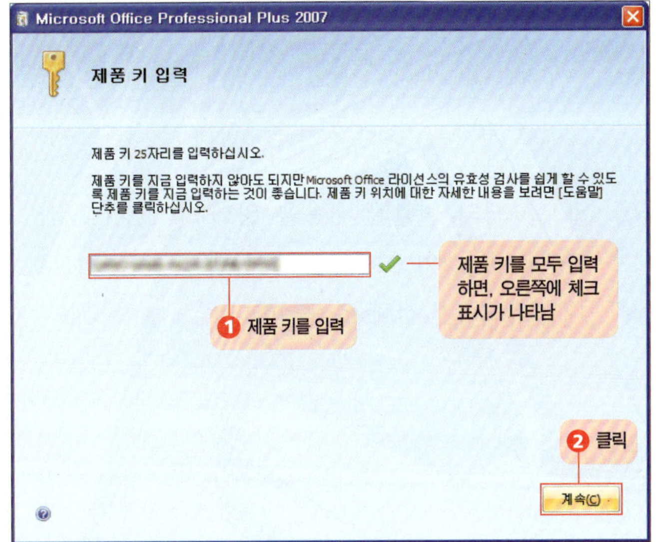

03 Microsoft 소프트웨어 사용권 조항을 읽은 후 ❶ '동의함'에 체크 표시를 하고 ❷ [계속] 버튼을 클릭합니다.

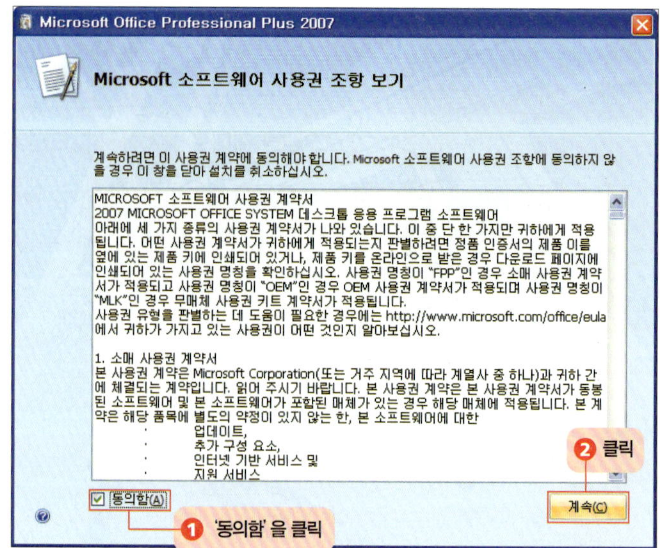

04 설치 유형 선택에서 [사용자 지정] 버튼을 클릭합니다.

> **TIP** 만약 이전 버전의 오피스프로그램이 설치되어 있는 상황이라면 [업그레이드] 버튼과 [사용자 지정] 버튼이 표시됩니다.

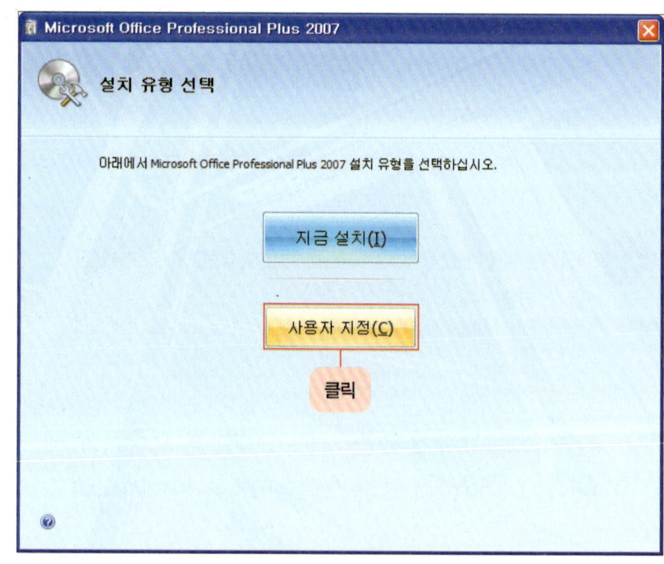

05 프로그램의 원활한 사용을 위해 ❶ Microsoft Office Excel의 설치 버튼을 선택한 후 ❷ '모두 내 컴퓨터에서 실행'을 클릭합니다.

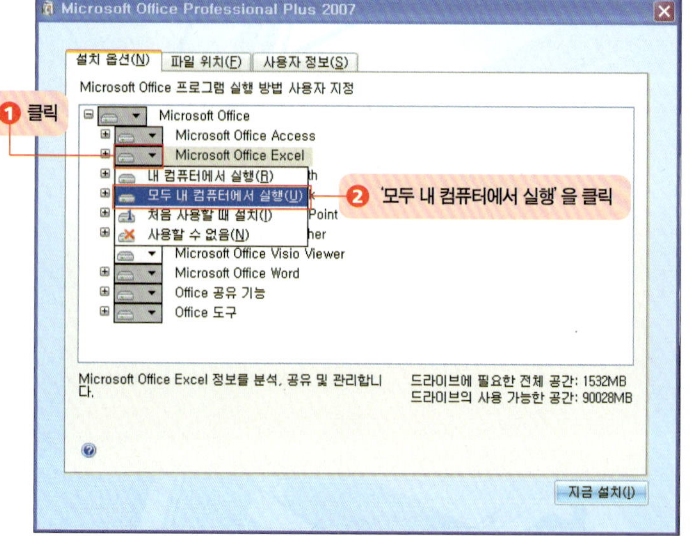

06 설치할 경로를 지정하려면[파일 위치] 탭을 클릭한 후 [찾아보기] 버튼을 클릭합니다. 여기서는 기본적으로 지정되어 있는 경로 그대로 설치하기 위해 그대로 둡니다.

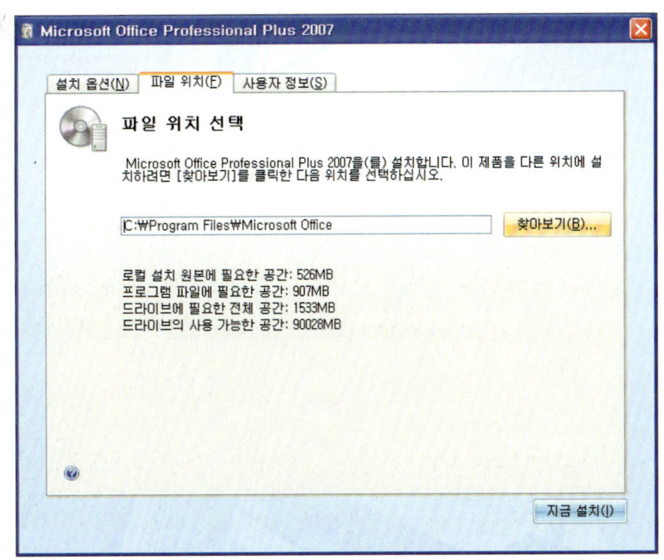

07 ❶ [사용자 정보] 탭을 선택한 후 ❷ 전체 이름, 이니셜, 조직에 내용을 입력하고 ❸ [지금 설치] 버튼을 클릭합니다.

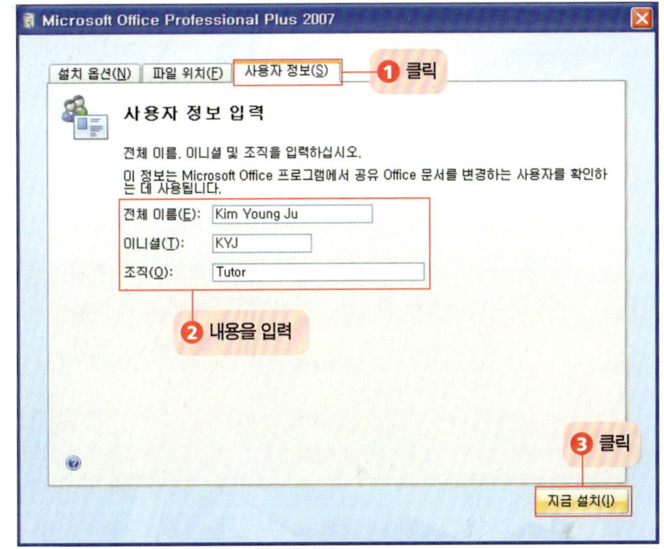

08 설치가 진행됩니다.

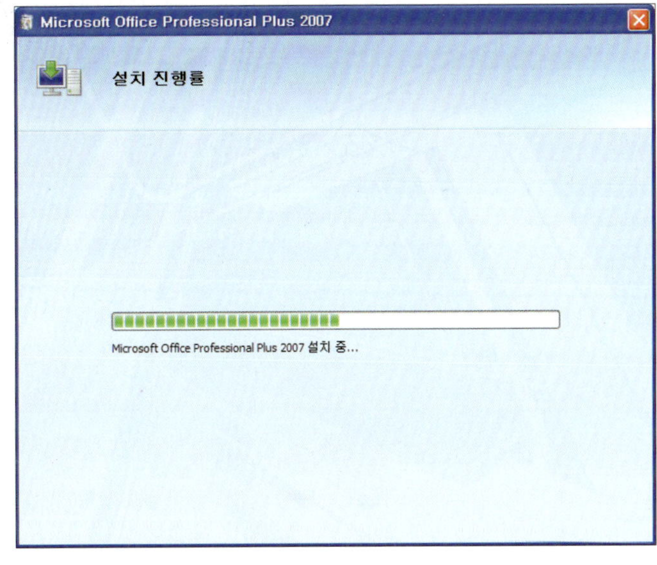

TIP 컴퓨터 사양에 따라서 설치에 소요되는 시간은 차이가 있을 수 있습니다.

09 설치가 완료되면 [닫기] 버튼을 클릭합니다.

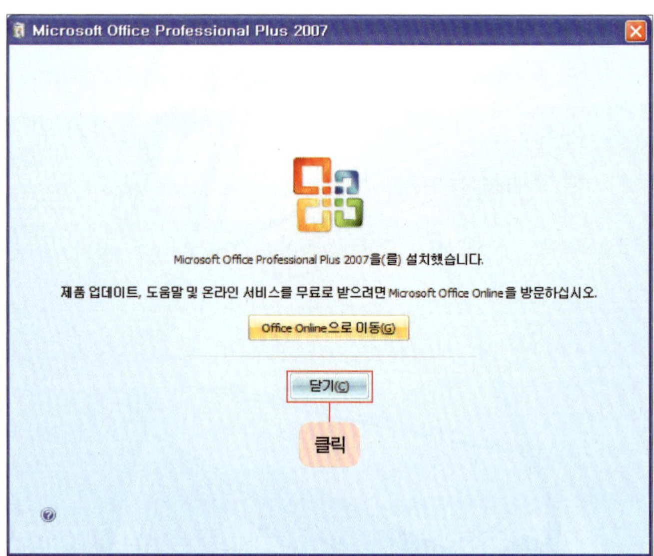

> **TIP** 설치가 완료되면 〔닫기〕 버튼을 클릭한 후, 경우에 따라 재부팅해야 할 수도 있습니다. 만약 재부팅을 해야 한다는 메시지가 나타나면 〔예〕 버튼을 클릭합니다.

> **TIP** **온라인 등록**
>
> 온라인 등록을 꼭 해야 하는 것은 아니지만 등록을 해두면 마이크로소프트가 제공하는 여러 서비스를 제공 받을 수 있습니다. 온라인 등록을 하려면 설치 마지막 단계에서 〔Office Online으로 이동〕 버튼을 클릭한 후 웹 사이트에서 간단한 정보를 입력하면 됩니다.

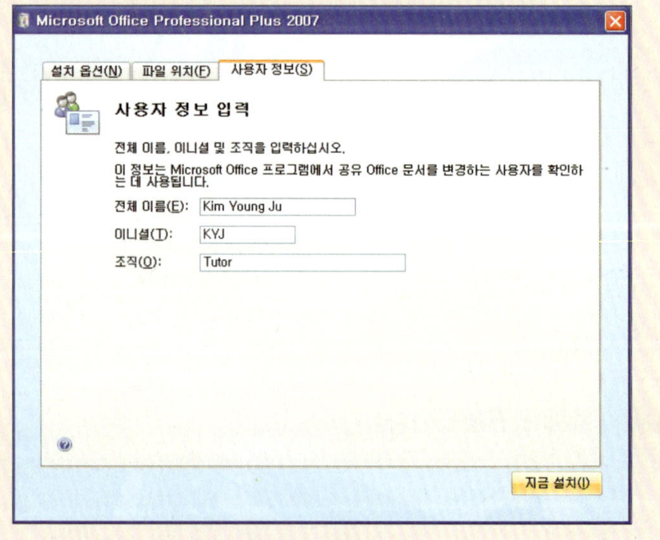

엑셀 2007과 첫 만남, 실행과 종료

회사나 학교에서 집으로 가는 길은 여러 갈래가 있지만, 자신이 자주 가는 길은 따로 있게 마련입니다. 설사 그 길이 남들이 보기에는 불편하고 좁아 보일지는 몰라도 나에게는 가장 편안하고 여유로운 길이 될 수도 있습니다. 엑셀을 이용하여 작업을 하려면 먼저 엑셀을 실행해야 합니다. 이번 레슨에서는 엑셀을 실행하고 종료하는 여러 가지 방법에 대해 알아보겠습니다.

 엑셀 2007 실행하기

엑셀을 실행하려면 일반적으로 윈도우의 [시작] 메뉴를 이용하여 실행하거나 바로 가기 아이콘을 더블클릭합니다. 엑셀 프로그램으로 만들어진 문서를 더블 클릭해도 프로그램을 바로 실행할 수 있습니다.

● 시작 메뉴를 이용하여 실행하기

모든 프로그램을 시작하는 가장 기본적인 방법은 윈도우의 [시작] 메뉴를 이용하는 것입니다. 윈도우 작업 표시줄에 있는 [시작] 메뉴를 클릭한 후 [모든 프로그램 – Microsoft Office – Microsoft Office Excel 2007]을 클릭하면 다음과 같이 엑셀 2007 프로그램이 실행됩니다.

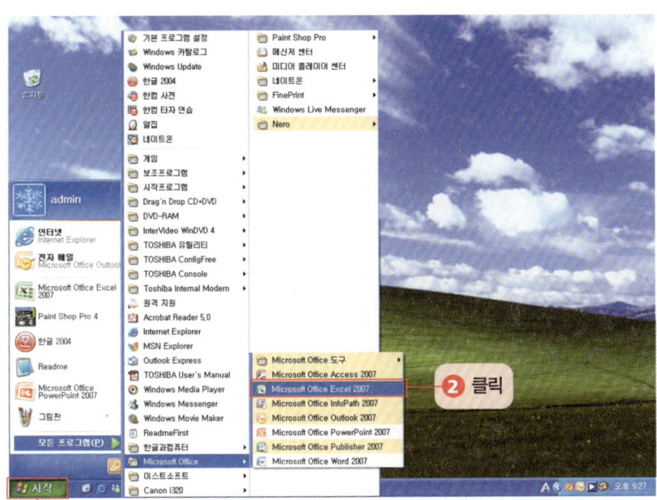

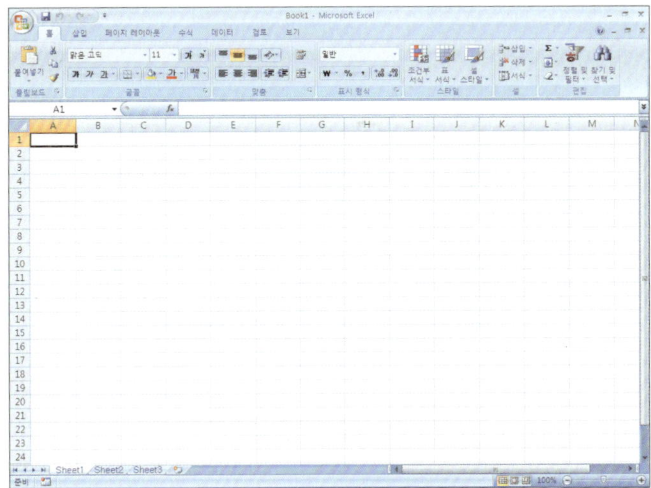

● 바로 가기 아이콘을 이용하여 실행하기

바탕 화면에 엑셀 바로 가기 아이콘이 있으면 더욱 편리하게 엑셀 프로그램을 실행할 수 있습니다. 먼저, 바로 가기 아이콘을 만드는 방법에 대해 알아보겠습니다. 윈도우 작업 표시줄에 있는 [시작] 메뉴를 클릭한 후 [모든 프로그램 – Microsoft Office – Microsoft Office Excel 2007]에서 마우스 오른쪽 버튼을 클릭합니다. 그런 다음, 바로 가기 메뉴 중에서 [보내기 – 바탕 화면에 바로 가기 만들기]를 클릭하면 바탕 화면에 바로 가기 아이콘이 생성되는데, 이 바로 가기 아이콘을 더블클릭하면 엑셀 프로그램을 실행할 수 있습니다.

TIP 저장되어 있는 엑셀 데이터 파일이 있다면 해당 파일을 더블클릭하여 엑셀을 실행할 수도 있습니다.

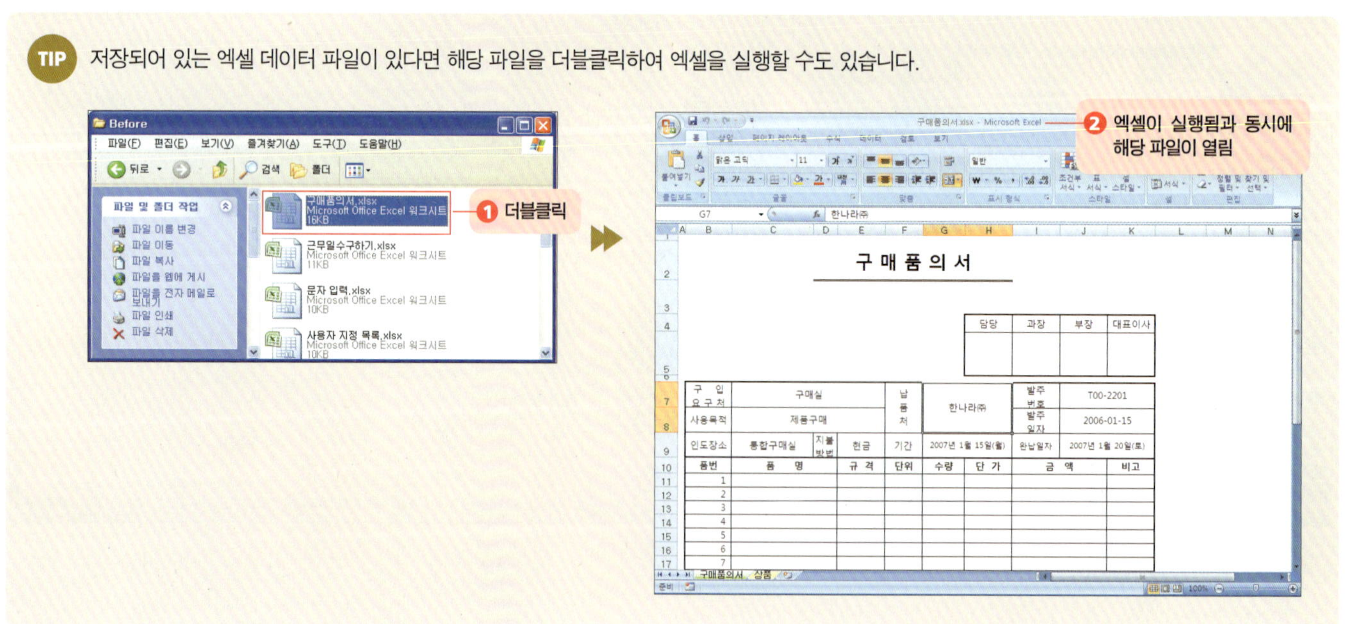

엑셀 2007 종료하기

엑셀 프로그램을 종료하는 방법도 일반적인 프로그램과
같습니다. 엑셀을 종료하려면 화면의 오른쪽 맨 위에 있
는 [닫기 ✕]를 클릭합니다.

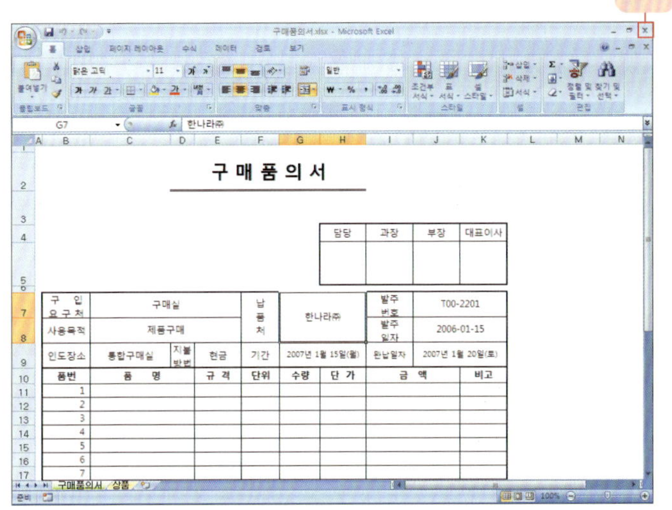

TIP 화면의 오른쪽 맨 위에 있는 [닫기 ✕]를 클릭하면 엑셀 프로
그램이 종료되지만 바로 아래에 있는 [창 닫기 ✕]를 클릭하면
현재 열려 있는 엑셀 문서의 창이 닫힙니다.

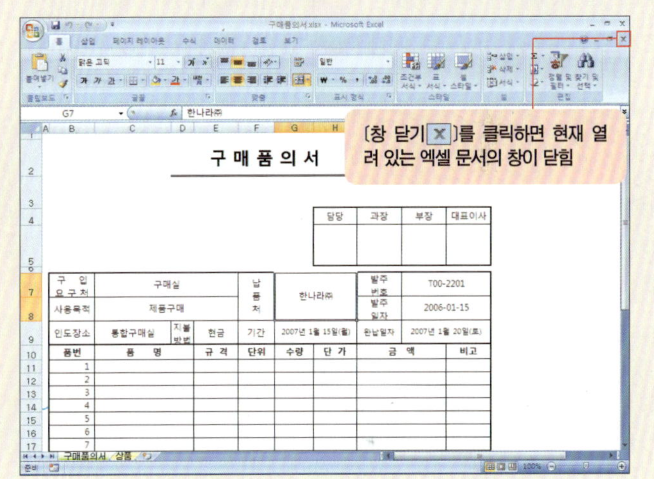

새로워진 엑셀 2007 화면 한눈에 살펴보기

엑셀 2007의 가장 큰 변화는 메뉴 도구 모음 및 작업 창 등과 같은 대부분의 인터페이스를 보다 쉽고 효율적으로 구성한 '사용자 인터페이스'라고 할 수 있습니다. 엑셀의 기본 구조와 화면 구성 요소를 잘 알아야만 엑셀을 좀 더 쉽고 효과적으로 사용할 수 있습니다. 이번 레슨에서는 엑셀의 기본 구조와 엑셀 화면 구성 요소를 하나하나 살펴보고, 아울러 리본 메뉴와 빠른 실행 메뉴를 편집하는 방법에 대해 알아보겠습니다.

엑셀의 기본 구조 이해하기

엑셀을 실행하면 'Book1'이라는 문서 창이 열리는데, 이 문서 창을 '통합 문서'라고 합니다. 하나의 통합 문서에는 여러 개의 시트가 존재하며, 시트에는 무수한 셀들이 존재합니다. 즉, 엑셀은 실제 데이터가 저장되는 셀과 셀들이 모여 있는 작업 영역인 워크시트, 여러 개의 워크시트가 모인 통합 문서로 이루어져 있습니다.

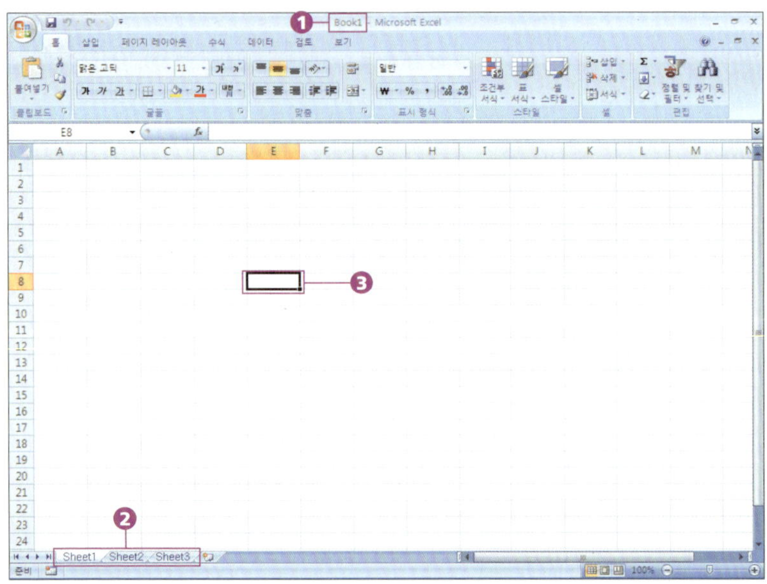

❶ **통합 문서(WorkBook)** : 엑셀에서 작업하는 하나의 파일을 의미하는 것으로, 새로운 통합 문서를 열면 'Book1, Book2, Book3……' 형태로 나타납니다.

❷ **시트(Sheet)** : 실제 작업이 이루어지는 작업 영역으로, '시트' 또는 '워크시트'라고 부릅니다. 하나의 통합 문서에는 기본적으로 3개의 시트(Sheet1, Sheet2, Sheet3)가 존재하지만 필요에 따라 추가할 수 있습니다. 최대 시트 수는 사용 가능한 메모리에 따라 다릅니다.

❸ **셀(Cell)** : 셀은 워크시트 내에 포함되어 있으며 행과 열이 교차되는 위치에 형성됩니다. 셀에는 각각의 주소가 있으며 엑셀이 수행하는 계산 작업에는 이 주소가 사용됩니다.

엑셀의 화면 구성 살펴보기

화면 구성 요소들은 각각의 기능들을 수행합니다. 이번에는 각 구성 요소들이 어떤 역할을 하는지에 대해 알아보겠습니다. 엑셀 2007의 화면 구성은 다음과 같습니다.

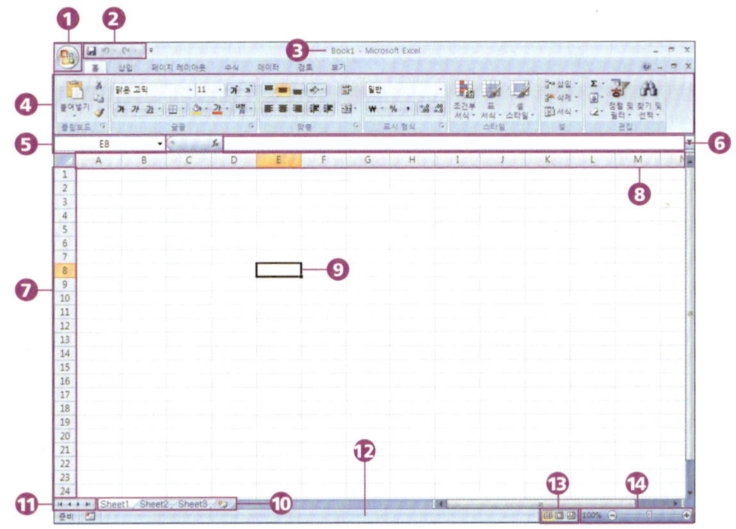

❶ Office 단추 : 문서 작업을 할 수 있는 기본적인 메뉴와 엑셀의 여러 항목의 옵션을 지정할 수 있는 〔Excel 옵션〕 메뉴를 제공합니다.

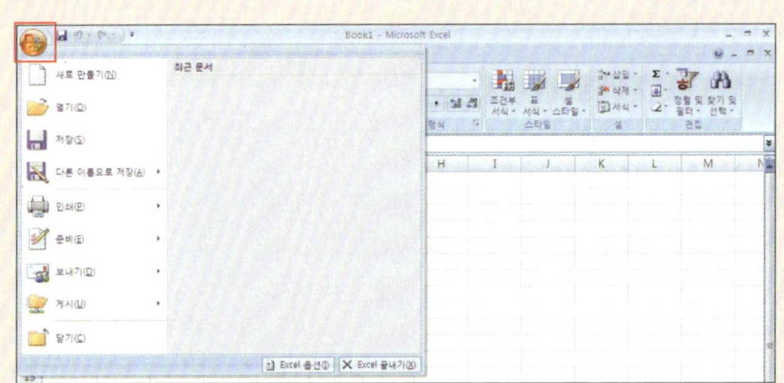

❷ 빠른 실행 도구 모음 : 명령을 좀 더 빨리 실행하고자 할 때에는 빠른 실행 도구 모음에 등록하여 사용하면 됩니다. 기본적으로 〔저장〕, 〔취소〕, 〔반복〕 아이콘이 등록되어 있습니다.

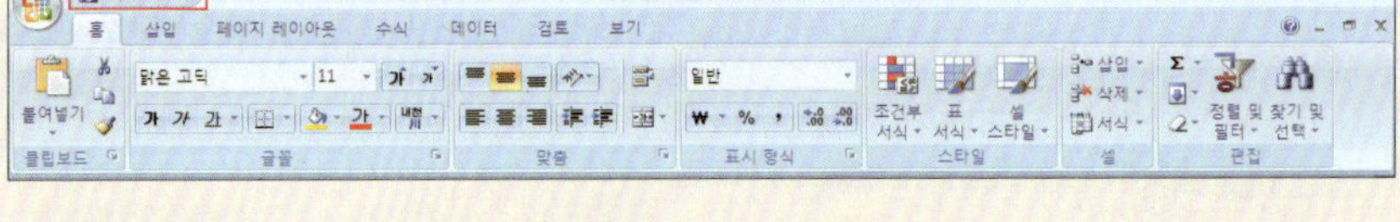

❸ 제목 표시줄 : 현재 실행 중인 응용 프로그램명과 파일명을 표시하며 제목 표시줄 오른쪽에는 창 크기를 변경할 수 있는 〔창 조절〕 버튼이 있습니다.

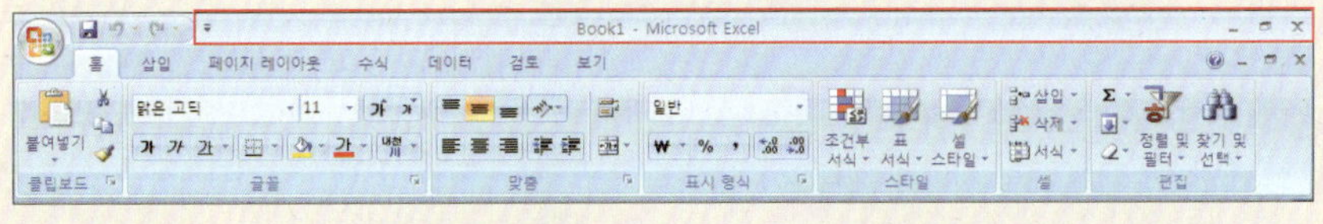

❹ 리본 메뉴 : 리본 메뉴는 이전 버전의 메뉴와 도구 모음을 대체하는 것으로 탭, 그룹, 아이콘으로 구성됩니다. 예를 들어 〔홈〕 탭은 〔글꼴〕 그룹의 〔글꼴 크기〕 아이콘으로

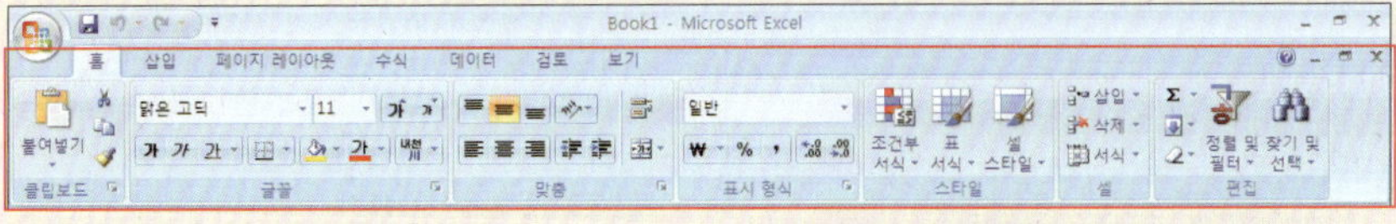

구성됩니다. 리본 위의 탭은 각각의 작업 내용과 관련 있는 명령을 표시하며, 탭을 클릭했을 때에 나타나는 그룹은 기능별로 구성되어 있습니다. 그룹에 속한 아이콘에 마우스를 올려놓으면 간단한 도움말 및 단축키에 대한 정보가 담긴 스크린 팁이 표시됩니다. 기본적으로 〔홈〕, 〔삽입〕, 〔페이지 레이아웃〕, 〔수식〕, 〔데이터〕, 〔검토〕, 〔보기〕 탭이 나타나며 차트나 피벗 테이블 등을 선택했을 때에는 해당 작업 상황에 맞는 탭 메뉴가 나타납니다.

❺ **이름 상자** : 현재 선택된 셀 주소를 보여 줍니다. 셀 주소는 열 머리글(A, B, C...)과 행 머리글(1, 2, 3...)의 조합으로 이루어집니다.

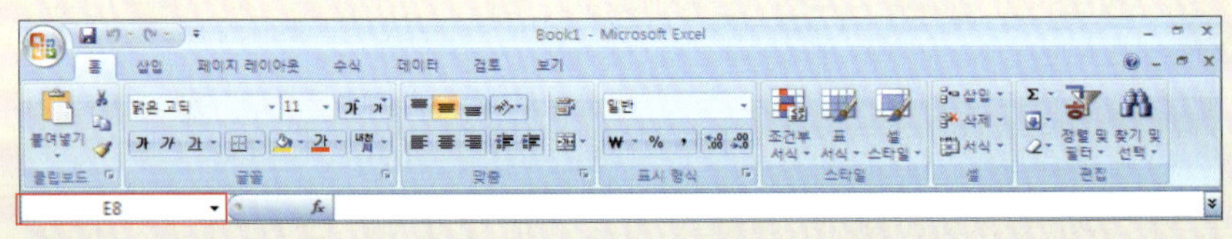

❻ **수식 입력줄** : 현재 선택된 셀의 데이터나 수식을 보여 줍니다.

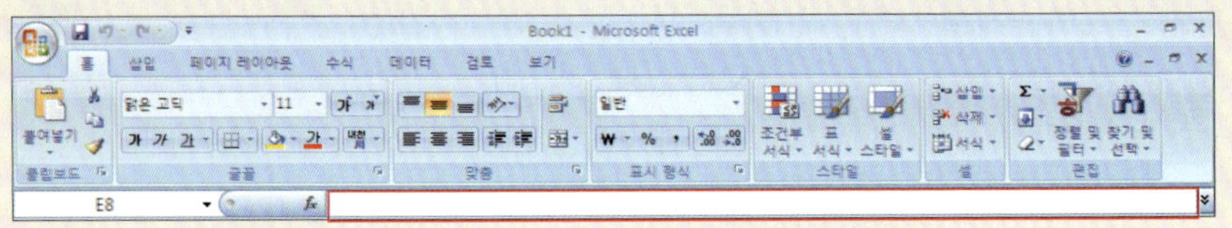

❼ **행 머리글** : 워크시트의 가로 행을 표시하는 부분으로 1~ 1,048,576까지 있습니다. 마지막 행으로 이동하려면 Ctrl + ↓ 을 누릅니다.

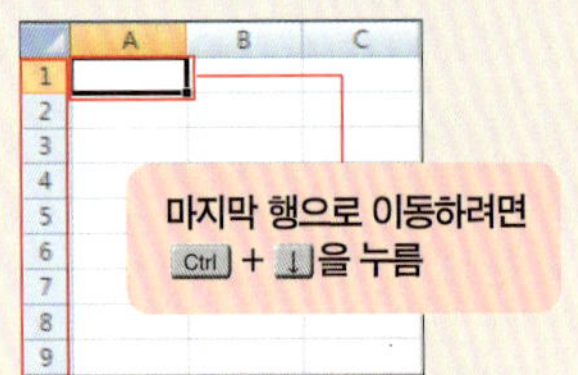

❽ **열 머리글** : 워크시트의 세로 열을 표시하는 부분으로, A~XFD까지 총 16,384개의 열이 있습니다. 마지막 열로 이동하려면 Ctrl + → 을 누릅니다.

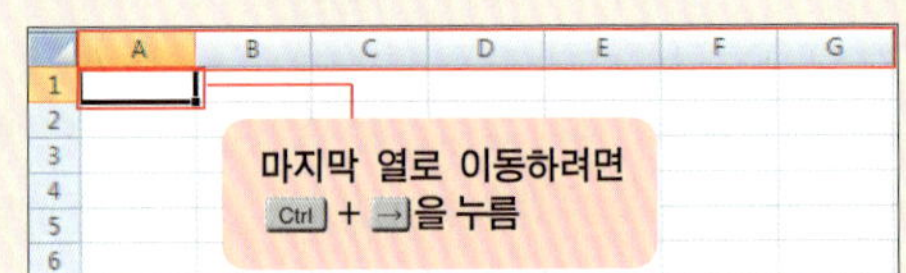

❾ **셀 포인터** : 현재 선택된 셀을 뜻합니다. 예를 들어 그림의 셀 포인터는 〔B3〕 셀에 위치해 있습니다.

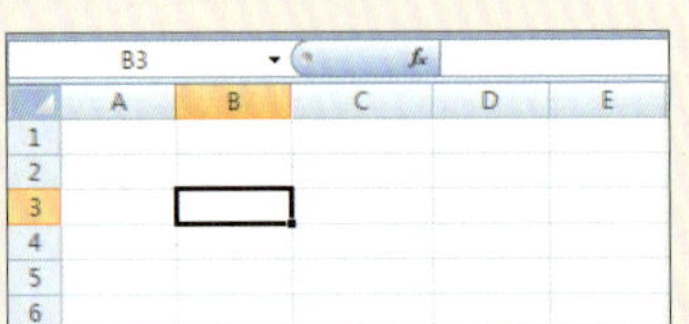

❿ **시트 탭** : 워크시트의 이름이 표시되며, 작업할 워크시트를 선택할 수 있습니다.

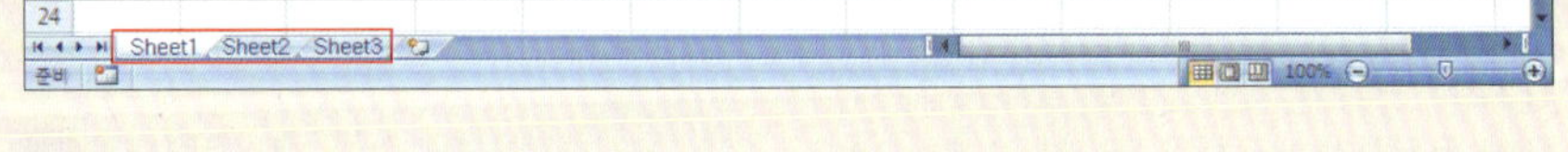

⓫ **시트 이동 버튼** : 통합 문서에 존재하는 시트가 많은 경우 시트를 이동하는 버튼입니다. 각 버튼은 ❶ 처음 시트로 이동, ❷ 이전 시트로 이동, ❸ 다음 시트로 이동, ❹ 마지막 시트로 이동의 기능을 수행합니다.

⓬ **상태 표시줄** : 선택된 명령 또는 버튼에 대한 설명과 현재 작업 상태를 표시하며, 셀에 입력된 데이터의 자동 계산 결과를 표시합니다. 상태 표시줄에서 마우스 오른쪽 버튼을 클릭하면 〔상태 표시줄 사용자 지정〕 항목을 표시할 수 있습니다.

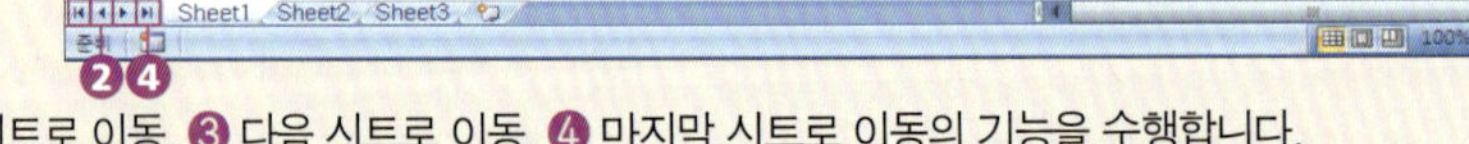

⓭ **화면 보기** : 워크시트 보기 상태를 〔기본〕, 〔페이지 레이아웃〕, 〔페이지 나누기 미리보기〕 중에서 선택할 수 있습니다.

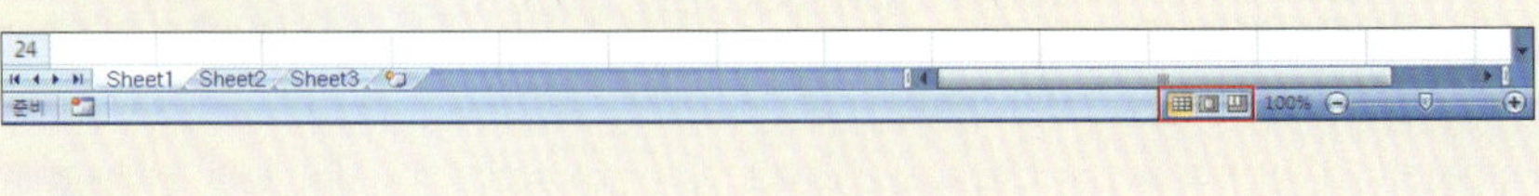

⓮ **화면 확대/축소 컨트롤** : 화면의 확대/축소 배율을 조절할 수 있습니다.

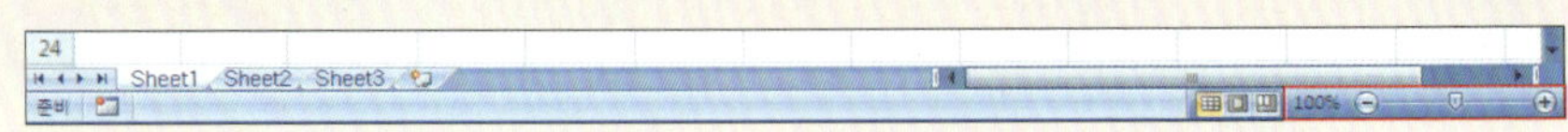

빠른 실행 도구 모음 편집하기

명령을 좀 더 빨리 실행하고자 할 때에는 빠른 실행 도구 모음에 등록하여 사용하면 됩니다. 기본적으로 [저장], [취소], [반복] 아이콘이 등록되어 있는데, 자주 사용하는 아이콘을 별도로 추가하여 사용할 수 있습니다. 또한 빠른 실행 도구 모음의 위치를 탭 위 또는 아래에 배치하여 사용할 수도 있습니다.

빠른 실행 도구 모음에 자주 사용하는 별도의 아이콘을 추가로 등록하는 데에는 두 가지 방법이 있습니다. 첫 번째 방법은 리본 메뉴에서 마우스 오른쪽 버튼을 클릭한 후 [빠른 실행 도구 모음에 추가]를 클릭하는 것이며, 두 번째 방법은 빠른 실행 도구 모음 영역에 마우스 포인터를 올려 놓은 후 마우스 오른쪽 버튼을 클릭하면 나타나는 바로 가기 메뉴에서 [빠른 실행 도구 모음 사용자 지정]의 [Excel 옵션] 대화상자를 이용하는 것입니다.

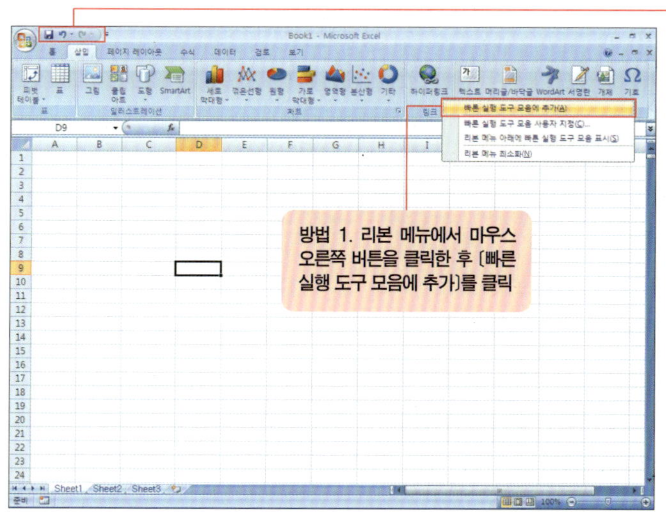

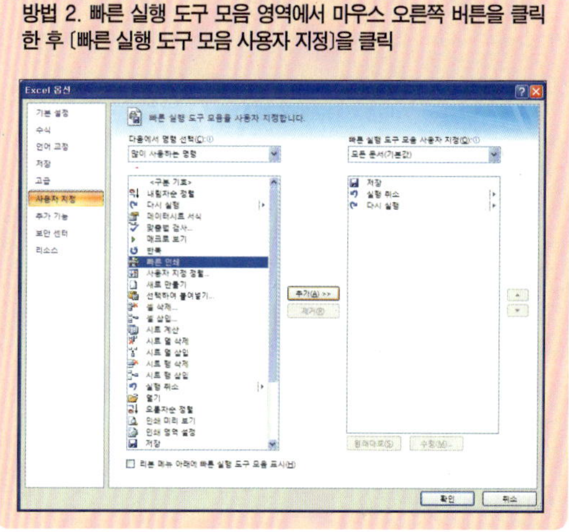

빠른 실행 도구 모음에 기호 아이콘 추가하고 제거하기

여러분이 자주 사용하는 기능을 빠른 실행 도구 모음에 추가해 보세요. 작업이 한결 편리해질 것입니다. 이번에는 〔기호 Ω〕를 빠른 실행 도구 모음에 추가 또는 제거하는 방법에 대해 간단히 알아보겠습니다.

01 기호 아이콘을 빠른 실행 도구 모음에 추가하기 위해 ❶ [삽입] 탭의 〔기호 Ω〕에서 마우스 오른쪽 버튼을 클릭한 후 ❷ [빠른 실행 도구 모음에 추가]를 클릭합니다.

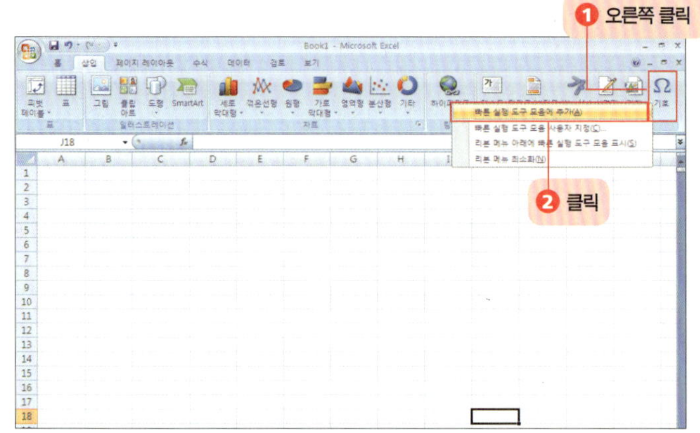

02 다음과 같이 〔기호 Ω〕가 빠른 실행 도구 모음 영역에 추가됩니다.

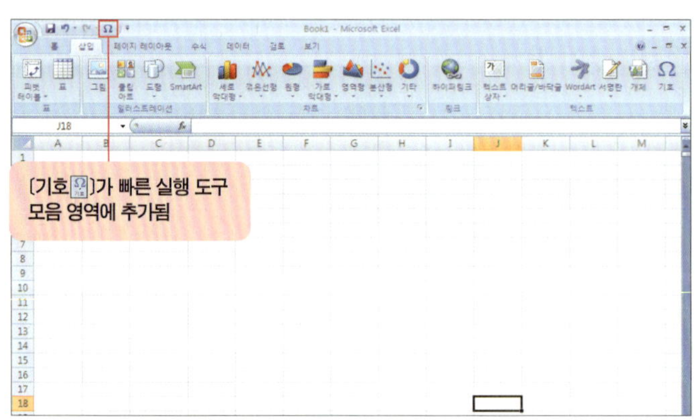

03 이번에는 [Excel 옵션] 대화상자를 불러온 후에 편집을 해 보겠습니다. ❶ 빠른 실행 도구 모음 영역에서 마우스 오른쪽 버튼을 클릭한 후 ❷ [빠른 실행 도구 모음 사용자 지정]을 클릭합니다.

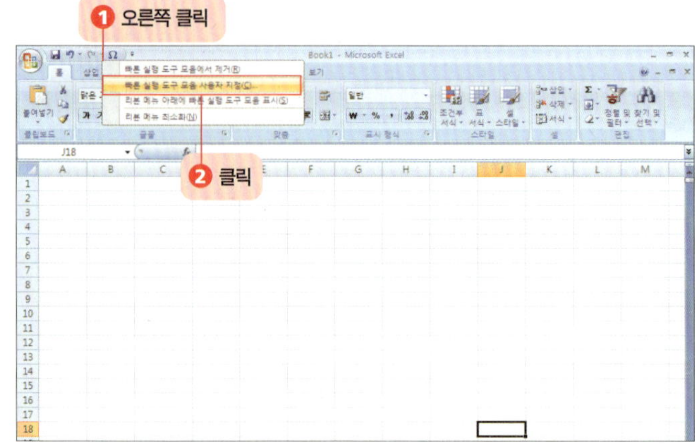

04 [Excel 옵션] 대화상자가 나타납니다. ❶ '다음에서 명령 선택'의 '많이 사용하는 명령'을 선택한후 ❷ [인쇄 미리 보기]를 클릭하고 ❸ [추가] 버튼을 클릭합니다.

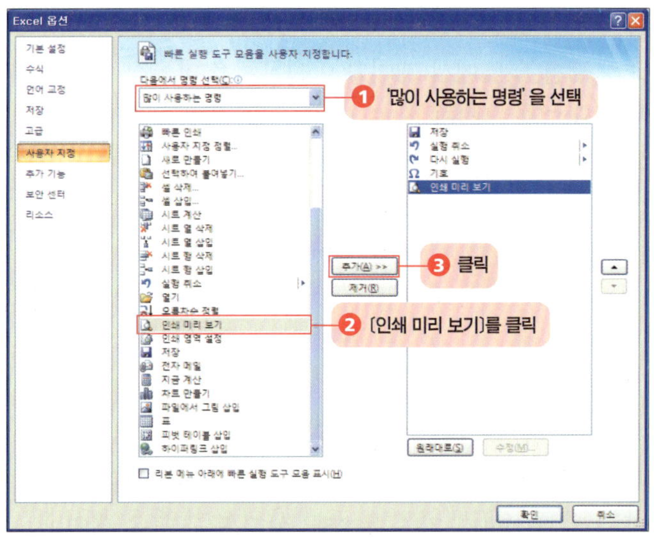

05 이번에는 ❶ '다음에서 명령 선택'의 '모든 명령'을 선택한 후 ❷ [다른 이름으로 저장]을 클릭하고 ❸ [추가] 버튼을 클릭합니다. 원하는 항목을 모두 추가하였으므로 ❹ [확인] 버튼을 클릭합니다.

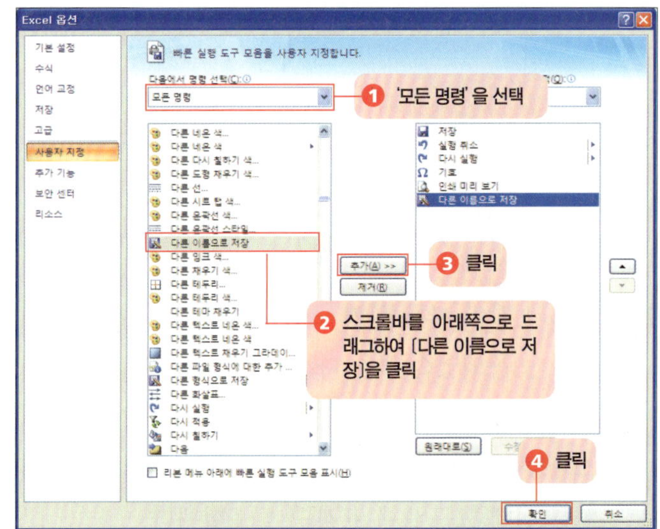

06 다음과 같이 빠른 실행 도구 모음에 [인쇄 미리 보기]와 [다른 이름으로 저장] 아이콘이 추가되었습니다.

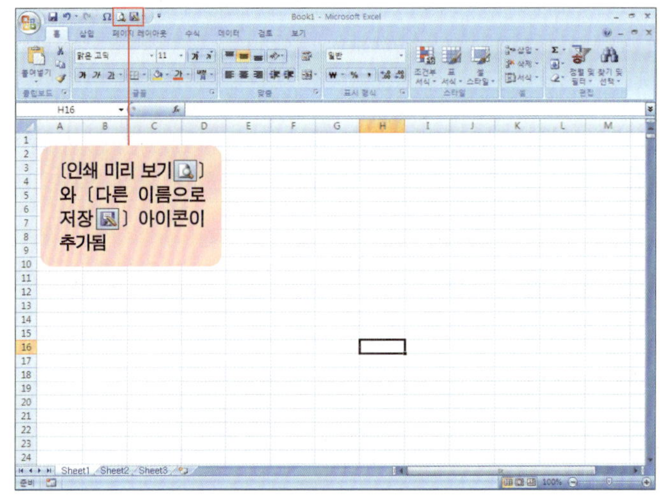

07 추가한 아이콘을 제거하려면 ❶ 빠른 실행 도구 모음 영역에서 제거할 아이콘에서 마우스 오른쪽 버튼을 클릭한 후 ❷ [빠른 실행 도구 모음에서 제거]를 클릭합니다.

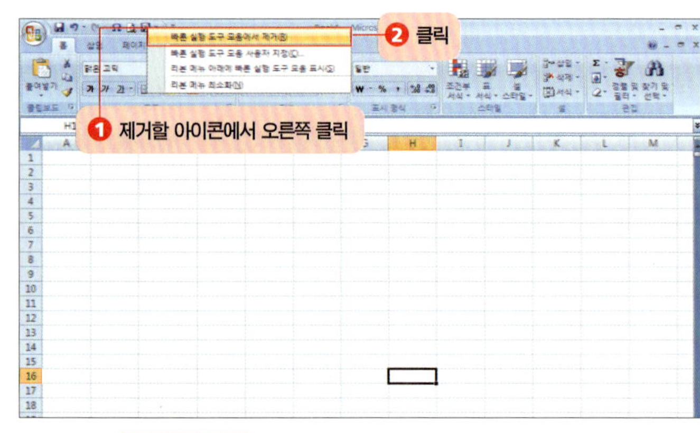

08 이번에는 빠른 실행 도구 모음을 리본 메뉴 아래에 표시하기 위해 ❶ 빠른 실행 도구 모음 영역에서 마우스 오른쪽 버튼을 클릭한 후 ❷ [리본 메뉴 아래에 빠른 실행 도구 모음 표시]를 클릭합니다.

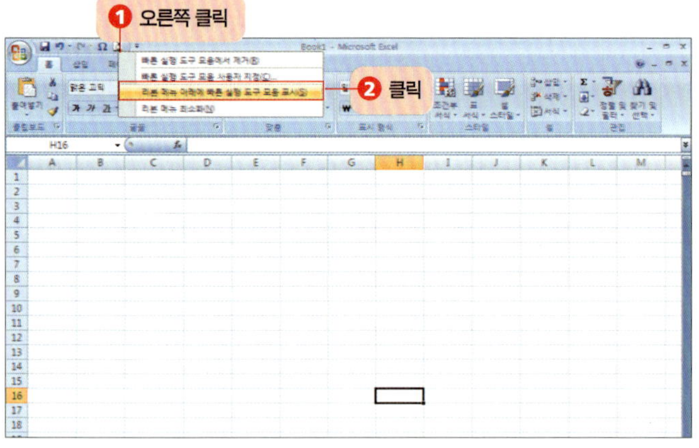

09 다음과 같이 빠른 실행 도구 모음이 리본 메뉴 아래로 이동되었습니다. 다시 리본 메뉴 위로 이동하기 위해 ❶ 빠른 실행 도구 모음 영역에서 마우스 오른쪽 버튼을 클릭한 후 ❷ [리본 메뉴 위에 빠른 실행 도구 모음 표시]를 클릭합니다.

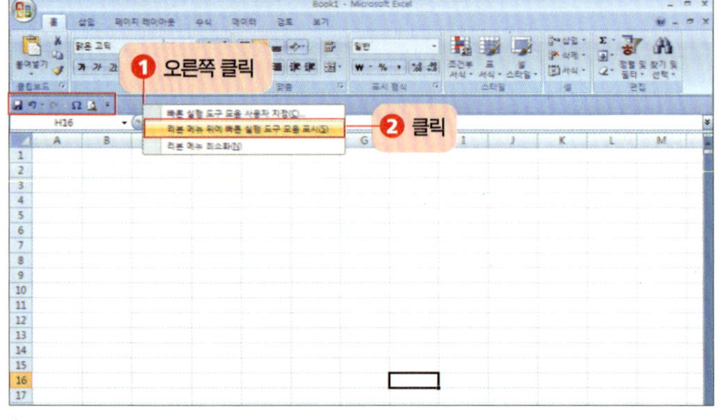

10 빠른 실행 도구 모음이 다시 리본 메뉴 위로 이동되었습니다.

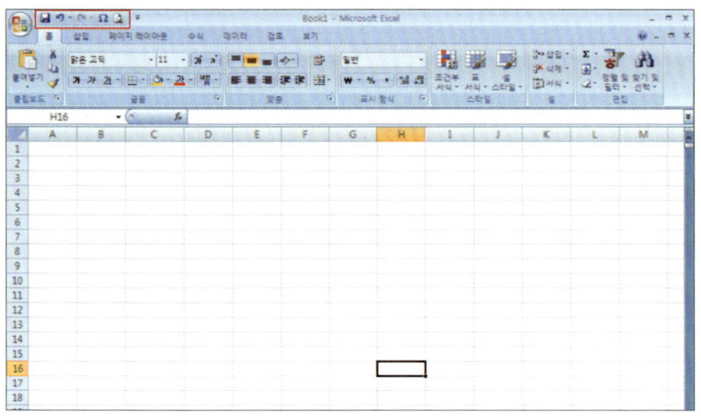

리본 메뉴 편집하기

리본 메뉴는 이전 버전의 메뉴와 도구 모음을 대체하는 것으로 탭, 그룹, 아이콘으로 구성됩니다. 탭을 클릭하면 그룹이 나타나는데 각 그룹에는 기능별로 아이콘이 구성되어 있습니다. 예를 들어 [홈] 탭의 [표시 형식] 그룹에는 표시 형식과 관련된 여러 아이콘들이 포함되어 있습니다. 해당 아이콘에 마우스를 올려놓으면 간단한 도움말 및 단축키에 대한 정보가 담긴 스크린팁이 표시됩니다.

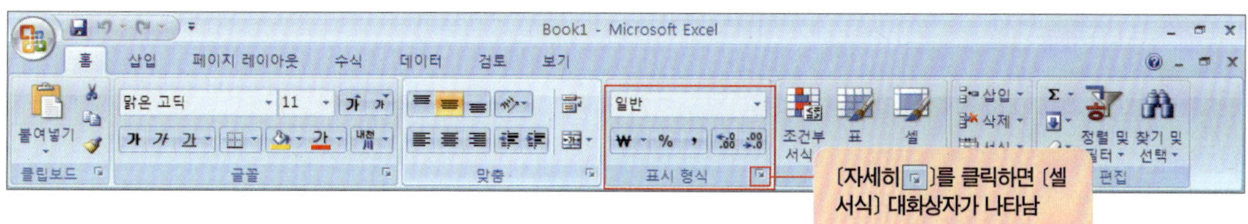

그룹에 있는 [자세히]를 클릭하면 각 그룹의 고급 기능을 활용할 수 있는 작업 창이나 대화상자가 나타납니다. 다음은 [홈] 탭의 [표시 형식] 그룹의 [자세히]를 클릭하였을 때에 나타나는 대화상자입니다.

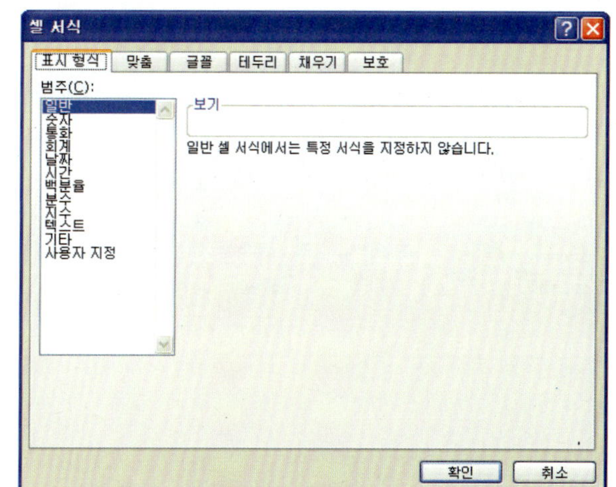

만약 차트를 선택하면 [디자인], [레이아웃], [서식]이라는 차트 관련 상황 메뉴가 나타납니다.

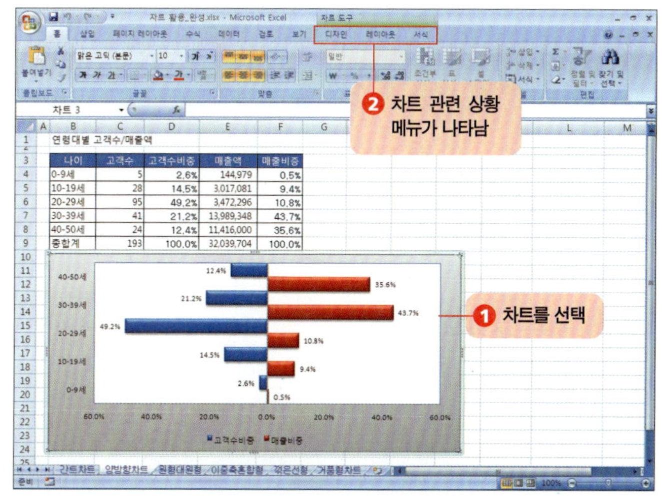

리본 메뉴 손쉽게 요리하기

**Action Excel
도전! 엑셀**

엑셀 2007은 리본 메뉴를 이용하여 작업의 효율성을 높였지만 작업공간을 많이 차지한다는 단점이 있습니다.

이번에는 리본 메뉴를 최소화하거나 최소화를 해제하는 방법에 대해 알아보겠습니다.

01 리본 메뉴를 최소화하기 위해 ❶ 탭 메뉴 영역에서 마우스 오른쪽 버튼을 클릭한 후 ❷ [리본 메뉴 최소화]를 클릭합니다.

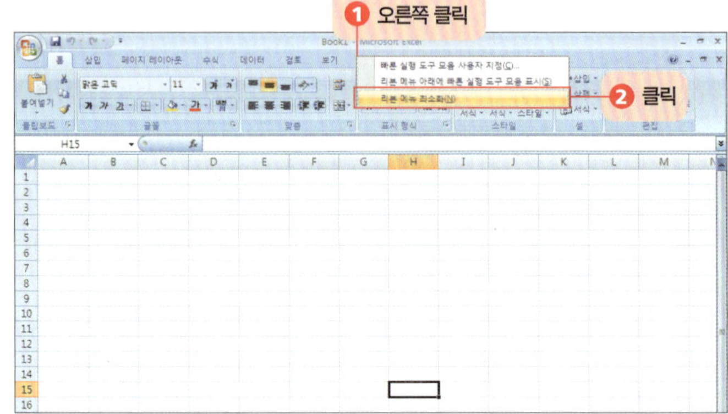

02 다음과 같이 리본 메뉴가 최소화되었습니다.

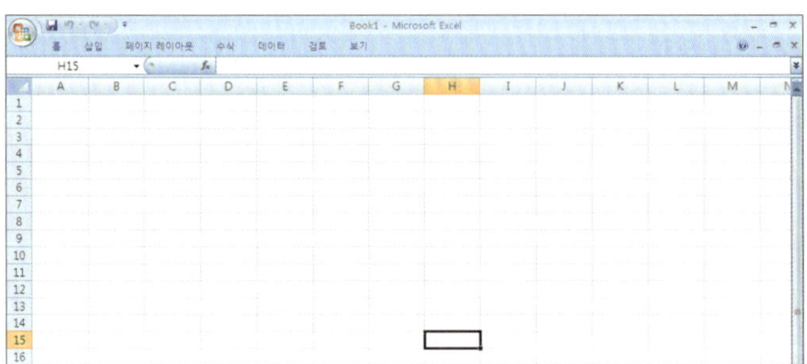

03 다시 리본 메뉴 최소화를 해제하기 위해 ❶ 탭 메뉴가 있는 영역에서 마우스 오른쪽 버튼을 클릭한 후 ❷ [리본 메뉴 최소화]를 클릭합니다.

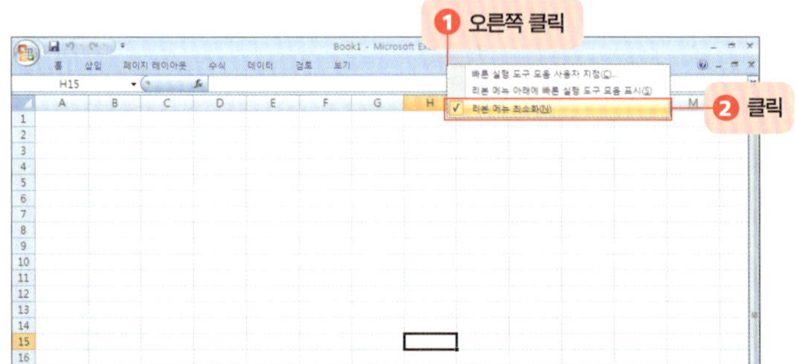

TIP 키 팁으로 명령 실행하기

엑셀 2007에서 Alt 를 누르면 키 팁이 표시됩니다. 다음 그림은 Alt 를 눌러 키 팁을 표시한 것으로, 예를 들어 (Office 단추) 를 선택하고 싶다면 F 를 누릅니다.

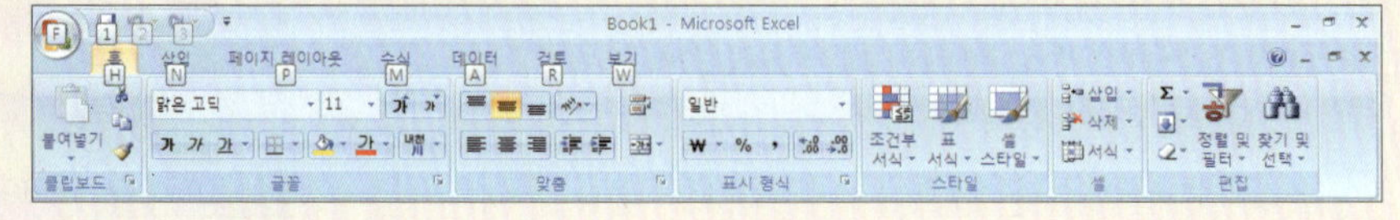

Lesson 06

통합 문서 저장하고 불러오기

컴퓨터에 저장되어 있는 엑셀 문서는 어떻게 불러 올까요? 이번 레슨에서는 작성된 엑셀 문서를 불러 오거나 저장하는 방법에 대해 알아보겠습니다. 문서를 불러 오고 저장하는 것은 프로그램의 기초이므로 꼭 기억하시기 바랍니다.

 **통합 문서 저장하기**

엑셀 2007은 XML에 기초한 새 파일 형식을 사용합니다. 통합 문서 확장자는 기본적으로 *.xlsx이며, 매크로를 포함한 통합 문서의 확장자는 *.xlsm입니다.

통합 문서를 저장하려면 [Office 단추]를 클릭한 후 [저장]을 클릭합니다. [다른 이름으로 저장] 대화상자가 나타나면 저장 위치를 지정하고 파일 이름을 입력한 후 [저장] 버튼을 클릭합니다.

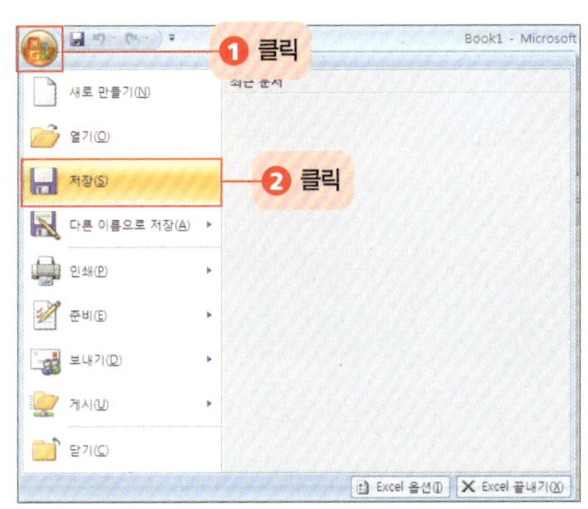

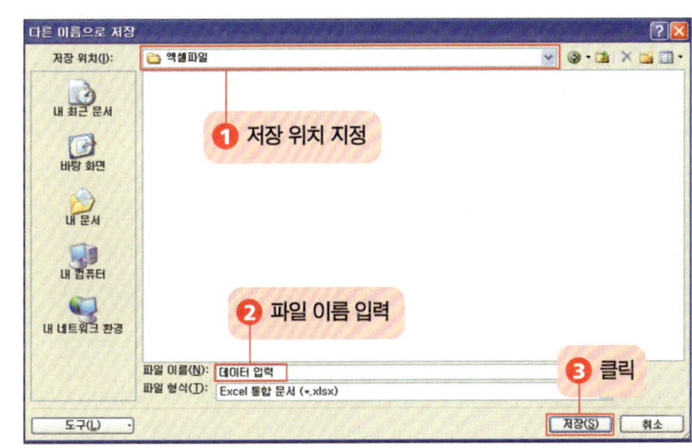

TIP 빠른 실행 도구 모음의 (저장)을 클릭하면 더욱 빠르게 저장할 수 있습니다.

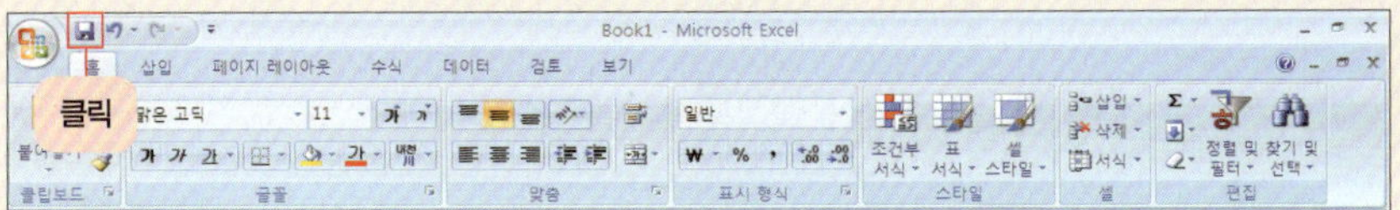

저장이 완료되면 제목 표시줄에 입력한 파일의 이름이 표시됩니다.

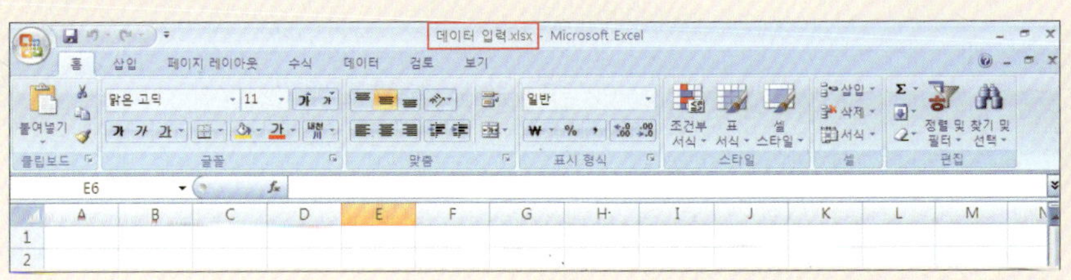

통합 문서 열기

엑셀 2007에서는 기본 파일 포맷인 *.xlsx 뿐만 아니라 이전 버전의 파일 포맷인 *.xls도 열 수 있습니다.

저장된 통합 문서를 불러 오려면 [Office 단추]를 클릭한 후 [열기]를 클릭합니다. [열기] 대화상자가 나타나면 파일이 있는 위치를 지정한 후 파일 이름을 클릭하고 [열기] 버튼을 클릭합니다.

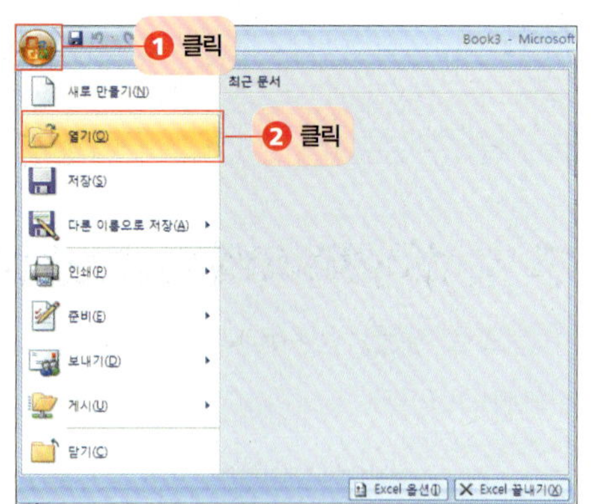

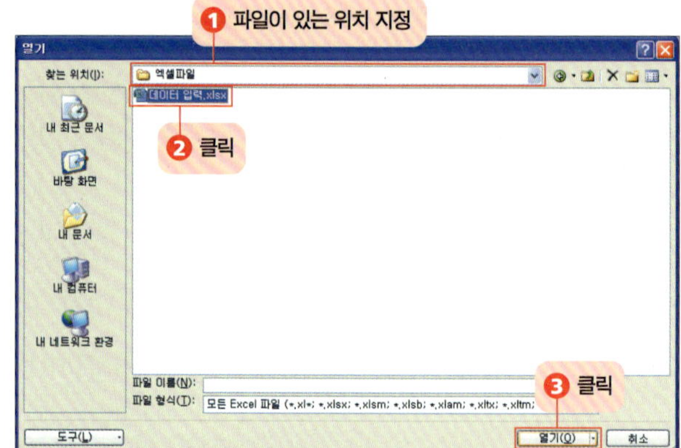

다음과 같이 파일이 열리면서 제목 표시줄에 파일명이 표시됩니다.

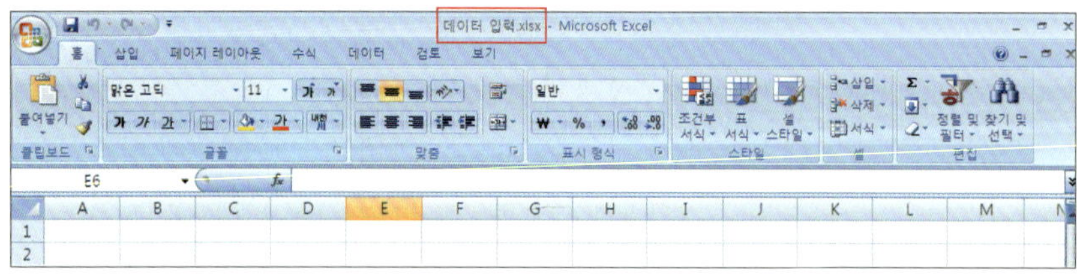

> **TIP** 〔열기〕는 자주 사용되는 기능이므로 빠른 실행 도구 모음에 〔열기〕 아이콘을 추가해 두면 편리합니다.

> **TIP** 다른 이름으로 저장하려면 〔Office 단추〕를 클릭한 후 〔다른 이름으로 저장〕을 클릭합니다.

 **TIP 이전 버전과의 호환성**

❶ 엑셀 2007 버전에서 기존 엑셀 파일 열기

이전 버전의 엑셀 파일을 열어 편집한 후 기존 형식으로 저장할 수 있습니다. 또한 엑셀 2007 버전에서 이전 버전의 엑셀에서 지원하지 않는 기능의 사용 여부를 확인하는 호환성 검사를 사용할 수도 있습니다.

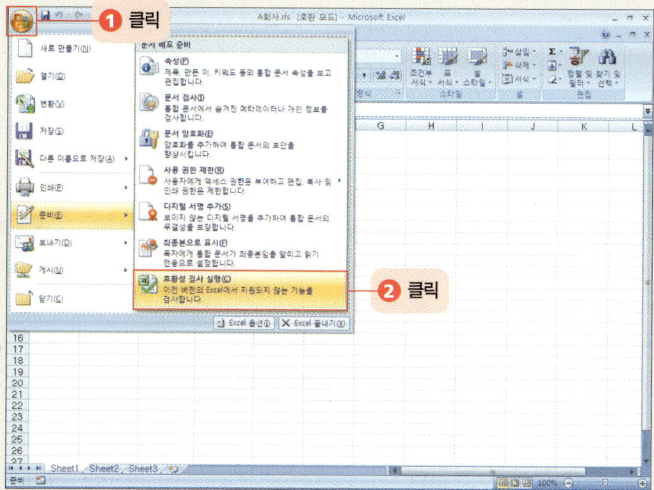

❷ 이전 버전 엑셀에서 엑셀 2007 파일 열기

이전 버전에서 엑셀 2007 파일을 열어 편집한 후 2007 버전으로 저장하려면 오피스 호환 기능 팩을 다운로드하여 설치하면 됩니다. 단, 웹 사이트의 사정에 따라 주소가 변경될 수 있습니다.

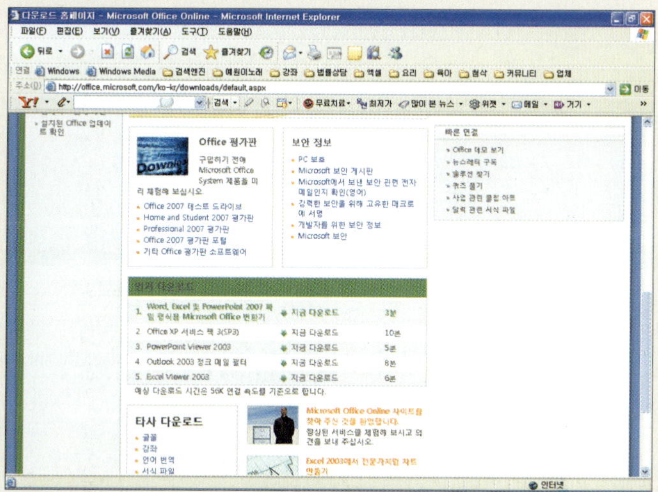

▲ http://office.microsoft.com/ko-kr/downloads/default.aspx

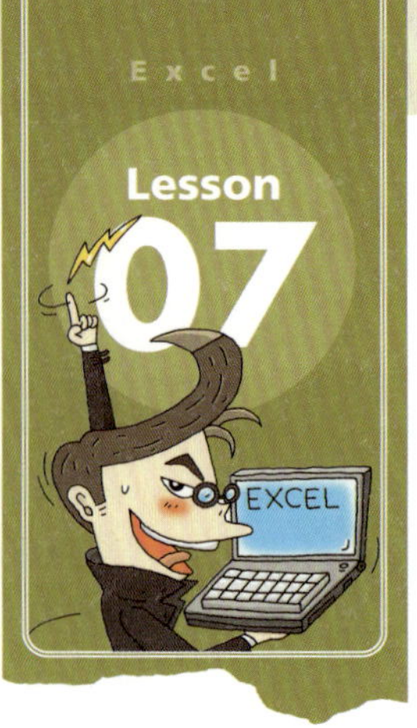

Lesson 07

자유로운 셀 선택과 범위 지정하기

워크시트에 데이터를 입력하기 위해서는 먼저 셀을 선택해야 합니다. 이 때에는 해당 셀을 하나씩 선택하거나
입력할 영역을 범위 지정할 수 있는데, 이번 레슨에서는 셀 선택 및 범위 지정 방법에 대해 알아보겠습니다.

여러가지 방법으로 셀 선택하기

셀을 선택하려면 원하는 셀을 마우스로 클릭하거나 키
보드의 방향키(→, ←, ↑, ↓)를 이용하면 됩니다. 셀
이 선택되면 선택된 셀에는 셀 포인터가 생기고 이름 상
자에는 셀 주소가 나타납니다.

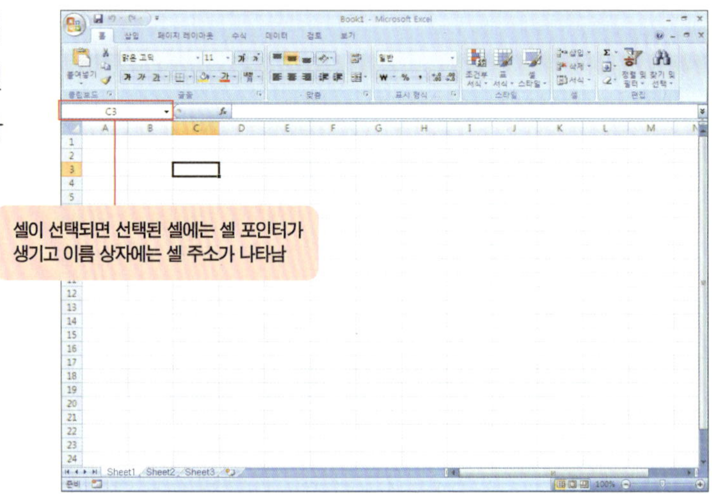

범위 지정하는 방법

작업을 할 때에는 여러 형태로 범위 지정해야 하는 경우가 생기게 마련입니다. 이번에는 범위
지정하는 다양한 방법에 대해 알아보겠습니다.

● 연속된 영역을 범위 지정하기

마우스를 드래그하여 범위 지정하거나 Shift 를 누른 상
태에서 방향키(→, ←, ↑, ↓)를 누릅니다.

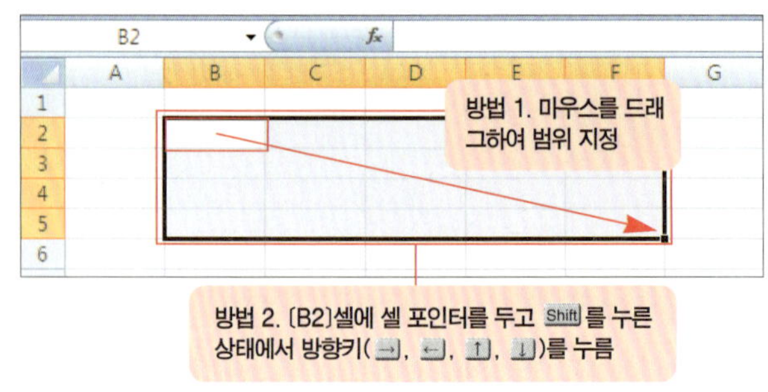

● 비 연속된 영역을 범위 지정하기

비 연속된 영역을 범위 지정하려면 처음 영역을 범위 지정한 후 Ctrl 을 누른 상태에서 또다른 영역을 드래그합니다.

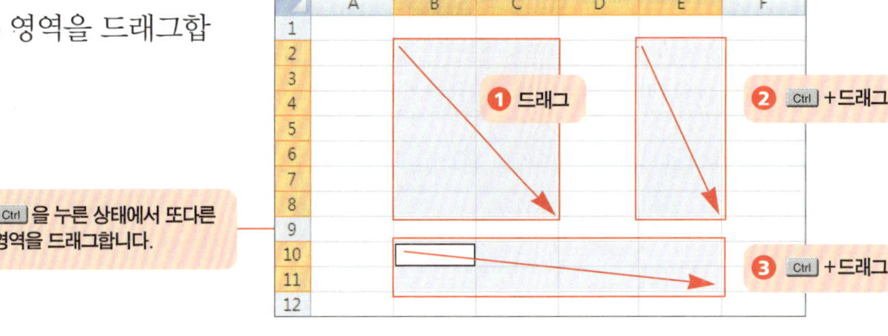

● 열 전체를 범위 지정하기

열 전체를 범위 지정하려면 열 머리글을 클릭하거나 열 머리글에서부터 드래그합니다.

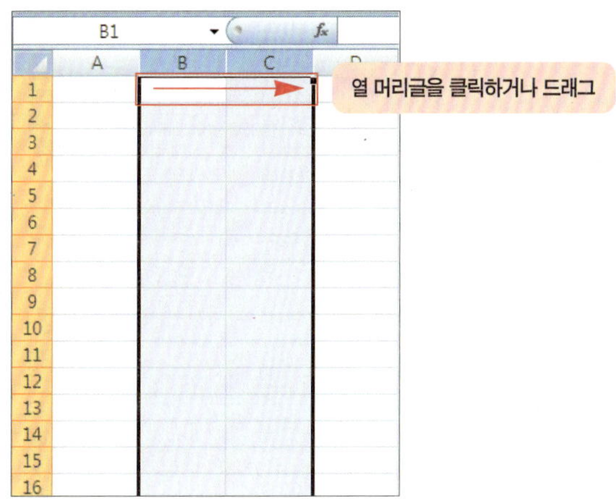

● 행 전체를 범위 지정하기

행 전체를 범위 지정하려면 행 머리글을 클릭하거나 행 머리글에서부터 드래그합니다.

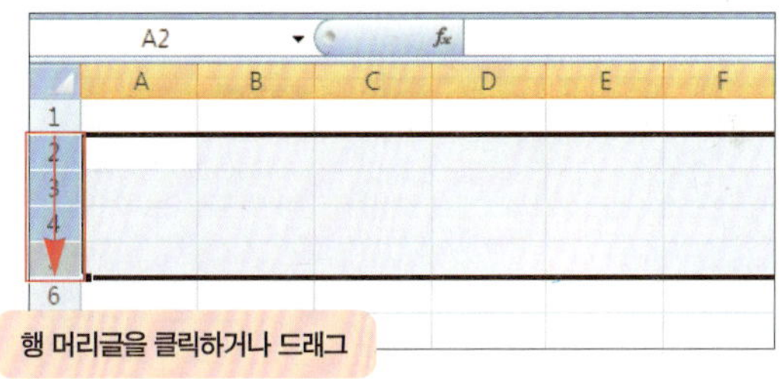

● 워크시트의 모든 셀을 범위 지정하기

모든 셀을 범위 지정하려면 [A] 열 머리글과 [1] 행 머리글이 만나는 교차 지점의 사각형을 클릭합니다.

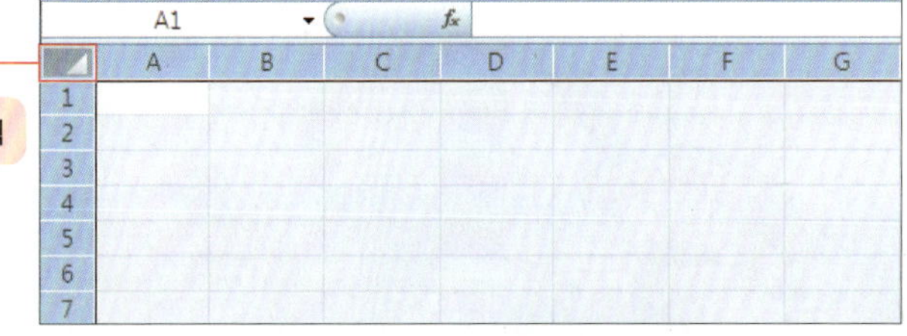

PART

02

엑셀의 시작, 데이터 입력하기

엑셀 2007 기본 + 활용
실무 테크닉

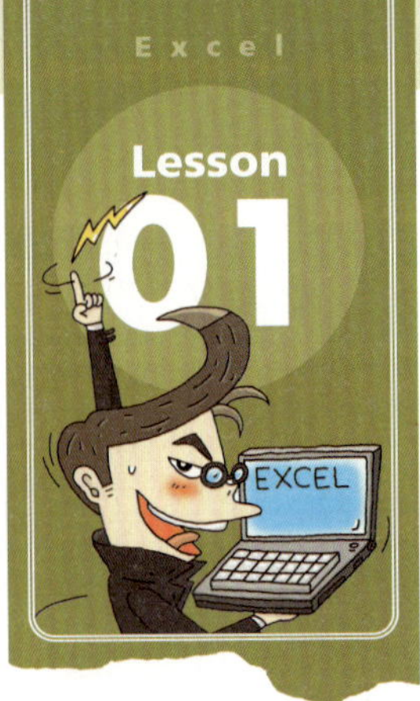

Excel

Lesson 01

문자와 숫자의 특성 제대로 알고 입력하기

엑셀에서 사용하는 데이터 종류에는 크게 문자 데이터와 숫자 데이터가 있습니다. 문자 데이터에는 일반 문자와 특수 문자가 있으며 숫자 데이터에는 일반 숫자, 날짜, 시간 등이 있습니다. 데이터의 종류를 구분하는 이유는 데이터 종류에 따라 입력하는 형식이 다르기 때문입니다. 특히 엑셀에서 날짜, 시간 데이터를 문자 형식으로 입력하는 경우가 많은데, 해당 형식에 맞게 입력을 해야만 계산 작업을 올바르게 수행할 수 있습니다. 이번 레슨에서 데이터의 종류별로 입력하는 형식과 방법에 대해 알아보겠습니다.

문자, 한자, 특수 문자 입력하기

문자 데이터는 한글, 영문, 한자, 특수 문자 등을 말하며 데이터를 입력하면 기본적으로 셀에 왼쪽 맞춤됩니다. 임의의 셀에 데이터를 입력하면 기본적으로 영문으로 입력되고 키보드의 한/영을 누르면 한글로 입력됩니다. 데이터 길이가 입력 셀의 너비보다 길면 오른쪽 셀에 표시되고 오른쪽 셀에 데이터가 입력되어 있다면 셀 너비보다 긴 영역은 표시되지 않습니다. 그러나 표시만 되지 않을 뿐 해당 셀에 데이터는 그대로 입력되어 있습니다. 수식 입력줄을 확인하면 어떤 데이터가 어느 셀에 입력되어 있는지를 알 수 있습니다.

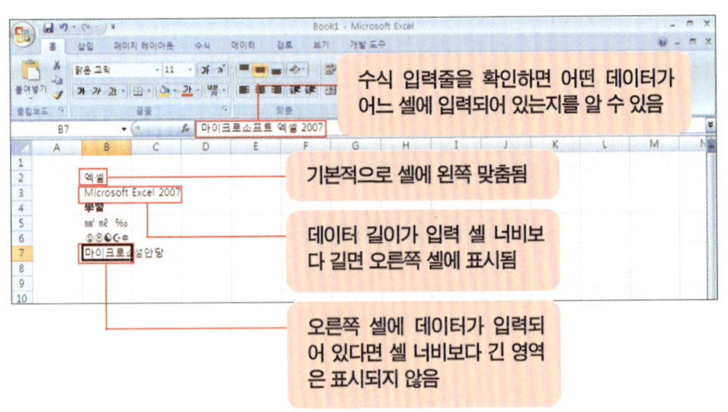

> **TIP 열에 이미 입력한 항목을 자동으로 반복**
>
> 셀에 입력하는 글자 중에서 처음 몇 자가 해당 열의 기존 내용과 일치하면 나머지 글자는 자동으로 입력됩니다. 숫자나 날짜 또는 시간만 들어 있는 항목은 자동으로 입력되지 않습니다. 만약 자동으로 입력된 내용을 그대로 사용하려면 Enter 를 누르고 자동으로 입력된 문자를 사용하지 않으려면 그대로 입력을 계속합니다.

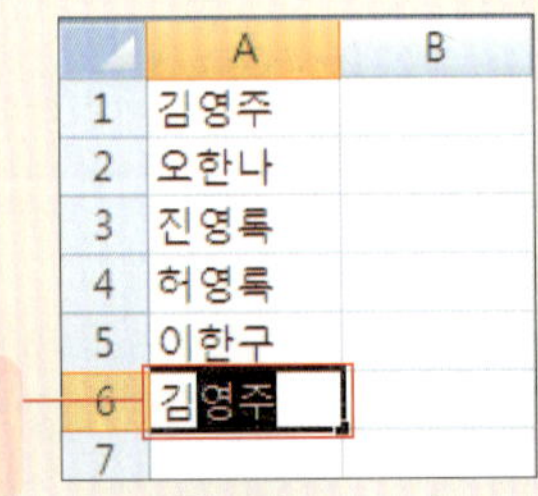

● 한자 입력

한자를 입력하려면 글자를 입력한 후 한자를 누릅니다. 한자 목록이 나타나면 해당하는 한자의 번호를 입력하거나 마우스로 클릭하거나 키보드의 방향키를 이용하여 선택합니다. 만약 한자 입력을 취소하려면 Esc 를 누릅니다.

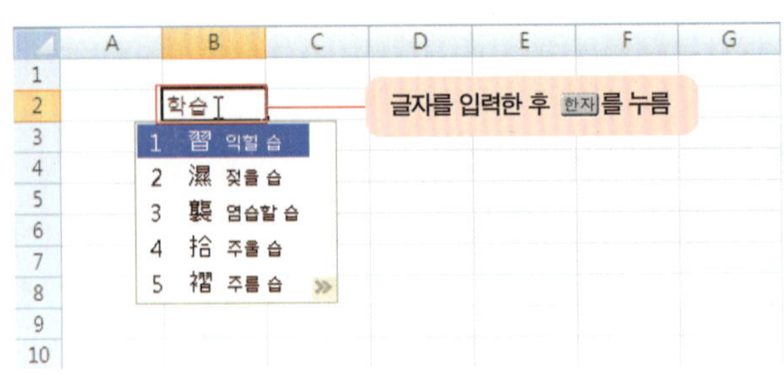

한자를 단어 단위로 입력하려면 단어를 입력한 후 Spacebar 를 누르고 한자 를 누릅니다. [한글/한자 변환] 대화상자가 나타나면 단어 목록에서 해당 한자를 선택한 후 [변환] 버튼을 클릭합니다.

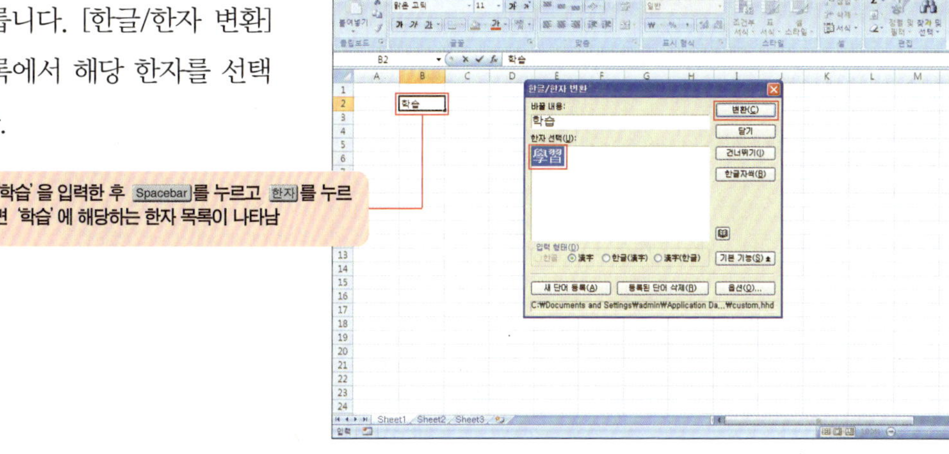

● 특수 문자 입력

특수 문자를 입력하는 데에는 자음을 입력한 후 한자 를 누르는 방법과 메뉴를 이용하는 방법이 있습니다. 자음을 입력한 후 한자 를 누르는 방법은 윈도우가 제공하는 기능으로, 엑셀뿐만 아니라 MS 계열의 다른 프로그램에서도 사용할 수 있습니다. 예를 들어 자음 「ㅁ」을 입력하고 한자 를 누르면 특수 문자 목록이 나타나는데, 이 목록 중에서 원하는 문자를 선택합니다.

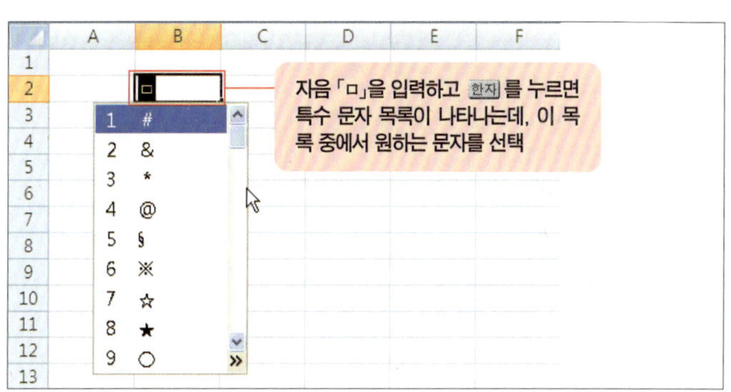

메뉴를 이용하려면 [삽입] 탭의 [텍스트 – 기호 Ω]를 클릭합니다. [기호] 대화상자에서 글꼴의 종류를 변경하면 기호의 종류도 다르게 나타납니다.

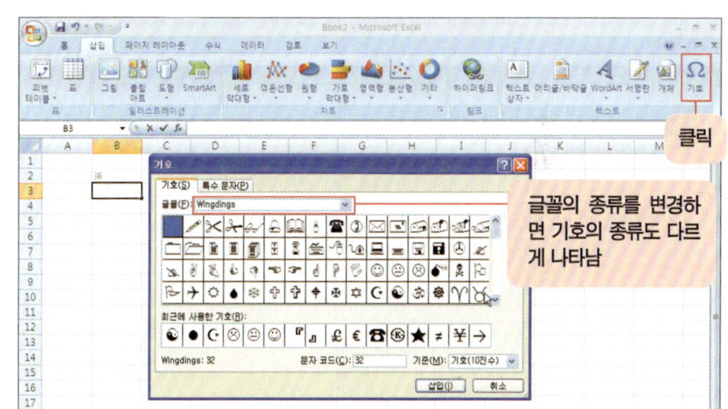

TIP 딩뱃이란?

딩뱃(Dingbat)은 폰트의 일종으로, 글씨체에 대한 정보 대신 그림에 대한 정보를 가지고 있는 일종의 그림 문자입니다. 엑셀에서 [삽입] 탭의 [텍스트 – 기호 Ω]를 클릭하여 딩뱃 글꼴을 선택하면 여러 그림 문자를 삽입할 수 있습니다. 딩뱃 글꼴은 주로 글꼴 이름 뒤에 'ding'이 붙는 경우가 많은데 Wingdings, Webdings 글꼴이 대표적입니다. 기본적인 딩뱃 외에 다른 딩뱃을 원할 경우에는 인터넷에서 다운로드하여 사용하면 됩니다.

TIP 자판으로 입력하는 특수 문자표

자음을 입력한 후 [한자]를 누르면 특수 문자표를 입력할 수 있습니다. 여기서는 자주 이용되는 몇 개의 자음만을 소개합니다.

자판	1	2	3	4	5	6	7	8	9
ㄱ		!	'	,	.	/	:	;	?
	^	`	＿	｜	―	′	°	·	‥
	…	‥	″	―	―	∥	＼	∼	´
	～	˘	˘	″	°	·	ˎ	˛	¡
	¿	∶							

자판	1	2	3	4	5	6	7	8	9
ㄴ	〝	(	)	〔	〕	{	}	'	'
	"	"	〔	〕	〈	〉	《	》	「
	」	『	』	【	】				

자판	1	2	3	4	5	6	7	8	9
ㄷ	$+$	$-$	$<$	$=$	$>$	$\pm$	$\times$	$\div$	$\neq$
	$\leq$	$\geq$	∞	$\therefore$	♂	♀	$\angle$	$\perp$	$\frown$
	∂	∇	$\equiv$	$\fallingdotseq$	$\ll$	$\gg$	$\sqrt{\ }$	$\backsim$	$\propto$
	$\because$	$\int$	$\iint$	$\in$	$\ni$	$\subseteq$	$\supseteq$	$\subset$	$\supset$
	$\cup$	$\cap$	$\wedge$	$\vee$	$\neg$	$\Rightarrow$	$\Leftrightarrow$	$\forall$	$\exists$
	$\oint$	Σ	Π						

자판	1	2	3	4	5	6	7	8	9
ㄹ	$	%	₩	F	′	″	℃	Å	¢
	£	¥	¤	℉	‰	€	㎕	㎖	㎗
	ℓ	㎘	cc	㎣	㎤	㎥	㎦	fm	nm
	㎛	mm	cm	km	㎟	㎠	㎡	㎢	ha
	㎍	mg	kg	kt	cal	kcal	dB	㎧	㎨
	ps	ns	㎲	ms	pV	nV	㎶	mV	kV
	MV	pA	nA	㎂	mA	KA	pW	nW	㎼
	㎽	KW	MW	Hz	KHz	MHz	GHz	THz	Ω
	KΩ	MΩ	pF	nF	㎌	mol	cd	rad	㎭/s
	㎭/s²	sr	Pa	KPa	MPa	GPa	wb	lm	lx
	Bq	Gy	Sv	C/kg					

자판	1	2	3	4	5	6	7	8	9
ㅁ	#	&	*	@	§	※	☆	★	○
	●	◎	◇	◆	□	■	△	▲	▽
	▼	→	←	↑	↓	↔	$=$	◁	◀
	▷	▶	♤	♠	♡	♥	♧	♣	⊙
	◈	▣	◐	◑	▩	▤	▥	▧	▨
	▦	▦	♨	☏	☎	☜	☞	¶	†
	‡	↕	↗	↙	↖	↘	♭	♩	♪
	♬	Ⓚ	㈜	№	Co.	™	a.m.	p.m.	Tel
	®	ª	º						

자판	1	2	3	4	5	6	7	8	9
ㅇ	ⓐ	ⓑ	ⓒ	ⓓ	ⓔ	ⓕ	ⓖ	ⓗ	ⓘ
	ⓙ	ⓚ	ⓛ	ⓜ	ⓝ	ⓞ	ⓟ	ⓠ	ⓡ
	ⓢ	ⓣ	ⓤ	ⓥ	ⓦ	ⓧ	ⓨ	ⓩ	①
	②	③	④	⑤	⑥	⑦	⑧	⑨	⑩
	⑪	⑫	⑬	⑭	⑮	(a)	(b)	(c)	(d)
	(e)	(f)	(g)	(h)	(i)	(j)	(k)	(l)	(m)
	(n)	(o)	(p)	(q)	(r)	(s)	(t)	(u)	(v)
	(w)	(x)	(y)	(z)	(1)	(2)	(3)	(4)	(5)
	(6)	(7)	(8)	(9)	(10)	(11)	(12)	(13)	(14)
	(15)								

자판	1	2	3	4	5	6	7	8	9
ㅈ	0	1	2	3	4	5	6	7	8
	9	ⅰ	ⅱ	ⅲ	ⅳ	ⅴ	ⅵ	ⅶ	ⅷ
	ⅸ	ⅹ	Ⅰ	Ⅱ	Ⅲ	Ⅳ	Ⅴ	Ⅵ	Ⅶ
	Ⅷ	Ⅸ	Ⅹ						

한자와 특수 문자, 내 마음대로 입력하기

**Action Excel
도전! 엑셀**

앞에서 배운 내용을 이용하여 한자와 특수 문자를 입력하는 방법에 대해 살펴보겠습니다. 생각보다 어렵지 않으므로 천천히 따라해 보세요.

〔예제 파일 경로〕 부록 CD\Sample\Part02\문자 데이터 입력.xlsx　|　〔결과 파일 경로〕 부록 CD\Sample\Part02\After\문자 데이터 입력_완성.xlsx

01 ❶ [B3] 셀에 「거주지」를 입력한 후 Enter 를 누르고 ❷ 「서울 특별시」를 입력한 후 다시 Enter 를 누릅니다. 문자 데이터를 입력하였으므로 데이터는 셀에 왼쪽 맞춤됩니다.

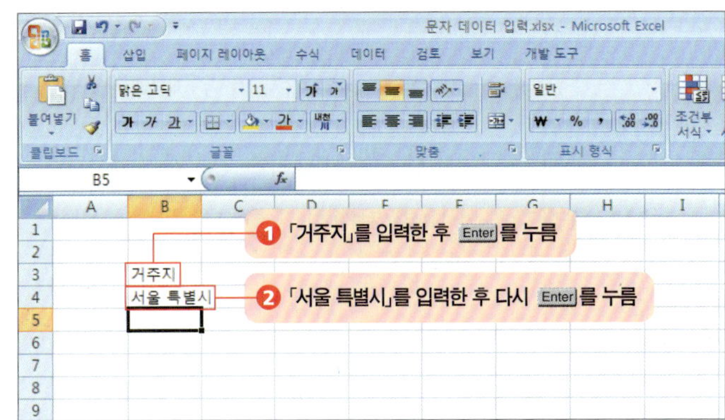

> **TIP** 입력 도중에 입력을 취소하려면 Esc 를 누릅니다.

02 이번에는 [C3] 셀에 한자를 입력해 볼까요? ❶ [C3] 셀에 「거주지」를 입력한 후 ❷ Spacebar 를 누르고 한자 를 누릅니다.

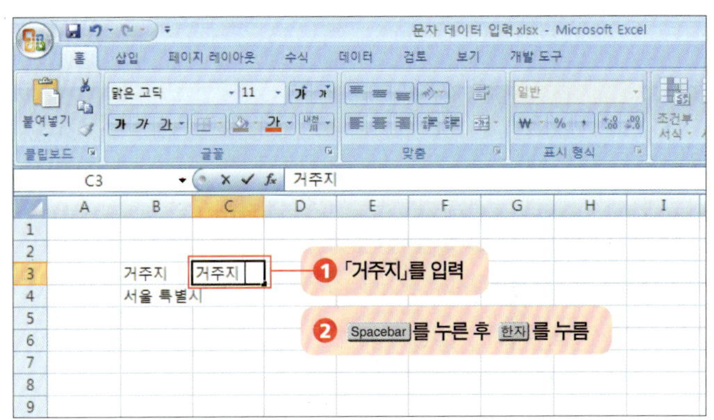

> **TIP** Spacebar 를 누르는 이유는 한자를 단어 단위로 입력하기 위해서입니다.

03 [한글/한자 변환] 대화상자가 나타나면 ❶ 해당하는 한자를 클릭한 후 ❷ [변환] 버튼을 클릭합니다.

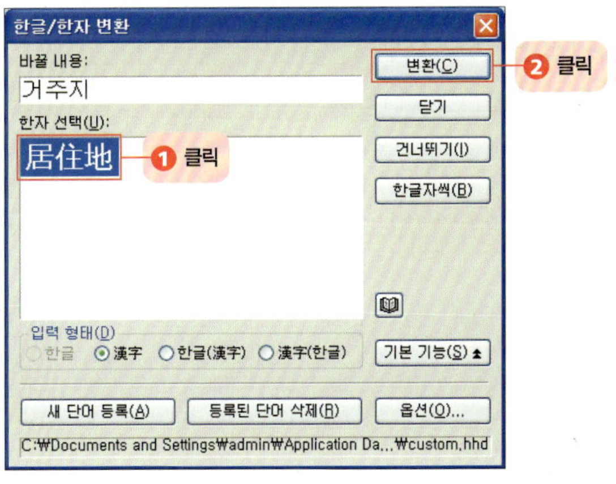

04 거주지가 한자로 변경되었으면 Enter 를 눌러 다음 셀로 이동합니다.

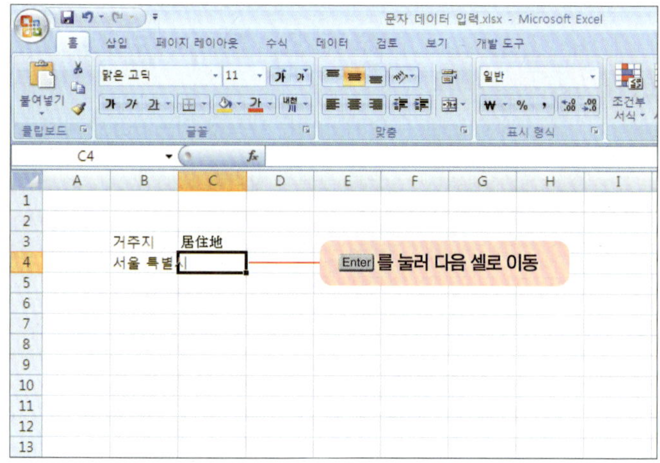

05 [C4] 셀에 「서울 특별시」를 입력한 후 「특별시」 부분만 드래그하여 범위 지정하고 한자 를 누릅니다.

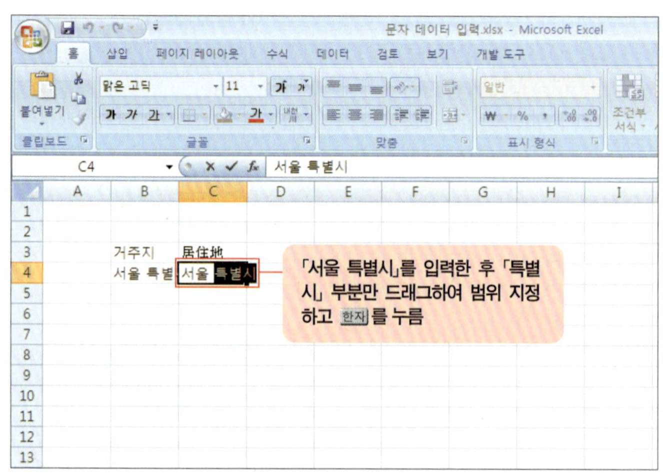

Note 셀에 입력된 글자의 일부를 범위 지정하려면 수식 입력줄에서 원하는 글자만 드래그하여 범위 지정하거나 글자가 입력된 셀을 더블클릭하여 커서를 나타나게 한 후 원하는 글자만 드래그하여 범위 지정합니다.

TIP 단어가 2개 이상일 때 Spacebar 를 누르고 한자 를 누르면 첫 번째 단어부터 한자를 변경할 수 있습니다. 「서울 특별시」에서 「서울」은 한글이므로 당연히 한자로 바꿀 필요가 없겠지요?

06 [한글/한자 변환] 대화상자가 나타나면 ❶ 해당하는 한자를 클릭한 후 ❷ [변환] 버튼을 클릭합니다.

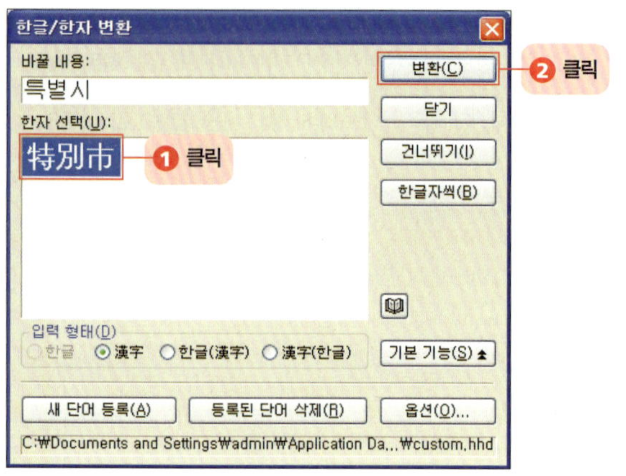

07 다음과 같이 한자로 변경됩니다. [C4] 셀에 입력된 내용 때문에 [B4] 셀의 글자가 부분적으로 표시되지 않는 경우에는 열 머리글 경계선을 드래그하여 열 너비를 조절합니다.

Page 열 너비를 조절하는 방법은 073쪽을 참고하세요.

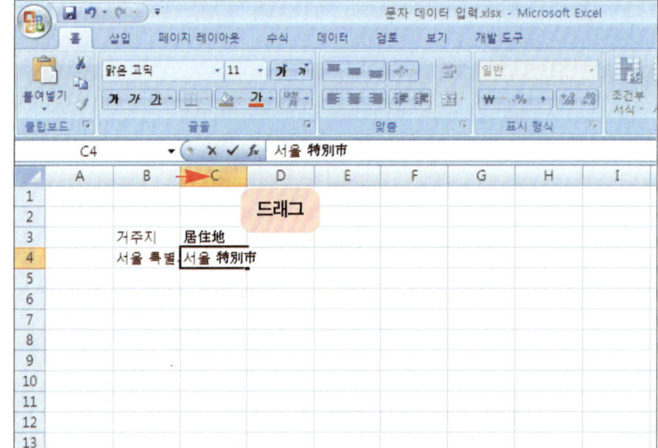

08 이번에는 자음을 입력한 후 한자를 눌러 특수 문자를 입력해 보겠습니다. ❶ [D3] 셀에 자음 「ㅁ」을 입력한 후 ❷ 키보드의 한자를 누릅니다. ❸ 특수 문자 목록이 나타나면 원하는 문자를 선택합니다.

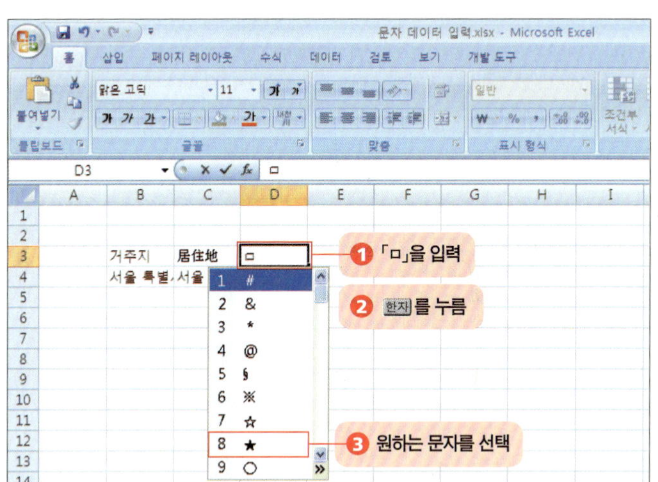

09 이번에는 엑셀의 메뉴를 이용하여 입력해 볼까요? ❶ [D4] 셀을 클릭한 후 ❷ [삽입] 탭의 [텍스트 – 기호Ω]를 클릭합니다.

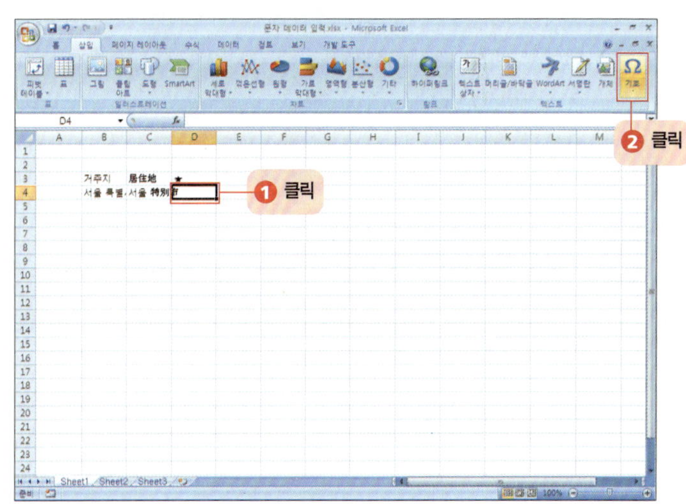

10 ❶ [기호] 대화상자가 나타나면 원하는 글꼴을 선택합니다. 여기에서는 Wingdings 글꼴을 선택합니다. ❷ 원하는 기호를 선택한 후 ❸ [삽입] 버튼을 클릭하고 ❹ [닫기] 버튼을 클릭합니다.

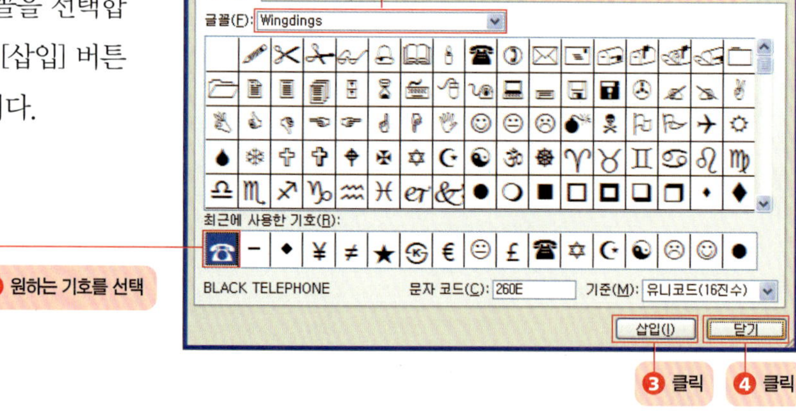

11 다음과 같이 기호가 입력됩니다.

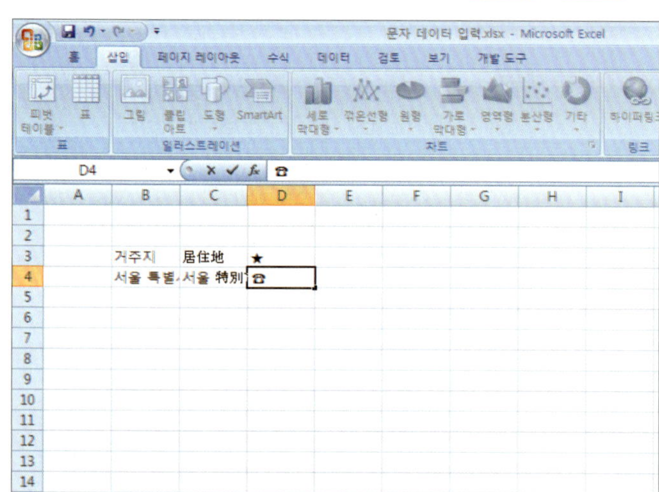

TIP 한 셀에 두 줄 이상 입력하기

셀에 데이터는 기본적으로 한 줄씩 입력됩니다. 만약 한 셀에 두 줄 이상 입력하고 싶다면 Alt + Enter 를 누릅니다. 예를 들어 「서울 특별시」를 두 줄로 입력하고 싶다면 「서울」을 입력한 후 Alt 를 누른 상태에서 Enter 를 누르고 「특별시」를 입력한 후 Enter 를 누릅니다.

TIP 바로 위 셀에 입력한 데이터를 복사하는 두 가지 방법

1 〔A4〕셀에서 Ctrl + D 를 누르면 바로 위 셀에 입력되어 있는 '전산실'이 복사되면서 편집 완료 상태가 됩니다.

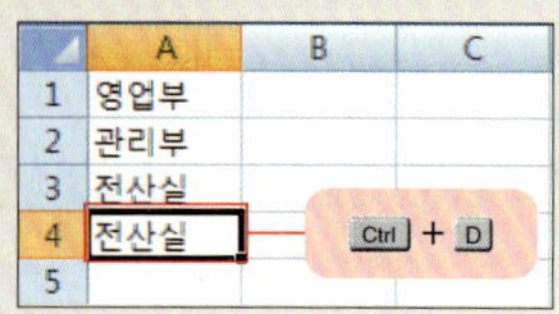

2 〔A4〕셀에서 Ctrl + ' 를 누르면 바로 위 셀에 입력되어 있는 '노트북'이 복사되면서 커서가 깜박이는 편집 상태가 됩니다.

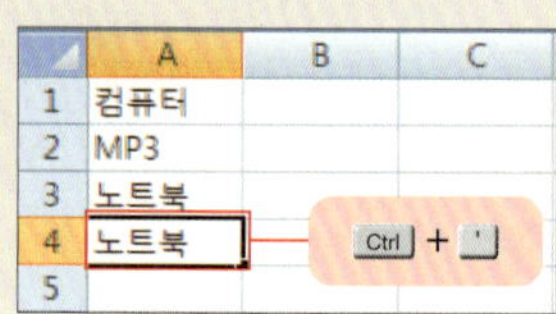

열 너비와 행 높이 조절하기

셀에 기본적으로 지정된 너비보다 데이터의 길이가 더 길면 해당 셀 오른쪽 셀에도 데이터가 입력된 것처럼 보입니다. 예를 들어 [B3] 셀에 데이터가 입력되어 있는데 그 문장이 길면 오른쪽 셀인 [C3] 셀에도 데이터가 입력된 것처럼 보이지만 실제로는 [B3] 셀에만 입력된 것입니다. 데이터가 실제로 어느 셀에 입력되었는지를 알려면 수식 입력줄을 확인하고, 아울러 입력된 데이터가 해당 셀에 모두 보이도록 하려면 열 너비를 조절합니다.

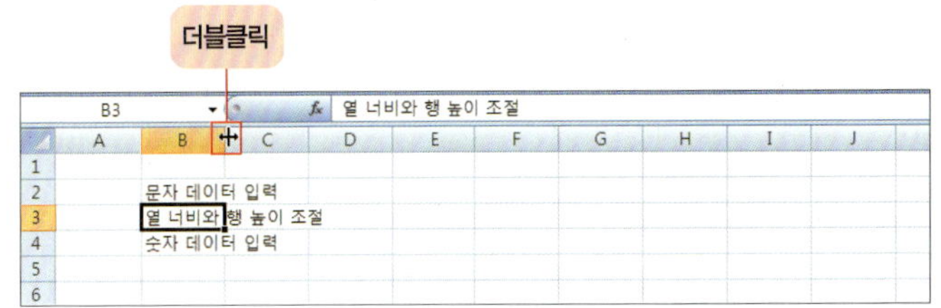

열 너비를 조절하는 데에는 다음과 같은 세 가지 방법이 있습니다. 먼저, 입력되어 있는 글자 수에 맞게 자동 조절하려면 열 머리글을 더블클릭합니다.

사용자가 원하는 너비로 조절하려면 열 머리글 경계선을 드래그하거나 [홈] 탭의 [셀 – 서식 – 열 너비]를 클릭하면 나타나는 [열 너비] 대화상자에서 원하는 값을 입력합니다.

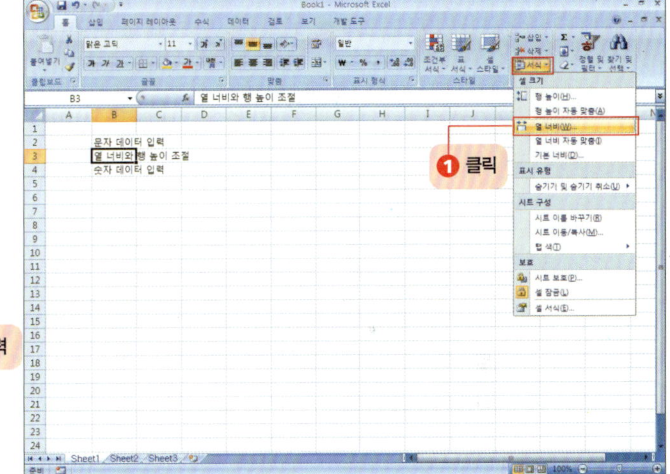

행 높이 조절도 방법도 열 너비를 조절하는 방법과 동일하지만 범위 지정을 할 때에 열 머리글이 아니라 행 머리글을 이용한다는 점이 다릅니다.

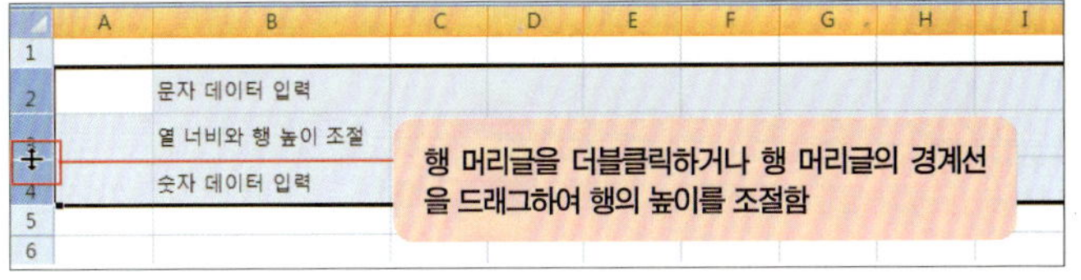

TIP **간단한 메모는 메모 삽입 기능으로**

워크시트의 셀에 포스트잇처럼 간단한 메모를 표시하려면 메모 삽입 기능을 이용합니다.

01 ❶ 메모를 삽입할 셀에서 마우스 오른쪽 버튼을 클릭한 후 ❷ 〔메모 삽입〕을 클릭합니다.

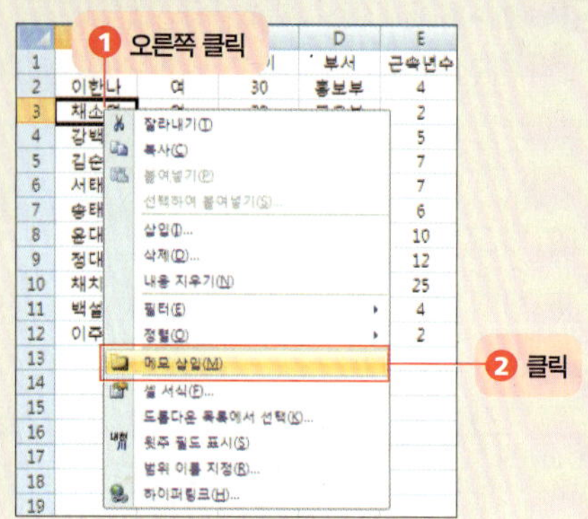

02 메모할 내용을 입력합니다.

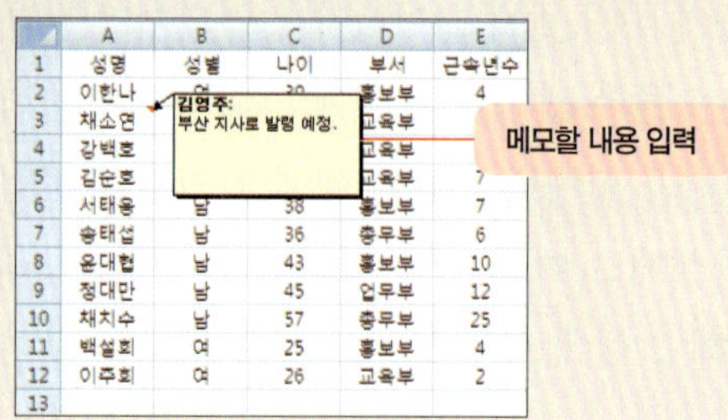

03 삽입한 메모를 편집하거나 숨기거나 삭제하려면 메모가 삽입된 셀에서 마우스 오른쪽 버튼을 클릭하면 나타나는 바로 가기 메뉴를 이용합니다.

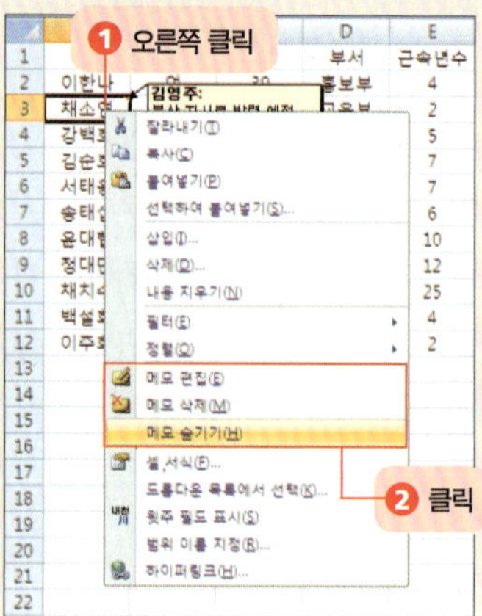

입력 내용에 맞게 열 너비와 행 높이 조절하기

Action Excel
도전! 엑셀

지금까지 입력한 내용에 맞게 열 너비와 행 높이를 조절하는 방법에 대해 살펴보았습니다. 앞에서 배운 내용을 바탕으로 간단한 따라하기를 통해 연습해 보세요.

〔예제 파일 경로〕 부록 CD\Sample\Part02\열 너비 조절.xlsx　│　〔결과 파일 경로〕 부록 CD\Sample\Part02\After\열 너비 조절_완성.xlsx

01 열 너비를 조절하기 위해 ❶ [B:D] 열 머리글을 드래그하여 범위 지정합니다. ❷ 열 머리글 경계선에 마우스 포인터를 위치시킨 후 화살표가 ↔로 바뀌었을 때에 더블클릭합니다.

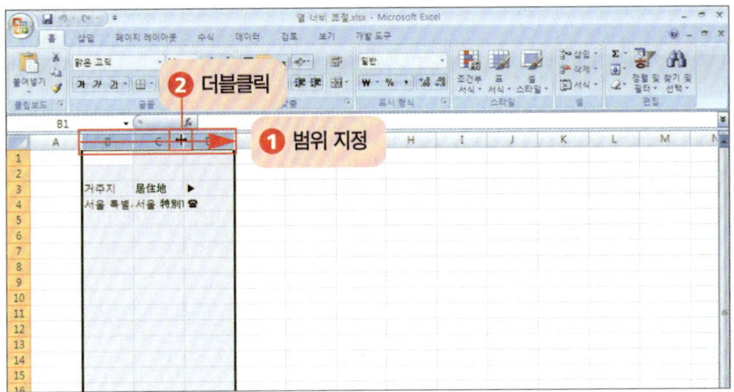

02 다음과 같이 입력되어 있는 글자 수에 따라 열 너비가 자동으로 조절됩니다.

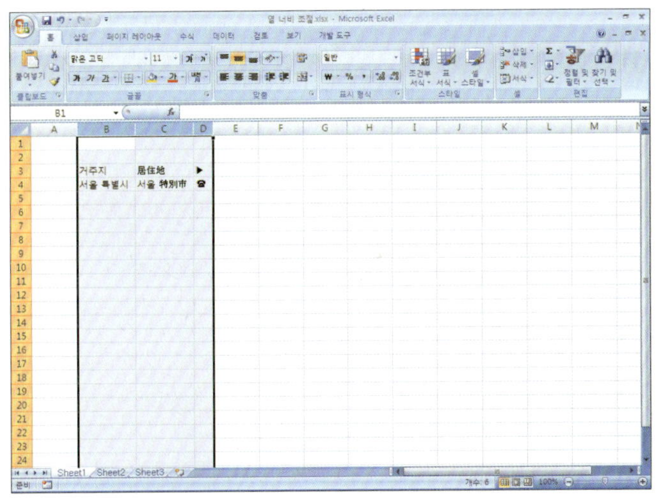

03 사용자가 원하는 너비로 조절하려면 ❶ [B:D] 열 머리글을 드래그하여 범위 지정한 후 ❷ 열 머리글 경계선을 드래그하면 마우스 포인터 위에 값이 나타나는데, 그 값을 확인하면서 열 너비를 조절합니다.

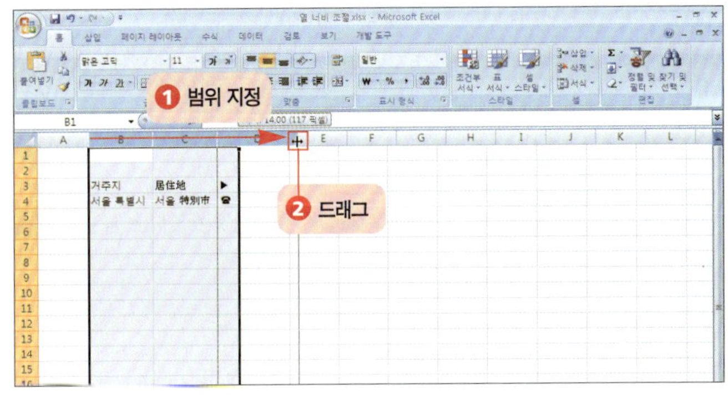

04 또는 열 머리글을 범위 지정한 상태에서 ❶ 마우스 오른쪽 버튼을 클릭한 후 ❷ [열 너비]를 클릭합니다.

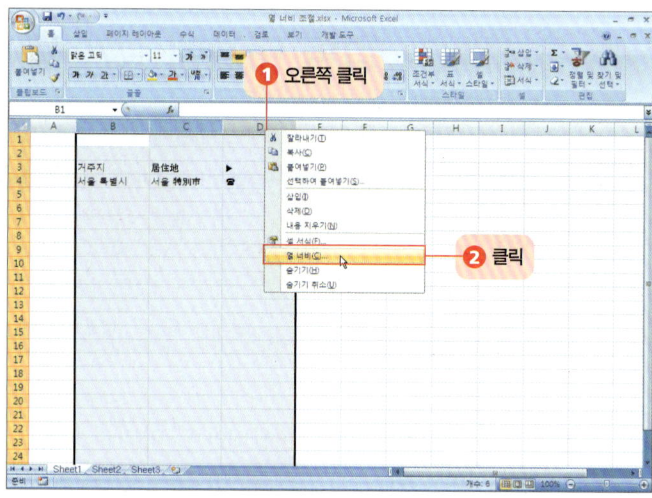

05 [열 너비] 대화상자가 나타나면 ❶ 원하는 열 너비 값을 입력한 후 ❷ [확인] 버튼을 클릭합니다.

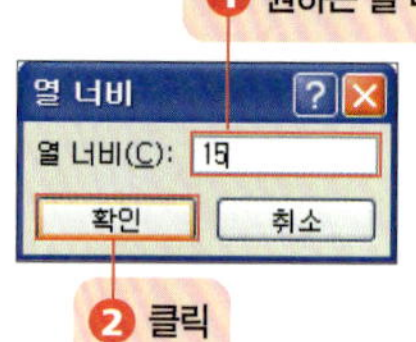

TIP 열 너비 15는 엑셀의 기본 글꼴 상태에서 열다섯 글자를 입력할 수 있는 상태를 말합니다.

06 다음과 같이 열 너비가 지정한 값으로 조절됩니다.

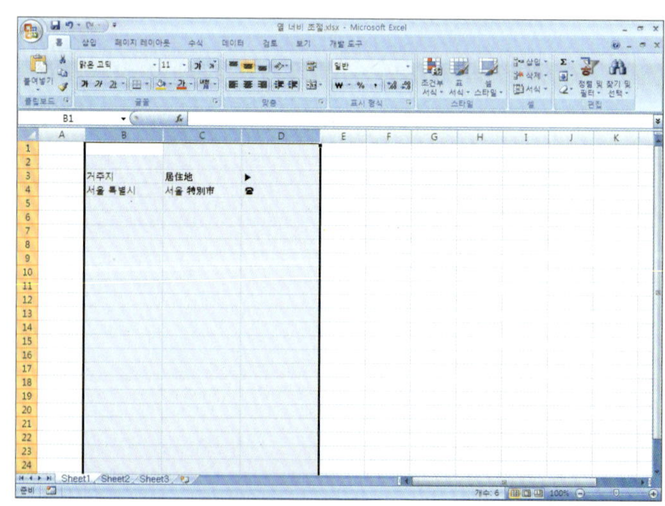

TIP 데이터를 수정하는 여러 가지 방법

1 | 수정하려는 데이터가 있는 셀을 더블클릭합니다.

2 | 수정하려는 데이터가 있는 셀을 선택한 후 수식 입력줄을 클릭합니다.

3 | 수정하려는 데이터가 있는 셀을 선택한 후 키보드의 F2 를 누릅니다.

숫자, 날짜, 시간 입력하기

숫자 데이터는 아라비아 숫자, 날짜, 시간 등을 말합니다. 날짜와 시간 데이터는 형식에 맞게 입력했을 때에만 숫자 데이터로 인식합니다. 숫자 데이터를 입력하면 기본적으로 셀에 오른쪽 맞춤됩니다.

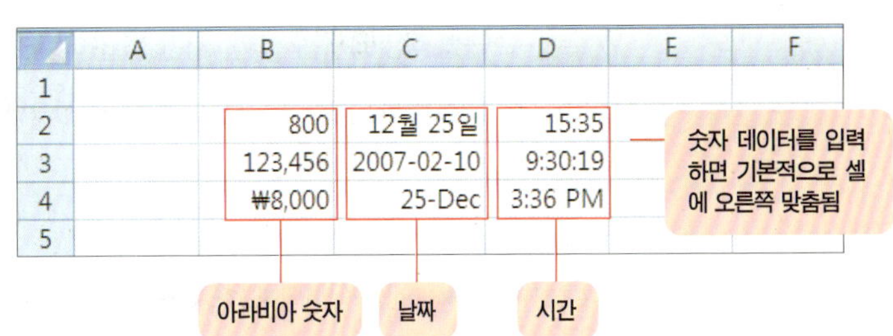

● 숫자 입력

숫자를 통화 기호(₩, $)나 쉼표(,)와 함께 입력하면 기호들은 서식으로 표현되고 숫자만 셀에 입력됩니다. 예를 들어 「₩3400」을 셀에 입력하면 실제로는 '3400' 으로 입력되고 셀에는 '₩3,400' 으로 표시됩니다.

열 너비보다 긴 숫자를 입력하면 지수 서식으로 표시되고, 서식이 지정된 숫자는 '####' 으로 표시됩니다. 숫자의 자릿수는 15자리까지 자유롭게 입력할 수 있지만 16자리부터는 0이 입력됩니다.

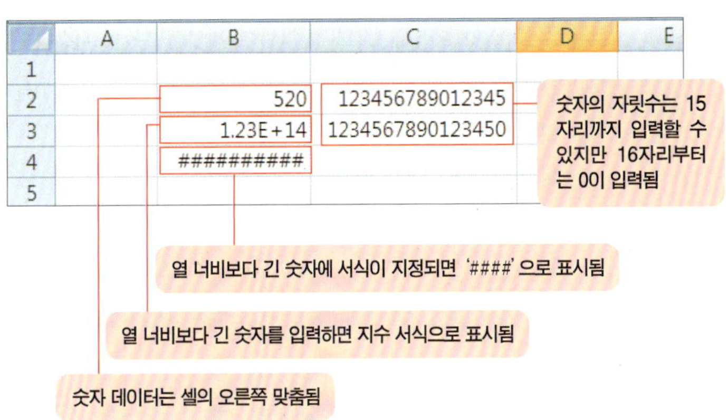

● 날짜 입력

날짜는 연, 월, 일의 구분 기호를 하이픈(-)이나 슬래시(/)로 입력해야 날짜 데이터로 인식합니다. 연도를 생략하면 올해 연도로 자동 입력되고, 일을 생략하면 자동으로 1일로 인식합니다. 예를 들어, 올해가 2007년일 경우 「2/8」을 입력하면 2007-2-8로 입력되고 '02월 08일' 로 표시됩니다. 또 「2007-2」를 입력하면 2007-2-1로 입력되고 셀에는 'Feb-07' 로 표시됩니다.

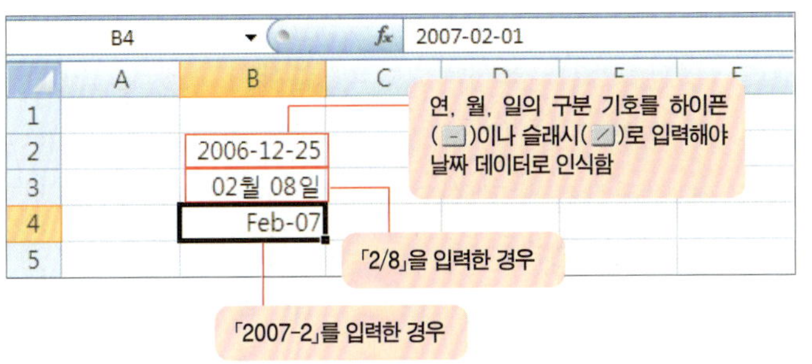

● 시간 입력

시간은 '시:분:초' , '시:분' 처럼 시분초 사이에 콜론(:)을 넣어 입력해야 시간 데이터로 인식합니다. 초는 생략할 수 있지만 시간은 생략할 수 없습니다. 예를 들어, 10시 50분을 입력하려면 「10:50」를 입력합니다. 또한 1분 20초를 입력하려면 「0:1:20」로 입력하고 서식에서 분, 초만 표시되도록 지정합니다.

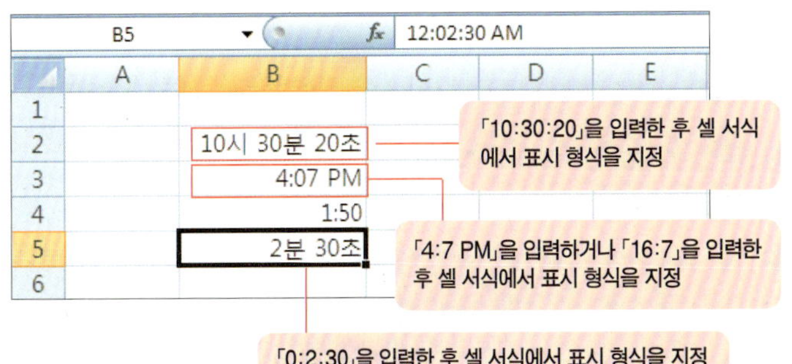

Page 표시 형식에 대한 서식은 180쪽을 참고하세요.

입금일과 입금 시간, 입금 금액 입력하기

엑셀 작업에서는 날짜, 시간 등 숫자 데이터를 입력하는 경우가 많습니다. 이번에는 간단한 입금 기록부를 이용하여 날짜, 시간, 숫자를 입력해 보겠습니다.

〔예제 파일 경로〕 부록 CD\Sample\Part02\숫자 입력.xlsx | 〔결과 파일 경로〕 부록 CD\Sample\Part02\After\숫자 입력_완성.xlsx

01 입금일을 입력하기 위해 [C4] 셀에 「2-9」를 입력한 후 Enter 를 누릅니다.

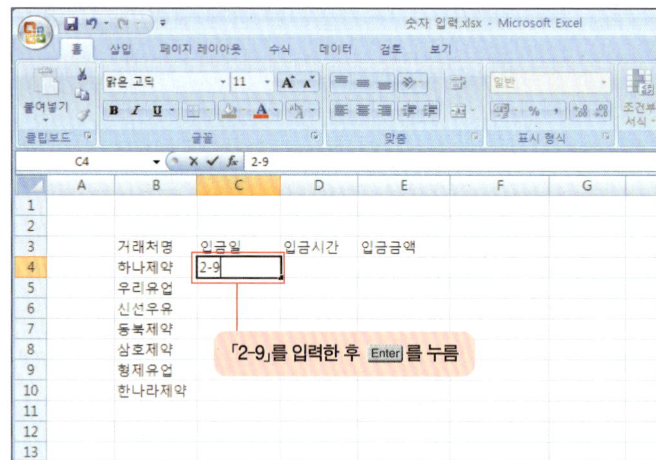

02 02월 09일로 표시되었나요? 올해가 2007년일 경우 실제로는 「2007-02-09」라고 입력됩니다. 실제 입력값을 알고 싶으면 수식 입력줄을 확인합니다. 나머지 날짜도 동일한 방법으로 입력합니다.

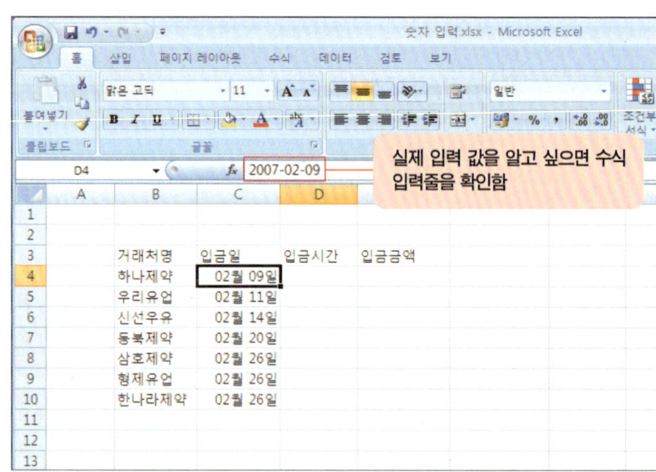

TIP 서식이 있는 데이터 지우기

〔A1〕 셀에 있는 날짜 데이터를 Delete 를 눌러 지우고 숫자 「5」를 입력하면 날짜 형태로 표시되는데, 그 이유는 서식이 지워지지 않았기 때문입니다. 날짜, 시간처럼 서식이 있는 데이터의 서식을 지우려면 〔홈〕 탭의 〔편집 – 지우기 – 서식 지우기〕를 이용합니다. 셀의 내용만 지울 때에는 Delete 만 눌러도 되지만, 서식만 지우거나 내용과 서식을 한꺼번에 지우려면 메뉴를 이용해야 합니다.

03 입금 시간을 입력하기 위해 [D4] 셀에 「14:50:11」을 입력한 후 Enter 를 누릅니다.

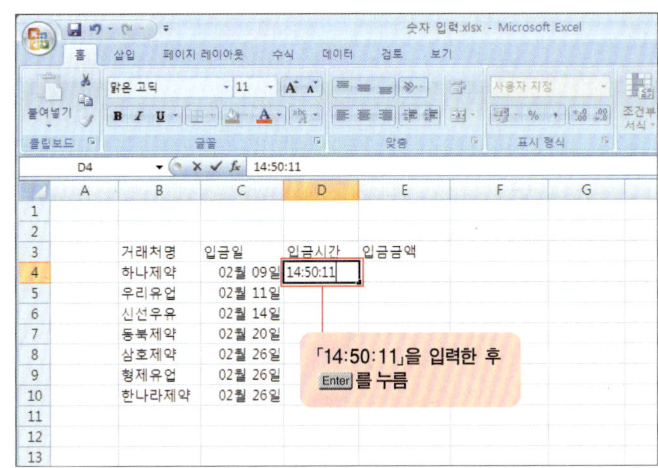

04 나머지 시간도 다음과 같이 입력합니다.

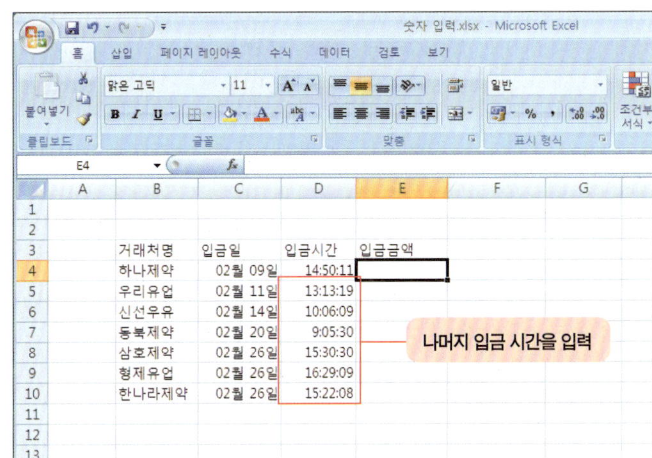

05 [E4:E10]에 다음과 같이 입금 금액을 입력합니다.

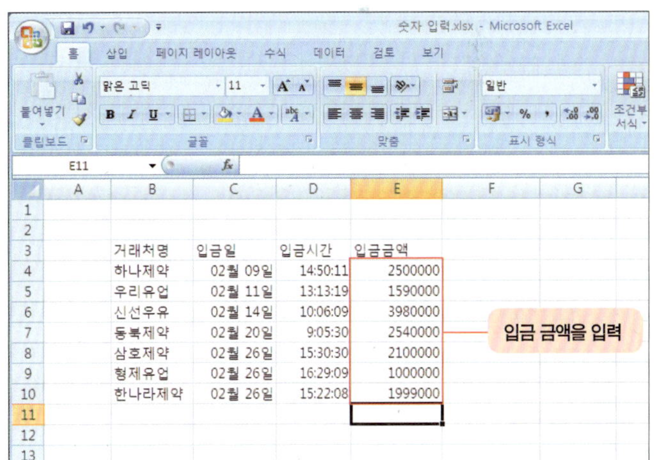

06 날짜 서식을 변경하기 위해 ❶ [C4:C10]을 드래그하여 범위 지정한 후 ❷ 마우스 오른쪽 버튼을 클릭하고 ❸ [셀 서식]을 클릭합니다.

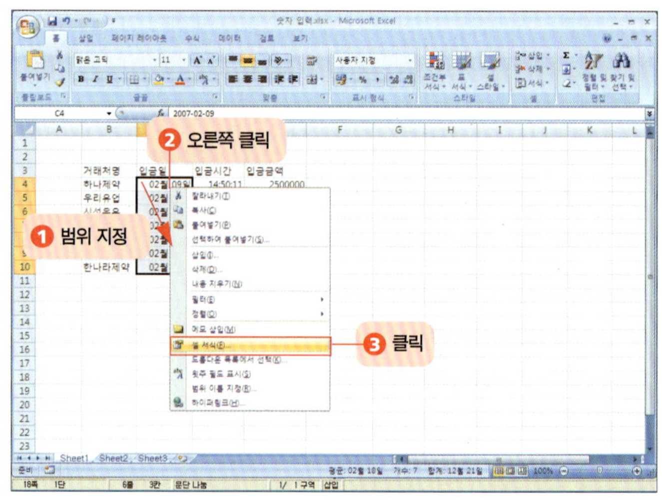

07 [셀 서식] 대화상자가 나타나면 ❶ [표시 형식] 탭의 '범주'에서 '날짜'를, ❷ '형식'에서 '2001년 3월 14일 수요일'을 클릭한 후 ❸ [확인] 버튼을 클릭합니다.

> **TIP** 〔셀 서식〕 대화상자 나타내기
>
> 〔셀 서식〕 대화상자는 리본 메뉴, 바로 가기 메뉴, 단축키를 이용하여 나타낼 수 있습니다. 리본 메뉴는 〔홈〕 탭의 〔셀 – 서식 – 셀 서식〕을 클릭하면 나타나며, 단축키는 Ctrl + 1 입니다.

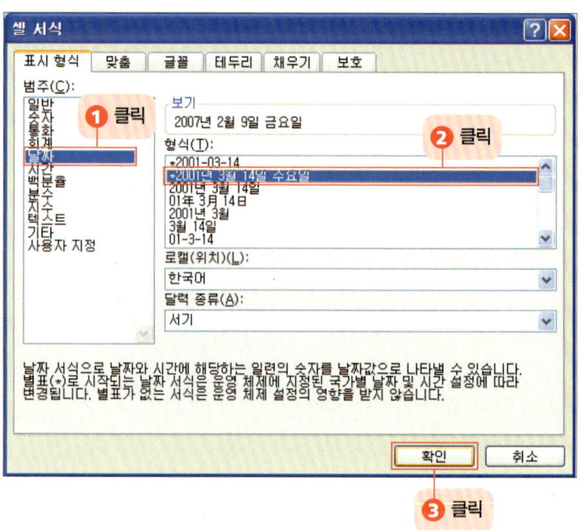

08 입금 시간에 대한 서식을 변경하기 위해 ❶ [D4:D10]을 범위 지정한 후 마우스 오른쪽 버튼을 클릭하고 [셀 서식]을 클릭합니다. [셀 서식] 대화상자가 나타나면 ❷ [표시 형식] 탭의 '범주'에서 '시간'을, ❸ '형식'에서 '1:30:55 PM'을 클릭한 후 ❹ [확인] 버튼을 클릭합니다.

> **TIP** 오늘 날짜를 자동으로 입력하려면 Ctrl + ; 을 누르고, 현재 시간을 자동으로 입력하려면 Ctrl + Shift + ; 을 누릅니다.

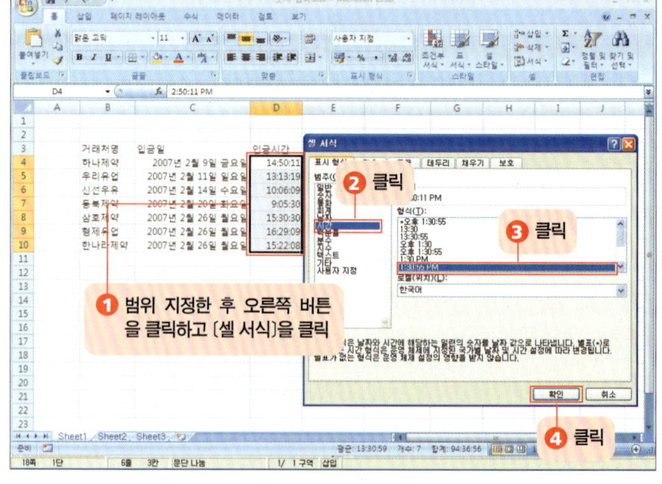

09 입금 금액에 대한 서식을 지정하기 위해 ❶ [E4:E10]을 범위 지정한 후 마우스 오른쪽 버튼을 클릭하고 [셀 서식]을 클릭합니다. ❷ [표시 형식] 탭의 '범주'에서 '통화'를, ❸ '형식'에서 '-₩1,234'를 클릭한 후 ❹ [확인] 버튼을 클릭합니다.

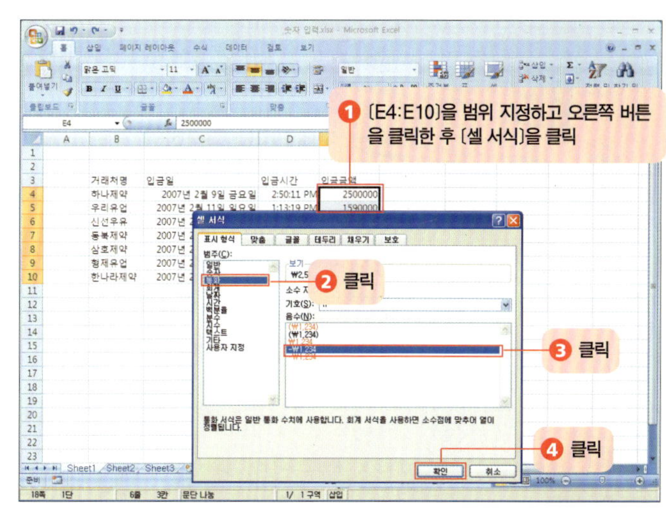

10 다음과 같이 서식이 변경됩니다. 이렇게 숫자, 날짜, 시간 데이터는 정해진 형식 대로 입력하고 셀 서식을 이용하여 원하는 형식으로 표시합니다.

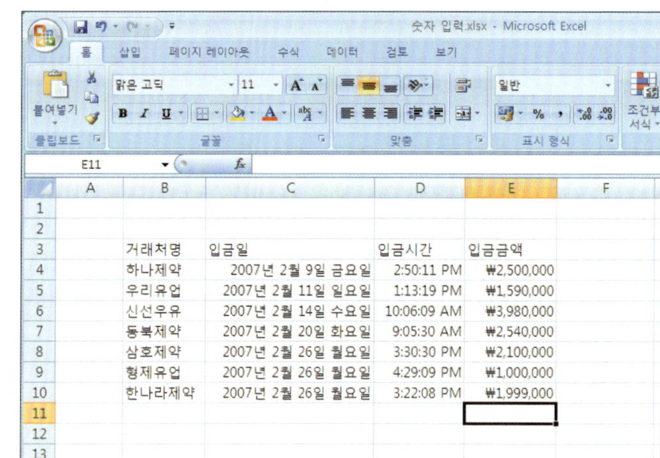

	A	B	C	D	E	F
3		거래처명	입금일		입금시간	입금금액	
4		하나제약	2007년 2월 9일 금요일		2:50:11 PM	₩2,500,000	
5		우리유업	2007년 2월 11일 일요일		1:13:19 PM	₩1,590,000	
6		신선우유	2007년 2월 14일 수요일		10:06:09 AM	₩3,980,000	
7		동북제약	2007년 2월 20일 화요일		9:05:30 AM	₩2,540,000	
8		삼호제약	2007년 2월 26일 월요일		3:30:30 PM	₩2,100,000	
9		형제유업	2007년 2월 26일 월요일		4:29:09 PM	₩1,000,000	
10		한나라제약	2007년 2월 26일 월요일		3:22:08 PM	₩1,999,000	

Page 표시 형식 서식은 180쪽을 참고하세요.

TIP **숫자를 텍스트 형식으로 입력하기**

숫자 데이터를 텍스트 형식으로 입력하려면 아포스트로피(')를 이용합니다. 예를 들어, 001,002,003,…으로 자릿수를 맞추어 셀에 입력하고 싶을 경우 엑셀에서는 001과 1은 같은 1이기 때문에 「001」로 입력하더라도 1만 입력됩니다. 이럴 때 아포스트로피를 입력한 상태에서 「001」을 입력하면 '001'로 표시됩니다. 그러나 특별한 경우가 아니라면 숫자 「1」을 입력하고, 표시 형식 서식에서 001로 표시하는 것이 좋습니다.

예산 지출 현황 입력하기

Master Excel 실력다지기

다음의 데이터를 이용하여 기본적인 문자와 숫자 데이터를 입력하는 방법을 습득한 후 보다 효율적으로 데이터를 입력하는 요령에 대해 실습해 보겠습니다.

● [결과 파일 경로] 부록 CD\Sample\Part02\After\예산_지출_완성.xlsx

완성 예제 미리 보기

♣ 2007年 2月 豫算/支出 現況

항목	예산 금액	지출 금액	차액	비고
다과	600,000	257,370	342,630	
통신비	500,000	100,000	400,000	
우편물	300,000	253,000	47,000	
소모품	200,000	289,000	- 89,000	
기타	100,000	98,000	2,000	
예비비	300,000	190,000	110,000	
소계	2,000,000	1,187,370	812,630	

01 특수 문자를 입력하기 위해 ❶ 새 문서를 열고 [B2] 셀에 자음 「ㅁ」을 입력한 후 ❷ 한자를 누릅니다. 기호 목록이 나타나면 ❸ 오른쪽 아래에 있는 ≫을 클릭합니다.

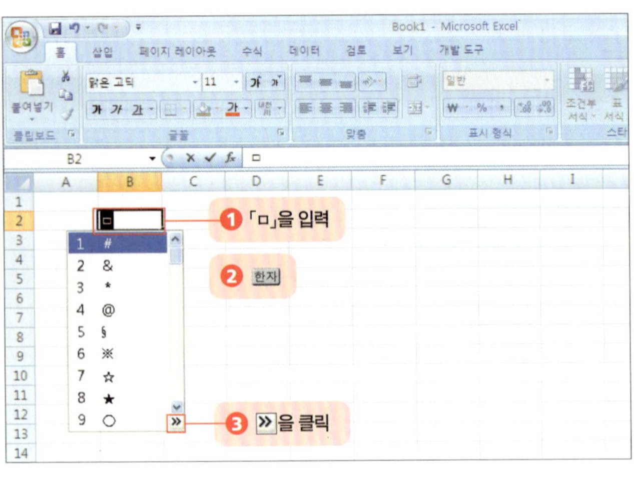

02 기호 목록이 확장되어 나타나면 ♣를 클릭합니다.

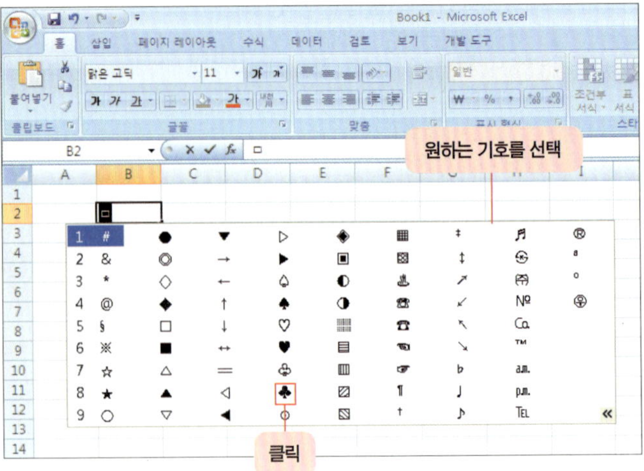

03 ❶ 계속해서 「2007년 2월 예산/지출 현황」을 입력합니다. 단어 단위로 한자를 입력하기 위해 ❷ Spacebar 를 누른 후 한자 를 누릅니다.

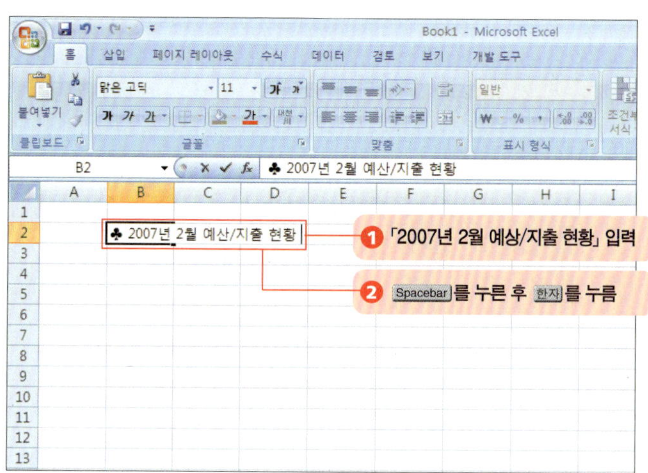

04 [한글/한자 변환] 대화상자가 나타나면 ❶ '年'을 클릭한 후 ❷ [변환] 버튼을 클릭합니다. 같은 방법으로 월, 예산, 지출을 해당 한자로 변경합니다.

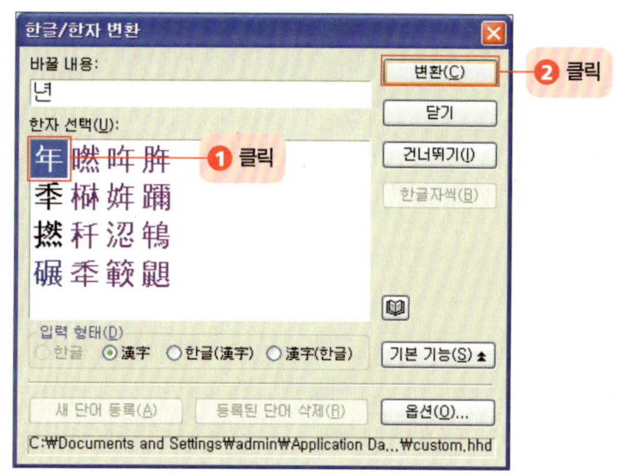

05 다음과 같이 모두 한자로 변경되었으면 Enter 를 누릅니다.

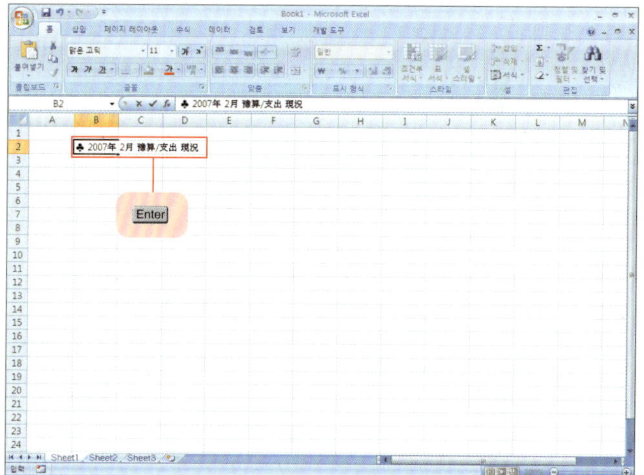

06 4행에 각 항목의 제목을 먼저 입력하겠습니다. ❶ [B4] 셀에 「항목」을 입력한 후 Tab 을 누릅니다. 셀 포인터가 오른쪽으로 이동됩니다. ❷ 「예산」을 입력하고 Alt + Enter 를 누른 후 「금액」을 입력하고 다시 Tab 을 누릅니다.

> **Note** 셀 포인터를 오른쪽으로 이동할 때에는 키보드의 방향키나 마우스를 이용할 수도 있지만, 데이터 입력 중에는 키보드 구조상 Tab 을 누르는 것이 더 효율적입니다.

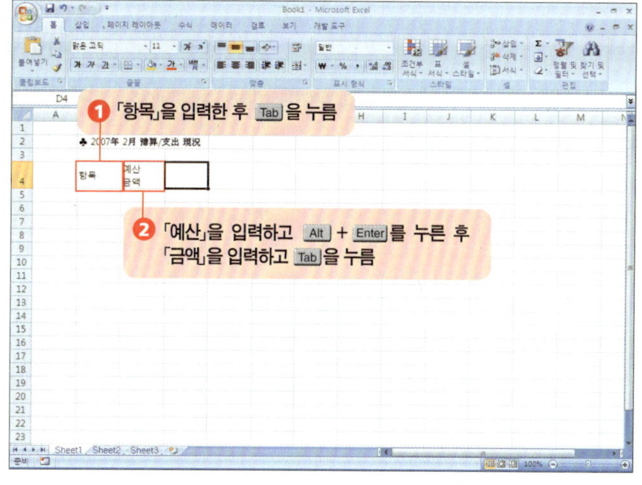

07 동일한 방법으로 다음과 같이 입력합니다.

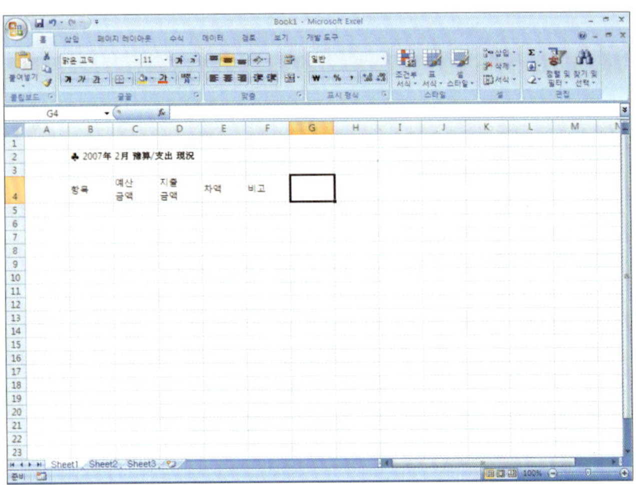

08 ❶ [B5] 셀에 「다과」를 입력한 후 Enter 를 누릅니다. ❷ 계속해서 [B11] 셀까지 데이터를 다음과 같이 입력합니다.

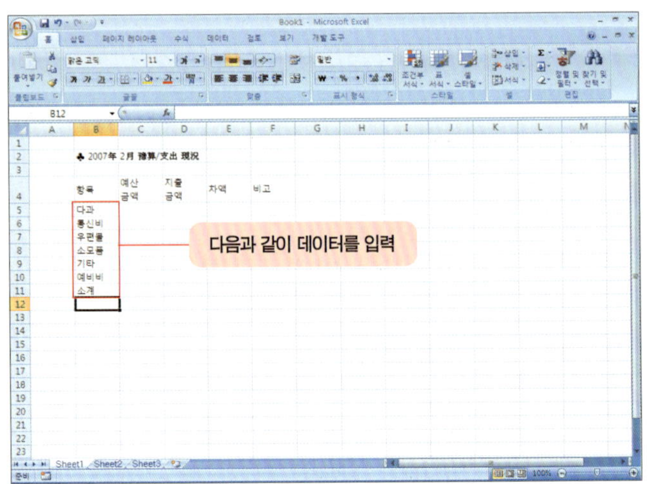

09 이제 숫자 데이터를 입력하기 위해 [C5:D10]을 드래그하여 범위 지정합니다.

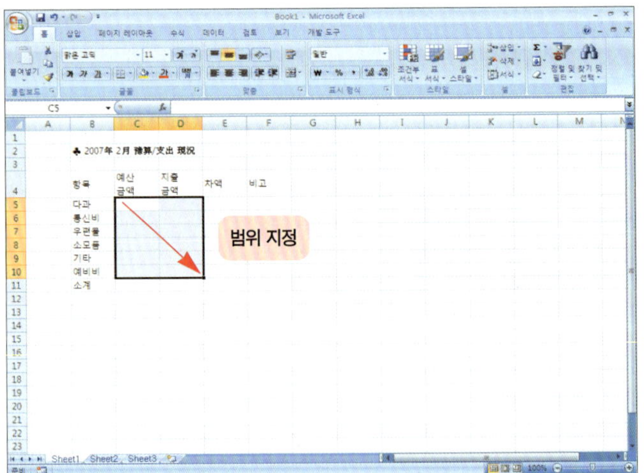

> **Note** 입력할 영역이 연속된 범위일 경우, 범위 지정을 먼저 하고 데이터를 입력하면 효과적입니다. 만약 [C5] 셀에 데이터를 입력하고 Enter 를 누르면 셀 포인터는 [C6] 셀로 이동합니다. 마찬가지로 [C10] 셀에 데이터를 입력하고 Enter 를 누르면 [C11] 셀로 이동합니다. 다음 데이터가 입력될 위치인 [D5] 셀로 셀 포인터를 이동하기 위해서는 키보드의 방향키나 마우스로 이동해야 하는 번거로움이 있습니다. 이럴 때에 범위 지정을 먼저 하고 데이터를 입력하면 다음 데이터가 입력될 위치로 셀 포인터가 자동으로 이동되므로 편리합니다. 특히, 숫자 데이터는 키보드의 오른쪽에 있는 숫자판을 많이 이용하므로 먼저 범위 지정한 후에 입력하면 편리합니다.

10　❶ 다음과 같이 데이터를 입력합니다. [C10] 셀까지 데이터 입력한 후 ❷ Enter 를 누릅니다.

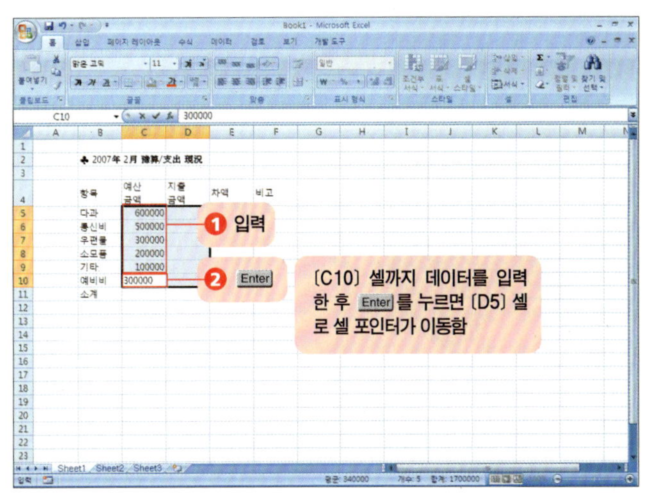

> **TIP**　범위 지정 상태에서 셀 포인터를 진행 방향이 아닌 반대 방향으로 이동하려면 Shift + Enter 를 누릅니다. 키보드의 방향키를 움직이면 범위 지정이 해제되므로 진행 방향은 Enter , 반대 방향은 Shift + Enter , 오른쪽은 Tab , 왼쪽은 Shift + Tab 을 누릅니다.

11　[D5] 셀로 셀 포인터가 이동됩니다.

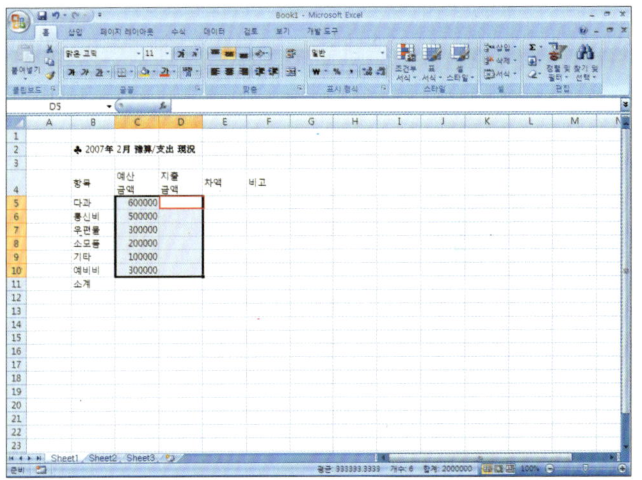

12　계속해서 다음과 같이 데이터 입력을 마무리합니다. 여기에서는 수식 작업과 서식 작업은 제외하고 데이터를 입력하는 방법까지만 학습합니다.

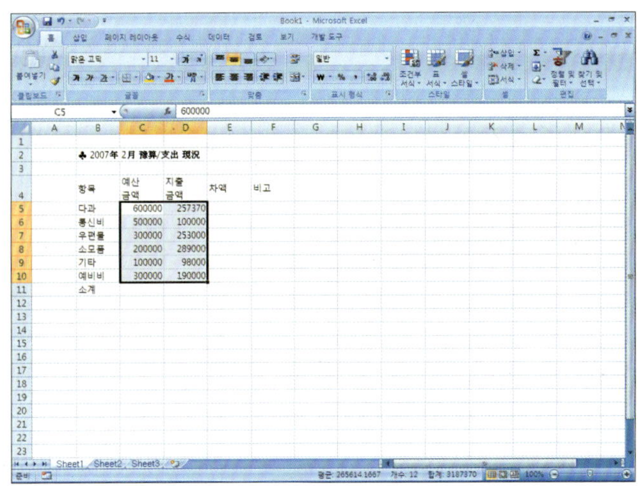

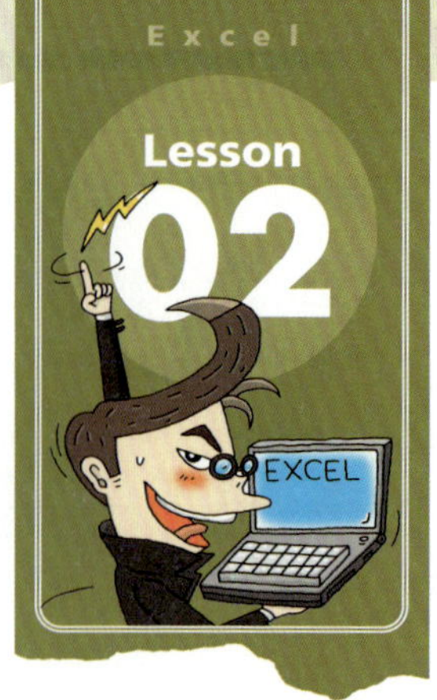

Lesson 02

빠른 입력을 도와 주는 데이터 자동 채우기

자동 채우기 기능을 이용하면 일정 간격으로 늘어나거나 감소하는 날짜, 숫자 데이터를 입력할 때에 매우 편리합니다. 또한 자주 입력하는 목록을 사용자 지정 목록으로 정의해 두면 자동 채우기 기능을 이용하여 쉽게 입력할 수 있습니다.

규칙적인 숫자 자동 채우기

셀을 선택하면 셀 포인터 오른쪽 아래에 작은 사각형 점이 표시됩니다. 이 사각형 점을 '채우기 핸들' 이라고 하는데, 이 채우기 핸들을 드래그하면 데이터를 자동 채우기 할 수 있습니다.

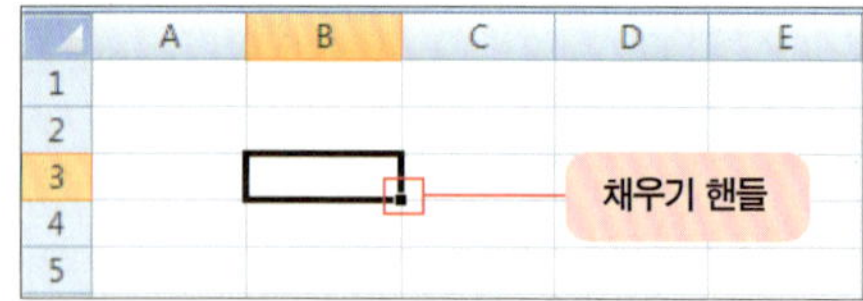

채우기 핸들을 드래그할 때의 기본적인 기능은 '복사' 입니다.

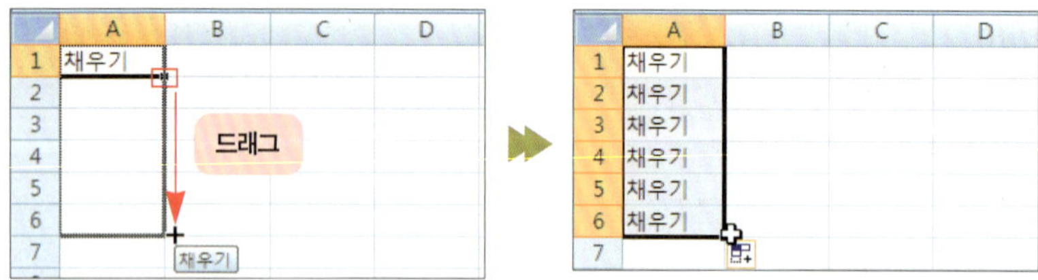

문자와 숫자가 혼합되어 있는 경우에는 숫자를 1씩 증가시키며 자동 채우기를 합니다.

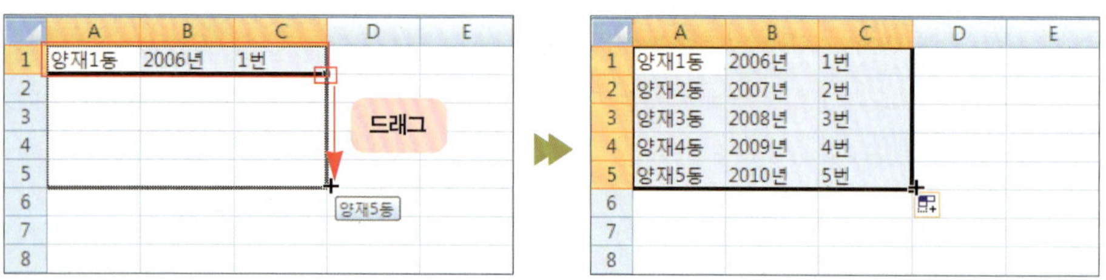

2개의 숫자를 입력한 후 범위 지정하고 채우기 핸들을 드래그하면 그 단계값을 읽어 자동 채우
기를 합니다.

날짜가 입력되어 있으면 해당 날짜에서 1일 단위로 자동 채우기를 합니다.

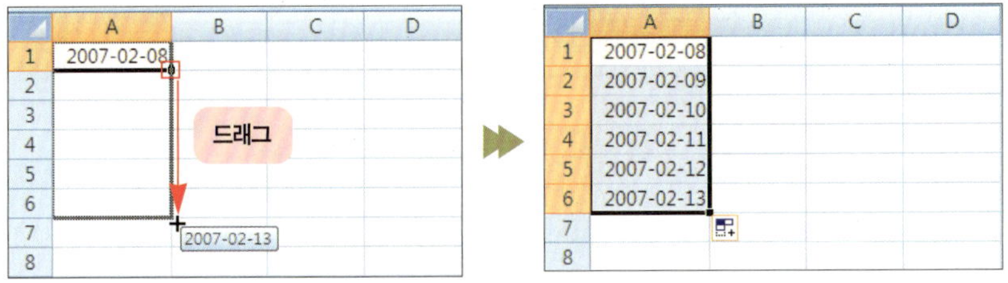

채우기 핸들을 마우스 오른쪽 버튼을 클릭한 상태에서 드래그하면 나타나는 바로 가기 메뉴에
서 [연속 데이터]를 클릭한 후 [연속 데이터] 대화상자에서 단계값을 입력하여 자동 채우기를
할 수도 있습니다.

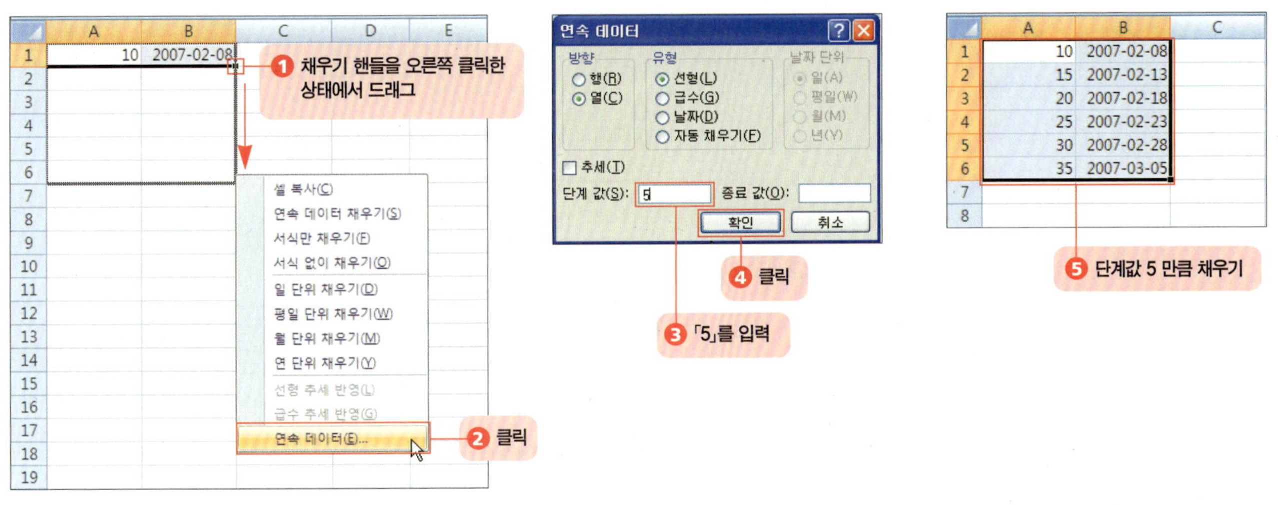

여러 가지 방법으로 데이터 자동 채우기

자주 입력하는 데이터는 자동 채우기 기능을 이용하면 편리합니다. 간단한 따라하기를 통해 데이터 자동 채우기를 연습해 보세요.

〔예제 파일 경로〕 부록 CD\Sample\Part02\숫자 자동채우기.xlsx | 〔결과 파일 경로〕 부록 CD\Sample\Part02\After\숫자 자동채우기_완성.xlsx

01 ❶ [A2:A3] 영역에 숫자 「1」과 「2」를 입력한 후 ❷ 범위 지정하여 마우스 포인터를 채우기 핸들에 위치시킵니다.

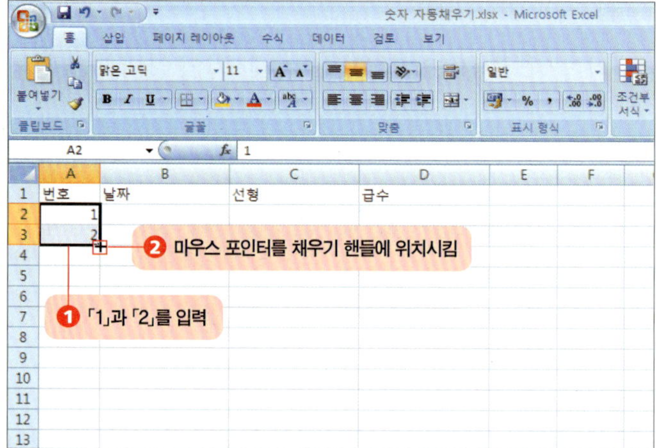

02 마우스 포인터가 십자 모양┼이 되면 데이터를 채우고 싶은 영역까지 드래그합니다. 여기에서는 [A15] 셀까지 드래그합니다.

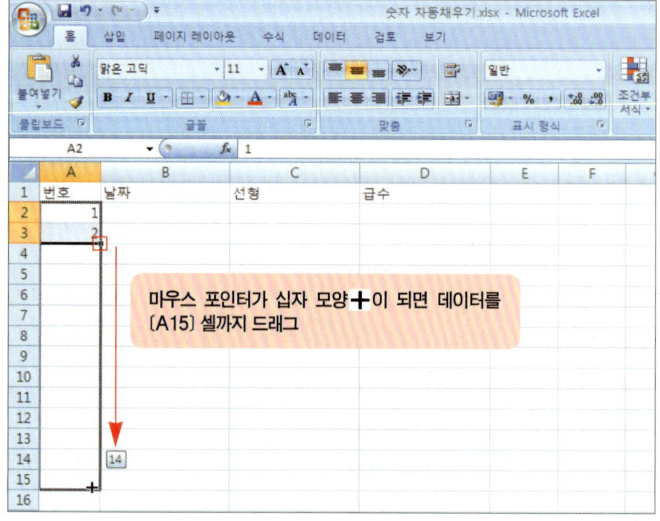

03 두 값의 단계값이 1이므로, 1 만큼 자동 채우기가
됩니다.

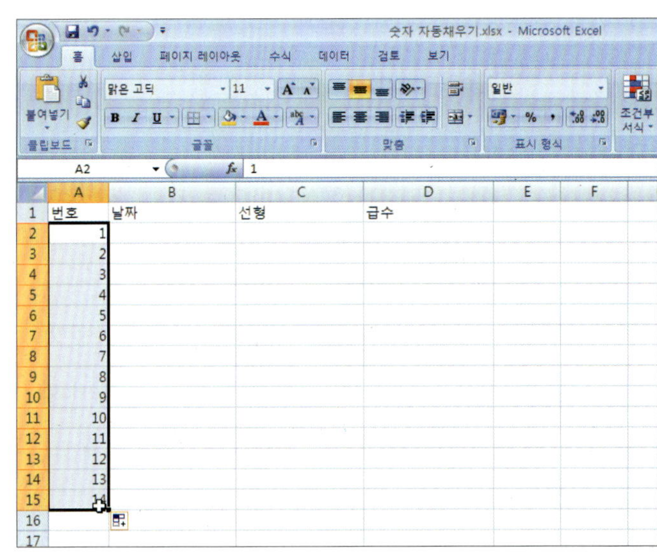

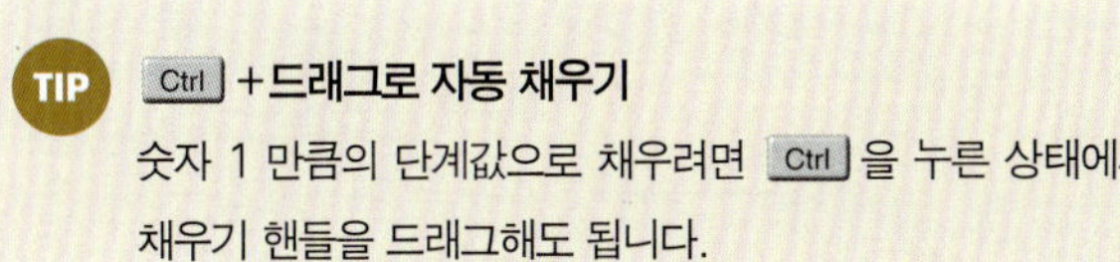

TIP Ctrl +드래그로 자동 채우기
숫자 1 만큼의 단계값으로 채우려면 Ctrl 을 누른 상태에서
채우기 핸들을 드래그해도 됩니다.

04 ❶ [B2] 셀에서 Ctrl + ; 을 눌러 오늘 날짜를 입
력합니다. ❷ 채우기 핸들을 [B15] 셀까지 드래그
하여 1일 단위로 자동 채우기를 합니다.

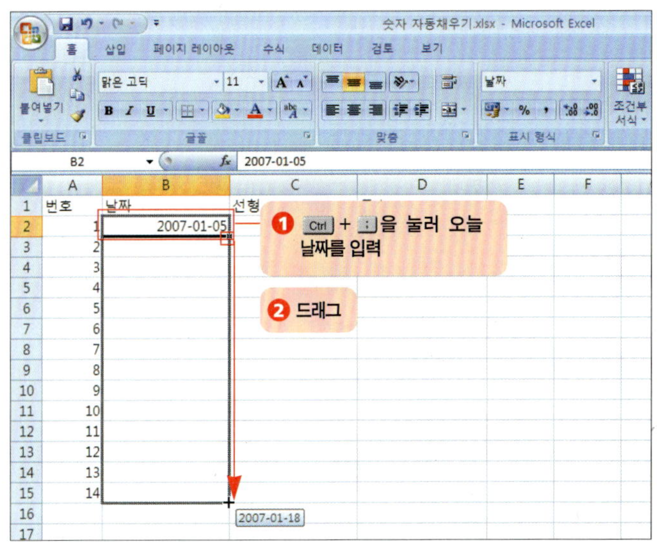

TIP 단축키 Ctrl + ; 을 누르면 오늘 날짜가 자동으로 입력됩
니다.

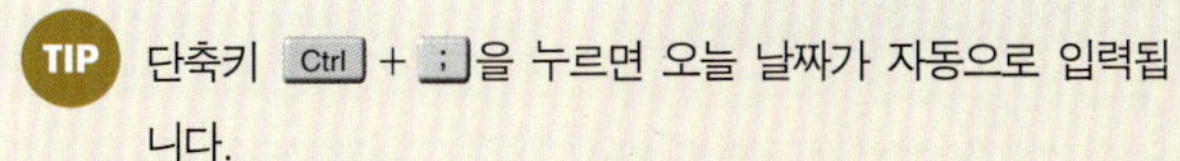

TIP 숫자 하나가 입력되어 있을 때에 드래그하면 숫자가 복사되
지만, 날짜는 1일 단위로 채우기가 됩니다.

05 ❶ [C2] 셀에 숫자 「1」을 입력합니다. ❷ 채우기
핸들을 마우스 오른쪽 버튼을 클릭한 상태에서
[C15] 셀까지 드래그한 후 ❸ [연속 데이터]를 클
릭합니다.

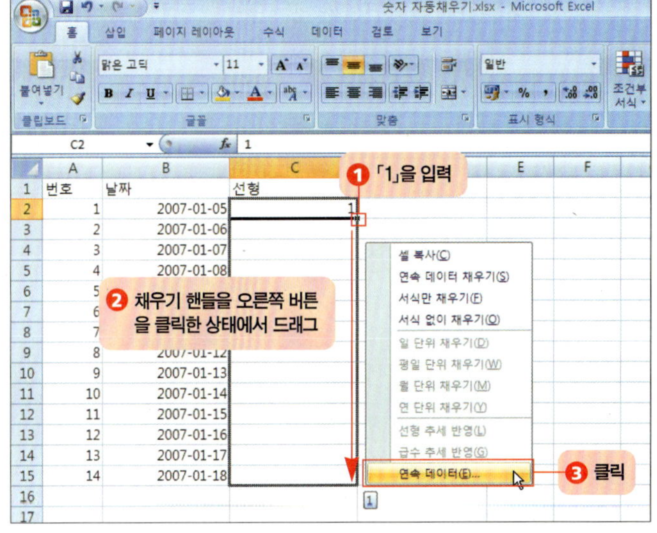

06 [연속 데이터] 대화상자가 나타나면 ❶ '유형'에서 '선형'을 선택한 후 ❷ 단계값에 「2」를 입력하고 ❸ [확인] 버튼을 클릭합니다.

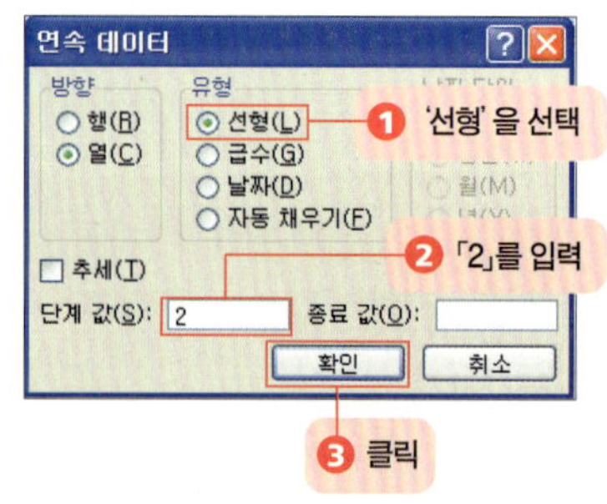

07 ❶ [D2] 셀에 숫자 「1」을 입력합니다. ❷ 채우기 핸들을 마우스 오른쪽 버튼을 클릭한 상태에서 [D15] 셀까지 드래그한 후 ❸ [연속 데이터]를 클릭합니다.

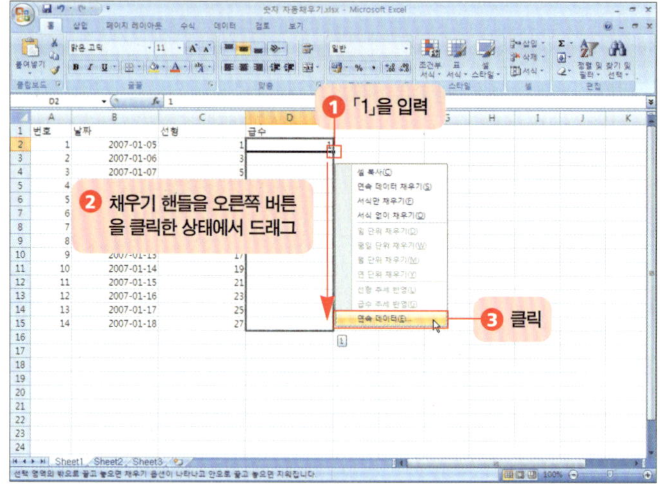

08 [연속 데이터] 대화상자가 나타나면 ❶ '유형'에서 '급수'를 선택한 후 ❷ 단계값에 「2」를 입력하고 ❸ [확인] 버튼을 클릭합니다.

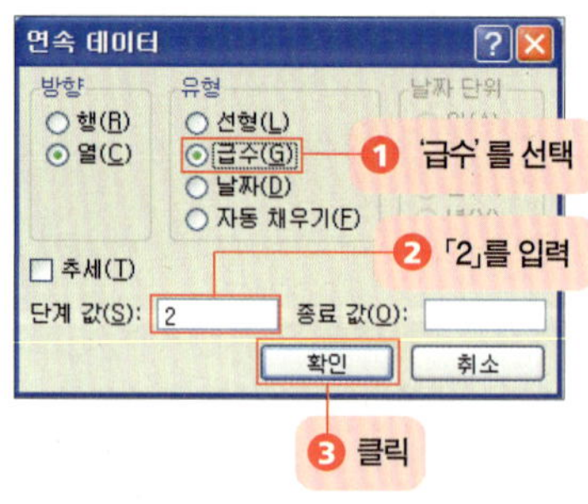

09 다음과 같이 유형이 '선형'일 때에는 단계값을 더하기로 채우고, '급수'일 때에는 곱하기로 채웁니다.

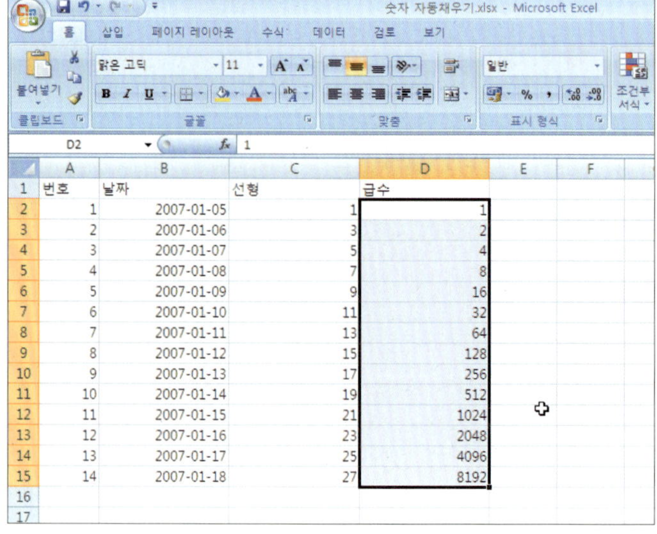

사용자 지정 목록에 추가하기

[Excel 옵션]의 '사용자 지정 목록'에는 월, 화, 수…, 1
월, 2월, 3월…과 같이 일반적으로 자주 이용하는 목록
14개가 등록되어 있습니다. 이 밖에 사용자가 자주 이용
하는 목록이 있을 경우 '사용자 지정 목록'에 추가해 두
면 워크시트에서 보다 쉽게 목록을 입력할 수 있습니다.

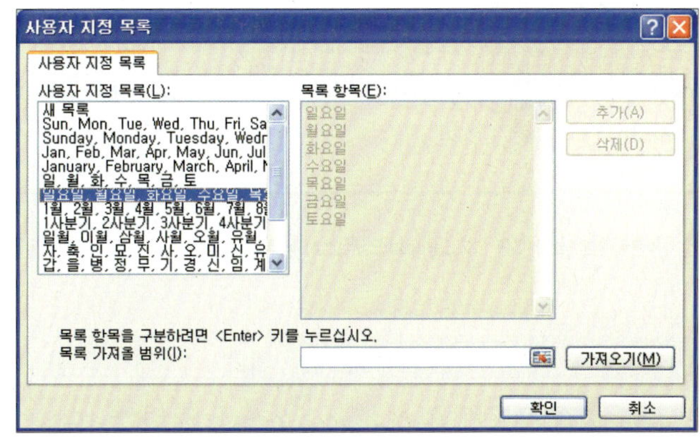

목록을 추가하는 데에는 [사용자 지정 목록] 대화상자에서 직접 입력하는 방법과 가져오기 기
능을 이용하여 이미 엑셀 시트에 입력된 목록을 가져오는 방법이 있습니다.

직접 입력하여 추가하려면 '사용자 지정 목록'에서 '새 목록'을 선택한 후 '목록 항목'에 원하
는 목록을 입력합니다.
이미 엑셀 시트에 입력된 목록을 목록 항목으로 추가하려면 '목록 가져올 범위'를 클릭한 후
엑셀 시트의 목록을 드래그하고 [가져오기]를 클릭합니다.

 **엑셀 업데이트 하기**

오피스 단추를 클릭한 후 (Excel 옵션)을 클릭하면 (Excel 옵션)
대화상자가 나타납니다. 대화상자에서 (리소스)를 선택한 후 (업
데이트 확인) 버튼을 클릭하면 update.microsoft.com에 접속합
니다. 이 페이지에서 (지금 시작)을 클릭하여 업데이트를 할 수 있
습니다.

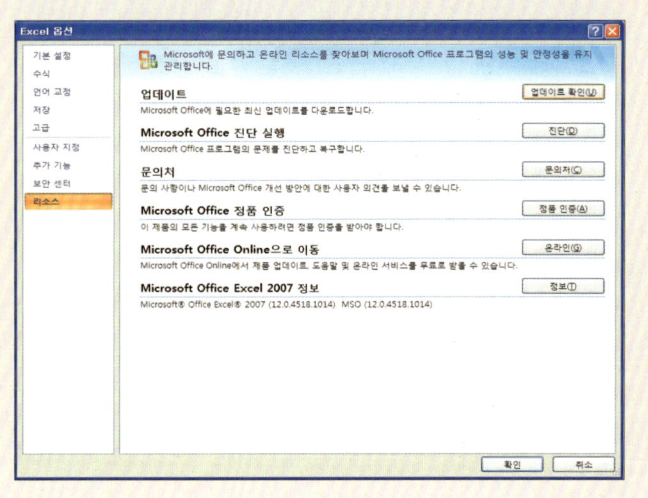

사용자 지정 목록 직접 추가하기

업무의 특성에 따라 자주 사용하는 목록이 있습니다. 이번에는 간단한 따라하기를 통해 사용자 지정 목록을 추가하는 방법에 대해 연습해 보겠습니다.

〔예제 파일 경로〕부록 CD\Sample\Part02\사용자 지정 목록.xlsx | 〔결과 파일 경로〕부록 CD\Sample\Part02\After\사용자 지정 목록_완성.xlsx

01 사용자 지정 목록을 추가하기 위해 ❶ [Office 단추]를 클릭한 후 ❷ [Excel 옵션]을 클릭합니다.

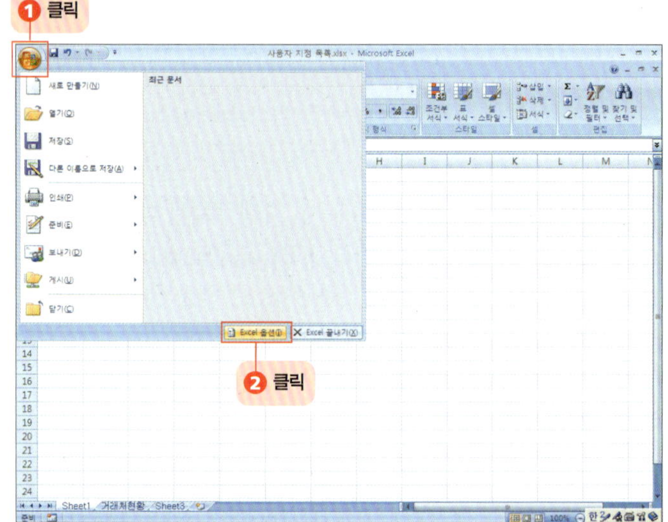

02 [Excel 옵션] 대화상자가 나타나면 '기본 설정'의 'Excel에서 가장 많이 사용하는 옵션'에서 [사용자 지정 목록 편집]을 클릭합니다.

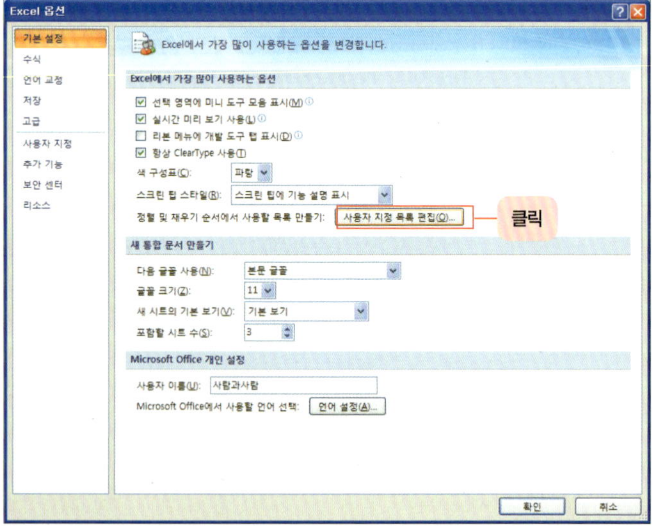

03 [사용자 지정 목록] 대화상자가 나타나면 ❶ '새 목록'을 클릭한 후 ❷ 목록 항목에 다음과 같이 목록으로 추가할 이름을 입력합니다. ❸ [추가] 버튼을 클릭합니다.

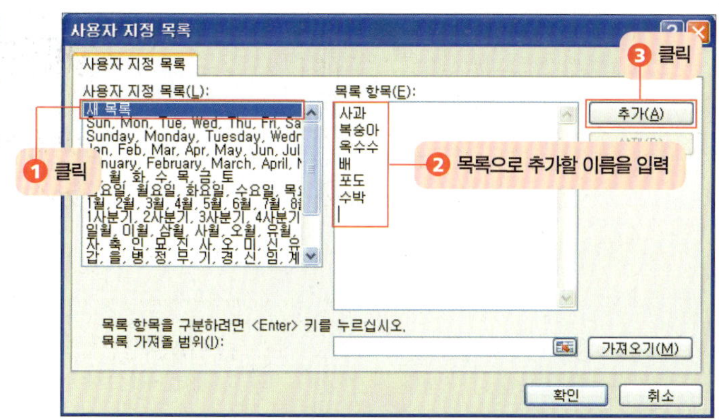

04 이번에는 가져오기를 이용하여 목록에 추가해 보겠습니다. ❶ '새 목록'을 클릭한 후 ❷ '목록 가져올 범위'를 클릭하여 커서를 위치시킵니다. ❸ [거래처현황] 시트를 클릭한 후 ❹ [A1:A10]을 드래그합니다. '목록 가져올 범위'에 '거래처현황!$A$1:$A$10'이 나타나면 ❺ [가져오기] 버튼을 클릭합니다.

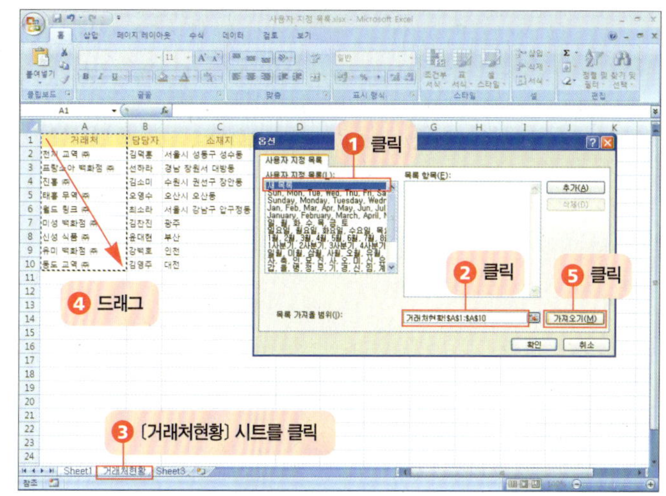

05 사용자 지정 목록에 추가되었으면 [확인] 버튼을 클릭합니다. 그런 다음, [Excel 옵션] 대화상자가 나타나면 [확인] 버튼을 클릭합니다.

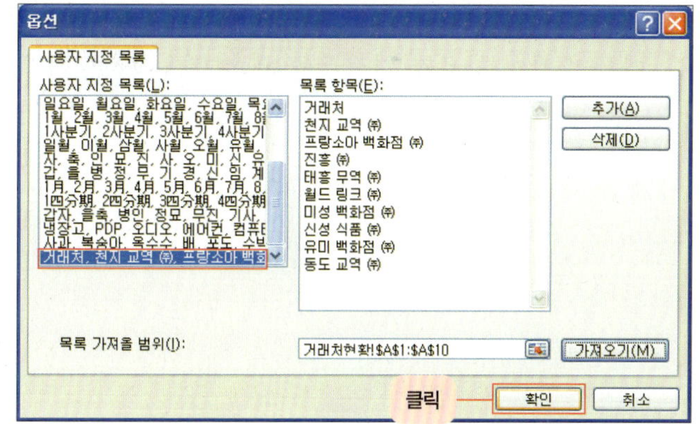

06 ❶ [A1] 셀에 「사과」를 입력한 후 ❷ 채우기 핸들을 [A6] 셀까지 드래그하여 자동 채우기를 합니다.

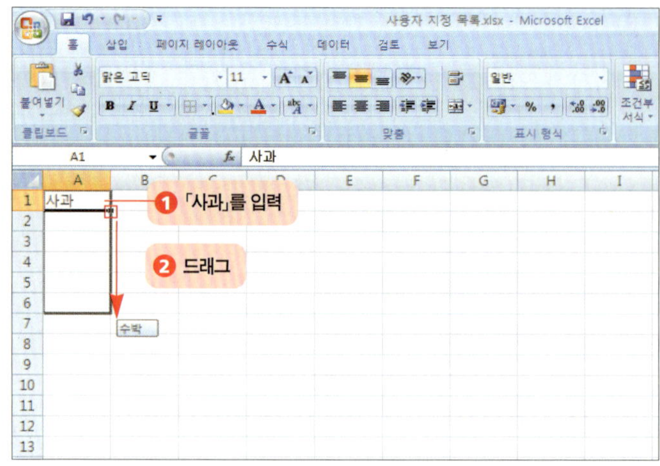

07 ❶ [B1] 셀에 「거래처」를 입력한 후 ❷ 채우기 핸들을 [B10] 셀까지 드래그하여 자동 채우기를 합니다.

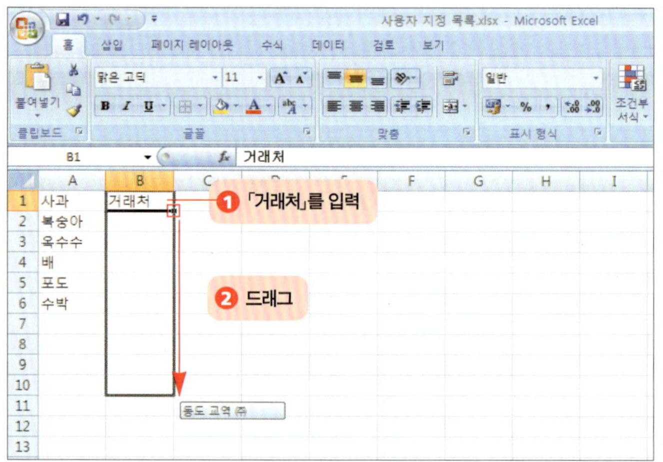

08 다음과 같이 사용자 지정 목록에 추가한 리스트가 자동 채우기 됩니다.

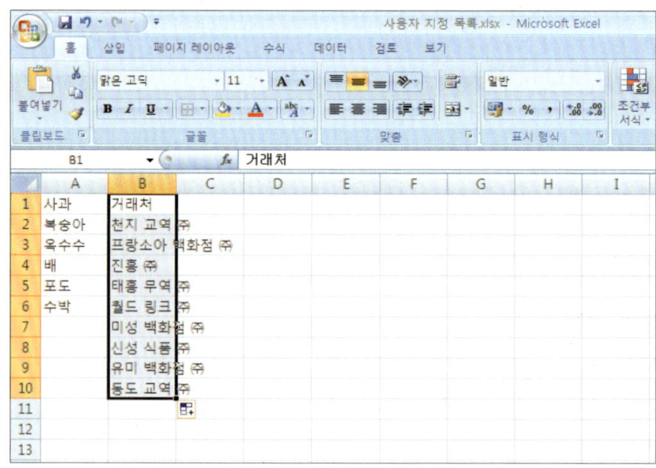

아르바이트생 출퇴근 기록부 양식 만들기

아르바이트생 출퇴근 기록부 양식을 통해 상황별 자동 채우기를 연습해 보겠습니다. 앞에서 배운 내용을 바탕으로 좀 더 효율적인 상황별 자동 채우기 요령에 대해 실습해 보겠습니다.

〔결과 파일 경로〕 부록 CD\Sample\Part02\After\출퇴근기록부_완성.xlsx

완성 예제 미리 보기

<table>
<tr><td colspan="11" align="center">2007년 2월 아르바이트생 출/퇴근 기록부</td></tr>
<tr><td rowspan="2">구분</td><td colspan="2">A001</td><td colspan="2">A002</td><td colspan="2">A003</td><td colspan="2">A004</td><td colspan="2">A005</td></tr>
<tr><td>출근</td><td>퇴근</td><td>출근</td><td>퇴근</td><td>출근</td><td>퇴근</td><td>출근</td><td>퇴근</td><td>출근</td><td>퇴근</td></tr>
<tr><td>2/1 (목)</td><td></td><td></td><td></td><td></td><td></td><td></td><td></td><td></td><td></td><td></td></tr>
<tr><td>2/2 (금)</td><td></td><td></td><td></td><td></td><td></td><td></td><td></td><td></td><td></td><td></td></tr>
<tr><td>2/5 (월)</td><td></td><td></td><td></td><td></td><td></td><td></td><td></td><td></td><td></td><td></td></tr>
<tr><td>2/6 (화)</td><td></td><td></td><td></td><td></td><td></td><td></td><td></td><td></td><td></td><td></td></tr>
<tr><td>2/7 (수)</td><td></td><td></td><td></td><td></td><td></td><td></td><td></td><td></td><td></td><td></td></tr>
<tr><td>2/8 (목)</td><td></td><td></td><td></td><td></td><td></td><td></td><td></td><td></td><td></td><td></td></tr>
<tr><td>2/9 (금)</td><td></td><td></td><td></td><td></td><td></td><td></td><td></td><td></td><td></td><td></td></tr>
<tr><td>2/12 (월)</td><td></td><td></td><td></td><td></td><td></td><td></td><td></td><td></td><td></td><td></td></tr>
<tr><td>2/13 (화)</td><td></td><td></td><td></td><td></td><td></td><td></td><td></td><td></td><td></td><td></td></tr>
<tr><td>2/14 (수)</td><td></td><td></td><td></td><td></td><td></td><td></td><td></td><td></td><td></td><td></td></tr>
<tr><td>2/15 (목)</td><td></td><td></td><td></td><td></td><td></td><td></td><td></td><td></td><td></td><td></td></tr>
<tr><td>2/16 (금)</td><td></td><td></td><td></td><td></td><td></td><td></td><td></td><td></td><td></td><td></td></tr>
<tr><td>2/19 (월)</td><td></td><td></td><td></td><td></td><td></td><td></td><td></td><td></td><td></td><td></td></tr>
<tr><td>2/20 (화)</td><td></td><td></td><td></td><td></td><td></td><td></td><td></td><td></td><td></td><td></td></tr>
<tr><td>2/21 (수)</td><td></td><td></td><td></td><td></td><td></td><td></td><td></td><td></td><td></td><td></td></tr>
<tr><td>2/22 (목)</td><td></td><td></td><td></td><td></td><td></td><td></td><td></td><td></td><td></td><td></td></tr>
<tr><td>2/23 (금)</td><td></td><td></td><td></td><td></td><td></td><td></td><td></td><td></td><td></td><td></td></tr>
<tr><td>2/26 (월)</td><td></td><td></td><td></td><td></td><td></td><td></td><td></td><td></td><td></td><td></td></tr>
<tr><td>2/27 (화)</td><td></td><td></td><td></td><td></td><td></td><td></td><td></td><td></td><td></td><td></td></tr>
<tr><td>2/28 (수)</td><td></td><td></td><td></td><td></td><td></td><td></td><td></td><td></td><td></td><td></td></tr>
</table>

01 새 문서를 열어 ❶ [B4:B5]를 범위 지정한 후 ❷ [홈] 탭의 [맞춤 – 병합하고 가운데 맞춤]을 클릭합니다.

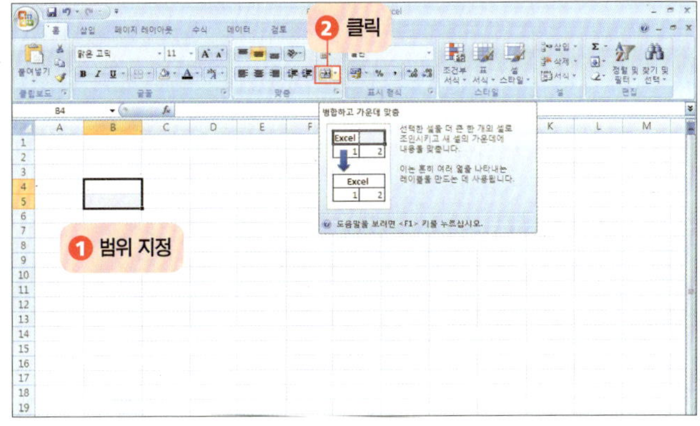

02 병합한 셀에 「구분」을 입력한 후 [Enter]를 누릅니다.

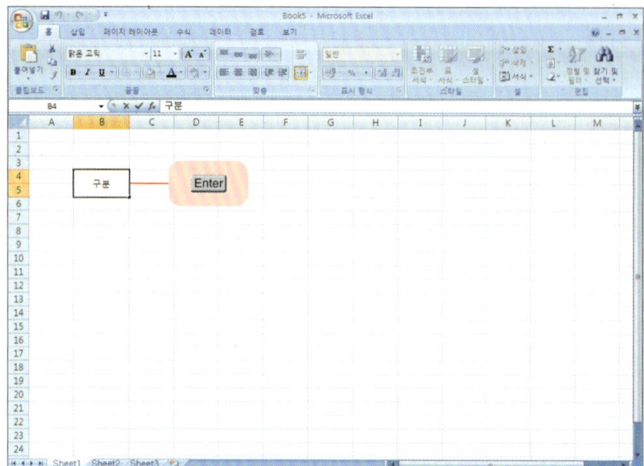

03 [B6] 셀에 「2007/2/1」을 입력한 후 [Enter]를 누릅니다.

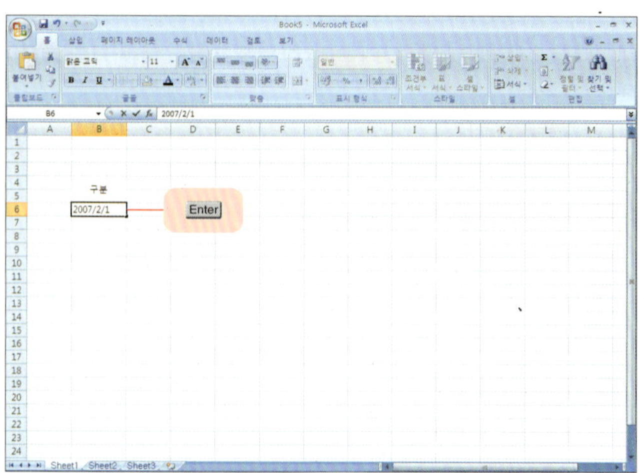

04 ❶ [B6] 셀의 채우기 핸들을 마우스 오른쪽 버튼으로 클릭한 상태에서 [B33] 셀까지 드래그한 후 ❷ [평일 단위 채우기]를 클릭합니다.

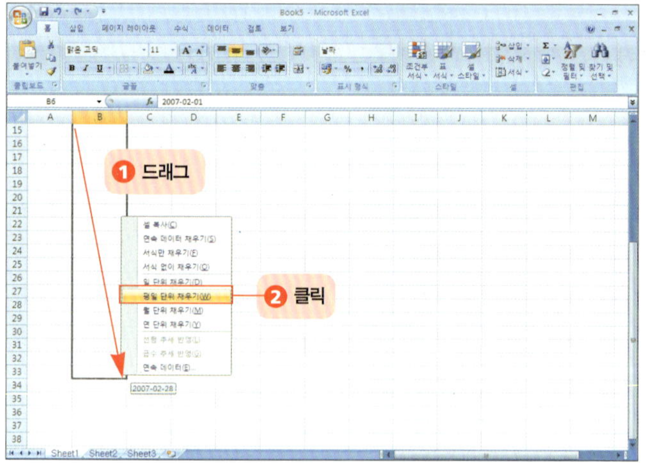

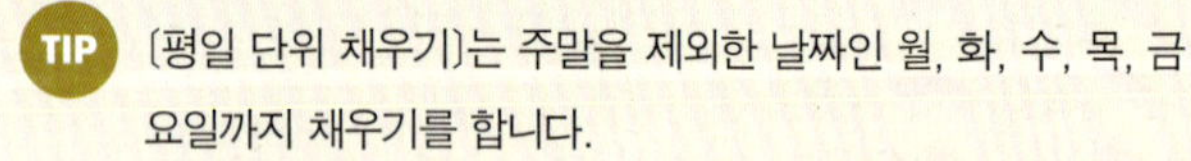
TIP [평일 단위 채우기]는 주말을 제외한 날짜인 월, 화, 수, 목, 금요일까지 채우기를 합니다.

05 ❶ 범위 지정된 상태 그대로 마우스 오른쪽 버튼을 클릭한 후 ❷ [셀 서식]을 클릭합니다.

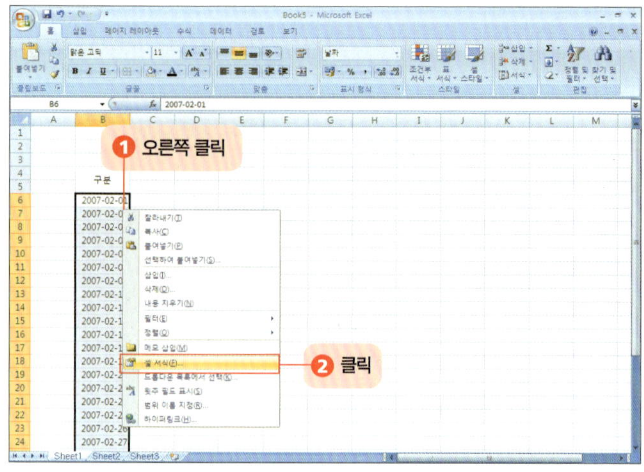

06 [셀 서식] 대화상자가 나타나면 ❶ [표시 형식] 탭의 '범주'에서 '사용자 지정'을 선택한 후 ❷ '형식'에 「mm/dd (aaa)」를 입력하여 월/일 (요일)로 표시하는 서식을 지정하고 ❸ [확인] 버튼을 클릭하여 대화상자를 닫습니다.

07 다음과 같이 날짜 서식이 변경됩니다.

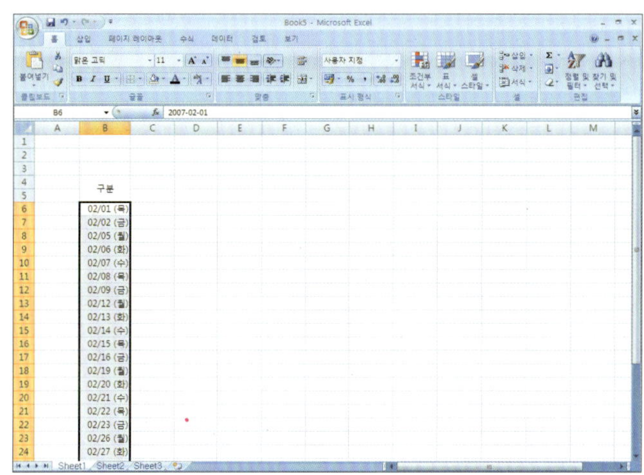

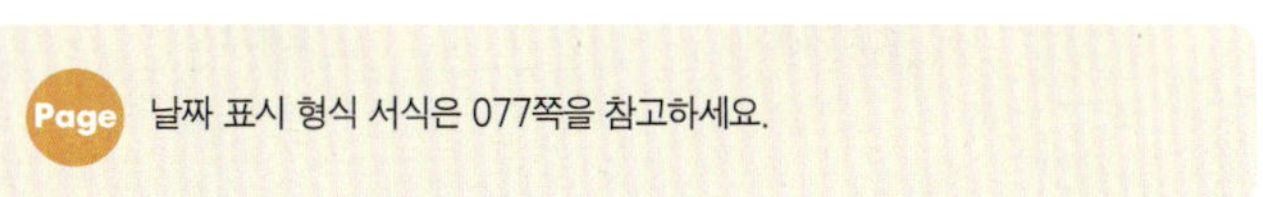

Page 날짜 표시 형식 서식은 077쪽을 참고하세요.

08 ❶ [C4:D4]를 범위 지정한 후 ❷ [홈] 탭의 [맞춤 – 병합하고 가운데 맞춤]을 클릭합니다.

09 ❶ 병합된 셀에 임시 사번인 「A001」을 입력한 후 ❷ 채우기 핸들을 드래그하여 [L4] 셀까지 자동 채우기를 합니다.

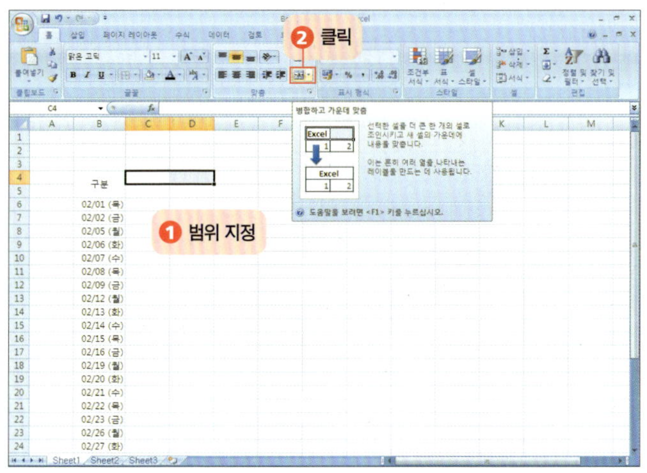

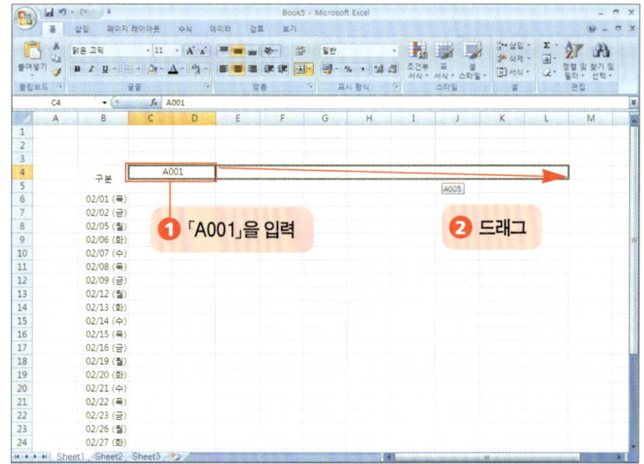

10 ❶ [C5] 셀에 「출근」, ❷ [D5] 셀에 「퇴근」을 입력합니다.

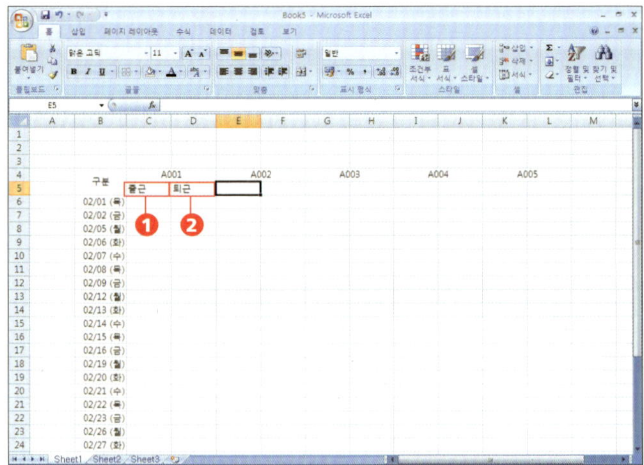

11 ❶ [C5:D5]를 범위 지정한 후 ❷ 채우기 핸들을 드래그하여 [L5] 셀까지 자동 채우기를 합니다.

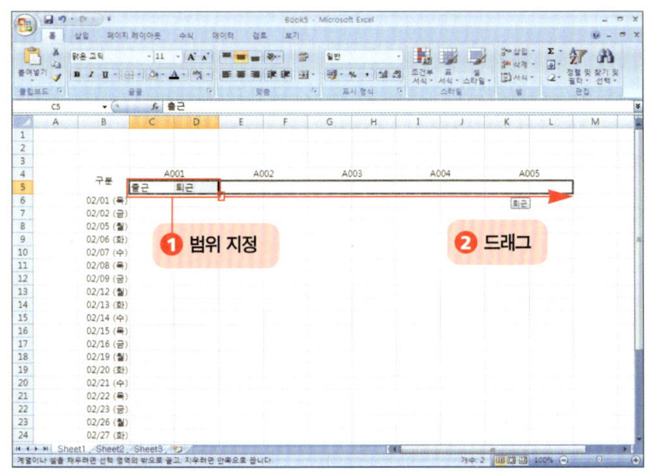

12 다음과 같이 출근과 퇴근이 반복적으로 자동 채우기 됩니다.

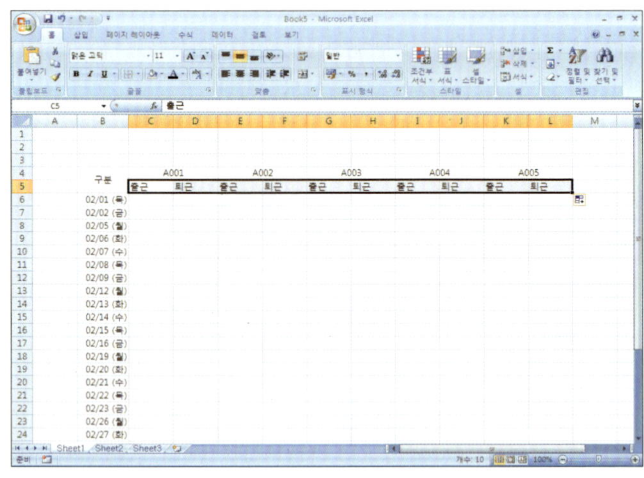

Page 테두리와 채우기 서식은 184, 185쪽을 참고하세요.

유효성 검사로 입력 제한하기

유효성 검사는 셀에 입력할 데이터의 유형이나 길이 등을 미리 지정하여 유효한 데이터만 입력되도록 제한하는 기능입니다. 사용자가 지정한 조건에 유효하지 않은 데이터를 입력했을 때에는 오류 메시지를 표시할 수 있습니다. 또한 데이터를 보다 쉽게 입력하기 위해 드롭다운 목록을 만들어 데이터를 입력할 수도 있습니다.

 유효성 조건 설정하기

[데이터] 탭의 [데이터 도구 – 데이터 유효성 검사 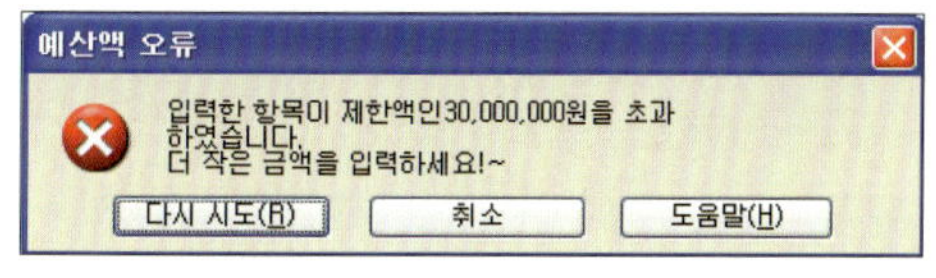]를 클릭하면 [데이터 유효성] 대화상자가 나타납니다. [데이터 유효성] 대화상자를 이용하면 유효성 조건의 제한 대상에서 제한 방법을 지정하거나 사용자가 지정한 조건에 유효하지 않은 데이터를 입력했을 때에 오류 메시지를 표시할 수 있습니다.

또한 IME 모드를 설정하여 한/영을 누르지 않고도 각 셀에 지정된 IME 모드로 한글과 영문을 입력할 수 있습니다.

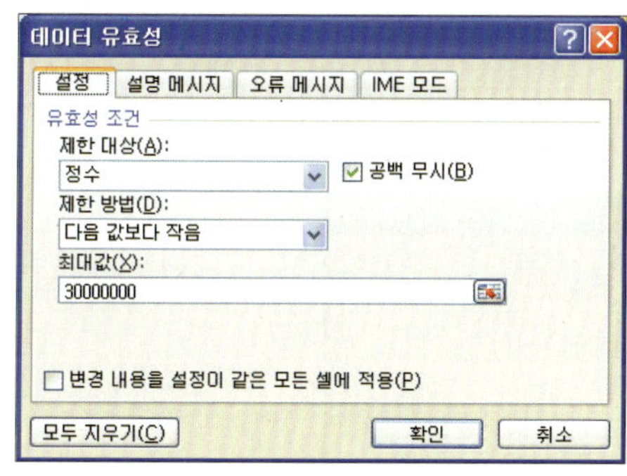

유효성 조건을 이용하여 다음 값들을 제한할 수 있습니다.

- **목록** : 목록 내에 있는 값들로 제한합니다.
- **정수** : 입력할 수 있는 정수를 제한합니다.
- **소수점** : 입력할 수 있는 실수를 제한합니다.
- **날짜** : 기간 내의 날짜를 제한합니다.
- **시간** : 시간대 내의 시간을 제한합니다.
- **텍스트 길이** : 텍스트의 길이를 제한합니다.
- **사용자 지정** : 다른 셀 내용을 기준으로 허용되는 값 계산, 수식을 사용하여 허용되는 값 계산 등을 할 수 있습니다.

입사일 유효성 검사하기

다양한 유효성 조건을 설정하고 유효성 검사가 어떻게 사용될 수 있는지에 대해 알아보겠습니다. 천천히 따라해 보세요.

〔예제 파일 경로〕 부록 CD\Sample\Part02\유효성검사.xlsx | 〔결과 파일 경로〕 부록 CD\Sample\Part02\After\유효성검사_완성.xlsx

01 입사일에 '1980-1-1'에서 '2000-12-31'일 사이에 입사한 사람만 입력하도록 제한하겠습니다. ❶ [D]열 머리글을 클릭하여 범위 지정한 후 ❷ [데이터] 탭의 [데이터 도구 – 데이터 유효성 검사]를 클릭합니다.

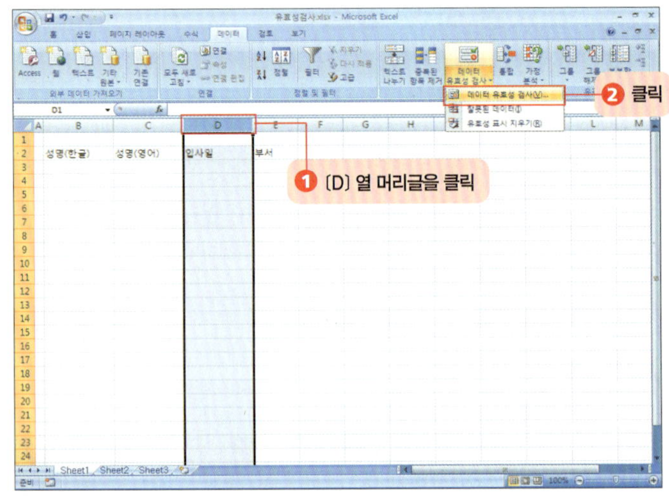

02 [데이터 유효성] 대화상자가 나타나면 ❶ [설정] 탭을 클릭한 후 다음과 같이 지정하고 ❷ [확인] 버튼을 클릭합니다.

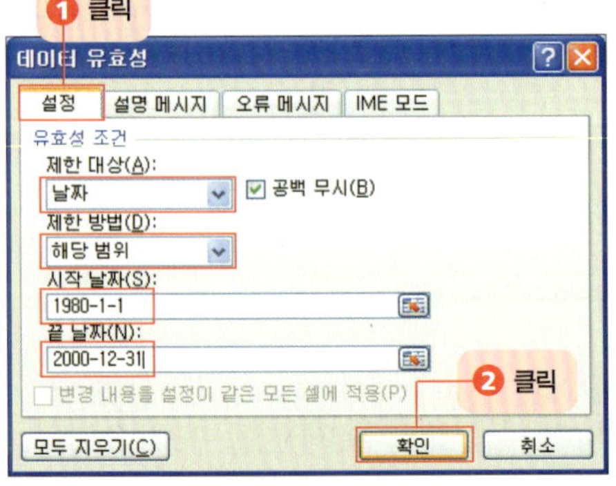

03 ❶ [설명 메시지] 탭을 클릭한 후 다음과 같이 지정하고 ❷ [확인] 버튼을 클릭합니다.

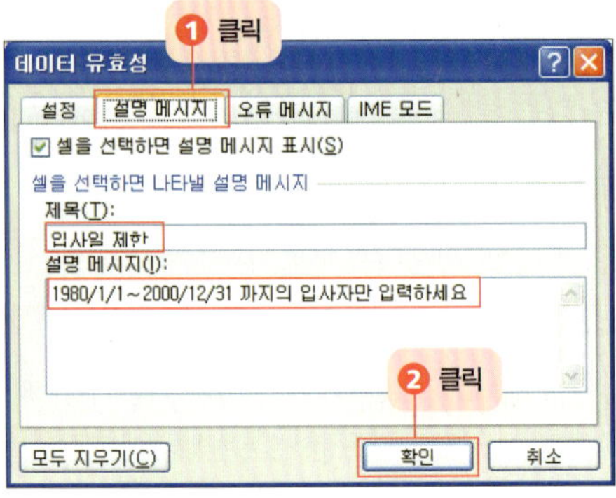

04 ❶ [오류 메시지] 탭을 클릭한 후 다음과 같이 지정하고 ❷ [확인] 버튼을 클릭합니다.

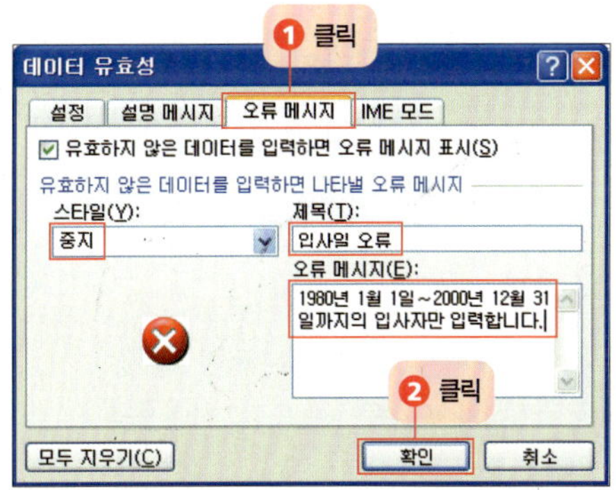

05 유효성 검사가 설정된 [D3] 셀을 클릭하면 다음과 같은 내용이 나타납니다.

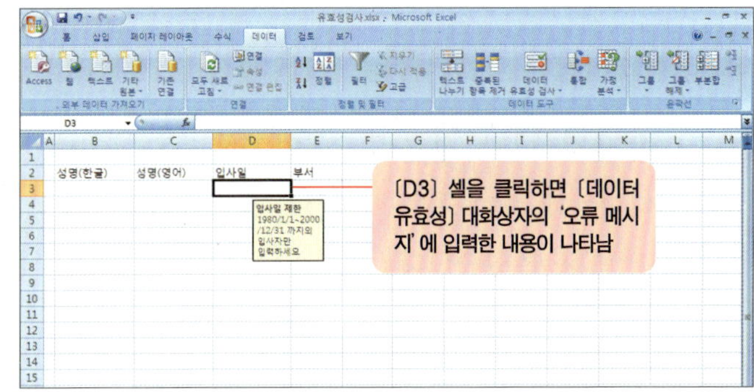

06 [D4] 셀에 범위를 벗어난 날짜를 입력하면 다음과 같은 오류 메시지가 나타납니다.

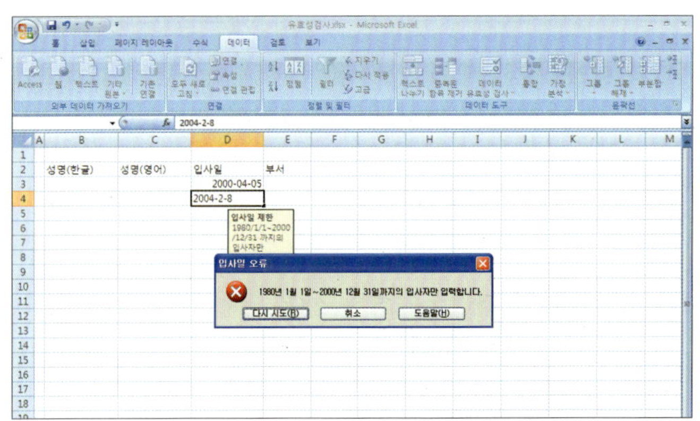

07 ❶ [E] 열 머리글을 클릭하여 범위 지정한 후 ❷ [데이터] 탭의 [데이터 도구 – 데이터 유효성 검사]를 클릭합니다.

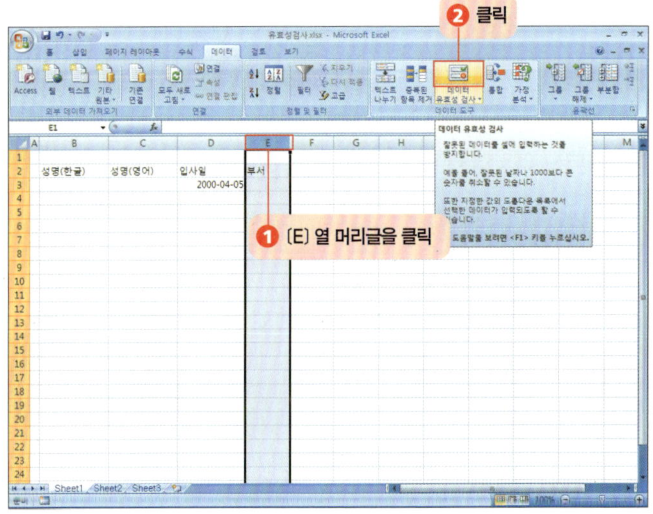

08 [데이터 유효성 검사] 상자가 나타나면 ❶ [설정] 탭을 클릭한 후 다음과 같이 지정하고 ❷ [확인] 버튼을 클릭합니다.

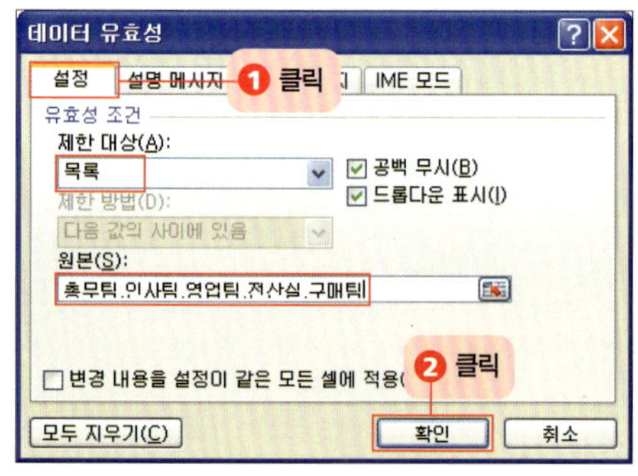

> **TIP** 원본으로 사용할 목록이 현재 워크시트에 입력되어 있다면, 원본 항목에 커서를 위치시킨 후 마우스로 드래그하여 목록 영역을 범위 지정합니다. 또한 원본으로 사용할 목록이 현재 워크시트가 아닌 다른 워크시트에 있다면 이름으로 정의하여 원본으로 사용할 수도 있습니다.

> **Page** 이름 정의는 112쪽을 참고하세요.

09 다음과 같이 [E3] 셀을 클릭하면 드롭다운 버튼이 나타나는데, 이 드롭다운 버튼을 클릭하여 부서명을 입력할 수 있습니다.

> **TIP** **한글과 영문을 자동으로 구분하기**
>
> 각 셀에 한글과 영문을 번갈아 입력해야 할 경우 매번 한/영을 누르는 것은 번거롭습니다. 각 셀에 유효성 검사를 이용하여 사용자가 원하는 IME 모드를 설정하면 한/영을 누르지 않고도 각 셀에서 지정된 IME 모드를 이용하여 바로 입력할 수 있습니다.

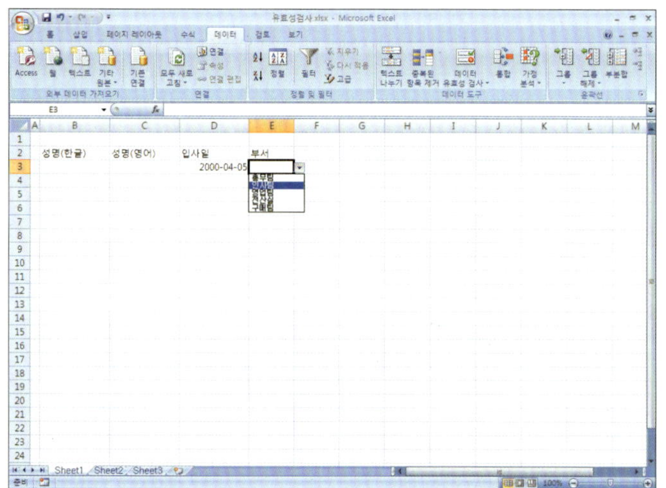

10 ❶ [B] 열 머리글을 클릭하여 범위 지정한 후 ❷ [데이터] 탭의 [데이터 도구 – 데이터 유효성 검사]를 클릭합니다.

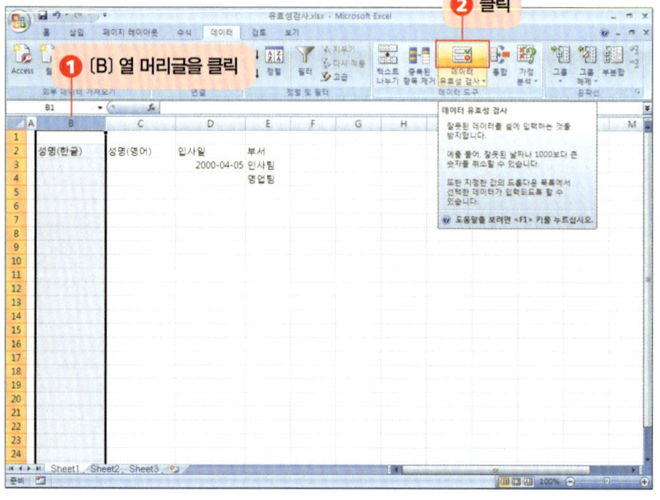

11 [데이터 유효성] 대화상자가 나타나면 ❶ [IME 모드] 탭을 클릭한 후 다음과 같이 지정하고 ❷ [확인] 버튼을 클릭합니다.

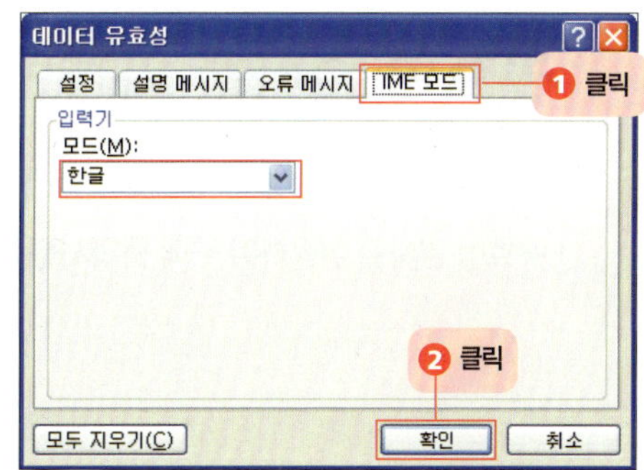

12 [C] 열 머리글을 범위 지정한 후 ❶ [IME 모드]를 클릭한 후 다음과 같이 지정하고 ❷ [확인] 버튼을 클릭합니다.

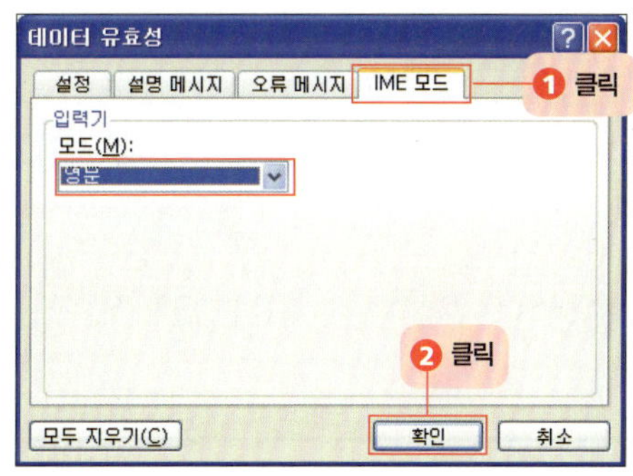

13 ❶ [B3] 셀에는 한글 이름을 입력하고 ❷ [C3] 셀에는 영문 이름을 입력합니다. 한/영을 누르지 않아도 자동으로 한글과 영문이 입력됩니다.

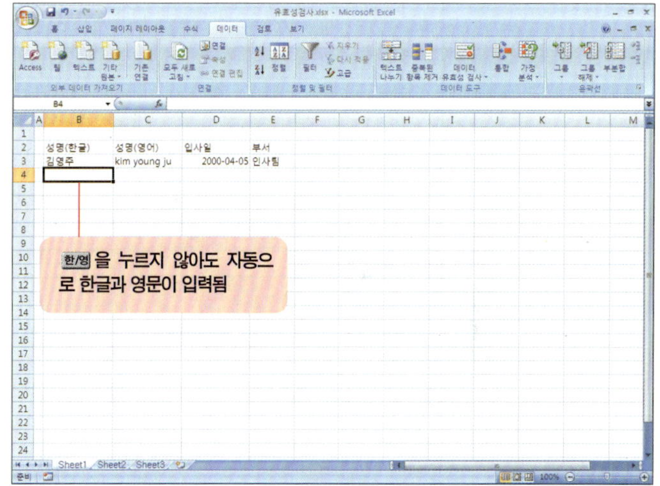

TIP 각 셀에 IME 모드를 고정시키는 것이 아니라 기본 설정이 한글과 영문으로 입력되도록 한 것이므로 한/영 을 누르면 한글과 영문이 변환됩니다.

유효성 검사를 이용한 구매 품의서 만들기

구매 품의서를 작성할 때에 품명을 직접 입력하지 않고 목록에서 선택하여 입력하면 더욱 편리합니다. 이번에는
유효성 검사를 설정하여 구매 품의서를 만들어 보겠습니다

 〔예제 파일 경로〕 부록 CD\Sample\Part02\구매 품의서.xlsx | 〔결과 파일 경로〕 부록 CD\Sample\Part02\After\구매 품의서_완성.xlsx

완성
예제
**미리
보기**

구 매 품 의 서

담당	과장	부장	대표이사

구 입 요 구 처	구매실		납 품 처	한나라㈜	발주 번호	T00-2201
사용목적	제품구매				발주 일자	2006-01-15
인도장소	통합구매실	지불 방법 현금	기간	2007년 1월 15일(월)	완납일자	2007년 1월 20일(토)

품번	품 명	규 격	단위	수량	단 가	금 액	비고
1	달콤 사과 통조림						
2	루이비뚱 특산 후추						
3	루이비뚱 특산 후추						
4	레밋 오리지날오렌지 주						
5	새콤 건조 다시마						
6							
7							
8							
9							
10							
11							
12							
13							
14							
15							
16							
17							
18							
19							
20							

✱ 특 기 사 항

01 ❶ [상품] 시트를 클릭한 후 ❷ [B2:B20]을 범위 지정하고 ❸ 이름 상자 영역에 「품명」을 입력한 후 Enter 를 누릅니다.

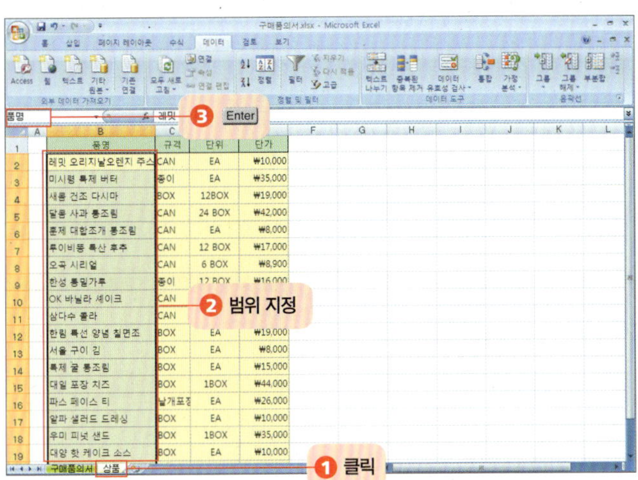

02 ❶ [구매품의서] 시트를 클릭한 후 ❷ [C11:C30]을 범위 지정하고 ❸ [데이터] 탭의 [데이터 도구 – 데이터 유효성 검사]를 클릭합니다.

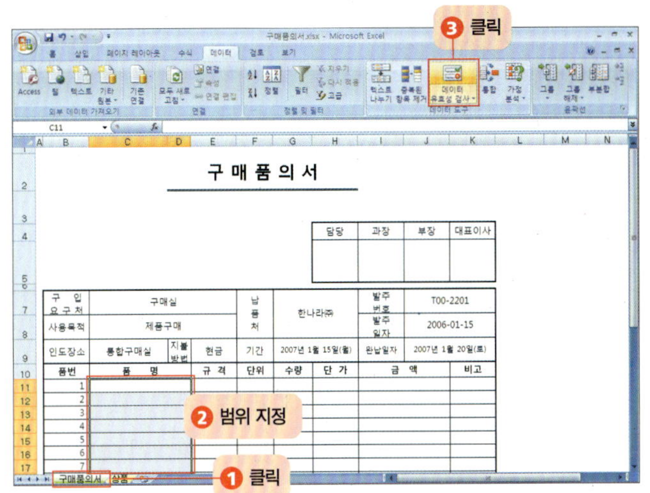

Note 목록의 원본으로 사용할 상품의 품명이 구매 품의서와 다른 워크시트에 있습니다. 다른 워크시트에 있는 영역은 이름으로 정의한 후 유효성 검사 설정에서 사용할 수 있습니다.

Page 이름 정의는 112쪽을 참조하세요.

03 [데이터 유효성] 대화상자가 나타나면 ❶ [설정] 탭을 클릭한 후 다음과 같이 지정하고 ❷ [확인] 버튼을 클릭합니다.

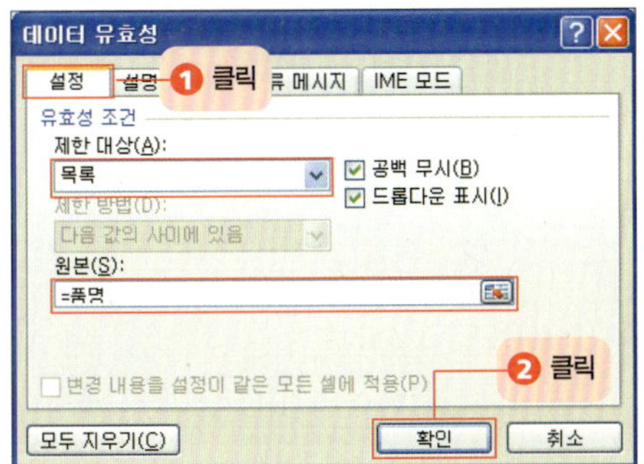

04 [C11] 셀을 클릭한 후 드롭다운 버튼을 클릭하고 품명 리스트에서 원하는 목록을 선택합니다.

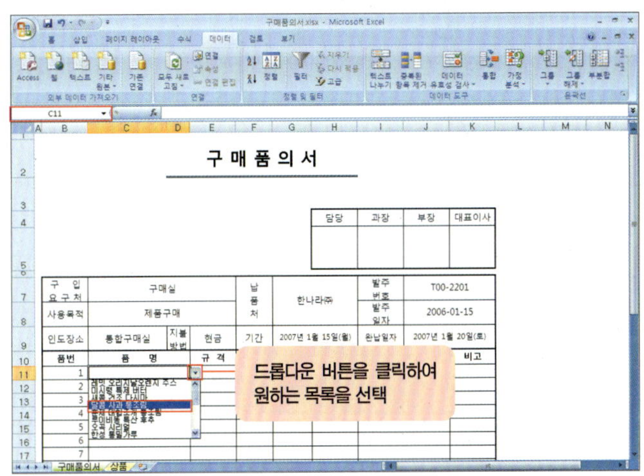

Note 앞에서 목록의 원본으로 사용할 품명을 '품명' 이라는 이름으로 정의해 두었습니다. 정의한 이름을 수식으로 처리해야 하므로 「=품명」이라고 입력합니다.

영리한 수식에 첫 발 내딛기

엑셀의 가장 큰 특징은 바로 '계산 작업'입니다. 이번 레슨에서는 수식을 작성하는 방법과 수식에 사용하는 연산자, 그리고 셀 참조 유형에 대해 알아보겠습니다.

 수식 입력 방법

이번에는 수식을 입력하는 방법, 수식 구조, 셀 주소로 수식을 작성하는 이유, 그리고 연산에 주로 사용되는 연산자의 종류에 대해 알아보겠습니다.

● 등호로 시작하기

수식은 등호(=)로 시작합니다. 셀에 처음으로 입력되는 글자가 등호(=)일 경우 엑셀은 수식을 입력하는 것으로 인식합니다. 수식을 입력한 후 Enter 를 누르면 셀에는 결과값만 보이고 수식 입력줄에는 입력했던 수식이 그대로 표시됩니다.

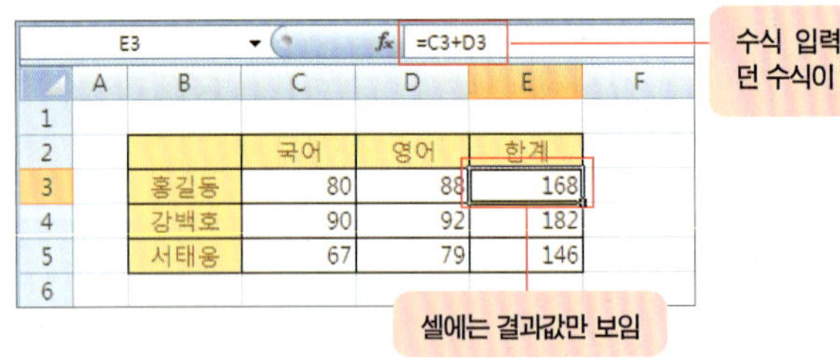

● 수식 구조

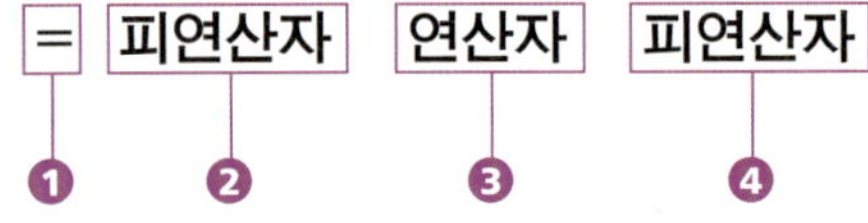

❶ 등호

❷ **피연산자** : 숫자나 숫자가 있는 셀

❸ **연산자** : 엑셀에서 사용하는 연산자의 종류를 입력, '연산자 종류' 참조

❹ **피연산자** : 숫자나 숫자가 있는 셀

● 셀 주소로 수식 작성하기

수식을 작성할 경우에는 숫자 데이터를 직접 입력하는 것이 아니라 숫자 데이터가 입력되어 있는 셀 주소를 참조하여 작성합니다. 그 이유는 숫자 데이터가 변경되더라도 숫자 데이터가 있던 셀의 값만 변경하면 일일이 모든 수식을 변경할 필요가 없이 같은 형태의 수식을 복사하여 사용할 수 있기 때문입니다.

G4   fx   =F4*$H$2

※ 세율 : 8%

이 름	가족수	기본급	가족 수당	합 계	세 금	실수령액
강환진	2	880,000	20,000	900,000	67,500	832,500
권미정	3	920,000	30,000	950,000	71,250	878,750
권현구	5	950,000	50,000	1,000,000	75,000	925,000
김대호	4	780,000	40,000	820,000	61,500	758,500
김문식	2	870,000	20,000			
김양경	1	740,000	10,000			
김운형	3	1,130,000	30,000			
김지혼	2	980,000	20,000			
김태욱	4	947,000	40,000			
김현정	3	862,000	30,000			
김효진	2	880,000	20,000			
박명화	5	920,000	50,000			
박세회	4	110,000	40,000	150,000	11,250	138,750
박영상	5	980,000	50,000	1,030,000	77,250	952,750
박영환	3	947,000	30,000	977,000	73,275	903,725
박정남	2	740,000	20,000	760,000	57,000	703,000
배준호	2	1,054,000	20,000	1,074,000	80,550	993,450
양길웅	3	1,183,000	30,000	1,213,000	90,975	1,122,025

> 세금의 수식을 '=F4*8%' 로 하지 않고 '=F4*$H$2' 로 하는 이유는 세금의 퍼센트가 변경되었을 경우 [H2] 셀의 퍼센트만 변경하면 세금이 자동으로 변경되기 때문임

● 연산자 종류

수식에 사용되는 연산자에는 산술 연산자, 비교 연산자, 문자열 연산자 등이 있으며 그 종류는 다음과 같습니다. 정해진 연산 순서를 변경하려면 괄호를 이용합니다.

구 분		연산자	기능
산술 연산자	사칙연산	+, -, *, /	사칙연산을 수행합니다.
	지수	^	지수를 나타냅니다.
	백분율	%	백분율을 표시합니다.
문자열 연결 연산자		&	문자열을 연결합니다 **예** = "엑" & "셀".
비교 연산자		=	값을 비교하여 참과 거짓 값을 산출합니다. (**예** 7=8, 7〈8, 7〈=8, 7〉=8, 7〈〉8)
		〈	
		〈=	
		〉	
		〉=	
		〈〉	

TIP   수식에 문자열을 입력할 경우 문자열은 따옴표(" ")로 묶어 줍니다.

간단한 연산자를 이용한 제품별 공급 금액 구하기

수식에서 쉽게 이용할 수 있는 간단한 연산자를 이용하여 제품별 공급 금액을 구해 보겠습니다. 간단한 따라하기를 통해 연습해 보세요.

〔예제 파일 경로〕 부록 CD\Sample\Part02\제품별공급금액.xlsx | 〔결과 파일 경로〕 부록 CD\Sample\Part02\After\제품별공급금액_완성.xlsx

01 제품 단가×수량으로 공급 금액을 구하기 위해 ❶ [G5] 셀에 「=」을 입력한 후 ❷ [E5] 셀을 클릭합니다. ❸ 그런 다음, 곱하기 연산자 「*」을 입력한 후 ❹ [F5] 셀을 클릭하여 「=E5*F5」가 되면 Enter 를 누릅니다.

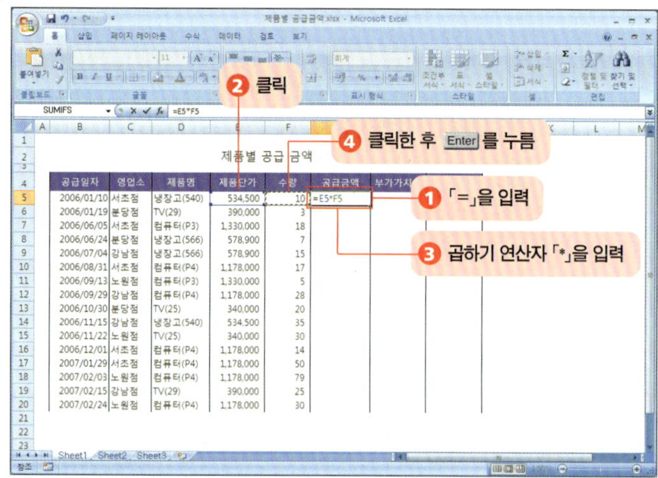

02 부가가치세를 구하기 위해 ❶ [H5] 셀에 「=」을 입력하고 ❷ [G5] 셀을 클릭한 후 「*」와 「10%」를 입력하고 「=G5*10%」가 되면 Enter 를 누릅니다.

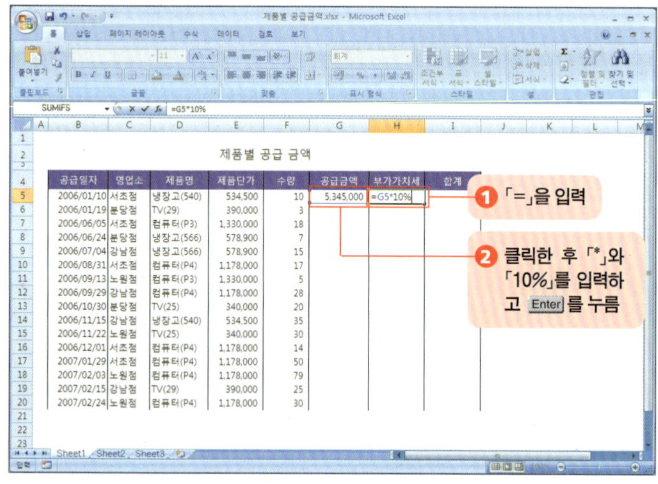

03   ❶ 합계를 구하기 위해 [I5] 셀에 「=」을 입력합니다. ❷ [G5] 셀을 클릭한 후 「+」를 입력하고 ❸ [H5] 셀을 클릭한 후 「=G5+H5」가 되면 Enter 를 누릅니다.

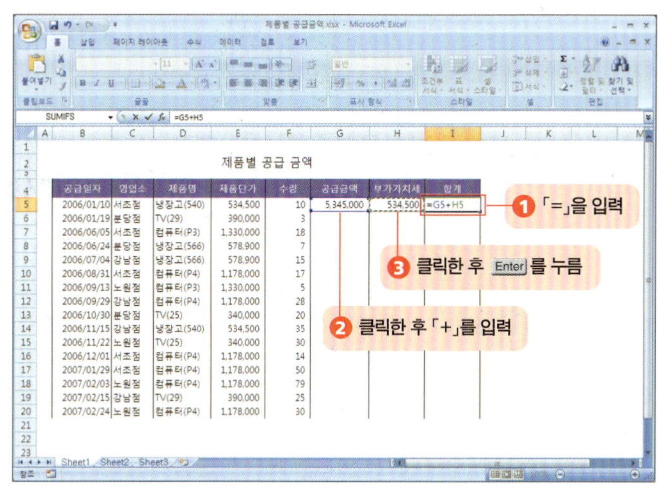

04   [G5:I5]의 수식을 복사하기 위해 ❶ [G5:I5]를 범위 지정한 후 ❷ 채우기 핸들에 마우스 포인터를 위치시키면 마우스 포인터가 십자 모양➕으로 바뀝니다.

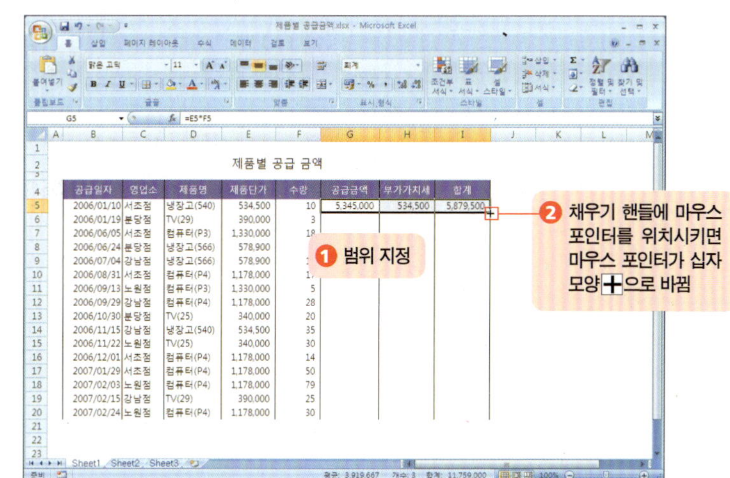

05   [G20:I20]까지 드래그하여 수식을 복사합니다.

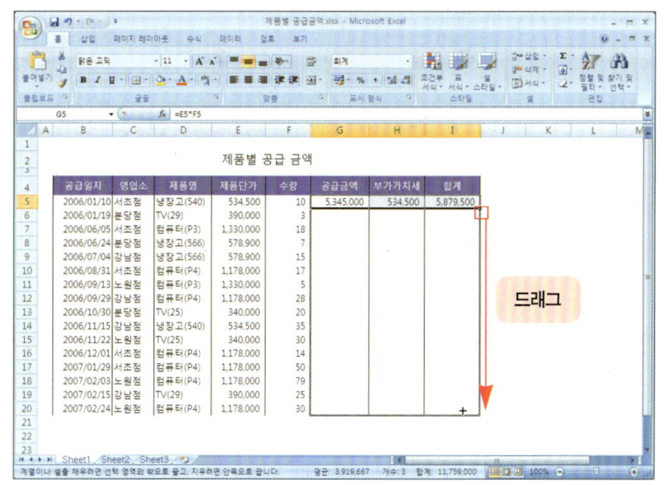

> **TIP**   수식을 복사할 왼쪽 열에 데이터가 연속적으로 입력되어 있으면 채우기 핸들을 더블클릭하여 복사할 수도 있습니다.

06 다음과 같이 수식이 복사됩니다. 셀 너비가 좁은 곳은 '####' 으로 표시되었죠?

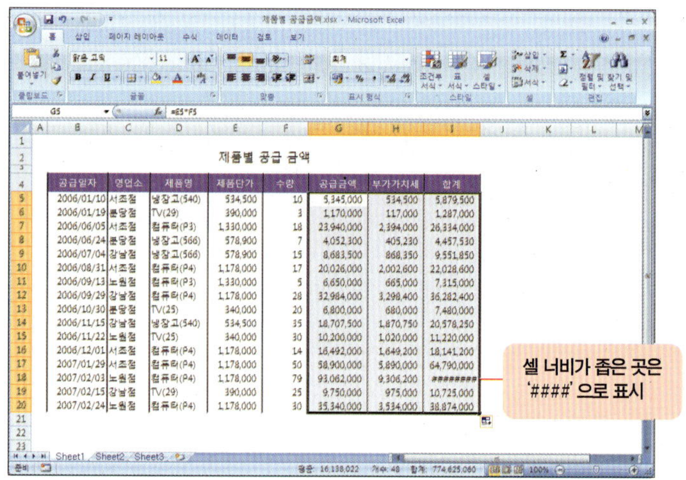

07 [I] 열과 [J] 열머리글 경계선에 마우스 포인터를 위치시킨 후 ✛ 모양이 되면 더블클릭합니다.

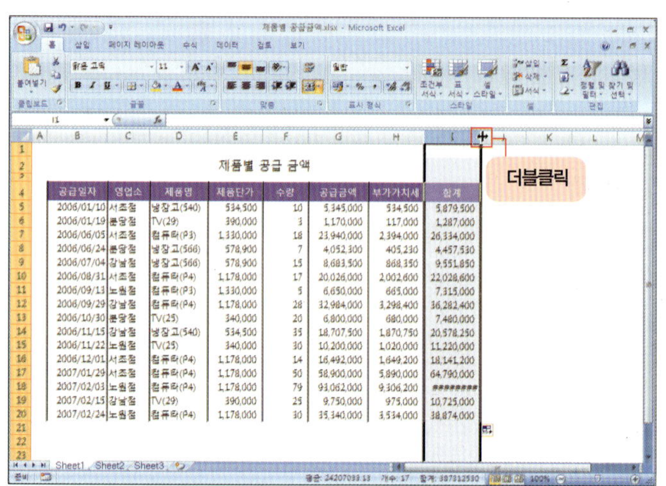

08 다음과 같이 완성됩니다.

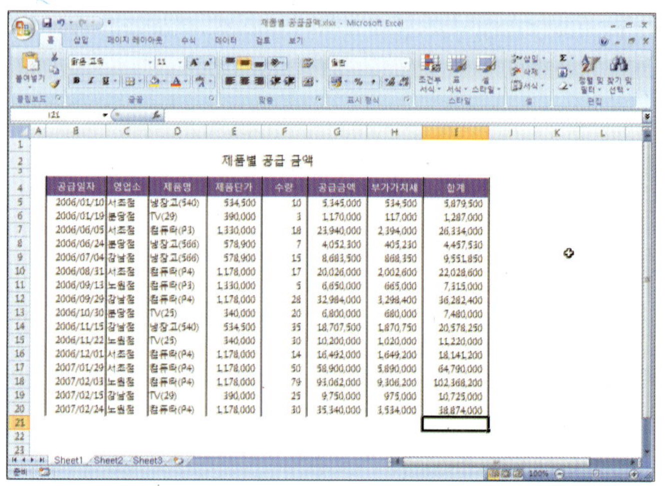

셀 참조 유형 이해하기

'셀 참조'란 수식에서 숫자 데이터를 직접 입력하지 않고 숫자 데이터가 있는 셀 주소값을 참조하여 수식을 작성하는 것을 말합니다. 참조 유형은 수식을 복사할 때에 참조 셀을 고정할 것인지, 변경되도록 할 것인지에 따라 상대 참조, 절대 참조, 혼합 참조로 나누어집니다.

● 상대 참조

가장 일반적인 셀 주소 유형입니다. 상대 참조란 수식이 입력된 셀을 복사했을 때에 참조 셀의 위치도 바뀌는 것을 말합니다. 아래로 복사하면 행이 바뀌고, 오른쪽으로 복사하면 열이 바뀝니다.

	아래로 복사하면	오른쪽으로 복사하면
수식 「=B5-C5」를	=B6-C6 =B7-C7 =B8-C8 ⋮	=C5-D5, =D5-E5, =E5-F5, …

● 절대 참조

절대 참조란 수식이 입력된 셀을 복사했을 때에 참조 셀의 위치를 고정시키는 것을 말하며 행과 열 앞에 $ 기호를 입력합니다. 예를 들면 '$B$2'의 형태입니다. 절대 참조를 이용하면 수식을 복사할 때 결과 셀의 위치가 바뀌어도 셀 주소의 행, 열값이 바뀌지 않습니다.

● 혼합 참조

혼합 참조는 상대 참조와 절대 참조가 혼합된 상태에서 행만 고정시키거나 열만 고정시키는 경우를 말합니다. 예를 들면 'B$5'나 '$A6'의 형태입니다.

보통은 수식 작성 후 아래쪽으로만 복사하거나 오른쪽으로만 복사하여 사용합니다. 이런 경우는 상대 참조와 절대 참조만 고려합니다. 그러나 수식 작성 후 아래쪽으로 복사하고 오른쪽으로도 복사하여 사용하는 경우에는 상대 참조, 절대 참조, 혼합 참조를 모두 고려해야 합니다.

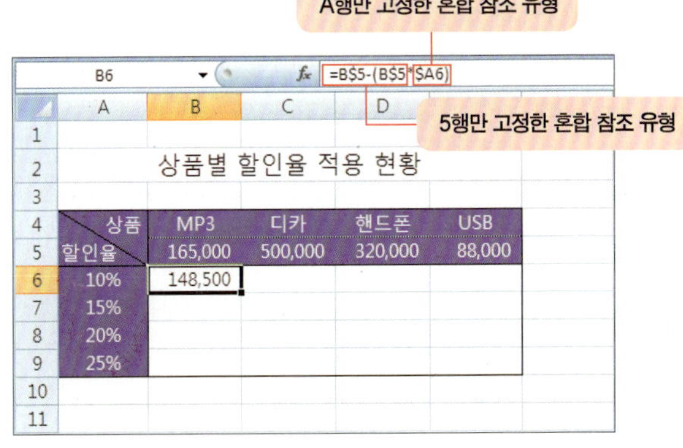

● 참조 유형 변경하기

참조 유형 변경은 $ 기호를 사용합니다. $는 키보드의 `$`로 입력해도 되지만 `F4`를 누르는 것
이 좀 더 편리합니다. 참조 유형은 `F4`를 누를 때마다 다음과 같이 순서로 변경됩니다.

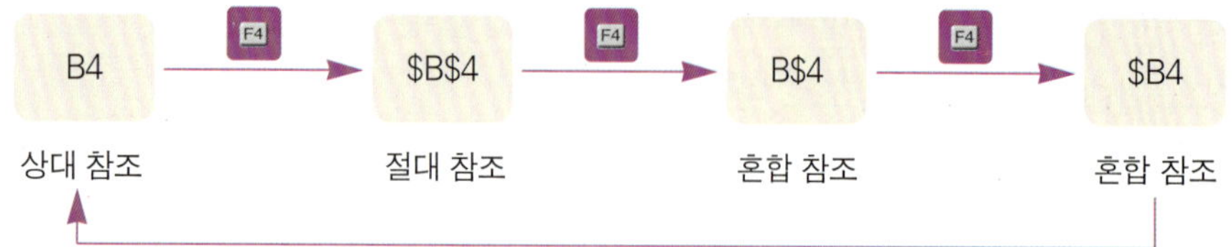

 이름 정의하기

셀이나 셀 영역에 이름을 따로 정의할 수 있습니다. 이름을 정의하면 수식을 작성하면서 참조
할 셀을 마우스로 클릭하거나 드래그할 필요 없이 정의한 이름을 사용하므로 편리합니다.

 자동 합계 구하기

함수란 복잡한 계산을 빠르고 편리하게 하기 위해 미리
프로그램하여 엑셀에 내장한 것입니다. 함수 중에서도
가장 사용 빈도수가 높은 합계, 평균, 숫자 개수, 최대
값, 최소값을 구하는 함수는 자동 합계 Σ ▾ 로 만들어
더 편리하게 사용하도록 하였습니다.

자동 합계 단추를 클릭하면 합계는 SUM, 평균은
AVERAGE, 숫자 개수는 COUNT, 최대값은 MAX, 최
소값은 MIN 함수로 자동 작성합니다. 셀 범위는 자동
으로 지정되는데, 맞지 않을 경우에는 마우스로 드래그
하여 범위를 변경합니다.

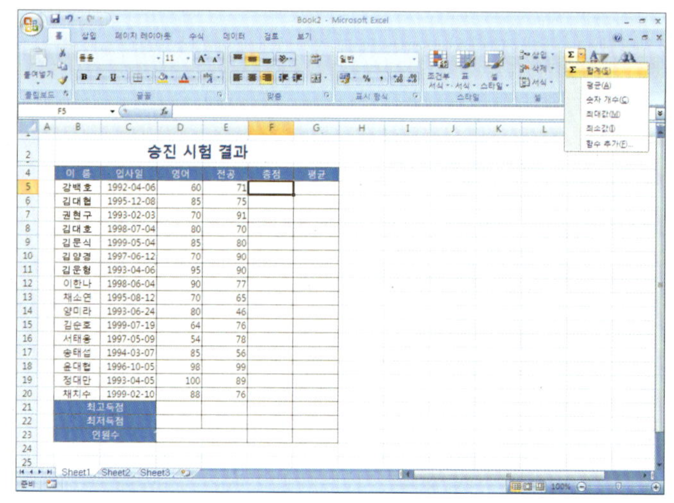

주민 이동 통계로 참조 유형 이해하기

주민 이동 통계 문서 작성을 통해 상대 참조, 절대 참조, 혼합 참조를 연습해 보도록 하겠습니다. 문서에서 이달 인구, 구성비, 증가율을 구하는 공식은 다음과 같습니다.

> **이달 인구** : 전월 인구 + 전입자 수 – 전출자 수
>
> **구성비** : 이달 인구 / 합계
>
> **증가율** : (이달 인구 – 전월 인구) / 전월 인구

〔예제 파일 경로〕 부록 CD\Sample\Part02\주민이동통계.xlsx | 〔결과 파일 경로〕 부록 CD\Sample\Part02\After\주민이동통계_완성.xlsx

01 [F4] 셀에 수식 「=C4+D4−E4」를 입력한 후 Enter 를 누릅니다.

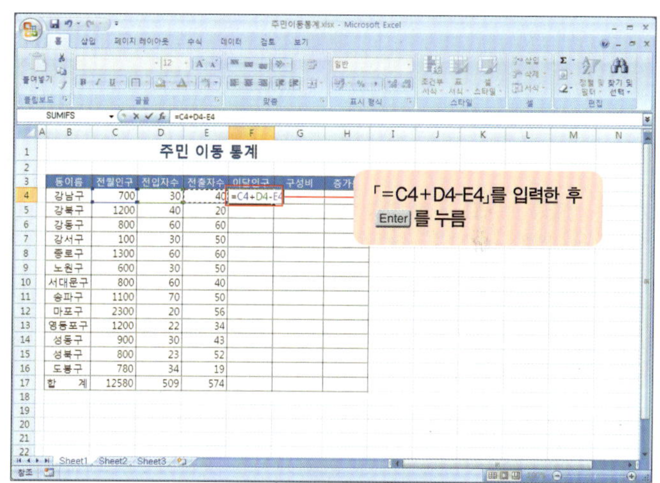

02 [F4] 셀의 채우기 핸들에 마우스 포인터를 위치시킨 후 십자 모양 ✚이 되면 더블클릭합니다.

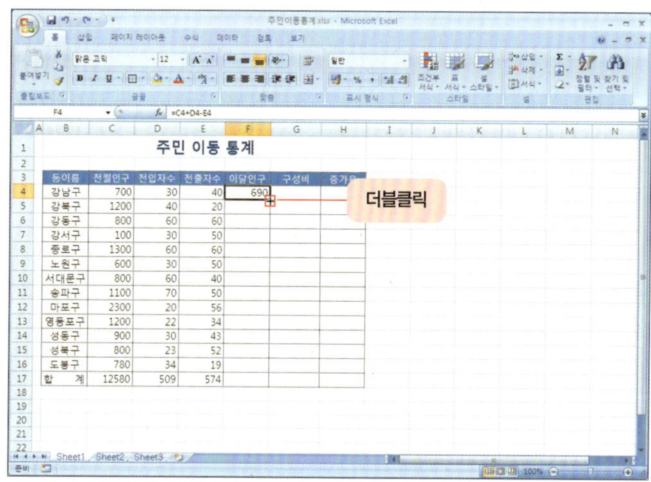

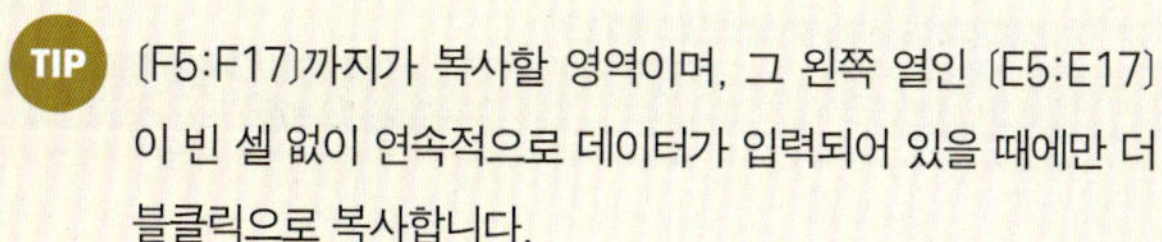

> **TIP** 〔F5:F17〕까지가 복사할 영역이며, 그 왼쪽 열인 〔E5:E17〕이 빈 셀 없이 연속적으로 데이터가 입력되어 있을 때에만 더블클릭으로 복사합니다.

03 다음과 같이 수식이 복사됩니다.

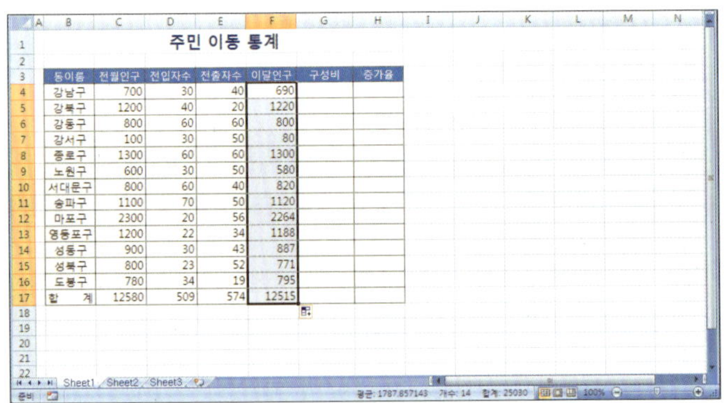

04 ❶ [G4] 셀에 「=」를 입력한 후 ❷ [F4] 셀을 클릭합니다. ❸ 「/」을 입력한 후 ❹ [F17]을 클릭하고 ❺ 절대 참조로 변경하기 위해 F4 를 한 번 누릅니다. ❻ 「=F4/$F$17」이 되면 Enter 를 누릅니다.

> **TIP** F4 를 실수로 두 번 눌렀다면 [$F$17]의 형태가 될 때까지 F4 를 계속 누릅니다. F4 를 누를 때마다 참조 유형은 계속 로테이션됩니다.

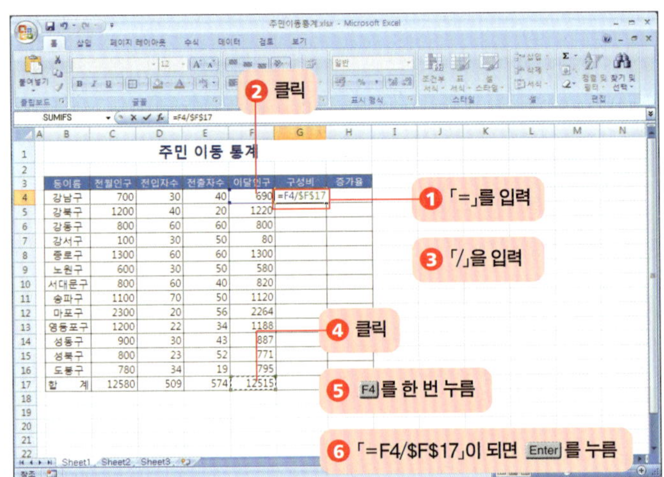

05 [G4] 셀의 채우기 핸들을 더블클릭하여 수식을 복사합니다.

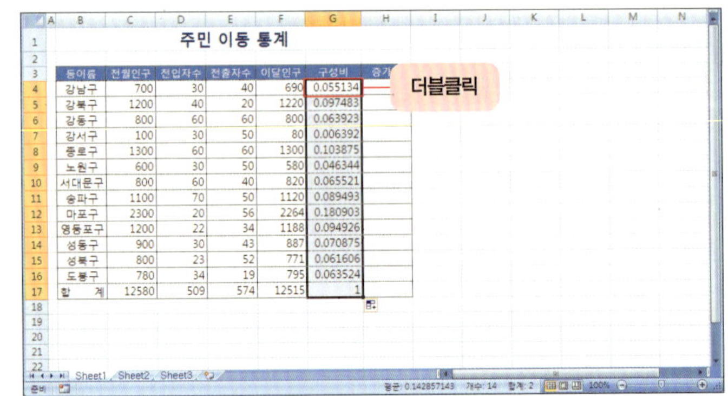

06 [H4] 셀에 「=(F4-C4)/C4」를 입력한 후 Enter 를 누릅니다.

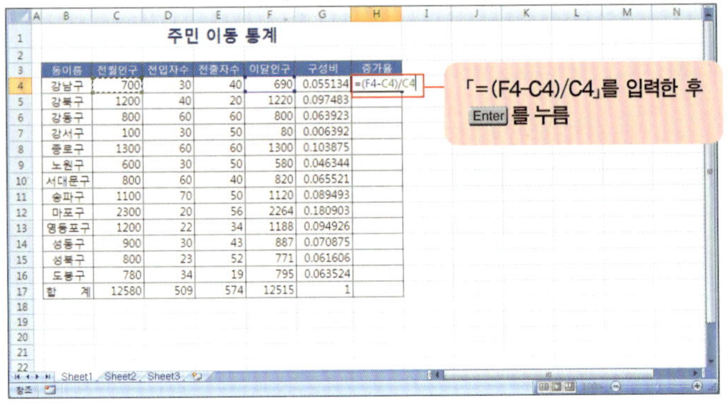

07 [H4] 셀의 채우기 핸들을 더블클릭하여 수식을 복사합니다.

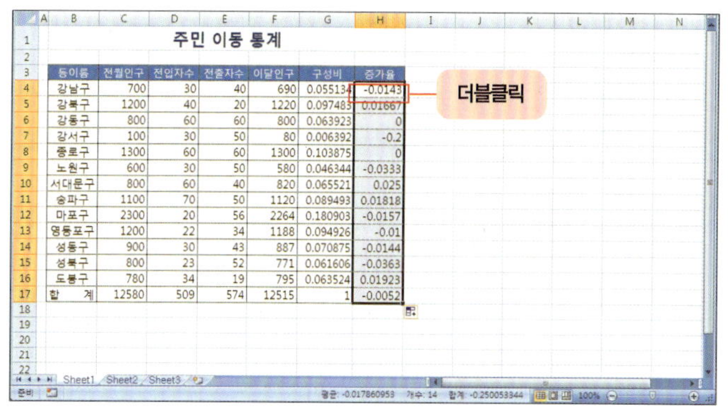

08 구성비와 증가율을 백분율 형태로 표시하기 위해 ❶ [G4:H17]을 범위 지정한 후 ❷ [홈] 탭의 [표시 형식 – 백분율 스타일 %]을 클릭합니다.

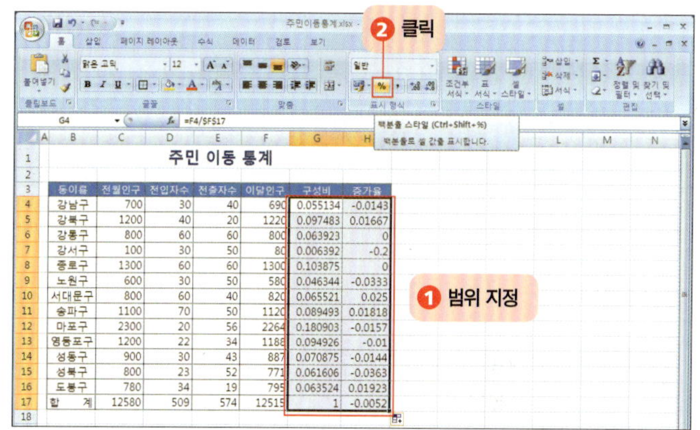

09 ❶ [C4:F17]을 범위 지정한 후 ❷ [홈] 탭의 [표시 형식 – 쉼표 스타일 ,]을 클릭합니다.

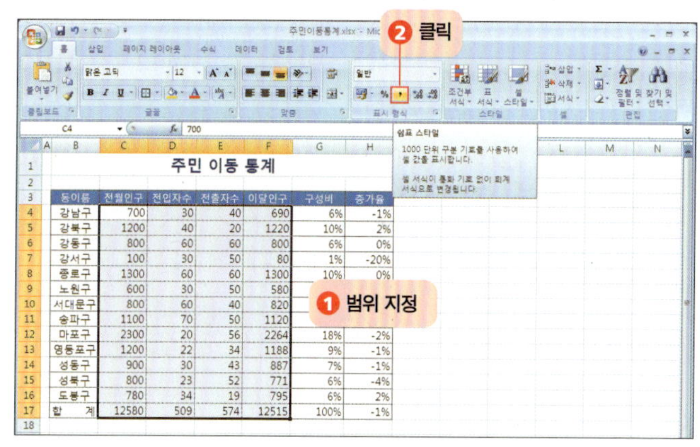

10 다음과 같이 쉼표 스타일과 백분율 스타일 서식이 적용됩니다.

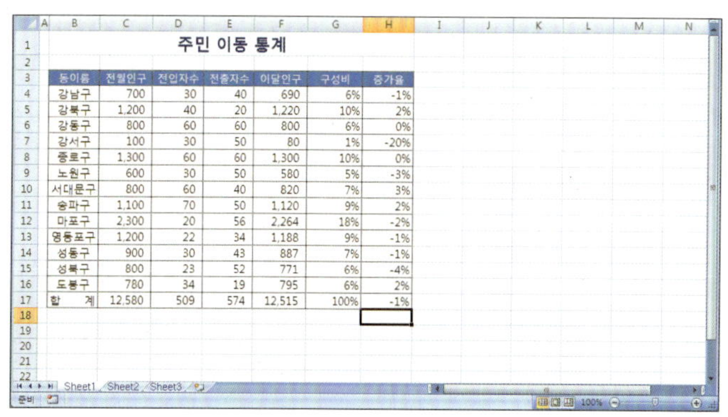

셀 주소를 이름 정의한 후 근무일수 구하기

앞에서 배운 셀의 이름을 정의하는 방법을 간단한 따라하기를 통해 연습해 보겠습니다.

〔예제 파일 경로〕 부록 CD\Sample\Part02\근무일수구하기.xlsx　　｜　　〔결과 파일 경로〕 부록 CD\Sample\Part02\After\근무일수구하기_완성.xlsx

01 [F3] 셀의 날짜를 기준일이라는 이름으로 정의하겠습니다. ❶ [F3] 셀을 클릭한 후 ❷ 이름 상자에 「기준일」을 입력하고 Enter 를 누릅니다.

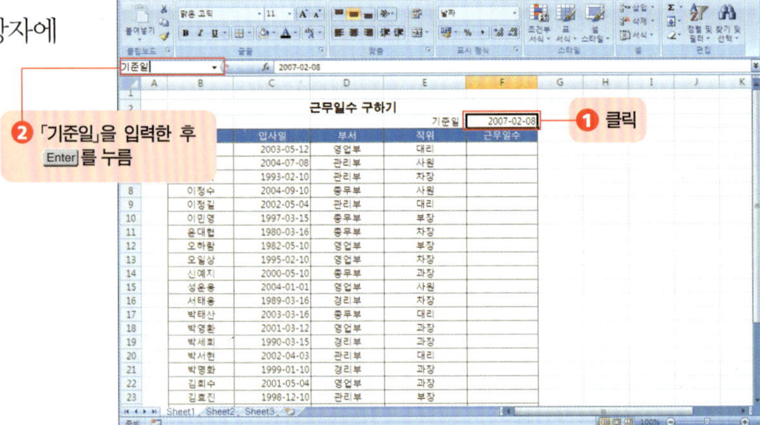

02 [F5] 셀에 수식 「=기준일-C5」를 입력한 후 Enter 를 누릅니다.

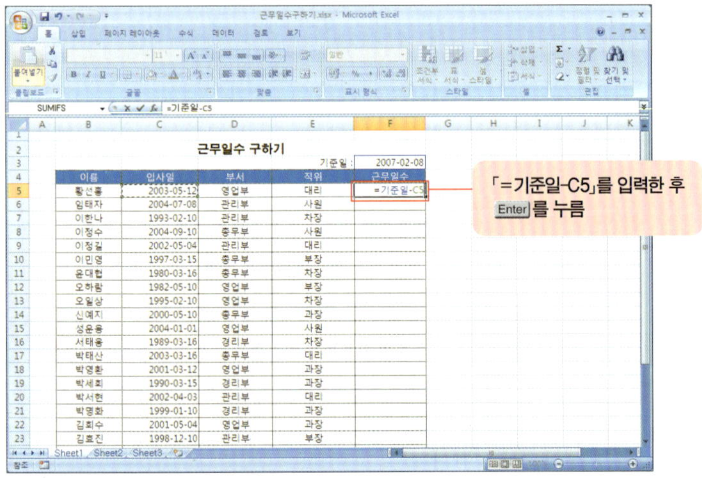

03 날짜 데이터로 계산하였으므로 수식 결과가 날짜 서식으로 표현됩니다. 숫자 서식으로 변경하기 위해 [홈] 탭의 [표시 형식 – 쉼표 스타일]을 클릭합니다.

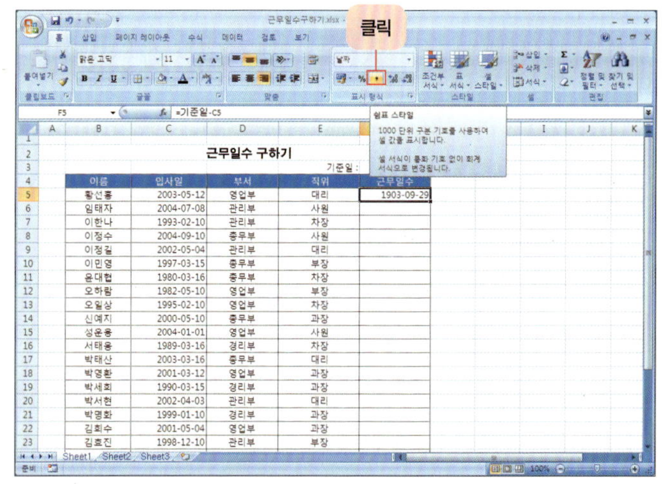

04 [F5] 셀의 채우기 핸들 영역을 더블클릭하여 수식을 복사합니다.

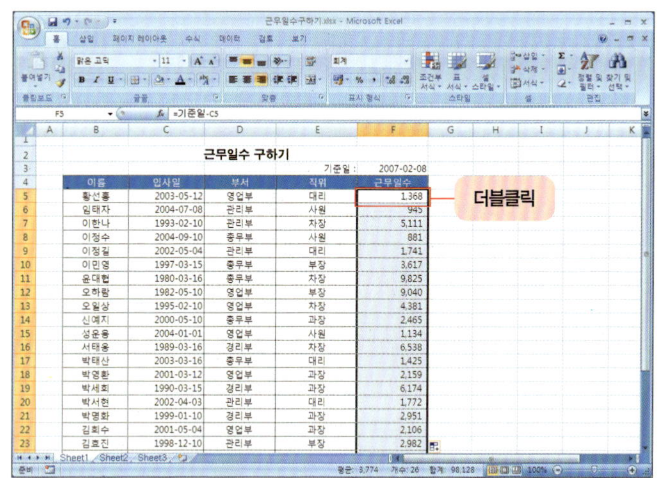

TIP **선택영역에서 이름 만들기**

이름 정의할 영역이 많을 경우엔 이름 정의할 영역을 범위 지정한 후 [수식] 탭의 [정의된 이름 – 선택영역에서 만들기]를 클릭합니다. [선택 영역에서 이름 만들기] 대화상자가 나타나면 '첫 행'에 체크 표시한 후 [확인] 버튼을 클릭하면 선택 영역의 첫 행이 이름으로 정의됩니다.

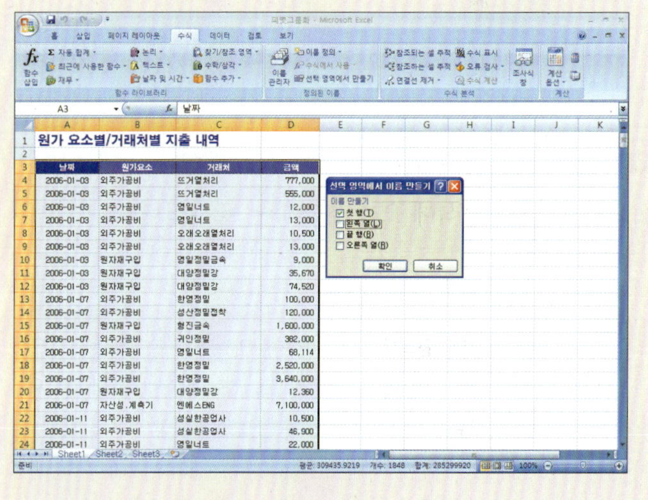

자동 합계를 이용한 승진 시험 결과 계산하기

Action Excel 도전! 엑셀

엑셀에서 자동 합계는 자주 사용하는 기능입니다. 이번에는 시험 결과를 자동 합계를 이용하여 구해 보겠습니다. 간단한 따라하기를 통해 연습해 보세요.

〔예제 파일 경로〕 부록 CD\Sample\Part02\승진시험결과.xlsx ｜ 〔결과 파일 경로〕 부록 CD\Sample\Part02\After\승진시험결과_완성.xlsx

01 ❶ [F5] 셀을 클릭한 후 ❷ [홈] 탭의 [편집 – 합계 Σ ▼]를 클릭합니다.

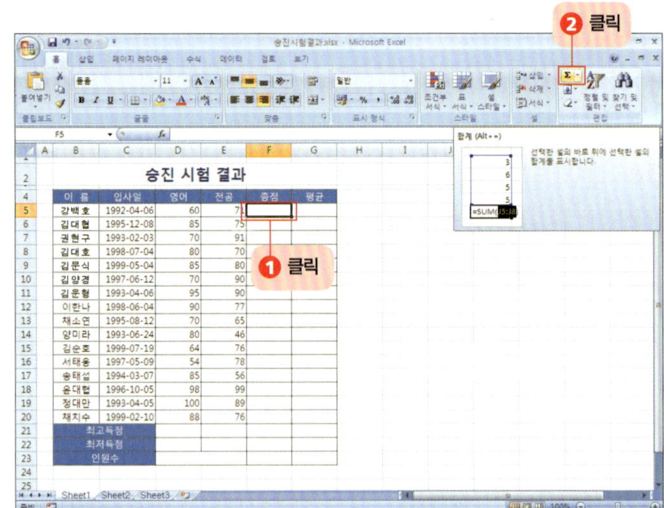

Note 〔수식〕 탭의 〔함수 라이브러리 – 자동 합계 **Σ 자동 합계 ▼**〕를 클릭해도 됩니다.

02 [F5] 셀에 수식이 작성됩니다. 참조 범위가 맞으면 Enter 를 누릅니다.

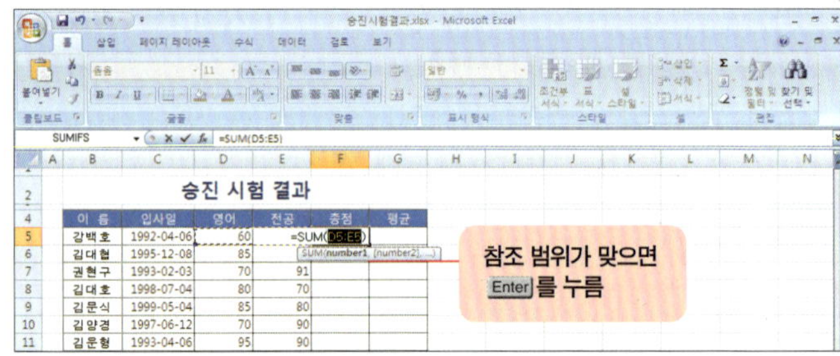

03 [F5] 셀 왼쪽 위 모서리에 삼각형이 표시되어 있지요? 수식에 오류가 있다는 표시입니다.

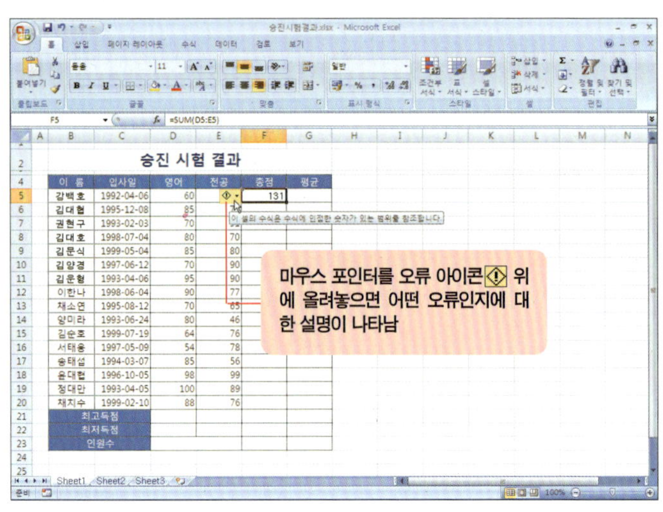

TIP 수식 오류

엑셀은 몇 가지 규칙을 사용하여 수식의 오류를 검사하는데, 그 규칙에 어긋나면 셀의 왼쪽 위 모서리에 삼각형이 나타나면서 오류가 있음을 표시합니다. 실제 오류인 경우도 있지만 정해진 규칙에 위배되면 오류로 판단하므로 실제 오류가 아닌 경우는 오류 무시를 선택하거나 오류 규칙을 변경합니다. 오류 규칙을 변경하려면 〔Office 단추〕를 클릭한 후 〔Excel 옵션 – 수식 – 오류 규칙〕을 클릭합니다.

04 ① 오류 아이콘 의 드롭다운 버튼을 클릭한 후 ② [오류 검사 옵션]을 클릭합니다.

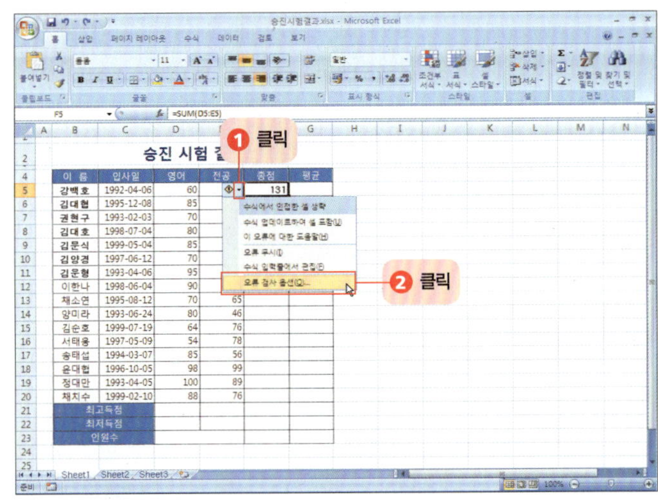

> **Note** [F5] 셀의 오류는 SUM 함수에서 [C5] 셀의 값이 더하기의 범위에서 누락되어 나타나는 오류입니다. 즉, 수식에 사용된 영역에 누락된 셀 있음 표시라는 오류 검사 규칙이 설정되어 있기 때문입니다.

05 ① 오류 검사 규칙에서 '수식에 사용된 영역에 누락된 셀 있음 표시'의 체크 표시를 해제한 후 ② [확인] 버튼을 클릭합니다.

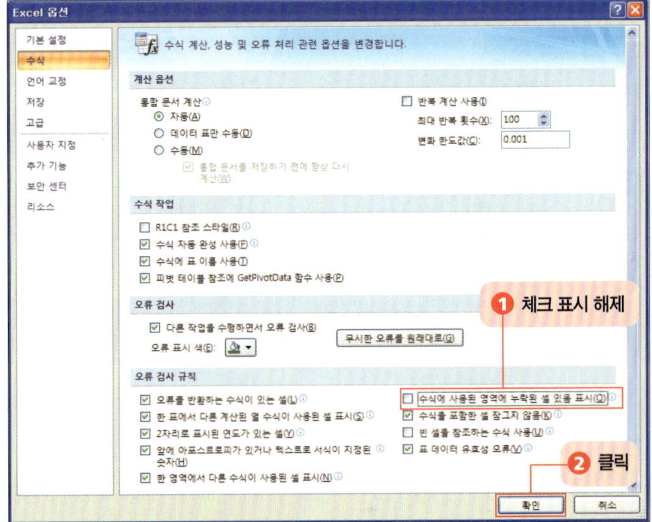

> **주의** 오류 검사는 실제 오류가 아니어도 규칙에 어긋나면 오류로 판단할 수 있으므로 수식 자체에 오류가 없으면 오류 표시가 있어도 무방합니다.

06 [F5] 셀의 채우기 핸들을 드래그하여 복사합니다.

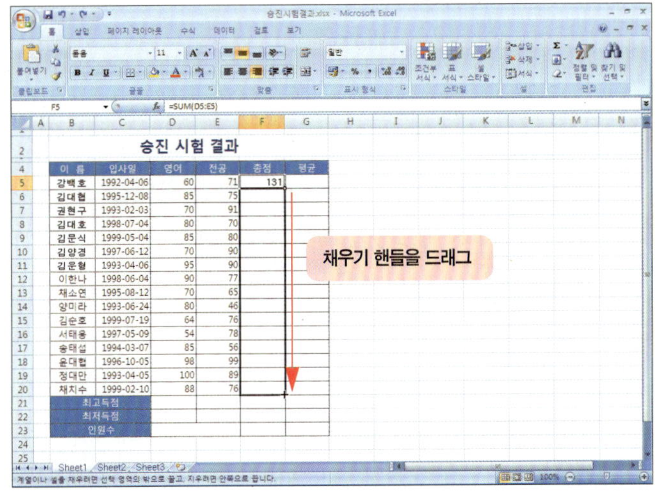

07 평균을 구하기 위해 ❶ [G5] 셀을 클릭한 후 ❷ [홈] 탭의 [편집 – 합계 **Σ** ▾]에서 [평균]을 클릭합니다.

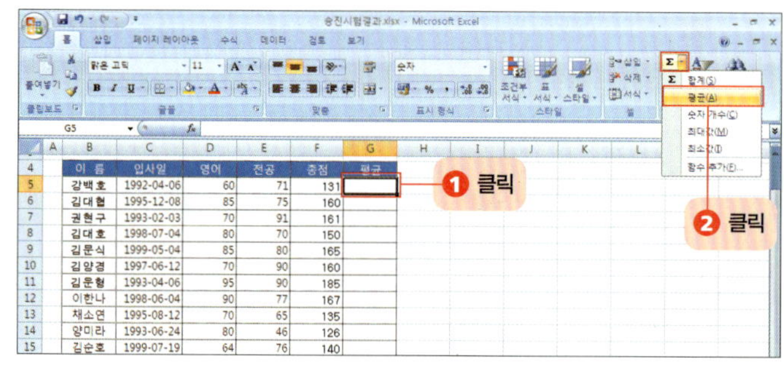

08 수식 「=AVERAGE(D5:F5)」가 입력되면 총점이 있는 [F5] 셀은 셀 범위에 포함될 필요가 없으므로 「=AVERAGE(D5:E5)」로 범위를 변경한 후 Enter 를 누릅니다.

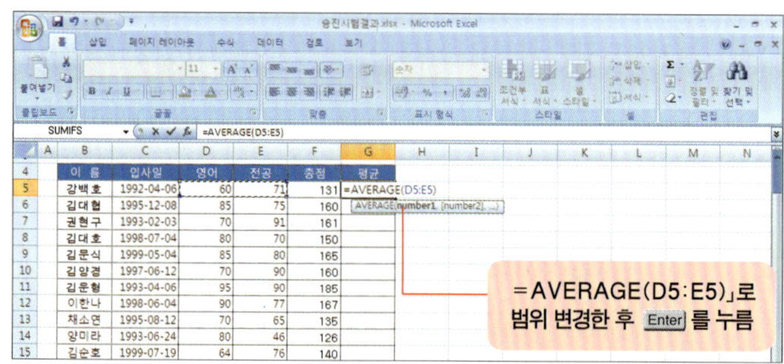

09 [G5] 셀의 채우기 핸들을 드래그하여 복사합니다.

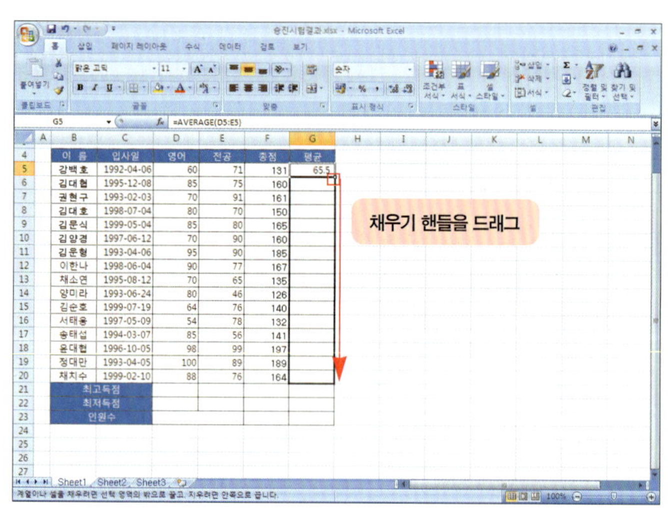

10 최고 득점을 구하기 위해 ❶ [D21] 셀을 클릭한 후 ❷ [홈] 탭의 [편집 – 합계 **Σ** ▾]에서 [최대값]을 클릭하고 참조 범위가 맞으면 Enter 를 누릅니다. [E21] 셀로 복사하여 전공에 대한 최고 득점도 구합니다.

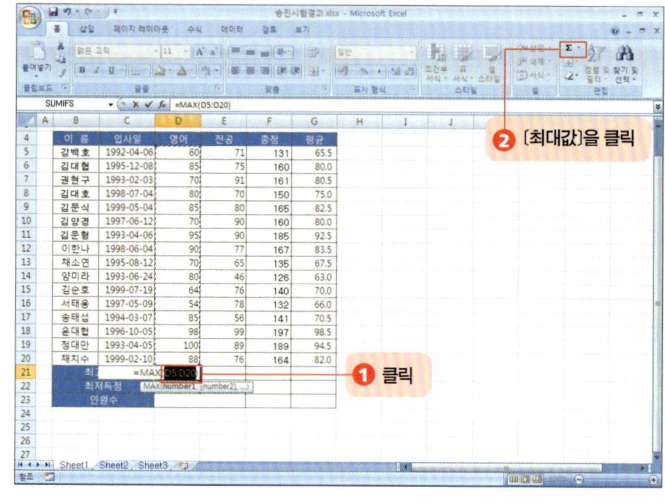

11 동일한 방법으로 [홈] 탭의 [편집 – 합계 **Σ**▾]에서 [최소값]을 클릭하여 최저 득점을 구합니다.

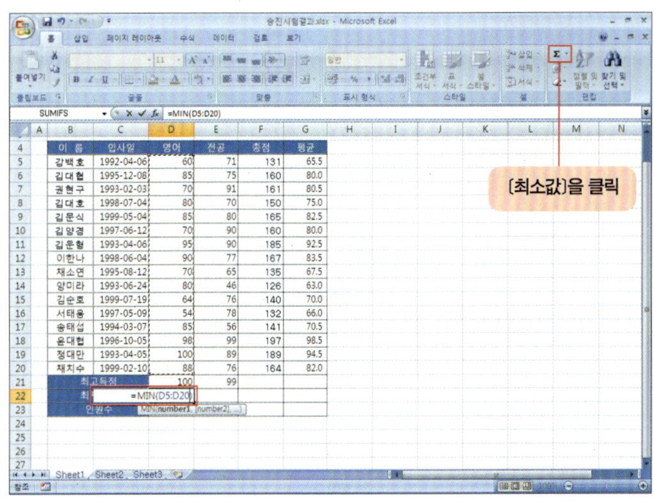

12 인원 수는 영어 점수의 개수를 헤아려 구하겠습니다. ❶ [D23] 셀을 클릭한 후 ❷ [홈] 탭의 [편집– 합계 **Σ**▾]에서 [숫자 개수]를 클릭합니다. 수식 「=COUNT(D5:D22)」가 작성되면 ❸ 「=COUNT (D5:D20)」으로 참조 범위를 변경하고 Enter 를 누릅니다.

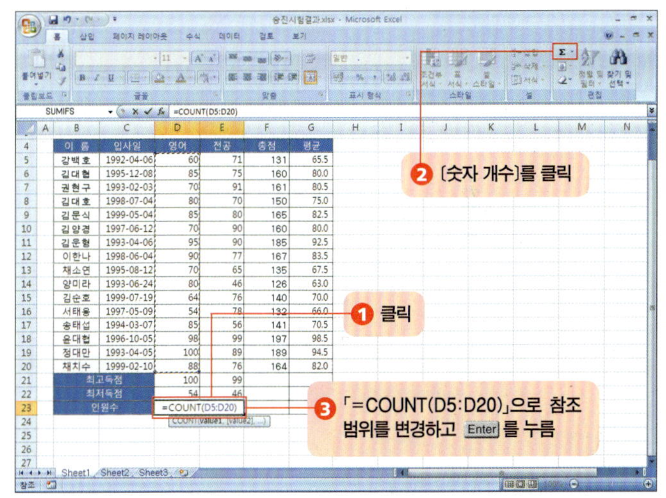

13 다음과 같이 자동 합계를 이용하여 SUM, AVERAGE, MAX, MIN, COUNT 함수를 작성하였습니다.

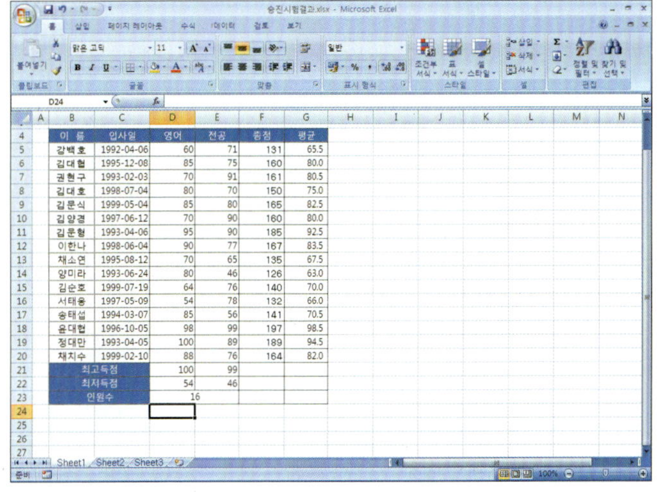

수식을 이용한 퇴직금 정산 내역 구하기

앞에서 배운 수식을 이용하여 퇴직금 정산 내역을 완성해 보겠습니다. 수식은 대부분의 문서에서 다루어질 뿐만 아니라, 함수를 원활하게 사용하는 데에 필요하므로 반드시 숙지하고 넘어가시기 바랍니다. 각 수식은 다음과 같은 공식으로 구하겠습니다.

- **년기본급** : 본봉 × 12
- **기말 수당** : 본봉 × 4
- **정근 수당** : 본봉 × 1.9
- **합계** : 년기본급 + 기말수당 + 정근수당
- **년평균 금액** : 합계 / 12
- **지급액** : (근속 개월 / 12) + 연평균 금액

〔예제 파일 경로〕 부록 CD\Sample\Part02\퇴직금 정산 내역.xlsx | 〔결과 파일 경로〕 부록 CD\Sample\Part02\After\퇴직금 정산 내역_완성.xlsx

완성
예제
미리
보기

퇴직금 정산 내역

※ 지급 기준일 2007-02-08 단위 : 원

성 명	입사년월일	근속개월	본 봉	년기본급	기말수당	정근수당	합 계	년평균금액	지 급 액
강백호	1992-08-01	174	676,400	8,116,800	2,705,600	1,285,160	12,107,560	1,008,963	14,629,968
서태웅	1994-12-05	146	600,500	7,206,000	2,402,000	1,140,950	10,748,950	895,746	10,898,241
오일상	1999-07-01	91	456,000	5,472,000	1,824,000	866,400	8,162,400	680,200	5,158,183
김운형	1996-07-01	127	550,000	6,600,000	2,200,000	1,045,000	9,845,000	820,417	8,682,743
김태욱	1995-05-01	141	550,000	6,600,000	2,200,000	1,045,000	9,845,000	820,417	9,639,896
김효진	2000-01-03	85	456,000	5,472,000	1,824,000	866,400	8,162,400	680,200	4,818,083
박세희	1987-05-17	236	756,000	9,072,000	3,024,000	1,436,400	13,532,400	1,127,700	22,178,100
박영환	1988-02-04	228	756,000	9,072,000	3,024,000	1,436,400	13,532,400	1,127,700	21,426,300
김영주	1996-10-01	124	600,500	7,206,000	2,402,000	1,140,950	10,748,950	895,746	9,256,040
이한구	1998-04-06	106	590,000	7,080,000	2,360,000	1,121,000	10,561,000	880,083	7,774,069
이덕구	1994-02-09	155	650,000	7,800,000	2,600,000	1,235,000	11,635,000	969,583	12,523,785
표경민	1990-05-01	201	725,000	8,700,000	2,900,000	1,377,500	12,977,500	1,081,458	18,114,427
계				88,396,800	29,465,600	13,996,160	131,858,560	10,988,213	145,099,836

01 년기본급을 구하기 위해 [F5] 셀에 수식 「=E5*12」를 입력한 후 Enter 를 누릅니다.

02 기말 수당을 구하기 위해 [G5] 셀에 수식 「=E5*4」를 입력한 후 Enter 를 누릅니다.

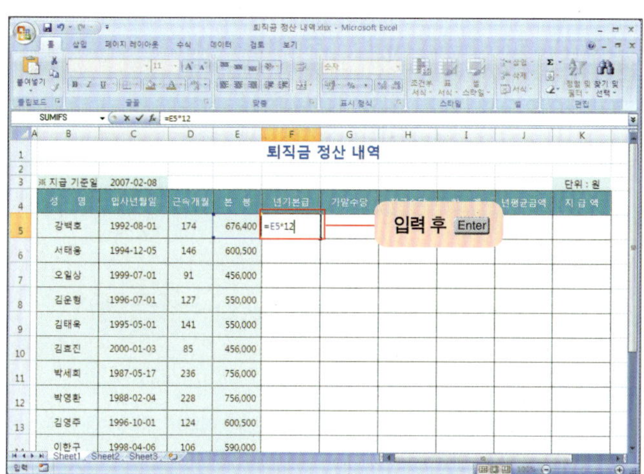

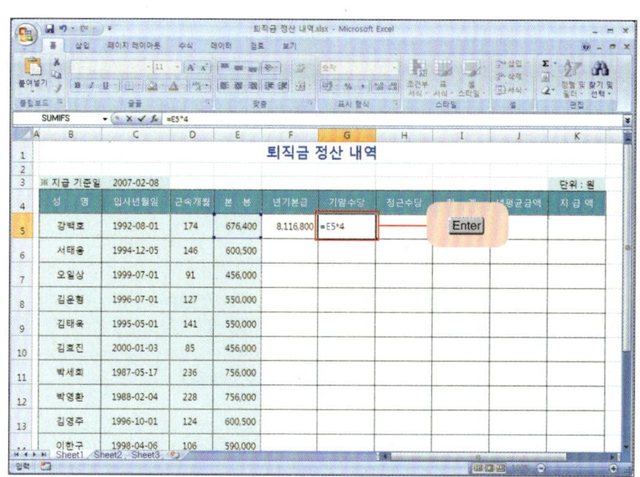

03 정근 수당을 구하기 위해 [H5] 셀에 수식 「=E5*1.9」를 입력한 후 Enter 를 누릅니다.

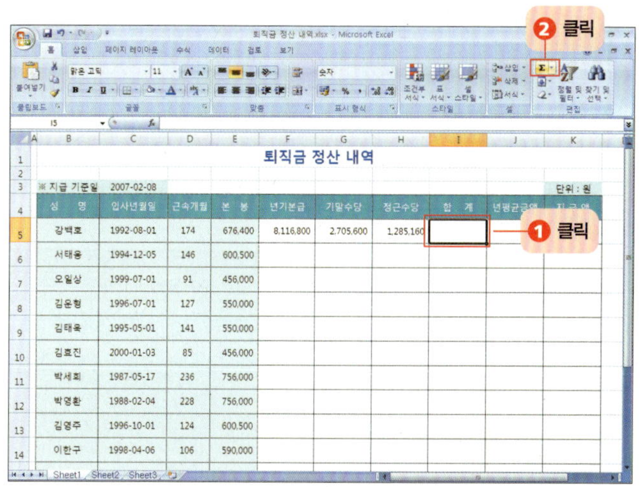

04 ❶ 합계를 구하기 위해 [I5] 셀을 클릭한 후 ❷ [홈] 탭의 [편집 – 합계 Σ▾]를 클릭합니다.

05 수식이 작성되면 「=SUM(F5:H5)」로 참조 범위를 변경한 후 Enter 를 누릅니다.

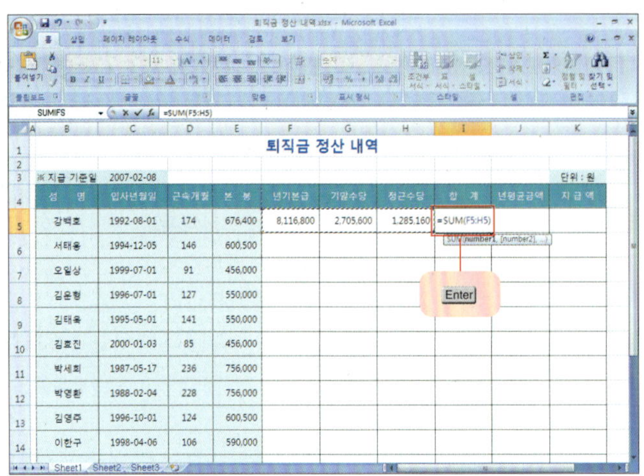

06 연평균 금액을 구하기 위해 [J5] 셀에 수식 「=I5/12」를 입력한 후 Enter 를 누릅니다.

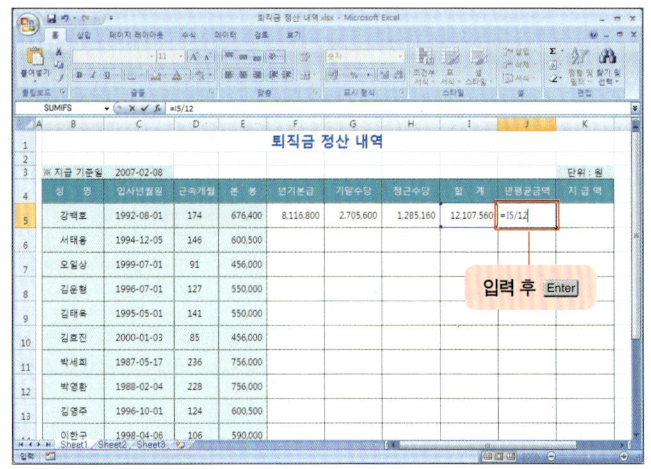

07 지급액을 구하기 위해 [K5] 셀에 수식 「=(D5/12) *J5」를 입력한 후 Enter 를 누릅니다.

08 ❶ [F5:K5]를 범위 지정한 후 ❷ 채우기 핸들을 더블클릭으로 복사합니다.

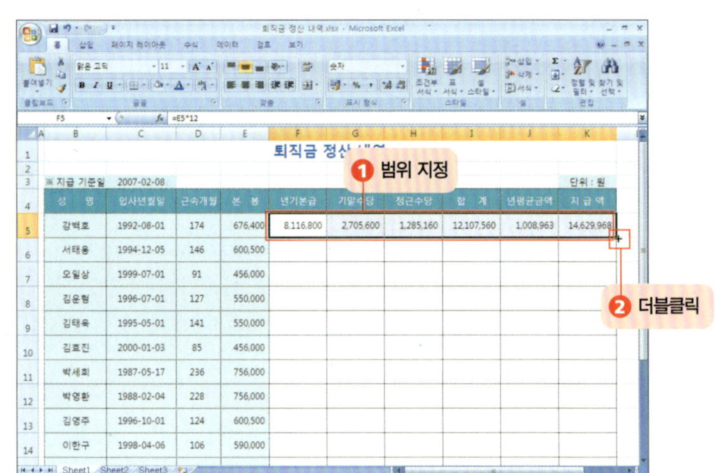

09 복사가 되었으면 ❶ [F17] 셀을 클릭한 후 ❷ [홈] 탭의 [편집 – 합계 Σ ▾]를 클릭하여 합계를 구합니다.

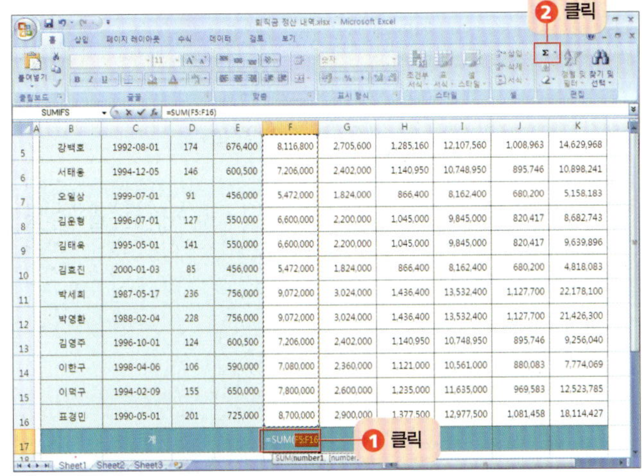

10 [F17] 셀에 셀 포인터를 위치시킨 후 채우기 핸들을 오른쪽으로 드래그하여 복사합니다.

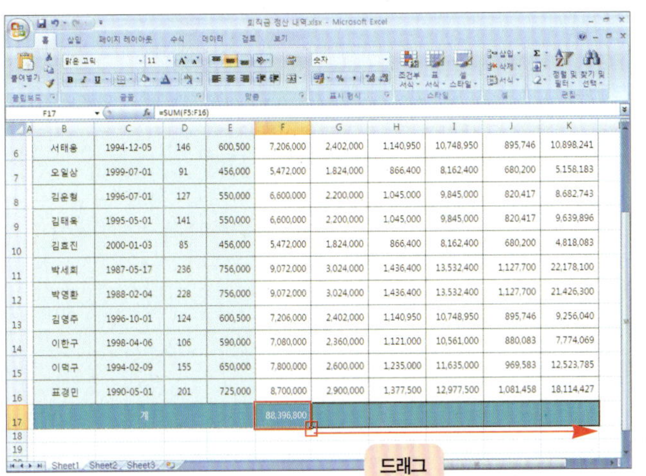

11 다음과 같이 완성됩니다.

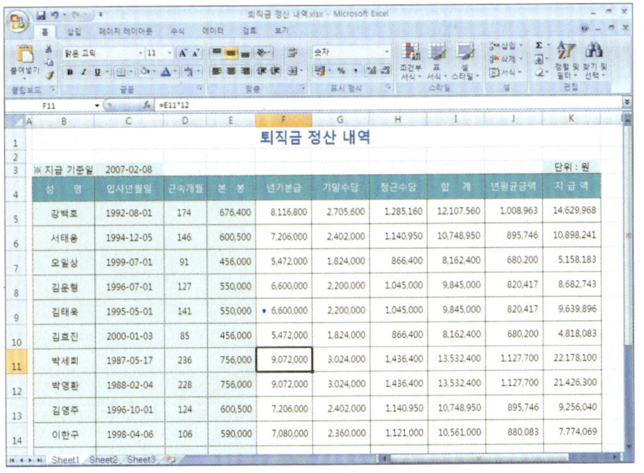

PART
03

데이터 편집과 워크시트
능숙하게 다루기

엑셀 2007 기본 + 활용
실무 테크닉

Lesson 01

모든 데이터 편집의 기초 다지기

데이터 편집은 워크시트에서 표를 작성할 때에 반드시 거쳐야만 하는 과정입니다. 이번 레슨에서는 작업 취소와 다시 실행, 범위 지정, 행/열 다루기, 찾기 및 바꾸기에 대해 알아보고, 이 기능들을 어떻게 하면 더 효율적으로 사용할 수 있는지에 대해 알아보겠습니다.

 작업 취소와 다시 실행

방금 한 작업을 취소하거나 취소한 작업을 다시 실행하는 기능입니다. 워크시트를 저장한 후에도 최대 100개의 작업까지 취소하거나 다시 실행할 수 있습니다.

● 작업을 취소하는 세 가지 방법

1 | 방금 한 작업을 취소하려면 [빠른 실행] 도구 모음에서 [작업 취소]를 클릭합니다.

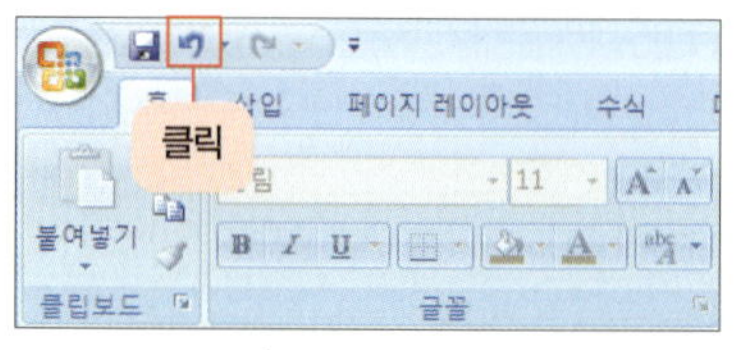

2 | 단축키 Ctrl + Z 를 누릅니다.

3 | 여러 작업을 한 번에 취소하려면 [작업 취소] 옆에 있는 화살표를 클릭한 후 목록을 클릭합니다.

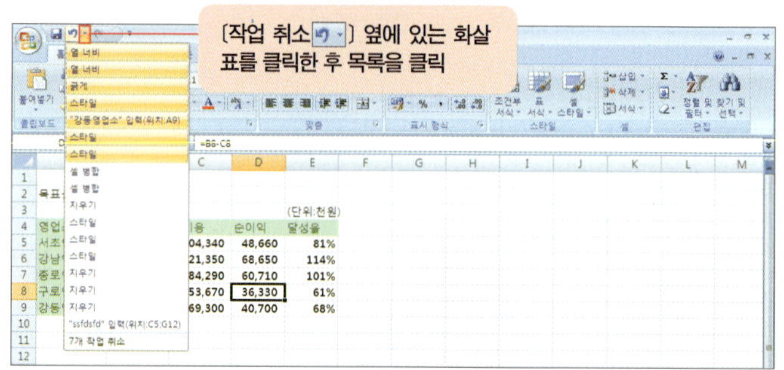

● 작업을 다시 실행하는 세 가지 방법

1 | 취소한 작업을 다시 실행하려면 빠른 실행 도구 모음에서 [다시 실행]을 클릭합니다.

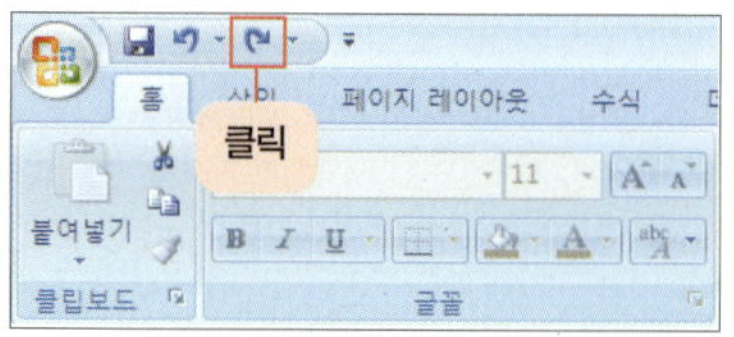

2 | 단축키 Ctrl + Y 를 누릅니다.

3 | 여러 작업을 한 번에 다시 실행하려면 [다시 실행 🔁] 옆에 있는 화살표를 클릭한 후 목록을 클릭합니다.

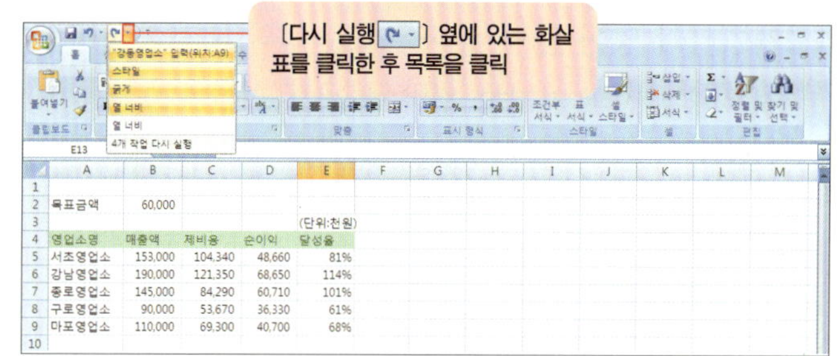

범위 지정하기

데이터를 편집하거나 설정하려면 대부분 범위 지정을 먼저해야 합니다. 상황별로 범위 지정하는 방법에 대해 알아보겠습니다.

● 연속된 범위 지정

1 | 마우스로 드래그하여 지정합니다.

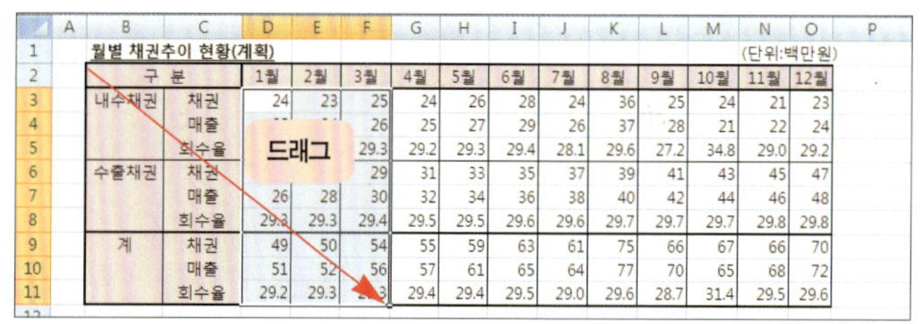

2 | 범위 지정하려는 첫번 째 셀을 클릭하고 Shift 를 누른 상태에서 마지막 셀을 클릭합니다.

3 | 키보드로 범위 지정을 하려면 Shift 를 누른 상태에서 방향키를 움직여 원하는 영역을 지정합니다.

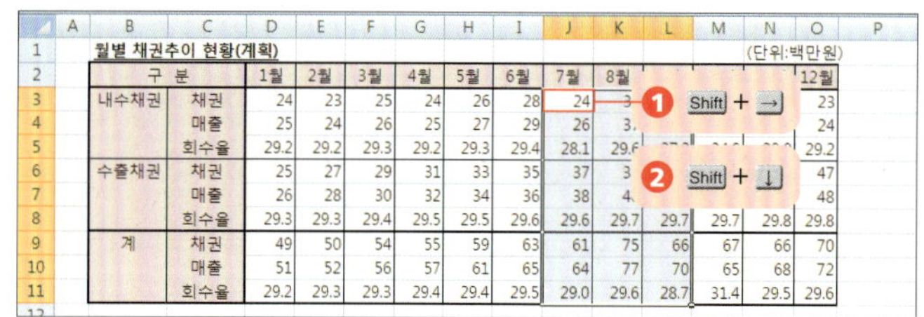

4 | 데이터의 양이 많아서 마우스로 범위 지정이 힘들 경우에는 범위 지정할 첫번 째 셀을 클릭한 후 Ctrl +Shift+ → 를 누르고 Ctrl +Shift+ ↓ 를 누르거나 범위 지정할 데이터 영역 위에 셀 포인터를 위치시킨 후 Ctrl +Shift+ * 를 누릅니다.

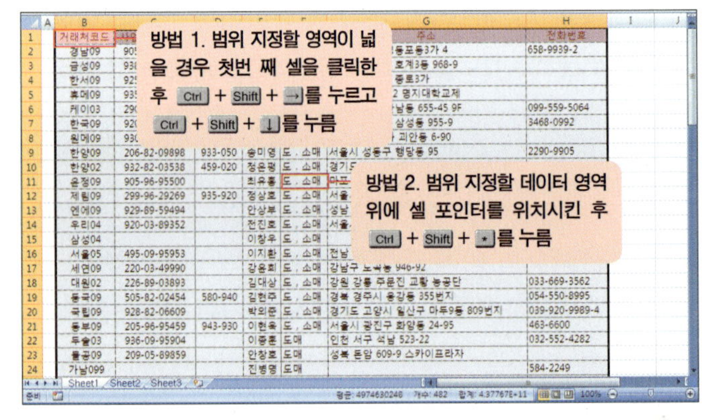

● 비연속된 범위 지정

비연속된 영역을 범위 지정하려면 처음 영역을 드래그하거나 클릭한 후 그 다음 영역을 Ctrl 을 누른 상태에서 클릭하거나 드래그합니다.

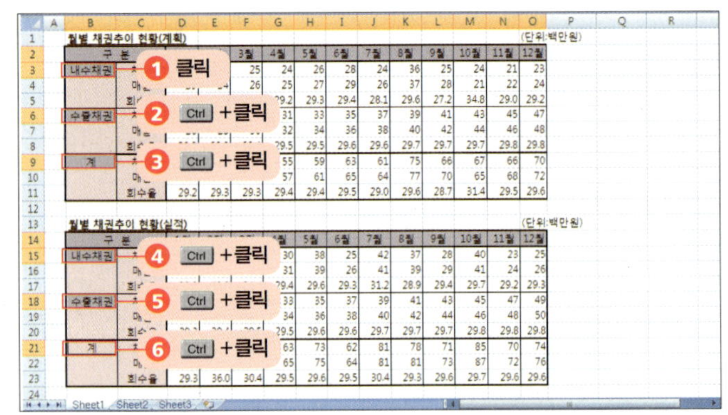

● 행/열 전체 범위 지정

행 전체를 범위 지정하려면 행 머리글 위에서 클릭하거나 드래그합니다. 열 머리글 전체를 범위 지정하려면 열 머리글 위에서 클릭하거나 드래그합니다.

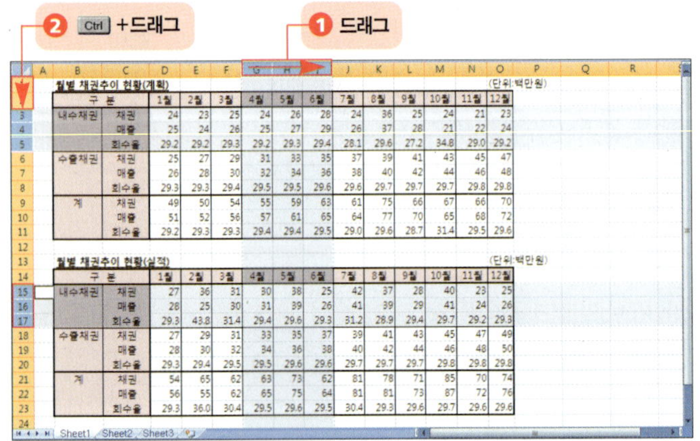

● 워크시트 전체 범위 지정

워크시트 전체를 범위 지정하려면 A열 머리글과 1행 머리글이 만나는 교차 지점을 클릭합니다.

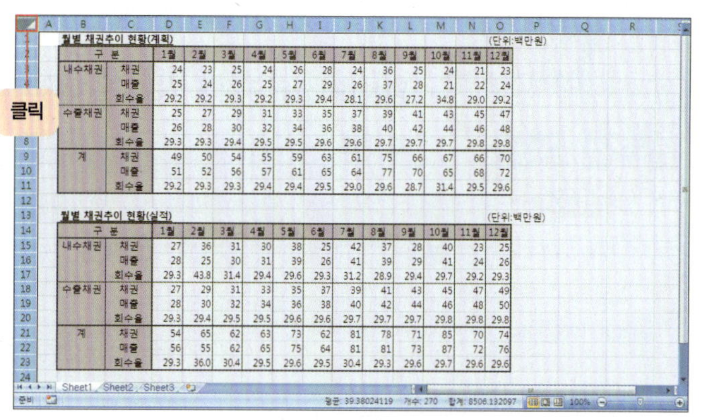

TIP 단축키 Ctrl + A 를 눌러 범위 지정하기

Ctrl + A 를 눌러 범위를 지정할 때엔 셀 포인터를 어디에 두고 Ctrl + A 를 눌렀냐에 따라 범위가 다르게 지정됩니다. 만약 데이터가 입력된 위치에 셀 포인터를 두고 Ctrl + A 를 누르면 데이터 목록 전체가 범위 지정되지만 데이터 목록 바깥쪽에 셀 포인터를 두고 Ctrl + A 를 누르면 워크시트 전체가 범위 지정됩니다.

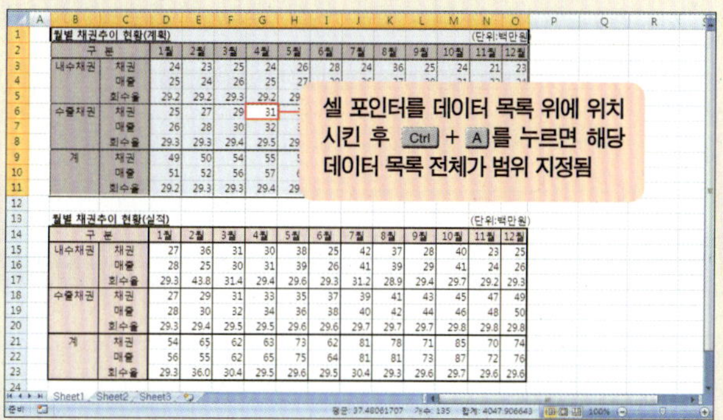

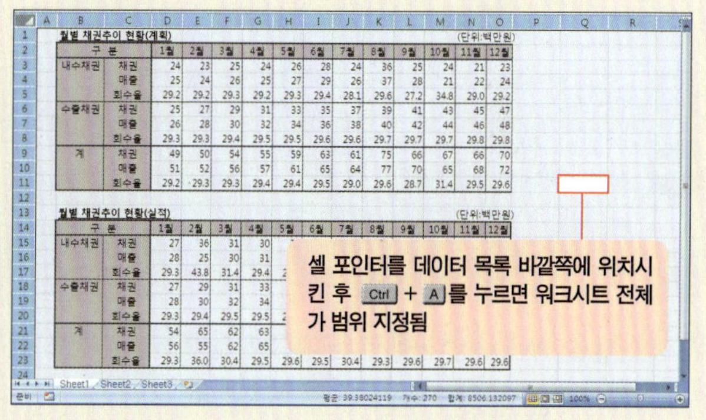

자유자재로 범위 지정하기

엑셀에서 범위 지정을 하는 것은 데이터를 편집하는 기본입니다. 간단한 따라하기를 통해 범위 지정 방법을 익혀 보세요.

〔예제 파일 경로〕 부록 CD\Sample\Part03\월별 채권추이 현황.xlsx | 〔결과 파일 경로〕 부록 CD\Sample\Part03\After\월별 채권추이 현황_완성.xlsx

01 [B2:O2]을 드래그하여 범위 지정합니다.

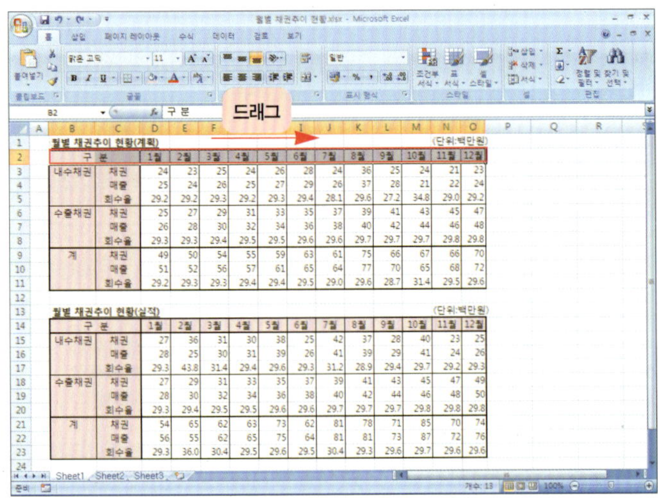

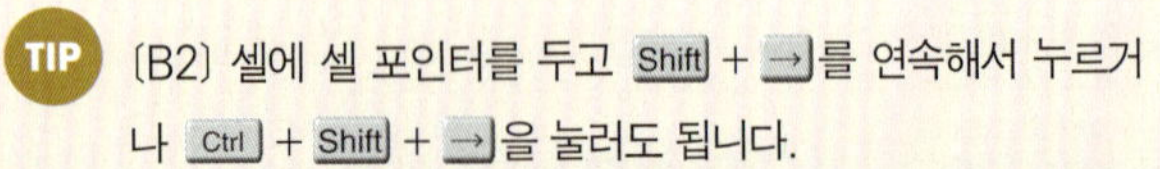

TIP 〔B2〕 셀에 셀 포인터를 두고 Shift + → 를 연속해서 누르거나 Ctrl + Shift + → 을 눌러도 됩니다.

02 Ctrl 을 누른 상태에서 [B3:C11]을 드래그하여 범위 지정합니다.

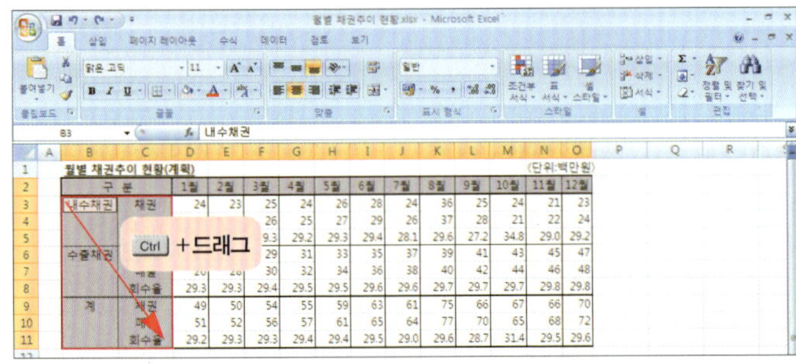

03 ❶ [홈] 탭의 [스타일 – 셀 스타일]을 클릭하면 나타나는 메뉴에서 ❷ '보통'을 클릭합니다.

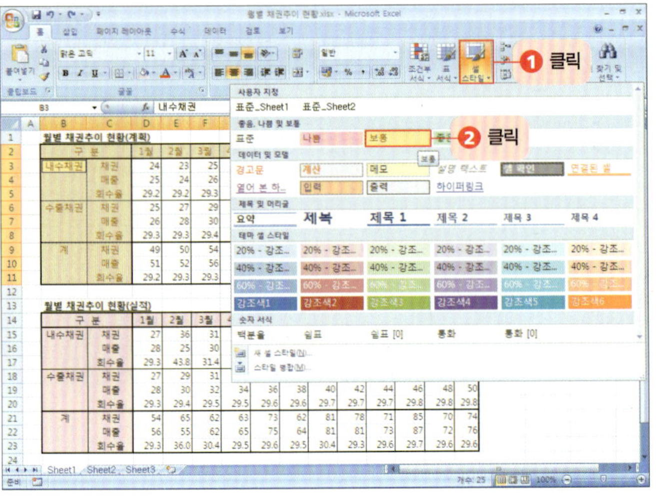

04 서식이 변경됩니다. ❶ [B14:O14]를 범위 지정한 후 ❷ Ctrl 을 누른 상태에서 [B15:C23]을 드래그 합니다.

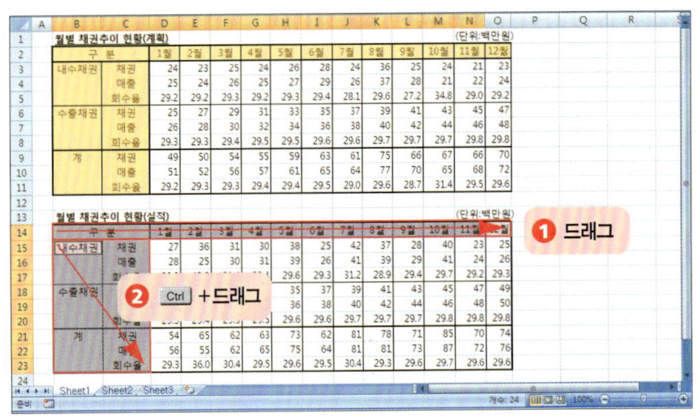

05 위와 동일한 서식으로 변경하기 위해 Ctrl + Y 를 누릅니다.

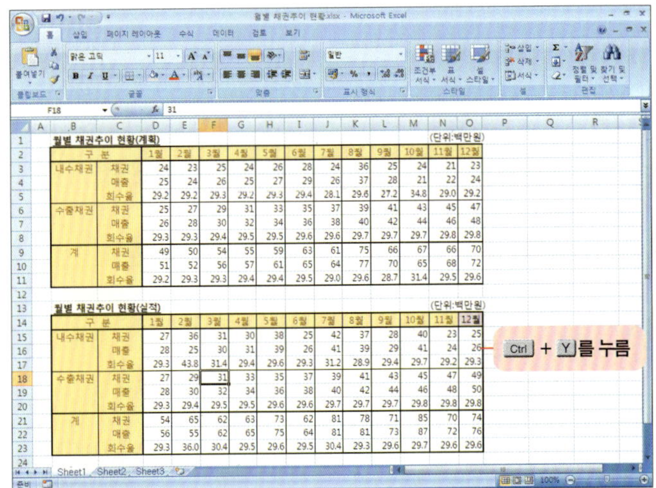

> **Note** Ctrl + Y 는 '다시 실행'의 단축키입니다. 취소한 작업이 없을 경우 Ctrl + Y 를 누르면 마지막 작업을 반복합니다.

TIP 위치 바꾸기

입력 완료된 인천광역시와 동대구의 위치를 바꾸려면 [B4:F5]를 범위 지정한 후 마우스 포인터를 범위 지정한 테두리에 위치시키고 Shift 를 누른 상태에서 드래그하면 기다란 커서 막대가 나타나는데, 이 커서 막대를 7행과 8행 사이에 위치하도록 드래그합니다.

A	B	C	D	E	F	G
1						
2	서울	서울	서울	서울	서울	
3	서울	서울	서울	서울	서울	
4	인천광역시	인천광역시	인천광역시	인천광역시	인천광역시	
5	인천광역시	인천광역시	인천광역시	인천광역시	인천광역시	
6	동대구	동대구	동대구	동대구	동대구	
7	동대구	동대구	동대구	동대구	동대구	
8						

행/열 다루기

행과 열을 삽입하거나 삭제하려면 행 또는 열 머리글을
범위 지정한 후 마우스 오른쪽 버튼을 클릭하고 [삽입]
이나 [삭제]를 클릭합니다.

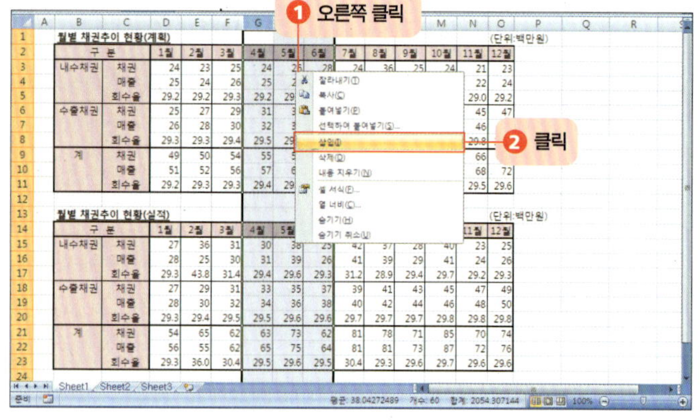

> **TIP** 여러 영역을 범위 지정한 후 데이터를 입력하고 `Ctrl` + `Enter` 를
> 누르면 범위 지정한 영역에 동일한 데이터가 입력됩니다.

찾기 및 바꾸기

워크시트에 입력된 많은 양의 데이터 중에서 특정 단어를 찾거나 특정 단어를 찾아 다른 단어
로 바꾸고 싶은 경우에는 찾기 및 바꾸기를 이용합니다. 찾기 및 바꾸기는 [홈] 탭의 [편집 – 찾
기 및 선택]을 클릭하면 나타나는 메뉴에서 [찾기]나 [바꾸기]를 클릭합니다.
[찾기 및 바꾸기] 대화상자가 나타나면 찾을 내용과 바꿀 내용에 원하는 내용을 입력한 후 [바
꾸기] 버튼을 클릭합니다.

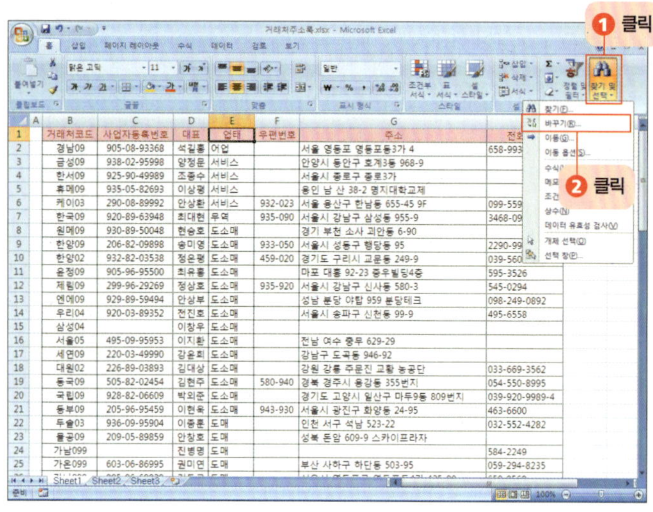

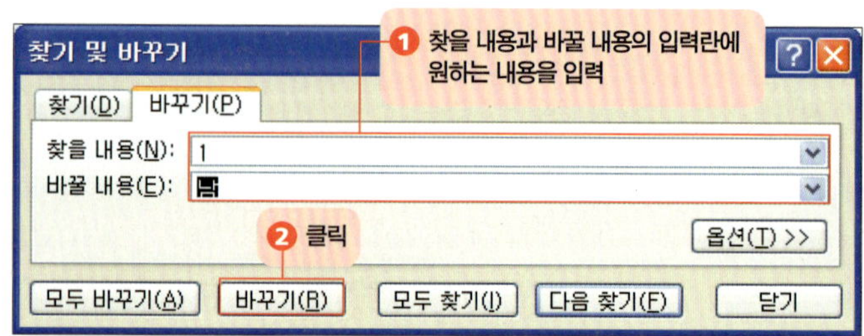

행/열 삽입하여 분기별 매출 실적 추가로 집계하기

앞에서 행과 열을 추가하고 삭제하는 방법에 대해 배웠습니다. 이번에는 이를 응용하여 지사별 상반기 매출 실적을 집계해 보겠습니다. 간단한 따라하기를 통해 연습해 보세요.

〔예제 파일 경로〕 부록 CD\Sample\Part03\지사별 상반기 매출 실적.xlsx | 〔결과 파일 경로〕 부록 CD\Sample\Part03\After\지사별 상반기 매출 실적_완성.xlsx

01 상반기 매출 실적에 분기별 합을 추가하려면 ❶ [F] 열 머리글을 클릭한 후 ❷ Ctrl 을 누른 상태에서 [I] 열 머리글을 클릭하고 ❸ 마우스 오른쪽 버튼을 클릭한 후 ❹ [삽입]을 클릭합니다.

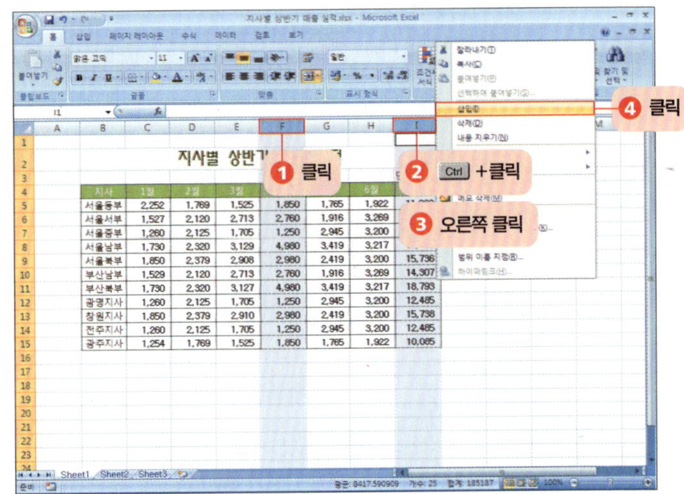

02 2개의 열이 삽입되었습니다. ❶ [F4] 셀에 「1/4분기」를 입력한 후 ❷ [F5] 셀에 셀 포인터를 위치시키고 ❸ [홈] 탭의 [편집 – 합계 Σ]를 클릭하여 1/4분기의 합을 구합니다.

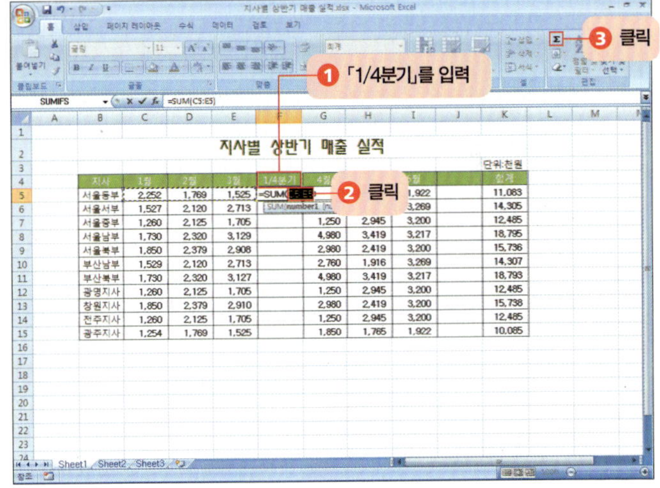

03 [F5] 셀의 채우기 핸들을 드래그하여 [F14] 셀까지 복사합니다.

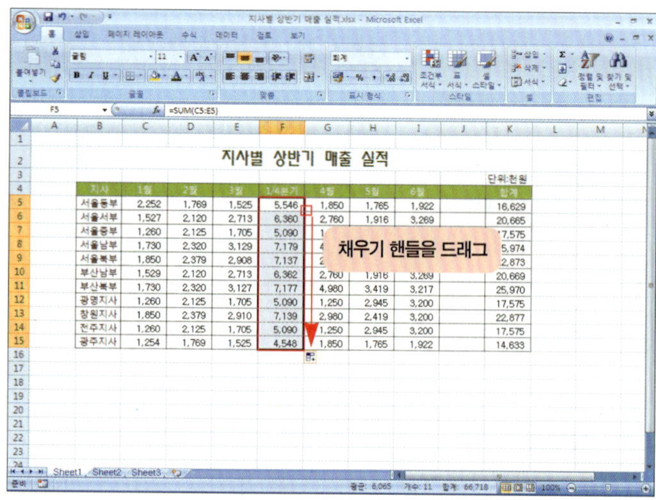

04 ❶ [J4] 셀에 「2/4분기」를 입력한 후 ❷ [J5] 셀을 클릭합니다. ❸ [홈] 탭의 [편집 – 합계 Σ ▾]를 클릭하여 2/4분기의 합을 구합니다.

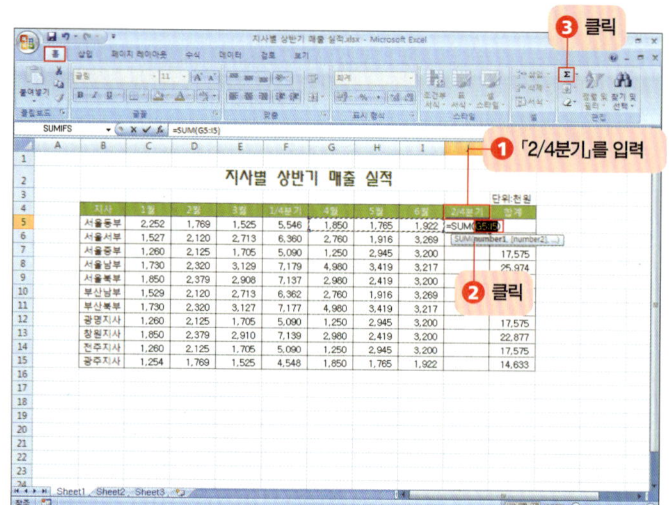

05 [J5] 셀의 채우기 핸들을 드래그하여 [J14] 셀까지 복사합니다.

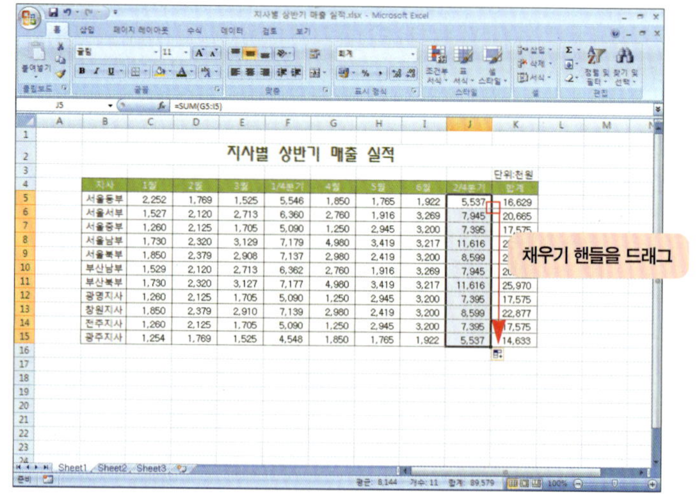

06 분기별 합이 추가되었으므로, [K5] 셀의 합계 수식을 수정해야 합니다. ❶ [K5] 셀을 더블클릭한 후 ❷ 수식을 「=SUM(F5,J5)」로 수정하고 [Enter]를 누릅니다.

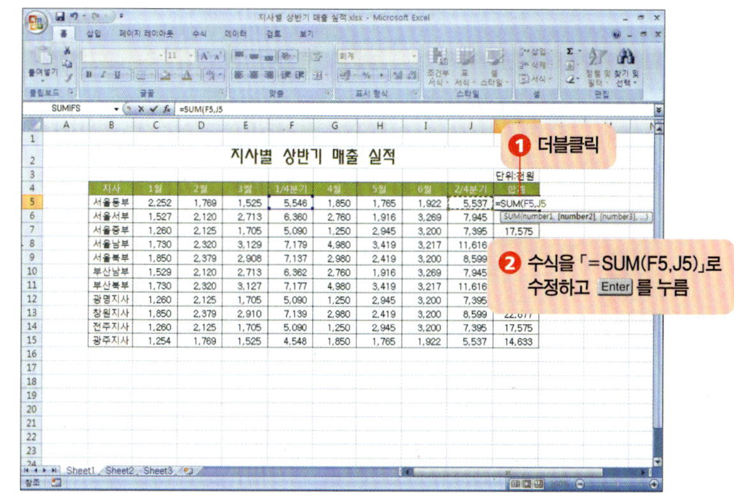

07 [K5] 셀의 채우기 핸들을 드래그하여 [K15] 셀까지 복사합니다.

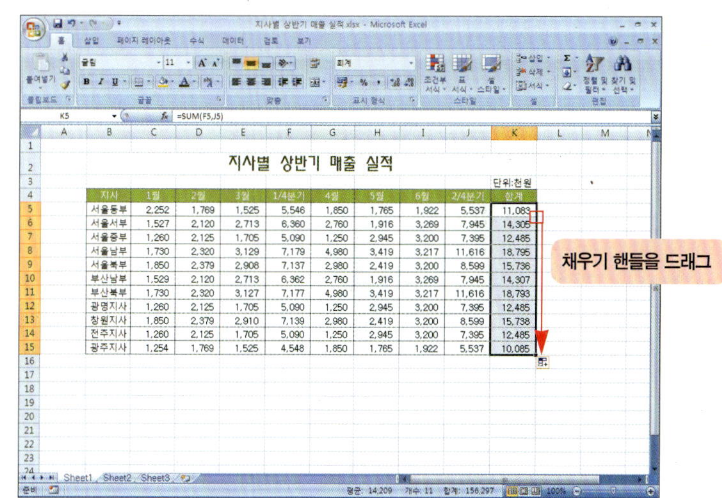

TIP 〔찾기 및 바꾸기〕 대화상자의 확장 옵션 사용하기

〔찾기 및 바꾸기〕 대화상자에서 〔옵션〕 버튼을 클릭하면, 특정 서식이 지정된 데이터만 검색하거나 대/소문자를 구분하는 등 다양한 세부 사항을 지정하여 데이터를 찾고 바꿀 수 있습니다.

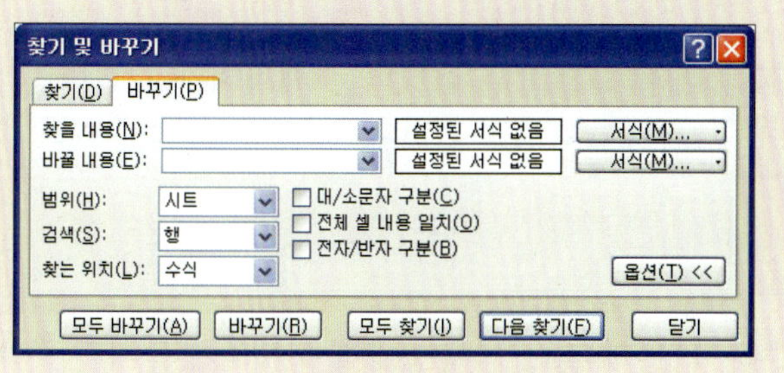

찾기 및 바꾸기로 공백 찾아 지우기

Action Excel 도전! 엑셀

불규칙적으로 입력되어 있는 공백을 일일이 수정하다 보면 시간도 오래 걸리지만 눈도 많이 아픕니다. 이번에는 불규칙하게 입력되어 있는 공백을 찾기 및 바꾸기 기능을 이용하여 지워 보겠습니다.

〔예제 파일 경로〕 부록 CD\Sample\Part03\찾기및바꾸기.xlsx | 〔결과 파일 경로〕 부록 CD\Sample\Part03\After\찾기및바꾸기_완성.xlsx

01 ❶ [B2:B8]을 범위 지정한 후 ❷ [홈] 탭의 [편집 – 찾기 및 선택]을 클릭하고 ❸ [바꾸기]를 클릭합니다.

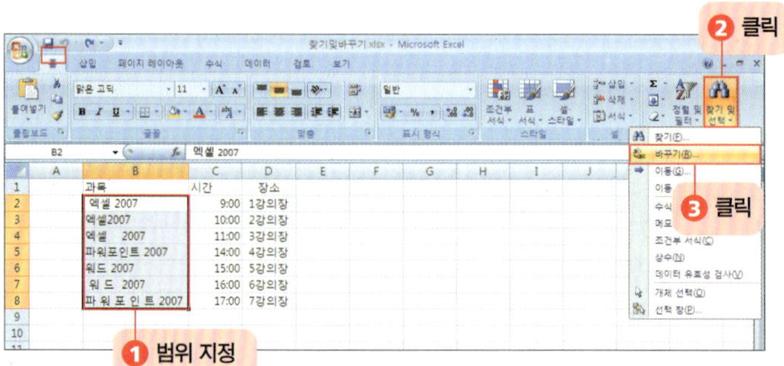

02 [찾기 및 바꾸기] 대화상자가 나타나면 ❶ 찾을 내용의 입력란에 Spacebar 를 한 번 눌러 공백을 입력한 후 ❷ 바꿀 내용에는 아무것도 입력하지 않은 상태에서 [모두 바꾸기] 버튼을 클릭합니다.

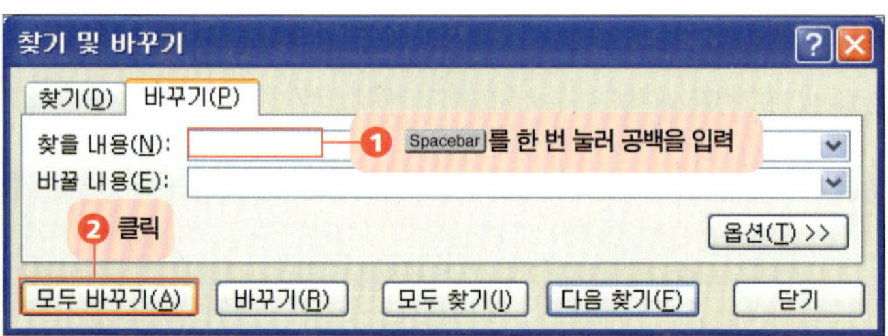

Note 공백을 지우기 위해 공백을 찾아 Null로 바꾸려는 것입니다. 그러므로 바꿀 내용에는 아무것도 입력하지 않습니다.

03 바꾸기가 모두 끝났다는 메시지가 나타나면 [확인] 버튼을 클릭합니다.

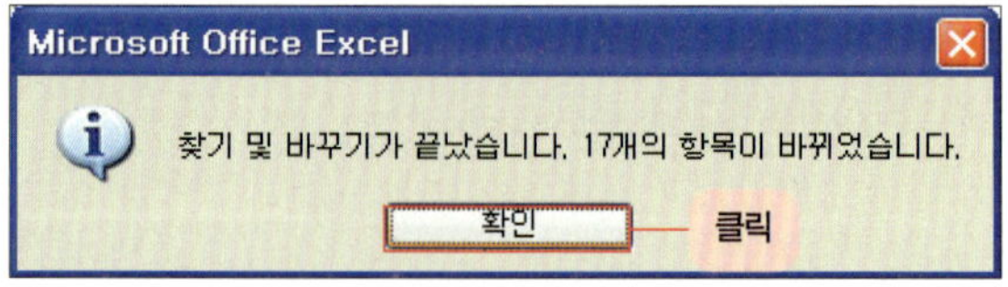

04 다음과 같이 과목명에 불규칙하게 들어간 공백이 모두 지워집니다.

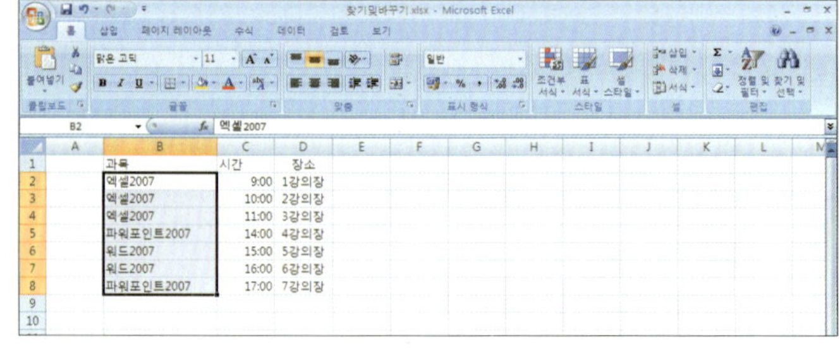

외부 데이터로 거래처 주소록 편집하기

사내 전산 시스템에서 거래처 주소록을 다운로드하여 엑셀에서 편집해 보겠습니다. 여기에서는 대표, 업태의 위치를 우편번호와 바꾸고 업태에서 불규칙적으로 입력되어 있는 '도, 소매' 와 '도.소매' 를 모두 '도소매' 로 통일합니다.

〔예제 파일 경로〕 부록 CD\Sample\Part03\거래처주소록.xlsx　|　〔결과 파일 경로〕 부록 CD\Sample\Part03\After\거래처주소록_완성.xlsx

완성예제 미리보기

거래처코드	사업자등록번호	대표	업태	우편번호	주소	전화번호
경남09	905-08-93368	석길홍	어업		서울 영등포 영등포동3가 4	658-9939-2
금성09	938-02-95998	양정문	서비스		안양시 동안구 호계3동 968-9	
한서09	925-90-49989	조종수	서비스		서울시 종로구 종로3가	
휴메09	935-05-82693	이상평	서비스		용인 남 산 38-2 명지대학교제	
케이03	290-08-89992	안상환	서비스	932-023	서울 용산구 한남동 655-45 9F	099-559-5064
한국09	920-89-63948	최대현	무역	935-090	서울시 강남구 삼성동 955-9	3468-0992
원메09	930-89-50048	현승호	도소매		경기 부천 소사 괴안동 6-90	
한양09	206-82-09898	송미영	도소매	933-050	서울시 성동구 행당동 95	2290-9905
한양02	932-82-03538	정은평	도소매	459-020	경기도 구리시 교문동 249-9	039-560-2994
윤정09	905-96-95500	최유홍	도소매		마포 대흥 92-23 중우빌딩4층	595-3526
제림09	299-96-29269	정상호	도소매	935-920	서울시 강남구 신사동 580-3	545-0294
엔에09	929-89-59494	안상부	도소매		성남 분당 야탑 959 분당테크	098-249-0892
우리04	920-03-89352	전진호	도소매		서울시 송파구 신천동 99-9	495-6558
삼성04		이창우	도소매			
서울05	495-09-95953	이지환	도소매		전남 여수 충무 629-29	
세연09	220-03-49990	강윤희	도소매		강남구 도곡동 946-92	
대원02	226-89-03893	김대상	도소매		강원 강릉 주문진 교황 농공단	033-669-3562
동국09	505-82-02454	김현주	도소매	580-940	경북 경주시 용강동 355번지	054-550-8995
국립09	928-82-06609	박외준	도소매		경기도 고양시 일산구 마두9동 809번지	039-920-9989-4
동부09	205-96-95459	이현욱	도소매	943-930	서울시 광진구 화양동 24-95	463-6600
두솔03	936-09-95904	이종훈	도매		인천 서구 석남 523-22	032-552-4282
물공09	209-05-89859	안창호	도매		성북 돈암 609-9 스카이프라자	
가남099		진병명	도매			584-2249
가온099	603-06-86995	권미연	도매		부산 사하구 하단동 503-95	059-294-8235

01 대표와 업태의 위치를 우편번호와 바꾸기 위해 ❶ [E1:F1]를 범위 지정한 후 ❷ Ctrl + Shift + ↓를 누르면 데이터가 입력된 끝까지 범위 지정됩니다.

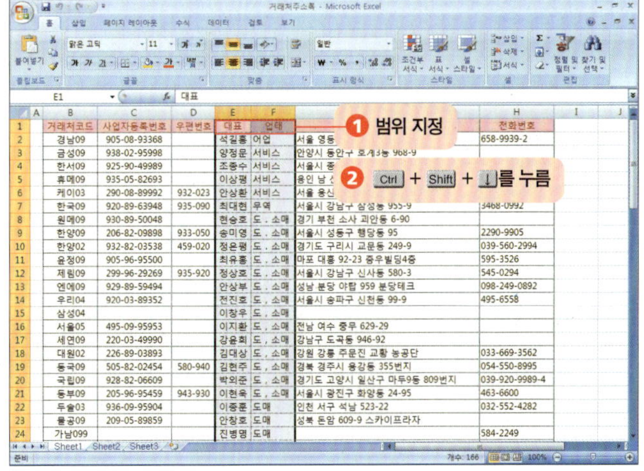

02 마우스 포인터를 범위 지정한 테두리 위에 위치시킨 후 Shift 를 누른 상태에서 마우스 포인터를 [C] 열과 [D] 열 사이로 드래그합니다.

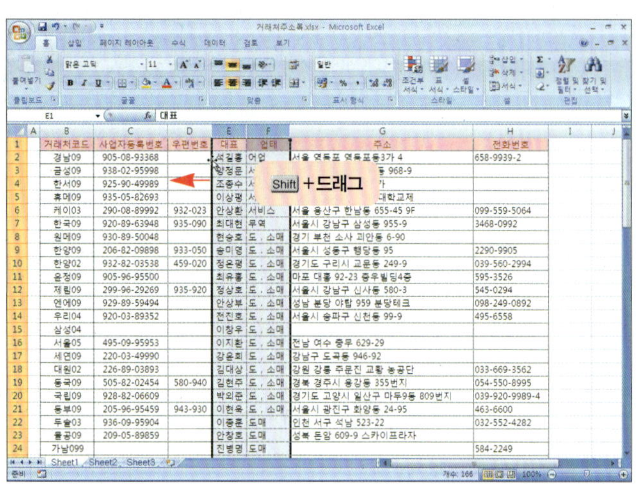

03 다음과 같이 대표와 업태의 위치가 우편번호 앞으로 변경됩니다.

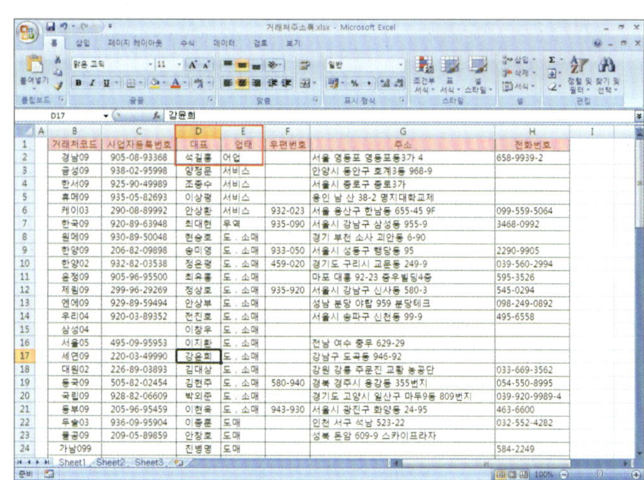

> **info** Shift 를 누른 상태에서 드래그하면 두 열의 내용이 서로 바뀝니다. 만약 Shift 를 누르지 않고 드래그하면 셀의 내용이 이동됩니다.

04 업태에서 '도. 소매', '도, 소매'를 모두 '도소매'로 통일하겠습니다. ❶ [E2] 셀에서 Ctrl + Shift + ↓ 를 눌러 데이터가 입력된 끝까지 범위 지정한 후 ❷ [홈] 탭의 [편집 – 찾기 및 선택]을 클릭하고 ❸ [바꾸기]를 클릭합니다.

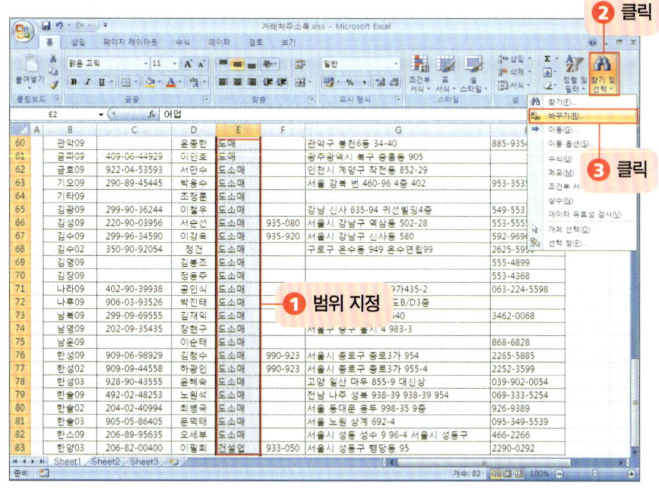

05 [찾기 및 바꾸기] 대화상자가 나타나면 ❶ 찾을 내용에 「 · 」을 입력한 후 ❷ 바꿀 내용에는 아무 것도 입력하지 않은 상태에서 [모두 바꾸기] 버튼을 클릭합니다.

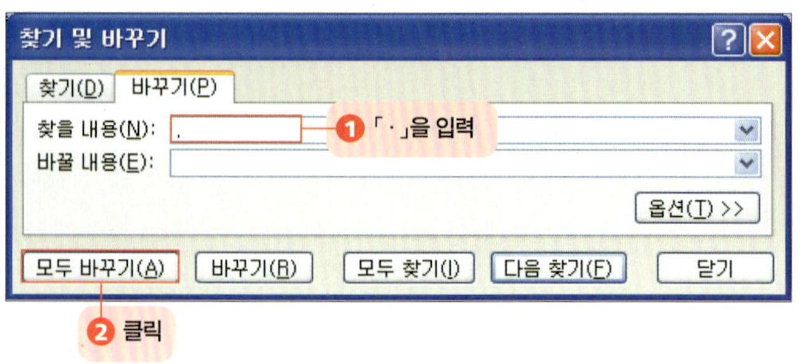

06 바꾸기가 모두 끝났다는 메시지가 나타나면 [확인] 버튼을 클릭합니다.

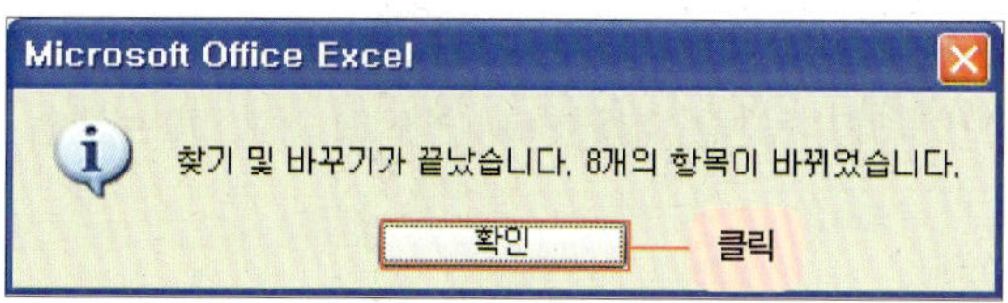

07 다시 한 번 [찾기 및 바꾸기] 대화상자에서 ❶ 찾을 내용에 「,」을 입력하고 ❷ 바꿀 내용에는 아무것도 입력하지 않고 [모두 바꾸기] 버튼을 클릭합니다.

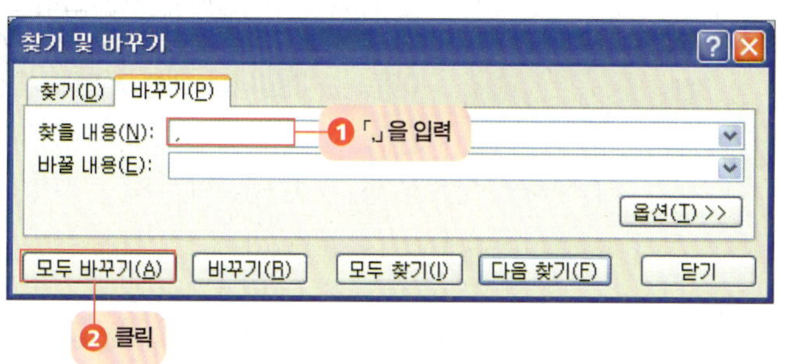

08 ❶ 바꾸기가 모두 끝났다는 메시지가 나타나면 [확인] 버튼을 클릭합니다. ❷ [찾기 및 바꾸기] 대화상자가 다시 나타나면 [닫기] 버튼을 클릭합니다.

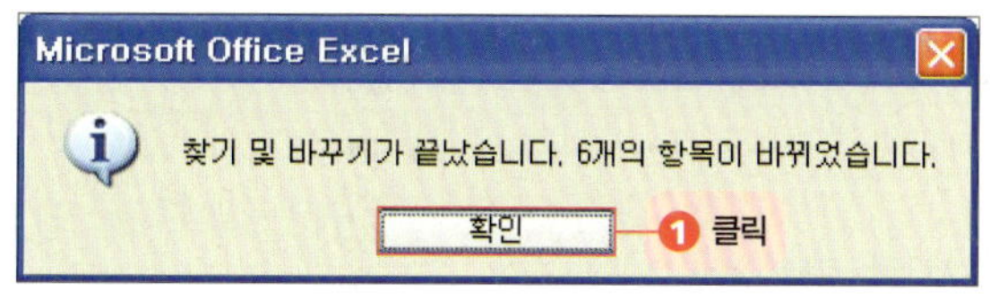

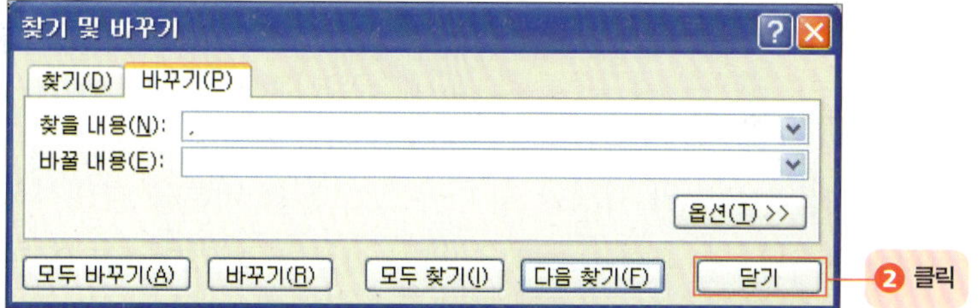

09 다음과 같이 업태의 '도 · 소매' 와 '도 · 소매' 가 모두 '도소매' 로 통일됩니다.

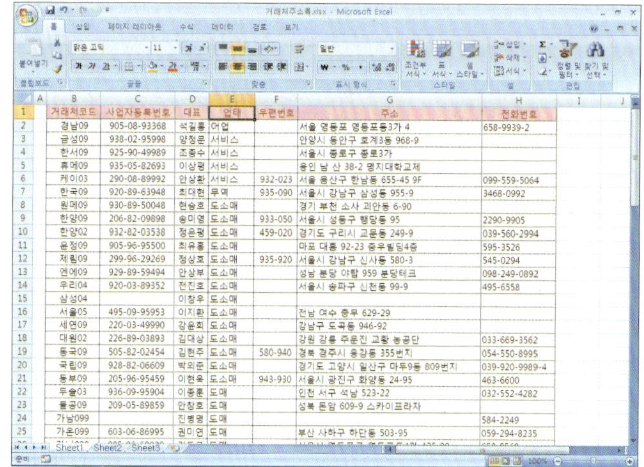

Lesson 02

업무 시간을 줄여주는 복사 기능

엑셀에는 여러 가지의 복사 기능이 있습니다. 복사하는 기능만 제대로 사용해도 여러분의 작업량은 많이 줄어들 것입니다. 복사는 다른 위치에 동일한 내용을 하나 또는 그 이상 만드는 것이고, 이동은 다른 위치로 내용을 이동하는 것입니다. 이번 레슨에서는 기본적인 복사 방법과 여러 옵션을 이용한 복사 방법에 대해 알아보겠습니다.

 복사하기

복사할 영역을 범위 지정한 후 [복사]를 실행하면 범위 지정한 영역이 클립보드라는 임시 기억 장소에 저장됩니다. 클립보드에 저장되어 있는 내용을 원하는 위치에 붙이려면 [붙여넣기]를 실행합니다.

● 복사하기 기능을 이용하는 네 가지 방법

1 | 복사할 영역을 범위 지정한 후 마우스 오른쪽 버튼을 클릭하고 [복사]를 클릭합니다. 그런 다음, 붙여넣기를 원하는 위치에 다시 마우스 오른쪽 버튼을 클릭하고 [붙여넣기]를 클릭합니다.

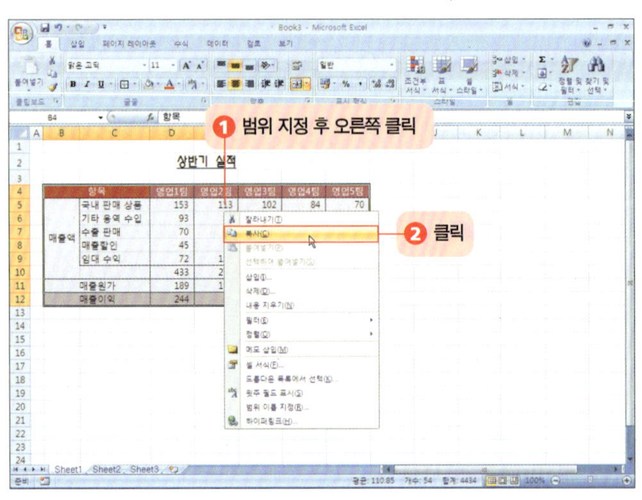

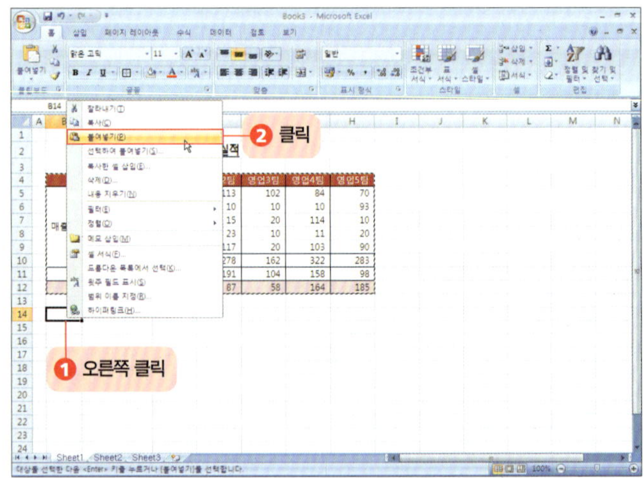

2 | 복사할 영역을 범위 지정한 후 [홈] 탭의 [클립보드 – 복사]를 클릭합니다. 그런 다음, 붙여넣을 셀을 클릭한 후 [홈] 탭의 [클립보드 – 붙여넣기]를 클릭합니다.

3 | 복사할 영역을 범위 지정한 후 단축키 Ctrl + C 를 누릅니다. 그런 다음, 붙여넣기를 원하는 셀을 클릭한 후 Ctrl + V 를 누릅니다.

4 | 복사할 영역을 범위 지정한 후 Ctrl 를 누른 상태에서 범위 지정한 테두리 영역에서 드래그하여 복사합니다.

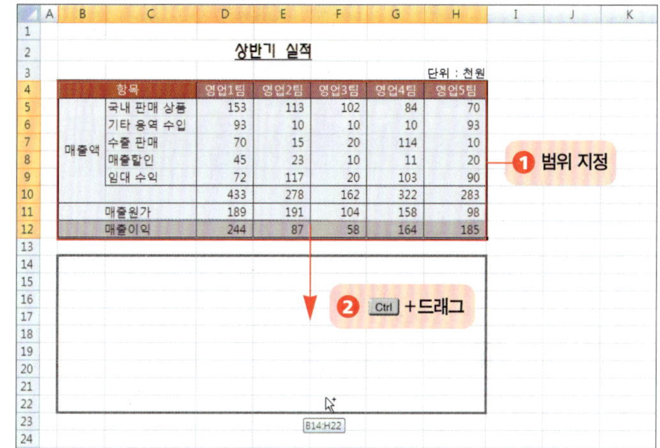

TIP 서식 복사

서식만 복사하려면 [홈] 탭의 [클립보드-서식 복사]를 클릭합니다.

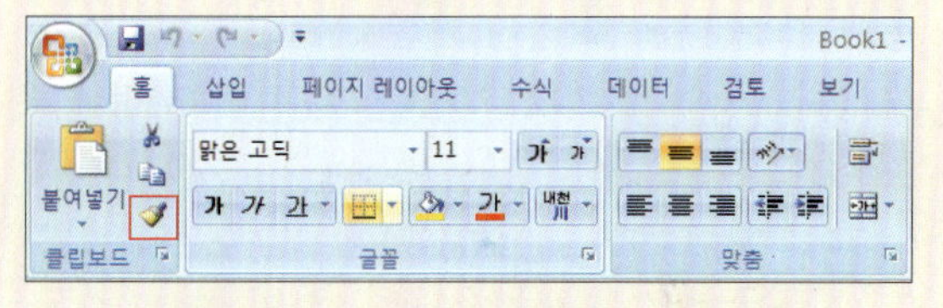

 이동하기

이동할 영역을 범위 지정한 후 [잘라내기]를 실행하면 클립보드라는 임시 기억 장소에 저장됩니다. 원하는 위치에 붙이려면 [붙여넣기]를 실행합니다.

● 이동하기 기능을 이용하는 네 가지 방법

1 | 이동할 영역을 범위 지정한 후 마우스 오른쪽 버튼을 클릭하고 [잘라내기]를 클릭합니다. 그런 다음, 붙여넣기를 원하는 위치에 셀 포인터를 위치시킨 후 다시 마우스 오른쪽 버튼을 클릭하고 [붙여넣기]를 클릭합니다.

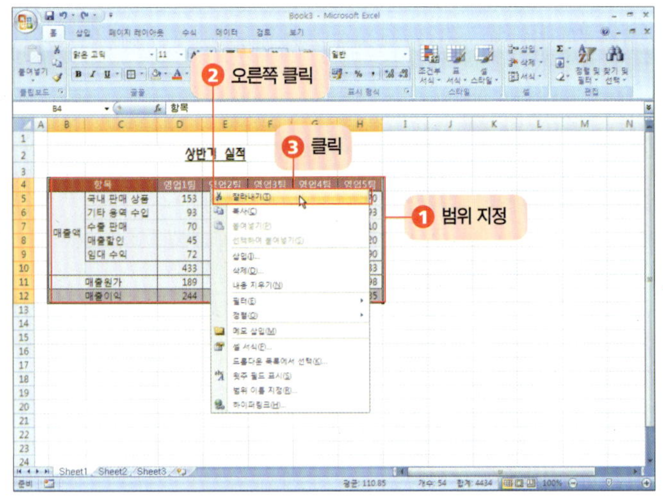

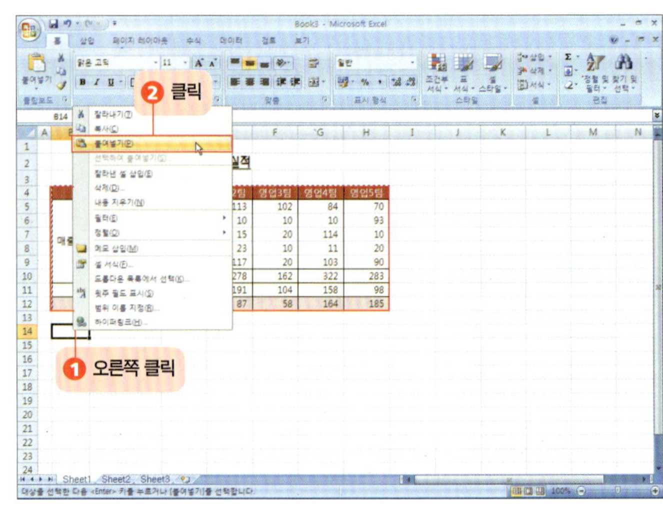

2 | 이동할 영역을 범위 지정한 후 [홈] 탭의 [클립보드 – 잘라내기 ✂]를 클릭합니다. 그런 다음, 붙여넣기를 원하는 위치에 셀을 클릭한 후 [홈] 탭의 [클립보드 – 붙여넣기]를 클릭합니다.

3 | 이동할 영역을 범위 지정한 후 단축키 Ctrl + X 를 누릅니다. 그런 다음, 붙여넣기를 원하는 위치의 셀을 클릭한 후 Ctrl + V 를 누릅니다.

4 | 이동할 영역을 범위 지정한 후 범위 지정한 테두리 영역을 드래그하여 이동합니다.

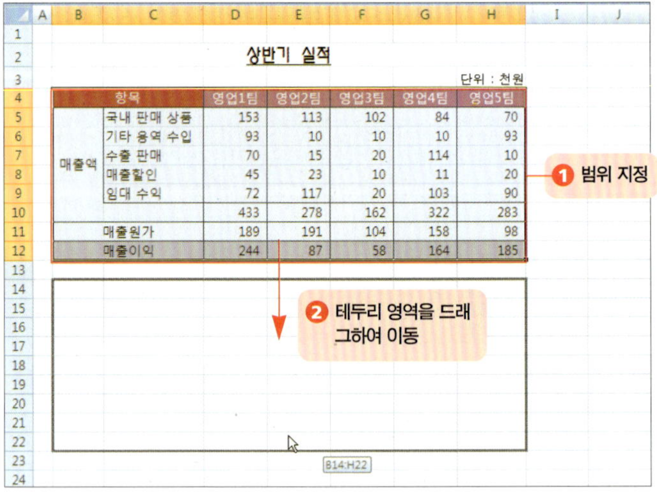

내 마음대로 복사, 이동, 잘라내기

Action Excel
도전! 엑셀

앞에서 여러 가지 복사, 이동 방법에 대해 알아보았습니다. 복사, 이동, 잘라내기 기능은 여러분의 업무 시간을 많이 줄여 줄 것입니다. 간단한 따라하기를 통해 연습해 보세요.

〔예제 파일 경로〕 부록 CD\Sample\Part03\상반기실적.xlsx　|　〔결과 파일 경로〕 부록 CD\Sample\Part03\After\상반기실적_완성.xlsx

01 ❶ [B4:H12]를 범위 지정한 후 ❷ 마우스 포인터를 범위 지정한 테두리 위에 위치시키면 모양으로 바뀝니다.

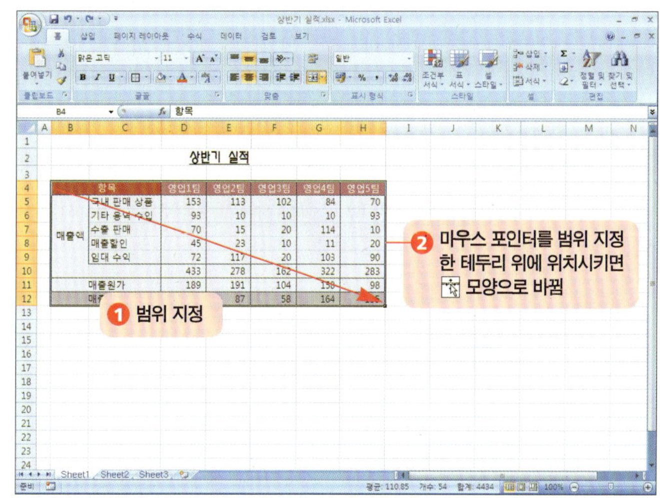

02 원하는 위치로 드래그합니다.

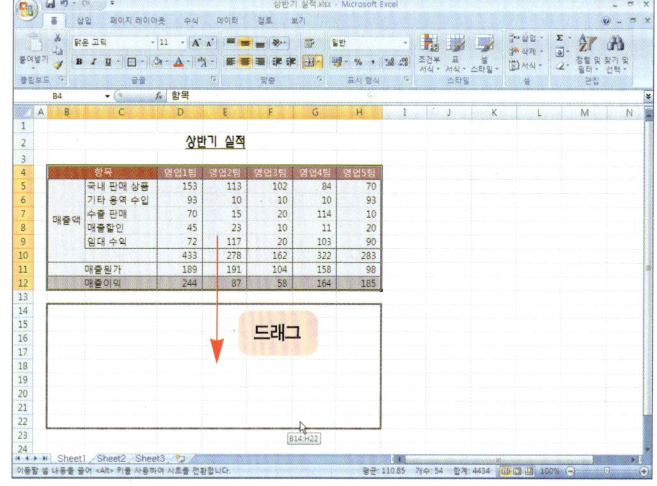

TIP 이동할 영역을 범위 지정한 후 Ctrl + X 를 눌러 잘라낸 다음 원하는 위치에서 Ctrl + V 를 눌러도 됩니다.

03 다음과 같이 데이터가 이동됩니다.

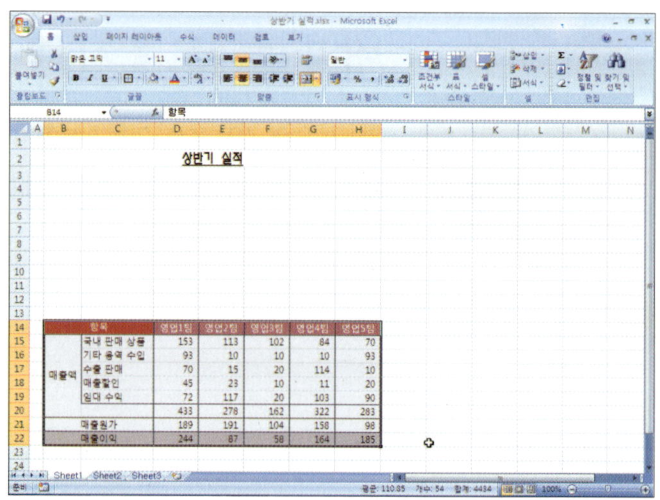

04 이번에는 이동한 것을 취소하기 위해 빠른 실행 도구 모음에서 [작업 취소]를 클릭합니다.

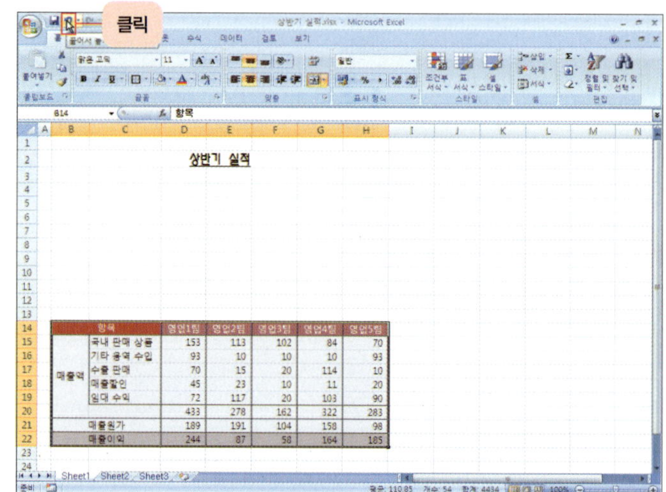

TIP 작업 취소는 Ctrl + Z 를 눌러도 됩니다.

05 ❶ [B4:H12]를 범위 지정한 후 ❷ Ctrl 을 누른 상 태에서 마우스 포인터를 범위 지정한 테두리 위에 위치시키면 모양으로 바뀝니다.

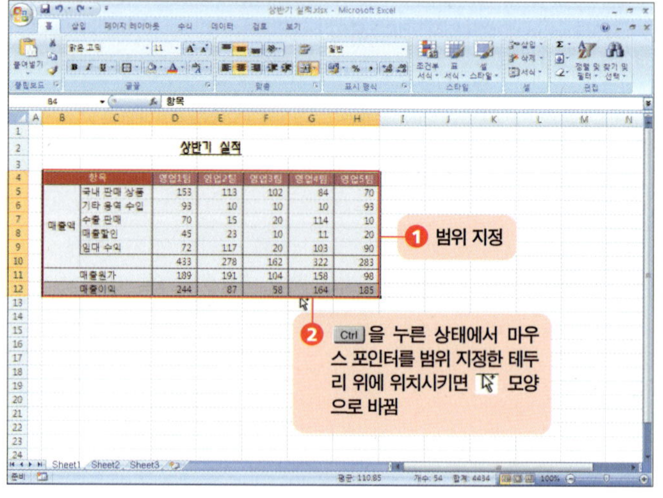

06 `Ctrl`을 누른 상태에서 원하는 위치로 드래그합니다.

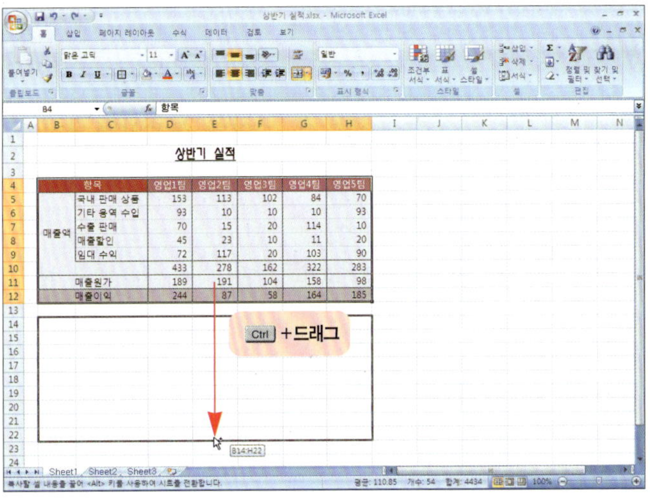

07 다음과 같이 복사됩니다.

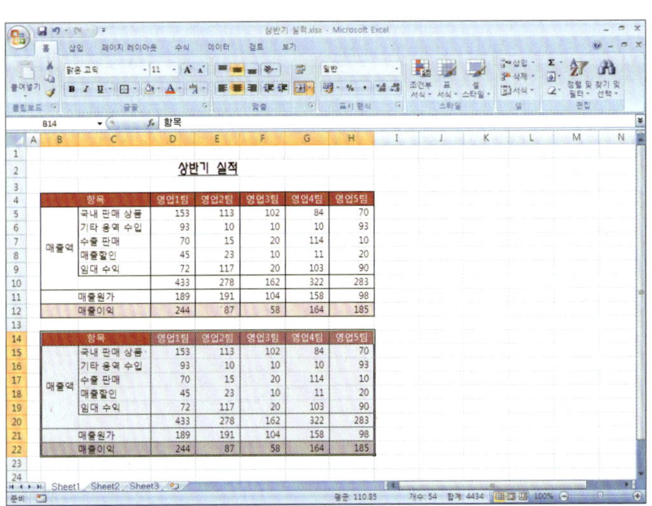

TIP 복사할 영역을 범위 지정한 후 `Ctrl` + `C`를 눌러 복사하고 붙여넣기 할 위치에서 `Enter`늘 눌러 붙여넣거나 `Ctrl` + `V`를 눌러 붙여넣을 수도 있습니다. `Enter`를 눌러 붙여넣으면 복사한 영역이 해제되므로 일회적이고, `Ctrl` + `V`를 눌러 붙여 넣으면 `Esc`를 누르지 않는 이상 복사 영역이 계속 설정되어 있으므로 연속적으로 붙여넣을 수 있습니다.

항목		영업1팀	영업2팀	영업3팀	영업4팀	영업5팀
매출액	국내 판매 상품	153	113	102	84	70
	기타 용역 수입	93	10	10	10	93
	수출 판매	70	15	20	114	10
	매출할인	45	23	10	11	20
	임대 수익	72	117	20	103	90
		433	278	162	322	283
매출원가		189	191	104	158	98
매출이익		244	87	58	164	185

항목		영업1팀	영업2팀	영업3팀	영업4팀	영업5팀
매출액	국내 판매 상품	153	113	102	84	70
	기타 용역 수입	93	10	10	10	93
	수출 판매	70	15	20	114	10
	매출할인	45	23	10	11	20
	임대 수익	72	117	20	103	90
		433	278	162	322	283
매출원가		189	191	104	158	98
매출이익		244	87	58	164	185

`Esc`를 눌러 해제하지 않으면 복사 영역이 계속 설정되어 있으므로 `Ctrl` + `V`를 눌러 연속적으로 붙여넣을 수 있음

선택하여 붙여넣기

원하는 영역에 수식만 붙여넣기, 연산을 적용하여 붙여넣기, 행/열을 바꾸기 등의 여러 가지 옵션을 지정하여 붙여넣기할 수 있습니다.

복사할 영역을 범위 지정한 후 [홈] 탭의 [클립보드 – 복사]를 클릭합니다.

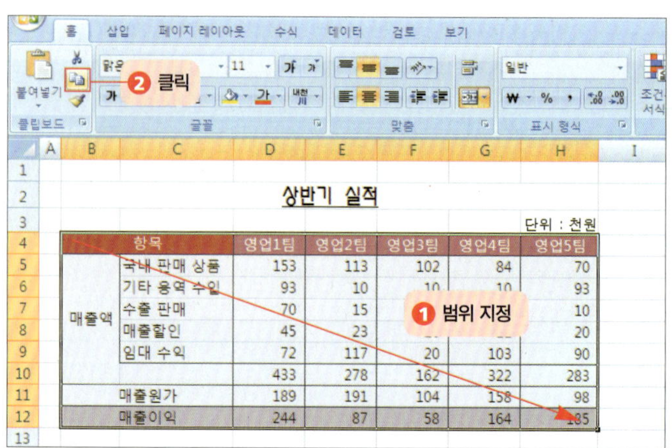

복사한 영역에서 원하는 것만 선택한 후 붙여넣기를 하려면 [홈] 탭의 [클립보드 – 붙여넣기]를 클릭하고 [선택하여 붙여넣기]를 클릭합니다.

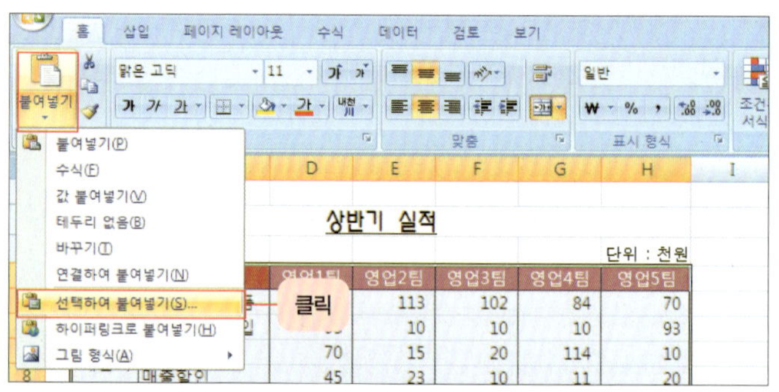

[선택하여 붙여넣기] 대화상자가 나타나면 원하는 항목을 선택한 후 [확인] 버튼을 클릭합니다.

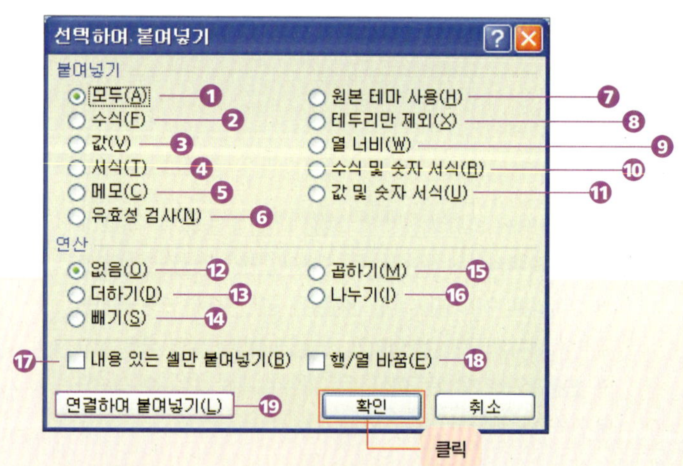

① **모두** : 모든 내용을 붙여 넣습니다.

② **수식** : 수식만 붙여 넣습니다.

③ **값** : 수식의 결과값만 붙여 넣습니다.

④ **서식** : 서식만 붙여 넣습니다.

⑤ **메모** : 삽입한 메모만 붙여 넣습니다.

⑥ **유효성 검사** : 유효성 검사만 붙여 넣습니다.

⑦ **원본 테마 사용** : 페이지 레이아웃에서 지정한 테마만 붙여 넣습니다.

⑧ **테두리만 제외** : 테두리 서식만 제외하고 모두 붙여 넣습니다.

⑨ **열 너비** : 열 너비만 붙여 넣습니다.

⑩ **수식 및 숫자 서식** : 수식과 숫자 서식만 붙여 넣습니다.

⑪ **값 및 숫자 서식** : 수식의 결과값과 숫자 서식만 붙여 넣습니다.

⑫ **없음** : 연산 없이 붙여 넣습니다.

⑬ **더하기** : 복사한 셀의 숫자를 붙이는 셀의 숫자에 더합니다.

⑭ **빼기** : 복사한 셀의 숫자를 붙이는 셀의 숫자에서 뺍니다.

⑮ **곱하기** : 복사한 셀의 숫자를 붙이는 셀의 숫자에 곱합니다.

⑯ **나누기** : 복사한 셀의 숫자를 붙이는 셀의 숫자로 나누기합니다.

⑰ **내용 있는 셀만 붙여넣기** : 복사한 셀에서 내용이 있는 셀만 붙여 넣습니다.

⑱ **행/열 바꿈** : 행과 열을 바꾸어 붙여 넣습니다.

⑲ **연결하여 붙여넣기** : 복사한 셀의 내용을 연결하여 붙여 넣습니다.

선택하여 붙여넣기를 이용하여 단위 바꾸기

원하는 옵션만 복사할 수 있는 선택하여 붙여넣기를 이용하여 '천 원' 단위로 입력된 것을 '원' 단위로 변환하기

Part03\After\상반기 실적_1_완성.xlsx

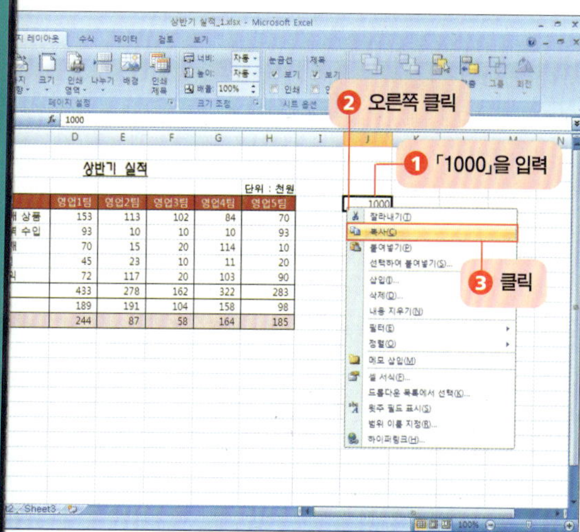

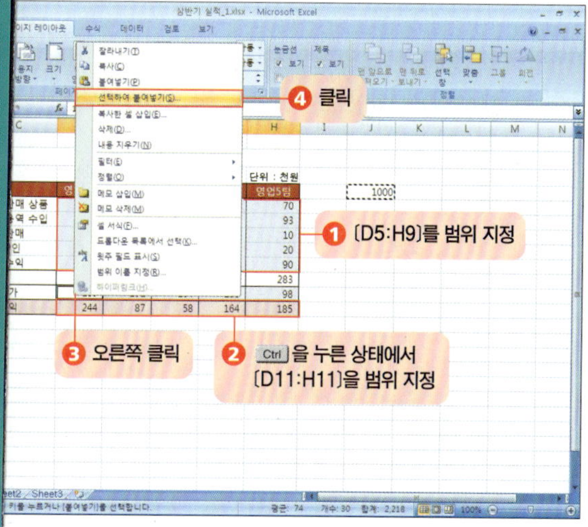

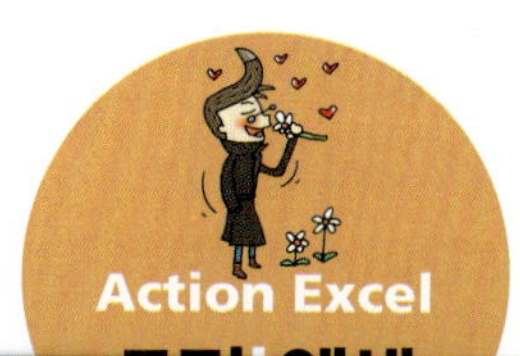

03 [선택하여 붙여넣기] 대화상자가 나타나면 ❶ '연산'에서 '곱하기'를 선택한 후 ❷ [확인] 버튼을 클릭합니다.

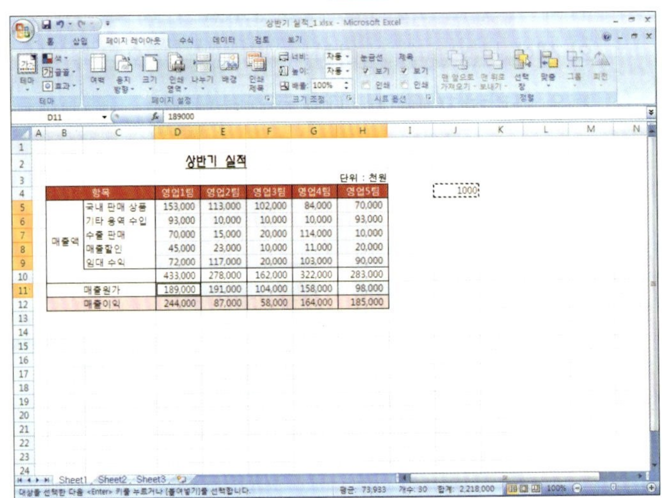

04 다음과 같이 범위 지정한 영역에 1000이 곱해집니다.

05 [H3] 셀의 내용을 「단위 : 원」으로 수정합니다.

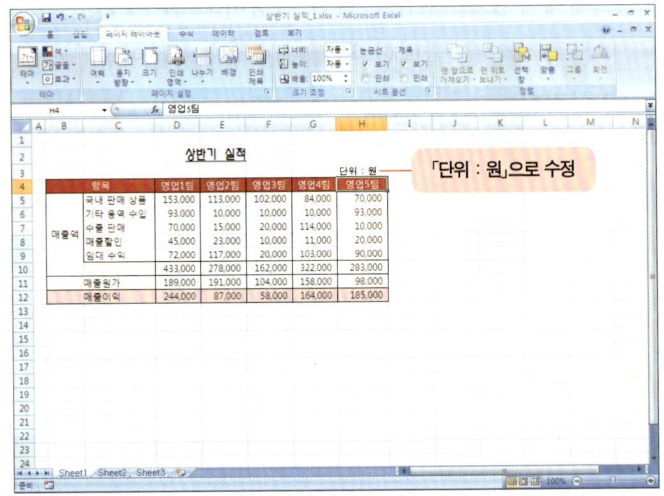

선택하여 붙여넣기로 값과 서식만 복사하기

이번에는 선택하여 붙여넣기를 이용하여 복사한 영역의 값과 서식만 복사하는 방법에 대해 알아보겠습니다. 간단한 따라하기를 통해 연습해 보세요.

〔예제 파일 경로〕부록 CD\Sample\Part03\지사별 상반기 매출 실적_1.xlsx | 〔결과 파일 경로〕부록 CD\Sample\Part03\After\지사별 상반기 매출 실적_1_완성.xlsx

01 [B4:B15]를 [B18:B29]로 복사하겠습니다. ❶ [B4:B15]를 범위 지정한 후 ❷ 마우스 포인터를 범위 지정한 테두리 위에 위치시킵니다.

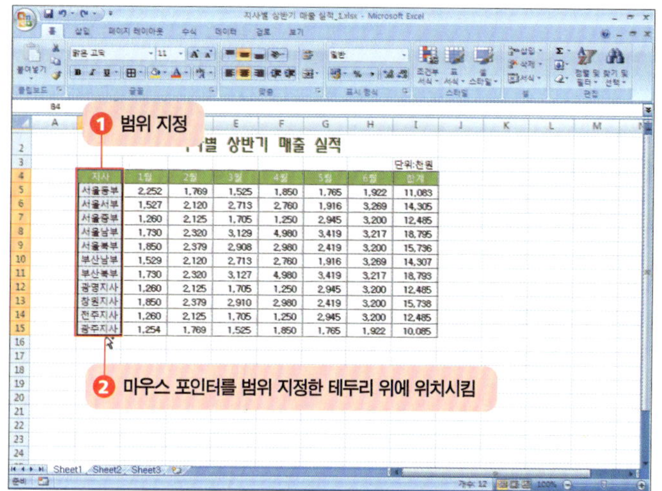

02 Ctrl 을 누른 상태에서 [B18] 셀까지 드래그하여 복사합니다.

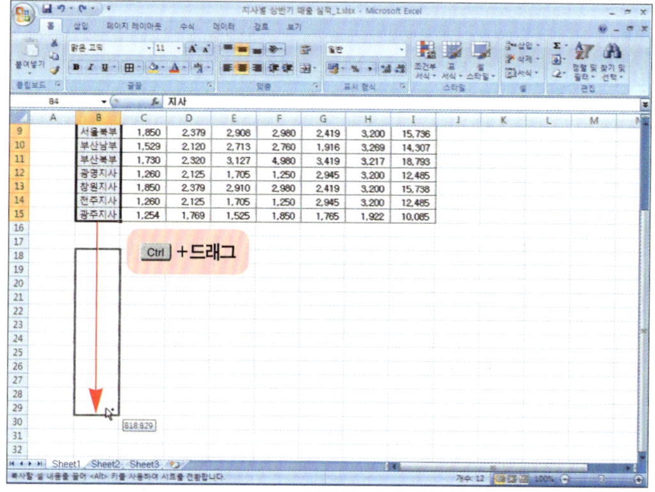

03 ❶ [C18] 셀에 「상반기」를 입력합니다. 상반기 매출 실적의 결과값을 복사하기 위해 ❷ [I5:I15]를 범위 지정한 후 ❸ 마우스 오른쪽 버튼을 클릭하고 ❹ [복사]를 클릭합니다.

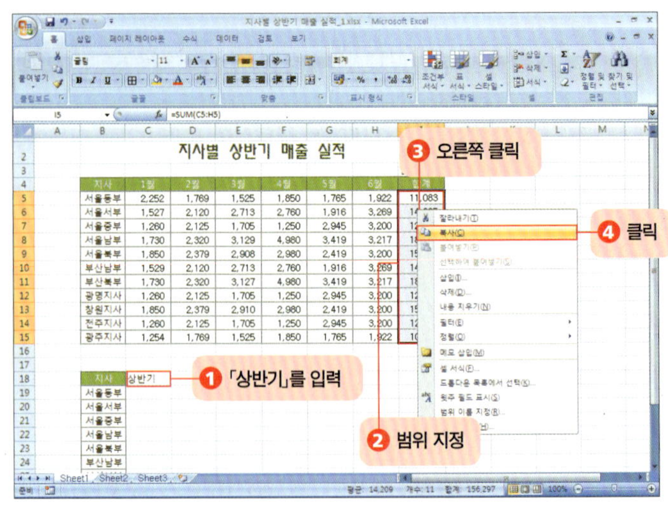

04 ❶ [C19] 셀에서 마우스 오른쪽 버튼을 클릭한 후 ❷ [선택하여 붙여넣기]를 클릭합니다.

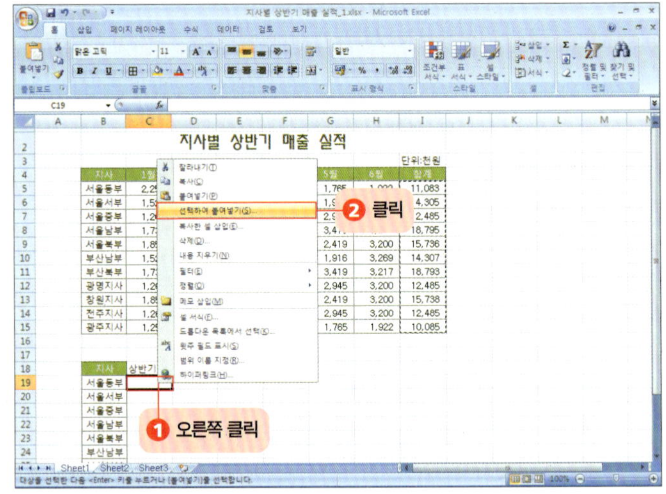

> **Note** 수식이 상대 참조로 되어 있기 때문에 수식까지 모두 복사하면 결과값이 제대로 나오지 않고 오류가 발생합니다. 그래서 수식의 결과값과 서식만 복사합니다.

05 [선택하여 붙여넣기] 대화상자가 나타나면 ❶ '값'을 선택한 후 ❷ [확인] 버튼을 클릭합니다.

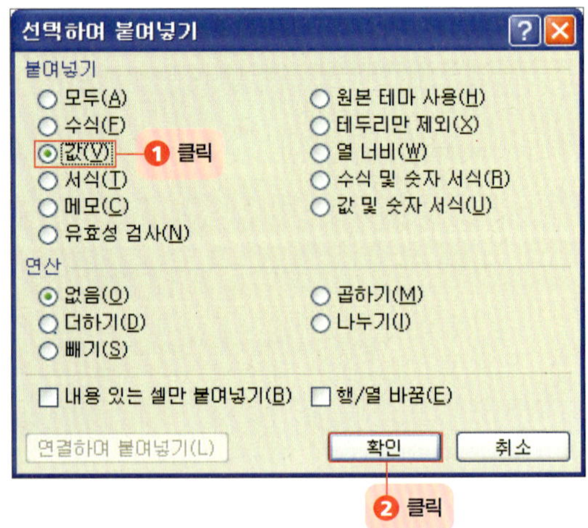

> **TIP** 〔I5:I15〕의 값을 연결하여 붙이려면 〔선택하여 붙여넣기〕 대화상자에서 〔연결하여 붙여넣기〕 버튼을 클릭합니다. 값을 연결하여 붙이면 원본의 값이 수정될 때에 복사된 곳의 값도 자동으로 수정됩니다.

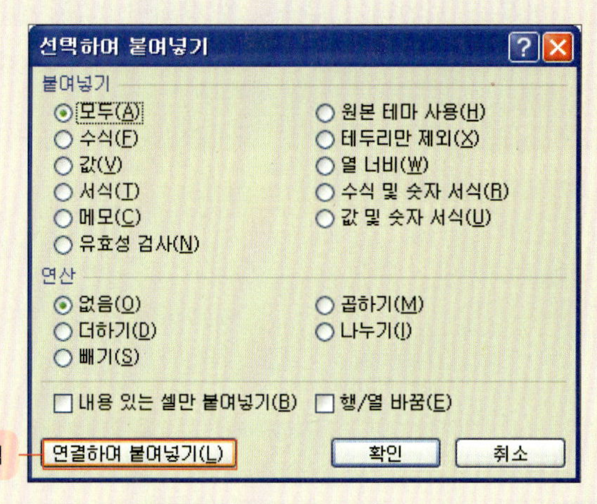

06 결과값만 복사됩니다. [C19] 셀의 수식 입력줄을 확인하면 수식이 아닌 결과값만 복사된 것을 알 수 있습니다.

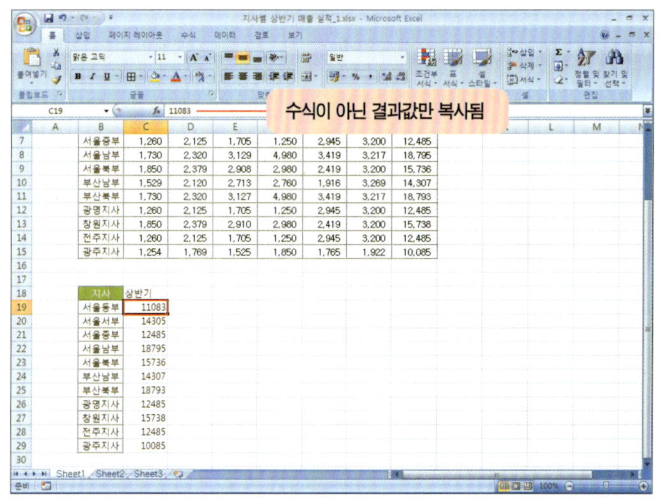

07 이번에는 서식을 복사하기 위해 ❶ [I4:I15]를 범위 지정한 후 ❷ [홈] 탭의 [클립보드 – 서식 복사 ✔]를 클릭합니다.

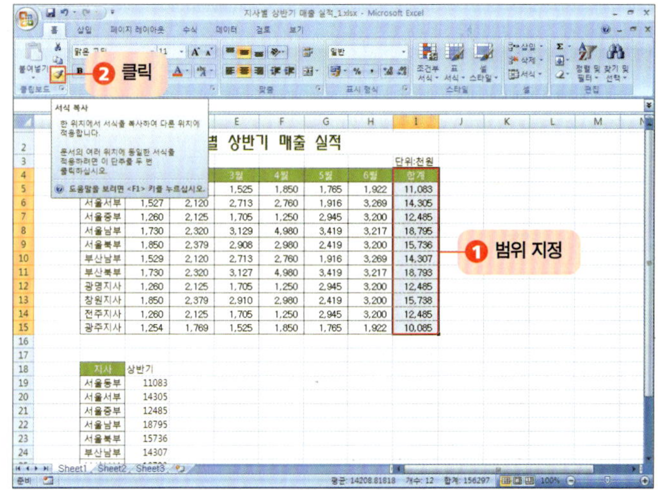

08 마우스 포인터가 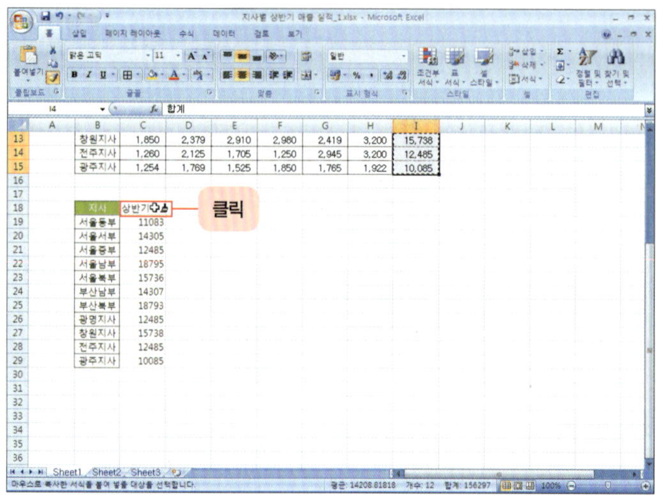로 변경되면 [C18] 셀을 클릭합니다.

09 다음과 같이 서식이 복사됩니다.

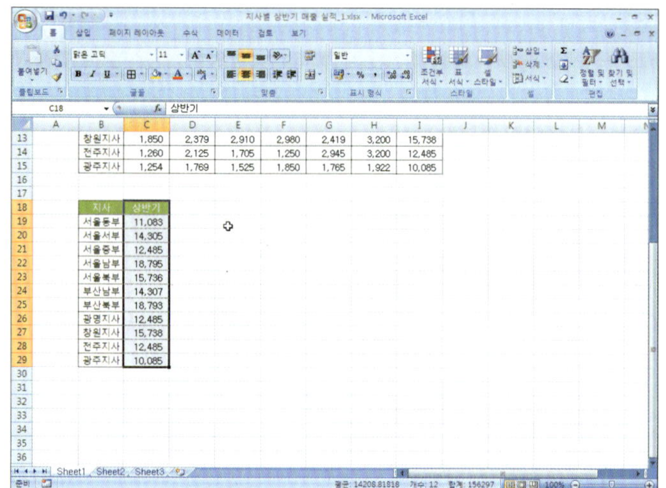

그림 복사하기

열 너비가 다른 표를 같은 워크시트에 배치하려면 다른 워크시트에서 만들어 그림 복사 기능으로 가져오면 편리합니다. 그림 복사는 '그림으로 붙여넣기'와 '연결하여 그림 붙여넣기'의 두 가지 방법을 이용합니다.

열 너비가 달라 한 시트에서 만들기 어려운 표를 다른 시트에서 만든 후 복사합니다.

그림으로 붙여넣기 위해 [홈] 탭의 [클립보드 – 붙여넣기]를 클릭하고 [그림 형식 – 그림으로 붙여넣기]를 클릭합니다.

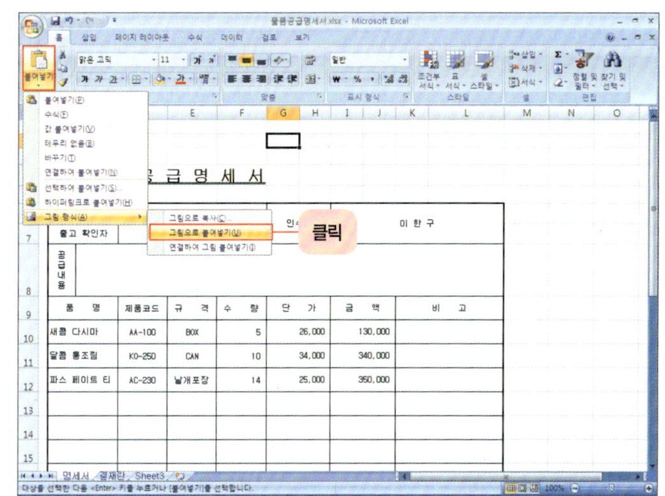

그림을 연결하여 붙여넣으려면 [홈] 탭의 [클립보드 – 붙여넣기]를 클릭한 후 [그림 형식 – 연결하여 그림 붙여넣기]를 클릭합니다. 연결하여 그림을 붙여넣은 경우, 원본이 변경되면 그림으로 붙여진 복사본도 자동으로 변경되므로 편리합니다.

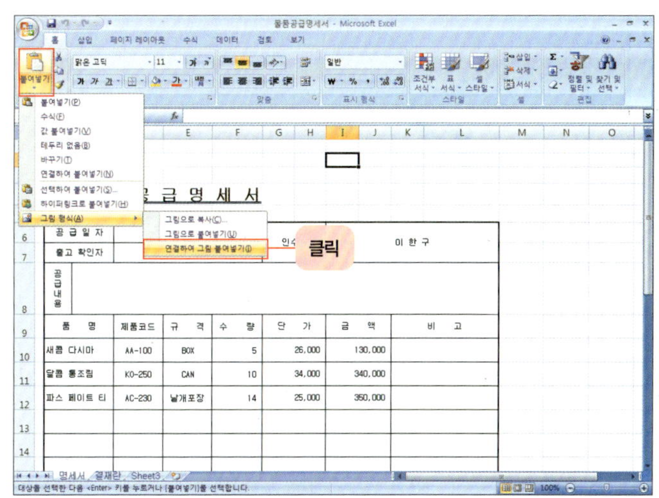

열 너비가 다른 표를 그림으로 붙여넣기

물품 공급 명세서가 작성된 워크시트에는 결재란을 직접 만들기 어려우므로, 다른 시트에서 결재란을 만든 후 그림으로 복사하여 붙여넣겠습니다.

〔예제 파일 경로〕부록 CD\Sample\Part03\물품공급명세서.xlsx | 〔결과 파일 경로〕부록 CD\Sample\Part03\After\물품공급명세서_완성.xlsx

01 [보기] 탭의 [표시/숨기기 − 눈금선]에서 체크 표시를 해제하면 워크시트에 기본적으로 표시되는 눈금선이 보이지 않습니다.

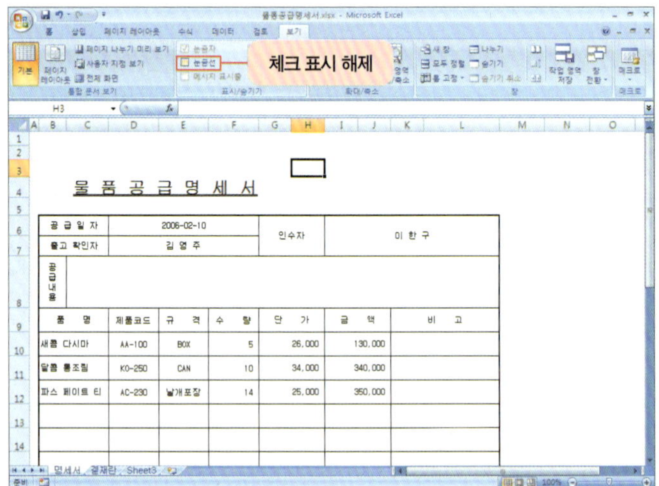

02 ❶ [결재란] 시트를 클릭한 후 ❷ [D2:G3]을 범위 지정하고 ❸ [홈] 탭의 [클립보드 − 복사]를 클릭합니다.

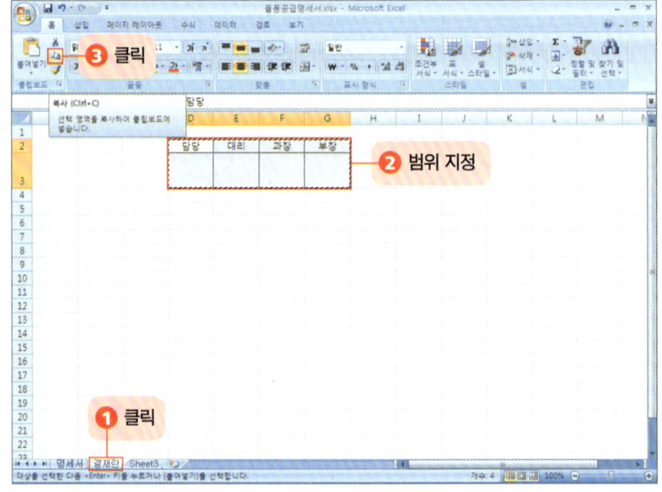

03 ❶ [명세서] 시트를 클릭한 후 ❷ [홈] 탭의 [클립
보드 – 붙여넣기]를 클릭하고 [그림 형식 – 그
림으로 붙여넣기]를 클릭합니다.

> **Note** 결재란 시트의 원본과 연결된 형태로 붙이려면 [홈] 탭의
> [클립보드 – 붙여넣기]를 클릭한 후 [그림 형식 – 연결하
> 여 그림 붙여넣기]를 클릭합니다.

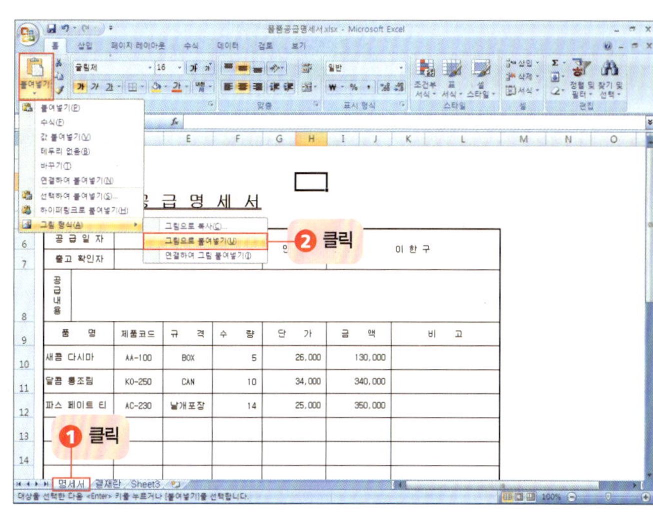

04 그림으로 복사된 결재란을 마우스로 드래그하여
적절한 위치로 이동시킵니다.

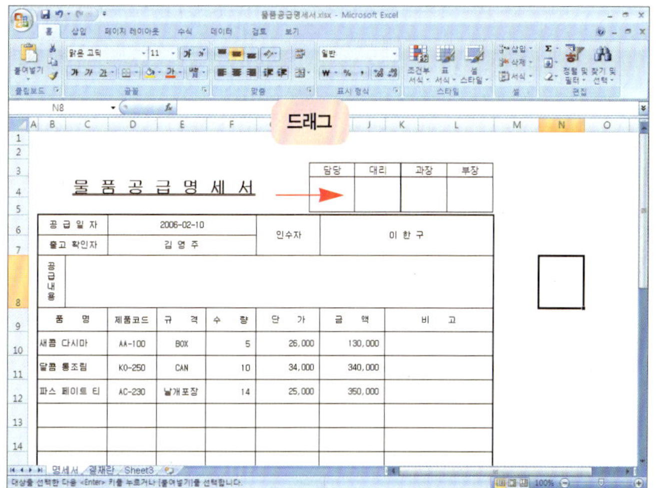

> **TIP** 만약 그림으로 복사한 결재란이 자주 변경될 여지가 있다면
> [연결하여 그림 붙여넣기]를 이용하는 것이 더 효과적입니다.

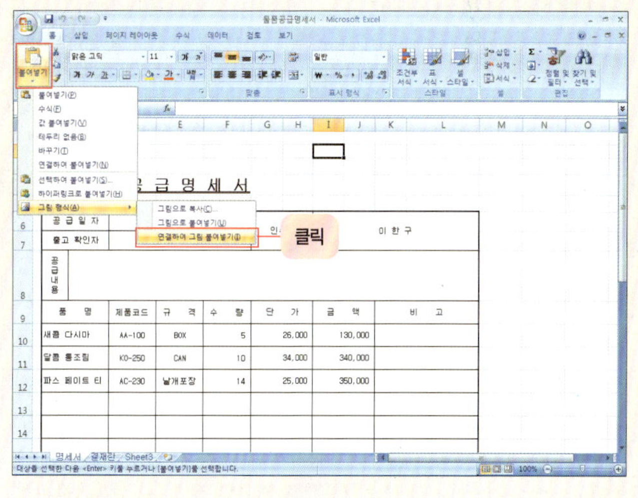

매출 현황 자료를 DB형으로 만들기

항목형으로 입력되어 있는 일자별 매출 현황 데이터를 엑셀의 데이터베이스 기능을 활용할 수 있는 데이터베이스 형태로 변경해 보겠습니다. 데이터베이스를 만들기 위해서는 현재의 데이터에 일자, 업체 코드, 매출처명이 모두 입력되어 있어야 합니다. 각 데이터를 모두 입력하기 위해 '복사'와 '선택하여 붙여넣기'를 이용합니다.

〔예제 파일 경로〕 부록 CD\Sample\Part03\일자별 매출현황.xlsx　|　〔결과 파일 경로〕 부록 CD\Sample\Part03\After\일자별 매출현황_완성.xlsx

완성
예제
미리
보기

일자별 매출 현황

일자	업체코드	매출처명	상품코드	상품명	단위
2007-02-02	J0001	진동집	7047	상추(적)	box
			7079	깻잎	box
			7229	양파(12kg)	망
			7247	애호박	개
			7017	쪽파	단
			7209	고구마(대)	box
			7271	팽이	개
			7741	무순	팩
2007-02-03	S0002	소공동 뚝배기	4567	물엿웅진황5L	EA
			3567	유부신미500G	봉
			7669	고사리	kg
			7655	도라지(채)	kg
2007-02-04	L0005	놀부집	7639	숙주나물	box
			7229	양파(12kg)	망

일자별 매출 현황

일자	업체코드	매출처명	상품코드	상품명	단위
2007-02-02	J0001	진동집	7047	상추(적)	box
2007-02-02	J0001	진동집	7079	깻잎	box
2007-02-02	J0001	진동집	7229	양파(12kg)	망
2007-02-02	J0001	진동집	7247	애호박	개
2007-02-02	J0001	진동집	7017	쪽파	단
2007-02-02	J0001	진동집	7209	고구마(대)	box
2007-02-02	J0001	진동집	7271	팽이	개
2007-02-02	J0001	진동집	7741	무순	팩
2007-02-03	S0002	소공동 뚝배기	4567	물엿웅진황5L	EA
2007-02-03	S0002	소공동 뚝배기	3567	유부신미500G	봉
2007-02-03	S0002	소공동 뚝배기	7669	고사리	kg
2007-02-03	S0002	소공동 뚝배기	7655	도라지(채)	kg
2007-02-04	L0005	놀부집	7639	숙주나물	box
2007-02-04	L0005	놀부집	7229	양파(12kg)	망
2007-02-04	L0005	놀부집	7022	실파(단)	단
2007-02-04	L0005	놀부집	7242	오이(청)	개
2007-02-04	L0005	놀부집	7045	상추(청)	box
2007-02-04	L0005	놀부집	7302	피망(청)	kg

01 ❶ [B5:D22]를 범위 지정한 후 ❷ [홈] 탭의 [편집 – 찾기 및 선택🔍]을 클릭하고 [이동 옵션]을 클릭합니다.

02 [이동 옵션] 대화상자가 나타나면 ❶ '빈 셀'을 선택한 후 ❷ [확인] 버튼을 클릭합니다.

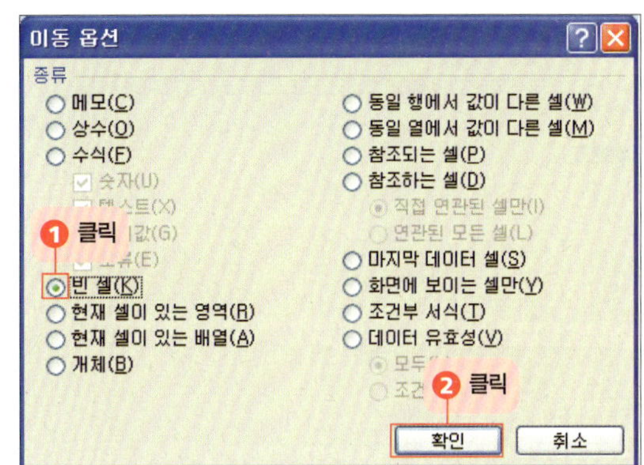

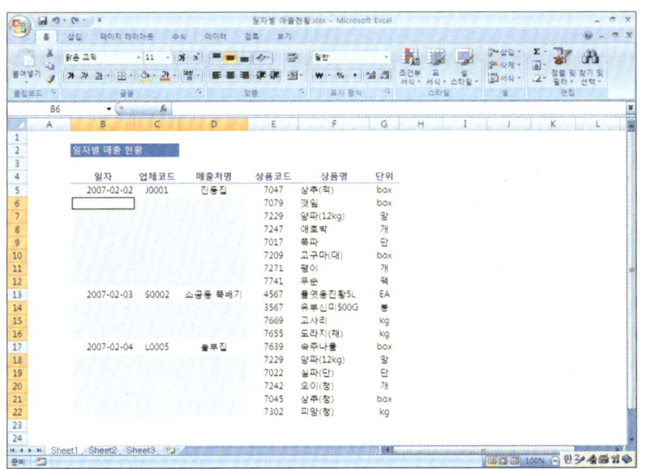

> **Note** [이동 옵션] 메뉴를 이용하면 상황별로 범위 지정을 할 수 있습니다.

03 다음과 같이 빈 셀만 범위 지정되고 셀 포인터는 [B6] 셀에 남아 있습니다.

04 ❶ 현재 상태에서 「=」을 입력한 후 ❷ [B5] 셀을 클릭하고 ❸ Ctrl + Enter 를 누릅니다.

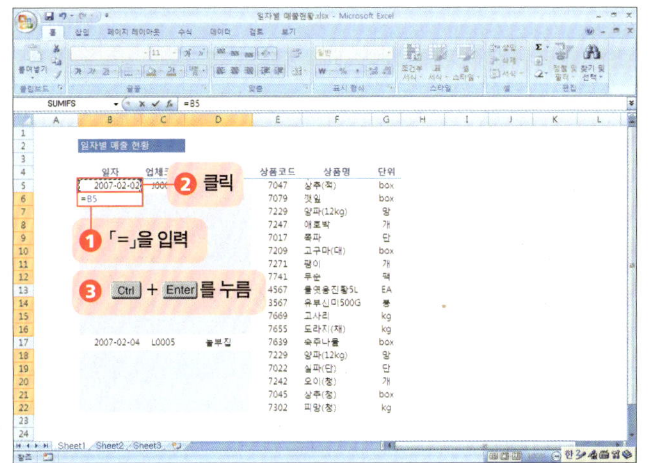

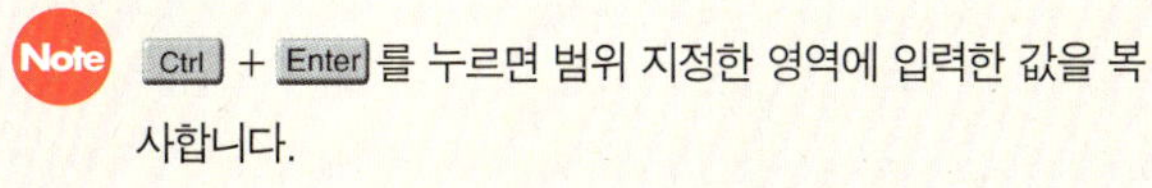

> **Note** Ctrl + Enter 를 누르면 범위 지정한 영역에 입력한 값을 복사합니다.

05 다음과 같이 빈 셀에 각 데이터가 입력됩니다.

06 [B7] 셀을 클릭한 후 수식 입력줄을 확인하면 수식이 상대 참조로 복사되어 있는 것을 알 수 있습니다.

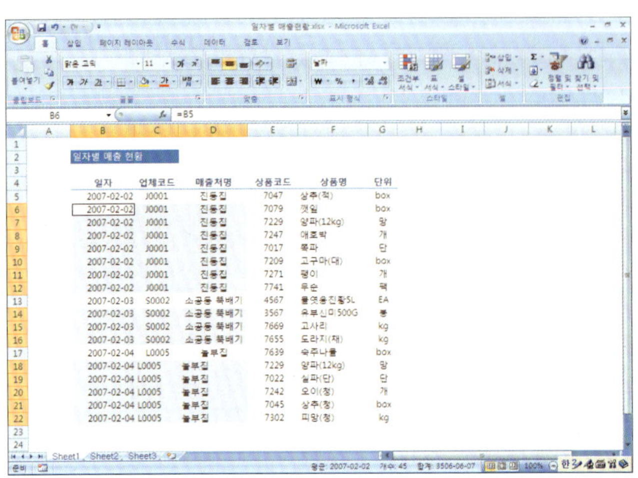

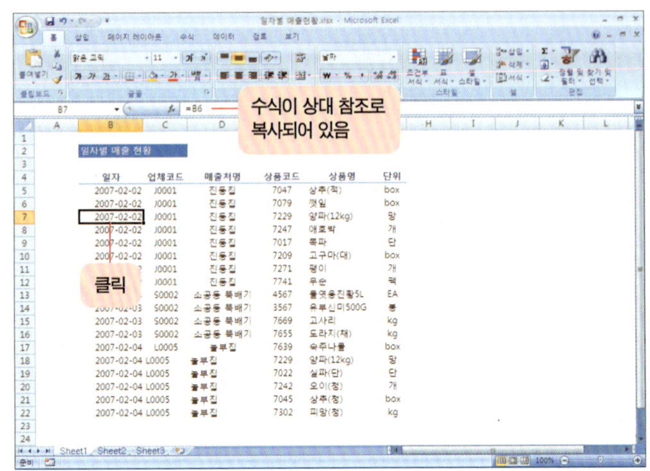

07 수식으로 입력되어 있는 것을 결과값으로 전환하기 위해 ❶ [B6:D22]를 범위 지정한 후 ❷ 마우스 오른쪽 버튼을 클릭하고 ❸ [복사]를 클릭합니다.

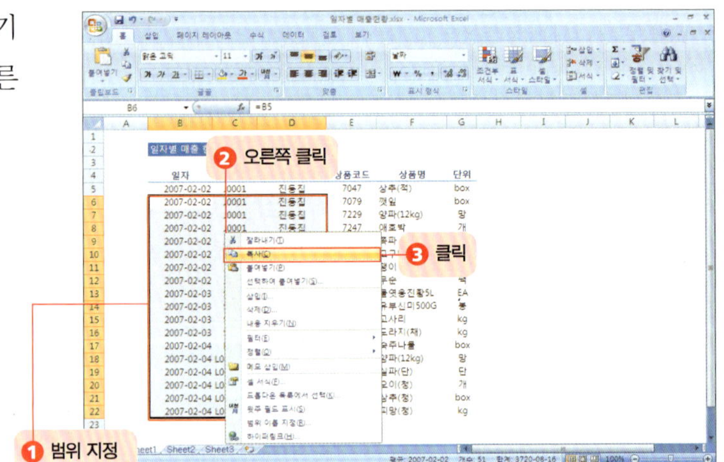

08 그 상태 그대로 ❶ 마우스 오른쪽 버튼을 클릭한 후 ❷ [선택하여 붙여넣기]를 클릭합니다.

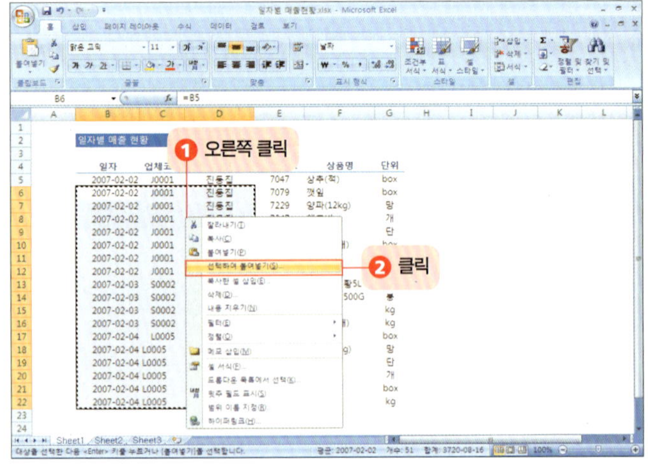

09 [선택하여 붙여넣기] 대화상자가 나타나면 ❶ '값'
을 선택한 후 ❷ [확인] 버튼을 클릭합니다.

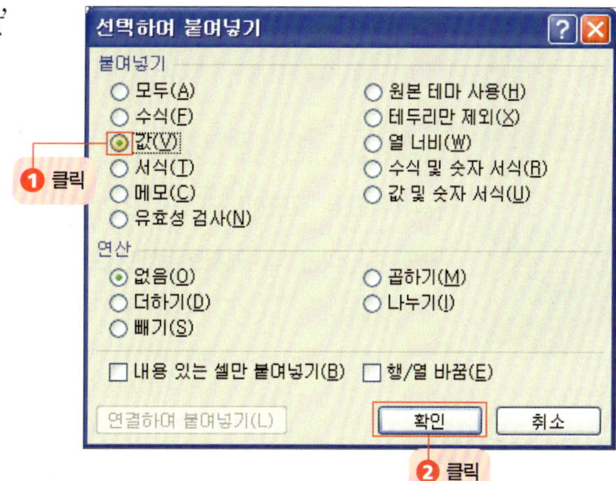

10 점선으로 반짝이는 복사 영역을 해제하기 위해
Esc 를 누릅니다.

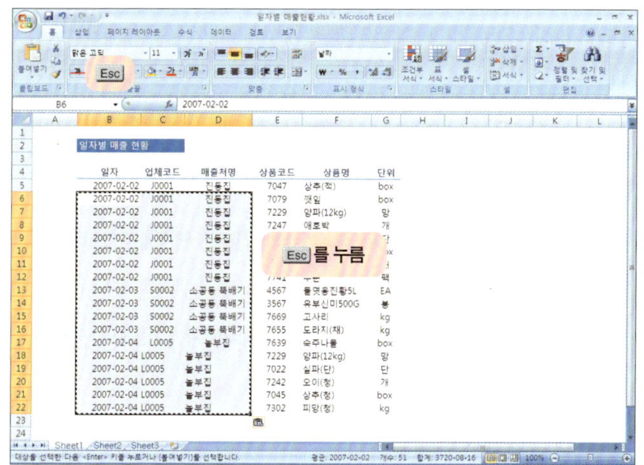

11 [B6] 셀을 클릭한 후 수식 입력줄을 확인하면 수식
이 아닌 결과값으로 입력되어 있는 것을 알 수 있
습니다. 부분적으로만 입력되어 있던 일자, 업체
코드, 매출처명이 모두 입력되어 데이터베이스 목
록으로 구성되었으므로, 데이터베이스 기능을 활
용할 수 있습니다.

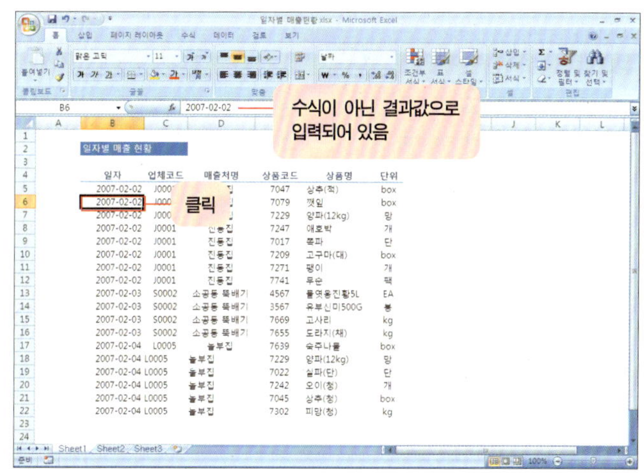

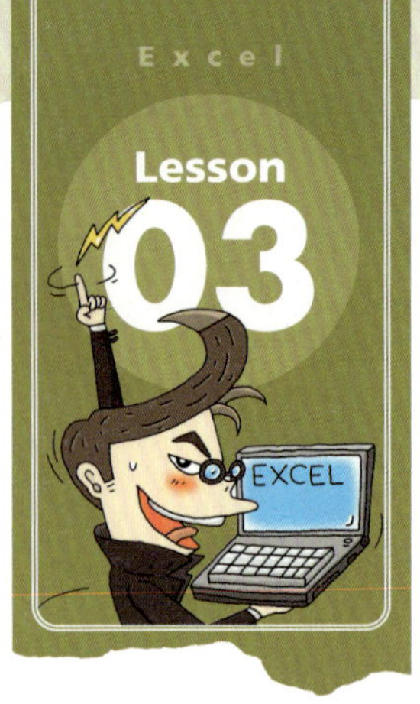

능숙하게 워크시트 관리와 편집하기

엑셀을 실행하면 통합 문서에는 세 개의 워크시트가 제공되지만 필요에 따라 시트를 추가하거나 삭제할 수 있습니다. 또한 워크시트의 이름도 기본적으로 Sheet1, Sheet2…로 부여되지만 원하는 이름을 따로 지정할 수 있습니다. 이번 레슨에서는 워크시트를 관리하고 편집하는 방법에 대해 알아보겠습니다.

시트 탭 다루기

여러 개의 시트를 선택한 후 선택한 시트를 해제하는 방법과 시트를 삽입하고 삭제하는 방법,
시트 이름을 변경하는 방법 등에 대해 알아보겠습니다.

● 시트 선택

인접해 있는 여러 시트를 선택하려면 첫 번째 시트를 클릭한 후 Shift를 누른 상태에서 마지막 시트를 클릭합니다. 여러 시트가 선택되면 제목 표시줄에 [그룹]으로 표시됩니다.

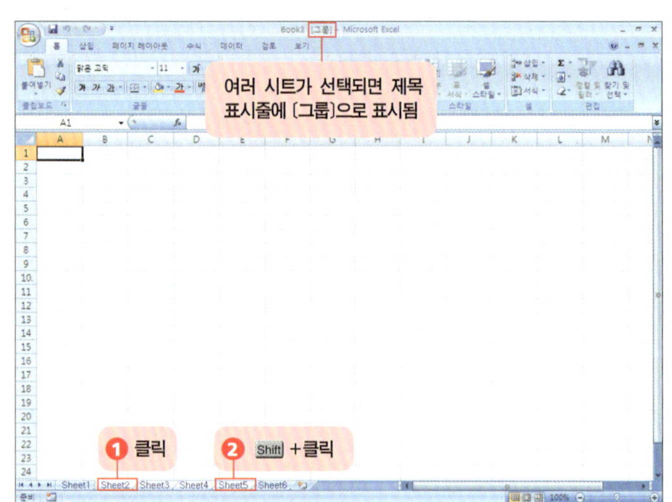

떨어져 있는 여러 시트를 선택하려면 첫 번째 시트를 클릭한 후 Ctrl을 누른 상태에서 원하는 시트를 선택합니다.

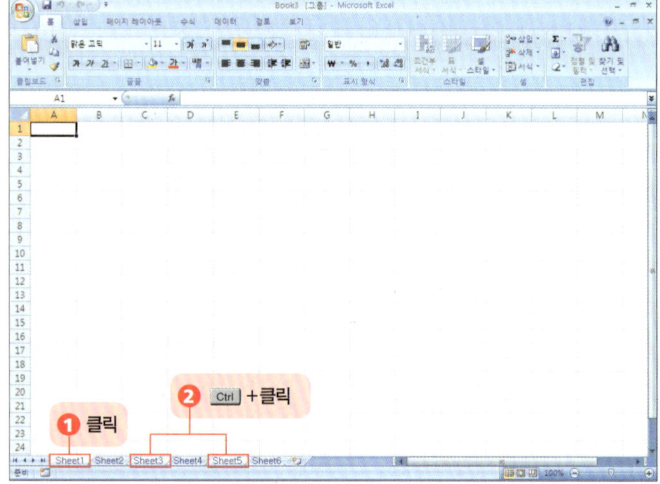

● 시트 해제

시트 여러 개가 그룹으로 선택되어 있는 것을 해제하려
면 선택되지 않은 시트를 클릭하거나 시트 탭 위에서 마
우스 오른쪽 버튼을 클릭한 후 [시트 그룹 해제]를 클릭
합니다.

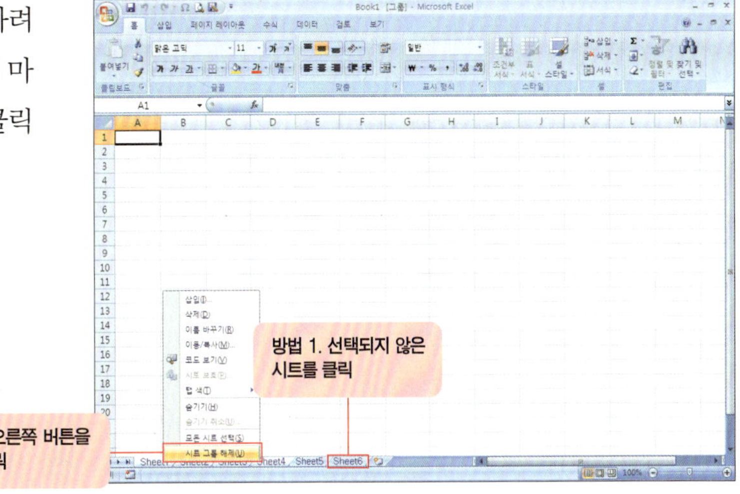

● 시트를 삽입하는 세 가지 방법

1 | 시트 탭 끝의 [워크시트 삽입]을 클릭합니다.

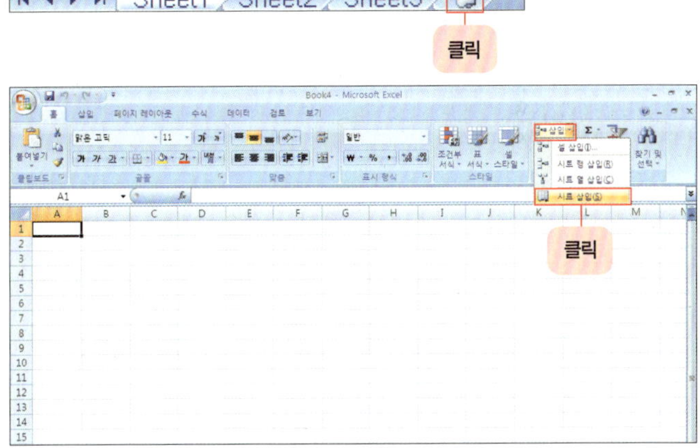

2 | [홈] 탭의 [셀 – 삽입]을 클릭한 후 [시트 삽
입]을 클릭합니다.

3 | 시트 탭 위에서 마우스 오른쪽 버튼을 클릭한 후 [삽
입]을 클릭합니다.

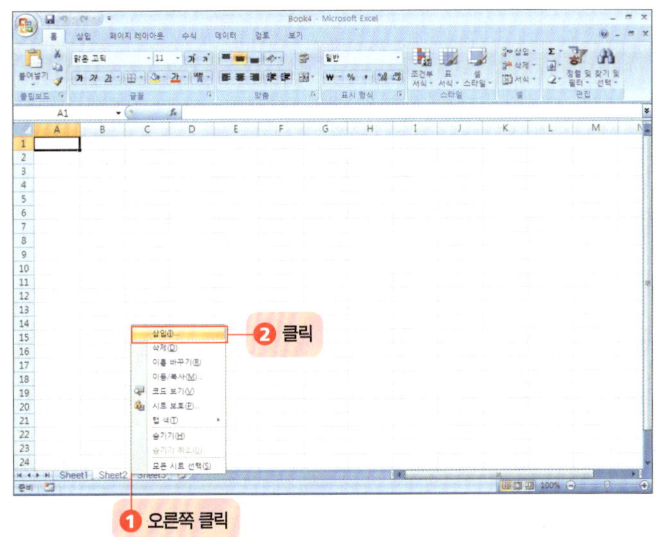

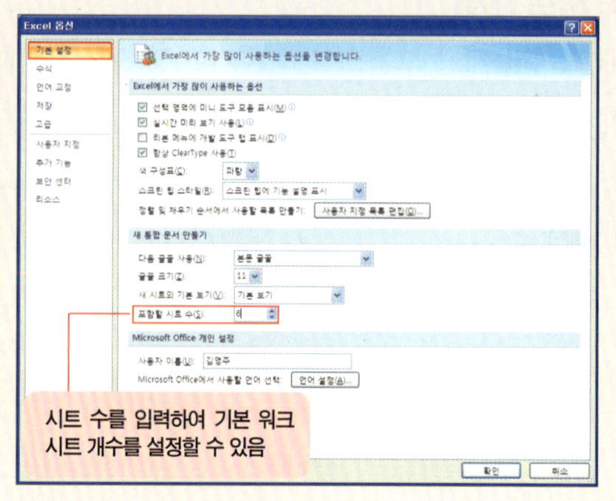

TIP 기본 워크시트 개수 설정하기

엑셀의 기본적인 워크시트 수는 세 개입니다. 기본 워크시트의 개수를 조절하면
엑셀을 실행할 때마다 조절한 개수 만큼 나타납니다.

워크시트의 개수는 〔Office 단추〕를 클릭한 후 〔Excel 옵션〕을 클릭하면 나
타나는 〔Excel 옵션〕 대화상자를 이용하여 설정할 수 있으며 현재 열려 있는 통
합 문서에는 적용되지 않고 앞으로 만들 새 통합 문서부터 적용됩니다.

● 시트를 삭제하는 두 가지 방법

1 | [홈] 탭의 [셀 – 삭제]를 클릭한 후 [시트 삭
제]를 클릭합니다.

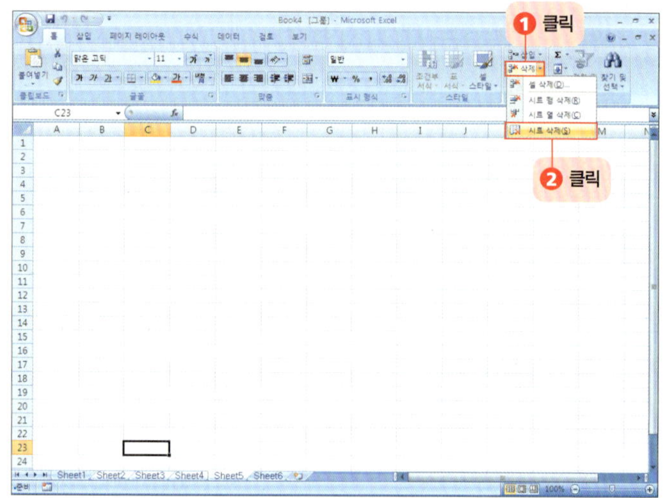

2 | 시트 탭 위에서 마우스 오른쪽 버튼을 클릭하면 나
타나는 바로 가기 메뉴에서 [삭제]를 클릭합니다.

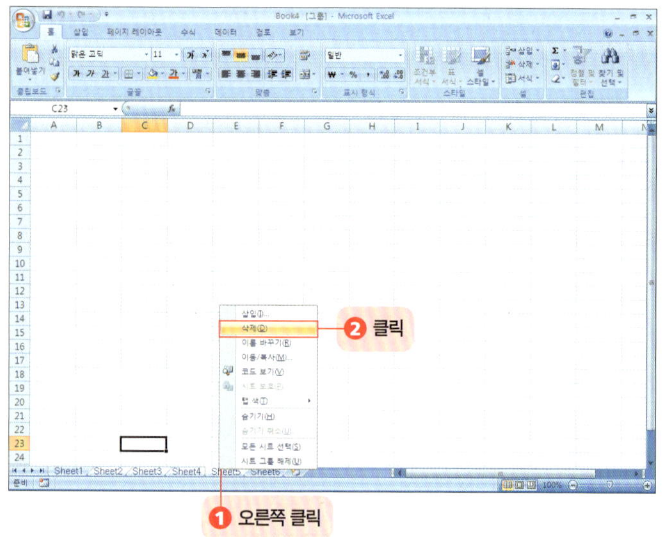

● 시트 이름을 바꾸는 세 가지 방법

1| 이름을 변경할 시트 탭을 더블클릭합니다.

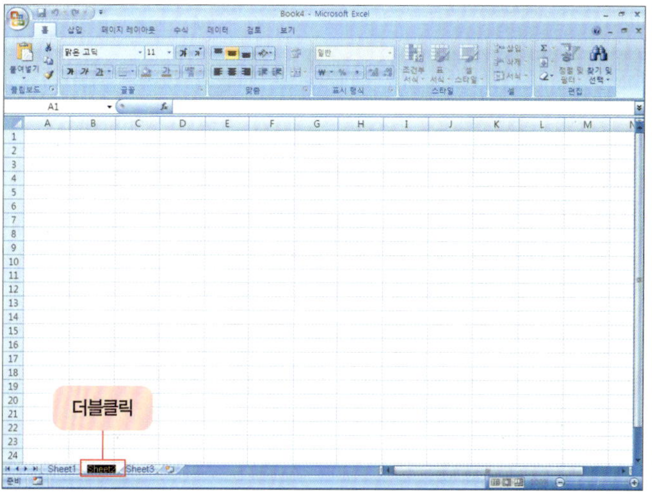

2| 마우스 오른쪽 버튼을 클릭한 후 [이름 바꾸기]를 클릭합니다.

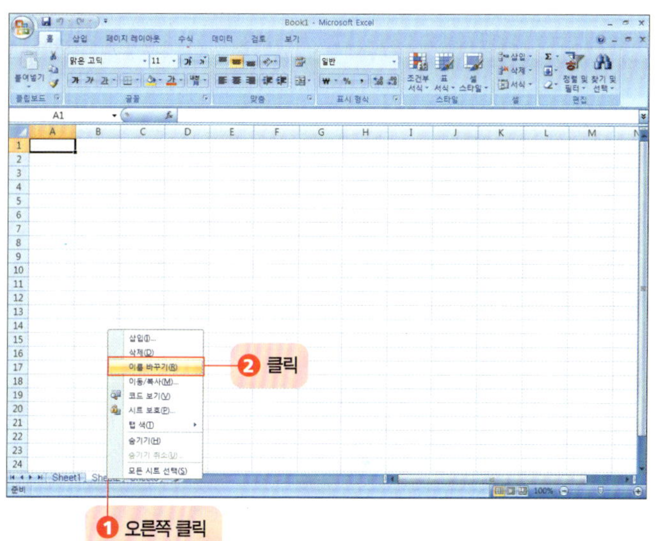

3 | [홈] 탭의 [셀 – 서식]을 클릭한 후 [시트 이름 바꾸기]를 클릭합니다.

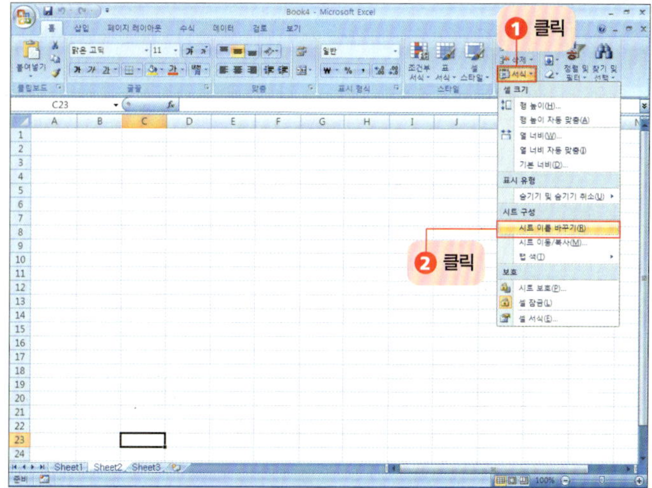

시트를 자유자재로 다뤄보기

앞에서 시트 탭을 관리하는 방법에 대해 살펴보았습니다. 간단한 따라하기를 통해 시트 이름을 변경하고 시트를 추가하는 방법 등을 연습해 보세요.

〔예제 파일 경로〕 부록 CD\Sample\Part03\시트탭다루기.xlsx | 〔결과 파일 경로〕 부록 CD\Sample\Part03\After\시트탭다루기_완성.xlsx

01 시트 이름을 변경하기 위해 [Sheet1] 시트를 더블 클릭합니다.

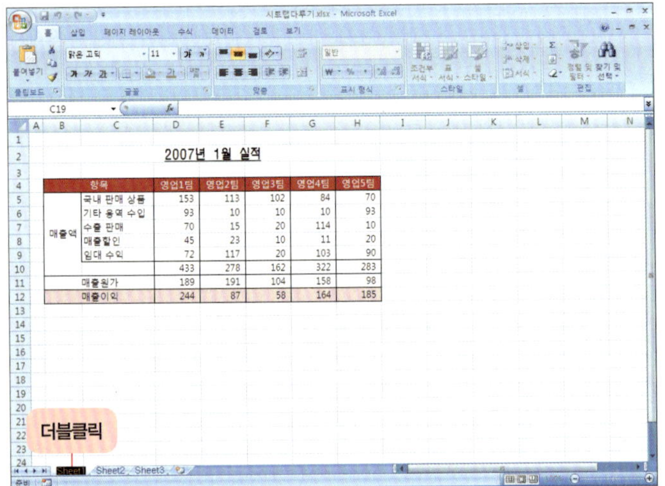

02 「1월」을 입력하고 Enter 를 누릅니다.

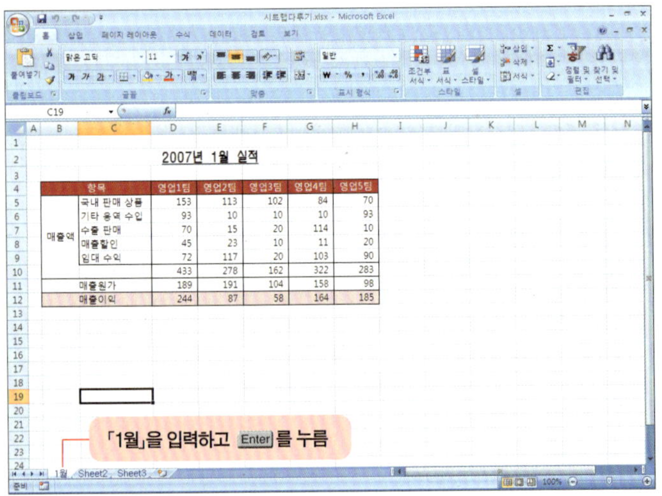

03 [Sheet2] 시트를 더블클릭한 후 「2월」로 이름을
변경합니다.

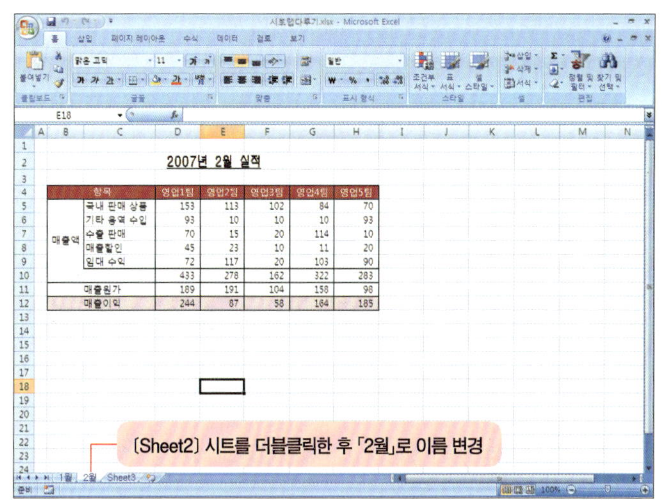

04 [워크시트 삽입]을 클릭하여 시트를 추가합
니다. 새로운 워크시트는 기존 워크시트의 끝에
추가됩니다.

> **TIP** 〔워크시트 삽입 〕을 클릭하면 새로운 워크시트가 기존
> 워크시트의 가장 끝에 추가됩니다. 만약 자신이 원하는 위치
> 에 워크시트를 추가하려면 원하는 위치의 바로 앞에 있는 워
> 크시트를 마우스 오른쪽 버튼으로 클릭한 후 〔삽입〕을 클릭
> 하거나, 〔홈〕 탭의 〔셀 – 삽입 〕을 클릭한 후 〔시트
> 삽입〕을 클릭합니다.

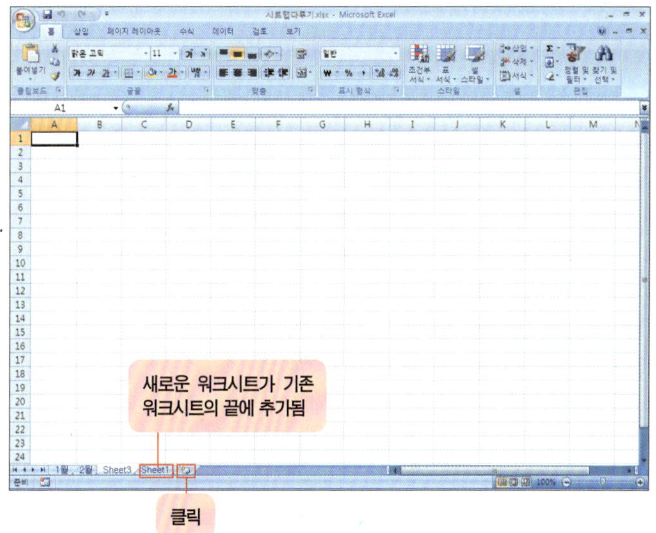

05 이번에는 마지막 시트를 삭제하겠습니다. ❶ 마지
막 시트를 마우스 오른쪽 버튼을 클릭한 후 ❷ [삭
제]를 클릭합니다.

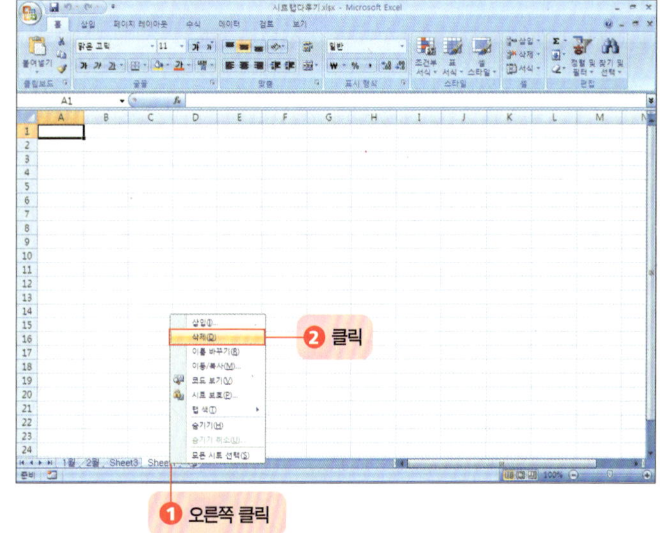

06 다음과 같이 시트가 삭제됩니다.

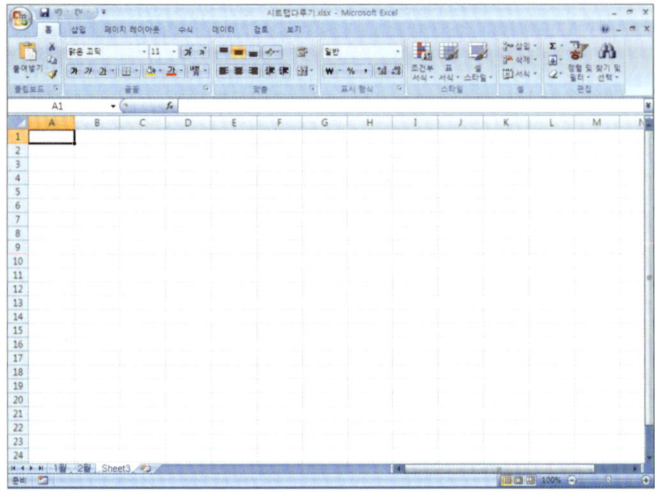

시트 탭의 색 설정하기

시트마다 원하는 색상을 설정하려면 색을 설정할 시트를 선택한 후 마우스 오른쪽 버튼을 클릭한 후 〔탭 색〕을 클릭하고 원하는 색상을 선택합니다.

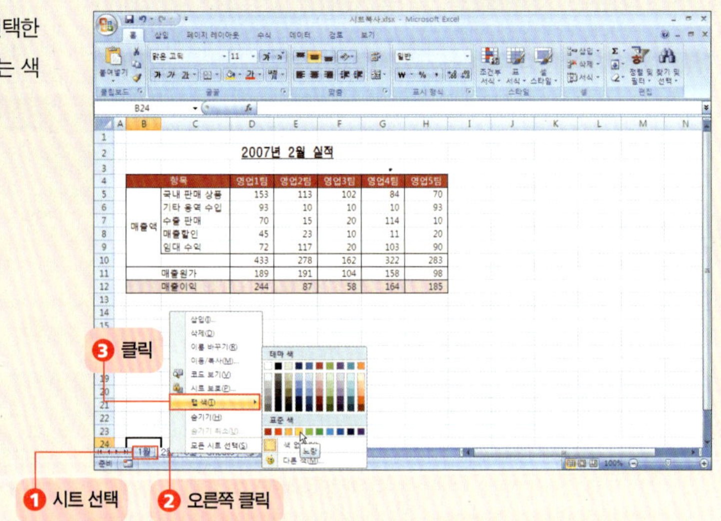

시트 숨기기

특정 시트를 숨기고자 할 경우 해당 시트에서 마우스 오른쪽 버튼을 클릭한 후 〔숨기기〕를 클릭합니다. 다시 숨긴 것을 해제하려면 시트에서 마우스 오른쪽 버튼을 클릭한 후 〔숨기기 취소〕를 클릭합니다.

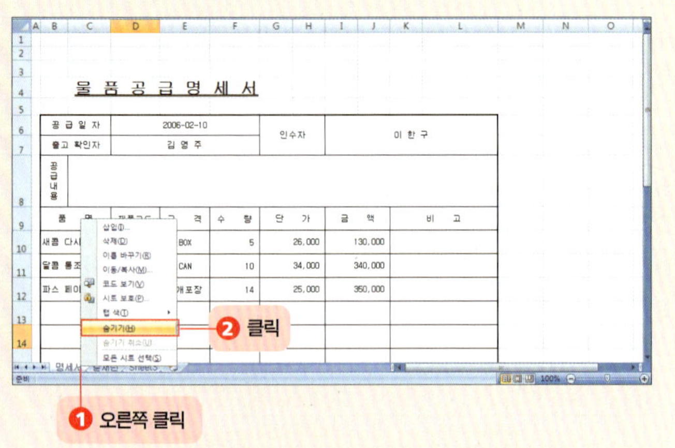

시트 복사와 이동하기

필요에 따라 시트의 위치를 복사하거나 이동할 수 있습니다. 같은 통합 문서 내에서는 물론 서로 다른 통합 문서 간에도 복사나 이동을 할 수 있습니다.

● 같은 통합 문서 내에서의 이동/복사

이동할 시트를 선택하여 드래그하면 시트 탭 위에 ▼이 표시됩니다. 마우스에서 손을 놓으면 ▼이 있던 위치로 시트가 이동합니다.

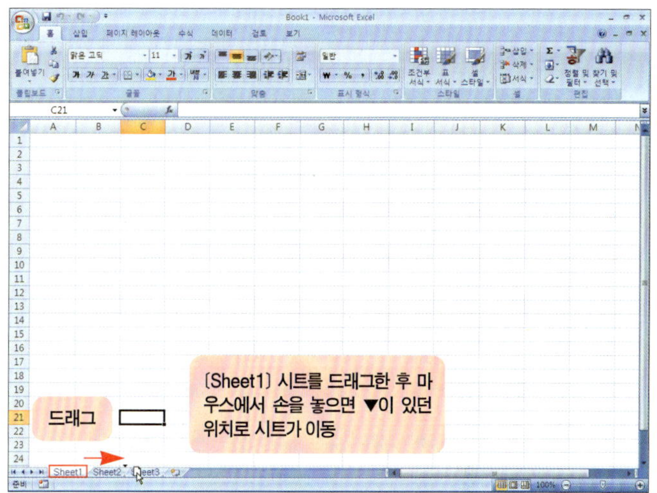

시트 복사는 시트 이동과 동일하며, Ctrl 을 누른 상태에서 드래그합니다.

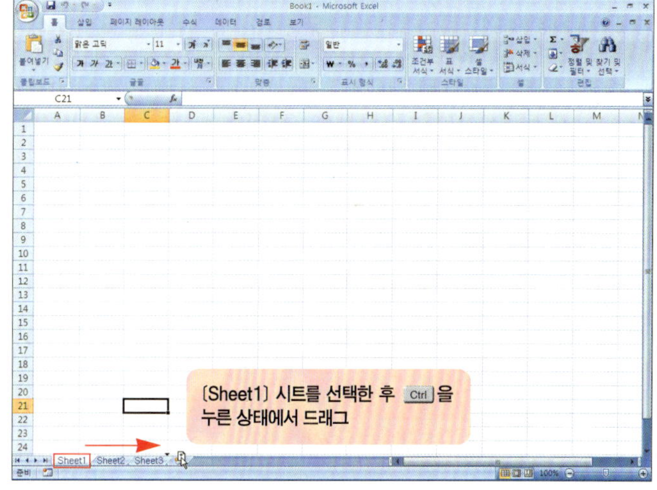

● 다른 통합 문서로 이동/복사

이동하거나 복사할 시트를 선택한 후, 선택한 시트 탭 위에서 마우스 오른쪽 버튼을 클릭하고 [이동/복사]를 클릭합니다.

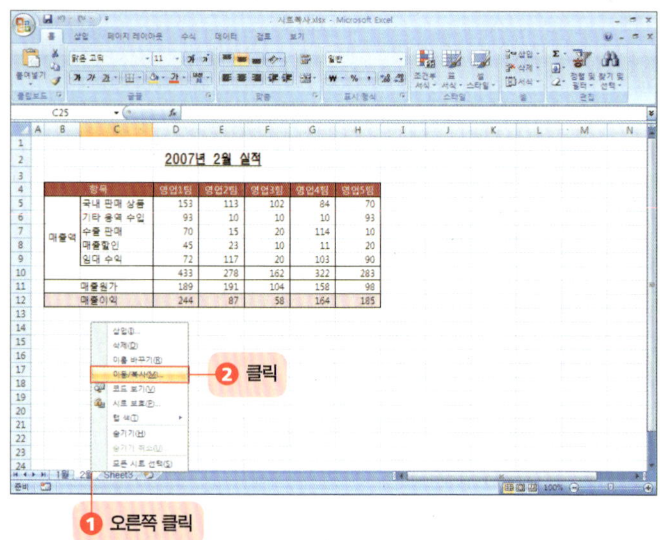

[이동/복사] 대화상자에서 이동/복사할 통합 문서를 선택하고 시트 위치를 선택합니다.

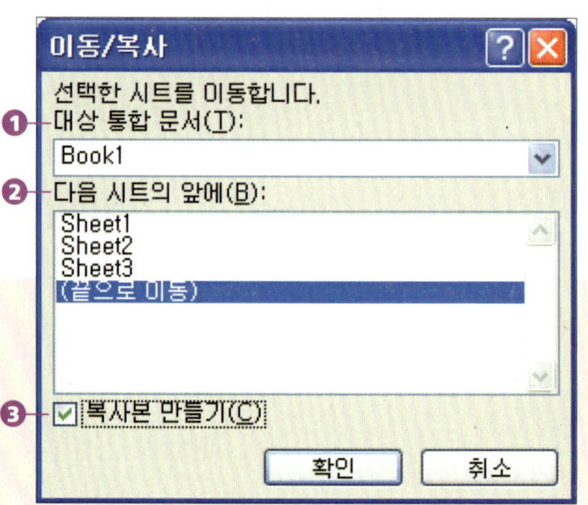

❶ **대상 통합 문서** : 이동하거나 복사할 문서를 선택합니다.

❷ **다음 시트의 앞에** : 시트 위치를 선택합니다.

❸ **복사본 만들기** : 이동하려면 체크 표시를 해제하고, 복사하려면 체크 표시를 합니다.

TIP **창 배열 후 이동/복사**

[보기] 탭의 [창 - 모두 정렬]을 클릭하여 창을 정렬하면 두 개 이상의 문서를 동시에 볼 수 있습니다. 이와 같이 창을 정렬하면 서로 다른 통합 문서 간의 이동, 복사를 쉽게 할 수 있습니다. 창을 정렬한 후에 시트를 다른 통합 문서로 이동하려면 해당 시트를 마우스로 드래그하고, 복사를 하려면 Ctrl 을 누른 상태에서 드래그합니다.

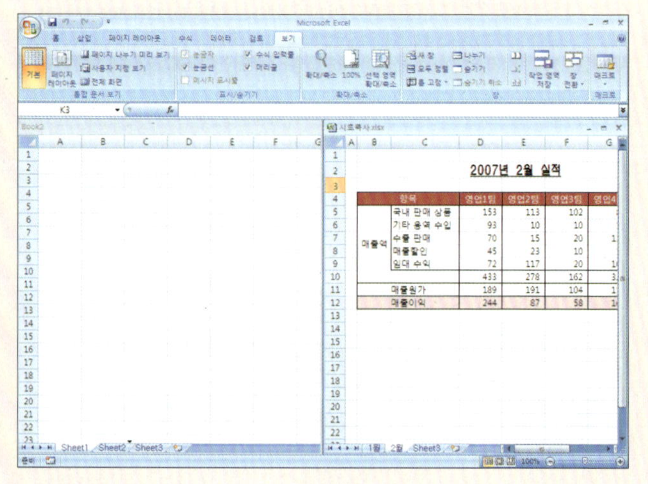

Action Excel
도전! 엑셀

작성된 시트를 복사하여 새 실적 입력하기

매월마다 실적 현황을 작성한다면 이미 작성되어 있는 시트를 복사한 후 데이터만 변경하여 사용하면 편리합니다. 대부분 월별 서식은 같기 때문이죠. 여기에서는 3월 실적 현황을 작성하기 위해 이미 만들어져 있는 2월 실적 현황 시트를 복사하여 사용해 보겠습니다.

〔예제 파일 경로〕 부록 CD\Sample\Part03\시트복사.xlsx | 〔결과 파일 경로〕 부록 CD\Sample\Part03\After\시트복사_완성.xlsx

01 [2월] 시트를 복사하기 위해 ❶ [2월] 시트를 선택한 후 Ctrl 을 누른 상태에서 [2월] 시트를 드래그합니다. ❷ [Sheet3] 시트 앞에 ▼이 위치하였을 때에 마우스에서 손을 놓습니다.

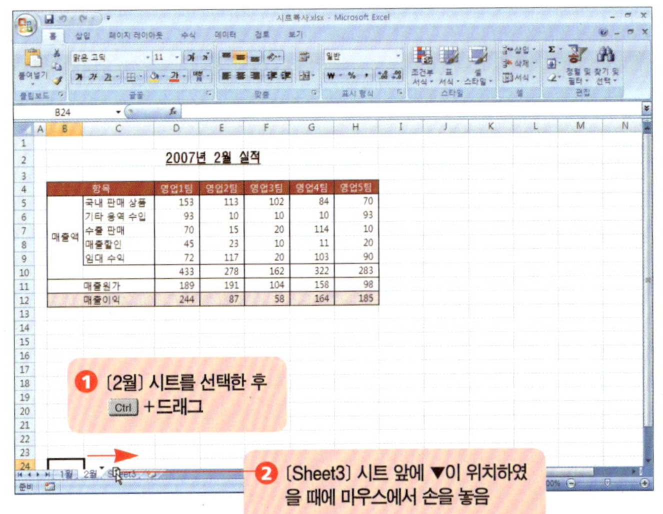

02 [2월 (2)]라는 복사본 시트가 만들어집니다. 시트 이름을 변경하기 위해 복사본 시트를 더블클릭합니다.

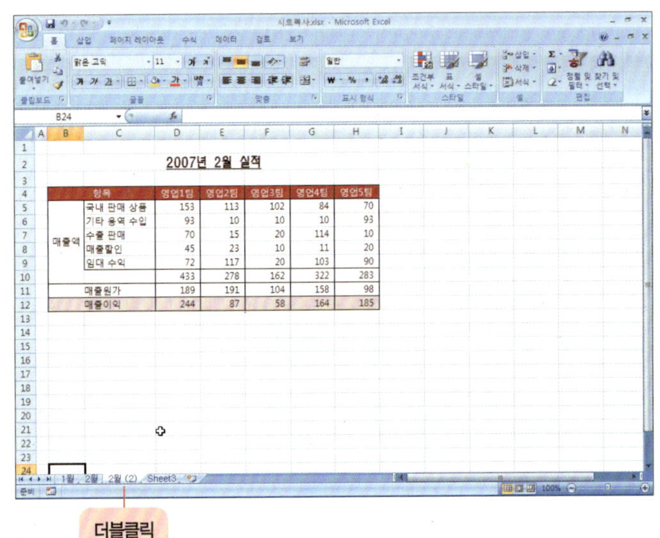

03 「3월」을 입력하고 Enter 를 누릅니다.

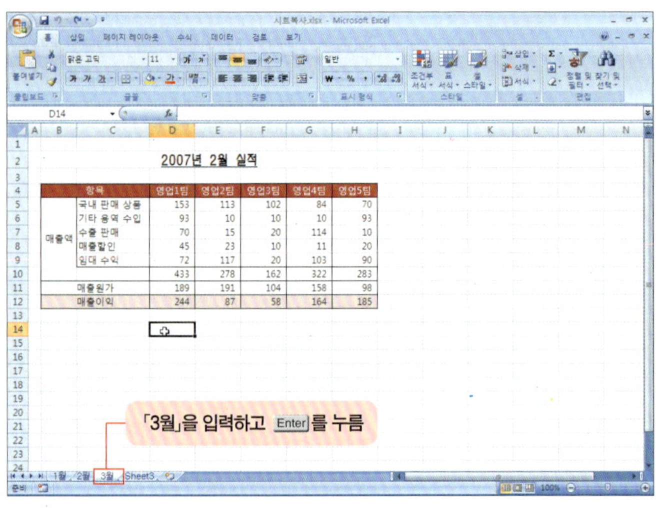

04 3월 시트에서 제목을 「2007년 3월 실적」으로 수정하고 기존 실적 데이터를 지운 후 3월 실적을 입력하여 사용합니다.

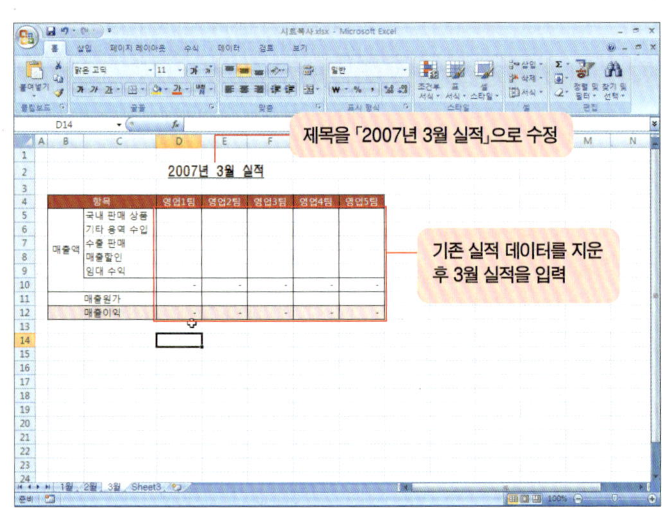

TIP 시트 숨기기

중요한 데이터가 포함되어 있거나 워크시트의 내용을 다른 사람에게 보여 주고 싶지 않을 경우에는 시트를 숨길 수 있습니다. 숨기고 싶은 시트를 마우스 오른쪽 버튼으로 클릭한 후 [숨기기]를 클릭합니다. 숨기기를 취소하려면 시트 탭 위에서 마우스 오른쪽 버튼을 클릭한 후 [숨기기 취소]를 클릭합니다.

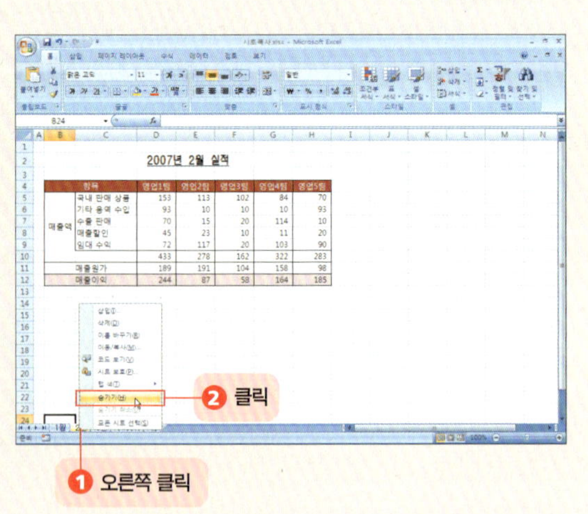

여러 시트를 참조한 분기별 실적 계산하기

1월에서 3월까지의 실적이 세 개의 시트에 작성되어 있습니다. 분기별 실적을 새로운 시트에 작성한다고 가정하고 시트의 레이아웃을 동일하게 유지한 상태에서 시트 복사를 이용하여 1사분기 시트를 만든 다음, 1월에서 3월까지의 실적을 참조하여 1사분기 실적을 구해 보겠습니다.

〔예제 파일 경로〕 부록 CD\Sample\Part03\시트간수식계산.xlsx | 〔결과 파일 경로〕 부록 CD\Sample\Part03\After\시트간수식계산_완성.xlsx

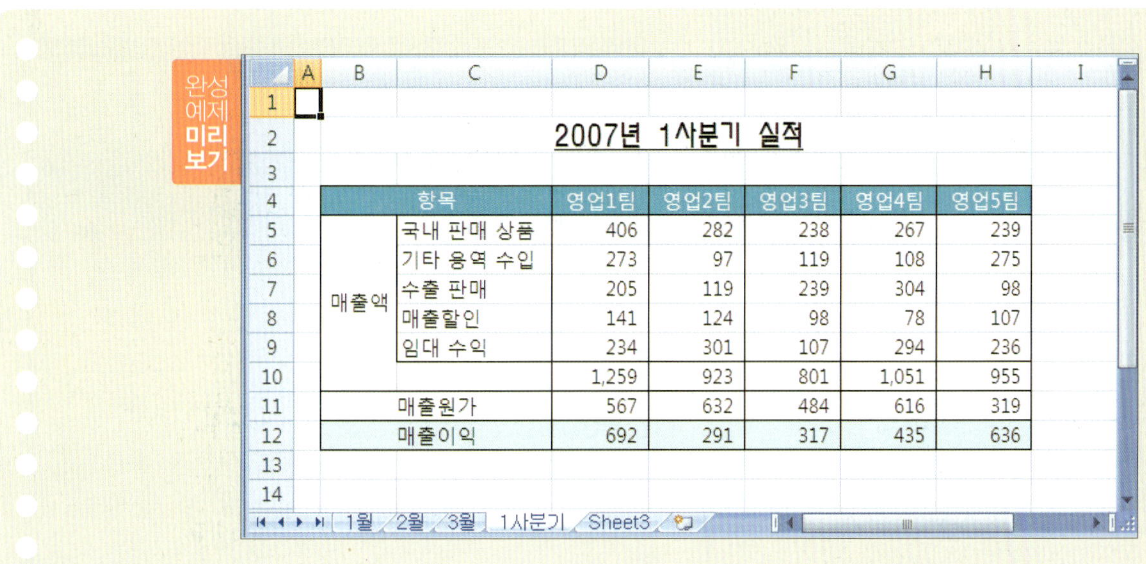

완성 예제 미리 보기

01 [1사분기] 시트를 만들기 위해 ❶ [3월] 시트를 클릭한 후 ❷ `Ctrl` 을 누른 상태에서 [3월] 시트를 드래그하여 복사합니다.

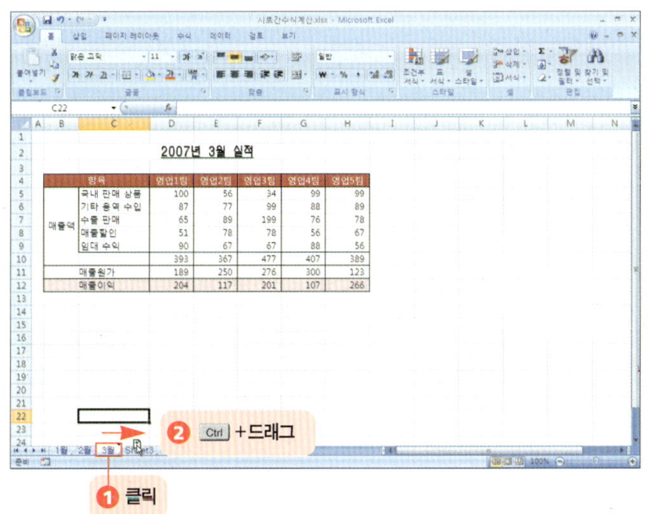

02 복사본 시트가 만들어지면 시트 이름을 변경하기 위해 [3월 (2)] 시트를 더블클릭한 후 「1사분기」를 입력하고 `Enter` 를 누릅니다.

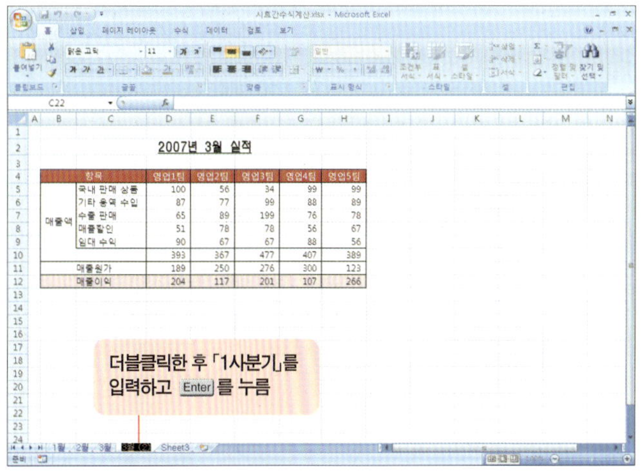

03 ❶ [B2] 셀을 더블클릭한 후 제목을 「2007년 1사분기 실적」으로 수정합니다. ❷ [D5:H9]와 [D11:H11]을 범위 지정한 후 Delete 을 눌러 내용을 지웁니다.

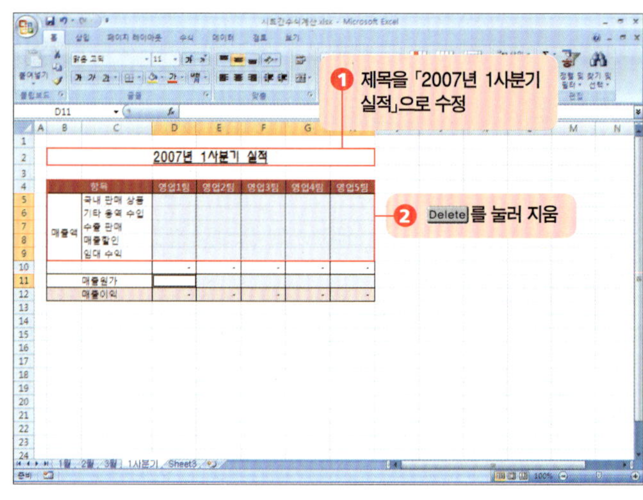

Note (D10:H10)과 (D12:H12)은 재사용할 수식이 입력되어 있으므로 그대로 둡니다. 떨어진 영역을 범위 지정하려면 한 영역을 범위 지정한 후 Ctrl 을 누른 상태에서 다른 영역을 범위 지정합니다.

04 ❶ [D5] 셀을 클릭한 후 ❷ [홈] 탭의 [편집 – 합계 Σ]를 클릭하면 [D5] 셀에 수식 「=SUM()」가 입력됩니다.

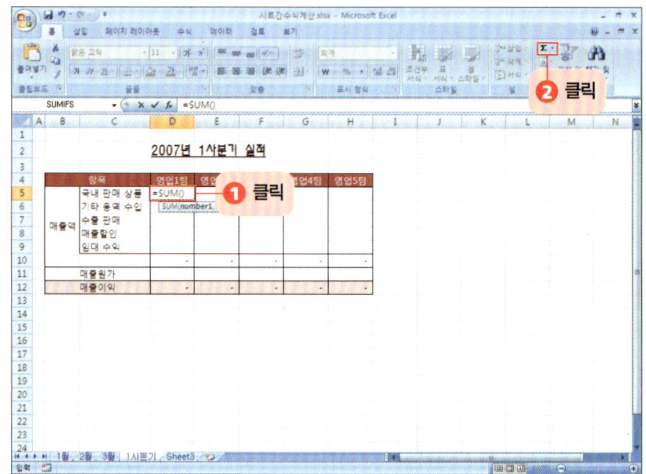

05 ❶ [1월] 시트를 클릭한 후 ❷ Shift 를 누른 상태에서 [3월] 시트를 클릭합니다. ❸ [D5] 셀을 클릭하고 Enter 를 누릅니다.

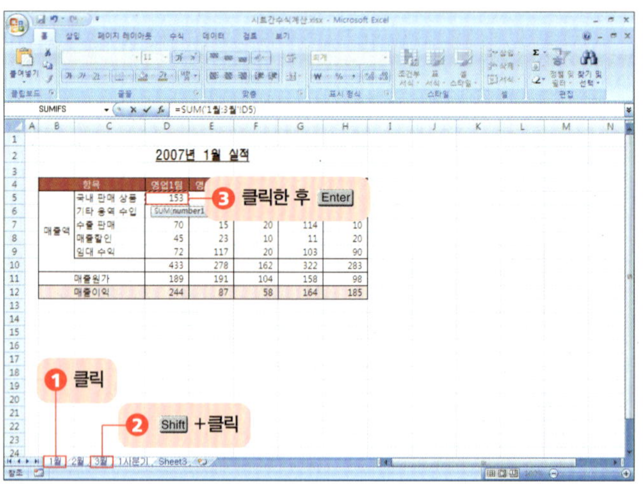

Note (1월) 시트에서 (3월) 시트까지의 (D5) 셀값을 더하는 수식은 「=SUM('1월:3월' !D5)」입니다. 시트 이름이 수식에 사용되면 시트 이름 다음에는 느낌표(!)가 붙습니다. 예를 들어 「시트 이름!셀이름」의 경우에는 「연습!D5」 형태가 됩니다.

06 다음과 같이 [D5] 셀에 수식 결과값이 나타납니다.

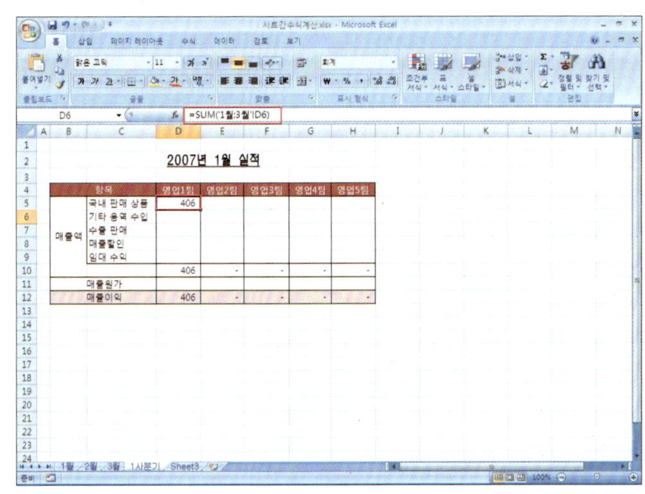

07 [D5] 셀의 채우기 핸들을 드래그하여 [H5] 셀까지 복사합니다.

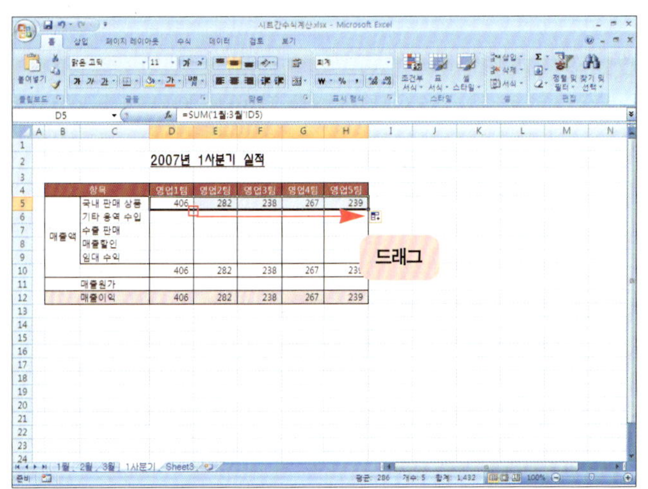

08 ❶ [D5:H5]를 범위 지정한 후 ❷ 채우기 핸들을 [D5:H9]까지 드래그하면 [자동 채우기 옵션]이 나타납니다. ❸ [자동 채우기 옵션]을 클릭한 후 [서식 없이 채우기]를 클릭합니다.

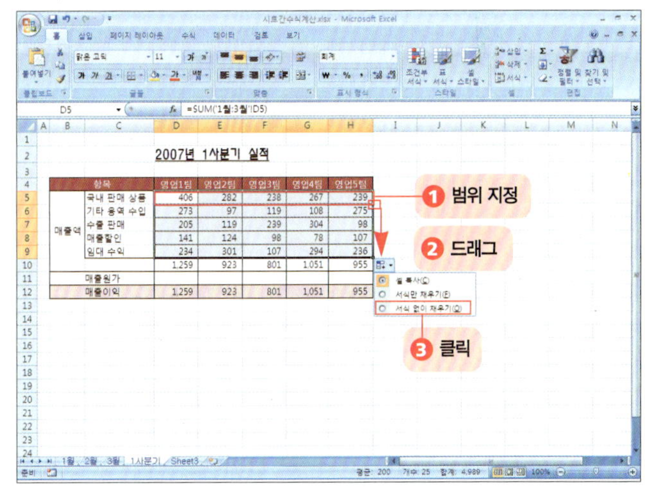

> **TIP** [D5:H5]는 위쪽 테두리 서식이 지정되어 있습니다. 그냥 채우기를 하면 테두리까지 복사되므로, [서식 없이 채우기]를 이용하여 채웁니다.

09 매출 원가의 합을 구하기 위해 ❶ [D11] 셀을 클릭한 후 ❷ [홈] 탭의 [편집 – 합계 Σ ▾]를 클릭합니다.

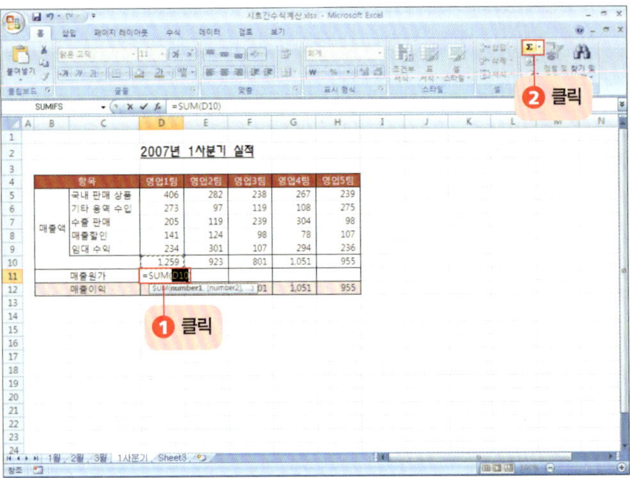

10 ❶ [1월] 시트를 클릭한 후 ❷ Shift 누른 상태에서 [3월] 시트를 클릭하고 ❸ [D11] 셀을 클릭한 후 Enter 를 누릅니다.

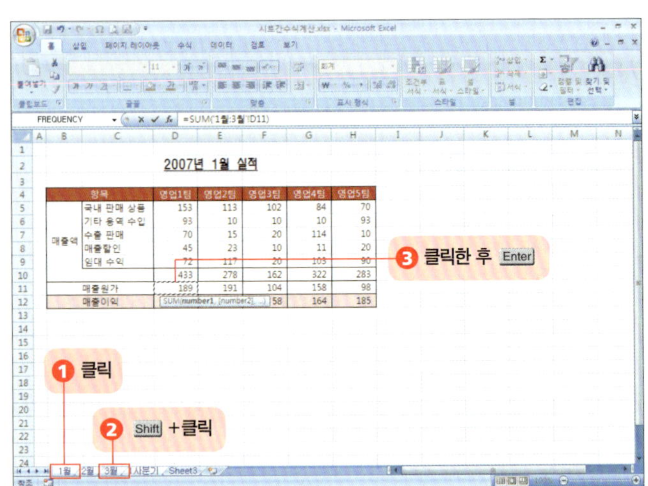

> **TIP** 수식 「=SUM(D10)」에 블록이 지정된 상태에서 새로운 범위를 참조하면 기존 범위는 지워지고 새로운 범위가 지정됩니다. 즉, 새로운 범위를 참조하면 수식 「=SUM(D10)」이 「=SUM('1월:3월' !D11)」로 변경됩니다.

11 다음과 같이 수식 결과값이 구해졌습니다.

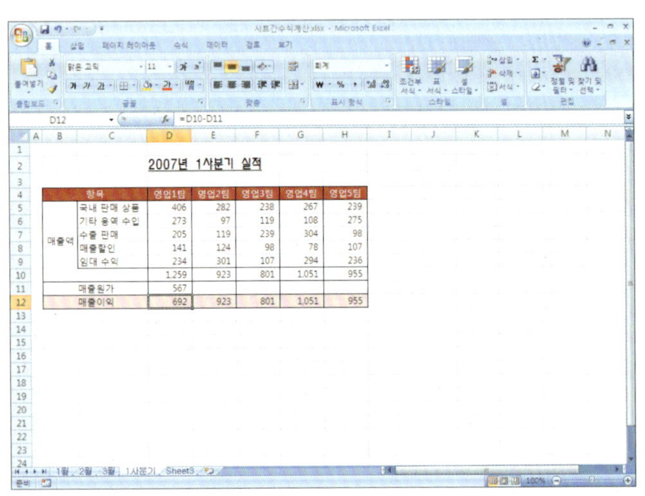

12 [D11] 셀의 채우기 핸들을 드래그하여 [H11] 셀까지 복사합니다.

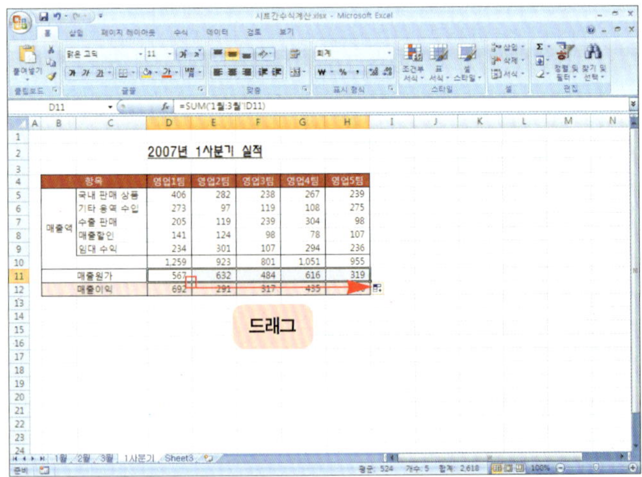

13 이번에는 각 표의 타이틀 서식을 변경하겠습니다. ❶ [1월] 시트를 클릭한 후 ❷ Shift 누른 상태에서 [1사분기] 시트를 클릭하고 ❸ [B4:H4]를 범위 지정한 후 ❹ [홈] 탭의 [스타일 – 셀 스타일]을 클릭하고 원하는 스타일을 선택합니다.

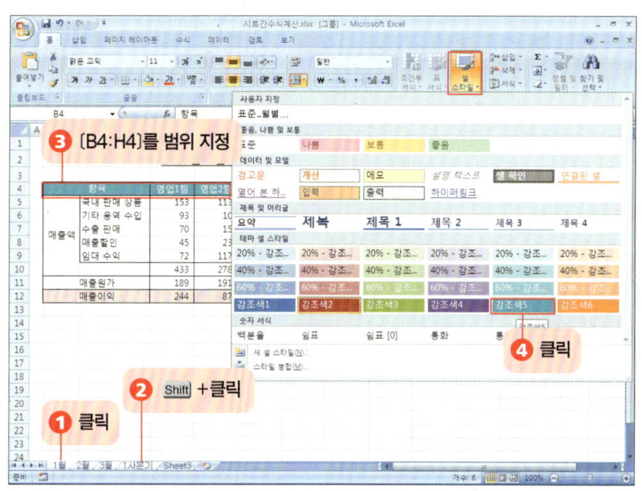

14 시트 그룹을 해제하기 위해 선택되지 않은 [Sheet3] 시트를 클릭합니다. 각 시트를 선택하여 확인해 보면 [1월] 시트에서 [1사분기] 시트까지 표의 타이틀이 모두 변경된 것을 알 수 있습니다.

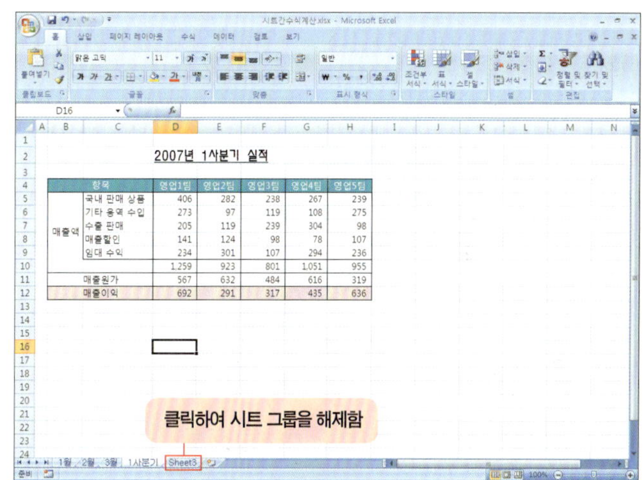

PART
04

보고서의 이해와
완성도를 높이는 서식

엑셀 2007 기본 + 활용
실무 테크닉

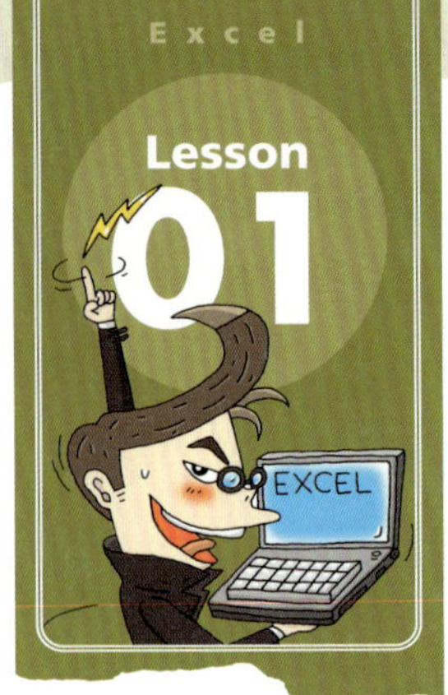

Lesson 01

셀 서식의 종류와 지정 방법 알아보기

셀 서식이란 셀에 입력한 데이터를 효과적으로 표시하거나 꾸미기 위해 설정하는 기능으로 표시 형식, 글꼴, 맞춤, 테두리, 채우기 서식 등이 있습니다. 이번 레슨에서는 종류별로 서식을 지정하는 방법에 대해 알아보겠습니다.

표시 형식 지정하기

표시 형식이란 문자나 숫자를 셀에 입력할 때에 어떻게 표시할 것인지를 결정하는 서식입니다. 예를 들면, 다음과 같이 셀에 값을 입력한 후 표시 형식을 적용하면 다양한 형태로 표시할 수 있습니다.

	입력값	표시 형식 적용
		35,000
	35000	₩35,000
		€ 35,000.00
		$35,000.00

입력값	표시 형식 적용
	2월 10일
2007-02-10	2007년 2월 10일 토요일
	07年 2月 10日
	10-Feb-07

입력값	표시 형식 적용
동부	동부 영업소
의정부	의정부 영업소
북부	북부 영업소
창원	창원 영업소

35000 숫자를 입력한 후 다양한 표시 형식을 적용할 수 있음

2007-02-10을 입력한 후 다양한 표시 형식을 적용할 수 있음

문자 데이터를 입력한 후 '영업소' 를 일괄적으로 표시할 수 있음

표시 형식은 [홈] 탭의 [표시 형식] 그룹이나 [셀 서식] 대화상자의 [표시 형식] 탭을 이용하여 설정할 수 있습니다. 지정한 표시 형식을 해제하려면 '범주' 에서 '일반' 을 클릭합니다.

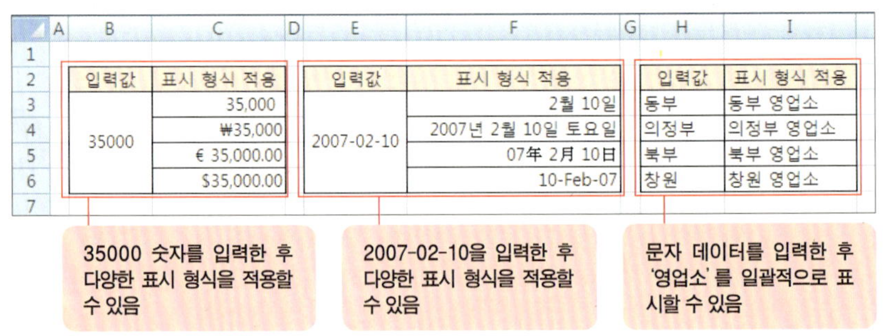

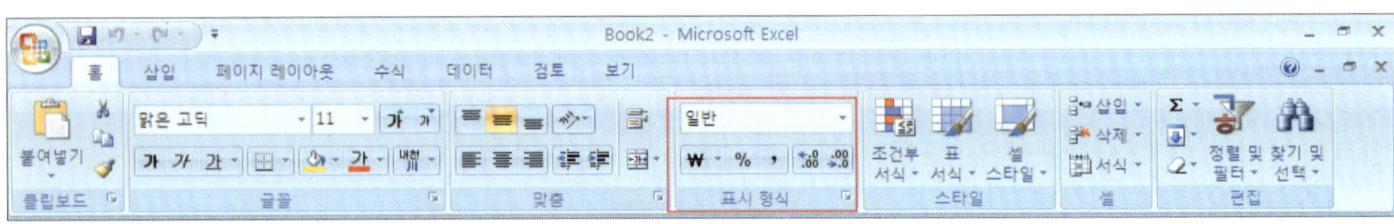

TIP 〔셀 서식〕 대화상자를 나타내는 방법

❶ 마우스 오른쪽 버튼을 클릭한 후 〔셀 서식)을 클릭합니다.

❷ 단축키 Ctrl + 1 을 누릅니다.

❸ 〔홈) 탭의 글꼴, 맞춤, 표시 형식이 있는 〔자세히 〕를 클릭합니다.

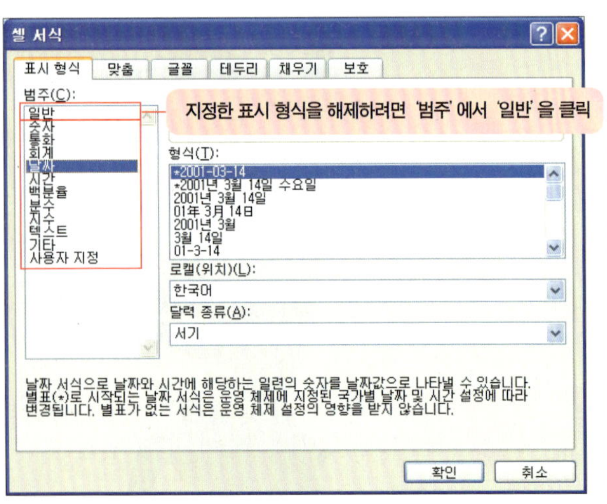

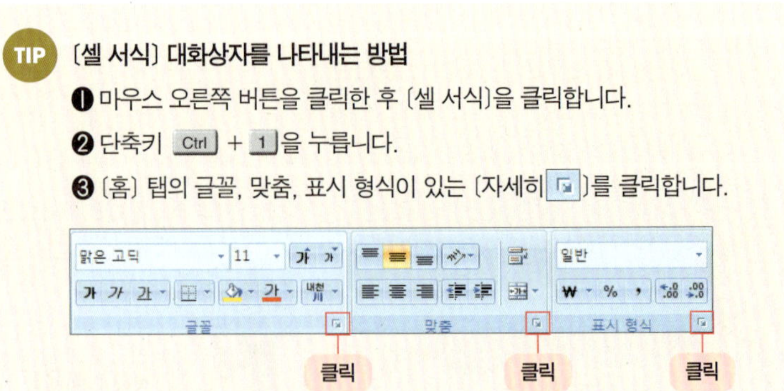

날짜와 숫자 데이터에 표시 형식 지정하기

표시 형식을 지정하면 입력 값이 다양한 형식으로 표시됩니다. 이번에는 날짜 데이터와 숫자 데이터에 다양한 표시 형식을 지정해 보겠습니다. 간단한 따라하기를 통해 연습해 보세요.

〔예제 파일 경로〕 부록 CD\Sample\Part04\지출현황1.xlsx | 〔결과 파일 경로〕 부록 CD\Sample\Part04\After\지출현황1_완성.xlsx

01 ❶ [B4:B19]를 범위 지정한 후 ❷ [홈] 탭의 [표시 형식 – 표시 형식]을 클릭하고 ❸ [기타 표시 형식]을 클릭합니다.

> **TIP** 〔셀 서식〕 대화상자를 나타내는 방법은 여러 가지가 있습니다. 범위지정한 후 Ctrl + 1 을 눌러 나타내거나, 마우스 오른쪽 버튼을 클릭하여 〔셀 서식〕을 클릭하여 나타낼 수도 있습니다.

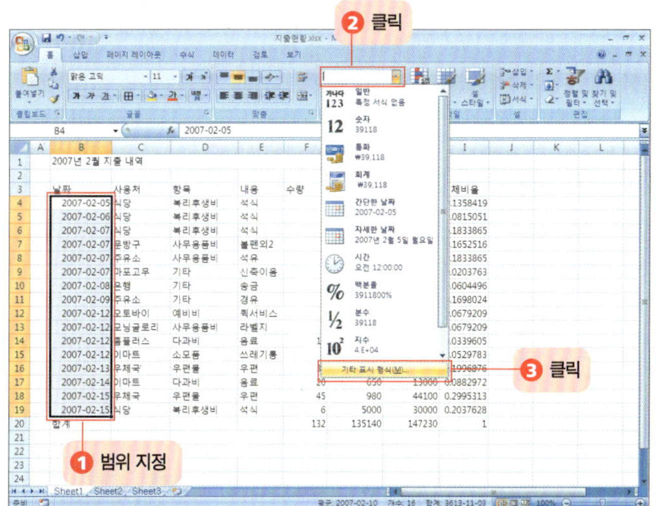

02 [셀 서식] 대화상자가 나타나면 ❶ '범주' 에서 '날짜' 를, ❷ '형식' 에서 '3월 14일' 을 클릭한 후 ❸ [확인] 버튼을 클릭합니다.

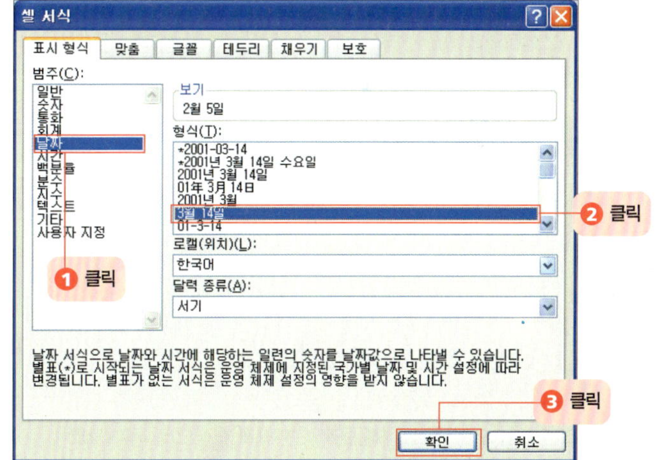

03 다음과 같이 날짜 표시 형식이 변경됩니다.

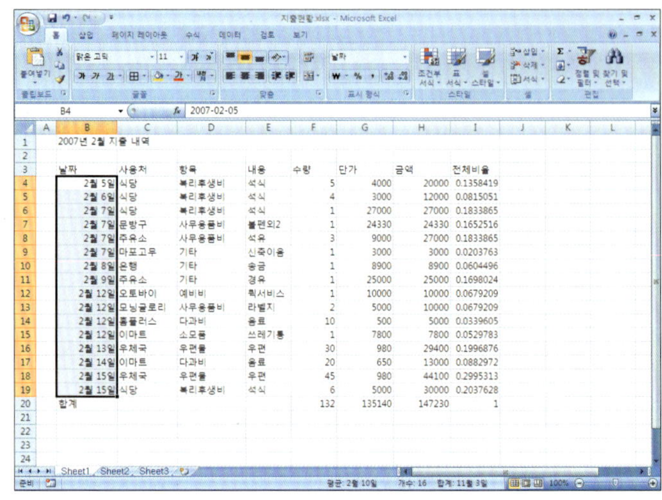

TIP 적용한 날짜의 표시 형식을 해제하려면 〔홈〕 탭의 〔표시 형식 – 표시 형식〕에서 '일반' 을 선택합니다.

04 ❶ [F4:F20]을 범위 지정한 후 ❷ [홈] 탭의 [표시 형식 – 쉼표 스타일]을 클릭합니다.

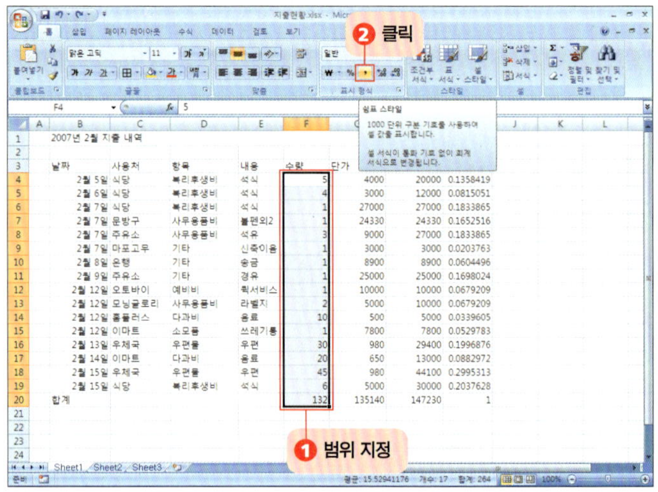

Note 쉼표 스타일을 적용하면 통화 기호 없이 회계 서식으로 적용 됩니다. 즉, 천 단위마다 쉼표(,)가 적용되면서 셀 오른쪽에 한 칸의 여백이 생깁니다. 현재는 수량의 단위가 천 단위 이상 은 아니지만 쉼표 스타일을 적용하면 셀의 오른쪽에 한 칸의 여백이 적용됩니다.

05 ❶ [G4:H20]을 범위 지정한 후 ❷ [홈] 탭의 [표시 형식 – 회계 표시 형식]을 클릭합니다.

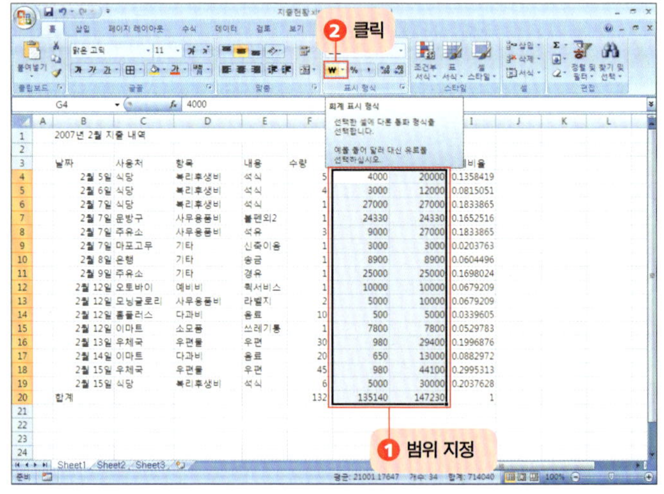

TIP 리본 메뉴에 있는 를 클릭하면 회계 형식으로 통화 기호 에 맞추어 열이 정렬됩니다. 금액과 통화 기호를 붙여서 표시 하려면 〔셀 서식〕 대화상자의 〔표시 형식〕 탭의 범주에서 〔통 화〕를 선택합니다.

06 ❶ [I4:I20]을 범위 지정한 후 ❷ [홈] 탭의 [표시 형식 – 백분율 스타일 %]을 클릭합니다.

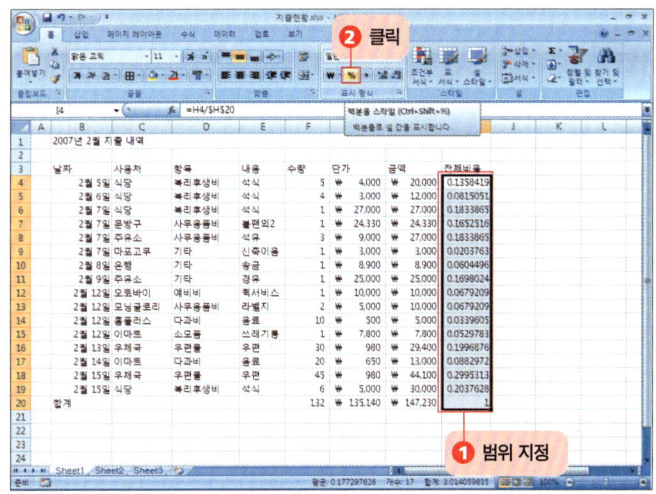

07 다음과 같이 표시 형식이 적용됩니다.

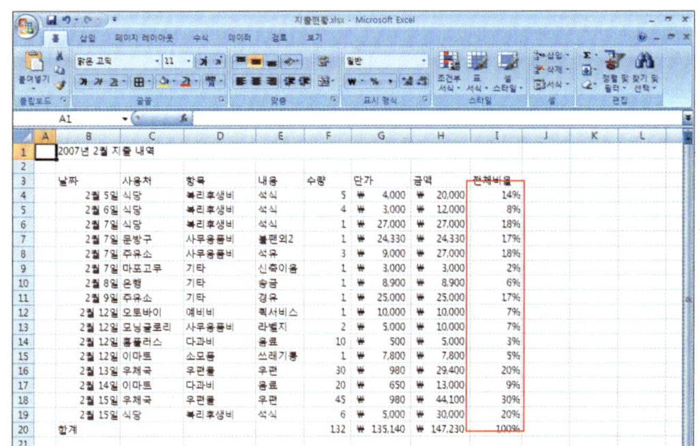

TIP **적용한 표시형식 해제하기**

숫자, 날짜, 시간 등에 적용한 표시 형식을 지우려면 [셀 서식] 대화상자에서 '일반'을 선택하거나 [홈] 탭의 [표시 형식 – 표시 형식]에서 '일반'을 선택합니다.

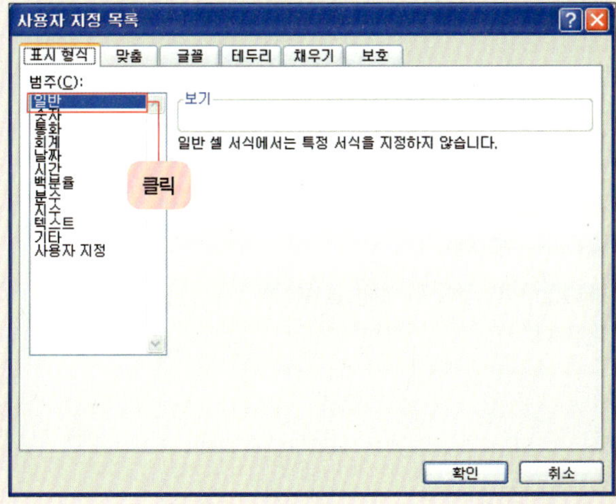

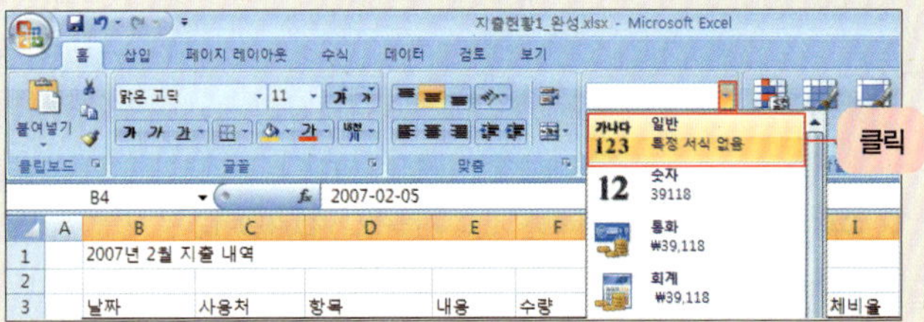

테두리 서식

테두리 서식은 [홈] 탭의 [글꼴] 그룹이나 [셀 서식] 대화
상자의 [테두리] 탭을 이용하여 설정합니다. [셀 서식]
대화상자에서 테두리를 설정할 때에는 선 색과 선 스타
일을 먼저 지정한 후에 테두리 위치를 지정합니다.

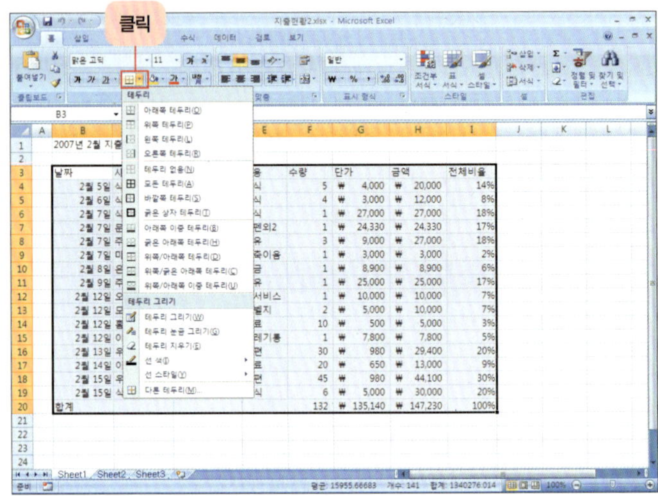

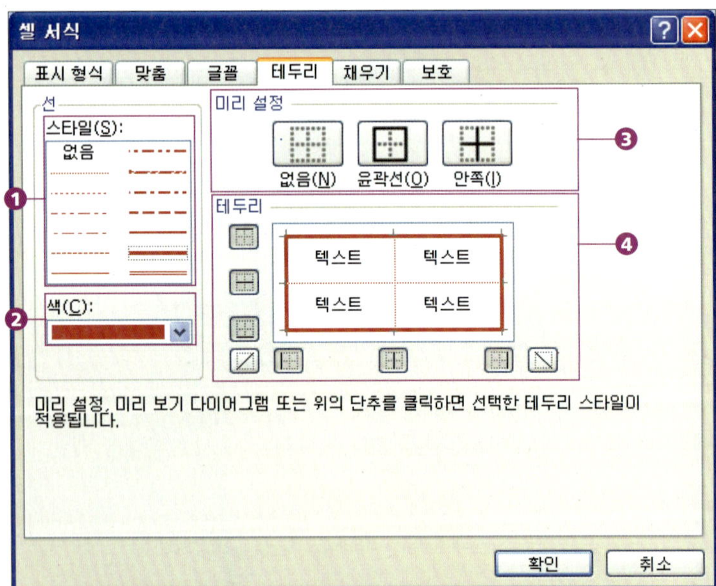

❶ **스타일** : 테두리의 선 두께와 선 스타일을 지정합니다.

❷ **색** : 테두리 색을 변경합니다.

❸ **미리 설정** : 미리 정의된 테두리 옵션을 선택하여 지정한 셀에서 테두리를 적용하거나 제거합니다.

❹ **테두리** : 선택한 셀에 테두리를 세부적으로 적용합니다. 테두리를 모두 제거하려면 '미리 설정'의 '없음'을 클릭합
니다. 텍스트 상자 안의 영역을 클릭하여 테두리를 추가하거나 제거할 수도 있습니다.

채우기 효과

셀에 색상을 채우려면 [홈] 탭의 글꼴 그룹이나 [셀 서식] 대화상자의 [채우기] 탭을 이용합니다.

엑셀 2007에서는 채우기를 할 영역을 범위 지정한 후 [홈] 탭의 [글꼴 – 채우기]에서 원하는 색상을 지정하면 곧바로 미리 보기가 됩니다.

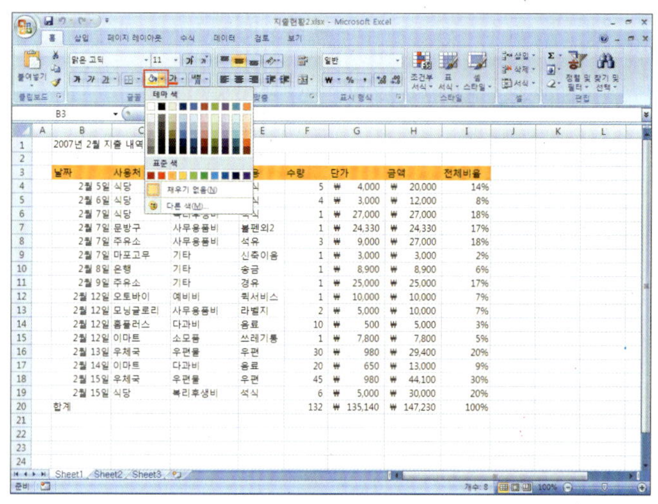

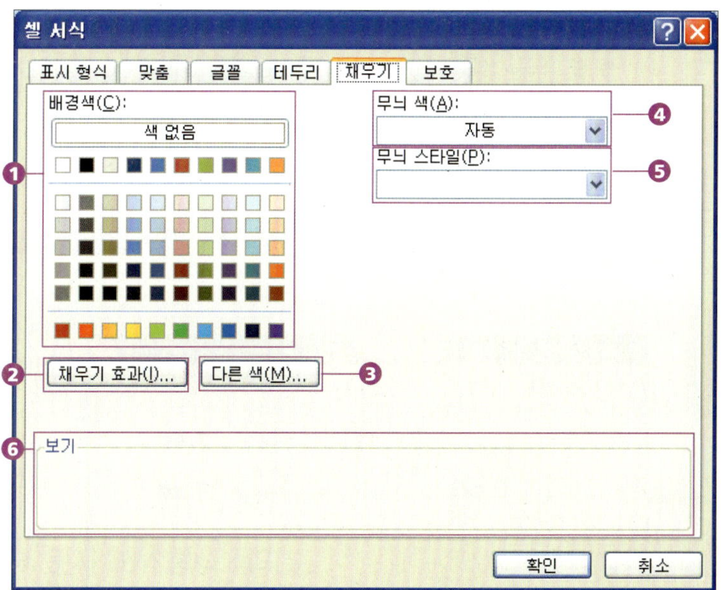

❶ **배경색** : 선택한 셀의 배경색을 선택합니다.

❷ **채우기 효과** : 선택한 셀에 그러데이션, 질감 또는 그림 채우기를 적용합니다.

❸ **다른 색** : 색상표에 없는 색을 추가할 때에 선택합니다.

❹ **무늬 색** : 무늬에 적용할 색을 선택합니다.

❺ **무늬 스타일** : 무늬 스타일에서 무늬를 선택하면 배경색과 무늬색에서 선택한 색으로 무늬가 적용됩니다.

❻ **보기** : 선택한 색, 채우기 효과 및 무늬 옵션이 적용된 미리 보기가 표시됩니다.

테두리와 채우기 효과로 표 편집하기

앞에서 배운 테두리 서식과 셀에 색을 채우는 서식을 설정해 보겠습니다. 간단한 따라하기를 통해 연습해 보세요.

〔예제 파일 경로〕부록 CD\Sample\Part04\지출현황2.xlsx | 〔결과 파일 경로〕부록 CD\Sample\Part04\After\지출현황2_완성.xlsx

01 ❶ [B3:I20]을 범위 지정한 후 ❷ 마우스 오른쪽 버튼을 클릭하고 ❸ [셀 서식]을 클릭합니다.

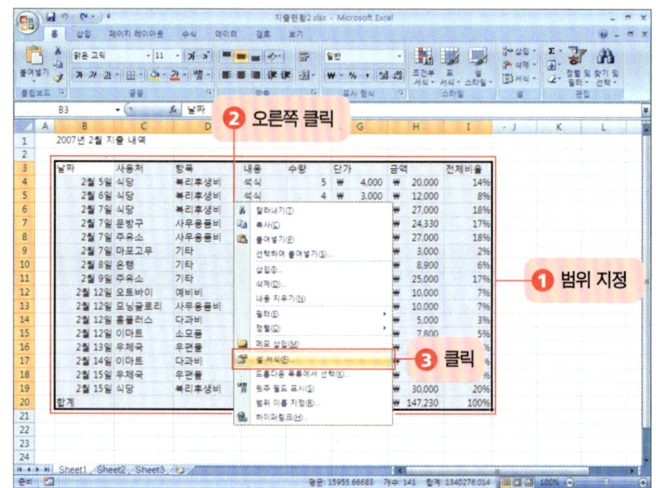

02 [셀 서식] 대화상자가 나타나면 [테두리] 탭을 클릭한 후 다음과 같이 지정하고 [확인] 버튼을 클릭합니다.

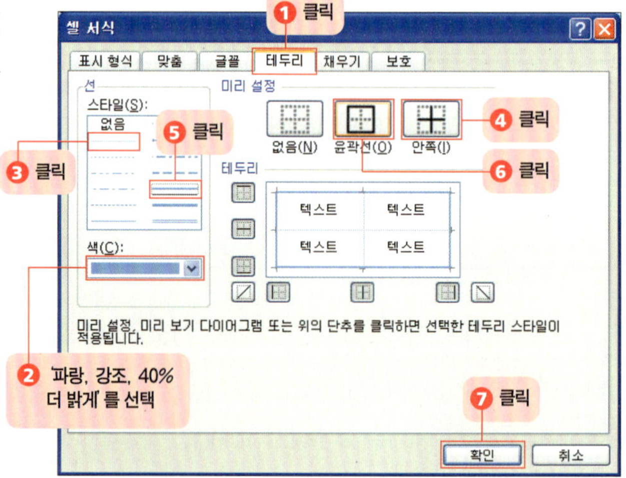

03 다음과 같이 테두리가 설정됩니다.

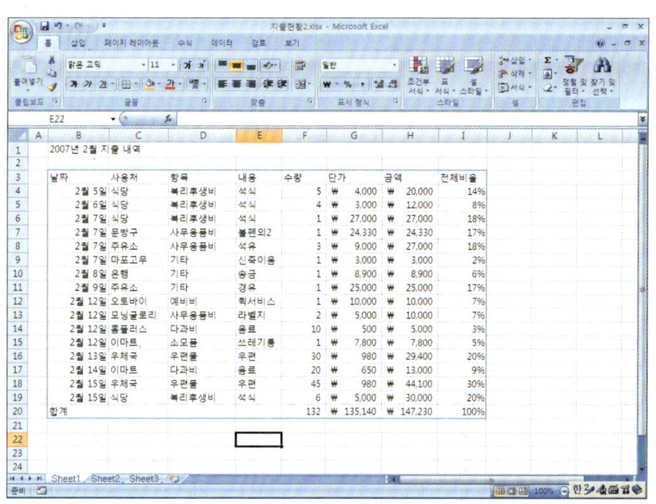

04 ❶ [B3:I3]을 범위 지정한 후 ❷ `Ctrl` 을 누른 상태에서 [B20:I20]을 드래그하여 범위 지정합니다. ❸ [홈] 탭의 [글꼴 – 채우기 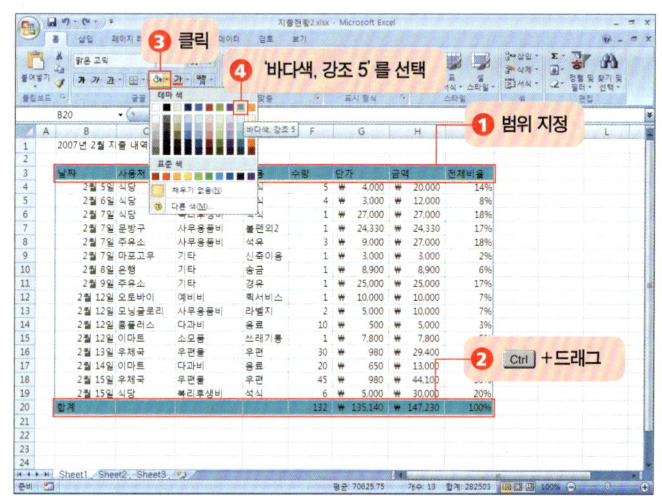]를 클릭한 후 ❹ '바다색, 강조 5'를 선택합니다.

05 ❶ [B4:E19]를 범위 지정한 후 ❷ [홈] 탭의 [글꼴 – 채우기 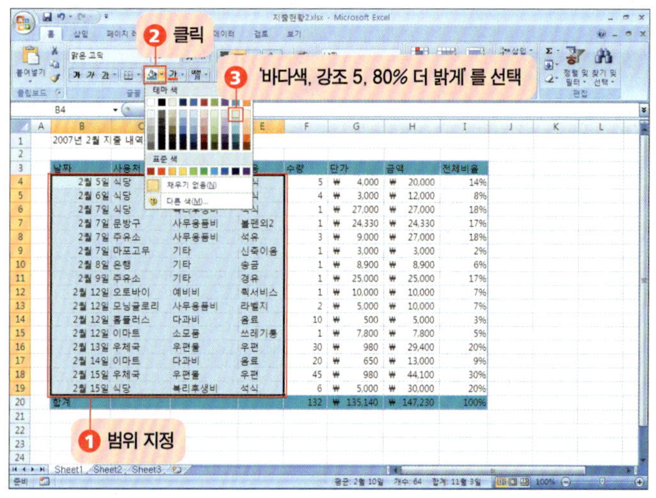]를 클릭하고 ❸ '바다색, 강조 5, 80% 더 밝게'를 선택합니다.

글꼴과 맞춤 서식

글꼴 서식을 이용하면 글꼴 종류, 글자 크기, 글자 색 등을 변경할 수 있으며, 맞춤 서식을 이용하면 셀의 가로/세로 정렬 위치, 문자열 방향, 텍스트 등을 설정할 수 있습니다.

● 글꼴

글꼴, 글꼴 스타일, 크기, 밑줄, 효과, 글자 색 등을 지정할 수 있으며, 글꼴 서식을 변경하는 방법에는 크게 세 가지가 있습니다.

1 | [홈] 탭의 [글꼴] 그룹에서 변경합니다.

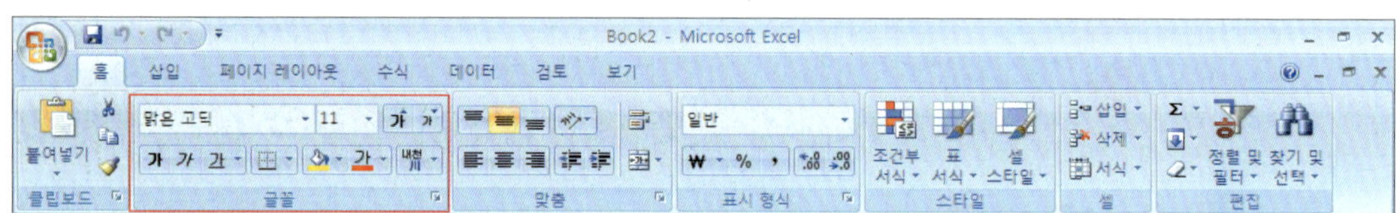

2 | [셀 서식] 대화상자의 [글꼴] 탭에서 변경합니다.

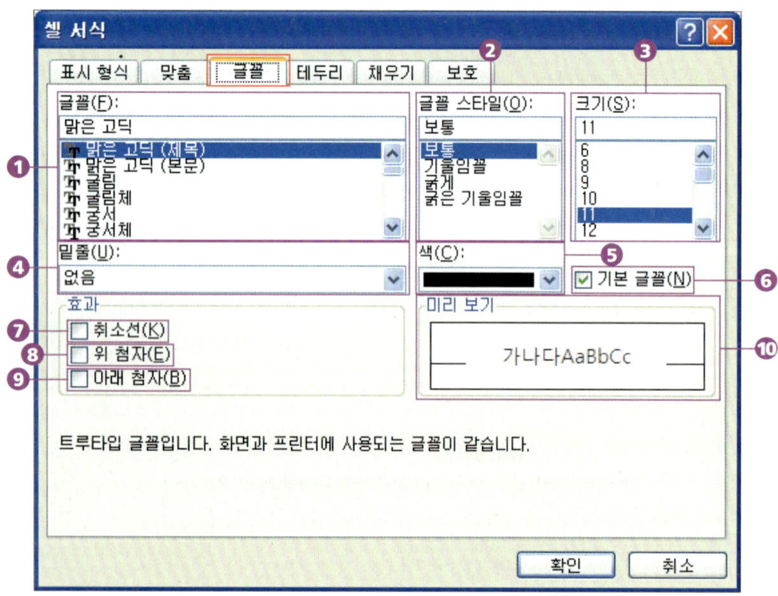

① **글꼴** : 선택한 셀의 텍스트에 사용할 글꼴의 종류를 선택합니다. 기본 글꼴은 '맑은 고딕' 입니다.

② **글꼴 스타일** : 선택한 셀의 텍스트에 사용할 글꼴 스타일을 선택합니다. 기본 글꼴 스타일은 '보통' 입니다.

③ **크기** : 선택한 셀의 텍스트에 사용할 글꼴 크기를 선택합니다. 기본 글꼴 크기는 '11' 입니다.

④ **밑줄** : 선택한 셀의 텍스트에 사용할 밑줄의 종류를 선택합니다. 기본은 '밑줄' 의 '없음' 입니다.

⑤ **색** : 텍스트에 사용할 색을 선택합니다. 기본 색은 '자동' 입니다.

⑥ **기본 글꼴** : 글꼴, 글꼴 스타일, 크기 및 효과를 기본 스타일(기본값)로 다시 설정하고자 할 때에 선택합니다.

❼ **취소선** : 선택한 셀의 텍스트에 취소선을 긋습니다.

❽ **위 첨자** : 선택한 셀의 텍스트를 위 첨자로 표시합니다.

❾ **아래 첨자** : 선택한 셀의 텍스트를 아래 첨자로 표시합니다.

❿ **미리 보기** : 선택한 서식 옵션이 적용된 텍스트 보기가 표시됩니다.

3 | 텍스트 편집 상태에서 범위 지정하면 나타나는 미니 도구 모음을 이용하여 변경합니다.

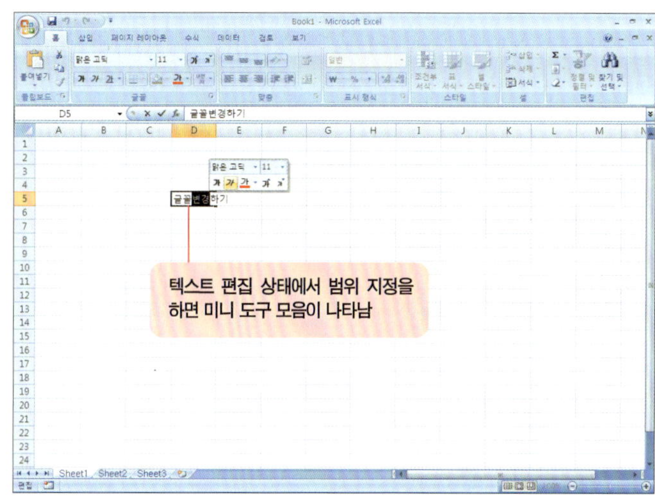

TIP   엑셀의 기본 글꼴 변경하기

엑셀의 기본 글꼴은 '맑은 고딕', 크기는 '11' 입니다. 기본 글꼴을 변경하려면 〔Office 단추〕를 클릭한 후 〔Excel 옵션〕을 클릭하고 기본 설정의 '새 통합 문서 만들기' 에서 글꼴과 글꼴 크기를 지정합니다. 변경한 기본 글꼴과 크기를 적용하려면 엑셀을 종료한 후 다시 시작합니다.

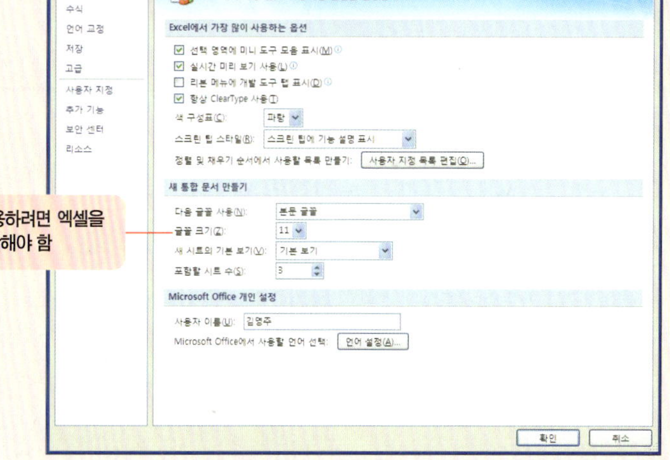

TIP   트루타입 글꼴이란?

트루타입(True Type) 글꼴이란 화면에 표시될 때나 종이에 인쇄될 때 동일한 모양으로 출력되는 글꼴을 말합니다.

● 맞춤

맞춤 서식을 이용하면 가로 정렬, 세로 정렬, 텍스트 줄 바꿈, 셀 병합, 텍스트 방향 등을 지정할 수 있습니다. 맞춤 서식은 [홈] 탭의 [맞춤] 그룹이나 [셀 서식] 대화상자의 [맞춤] 탭에서 설정합니다.

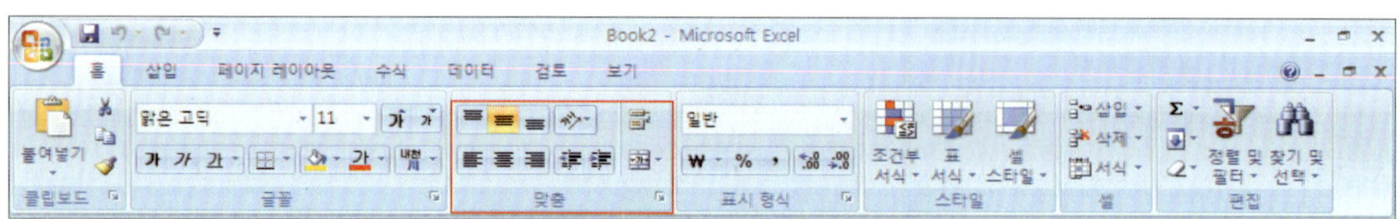

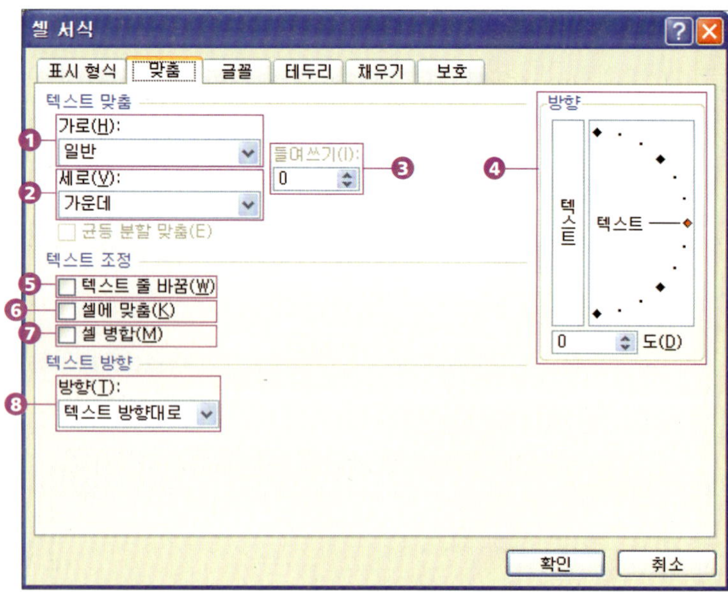

❶ **가로** : 가로 맞춤을 변경합니다. 기본적으로 텍스트는 '왼쪽 맞춤', 숫자는 '오른쪽 맞춤', 논리값과 오류값은 '가운데 맞춤'이 적용되어 있으며, 가로 맞춤은 '일반'입니다.

❷ **세로** : 세로 맞춤을 변경합니다. 기본적으로 '세로 가운데 맞춤'합니다.

❸ **들여쓰기** : 가로와 세로에서 선택한 옵션에 따라 셀 가장자리를 기준으로 셀 내용을 들여쓰기합니다. 들여쓰기 상자의 값은 문자 너비 만큼 늘어납니다.

❹ **방향** : 선택한 셀의 텍스트 방향을 변경할 수 있습니다. 텍스트의 세로쓰기를 변경하거나 텍스트의 기울기를 조절할 수 있습니다.

❺ **텍스트 줄 바꿈** : 셀에서 텍스트를 여러 줄로 표시합니다.

❻ **셀에 맞춤** : 선택한 셀의 데이터가 열 너비에 맞게 표시되도록 문자 크기를 줄입니다. 열 너비를 변경하면 문자 크기가 자동으로 조절됩니다.

❼ **셀 병합** : 선택한 두 개 이상의 셀을 하나의 셀로 결합합니다. 병합된 셀의 셀 참조는 처음에 선택한 범위에서 왼쪽 위에 있는 셀입니다.

❽ **방향** : 읽는 순서와 맞춤을 지정하려면 방향 상자에서 옵션을 선택합니다. 기본 설정은 텍스트 방향 대로이지만 왼쪽에서 오른쪽 또는 오른쪽에서 왼쪽으로 변경할 수 있습니다.

글꼴과 맞춤 서식 지정하기

앞에서 배운 내용을 바탕으로 글꼴과 맞춤 서식을 지정해 보겠습니다. 간단한 따라하기를 통해 연습해 보세요.

〔예제 파일 경로〕 부록 CD\Sample\Part04\지출현황3.xlsx　　〔결과 파일 경로〕 부록 CD\Sample\Part04\After\지출현황3_완성.xlsx

01　❶ [B3:I3]을 범위 지정한 후 ❷ [홈] 탭의 [글꼴 – 글꼴 색 가 ▾]에서 '흰색'을 선택합니다.

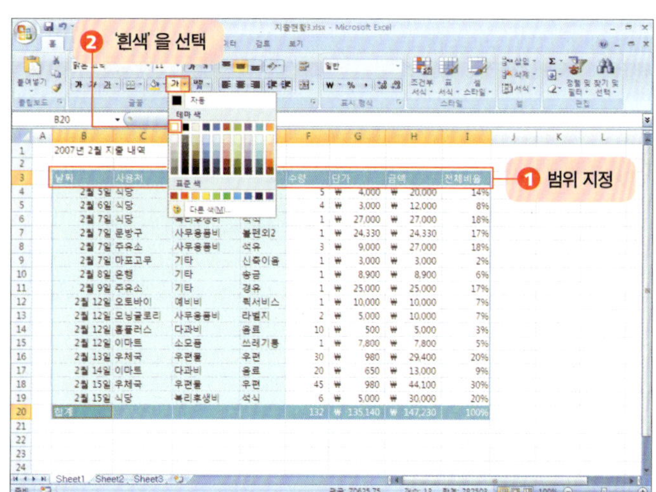

> **TIP**　엑셀 2007은 글꼴, 글꼴 색을 적용할 때에 마우스 포인터를 해당 글꼴이나 해당 색상에 올려놓기만 하면 바로 확인할 수 있어서 더 편리하게 적용할 수 있습니다.

02　❶ [B3:I3]을 범위 지정한 상태에서 ❷ [홈] 탭의 [맞춤 – 가운데 맞춤 ☰]을 클릭하여 글자를 각 셀의 가운데로 정렬합니다.

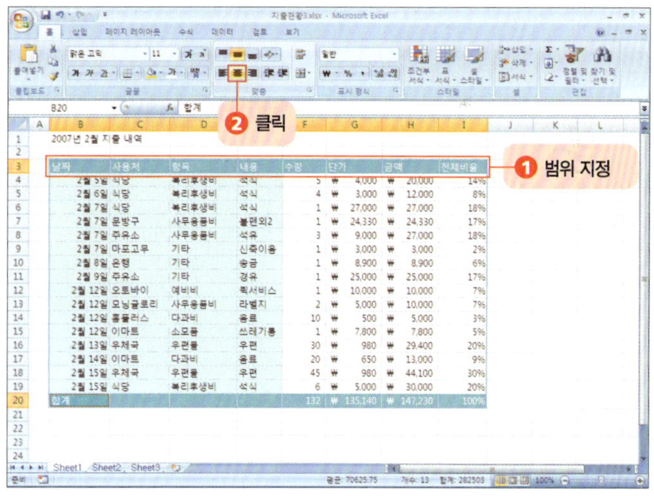

> **TIP**　세로 가운데 맞춤을 적용하려면 〔홈〕 탭의 〔맞춤 – 가운데 맞춤 ☰〕을 클릭합니다.
>
> 클릭
>
> 맞춤

03 2007년 2월 지출 내역을 표의 가운데로 정렬하기 위해 ❶ [B1:I1]을 범위 지정한 후 ❷ [홈] 탭의 [맞춤 – 병합하고 가운데 맞춤]을 클릭합니다.

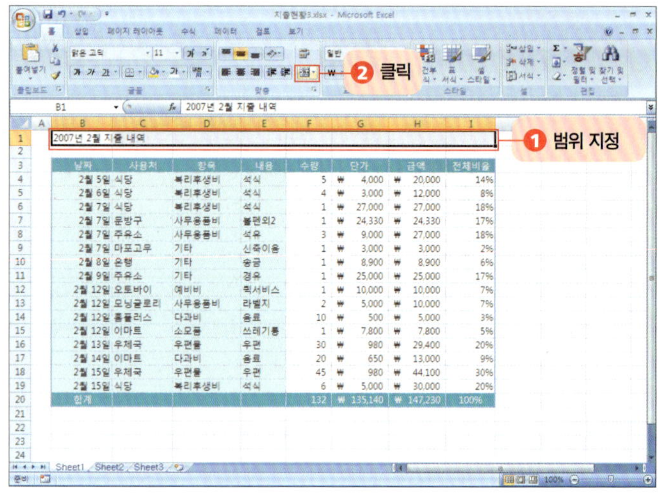

04 ❶ [B20:E20]을 범위 지정한 후 ❷ [홈] 탭의 [맞춤 – 병합하고 가운데 맞춤]을 클릭합니다.

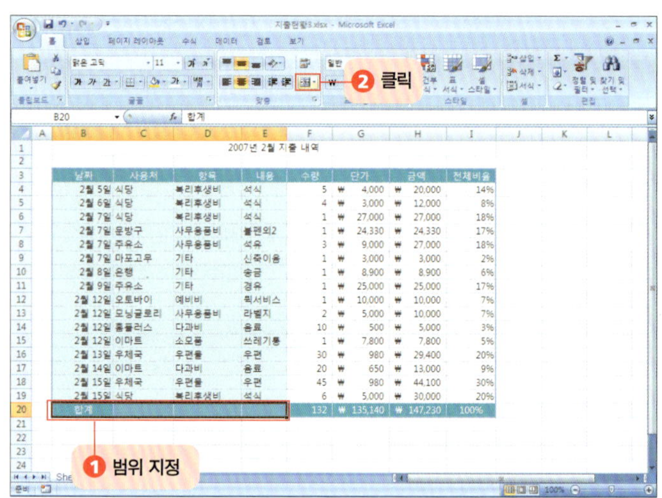

> **TIP** **선택 영역의 가운데로**
>
> [셀 서식] 대화상자의 [맞춤] 탭에서 '선택 영역의 가운데'를 선택하면 셀은 병합되지 않고 글자를 선택 영역의 가운데로 지정합니다.

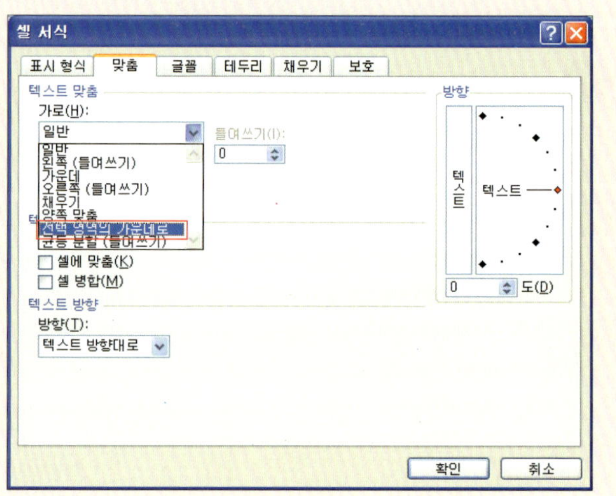

호텔 예약 현황 서식 지정하기

호텔 예약 현황이 작성된 표에 표시 형식, 글꼴, 테두리, 채우기, 맞춤 서식을 지정하여 좀 더 보기 좋은 형태의 표를 작성해 보겠습니다.

〔예제 파일 경로〕 부록 CD\Sample\Part04\해외호텔예약현황.xlsx | 〔결과 파일 경로〕 부록 CD\Sample\Part04\After\해외호텔예약현황_완성.xlsx

완성
예제
미리
보기

2006년 01월 해외 호텔 예약 현황

예약일자	예약자	호텔명	장소	룸형태	통화	금액	환율	Amount In KRW	Commision
1/2	이한구	만다린 호텔	필리핀 마닐라	TWIN	USD	US$ 100.00	945	₩ 94,500	₩ 3,780
1/4	조혜윤	샹그릴라 호텔	태국 방콕	DOUBLE	USD	US$ 120.00	945	₩ 113,400	₩ 4,536
1/6	한기래	포시즌 호텔	호주 시드니	TRIPLE	AUD	$ 250.00	450	₩ 112,500	₩ 4,500
1/6	Michel CK	샹그릴라 호텔	태국 방콕	TRIPLE	USD	US$ 150.00	945	₩ 141,750	₩ 5,670
1/7	김영주	포시즌 호텔	호주 시드니	TWIN	AUD	$ 250.00	480	₩ 120,000	₩ 4,800
1/7	이덕구	포시즌 호텔	호주 시드니	DOUBLE	AUD	$ 250.00	480	₩ 120,000	₩ 4,800
1/8	조혜정	포시즌 호텔	호주 시드니	TRIPLE	AUD	$ 250.00	450	₩ 112,500	₩ 4,500
1/8	이준회	르네상스 리조트 호텔	일본 오키나와	DOUBLE	JPY	¥ 250.00	1000	₩ 250,000	₩ 10,000
1/8	권신근	르네상스 리조트 호텔	일본 오키나와	DOUBLE	JPY	¥ 250.00	1000	₩ 250,000	₩ 10,000
1/8	천미회	만다린 호텔	필리핀 마닐라	TWIN	USD	US$ 131.00	945	₩ 123,795	₩ 4,952
1/8	조전임	샹그릴라 호텔	태국 방콕	TWIN	USD	US$ 112.00	960	₩ 107,520	₩ 4,301
1/8	박현주	보모 아일랜드	피지	DOUBLE	USD	US$ 113.00	960	₩ 108,480	₩ 4,339
1/8	이예원	보모 아일랜드	피지	DOUBLE	USD	US$ 125.00	960	₩ 120,000	₩ 4,800
1/8	이선규	쉐라톤 리조트	방콕 파타야	DOUBLE	USD	US$ 120.00	960	₩ 115,200	₩ 4,608
1/8	한가인	보모 아일랜드	피지	DOUBLE	USD	US$ 130.00	960	₩ 124,800	₩ 4,992
1/8	김주욱	만다린 호텔	필리핀 마닐라	DOUBLE	USD	US$ 130.00	960	₩ 124,800	₩ 4,992
1/9	김건수	쉐라톤 리조트	방콕 파타야	TRIPLE	USD	US$ 180.00	960	₩ 172,800	₩ 6,912
1/9	이정훈	만다린 호텔	필리핀 마닐라	DOUBLE	USD	US$ 150.00	960	₩ 144,000	₩ 5,760
1/9	추흥식	쉐라톤 리조트	방콕 파타야	DOUBLE	USD	US$ 130.00	960	₩ 124,800	₩ 4,992
1/10	오경욱	르네상스 리조트 호텔	일본 오키나와	TWIN	JPY	¥ 250.00	1000	₩ 250,000	₩ 10,000
1/11	이용래	르네상스 리조트 호텔	일본 오키나와	TWIN	JPY	¥ 250.00	1000	₩ 250,000	₩ 10,000
1/15	임병준	포시즌 호텔	호주 시드니	TWIN	AUD	$ 250.00	500	₩ 125,000	₩ 5,000
1/15	표경민	르네상스 리조트 호텔	일본 오키나와	DOUBLE	JPY	¥ 130.00	1000	₩ 130,000	₩ 5,200
1/15	이혜정	샹그릴라 호텔	태국 방콕	TRIPLE	USD	US$ 100.00	970	₩ 97,000	₩ 3,880
1/15	박경민	보모 아일랜드	피지	DOUBLE	USD	US$ 150.00	970	₩ 145,500	₩ 5,820
1/23	김영실	쉐라톤 리조트	방콕 파타야	TRIPLE	USD	US$ 180.00	945	₩ 170,100	₩ 6,804
1/23	김지수	쉐라톤 리조트	방콕 파타야	TRIPLE	USD	US$ 180.00	990	₩ 178,200	₩ 7,128
합 계								₩ 3,926,645	₩ 157,066

01 ❶ [A1:J1]을 범위 지정한 후 ❷ [홈] 탭의 [글꼴 – 글꼴 크기]에서 '18', ❸ [홈] 탭의 [글꼴 – 글꼴 색 가 ▾]에서 '진한 파랑', ❹ [홈] 탭의 [맞춤 – 병합하고 가운데 맞춤]을 클릭합니다.

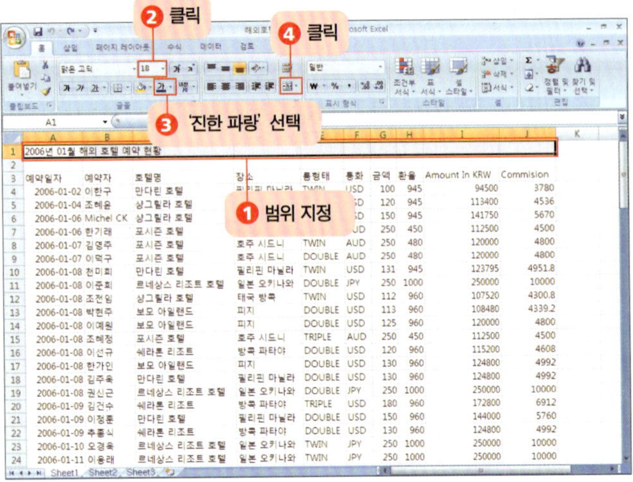

02 ❶ [F4] 셀에 셀 포인터를 위치시킨 후 ❷ [홈] 탭의 [편집 – 정렬 및 필터]를 클릭하고 [텍스트 오름차순 정렬]을 클릭합니다.

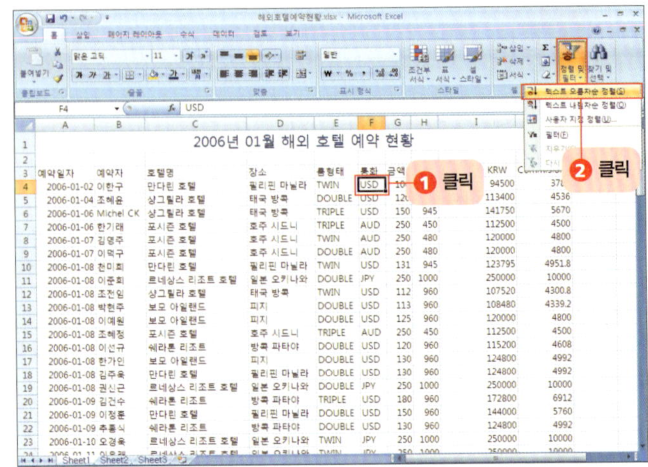

> **TIP** 통화 유형에 따라 표시 형식을 지정하고자 할 때에는 통화 유형이 흩어져 있으므로 연속된 공간으로 정렬하는 것이 좋습니다.

> **Page** 정렬에 대해서는 039쪽을 참고하세요.

03 통화 유형별로 정렬되었으면 ❶ [G4:G8]을 범위 지정한 후 ❷ 마우스 오른쪽 버튼을 클릭하고 ❸ [셀 서식]을 클릭합니다.

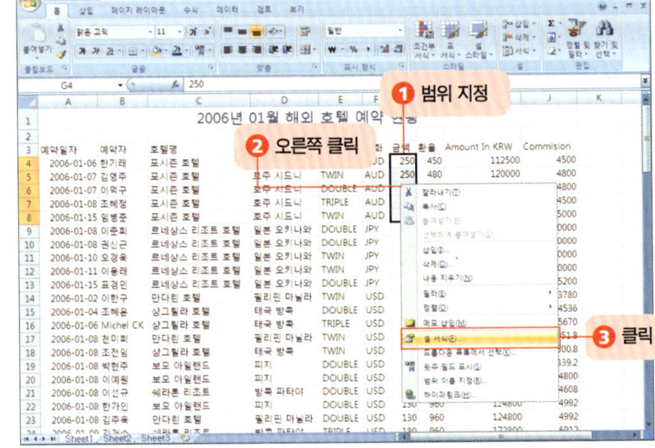

> **TIP** [셀 서식] 대화상자의 단축키는 Ctrl + 1 입니다.

04 [셀 서식] 대화상자가 나타나면 ❶ [표시 형식] 탭의 '범주'에서 '회계', ❷ '기호'에서 '$'를 클릭하고 ❸ [확인] 버튼을 클릭합니다.

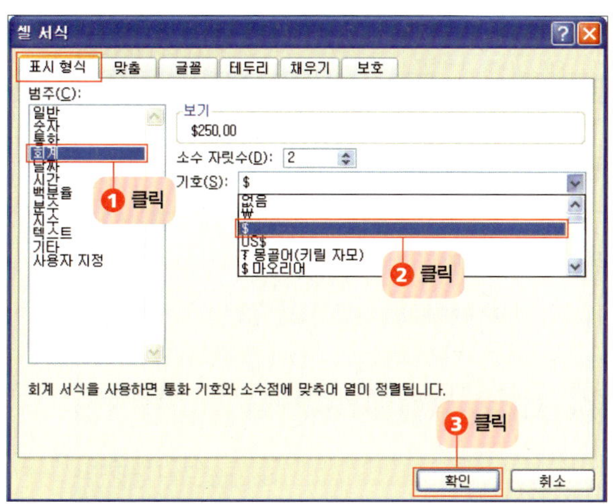

05 동일한 방법으로 ❶ [G9:G13]은 '¥' 기호를 ❷ [G14:G30]은 'US$' 기호를 지정하여 다음과 같이 완성합니다.

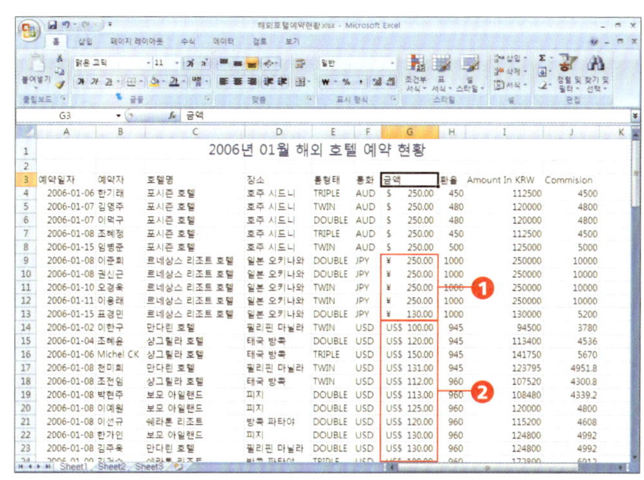

06 ❶ [H4:J31]을 범위 지정한 후 ❷ [홈] 탭의 [표시 형식 – 회계 표시 형식 ₩]을 클릭합니다.

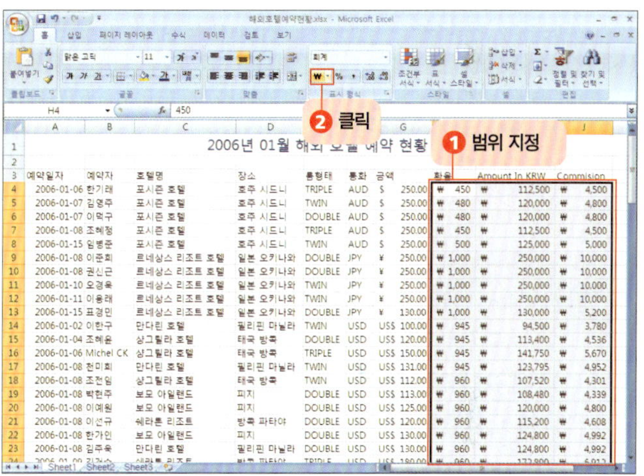

07 통화 유형별로 정렬한 것을 원래 상태인 날짜별로 정렬하기 위해 ❶ [A4] 셀을 클릭한 후 ❷ [홈] 탭의 [편집 – 정렬 및 필터]를 클릭하고 [날짜/시간 오름차순 정렬]을 클릭합니다.

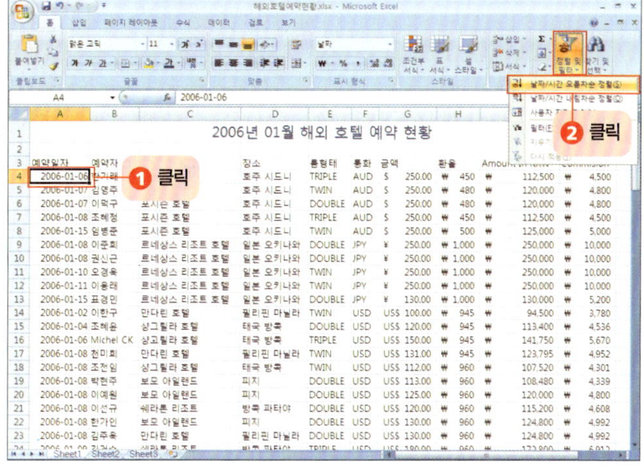

08 ❶ [A4:A30]을 범위 지정한 후 ❷ 마우스 오른쪽 버튼을 클릭하고 ❸ [셀 서식]을 클릭합니다.

09 [셀 서식] 대화상자가 나타나면 ❶ [표시 형식] 탭의 '범주'에서 '날짜', ❷ '형식'에서 '3/14'를 클릭하고 ❸ [확인] 버튼을 클릭합니다.

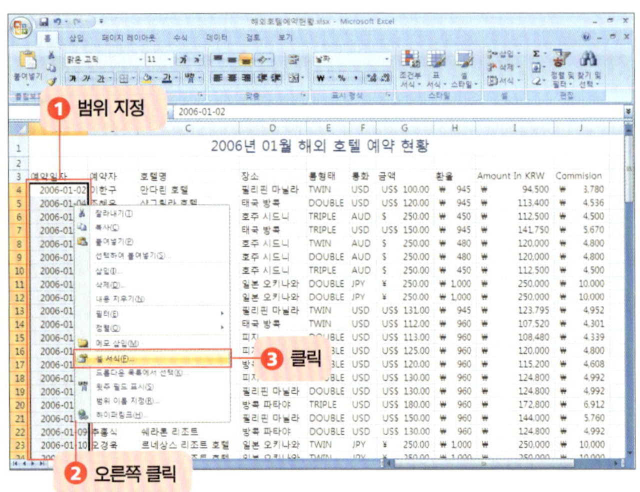

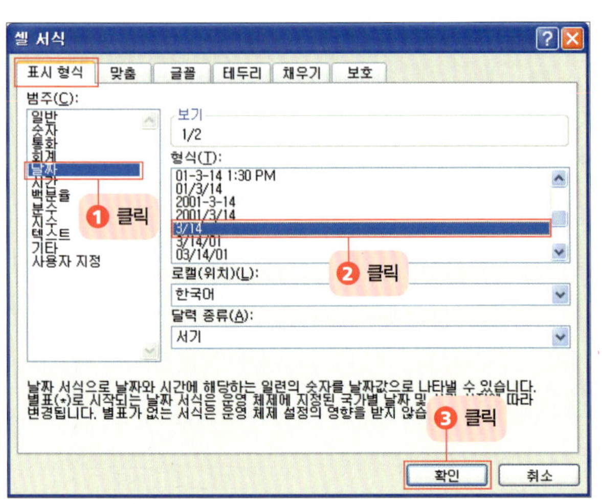

10 테두리 서식을 지정하기 위해 ❶ 전체 표를 범위 지정한 후 ❷ 마우스 오른쪽 버튼을 클릭하고 ❸ [셀 서식]을 클릭합니다.

> **TIP** 전체 표를 범위 지정하려면 데이터 안쪽에 있는 임의의 셀에 셀 포인터를 위치시킨 후 Ctrl + Shift + ★ 를 누르거나 [A3] 셀에 셀 포인터를 위치시킨 후 Ctrl + Shift + → 나 Ctrl + Shift + ↓ 을 누릅니다.

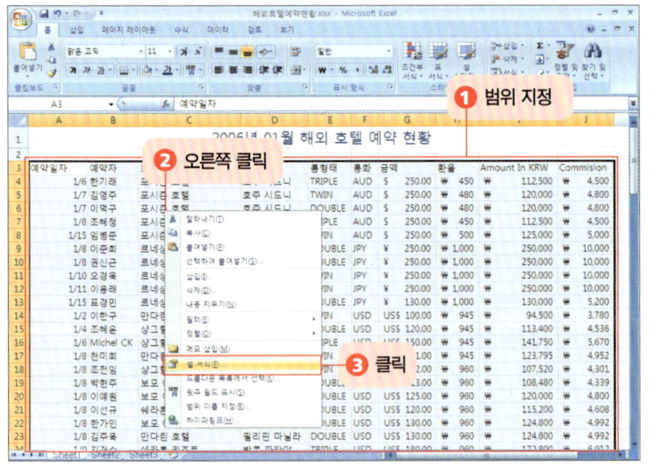

11 [셀 서식] 대화상자가 나타나면 ❶ [테두리] 탭의 스타일에서 '얇은 점선', ❷ 색에서 '파랑, 강조 1', ❸ 테두리에서 '안쪽 세로선'을 클릭한 후 ❹ [확인] 버튼을 클릭합니다.

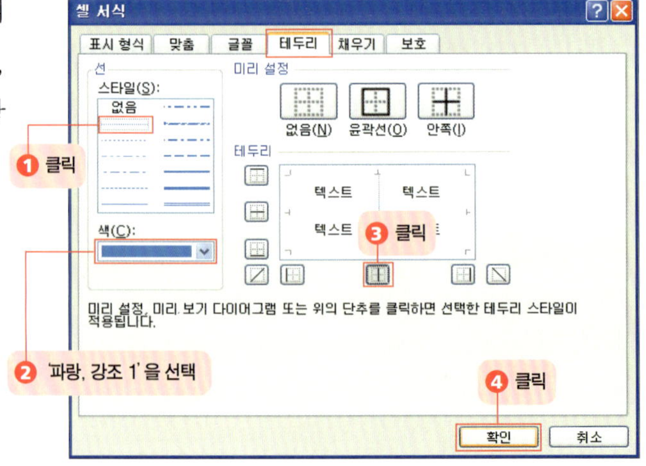

12 이번에는 ❶ [A3:J3]을 범위 지정한 후 ❷ 마우스 오른쪽 버튼을 클릭하고 ❸ [셀 서식]을 클릭합니다.

13 [셀 서식] 대화상자에서 ❶ [테두리] 탭의 스타일에서 '얇은 실선' 을, ❷ 색에서 '파랑, 강조 1', ❸ 테두리에서 '위쪽 가로선', ❹ 스타일에서 '이중 실선', ❺ 테두리에서 '아래쪽 가로선' 을 클릭한 다음 ❻ [확인] 버튼을 클릭합니다.

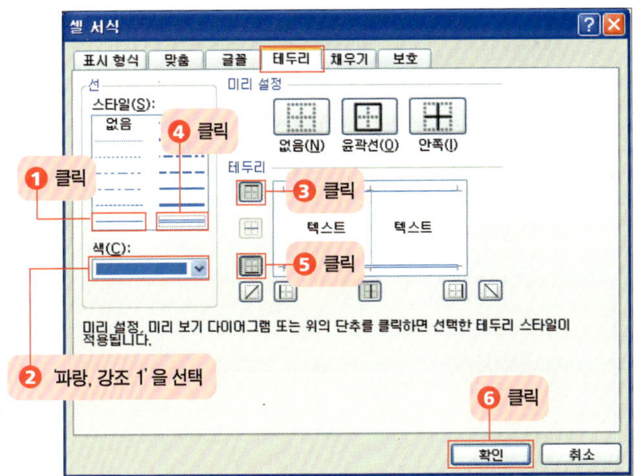

14 ❶ [A3:J3]을 범위 지정한 후 ❷ [홈] 탭의 [글꼴 – 채우기 색]에서 '바다 색, 강조 5, 80% 더 밝게' 를 선택한 후 ❸ [홈] 탭의 [맞춤 – 가운데 맞춤]을 클릭합니다.

15 ❶ [A31:H31]을 범위 지정한 후 ❷ [홈] 탭의 [맞춤 – 병합하고 가운데 맞춤]을 클릭합니다.

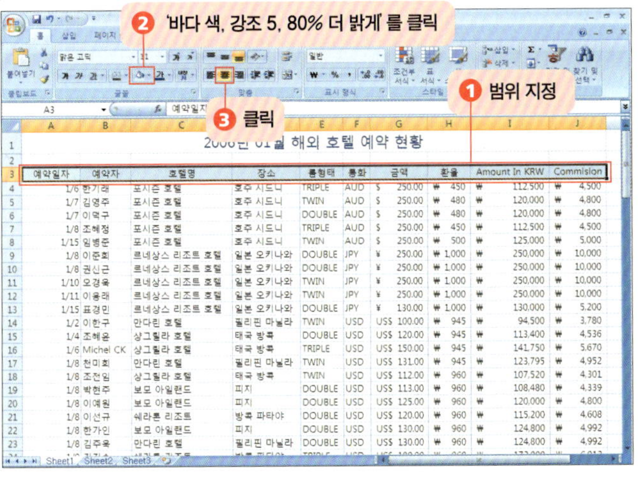

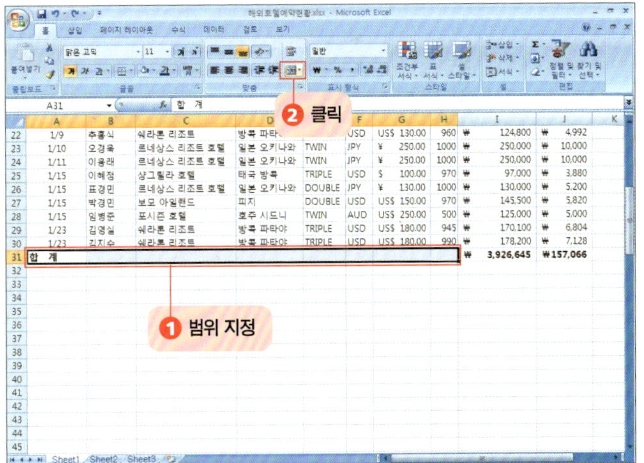

16 ❶ [A31:J31]을 범위 지정한 후 ❷ [홈] 탭의 [글꼴 – 채우기 색]을 클릭하고 ❸ '바다 색, 강조 5, 80% 더 밝게'를 선택합니다.

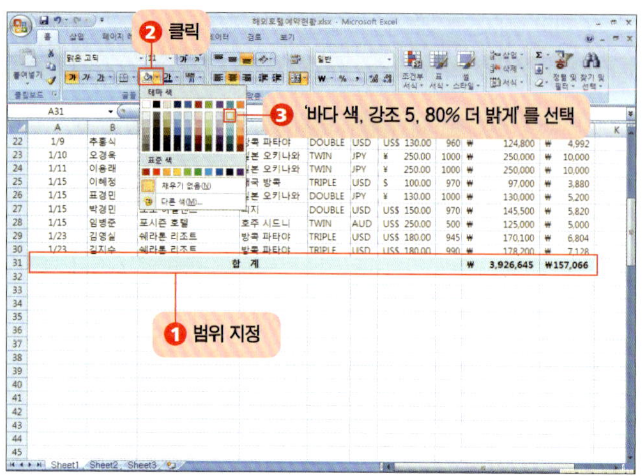

17 [A31:J31]가 범위 지정된 상태에서 ❶ 마우스 오른쪽 버튼을 클릭한 후 ❷ [셀 서식]을 클릭합니다.

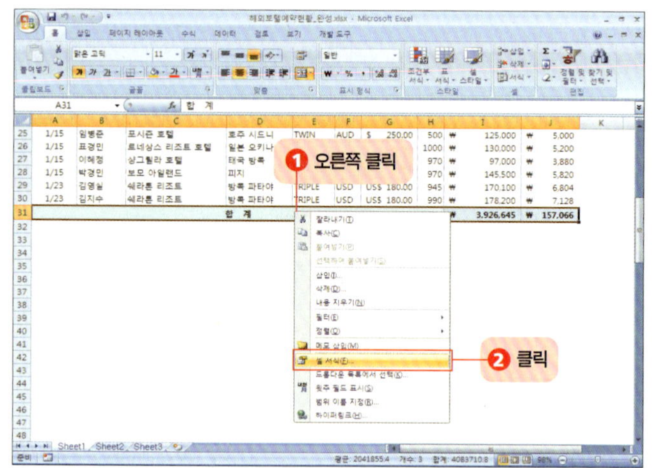

18 [셀 서식] 대화상자가 나타나면 ❶ [테두리] 탭의 스타일에서 '이중 실선' ❷ 색에서 '파랑, 강조 1' ❸ 테두리에서 '위쪽 테두리'와 '아래쪽 테두리'를 클릭한 후 ❹ [확인] 버튼을 클릭합니다.

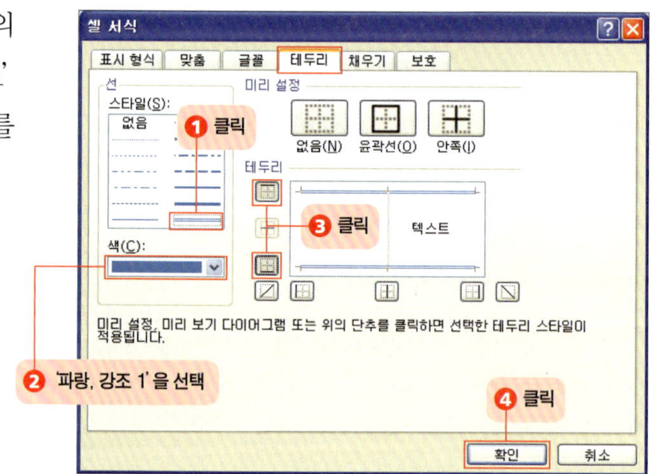

19 다음과 같이 완성됩니다.

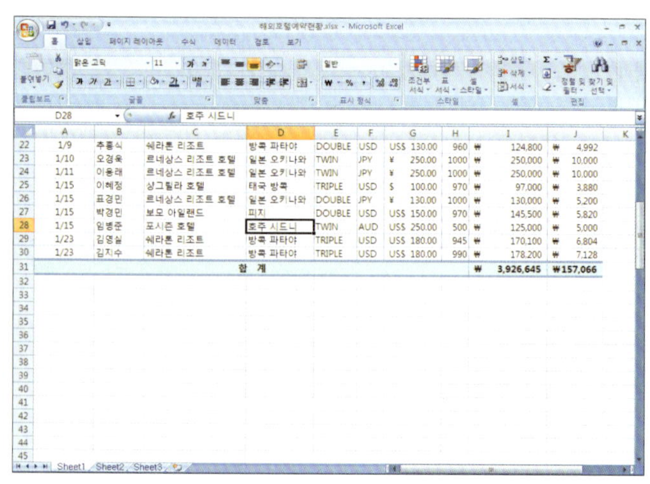

Lesson 02

데이터 종류에 따른 사용자 지정 표시 형식

앞에서 문자나 숫자를 셀에 입력했을 때에 어떻게 표시할 것인지를 결정하는 표시 형식 서식에 대해 배웠습니다. 표시 형식 서식은 기본적으로 제공하지만, 여러분이 원하는 형식이 목록 안에 없을 수도 있습니다. 이런 경우 사용자 지정 표시 형식을 이용하면 목록 형식을 추가할 수 있습니다. 이번 레슨에서는 데이터 종류에 따라 사용자 지정 형식을 어떻게 정의하여 사용하는지에 대해 알아보겠습니다.

문자/숫자 서식 만들기

[셀 서식] 대화상자의 [표시 형식] 탭의 사용자 지정을 클릭하면 #, @, ?, 0 등의 여러 기호들이 조합된 다양한 형식이 등록되어 있는 것을 알 수 있는데, 이 기호들을 이용하면 표시 형식을 새로 정의할 수 있습니다.

표시 형식을 만들어 사용하려면 이 기호들을 먼저 이해해야만 합니다. 문자 데이터와 숫자 데이터의 표시 형식을 정의하는 데에 사용되는 기호들은 다음과 같습니다.

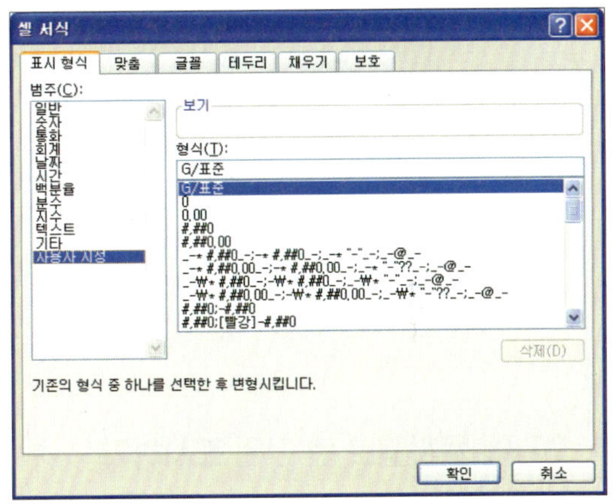

구 분	기 호	설 명	입력 데이터	표시 형식 적용	화면 표시
숫자	#	소수점을 기준으로 왼쪽 값의 자릿수가 '#' 기호보다 많더라도 모두 표시하고, 오른쪽에 입력하는 데이터는 지정한 '#' 기호 개수 만큼만 표시합니다. 단, 무효한 0은 표시하지 않습니다.	52.513 57621.20	#.## #,###.##	52.51 57,621.2
	0	무효한 0을 모두 표시합니다.	5	000	005
	?	소수점의 위치를 고정하여 정수 부분과 소수점 이하 부분의 위치를 정렬할 때에 사용합니다.	67.4	0.???	67.4∨∨
문자	@	텍스트 표시 형식을 지정합니다.	홍길동	@"氏"	홍길동氏
기타	_(언더바)	#, 0, ?, @을 이용하여 표시 형식을 지정하면서 원하는 위치에 간격을 줄 때에 사용합니다. _ 기호 다음에 입력된 기호 너비 만큼 간격이 생깁니다.	4567	#,##0_-	4,567∨
	*	* 뒤에 입력한 기호나 문자를 셀 크기가 허용하는 범위 안에서 무한 반복합니다.	56732	#,##0*-	56,732—
	;	항목을 구분하는 기호로 '양수;음수;0;문자' 를 구분합니다.	#,##0;〔빨강〕▼#,##0;"–";@"氏"		
조건/색상	〔조건값〕	조건에 따른 서식을 지정합니다. 조건은 비교 연산자로 입력합니다.			
	〔색상〕	파랑, 빨강, 노랑, 녹청, 녹색, 자홍, 흰색, 노랑의 7가지 색을 지정합니다. 그 밖의 색은 〔색n〕으로 표기합니다. n은 1~56까지 지정할 수 있습니다.			

● #,##0 서식과 #,### 서식 이해하기

#,##0 서식과 #,### 서식은 모두 천 단위마다 「, 」를 붙여 표시하겠다는 뜻입니다. 두 서식의 차이는 #,##0 서식은 무효한 0을 표시하고 #,### 서식은 0을 표시하지 않습니다.

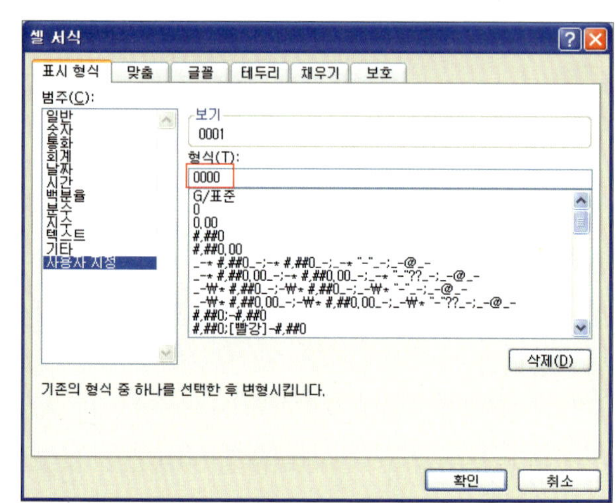

입력값	#,##0 서식적용	#,### 서식적용
23450	23,450	23,450
3500000	3,500,000	3,500,000
0	0	
3450	3,450	3,450
0	0	
100000	100,000	100,000

● 숫자 자릿수를 고정하여 표시하기

숫자에 0001, 0002, 0003… 형태처럼 자릿수를 맞추어 표시해야 할 경우, 기호 「0」으로 표시 형식을 정의합니다.

입력값	0000 서식적용
1	0001
2	0002
3	0003
4	0004
5	0005
6	0006
7	0007
8	0008
9	0009
10	0010

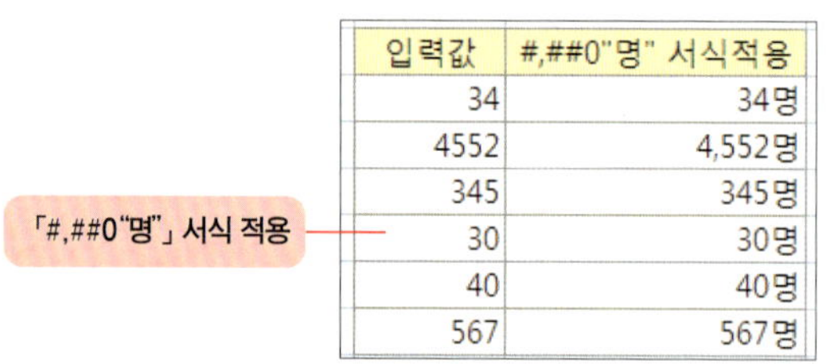

● 숫자에 문자열로 된 단위 표시하기

숫자 뒤에 단위를 붙여서 표시하거나 숫자 앞에 기호를 넣어야 할 경우에는 「#"문자열"」 형태로 입력합니다. 예를 들면 「#"㎖"」, 「"$"#,##0」과 같은 형태입니다.

입력값	#,##0"명" 서식적용
34	34명
4552	4,552명
345	345명
30	30명
40	40명
567	567명

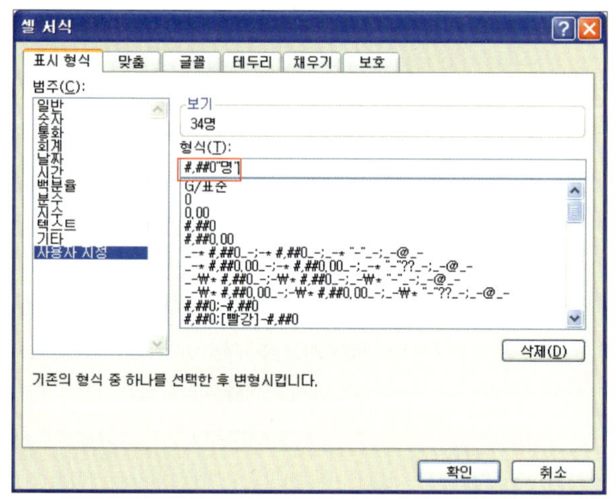

● 원 단위를 천 단위나 백만 단위로 표시하기

입력은 원 단위로 해 두었지만 표시는 천 단위나 백만 단위로 할 수 있습니다. 천 단위로 표시하려면 「#,##0,」로 표시하고, 백만 단위로 표시하려면 「#,##0,,」로 표시합니다.

입력값	#,##0, 서식적용	#,##0,, 서식적용
23400000	23,400	23
4567800	4,568	5
456789456	456,789	457

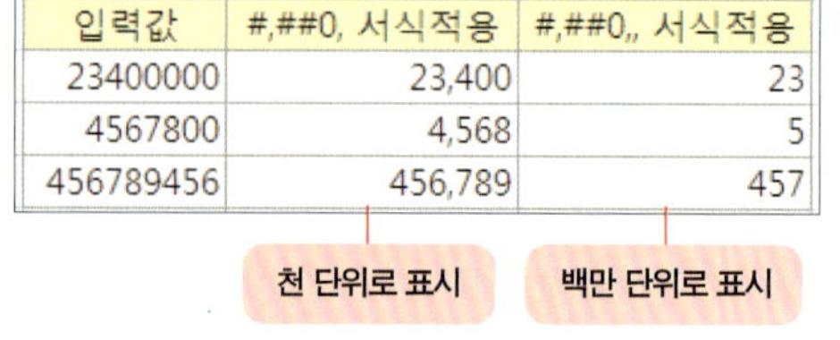

● 양수, 음수, 0에 따라 다른 서식 적용하기

양수, 음수, 0에 따라 다른 서식을 적용하려면 세미콜론(;)을 이용하여 각각의 서식을 정의합니다. 형식은 다음과 같습니다.

형식	양수의 서식;음수의 서식;0의 값 서식
예	〔파랑〕#,##0; 〔빨강〕(#,##0); "-"

❶   ❷   ❸

❶ 양수는 천 단위마다 쉼표를 찍고 파란색으로 표시

❷ 음수는 천 단위마다 쉼표를 찍고 빨간색으로 표시하며 괄호를 묶어서 표시

❸ 0의 값은 하이픈(-)으로 표시

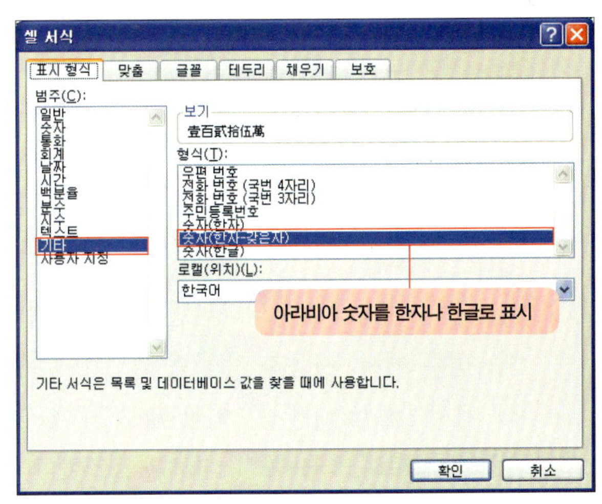

입력값	0.0;[빨강]"▼"0.0;"-" 서식적용
67.9	67.9
0	-
-12.2	▼12.2
14.9	14.9
-45.7	▼45.7
0	-
23	23.0

- 양수는 소수점 첫째 자리까지 표시
- 음수는 소수점 첫째 자리까지 표시하며, ▼을 붙이고 빨간색으로 표시
- 0은 "-"으로 표시

● 아라비아 숫자를 한자/한글로 표시하기

[셀 서식] 대화상자의 '범주'에서 '기타'를 클릭하면 아라비아 숫자를 한자나 한글로 표시할 수 있습니다.

입력값	숫자(한자_갖은자)	숫자(한글)
1250000	壹百貳拾伍萬	일백이십오만
34000	參萬四阡	삼만사천
2986700	貳百九拾八萬六阡七百	이백구십팔만육천칠백

TIP 사용자 지정에서 직접 정의하려면 한자_갖은자는 〔DBNUM2〕로, 한글은 〔DBNUM4〕로 정의합니다.

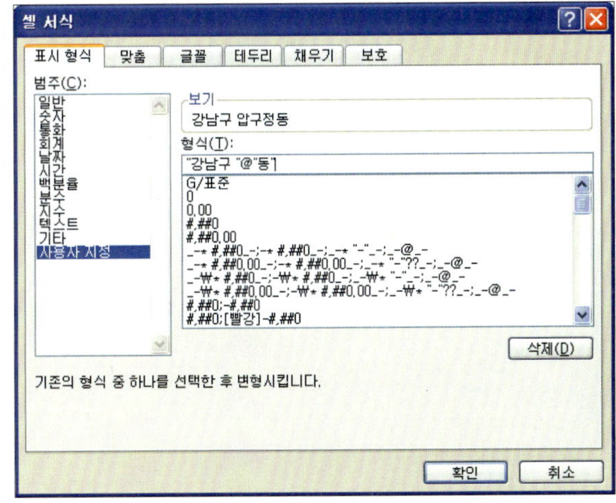

● 문자 표시 형식 정의

입력된 문자에 표시 형식을 지정하려면, @ 기호를 이용합니다.

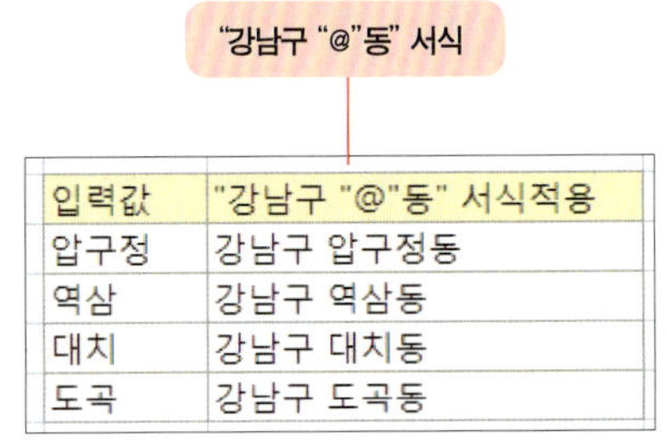

입력값	"강남구 "@"동" 서식적용
압구정	강남구 압구정동
역삼	강남구 역삼동
대치	강남구 대치동
도곡	강남구 도곡동

영업소별 실적에 서식 적용하기

이번에는 [B5:B9]에 "영업소"를 표시, 양수는 천 단위마다 쉼표(,)를 표시, 음수는 빨간색에 "▼" 기호와 천 단위마다 쉼표(,)를 표시, 0의 값은 "-"로 표시하는 서식을 지정해 보겠습니다.

〔예제 파일 경로〕부록 CD\Sample\Part04\문자_숫자 서식.xlsx | 〔결과 파일 경로〕부록 CD\Sample\Part04\After\문자_숫자 서식_완성.xlsx

01 ❶ [B5:E9]를 범위 지정한 후 ❷ 마우스 오른쪽 버튼을 클릭하고 ❸ [셀 서식]을 클릭합니다.

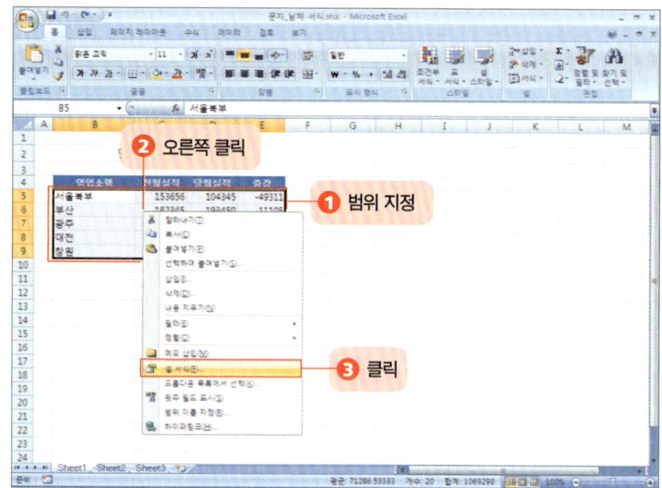

02 [셀 서식] 대화상자가 나타나면 ❶ [표시 형식] 탭의 '범주'에서 '사용자 지정'을 클릭한 후 ❷ '형식'에서 「#,##0;[빨강]"▼"#,##0;"-";@" 영업소"」를 입력하고 ❸ [확인] 버튼을 클릭합니다.

> **TIP** #,##0;[빨강]"▼"#,##0;"-";@"영업소"는 "양수의 서식;음수의 서식;0의값 서식;문자열 서식"을 지정한 서식입니다.

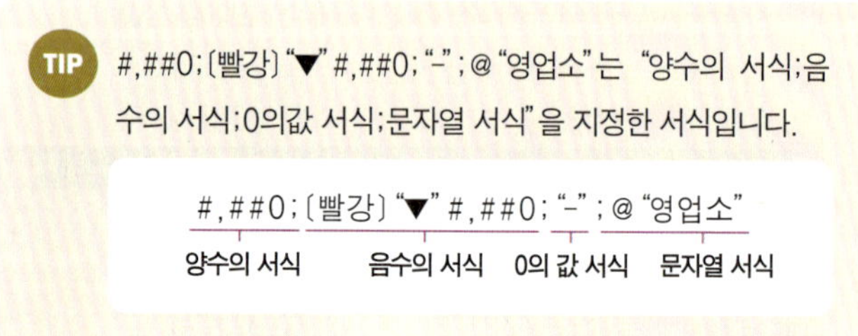

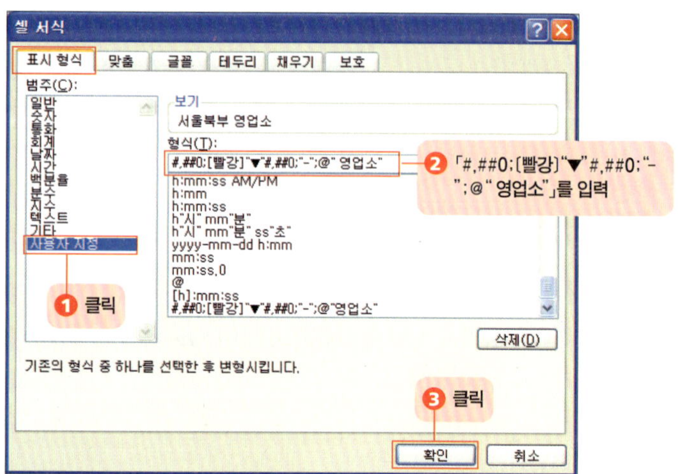

03 다음과 같이 양수, 음수, 0, 문자열에 지정한 서식이 각각 적용됩니다.

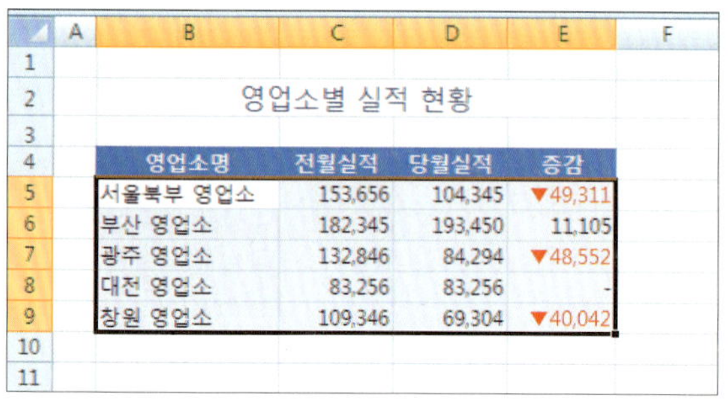

	A	B	C	D	E	F
1						
2		영업소별 실적 현황				
3						
4		영업소명	전월실적	당월실적	증감	
5		서울복부 영업소	153,656	104,345	▼49,311	
6		부산 영업소	182,345	193,450	11,105	
7		광주 영업소	132,846	84,294	▼48,552	
8		대전 영업소	83,256	83,256	-	
9		창원 영업소	109,346	69,304	▼40,042	
10						
11						

 날짜/시간 서식 만들기

날짜와 시간 데이터에 표시 형식을 정의하기 위해 사용하는 기호들은 다음과 같습니다.

구분	기호	설 명	입력 데이터	표시 형식	화면 표시
날짜	yy yyyy	연도를 2자리 또는 4자리로 표시합니다.	2006-04-05	yy yyyy	06 2006
	m mm	월을 1자리 또는 2자리로 표시합니다.	2006-04-05	m mm	4 04
	mmm mmmm	월을 영문 3글자 또는 전체로 표시합니다.	2006-04-05	mmm mmmm	Apr April
	d dd	일을 1자리 또는 2자리로 표시합니다.	2006-04-05	d dd	5 05
	ddd dddd	요일을 영문 3글자 또는 전체로 표시합니다.	2006-04-05	ddd dddd	Wed Wednesday
	aaa aaaa	요일을 한글 1글자 또는 전체로 표시합니다.	2006-04-05	aaa aaaa	수 수요일
시간	h hh	시간을 0~23, 00~23으로 표시합니다.	08:00	h hh	8 08
	[h]	시간을 24시간제로 표시합니다.	26:30	h:mm [h]:mm	2:30 26:30
	m mm	분을 0~59 00~59로 표시합니다.	08:5	h:m hh:mm	8:5 08:05
	s ss	초를 0~59, 00~59로 표시합니다.	08:30:9	h:m:s hh:mm:ss	8:30:9 08:30:09

● 날짜 데이터를 여러 형태로 표시하기

날짜 데이터는 연, 월, 일 구분 기호를 「/」나 「−」로 입력하고
표시 형식에서 다양하게 표시합니다.

입력값	yy"년"mm"월"dd"일"	mmm-dd	mm/dd (aaa)
2007-02-17	07년02월17일	Feb-17	02/17 (토)
2007-03-09	07년03월09일	Mar-09	03/09 (금)
2007-04-05	07년04월05일	Apr-05	04/05 (목)
2007-05-20	07년05월20일	May-20	05/20 (일)

● 시간 데이터를 여러 형태로 표시하기

시간 데이터는 시, 분, 초의 구분 기호를 「:」으로 입력하고 표
시 형식에서 다양하게 표시합니다.

입력값	h:mm:ss	m"분" ss"초"	[h]"시간" mm"분"
2:30:50	2:30:50	30분 50초	2시간 30분
0:01:30	0:01:30	1분 30초	0시간 01분
48:50:00	0:50:00	50분 00초	48시간 50분

날짜/시간에 대한 사용자 지정 표시 형식 적용하기

날짜와 시간 서식을 변경하여 근무 시간을 표시해 보겠습니다. 간단한 따라하기를 통해 연습해 보세요.

〔예제 파일 경로〕 부록 CD\Sample\Part04\날짜_시간 서식.xlsx | 〔결과 파일 경로〕 부록 CD\Sample\Part04\After\날짜_시간 서식_완성.xlsx

01 날짜 서식을 변경하기 위해 ❶ [B4:B23]을 범위 지정한 후 ❷ 마우스 오른쪽 버튼을 클릭하고 ❸ [셀 서식]을 클릭합니다.

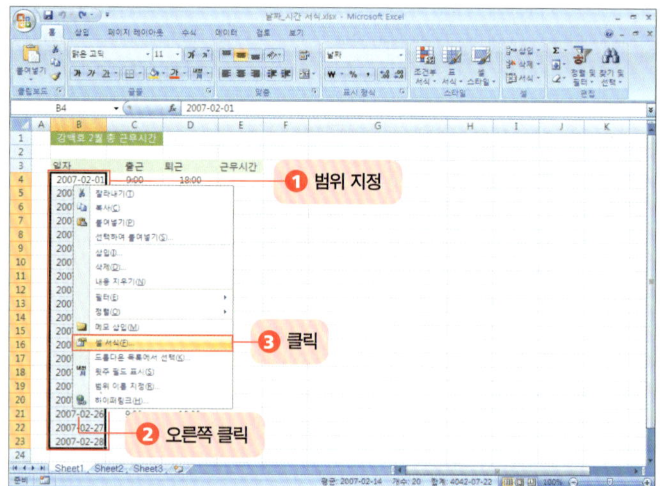

02 [셀 서식] 대화상자가 나타나면 ❶ [표시 형식] 탭의 '범주'에서 '사용자 지정'을 클릭한 후 ❷ '형식'에 「m/dd (aaa)」를 입력하고 ❸ [확인] 버튼을 클릭합니다.

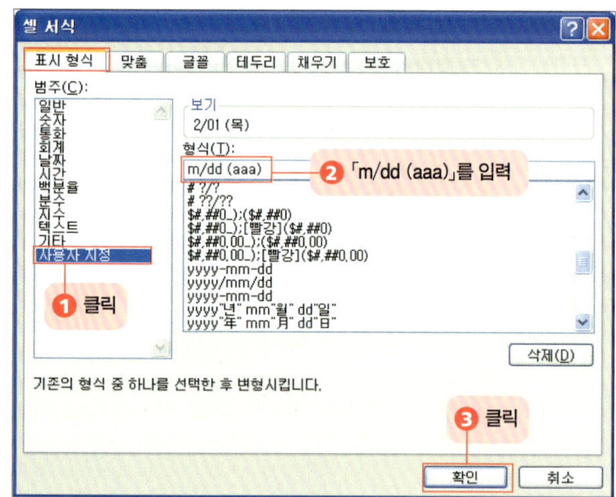

03　근무 시간을 구하기 위해 ❶ [E4] 셀을 클릭한 후 ❷ 수식 「=D4−C4」를 입력하고 Enter 를 누릅니다.

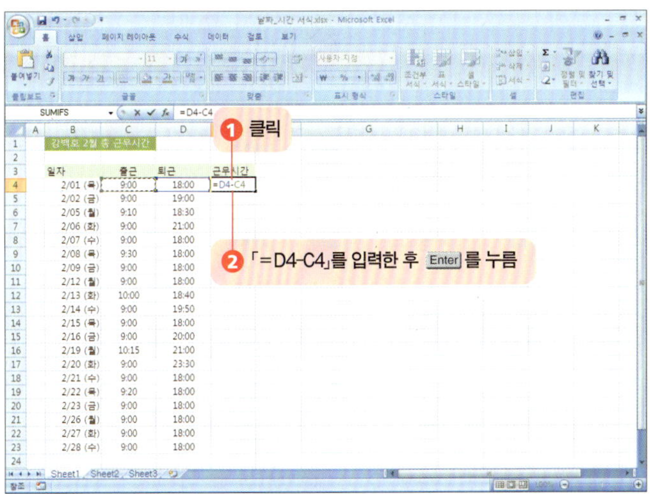

04　[E4] 셀의 채우기 핸들을 드래그하여 [E23] 셀까지 복사합니다.

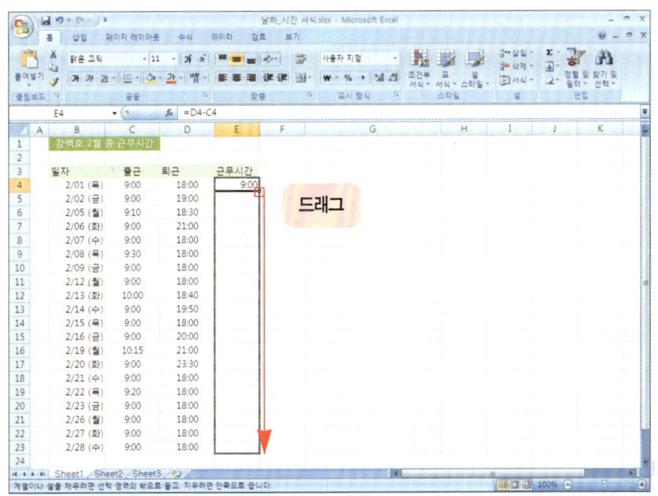

05　❶ [E4:E23]을 범위 지정한 후 ❷ 마우스 오른쪽 버튼을 클릭하고 ❸ [셀 서식]을 클릭합니다.

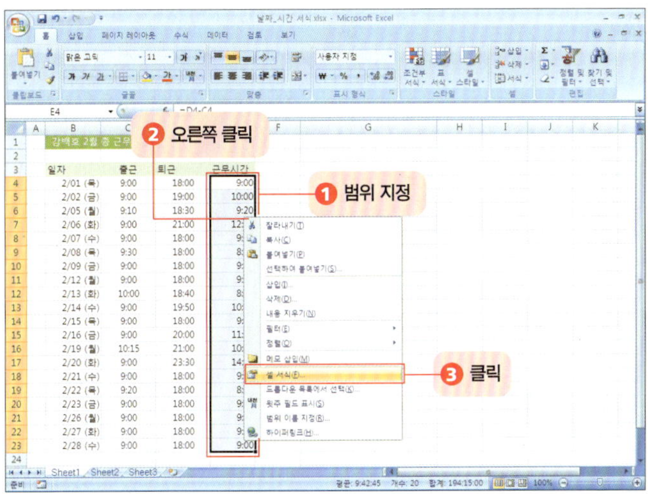

06 [셀 서식] 대화상자가 나타나면 ❶ [표시 형식] 탭의 '범주'에서 '사용자 지정'을 클릭한 후 ❷ '형식'에서 「h"시간" mm"분"」을 입력하고 ❸ [확인] 버튼을 클릭합니다.

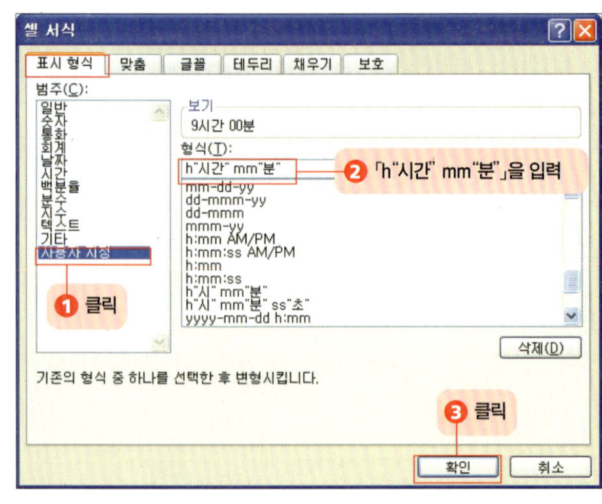

TIP 「h"시간" mm"분"」에서 따옴표를 생략하고 「h시간 mm분」으로 입력해도 됩니다. 사용자가 따옴표를 생략하면 엑셀이 자동으로 붙여 줍니다.

07 ❶ [D1] 셀을 클릭한 후 ❷ 수식 「=SUM(E4:E23)」을 입력하고 Enter 를 누릅니다.

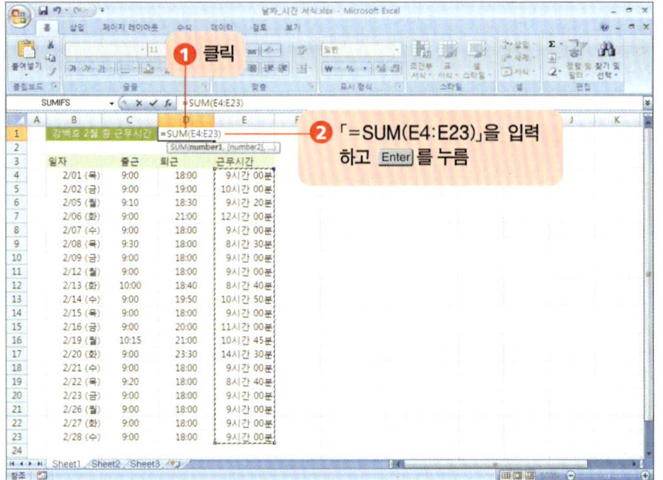

08 [D1] 셀에 2월 총 근무 시간의 합이 2시간 15분으로 나타납니다. 이것은 계산이 잘못된 것이 아니라 시간 표시 형식이 24시간제로 되어 있지 않기 때문입니다.

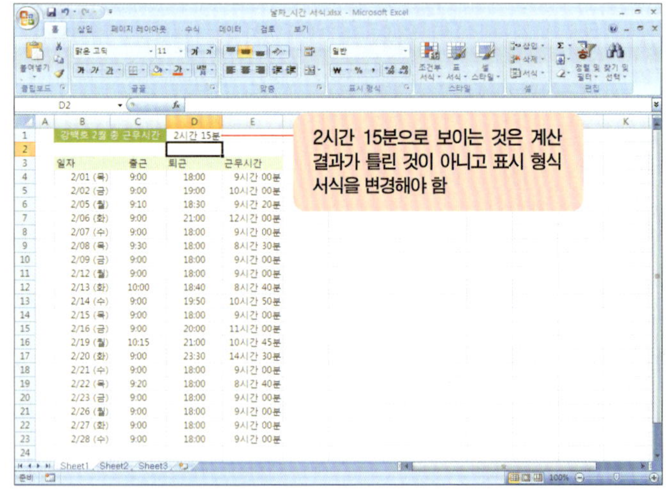

09 [D1] 셀에서 Ctrl + 1 을 눌러 [셀 서식] 대화상자가 나타나면 ❶ [표시 형식] 탭의 '범주'에서 '사용자 지정'을 클릭한 후 ❷ '형식'에서 「[h]"시간" mm "분"」을 입력하고 ❸ [확인] 버튼을 클릭합니다.

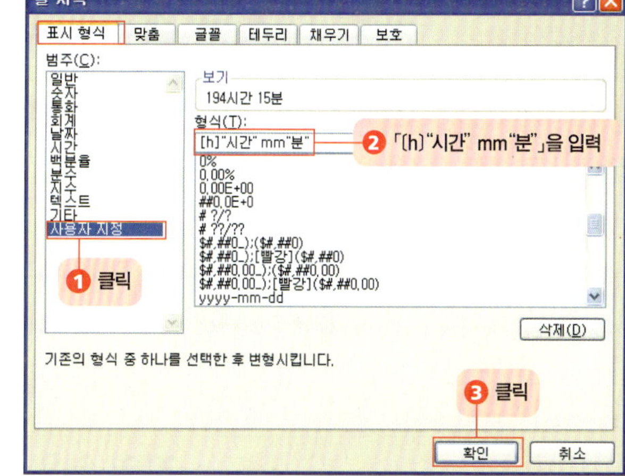

TIP 서식에서 시간을 [h]로 입력하면 24시간제로 표시됩니다.

10 다음과 같이 열 너비가 좁아 '####'으로 표시되면, [D] 열과 [E] 열 머리글 경계선을 더블클릭합니다.

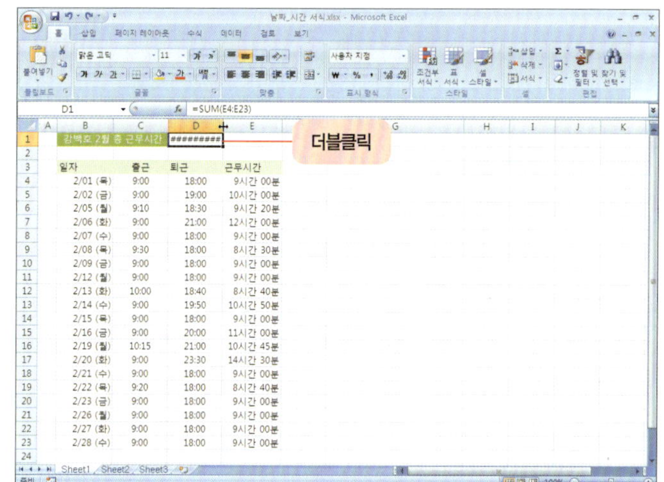

11 다음과 같이 2월 총 근무 시간의 합이 194시간 15분으로 올바르게 표시됩니다.

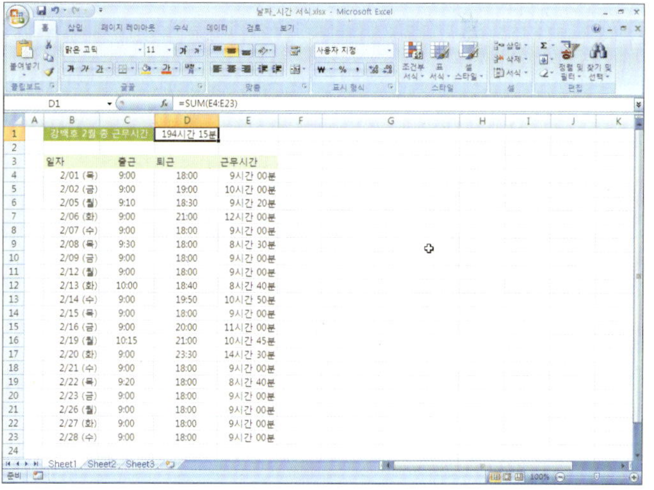

체력 테스트 결과에 다양한 사용자 지정 표시 형식 적용하기

체력 테스트는 각 종목별로 단위가 다릅니다. 체력 테스트 결과표에서 각 종목별 결과 값에 단위를 표시하여 더 읽기 쉬운 문서로 만들어 보겠습니다.

〔예제 파일 경로〕 부록 CD\Sample\Part04\영업사원체력테스트.xlsx | 〔결과 파일 경로〕 부록 CD\Sample\Part04\After\영업사원체력테스트_완성.xlsx

완성 예제 미리 보기

지역 영업사원 체력 테스트

작성일 : 2007.02.23 (금)

이 름	지 역	기초체력		종		목
		키	몸무게	100M 달리기	턱걸이	던지기
박기봉	강남	162cm	45kg	1:15초	6개	50m
김도규	영등포	167cm	75kg	1:20초	5개	39m
이상민	부산	157cm	65kg	1:16초	6개	40m
김영주	광주	162cm	70kg	2:10초	3개	49m
구상모	창원	160cm	58kg	1:50초	8개	48m
이영실	강남	163cm	60kg	1:17초	2개	38m
이영철	영등포	176cm	67kg	2:01초	4개	51m
이언욱	부산	150cm	80kg	2:15초	3개	47m
장정희	영등포	160cm	58kg	1:53초	4개	57m
한명회	영서	162cm	43kg	1:20초	7개	71m
정길수	영서	176cm	57kg	1:17초	4개	61m
김민수	광주	160cm	75kg	2:15초	5개	75m
홍의진	전주	160cm	72kg	2:15초	7개	45m
김판철	부산	163cm	78kg	2:15초	11개	88m
표경민	전주	157cm	50kg	1:10초	10개	56m
이혜정	창원	157cm	48kg	1:25초	9개	67m
이한구	창원	168cm	59kg	1:05초	8개	76m
이덕구	강남	170cm	70kg	1:09초	15개	80m
최고기록				1:05초	15개	88m

01 ❶ [H4] 셀에서 마우스 오른쪽 버튼을 클릭한 후
❷ [셀 서식]을 클릭합니다.

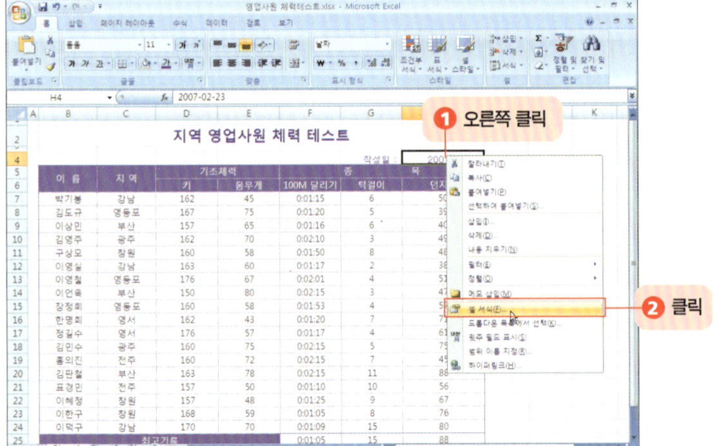

02 [셀 서식] 대화상자가 나타나면 ❶ [표시 형식] 탭
의 '범주'에서 '사용자 지정'을 클릭한 후 ❷ '형
식'에 「yyyy.mm.dd (aaa)」을 입력하고 ❸ [확인]
버튼을 클릭합니다.

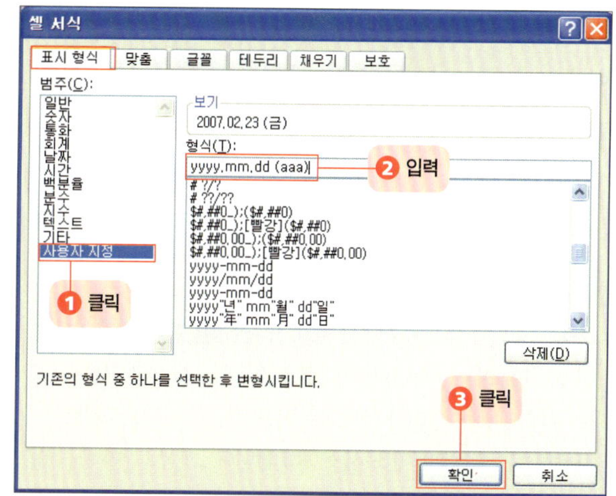

03 ❶ [D7:D24]를 범위 지정한 후 ❷ `Ctrl` + `1` 을 눌
러 [셀 서식] 대화상자가 나타나면 ❸ [표시 형식]
탭의 '범주'에서 '사용자 지정'을 클릭하고 ❹ '형
식'에 「#」을 입력합니다. ❺ 이어서 「ㄹ」을 입력한
후 `한자`를 눌러 기호 목록이 나타나면 ❻ [보기 변
경▶▶]을 클릭합니다.

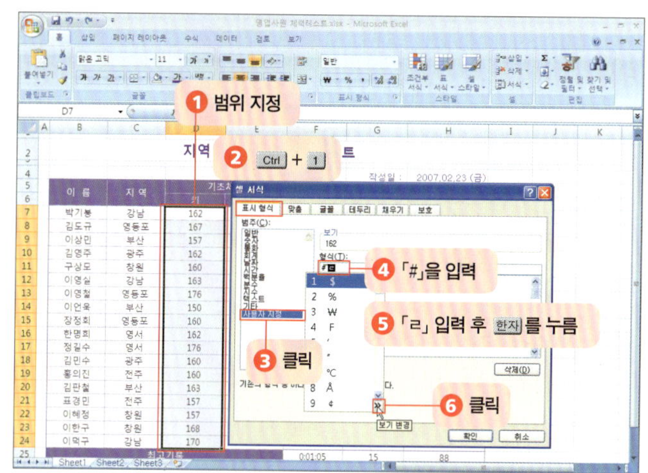

04 기호 목록이 나타나면 '㎝'를 클릭합니다.

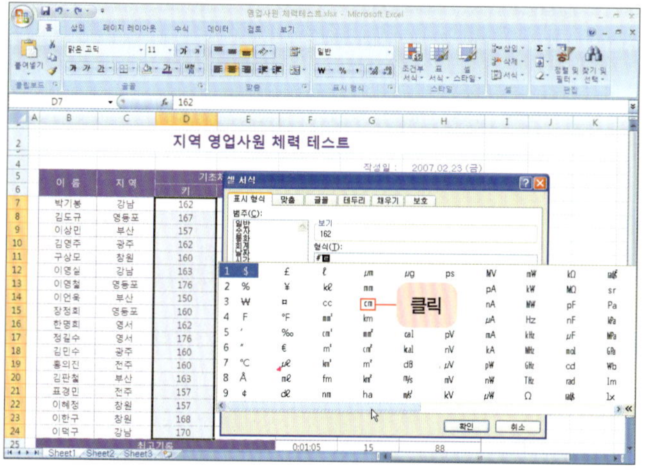

05 형식에 「#㎝」가 입력되면 [확인] 버튼을 클릭합
니다.

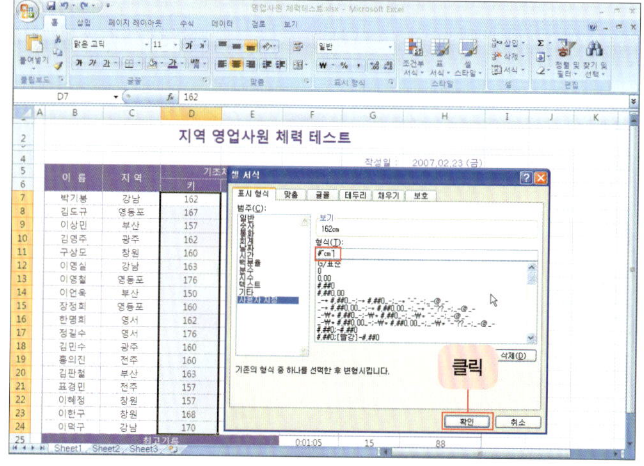

06 ❶ [E7:E24]를 범위 지정한 후 ❷ `Ctrl`+`1`을 눌러 [셀 서식] 대화상자가 나타나면 ❸ [표시 형식] 탭의 '범주'에서 '사용자 지정'을 클릭한 후 ❹ '형식'에 「#"kg"」을 입력하고 ❺ [확인] 버튼을 클릭합니다.

> **TIP** 서식을 정의할 때에 문자열을 추가하려면 따옴표("")를 붙여야 합니다. 만약, 사용자가 생략했을 경우에는 엑셀이 자동으로 붙여 줍니다. 그러나 예약어로 사용되는 기호를 문자열로 사용하려면 따옴표를 반드시 붙여야 합니다.

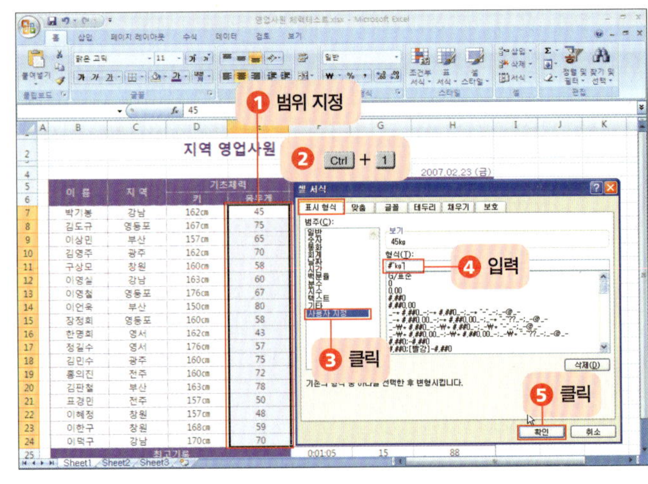

07 ❶ [F7:F25]를 범위 지정한 후 ❷ `Ctrl`+`1`을 눌러 [셀 서식] 대화상자가 나타나면 ❸ [표시 형식] 탭의 '범주'에서 '사용자 지정'을 클릭한 후 ❹ '형식'에 「m:ss"초"」를 입력하고 ❺ [확인] 버튼을 클릭합니다.

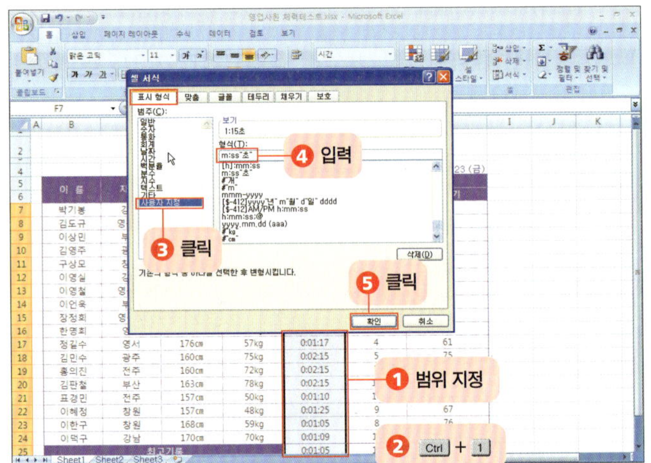

08 ❶ [G7:G25]를 범위 지정한 후 ❷ `Ctrl`+`1`을 눌러 [셀 서식] 대화상자가 나타나면 ❸ [표시 형식] 탭의 '범주'에서 '사용자 지정'을 클릭한 후 ❹ '형식'에 「#"개"」를 입력하고 ❺ [확인] 버튼을 클릭합니다.

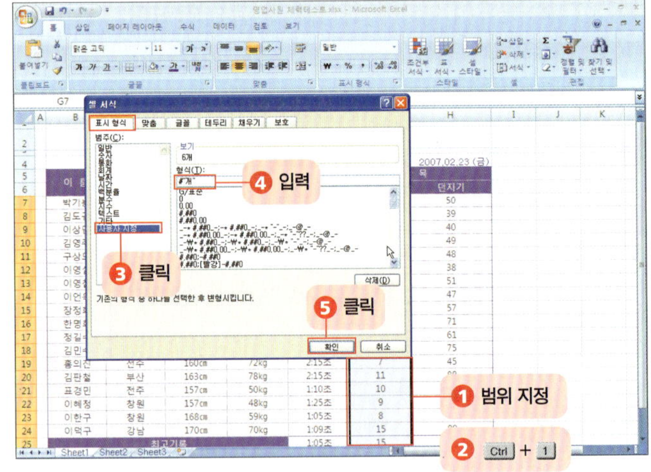

09 ❶ [H7:H25]를 범위 지정한 후 ❷ `Ctrl` + `1` 을 눌러 [셀 서식] 대화상자가 나타나면 ❸ [표시 형식] 탭의 '범주'에서 '사용자 지정'을 클릭한 후 ❹ '형식'에 「#"m"」을 입력하고 ❺ [확인] 버튼을 클릭합니다.

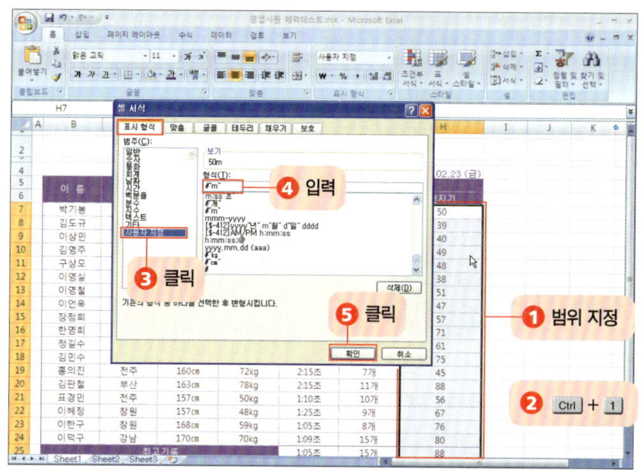

10 다음과 같이 각 영역별로 사용자 지정 표시 형식이 적용됩니다.

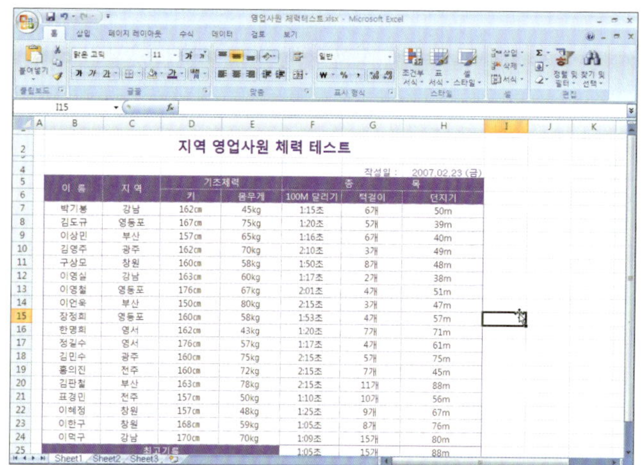

Lesson 03

새로워지고 향상된 스타일 그룹

[홈] 탭의 스타일 그룹은 엑셀 2007에서 두드러지게 향상된 기능입니다. 이번 레슨에서는 서식을 지정하는 데에 많은 시간을 소비할 필요가 없는 셀 스타일과 몇 번의 클릭만으로 데이터를 조합하여 표를 만들 수 있는 표 서식, 그리고 다양한 시각화 구성표를 갖춘 조건부 서식에 대해 알아보겠습니다.

 ## 새로 추가된 셀 스타일

셀 스타일은 글꼴, 글꼴 크기, 표시 형식, 테두리 및 셀 음영 등의 서식이 정의된 집합으로, 여러 가지 서식을 한 번에 적용하거나 셀 서식을 일관되게 지정할 수 있습니다.

● 셀 스타일 적용하기

셀 스타일을 적용하려면 [홈] 탭의 [스타일 – 셀 스타일]을 클릭합니다. 원하는 스타일에 마우스 포인터를 올려놓으면 곧바로 미리 보기가 되므로 보다 빠르게 원하는 스타일을 적용할 수 있습니다.

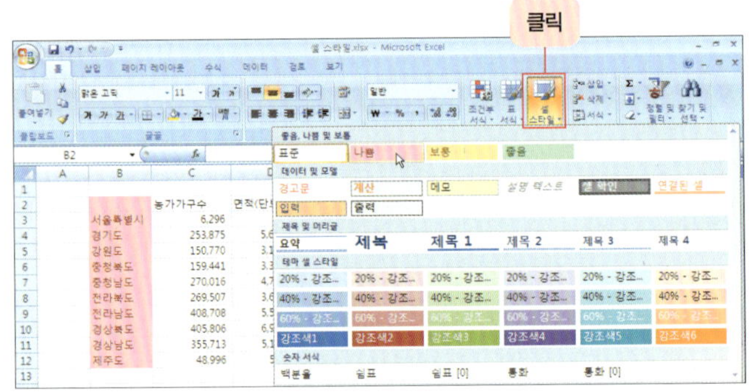

● 스타일 만들어 등록하기

[홈] 탭의 [스타일 – 셀 스타일]에는 여러 개의 스타일이 등록되어 있습니다. 스타일은 이 밖에도 새로운 스타일을 등록할 수 있는데 사용자가 직접 만들거나 기존 셀 스타일을 수정 또는 복제하여 만들 수 있습니다.
사용자가 직접 등록을 하려면 [홈] 탭의 [스타일 – 셀 스타일]을 클릭한 후 [새 셀 스타일]을 선택합니다.

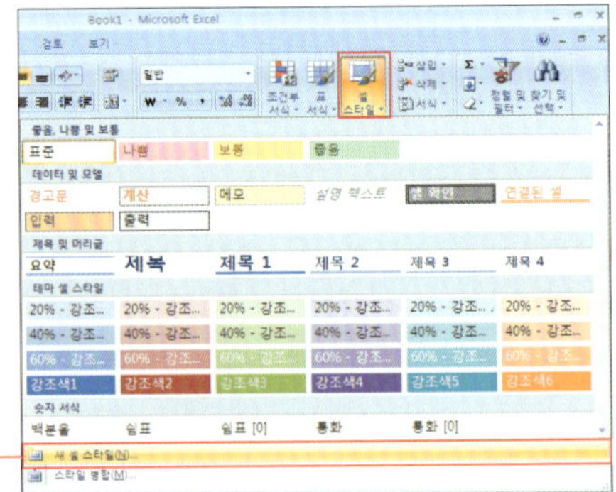

기존 셀 스타일을 수정 또는 복제하여 새로운 스타일을 만들려면 [홈] 탭의 [스타일 – 셀 스타일]을 클릭한 후 기존 셀 스타일 위에서 마우스 오른쪽 버튼을 클릭하면 나타나는 바로 가기 메뉴를 이용합니다.

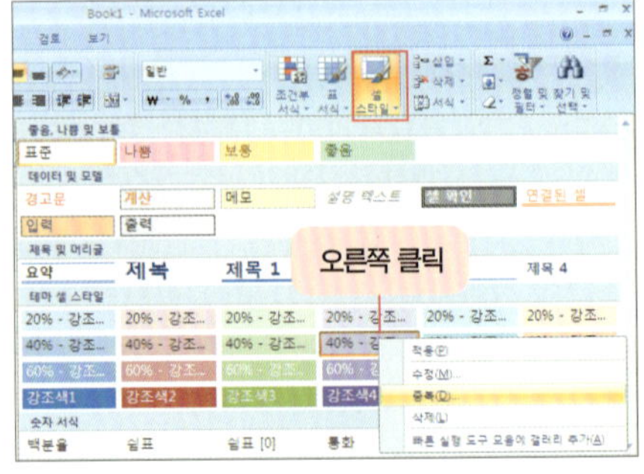

Action Excel
도전! 엑셀

쉽고 빠른 셀 스타일 적용하기

셀 스타일을 이용하여 쉽고 빠르게 셀을 지정할 수 있습니다. 엑셀 2007은 미리 보기가 바로 되므로 시각적으로 확인하면서 셀 스타일을 적용할 수 있습니다. 간단한 따라하기를 통해 연습해 보세요.

〔예제 파일 경로〕 부록 CD\Sample\Part04\셀 스타일.xlsx　│　〔결과 파일 경로〕 부록 CD\Sample\Part04\After\셀 스타일_완성.xlsx

01 ❶ [B2:F2]를 범위 지정한 후 ❷ [홈] 탭의 [스타일 – 셀 스타일 □]을 클릭합니다.

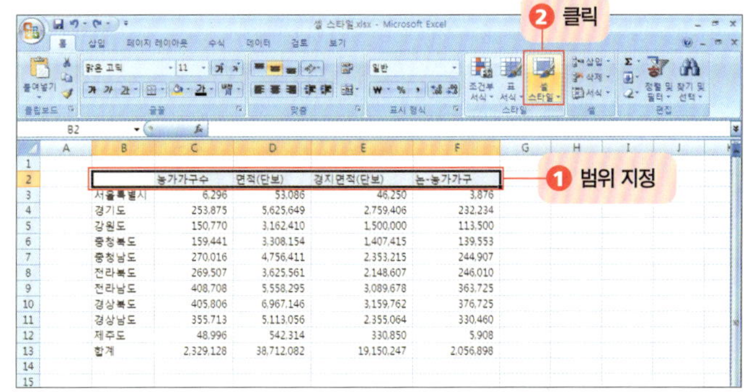

02 스타일 목록이 나타나면 '강조색 1'을 선택합니다. 마우스 포인터를 원하는 스타일 위에 올려놓으면 시트에서 곧바로 미리 보기가 됩니다.

마우스 포인터를 원하는 스타일 위에 올려놓으면 시트에서 곧바로 미리 보기가 됨

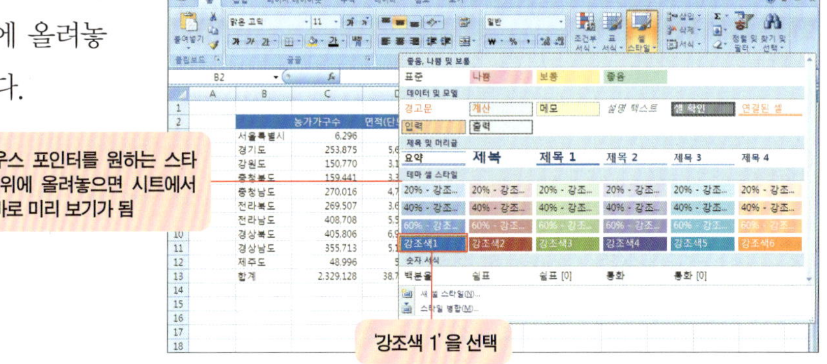

03 ❶ [B3:F13]을 범위 지정한 후 ❷ [홈] 탭의 [스타일 – 셀 스타일 □]을 클릭하고 ❸ 스타일 목록에서 '20% – 강조색 1'을 선택합니다.

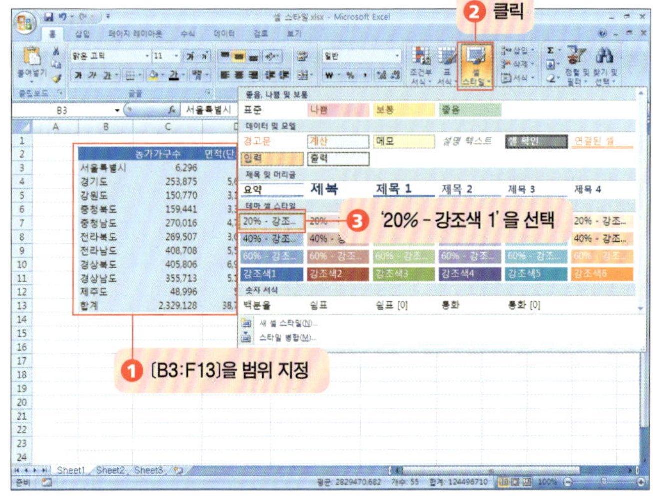

04 ❶ [B13:F13]을 범위 지정한 후 ❷ [홈] 탭의 [스타일 – 셀 스타일 🔲]을 클릭하고 ❸ 스타일 목록에서 '요약'을 선택합니다.

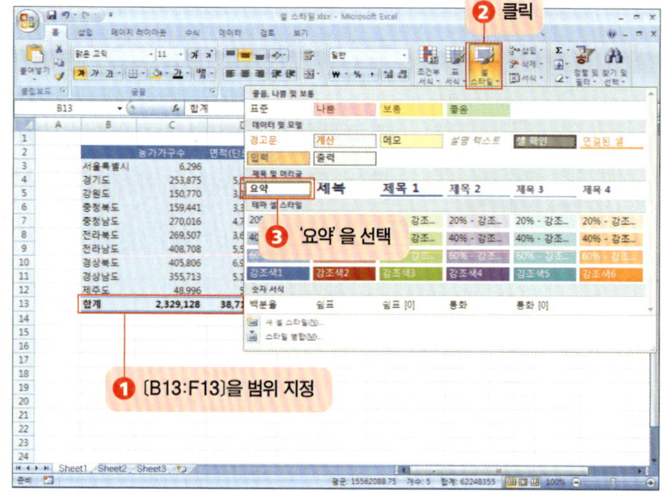

05 이번에는 적용한 스타일을 해제하기 위해 ❶ [B3:F12]를 범위 지정한 후 ❷ [홈] 탭의 [스타일 – 셀 스타일 🔲]을 클릭하고 ❸ 스타일 목록에서 '표준'을 선택합니다.

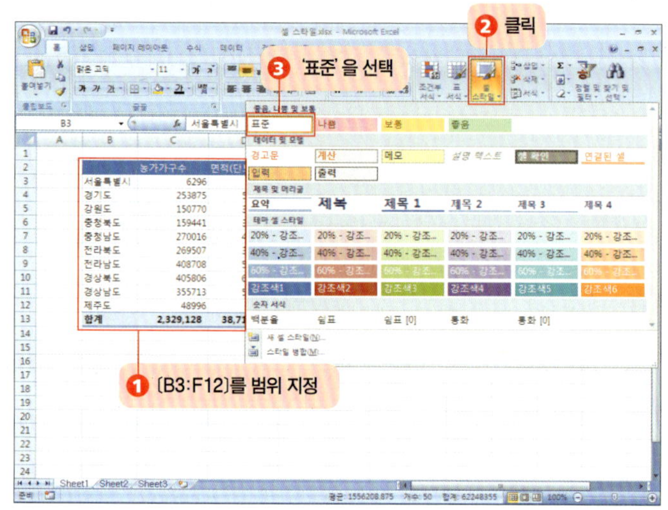

06 다음과 같이 스타일이 완성됩니다.

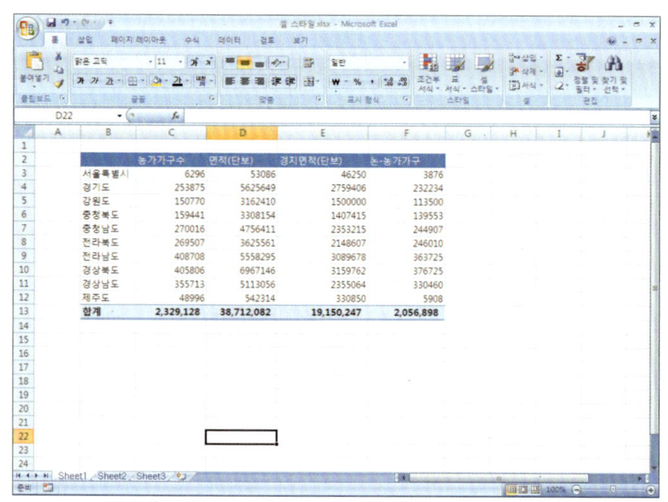

스타일을 복제하여 새 스타일 등록하기

새로운 스타일을 만들거나 기존 스타일을 복제하여 새 스타일을 만들 수 있습니다. 여기서는 기존 스타일을 복제하여 새 스타일을 등록하는 방법에 대해 알아보겠습니다.

〔예제 파일 경로〕 부록 CD\Sample\Part04\셀 스타일1.xlsx　|　〔결과 파일 경로〕 부록 CD\Sample\Part04\After\셀 스타일1_완성.xlsx

01 [홈] 탭의 [스타일 – 셀 스타일]을 클릭합니다.

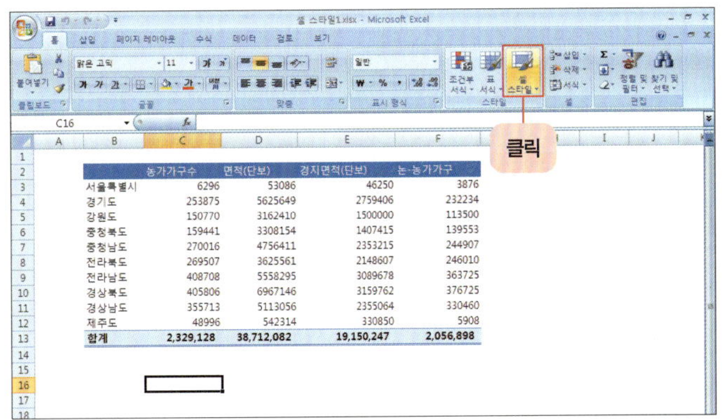

02 ❶ 스타일 목록의 '20% – 강조색 1' 위에서 마우스 오른쪽 버튼을 클릭한 후 ❸ [중복]을 클릭합니다.

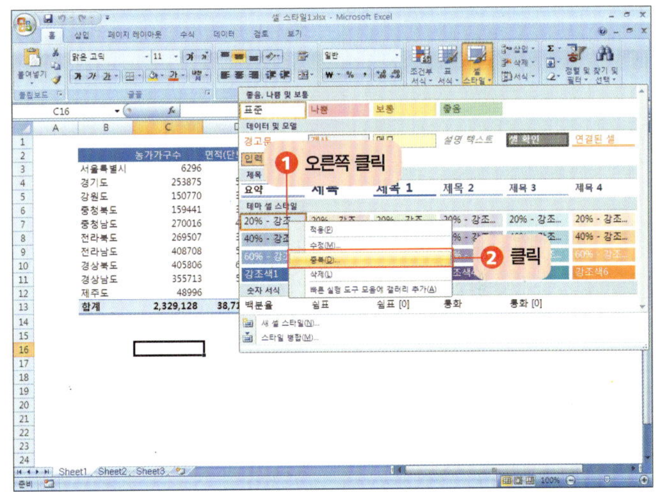

> **TIP** 사용자 지정 스타일을 만들 때에 기존 스타일을 복사한 후 수정하여 만들려면 기존 스타일 위에서 마우스 오른쪽 버튼을 클릭하고 〔중복〕을 클릭합니다. 사용자가 직접 스타일을 만들려면 스타일 목록 창 아래에 있는 〔새 셀 스타일〕을 클릭합니다.

03 [스타일] 대화상자가 나타나면 ❶ 스타일 이름에 임의의 스타일 이름인 「가로테두리」를 입력한 후 ❷ '스타일에 포함할 항목' 에서 '테두리' 에 체크 표시를 한 후 ❸ [서식] 버튼을 클릭합니다.

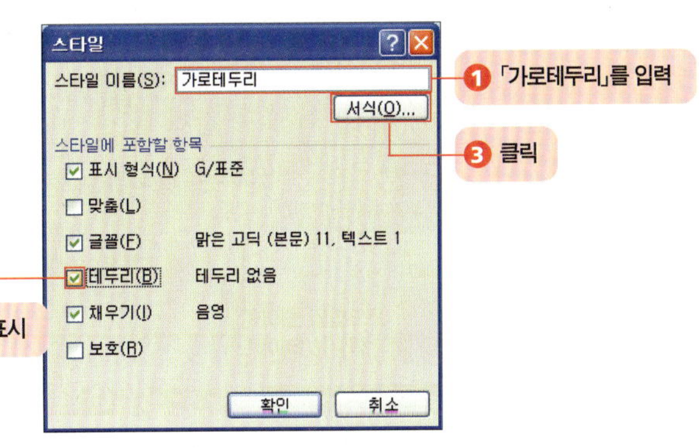

04 [셀 서식] 대화상자가 나타나면 ❶ [표시 형식] 탭의 '범주'에서 '숫자'를 클릭한 후 ❷ '1000 단위 구분 기호(,) 사용'에 체크 표시를 합니다.

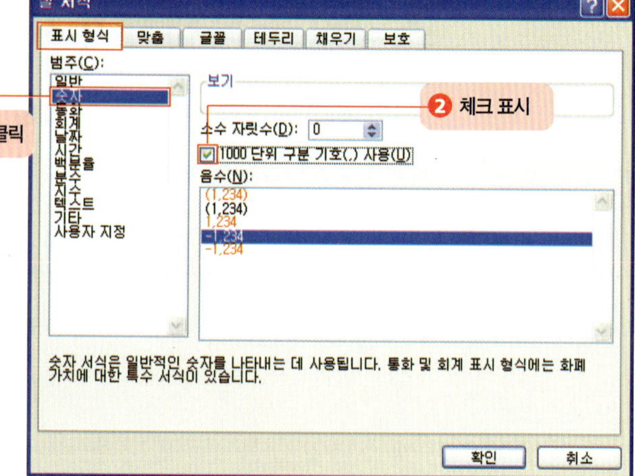

05 ❶ [테두리] 탭을 클릭한 후 ❷ 스타일에서 '얇은 점선'을, ❸ 색에서 '파랑, 강조 1, 60% 더 밝게', ❹ 테두리에서 위쪽 가로선, 아래쪽 가로선을 클릭합니다.

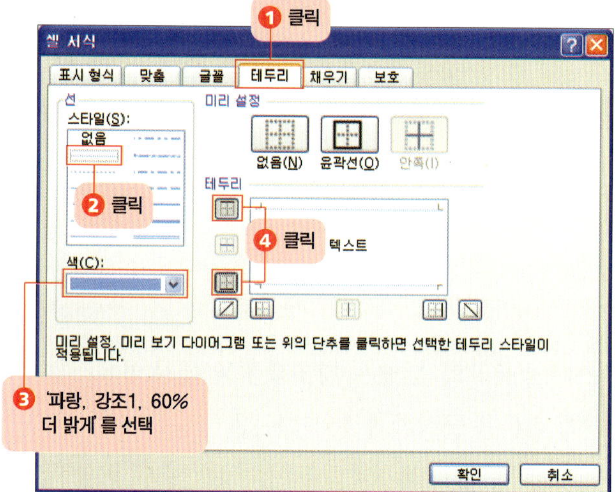

06 ❶ [채우기] 탭을 클릭한 후 ❷ 배경색에서 '색 없음'을 선택하고 ❸ [확인] 버튼을 클릭합니다.

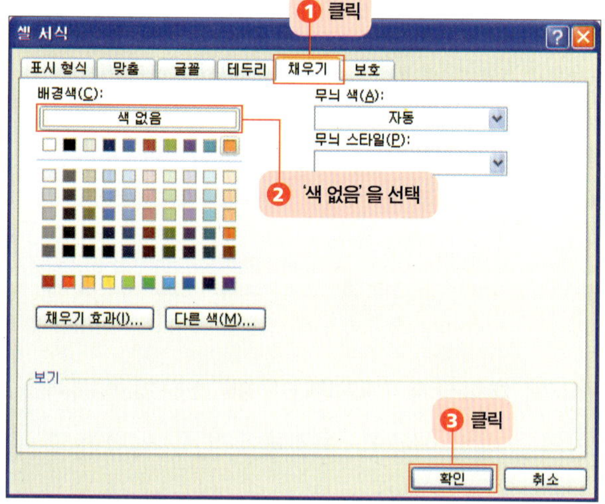

07 [스타일] 대화상자가 나타나면 스타일에 포함할 항목을 확인한 후 [확인] 버튼을 클릭합니다.

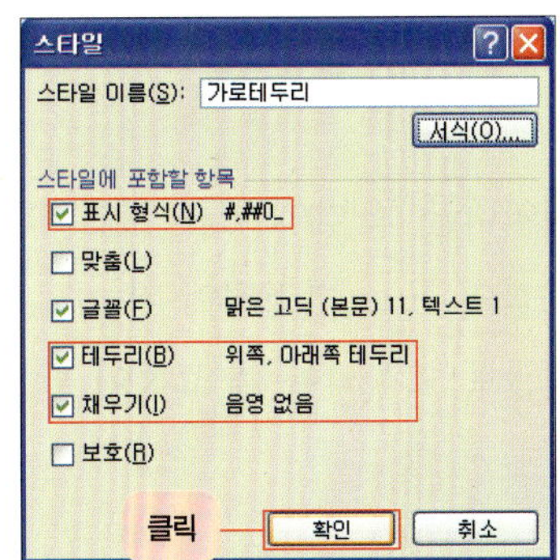

08 ❶ [B3:F12]를 범위 지정한 후 ❷ [홈] 탭의 [스타일 – 셀 스타일]을 클릭합니다.

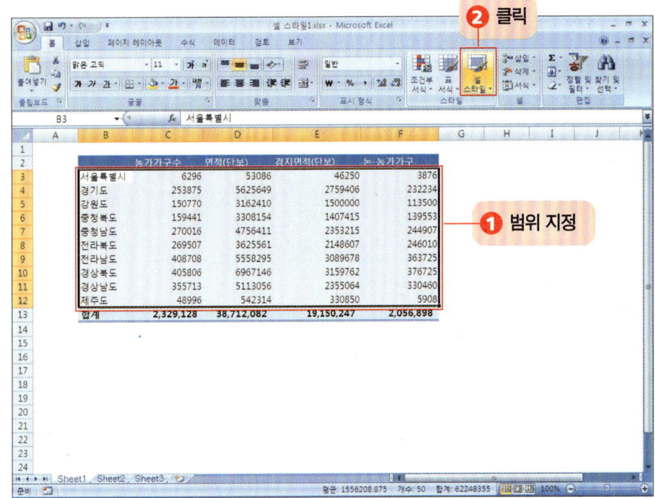

09 스타일 목록이 나타나면 새로 만든 가로 테두리 서식이 보이는데, 여기에서 '가로 테두리'를 선택하여 적용합니다.

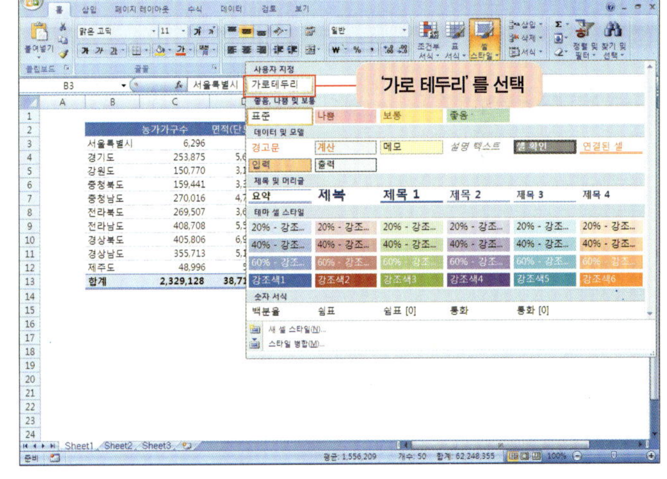

> **TIP** 사용자가 만든 스타일을 삭제하려면 삭제할 스타일 위에서 마우스 오른쪽 버튼을 클릭하여 나타나는 바로가기 메뉴에서 〔삭제〕를 클릭합니다.

기능이 더욱 향상된 데이터 표

표를 만들면 표 안에 있는 데이터를 표 밖에 있는 데이터와 독립적으로 관리하고 분석할 수 있습니다. 이전 버전의 엑셀 목록이 표로 변경되어 기능이 더욱 향상되었습니다. 표를 스크롤하면 표의 머리글 행이 열 머리글로 표시되어 틀 고정이 필요 없고 데이터가 추가되면 표의 모든 기능은 자동으로 확장됩니다.

● 표 만들기

표를 만들려면 [홈] 탭의 [스타일 – 표 서식]을 클릭합니다.

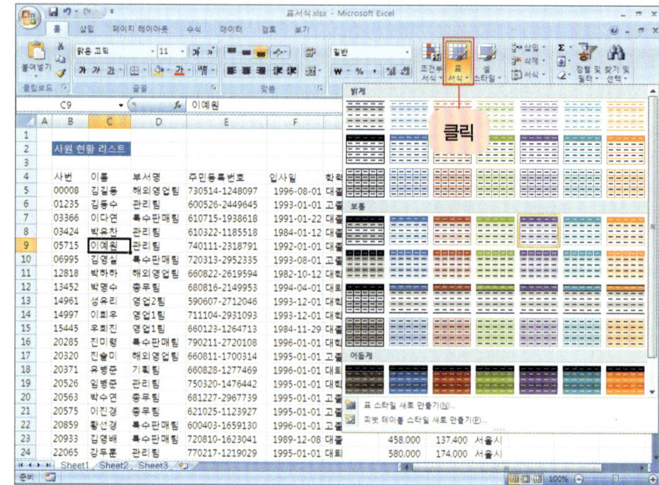

> **TIP** 〔삽입〕 탭의 〔표 – 표〕를 클릭하여 표를 만들 수도 있습니다.

● 표 머리글 고정

표를 스크롤하면 표의 머리글 행이 열 머리글로 바뀌므로 틀 고정을 사용하지 않아도 됩니다.

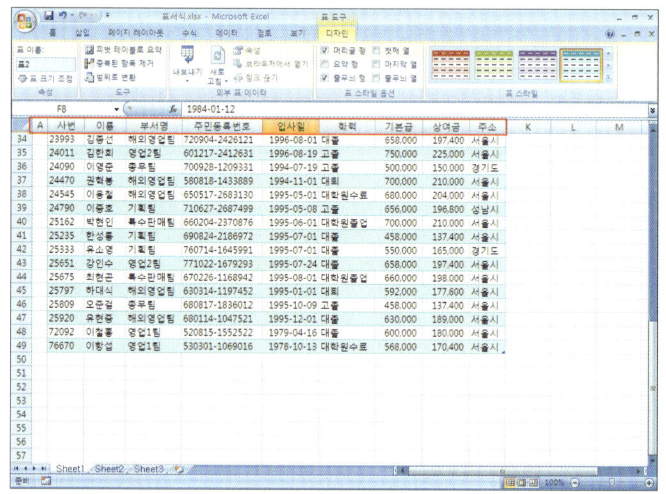

> **TIP** 틀 고정은 스크롤바를 움직이더라도 이동하지 못하도록 고정시키는 기능으로 일반적으로 긴 문서의 제목 부분에 많이 적용한 기능입니다. 〔보기〕 탭의 〔창 – 틀 고정〕에서 선택할 수 있습니다.

● 수식 추가 : 계산된 열 만들기

계산된 열은 각각의 행에 따라 조정되는 단일 수식을 사용합니다. 행이 추가되면 추가된 행에 해당 수식이 즉시 적용되도록 계산된 열이 자동으로 확장됩니다. 사용자는 채우기나 복사 명령을 사용할 필요 없이 수식을 한 번만 입력하면 됩니다.

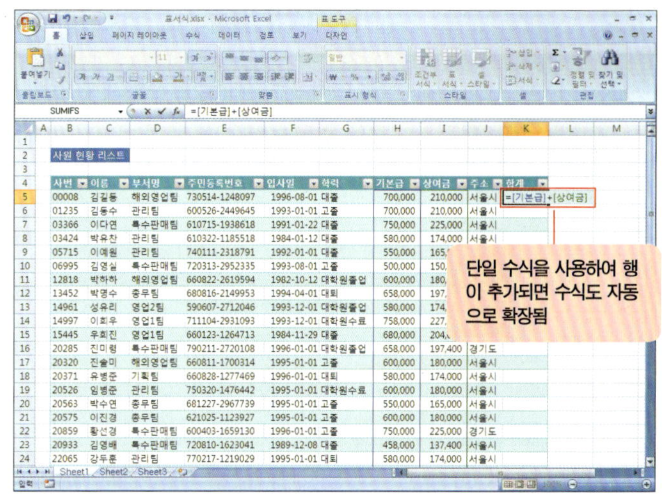

● 데이터 요약

표 끝에 요약 행을 표시한 다음, 각 요약 행 셀에 드롭다운 목록으로 제공되는 함수를 사용하면 빠르게 데이터를 요약할 수 있습니다.

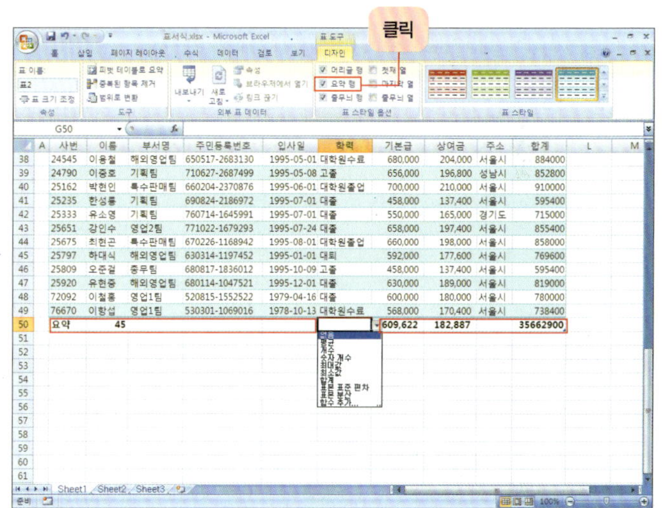

● 범위로 변환

표를 셀의 정상 범위로 변환하려면 [디자인] 탭의 [도구 – 범위로 변환]을 클릭합니다.

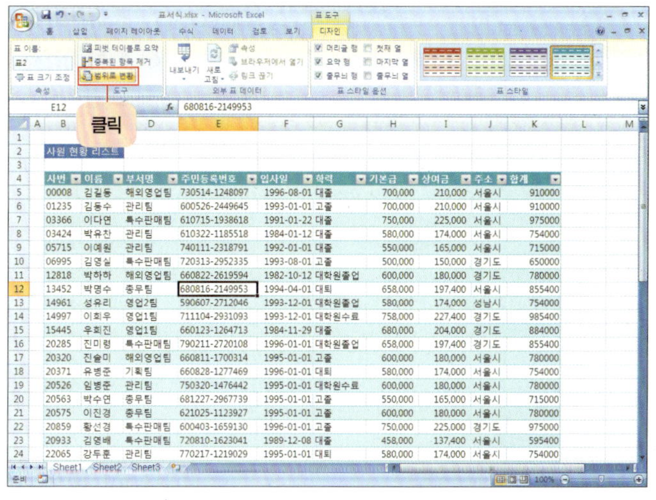

데이터 표 만들고 해제하기

몇 번의 클릭만으로도 전문가 수준의 서식을 적용하거나 자동으로 열 머리글에 레이블을 지정할 수 있고 자동 필터를 만들 수 있는 표의 강력한 기능을 실습을 통해 직접 체험해 보세요.

〔예제 파일 경로〕 부록 CD\Sample\Part04\표서식.xlsx | 〔결과 파일 경로〕 부록 CD\Sample\Part04\After\표서식_완성.xlsx

01 ❶ [B4] 셀을 클릭한 후 ❷ [홈] 탭의 [스타일 – 표 서식📋]을 클릭합니다.

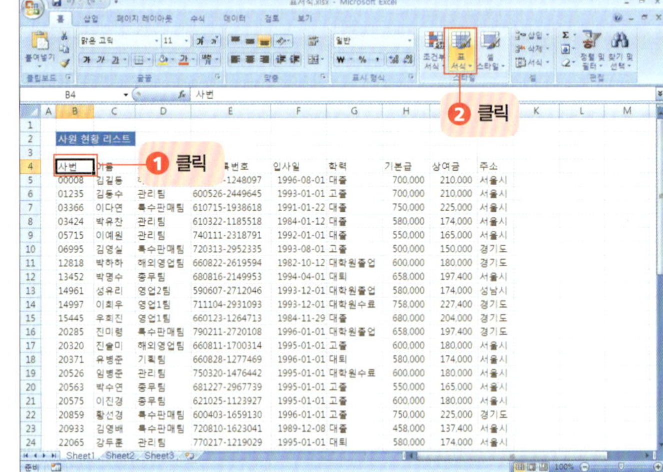

TIP 셀 포인터는 데이터 목록 임의의 셀에 위치시키면 됩니다.

02 표 스타일 목록에는 '밝게', '보통', '어둡게' 와 같은 다양한 스타일이 등록되어 있는데, 이 중에서 '표 스타일 밝게 9'를 선택합니다.

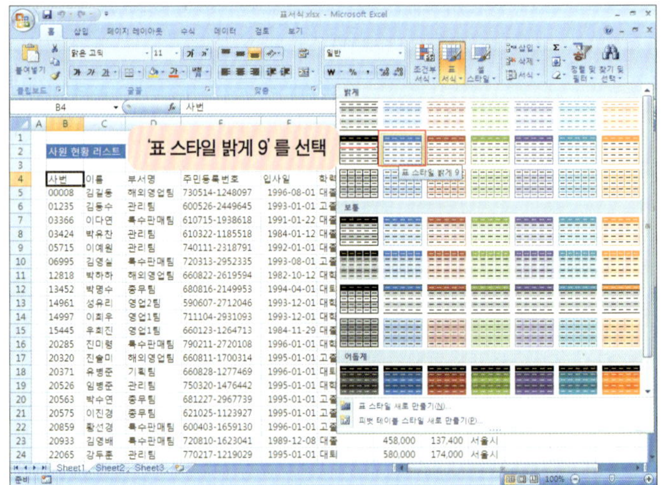

TIP 처음 스타일을 적용할 때에는 바로 미리보기 되지 않지만, 표를 적용한 후 〔디자인〕 탭에서 스타일을 적용하면 바로바로 미리보기 되므로 더 쉽게 원하는 스타일을 지정할 수 있습니다.

03 [표 서식] 대화상자가 나타나면 선택한 셀에 인접한 모든 데이터 영역이 범위 지정되었는지 확인한 후 [확인] 버튼을 클릭합니다.

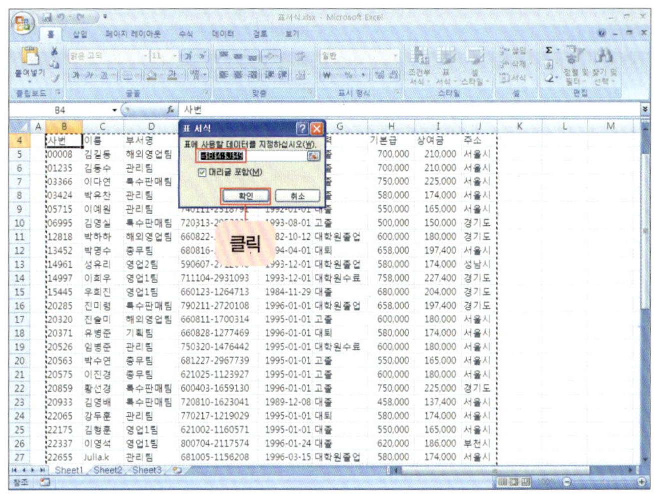

04 다음과 같이 표 서식이 적용되고, 표 머리글에는 자동 필터가 지정됩니다. [디자인] 탭이 새로 나타나면 이 도구를 사용하여 표를 편집할 수 있습니다.

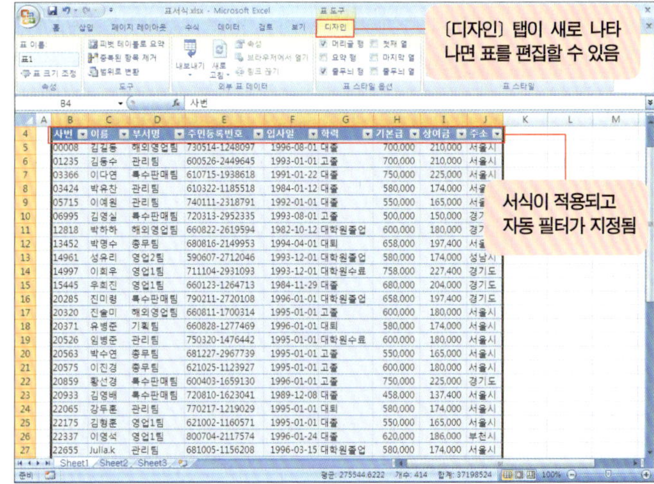

> **TIP** 셀 포인터가 표 위에 있지 않으면 [디자인] 탭은 사라집니다.

05 [디자인] 탭의 [표 스타일]에서 [자세히 ▼]를 클릭합니다.

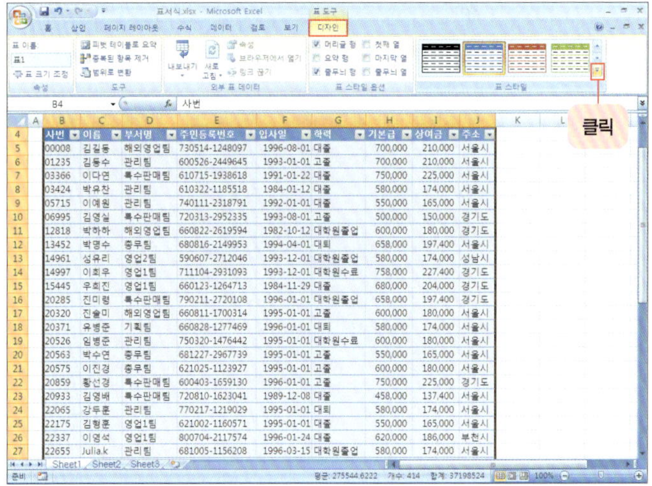

06 스타일 목록에 마우스 포인터를 올려놓으면 표의 서식이 실시간으로 변경됩니다. 여기에서 '표 스타일 밝게 3'을 선택합니다.

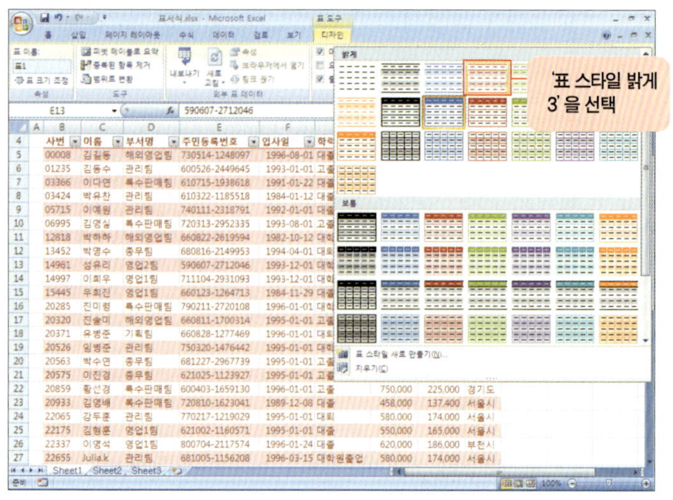

07 ❶ 스크롤바를 이용하여 데이터를 아래쪽으로 이동하면 ❷ 표의 머리글 행이 열 머리글로 전환되므로, 틀 고정을 이용하지 않고도 데이터를 쉽게 확인할 수 있습니다.

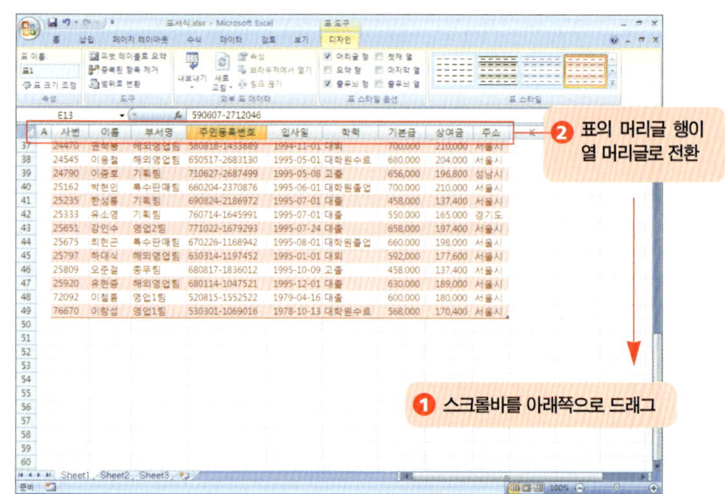

08 [디자인] 탭의 [표 스타일 옵션]을 이용하면 서식을 제거하거나 추가할 수 있습니다. ❶ 줄무늬 행의 체크 표시를 해제하고 ❷ 줄무늬 열에 체크 표시를 합니다.

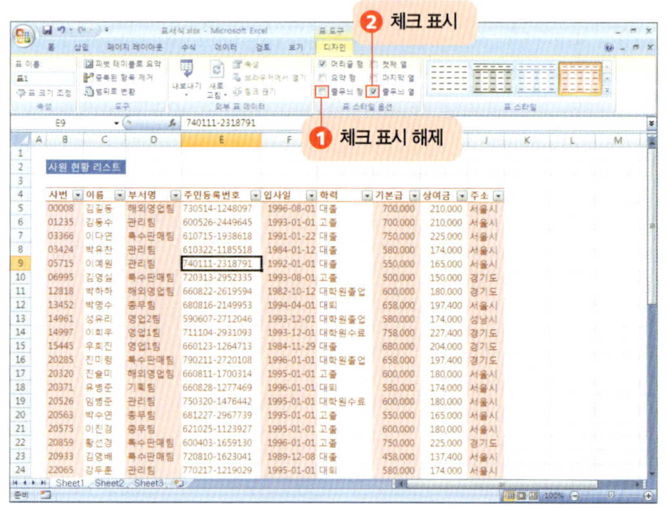

09 표 서식을 해제하기 위해 ❶ 셀 포인터를 표의 임의의 셀에 위치시킨 후 ❷ [디자인] 탭의 [도구 – 범위로 변환 範위로 변환]을 클릭합니다.

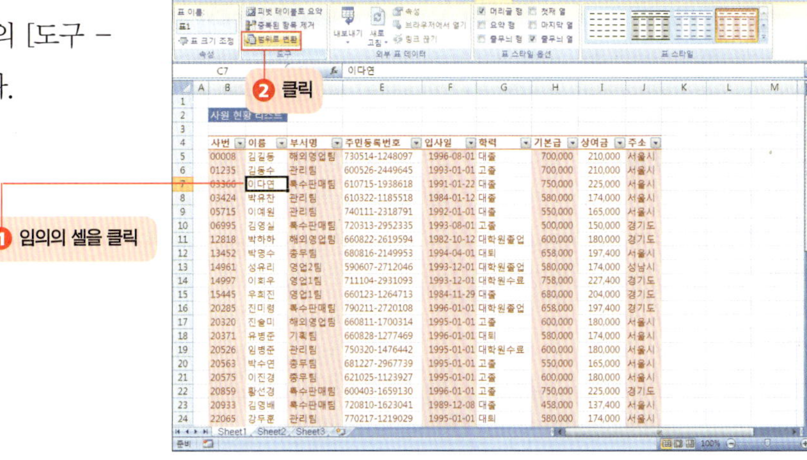

10 '표를 정상 범위로 변환하시겠습니까?' 라는 메시지가 나타나면 [예] 버튼을 클릭합니다.

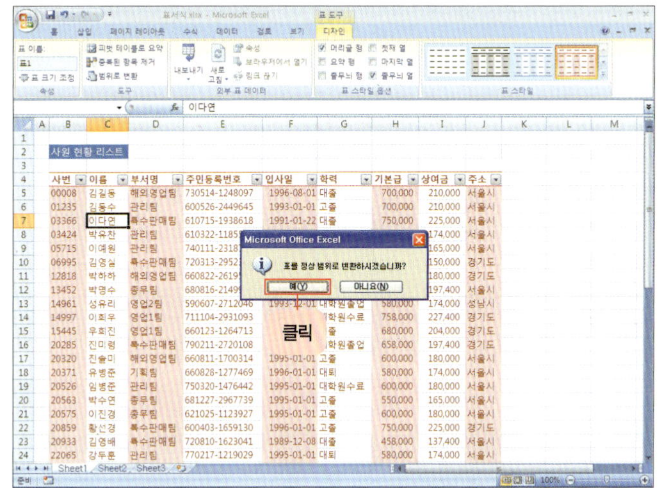

11 다음과 같이 표가 정상 범위로 전환됩니다. 서식은 그대로 유지되지만 표와 관련된 모든 기능은 해제됩니다.

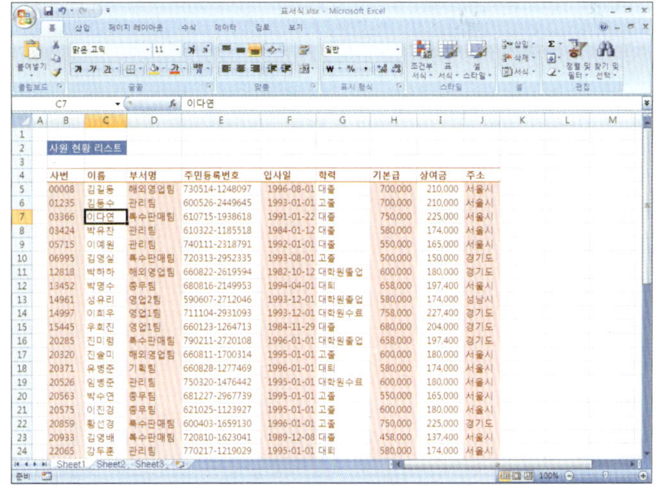

표에서 수식 추가하기

표는 채우기나 복사 명령을 사용할 필요없이 단일 수식을 사용하여 자동으로 수식을 확장합니다. 간단한 따라하기를 통해 연습해 보세요.

〔예제 파일 경로〕 부록 CD\Sample\Part04\표서식1.xlsx | 〔결과 파일 경로〕 부록 CD\Sample\Part04\After\표서식1_완성.xlsx

01 ❶ [B4] 셀을 클릭한 후 ❷ [홈] 탭의 [스타일 – 표
서식▦]을 클릭합니다.

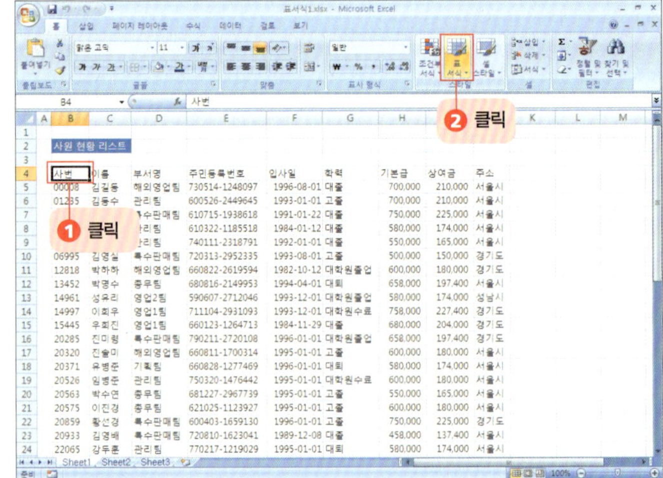

> **TIP** 셀 포인터는 데이터 목록 임의의 셀에 위치시키면 됩니다.

02 표 스타일 목록이 나타나면 '표 스타일 밝게 14'
를 선택합니다.

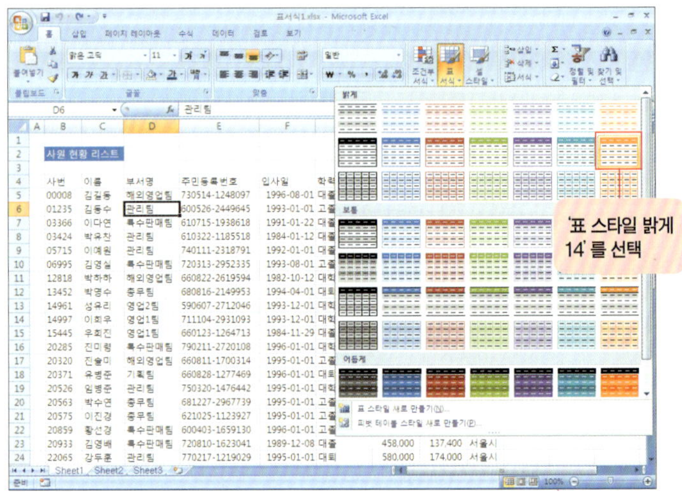

03 [표 서식] 대화상자가 나타나면 선택한 셀의 인접
한 모든 데이터 영역이 범위 지정되었는지를 확인
한 후 [확인] 버튼을 클릭합니다.

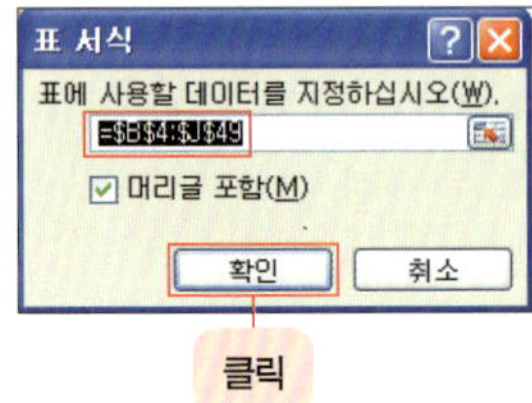

04　[K4] 셀에 「월 급여」를 입력한 후 Enter 를 누르면
표 서식이 자동으로 확장됩니다.

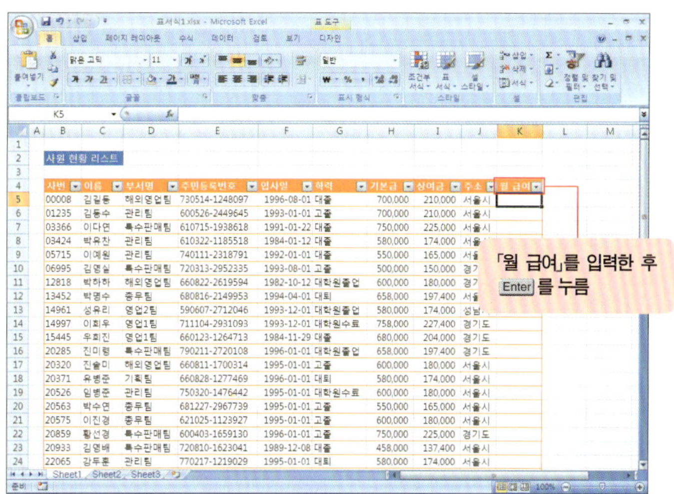

05　❶ [K5] 셀에 「=[」을 입력하면 표의 필드명이 나
타나는데, 여기에서 ❷ 기본급을 더블클릭한 후
❸ 「]+」을 입력합니다.

> **TIP**　필드명은 표의 머리글을 말합니다. 「=」을 입력한 다음 마우
> 스로 〔H5〕 셀을 클릭해도 됩니다. 마우스로 클릭하여 셀을
> 참조하면 「표1〔[#이 행], [기본급]〕」의 형식으로 입력됩니다.

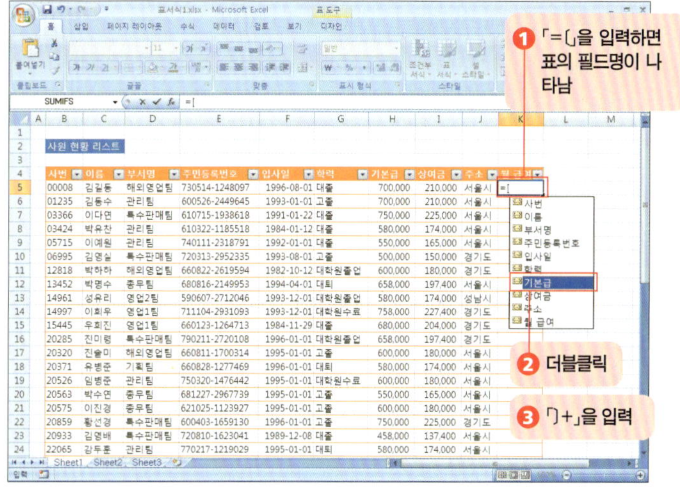

06　❶ 다시 「[」을 입력하여 필드명이 나타나면 ❷ 상
여금을 더블클릭합니다.

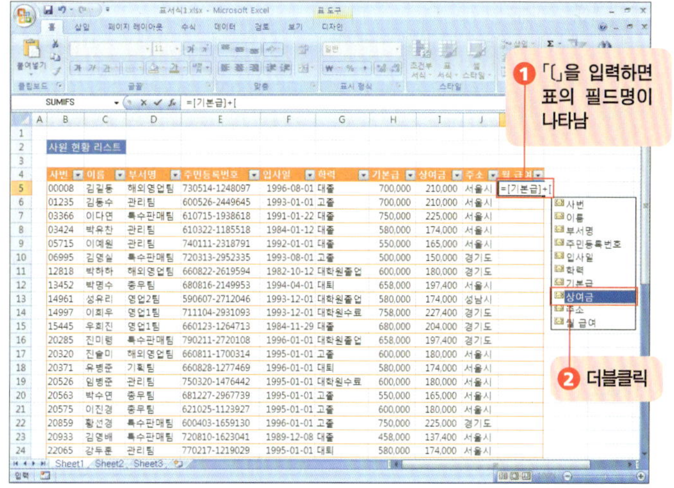

07 수식 「=[기본급]+[상여금]」이 입력되면 Enter 를 누릅니다.

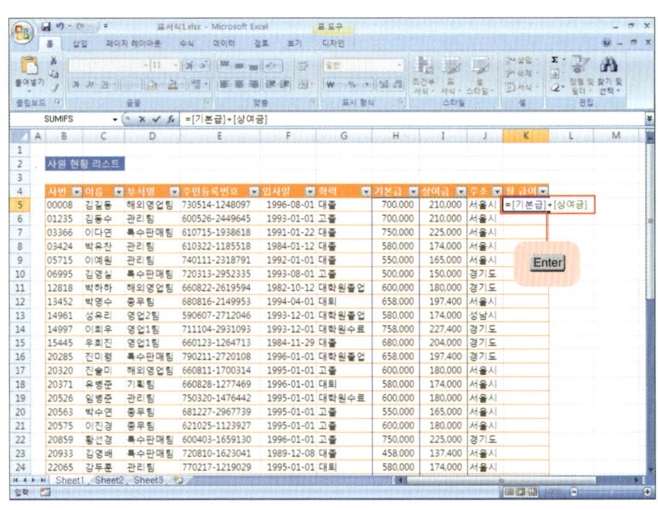

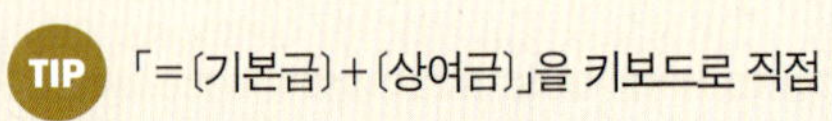

TIP 「=〔기본급〕+〔상여금〕」을 키보드로 직접 입력해도 됩니다.

08 복사를 하지 않아도 표의 마지막 행까지 수식이 채워집니다.

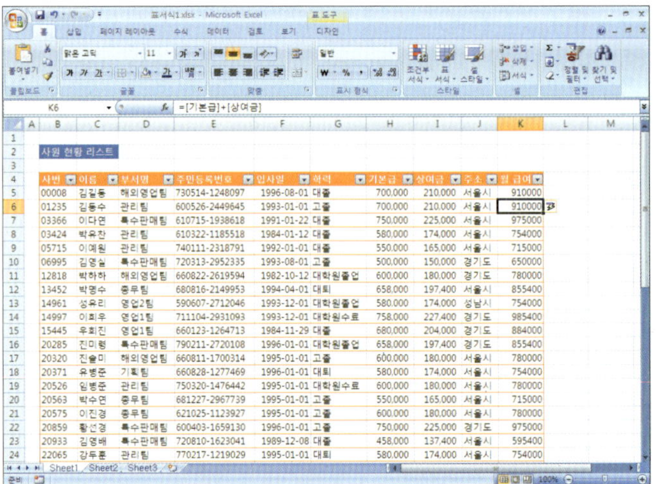

TIP **표와 데이터베이스**

데이터베이스 기능을 이용할 때 먼저 데이터 목록을 표로 전환 후에 데이터베이스 기능을 사용하면 더 효과적입니다. 예를 들어 데이터 목록으로 피벗 테이블을 만들 때에 데이터 목록을 표로 전환 후 피벗 테이블을 만들면 원본 데이터가 추가되면 피벗 테이블에서도 즉각적으로 추가된 데이터 범위를 확장할 수 있습니다. 단, 데이터 새로 고침을 해야 합니다.

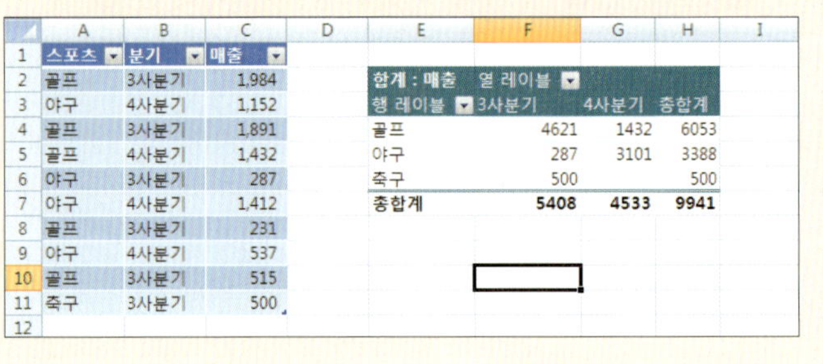

표에서 데이터 요약하기

Action Excel
도전! 엑셀

주요 데이터를 식별하거나 표의 마지막 열을 강조하기 위한 줄무늬 행, 줄무늬 열 옵션과 데이터를 쉽게 집계할 수 있는 요약 행 옵션을 연습해 보겠습니다.

〔예제 파일 경로〕 부록 CD\Sample\Part04\표서식2.xlsx ｜ 〔결과 파일 경로〕 부록 CD\Sample\Part04\After\표서식2_완성.xlsx

01 불러 온 파일은 이미 표로 지정되어 있으므로, 표의 임의의 셀을 클릭하면 [디자인] 탭이 추가되면서 표 도구가 나타납니다.

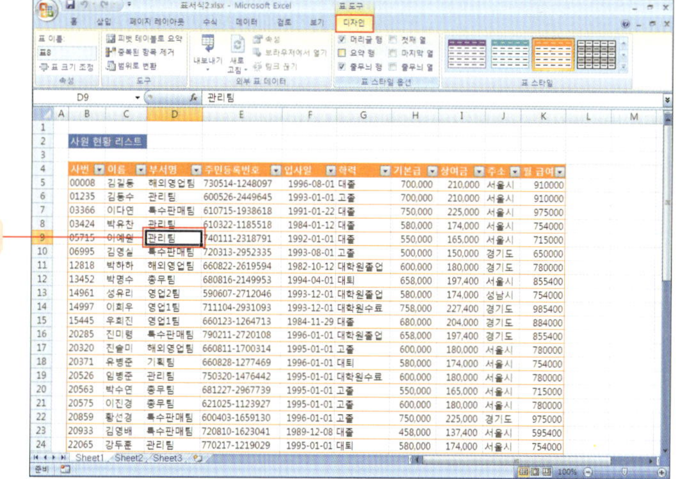

02 ❶ [디자인] 탭의 요약 행에 체크 표시를 하면 ❷ 표의 마지막 행에 요약 행이 나타나면서 가장 왼쪽 셀에 '요약' 이라는 단어가 표시됩니다.

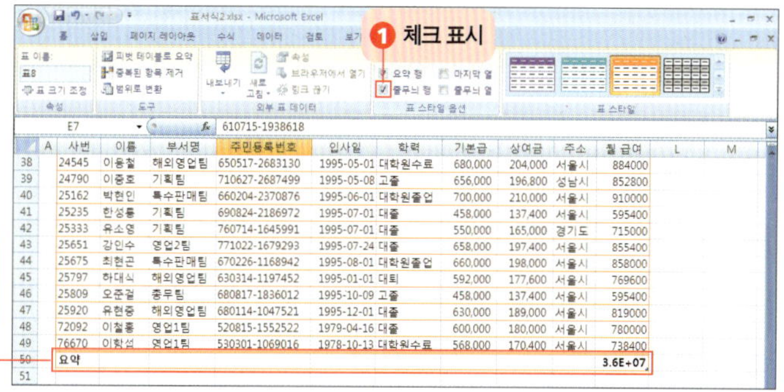

03 ❶ 이름 필드의 요약 셀을 클릭하면 드롭다운 버튼이 나타납니다. ❷ 레코드 건수가 몇 건인지를 확인하기 위해 함수 목록 중에서 '개수' 를 클릭합니다.

TIP 요약 행에서 사용할 수 있는 수식은 목록에 있는 함수로 제한되지 않기 때문에 원하는 모든 수식을 모든 요약 행의 셀에 입력할 수 있습니다.

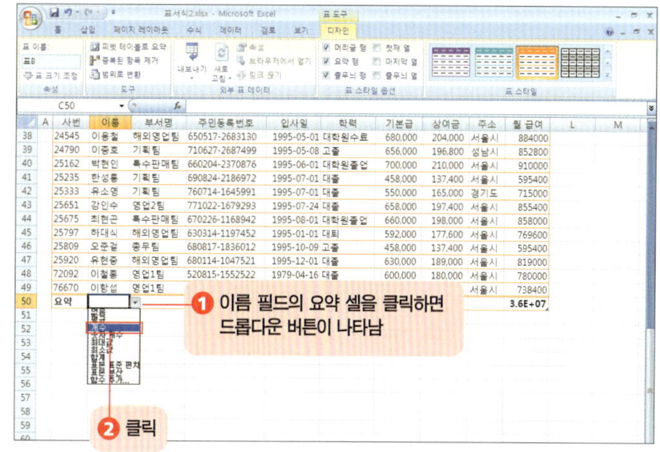

04 기본급 필드의 요약 셀에서 '평균'을 클릭합니다.

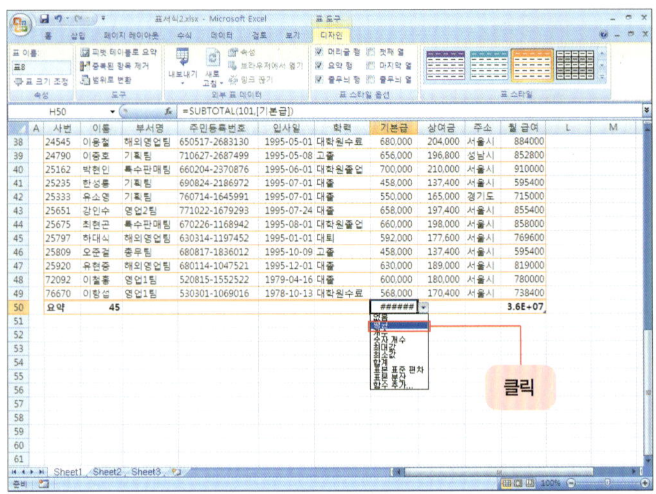

05 상여금 필드의 요약 셀에서 '평균'을 클릭합니다.

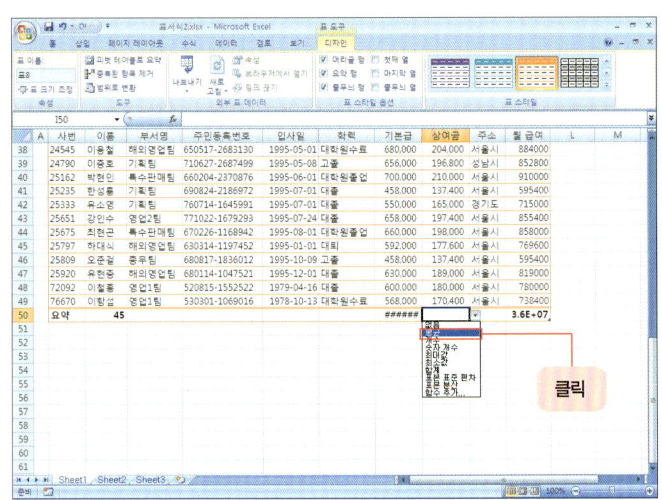

06 ❶ 열 너비를 조절하기 위하여 스크롤바를 위로 드래그한 후 ❷ [H:K] 열 머리글을 범위 지정하고 ❸ 열 경계선을 더블클릭합니다.

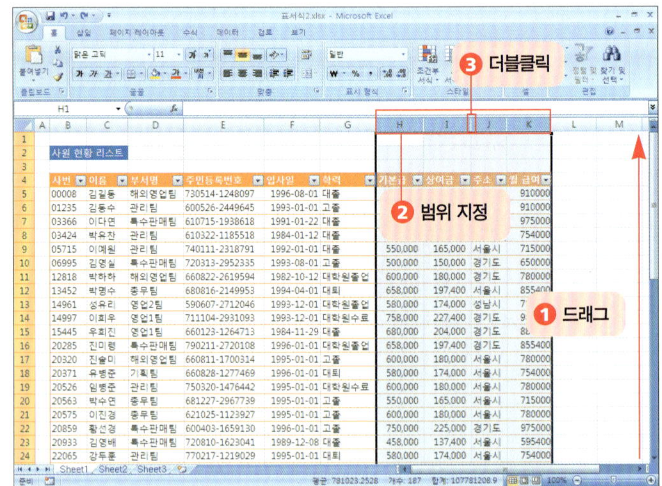

TIP 표 머리글에서 범위 지정하여 더블클릭하더라도 열 너비가 하나씩만 조절되므로, 스크롤바를 위로 이동한 후 표 머리글이 아닌 열 머리글 상태에서 범위 지정하여 조절해야 합니다.

07 다음과 같이 열 너비가 조절되어 숫자가 바르게 표시됩니다.

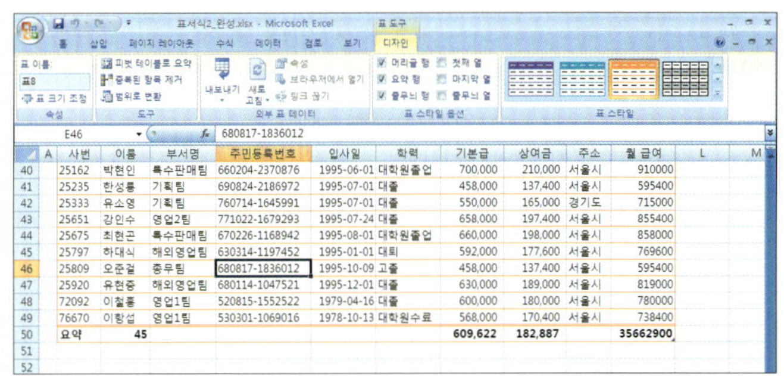

08 이번에는 부서명이 기획팀인 사람만 필터해 보겠습니다. ❶ 표의 기획팀이 입력된 셀에서 마우스 오른쪽 버튼을 클릭한 후 ❷ [필터 – 선택한 셀 값으로 필터링]을 클릭합니다.

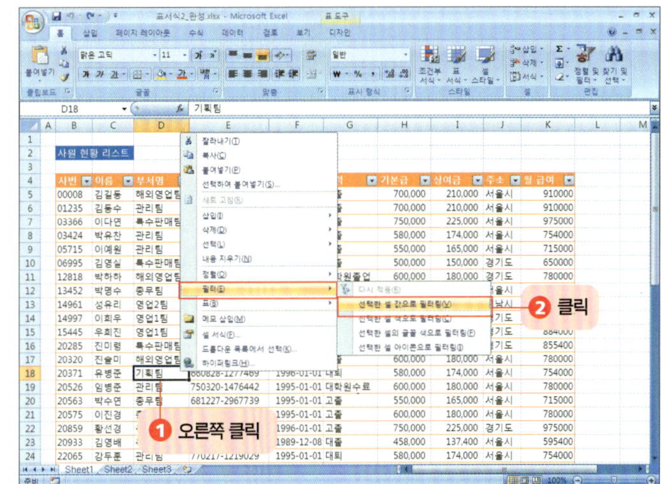

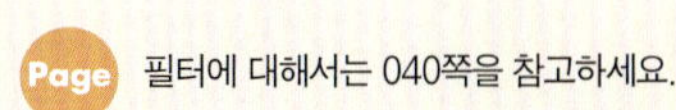
Page 필터에 대해서는 040쪽을 참고하세요.

09 부서명이 기획팀인 사람만 필터하면 필터된 레코드만으로 요약 행의 값이 조절됩니다.

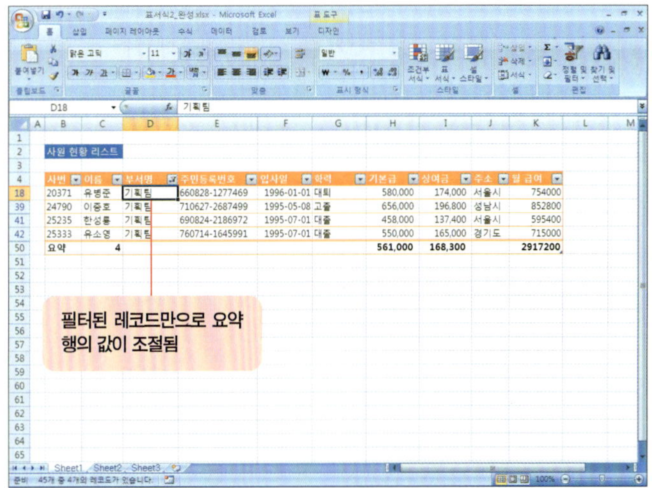

TIP 필터를 해제하려면 표 머리글에서 를 클릭한 후 '부서명에서 필터 해제'를 클릭합니다.

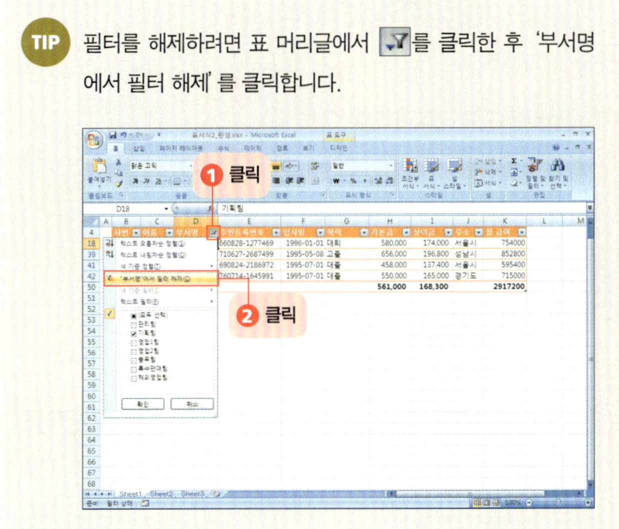

조건부 서식으로 데이터 시각화

조건부 서식은 특정 조건이나 기준에 따라 셀 범위의 모양을 변경합니다. 조건을 만족하는 셀이나 셀 범위를 강조하고 데이터를 데이터 막대, 색조, 아이콘 집합 등으로 시각화할 수 있기 때문에 데이터를 시각적으로 탐색 및 분석하고 중요한 문제를 감지하며 패턴과 추세를 식별하는 데에 도움이 됩니다. 엑셀 2007에서 두드러진 기능 중의 하나입니다.

● 셀 강조 규칙으로 조건부 서식 지정하기

특정 범위 내에서 비교 연산자를 기준으로 숫자, 날짜, 텍스트 등에 서식을 지정하여 해당 셀을 보다 쉽게 식별할 수 있습니다. 예를 들어, 재고 워크시트에서 재고량이 10개 미만인 제품을 노란색으로 표시하거나 판매 워크시트에서 수익률이 10%를 초과하고 매출액이 1억 원 미만인 점포를 식별할 수 있습니다.

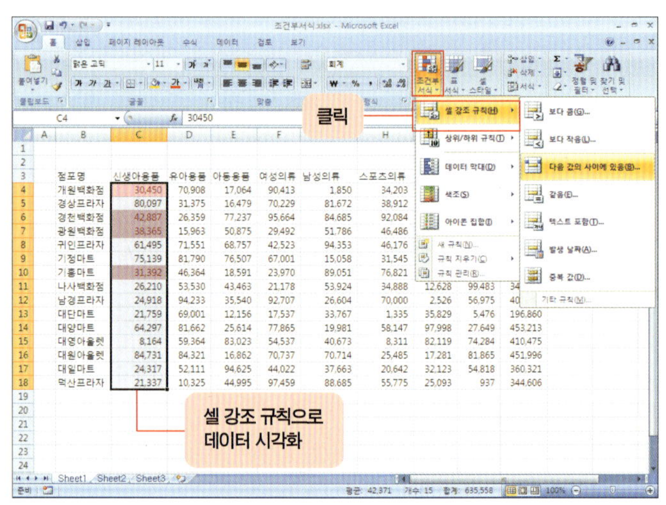

● 상위/하위 규칙으로 조건부 서식 지정하기

특정 범위 내에서 최상위값과 최하위값을 식별할 수 있습니다. 예를 들어, 지역별 보고서에서 가장 많이 판매된 상위 5개 제품을 찾거나 고객 설문 조사에서 하위 15%에 해당하는 제품을 찾거나 부서 직원 분석에서 가장 많은 봉급을 받는 상위 25명을 찾을 수 있습니다.

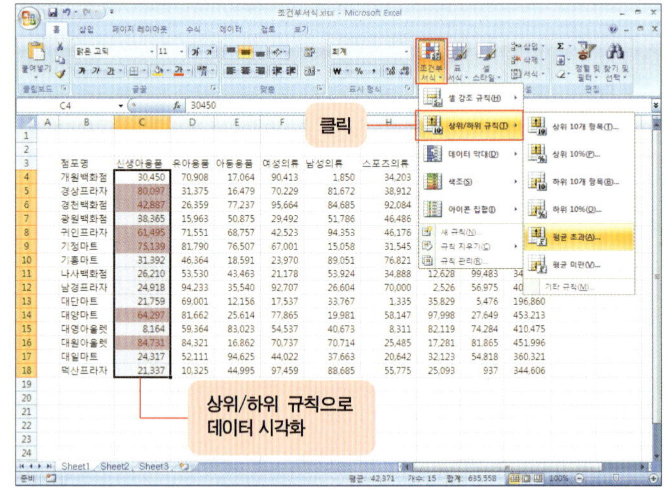

● 데이터 막대로 조건부 서식 지정하기

데이터 막대를 사용하여 특정 셀의 값을 다른 셀과 비교하여 볼 수 있습니다. 데이터 막대의 길이는 셀의 값을 나타냅니다. 즉, 긴 막대는 상위값을 나타내고 짧은 막대는 하위값을 나타냅니다. 데이터 막대는 많은 양의 데이터에서 상위값과 하위값을 식별하는 데에 특히 유용합니다. 예를 들면 데이터 막대를 사용하여 연말 판매량 보고서에서 가장 많이 팔린 제품과 가장 적게 팔린 제품을 쉽게 확인할 수 있습니다.

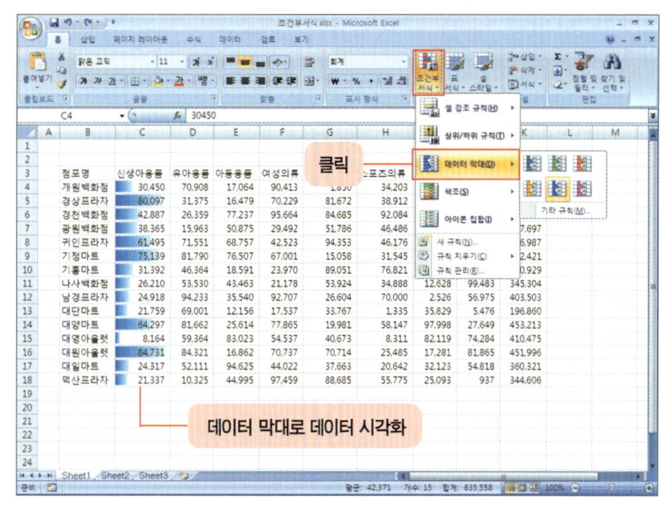

● 색조로 조건부 서식 지정하기

색조는 데이터 분포와 변화를 이해하는 데에 도움이 되는 시각적 표시입니다. 2색조 또는 3색조를 사용하여 색의 그러데이션으로 셀 범위를 비교할 수 있습니다. 색의 음영은 상위값, 중위값, 하위값을 나타냅니다. 예를 들어 녹색, 노랑, 빨강의 3색조를 사용하면 상위값 셀은 녹색으로, 중위값 셀은 노랑으로, 하위값 셀은 빨강으로 표시할 수 있습니다.

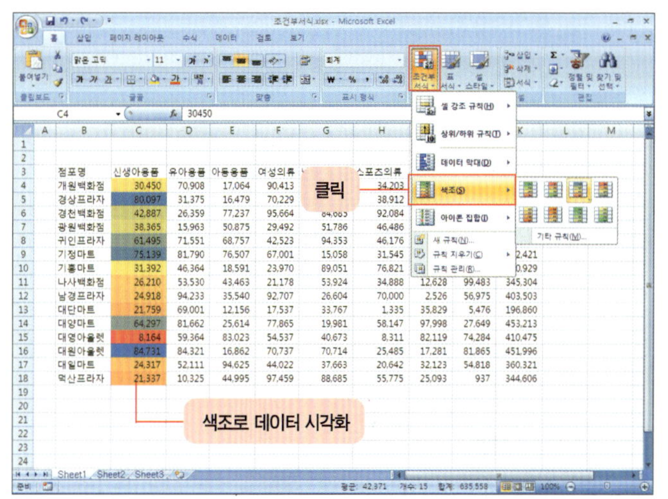

● 아이콘 집합으로 조건부 서식 지정하기

데이터를 임계값으로 구분되는 3~5가지 범주로 분류하여 주석을 달려면 아이콘 집합을 사용합니다. 각 아이콘은 특정값 범위를 나타냅니다. 예를 들어 3가지 화살표에서 녹색 위쪽 화살표는 상위값을, 노란색 옆쪽 화살표는 중위값을, 빨간색 아래쪽 화살표는 하위값을 나타냅니다.

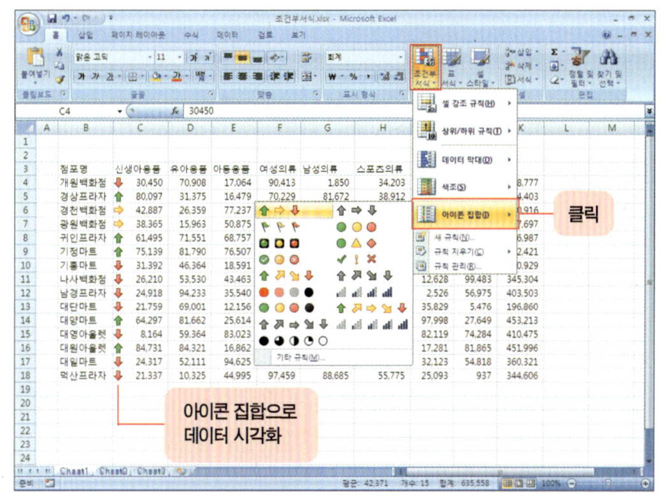

● 규칙을 이용한 조건부 서식 지정하기

위에서 설명한 방법 외에 중복값/고유값, 수식 등으로
규칙을 지정하려면 [홈] 탭의 [스타일 – 조건부 서식]
을 클릭한 후 [새 규칙]을 클릭합니다.

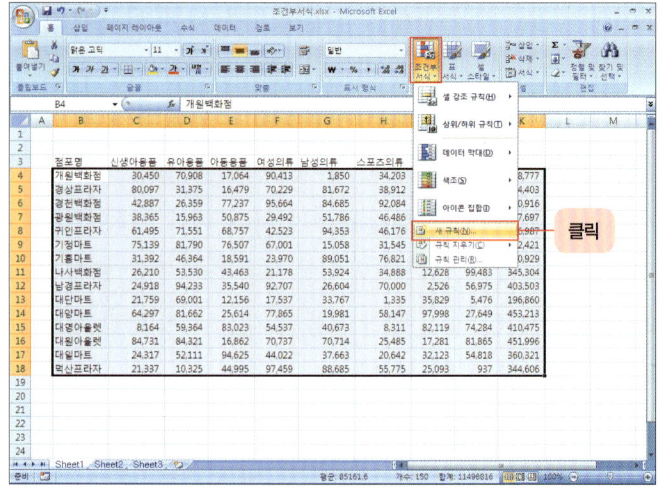

[새 서식 규칙] 대화상자에서 규칙 유형을 선택한 후 조
건과 서식을 설정합니다.

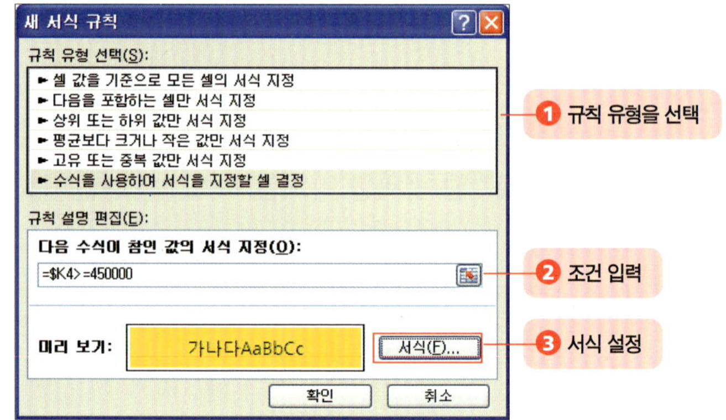

● 조건부 서식 지우기

[홈] 탭의 [스타일 – 조건부 서식]을 클릭한 후 [규칙
지우기]를 클릭하면 규칙을 지울 수 있습니다.

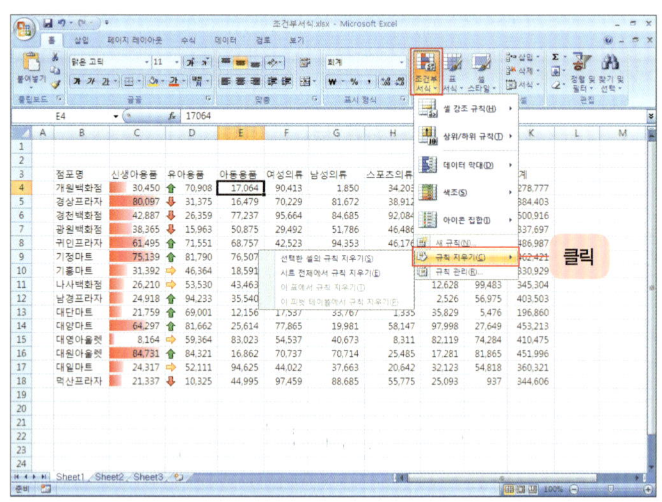

TIP 규칙 관리자

통합 문서의 모든 조건부 서식 규칙을 편집하려면 규칙 관리자
대화상자를 이용합니다. [홈] 탭의 [스타일 – 조건부 서식]을
클릭한 후 [규칙 관리]를 클릭하면 [조건부 서식 규칙 관리자]
대화상자가 나타납니다.

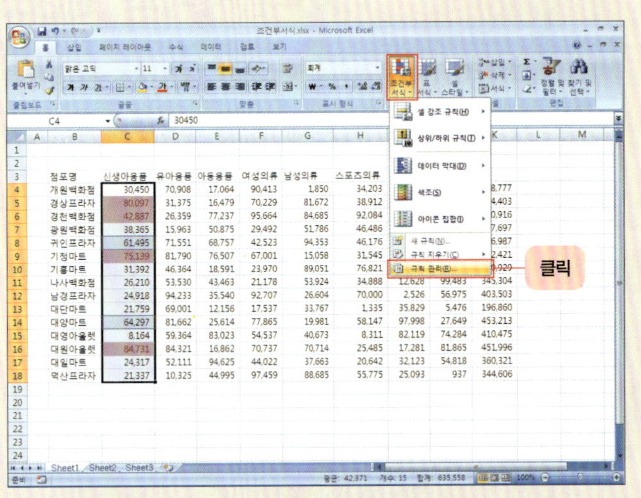

셀 범위에 둘 이상의 규칙이 적용될 경우에는 [조건부 서식 규
칙 관리자] 대화상자에 나열된 순서대로 우선 순위가 부여됩니
다. 이 목록에서는 위에 있는 규칙이 아래에 있는 규칙보다 우
선 순위가 높습니다. 기본적으로 새 규칙은 항상 목록의 맨 위
에 추가되므로 우선 순위가 가장 높지만 대화상자의 위로 이동
이나 아래로 이동 화살표를 사용하면 우선 순위를 변경할 수 있
습니다.

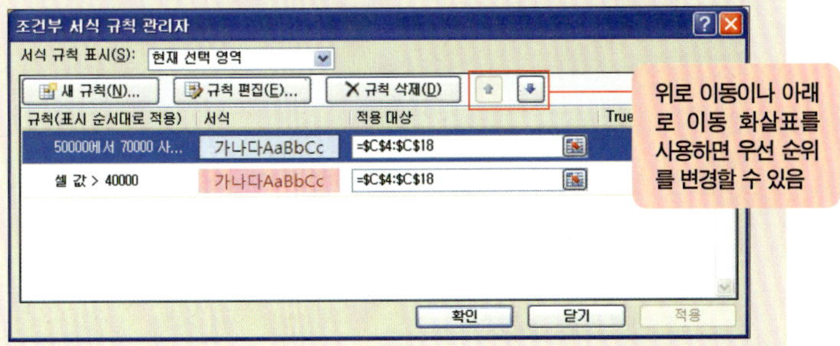

TIP 조건부 서식이 있는 셀 찾기

워크시트에 조건부 서식이 적용된 셀이 있는 경우 해당 셀을 찾아 조
건부 서식을 복사, 변경 또는 삭제할 수 있습니다. [홈] 탭의 [편집 –
찾기 및 선택]에서 [조건부 서식]을 클릭하여 찾을 수 있습니다.

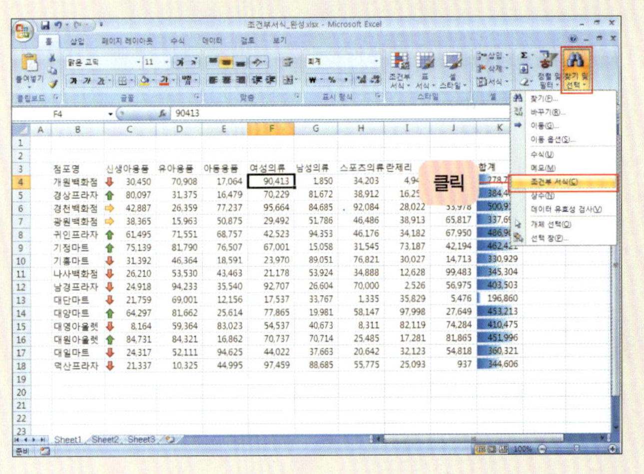

Action Excel 도전! 엑셀

데이터 시각화 구성표 만들기

이번에는 아이콘 집합, 색조, 셀 강조 규칙, 데이터 막대 등의 데이터 시각화 구성표로 조건부 서식을 지정해 보겠습니다. 간단한 따라하기를 통해 연습해 보세요.

〔예제 파일 경로〕 부록 CD\Sample\Part04\조건부서식.xlsx | 〔결과 파일 경로〕 부록 CD\Sample\Part04\After\조건부서식_완성.xlsx

01 ❶ [C4:C18]을 범위 지정한 후 ❷ [홈] 탭의 [스타일 – 조건부 서식]을 클릭하고 ❸ [아이콘 집합]을 클릭한 후 ❹ '3방향 화살표(컬러)'를 선택합니다.

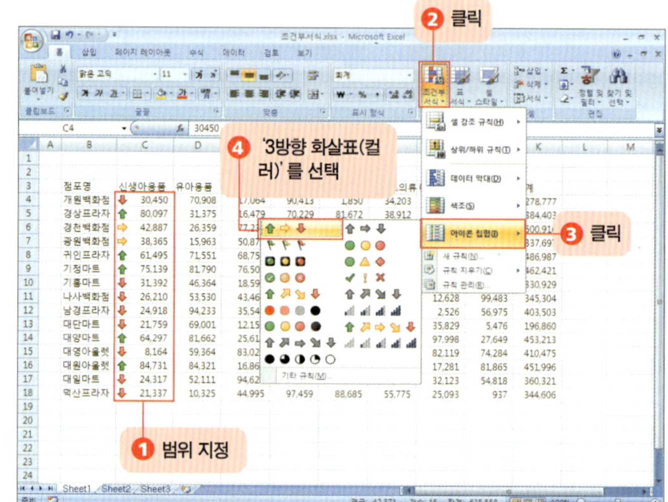

TIP 각 항목에 마우스 포인터를 올려놓으면 실시간으로 미리 보기가 됩니다. 세 가지 화살표에서 녹색 위쪽 화살표는 상위값을, 노란색 옆쪽 화살표는 중위값을, 빨간색 아래쪽 화살표는 하위값을 나타냅니다.

02 ❶ [D4:J18]을 범위 지정한 후 ❷ [홈] 탭의 [스타일 – 조건부 서식]을 클릭하고 ❸ [색조]를 클릭한 후 ❹ '녹색 – 노랑 – 빨강 색조'를 선택합니다.

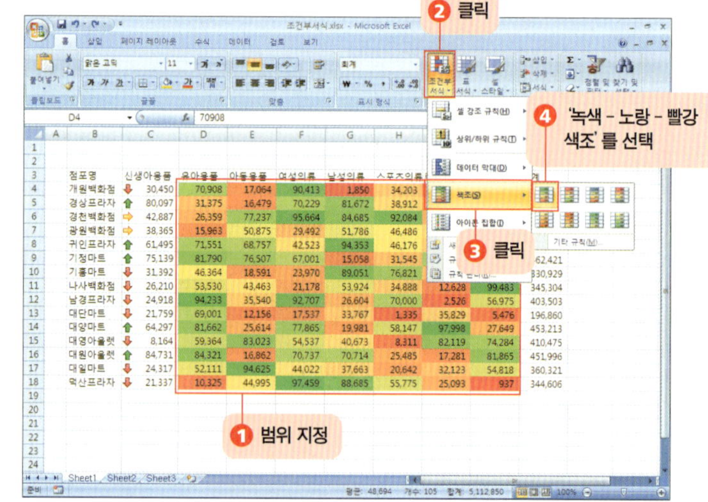

TIP '녹색 – 노랑 – 빨강 색조'을 선택하면 상위값 셀은 녹색으로, 중위값 셀은 노랑으로, 하위값 셀은 빨강으로 표시됩니다.

03 ❶ [D4:J18]을 범위 지정한 후 ❷ [홈] 탭의 [스타일 – 조건부 서식]을 클릭하고 ❸ [셀 강조 규칙 – 보다 큼]을 클릭합니다.

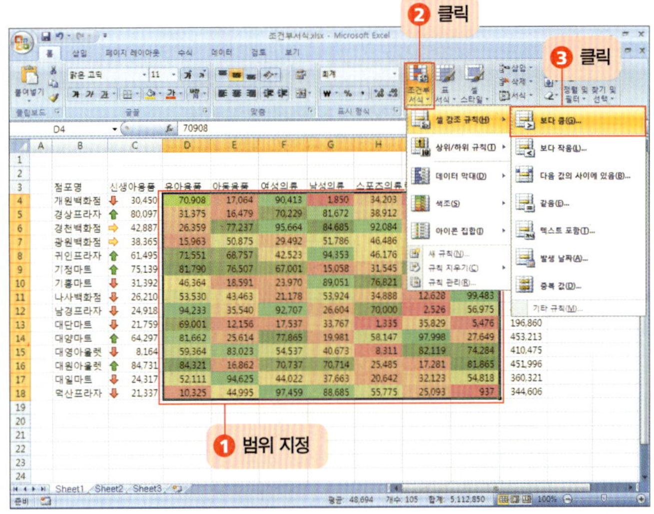

04 80,000 초과인 데이터만 강조하기 위해 [보다 큼] 대화상자에서 ❶ 다음 값보다 큰 셀의 서식 지정에 「80000」을 입력한 후 ❷ 적용할 서식에 '빨강 테두리'를 선택하고 ❸ [확인] 버튼을 클릭합니다.

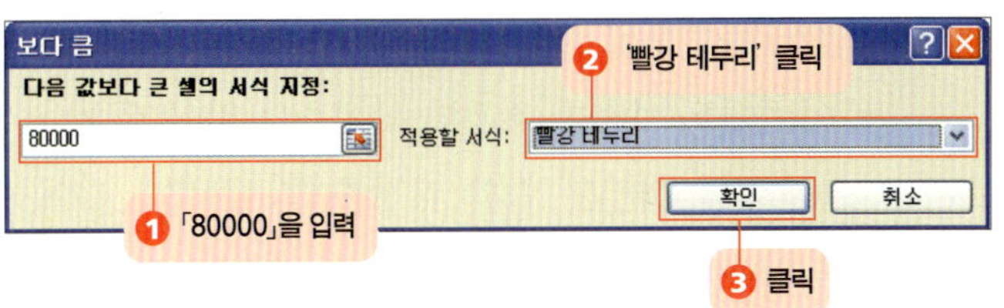

05 다음과 같이 80,000 초과인 데이터에만 빨강 테두리가 지정됩니다.

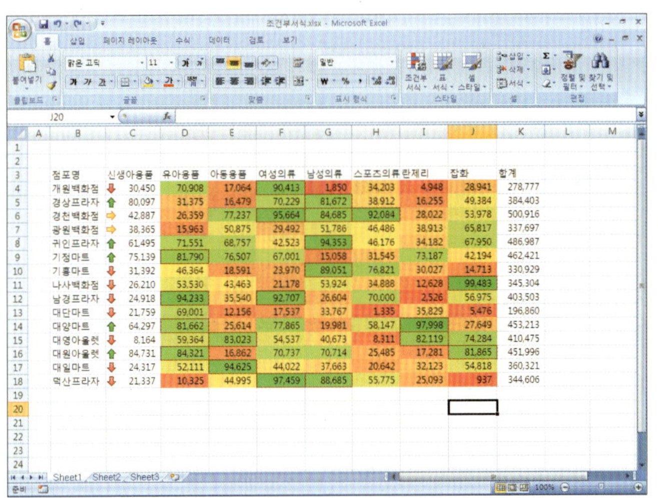

TIP **붙여넣기, 채우기, 서식 복사 기능이 조건부 서식 규칙에 미치는 영향**

워크시트에서 조건부 서식이 있는 셀 값을 복사하여 붙여넣거나, 셀 범위를 채우거나, 서식 복사 기능을 사용하면 조건부 서식 규칙에 영향을 미칠 수 있습니다. 이러한 경우 대상 셀에 대해 원본 셀을 기초로 하는 새 조건부 서식 규칙이 만들어집니다. 그러나 조건부 서식이 있는 셀 값을 복사하여 다른 엑셀 문서에 붙여 넣을 경우에는 조건부 서식 규칙이 만들어지지 않습니다. 즉 해당 서식이 복사되지 않습니다.

06 ❶ [K4:K18]을 범위 지정한 후 ❷ [홈] 탭의 [스타일 – 조건부 서식]을 클릭하고 ❸ [데이터 막대]를 클릭한 후 ❹ '연한 파랑 데이터 막대'를 선택합니다.

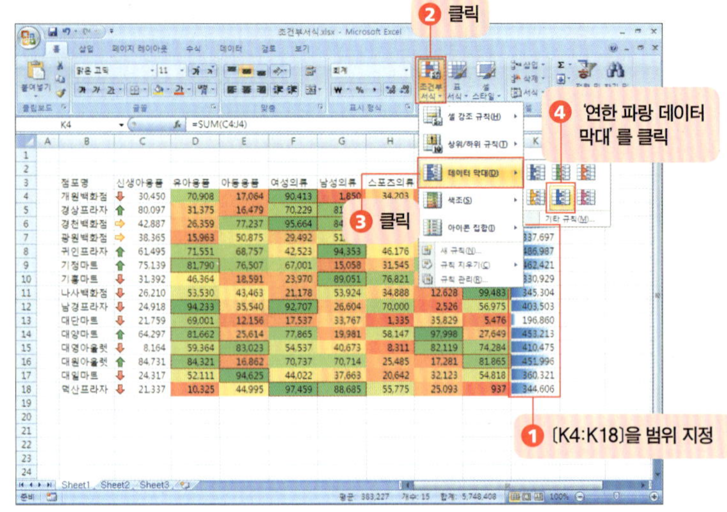

TIP 셀값은 데이터 막대 길이로 표시되는데, 막대 길이가 길수록 높은 값을 표시합니다.

07 다양한 방법으로 조건부 서식을 지정해 보았으므로 이번에는 설정한 조건부 서식을 지워 보겠습니다. ❶ [C4:K18]을 범위 지정한 후 ❷ [홈] 탭의 [스타일 – 조건부 서식] 을 클릭하고 ❸ [규칙 지우기 – 선택한 셀의 규칙 지우기]를 클릭합니다.

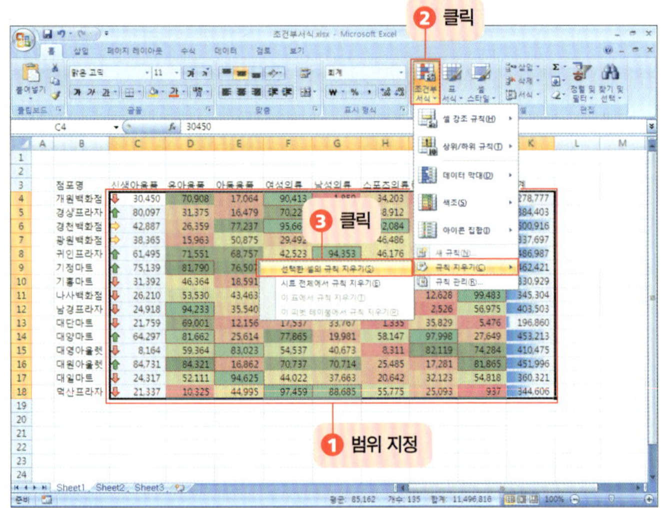

TIP '시트 전체에서 규칙 지우기'를 클릭해도 됩니다.

08 범위 지정했던 영역의 조건부 서식이 지워집니다.

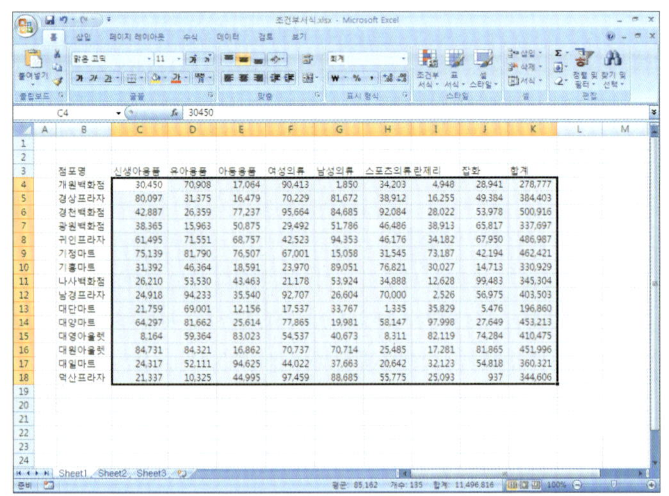

규칙을 이용한 조건부 서식 만들기

지출의 '전체 비율'이 10% 이상인 곳의 전체 행에 서식을 지정하는 조건부 서식을 설정해 보겠습니다. 간단한 따라하기를 통해 연습해 보세요.

〔예제 파일 경로〕 부록 CD\Sample\Part04\조건부서식1.xlsx　|　〔결과 파일 경로〕 부록 CD\Sample\Part04\After\조건부서식1_완성.xlsx

01　❶ [B5:I21]을 범위 지정한 후 ❷ [홈] 탭의 [스타일 – 조건부 서식 📋]을 클릭하고 [새 규칙]을 클릭합니다.

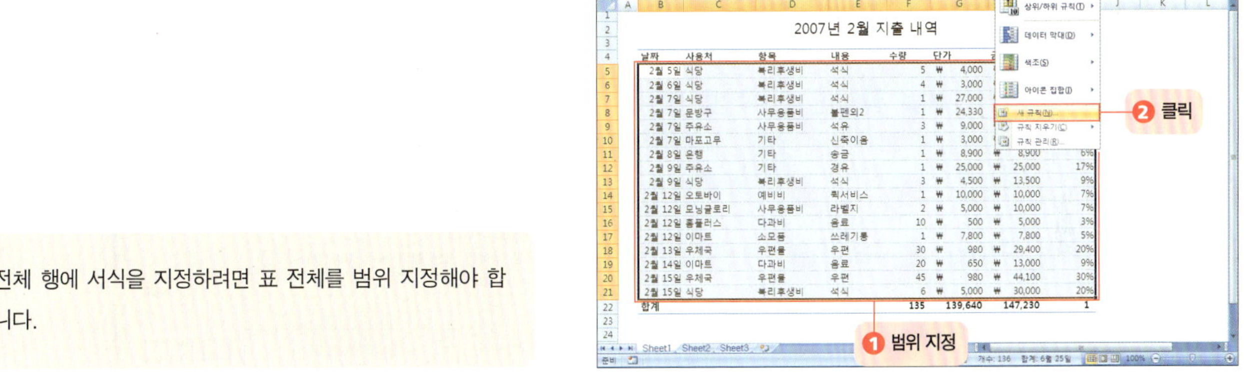

TIP　전체 행에 서식을 지정하려면 표 전체를 범위 지정해야 합니다.

02　[새 서식 규칙] 대화상자가 나타나면 ❶ 규칙 유형 선택에서 '수식을 사용하여 서식을 지정할 셀 결정'을 클릭한 후 ❷ '다음 수식이 참인 값의 서식 지정'에 「=$I5>=10%」를 입력하고 ❸ [서식] 버튼을 클릭합니다.

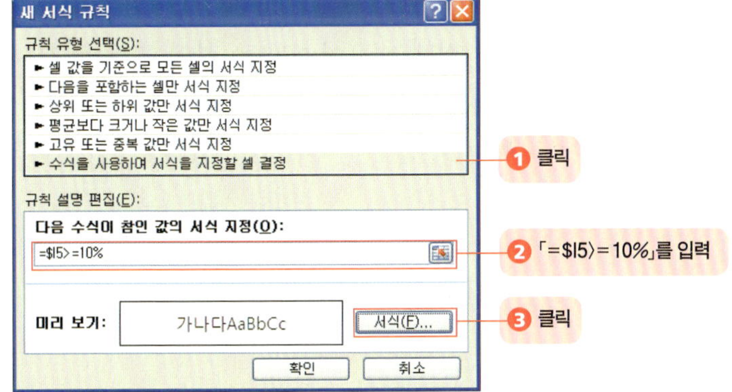

Note　조건부 서식은 첫 행의 수식을 복사하여 범위 지정한 끝까지 조건을 따집니다. 조건을 따져야 하는 열은 전체 비율인 I열이고, 행은 5행에서 21행까지 복사되어야 합니다. 따라서 I열은 고정시키고 5행은 고정시키지 않는 $I5의 혼합 참조 유형입니다.

03 [셀 서식] 대화상자가 나타나면 ❶ [채우기] 탭을 클릭한 후 ❷ '연한 하늘색' 을 선택하고 ❸ [확인] 버튼을 클릭합니다.

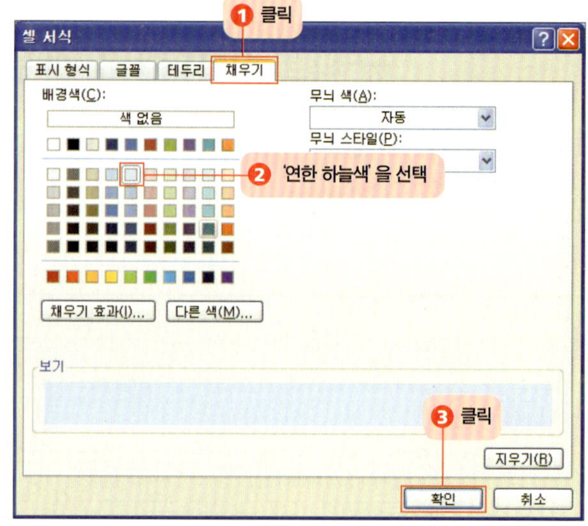

04 [새 서식 규칙] 대화상자에서 서식이 어떻게 지정될 것인지를 미리 보기로 확인한 후 [확인] 버튼을 클릭합니다.

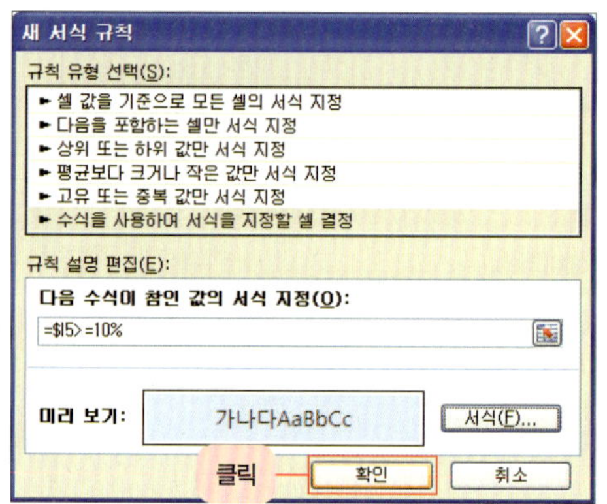

05 다음과 같이 전체 비율이 10% 이상인 곳에만 전체 행에 서식이 지정됩니다.

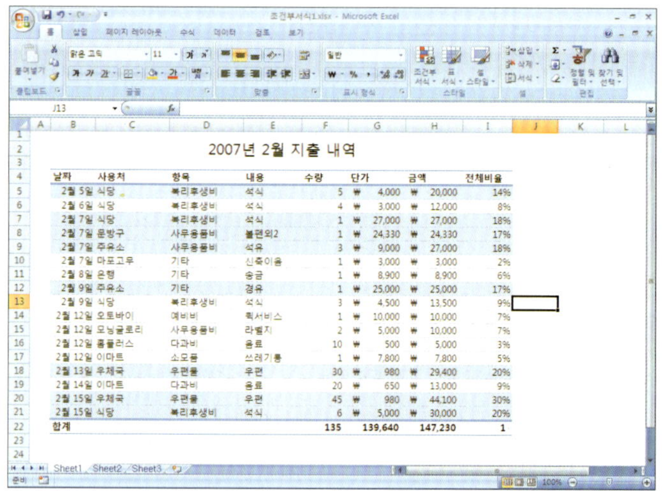

06 이번에는 지정한 서식을 변경해 보겠습니다. ❶ 셀 포인터를 조건부 서식이 지정된 임의의 셀에 위치시킨 후 ❷ [홈] 탭의 [스타일 – 조건부 서식 📊]을 클릭하고 ❸ [규칙 관리]를 클릭합니다.

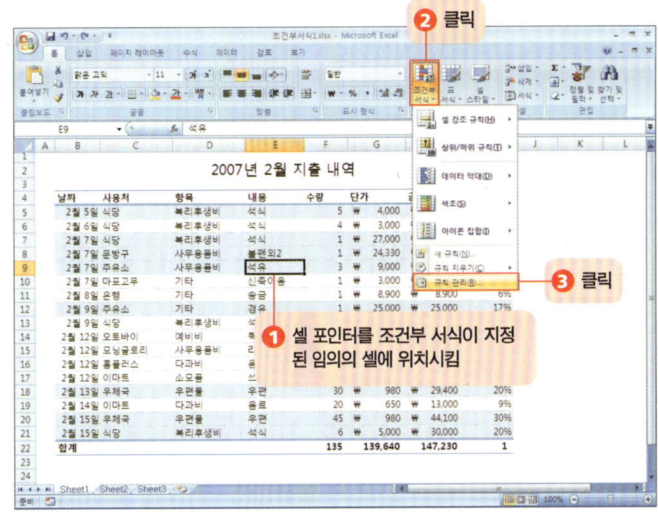

07 [조건부 서식 규칙 관리자] 대화상자가 나타나면 규칙 목록이 나타납니다. 지금은 규칙이 하나이지만 규칙 목록이 많을 수도 있습니다. ❶ 수정할 규칙을 클릭하고 ❷ [규칙 편집] 버튼을 클릭합니다.

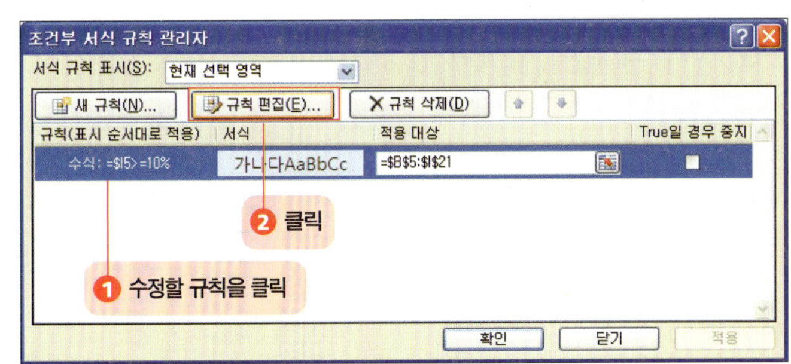

08 [서식 규칙 편집] 대화상자가 나타나면 [서식] 버튼을 클릭합니다.

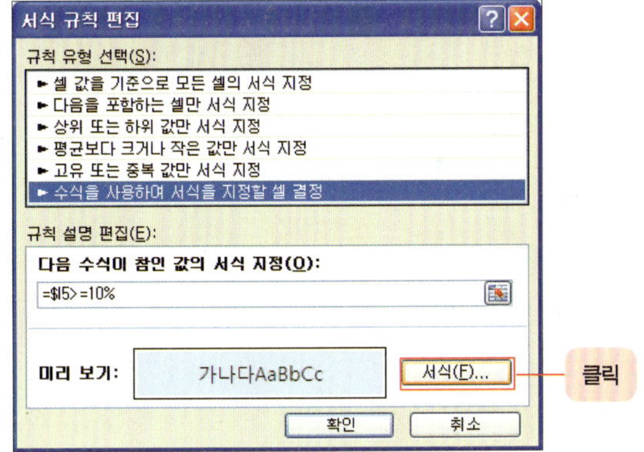

09 ❶ [채우기] 탭의 배경색에서 '연한 핑크'를 선택한 후 ❷ [확인] 버튼을 클릭합니다. 그런 다음, [서식 규칙 편집] 대화상자, [조건부 서식 규칙 관리자] 대화상자가 차례로 나타나면 계속해서 [확인] 버튼을 클릭합니다.

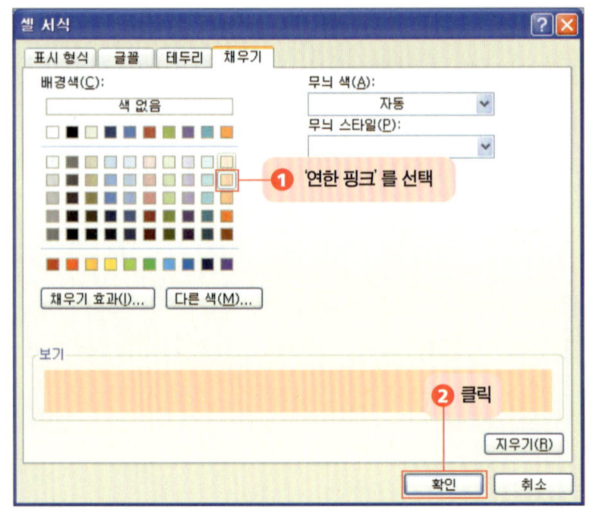

10 다음과 같이 서식이 변경됩니다.

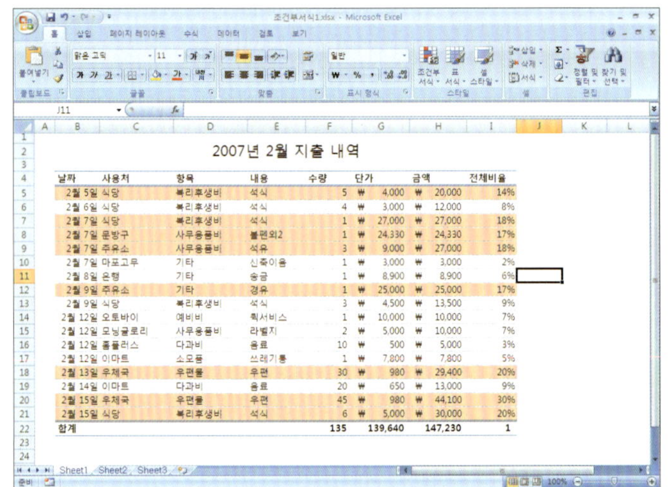

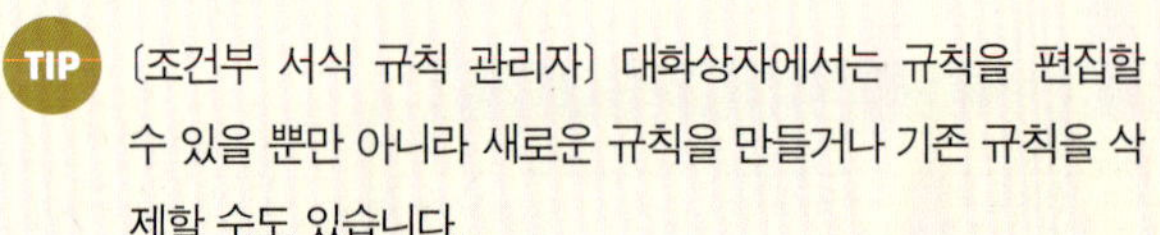

TIP 〔조건부 서식 규칙 관리자〕 대화상자에서는 규칙을 편집할 수 있을 뿐만 아니라 새로운 규칙을 만들거나 기존 규칙을 삭제할 수도 있습니다.

TIP 엑셀 2007에 추가된 '표 서식'과 '조건부 서식'을 같이 이용하면 더 빠르게 서식을 지정하고 데이터를 시각적으로 분석할 수 있습니다.

상반기 유아 용품 매출 시각화하기

Master Excel 실력다지기

이번에는 상반기 유아 용품 매출 현황 자료에 표 서식을 적용하여 요약 행으로 월별 합계를 구합니다. 그리고 조건부 서식을 이용하여 상품별 매출 실적이 100,000 이상인 곳에 빨강 테두리로 셀을 강조하고 데이터 막대로 상반기 매출 합계를 시각화하여 매출 현황을 좀 더 쉽게 파악할 수 있도록 구성해 보겠습니다.

〔예제 파일 경로〕 부록 CD\Sample\Part04\유아용품매출현황.xlsx | 〔결과 파일 경로〕 부록 CD\Sample\Part04\After\유아용품매출현황_완성.xlsx

완성 예제 미리 보기

상반기 유아용품 매출현황

상품명	1월	2월	3월	4월	5월	6월	합계
망아지 모빌	80,097	31,375	16,479	70,229	81,672	38,912	318,764
꿈나라 모빌	42,887	166,359	77,237	45,664	84,685	92,084	508,916
딸랑이	38,365	15,963	50,875	29,492	51,786	46,486	232,967
헝겊 애벌레	91,495	71,551	68,757	42,523	294,353	46,176	614,855
헝겊책	25,139	81,790	76,507	67,001	215,058	31,545	497,040
아기체육관	190,450	70,908	97,064	90,413	189,850	184,203	822,888
치아발육기	31,392	46,364	18,591	23,970	89,051	76,821	286,189
곰돌이인형	26,210	53,530	43,463	21,178	53,924	34,888	233,193
푸우핸드폰	24,918	94,233	35,540	92,707	26,604	70,000	344,002
개구리전화기	21,759	69,001	12,156	17,537	33,767	1,335	155,555
병아리 오뚝이	64,297	81,662	25,614	77,865	19,981	58,147	327,566
동물친구 모빌	8,164	59,364	83,023	54,537	40,673	8,311	254,072
곰돌이 오뚝이	34,731	84,321	16,862	20,737	10,714	25,485	192,850
실로폰	124,317	52,111	54,625	44,022	217,663	20,642	513,380
헝겊공	21,337	10,325	44,995	97,459	88,685	55,775	318,576
요약	825,558	988,857	721,788	795,334	1,498,466	790,810	5,620,813

01 ❶ 데이터 안쪽 임의의 셀을 클릭한 후 ❷ [홈] 탭의 [스타일 – 표 서식]를 클릭하고 ❸ '표 스타일 밝게 8'을 선택합니다.

02 다음과 같이 [표 서식] 대화상자에서 표에 사용할 영역이 범위 지정되었는지를 확인한 후 [확인] 버튼을 클릭합니다.

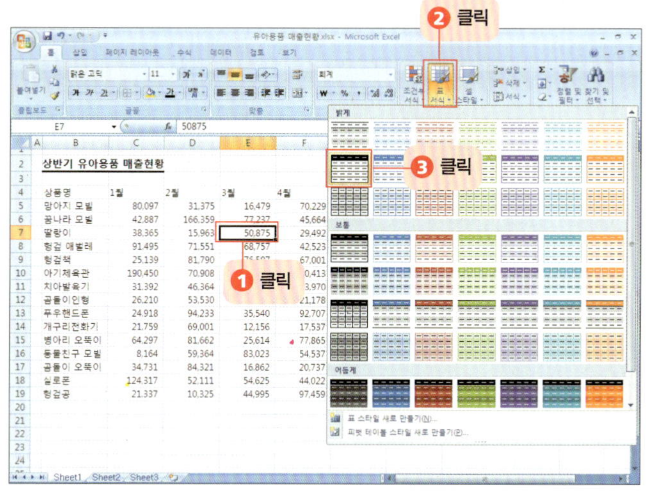

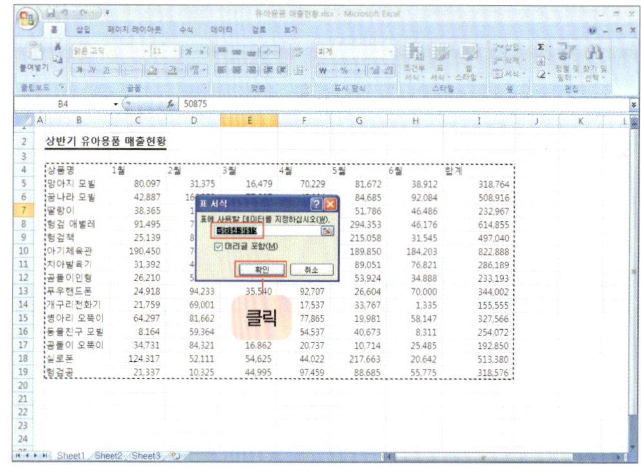

03 다음과 같이 표가 만들어지면서 [디자인] 탭이 나타납니다. ❶ [디자인] 탭의 [표 스타일 옵션]에서 '줄무늬 행'의 체크 표시를 해제한 후 ❷ '요약 행'에 체크 표시를 하면 가로 테두리가 사라지고 맨 아래 행에 '요약'이 추가됩니다.

04 1월 필드의 요약 행에서 드롭다운 버튼을 클릭하여 '합계'를 클릭합니다.

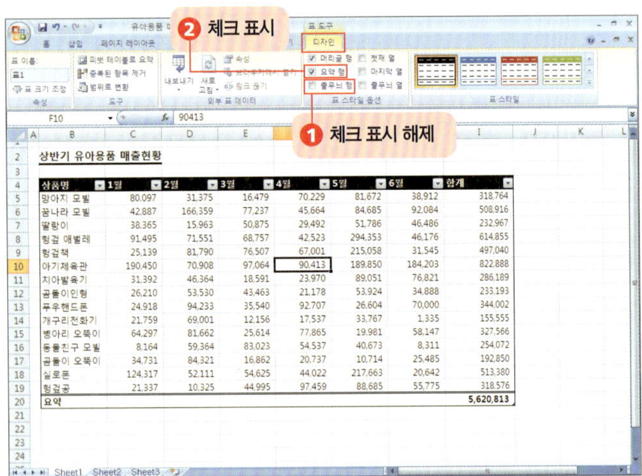

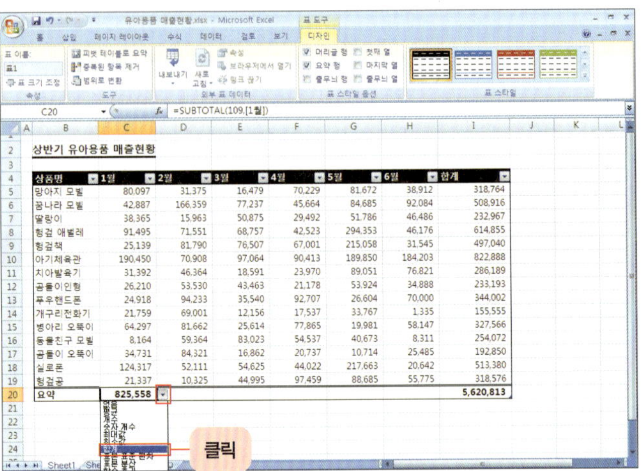

05 [C20] 셀의 채우기 핸들을 드래그하여 [H20] 셀까지 복사합니다.

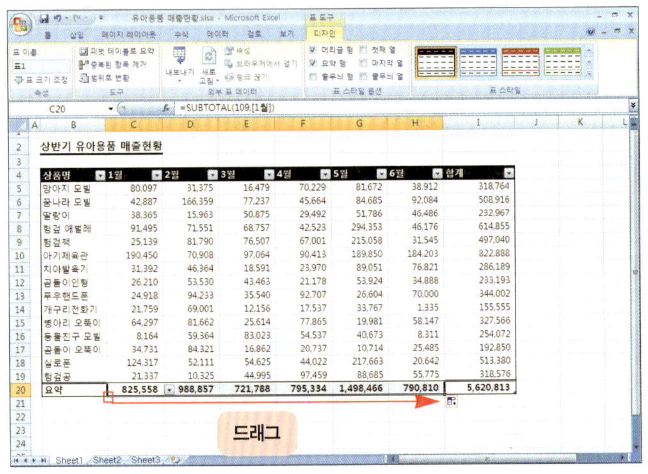

06 [C5:H19]에 월별 매출액이 100,000 이상일 경우를 강조하기 위해 ❶ [C5:H19]를 범위 지정한 후 ❷ [홈] 탭의 [스타일 – 조건부 서식]을 클릭하고 ❸ [셀 강조 규칙 – 보다 큼]을 클릭합니다.

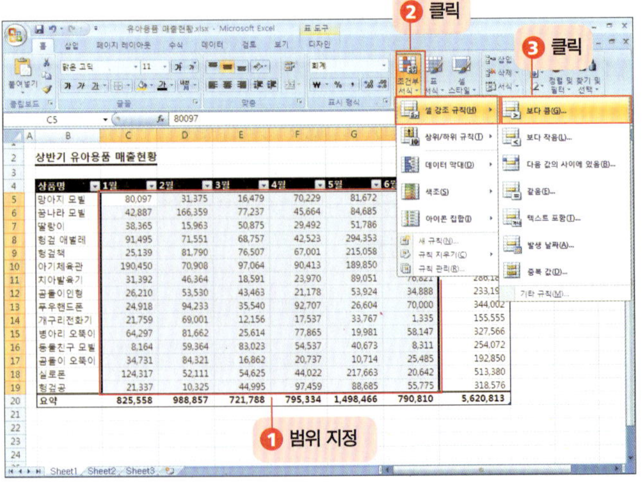

07 [보다 큼] 대화상자가 나타나면 ❶ '다음 값보다 큰 셀의 서식 지정'에 「100000」을 입력한 후 ❷ 적용할 서식에 '빨강 테두리'를 클릭하고 ❸ [확인] 버튼을 클릭합니다.

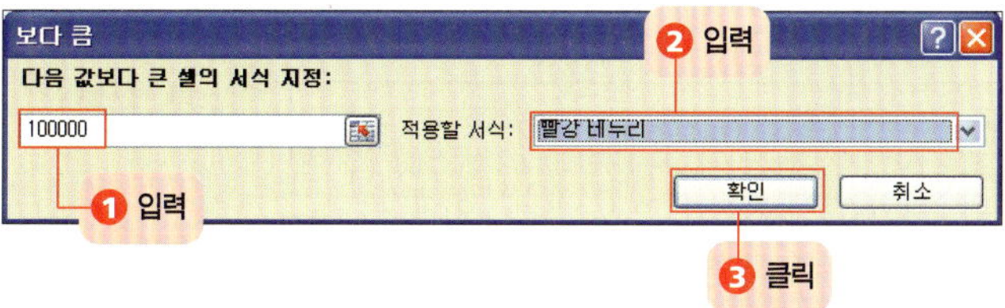

08 다음과 같이 100,000 이상인 곳에 빨강 테두리 서식이 지정됩니다.

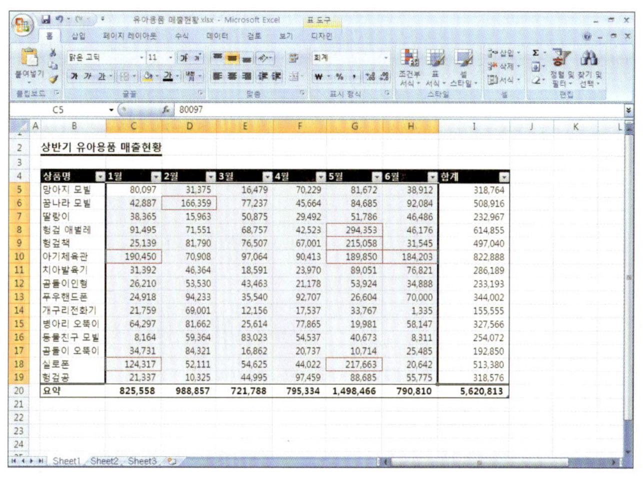

09 ❶ [I5:I19]를 범위 지정한 후 ❷ [홈] 탭의 [스타일 – 조건부 서식]을 클릭하고 ❸ [데이터 막대]를 클릭한 후 '주황 데이터 막대'를 선택합니다.

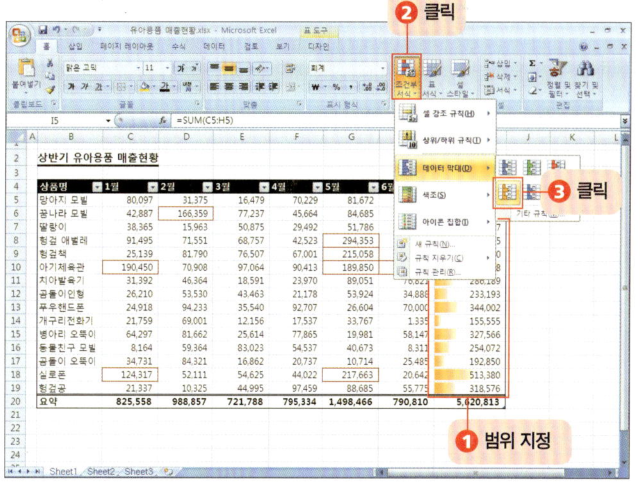

10 다음과 같이 상반기 매출 실적을 데이터 막대 형태로 시각화하였습니다.

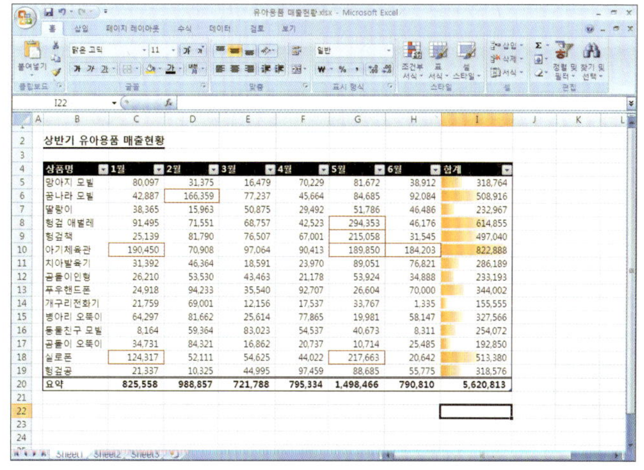

문서 인쇄와 데이터 보호하기

엑셀 2007 기본 + 활용
실무 테크닉

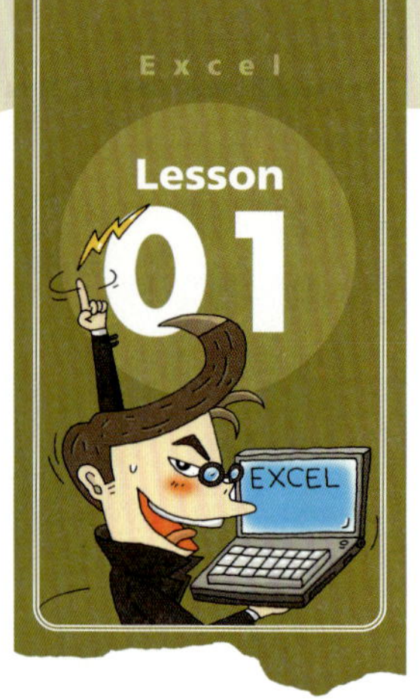

Lesson 01

완성된 문서 확인하고 인쇄하기

엑셀 워크시트는 워드프로세서처럼 페이지 단위로 작업 영역이 정해져 있지 않으므로 인쇄 전에 문서가 종이에 어떻게 인쇄될 것인지를 미리 확인하는 것이 좋습니다. 이번 레슨에서는 페이지 레이아웃, 페이지 나누기 미리 보기, 머리글/바닥글 등과 같은 인쇄 전에 필요한 작업에 대해 알아보겠습니다.

통합 문서 보기 변경하기

통합 문서에서의 보기 상태에는 기본, 페이지 레이아웃, 페이지 나누기 미리 보기, 전체 화면이 있습니다. 기본을 선택하면 일반 워크시트 상태로 볼 수 있고, 페이지 레이아웃을 선택하면 스프레드시트 상태에서의 인쇄 모양을 정확하게 볼 수 있습니다. 또한, 페이지 나누기 미리 보기를 선택하면 인쇄할 페이지를 나누어 볼 수 있으며, 전체 화면을 선택하면 탭 메뉴나 리본들을 모두 숨기고 워크시트를 최대한 크게 볼 수 있습니다. 보기를 선택하려면 상태 표시줄이나 [보기] 탭의 [통합 문서 보기] 그룹을 이용합니다.

❶ 기본 보기
❷ 페이지 레이아웃
❸ 페이지 나누기 미리 보기

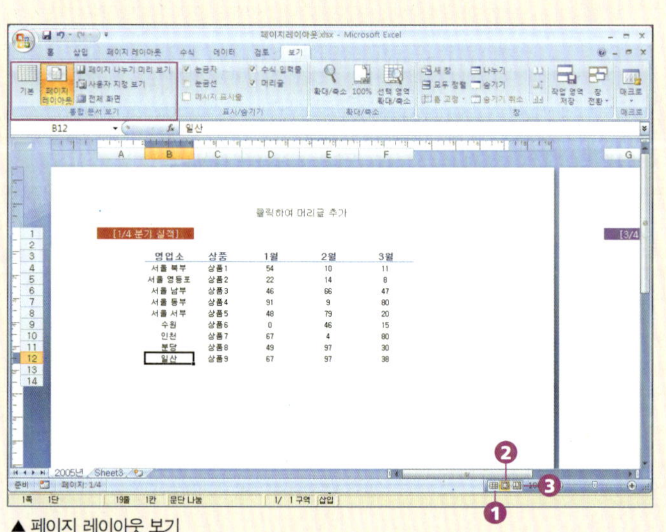

▲ 페이지 레이아웃 보기

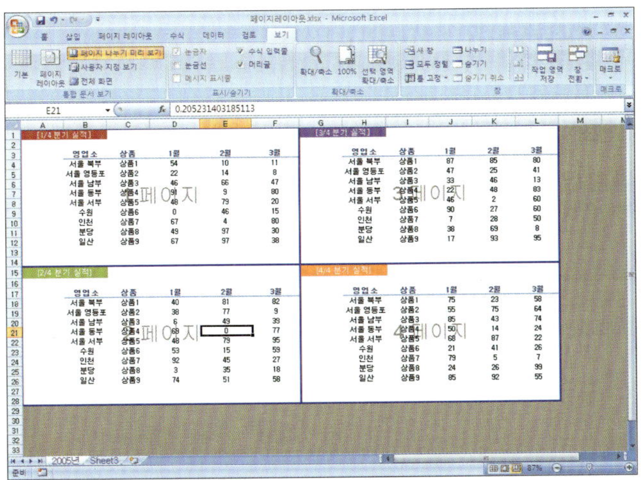

▲ 페이지 나누기 미리 보기

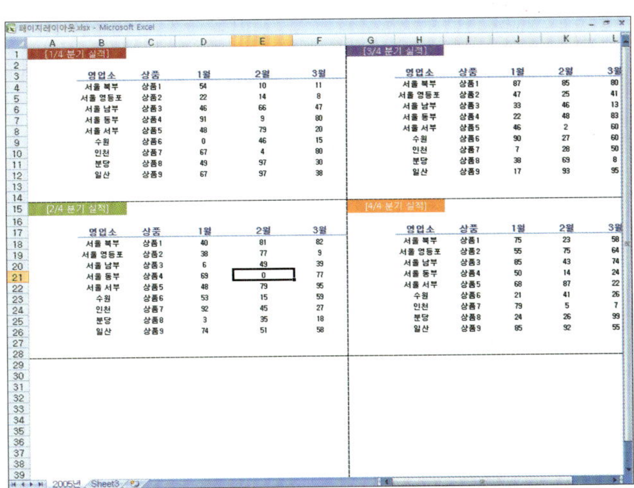

▲ 전체 화면으로 보기

 **TIP** 전체 화면 보기 상태에서 이전 상태로 되돌아오려면 Esc 를 누릅니다.

 ## 인쇄할 페이지 나누기

페이지 나누기는 워크시트를 인쇄할 페이지 단위로 나누는 것입니다. 엑셀에서 자동으로 추가된 페이지 나누기는 파선으로 표시되고, 수동으로 추가된 페이지 나누기는 실선으로 표시됩니다.

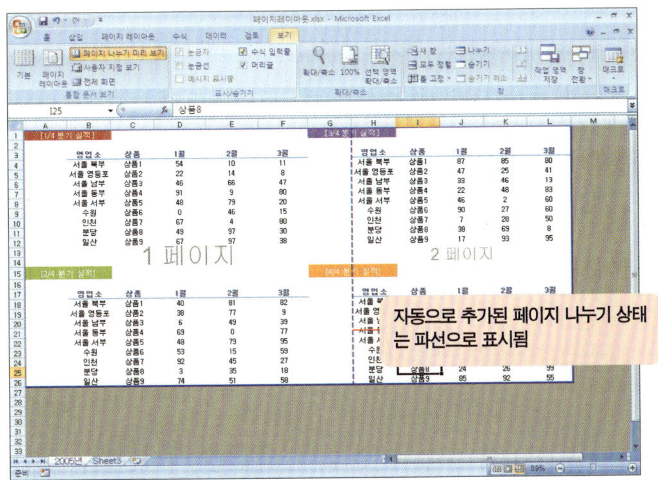

▲ 자동으로 추가된 페이지 나누기 상태

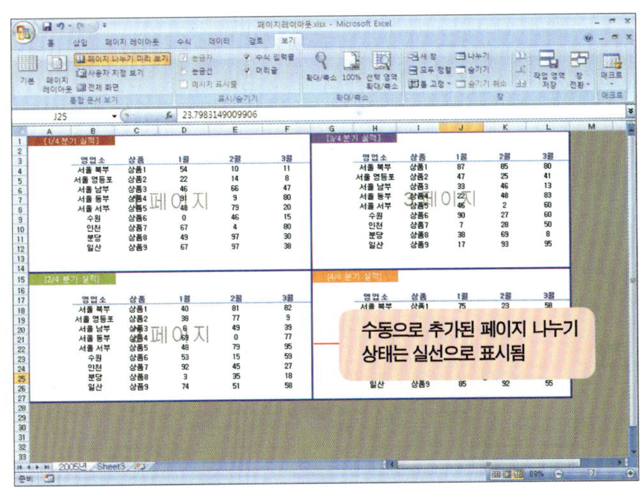

▲ 수동으로 추가된 페이지 나누기 상태

분기별로 인쇄할 페이지 나누기

이번에는 워크시트에 작성된 문서를 원하는 영역별로 페이지를 나누어 보겠습니다. 여기에서는 분기별로 페이지를 나눕니다.

〔예제 파일 경로〕 부록 CD\Sample\Part05\페이지나누기.xlsx | 〔결과 파일 경로〕 부록 CD\Sample\Part05\After\페이지나누기_완성.xlsx

01 상태 표시줄에서 [페이지 나누기 미리 보기▣]를 클릭합니다.

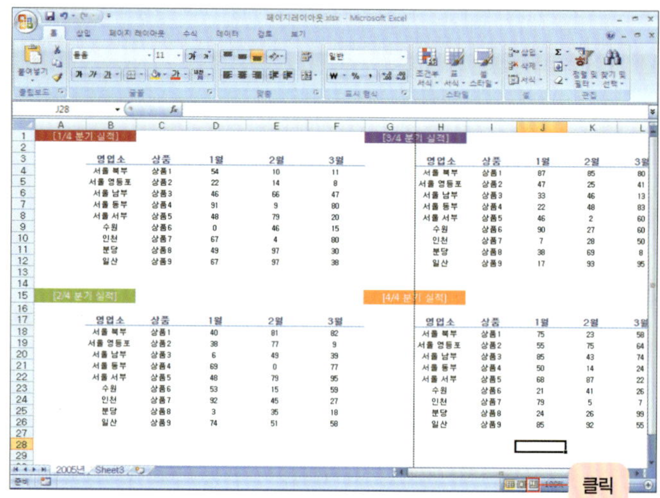

TIP 〔보기〕 탭의 〔통합 문서 보기 - 페이지 나누기 미리 보기〕를 클릭해도 됩니다.

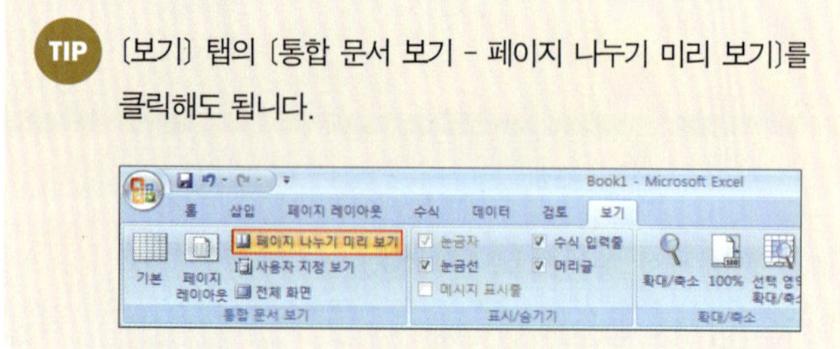

02 [페이지 나누기 미리 보기] 대화상자가 나타나면 [확인] 버튼을 클릭합니다.

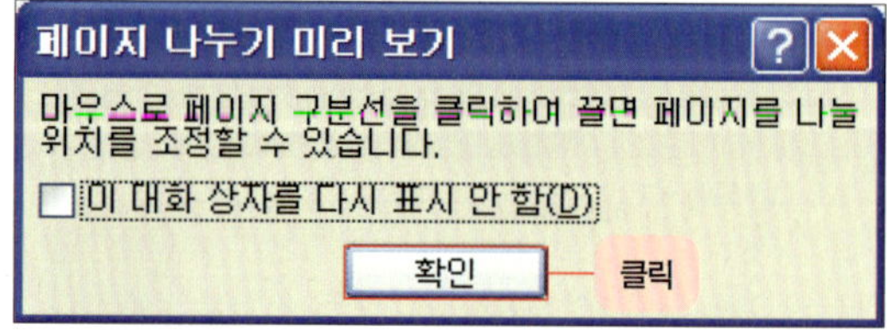

03 워크시트에 작성된 문서 전체가 표시되면서 자동으로 페이지 나누기가 됩니다. 파란색 점선을 드래그하여 F열과 G열 사이로 페이지 구분선을 이동합니다.

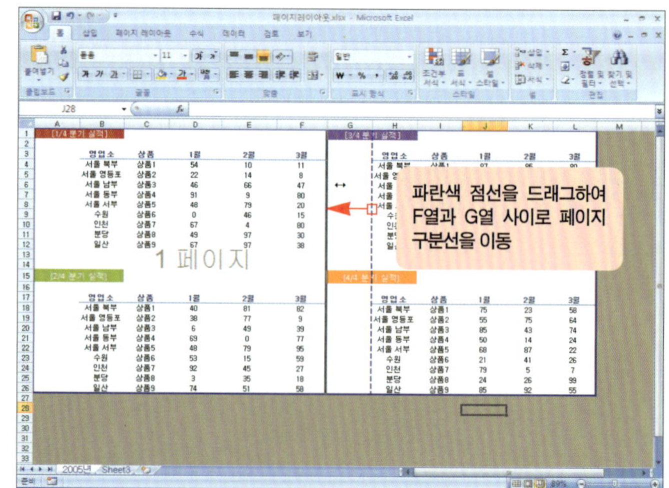

04 아래쪽 선도 드래그하여 페이지 영역을 조금 넓힙니다.

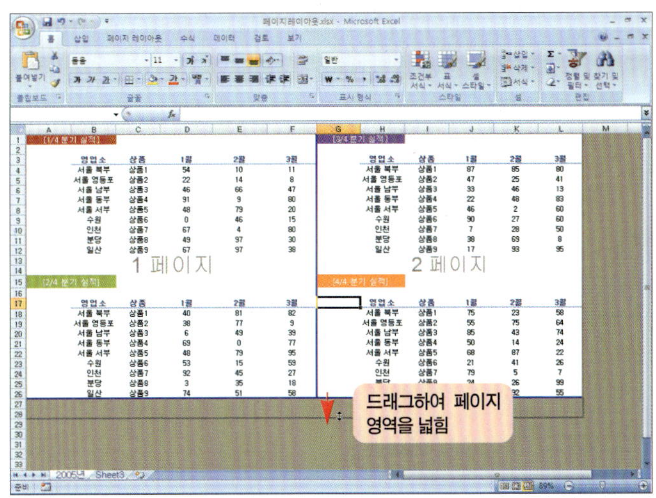

05 다시 페이지 나누기를 원래 상태로 되돌리기 위해 ❶ 마우스 오른쪽 버튼을 클릭한 후 ❷ [페이지 나누기 모두 원래대로]를 클릭합니다.

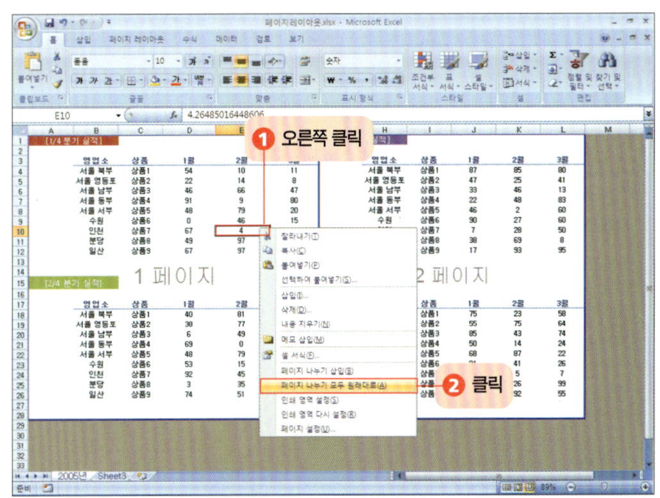

06 다음과 같이 원래 상태로 되돌아옵니다.

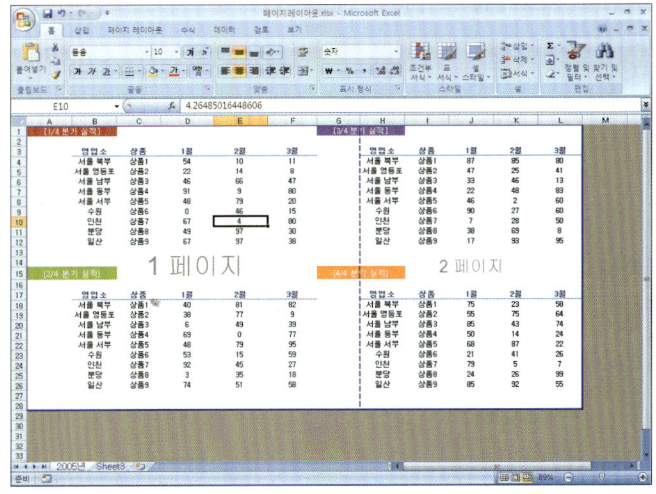

07 분기별로 페이지를 나누기 위하여 ❶ [G15] 셀에서 마우스 오른쪽 버튼을 클릭한 후 ❷ [페이지 나누기 삽입]을 클릭합니다.

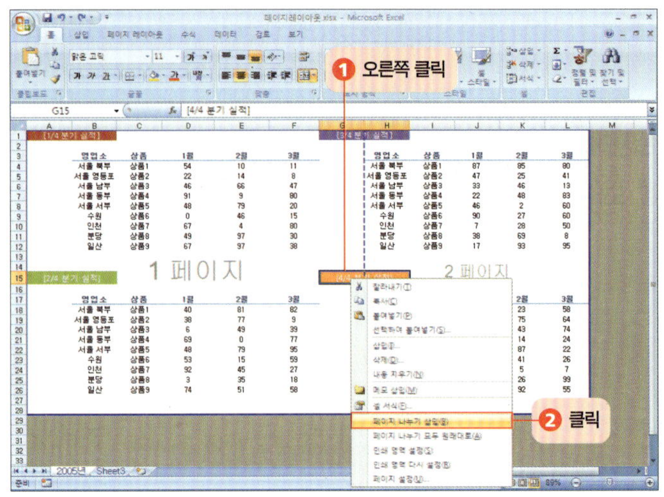

08 다음과 같이 분기별로 인쇄되도록 페이지가 나누어집니다.

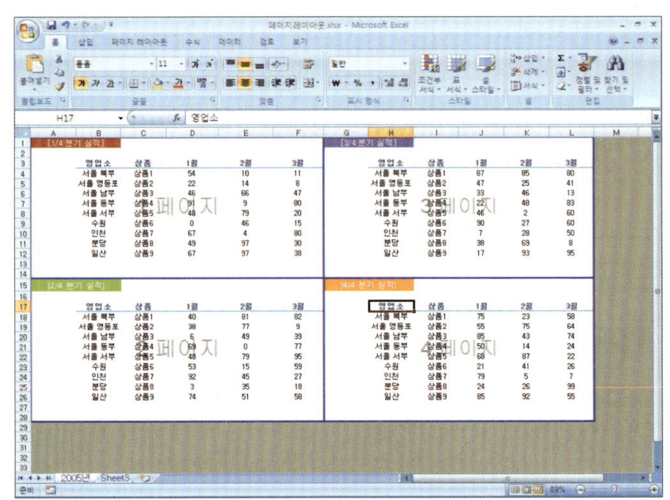

TIP **원하는 영역만 인쇄하기**

특정 영역만 인쇄하려면 ❶ 인쇄할 영역을 범위 지정한 후 ❷ [페이지 레이아웃] 탭의 [페이지 설정 – 인쇄 영역 – 인쇄 영역 설정]을 클릭합니다.

다음과 같이 범위 지정한 '1/4분기' 영역만 인쇄될 것이라는 것을 말해줍니다.

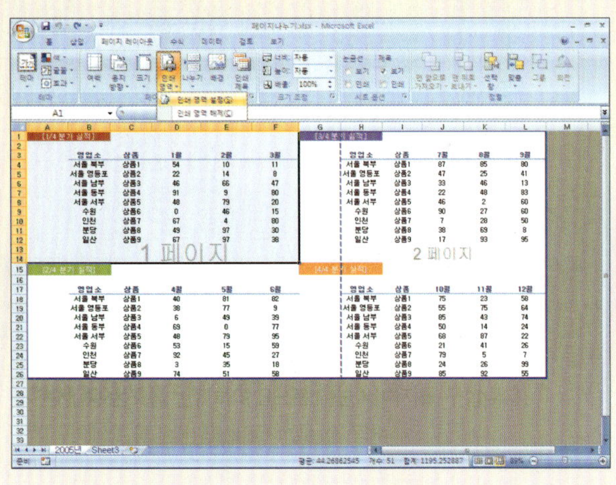

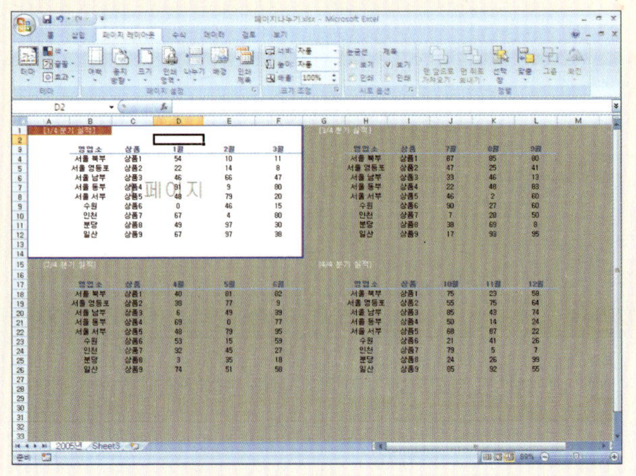

페이지 설정하기

페이지 설정을 이용하면 워크시트에 있는 문서를 인쇄하기 전에 용지 크기, 여백, 확대/축소 배율 등을 조절할 수 있습니다. 페이지 설정은 [페이지 레이아웃] 탭을 이용합니다.

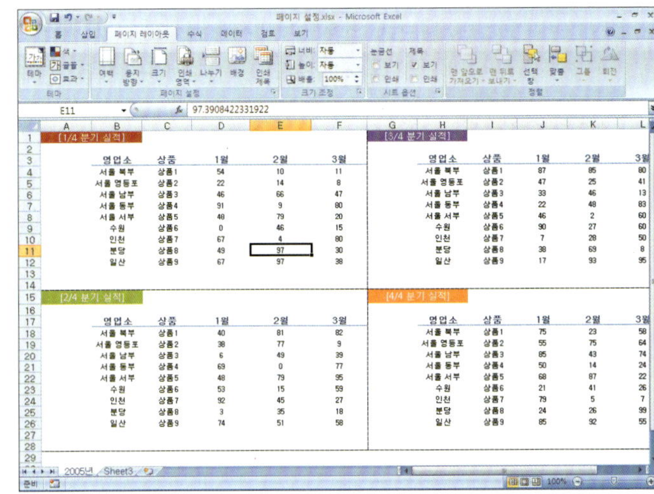

[페이지 레이아웃] 탭에 있는 각 기능은 다음과 같습니다.

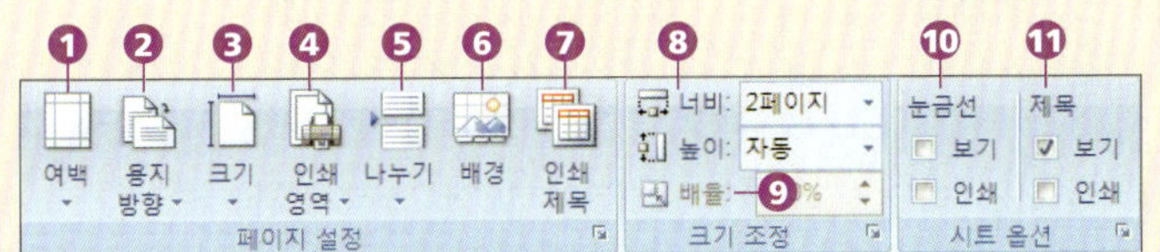

❶ **여백** : 용지의 상, 하, 좌, 우, 머리글, 바닥글의 여백을 조절합니다. 기본, 넓게, 좁게 중에서 선택하거나 [사용자 지정 여백]을 클릭하여 지정할 수 있습니다.

❷ **용지 방향** : 가로 방향으로 인쇄할 것인지, 세로 방향으로 인쇄할 것인지를 선택합니다.

❸ **크기** : 인쇄할 용지 크기를 선택합니다. A4 용지가 기본적으로 선택되어 있으며, 정해진 목록 외의 크기는 [기타 용지 크기]를 클릭합니다.

❹ **인쇄 영역** : 특정 영역만 인쇄하고 싶은 경우에는 범위 지정한 후 [인쇄 영역 설정]을 클릭합니다.

❺ **나누기** : 페이지를 나누고 싶은 곳에 셀 포인터를 위치시킨 후 [페이지 나누기 삽입]을 클릭합니다. [페이지 나누기 미리 보기]에서 설정하는 것과 동일합니다.

❻ **배경** : 시트의 배경으로 표시할 이미지를 선택합니다. 인쇄는 되지 않습니다.

❼ **인쇄 제목** : 매 페이지마다 반복하여 인쇄하고 싶은 행이나 열을 지정합니다.

❽ **너비/높이** : 지정한 용지 너비와 높이의 페이지 수에 따라 인쇄 배율이 자동으로 조절됩니다.

❾ **배율** : 확대/축소 배율을 조절합니다.

❿ **눈금선** : '보기'에 체크 표시를 하면 워크시트 셀 구분선이 화면상에 나타나고, 인쇄에 체크 표시를 하면 셀 구분선이 인쇄됩니다.

⓫ **제목** : '보기'에 체크 표시를 하면 행/열 머리글이 화면상에 나타나고, 인쇄에 체크 표시를 하면 행/열 머리글이 인쇄됩니다.

좀 더 세부적으로 페이지 설정을 하려면 [페이지 레이아웃] 탭의 리본 메뉴에 있는 🔳을 클릭하면 나타나는 [페이지 설정] 대화상자를 이용합니다.

▲ [페이지 설정] 대화상자

매 페이지마다 제목 반복하여 인쇄하기

이번에는 페이지를 설정한 후 매 페이지마다 제목 행을 반복하여 인쇄해 보겠습니다. 간단한 따라하기를 통해 연습해 보세요.

〔예제 파일 경로〕 부록 CD\Sample\Part05\페이지 설정.xlsx | 〔결과 파일 경로〕 부록 CD\Sample\Part05\After\페이지 설정_완성.xlsx

01 상태 표시줄의 [페이지 레이아웃 ▣]을 클릭합니다.

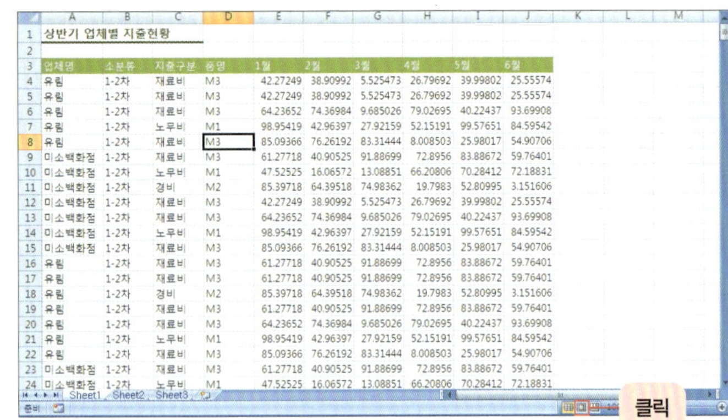

TIP 〔보기〕 탭의 〔통합 문서 보기 – 페이지 레이아웃 ▦〕을 클릭해도 됩니다.

02 페이지 분할 상태를 살펴보면 4월까지는 1페이지, 5월 이후는 다음 페이지에 인쇄되는 것을 알 수 있습니다.

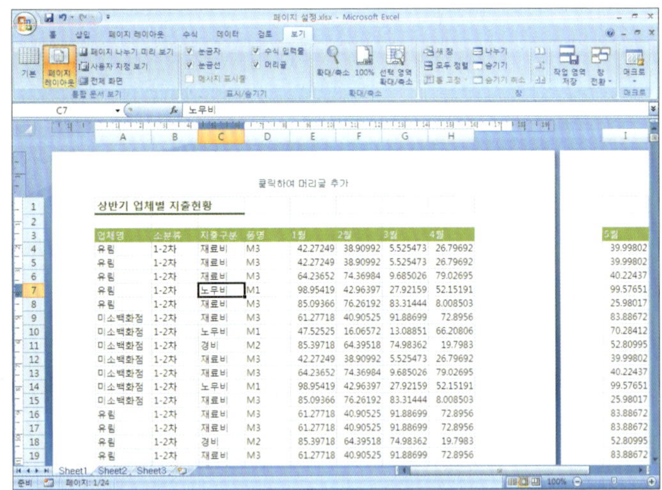

03 [페이지 레이아웃] 탭의 [크기 조정 – 너비 ▦ 너비]의 드롭다운 버튼을 클릭한 후 [1페이지]를 클릭합니다.

TIP 지정한 용지 너비에 따라 인쇄 배율이 자동으로 조절됩니다.

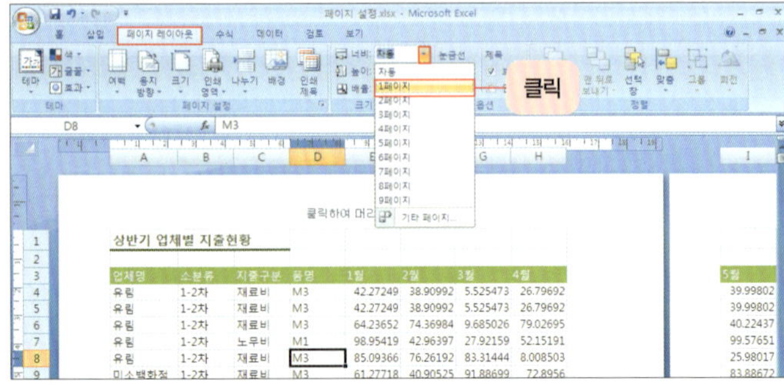

04 다음과 같이 여러 페이지로 분할되었던 내용이 한 페이지로 인쇄됩니다.

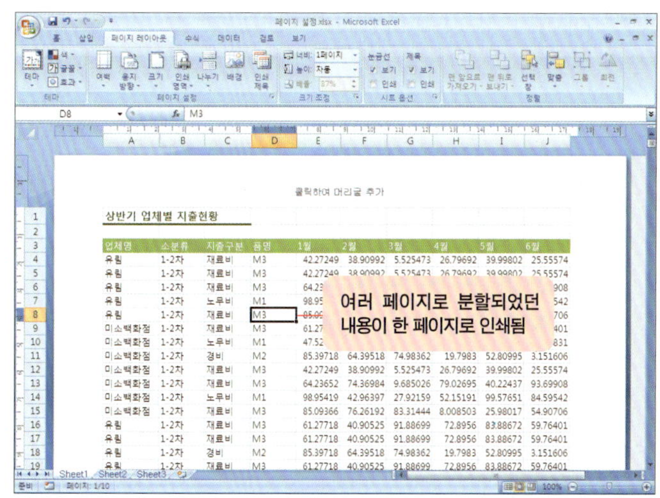

05 상태 표시줄을 확인하면 현재 이 문서는 10페이지입니다. 1페이지에는 표의 제목이 인쇄되겠지만 2~10페이지까지는 인쇄되지 않으므로 인쇄 후 2~10페이지의 내용을 확인할 때에 불편할 것입니다.

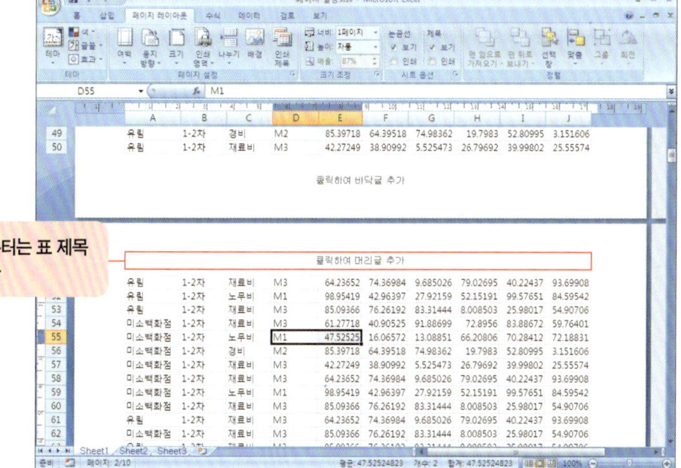

TIP 스크롤바를 2페이지로 이동하여 표 제목이 인쇄되지 않았음을 확인합니다.

06 1페이지뿐만 아니라 매 페이지마다 표의 제목이 인쇄되도록 하기 위해 [페이지 레이아웃] 탭의 [페이지 설정 – 인쇄 제목]을 클릭합니다.

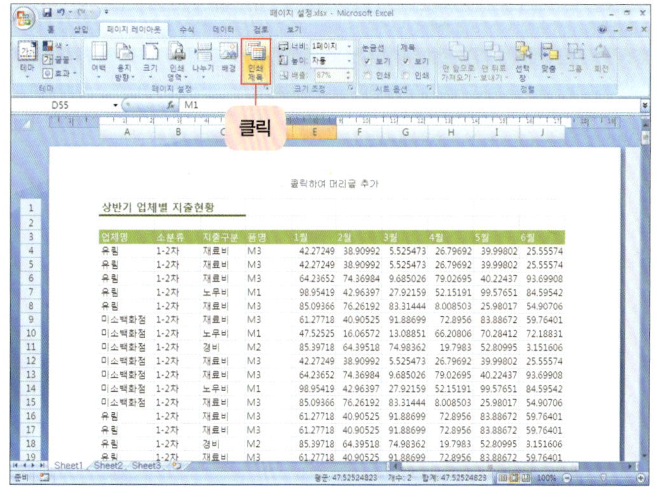

07 [페이지 설정] 대화상자가 나타나면 ❶ 반복할 행의 영역을 클릭하여 커서를 나타나게 한 후 ❷ 반복적으로 인쇄할 3행을 클릭하여 「$3:$3」이 입력되도록 하고 ❸ [확인] 버튼을 클릭합니다.

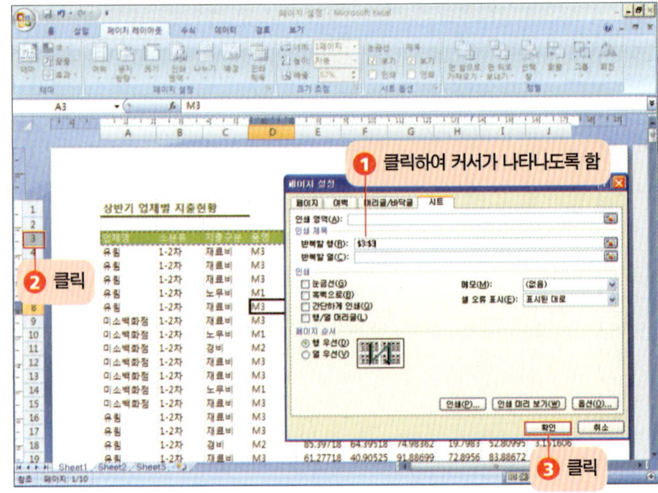

08 스크롤바를 이동하여 매 페이지마다 타이틀이 인쇄되는지를 확인합니다.

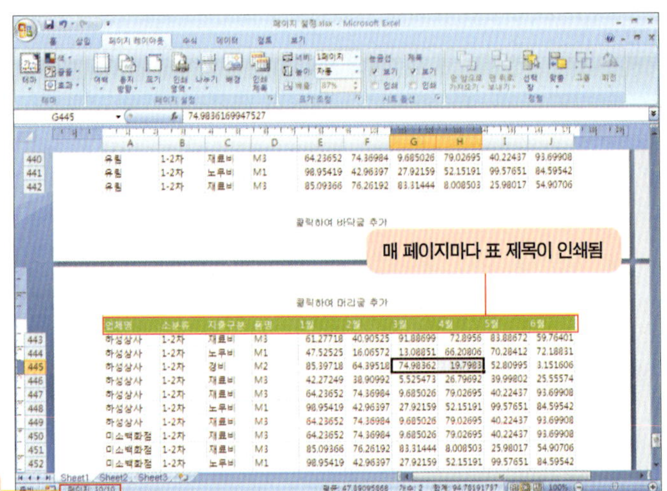

> **TIP** 인쇄될 레이아웃은 [인쇄 미리 보기]를 이용하여 확인할 수도 있습니다. [인쇄 미리 보기]는 [Office 단추]를 클릭한 후 [인쇄 - 인쇄 미리 보기]를 클릭하거나 [페이지 레이아웃] 탭에서 ⌟를 클릭한 후 [페이지 설정] 대화상자에서 [인쇄 미리 보기]를 클릭합니다.

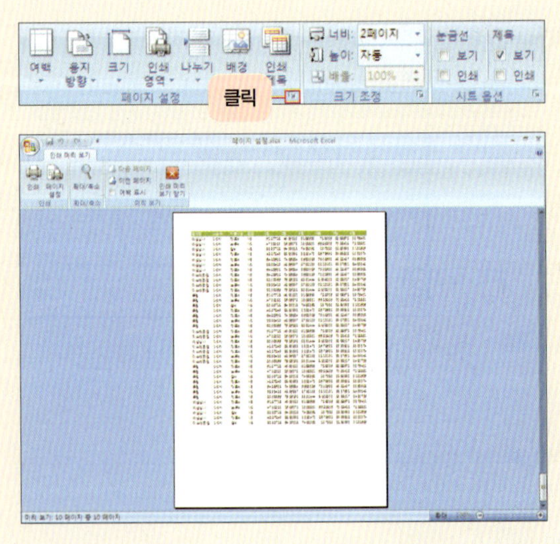

# 머리글/바닥글 설정하기

머리글/바닥글은 문서의 위쪽이나 아래쪽에 페이지 수, 문서 제목, 날짜/시간, 파일 이름 등을
표시하여 문서에 대한 정보를 출력할 수 있는 기능입니다. 머리글/바닥글은 [페이지 설정] 대화
상자에서도 가능하지만 엑셀 2007에 추가된 [페이지 레이아웃]에서 좀 더 빠르게 작성하거나
편집할 수 있습니다.

페이지 레이아웃 보기 상태에서 머리글 영역을 클릭하면 [디자인] 탭이 추가됩니다. 그 기능은
다음과 같습니다.

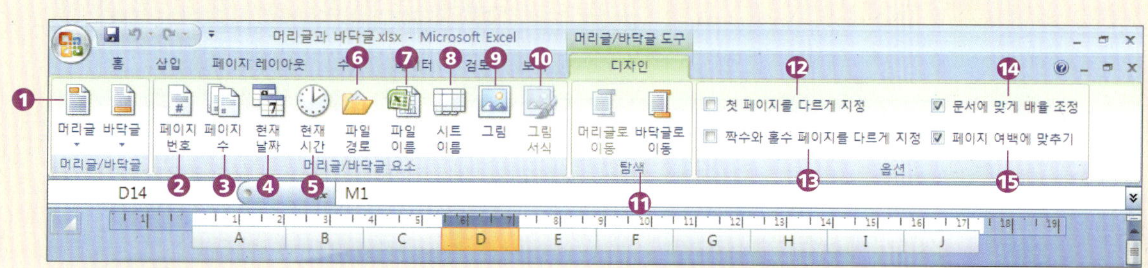

❶ **머리글/바닥글** : 머리글이나 바닥글에 미리 정의된 문서 정보를 추가
합니다.

❷ **페이지 번호** : 머리글이나 바닥글에 페이지 번호를 추가합니다.

❸ **페이지 수** : 머리글이나 바닥글에 전체 페이지 수를 추가합니다.

❹ **현재 날짜** : 머리글이나 바닥글에 현재 날짜를 추가합니다.

❺ **현재 시간** : 머리글이나 바닥글에 현재 시간을 추가합니다.

❻ **파일 경로** : 머리글이나 바닥글에 문서 전체 경로를 포함하여 현재
파일명을 추가합니다.

❼ **파일 이름** : 머리글이나 바닥글에 현재 파일명을 추가합니다.

❽ **시트 이름** : 머리글이나 바닥글에 시트 이름을 추가합니다.

❾ **그림** : 머리글이나 바닥글에 그림을 추가합니다. 그림 사이즈가 큰
경우에는 문서 전체에 출력됩니다.

❿ **그림 서식** : 머리글이나 바닥글에 그림을 추가한 경우 그림의 밝기,
크기, 대비를 변경합니다.

⓫ **탐색** : 머리글/바닥글로 이동합니다.

⓬ **첫 페이지를 다르게 지정** : 인쇄되는 첫 번째 페이지에서 머리글과
바닥글을 제거합니다.

⓭ **짝수와 홀수 페이지를 다르게 지정** : 홀수 페이지와 짝수 페이지에
각각 다른 머리글이나 바닥글을 삽입합니다.

⓮ **문서에 맞게 배율 조정** : 체크 표시를 하면 워크시트와 동일한 글꼴
크기 및 배율을 사용하고, 체크 표시를 해제하면 워크시트 배율과는
상관 없이 여러 페이지에서 머리글이나 바닥글의 글꼴 크기 및 배율
을 일관성 있게 표시합니다.

⓯ **페이지 여백에 맞추기** : 체크 표시를 하면 머리글/바닥글 여백을 워
크시트의 왼쪽 및 오른쪽 여백에 맞추고, 체크 표시를 해제하면 워크
시트의 왼쪽 및 오른쪽 여백과는 상관 없이 머리글과 바닥글의 왼쪽
및 오른쪽 여백을 특정값으로 설정할 수 있습니다.

머리글과 바닥글에 여러 요소 인쇄하기

머리글과 바닥글 영역에 페이지 번호, 파일명, 현재 날짜 등 여러 요소들을 인쇄해 봅니다. 간단한 따라하기를 통해 연습해 보세요.

〔예제 파일 경로〕 부록 CD\Sample\Part05\머리글과 바닥글.xlsx | 〔결과 파일 경로〕 부록 CD\Sample\Part05\After\머리글과 바닥글_완성.xlsx

01 상태 표시줄의 [페이지 레이아웃 ▭]을 클릭합니다.

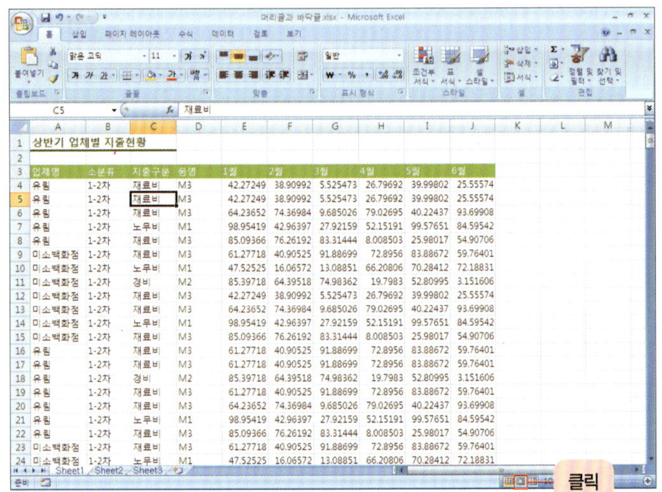

02 머리글 영역에 「1-2차 공사 비용」을 입력합니다.

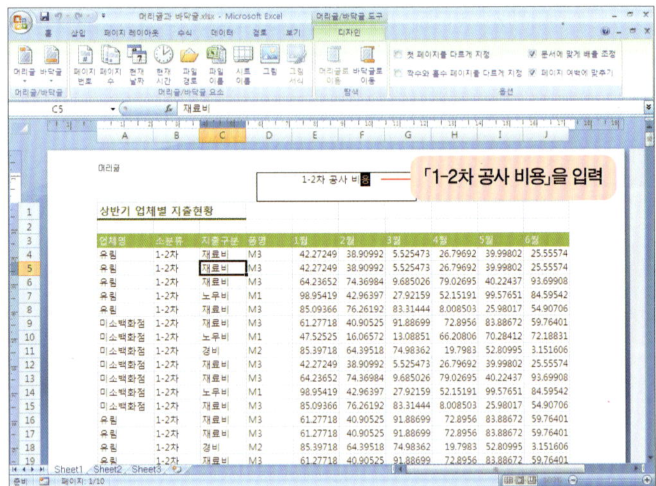

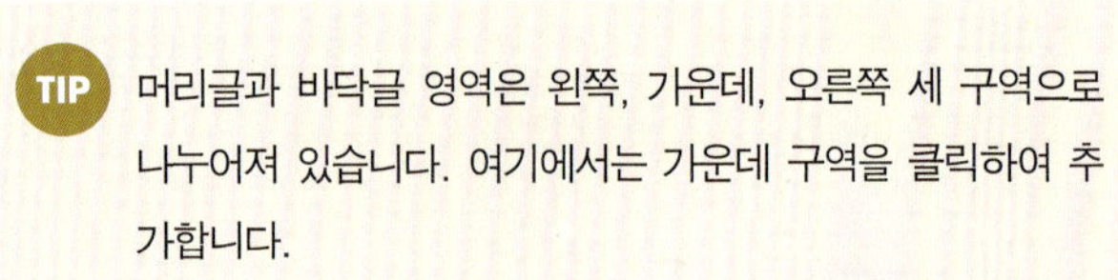

TIP 머리글과 바닥글 영역은 왼쪽, 가운데, 오른쪽 세 구역으로 나누어져 있습니다. 여기에서는 가운데 구역을 클릭하여 추가합니다.

03 ❶ '1-2차 공사 비용'을 범위 지정한 후 ❷ 미니 도구 모음이 나타나면 '굵게'를 클릭합니다.

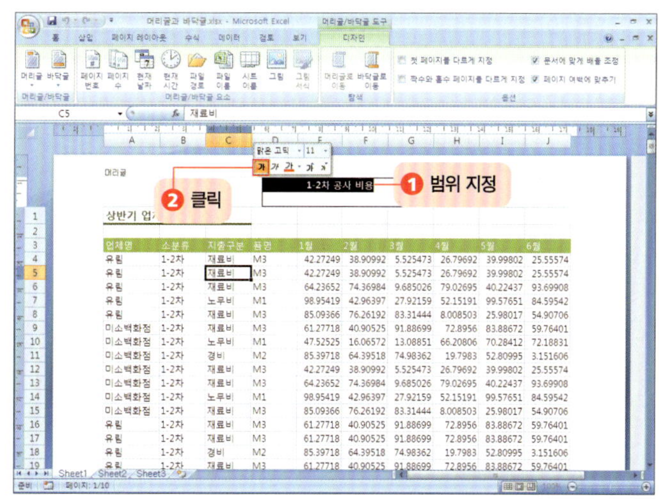

04 [디자인] 탭의 [탐색 – 바닥글로 이동]을 클릭합니다.

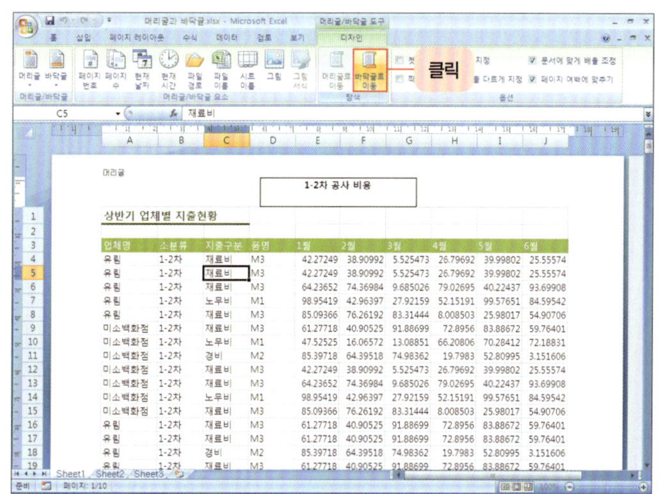

05 ❶ [디자인] 탭의 [머리글/바닥글 요소 – 페이지 번호]를 클릭한 후 ❷ 「/」을 입력하고 ❸ [디자인] 탭의 [머리글/바닥글 요소 – 페이지 수]를 클릭합니다.

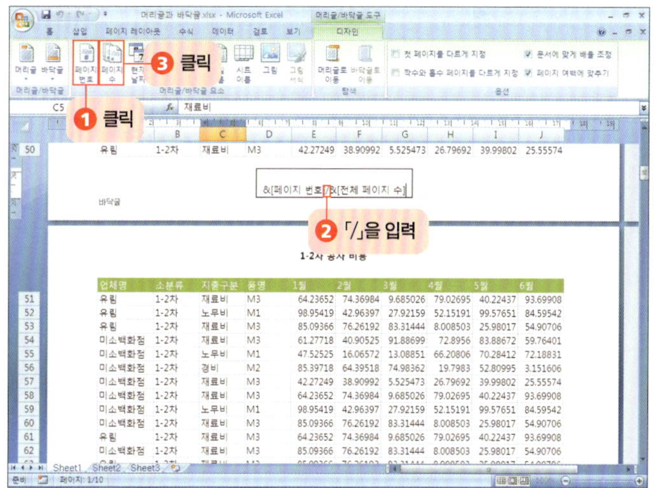

06 ❶ 왼쪽 구역을 클릭하여 커서를 위치시킨 후 ❷ [디자인] 탭의 [머리글/바닥글 요소 – 현재 날짜]를 클릭합니다.

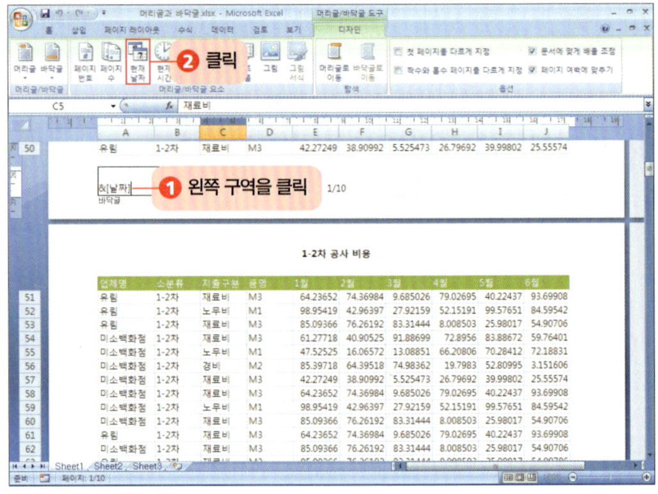

07 ❶ 오른쪽 구역을 클릭한 후 ❷ [디자인] 탭의 [머리글/바닥글 요소 – 파일 이름]을 클릭합니다.

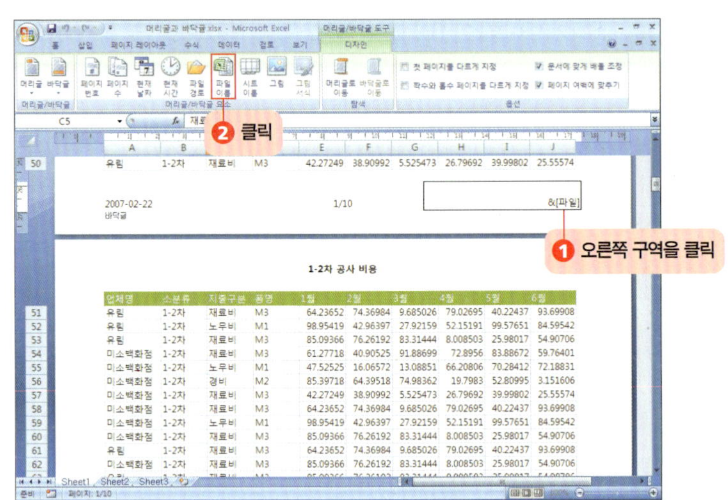

08 다음과 같이 머리글 영역과 바닥글 영역이 완성됩니다.

인쇄 미리 보기와 인쇄하기

실제 종이에 인쇄하기 전에 미리 확인하는 미리 보기와 실제로 인쇄하는 방법에 대해 알아보겠습니다.

● 미리 보기

프린터로 인쇄하기 전에 종이에 어떻게 인쇄될 것인지를 미리 보기할 수 있습니다. [Office 단추]를 클릭한 후 [인쇄 – 인쇄 미리 보기]를 클릭합니다.

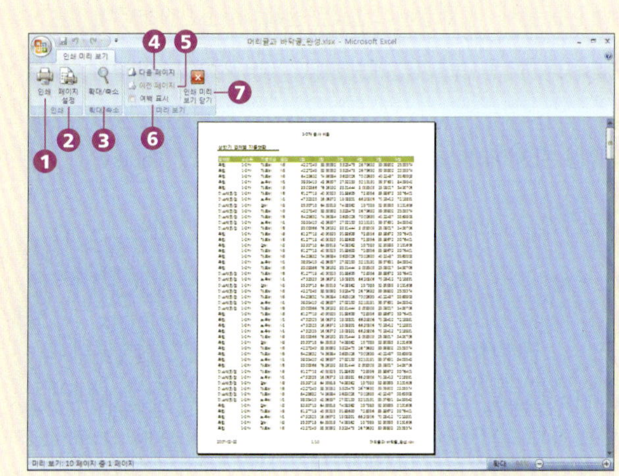

❶ **인쇄** : 인쇄 대화상자가 나타납니다.

❷ **페이지 설정** : 페이지 설정 대화상자가 나타납니다.

❸ **확대/축소** : 클릭하면 문서가 확대되어 보이고, 다시 클릭하면 축소되어 보입니다.

❹ **다음 페이지** : 여러 페이지인 경우 다음 페이지로 이동합니다.

❺ **이전 페이지** : 여러 페이지인 경우 이전 페이지로 이동합니다.

❻ **여백 표시** : 체크 표시를 하면 문서에 여백이 점선으로 표시됩니다. 점선에 마우스 포인터를 위치시킨 후 드래그하면 여백을 조절할 수 있습니다.

❼ **인쇄 미리 보기 닫기** : 미리 보기 화면을 닫습니다.

[인쇄 미리 보기] 탭의 [미리 보기 – 여백 표시]에 체크 표시를 하면 다음과 같이 점선으로 상, 하, 좌, 우의 여백을 미리 보기할 수 있습니다.

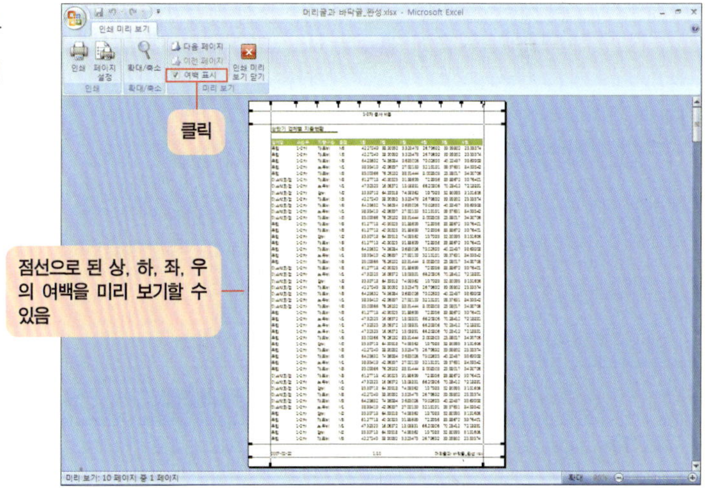

● 인쇄

[Office 단추]를 클릭한 후 [인쇄]를 클릭하거나 [인쇄 미리 보기] 상태에서 [인쇄]를 클릭하면 [인쇄] 대화상자가 나타나는데, 여기에서 인쇄할 프린터 종류, 인쇄 범위, 매수 등을 설정합니다.

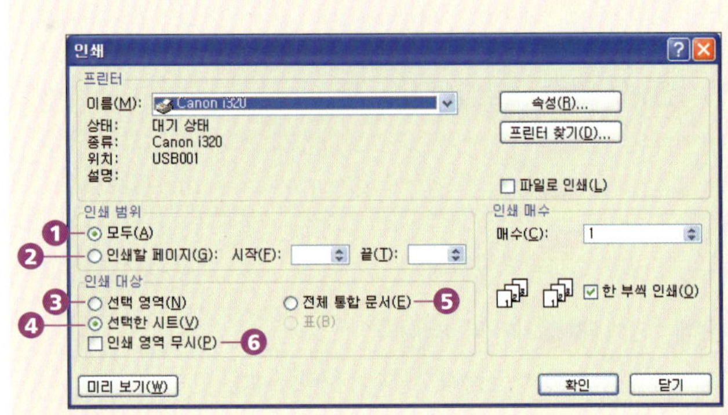

❶ **모두** : 모든 페이지를 인쇄합니다.

❷ **인쇄할 페이지** : '시작' 과 '끝' 에 입력한 수가 '3' 과 '9' 라면 3페이지에서 9페이지까지 인쇄합니다.

❸ **선택 영역** : 블록으로 지정한 영역만 인쇄합니다.

❹ **선택한 시트** : 선택한 워크시트의 내용만 인쇄합니다.

❺ **전체 통합 문서** : 통합 문서에 입력된 전체 내용을 인쇄합니다.

❻ **인쇄 영역 무시** : 인쇄 영역 설정을 무시하고 인쇄합니다.

> **TIP** '인쇄 미리보기' 를 빠른 실행 도구 모음에 추가하여 사용하면 편리합니다.

01 빠른 실행 도구 모음 영역에서 마우스 오른쪽 버튼을 클릭하여 [빠른 실행 도구 모음 사용자 지정]을 클릭합니다.

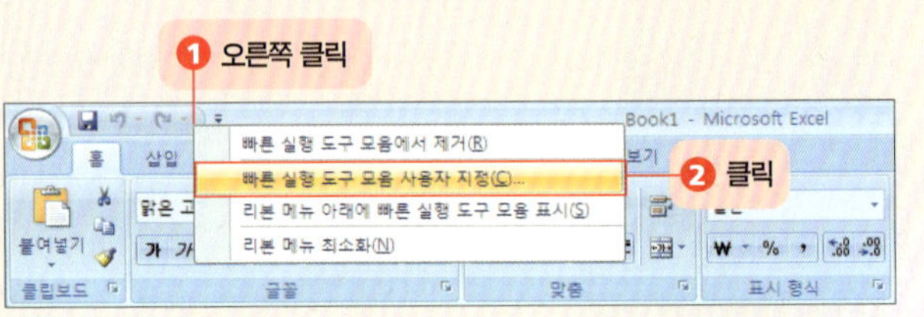

02 [Excel 옵션] 대화상자가 나타나면 '다음에서 명령 선택' 에서 '많이 사용하는 명령' 을 선택한 후 '인쇄 미리 보기' 를 클릭합니다. [추가] 버튼을 클릭한 후 [확인] 버튼을 클릭합니다.

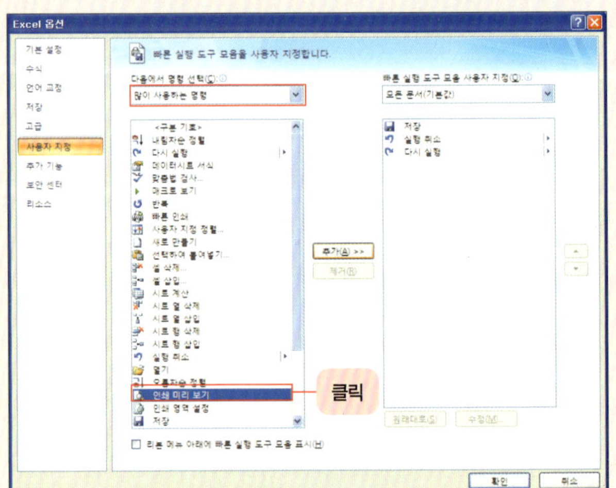

03 다음과 같이 빠른 실행 도구 모음 영역에 '인쇄 미리 보기' 가 추가됩니다.

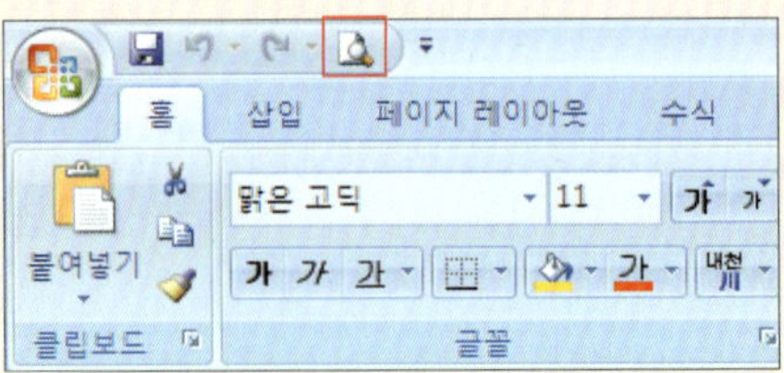

인쇄 기능을 이용한 주문서 인쇄하기

4장의 주문서가 워크시트에 작성되어 있는데 한 페이지에 하나의 주문서가 인쇄되도록 하기 위해 적절한 위치에서 페이지를 나누고 용지 방향을 가로로 변경하겠습니다. 또한 바닥글을 추가하고 문서의 내용이 용지의 가운데에 인쇄되도록 하겠습니다.

〔예제 파일 경로〕 부록 CD\Sample\Part05\주문서.xlsx | 〔결과 파일 경로〕 부록 CD\Sample\Part05\After\주문서_완성.xlsx

완성예제 미리보기

주 문 서

주문서 No :	주문서 No : 1234				소매점명 : 하나점포	
주문일자 :	주문일자 : 2007-02-22				소매점위치 : 강원	
					배송료 : 5,000	

제품코드	제품코드	업체명	제품명	단가	수량	할인율	매출액
A001	A001	삼진	KK-100	400	100	5.5%	₩37,800
A002	A002	우리	SA-210	450	100	3.0%	₩43,650
A003	A003	기븐풍운	HB-100	500	100	2.0%	₩49,000
A004	A004	세화	SA-200	300	100	6.0%	₩28,200
A005	A005	나름공업	SA-201	235	200	3.0%	₩45,590
A006	A006	휠드산업	SA-202	560	100	7.0%	₩52,080
A007	A007	세루공업	AA-300	990	150	5.0%	₩141,075
A008	A008	우진	CA-100	800	100	3.5%	₩77,200
A009	A009	해밀	AB-200	770	100	2.0%	₩75,460
A010	A010	창원공업	CB-300	450	100	1.0%	₩44,550
							₩594,605

작성자 : 김영주

주문서.xlsx

01 용지의 방향을 가로로 변경하기 위해 [페이지 레이아웃] 탭의 [페이지 설정 – 용지 방향]을 클릭한 후 [가로]를 클릭합니다.

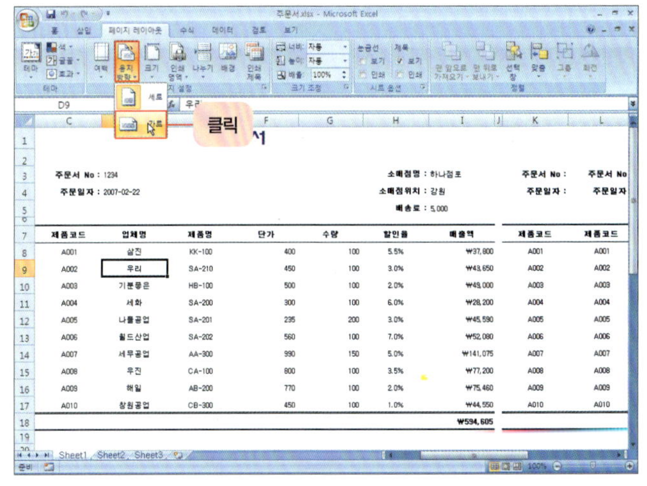

02 자동으로 설정된 페이지 구분선을 확인하면 한 페이지에 주문서 한 장이 들어 있지 않는 것을 알 수 있습니다. ❶ [J21] 셀에 셀 포인터를 위치시킨 후 ❷ [페이지 레이아웃] 탭의 [페이지 설정 – 나누기]를 클릭하고 [페이지 나누기 삽입]을 클릭합니다.

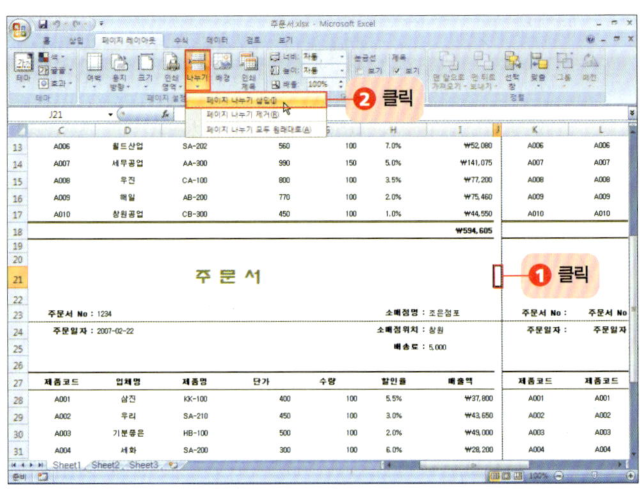

TIP 상태 표시줄의 [페이지 나누기 미리 보기]를 클릭하여 페이지를 나누면 분할된 화면을 더 정확하게 볼 수 있습니다.

03 다음과 같이 페이지가 분할됩니다.

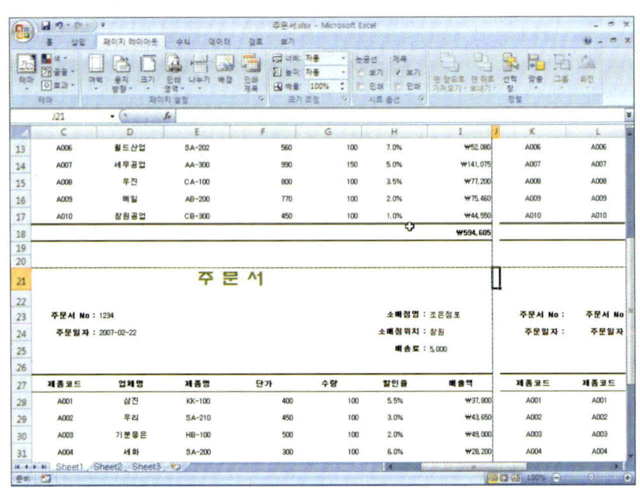

04 상태 표시줄의 [페이지 레이아웃]을 클릭합니다.

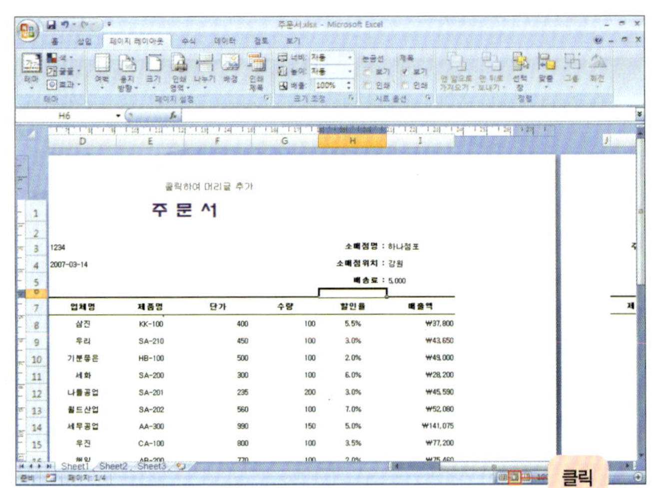

05 ❶ 스크롤바를 아래로 이동한 후 ❷ 바닥글 왼쪽 구역에 「작성자 : ○○○」를 입력합니다.

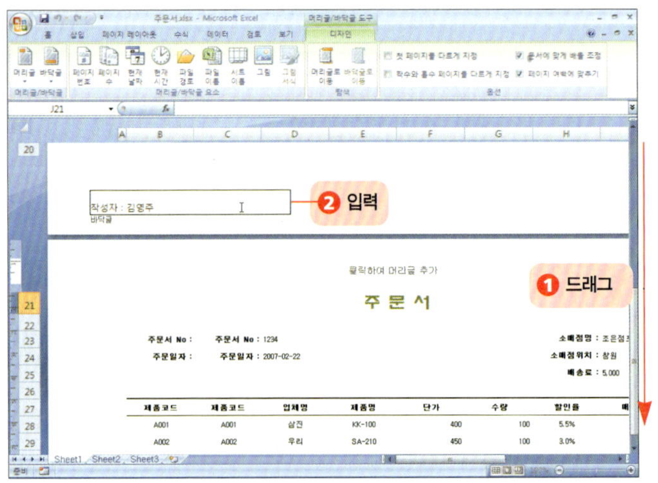

06 ❶ 바닥글 오른쪽 구역에 커서를 위치시킨 후 ❷ [디자인] 탭의 [머리글/바닥글 요소 – 파일 이름]을 클릭합니다.

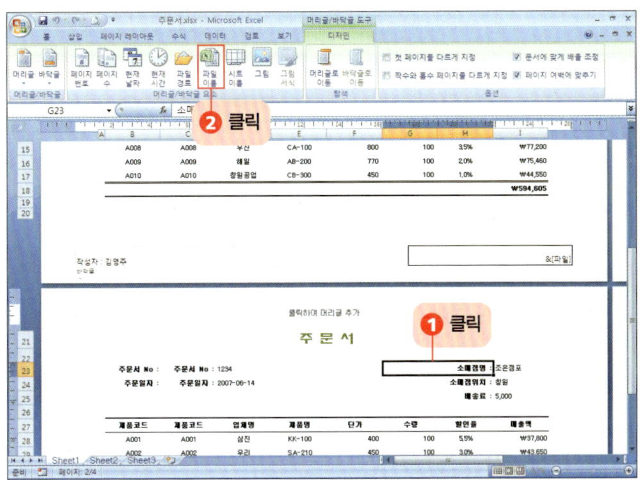

07 [Office 단추]를 클릭한 후 [인쇄 – 인쇄 미리 보기]를 클릭합니다.

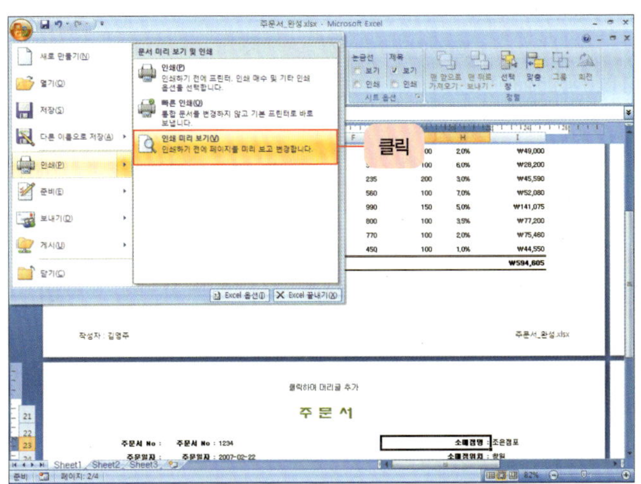

> **주의** 만약, 커서가 바닥글 구역이나 머리글 구역에 위치한 상태에서 [Office 단추]를 클릭하면 [인쇄] 메뉴가 비활성화되므로 반드시 커서를 워크시트 영역에 위치시킨 후에 [Office 단추]를 클릭해야 합니다.

08 인쇄 미리 보기가 나타나면 ❶ [인쇄 미리 보기] 탭의 [미리 보기 – 다음 페이지]를 클릭하여 4장의 주문서를 확인합니다. 주문서를 용지의 가운데로 인쇄하기 위해 ❷ [인쇄 미리 보기] 탭의 [인쇄 – 페이지 설정]을 클릭합니다.

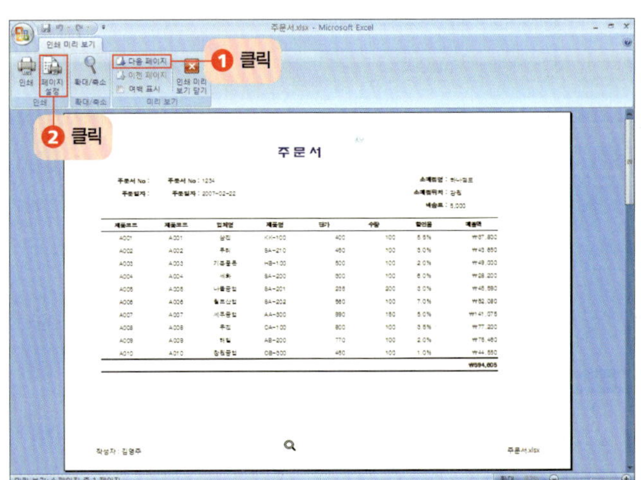

> **TIP** 다음 페이지로 이동, 이전 페이지로 이동은 Page Up Page Down 을 눌러도 됩니다.

09 [페이지 설정] 대화상자가 나타나면 ❶ [여백] 탭을 클릭한 후 ❷ 페이지 가운데 맞춤의 가로와 세로에 체크 표시를 하고 ❸ [확인] 버튼을 클릭합니다.

10 다음과 같이 주문서가 용지의 가운데에 나타납니다. 실제로 출력하려면 [인쇄]를 클릭합니다.

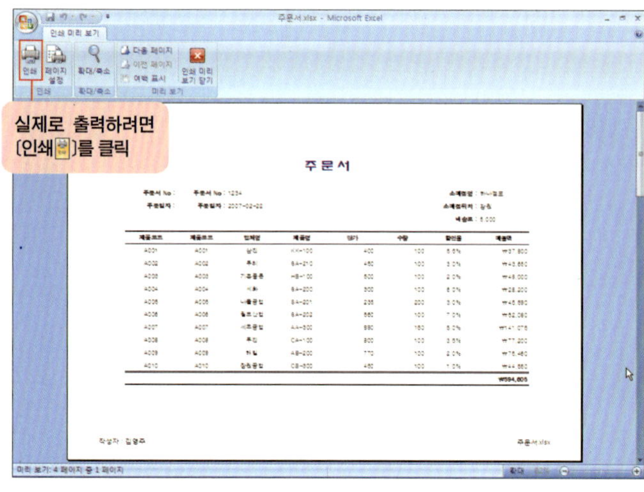

TIP **워크시트 셀에 작성한 메모 종이에 인쇄하기**

01 [페이지 레이아웃] 탭의 [페이지 설정] 그룹에서 자세히 를 클릭합니다.

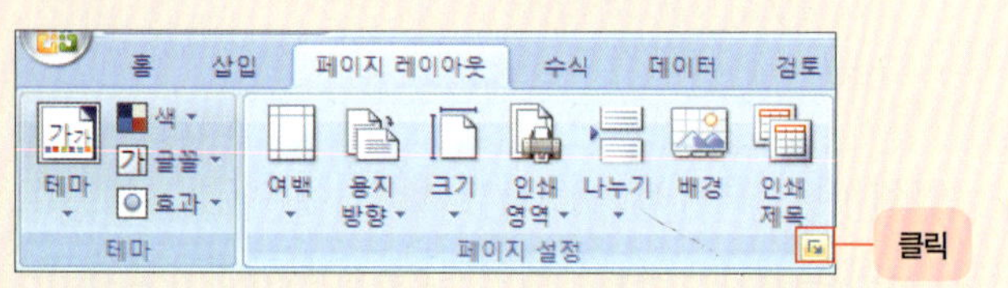

02 [페이지 설정] 대화상자가 나타나면 [시트] 탭을 클릭하여 '메모'에서 '시트에 표시된 대로'를 선택한 후 [인쇄 미리 보기] 버튼을 클릭합니다.

03 다음과 같이 종이에도 메모 내용을 인쇄할 수 있습니다.

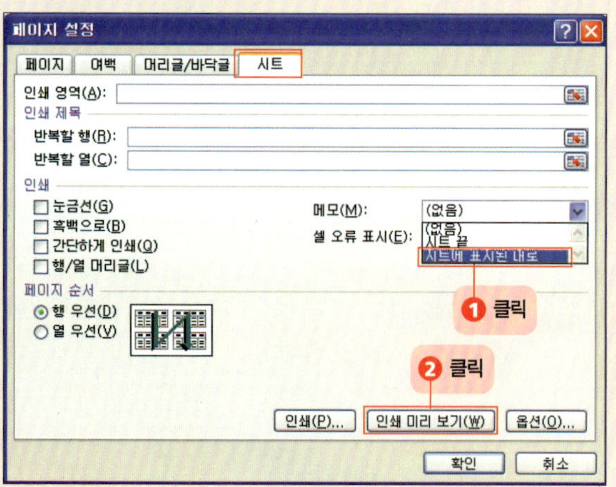

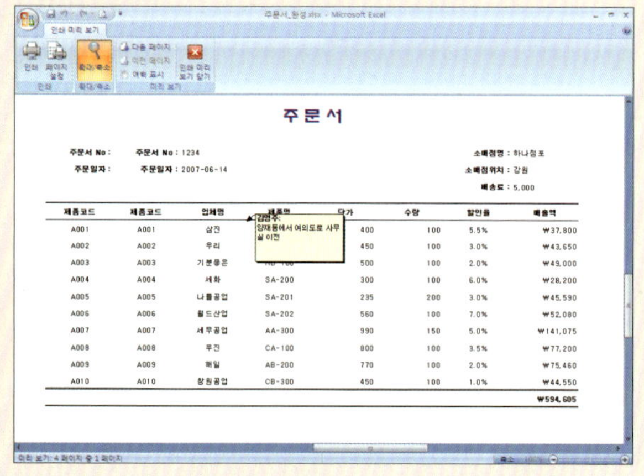

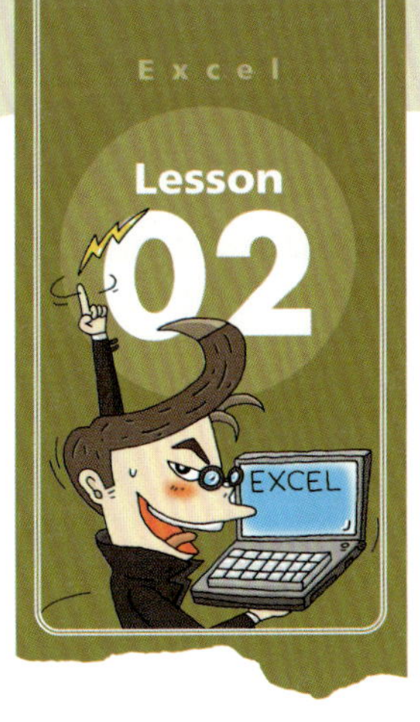

Lesson 02

중요한 데이터는 보호하라!

엑셀은 셀, 워크시트, 통합 문서로 구성되며 이 구성 요소별로 암호를 설정하여 다른 사람이 데이터를 수정하지 못하게 하거나 문서의 구조를 보호할 수 있습니다. 이번 레슨에서는 중요한 데이터를 보호하는 방법에 대해 알아보겠습니다.

 워크시트 보호하기

사용자가 실수나 고의로 중요 데이터를 변경, 수정, 삭제할 수 없도록 특정 워크시트에 암호를 설정하여 보호할 수 있습니다. 워크시트 보호는 잠금 셀에 대하여 시트 보호를 설정하는데, 모든 셀은 기본적으로 잠금 상태입니다. 잠금 상태를 확인하려면 Ctrl + 1 을 눌러 [셀 서식] 대화상자를 불러 온 후 [보호] 탭을 클릭합니다.

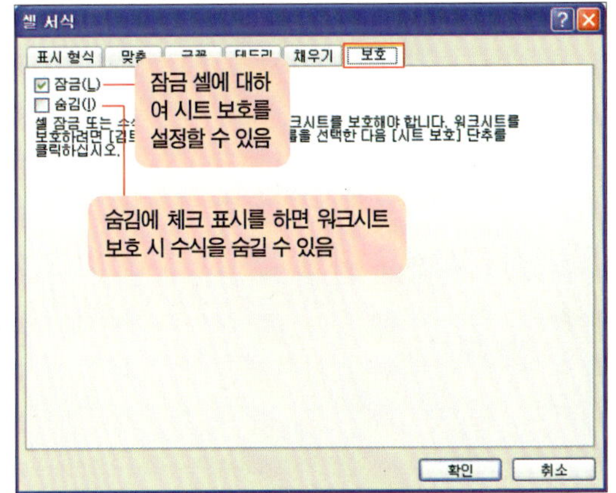

워크시트 보호는 [검토] 탭의 [변경 내용 – 시트 보호]에서 설정합니다. 워크시트 보호는 부분적인 범위만 보호하거나 해제할 수 있는데, 이는 [셀 서식] 대화상자에서 잠금을 설정하느냐 해제하느냐에 따라 달라집니다.

 통합 문서 요소 보호하기

여러 개의 시트로 구성되어진 통합 문서에서 시트 이름 변경, 시트 삭제 등의 시트 편집을 못하도록 통합 문서의 구조를 보호하거나 통합 문서가 열릴 때마다 통합 문서 창을 같은 크기로 열리게 하고 위치 또한 유지하게 할 수 있습니다. 통합 문서 구조를 보호하려면 [검토] 탭의 [변경 내용 – 통합 문서 보호]를 클릭합니다.

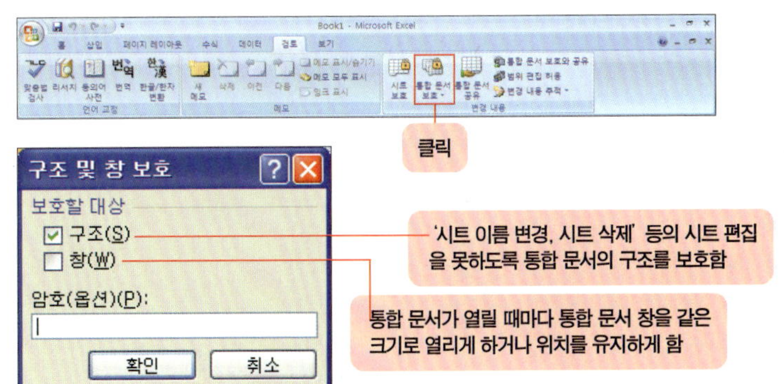

통합 문서에 암호 걸기

엑셀 파일에 암호를 설정하면 암호를 알고 있는 사람만 파일을 열어 데이터를 확인하거나 수정할 수 있습니다. 암호는 통합 문서를 저장할 때에 [도구] – [일반 옵션]에서 설정합니다.

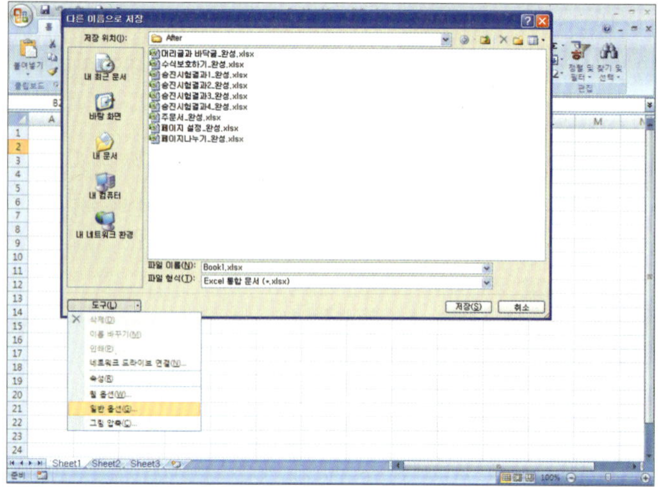

암호를 지정하여 저장한 후 암호가 지정된 파일을 열면 암호를 알고 있는 사람만 해당 파일을 열어 볼 수 있습니다.

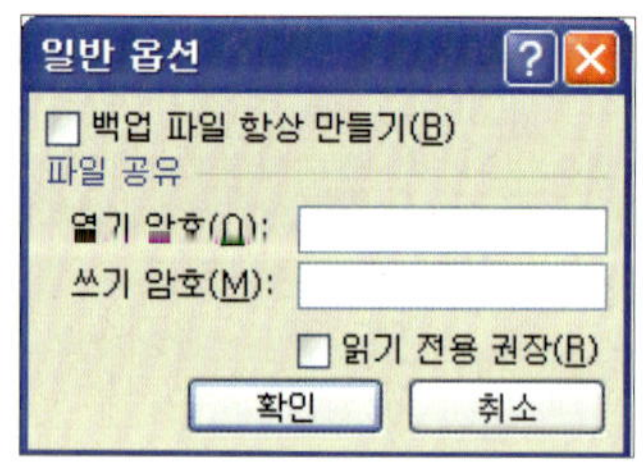

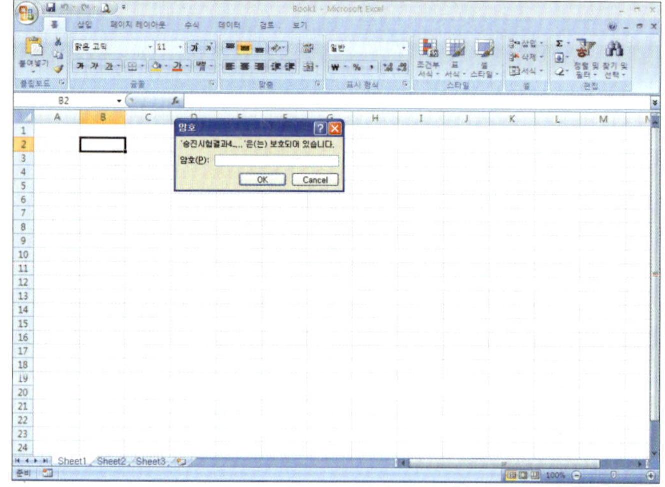

중요한 데이터를 위한 워크시트 보호하기

이번에는 워크시트 보호 기능을 이용하여 문서를 보호하는 방법에 대해 알아보겠습니다. 간단한 따라하기를 통해 연습해 보세요.

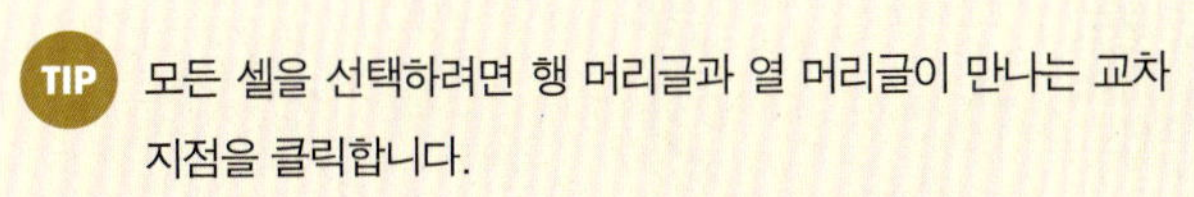

〔예제 파일 경로〕 부록 CD\Sample\Part05\승진시험결과1.xlsx | 〔결과 파일 경로〕 부록 CD\Sample\Part05\After\승진시험결과1_완성.xlsx

01 먼저 워크시트의 셀이 잠금 상태인지를 확인하기 위해 ❶ 모든 셀을 선택한 후 ❷ [셀 서식] 대화상자를 불러 오기 위해 Ctrl + 1 을 누릅니다.

> **TIP** 모든 셀을 선택하려면 행 머리글과 열 머리글이 만나는 교차 지점을 클릭합니다.

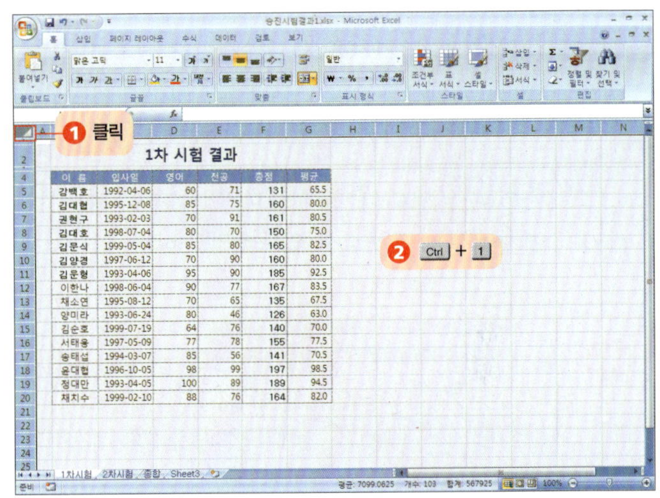

02 [셀 서식] 대화상자가 나타나면 ❶ [보호] 탭을 클릭한 후 ❷ 잠금에 체크 표시가 되었는지를 확인하고 ❸ [확인] 버튼을 클릭합니다.

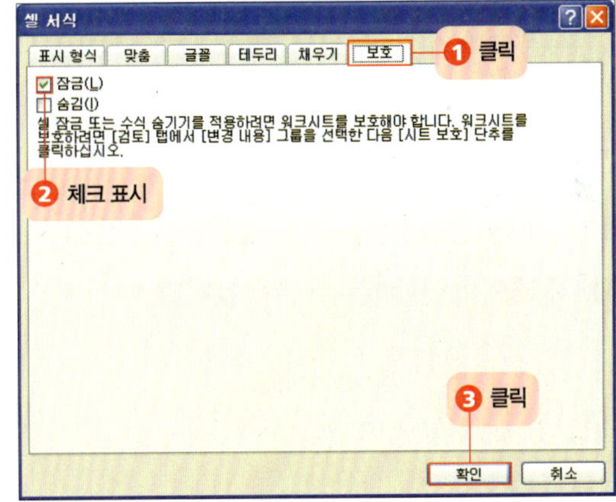

03 [검토] 탭의 [변경 내용 – 시트 보호]를 클릭합니다.

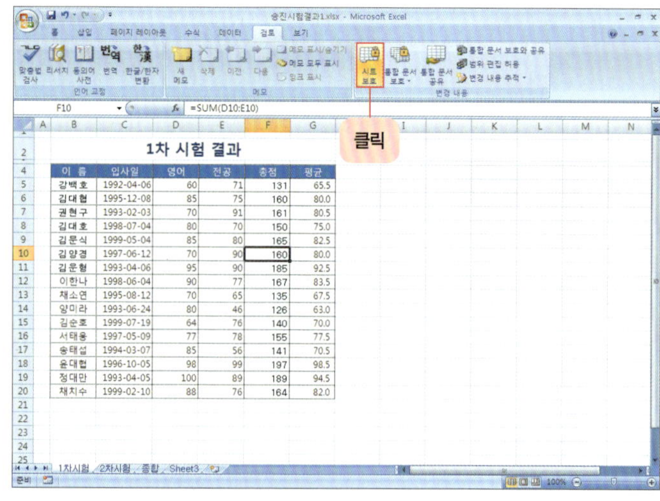

04 [시트 보호] 대화상자가 나타나면 ❶ 시트 보호 해제 암호를 입력한 후 ❷ [확인] 버튼을 클릭합니다. 여기에서는 「1234」를 입력하겠습니다.

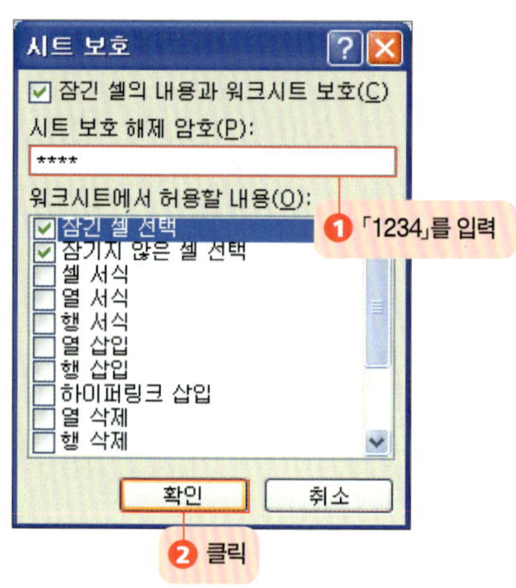

> **Note** 시트 보호를 하면 대부분의 편집을 할 수 없습니다. 만약, 허용하고 싶은 기능이 있다면 '워크시트에서 허용할 내용'에서 체크 표시를 하여 선택합니다. 현재는 잠긴 셀이나 잠기지 않은 셀 모두 선택할 수 있도록 하였습니다.

> **TIP** 암호는 문자, 숫자, 공백, 기호를 사용하여 255자까지 지정할 수 있으며 대소문자를 구분합니다.

05 [암호 확인] 대화 상자가 나타나면 ❶ 암호 「1234」를 입력한 후 ❷ [확인] 버튼을 클릭합니다.

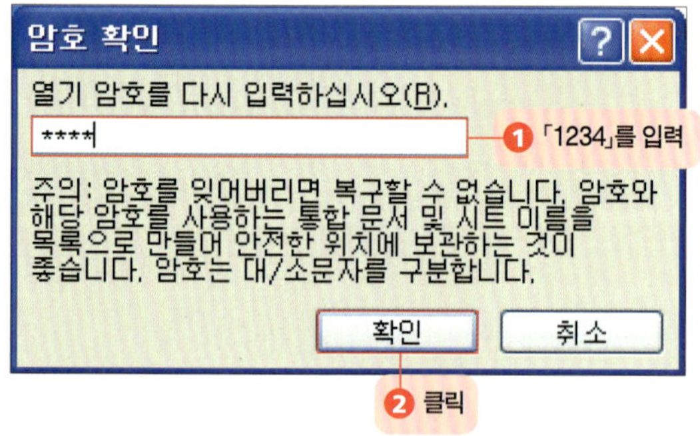

06 데이터를 수정하기 위해 임의의 셀을 더블클릭하면 다음과 같은 경고창이 나타납니다. [확인] 버튼을 클릭합니다.

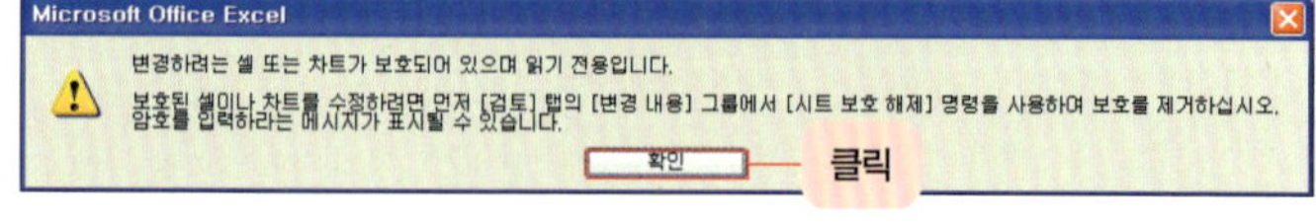

07 임의의 셀에서 마우스 오른쪽 버튼을 클릭하면 일부 메뉴가 비활성화 되어 있는 것을 알 수 있습니다.

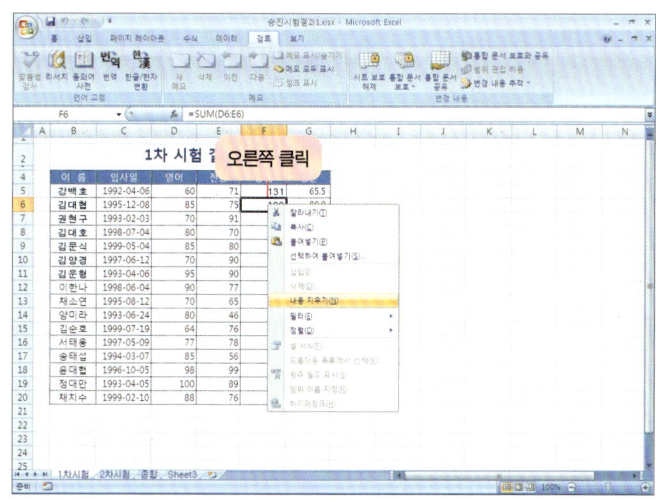

08 시트 보호를 해제하려면 [검토] 탭의 [변경 내용 – 시트 보호 해제]를 클릭합니다.

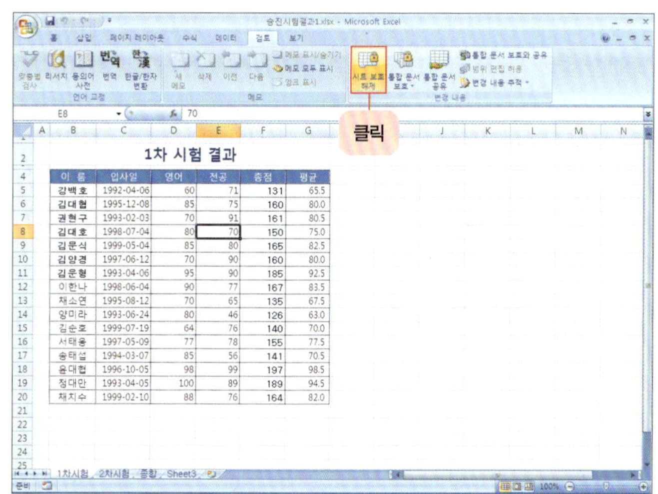

09 [시트 보호 해제] 대화상자에서 ❶ 암호 「1234」를 입력한 후 ❷ [확인] 버튼을 클릭하면 다시 편집을 할 수 있습니다.

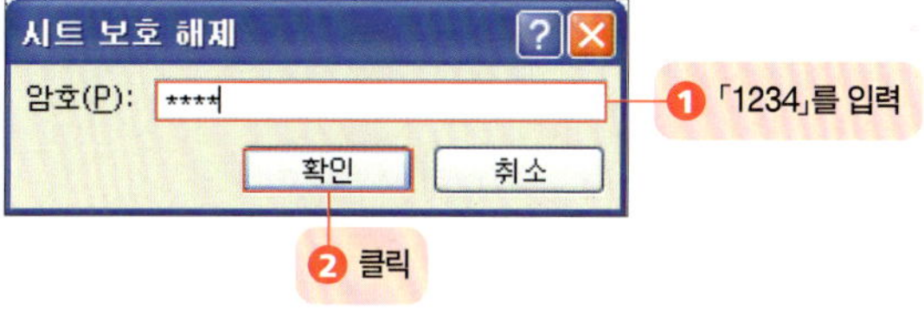

워크시트의 일부분만 편집 허용하기

앞에서는 워크시트 전체를 보호하는 기능에 대해 알아보았지만 이번에는 부분적으로 보호하는 기능에 대해 알아보겠습니다. 간단한 따라하기를 통해 연습해 보세요.

〔예제 파일 경로〕 부록 CD\Sample\Part05\승진 시험 결과2.xlsx | 〔결과 파일 경로〕 부록 CD\Sample\Part05\After\승진 시험 결과2_완성.xlsx

01 [B5:C20]의 편집은 허용하고 워크시트의 다른 영역은 보호해 보겠습니다. ❶ [B5:C20]을 범위 지정한 후 ❷ 마우스 오른쪽 버튼을 클릭하고 ❸ [셀 서식]을 클릭합니다.

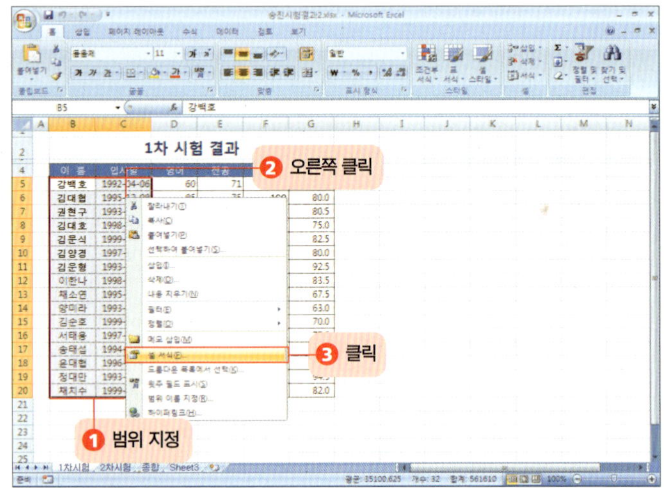

02 [셀 서식] 대화상자가 나타나면 ❶ [보호] 탭에서 '잠금'의 체크 표시를 해제한 후 ❷ [확인] 버튼을 클릭합니다.

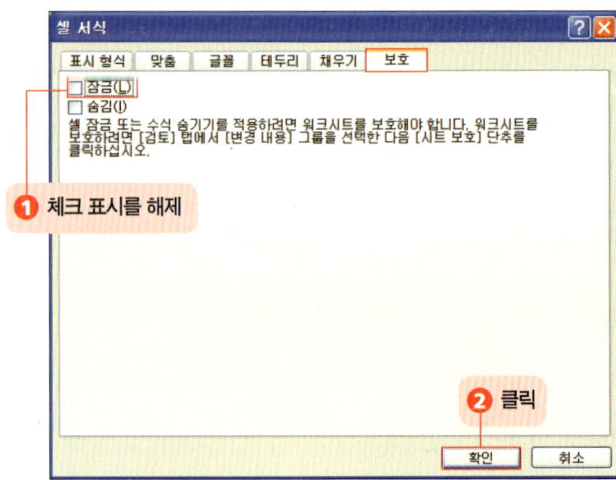

TIP 모든 셀은 기본적으로 '잠금' 상태입니다.

03 [검토] 탭의 [변경 내용 – 시트 보호]를 클릭합니다.

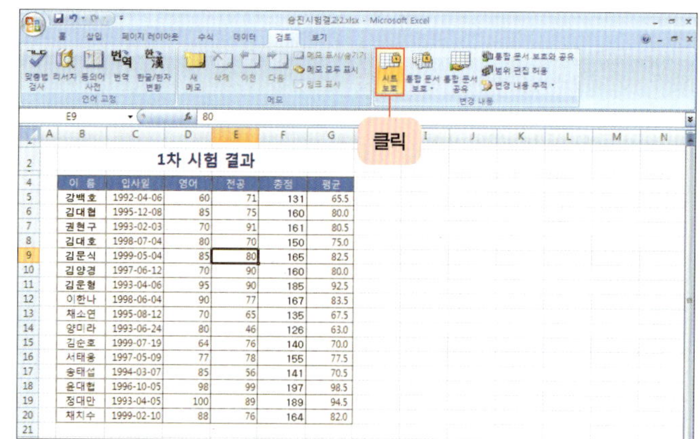

04 [시트 보호] 대화상자가 나타나면 ❶ 임의의 암호 「1234」를 입력한 후 ❷ [확인] 버튼을 클릭합니다.

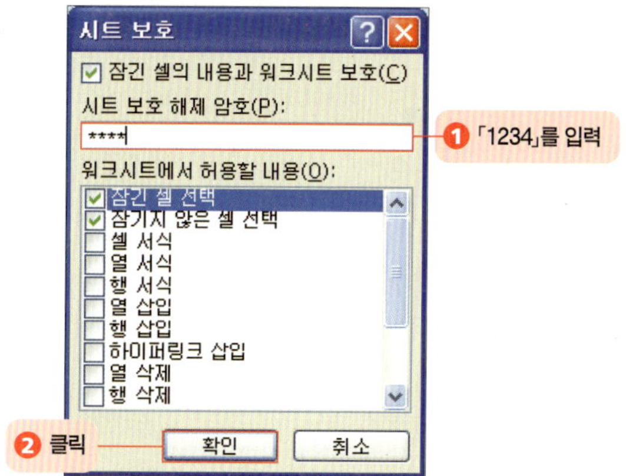

05 [암호 확인] 대화상자가 나타나면 ❶ 암호 「1234」를 입력한 후 ❷ [확인] 버튼을 클릭합니다.

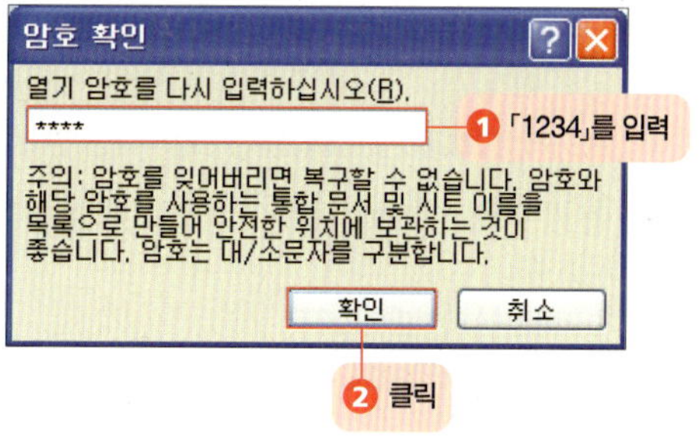

06 편집을 허용한 임의의 셀을 더블클릭하면 데이터를 수정할 수 있습니다.

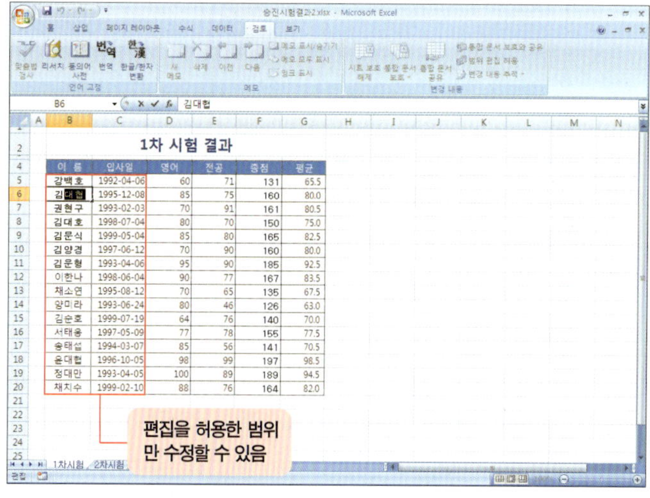

07 편집을 허용하지 않은 임의의 셀을 더블클릭하면 다음과 같은 경고창이 나타납니다. [확인]버튼을 클릭합니다.

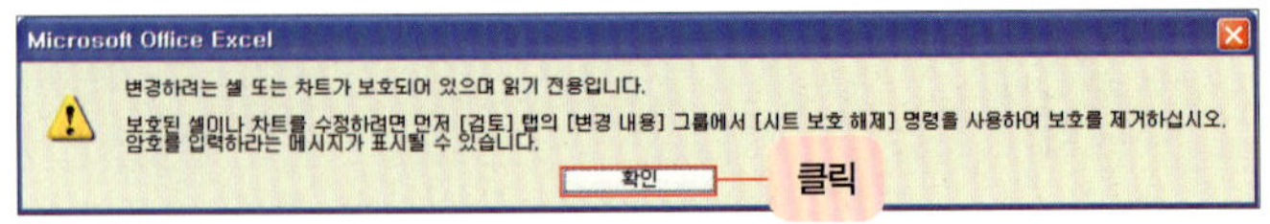

TIP 잠겨 있는 셀에 대하여 암호 확인 후 범위 편집을 허용하려면?

01 암호 확인 후 편집을 허용할 영역을 범위 지정하고 [검토] 탭의 [변경 내용 – 범위 편집 허용]을 클릭합니다. 단, 범위 지정한 영역은 셀 잠금 상태이어야 합니다.

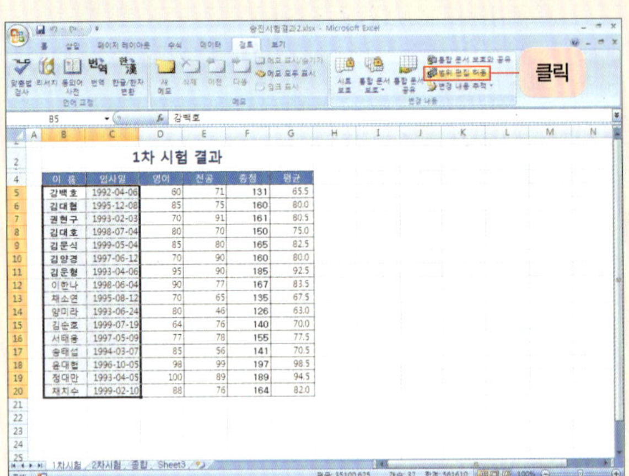

02 [범위 편집 허용] 대화상자가 나타나면 [새로 만들기] 버튼을 클릭합니다.

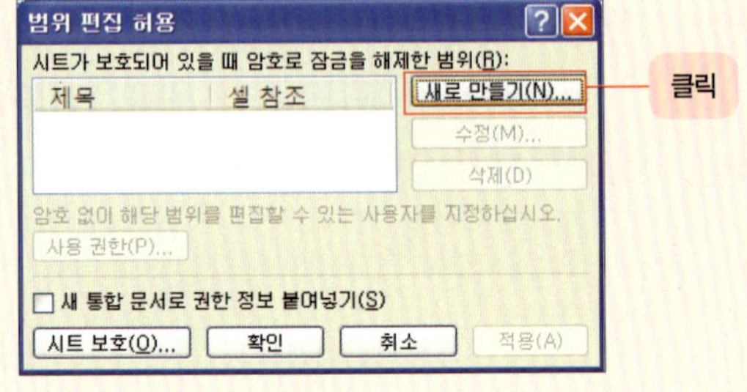

03 [새 범위] 대화상자가 나타나면 '제목'에 임의의 제목을 입력합니다. '셀 참조'에는 블록으로 지정한 영역이 이미 지정되어 있습니다. '범위 암호'에 임의의 암호를 입력한 후 [확인] 버튼을 클릭합니다. 연속해서 [암호 확인] 대화 상자가 나타나면 [확인]을 클릭하고, [범위 편집 허용] 대화상자가 나타나면 다시 [확인] 버튼을 클릭합니다.

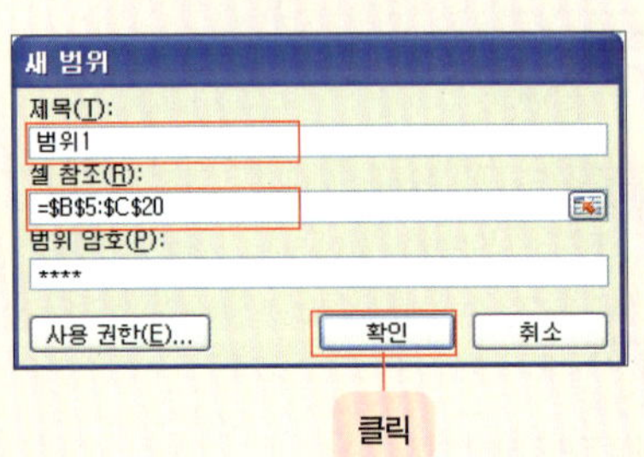

04 암호 확인 후 범위 편집 허용을 지정했던 임의의 셀을 수정하려면 [범위 잠금 해제] 대화상자가 나타납니다. 여기에서 암호를 입력하면 내용을 수정할 수 있습니다.

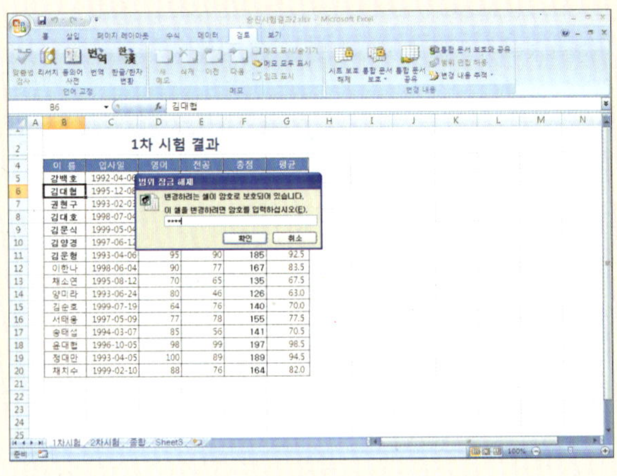

시험 결과 문서 통째로 보호하기

시험 결과를 통합 문서 보호 기능을 이용하여 통째로 보호해 보겠습니다. 통합 문서 보호 기능을 이용하면 시트 이름 변경, 시트 이동 등 편집 기능을 사용할 수 없습니다. 간단한 따라하기를 통해 연습해 보세요.

〔예제 파일 경로〕 부록 CD\Sample\Part05\승진시험결과3.xlsx　｜　〔결과 파일 경로〕 부록 CD\Sample\Part05\After\승진시험결과3_완성.xlsx

01 종합 시트의 [D5] 셀을 클릭한 후 수식 입력줄을 확인해 보면 두 개의 시트를 참조하여 평균이 구해져 있음을 알 수 있습니다. 이 경우 참조한 시트 이름을 변경하면 평균값에 오류가 발생할 수 있습니다.

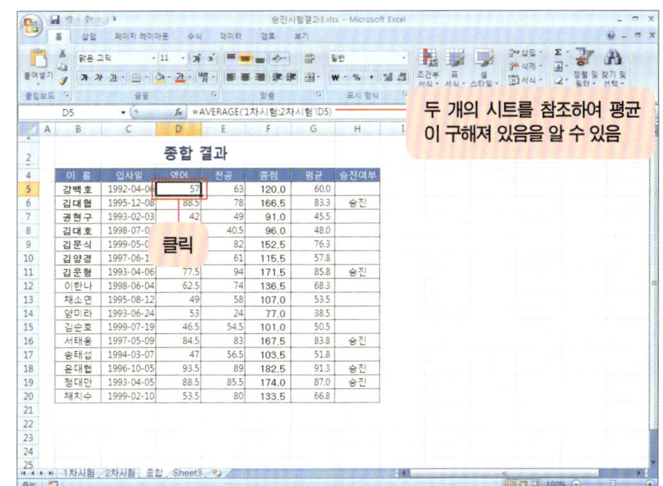

02 시트 이름 변경, 시트 이동 등의 편집을 못하도록 하기 위해 ❶ [검토] 탭의 [변경 내용 – 통합 문서 보호]를 클릭한 후 ❷ [구조 및 창 보호]를 클릭합니다.

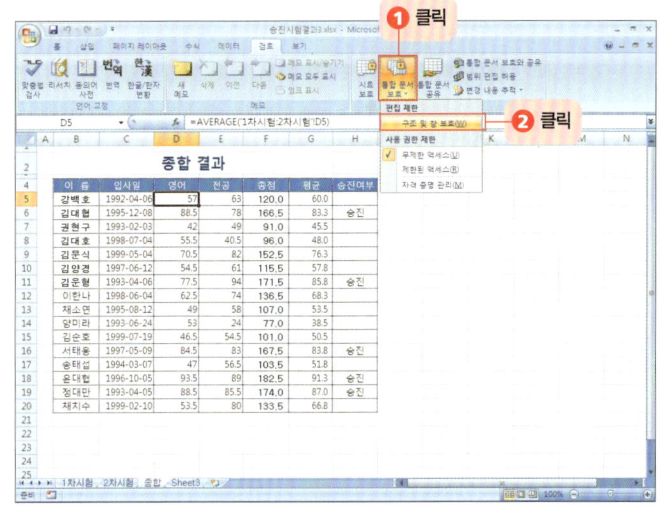

03 [구조 및 창 보호] 대화상자가 나타나면 ❶ '보호할 대상'에서 '구조'에 체크 표시를 한 후 ❷ '암호'에 「1234」를 입력하고 ❸ [확인] 버튼을 클릭합니다.

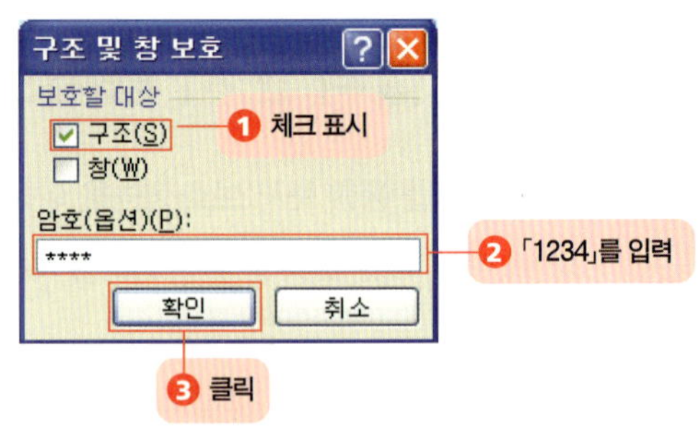

04 [암호 확인] 대화상자가 나타나면 ❶ 암호 「1234」를 입력한 후 ❷ [확인] 버튼을 클릭합니다.

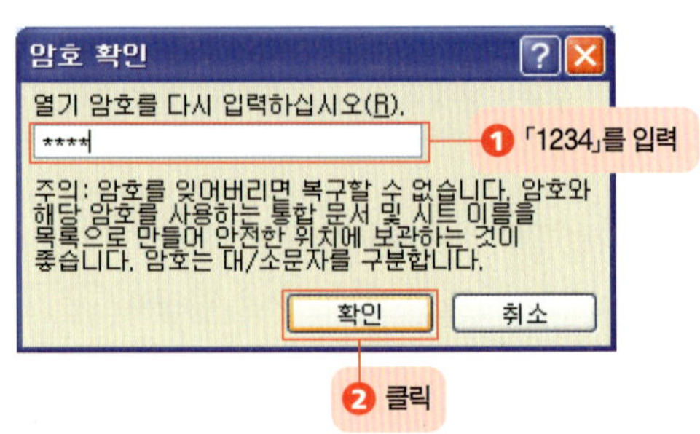

05 시트 탭 위에서 마우스 오른쪽 버튼을 클릭하면 일부 메뉴가 비활성화 되어 있는 것을 알 수 있습니다.

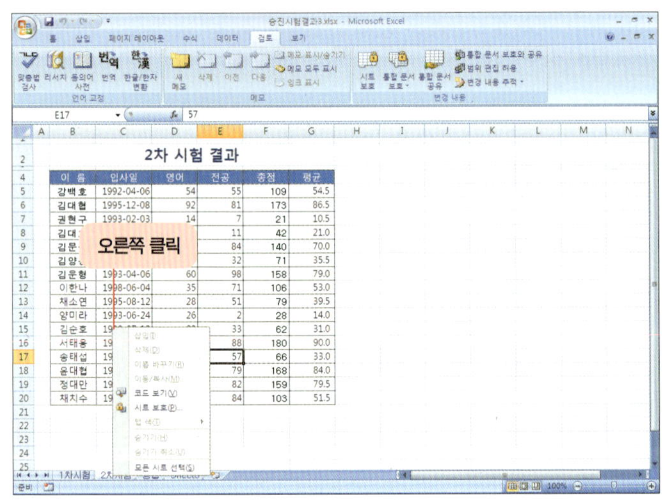

TIP　통합 문서 보호를 해제하려면 [검토] 탭의 [변경 내용 – 통합 문서 보호]를 클릭한 후 [구조 및 창 보호]를 클릭합니다.

승진 시험 결과, 아무나 열지 못하도록 하기

Action Excel
도전! 엑셀

승진 시험 결과 파일에 암호를 걸어 암호를 아는 사람만이 열거나 수정할 수 있도록 해 보겠습니다. 간단한 따라 하기를 통해 연습해 보세요.

〔예제 파일 경로〕 부록 CD\Sample\Part05\승진시험결과4.xlsx　|　〔결과 파일 경로〕 부록 CD\Sample\Part05\After\승진시험결과4_완성.xlsx

01 ❶ [Office 단추]를 클릭한 후 ❷ [다른 이름으로 저장]을 클릭합니다.

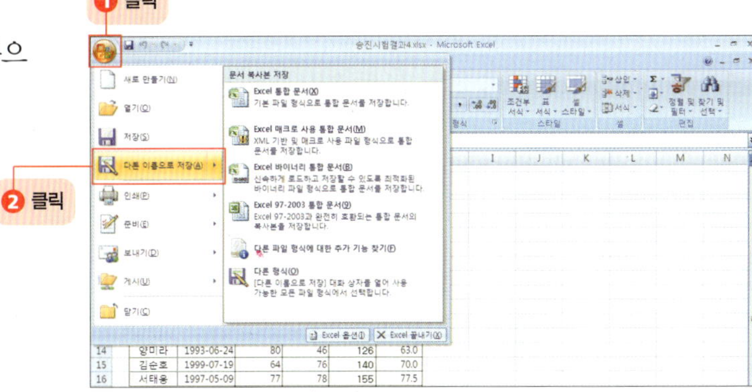

02 [다른 이름으로 저장] 대화상자가 나타나면 ❶ [도구] 버튼을 클릭한 후 ❷ [일반 옵션]을 클릭합니다.

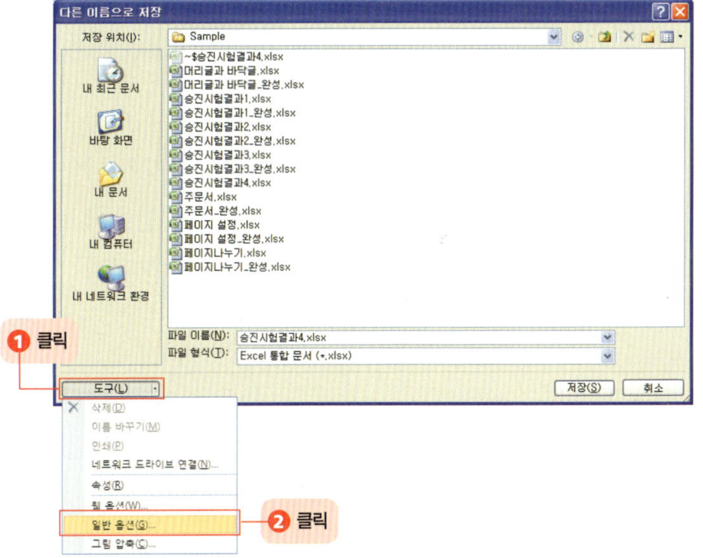

03 [일반 옵션] 대화상자가 나타나면 ❶ 열기 암호와 쓰기 암호에 모두 「1234」를 입력한 후 ❷ [확인] 버튼을 클릭합니다.

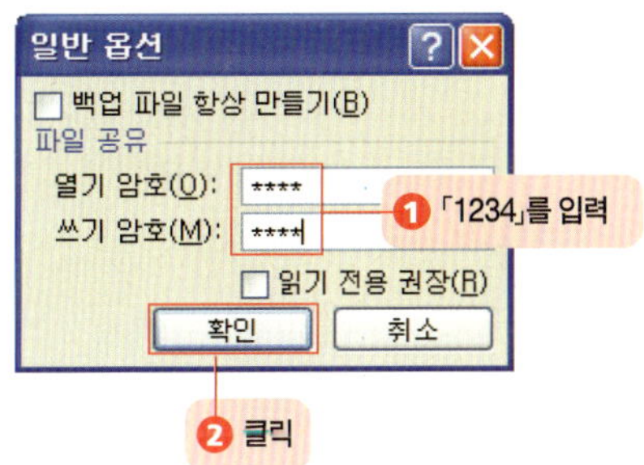

TIP '백업 파일 항상 만들기'에 체크 표시를 하면 파일을 저장할 때마다 백업 파일이 자동으로 만들어집니다.

04 [암호 확인] 대화상자가 나타나면 ❶ 열기 암호, 쓰기 암호를 한 번씩 더 입력한 후 ❷ [확인] 버튼을 클릭합니다.

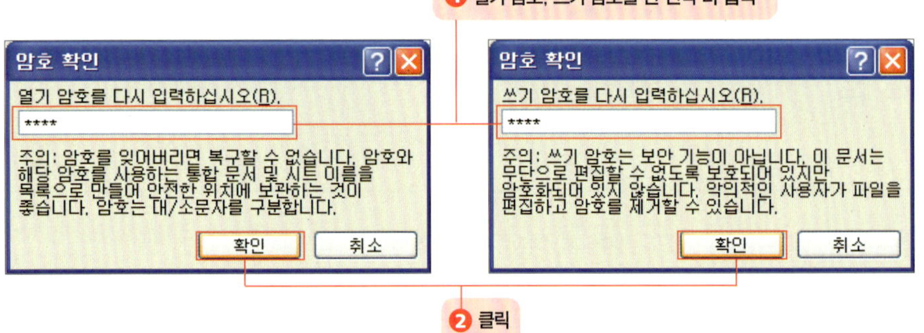

05 ❶ 파일 이름을 변경한 후 ❷ [저장] 버튼을 클릭합니다.

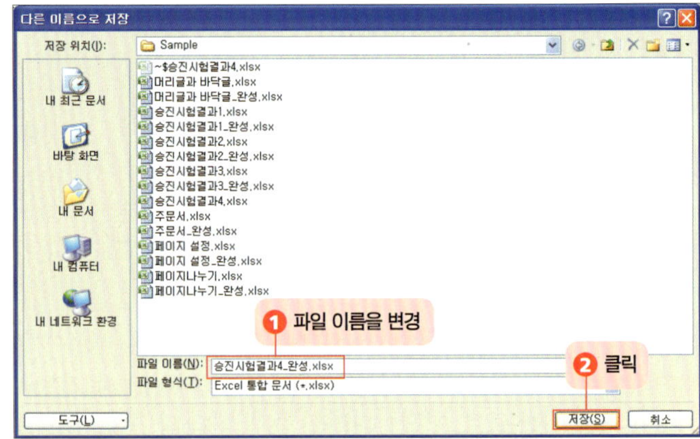

06 '승진시험결과4.xlsx' 파일을 닫고 '승진시험결과4_완성.xlsx' 파일을 열면 [암호] 대화상자가 나타나면서 열기 암호를 묻습니다. ❶ 열기 암호에 지정했던 암호를 입력한 후 ❷ [OK] 버튼을 클릭합니다.

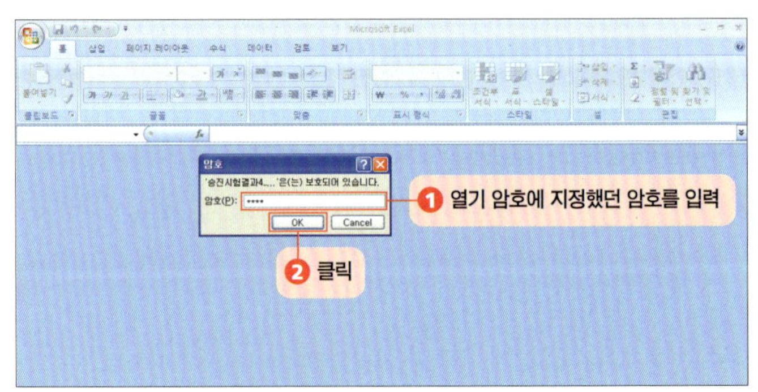

07 [암호] 대화상자가 다시 나타납니다. 이번에는 ❶ 쓰기 암호에 지정했던 암호를 입력한 후 ❷ [확인] 버튼을 클릭합니다.

TIP 쓰기 암호를 모를 경우에는 읽기 전용으로 열어 볼 수 있지만 수정한 내용을 저장할 수는 없습니다. 단, 복사본 파일로 저장할 수는 있습니다.

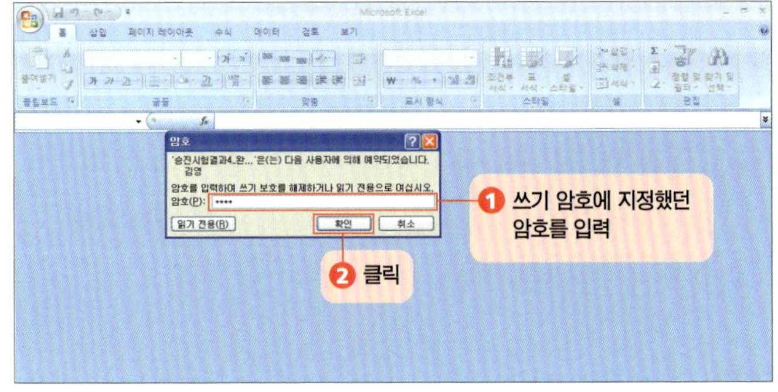

호텔 예약 현황 문서 수식 보호하기

문서를 작성하다 보면 부분적으로 셀 영역을 보호해야 할 때가 있습니다. 예를 들어 수식이 작성된 부분을 다른 사람들이 보지 못하게 하거나 편집할 수 없게 보호하는 경우입니다. 여기에서는 호텔 예약 현황 문서에서 Commission 수식을 숨겨 편집하지 못하도록 설정하고 다른 부분은 편집할 수 있도록 해 보겠습니다.

〔예제 파일 경로〕 부록 CD\Sample\Part05\수식보호하기.xlsx | 〔결과 파일 경로〕 부록 CD\Sample\Part05\After\수식보호하기_완성.xlsx

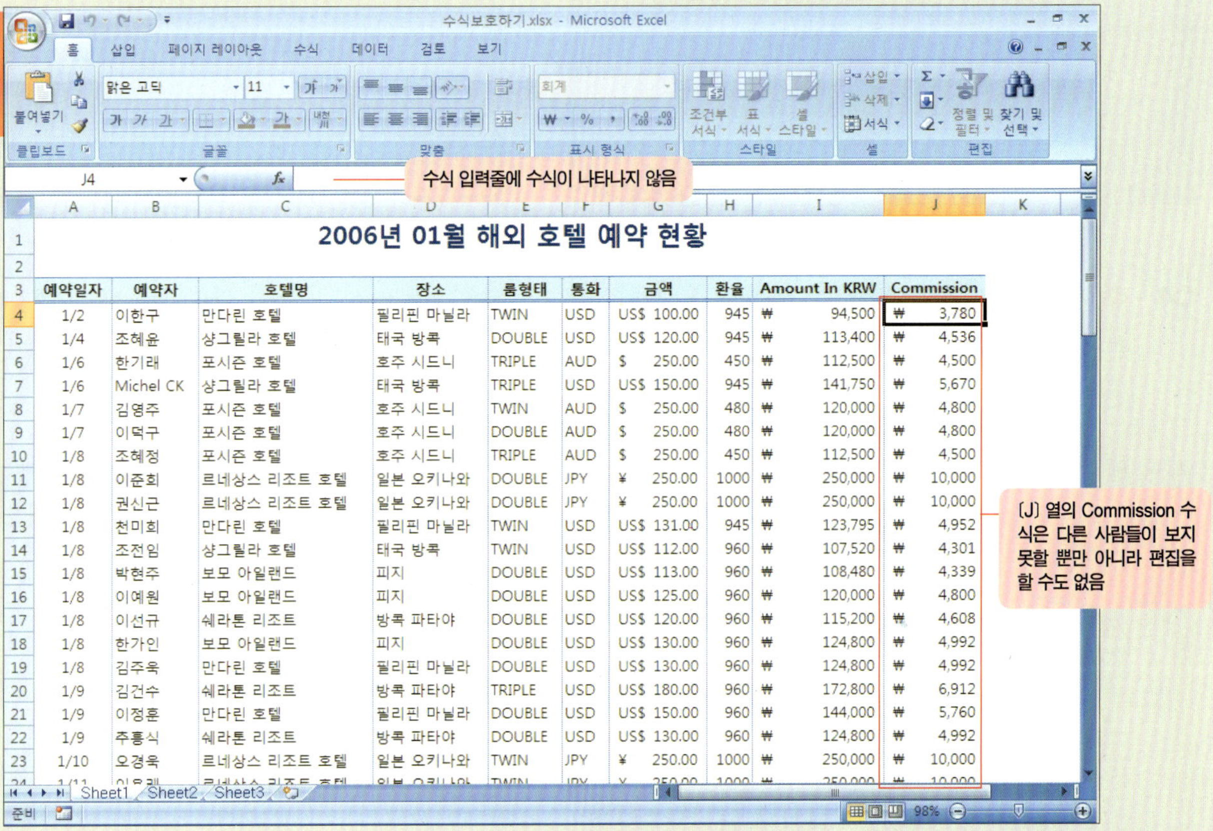

01 [J4] 셀의 수식 입력줄을 확인해 보면 Commission 에 대한 수식이 나타나는 것을 알 수 있습니다.

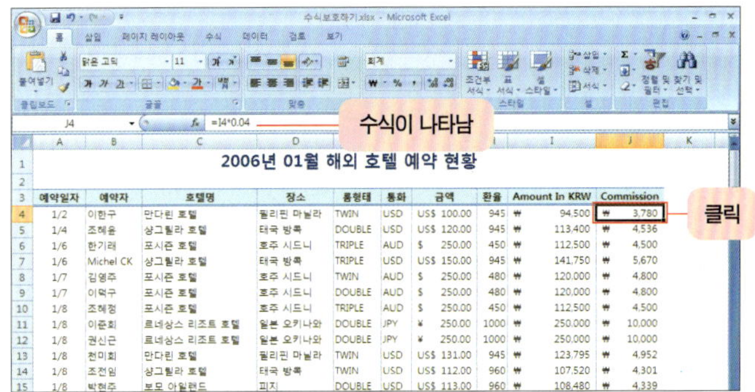

02 ❶ 행 머리글과 열 머리글이 만나는 교차 지점을 클릭하여 셀 전체를 선택한 후 ❷ 마우스 오른쪽 버튼을 클릭하고 ❸ [셀 서식]을 클릭합니다.

03 [셀 서식] 대화상자가 나타나면 ❶ [보호] 탭을 클릭한 후 ❷ '잠금' 과 '숨김' 의 체크 표시를 해제하고 ❸ [확인] 버튼을 클릭합니다.

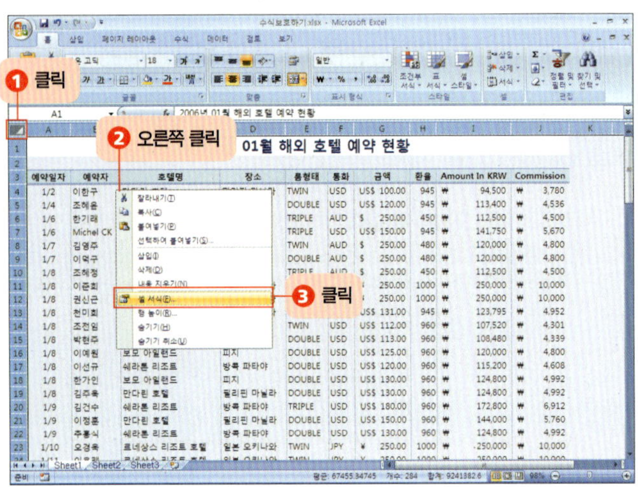

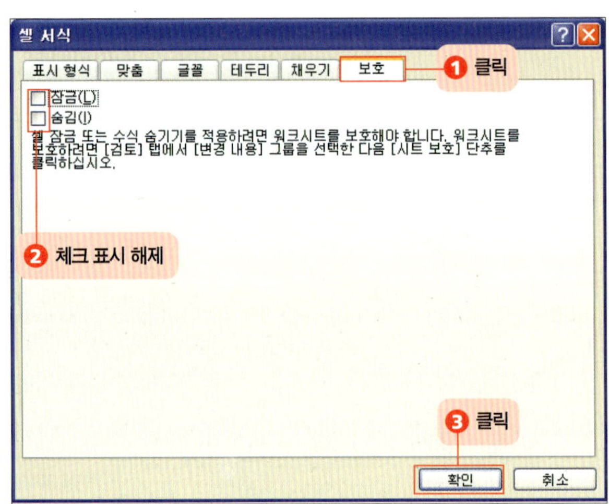

04 ❶ [J4:J30]을 범위 지정한 후 ❷ 마우스 오른쪽 버튼을 클릭하고 ❸ [셀 서식]을 클릭합니다.

05 [셀 서식] 메뉴가 나타나면 ❶ [보호] 탭을 클릭한 후 ❷ '잠금' 과 '숨김' 에 체크 표시를 하고 ❸ [확인] 버튼을 클릭합니다.

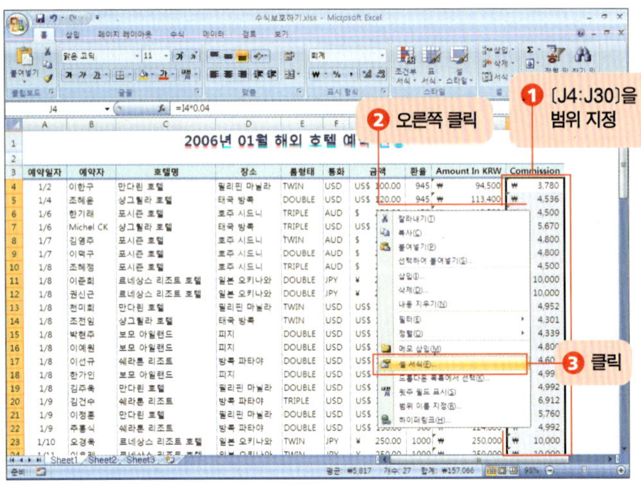

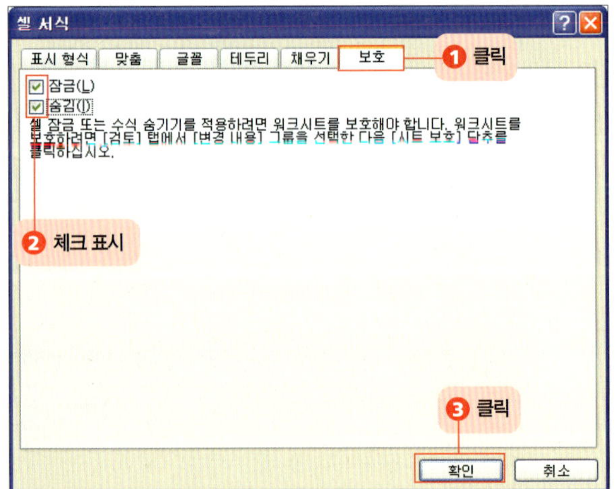

> **TIP** 잠금은 셀의 내용을 편집하지 못하도록 설정하는 것이고, 숨김은 수식이 있는 경우 수식을 수식 입력줄에 표시하지 못하도록 하는 것입니다.

06 이제 시트 보호를 설정하기 위해 [검토] 탭의 [변경 내용 – 시트 보호]를 클릭합니다.

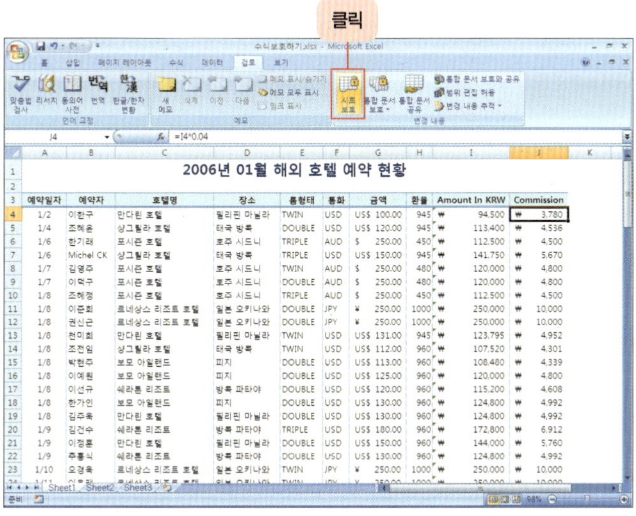

07 [시트 보호] 대화상자가 나타나면 ❶ 시트 보호 해제 암호에 임의의 암호 「1234」를 입력한 후 ❷ [확인] 버튼을 클릭합니다.

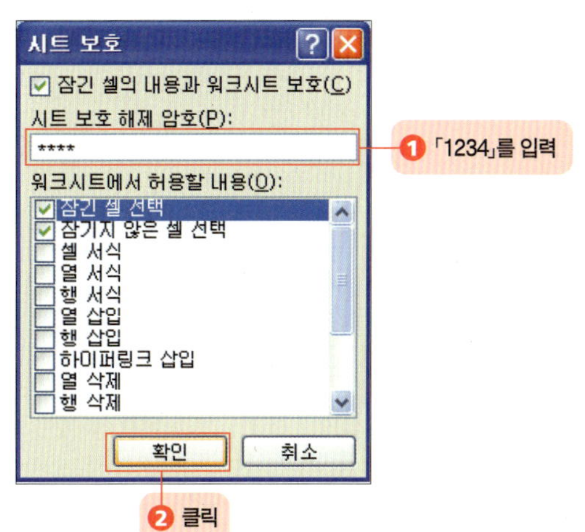

08 [암호 확인] 대화상자가 나타나면 ❶ 다시 암호 「1234」를 입력한 후 ❷ [확인] 버튼을 클릭합니다.

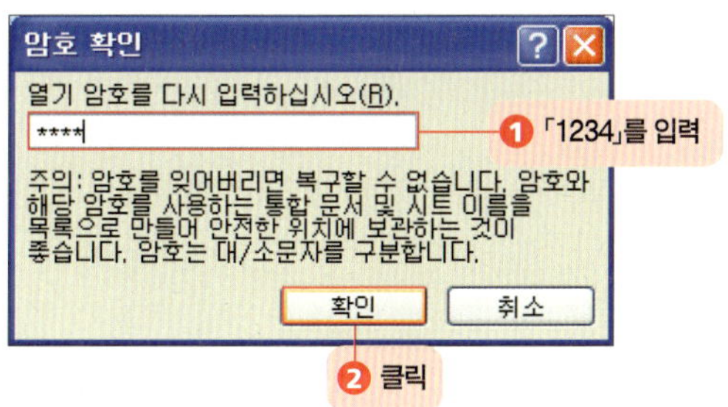

09 [J4] 셀을 클릭한 후 수식 입력줄을 확인하면 수식이 전혀 나타나지 않는 것을 알 수 있습니다.

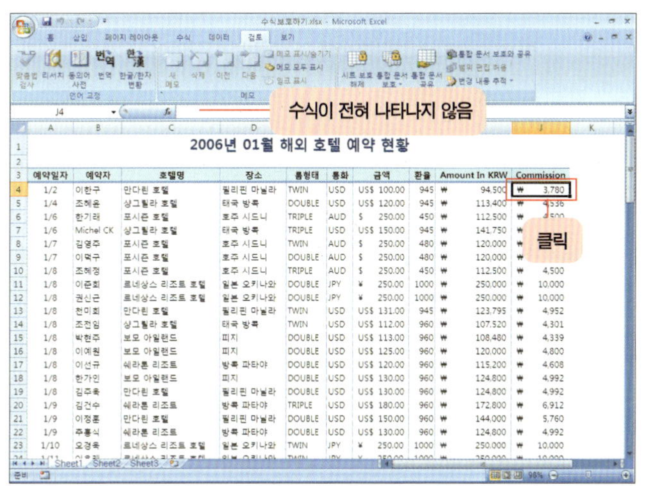

10 보호되어 있는 [J4:J30] 영역 중에서 한 셀을 더블클릭하면 다음과 같은 경고창이 나타납니다. [확인] 버튼을 클릭합니다.

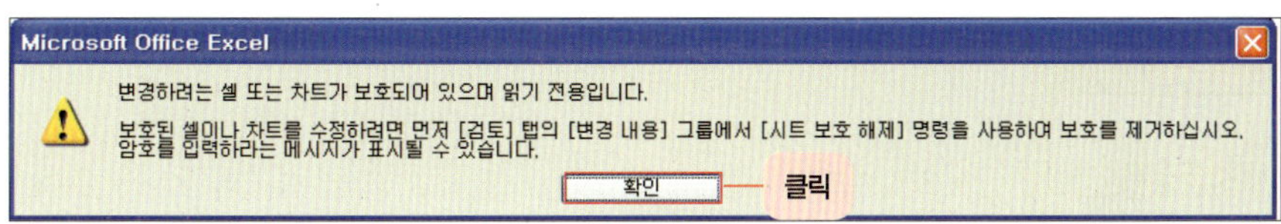

PART **06**

필요할 때 뽑아 쓰는
영역별
실무 함수

엑셀 2007 기본 + 활용

실무 테크닉

Lesson 01

함수가 왜 필요하죠?

수식 계산을 위해 만들어진 엑셀에서 함수는 복잡한 계산을 빠르게 할 수 있도록 도와 줍니다. 이번 레슨에서는 엑셀의 가장 주요한 기능인 함수가 무엇인지에 대해 알아보고, 함수들의 형식 및 사용하는 방법에 대해서도 알아보겠습니다.

함수 형식의 이해

함수란, 복잡한 계산을 빠르고 편리하게 하기 위해 미리 프로그램하여 엑셀에 내장한 것을 말합니다. 예를 들어 다음과 같이 5개 과목의 합을 구한다고 했을 때에 함수를 이용하지 않는다면 더할 값들을 일일이 나열해야 합니다.

그러나 미리 프로그램되어 있는 'SUM'이라는 함수를 이용하면 더할 값들을 일일이 나열하지 않고도 쉽게 더하기를 할 수 있습니다.

함수에는 영역별로 재무, 날짜/시간, 수학/삼각, 통계, 찾기/참조, 데이터베이스, 텍스트, 논리, 정보, 공학, 큐브 등이 있습니다.

함수를 이용하지 않으면 더할 값들과 "+"연산자를 일일이 나열해야 함

'SUM' 함수를 이용하면 더할 값들을 일일이 나열하지 않고도 쉽게 더하기를 할 수 있음

TIP 수식이 길 경우 (수식 입력줄 확장)을 클릭하면 수식 입력줄을 넓게 볼 수 있습니다.

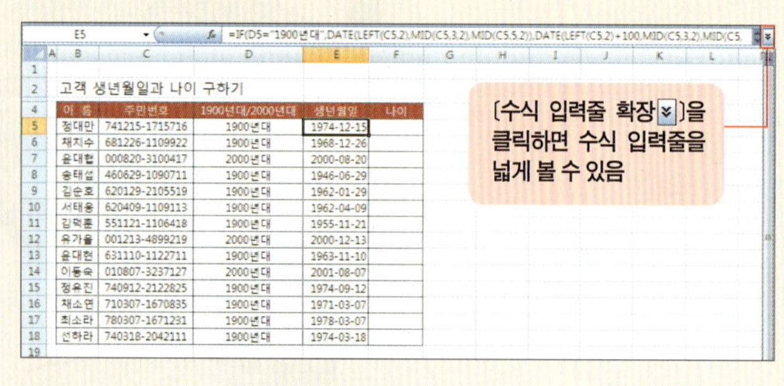

(수식 입력줄 확장)을 클릭하면 수식 입력줄을 넓게 볼 수 있음

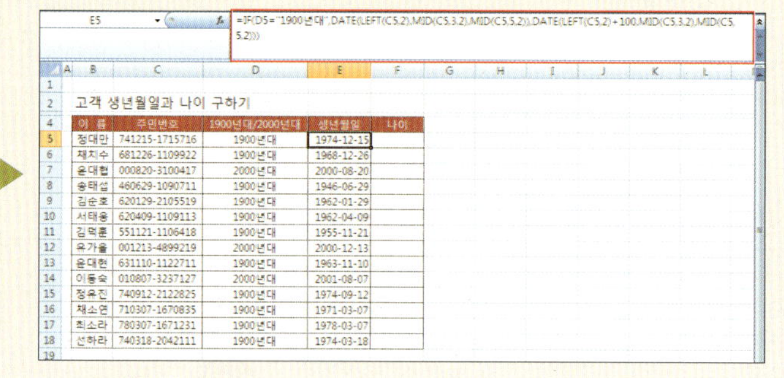

함수의 형식

함수는 미리 프로그램하여 내장되어 있는 것이기 때문에 각 함수를 사용하는 형식과 방법이 정해져 있습니다. 함수를 배운다는 것은 상황에 맞는 함수를 선택하는 방법과 그 함수를 사용하는 방법에 대해 배운다는 것을 의미합니다.

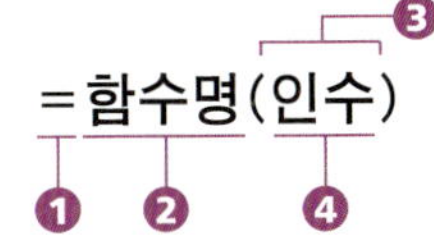

함수의 형식　**＝함수명(인수)**

❶ '＝' : 수식을 사용하겠다는 뜻입니다.

❷ **함수명** : 사용할 함수를 지정합니다.

❸ **괄호( )** : 엑셀에서 함수를 사용하려면 반드시 괄호를 입력해야 합니다. 함수를 여러 개 중첩하여 사용한다면, 사용한 함수의 개수 만큼 괄호도 입력해야 합니다.

❹ **인수** : 함수를 통해 계산할 데이터

TIP　인수

인수란, 함수를 통해 계산할 데이터들을 말합니다. 인수는 숫자, 문자열, 논리값, 셀 주소, 수식 등이 될 수 있습니다. 수식 ＝SUM(B2:F2)는 〔B2〕셀에서 〔F2〕셀까지 값들의 합을 구한다는 뜻입니다. 여기서 인수는 셀 주소인 〔B2:F2〕입니다.

함수 사용 예	
＝SUM(B2:F2)	〔B2〕셀부터 〔F2〕셀까지의 값들을 모두 더합니다.
＝AVERAGE(A1:A10,C1:C10)	〔A1〕셀부터 〔A10〕셀의 값들과 〔C1〕셀부터 〔C10〕셀의 값들의 평균을 구합니다.
＝COUNTA("가", "나", "다")	괄호 속의 데이터가 몇 개인지를 셉니다.

함수를 사용하는 방법

엑셀에서 함수를 사용하는 데에는 리본 메뉴의 [합계]를 이용하는 방법, [함수 마법사]를 이용하는 방법, 직접 함수식을 입력하는 방법이 있습니다.

● 자동 합계

합계, 평균, 최대값, 최소값처럼 자주 사용하는 수식은 [자동 합계 Σ 자동 합계 ▾]를 이용하는 것이 편리합니다.

● 함수 마법사

함수 마법사는 함수에 대한 안내자 역할을 하기 때문에 처음 사용하는 함수라도 쉽게 사용할 수 있습니다. 수식 입력줄에 있는 fx를 클릭하거나 [수식] 탭의 [함수 라이브러리 – 함수 삽입 fx]을 클릭하면 나타나는 [함수 마법사] 대화상자에서 범주와 함수를 선택하면 해당 함수에 대한 설명이 대화상자 아래에 표시됩니다. 설명을 참고한 후 원하는 함수일 경우에는 [확인] 버튼을 클릭합니다.

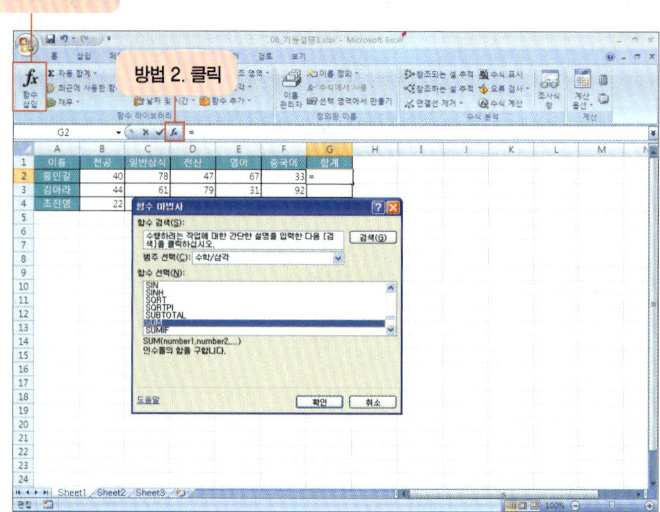

[함수 인수] 대화상자의 각 인수를 입력하는 입력란에 커서를 위치시키면 대화상자 아래에 인수에 대한 설명이 표시되는데, 이를 참고하여 각 입력란에 인수를 입력하고 [확인] 버튼을 클릭하여 계산을 완성합니다.

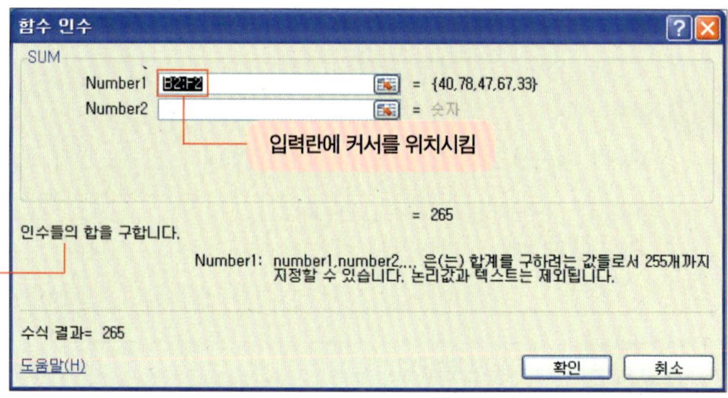

> **TIP** 함수를 선택할 때에 [수식] 탭의 [함수 라이브러리 – 함수 종류]를 바로 클릭하여 사용할 수도 있습니다.
> 엑셀 2007은 자주 사용하는 함수 범주를 리본 메뉴에 배치하였습니다. 함수 범주는 [수식] 탭의 [함수 라이브러리] 그룹에서 간단하게 선택할 수 있습니다.

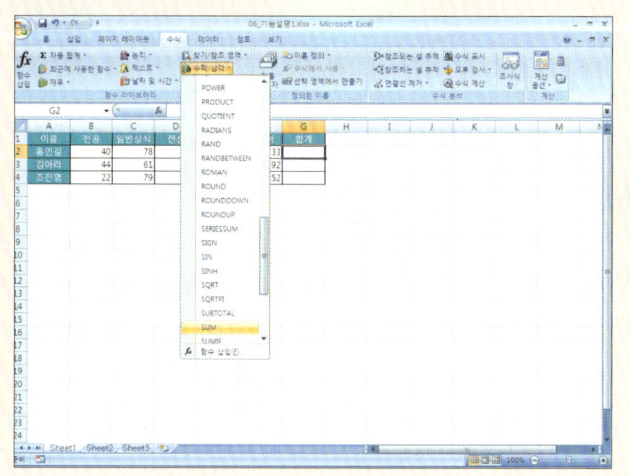

 **직접 함수식을 입력**

익숙한 함수는 직접 입력하여 작성할 수도 있습니다.
「=」을 입력한 후 함수 이름을 입력하면 해당 함수에 대
한 설명이 나타납니다.

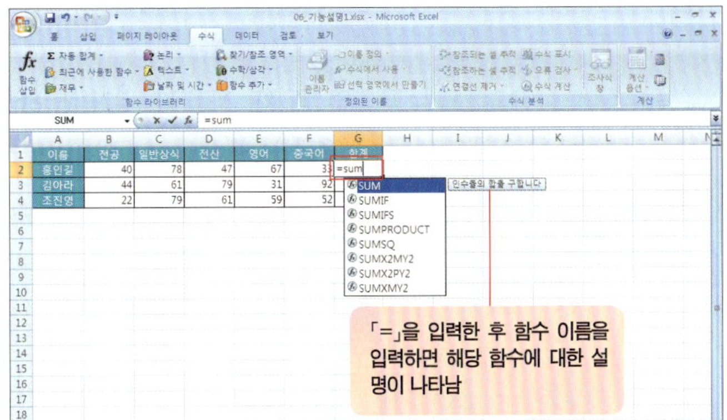

> **TIP** 셀에서 함수를 직접 입력하는 도중에 〔함수 인수〕 대화상자를
> 나타내고 싶다면 Ctrl + A 를 누릅니다.

괄호를 입력하면 해당 함수에서 입력해야 할 인수가 나
타나므로 이를 참고하여 인수를 입력합니다.

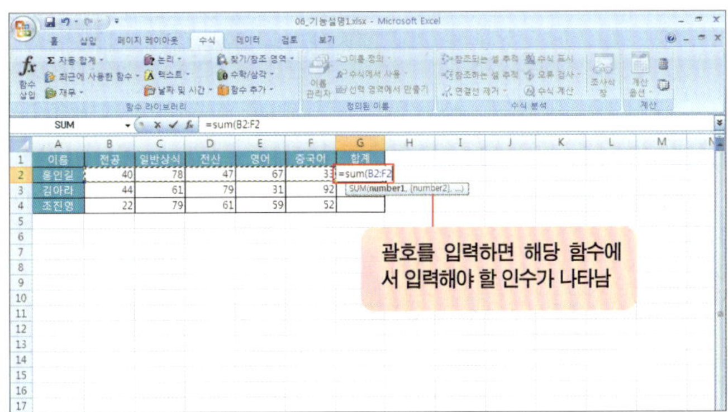

> **TIP** 셀에 함수 이름을 입력할 때에 「A」를 입력하면 A로 시작하는
> 모든 함수 리스트가 나타납니다. 모두 입력하지 않고 목록에
> 서 선택하려면 원하는 함수를 더블클릭하거나 키보드의 방향
> 키로 함수를 선택한 후 Tab 을 누릅니다.

 ## 수식 오류 메시지

수식을 작성할 때에 자주 접하는 에러 메시지의 종류와 원인을 알면 문제를 쉽게 해결할 수 있
습니다. 엑셀에서의 오류의 종류와 원인, 해결 방법은 다음과 같습니다.

오류 메시지	원 인	해 결
#DIV/0	어떤 값을 0으로 나누려 할 때	나누는 값이 0이 되지 않도록 합니다.
#VALUE	인수를 잘못 지정했거나 문자값이 연산에 포함되는 등 수식에 오류가 있을 때	인수를 정확하게 지정하거나 수식을 정확하게 입력합니다.
#NUM	숫자를 잘못 사용했을 때	수식을 확인합니다.
#NAME?	함수 이름에 잘못이 있거나 존재하지 않는 셀 이름 정의를 참조한 경우	함수 이름이나 셀 이름을 정확하게 입력합니다.
#NA	사용할 수 없는 참조값을 사용한 경우	정확한 인수를 지정합니다.
#REF!	참조한 영역을 삭제한 경우	참조한 영역이 삭제되었는지를 확인합니다.
######	셀 폭이 좁은 경우	셀 폭을 늘려 줍니다.

Lesson 02

통계를 구하는 함수

데이터 통계에 사용되는 함수는 80여 개가 있습니다. 이번 레슨에서는 통계 함수 중에서 많이 사용하는 RANK, COUNT, COUNTA, COUNTBLANK, COUNTIF 함수와 엑셀 2007에서 새롭게 추가된 COUNTIFS, AVERAGEIFS 함수에 대해 알아보겠습니다.

 ## 순위를 구하는 RANK 함수

RANK 함수는 수 목록에서 지정한 수의 순위를 구하는 함수입니다. 순위는 오름차순 또는 내림차순으로 구할 수 있습니다. 예를 들어 일반 성적에 대한 점수는 내림차순으로, 100m 달리기에 대한 성적은 오름차순으로 순위를 구할 수 있습니다.

C2			fx	=RANK(B2,$B$2:$B$6)			
	A	B	C	D	E	F	G
1	이름	평균점수	등수				
2	홍길동	89	2				
3	강백호	91	1				
4	서태웅	76	3				
5	이소현	74	4				
6	이한나	66	5				
7							

평균 점수로 홍길동의 순위를 구함

RANK 함수

기능	수 목록에서 지정한 수의 순위를 구합니다.
형식	RANK(Number, Ref, Order)
인수	Number : 순위를 구하려는 수 Ref : 비교 범위 Order : 순위 결정 방법으로 생략하거나 「0」을 입력하면 내림차순으로, 0이 아닌 값을 입력하면 오름차순으로 순위를 매깁니다.

체력 테스트 결과 순위 구하기

100m 달리기, 턱걸이, 던지기 등과 같은 각 종목별 기록에 대하여 각각의 순위를 매겨 보겠습니다. 간단한 따라 하기를 통해 함수를 익혀 보세요.

〔예제 파일 경로〕 부록 CD\Sample\Part06\통계함수.xlsx　|　〔결과 파일 경로〕 부록 CD\Sample\Part06\After\통계함수_완성.xlsx

01 [RANK함수] 시트를 클릭합니다.

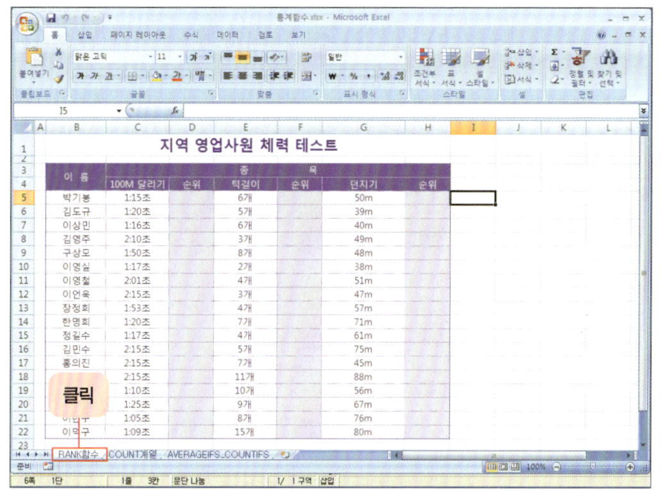

02 박기봉의 100m 달리기에 대한 순위를 구하기 위해 ❶ [D5] 셀을 클릭한 후 ❷ [수식] 탭의 [함수 라이브러리 – 함수 추가]를 클릭하고 ❸ [통계–RANK]를 클릭합니다.

TIP 수식 입력줄의 *fx*를 클릭하면 나타나는 〔함수 마법사〕 대화 상자에서 RANK 함수를 선택해도 됩니다.

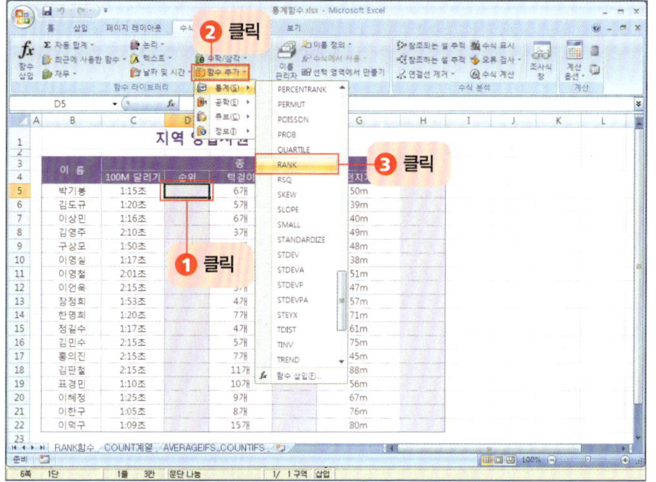

03 [함수 인수] 대화상자가 나타나면 ❶ 다음과 같이 인수를 지정한 후 ❷ [확인] 버튼을 클릭합니다.

> **info** **Number** : C5 ▶ 순위를 구하려는 수로, 박기봉의 100m 달리기 기록입니다.
>
> **Ref** : $C$5:$C$22 ▶ 전체 직원들의 기록을 비교하기 위해서 [C5:C22] 영역을 지정합니다. 박기봉의 순위를 구한 후 다른 직원들의 순위는 수식을 복사하여 구할 것이므로, F4 를 눌러 절대 참조로 만듭니다.
>
> **Order** : 1 ▶ 오름차순으로 순위를 매깁니다. 즉, 작은 값에 1등을 매깁니다. 100m 달리기는 숫자가 작을수록, 즉 20초 보다는 18초가 더 빠르기 때문에 작은 값에 1등을 매깁니다.

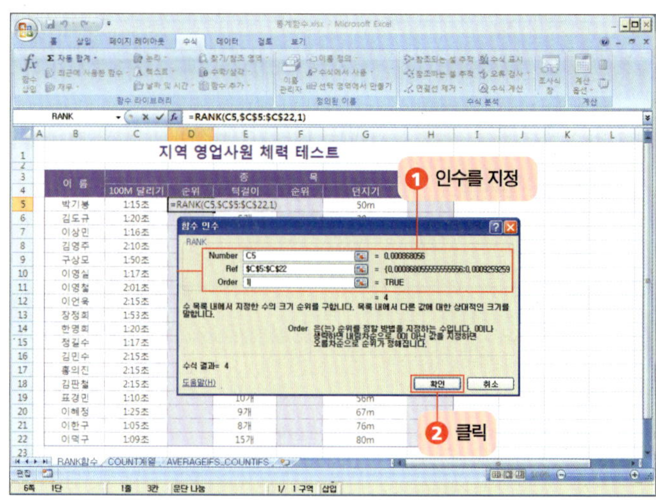

04 [D5] 셀의 채우기 핸들을 더블클릭하여 전체 직원의 순위를 구합니다.

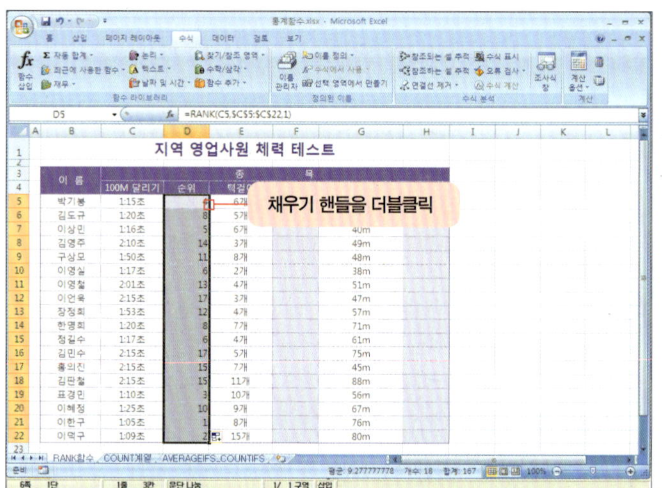

> **TIP** 서식은 제외하고 수식만 복사하려면 채우기 핸들을 마우스 오른쪽 버튼을 클릭한 상태에서 드래그하면 나타나는 바로 가기 메뉴에서 [서식 없이 채우기]를 클릭합니다.

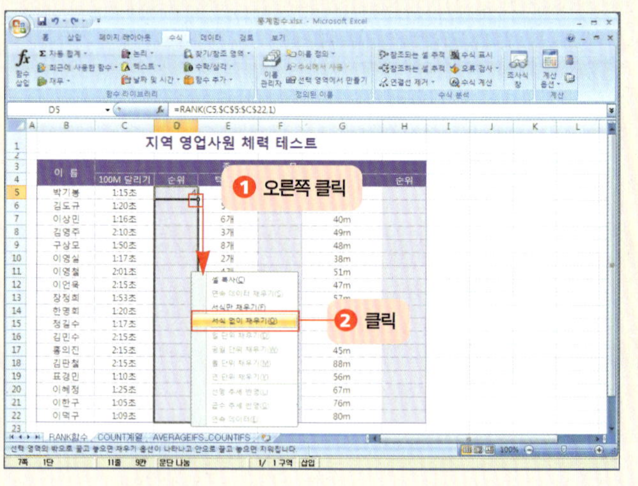

05 이번에는 턱걸이의 순위를 구하는 데에 있어 [함수 임수] 대화상자를 다른 방법으로 나타내 보겠습니다. ❶ [F5] 셀에 「=RANK」를 입력한 후 ❷ `Ctrl` + `A` 를 누릅니다.

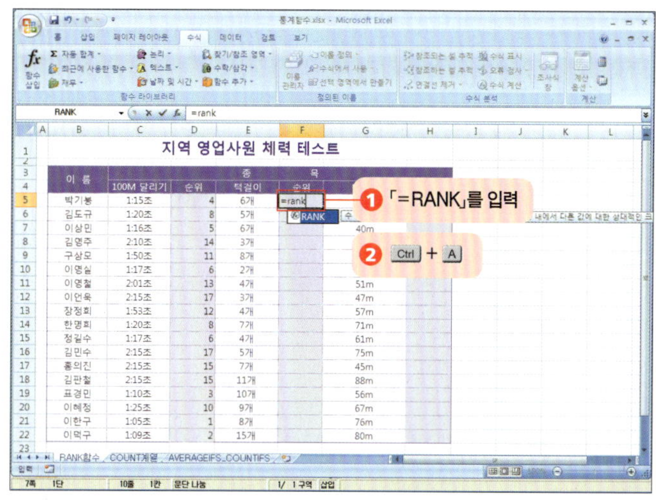

06 [함수 인수] 대화상자가 나타나면 ❶ 다음과 같이 인수를 지정한 후 ❷ [확인] 버튼을 클릭합니다.

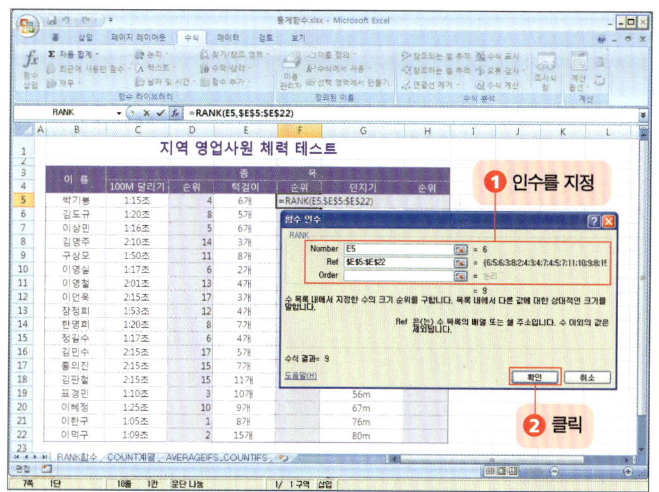

info

Number : E5 ▶ 순위를 구하려는 수로, 박기봉의 턱걸이 기록입니다.

Ref : \$E\$5:\$E\$22 ▶ 전체 직원들의 기록을 비교하기 위해 (E5:E22) 영역을 지정합니다. 박기봉의 순위를 구한 후 다른 직원들의 순위는 수식을 복사하여 구할 것이므로, `F4` 를 눌러 절대 참조로 만듭니다.

Order : 생략 ▶ 큰 값에 1등을 매기는 내림차순으로 순위를 구하기 위해 아무것도 입력하지 않고 비워 둡니다.

07 [F5] 셀의 채우기 핸들을 더블클릭하여 나머지 직원의 순위도 구합니다.

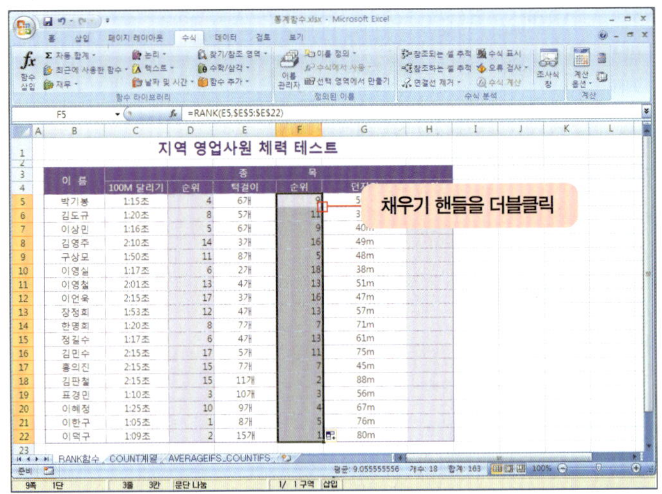

08 동일한 방법으로 던지기에 대한 순위를 다음과 같이 완성합니다.

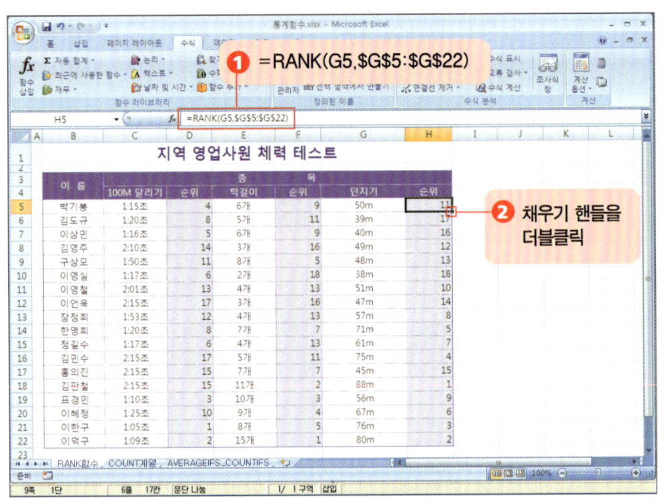

TIP 순위에 "등"을 표시하려면 Ctrl + 1 을 눌러 〔셀 서식〕 대화 상자를 나타낸 후 〔표시 형식〕 탭의 '사용자 지정'에 「#등」을 입력합니다.

이 름	100M 달리기	순위	턱걸이	순위	던지기	순위
박기봉	1:15초	4등	6개	9등	50m	11등
김도규	1:20초	8등	5개	11등	39m	17등
이상민	1:16초	5등	6개	9등	40m	16등
김영주	2:10초	14등	3개	16등	49m	12등
구상모	1:50초	11등	8개	5등	48m	13등
이영실	1:17초	6등	2개	18등	38m	18등
이영철	2:01초	13등	4개	13등	51m	10등
이언욱	2:15초	17등	3개	16등	47m	14등
장정회	1:53초	12등	4개	13등	57m	8등
한명회	1:20초	8등	7개	7등	71m	5등
정길수	1:17초	6등	4개	13등	61m	7등
김민수	2:15초	17등	5개	11등	75m	4등
홍의진	2:15초	15등	7개	7등	45m	15등
김판철	2:15초	15등	11개	2등	88m	1등
표경민	1:10초	3등	10개	3등	56m	9등
이혜정	1:25초	10등	9개	4등	67m	6등
이한구	1:05초	1등	8개	5등	76m	3등
이덕구	1:09초	2등	15개	1등	80m	2등

 개수를 세는 COUNT 계열 함수

셀의 개수를 세는 함수에는 COUNT, COUNTA, COUNTBLANK, COUNTIF가 있습니다. 각
함수의 기능과 형식은 다음과 같습니다.

COUNT 함수

기능	지정된 범위에서 숫자가 입력된 셀의 개수를 셉니다.
형식	COUNT(Value1, Value2, ...)
인수	Value1, Value2, : 개수를 셀 값이 입력되어 있는 범위

COUNTA 함수

기능	지정된 범위에서 비어 있지 않은 셀의 개수, 즉 데이터가 입력된 모든 셀의 개수를 셉니다.
형식	COUNTA(Value1, Value2, ...)
인수	Value1, Value2, ... : 개수를 셀 값이 입력되어 있는 범위

COUNTBLANK 함수

기능	지정된 범위에서 빈 셀의 개수를 셉니다.
형식	COUNT(Range)
인수	Range : 빈 셀의 개수를 셀 범위

COUNTIF 함수

기능	지정된 범위에서 조건에 해당하는 셀의 개수를 셉니다.
형식	COUNTIF(Range, Criteria)
인수	Range : 조건에 맞는지를 검사할 셀 범위
	Criteria : 조건

[A2:A9] 영역에서 숫자 데이터가 입력된 셀은 3개, 데이터의 종류에 상관 없이 데이터가 입력
된 셀은 7개, 빈 셀은 1개, 「A」가 입력된 셀은 2개입니다.

	A	B	C	D	E	
1	데이터		구분	수식	결과	
2	100		COUNT함수	=COUNT(A2:A9)	3	숫자 데이터가 입력된 셀은 3개
3	A		COUNTA함수	=COUNTA(A2:A9)	7	데이터의 종류에 상관 없이 데이터가 입력된 셀은 7개
4	B		COUNTBLANK함수	=COUNTBLANK(A2:A9)	1	지정된 범위에서 빈 셀은 1개
5	200		COUNTIF함수	=COUNTIF(A2:A9,"A")	2	「A」가 입력된 셀은 2개
6						
7	A					
8	B					
9	200					
10						

여러 조건을 만족하는 COUNTIFS 함수와 AVERAGEIFS 함수

조건에 만족하는 개수를 구할 경우에는 COUNTIF 함수를 이용합니다. COUNTIF 함수는 조건이 하나인 경우는 가능하나 여러 개의 조건을 만족하는 개수를 구하려면 COUNTIFS 함수를 이용합니다. 이 밖에 여러 조건을 만족하는 데이터의 평균을 구하려면 AVERAGEIFS 함수를 이용합니다. COUNTIFS와 AVERAGEIFS 함수는 엑셀 2007에 새롭게 추가된 함수입니다.

COUNTIFS 함수

기능	범위 내에서 주어진 조건에 맞는 셀의 개수를 셉니다. 범위와 조건은 1~127까지입니다.
형식	COUNTIFS(Criteria_range1, Criteria1,...)
인수	Criteria_range1 : 조건을 검사할 셀 범위 Criteria1 : 조건

AVERAGEIFS 함수

기능	조건에 해당하는 지정된 셀들의 산술 평균을 구합니다. 조건을 검사할 셀 범위와 조건은 1~127까지입니다.
형식	AVERAGEIFS(Average_range, Criteria_range1, Criteria1,....)
인수	Average_range : 실제 평균을 구하는 셀 Criteria_range1 : 조건을 검사할 셀 범위 Criteria1 : 조건

 **AVERAGEIF 함수**

엑셀 2007에 새롭게 추가된 함수로 기능과 형식은 AVERAGEIFS 함수와 같지만 AVERAGEIFS 함수는 여러 조건에 만족하는 셀들의 평균을 구할 수 있는 반면 AVERAGEIF 함수는 한가지의 조건을 만족하는 지정된 셀들의 산술 평균을 구합니다.

진급 시험 응시자 및 합격 인원 수 구하기

COUNTA, COUNT, COUNTBLANK, COUNTIF 함수를 사용하여 전체 인원 수, 능력 시험 응시자, 능력 시험 결시자, 최종 합격 인원 수를 구해 보겠습니다. 간단한 따라하기를 통해 함수를 익혀 보세요.

〔예제 파일 경로〕 부록 CD\Sample\Part06\통계함수.xlsx | 〔결과 파일 경로〕 부록 CD\Sample\Part06\After\통계함수_완성.xlsx

01 [COUNT계열] 시트를 클릭합니다.

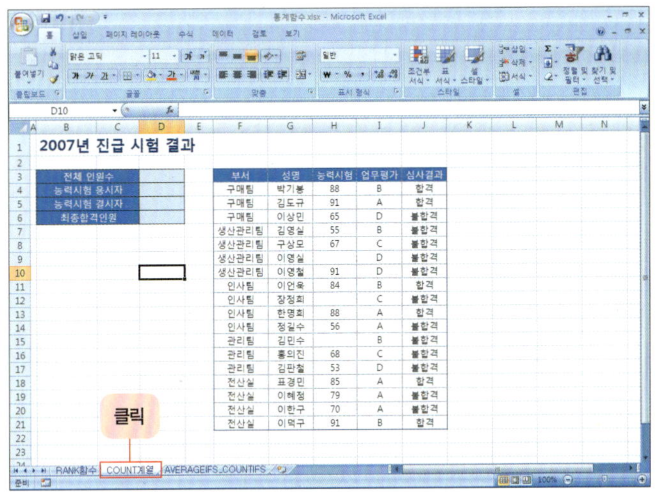

02 함수 형식이 간단하므로 함수식을 직접 입력하겠습니다. [D3] 셀에 「=COUNTA(G4:G21)」을 입력한 후 Enter 를 누릅니다.

Note 성명을 세면 전체 인원 수가 몇 명인지 알 수 있으므로, COUNTA 함수를 이용합니다.

TIP 수식을 작성한 후 복사하여 사용할 때에는 상대 참조, 절대 참조, 혼합 참조 유형을 모두 고려해야 합니다. 그러나 복사하지 않을 경우에는 참조 유형을 고려할 필요가 없습니다.

03 [D4] 셀에 「=COUNT(H4:H21)」을 입력한 후 Enter 를 누릅니다.

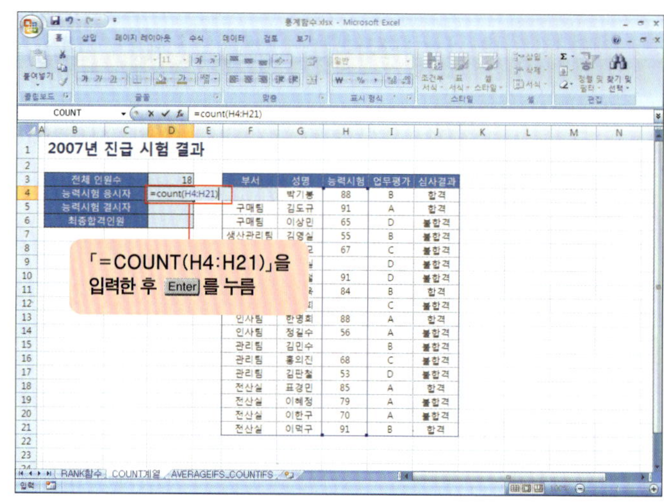

> **TIP** 능력 시험에 점수가 입력되어 있다는 것은 응시를 했다는 뜻이므로 COUNT 함수를 이용하여 숫자 데이터(점수)가 몇 개 입력되어 있는지를 셉니다. 물론 이 때에도 COUNTA 함수를 사용할 수도 있습니다.

04 [D5] 셀에 「=COUNTBLANK(H4:H21)」을 입력한 후 Enter 를 누릅니다.

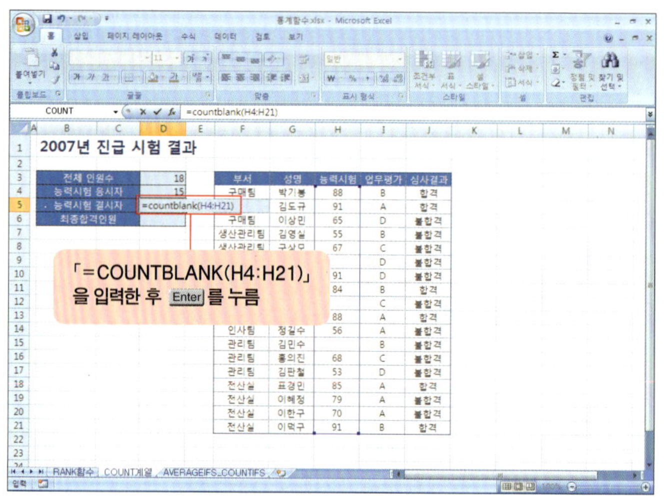

> **TIP** 능력 시험에 점수가 입력되어 있지 않다는 것은 응시를 하지 않았다는 뜻이므로 빈 셀의 개수를 세는 COUNTBLANK 함수를 이용합니다.

05 [D6] 셀에 「=COUNTIF(J4:J21, "합격")」을 입력한 후 Enter 를 누릅니다.

> **TIP** 심사 결과란에서 합격이라는 글자가 몇 개인지를 세면 몇 명이 합격했는지 알 수 있으므로 COUNTIF 함수를 이용합니다. 수식에 문자열을 입력할 때에는 따옴표(" ")로 묶습니다.

06 표시 형식을 지정하기 위해 ❶ [D3:D6]을 범위 지정한 후 ❷ 마우스 오른쪽 버튼을 클릭하고 ❸ [셀 서식]을 클릭합니다.

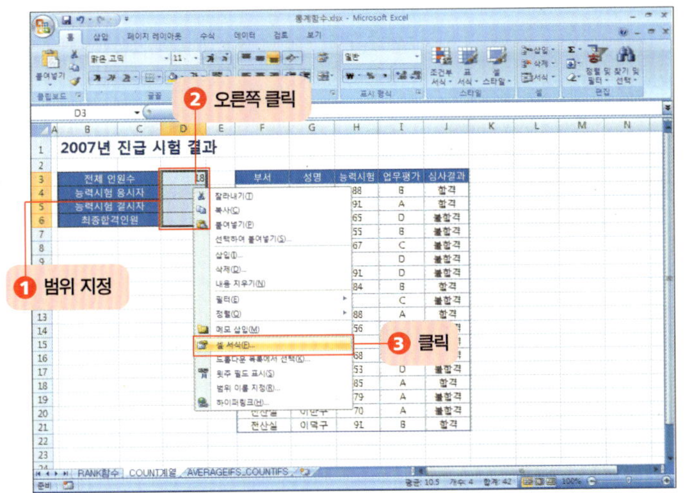

07 [셀 서식] 대화상자가 나타나면 ❶ [표시 형식] 탭의 '범주'에서 '사용자 지정'을 클릭한 후 ❷ '형식'에 「#명」을 입력하고 ❸ [확인] 버튼을 클릭합니다.

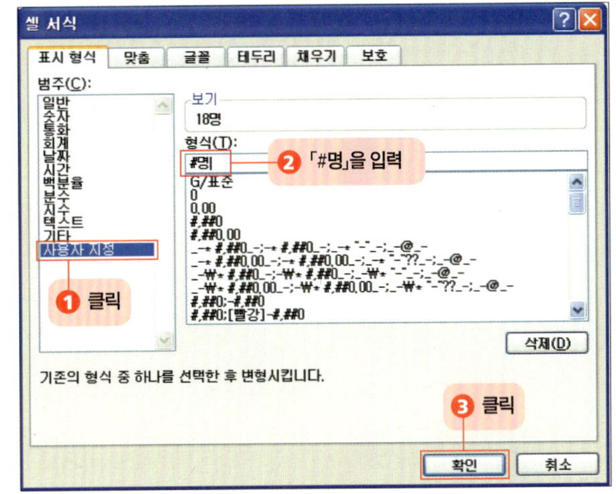

Page 사용자 지정 표시 형식에 대해서는 199쪽을 참고하세요.

08 다음과 같이 명 단위가 표시됩니다.

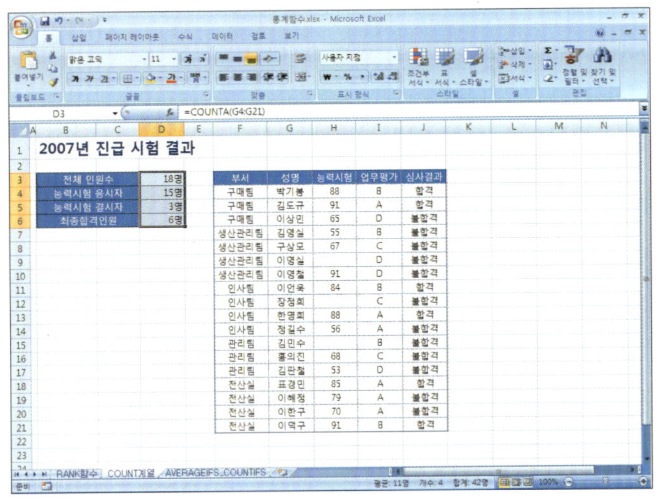

다중 조건으로 집계하기

'이상민'이 판매하는 상품 중에서 '도서'를 판매한 횟수와 '박기봉'이 판매한 상품 중에서 '컴퓨터' 판매 금액의 평균을 구해 보겠습니다.

〔예제 파일 경로〕부록 CD\Sample\Part06\통계함수.xlsx | 〔결과 파일 경로〕부록 CD\Sample\Part06\After\통계함수_완성.xlsx

01 [AVERAGEIFS_COUNTIFS] 시트를 클릭합니다.

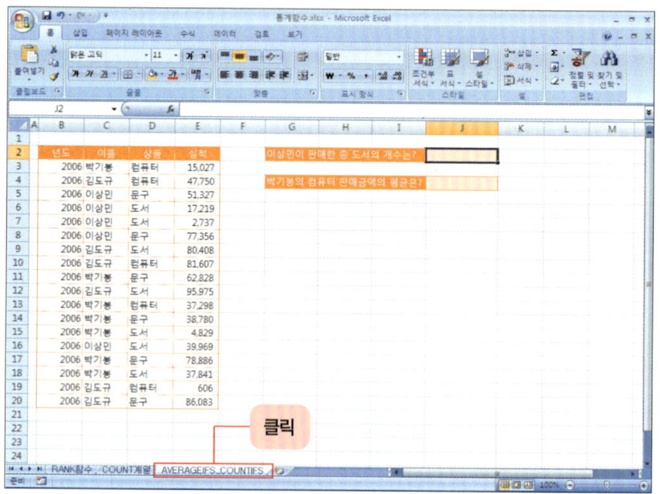

02 ❶ [J2] 셀을 클릭한 후 ❷ [수식] 탭의 [함수 라이브러리 – 함수 추가 함수 추가 ▾]를 클릭하고 ❸ [통계 – COUNTIFS]를 클릭합니다.

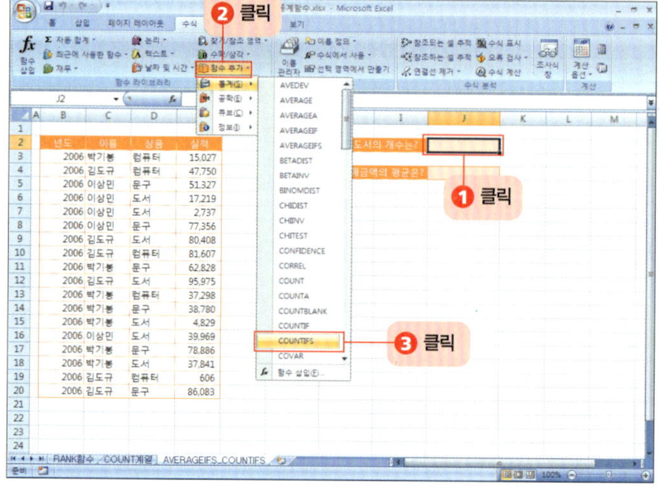

03 [함수 인수] 대화상자가 나타나면 ❶ 다음과 같이 인수를 지정한 후 ❷ [확인] 버튼을 클릭합니다.

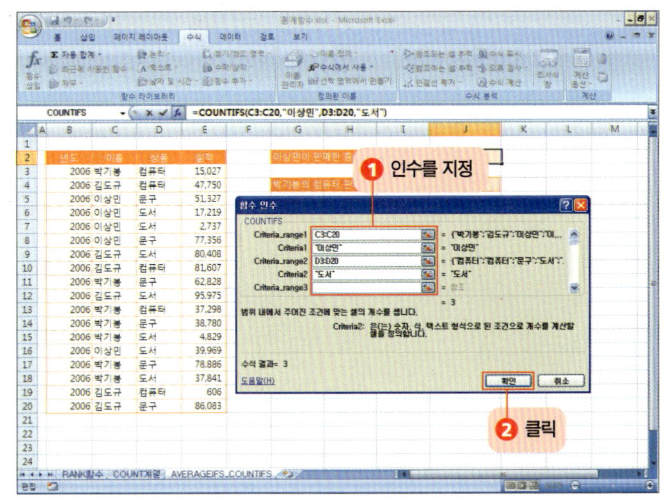

---

info

Criteria_range1 : C3:C20 ▶ 첫 번째 조건을 검사할 셀 범위

Criteria1 : "이상민" ▶ 첫 번째 조건

Criteria_range2 : D3:D20 ▶ 두 번째 조건을 검사할 셀 범위

Criteria2 : "도서" ▶ 두 번째 조건

TIP 수식에 문자열을 입력할 때에 따옴표("")를 붙여야 하는데, 함수 마법사의 [함수 인수] 대화상자에서 문자열을 입력하고 셀 포인터를 다음 인수 입력란으로 옮기면 자동으로 따옴표가 붙습니다.

---

04 ❶ [J4] 셀을 클릭한 후 ❷ [수식] 탭의 [함수 라이브러리 – 함수 추가 함수 추가]를 클릭하고 ❸ [통계 – AVERAGEIFS]를 클릭합니다.

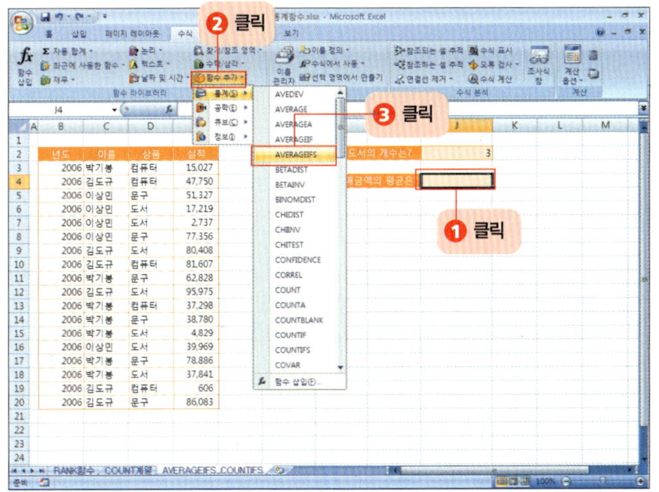

05 [함수 인수] 대화상자가 나타나면 ❶ 다음과 같이
인수를 지정한 후 ❷ [확인] 버튼을 클릭합니다.

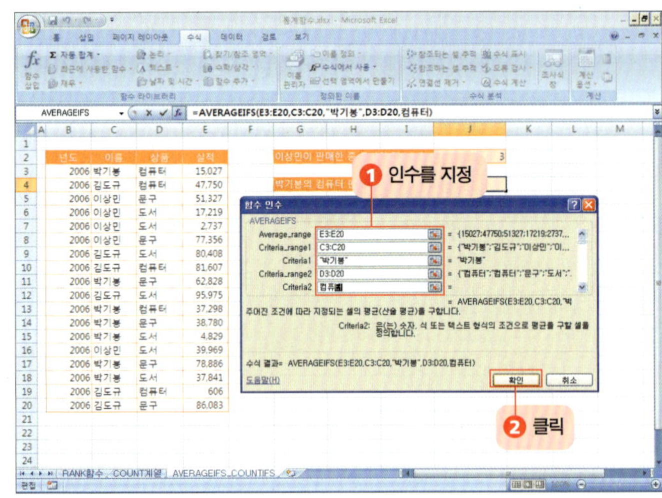

info
Average_range : E3:E20 ▶ 실제 평균을 구할 영역

Criteria_range1 : C3:C20 ▶ 첫 번째 조건인 "박기봉"을 검사할 셀 범위

Criteria1 : "박기봉" ▶ 첫 번째 조건

Criteria_range2 : D3:D20 ▶ 두 번째 조건인 "컴퓨터"를 검사할 셀 범위

Criteria2 : "컴퓨터" ▶ 두 번째 조건

06 다음과 같이 여러 조건을 만족하는 개수와 평균을
구했습니다.

TIP 하나의 조건을 만족하는 평균을 구할 때에는 AVERAGEIF
함수를 이용할 수도 있습니다.

직급별 현황에서 다양한 통계 구하기

지사 직급별 현황 데이터에서 재직 년수가 20년 이상인 인원 수, 현 직급 재직 년수가 5년 이상인 인원 수, 현 직급 5년 이상 재직자의 재직 년수 평균에 대한 통계를 구해 보겠습니다.

〔예제 파일 경로〕 부록 CD\Sample\Part06\임용현황.xlsx | 〔결과 파일 경로〕 부록 CD\Sample\Part06\After\임용현황_완성.xlsx

완성
예제
미리
보기

재직년수 20년 이상인 인원수	10명
현직급 재직년수가 5년 이상인 인원수	12명
현직급 5년이상 재직자의 재직년수 평균	9년

지사 직급별 현황

번호	소속	직급	성명	입사일	현직급	재직년수	현직급재직년수
1	부산지사 영업1팀	차장	양갑선	1983-01-13	2003-01-13	24	4
2	부산지사 영업1팀	부장	신동옥	1980-04-07	1999-03-07	26	7
3	부산지사 영업1팀	부장	최혜숙	1983-03-07	2000-03-07	23	6
4	부산지사 영업1팀	팀장	신인옥	1983-03-07	2003-03-07	23	3
5	광주지사 영업팀	차장	김경숙	1983-03-07	1999-03-07	23	7
6	광주지사 영업팀	부장	박혜경	1983-03-07	1998-03-07	23	8
7	광주지사 영업팀	부장	김경순	1983-03-07	1993-03-04	23	13
8	광주지사 영업팀	팀장	신수영	1987-03-07	1993-03-04	19	13
9	경기 수원지사 영업1팀	차장	김달순	1983-07-15	1993-07-12	23	13
10	경기 수원지사 영업1팀	부장	한인숙	1984-03-20	1994-03-18	22	12
11	경기 수원지사 영업1팀	팀장	민경란	1985-07-10	1995-07-08	21	11
12	경기 수원지사 영업2팀	차장	정은숙	1989-09-01	2003-08-30	17	3
13	경기 수원지사 영업2팀	부장	황정혜	1989-09-01	1999-08-30	17	7
14	경기 수원지사 영업2팀	팀장	김은숙	1989-09-01	2002-08-30	17	4
15	대전지사 영업1팀	차장	김은희	1989-09-01	1999-08-30	17	7
16	대전지사 영업1팀	부장	김옥련	1989-09-01	2002-08-30	17	4
17	대전지사 영업1팀	부장	장인지	1989-09-01	1999-08-30	17	7
18	대전지사 영업1팀	팀장	양순옥	1993-10-01	2003-09-29	13	3
19	인천지사 영업팀	차장	노경희	1993-10-01	2003-09-29	13	3
20	인천지사 영업팀	차장	안정심	1994-03-11	2004-03-08	12	2
21	인천지사 영업팀	부장	이현옥	1994-03-11	2004-03-08	12	2
22	인천지사 영업팀	팀장	노수옥	1994-03-11	2004-03-08	12	2

01 ❶ [E2] 셀을 클릭한 후 ❷ [수식] 탭의 [함수 라이브러리 – 함수 추가 함수 추가 ▾]를 클릭하고 ❸ [통계 – COUNTIFS]를 클릭합니다.

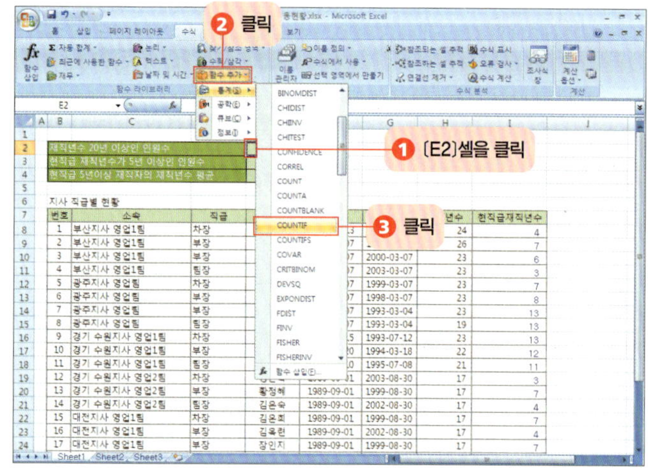

02 [함수 인수] 대화상자가 나타나면 ❶ 다음과 같이 인수를 지정한 후 ❷ [확인] 버튼을 클릭합니다.

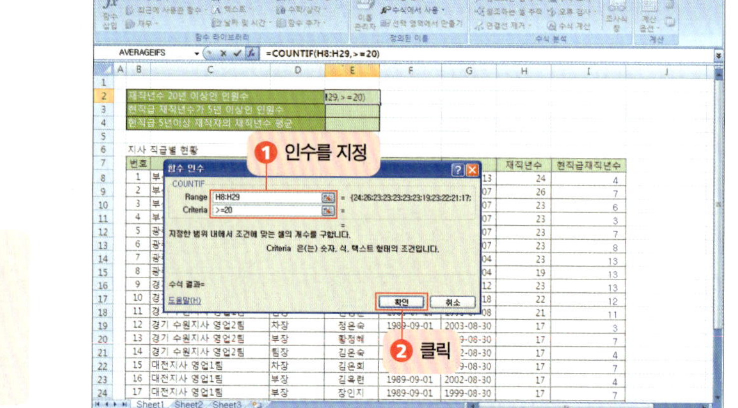

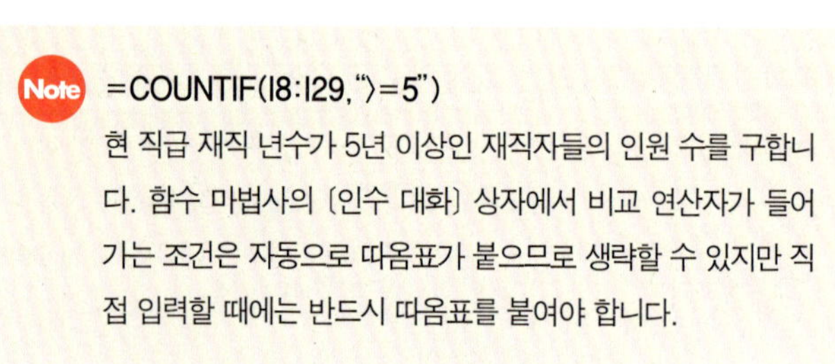

info **Range** : H8:H29 ▶ 조건을 검사할 범위로 재직 년수가 입력된 영역을 지정합니다.
Criteria : >=20 ▶ 조건으로 "20년 이상"을 뜻합니다.

03 ❶ [E3] 셀을 클릭한 후 ❷ 직접 「=COUNTIF (I8:I29, ">=5")」를 입력하고 Enter 를 누릅니다.

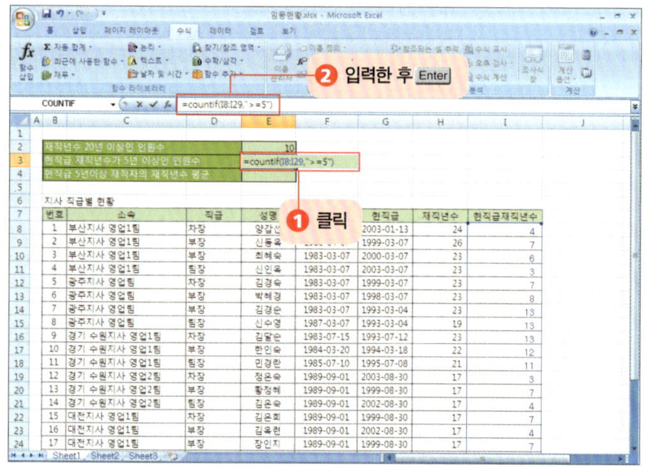

Note **=COUNTIF(I8:I29,">=5")**
현 직급 재직 년수가 5년 이상인 재직자들의 인원 수를 구합니다. 함수 마법사의 [인수 대화] 상자에서 비교 연산자가 들어가는 조건은 자동으로 따옴표가 붙으므로 생략할 수 있지만 직접 입력할 때에는 반드시 따옴표를 붙여야 합니다.

04 ❶ [E4] 셀을 클릭한 후 ❷ [수식] 탭의 [함수 라이브러리 – 함수 추가 함수 추가]를 클릭하고 ❸ [통계 – AVERAGEIFS]를 클릭합니다.

05 [함수 인수] 대화상자가 나타나면 ❶ 다음과 같이 인수를 지정한 후 ❷ [확인] 버튼을 클릭합니다.

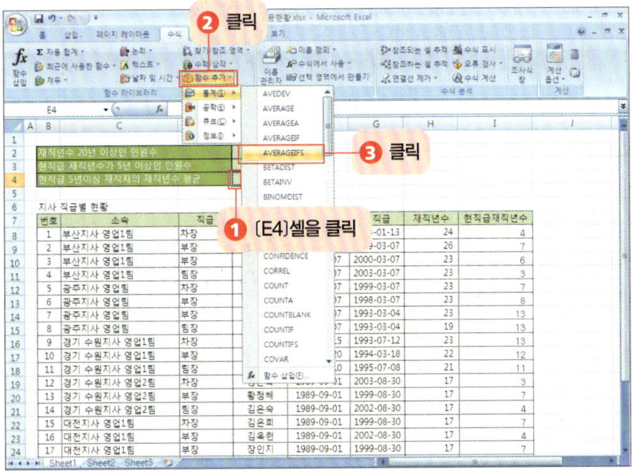

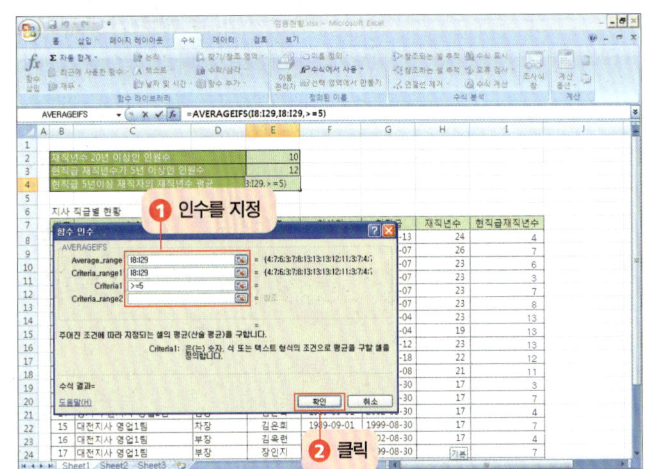

> **info** **Average_range** : I8:I29 ▶ 실제 평균을 구할 영역
>
> **Criteria_range1** : I8:I29 ▶ 첫 번째 조건을 검사할 영역
>
> **Criteria1** : >=5 ▶ 첫 번째 조건

06 다음과 같이 결과가 구해집니다.

07 표시 형식을 지정하기 위해 ❶ [E2:E3]을 범위 지정한 후 ❷ 마우스 오른쪽 버튼을 클릭하고 ❸ [셀 서식]을 클릭합니다.

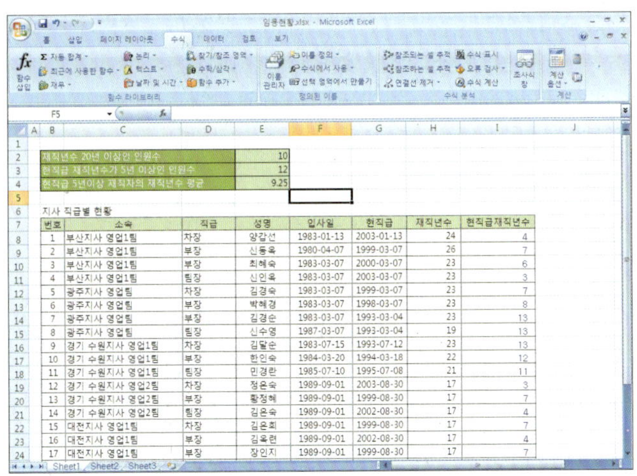

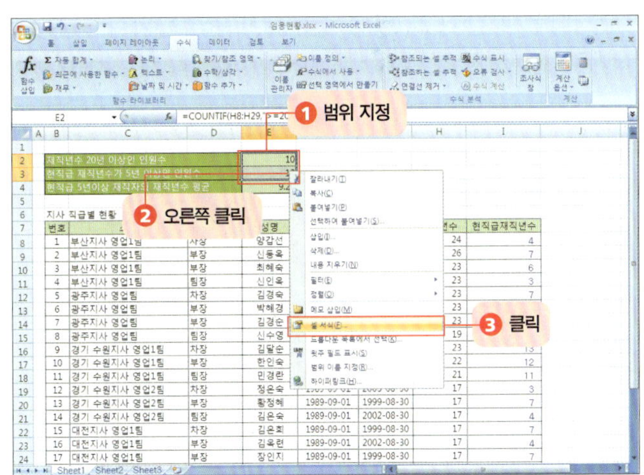

08 [셀 서식] 대화상자가 나타나면 ❶ [표시 형식] 탭의 '범주'에서 '사용자 지정'을 클릭한 후 ❷ '형식'에 「#명」을 입력하고 ❸ [확인] 버튼을 클릭합니다.

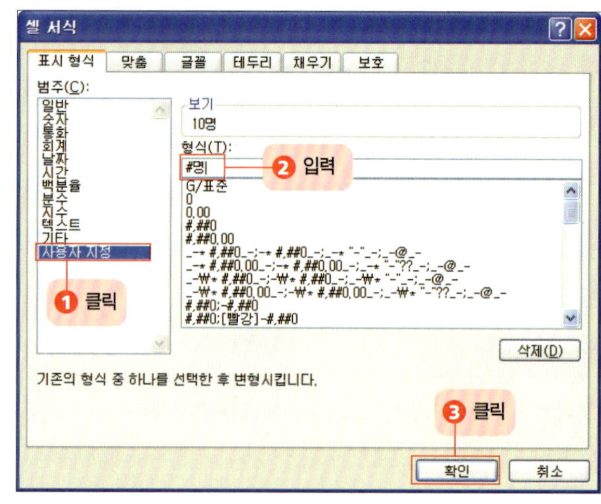

TIP 원칙적으로 「#"명"」의 형태로 입력해야 하지만 사용자가 따옴표를 생략했을 경우에는 따옴표가 자동으로 붙으므로 생략해도 됩니다.

09 ❶ [E4] 셀을 클릭한 후 ❷ Ctrl + 1 을 눌러 [셀 서식] 대화상자가 나타나면 ❸ [표시 형식] 탭의 '범주'에서 '사용자 지정'을 클릭하고 ❹ '형식'에 「#년」을 입력한 후 ❺ [확인] 버튼을 클릭합니다.

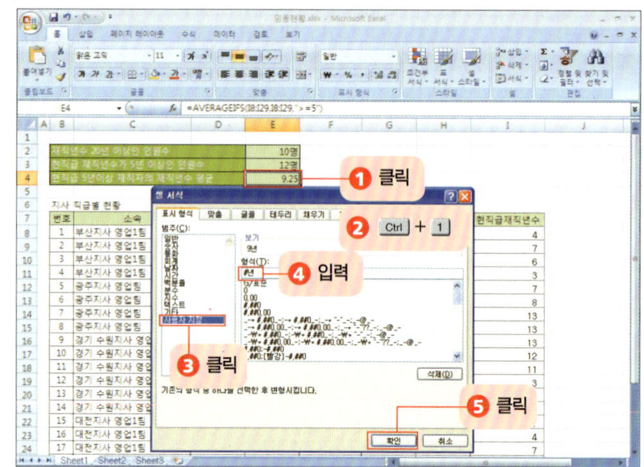

TIP 표시 형식 서식에서 소수점을 표시하지 않기 때문에 9.25로 표시되는 숫자는 반올림되어 9년으로 표시됩니다.

10 다음과 같이 표시 형식 서식이 완성됩니다.

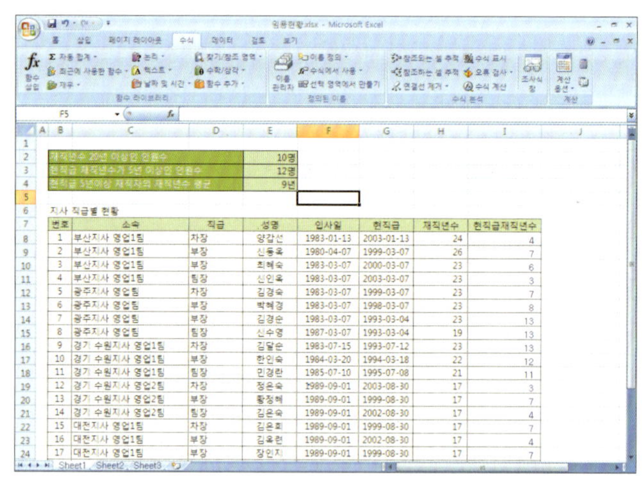

Lesson 03

수학 계산을 위한 함수

이번 레슨에서는 ROUND 계열 함수, SUMPRODUCT, MOD, SUMIF 함수 그리고 엑셀 2007에 추가된 SUMIFS 함수에 대해 알아보겠습니다.

 반올림하는 ROUND 계열 함수

금액 계산에서 "원" 단위를 절삭하거나 반올림하려면 ROUND 계열 함수를 사용합니다. 예를 들어 청구서의 금액이 87,657원인 경우 87,660원으로 반올림하거나 87,700원으로 반올림하여 사용할 수 있습니다. 반올림하려면 ROUND 함수를, 내림하려면 ROUNDDOWN 함수를, 올림하려면 ROUNDUP 함수를 이용합니다.

ROUND 함수

기능	지정한 자릿수에서 반올림합니다.
형식	ROUND(Number, Num_digits)
인수	Number : 반올림할 수 Num_digits : 반올림할 자릿수
사용 예	ROUND(2735.47,1)하면 결과값 2735.5를 반환합니다. ROUND(2735.47,−1)하면 결과값 2740을 반환합니다.

ROUNDDOWN 함수

기능	지정한 자릿수에서 내림합니다.
형식	ROUND(Number, Num_digits)
인수	Number : 내림할 수 Num_digits : 내림할 자릿수
사용 예	ROUNDDOWN(2735.47,1)하면 결과값 2735.4를 반환합니다. ROUNDDOWN(2735.47,−1)하면 결과값 2730을 반환합니다.

ROUNDUP 함수

기능	지정한 자릿수에서 올림합니다.
형식	ROUND(Number, Num_digits)
인수	Number : 올림할 수 Num_digits : 올림할 자릿수
사용 예	ROUNDUP(2735.47,1)하면 결과값 2735.5를 반환합니다. ROUNDUP(2735.47,−1)하면 결과값 2740을 반환합니다.

> **TIP** ROUND 계열 함수에서 자릿수가 음수이면 정수에서, 양수이면 소수점에서 반올림하거나 올림하거나 내림합니다. 예를 들어 ROUND(2735.47,−2)는 정수 십의 자릿수에서 반올림하여 2700을 반환하고, ROUND(2735.47,1)는 소수 둘째 자리에서 반올림하여 소수 한 자리로 나타내므로 2735.5를 반환합니다.

청구서 금액, 원하는 단위에서 절삭하기

청구서의 사용 금액을 ROUNDDOWN 함수를 이용하여 원 단위, 십원 미만, 백원 미만에서 절삭하겠습니다. 간
단한 따라하기를 통해 함수를 익혀 보세요.

〔예제 파일 경로〕 부록 CD\Sample\Part06\수학_삼각함수.xlsx　｜　〔결과 파일 경로〕 부록 CD\Sample\Part06\After\수학_삼각함수_완성.xlsx

01 [Round계열함수] 시트를 클릭합니다.

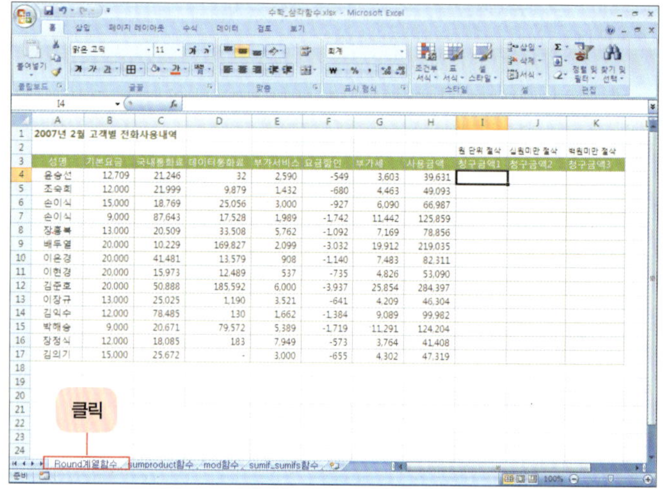

02 ❶ [I4] 셀을 클릭한 후 ❷ [수식] 탭의 [함수 라이
브러리 – 수학/삼각 ｜수학/삼각▾]을 클릭하고 ❸
[ROUNDDOWN]을 클릭합니다.

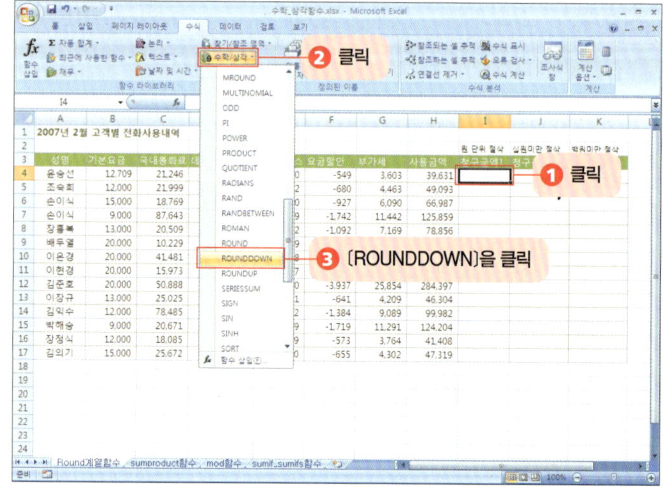

03 [함수 인수] 대화상자가 나타나면 ❶ 다음과 같이 인수를 지정한 후 ❷ [확인] 버튼을 클릭합니다.

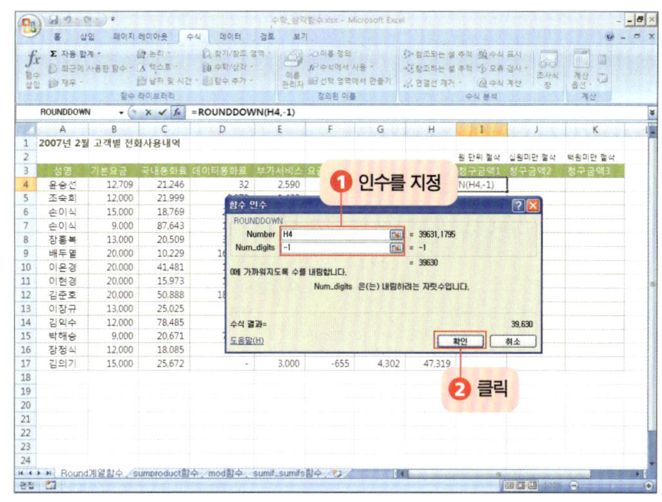

> info **Number** : H4 ▶ 내림하려는 수
> **Num_digits** : -1 ▶ 일 단위 미만을 절삭할 것이므로 정수 첫째 자리, 즉 -1을 입력합니다.

04 [I4] 셀의 채우기 핸들을 드래그하여 [I17] 셀까지 복사합니다.

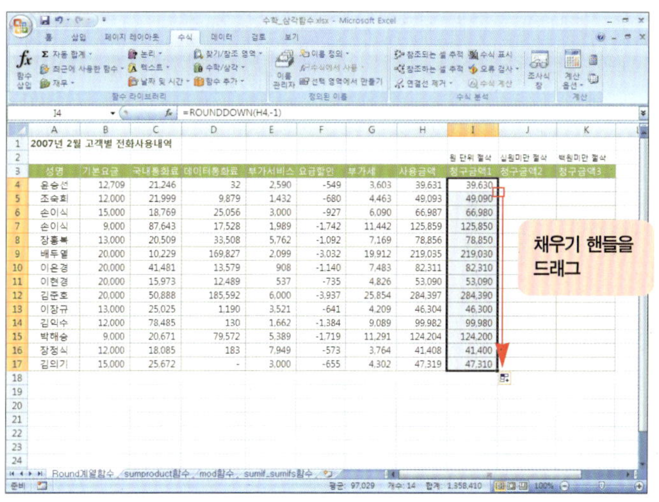

> TIP 한 번 사용한 함수는 [수식] 탭의 [함수 라이브러리 – 최근에 사용한 함수]를 이용하는 것이 편리합니다.

05 ❶ [J4] 셀을 클릭한 후 ❷ [수식] 탭의 [함수 라이브러리 – 수학/삼각]을 클릭하고 [ROUNDDOWN]을 클릭하면 나타나는 [함수 인수] 대화상자에서 ❸ 다음과 같이 인수를 지정한 후 ❹ [확인] 버튼을 클릭합니다.

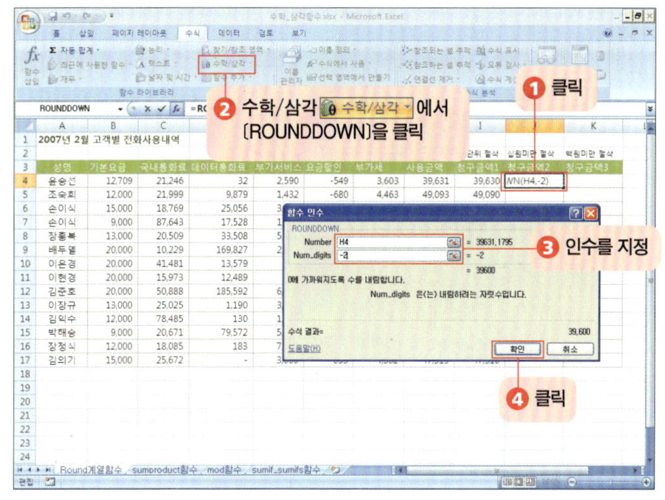

> info **Number** : H4 ▶ 내림하려는 수
> **Num_digits** : -2 ▶ 십 단위 미만을 절삭할 것이므로 정수 둘째 자리, 즉 -2를 입력합니다.

06 ❶ [K4] 셀을 클릭한 후 ❷ [수식] 탭의 [함수 라이브러리 - 수학/삼각 수학/삼각]을 클릭하고 [ROUNDDOWN]을 클릭하면 나타나는 [함수 인수] 대화상자에서 ❸ 다음과 같이 인수를 지정한 후 ❹ [확인] 버튼을 클릭합니다.

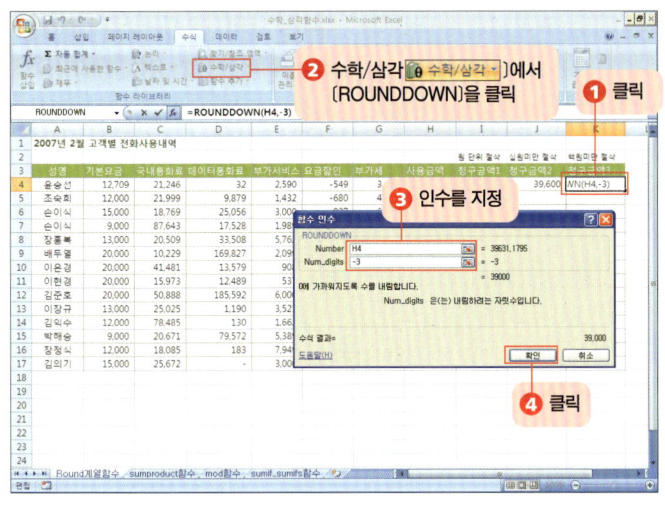

info Number : H4 ▶ 내림하려는 수
Num_digits : -3 ▶ 백 단위 미만을 절삭할 것이므로 정수 셋째 자리, 즉 -3을 입력합니다.

07 ❶ [J4:K4]를 범위 지정한 후 ❷ 채우기 핸들을 드래그하여 [K17] 셀까지 복사합니다.

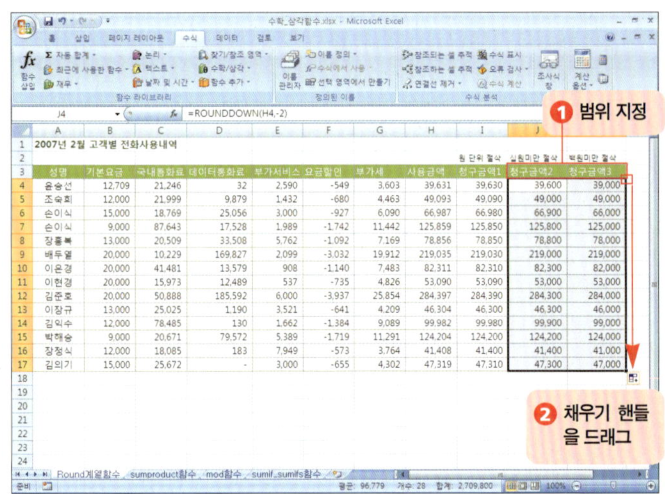

TIP 올림하려면 ROUNDUP 함수를, 반올림하려면 ROUND 함수를 사용합니다.

TIP 확대하고 싶은 영역을 범위 지정한 후 [보기] 탭의 [확대/축소 - 선택 영역 확대/축소]를 클릭하면 범위 지정한 영역만 크게 확대되어 표시됩니다.

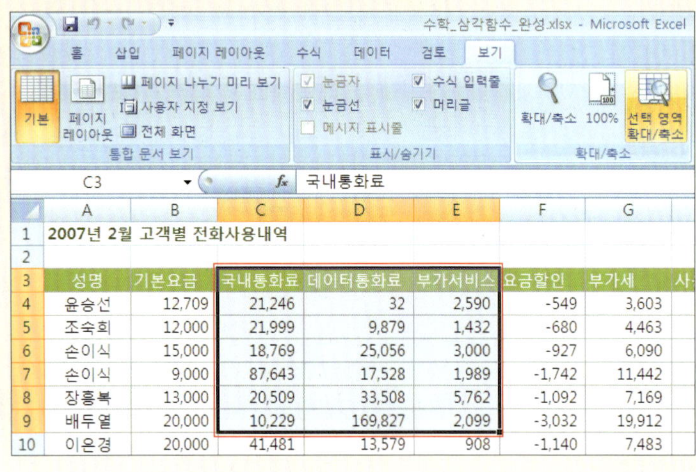

	C	D	E
3	국내통화료	데이터통화료	부가서비스
4	21,246	32	2,590
5	21,999	9,879	1,432
6	18,769	25,056	3,000
7	87,643	17,528	1,989
8	20,509	33,508	5,762
9	10,229	169,827	2,099

곱한 후 더하는 SUMPRODUCT 함수

단가와 수량이 있을 때에 단가와 수량을 곱한 후에 그 합을 구하려면 일일이 곱한 후에 그 값을
더해야 하지만 SUMPRODUCT 함수를 사용하면 곱하기와 더하기를 한 번에 수행할 수 있습
니다.

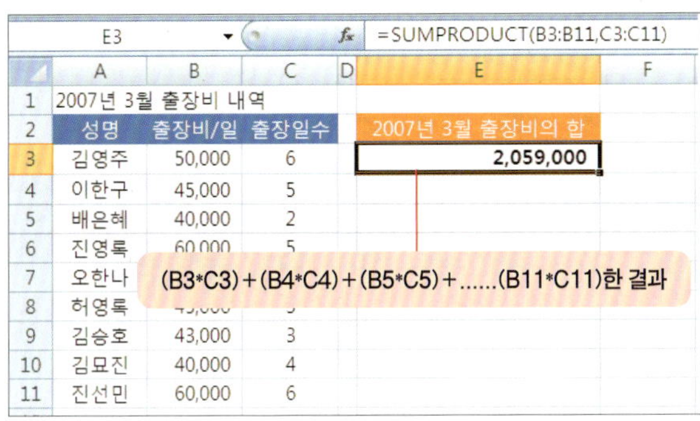

SUMPRODUCT 함수	
기능	두 개 이상의 참조 영역을 서로 대응하는 값끼리 곱한 다음, 그 합을 구합니다.
형식	SUMPRODUCT(Array1, Array2,...)
인수	Array1, Array2,... : 계산하려는 범위(배열)로서 2~255까지 지정할 수 있습니다. 단, 모든 범위(배열)는 같은 차원이어야 합니다.

MOD 함수와 ROW 함수

데이터에서 숫자로 되어 있는 행이 많을 경우 가독성을 높이기 위해 매 3행마다 또는 원하는
행마다 특정 색을 칠할 수 있습니다. 나머지를 구하는 MOD 함수와 행 번호를 반환하는 ROW
함수를 이용하여 조건부 서식에서 색을 칠해 보겠습니다.

MOD 함수	
기능	나눗셈의 나머지를 구합니다.
형식	MOD(Number, Divisor)
인수	Number : 나머지를 구하려는 수 Divisor : 나누는 수

ROW 함수	
기능	찾기/참조 함수 중의 하나로 참조한 셀의 행 번호를 구합니다.
형식	ROW(Reference)
인수	Reference : 행 번호를 구하려는 셀 또는 셀 범위

ROW() 함수가 있는 위치가 4행이므로 결과값 4를 반환하고 MOD 함수에 의해 [C4] 셀의 값,
즉 4를 3으로 나누어 나머지 1을 반환합니다.

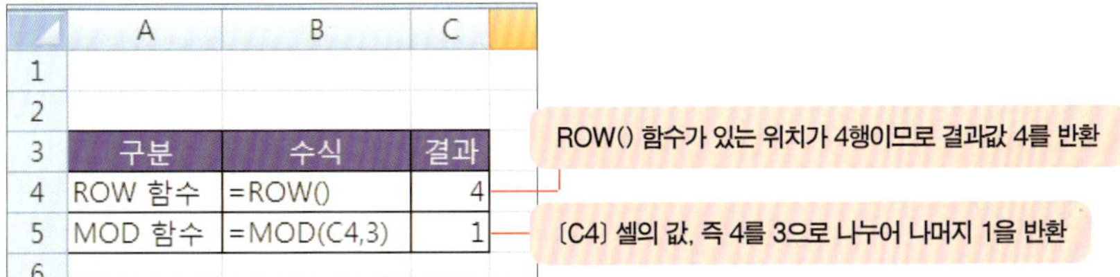

총 판매 금액 구하기

모든 상품의 단가와 수량을 곱한 후 그 결과를 더해 주는 SUMPRODUCT 함수를 이용해 보겠습니다. 간단한 따라하기를 통해 함수를 익혀 보세요.

〔예제 파일 경로〕부록 CD\Sample\Part06\수학_삼각함수.xlsx | 〔결과 파일 경로〕부록 CD\Sample\Part06\After\수학_삼각함수_완성.xlsx

01 [sumproduct함수] 시트를 클릭합니다.

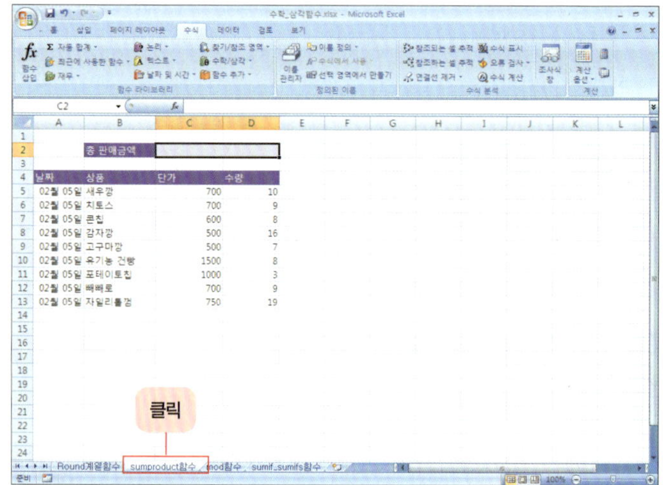

02 모든 상품의 단가와 수량을 곱한 다음, 그 결과의 합을 [C2] 셀에 구합니다. ❶ [C2] 셀을 클릭한 후 ❷ [수식] 탭의 [함수 라이브러리 – 수학/삼각 수학/삼각]을 클릭하고 ❸ [SUMPRODUCT]를 클릭합니다.

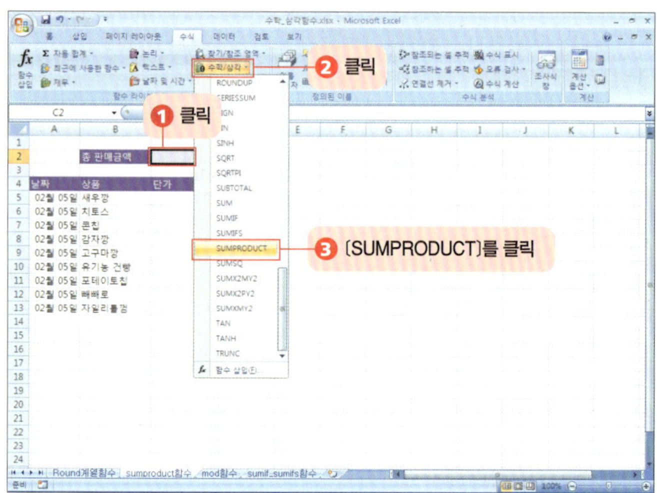

03 [함수 인수] 대화상자가 나타나면 ❶ 다음과 같이 인수를 지정한 후 ❷ [확인] 버튼을 클릭합니다.

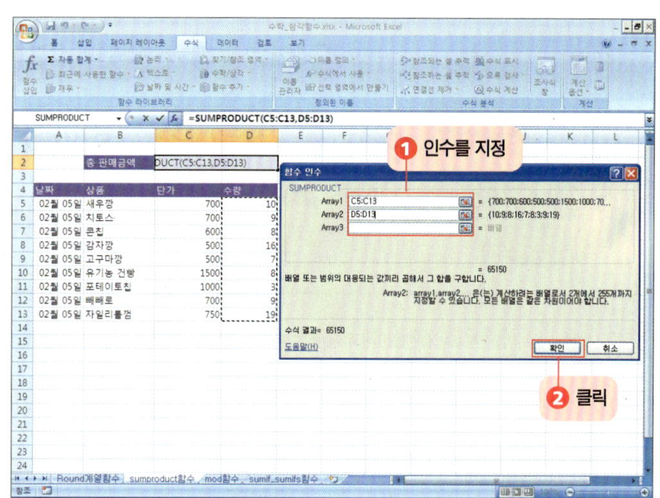

 **Array1** : C5:C13

Array2 : D5:D13

만약, 두 배열의 차원이 다르면 #Value! 오류가 발생합니다. 배열의 차원이 다르다는 것은 범위가 맞지 않는다는 것입니다. 예를 들어 Array1 : C5:C13 , Array2 : D5:D11로 지정했다면 C12, C13 셀은 대응할 값이 없으므로 오류가 발생합니다.

04 다음과 같이 결과값이 구해집니다.

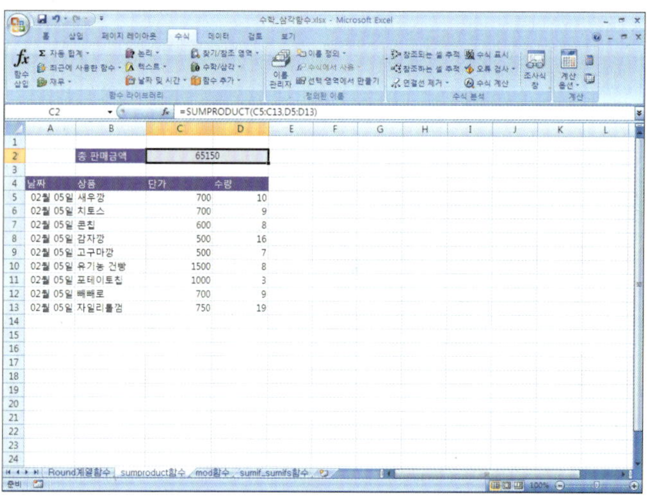

TIP 배열 수식으로 계산하기

배열 수식이란 간단하게 표현하면 여러 번에 걸쳐 계산해야 할 것을 한 번에 계산할 수 있는 수식을 말합니다. 배열 수식으로 계산하려면 수식 입력 후 Ctrl + Shift + Enter 를 눌러 마무리 합니다.

「=SUMPRODUCT(C5:C13,D5:D13)」한 결과는 배열 수식 「=SUM(C5:C13*D5:D13)」입력 후 Ctrl + Shift + Enter 를 눌러 완성한 것과 같은 결과를 반환합니다.

그러므로 SUMPRODUCT 함수는 일종의 배열 함수라고 말할 수 있습니다.

매 3행마다 색칠하기

MOD 함수, ROW 함수를 이용하여 매 3행마다 특정 색상이 칠해지도록 조건부 서식을 지정하겠습니다. 간단한
따라하기를 통해 연습해 보세요.

〔예제 파일 경로〕 부록 CD\Sample\Part06\수학_삼각함수.xlsx | 〔결과 파일 경로〕 부록 CD\Sample\Part06\After\수학_삼각함수_완성.xlsx

01 [mod함수] 시트를 클릭합니다.

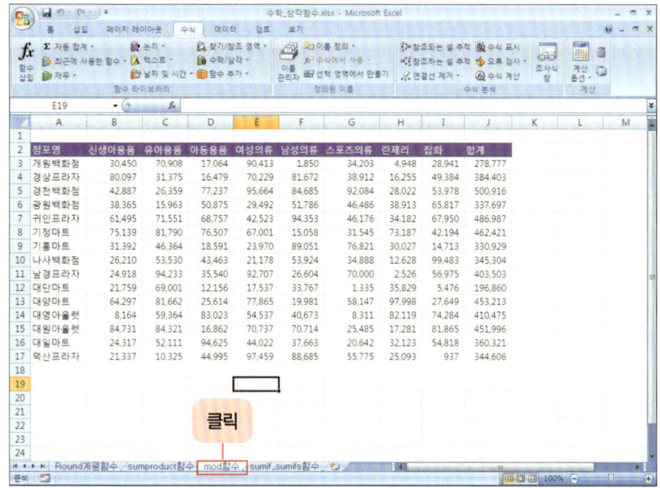

02 ❶ [A3:J17]을 범위 지정한 후 ❷ [홈] 탭의 [스타
일 – 조건부 서식]을 클릭하고 ❸ [새 규칙]을 클
릭합니다.

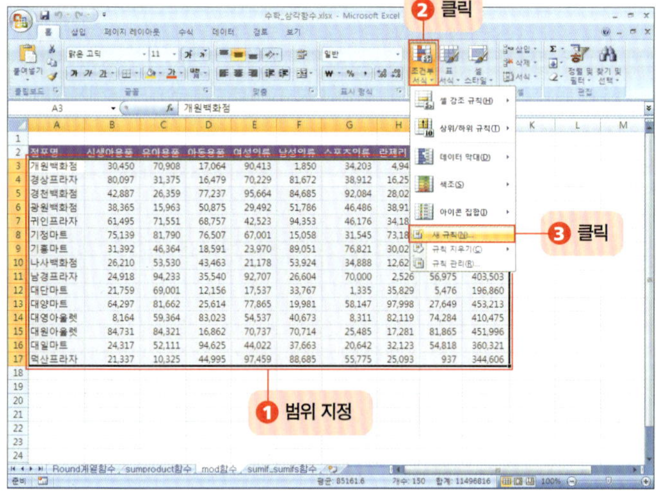

03　[새 서식 규칙] 대화상자가 나타나면 ❶ '규칙 유형 선택'에서 '수식을 사용하여 서식을 지정할 셀 결정'을 클릭합니다. ❷ '다음 수식이 참인 값의 서식 지정'에 「=mod(row(),3)=2」를 입력한 후 ❸ [서식] 버튼을 클릭합니다.

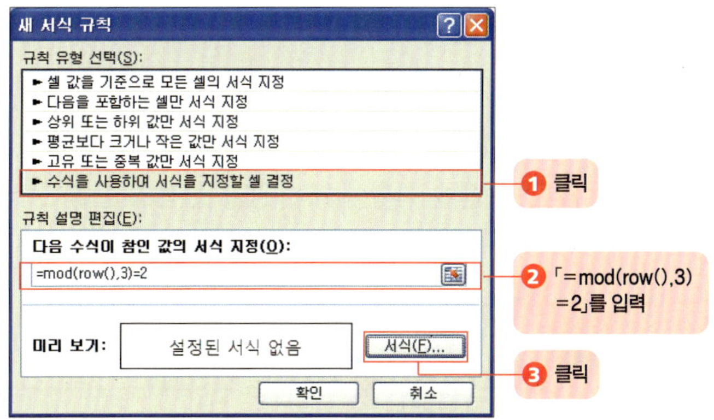

> **Note** 조건부 서식은 첫 행의 수식이 마지막 행까지 복사되는 원리입니다. 행의 수를 3으로 나누어 나머지가 2인 곳에만 서식이 지정되도록 하였습니다. 범위 지정한 첫 행이 3행이므로 row()에 의해 3을 구합니다. mod(3,1)의 결과는 0이므로 첫 행에는 색상이 지정되지 않습니다. 이런 식으로 4~17행까지의 수를 구하고, 그 수를 3으로 나누어 나머지가 2인 곳에만 색상을 칠하게 됩니다.

04　[셀 서식] 대화상자가 나타나면 ❶ [채우기] 탭을 클릭한 후 ❷ 원하는 색상을 선택하고 ❸ [확인] 버튼을 클릭합니다.

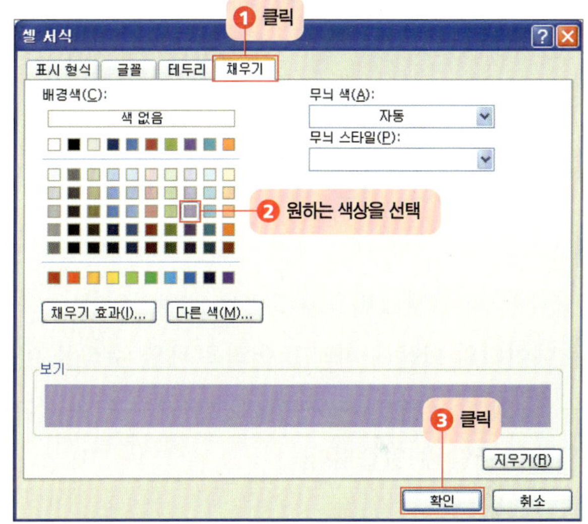

05　다음과 같이 매 3행마다 사용자가 지정한 색상이 칠해집니다.

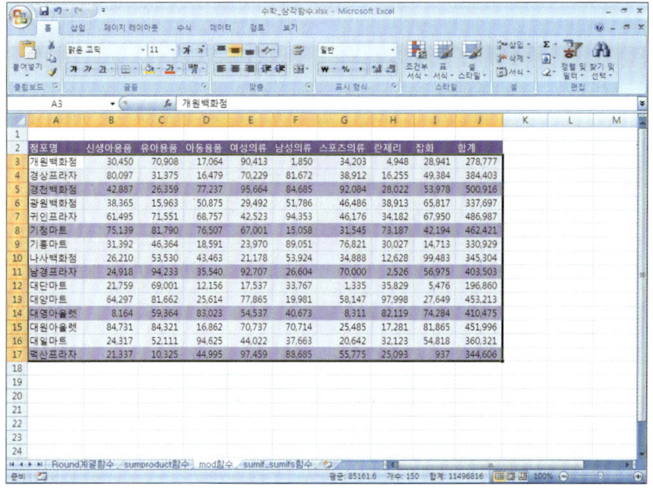

SUMIF 함수와 SUMIFS 함수

어떤 현황에서 조건에 만족하는 데이터의 합을 구하려면 SUMIF 함수를 이용합니다. 예를 들어 SUMIF 함수는 판매 현황에서 사원별 실적의 합을 구하거나 상품별 판매량의 합을 구할 때에 이용합니다.

SUMIF 함수

기능	주어진 조건에 의해 지정된 셀들의 합을 구합니다. 조건이 하나일 경우에만 가능합니다.
형식	SUMIF(Range, Criteria, Sum_range)
인수	Range : 조건에 맞는지를 검사할 범위 Criteria : 조건 Sum_range : 합을 구할 실제 범위

부서가 "관리부"인 사람들의 기본급의 합을 구하려면 수식 「=SUMIF(A2:A9, "관리부", C2:C9)」를 작성합니다.

	A	B	C
1	부서	직급	기본급
2	관리부	과장	900,000
3	생산부	사원	700,000
4	인사부	과장	1,000,000
5	관리부	사원	750,000
6	인사부	대리	810,000
7	생산부	과장	880,000
8	인사부	대리	800,000
9	관리부	과장	790,000

수식	=SUMIF(A2:A9,"관리부",C2:C9)
결과	2,440,000

부서가 "관리부"인 사람들의 기본급의 합

SUMIF 함수는 하나의 조건을 만족하는 데이터의 합을 구하기 때문에 두 가지 이상의 조건을 만족하는 데이터의 합을 구하려면 어려운 배열 수식을 이용해야 했습니다. 그러나 엑셀 2007에 추가된 SUMIFS 함수를 이용하면 직접 배열 수식을 입력하지 않아도 여러 조건을 만족하는 데이터의 합을 구할 수 있습니다.

SUMIFS 함수

기능	주어진 조건에 의해 지정된 셀들의 합을 구합니다. 조건 검사 범위와 조건은 1~127까지입니다.
형식	SUMIFS(Sum_range, Criteria_range1, Criteria1,...)
인수	Sum_range : 합을 구할 실제 범위 Criteria_range1 : 조건에 맞는지를 검사할 범위 Criteria1 : 조건

부서가 "관리부"이고 직급이 "과장"인 사람들의 기본급의 합을 구하려면 수식 「=SUMIFS(C2:C9,A2:A9, "관리부",B2:B9, "과장")」을 작성합니다.

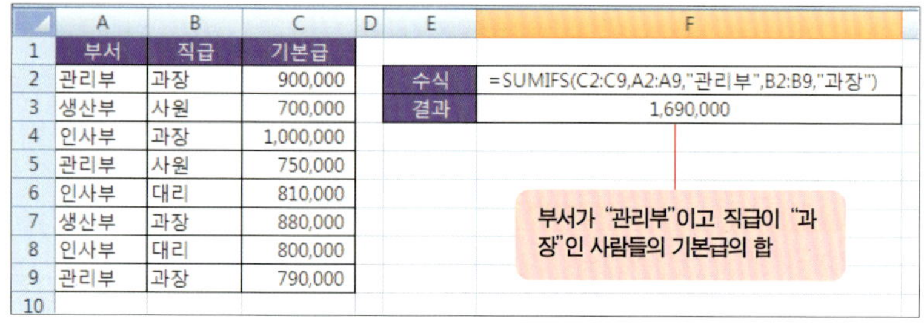

	A	B	C
1	부서	직급	기본급
2	관리부	과장	900,000
3	생산부	사원	700,000
4	인사부	과장	1,000,000
5	관리부	사원	750,000
6	인사부	대리	810,000
7	생산부	과장	880,000
8	인사부	대리	800,000
9	관리부	과장	790,000
10			

수식	=SUMIFS(C2:C9,A2:A9,"관리부",B2:B9,"과장")
결과	1,690,000

부서가 "관리부"이고 직급이 "과장"인 사람들의 기본급의 합

판매 데이터 집계하기

판매 데이터에서 SUMIF 함수를 이용하여 개인별 실적 합계, SUMIFS 함수를 이용하여 개인별 상품별 실적 합계를 구해 보겠습니다. 간단한 따라하기를 통해 함수를 익혀 보세요.

〔예제 파일 경로〕 부록 CD\Sample\Part06\수학_삼각함수.xlsx　|　〔결과 파일 경로〕 부록 CD\Sample\Part06\After\수학_삼각함수_완성.xlsx

01　[sumif_sumifs함수] 시트를 클릭합니다.

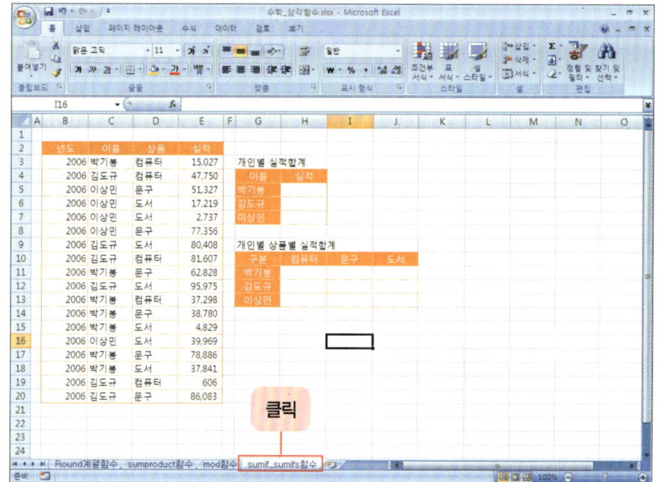

02　개인별 실적 합계를 구하기 위해 ❶ [H5] 셀을 클릭한 후 ❷ [수식] 탭의 [함수 라이브러리 – 수학/삼각　수학/삼각]을 클릭하고 ❸ [SUMIF]를 클릭합니다.

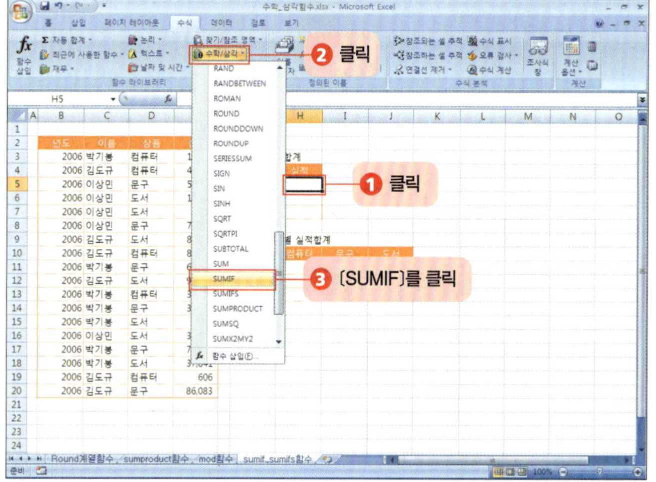

03 [함수 인수] 대화상자가 나타나면 ❶ 다음과 같이 인수를 지정한 후 ❷ [확인] 버튼을 클릭합니다.

> **info** **Range** : $C$3:$C$20 ▶ 조건에 맞는지를 검사할 셀 범위로, 수식을 복사하더라도 참조 범위가 변경되지 못하도록 F4 를 눌러 절대 참조로 만듭니다.
>
> **Criteria** : G5 ▶ 조건은 '박기봉', '김도규', '이상민' 으로 변경되어야 하므로 상대 참조로 합니다.
>
> **Sum_range** : $E$3:$E$20 ▶ 실제 합을 구할 범위로, 수식을 복사하더라도 참조 영역이 변경되지 못하도록 F4 를 눌러 절대 참조로 만듭니다.

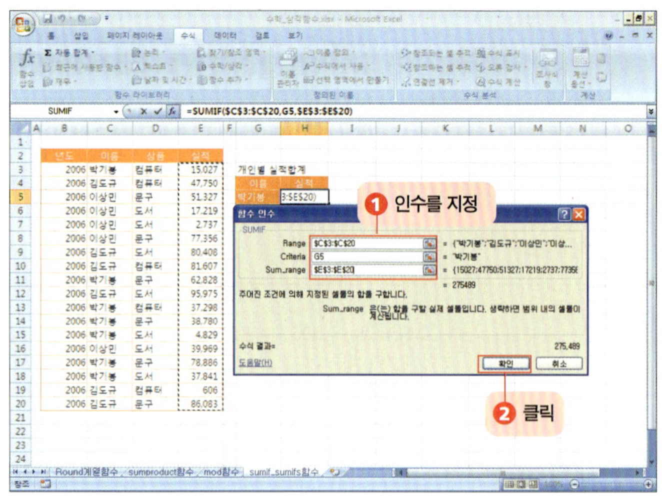

04 [H5] 셀의 채우기 핸들을 드래그하여 [H7] 셀까지 복사합니다.

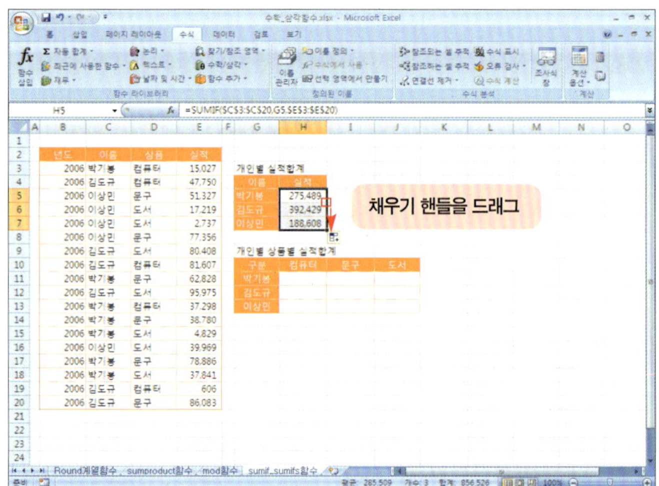

05 개인별, 상품별 실적 합계는 두 개의 조건을 만족해야 하므로 SUMIFS 함수를 이용하겠습니다. ❶ [H11] 셀을 클릭한 후 ❷ [수식] 탭의 [함수 라이브러리 – 수학/삼각 수학/삼각]을 클릭하고 ❸ [SUMIFS]를 클릭합니다.

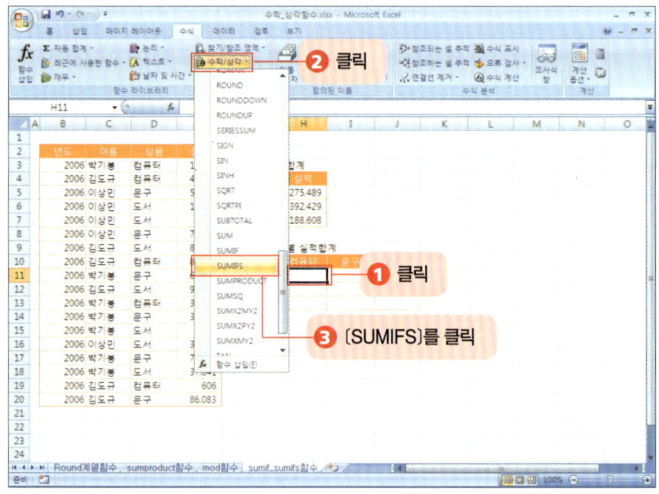

06 [함수 인수] 대화상자가 나타나면 ❶ 다음과 같이 인수를 지정한 후 ❷ [확인] 버튼을 클릭합니다.

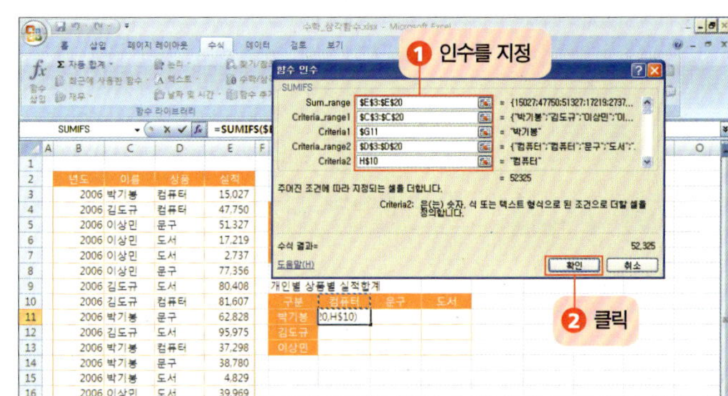

> **info** Sum_range : $E$3:$E$20 ▶ 실제 합을 구할 범위로, F4 를 눌러 절대 참조로 만듭니다.
>
> Criteria_range1 : $C$3:$C$20 ▶ 첫 번째 조건을 검사할 범위로, F4 를 눌러 절대 참조로 만듭니다.
>
> Criteria1 : $G11 ▶ 첫 번째 조건으로, F4 를 눌러 혼합 참조로 만듭니다.
>
> Criteria_range2 : $D$3:$D$20 ▶ 두 번째 조건을 검사할 범위로, F4 를 눌러 절대 참조로 만듭니다.
>
> Criteria2 : H$10 ▶ 두 번째 조건으로, F4 를 눌러 혼합 참조로 만듭니다.

> **TIP** 수식에서 F4 를 한 번씩 누르면 절대 참조 – 혼합 참조 – 혼합 참조 – 상대 참조로 로테이션됩니다. 수식을 한 방향으로만 복사하여 사용할 때에는 상대 참조와 절대 참조만 고려하면 되지만, 양쪽 방향으로 복사할 때에는 상대 참조, 절대 참조, 혼합 참조를 모두 고려해야 합니다. 한쪽 방향이라는 것은 수식 작성 후 아래쪽으로만 복사하거나 오른쪽으로만 복사하는 경우이고, 양쪽 방향이라는 것은 아래쪽으로 복사하고 오른쪽으로도 복사하는 경우를 말합니다.

07 [H11] 셀의 채우기 핸들을 드래그하여 [H13] 셀까지 복사합니다.

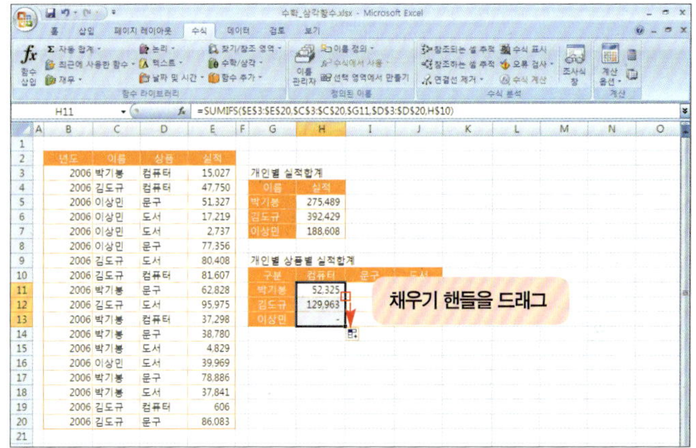

08 [H11:H13]의 채우기 핸들을 오른쪽으로 드래그하여 [J11:J13]까지 복사합니다.

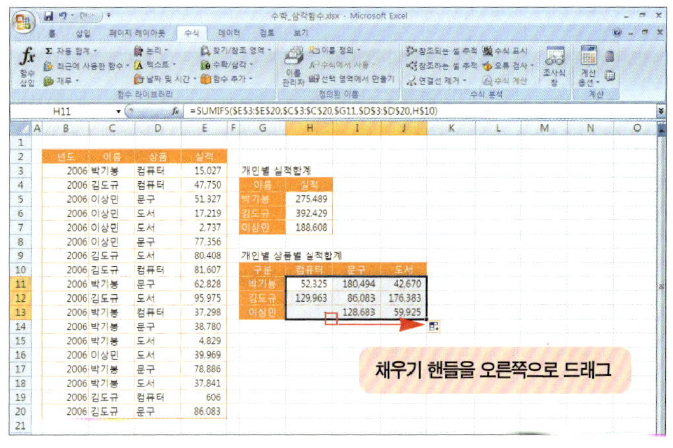

항목별 지출 현황 집계하기

Master Excel 실력다지기

〔Sheet2〕 시트에 있는 지출 내역 데이터에서 SUMIF 함수를 이용하여 〔Sheet1〕 시트에 항목별 지출의 합을 구하겠습니다. 여기에서는 수식에서 참조할 영역을 이름 정의하여 사용합니다.

〔예제 파일 경로〕 부록 CD\Sample\Part06\지출집계.xlsx　|　〔결과 파일 경로〕 부록 CD\Sample\Part06\After\지출집계_완성.xlsx

완성 예제 미리 보기

날짜	사용처	항목	내용	지출금액
11월 12일	오토바이	예비비	퀵서비스	36,000
11월 16일	모닝글로리	소모품	라벨지	17,100
11월 16일	탑할인마트	소모품		31,870
11월 16일	퀵서비스	예비비	운반비	50,000
11월 17일	홈플러스	소모품	쓰레기통	8,960
11월 17일	홈플러스	다과		4,370
11월 17일	홈플러스	소모품		6,040
11월 17일	홈플러스	다과		38,850
11월 18일	오토바이특송	예비비	운반비	28,000
11월 19일	gs25	다과	과자	7,900
11월 19일	던킨상현점	다과		3,500
11월 19일	문구플러스	소모품	라벨지	18,700
11월 20일	성남정자동우체국	우편물		307,120
11월 20일	성남정자우체국	우편물	우편	88,000
11월 20일	탑할인마트	다과	식품	19,150
11월 20일	용인등기소	예비비	접수비	69,600
11월 20일	동수원등기소	예비비	접수비	30,000
11월 23일	gs25	소모품	화장지	900
11월 24일	식대	기타		14,000
11월 24일	홈플러스	다과		36,500
11월 25일	문구플러스	소모품	문구	36,300
11월 25일	삼일공사	소모품	복사	50,000
11월 25일	던킨상현점	다과		2,700
11월 26일	홈플러스	다과		16,400
05월 29일	홈플러스	소모		
05월 29일	홈플러스	다과		
05월 31일	동원샘물	다과		
05월 31일	LG키폰	통신		

〔Sheet2〕 시트

2006년 11월 예산/지출 집계

항　　목	예산	지출	차액	비고
다과	600,000	257,370	342,630	
통신비	500,000	100,000	400,000	
우편물	300,000	395,120	-　95,120	
소모품	300,000	174,750	125,250	
기타	100,000	14,000	86,000	
예비비	500,000	213,600	286,400	
소　계	2,300,000	1,154,840	1,145,160	

〔Sheet1〕 시트

01 [Sheet2] 시트를 클릭합니다.

02 수식에서 참조할 영역을 이름 정의하기 위해 ❶ [C3:C31]을 범위 지정한 후 ❷ [수식] 탭의 [정의된 이름 – 선택 영역에서 만들기]를 클릭합니다.

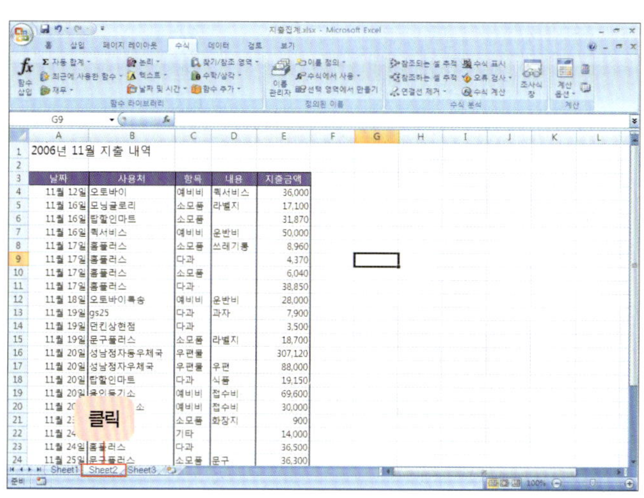

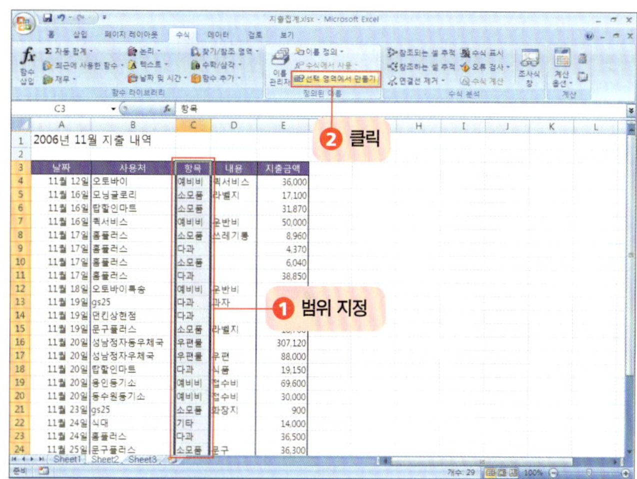

TIP 범위 지정할 영역이 길 경우에는 키보드의 방향키를 이용하면 편리합니다. [C3] 셀에서 Ctrl + Shift + ↓ 를 누릅니다.

03 [선택 영역에서 이름 만들기] 대화상자가 나타나면 ❶ '첫 행'에 체크 표시를 하고 ❷ [확인] 버튼을 클릭합니다.

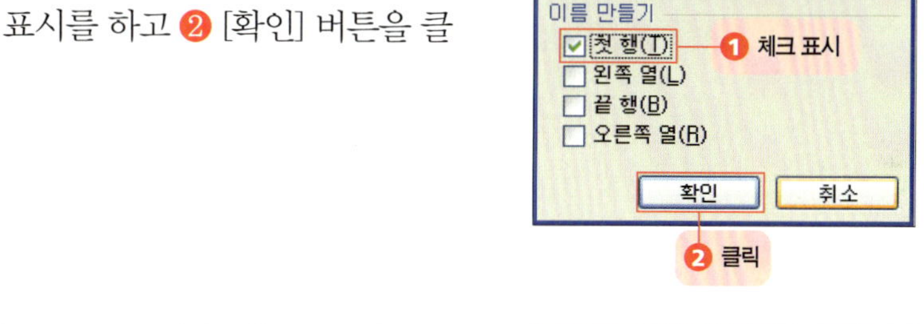

04 동일한 방법으로 [E3:E31]도 '첫 행'으로 이름을 정의하기 위해 ❶ [E3:E31]을 범위 지정한 후 ❷ [수식] 탭의 [정의된 이름 – 선택 영역에서 만들기]를 클릭하면 나타나는 [선택 영역에서 이름 만들기] 대화상자에서 ❸ '첫 행'에 체크 표시를 하고 ❹ [확인] 버튼을 클릭합니다.

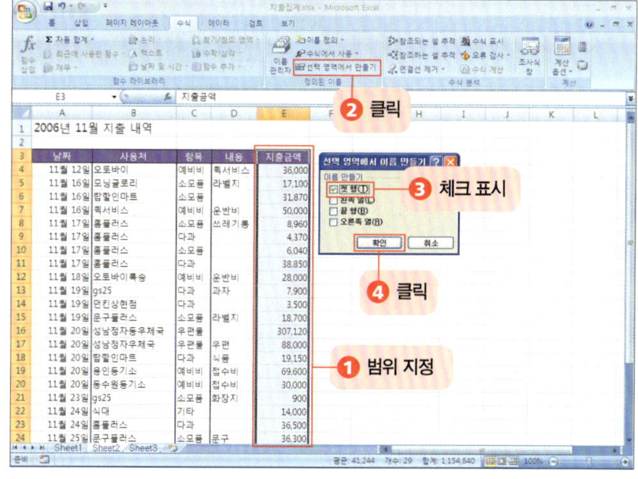

TIP 이름을 정의하는 데에는 이름으로 정의할 영역을 범위 지정한 후 수식 입력줄의 '이름 상자' 영역에 원하는 이름을 입력하여 정의하는 방법과 〔수식〕 탭의 〔정의된 이름 – 이름 정의 이름 정의〕를 클릭하여 정의하는 방법이 있습니다.

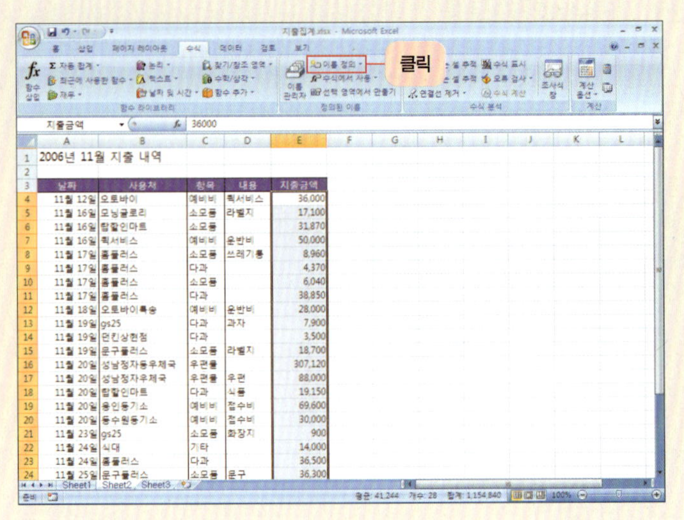

05 정의한 이름을 확인하려면 [수식] 탭의 [정의된 이름 – 이름 관리자]를 클릭합니다.

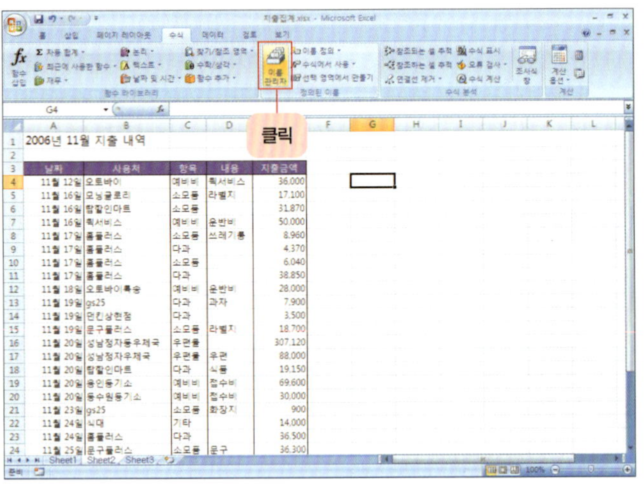

06 [이름 관리자] 대화상자에서 정의된 이름, 값, 참조 대상 등을 확인한 후 [닫기] 버튼을 클릭합니다.

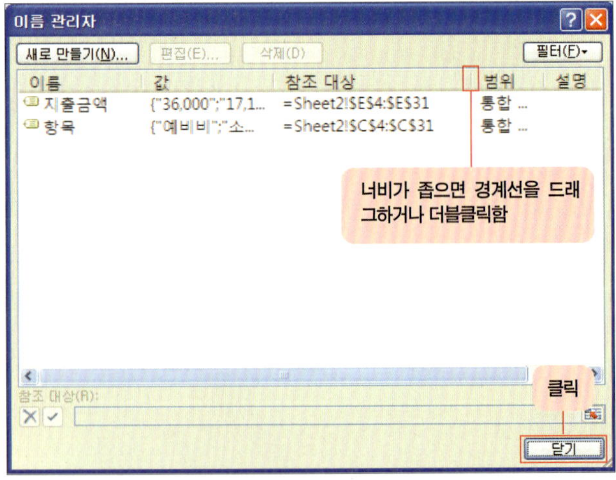

TIP  이름 정의한 것을 삭제하려면 〔이름 관리자〕 대화상자의 목록에서 선택한 후 〔삭제〕를 클릭합니다.

07 ❶ [Sheet1] 시트를 클릭한 후 ❷ [D5] 셀을 클릭하고 ❸ [수식] 탭의 [함수 라이브러리 – 수학/삼각 수학/삼각 ▾]클릭한 후 ❹ [SUMIF]를 클릭합니다.

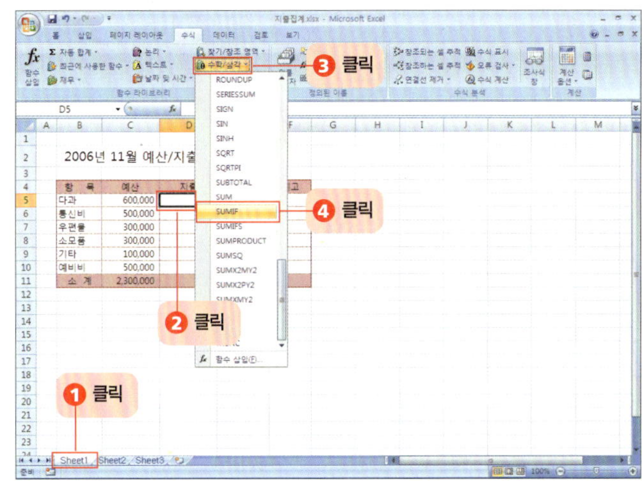

08 [함수 인수] 대화상자가 나타나면 ❶ 다음과 같이 인수를 지정한 후 ❷ [확인] 버튼을 클릭합니다.

> (info) **Range** : 항목 ▶ 조건을 검사할 영역으로, 이름 상자에 정의한 「항목」을 입력합니다.
> **Criteria** : B5 ▶ 수식을 복사하면 조건은 항목별, 즉 다과, 통신비, 우편물, ...로 바뀌어야 하므로 [B5]셀을 상대 참조로 입력합니다.
> **Sum_range** : 지출 금액 ▶ 실제 합을 구할 영역으로, 이름 상자에 정의한 「지출 금액」을 입력합니다.

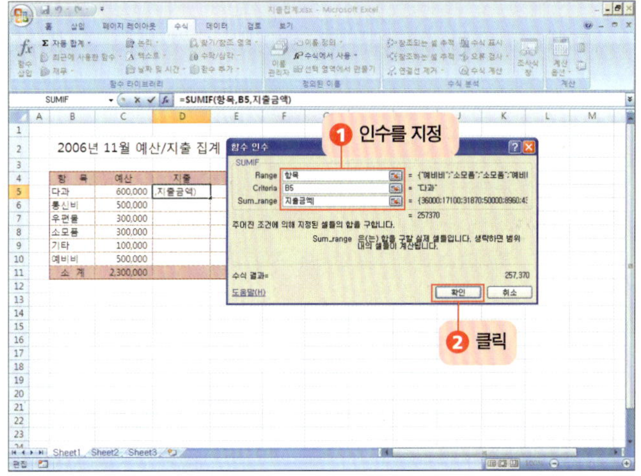

09 [D5] 셀의 채우기 핸들을 드래그하여 [D10] 셀까지 복사합니다.

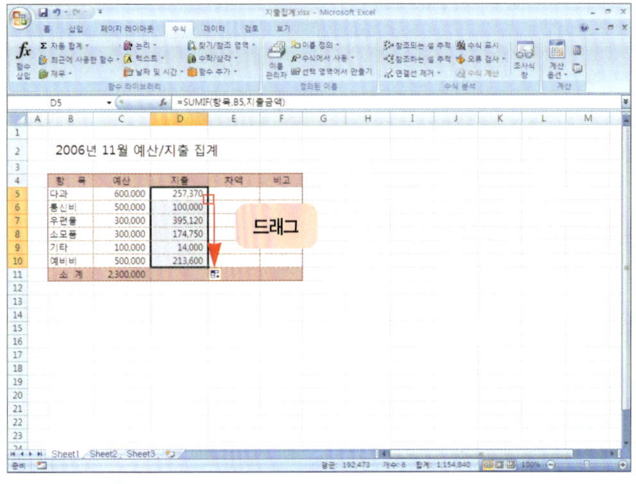

10 ❶ [E5] 셀에 수식 「=C5-D5」를 입력한 후 Enter 를 누릅니다. ❷ 차액이 구해지면 채우기 핸들을 드래그하여 [E10] 셀까지 복사합니다.

11 소계를 구하기 위해 ❶ [D5:E11]을 범위 지정한 후 ❷ [수식] 탭의 [함수 라이브러리 - 자동 합계 Σ 자동 합계 ▾]를 클릭합니다.

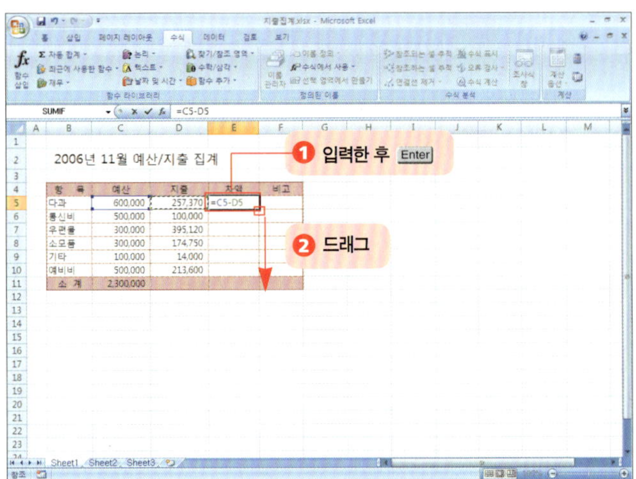

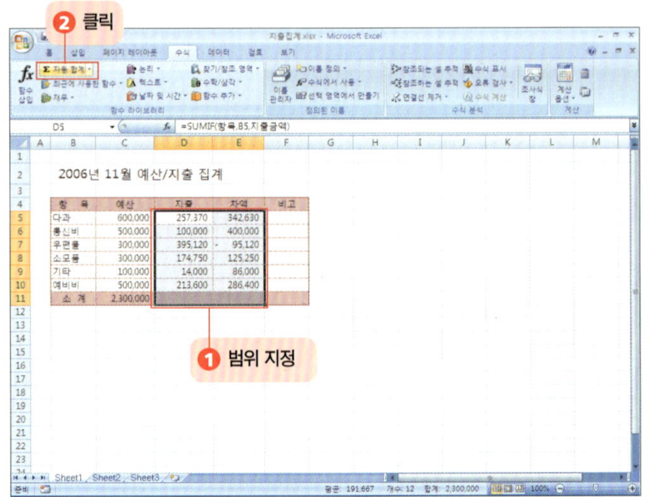

TIP **자동 합계로 합을 구하는 방법**

01 합계 결과가 나타날 영역을 범위 지정한 후 [수식] 탭의 [함수 라이브러리 - 자동 합계 Σ 자동 합계 ▾]를 클릭합니다.

02 참조할 데이터 영역과 결과를 나타낼 영역을 모두 범위 지정한 후 [수식] 탭의 [함수 라이브러리 - 자동 합계 Σ 자동 합계 ▾]를 클릭합니다.

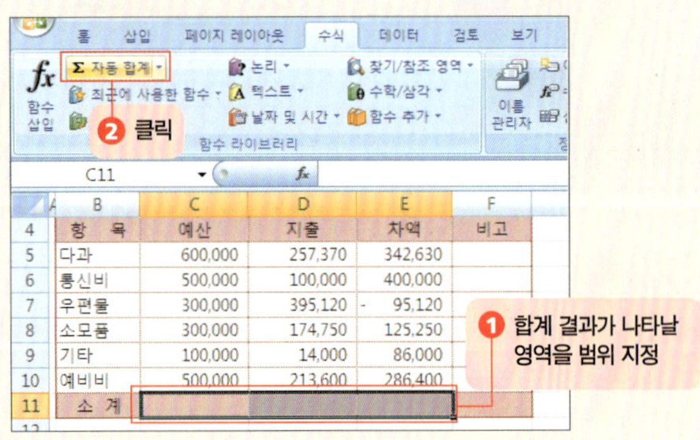

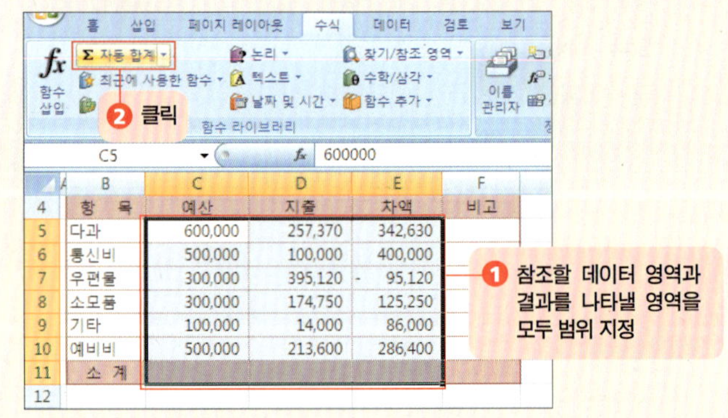

12 다음과 같이 예산/지출 집계표가 완성됩니다.

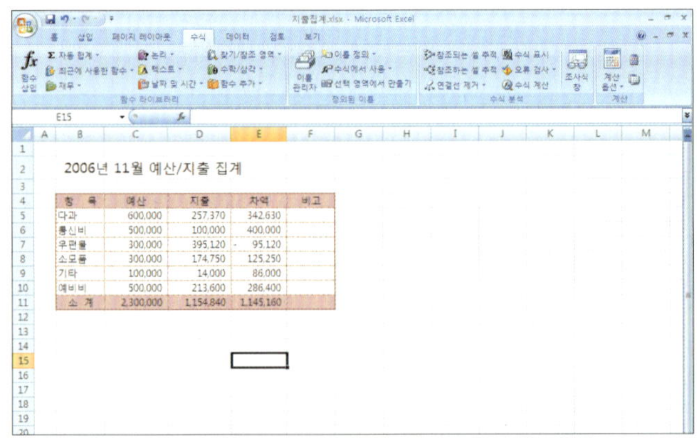

Lesson 04 논리를 판단하는 함수

논리 함수는 주어진 조건의 결과가 참인지 거짓인지를 반환하는 함수로, 여러 조건을 판정하거나 검사할 때에 유용합니다. 논리 함수 중에서 IF, AND, OR 함수가 주로 많이 이용됩니다.

 참과 거짓을 판단하는 IF 함수

조건식에 논리 검사를 수행하여 그 결과가 참인지 거짓인지에 따라 다른 결과를 반환합니다. 예를 들어 평균 점수가 80점 이상이면 "합격", 그렇지 않으면 "미달"을 출력하고자 할 때에 이용할 수 있습니다.

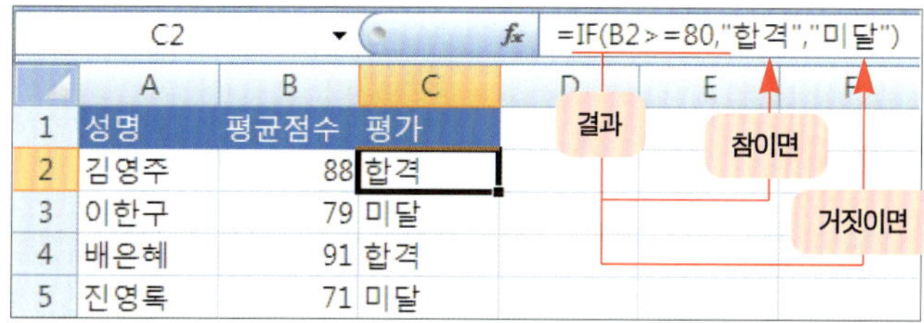

IF 함수

기능	논리 검사를 수행하여 TRUE나 FALSE에 해당하는 값을 반환합니다.
형식	IF(Logical_test, Value_if_true, Value_if_false)
인수	Logical_test : 참이나 거짓으로 판정할 조건식 Value_if_true : Logical_test의 결과가 TRUE일 때에 반환할 값 Value_if_false : Logical_test의 결과가 FALSE일 때에 반환할 값

TIP 다중 IF

조건에 따라 여러 개의 결과를 처리하려면 IF를 여러 개 사용합니다. IF가 여러 개 사용되므로 보통 다중 IF 또는 중첩 IF라고 표현합니다. IF 중첩은 64개까지 가능하지만 여러 조건을 검사할 경우에는 찾기/참조 함수인 LOOKUP, VLOOKUP, HLOOKUP 함수를 이용하는 것이 더 좋습니다. 왜냐하면 조건을 보다 쉽게 읽고 유지할 수 있기 때문입니다.

상반기 영업 실적 평가하기

IF 함수를 이용하여 상반기의 합이 500 이상이면 "달성", 그렇지 않으면 "미달"로 평가하겠습니다. 간단한 따라하기를 통해 함수를 익혀 보세요.

[예제 파일 경로] 부록 CD\Sample\Part06\논리함수.xlsx | [결과 파일 경로] 부록 CD\Sample\Part06\After\논리함수_완성.xlsx

01 ❶ [if함수] 시트를 클릭합니다. ❷ [J5] 셀을 클릭한 후 [수식] 탭의 [함수 라이브러리 - 논리 논리 ▼]를 클릭하고 ❸ [IF]를 클릭합니다.

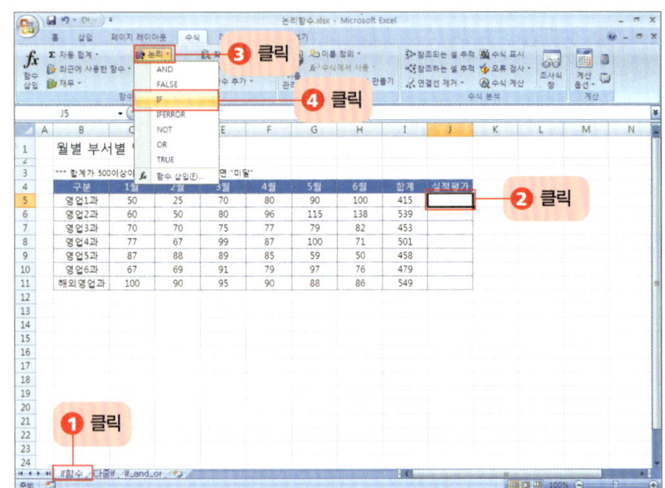

02 [함수 인수] 대화상자가 나타나면 ❶ 다음과 같이 인수를 지정한 후 ❷ [확인] 버튼을 클릭합니다.

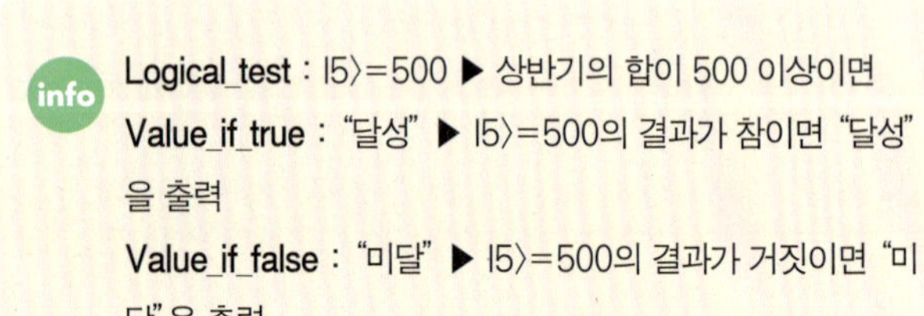

> **info**
>
> Logical_test : I5>=500 ▶ 상반기의 합이 500 이상이면
> Value_if_true : "달성" ▶ I5>=500의 결과가 참이면 "달성"을 출력
> Value_if_false : "미달" ▶ I5>=500의 결과가 거짓이면 "미달"을 출력

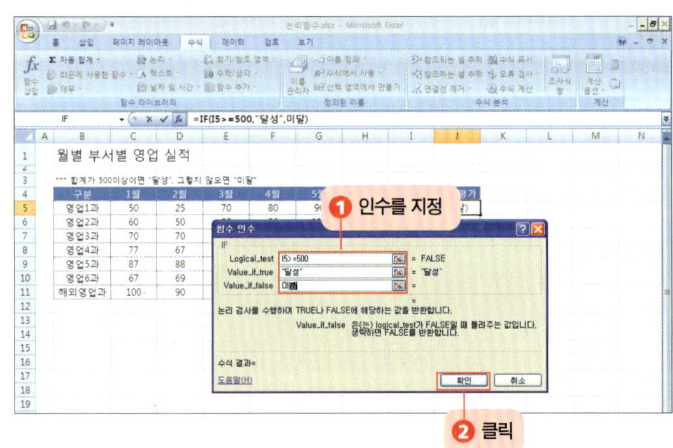

03 [J5] 셀의 채우기 핸들을 드래그하여 복사합니다.

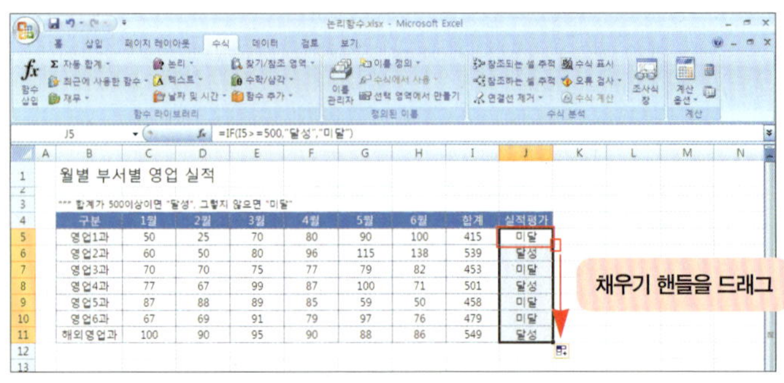

근속년수에 따른 휴가 일수 구하기 – 다중 IF 함수

이번에는 근속년수에 따른 휴가일수를 구하는 과정을 통해 다중 IF 함수를 실습해 보겠습니다. 근속년수가 20년 이상이면 휴가일수 10일, 20년 미만 10년 이상이면 7일, 10년 미만이면 5일을 배정하겠습니다.

〔예제 파일 경로〕 부록 CD\Sample\Part06\논리함수.xlsx | 〔결과 파일 경로〕 부록 CD\Sample\Part06\After\논리함수_완성.xlsx

01 ❶ [다중if] 시트를 클릭합니다. ❷ [G5] 셀을 클릭한 후 ❸ [수식] 탭의 [함수 라이브러리 – 논리 논리 ▾]를 클릭하고 ❹ [IF]를 클릭합니다.

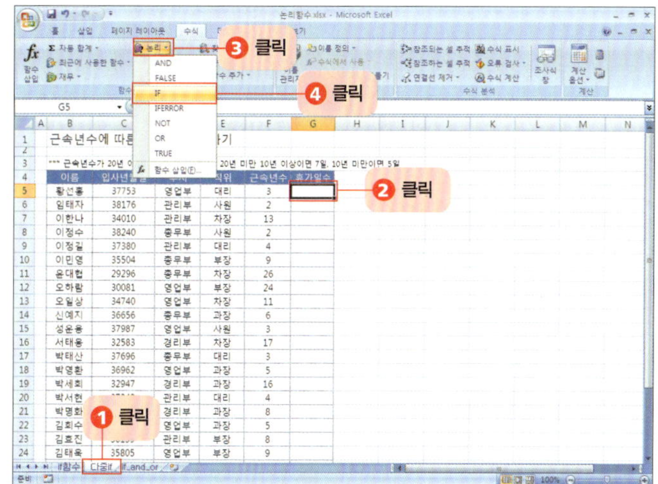

02 [함수 인수] 대화상자가 나타나면 ❶ 다음과 같이 인수를 지정한 후 ❷ Value_if_false 입력란을 클릭하여 커서를 위치시킵니다.

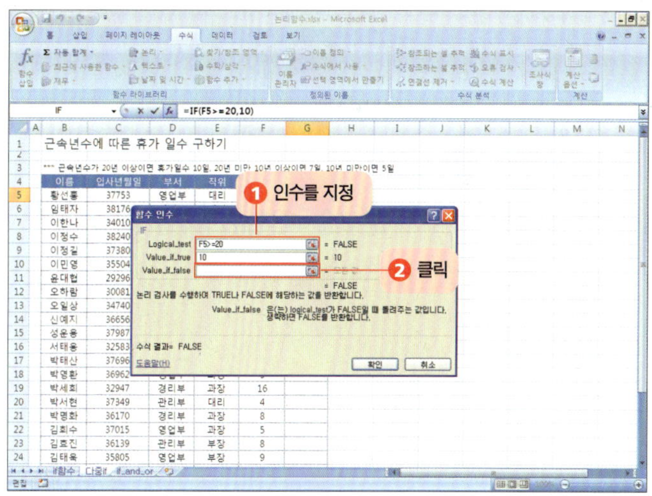

info Logical_test : F5〉=20
Value_if_true : 10

03 이름 상자의 드롭다운 버튼을 클릭하면 나타나는 최근에 사용한 함수 목록 중에서 [IF]를 클릭합니다.

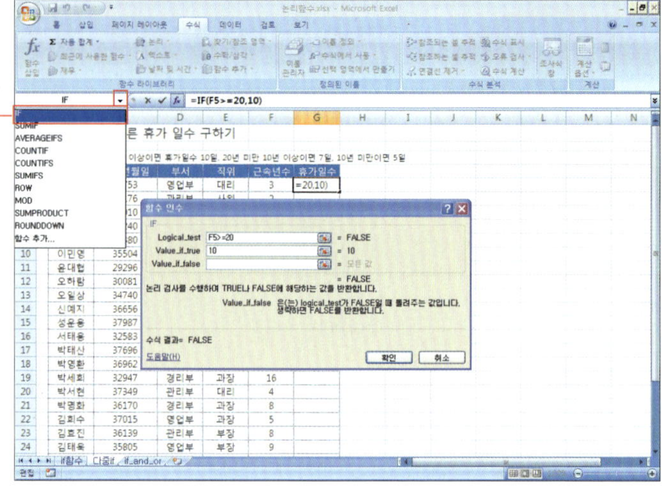

04 다시 [함수 인수] 대화상자가 나타나면 ❶ 다음과 같이 인수를 지정한 후 ❷ [확인] 버튼을 클릭합니다.

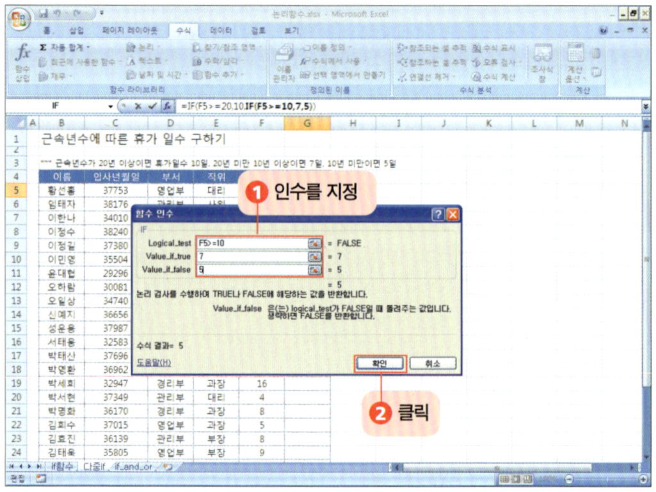

> **info** Logical_test : F5〉=10
> Value_if_true : 7
> Value_if_false : 5

> **Note** 근속년수가 20년 미만 10년 이상인지를 검사할 때에 첫 번째 IF에서 근속년수가 20년 이상이면 휴가일수 10일을 이미 배정하였으므로, 여기에서는 근속년수가 10년 이상인지만 검사합니다.

05 [G5] 셀의 채우기 핸들을 더블클릭하여 데이터 끝까지 복사합니다.

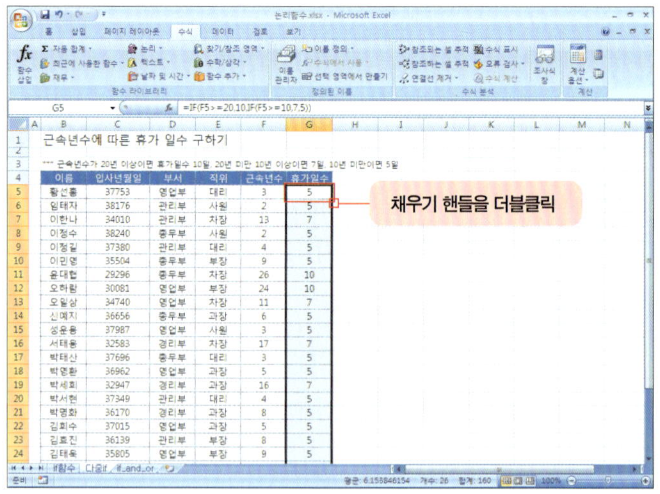

AND 함수와 OR 함수

AND 함수와 OR 함수는 단독으로는 잘 사용하지 않고 다른 함수와 같이 사용하는데, 그 중에서 주로 IF 함수와 많이 쓰입니다.

여러 개의 조건을 "모두 만족하는가?"를 검사하려면 AND 함수, 여러 개의 조건 중에서 "하나라도 만족하는가?"를 검사하려면 OR 함수를 이용합니다.

AND 함수

기능	여러 조건의 결과가 모두 TRUE이면 TRUE를 반환합니다.
형식	AND(Logical1, Logical2, …)
인수	Logical1, Logical2, … 는 참, 거짓으로 판단할 조건식으로 1~255까지 만들 수 있습니다.

OR 함수

기능	여러 조건의 결과 중 하나라도 TRUE가 있으면 TRUE를 반환합니다.
형식	OR(Logical1, Logical2, …)
인수	Logical1, Logical2, …는 참, 거짓으로 판단할 조건식으로 1~255까지 만들 수 있습니다.

● AND 함수와 OR 함수의 비교

구분	AND함수	OR함수
수식	=AND(7=7,10>5,"가"<>"나")	=OR(7<9,1>9,"가"="나")
결과	TRUE	TRUE
설명	조건 3개의 결과가 모두 참,참,참 이므로 TRUE을 반환합니다.	조건 3개의 결과가 참,거짓,거짓으로 하나라도 참값을 포함하므로 TRUE을 반환합니다.

> **TIP** 인수 logical1,logical2,… 지정 시 주의할 사항
> - 인수는 TRUE 또는 FALSE를 검사할 조건으로서, 1개에서 255개까지 지정할 수 있습니다.
> - 인수는 TRUE나 FALSE 같은 논리값이 되거나 논리값이 포함된 배열 또는 참조 형식이어야 합니다.
> - 배열 또는 참조 인수에 포함된 텍스트나 빈 셀은 무시됩니다.
> - 지정한 범위에 논리값이 포함되지 않으면 #VALUE! 오류 값이 반환됩니다.

영어 점수와 업무 평가서로 승진 여부 판단하기

영어 점수가 80점 이상이고 업무 평가가 "A"이거나 "B"이면 "승진"으로 처리하고, 그렇지 않을 경우에는 빈 칸으로 처리하는 논리식을 만들어 보겠습니다.

〔예제 파일 경로〕 부록 CD\Sample\Part06\논리함수.xlsx | 〔결과 파일 경로〕 부록 CD\Sample\Part06\After\논리함수_완성.xlsx

01 ❶ [if_and_or] 시트를 클릭한 후 ❷ [F5] 셀을 클릭하고 ❸ [수식] 탭의 [함수 라이브러리 – 논리 논리 ▼]를 클릭한 후 ❹ [IF]를 클릭합니다.

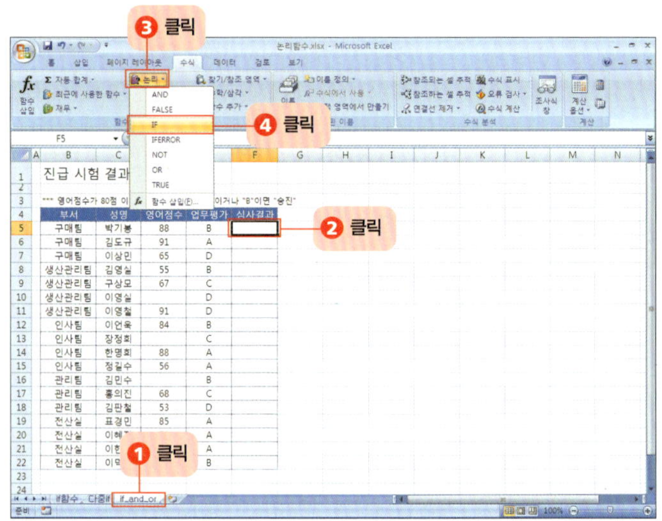

TIP 영어점수가 80점 이상이고 업무 평가가 "A"이거나 "B"이면 "승진"으로 처리하고, 그렇지 않을 경우에는 빈 칸으로 처리하는 것을 논리적으로 다듬으면 다음과 같습니다.

수식에서 " "하면 빈 칸으로 두겠다는 뜻입니다.

영어 점수〉=80이면서 업무 평가="A" 이거나 업무 평가="B" 이면 승진, 그렇지 않으면 빈 칸

IF(영어 점수〉=80이면서 업무 평가="A" 이거나 업무 평가="B", "승진", " ")

IF(AND(영어 점수〉=80, OR(업무 평가="A", 업무 평가="B")) "승진", " ")

---

02 [함수 인수] 대화상자가 나타나면 AND 함수를 사용하기 위해 ❶ Logical _test 입력란을 클릭한 후 ❷ 이름 상자의 드롭다운 버튼을 클릭하고 ❸ [AND]를 클릭합니다.

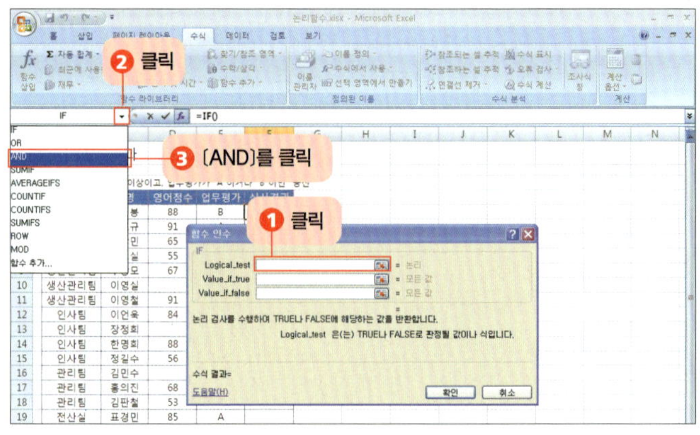

TIP 원하는 함수가 목록에 나타나지 않으면 〔함수 추가〕를 클릭합니다.

03 AND 함수의 [함수 인수] 대화상자가 나타나면 ❶ 다음과 같이 인수를 지정한 후 ❷ Logical2 입력란을 클릭합니다.

info Logical1 : D5>=80

TIP 다음 인수 입력란으로 이동할 때에 마우스로 클릭하기가 번거로우면 키보드의 Tab 을 누르면 됩니다. 이전 입력란으로 이동하려면 Shift + Tab 을 누릅니다.

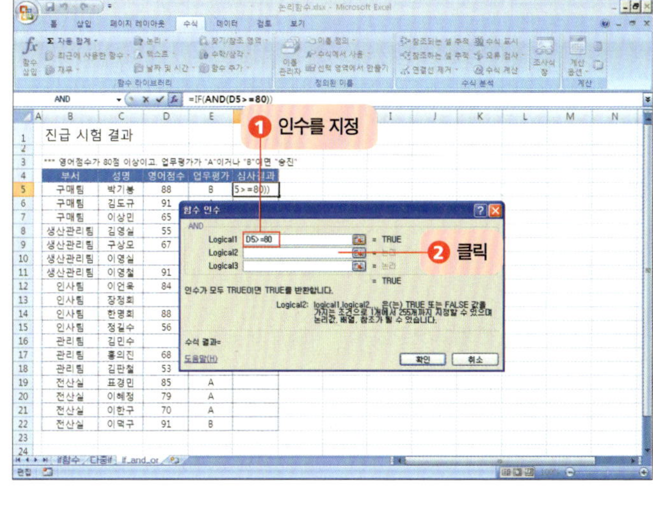

04 다시 이름 상자의 드롭다운 버튼을 클릭하여 [OR]을 클릭합니다.

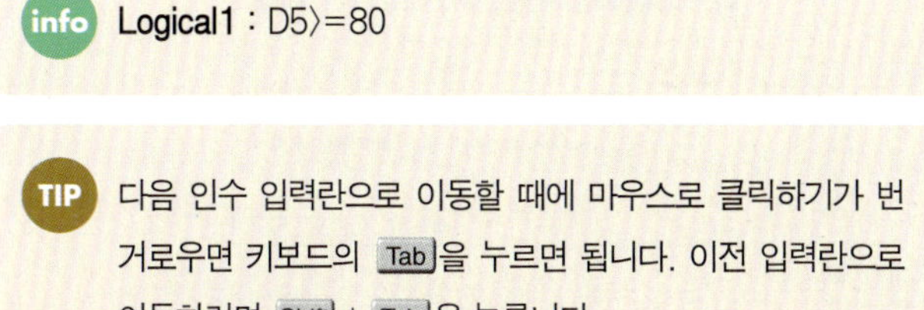

05 OR 함수의 [함수 인수] 대화상자가 나타나면 다음과 같이 인수를 지정합니다.

info Logical 1 : E5="A"
Logical 2 : E5="B"

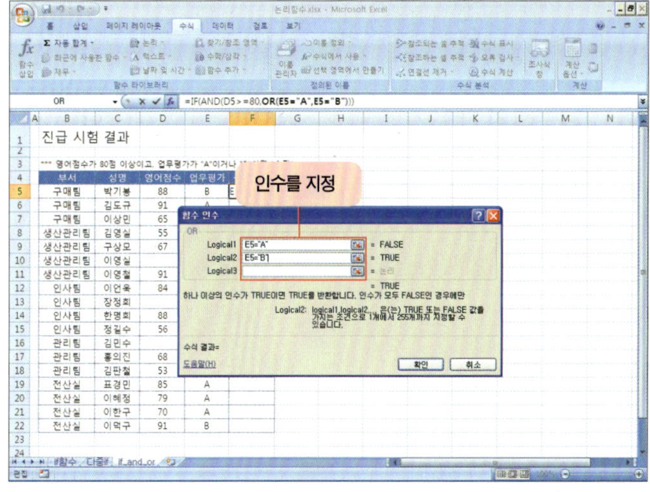

06 다시 IF 함수의 [함수 인수] 대화상자로 되돌아가기 위해 수식 입력줄에서 'IF' 라고 쓰여 있는 글자 부분을 클릭합니다.

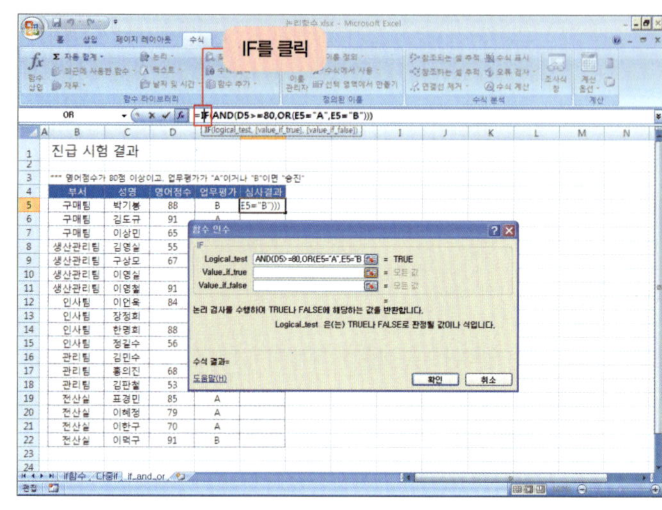

> **TIP** 여러 함수가 중첩으로 사용된 경우에 원하는 [함수 인수] 대화상자로 되돌아가려면 수식 입력줄에서 함수 이름을 클릭합니다.

07 IF의 [함수 인수] 대화상자가 나타나면 Logical_test에 「AND(D5>=80,OR(E5="A", E5="B"))」가 작성되어 있는 것을 확인할 수 있습니다. Value_if_true와 ❶ Value_if_false에 다음과 같이 인수를 지정한 후 ❷ [확인] 버튼을 클릭합니다.

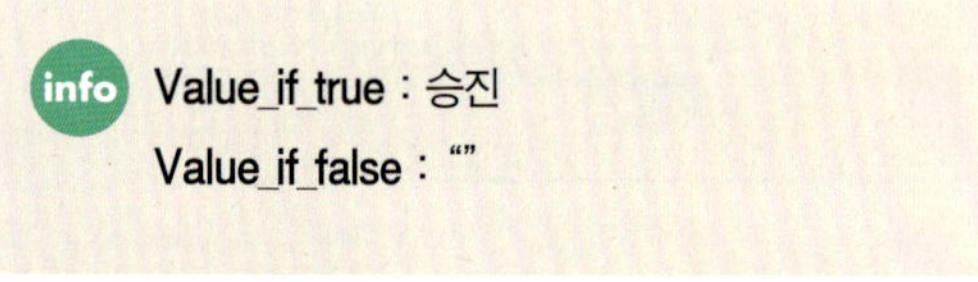

> **info** Value_if_true : 승진
> Value_if_false : ""

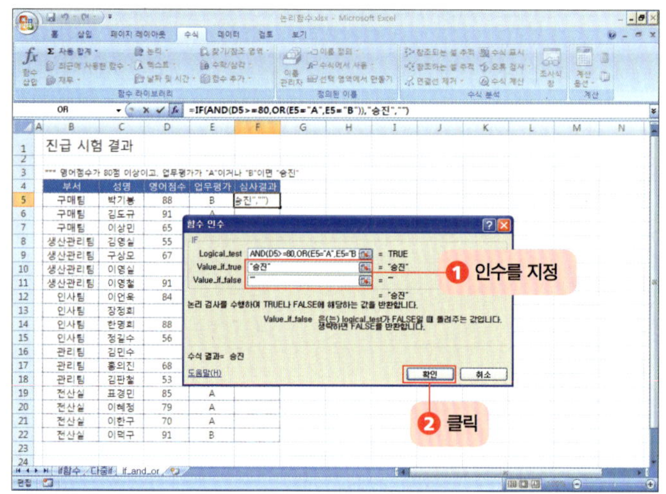

> **TIP** 수식에서 빈 칸(null)으로 처리하려면 따옴표를 두 번 연속하여 입력합니다.

08 [F5] 셀의 채우기 핸들을 드래그하여 복사합니다.

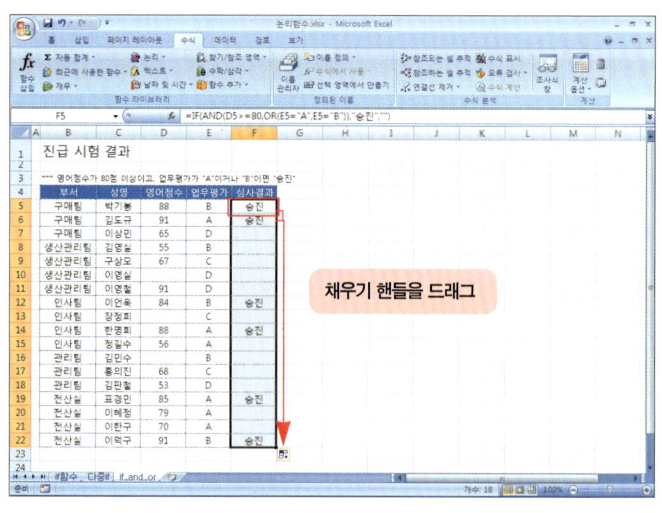

지사별 체육 대회 조 편성하기

지사별 인원이 입력되어 있는 표에서 매 3행마다 A조, B조, C조로 자동 편성하기 위해 IF, MOD, ROW 함수를 이용하도록 하겠습니다.

〔예제 파일 경로〕부록 CD\Sample\Part06\체육대회조편성.xlsx | 〔결과 파일 경로〕부록 CD\Sample\Part06\After\체육대회조편성_완성.xlsx

완성
예제
**미리
보기**

지사별 체육대회 조편성 현황			
소속	**직급**	**성명**	**조**
부산지사 영업1팀	차장	양갑선	A조
부산지사 영업1팀	부장	신동옥	B조
부산지사 영업1팀	부장	최혜숙	C조
부산지사 영업1팀	팀장	신인옥	A조
광주지사 영업팀	차장	김경숙	B조
광주지사 영업팀	부장	박혜경	C조
광주지사 영업팀	부장	김경순	A조
광주지사 영업팀	팀장	신수영	B조
경기 수원지사 영업1팀	차장	김달순	C조
경기 수원지사 영업1팀	부장	한인숙	A조
경기 수원지사 영업1팀	팀장	민경란	B조
경기 수원지사 영업2팀	차장	정은숙	C조
경기 수원지사 영업2팀	부장	황정혜	A조
경기 수원지사 영업2팀	팀장	김은숙	B조
대전지사 영업1팀	차장	김은희	A조
대전지사 영업1팀	부장	김옥련	B조
대전지사 영업1팀	부장	장인지	B조
대전지사 영업1팀	팀장	양순옥	C조
인천지사 영업팀	차장	노경희	A조
인천지사 영업팀	차장	안정심	B조
인천지사 영업팀	부장	이현옥	C조
인천지사 영업팀	팀장	노수옥	A조

01 ❶ [E4] 셀을 클릭한 후 ❷ [수식] 탭의 [함수 라이브러리 – 논리 🔹 논리 ▾]를 클릭하고 ❸ [IF]를 클릭합니다.

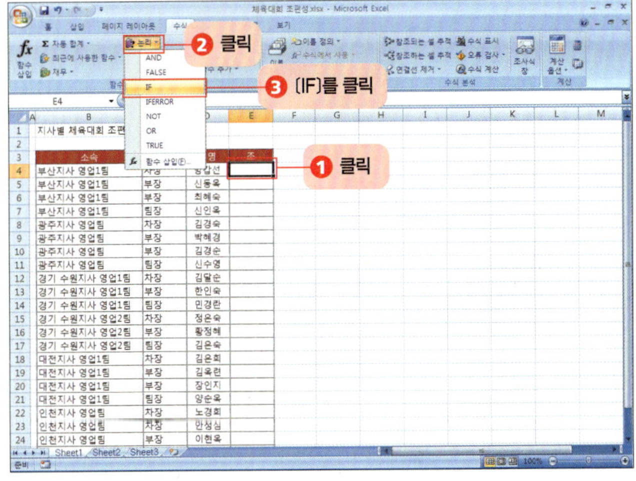

TIP 사용될 함수의 기능은 다음과 같습니다.

> **ROW 함수** : 행 번호를 반환합니다.
>
> **MOD 함수** : 행 번호를 3으로 나누어 나머지를 반환합니다.
>
> **IF 함수** : 행 번호를 3으로 나눈 나머지가 1이면 A조, 2이면 B조, 0이면 C조로 편성합니다.

Page ROW, MOD 함수는 307쪽을 참고하세요.

02 [함수 인수] 대화상자가 나타나면 Logical_test 입력란에 커서가 위치하고 있는 것을 확인할 수 있습니다. ❶ 이름 상자의 드롭다운 버튼을 클릭한 후 ❷ [MOD]를 클릭합니다.

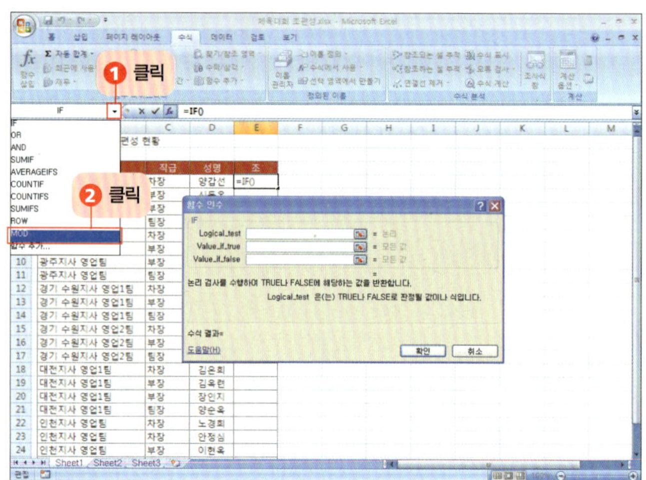

TIP MOD 함수가 목록에 나타나지 않으면 [함수 추가]를 클릭합니다.

03 MOD 함수의 [함수 인수] 대화상자가 나타나면 다음과 같이 인수를 지정합니다.

04 IF 함수로 되돌아가기 위해 수식 입력줄에 IF라고 쓰여 있는 부분을 클릭합니다.

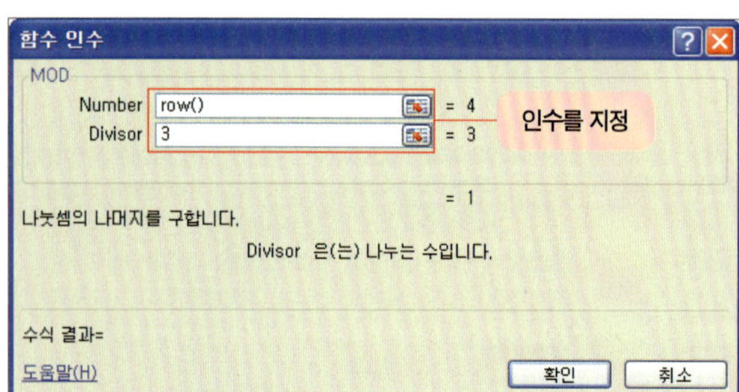

info **Number** : row()

Divisor : 3

▶ 현재 행 번호를 반환하여 3으로 나눈 나머지를 구합니다.

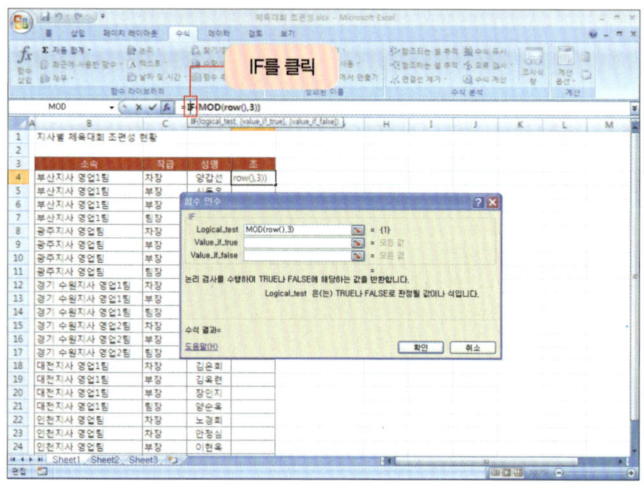

05 [함수 인수] 대화상자가 나타나면 ❶ 다음과 같이 인수를 지정한 후 ❷ Value_if_false 입력란을 클릭하여 커서를 위치시킵니다.

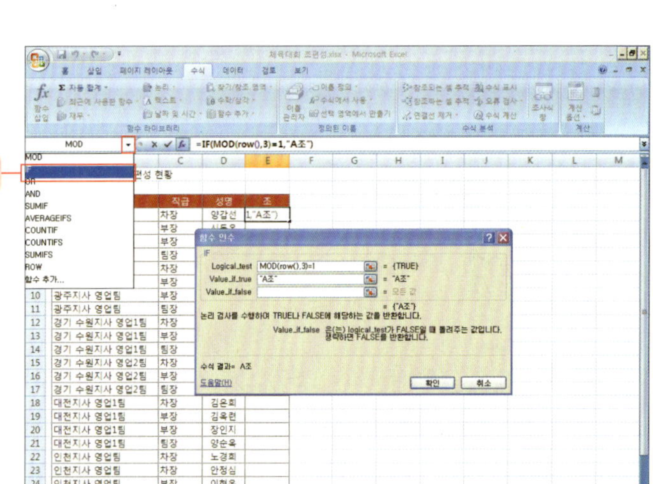

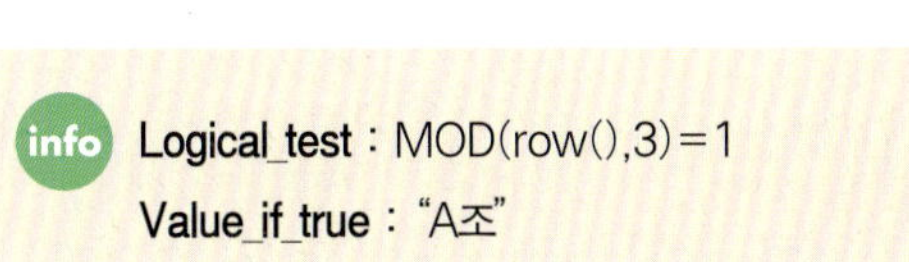
info Logical_test : MOD(row(),3)=1
Value_if_true : "A조"

06 이름 상자의 드롭다운 버튼을 클릭한 후 다시 [IF]를 클릭합니다.

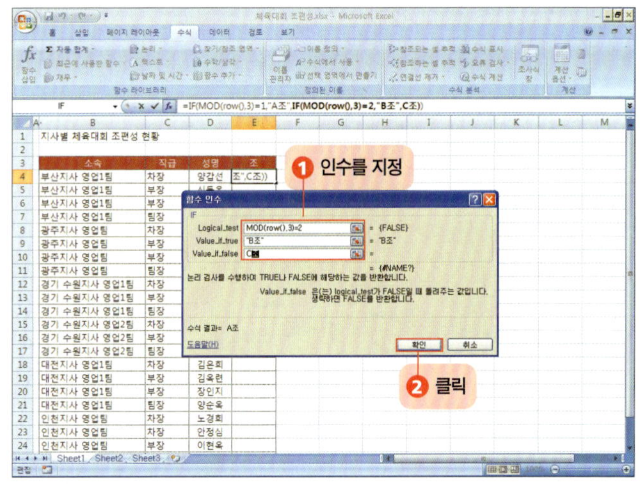

07 IF 함수의 [함수 인수] 대화상자가 나타나면 ❶ 다음과 같이 인수를 지정한 후 ❷ [확인]버튼을 클릭합니다.

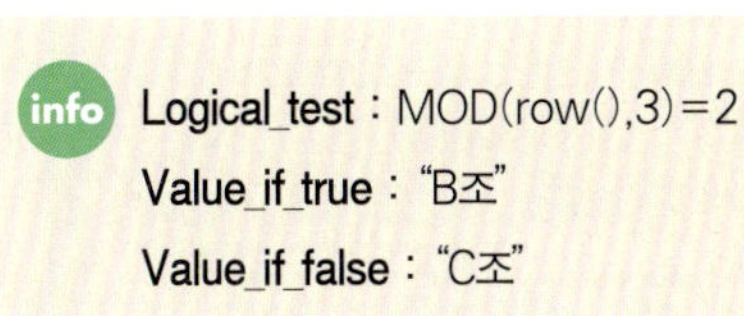
info Logical_test : MOD(row(),3)=2
Value_if_true : "B조"
Value_if_false : "C조"

08　다음과 같이 결과가 구해집니다.

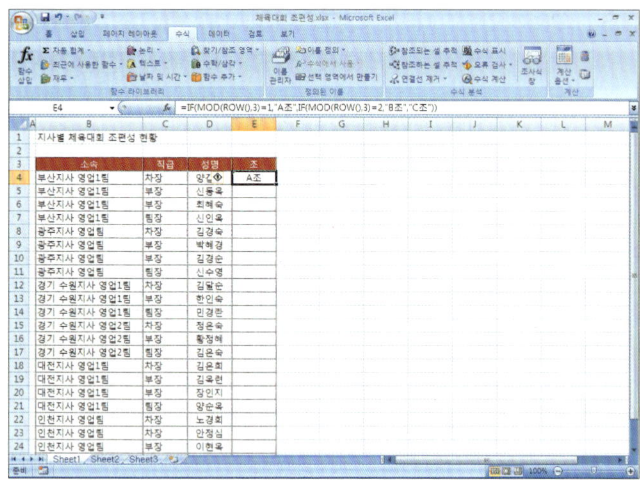

09　[E4] 셀의 채우기 핸들을 드래그하여 복사합니다.

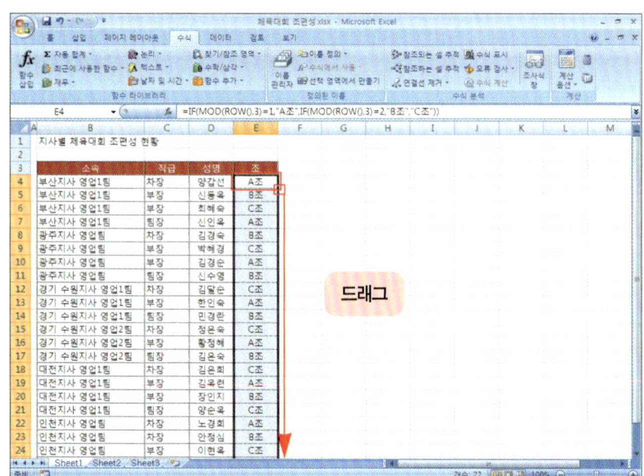

> **TIP**　[함수 인수] 대화상자에서 반복적으로 사용되는 수식은
> Ctrl + C로 복사한 후 Ctrl + V로 붙여넣기하여 사용하
> 면 편리합니다.

> **TIP**　**수식 관련 옵션 변경**
> [Office 단추] - [Excel 옵션]을 클릭한 후 나타나는 대화상
> 자에서 [수식] 탭을 이용하면 수식 계산, 성능 및 오류 처리에 관
> 한 옵션을 변경할 수 있습니다.

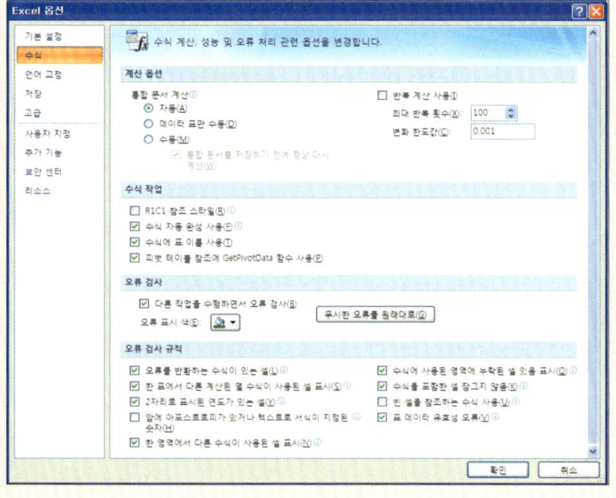

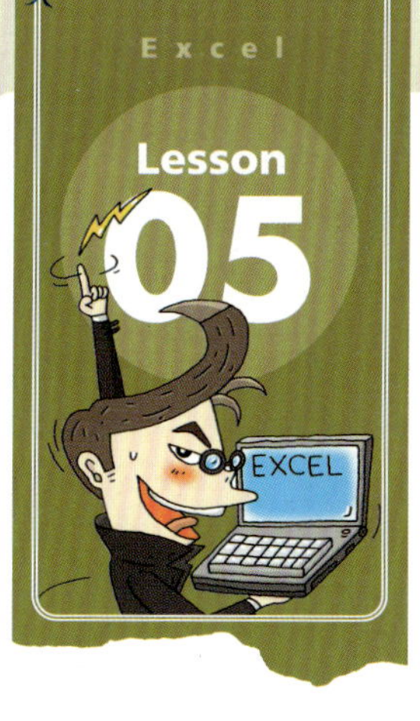

Lesson 05

날짜와 시간을 다루는 함수

각종 자료에는 날짜 데이터가 많이 이용되는 만큼 날짜를 이용하여 계산하는 작업이 많습니다. 이번 레슨에서는 날짜/시간 함수의 종류와 그 활용 사례들에 대해 알아보겠습니다.

날짜/시간 함수 종류

엑셀에서 날짜와 시간은 계산에 사용할 수 있도록 순차적인 일련 번호로 저장합니다. 1900/1/1~9999/12/31은 숫자 1~2958465라는 일련 번호로 저장합니다. 예를 들어 2008/1/1은 1900/1/1에서 39,448일째 날이므로 일련 번호 39448이 됩니다. 또한 시간은 하루 24시간을 0~1 사이의 소수로 저장합니다. 예를 들어 12시는 숫자 0.5로 6시는 0.25로 저장합니다. 날짜/시간 함수의 종류와 그 기능은 다음과 같습니다.

함수명	형 식	기 능
TODAY	TODAY()	오늘 날짜를 구하는 함수로, 인수가 없음
NOW	NOW()	현재 날짜와 시간을 구하는 함수로, 인수가 없음
YEAR	YEAR(날짜)	날짜에서 연도를 추출
MONTH	MONTH(날짜)	날짜에서 월을 추출
DAY	DAY(날짜)	날짜에서 일을 추출
WEEKDAY	WEEKDAY(날짜)	날짜에서 요일을 추출
DATE	DATE(연, 월, 일)	연, 월, 일을 숫자로 받아들여 날짜 형식으로 변환
DATEDIF	DATEDIF (시작일, 종료일, 타입)	시작일과 종료일 사이의 경과된 기간을 구합니다.
WORKDAY	WORKDAY (시작일, 소요일, 휴일)	주말과 휴일을 제외한 예정일을 구합니다.
NETWORKDAYS	NETWORKDAYS (시작일, 종료일, 휴일)	두 날짜 사이에서 주말과 휴일을 제외한 전체 작업일 수를 반환합니다.
HOUR	HOUR(시각)	시간을 추출하는 함수
MINUTE	MINUTE(시각)	분을 추출하는 함수
SECOND	SECOND(시각)	초를 추출하는 함수
TIME	TIME(시, 분, 초)	시, 분, 초를 숫자로 받아들여 시각으로 환산

흩어져 있는 연, 월, 일을 날짜로 결합하는 DATE 함수

필요에 의해서 연, 월, 일 날짜를 각각의 셀에 입력하였지만 다시 완성된 날짜 형태로 만들어야 하는 경우가 있습니다. 이 때, DATE 함수를 이용하면 각각의 셀에 입력되어 있는 연, 월, 일 숫자들을 결합하여 날짜 데이터로 만들 수 있습니다.

DATE 함수

기능	연, 월, 일을 숫자로 받아들여 날짜 형식으로 변환
형식	DATE(Year, Month, Day)
인수	Year : 1900~9999까지의 연도를 나타내는 숫자, 매킨토시에서는 1904~9999까지 Month : 1~12까지의 월을 나타내는 숫자 Day : 1~31까지의 일을 나타내는 숫자

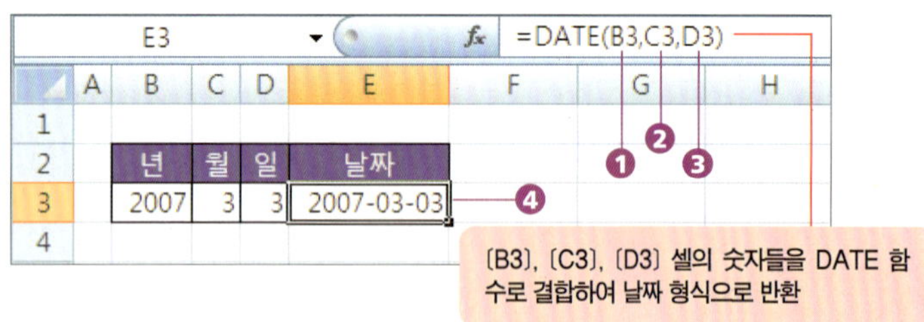

연, 월, 일로 분리하는 YEAR, MONTH, DAY 함수

한 셀에 입력되어 있는 날짜 데이터를 연, 월, 일로 분리해야 하는 경우에는 YEAR, MONTH, DAY 함수를 사용합니다. 날짜에서 연도별, 월별, 일일 단위로 계산하거나 집계를 낼 경우에 사용할 수 있습니다.

YEAR, MONTH, DAY 함수

기능	날짜에서 연, 월, 일을 추출
형식	YEAR(Serial_number), MONTH(Serial_number), DAY(Serial_number)
인수	Serial_number : 날짜 데이터

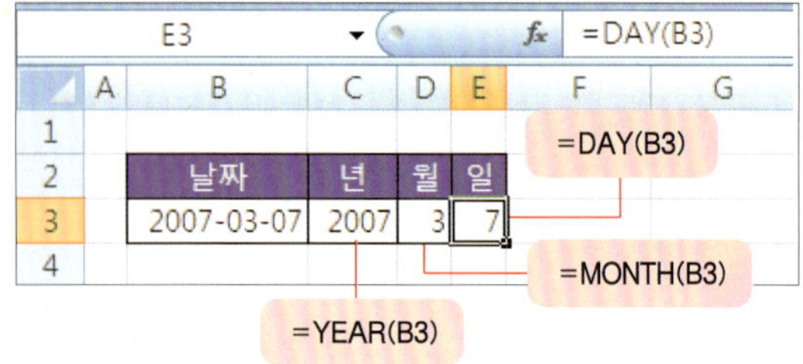

여권 만료일 날짜 구하기

연, 월, 일 분리 입력되어 있는 날짜를 한 셀에서 결합하여 날짜 데이터로 나타내 보겠습니다. 간단한 따라하기를 통해 연습해 보세요.

〔예제 파일 경로〕부록 CD\Sample\Part06\날짜 함수.xlsx　|　〔결과 파일 경로〕부록 CD\Sample\Part06\After\날짜 함수_완성.xlsx

01 ❶ [여권만료일] 시트를 클릭합니다. ❷ [F4] 셀을 클릭한 후 ❸ [수식] 탭의 [함수 라이브러리 – 날짜 및 시간 📅 날짜 및 시간 ▾]을 클릭하고 ❹ [DATE]를 클릭합니다.

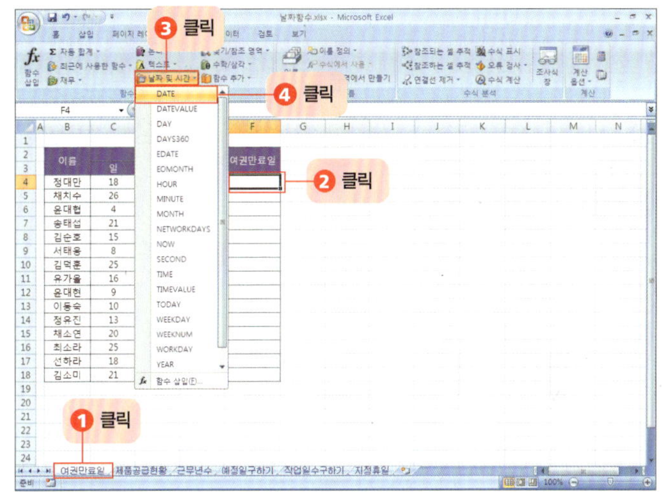

02 [함수 인수] 대화상자가 나타나면 ❶ 다음과 같이 인수를 지정한 후 ❷ [확인] 버튼을 클릭합니다.

info　Year : E4
　　　Month : D4
　　　Day : C4

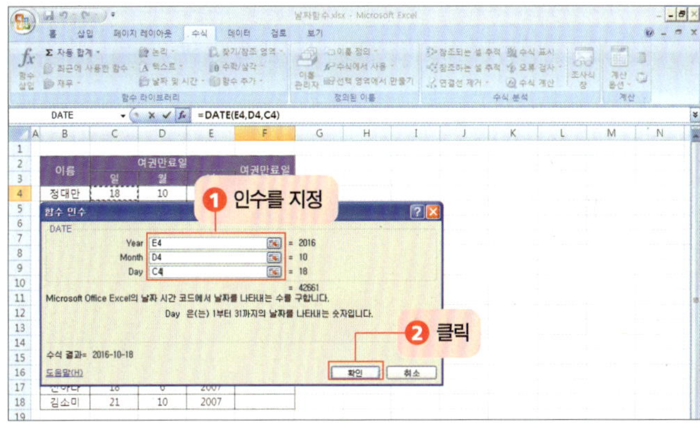

03 [F4] 셀의 채우기 핸들을 드래그하여 복사합니다.

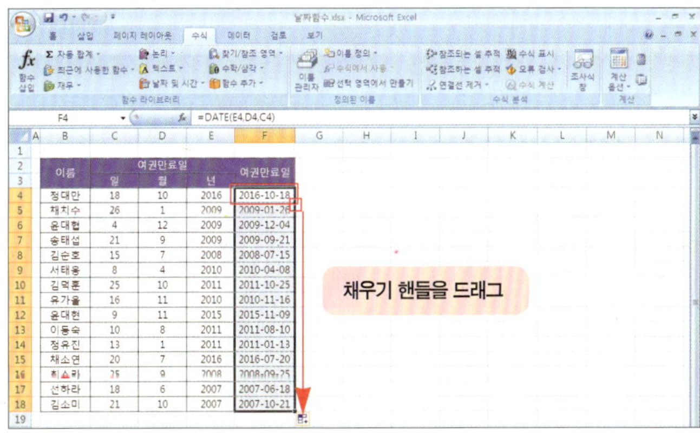

Action Excel
도전! 엑셀

공급 날짜에서 연, 월, 일로 분리하기

이번에는 공급 날짜에서 연, 월, 일을 각각의 셀로 추출해 보겠습니다. 간단한 따라하기를 통해 연습해 보세요.

〔예제 파일 경로〕 부록 CD\Sample\Part06\날짜함수.xlsx | 〔결과 파일 경로〕 부록 CD\Sample\Part06\After\날짜함수_완성.xlsx

01 ❶ [제품공급현황] 시트를 클릭합니다. 함수의 형식이 간단하므로 수식을 직접 입력하겠습니다. ❷ [C5] 셀에 「=YEAR(B5)」를 입력한 후 Enter 를 누릅니다.

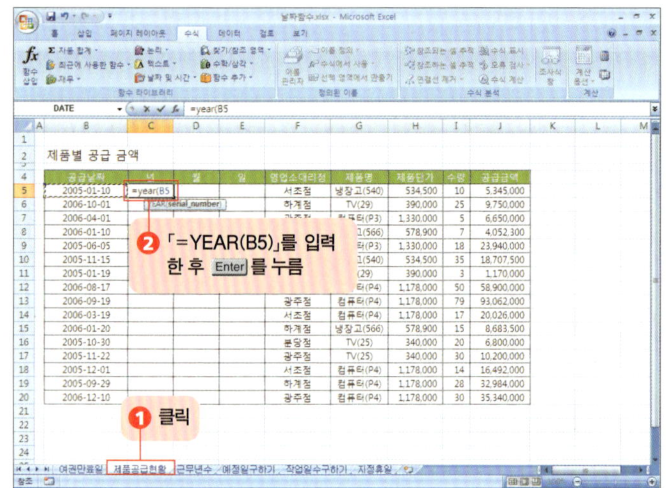

02 [D5] 셀에 「MONTH(B5)」를 입력한 후 Enter 를 누릅니다.

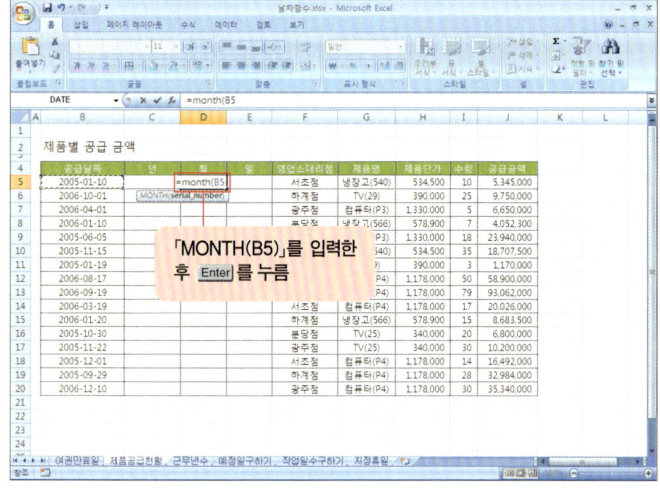

03 [E5] 셀에 「=DAY(B5)」를 입력한 후 **Enter** 를 누릅니다.

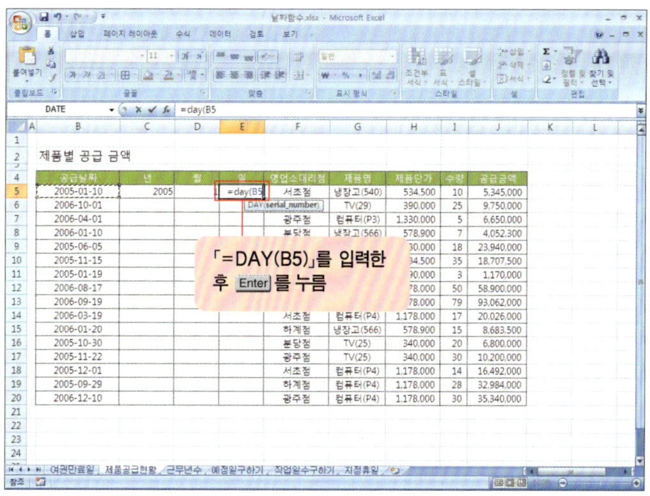

04 ❶ [C5:E5]를 범위 지정한 후 ❷ 채우기 핸들을 드래그하여 복사합니다.

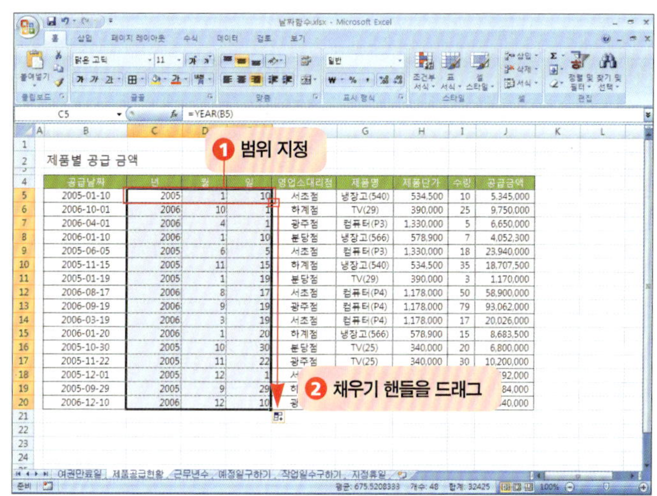

TIP **채우기로 복사하는 두 가지 방법**

❶ 채우기 핸들에서 더블클릭합니다. 단, 더블클릭으로 복사할 때 왼쪽 열에 데이터가 모두 입력되어 있어야 데이터 끝까지 복사됩니다.

❷ 채우기 핸들에서 드래그합니다.

공급날짜	년	월	일	영업소대리점	제품명	제품단가	수량	공급금액
2005-01-10	2005	1	10	서초점	냉장고(540)	534,500	10	5,345,000
2006-10-01				하계점	TV(29)	390,000	25	9,750,000
2006-04-01				광주점	컴퓨터(P3)	1,330,000	5	6,650,000
2006-01-10				분당점	냉장고(566)	578,900	7	4,052,300
2005-06-05				서초점	컴퓨터(P3)	1,330,000	18	23,940,000
2005-11-15				하계점	냉장고(540)	534,500	35	18,707,500
2005-01-19				분당점	TV(29)	390,000	3	1,170,000
2006-08-17				서초점	컴퓨터(P4)	1,178,000	50	58,900,000
2006-09-19				광주점	컴퓨터(P4)	1,178,000	79	93,062,000
2006-03-19				서초점	컴퓨터(P4)	1,178,000	17	20,026,000
2006-01-20				하계점	냉장고(566)	578,900	15	8,683,500
2005-10-30				분당점	TV(25)	340,000	20	6,800,000
2005-11-22				광주점	TV(25)	340,000	30	10,200,000
2005-12-01				서초점	컴퓨터(P4)	1,178,000	14	16,492,000
2005-09-29				하계점	컴퓨터(P4)	1,178,000	28	32,984,000
2006-12-10				광주점	컴퓨터(P4)	1,178,000	30	35,340,000

경과된 기간을 구하는 DATEDIF 함수와 TODAY, NOW 함수

● DATEDIF 함수

DATEDIF 함수는 두 날짜 사이의 경과된 기간을 구하는 함수로 경과 년수, 개월 수, 일수 등을 구할 수 있습니다. DATEDIF 함수는 함수 마법사에 포함되어 있지 않으므로 셀에 직접 함수식을 입력해야 합니다.

기능	시작일과 종료일 사이의 경과된 기간을 구합니다.	
형식	DATEDIF(시작일, 종료일, 타입)	
인수	시작일	시작 날짜
	종료일	종료 날짜
	타입	"y" 두 날짜 사이의 경과된 연수를 구합니다.
		"m" 두 날짜 사이의 경과된 개월 수를 구합니다.
		"d" 두 날짜 사이의 경과된 일수를 구합니다.
		"ym" 두 날짜 사이에서 연수를 배제한 개월 수를 구합니다.
		"yd" 두 날짜 사이에서 연수를 배제한 일수를 구합니다.
		"md" 두 날짜 사이에서 개월 수를 배제한 일수를 구합니다.

DATEDIF 함수를 이용하여 시작일과 종료일을 기준으로 다양한 기간을 구합니다.

	시작일	종료일	경과된 년수	경과된 월수	경과된 일수	경과된 년월일
3	2005-03-07	2007-06-23	2	27	838	2년 3개월 2일
4	수식		=DATEDIF(B3,C3,"Y")	=DATEDIF(B3,C3,"m")	=DATEDIF(B3,C3,"d")	=DATEDIF(B3,C3,"y")&"년 "&DATEDIF(B3,C3,"ym")&"개월 "&DATEDIF(B3,C3,"y")&"일"

● TODAY, NOW 함수

TODAY 함수와 NOW 함수는 컴퓨터에 설정된 오늘 날짜를 반환하는 함수로 NOW 함수는 현재 날짜와 현재 시간까지 같이 표시합니다. TODAY, NOW 함수를 이용하여 날짜를 입력하면 고정된 날짜가 아닌 컴퓨터를 켜서 작업하는 날짜가 입력되고 자동 업데이트도 되므로 편리합니다.

기능/형식	TODAY() : 오늘의 날짜를 반환합니다.
	NOW() : 현재 날짜와 시간을 반환합니다.
인수	TODAY, NOW 함수는 인수가 없습니다.

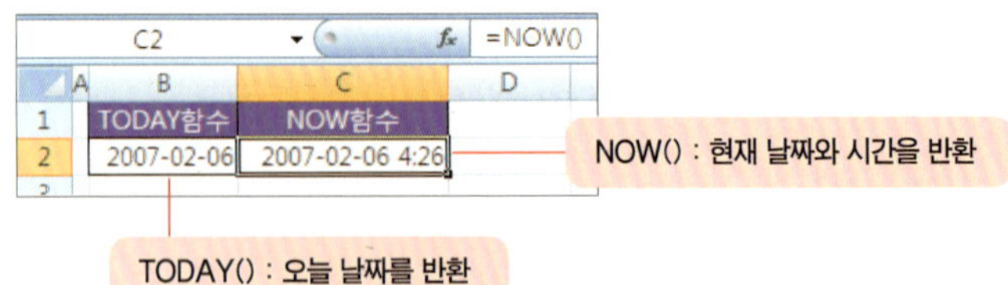

입사일을 기준으로 근속 기간 구하기

Action Excel 도전! 엑셀

이번에는 근속년수, 근속 개월 수, 근속일수, 근속 기간을 구해 보겠습니다. 간단한 따라하기를 통해 연습해 보세요.

〔예제 파일 경로〕 부록 CD\Sample\Part06\날짜함수.xlsx　|　〔결과 파일 경로〕 부록 CD\Sample\Part06\After\날짜함수_완성.xlsx

01 ❶ [근무년수] 시트를 클릭합니다. ❷ [G2] 셀에 「=TODAY()」를 입력한 후 Enter 를 누릅니다.

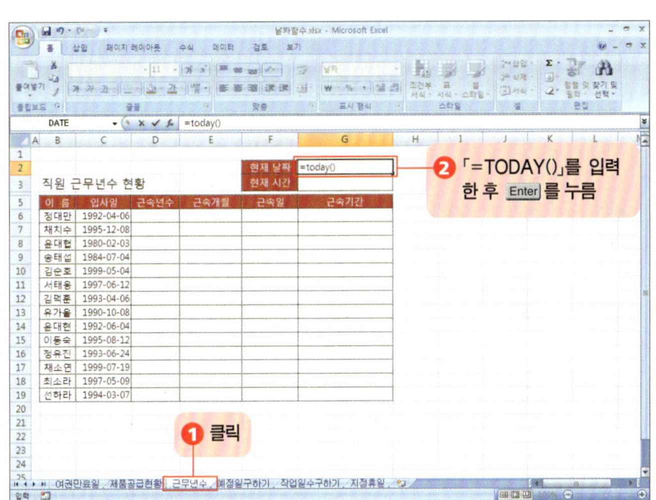

주의 TODAY 함수는 컴퓨터에 설정된 오늘 날짜를 반환하므로 책의 결과와 다르게 나올 수 있습니다.

02 [G3] 셀에 「=NOW()」를 입력한 후 Enter 를 누릅니다.

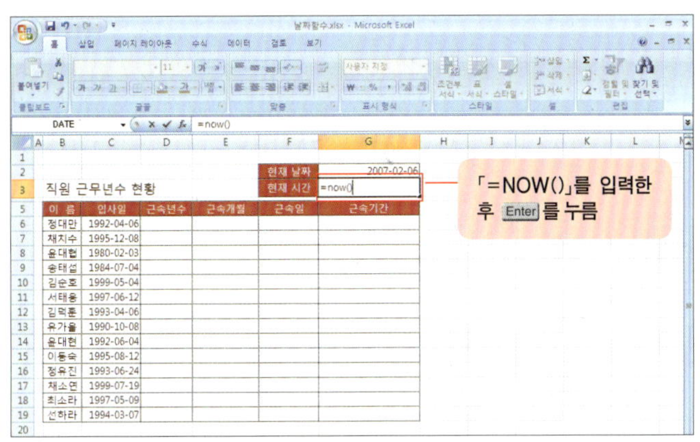

TIP now()로 현재 날짜와 시간 입력 시 〔셀 서식〕 대화상자의 〔표시 형식〕에서 "yy-mm-dd" 서식을 지정하면 날짜만 표시되고, "h:mm" 서식을 지정하면 시간만 표시됩니다.

03 근속년수를 구하기 위해 [D6] 셀에 「=DATEDIF(C6,$G$2,"Y")」를 입력한 후 Enter 를 누릅니다.

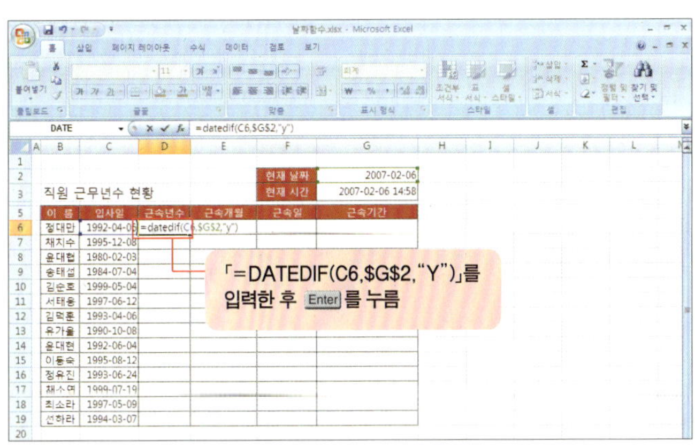

Note DATEDIF 함수는 함수 마법사에 포함되어 있지 않으므로, 수식을 직접 입력해야 합니다.

=DATEDIF(C6,$G$2,"Y")

▶ 입사일(C6)에서 오늘($G$2)까지의 경과 연수("Y")를 구합니다. 이 때 「$G$2」 대신 「TODAY()」를 입력해도 됩니다.

04 근속 개월 수를 구하기 위해 [E6] 셀에 「=DATEDIF(C6,$G$2,"M")」를 입력한 후 Enter 를 누릅니다.

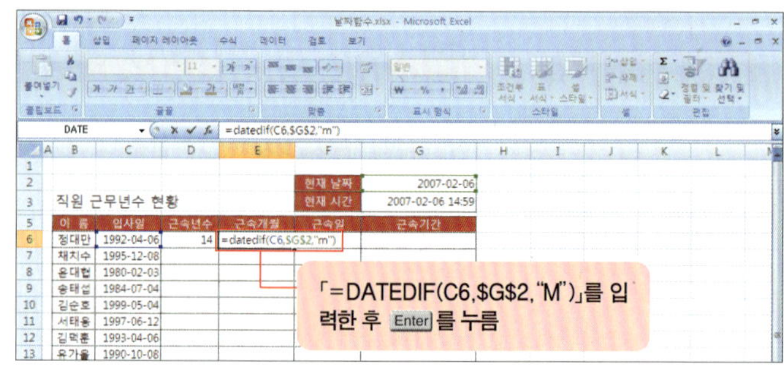

05 근속일수를 구하기 위해 [F6] 셀에 「=DATEDIF(C6,$G$2,"D")」를 입력한 후 Enter 를 누릅니다.

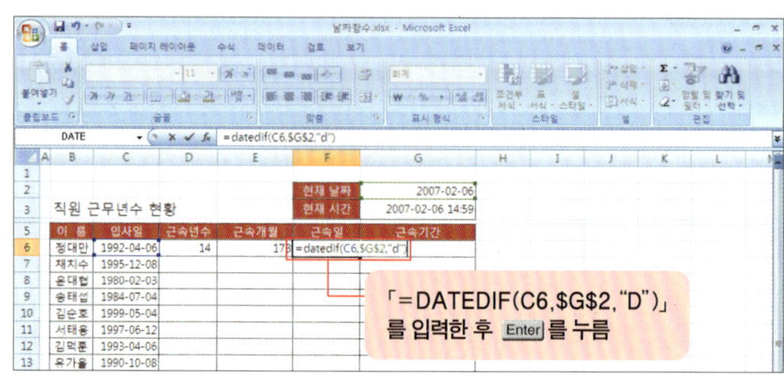

06 ❶ [D6:F6]을 범위 지정한 후 ❷ 채우기 핸들을 드래그하여 복사합니다.

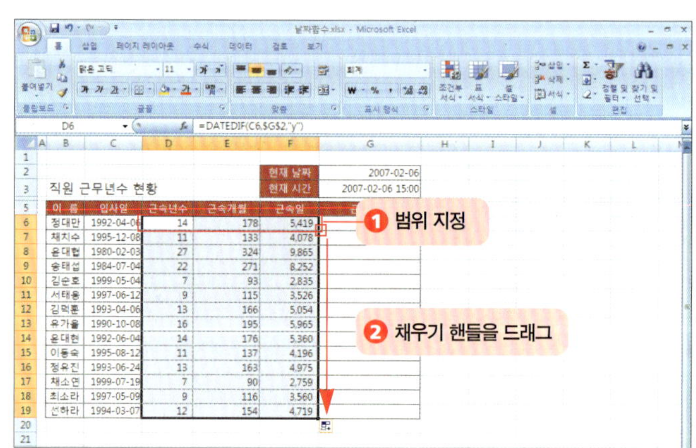

07 근속 기간은 DATEDIF 함수와 & 연산자를 이용하여 "○년 ○개월 ○일" 형식으로 나타내겠습니다. [G6] 셀에 다음과 같이 입력한 후 Enter 를 누릅니다.

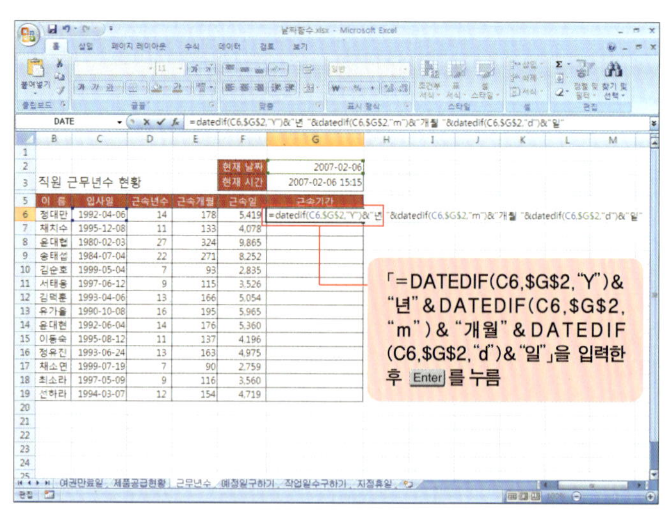

info =DATEDIF(C6,$G$2,"Y")&"년 "&DATEDIF(C6,$G$2,"m")&"개월 "&DATEDIF(C6,$G$2,"d")&"일"

08 결과를 확인하면 14년 178개월 5419일로 구해집니다. 이 때 178개월은 14년까지 포함된 개월 수입니다.

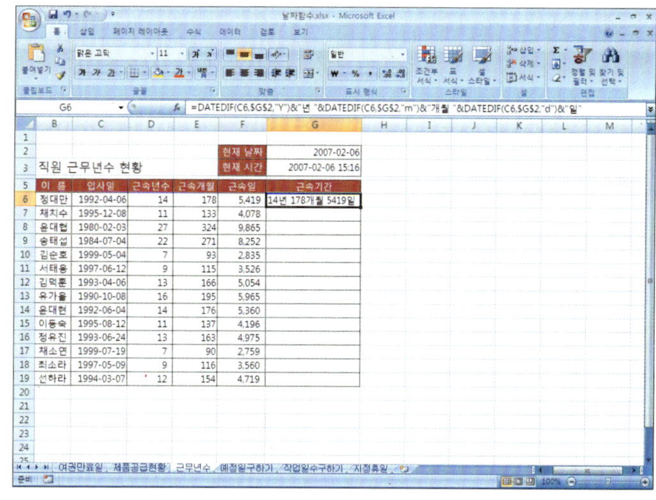

주의 근속기간은 입사일과 오늘을 기준으로 구합니다. 오늘은 TODAY 함수를 이용하여 구하였으므로 계산 결과는 책과 다르게 나올 수 있습니다.

09 수식을 수정하기 위해 ❶ [G6] 셀을 더블클릭한 후 ❷ 다음과 같이 수정하고 Enter 를 누릅니다.

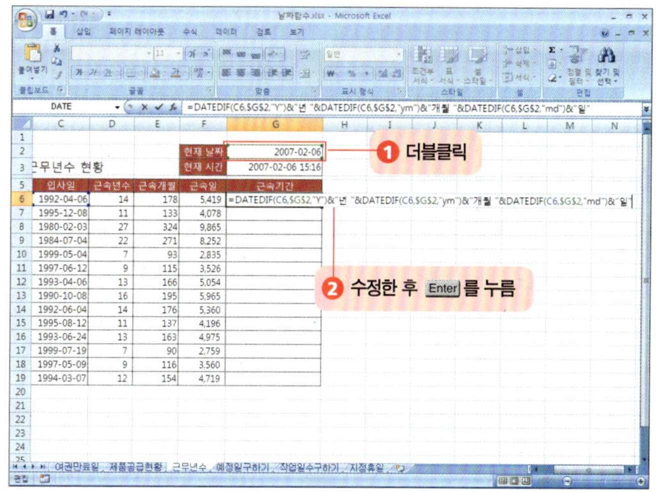

info =DATEDIF(C6,$G$2,"Y")&"년 "&DATEDIF(C6,$G$2,"YM")&"개월 "&DATEDIF(C6,$G$2,"MD")&"일"

▶ "YM"은 연수를 배제한 개월 수를 반환하고 "MD"는 개월 수를 배제한 일수를 반환합니다.

10 결과를 확인한 후 [G6] 셀의 채우기 핸들을 드래그하여 복사합니다.

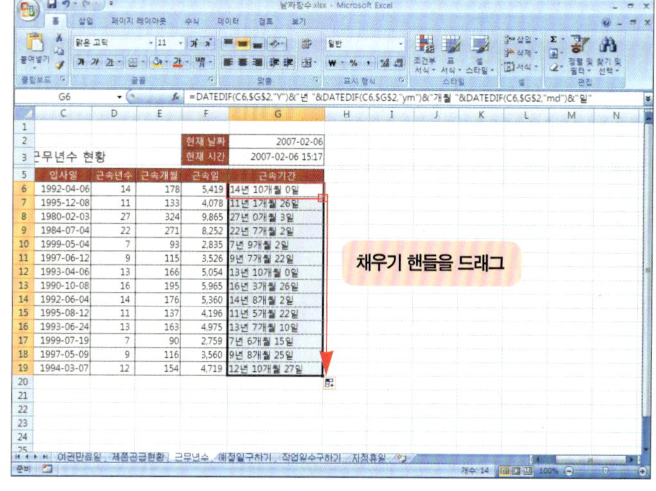

TIP 함수와 인수는 대소문자를 구분하지 않습니다.

예상 날짜를 구하는 WORKDAY 함수

WORKDAY 함수는 주말, 국경일, 공휴일, 임시 공휴일 등을 작업 일수에서 제외한 후 소요일을 더한 예상 날짜를 반환합니다. 예를 들어 청구서 지불 기한이나 배달 예정일 등을 쉽게 구할 수 있습니다.

기능	시작일에서 주말이나 휴일을 제외한 후 소요일을 더한 예정일을 구합니다.
형식	WORKDAY(Start_date, Days, Holidays)
인수	Start_date : 시작일
	Days : 소요일
	Holidays : 국경일, 공휴일, 임시 공휴일과 같이 작업 일수에서 제외할 날짜 목록

발송된 날짜로부터 3일이 소요될 시점의 도착 예정일을 구합니다. 단, 국경일, 공휴일, 임시 공휴일 등은 작업 일수에서 제외합니다.

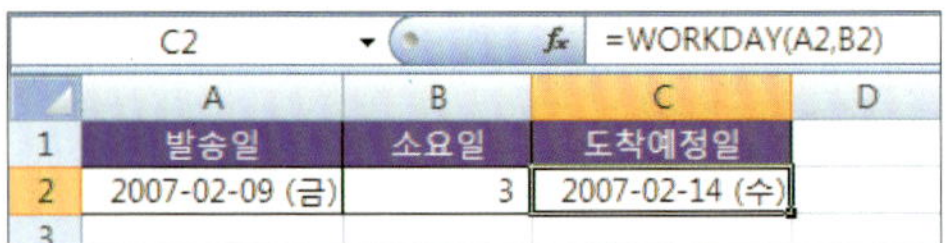

작업일수를 구하는 NETWORKDAYS 함수

시작일과 종료일 사이에 주말과 공휴일을 제외한 전체 작업일수를 반환합니다. NETWORKDAYS 함수를 사용하면 특정 기간 동안 작업한 날짜 수를 기초로 직원의 임금을 계산할 수 있습니다.

기능	시작일과 종료일 사이에 주말과 공휴일을 포함하지 않는 전체 작업일수를 반환
형식	NETWORKDAYS(Start_date, End_date, Holidays)
인수	Start_date : 시작 날짜
	End_date : 마지막 날짜
	Holidays : 국경일, 공휴일, 임시 공휴일과 같이 작업 일수에서 제외할 날짜 목록

[A2] 셀의 날짜에서 [A3] 셀의 날짜를 단순히 제외한 일수와 NETWORKDAYS 함수를 이용하여 구한 일수의 차이를 알 수 있습니다.

	A	B	C	D
1	날짜	수식	결과	설명
2	2007-06-08 (금)	=A3-A2	12	두 날짜 사이의 일수
3	2007-06-20 (수)	=NETWORKDAYS(A2,A3)	9	두 날짜 사이에서 주말과 공휴일을 제외한 평일 수

업무 처리 예정일 구하기

접수된 날짜를 시작으로 처리 기한이 30일, 8일, 5일…로 정해져 있을 경우 주말과 휴일을 제외한 업무 처리 예정일을 구해 보겠습니다. 작업일수에서 제외할 국경일, 공휴일, 임시 공휴일 등은 지정 휴일 시트에 별도로 정리해 두었습니다.

〔예제 파일 경로〕 부록 CD\Sample\Part06\날짜함수.xlsx | 〔결과 파일 경로〕 부록 CD\Sample\Part06\After\날짜함수_완성.xlsx

01 ❶ [예정일구하기] 시트를 클릭합니다. ❷ [F5] 셀을 클릭한 후 ❸ [수식] 탭의 [함수 라이브러리 – 날짜 및 시간 날짜 및 시간 ▾]을 클릭하고 ❹ [WORKDAY]를 클릭합니다.

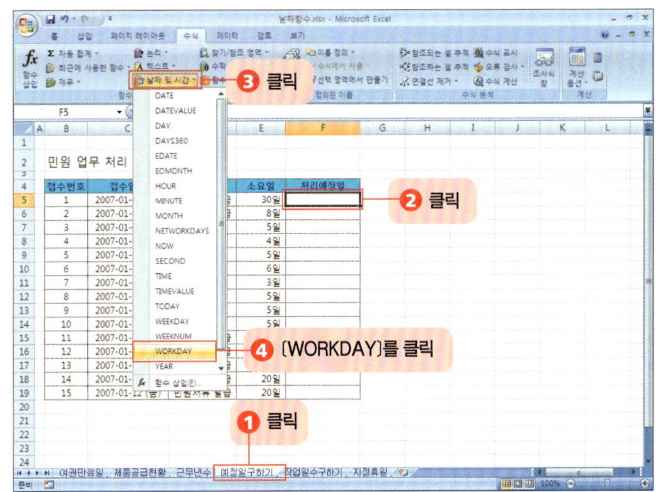

02 [함수 인수] 대화상자가 나타나면 ❶ 다음과 같이 인수를 지정한 후 ❷ Holidays 입력란을 클릭하여 커서를 위치시킵니다.

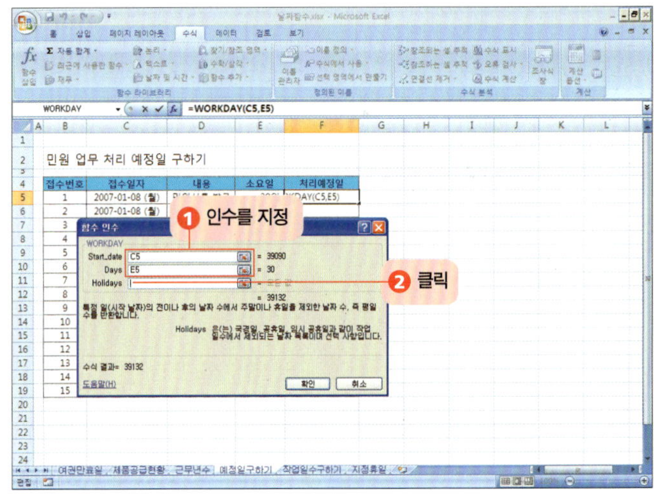

info Start_date : C5
Days : E5

03 ❶ [지정휴일] 시트를 클릭한 후 ❷ [A2:A13]을 범위 지정하고 ❸ F4 를 눌러 절대 참조로 만듭니다. 서식이 「지정휴일!$A$2:$A$13」이 되면 ❹ [확인] 버튼을 클릭합니다.

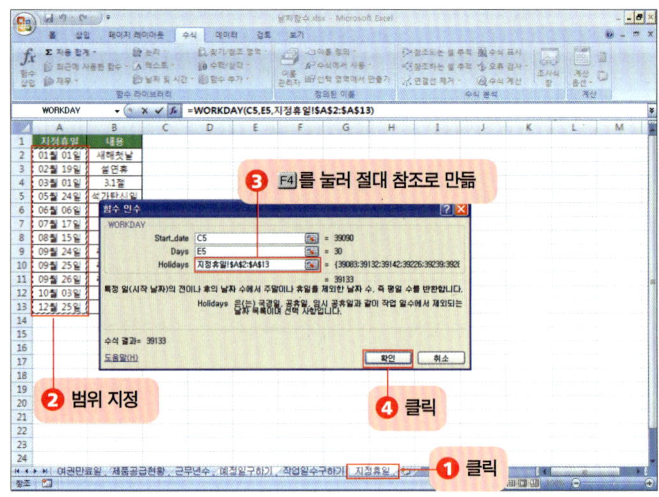

04 다음과 같이 결과가 나타납니다. 날짜 서식이 지정되지 않았기 때문에 일련 번호로 표시됩니다.

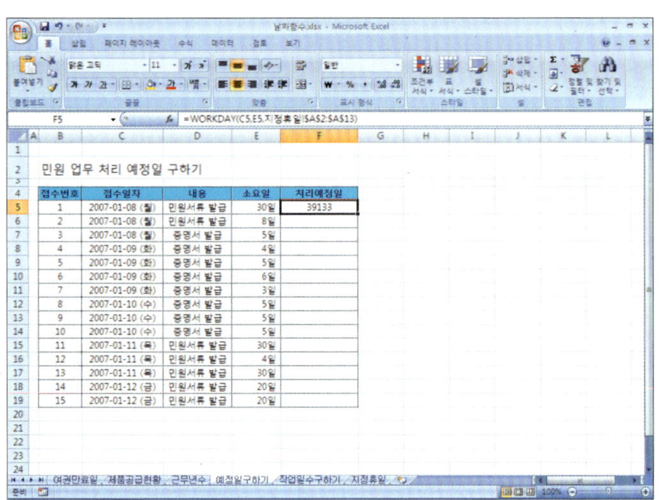

05 [C5] 셀의 서식을 복사하기 위해 ❶ [C5] 셀을 클릭한 후 ❷ [홈] 탭의 [클립보드 – 서식 복사 🖌] 를 클릭합니다.

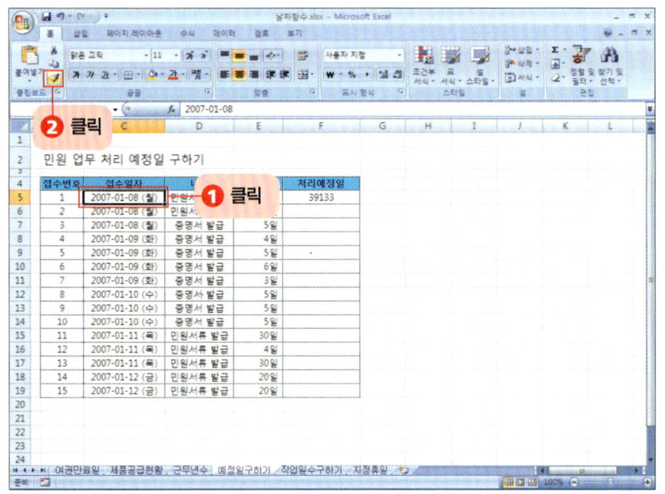

06 셀 포인터가 ⊕ 모양이 되면 [F5] 셀을 클릭합니다.

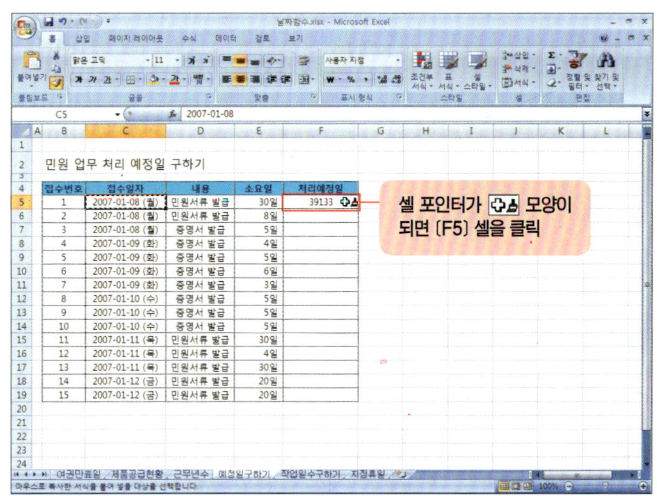

07 다음과 같이 서식이 복사됩니다.

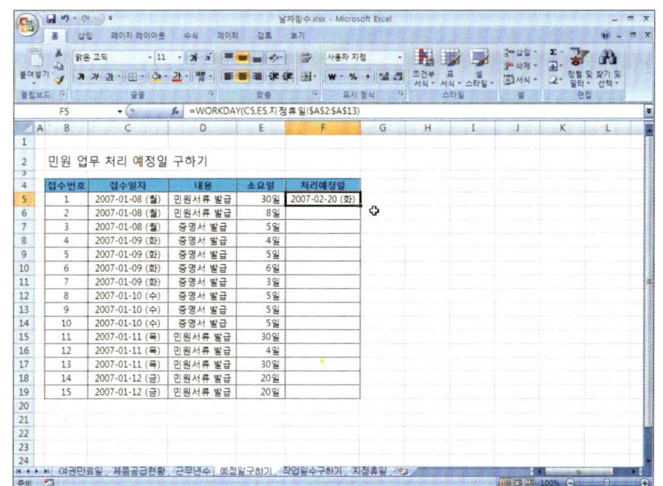

08 [F5] 셀의 채우기 핸들을 드래그하여 복사합니다.

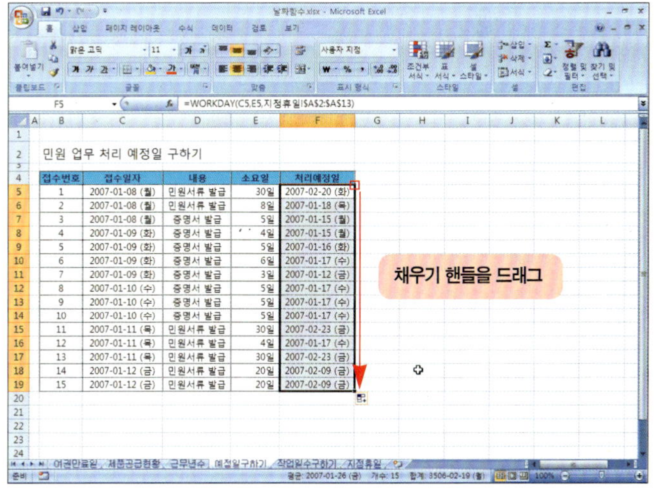

TIP 채우기 핸들을 더블클릭해도 됩니다.

TIP 소요일이 입력되어 있는 [E5]셀은 「30일」로 표시되지만 실제 입력 값은 「30」입니다. 만약 「30일」로 입력되어 있다면 올바른 계산 결과가 나올 수 없습니다. 「30일」은 숫자가 아니라 문자 데이터이기 때문입니다.

프로젝트 작업일수 구하기

프로젝트별 작업일수를 구하겠습니다. 간단한 따라하기를 통해 연습해 보세요.

〔예제 파일 경로〕 부록 CD\Sample\Part06\날짜함수.xlsx | 〔결과 파일 경로〕 부록 CD\Sample\Part06\After\날짜함수_완성.xlsx

01 ❶ [작업일수구하기] 시트를 클릭합니다. ❷ [E5] 셀을 클릭한 후 ❸ [수식] 탭의 [함수 라이브러리 – 날짜 및 시간 날짜 및 시간]을 클릭하고 ❹ [NETWORKDAYS]를 클릭합니다.

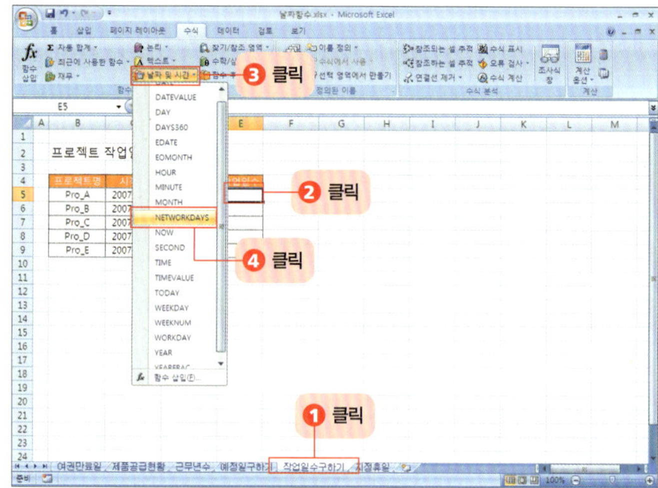

02 [함수 인수] 대화상자가 나타나면 ❶ 다음과 같이 인수를 지정한 후 ❷ Holidays 입력란을 클릭하여 커서를 위치시킵니다.

info Start_date : C5
End_date : D5

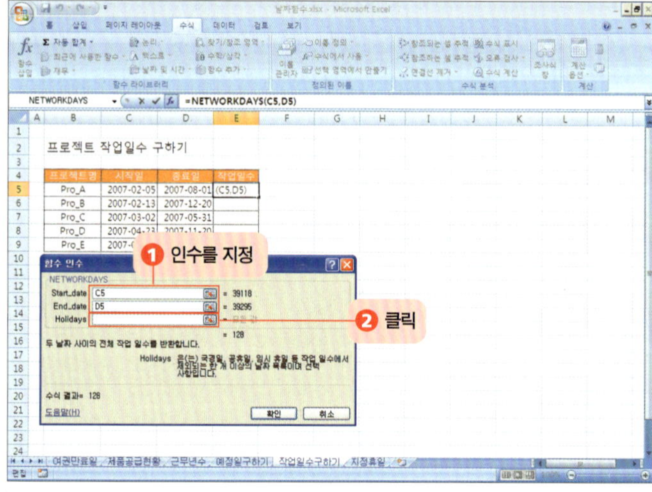

03 ❶ [지정휴일] 시트를 클릭한 후 ❷ [A2:A13]을 범위 지정하고 ❸ F4 를 눌러 절대 참조로 만듭니다. 서식이 「지정휴일!$A$2:$A$13」이 되면 ❹ [확인] 버튼을 클릭합니다.

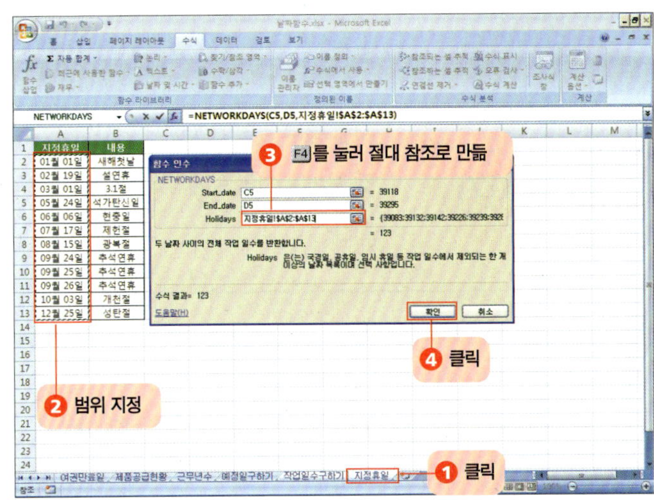

04 작업일수가 구해지면 [E5] 셀의 채우기 핸들을 드래그하여 복사합니다.

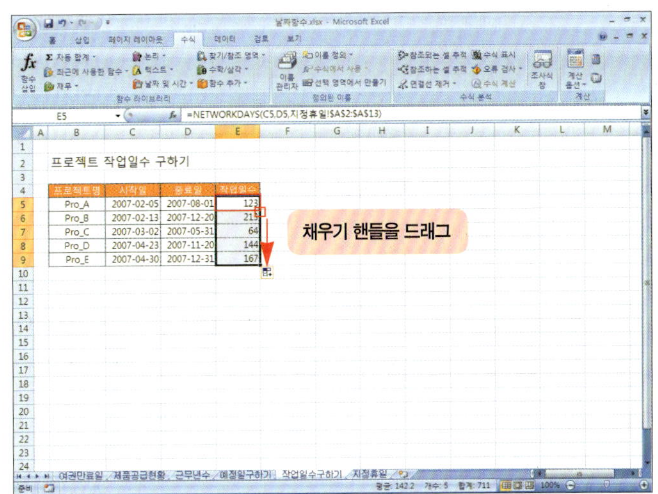

TIP　열 숨기기

만약 특정 열을 숨겨서 데이터를 감추려면 숨길 열 머리글을 범위 지정한 후 마우스 오른쪽 버튼을 클릭하여 [숨기기]를 선택합니다. 다시 숨기기를 해제하려면 열 머리글을 범위 지정한 후 마우스 오른쪽 버튼을 클릭하여 [숨기기 취소]를 선택합니다.

사원 명부 관리하기

Master Excel 실력다지기

사원 명부 관리 대장에서 입사일을 기준으로 퇴사한 사람과 재직 중인 사람을 구분하여 근속 개월 수를 구해 보겠습니다. 그리고 계약직 사원들의 계약 개월 수에 따른 계약 만료일 날짜를 EDATE 함수를 통하여 알아보겠습니다.

〔예제 파일 경로〕 부록 CD\Sample\Part06\사원명부.xlsx | 〔결과 파일 경로〕 부록 CD\Sample\Part06\After\사원명부_완성.xlsx

완성 예제 미리 보기

우리산업 사원명부

2007-02-09 현재

사번	채용구분	부서	직책	성명	입사일	퇴사일	근속월수	계약월수	계약만료일
WD0405-001	정규직	관리부	부장	이한구	2004-05-15		32		
WD0405-002	정규직	총무부	사원	이덕구	2004-05-20		32		
WD0405-003	정규직	영업부	사원	황보훈	2004-05-30	2006-12-31	31		
WD0501-001	정규직	관리부	사원	김상훈	2005-01-08		25		
WD0501-002	정규직	영업부	대리	이자영	2005-01-20	2006-12-31	23		
WD0504-001	정규직	총무부	과장	임병준	2005-04-15	2007-01-03	20		
WD0607-002	정규직	영업부	부장	천미회	2006-07-19		6		
WD0504-002	계약직	경리부	과장	박두일	2006-04-19		9	12	2007-04-19
WD0607-001	계약직	경리부	대리	한기래	2006-07-10		6	18	2008-01-10
WD0701-001	계약직	영업부	사원	이은성	2007-01-04		1	24	2009-01-04

01 [K3] 셀에 수식 「=TODAY()」를 입력한 후 Enter 를 누릅니다.

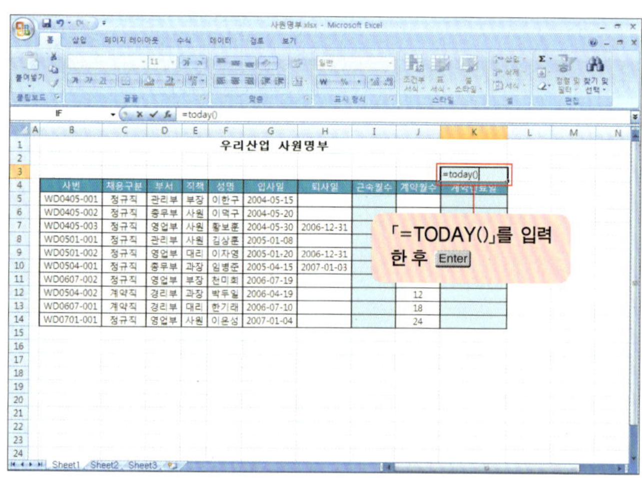

Note =TODAY()는 오늘 날짜를 반환하는 함수입니다.

TIP TODAY 함수는 컴퓨터에 설정된 오늘 날짜를 반환하므로 실습 시 책의 날짜와 다를 수 있습니다.

02 ❶ [K3] 셀에서 마우스 오른쪽 버튼을 클릭한 후 ❷ [셀 서식]을 클릭합니다.

03 [셀 서식] 대화상자가 나타나면 ❶ [표시 형식] 탭의 범주에서 '사용자 지정'을 클릭한 후 ❷ 형식에 「yyyy-mm-dd "현재"」를 입력하고 ❸ [확인] 버튼을 클릭합니다.

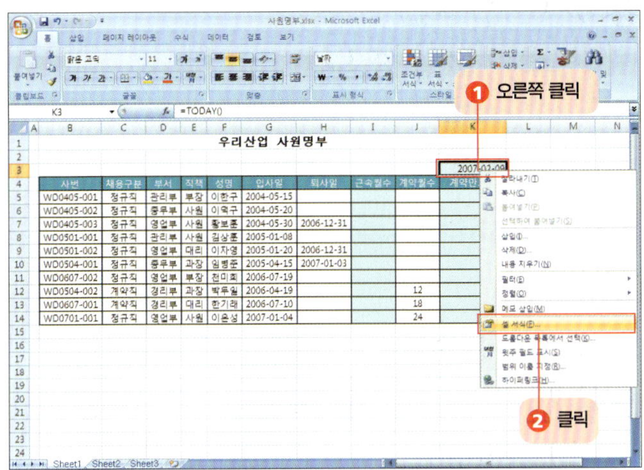

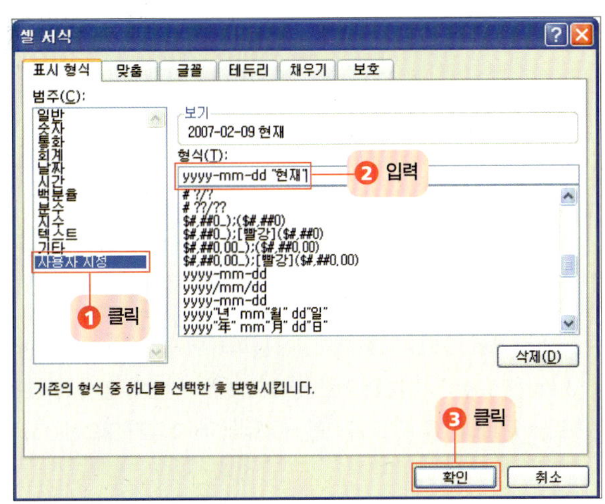

04 다음과 같이 오늘 날짜 뒤에 '현재'라는 글자가 표시됩니다.

05 ❶ [I5] 셀을 클릭한 후 ❷ [수식] 탭의 [함수 라이브러리 – 논리 논리]를 클릭하고 ❸ [IF]를 클릭합니다.

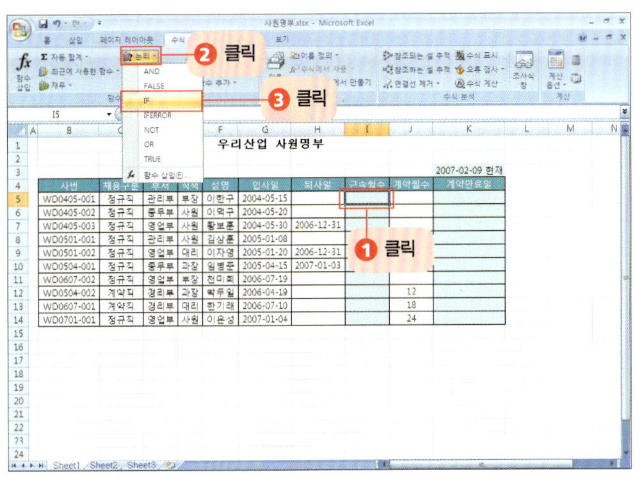

06 [함수 인수] 대화상자가 나타나면 ❶ 다음과 같이 인수를 지정한 후 ❷ [확인] 버튼을 클릭합니다.

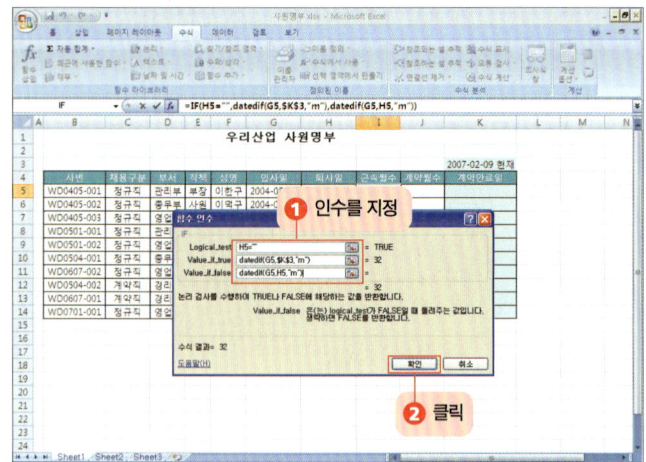

> **info** **Logical_test** : H5 = "" ▶ 퇴사일에 날짜가 입력되어 있지 않으면, 즉 재직 중이면
>
> **Value_if_true** : DATEDIF(G5,$K$3,"m") ▶ [G5] 셀과 [$K$3] 셀을 기준으로 근속 개월 수를 구하고
>
> **Value_if_false** : DATEDIF(G5,H5,"m") ▶ 그렇지 않으면 [G5] 셀과 [H5] 셀을 기준으로 근속 개월 수를 구합니다.

07 근속 개월 수가 구해지면 [I5] 셀의 채우기 핸들을 드래그하여 복사합니다.

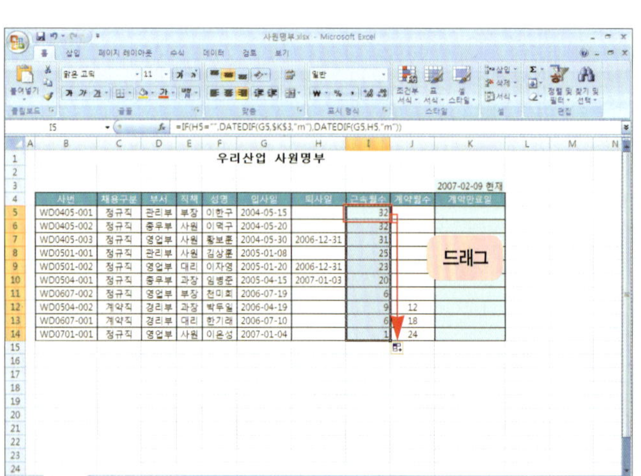

08 채용 구분이 계약직인 경우 계약 만료일을 구하기 위해 ❶ [K5] 셀을 클릭한 후 ❷ [수식] 탭의 [함수 라이브러리 – 논리 논리 ▾]를 클릭하고 ❸ [IF]를 클릭합니다.

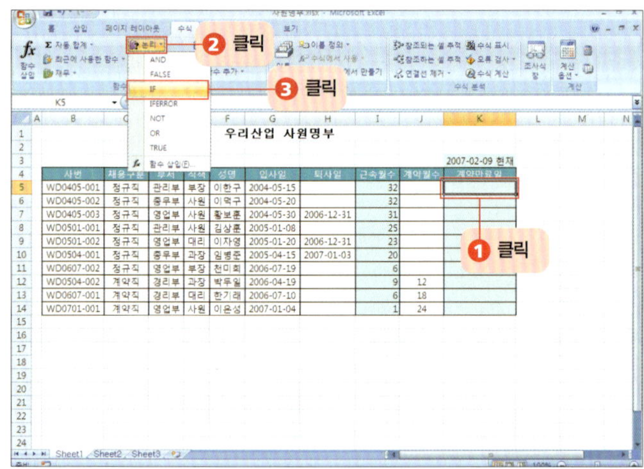

09 [함수 인수] 대화상자가 나타나면 ❶ Logical_test 에 「C5="계약직"」을 입력한 후 ❷ Value_if_true 입력란에 커서를 위치시키고 ❸ 이름 상자의 드롭 다운 버튼을 클릭한 후 ❹ [EDATE]를 클릭합니다.

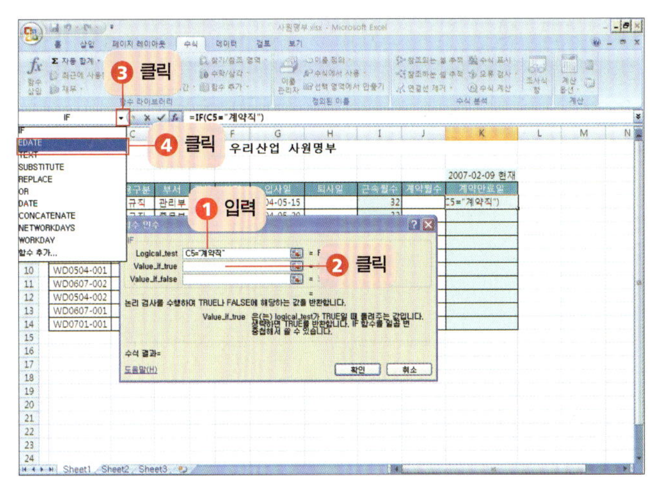

TIP EDATE 함수가 목록에 나타나지 않으면 (함수 추가)를 클릭합니다.

10 EDATE 함수의 [함수 인수] 대화상자가 나타나면 ❶ 다음과 같이 인수를 지정한 후 ❷ IF 함수로 되 돌아가기 위해 수식 입력줄에서 'IF' 라고 쓰여 있 는 부분을 클릭합니다.

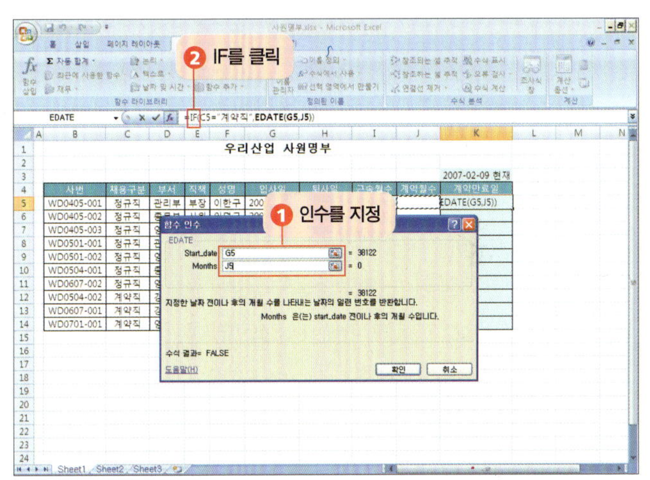

info Start_date : G5 ▶ 입사일을 기준으로
Months : J5 ▶ 계약 개월 수 후의 날짜가 계산됩니다.
EDATE 함수는 특정일을 기준으로 몇 개월 후의 날짜를 반환하 는 함수로, 형식은 EDATE(기준일, 개월 수)입니다. =EDATE(today(),9)는 오늘로부터 9개월 후의 날짜를 반환 하고 =EDATE(today(),-9)는 오늘로부터 9개월 전의 날짜를 반환합니다.

TIP EDATE 함수의 계산 결과는 개월 수만 반영되고 일수는 기준 일과 동일합니다.

11 IF 함수의 [함수 인수] 대화상자로 되돌아오면 ❶ Value_if_false 입력란에 「""」을 입력한 후 ❷ [확 인] 버튼을 클릭합니다.

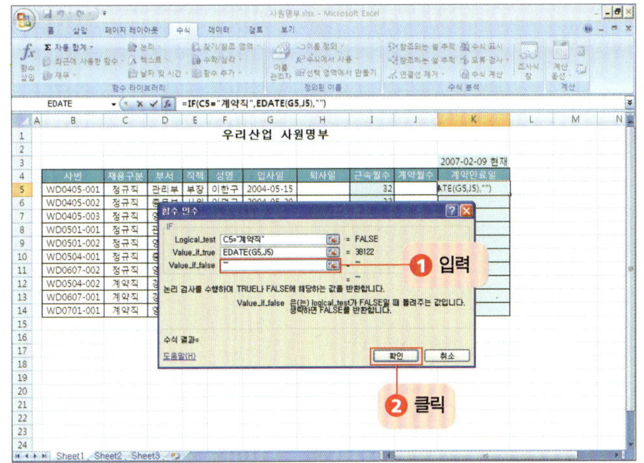

12 [K5] 셀의 채우기 핸들을 드래그하여 복사합니다.

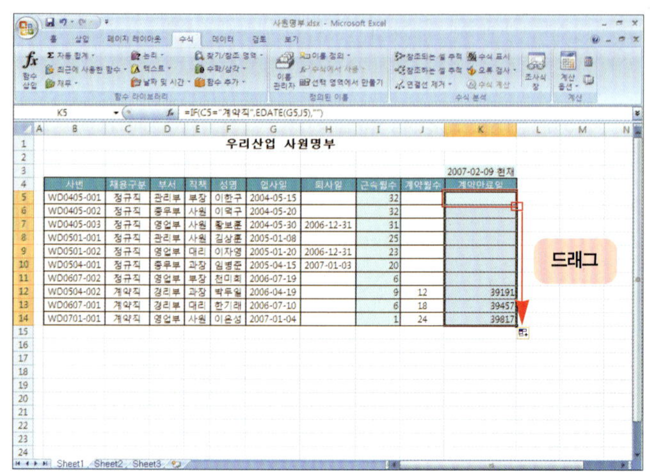

13 ❶ [K5:K14]를 범위 지정한 후 ❷ [홈] 탭의 [표시 형식 - 간단한 날짜]를 클릭합니다.

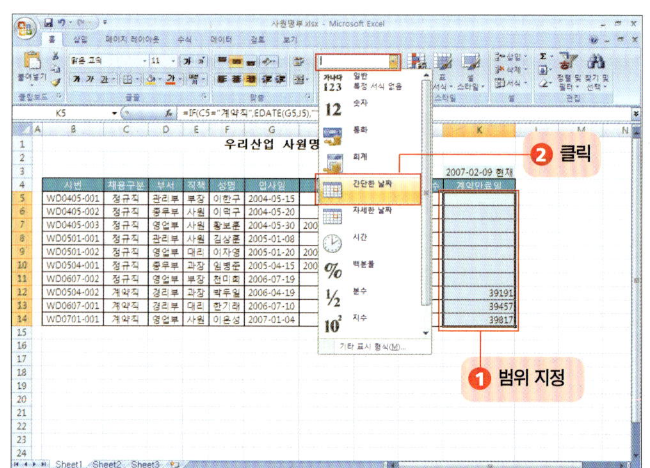

14 다음과 같이 계약직 사원에 대한 계약 만료일이 구해집니다.

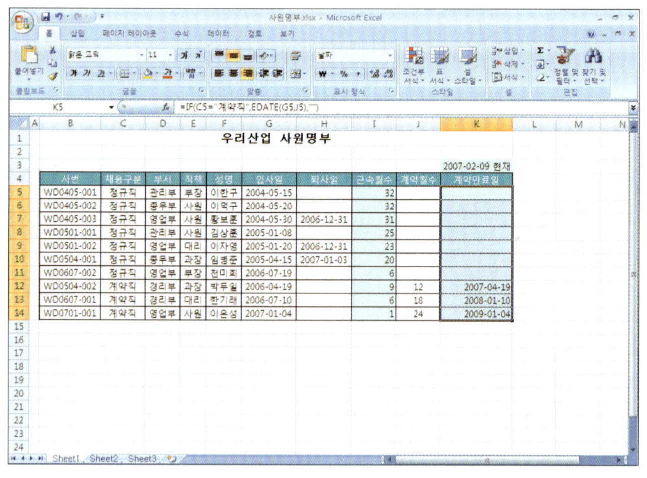

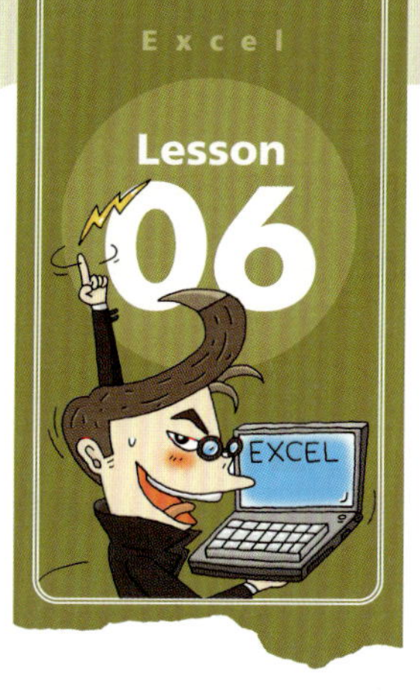

텍스트를 다루는 함수

텍스트 함수는 셀에 입력된 문자 중에서 원하는 위치의 문자를 추출하는 데에 사용하는 것으로, 주로 외부 데이터를 가공할 때에 많이 사용됩니다.

새로운 데이터로 만드는 LEFT, MID, RIGHT, CONCATENATE 함수

LEFT, MID, RIGHT 함수는 셀에 입력된 문자에서 원하는 위치의 문자를 지정한 개수 만큼 추출할 때에 사용합니다.

또한, CONCATENATE 함수는 여러 문자열을 하나의 문자열로 결합할 때에 사용하며, 기능은 & 연산자와 같으나 결합할 문자열이 많을 경우 '&' 연산자와 따옴표("")를 일일이 입력하지 않아도 되므로 편리합니다.

LEFT, MID, RIGHT, CONCATENATE 함수의 기능과 형식은 다음과 같습니다.

함수명	형 식	기 능
LEFT	LEFT(문자열, 추출할 문자 수)	문자열의 왼쪽부터 지정한 문자 수 만큼 추출
RIGHT	RIGHT(문자열, 추출할 문자 수)	문자열의 오른쪽부터 지정한 문자 수 만큼 추출
MID	MID(문자열, 시작 위치, 추출할 문자 수)	문자열의 지정한 시작 위치에서 지정한 문자 수 만큼 추출
CONCATENATE	CONCATENATE(문자열1, 문자열2,…)	여러 문자열을 한 문자열로 결합

LEFT, RIGHT, MID 함수를 이용하여 [A1] 셀의 문자열을 추출한 결과입니다.

	A	B	C	D
1	텍스트함수	LEFT함수	RIGHT함수	MID함수
2	수식	=LEFT(A1,3)	=RIGHT(A1,2)	=MID(A1,3,2)
3	결과	텍스트	함수	트함

CONCATENATE 함수를 이용하여 [A2], [B2], [C2] 셀에 흩어져 있는 주소를 결합한 결과입니다.

D2   fx   =CONCATENATE(A2,"시 ",B2,"구 ",C2,"동")

	A	B	C	D	E	F
1	주소1	주소2	주소3	주소4		
2	서울	서초	양재	서울시 서초구 양재동		

데이터 가공하여 새로운 데이터 만들기

이번에는 LOT_ID "AA30H500"을 "AA30-H-500"로 가공하여 원 LOT_ID로 사용해 보겠습니다. 간단한 따라하기를 통해 연습해 보세요.

〔예제 파일 경로〕부록 CD\Sample\Part06\텍스트함수.xlsx | 〔결과 파일 경로〕부록 CD\Sample\Part06\After\텍스트함수_완성.xlsx

01 ❶ [공정현황] 시트를 클릭합니다. ❷ [C4] 셀을 클릭한 후 ❸ [수식] 탭의 [함수 라이브러리 – 텍스트]를 클릭하고 ❹ [CONCATENATE]를 클릭합니다.

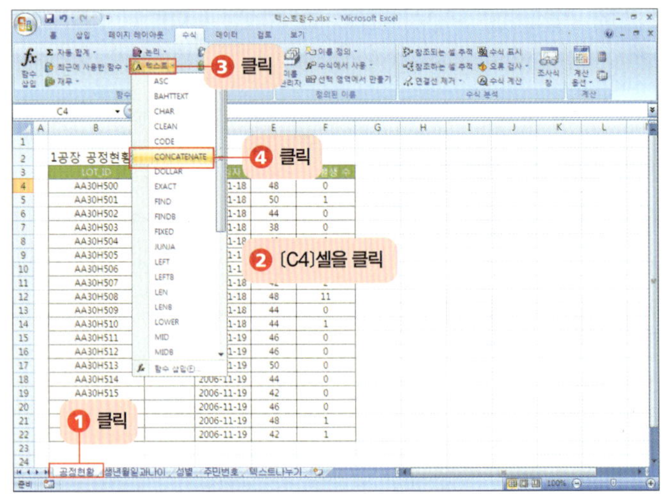

02 [함수 인수] 대화상자가 나타나면 ❶ 다음과 같이 인수를 지정한 후 ❷ [확인] 버튼을 클릭합니다.

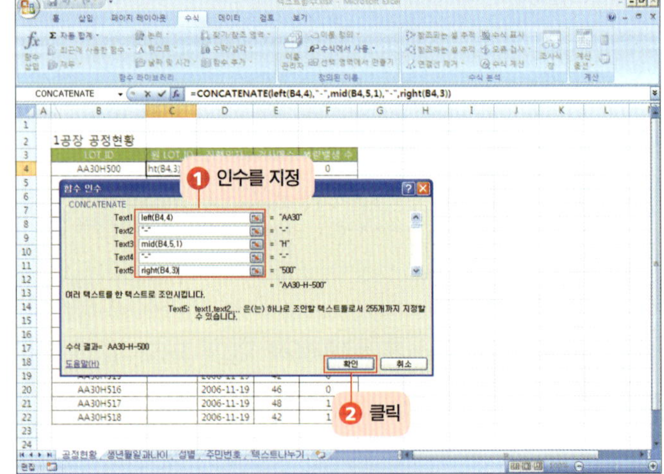

> **TIP** CONCATENATE 함수 대신 & 연산자를 이용하려면 「=left(B4,4) & "-" & mid(B4,5,1) & "-" & right(B4,3)」로 작성합니다.

> **info** Text1 : left(B4,4) ▶ 〔B4〕 셀에 입력된 문자 중 왼쪽에서 4문자를 추출합니다.
> Text2 : "-"
> Text3 : mid(B4,5,1) ▶ 〔B4〕 셀에 입력된 문자 중 5번째에서 1문자를 추출합니다.
> Text4 : "-"
> Text5 : right(B4,3) ▶ 〔B4〕 셀에 입력된 문자 중 오른쪽에서 4글자를 추출합니다.

03 [C4] 셀에 [B4]셀의 텍스트가 다음과 같이 가공됩
니다.

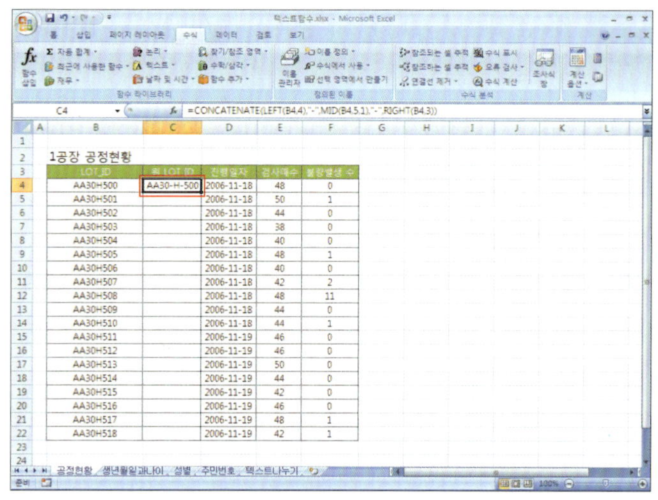

04 [C4] 셀의 채우기 핸들을 드래그하여 복사합니다.

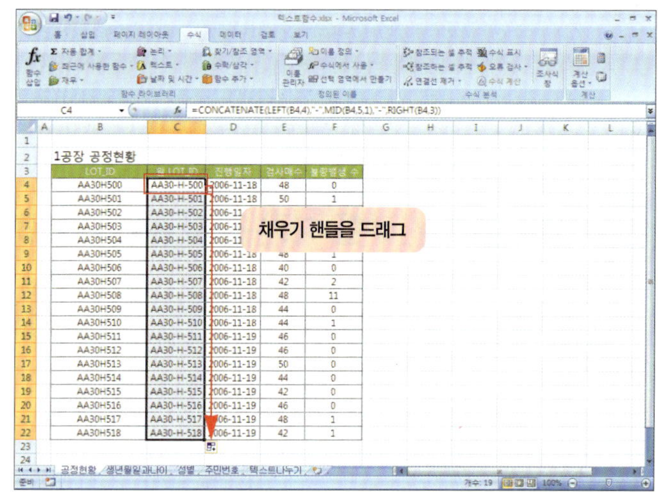

TIP 〔함수 인수〕 대화상자에서 다음 인수 입력란으로 넘어갈 때 마우스로 클릭해도 되지만 [Tab]을 누르면 더 편리합니다. CONCATENATE 함수는
255개의 텍스트를 연결할 수 있습니다. 처음에는 Text1, Text2만 보이지만 계속 [Tab]을 누르면 텍스트를 입력할 수 있는 입력란이 증가합니다.

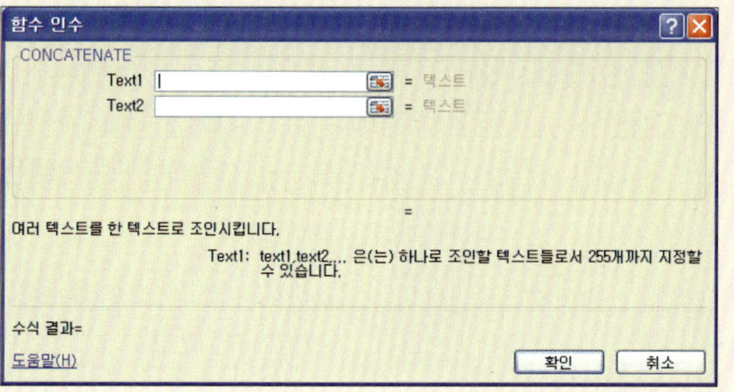

IF, OR, DATE, LEFT, MID, TODAY, YEAR 함수

주민등록번호 앞의 6자리는 생년월일을 뜻합니다. 그냥 LEFT(주민등록번호,6)하면 텍스트 형태로 가져오므로 생년월일을 날짜 형태, 즉 "74-12-15"처럼 가져오기 위해 날짜 함수를 같이 이용합니다.

주민등록번호는 741215-1715716 과 001213-4899219처럼 1900년대 출생자와 2000년대 출생자로 나눌 수 있습니다. 1900년대 출생자는 성별을 구분하는 8번째 숫자가 "1"이거나 "2"이고, 2000년대 출생자는 성별을 구분하는 8번째 숫자가 "3"이거나 "4"입니다.

1900년대 출생자와 2000년대 출생자의 생년월일을 구하는 수식이 다르므로, 성별을 구분하는 8번째 숫자를 기준으로 산출하겠습니다.

 **Page** IF, OR 함수와 같은 논리 함수에 대해서는 321쪽을, 날짜/시간 함수인 DATE 함수에 대해서는 333쪽을 참고하세요. 또 텍스트 함수인 LEFT, MID 함수에 대해서는 353쪽을 참고하세요.

문자열의 일부를 다른 문자열로 대체하는 REPLACE 함수

REPLACE 함수는 문자열의 일부를 다른 문자열로 바꾸어 주는 함수입니다. 예를 들어 고객들의 주민등록번호 뒷자리를 '＊'로 대체하여 개인 정보를 보호할 때에 사용할 수 있습니다.

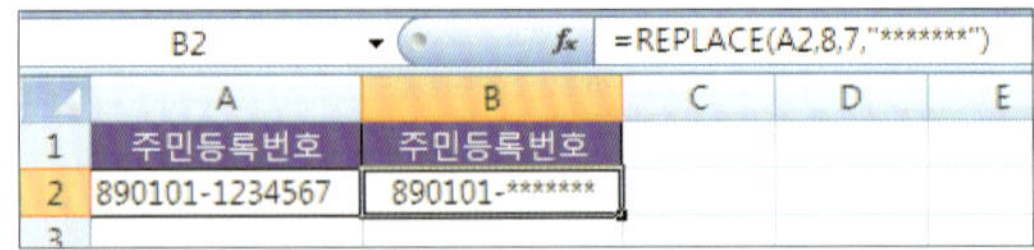

REPLACE 함수

기능	지정한 문자 수에 따라 문자열의 일부를 다른 문자열로 바꿉니다.
형식	REPLACE(Old_text, Start_num, Num_chars, New_text)
인수	Old_text : 바꾸려는 문자열 Start_num : 바꾸기를 시작할 위치 Num_chars : 바꾸려는 문자 수 New_text : 대체할 새 문자열

주민등록번호를 이용하여 생년월일 구하기

주민등록번호에서 바로 생년월일을 구할 수 있지만 이번에는 수식을 단순화하기 위해 1단계, 2단계로 나누어서 생년월일을 구해 보겠습니다.

〔예제 파일 경로〕 부록 CD\Sample\Part06\텍스트함수.xlsx　|　〔결과 파일 경로〕 부록 CD\Sample\Part06\After\텍스트함수_완성.xlsx

---

● **1단계 : IF, MID 함수로 1900년대/2000년대 출생자를 구분하기**

01　❶ [생년월일과나이] 시트를 클릭합니다. ❷ [D5] 셀을 클릭한 후 ❸ [수식] 탭의 [함수 라이브러리 – 논리]를 클릭하고 ❹ [IF]를 클릭합니다.

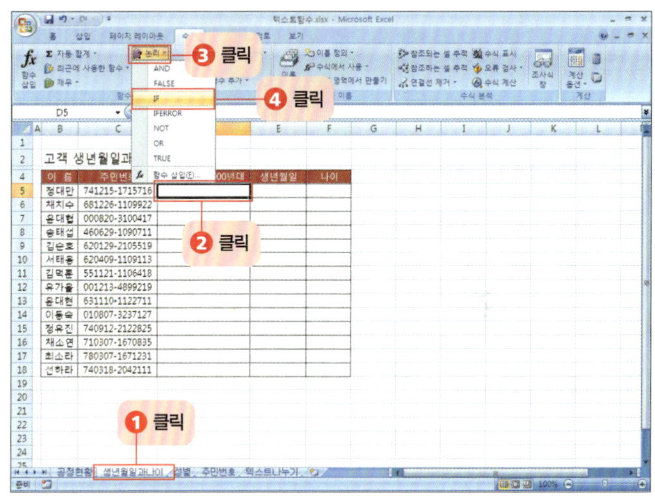

02　[함수 인수] 대화상자가 나타나면 OR 함수를 사용하기 위해 이름 상자의 드롭다운 버튼을 클릭한 후 [OR]을 클릭합니다.

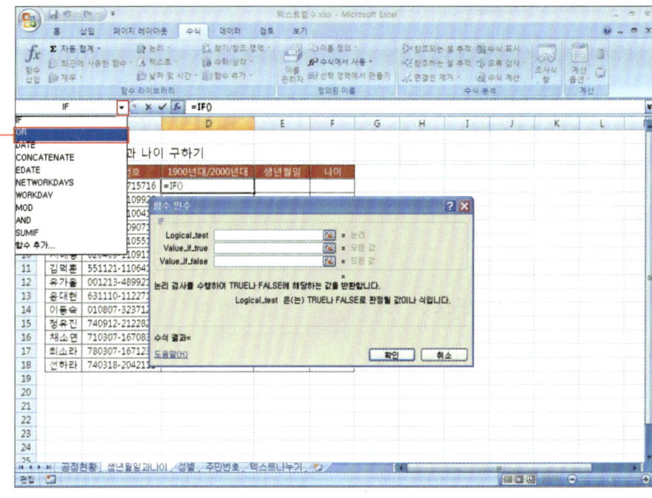

TIP　OR 함수가 목록에 나타나지 않으면 〔함수 추가〕를 클릭합니다.

03 OR 함수의 [함수 인수] 대화상자가 나타나면 ❶ 다음과 같이 인수를 지정한 후 ❷ IF 함수로 되돌아가기 위해 수식 입력줄에 IF라고 쓰여 있는 부분을 클릭합니다.

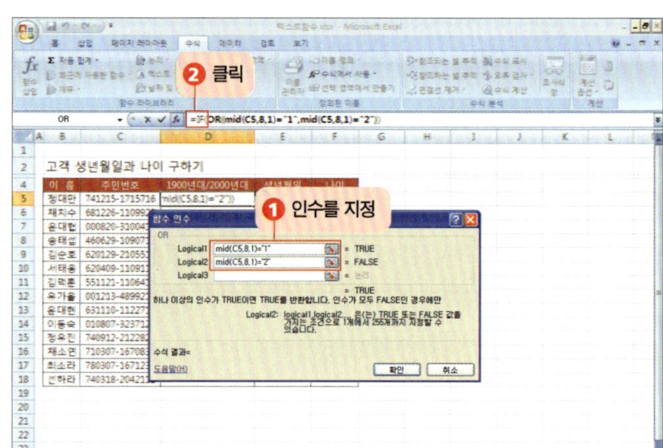

info **Logical1** : mid(C5,8,1)="1" ▶ 주민등록번호의 8번째에서 1글자를 가져온 것이 문자열 1과 같거나
Logical2 : mid(C5,8,1)="2" ▶ 주민등록번호의 8번째에서 1글자를 가져온 것이 문자열 2와 같으면

TIP 〔함수 인수〕 대화상자에서 반복되는 수식은 [Ctrl] + [C]로 복사한 후 [Ctrl] + [V]로 붙여넣기하면 편리합니다.

04 IF의 [함수 인수] 대화상자가 나타나면 ❶ Value_if_true와 Value_if_false에 다음과 같이 인수를 지정한 후 ❷ [확인] 버튼을 클릭합니다.

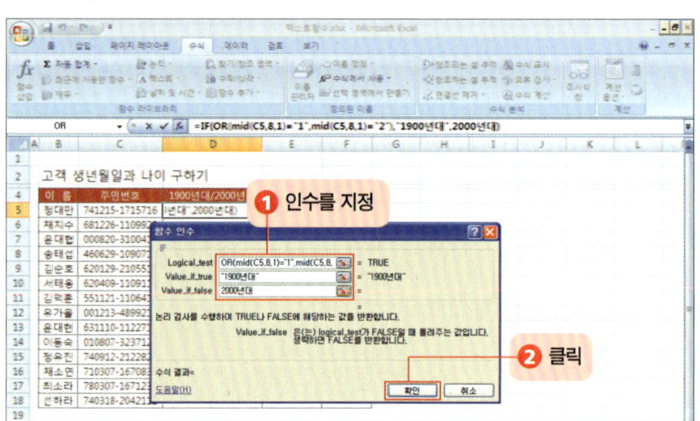

info **Logical_test** : OR(mid(C5,8,1)="1",mid(C5,8,1)="2") ▶ 주민등록번호 8번째에서 1글자를 추출한 것이 문자열 "1"이거나 "2"이면
Value_if_true : "1900년대" ▶ "1900년대"를 출력하고
Value_if_false : "2000년대" ▶ 그렇지 않으면 "2000년대"를 출력합니다.

TIP 함수 마법사의 〔함수 인수〕 대화상자가 너무 많이 나타나면 오히려 더 복잡할 수 있으므로, 비교적 형식이 간단한 함수는 직접 입력하는 것이 편리합니다.

05 [D5] 셀의 채우기 핸들을 드래그하여 복사합니다.

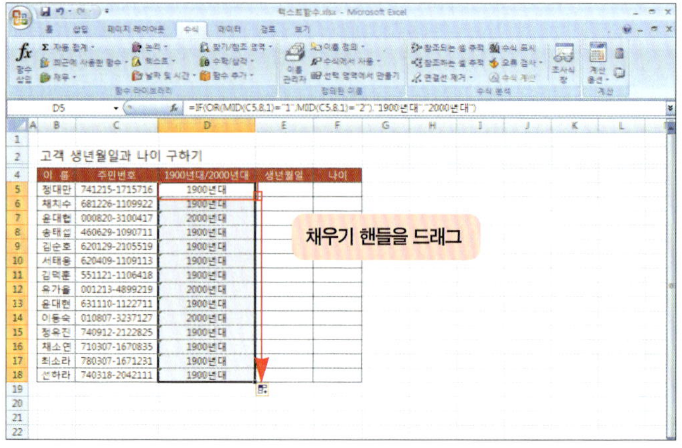

● 2단계 : 생년월일 구하기

01 ❶ [E5] 셀을 클릭한 후 ❷ [수식] 탭의 [함수 라이브러리 – 논리 논리 ▾]를 클릭하고 ❸ [IF]를 클릭합니다.

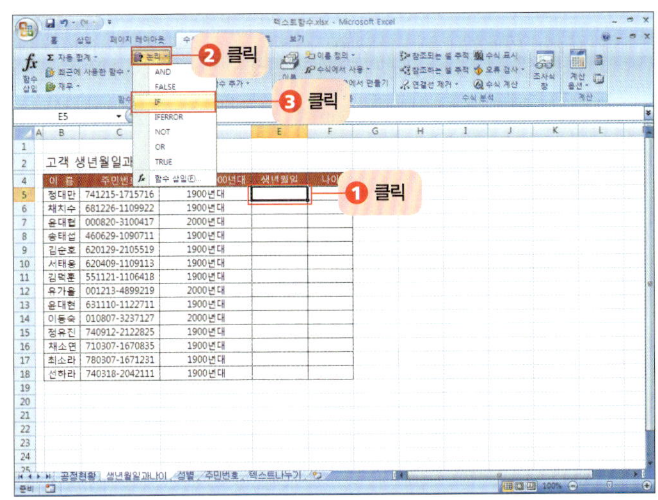

02 [함수 인수] 대화상자가 나타나면 ❶ Logical_test에 「D5="1900년대"」를 입력한 후 ❷ Value_if_true 입력란에 커서를 위치시키고 ❸ 이름 상자의 드롭다운 버튼을 클릭한 후 ❹ [DATE]를 클릭합니다.

> **TIP** DATE 함수가 목록에 나타나지 않으면 [함수 추가]를 클릭합니다.

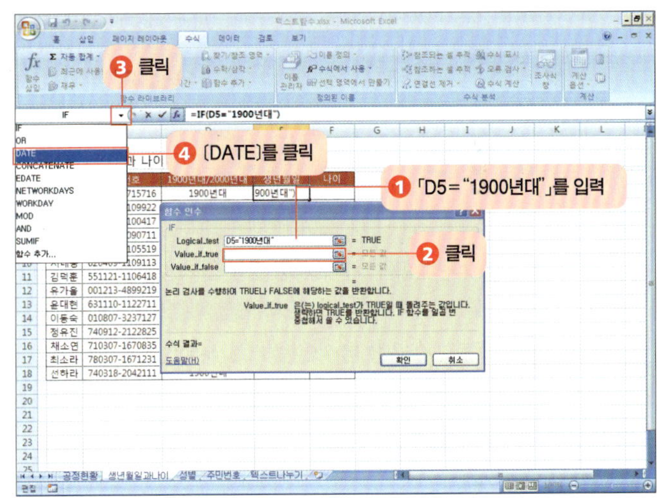

03 DATE 함수의 [함수 인수] 대화상자가 나타나면 다음과 같이 인수를 지정합니다.

> **info** **Year** : left(C5,2) ▶ 주민등록번호에서 "연도"에 해당하는 부분을 추출
>
> **Month** : mid(C5,3,2) ▶ 주민등록번호에서 "월"에 해당하는 부분을 추출
>
> **Day** : mid(C5,5,2) ▶ 주민등록번호에서 "일"에 해당하는 부분을 추출

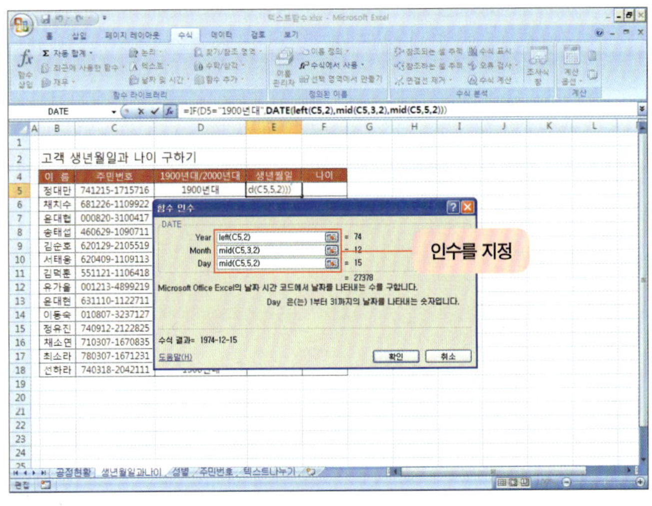

04 IF 함수로 되돌아가기 위해 수식 입력줄에 'IF' 라고 쓰여 있는 부분을 클릭하면 다음과 같이 IF 함수의 [함수 인수] 대화상자가 나타납니다.

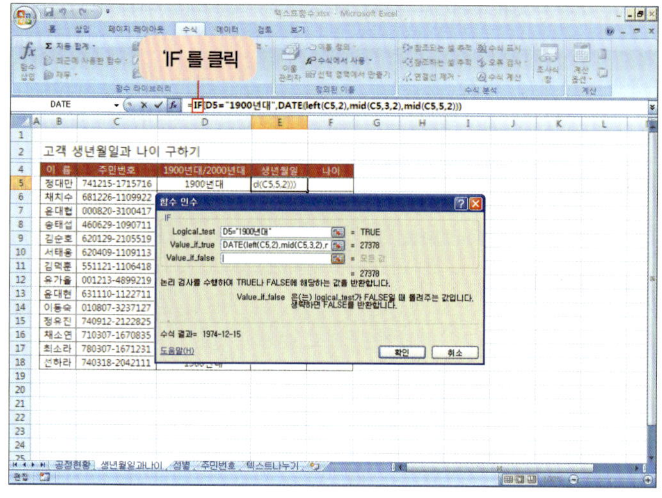

05 Value_if_false와 Value_if _true이 수식과 같으므로 Value_if_true의 수식을 범위 지정한 후 Ctrl + C를 눌러 복사합니다.

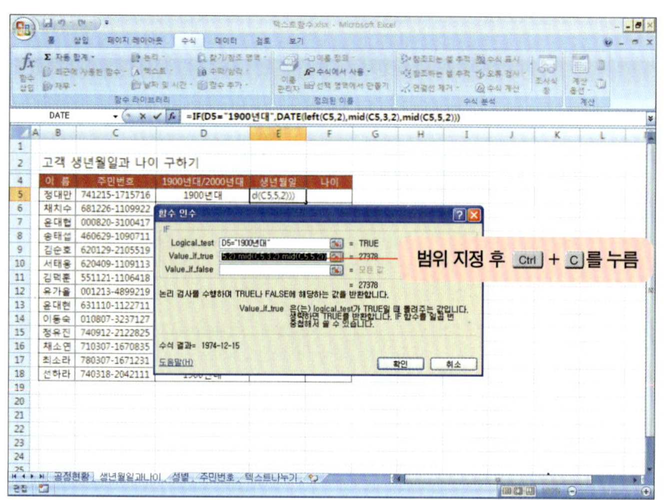

06 ❶ Value_if_false에서 Ctrl + V를 눌러 수식을 붙여넣기하고 ❷ 'left(C5,2)' 수식 뒤에 「+100」을 입력합니다.

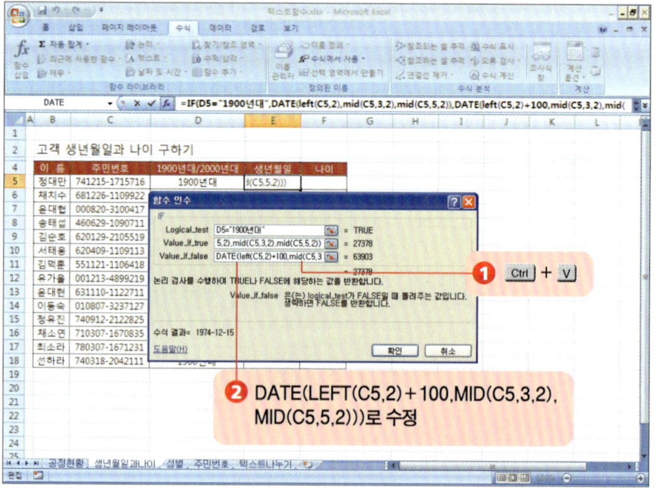

 **Logical_test** : D5＝"1900년대" ▶ 〔D5〕 셀의 값이 "1900년대"이면

Value_if_true : DATE(LEFT(C5,2),MID(C5,3,2),MID(C5,5,2))

▶ 주민등록번호에서 생년월일에 해당하는 연, 월, 일을 추출하여 DATE 함수로 날짜 형식으로 반환합니다.

Value_if_false : DATE(LEFT(C5,2)＋100,MID(C5,3,2),MID(C5,5,2)))

▶ 그렇지 않으면 주민등록번호에서 생년월일에 해당하는 연, 월, 일을 추출하여 DATE 함수로 날짜 형식으로 반환하는데, 연도(Year)에 ＋100 을 하여 날짜 형식으로 반환합니다.

DATE 함수에서 Year에 두 자리를 입력하면 자동으로 1900을 더합니다. 예를 들어 74가 입력되면 1974로 인식합니다. 그런데 2000년도가 생일인 경우 주민등록번호에서 00만 추출하여 입력하면 1900년이 되므로 ＋100을 해서 2000년도로 만들어 줍니다.

07 〔E5〕 셀의 채우기 핸들을 드래그하여 복사합니다.

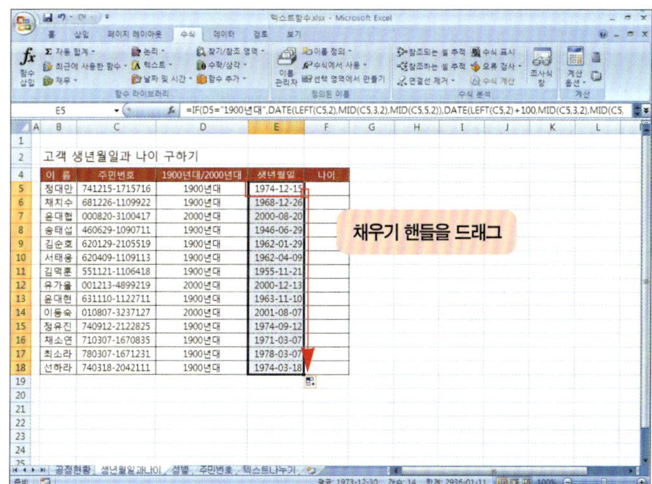

Note 생년월일을 1단계와 2단계로 나누지 않고 한꺼번에 처리하려면 다음과 같이 수식을 입력합니다.

＝IF(OR(MID(C5,8,1)＝"1",MID(C5,8,1)＝"2"),DATE(LEFT(C5,2),MID(C5,3,2),MID(C5,5,2)),DATE(LEFT(C5,2)＋100,MID(C5,3,2),MID(C5,5,2)))

TIP 수식이 너무 길어 수식 입력줄에서 전체 수식이 보이지 않을 경우에는 〔수식 입력줄 확장〕을 클릭합니다.

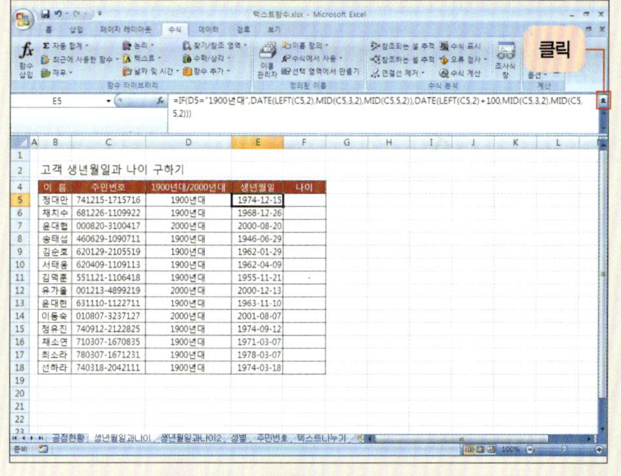

나이 계산하기

Action Excel
도전! 엑셀

나이를 계산하기 위해 사용되는 함수는 TODAY, YEAR 함수입니다. TODAY 함수는 오늘의 날짜를 반환하는 함수이고, YEAR 함수는 날짜에서 연도만 추출하는 함수입니다.

〔예제 파일 경로〕 부록 CD\Sample\Part06\텍스트 함수.xlsx | 〔결과 파일 경로〕 부록 CD\Sample\Part06\After\텍스트 함수_완성.xlsx

01 ❶ [생년월일과나이2] 시트를 클릭합니다. ❷ [F5] 셀에 「=YEAR(TODAY())-YEAR(E5)+1」을 입력한 후 Enter 를 누릅니다.

> **Note** 나이 구하는 식 : 현재 연도 - 태어난 해 + 1입니다.
> ❶ YEAR(TODAY()) ▶ TODAY() 함수로 오늘 날짜를 구한 후 YEAR 함수로 오늘 날짜의 연도만 추출합니다.
> ❷ YEAR(E5) ▶ YEAR 함수로 생년월일(E5)에서 연도만 추출합니다.
> 그리고 ❶에서 ❷를 뺀 후 1을 더합니다.

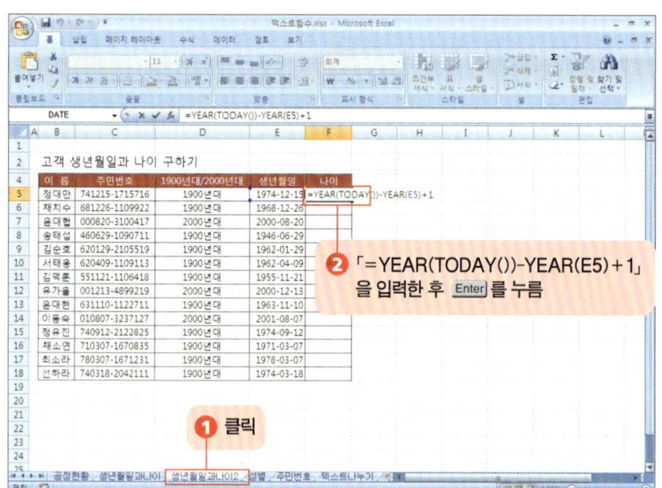

> **TIP** 올해가 2007년도라고 했을 때에 수식을 「2007-YEAR(E5)+1」로 입력하지 않고 「YEAR(TODAY())-YEAR(E5)+1」로 입력하는 것은 나이를 계산한 후 몇 년이 경과한 후에 문서를 열어보더라도 그 연도에 맞는 나이가 자동으로 계산되도록 하기 위함입니다.

02 [F5] 셀의 채우기 핸들을 드래그하여 복사합니다.

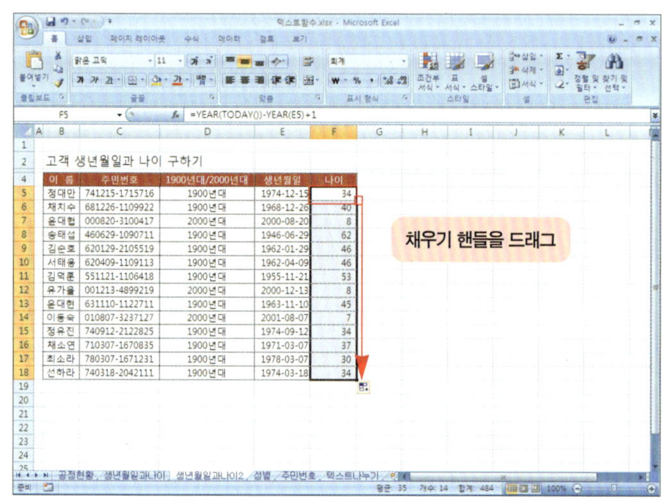

> **TIP** TODAY 함수는 컴퓨터에 설정된 날짜를 반환합니다. 컴퓨터 날짜를 수정하려면 윈도우 작업 표시줄의 오른쪽 아래에 있는 시간을 더블클릭합니다.

주민등록번호로 성별 구분하기

IF, MID 함수를 이용하여 주민등록번호에서 성별을 추출해 보겠습니다.

〔예제 파일 경로〕 부록 CD\Sample\Part06\텍스트함수.xlsx | 〔결과 파일 경로〕 부록 CD\Sample\Part06\After\텍스트함수_완성.xlsx

01 ❶ [성별] 시트를 클릭한 후 ❷ [D4] 셀을 클릭하고 ❸ [수식] 탭의 [함수 라이브러리 – 논리 논리]를 클릭한 후 ❹ [IF]를 클릭합니다.

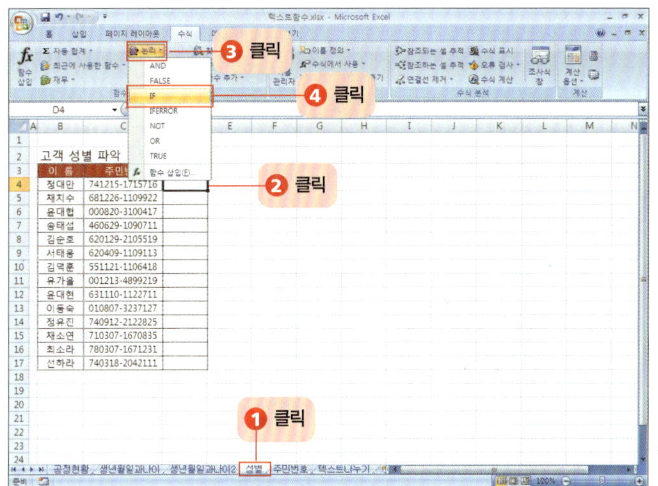

02 [함수 인수] 대화상자가 나타나면 이름 상자에서 드롭다운 버튼을 클릭한 후 [OR]을 클릭합니다.

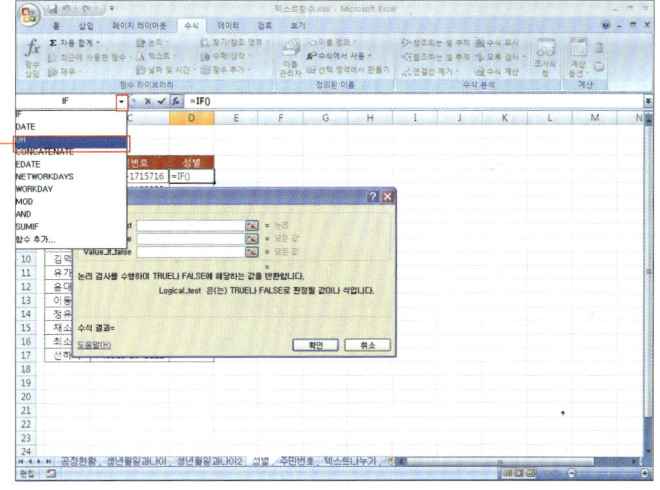

TIP OR 함수가 목록에 나타나지 않으면 〔함수 추가〕를 클릭합니다.

03 OR 함수의 [함수 인수] 대화상자가 나타나면 ❶ Logical1의 입력란에 「mid(C4,8,1)="1"」을 입력한 후 ❷ Logical2의 입력란에 「mid(C4,8,1)="3"」을 입력하고 ❸ IF 함수로 되돌아가기 위해 수식 입력줄에 'IF' 라고 쓰여 있는 부분을 클릭합니다.

> **Note**
> **Logical1** : mid(C4,8,1)="1"
> **Logical2** : mid(C4,8,1)="3"
> ▶ [C4] 셀에 입력되어 있는 주민등록번호에서 8번째 자리에서 한 문자를 추출한 것이 문자열 "1"이거나 "3"이면

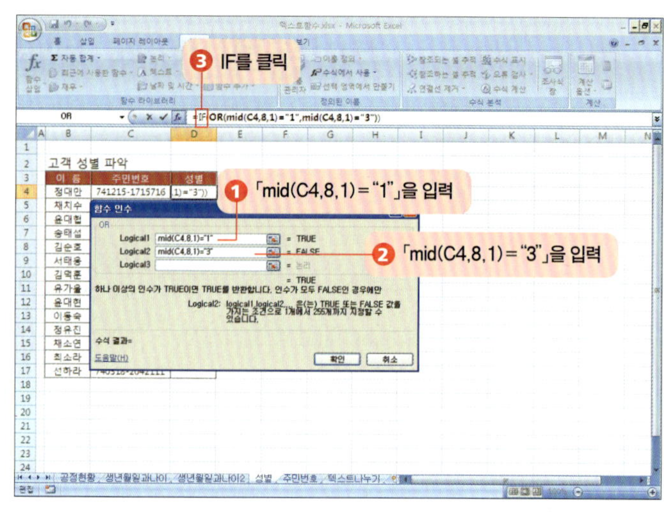

04 IF 함수의 [함수 인수] 대화상자가 나타나면 ❶ Value_if_true의 입력란에 「남」, ❷ Value_if_false의 입력란에 「여」를 입력한 후 ❸ [확인] 버튼을 클릭합니다.

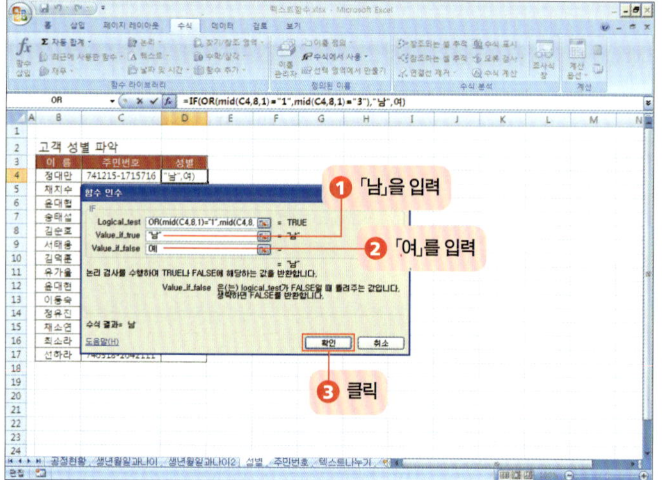

05 [D4] 셀의 채우기 핸들을 드래그하여 복사합니다.

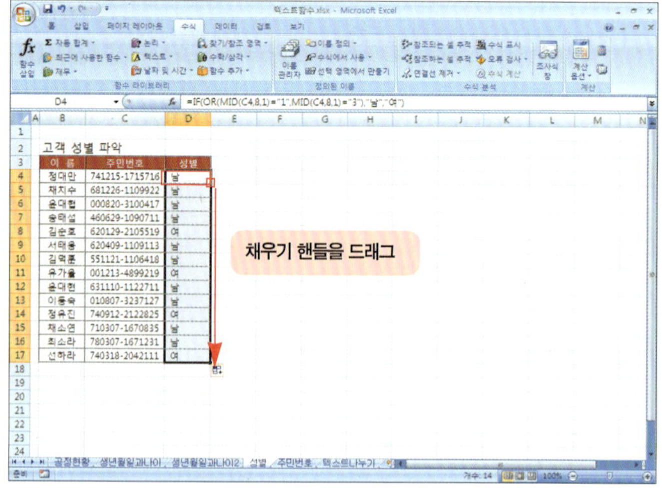

주민등록번호의 일부분을 '*'로 대체하기

이번에는 개인 신상 정보 보호를 위해서 주민등록번호의 일부분을 '*'로 표시해 보겠습니다. 간단한 따라하기를 통해 연습해 보세요.

〔예제 파일 경로〕 부록 CD\Sample\Part06\텍스트함수.xlsx | 〔결과 파일 경로〕 부록 CD\Sample\Part06\After\텍스트함수_완성.xlsx

01 ❶ [주민번호] 시트를 클릭합니다. ❷ [D4] 셀을 클릭한 후 ❸ [수식] 탭의 [함수 라이브러리 – 텍스트 텍스트 ▾]를 클릭하고 ❹ [REPLACE]를 클릭합니다.

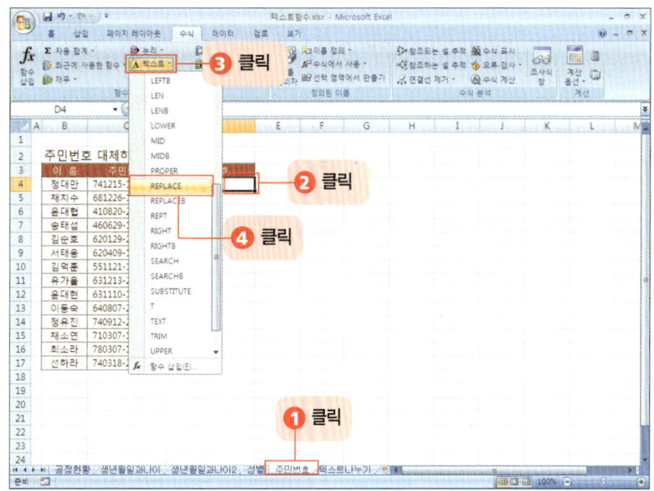

02 [함수 인수] 대화상자가 나타나면 ❶ 다음과 같이 인수를 지정한 후 ❷ [확인] 버튼을 클릭합니다.

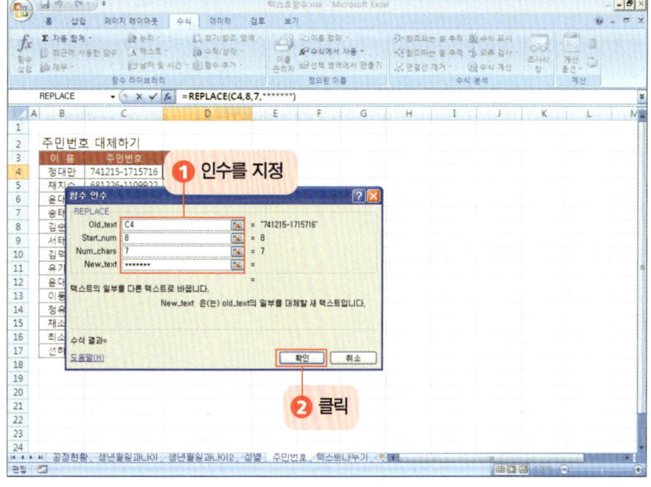

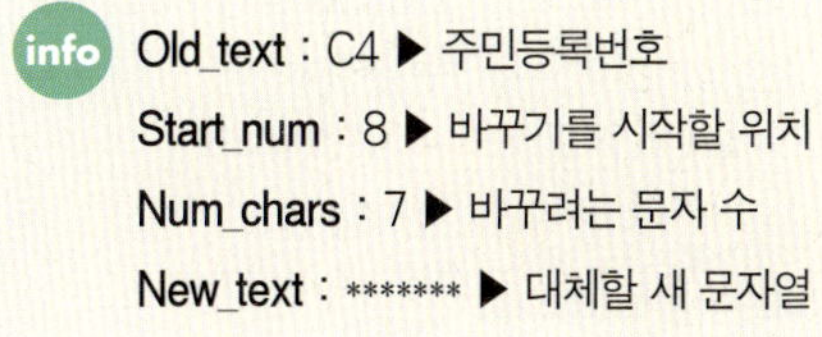 Old_text : C4 ▶ 주민등록번호

Start_num : 8 ▶ 바꾸기를 시작할 위치

Num_chars : 7 ▶ 바꾸려는 문자 수

New_text : ******* ▶ 대체할 새 문자열

03 다음과 같이 주민등록번호의 뒷자리가 '********'
로 대체되면 [D4] 셀의 채우기 핸들을 드래그하여
[D17] 셀까지 복사합니다.

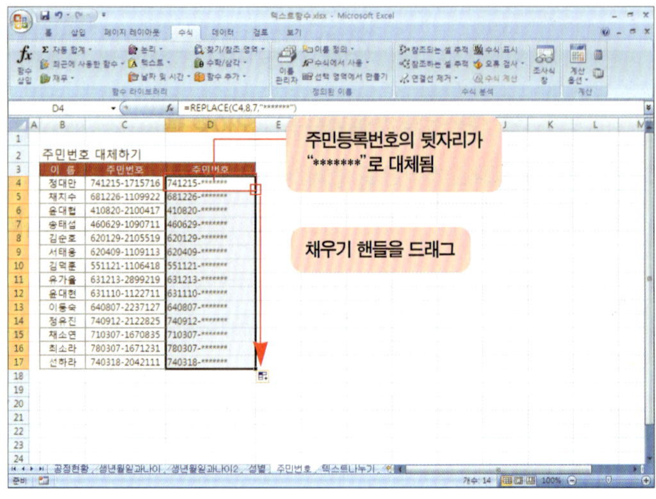

04 [C] 열은 보이지 않도록 숨기기 위하여 ❶ [C] 열
머리글에서 마우스 오른쪽 버튼으로 클릭한 후 ❷
[숨기기]를 클릭합니다.

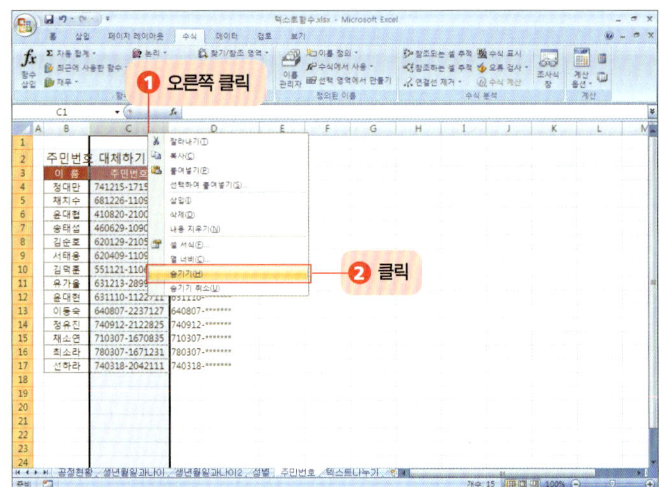

05 다음과 같이 주민등록번호의 일부를 '*'로 대체
하였습니다.

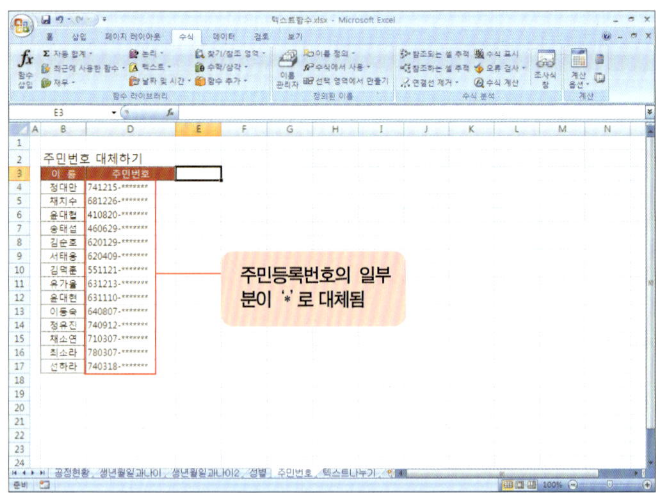

숫자에 서식을 지정한 후 텍스트로 변환하는 TEXT 함수

TEXT 함수는 숫자에 지정된 서식을 적용한 후 텍스트로 변환합니다. 예를 들어 다른 두 셀의 내용을 결합하여 한 셀에 표현하는 경우, 셀에 입력된 값은 그대로 가져와 결합되지만 셀에 있는 서식은 그대로 가져오지 못하는데, 이 때에 TEXT 함수를 이용하면 편리합니다.

	A	B	C
1		₩230,000	4%
2		그냥 결합	텍스트 함수 적용후 결합
3	수식	=B1&C1	=TEXT(B1,"₩#,##0")&TEXT(C1,"(#%)")
4	결과	2300000.04	₩230,000(4%)

TEXT 함수

기능	숫자에 지정된 서식을 적용한 후 텍스트로 변환
형식	TEXT(Value, Format_text)
인수	Value : 숫자, 수식, 숫자가 있는 셀 주소 Format_text : 〔셀 서식〕 대화 상자의 〔표시 형식〕 탭에 지정하는 서식을 지정합니다. 이 때에 Format_text는 따옴표로 묶습니다.

Format_text에 사용되는 서식은 [셀 서식] 대화상자의 [사용자 지정]에서 정의하는 서식을 지정합니다.

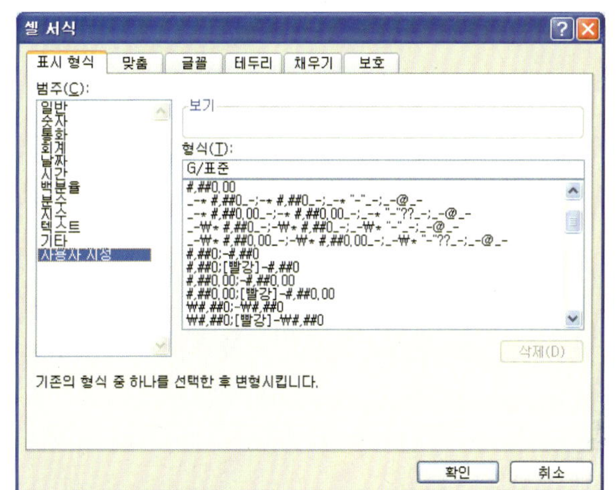

VLOOKUP 함수나 HLOOKUP 함수에서 근사 값으로 값을 추출하려면 참조할 테이블은 반드시 첫 열을 기준으로 오름차순 정렬되어 있어야합니다.

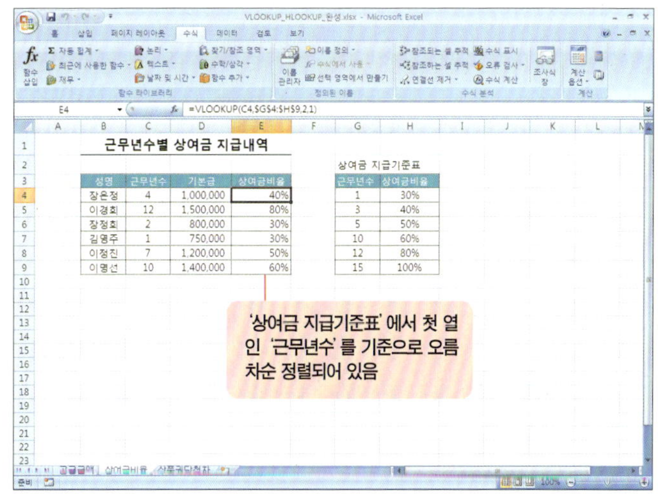

TEXT 함수 이용하여 한 셀에 서로 다른 두 개 서식 표현하기

[A] 열에 상품가, [B] 열에 수수료가 입력되어 있고 [C] 열에 상품가와 수수료를 한 셀에 표현할 때에 [A] 열과 [B] 열에 지정된 서식까지 [C] 열에 표현하려면 TEXT 함수를 이용합니다.

[예제 파일 경로] 부록 CD\Sample\Part06\텍스트함수.xlsx | [결과 파일 경로] 부록 CD\Sample\Part06\After\텍스트함수_완성.xlsx

---

01 ❶ [TEXT함수] 시트를 클릭합니다. ❷ [C2] 셀을 클릭한 후 ❸ [수식] 탭의 [함수 라이브러리 – 텍스트 A 텍스트 ▾]를 클릭하고 ❹ [TEXT]를 클릭합니다.

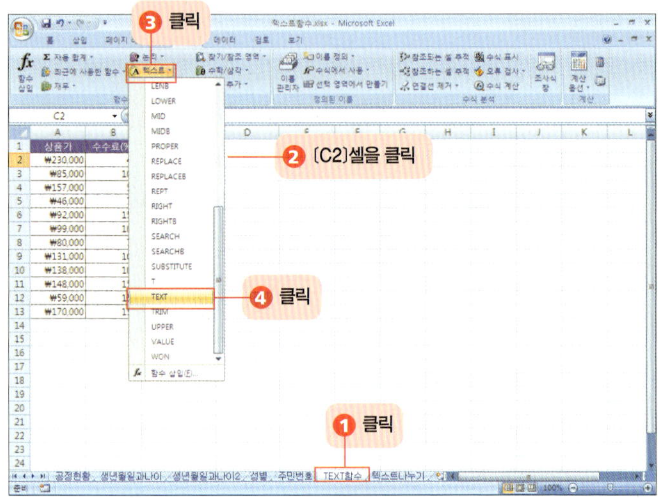

---

02 [함수 인수] 대화상자가 나타나면 ❶ 다음과 같이 인수를 지정한 후 ❷ [확인] 버튼을 클릭합니다.

> **info** Value : A2
> Format_text : "\#,##0"
> [A2] 셀의 값에 「"₩#,##0"」 서식을 적용한 후 텍스트로 반환합니다.

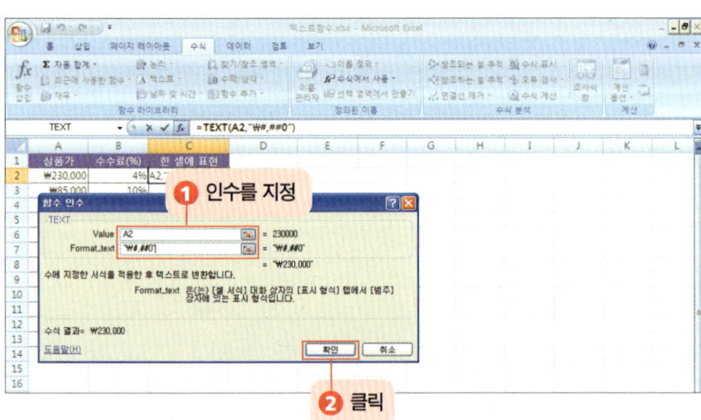

---

03 [C2] 셀의 수식 입력줄에 있는 수식 끝에 「&」을 입력합니다.

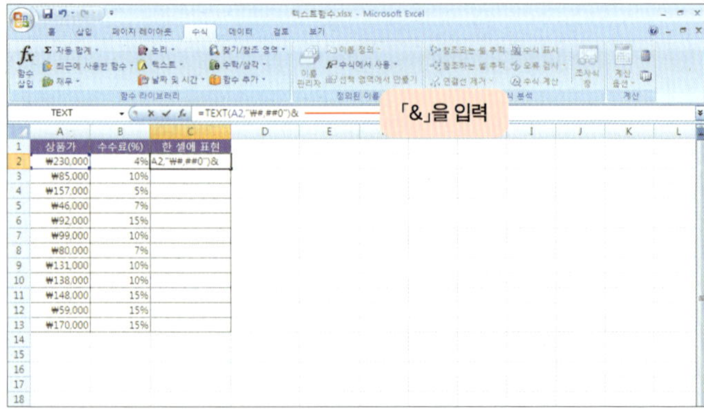

04 ❶ [수식] 탭의 [함수 라이브러리 – 텍스트
　　 🅰️ 텍스트 ▾]를 클릭한 후 ❷ [TEXT]를 클릭합니다.

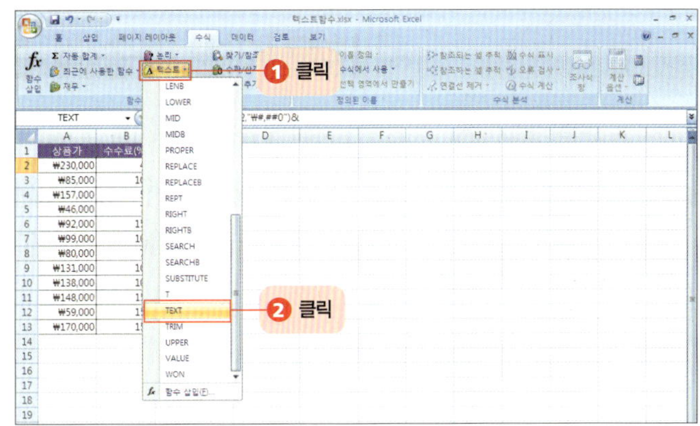

05 [함수 인수] 대화상자가 나타나면 ❶ Value의 입력
　　 란에 「B2」, ❷ Format_text의 입력란에 「"(#%)"」
　　 를 입력한 후 ❸ [확인] 버튼을 클릭합니다.

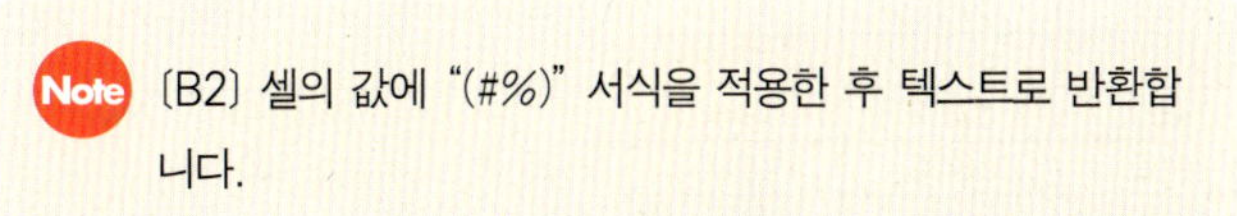

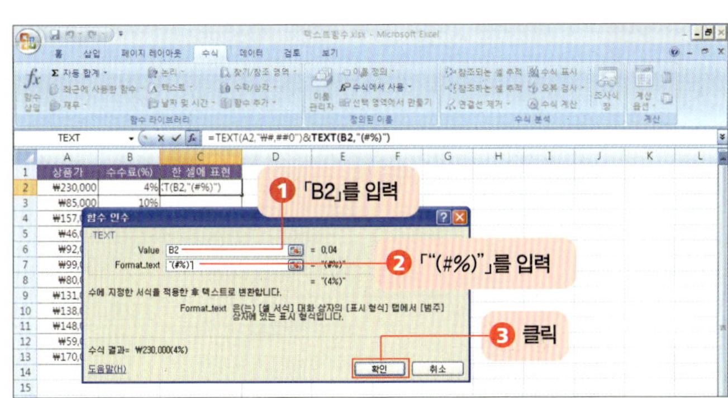

> **Note** 〔B2〕 셀의 값에 "(#%)" 서식을 적용한 후 텍스트로 반환합
> 니다.

06 다음과 같이 결과가 나타납니다.

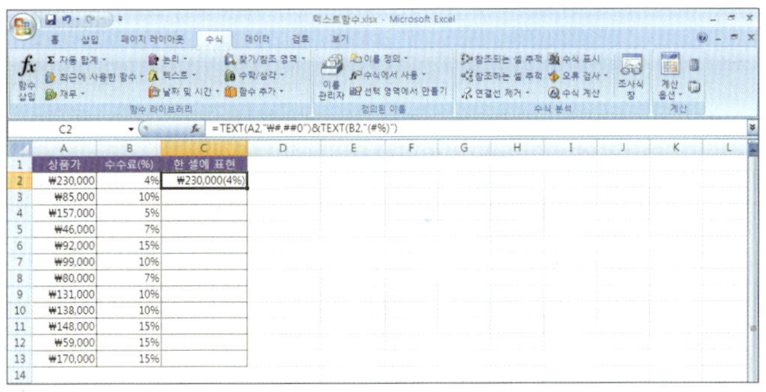

07 [C2] 셀의 채우기 핸들을 드래그하여 복사합니다.

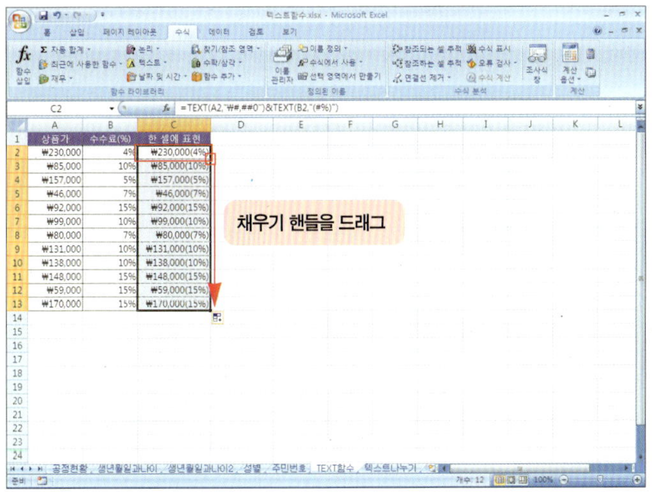

시간제 사원 주간 급여 구하기

시간제 사원의 출근/퇴근 기록 현황을 바탕으로 일일 근무 시간을 구한 후 일주일 근무 시간의 합을 구하겠습니다. 그런 다음, 일주일 근무 시간의 합에 시간당 급여액을 곱하여 주간 급여액을 구해 보겠습니다. 시간에 대한 계산이기 때문에 TEXT 함수를 이용하여 분으로 환산하는 작업이 필요합니다.

〔예제 파일 경로〕 부록 CD\Sample\Part06\시간제사원급여구하기.xlsx　|　〔결과 파일 경로〕 부록 CD\Sample\Part06\After\시간제사원급여구하기_완성.xlsx

완성 예제 미리 보기

시간제 사원 근무 시간 계산

									시간당 급여	20,000
사원	출/퇴근	2월 5일(월)	2월 6일(화)	2월 7일(수)	2월 8일(목)	2월 9일(금)	2월 10일(토)	2월 11일(일)	시간합계	주간합계금액
강백호	출근	9:00	9:00	14:00	15:00	15:00	19:00	9:00	45:30	910,000
	퇴근	18:00	20:00	19:30	18:00	18:00	21:00	21:00		
	근무시간	9:00	11:00	5:30	3:00	3:00	2:00	12:00		
서태웅	출근	10:00	10:00	10:00	10:00	10:00	10:00		18:00	360,000
	퇴근	13:00	13:00	13:00	13:00	13:00	13:00			
	근무시간	3:00	3:00	3:00	3:00	3:00	3:00	0:00		
윤대협	출근	13:00	13:00	13:00	13:00	13:00	13:00	13:00	35:00	700,000
	퇴근	18:00	18:00	18:00	18:00	18:00	18:00	18:00		
	근무시간	5:00	5:00	5:00	5:00	5:00	5:00	5:00		
송태섭	출근	11:00	11:00	11:00	11:00	11:00	11:00		24:00	480,000
	퇴근	15:00	15:00	15:00	15:00	15:00	15:00			
	근무시간	4:00	4:00	4:00	4:00	4:00	4:00	0:00		
이한나	출근	15:00	15:00	15:00	15:00	15:00	15:00	15:00	42:00	840,000
	퇴근	21:00	21:00	21:00	21:00	21:00	21:00	21:00		
	근무시간	6:00	6:00	6:00	6:00	6:00	6:00	6:00		

01 근무 시간을 한꺼번에 구하기 위하여 다음과 같이 '근무 시간' 영역을 모두 범위 지정합니다.

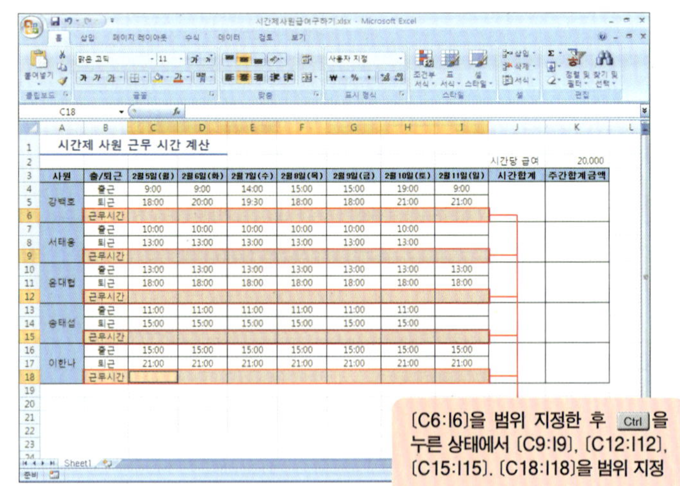

02 범위를 지정하고 나면 셀 포인터가 [C18] 셀에 위치하고 있는 것을 알 수 있습니다. 그 상태 그대로 ❶ 수식 「=C17−C16」을 입력하고 ❷ Ctrl 을 누른 상태에서 Enter 를 누릅니다.

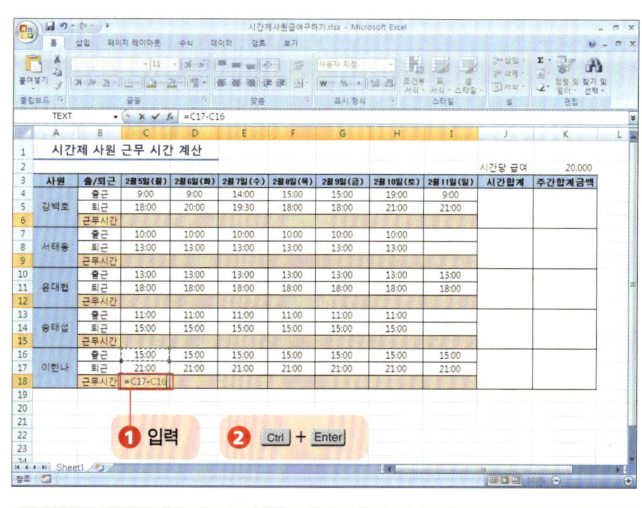

> **Note**　「근무 시간 = 퇴근 − 출근」입니다. 범위를 지정한 후 셀 포인터가 [C18] 셀에 있기 때문에 수식 「=C17−C16」을 입력하였습니다. 만약, 셀 포인터가 [C6] 셀에 있다면 「=C5−C4」를 입력해야 합니다.

> **TIP**　범위를 먼저 지정하고 수식을 입력한 후 Ctrl + Enter 를 누르면 범위 지정한 영역에 수식이 복사됩니다.

03 다음과 같이 범위 지정한 모든 영역에 각각의 근무 시간이 구해집니다.

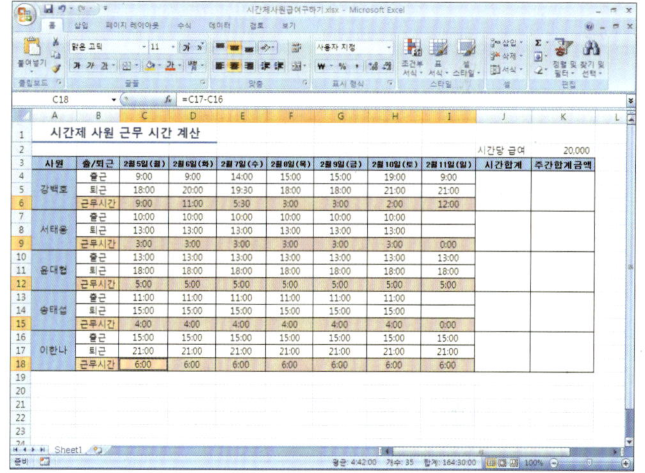

04 [J4] 셀에 수식 「=SUM(C6:I6)」을 입력하고 Enter 를 누릅니다.

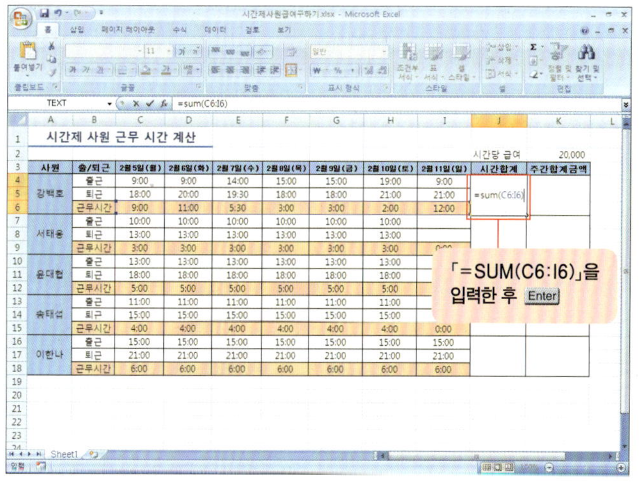

05 ❶ [J4] 셀에서 마우스 오른쪽 버튼을 클릭한 후 ❷ [셀 서식]을 클릭합니다.

06 [셀 서식] 대화상자가 나타나면 ❶ [표시 형식] 탭의 '범주'에서 '사용자 지정'을 클릭한 후 ❷ '형식'에 「[h]:mm」을 입력하고 ❸ [확인] 버튼을 클릭합니다.

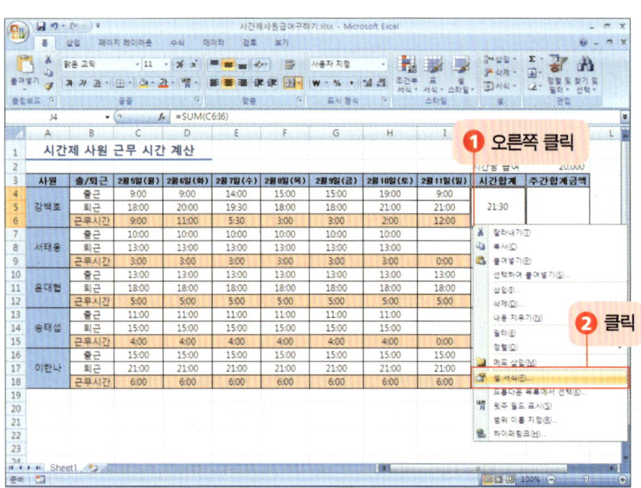

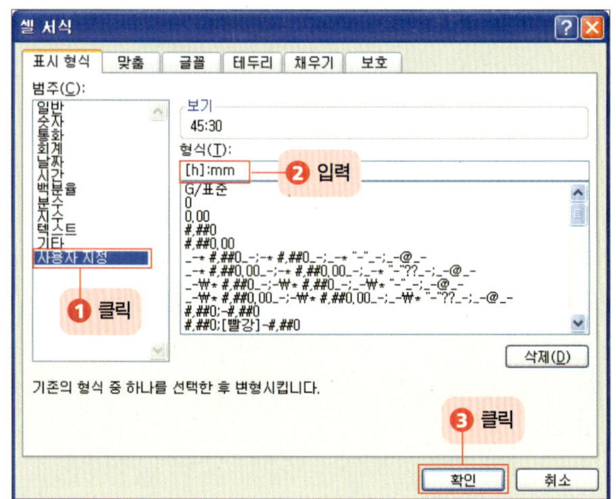

Note 시간의 합이 21:30분으로 올바르지 않게 나타나는 것은 수식이 잘못된 것이 아니라 시간에 대한 서식이 잘못되었기 때문입니다.

TIP 표시 형식에서 (h)는 시간을 24시간 이상으로 표시합니다.

07 [J4] 셀의 채우기 핸들을 드래그하여 복사합니다.

08 주간 합계 금액을 구하기 위하여 [K4] 셀에 수식 「=J4*$K$2」를 입력한 후 Enter 를 누릅니다.

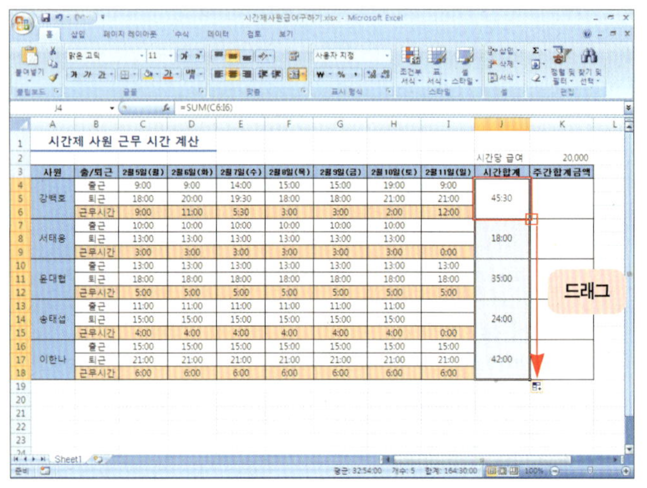

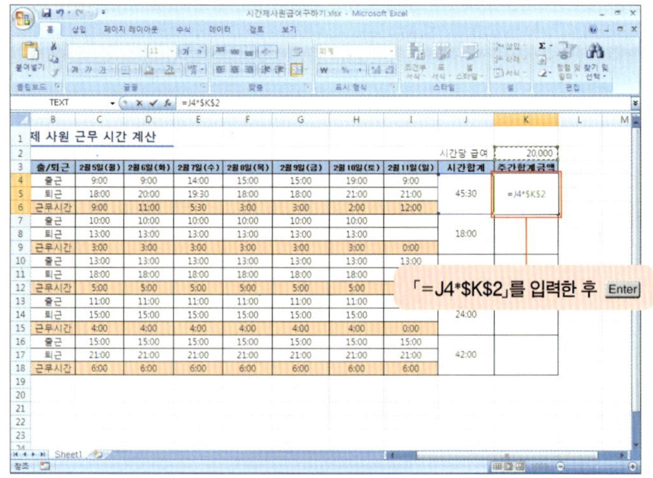

09 다음과 같이 올바른 결과가 나오지 않습니다.

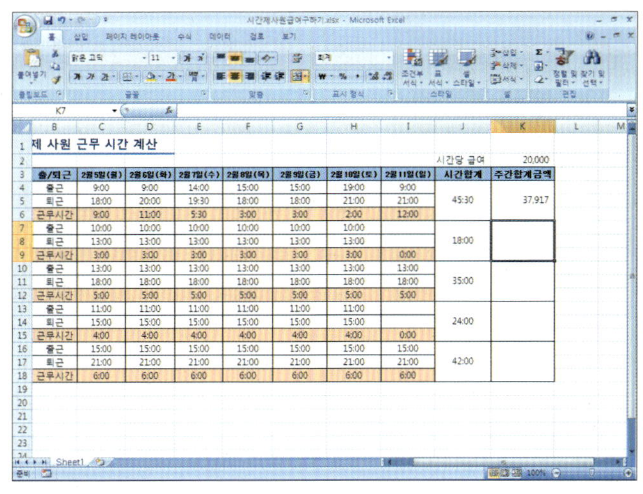

> **Note** 〔J4〕 셀의 45:30분은 셀 서식이 지정되어 있기 때문에 45:30 분으로 표시되고 실제 셀에 입력된 값은 1.8958……이기 때문 입니다.

10 ❶ [K4] 셀을 더블클릭하여 편집 상태가 되면 ❷ 수식을 「=TEXT(J4,"[m]")/60*$K$2」로 수정한 후 Enter 를 누릅니다.

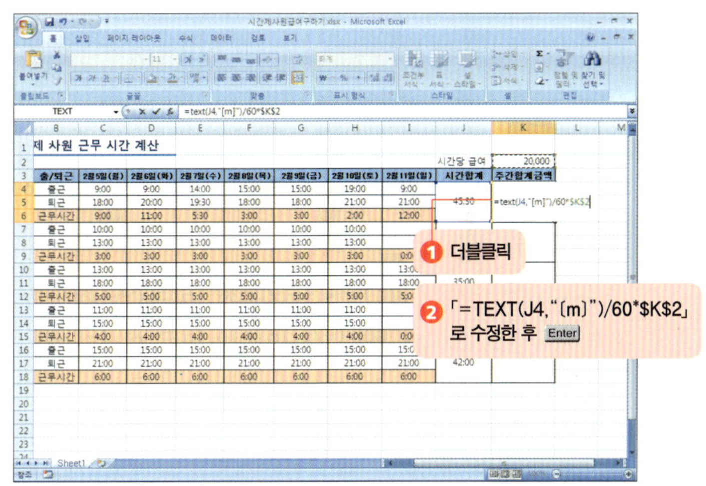

> **TIP** TEXT(J4,"[m]")/60은 TEXT 함수를 이용하여 〔J4〕 셀의 시간을 분으로 환산한 후 다시 60으로 나누어 시간으로 환산 합니다.

11 결과를 확인한 후 [K4] 셀의 채우기 핸들을 드래그 하여 복사합니다.

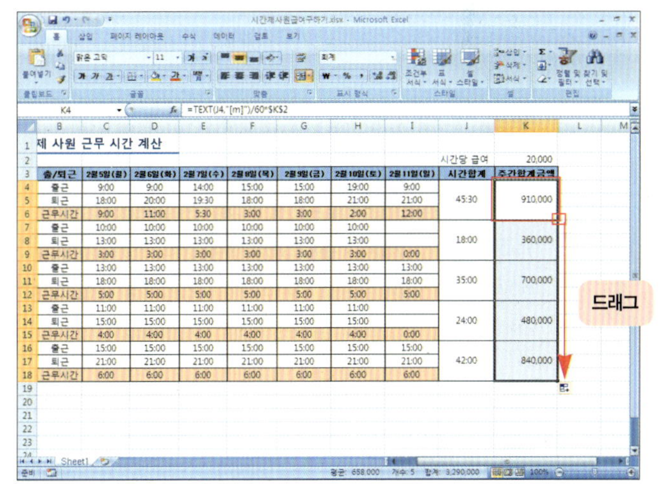

Lesson 07

값을 참조하여 찾아오는 함수

엑셀은 여러 시트와 셀들이 상호 연결되어 계산되거나 참조될 수 있습니다. 찾기/참조 함수를 적절하게 이용하면 참조할 데이터가 이미 다른 시트나 셀에 입력되어 있을 경우 데이터를 다시 입력하는 번거로움을 덜 수 있습니다. 특정 범위를 참조하여 원하는 값을 찾아오려면 그 상황에 맞는 찾기/참조 함수를 선택해야 합니다.

찾기/참조 함수에는 VLOOKUP, HLOOKUP, INDEX, MATCH, CHOOSE, OFFSET 등이 있습니다.

VLOOKUP 함수와 HLOOKUP 함수

찾기/참조 함수에서 가장 많이 사용하는 함수는 VLOOKUP과 HLOOKUP입니다. VLOOKUP 함수의 V는 Vertical, HLOOKUP 함수의 H는 Horizontal을 뜻합니다. 참조할 테이블이 열 기준으로 만들어져 있으면 VLOOKUP 함수를, 참조할 테이블이 행 기준으로 만들어져 있으면 HLOOKUP 함수를 선택하여 값을 찾아옵니다.

VLOOKUP 함수

기능	참조할 테이블 첫 열에서 값을 검색하여 지정한 열의 같은 행의 값을 돌려 줍니다.
형식	VLOOKUP(Lookup_value, Table_array, Col_index_num, Range_lookup)
인수	Lookup_value : 참조할 테이블 첫 열에서 검색할 값 Table_array : 값을 검색하고 추출하려는 표, 즉 참조할 테이블 Col_index_num : Table_array 내의 열 번호로 값을 추출할 열 Range_lookup : 정확한 값을 검색하려면 false를, 근사값으로 검색하려면 true 또는 생략

HLOOKUP 함수

기능	참조할 테이블 첫 행에서 값을 검색하여 지정한 행의 같은 열의 값을 돌려 줍니다.
형식	HLOOKUP(Lookup_value, Table_array, Row_index_num, Range_lookup)
인수	Lookup_value : 참조할 테이블 첫 행에서 검색할 값 Table_array : 값을 검색하고 추출하려는 표, 즉 참조할 테이블 Row_index_num : Table_array 내의 행 번호로 값을 추출할 행 Range_lookup : 정확한 값을 검색하려면 false를, 근사값으로 검색하려면 true 또는 생략

TIP Range_lookup에서 정확한 값을 검색하려면 false를, 근사값으로 검색하려면 true를 입력하는데, false 대신 숫자 0, true 대신 숫자 1을 입력해도 됩니다.

열 기준으로 만들어져 있는 테이블에서 값을 찾아올 때
에는 VLOOKUP 함수를 이용합니다.

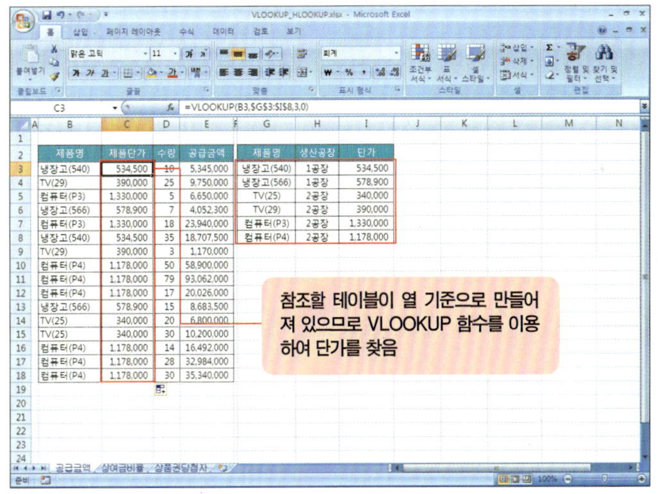

행 기준으로 만들어져 있는 테이블에서 값을 찾아올 때
에는 HLOOKUP 함수를 이용합니다.

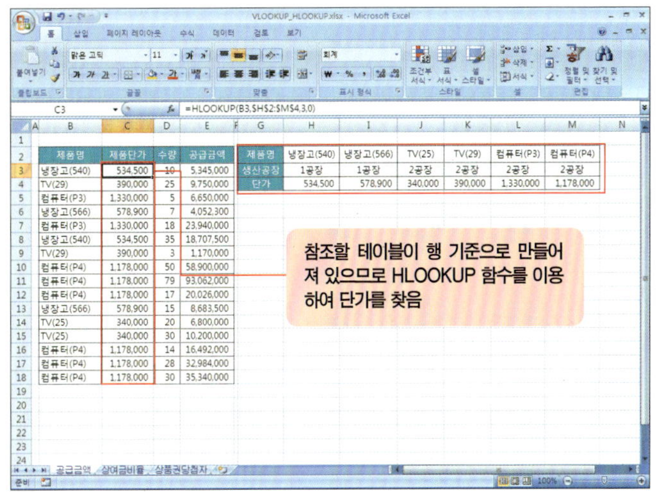

VLOOKUP 함수나 HLOOKUP 함수에서 근사 값으로
값을 추출하려면 참조할 테이블은 반드시 첫 열을 기준
으로 오름차순 정렬되어 있어야합니다.

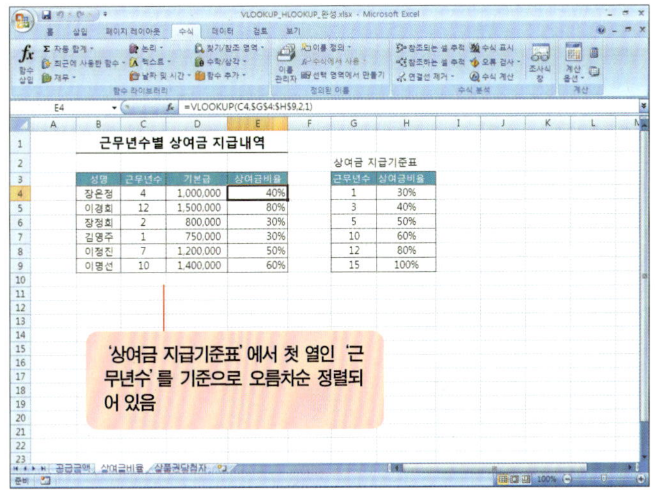

제품별 공급 단가 찾아오기

Action Excel 도전! 엑셀

각 제품의 제품 단가를 단가표를 참조하여 찾아옵니다. 이 때에는 참조할 표가 행 기준으로 만들어져 있는지, 열 기준으로 만들어져 있는지를 먼저 판단해야 하는데, 현재는 열 기준으로 만들어져 있으므로 VLOOKUP 함수를 이용하여 단가를 찾아오겠습니다.

〔예제 파일 경로〕 부록 CD\Sample\Part06\VLOOKUP_HLOOKUP.xlsx │ 〔결과 파일 경로〕 부록 CD\Sample\Part06\After\VLOOKUP_HLOOKUP_완성.xlsx

01 ❶ [공급금액] 시트를 클릭합니다. ❷ [E4] 셀을 클릭한 후 ❸ [수식] 탭의 [함수 라이브러리 – 찾기/참조 영역 🔍 찾기/참조 영역 ▾]을 클릭하고 [VLOOKUP]을 클릭합니다.

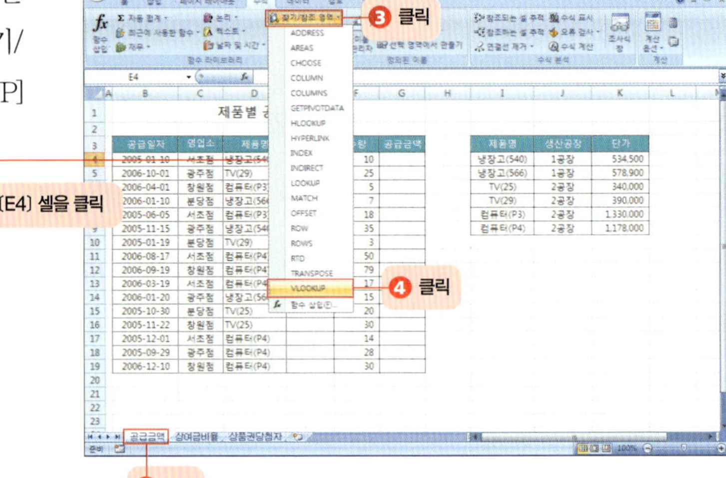

02 [함수 인수] 대화상자가 나타나면 ❶ 다음과 같이 인수를 지정한 후 ❷ [확인] 버튼을 클릭합니다.

info

Lookup_value : D4 ▶ 검색할 값으로 제품명을 지정합니다.

Table_array : \$I\$4:\$K\$9 ▶ 참조할 테이블로 F4를 눌러 절대 참조로 만듭니다. 〔D4〕 셀의 값을 첫 열에서 검색합니다.

Col_index_num : 3 ▶ 참조 테이블〔\$I\$4:\$K\$9〕에서 단가는 세 번째 열에 있으므로 「3」을 입력합니다.

Range_lookup : 0 ▶ 정확하게 일치하는 값을 검색하기 위해 「0」을 입력합니다. 「false」를 입력해도 됩니다.

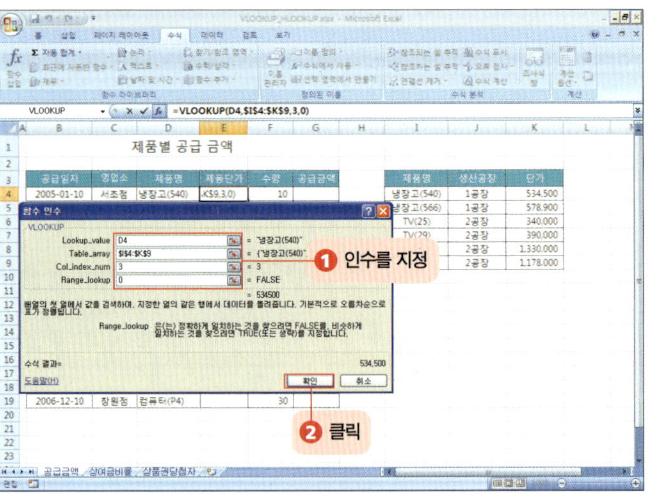

03 [E4] 셀의 채우기 핸들을 드래그하여 복사합니다.

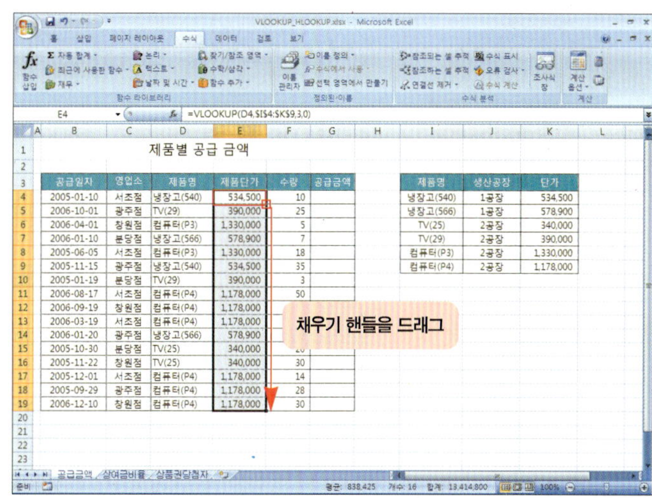

04 공급 금액을 구하기 위해 [G4] 셀에 수식 「=E4*F4」를 입력한 후 Enter 를 누릅니다.

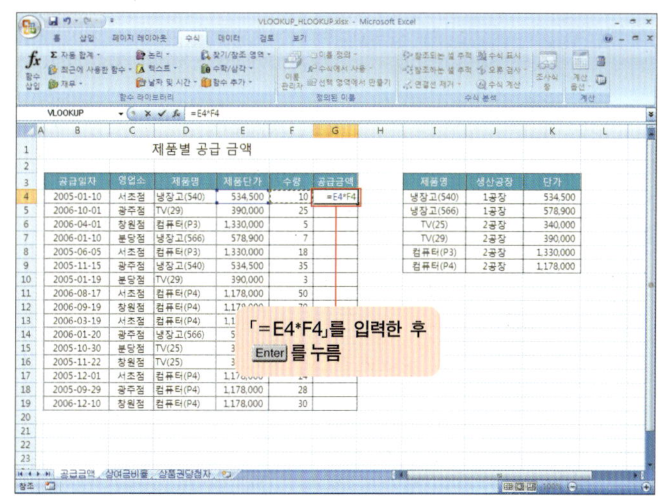

05 [G4] 셀의 채우기 핸들을 드래그하여 복사합니다.

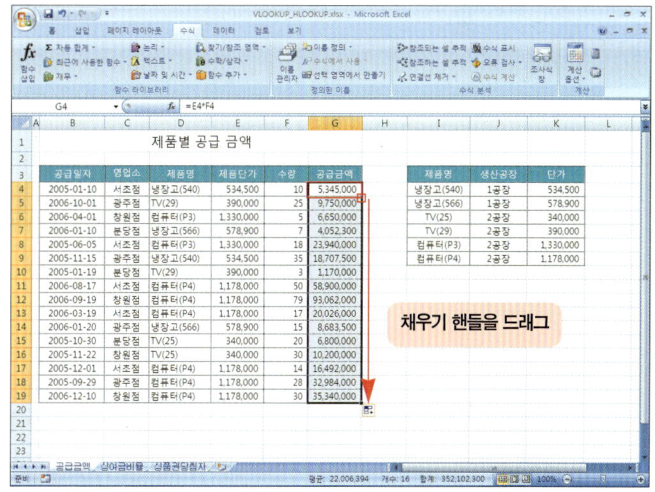

근무년수별 상여금 비율 찾아오기

Action Excel
도전! 엑셀

VLOOKUP 함수를 이용하여 상여금 지급 기준표에서 근무년수별로 상여금 비율을 찾아오겠습니다. 간단한 따라하기를 통해 연습해 보세요.

〔예제 파일 경로〕 부록 CD\Sample\Part06\VLOOKUP_HLOOKUP.xlsx | 〔결과 파일 경로〕 부록 CD\Sample\Part06\After\VLOOKUP_HLOOKUP_완성.xlsx

01 ❶ [상여금비율] 시트를 클릭합니다. ❷ [E4] 셀을 클릭한 후 ❸ [수식] 탭의 [함수 라이브러리 – 찾기/참조 영역 찾기/참조 영역▾]을 클릭하고 ❹ [VLOOKUP]을 클릭합니다.

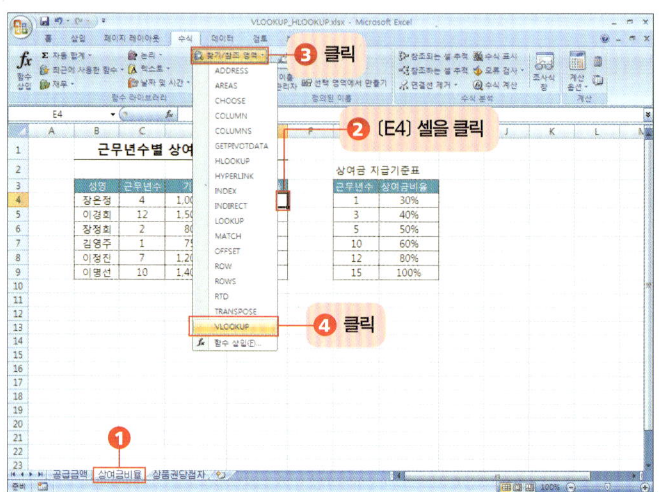

02 [함수 인수] 대화상자가 나타나면 ❶ 다음과 같이 인수를 지정한 후 ❷ [확인] 버튼을 클릭합니다.

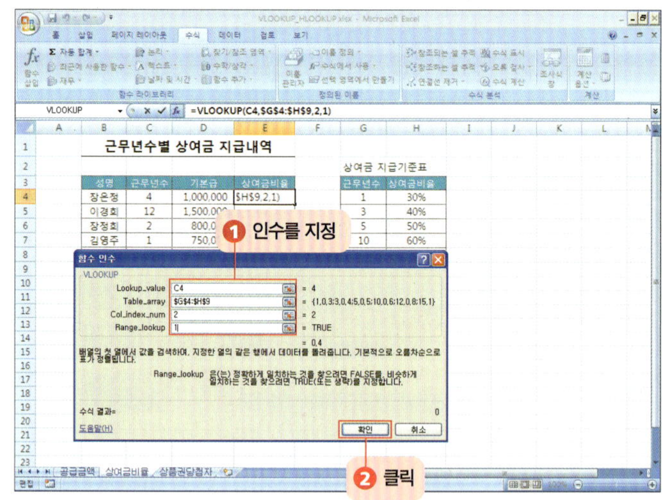

> **info**
>
> **Lookup_value** : C4 ▶ 검색할 값으로 근무년수(C4)를 지정합니다.
>
> **Table_array** : $G$4:$H$9 ▶ 참조할 테이블로 〔C4〕 셀의 값을 첫 열에서 검색한 후 F4 를 눌러 절대 참조로 만듭니다.
>
> **Col_index_num** : 2 ▶ 참조 테이블($G$4:$H$9)에서 상여금 비율은 두 번째 열에 있으므로 「2」를 입력합니다.
>
> **Range_lookup** : 1 ▶ 참조 테이블($G$4:H09) 첫 열에서 근무년수가 4년으로 정확하게 일치하는 것을 검색할 수 없으므로 근사값으로 검색하기 위해 「1」을 입력합니다. 「true」를 입력해도 됩니다.

주의 근사값으로 추출하려면, 즉 Range_lookup에 「1」을 입력한 경우에는 참조할 테이블은 반드시 1열을 기준으로 오름차순 정렬되어 있어야 합니다.

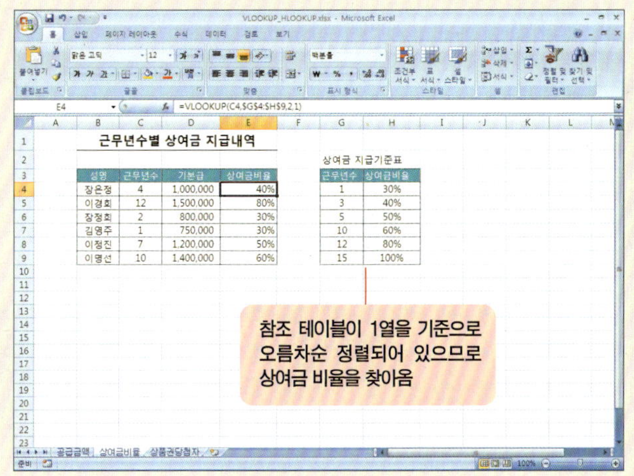

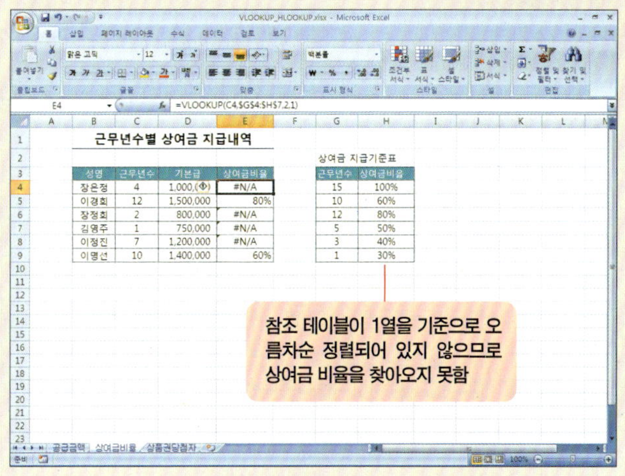

03 [E4] 셀의 채우기 핸들을 드래그하여 복사합니다.

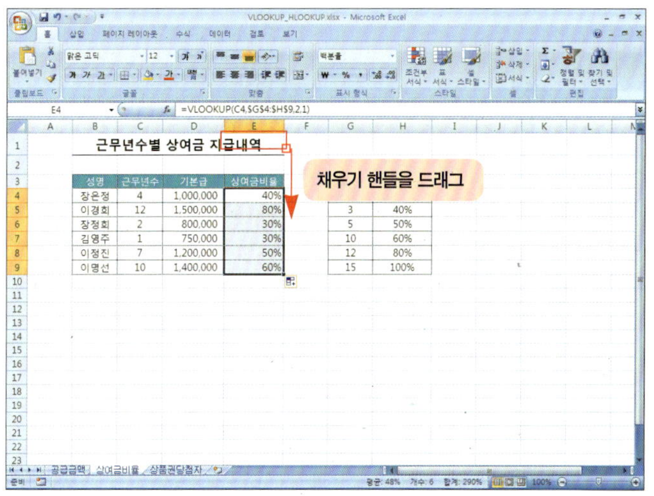

TIP Range_lookup이 1일 때에 실제 근사값으로 찾아오는 것이 아니라 참조 테이블에서 검색할 값보다 작은 값 중에서 최대값에 해당하는 값을 찾아옵니다. 즉, 근무년수가 9년이면 근사값 10년에 해당하는 60%를 찾아오는 것이 아니라 근무년수가 9년보다 작은 값들(1년, 3년, 5년) 중에서 최대값인 5년에 해당하는 50%를 찾아옵니다.

세대별 상품권 찾아오기

참조할 테이블이 행 기준으로 만들어져 있으므로 이번에는 HLOOKUP 함수를 이용하여 세대별 상품권을 찾아오겠습니다. 간단한 따라하기를 통해 연습해 보세요.

〔예제 파일 경로〕 부록 CD\Sample\Part06\VLOOKUP_HLOOKUP.xlsx | 〔결과 파일 경로〕 부록 CD\Sample\Part06\After\VLOOKUP_HLOOKUP_완성.xlsx

01 ❶ [상품권당첨자] 시트를 클릭합니다. ❷ [D4] 셀을 클릭한 후 ❸ [수식] 탭의 [함수 라이브러리 – 찾기/참조 영역 🔍 찾기/참조 영역 ▾]을 클릭하고 ❹ [HLOOKUP]을 클릭합니다.

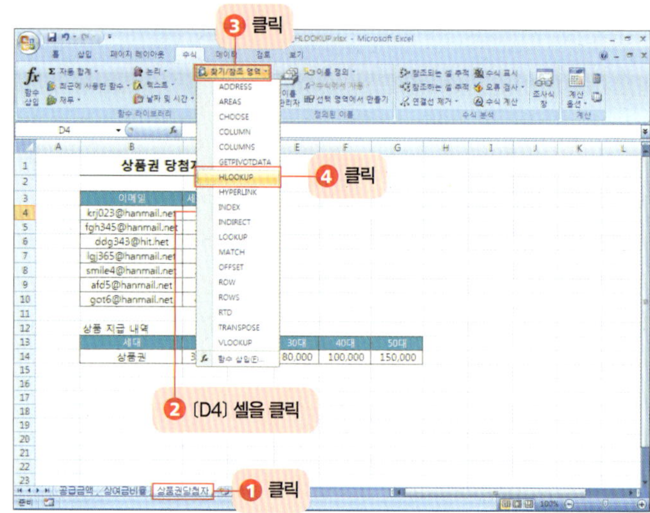

02 [함수 인수] 대화상자가 나타나면 ❶ 다음과 같이 인수를 지정한 후 ❷ [확인] 버튼을 클릭합니다.

> **info** Lookup_value : C4 ▶ 검색할 값
> Table_array : $C$13:$G$14 ▶ 참조 테이블로 〔C4〕 셀의 값을 첫 행에서 검색한 후 F4 를 눌러 절대 참조로 만듭니다.
> Row_index_num : 2 ▶ 참조 테이블〔$C$13:$G$14〕에서 추출할 상품권은 2번째 행에 있으므로 「2」를 입력합니다.
> Range_lookup : 0 ▶ 정확하게 일치하는 값을 검색할 것이므로 「0」을 입력합니다.

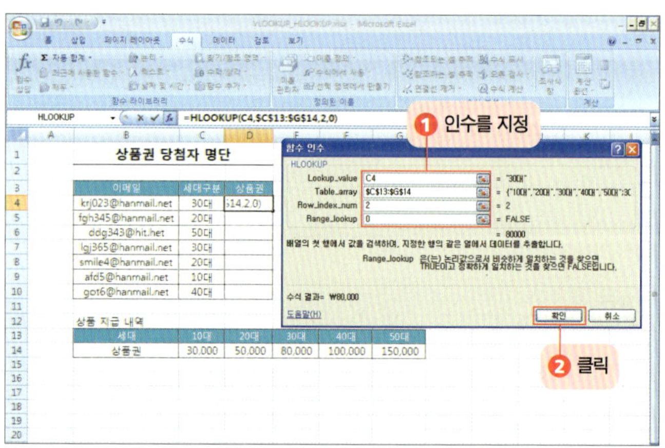

03 [D4] 셀의 채우기 핸들을 드래그하여 복사합니다.

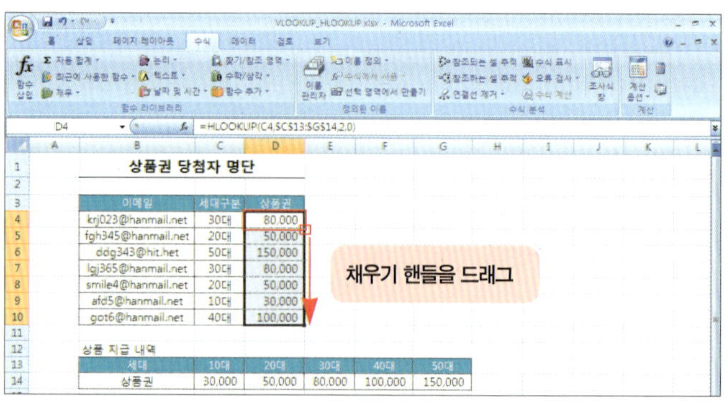

CHOOSE 함수와 WEEKDAY 함수

CHOOSE 함수는 인수 목록에서 지정한 위치의 값을 반환하는 함수입니다. 다음과 같이 주차 코드가 1이면 종일주차, 2이면 주간주차, 3이면 야간주차로 구분할 경우 IF, VLOOKUP, HLOOKUP 함수를 이용할 수도 있지만 CHOOSE 함수를 이용하면 더 간단하게 해결할 수 있습니다. 수식 CHOOSE(A3,"종일주차","주간주차","야간주차")에서 A3의 값이 1이면 "종일주차", 2이면 "주간주차", 3이면 "야간주차"를 반환합니다.

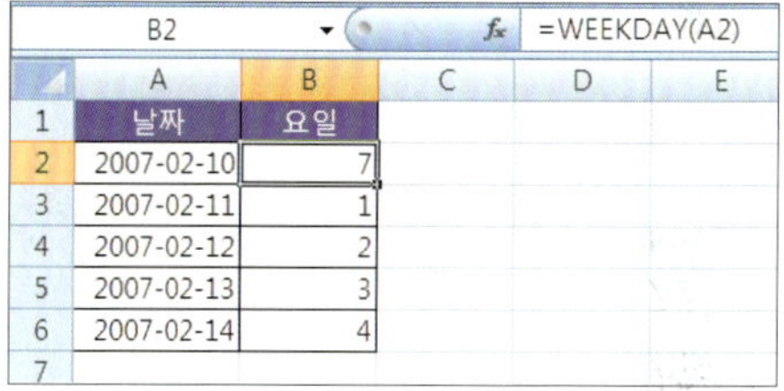

CHOOSE 함수

기능	인수 목록에서 Index_num에 해당하는 값을 반환합니다.
형식	CHOOSE(Index_num,Value1,Value2,…)
인수	Index_num : 1에서 254 사이의 숫자, 수식, 1에서 254 사이의 숫자가 들어있는 셀 주소 Value1,Value2,… : 인수 목록, Index_num가 1이면 Value1, Index_num가 2이면 Value2,… 의 값을 반환합니다.

WEEKDAY 함수는 날짜/시간 함수로 날짜에서 요일을 반환하는 함수입니다. 요일은 기본적으로 1~7의 숫자로 반환하므로, 일~토요일 형식으로 표시하려면 CHOOSE, IF 등과 함께 사용해야 합니다.

WEEKDAY 함수

기능	날짜의 요일을 반환합니다. 기본적으로 요일은 1~7까지의 숫자로 반환합니다.
형식	WEEKDAY(Serial_number, Return_type)
인수	Serial_number : 날짜 Return_type : 반환값의 형식을 결정하는 숫자로 1 또는 생략 : 1(일요일)에서 7(토요일) 사이의 숫자로 반환 2 : 1(월요일)부터 7(일요일) 사이의 숫자로 반환 3 : 0(월요일)부터 6(일요일) 사이의 숫자로 반환

날짜에서 요일 추출하기

날짜의 요일은 〔셀 서식〕의 표시 형식 서식에서 "aaa"나 "aaaa" 서식을 지정하여 표시할 수도 있지만 WEEKDAY, CHOOSE 함수를 이용하여 구할 수도 있습니다. 간단한 따라하기를 통해 연습해 보세요.

〔예제 파일 경로〕부록 CD\Sample\Part06\찾기_참조함수.xlsx | 〔결과 파일 경로〕부록 CD\Sample\Part06\After\찾기_참조함수_완성.xlsx

01 ❶ [요일] 시트를 클릭합니다. ❷ [B2] 셀을 클릭한 후 ❸ [수식] 탭의 [함수 라이브러리 – 찾기/참조 영역 찾기/참조 영역]을 클릭하고 ❹ [CHOOSE]를 클릭합니다.

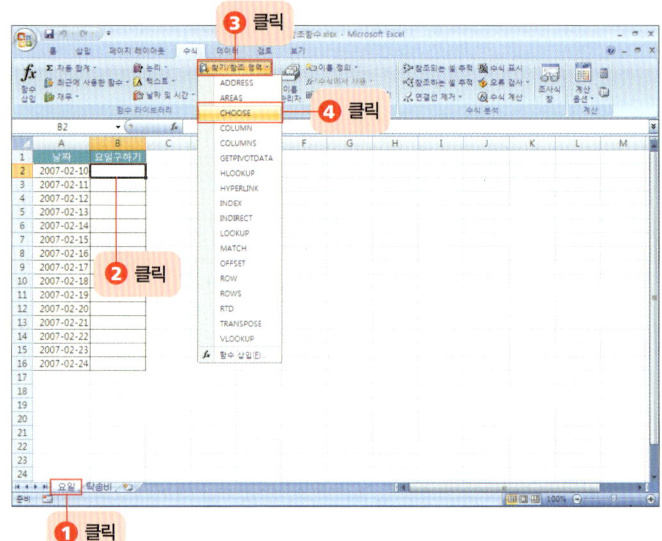

02 [함수 인수] 대화상자가 나타나면 ❶ 다음과 같이 인수를 지정한 후 ❷ [확인] 버튼을 클릭합니다.

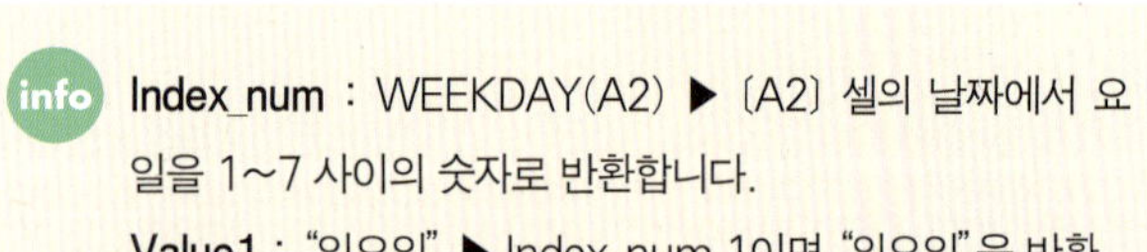

info Index_num : WEEKDAY(A2) ▶ 〔A2〕셀의 날짜에서 요일을 1~7 사이의 숫자로 반환합니다.

Value1 : "일요일" ▶ Index_num 1이면 "일요일"을 반환

Value2 : "월요일" ▶ Index_num 2이면 "월요일"을 반환

Value3 : "화요일" ▶ Index_num 3이면 "화요일"을 반환

Value4 : "수요일" ▶ Index_num 4이면 "수요일"을 반환

Value5 : "목요일" ▶ Index_num 5이면 "목요일"을 반환

Value6 : "금요일" ▶ Index_num 6이면 "금요일"을 반환

Value7 : "토요일" ▶ Index_num 7이면 "토요일"을 반환

TIP 〔함수 인수〕대화상자의 인수 입력란이 기본적으로 Value4까지 보이지만 Value4 입력란에서 Tab 을 누르면 Value5, Value6, Value7,… 가 나타납니다.

03 [B2] 셀의 채우기 핸들을 드래그하여 복사합니다.

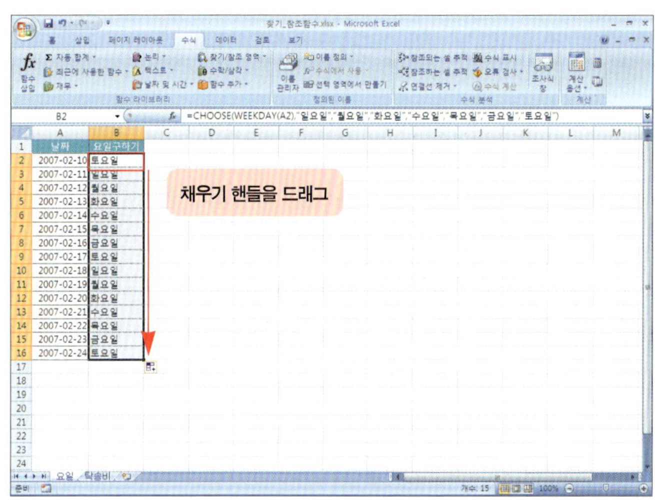

TIP **셀 서식으로 요일 나타내기**

01 〔A2:A16〕 영역을 범위 지정한 후 채우기 핸들을 오른쪽 방향으로 드래그합니다.

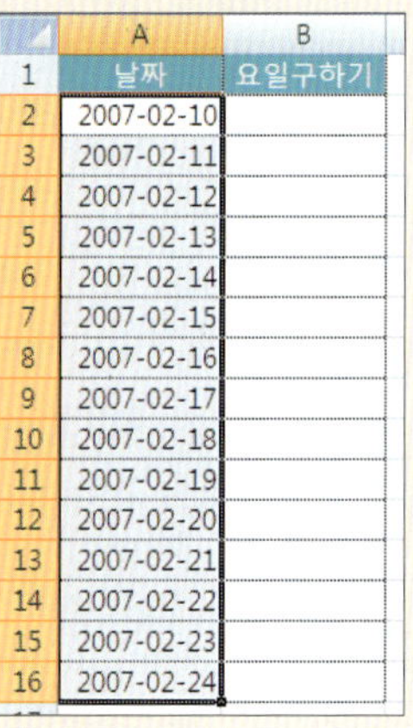

02 〔B2:B16〕 영역에 날짜가 복사되었으면 범위 지정한 후 마우스 오른쪽 버튼을 클릭하여 〔셀 서식〕을 클릭합니다.

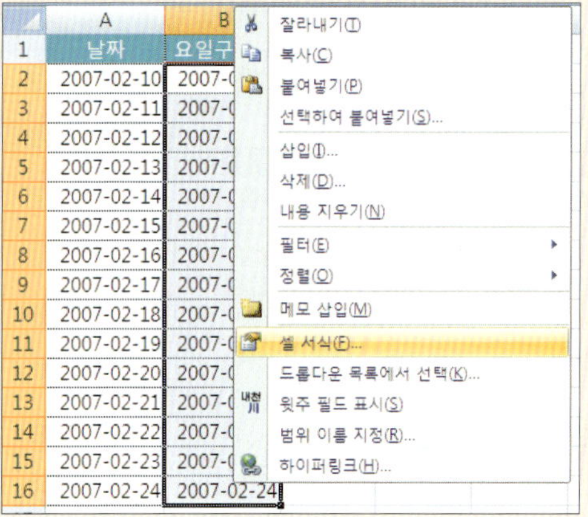

03 〔셀 서식〕 대화상자에서 〔표시 형식〕 탭을 클릭하여 '사용자 지정'에 「aaaa」를 입력한 후 〔확인〕 버튼을 클릭합니다.

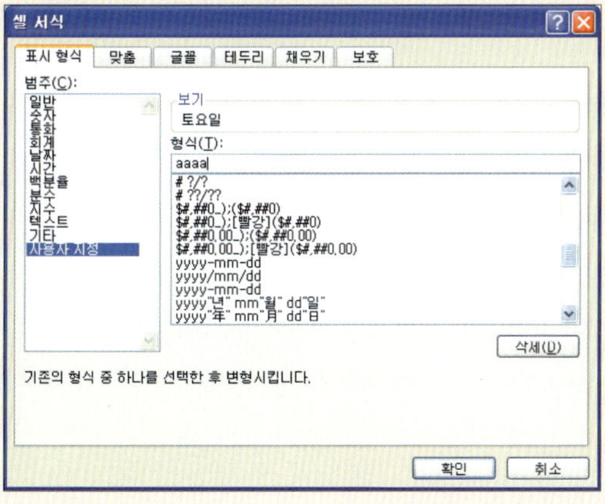

04 다음과 같이 요일이 표시됩니다.

	A	B
1	날짜	요일구하기
2	2007-02-10	토요일
3	2007-02-11	일요일
4	2007-02-12	월요일
5	2007-02-13	화요일
6	2007-02-14	수요일
7	2007-02-15	목요일
8	2007-02-16	금요일
9	2007-02-17	토요일
10	2007-02-18	일요일
11	2007-02-19	월요일
12	2007-02-20	화요일
13	2007-02-21	수요일
14	2007-02-22	목요일
15	2007-02-23	금요일
16	2007-02-24	토요일

INDEX 함수와 MATCH 함수

INDEX 함수는 참조 테이블에서 지정한 행과 열이 만나는 교차 지점의 값을 반환하고 MATCH 함수는 어떤 값이 특정 영역에서 몇 번째에 위치하는지에 대한 상대적인 위치값을 반환합니다.

INDEX 함수

기능	참조 테이블에서 지정한 행과 열이 만나는 교차 지점의 값을 찾아 반환합니다.
형식	INDEX(Array, Row_num, Column_num)
인수	Array : 참조 테이블 Row_num : 행 번호 Column_num : 열 번호

기본급 테이블에서 부장의 1호봉은 1,505,000원입니다. [B3:D6] 영역에서 1,505,000원은 1행 1열에 위치하므로 '=INDEX(B3:D6,1,1)' 하면 1,505,000이 반환됩니다.

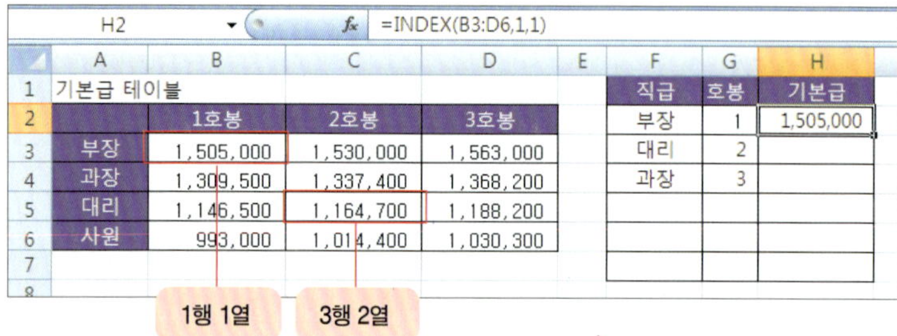

MATCH 함수

기능	어떤 값이 특정 영역에서 몇 번째에 위치하는지에 대한 상대적인 위치값을 반환합니다.
형식	MATCH(Lookup_value, Lookup_array, Match_type)
인수	Lookup_value : 찾을 값 Lookup_array : 찾을 영역 Match_type : 　　0 : lookup_value와 정확하게 일치하는 첫째 값을 찾습니다. 　　1 : lookup_value보다 작거나 같은 값 중에서 최대값을 찾습니다. 　　-1 : lookup_value보다 크거나 같은 값 중에서 가장 작은 값을 찾습니다.

"감"은 [A1:A6] 영역에서 네 번째에 위치합니다.

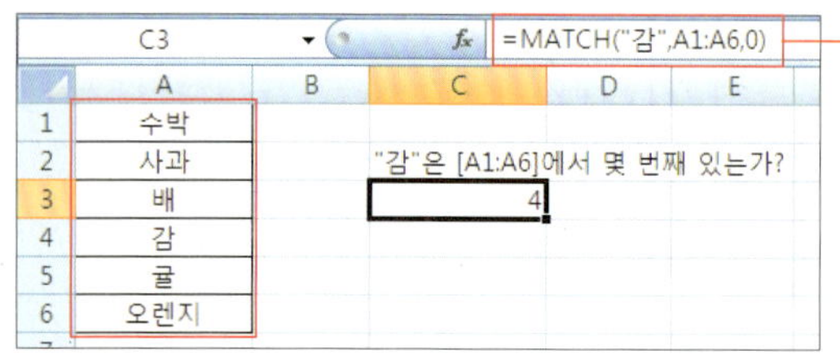

출고지와 배달지에 따른 배송비 찾아오기 Ⅰ

출고지와 배달지에 따라 정해져 있는 탁송비를 찾아오려면 INDEX 함수를 이용합니다. 예를 들어 출고지가 Z02, 배달지가 D1인 곳의 탁송비는 「=INDEX(L7:S13,3,2)」로 찾아올수 있습니다. 그러나 출고지와 배달지에 따라 행/열 번호가 달라지므로 MATCH 함수를 이용하여 INDEX 함수에서 사용할 행 번호와 열 번호를 먼저 구한 후 탁송비를 찾아와야 합니다.

〔예제 파일 경로〕 부록 CD\Sample\Part06\찾기_참조함수.xlsx   │   〔결과 파일 경로〕 부록 CD\Sample\Part06\After\찾기_참조함수_완성.xlsx

01 ❶ [탁송비] 시트를 클릭합니다. ❷ [D3] 셀에 수식 「=MATCH(C3,$K$7:$K$13,0)」을 입력한 후 Enter 를 누릅니다.

> **Note** 수식 '=MATCH(C3,$K$7:$K$13,0)'은 〔C3〕 셀의 값이 〔$K$7:$K$13〕에서 몇 번째 위치하는지에 대한 위치값을 반환합니다.

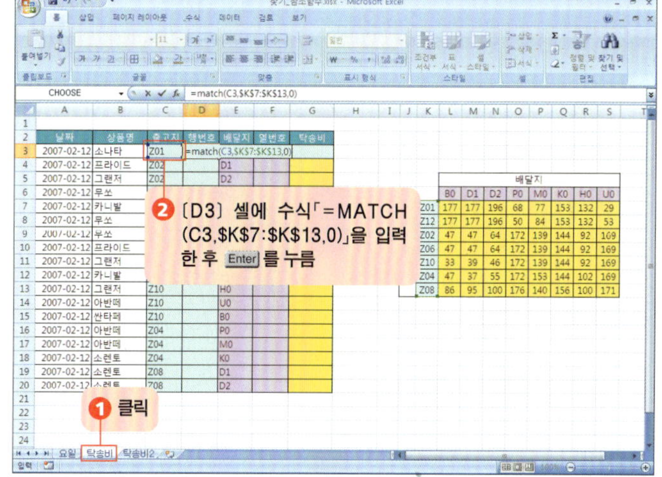

	배달지							
	B0	D1	D2	P0	M0	K0	H0	U0
Z01	177	177	196	68	77	153	132	29
Z12	177	177	196	50	84	153	132	53
Z02	47	47	64	172	139	144	92	169
Z06	47	47	64	172	139	144	92	169
Z10	33	39	46	172	139	144	92	169
Z04	47	37	55	172	153	144	102	169
Z08	86	95	100	176	140	156	100	171

02 [D3] 셀의 채우기 핸들을 드래그하여 복사합니다.

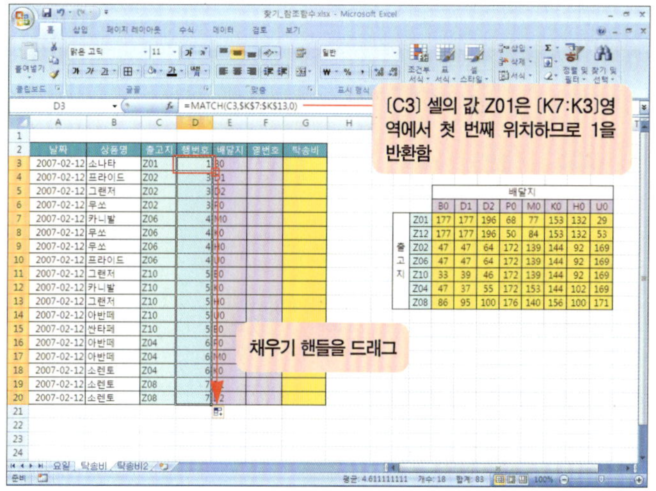

		배달지							
		B0	D1	D2	P0	M0	K0	H0	U0
	Z01	177	177	196	68	77	153	132	29
	Z12	177	177	196	50	84	153	132	53
출	Z02	47	47	64	172	139	144	92	169
고	Z06	47	47	64	172	139	144	92	169
지	Z10	33	39	46	172	139	144	92	169
	Z04	47	37	55	172	153	144	102	169
	Z08	86	95	100	176	140	156	100	171

03 [F3] 셀에 「=MATCH(E3,$L$6:$S$6,0)」을 입력한 후 Enter 를 누릅니다.

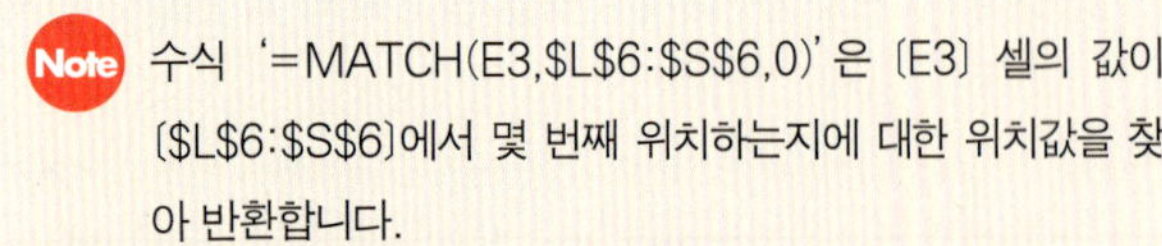

Note 수식 '=MATCH(E3,$L$6:$S$6,0)'은 [E3] 셀의 값이 [$L$6:$S$6]에서 몇 번째 위치하는지에 대한 위치값을 찾아 반환합니다.

04 [F3] 셀의 채우기 핸들을 드래그하여 복사합니다.

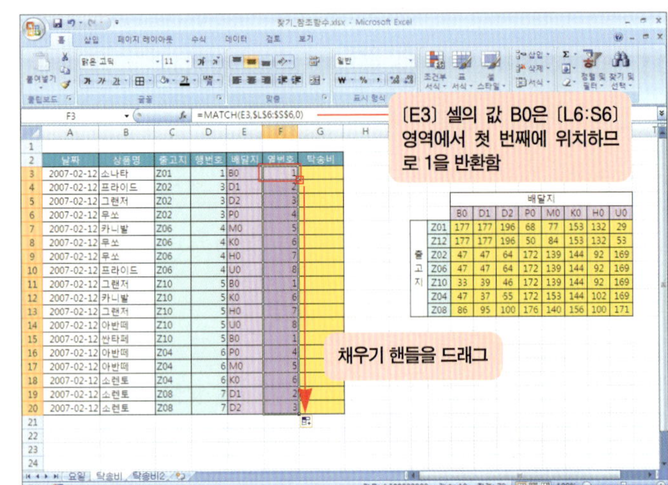

05 [G3] 셀에 「=INDEX($L$7:$S$13,D3,F3)」을 입력한 후 Enter 를 누릅니다.

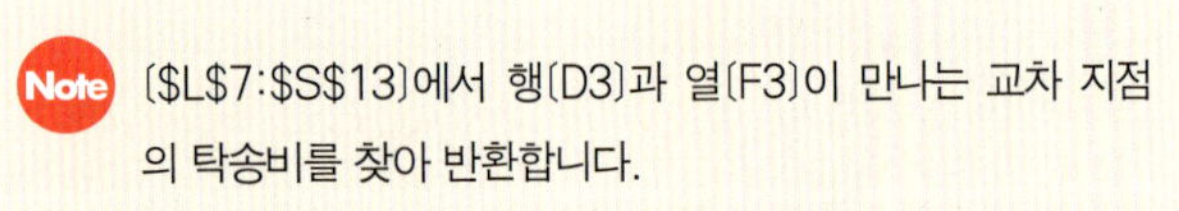

Note [$L$7:$S$13]에서 행[D3]과 열[F3]이 만나는 교차 지점의 탁송비를 찾아 반환합니다.

06 [G3] 셀의 채우기 핸들을 드래그하여 복사합니다.

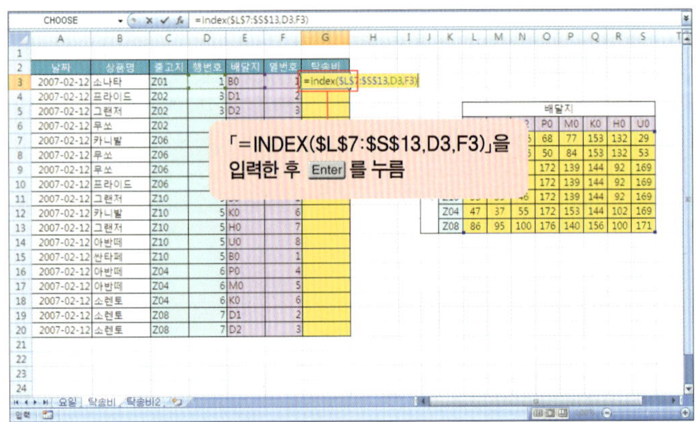

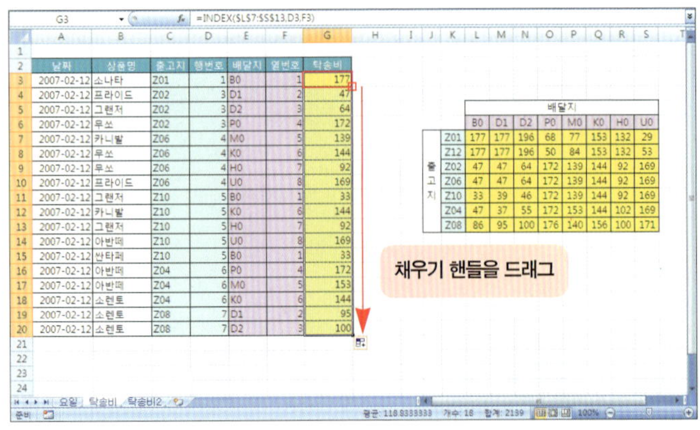

출고지와 배달지에 따른 배송비 찾아오기 Ⅱ

Action Excel
도전! 엑셀

이번에는 INDEX, MATCH 함수를 함께 사용하여 한 번에 탁송비를 찾아오겠습니다. 간단한 따라하기를 통해 연습해 보세요.

〔예제 파일 경로〕 부록 CD\Sample\Part06\찾기_참조함수.xlsx | 〔결과 파일 경로〕 부록 CD\Sample\Part06\After\찾기_참조함수_완성.xlsx

01 ❶ [탁송비2] 시트를 클릭합니다. ❷ [E3] 셀을 클릭한 후 ❷ [수식] 탭의 [함수 라이브러리 – 찾기/참조 영역 찾기/참조 영역]을 클릭하고 ❹ [INDEX]를 클릭합니다.

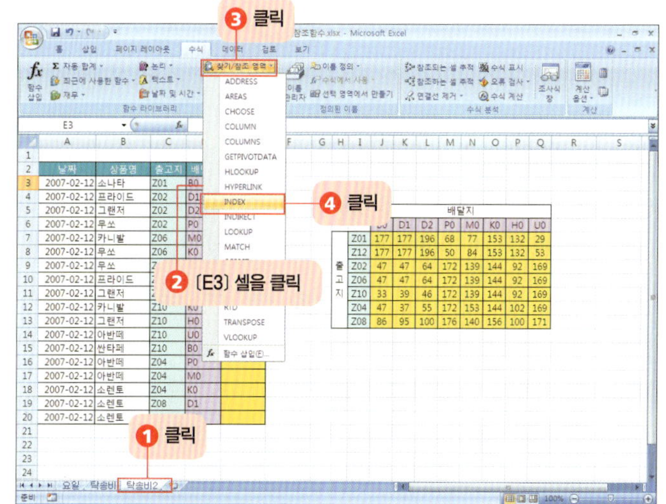

02 [인수 선택] 대화상자가 나타나면 ❶ 'array, row_num, column_num'을 선택한 후 ❷ [확인] 버튼을 클릭합니다.

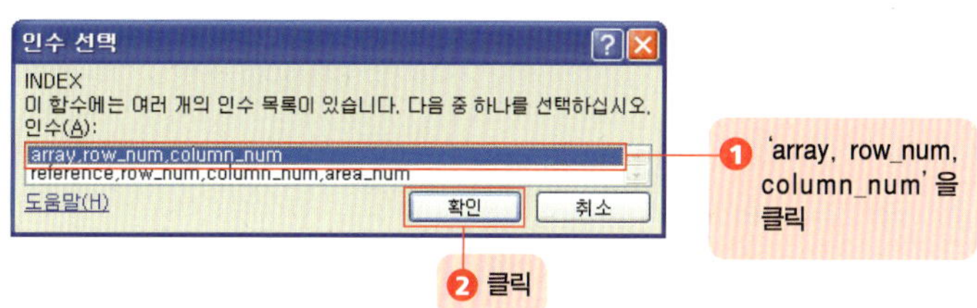

> **Note** array, row_num, column_num : 참조할 테이블이 하나인 경우에 선택합니다.
> reference, row_num, column_num, area_num : 참조할 테이블이 여러 개인 경우에 선택합니다.

03 [함수 인수] 대화상자가 나타나면 ❶ 다음과 같이
인수를 지정한 후 ❷ [확인] 버튼을 클릭합니다.

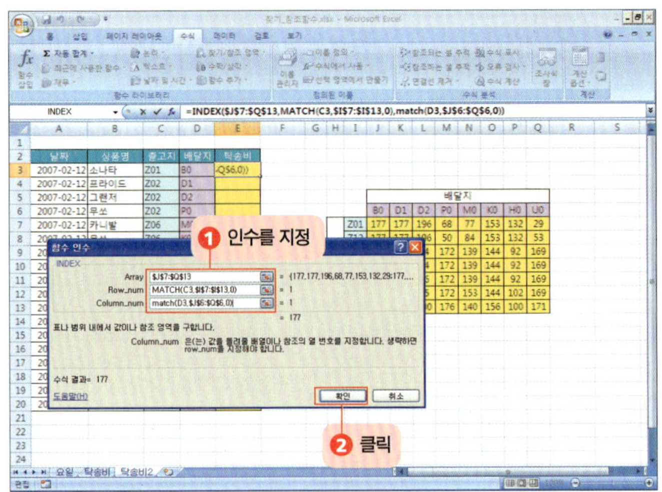

> info **Array** : $J$7:$Q$13 ▶ 탁송비가 입력되어 있는 영역
>
> **Row_num** : MATCH(C3,$I$7:$I$13,0) ▶ MATCH 함수로 출고지의 위치값을 찾아 INDEX 함수에서 행 번호로 사용합니다.
>
> **Column_num** : MATCH(D3,$J$6:$Q$6,0) ▶ MATCH 함수로 배달지의 위치값을 찾아 INDEX 함수에서 열 번호로 사용합니다.

---

04 [E3] 셀의 채우기 핸들을 드래그하여 복사합니다.

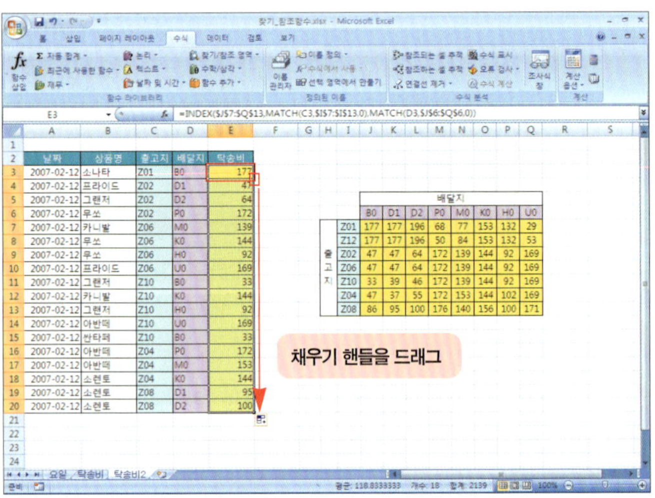

동적 범위를 만들 수 있는 OFFSET 함수

주어진 기준 셀로부터 지정한 행과 열 만큼 떨어진 위치의 참조 영역을 반환하는 함수로, 동적인 범위를 지정하는 데에 많이 사용합니다.

OFFSET 함수

기능	주어진 기준 셀로부터 지정한 행과 열 만큼 떨어진 위치의 참조 영역을 반환
형식	OFFSET(Reference, Rows, Cols, Height, Width)
인수	Reference : 오프셋의 기반으로 삼을 기준 셀 Rows : 이동할 행의 수로 양수이면 기준 셀에서 아래로 이동, 음수이면 위로 이동 Cols : 이동할 열의 수로 양수이면 기준 셀에서 오른쪽으로 이동, 음수이면 왼쪽으로 이동 Height : 반환되는 행의 높이로, 양수이어야 합니다. Width : 반환되는 열의 너비로, 양수이어야 합니다.

OFFSET은 기준 셀에서 지정한 행, 지정한 열로 이동한 후 어떤 값을 찾아오기 위한 용도로 사용할 수 있고, 기준 셀에서 지정한 행, 지정한 열로 이동한 위치에서부터 새로운 범위를 반환하는 용도로 사용할 수도 있습니다.

아래 수식 =OFFSET(A1,0,2)은 기준 셀 [A1]에서 행으로 이동할 값이 0이므로, 행으로는 움직이지 않습니다. 열로 이동할 값은 2이므로 오른쪽으로 2번 이동합니다. 이동된 위치의 값 7을 반환합니다.

아래 수식 =SUM(OFFSET(A1,1,1,3,2))은 기준 셀 [A1]에서 행으로 이동할 값 1, 열로 이동할 값이 1이므로 아래로 1번, 오른쪽으로 1번 이동한 위치는 [B2] 셀입니다. [B2] 셀에서부터 3행 2열의 범위를 반환하여 더하기(SUM)합니다.

	A	B	C	D	E	F	G	H	I	J	K
1	1	4	7		수식	=OFFSET(A1,0,2)					
2	2	5	5		결과	7					
3	3	5	5		설명	A1셀에서 행으로 이동하지 않고 열로 2번 움직인 위치의 값을 찾아옵니다.					
4	4	5	5								
5					수식	=SUM(OFFSET(A1,1,1,3,2))					
6					결과	30					
7					설명	A1셀에서 행으로 1번 열로 1번 이동한 위치에서부터 3행 2열의 범위를 지정한다.					
8						범위의 값을 더하기(SUM)합니다.					

동적 범위 만들기

VLOOKUP 함수를 이용하여 발주 현황 시트에서 거래처 테이블 시트를 참조하여 거래처명을 찾아올 수 있습니다. 거래처 테이블 시트에는 [A2:B5] 영역에 거래처 코드와 거래처명이 입력되어 있는데, 차후에 거래처가 늘어난다면 [A2:B5] 영역은 [A2:B6], [A2:B7], [A2:B8], ……로 계속 확장될 것입니다. 이번에는 거래처가 늘어나는 만큼 자동으로 범위가 확장되도록 동적 범위로 설정한 후 거래처명을 찾아오도록 하겠습니다.

〔예제 파일 경로〕 부록 CD\Sample\Part06\OFFSET함수.xlsx | 〔결과 파일 경로〕 부록 CD\Sample\Part06\After\OFFSET함수_완성.xlsx

완성 예제 미리 보기

	A	B	C	D
1	거래처코드	거래처명		
2	A01	우리상사		
3	A02	삼환전기		
4	A03	예원기계		
5	A04	좋은기업		
6				
7				
8				
9				
10				
11				
12				
13				
14				
15				

발주현황 / 거래처테이블 / Sheet3

	A	B	C	D	E	F
1	거래처별 상품 발주 현황					
2	발주일	납기일	거래처코드	거래처명	상품명	수량
3	2006-03-01	2006-03-05	A01	우리상사		
4	2006-04-30	2006-05-25	A02	삼환전기		
5	2006-07-07	2006-08-08	A03	예원기계		
6	2006-07-20	2006-08-28	A04	좋은기업		
7	2006-07-30	2006-08-29	A01	우리상사		
8	2006-08-13	2006-09-19	A02	삼환전기		
9	2006-08-21	2006-09-29	A01	우리상사		
10	2006-09-02	2006-10-02	A02	삼환전기		
11	2006-09-27	2006-10-20	A03	예원기계		
12	2006-10-01	2006-11-02	A04	좋은기업		
13	2006-10-24	2006-11-13	A04	좋은기업		
14	2006-11-15	2006-12-18	A03	예원기계		
15	2006-12-09	2007-01-02	A01	우리상사		
16	2006-12-28	2007-01-28	A02	삼환전기		
17	2007-01-18	2007-02-02	A02	삼환전기		
18						

발주현황 / 거래처테이블 / Sheet3

01 ❶ [거래처테이블] 시트를 클릭한 후 ❷ [수식] 탭의 [정의된 이름 – 이름 정의 이름 정의]를 클릭합니다.

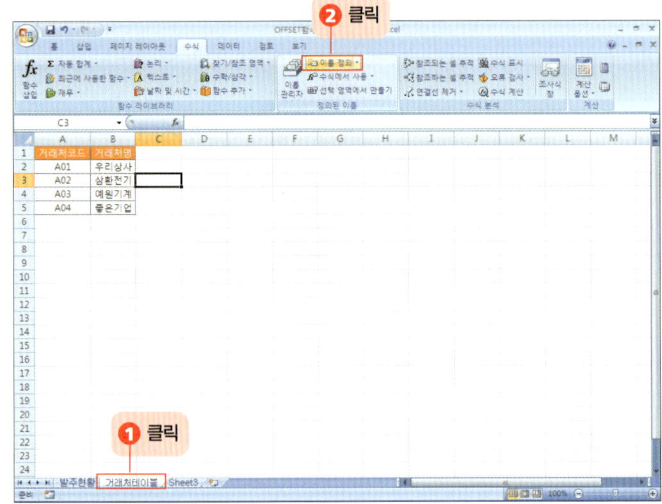

02 [새 이름] 대화상자가 나타나면 다음과 같이 '이름'과 '참조대상'에 수식을 입력한 후 [확인] 버튼을 클릭합니다.

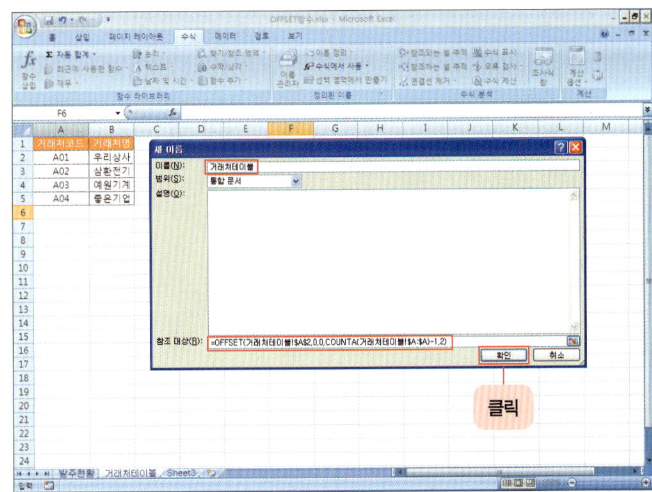

TIP 거래처테이블!$A$2는 [거래처테이블]시트의 $A$2셀을 의미하는 것으로, 키보드로 입력하지 않고 실제 A2셀을 클릭하면 좀 더 편리하게 입력할 수 있습니다.

info **이름** : 거래처테이블 ▶ 임의의 이름으로 정의합니다.
참조 대상 : =OFFSET(거래처테이블!$A$2,0,0,COUNTA(거래처테이블!$A:$A)-1,2)

❶ 거래처테이블!$A$2 : 기준 셀

❷ 0 : 행의 수가 0이므로 행으로 이동하지 않습니다.

❸ 0 : 열의 수가 0이므로 열로 이동하지 않습니다.

❹ COUNTA(거래처테이블!$A:$A)-1 : [A] 열에 데이터가 입력된 셀의 개수를 세어 -1한 값을 행의 높이로 반환합니다. 거래처가 추가되면 행의 높이도 늘어나야 하므로 COUNTA 함수를 사용하여 유동적인 행의 높이로 지정합니다.

❺ 2 : 열로는 추가될 데이터가 없으므로 열 너비 2로 고정시킵니다. 즉, 기준 셀 [A2]에서 데이터가 입력된 행의 수 만큼 범위를 반환합니다.

03 거래처가 추가되면 범위도 확장되는지를 확인하겠습니다. ❶ 임의의 거래처를 추가로 입력한 후 ❷ [수식] 탭의 [정의된 이름 – 이름 관리자]를 클릭합니다.

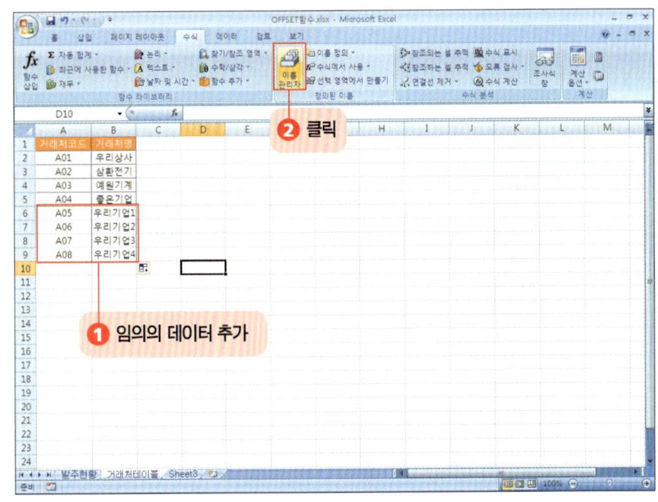

04 [이름 관리자] 대화상자의 '참조 대상'에서 수식이 입력된 부분을 클릭하면 정의된 범위가 워크시트에 표시되는데, 이 부분을 살펴보면 추가로 입력된 부분까지 확장됨을 알 수 있습니다.

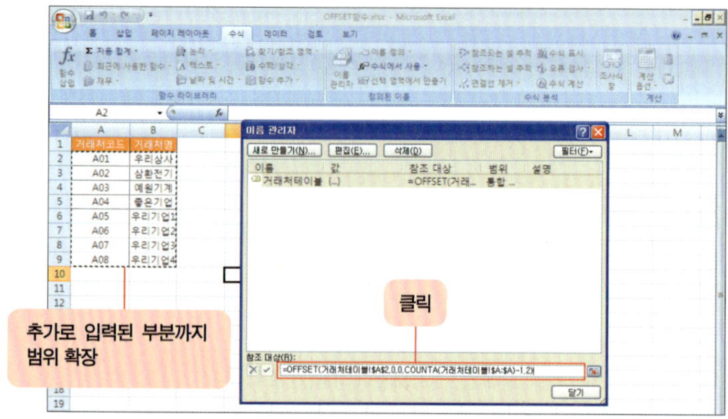

05 ❶ [발주현황] 시트를 클릭한 후 ❷ [D3] 셀을 클릭하고 ❸ [수식] 탭의 [함수 라이브러리 – 찾기/참조 영역 찾기/참조 영역 ▼]을 클릭한 후 ❹ [VLOOKUP]을 클릭합니다.

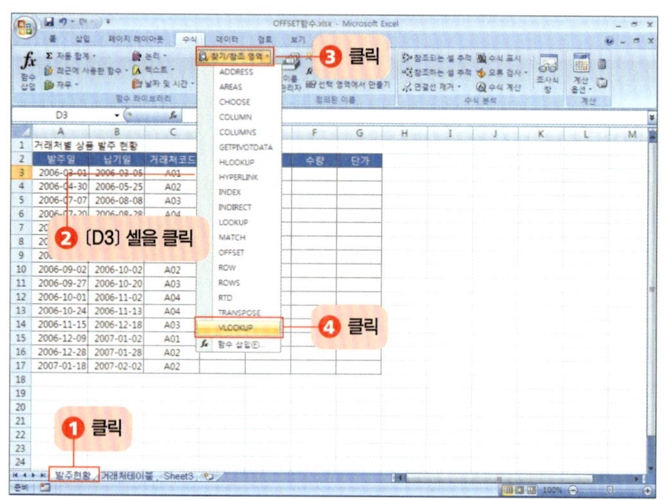

06 [함수 인수] 대화상자가 나타나면 ❶ 다음과 같이 인수를 지정한 후 ❷ [확인] 버튼을 클릭합니다.

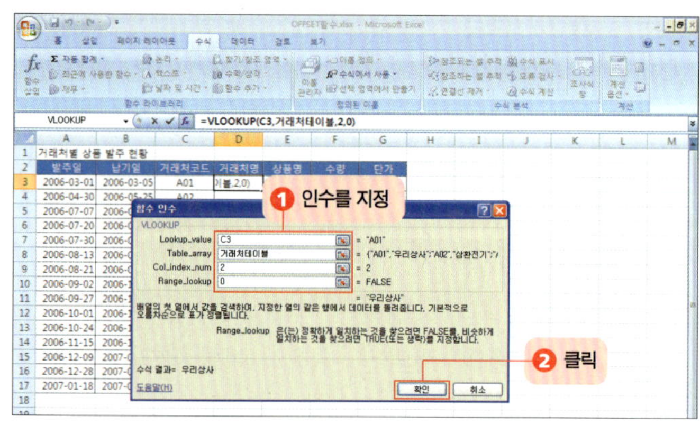

07 결과가 구해지면 [D3] 셀의 채우기 핸들을 드래그하여 복사합니다.

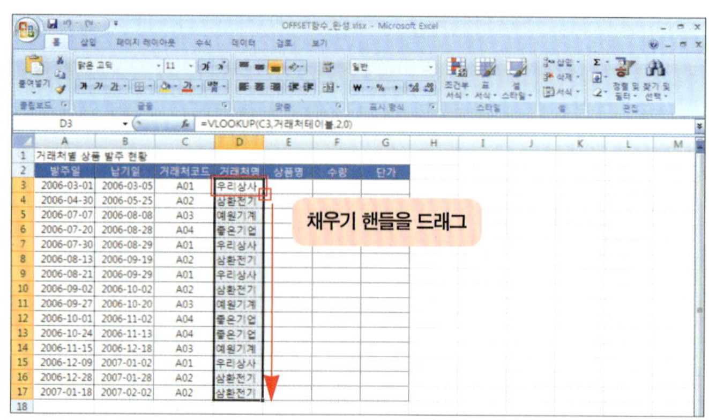

급여 명세서 작성하기

사원 번호를 선택하면 해당 사원의 급여 내역이 나타나도록 해 보겠습니다. 이 작업은 유효성 검사와 VLOOKUP 함수를 이용합니다.

〔예제 파일 경로〕 부록 CD\Sample\Part06\급여 명세서.xlsx | 〔결과 파일 경로〕 부록 CD\Sample\Part06\After\급여 명세서_완성.xlsx

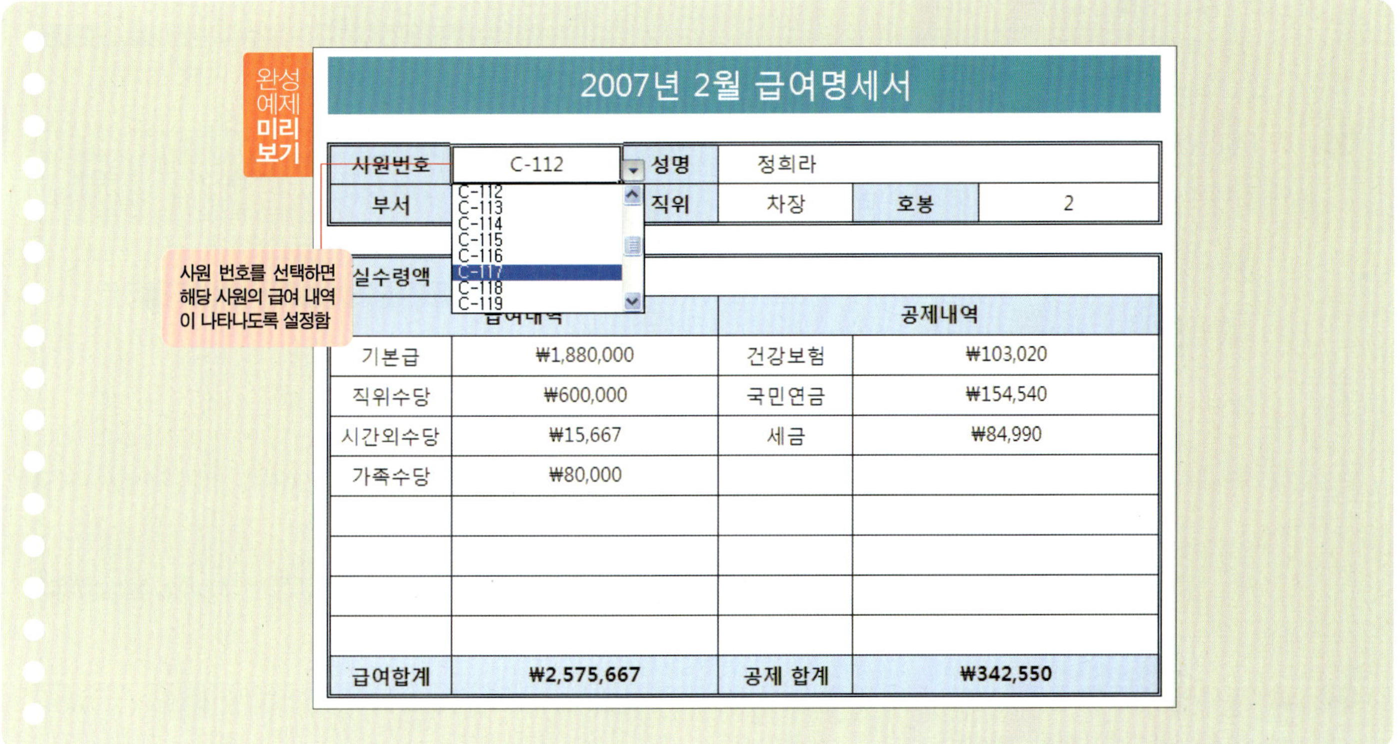

01 자주 참조할 영역을 이름 정의하기 위해 [급여내역] 시트를 클릭합니다.

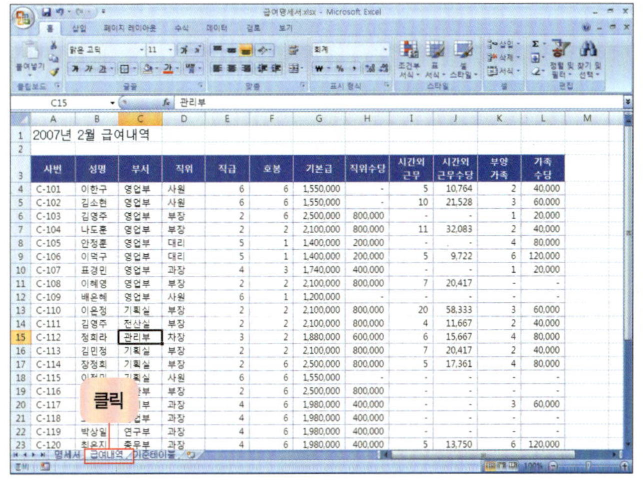

	A	B	C	D	E	F	G	H	I	J	K	L	M
1	2007년 2월 급여내역												
2													
3	사번	성명	부서	직위	직급	호봉	기본급	직위수당	시간외 근무	시간외 근무수당	부양 가족	가족 수당	
4	C-101	이한구	영업부	사원	6	6	1,550,000	-	5	10,764	2	40,000	
5	C-102	김소현	영업부	사원	6	6	1,550,000	-	10	21,528	3	60,000	
6	C-103	김영주	영업부	부장	2	6	2,500,000	800,000	-	-	1	20,000	
7	C-104	나도훈	영업부	부장	2	2	2,100,000	800,000	11	32,083	2	40,000	
8	C-105	안정훈	영업부	대리	5	1	1,400,000	200,000	-	-	4	80,000	
9	C-106	이덕구	영업부	대리	5	1	1,400,000	200,000	5	9,722	6	120,000	
10	C-107	표경민	영업부	과장	4	3	1,740,000	400,000	-	-	1	20,000	
11	C-108	이혜영	영업부	부장	2	2	2,100,000	800,000	7	20,417	-	-	
12	C-109	배온혜	영업부	사원	6	1	1,200,000	-	-	-	-	-	
13	C-110	이은정	기획실	부장	2	2	2,100,000	800,000	20	58,333	3	60,000	
14	C-111	김영주	전산실	부장	2	2	2,100,000	800,000	4	11,667	2	40,000	
15	C-112	정희라	관리부	차장	3	2	1,880,000	600,000	6	15,667	4	80,000	
16	C-113	김민정	기획실	부장	2	2	2,100,000	800,000	7	20,417	2	40,000	
17	C-114	장정회	기획실	부장	2	6	2,500,000	800,000	5	17,361	4	80,000	
18	C-115	이정미	기획실	사원	6	6	1,550,000	-	-	-	-	-	
19	C-116		부	부장	2	6	2,500,000	800,000	-	-	-	-	
20	C-117		부	과장	4	6	1,980,000	400,000	-	-	3	60,000	
21	C-118		업부	과장	4	6	1,980,000	400,000	-	-	-	-	
22	C-119	박상일	연구부	과장	4	6	1,980,000	400,000	-	-	-	-	
23	C-120	최온지	총무부	과장	4	6	1,980,000	400,000	5	13,750	6	120,000	

02 ❶ [A4:L35]를 범위 지정한 후 ❷ 이름 상자 영역에 임의의 이름인 「급여」를 입력하고 Enter 를 누릅니다.

주의 이름 상자 영역에서 정의할 이름을 입력한 후 반드시 Enter 를 눌러야 이름이 정의됩니다.

TIP 범위 지정할 영역이 넓은 경우 [A4] 셀에서 Ctrl + Shift + → 와 Ctrl + Shift + ↓ 를 누르면 편리합니다.

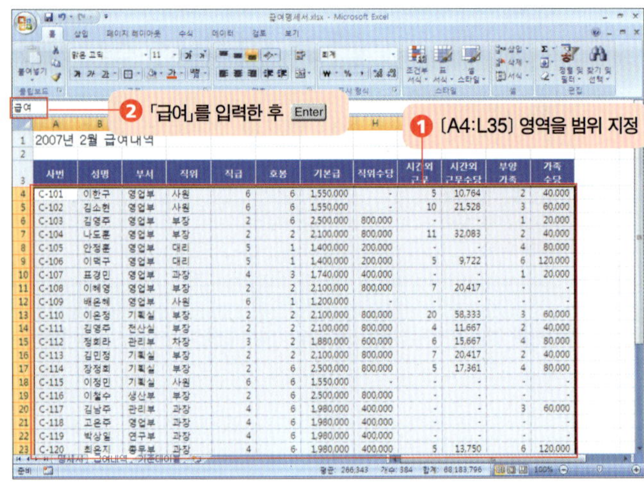

03 ❶ [A4:A35]를 범위 지정한 후 ❷ 이름 상자 영역에 임의의 이름인 「사번」을 입력하고 Enter 를 누릅니다.

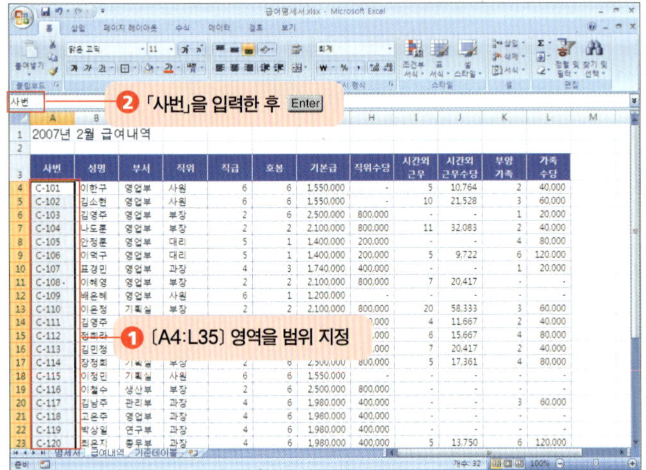

04 ❶ [명세서] 시트를 클릭합니다. ❷ [C4] 셀을 클릭한 후 ❸ [데이터] 탭의 [데이터 도구 – 데이터 유효성 검사]를 클릭합니다.

TIP 사원 번호를 입력하지 않고 드롭다운 버튼을 클릭하여 선택하기 위해 유효성 검사를 설정합니다.

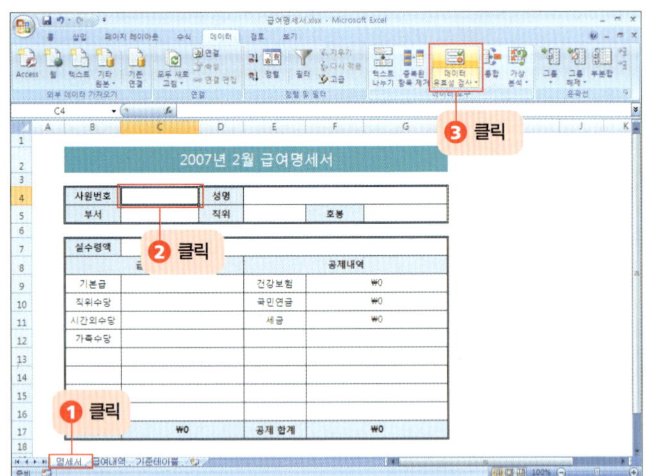

05 [데이터 유효성] 대화상자가 나타나면 ❶ '제한 대상'에서 '목록'을 선택한 후 ❷ '원본'에 「=사번」을 입력하고 ❸ [확인] 버튼을 클릭합니다.

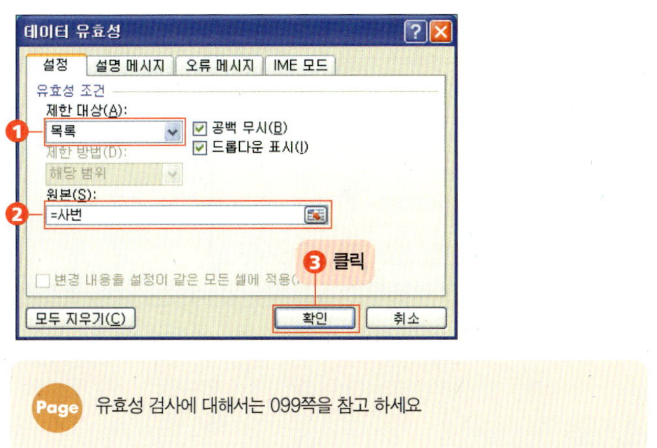

Page　유효성 검사에 대해서는 099쪽을 참고 하세요

06 [C4] 셀에서 드롭다운 버튼을 클릭하여 사원 번호 목록이 나타나면 임의의 사원 번호를 클릭합니다.

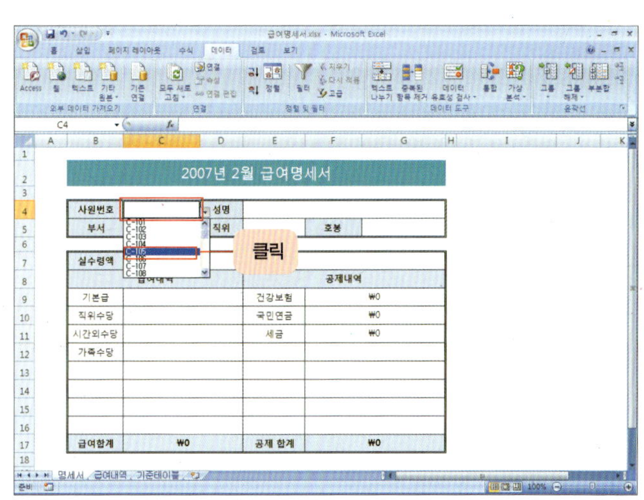

07 사원 번호에 해당하는 성명을 찾아오기 위해 ❶ [E4] 셀을 클릭한 후 ❷ [수식] 탭의 [함수 라이브러리 – 찾기/참조 영역🔍찾기/참조 영역▼]을 클릭하고 ❸ [VLOOKUP]을 클릭합니다.

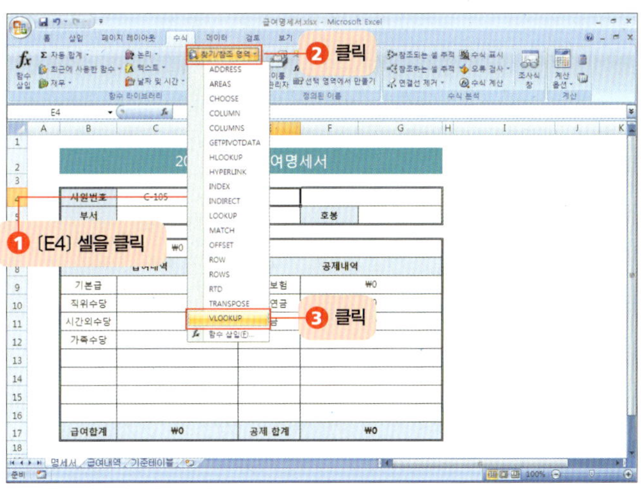

08 [함수 인수] 대화상자가 나타나면 ❶ 다음과 같이 인수를 지정한 후 ❷ [확인] 버튼을 클릭합니다.

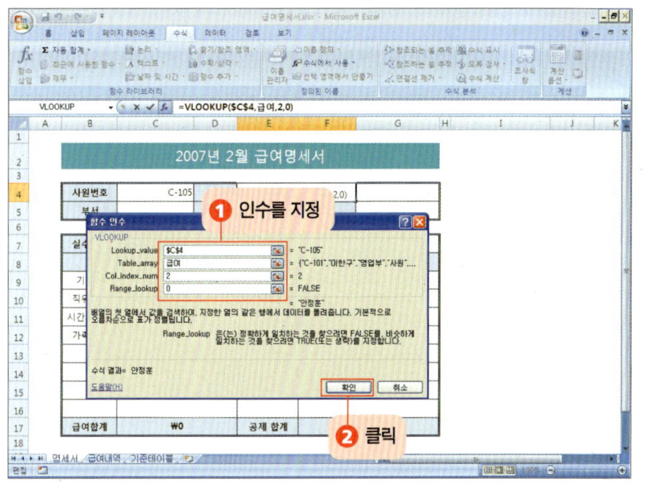

info　**Lookup_value** : $C$4 ▶ 검색할 값으로 사원 번호를 지정합니다.
Table_array : 급여 ▶ 참조 영역으로 [급여 내역] 시트에서 이름 상자에 정의한 '급여'를 지정합니다.
Col_index_num : 2 ▶ 참조 영역 '급여'에서 가져올 '성명'은 2번째 열에 있으므로 「2」를 입력합니다.
Range_lookup : 0 ▶ 정확하게 일치하는 값을 검색하기 위해 「0」을 입력합니다.

09 사원 번호에 해당하는 성명을 찾았으면 나머지 부서, 직위, 호봉, 기본급, 직위 수당, 시간 외 수당, 가족 수당을 VLOOKUP 함수로 찾아옵니다.

> **Note** **부서** : =VLOOKUP($C$4,급여,3,0)
>
> **직위** : =VLOOKUP($C$4,급여,4,0)
>
> **호봉** : =VLOOKUP($C$4,급여,6,0)
>
> **기본급** : =VLOOKUP($C$4,급여,7,0)
>
> **직위 수당** : =VLOOKUP($C$4,급여,8,0)
>
> **시간 외 수당** : =VLOOKUP($C$4,급여,10,0)
>
> **가족 수당** : =VLOOKUP($C$4,급여,12,0)

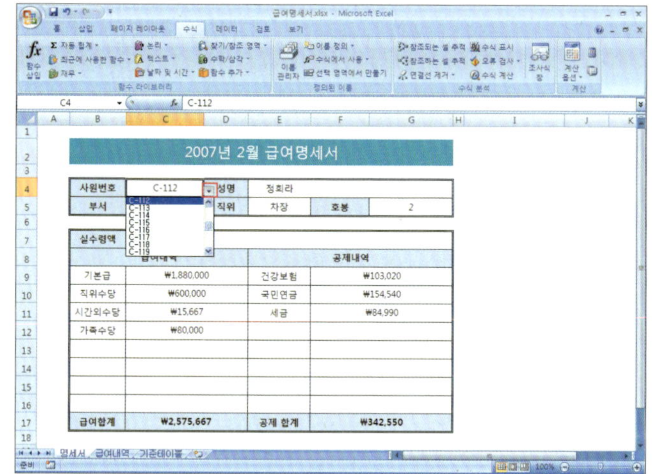

10 다음과 같이 사원 번호에서 드롭다운 버튼을 클릭하여 임의의 사원 번호를 선택하면 모든 내역이 변경됩니다.

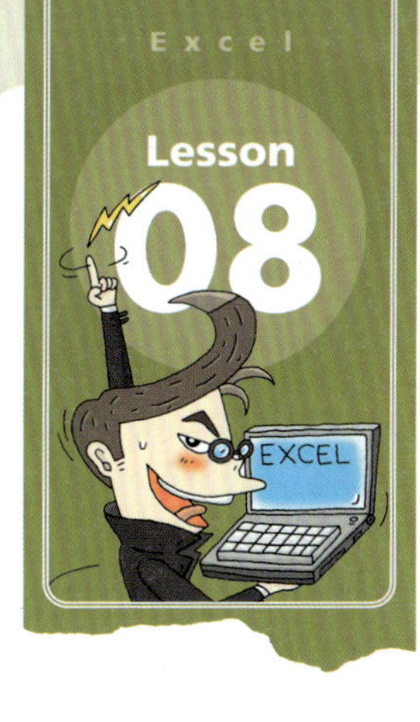

Lesson 08 정보를 제공하는 함수

정보 함수는 값의 유형을 검사하고 그 결과에 따라 TRUE 또는 FALSE를 반환하는 함수이며 주로 IF 함수와 함께 사용합니다. 정보 함수에는 CELL, ISBLANK, ISNONTEXT, ISNUMBER, ISERROR 등이 있으며, 이 중에서 많이 사용하는 ISBLANK, ISERROR 함수에 대해 알아보겠습니다.

ISBLANK 함수와 ISERROR 함수

ISBLANK 함수

기능	빈 셀이면 TRUE를 반환합니다.
형식	ISBLANK(Value)
인수	Value : 검사하려는 셀

ISERROR 함수

기능	값이 오류인지를 판단하여 오류이면 TRUE, 오류가 아니면 FALSE를 반환합니다.
형식	ISERROR(Value)
인수	Value : 테스트할 값

다음과 같이 ISBLANK 함수는 참조한 셀이 빈 칸이면 TRUE를, 그렇지 않으면 FALSE를 반환합니다. 또한 ISERROR 함수는 수식의 결과에 ERROR가 있으면 TRUE를, 그렇지 않으면 FALSE를 반환합니다.

	A	B	C	D	E	F	G
1	항목1	항목2	나누기	ISBLANK함수(수식 및 결과)		ISERROR함수(수식 및 결과)	
2	23	50	0.46	=ISBLANK(B2)	FALSE	=ISERROR(C2)	FALSE
3	23		#DIV/0!	=ISBLANK(B3)	TRUE	=ISERROR(C3)	TRUE
4	10	2	5	=ISBLANK(B4)	FALSE	=ISERROR(C4)	FALSE
5	5	2	2.5	=ISBLANK(B5)	FALSE	=ISERROR(C5)	FALSE
6	오십	2	#VALUE!	=ISBLANK(B6)	FALSE	=ISERROR(C6)	TRUE

견적서 수식 미리 작성하기

견적서에서 VLOOKUP 함수로 품명의 규격, 단위, 단가 등을 찾아오도록 수식을 미리 완성한 경우 품명이 입력
되어 있지 않으면 규격, 단위, 단가에서 오류가 발생합니다. 품명이 입력되어 있지 않더라도 에러가 나지 않도록
하기 위해 ISBLANK, ISERROR 함수를 적절하게 사용해 보겠습니다.

〔예제 파일 경로〕 부록 CD\Sample\Part06\견적서.xlsx | 〔결과 파일 경로〕 부록 CD\Sample\Part06\After\견적서_완성.xlsx

완성 예제 미리 보기

견　적　서

작성일자 : 2007-02-12

사업자번호	123-13-12345
상호	㈜예원상사
대표자	이 예 원
주소	서울시 서초구 양재동 395
연락처	02-3232-3232

ABC 상사 귀중

새콤 건조 다시마 등에 대해 아래과 같이 견적 합니다.

　　총　　　　　260,200　원정

NO	품명	규격	단위	단가	수량	납품금액	비고(VAT)
1	새콤 건조 다시마	BOX	12BOX	19000	7	133,000	VAT 포함
2	훈제 대합조개 통조림	CAN	EA	8000	6	48,000	VAT 별도
3	루이비똥 특산 후추	CAN	12 BOX	17000	2	34,000	VAT 별도
4	오곡 시리얼	CAN	6 BOX	8900	6	53,400	VAT 포함
5							
6							
7							
8							
9							
10							
11							
12							
		공급가액				268,400	
		세액(VAT)				8,200	
	비고						

* 본 견적서는 작성일로 부터 1개월간 유효합니다.

01 수식에서 참조할 영역을 이름 정의하기 위해 ❶ [제품테이블] 시트를 클릭한 후 ❷ [A2:D14]를 범위 지정하고 ❸ 이름 상자 영역에 임의의 이름 「제품목록」을 입력한 후 Enter 를 누릅니다.

02 ❶ [A2:A14]를 범위 지정한 후 ❷ 이름 상자 영역에 임의의 이름인 「품명」을 입력하고 Enter 를 누릅니다.

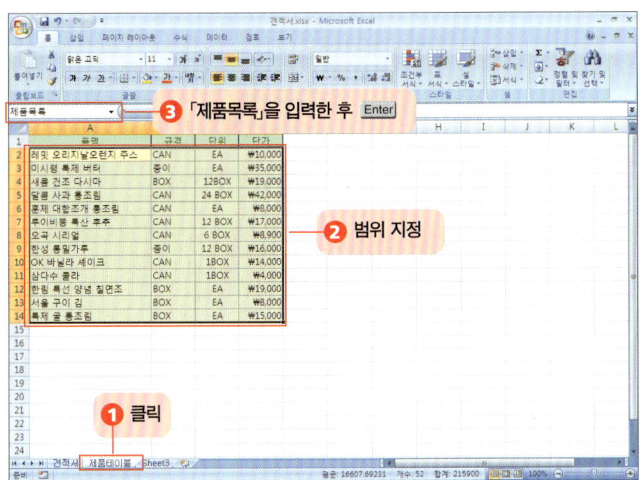

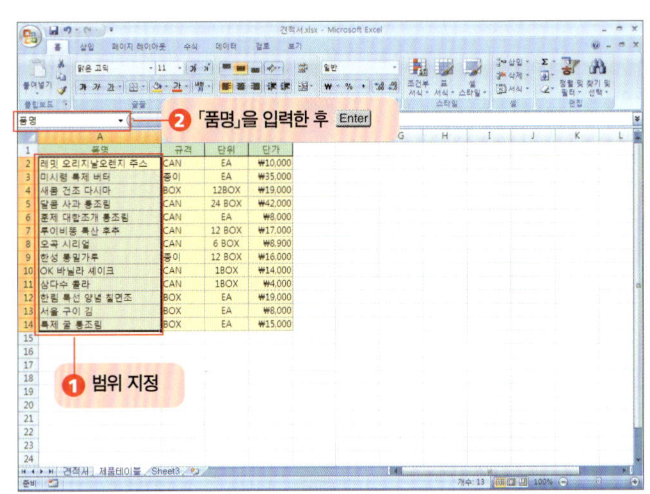

03 ❶ [견적서] 시트를 클릭합니다. ❷ [C12:C23]을 범위 지정한 후 ❸ [데이터] 탭의 [데이터 도구 – 데이터 유효성 검사]를 클릭합니다.

04 [데이터 유효성] 대화상자가 나타나면 ❶ '제한 대상'에서 '목록'을 선택한 후 ❷ '원본'에 「=품명」을 입력하고 ❸ [확인] 버튼을 클릭합니다.

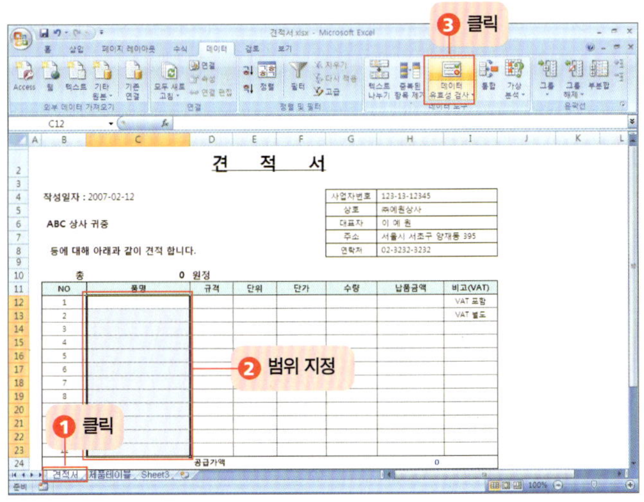

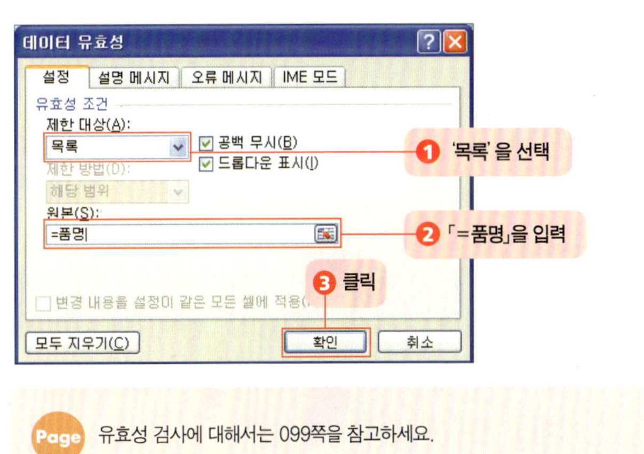

Page 유효성 검사에 대해서는 099쪽을 참고하세요.

TIP 유효성 검사를 설정하면 품명 입력 시 드롭다운 버튼을 이용하여 목록을 선택할 수 있습니다.

05 [C12] 셀에서 드롭다운 버튼을 클릭한 후 임의의 품명을 클릭합니다.

06 [D12] 셀에 「=VLOOKUP(C12,제품목록,2,0)」을 입력한 후 Enter 를 누릅니다.

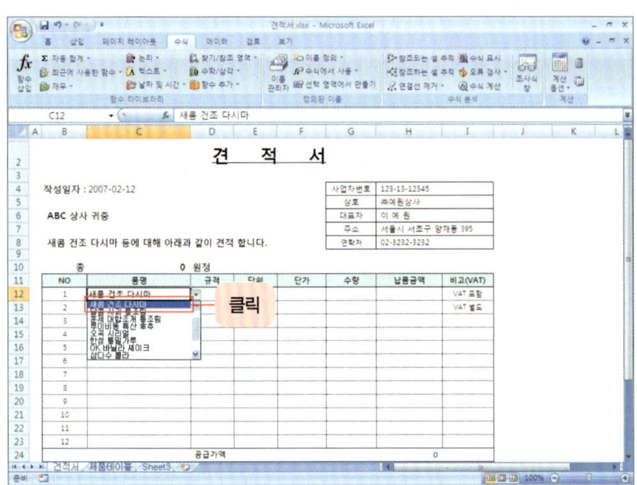

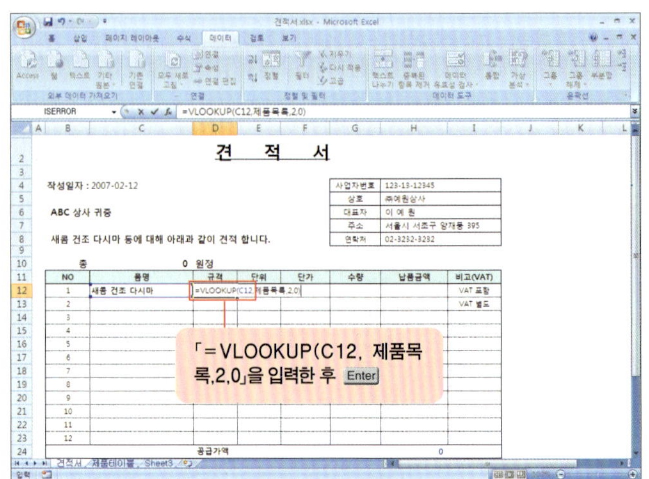

07 [D12] 셀의 채우기 핸들을 드래그하여 [D23] 셀까지 복사하면 품명이 입력되지 않은 곳은 #N/A 오류가 발생합니다.

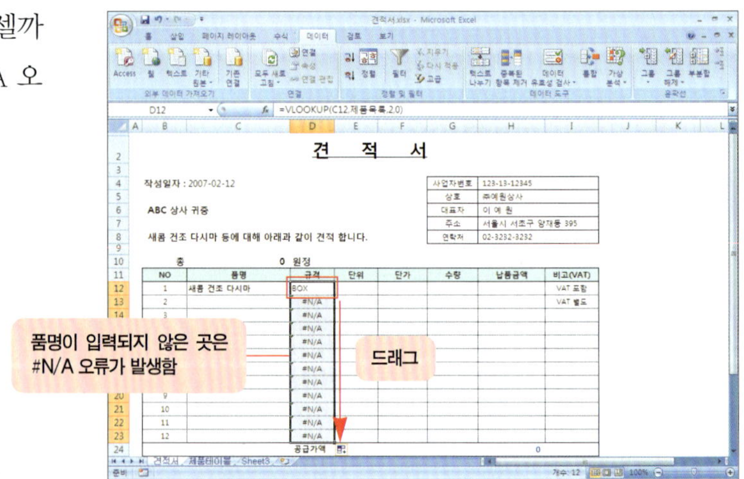

08 ❶ [D12] 셀의 내용을 Delete 를 눌러 지운 후 ❷ [수식] 탭의 [함수 라이브러리 – 논리 🔧 논리 ▾]를 클릭하고 ❸ [IF]를 클릭합니다.

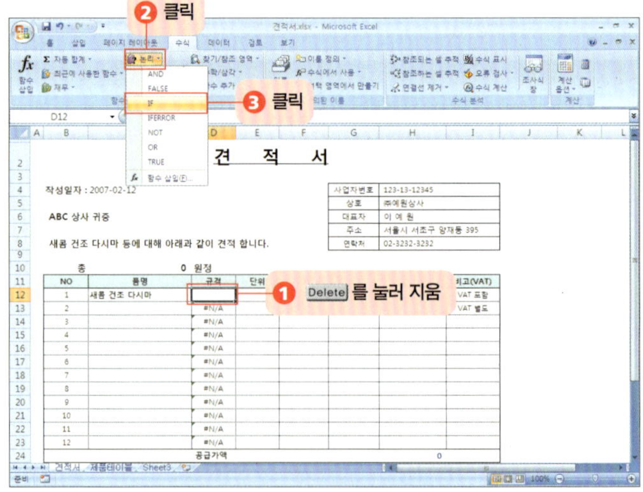

09 [함수 인수] 대화상자가 나타나면 ❶ 다음과 같이 인수를 지정한 후 ❷ [확인] 버튼을 클릭합니다.

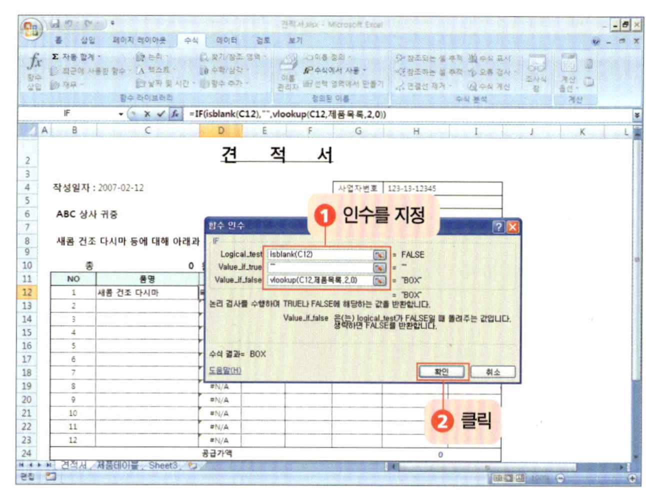

> **info** **Logical_test** : ISBLANK(C12) ▶ [C12] 셀이 빈 칸인지 확인하여
> **Value_if_true** : "" ▶ TRUE이면 Null로("") 비워 둡니다.
> **Value_if_false** : VLOOKUP(C12,제품목록,2,0) ▶ 그렇지 않으면 VLOOKUP으로 해당 규격을 찾아옵니다.

10 [D12] 셀의 채우기 핸들을 드래그하여 복사하면 품명이 입력되지 않은 곳은 규격도 빈 칸으로 나타납니다.

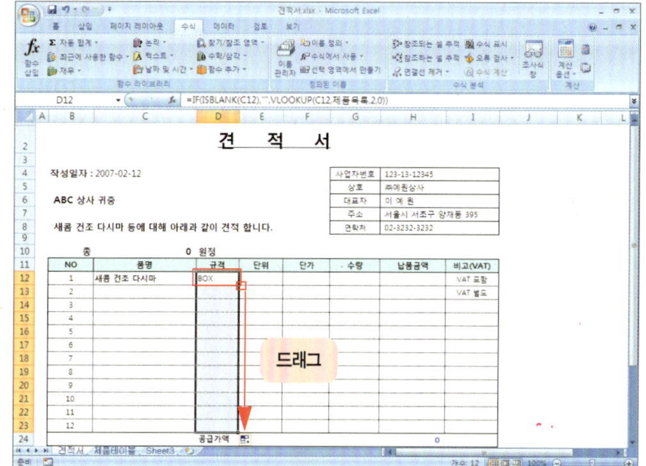

11 ❶ [E12] 셀을 클릭한 후 ❷ 다음과 같이 인수를 지정하고 ❸ [E23] 셀까지 드래그하여 복사합니다.

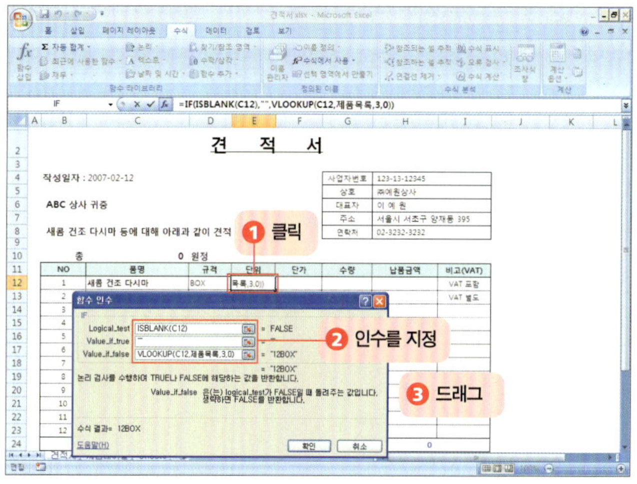

> **info** **Logical_test** : ISBLANK(C12) ▶ [C12] 셀이 빈 칸인지 확인하여
> **Value_if_true** : "" ▶ TRUE이면 Null로("") 비워 둡니다.
> **Value_if_false** : VLOOKUP(C12,제품목록,3,0) ▶ 그렇지 않으면 VLOOKUP으로 해당 단위를 찾아옵니다.

12 ❶ [F12] 셀을 클릭한 후 ❷ 다음과 같이 인수를 지정하고 ❸ [F23] 셀까지 드래그하여 복사합니다.

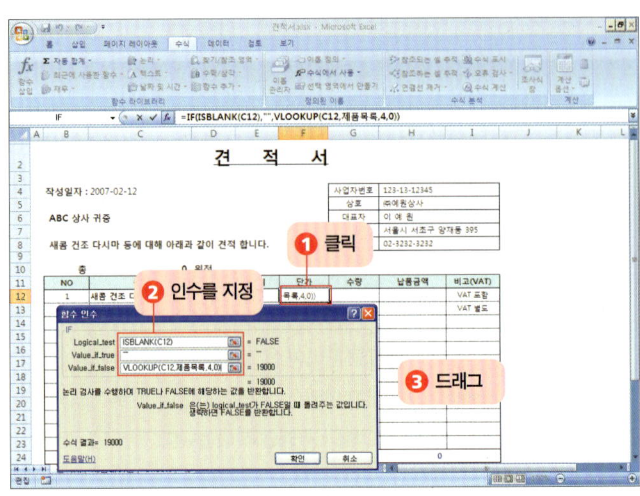

> **info** **Logical_test** : ISBLANK(C12) ▶ 〔C12〕 셀이 빈 칸인지 확인하여
>
> **Value_if_true** : "" ▶ TRUE이면 Null로("") 비워 둡니다.
>
> **Value_if_false** : VLOOKUP(C12,제품목록,4,0) ▶ 그렇지 않으면 VLOOKUP으로 해당 단가를 찾아옵니다.

13 [H12] 셀에 수식 「=F12*G12」를 입력한 후 Enter 를 누릅니다.

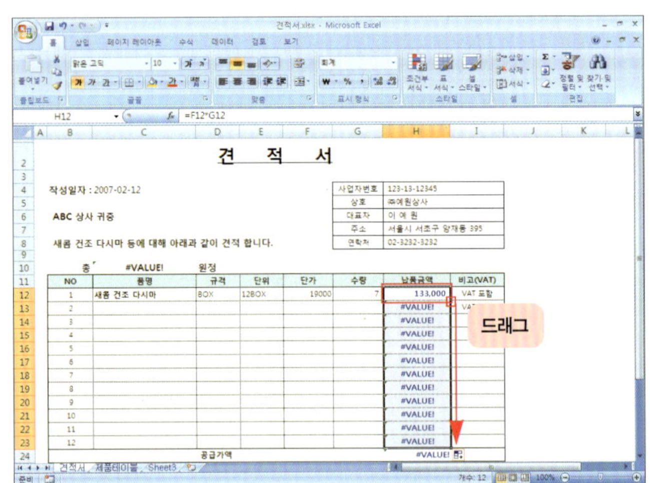

14 [H12] 셀의 채우기 핸들을 드래그하여 [H23] 셀까지 복사하면 단가와 수량이 입력되지 않은 셀은 오류가 발생합니다.

15 단가와 수량이 입력되어 있지 않더라도 에러를 발생시키지 않기 위해 IF 함수를 이용합니다. ❶ [H12] 셀의 내용을 지운 후 ❷ [수식] 탭의 [함수 라이브러리 – 논리 논리 ▾]를 클릭하고 ❸ [IF]를 클릭합니다.

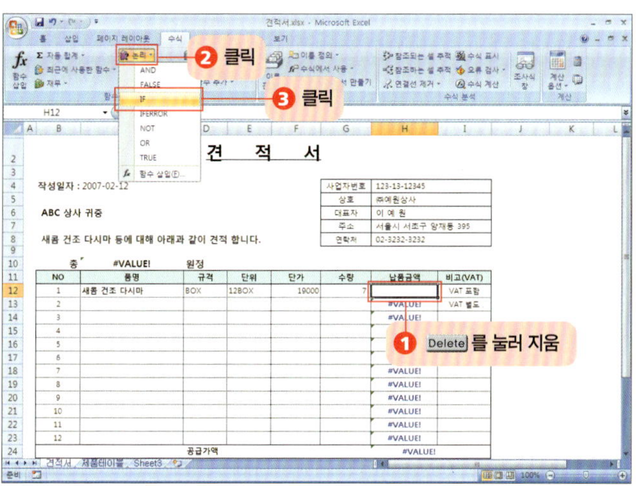

16 [함수 인수] 대화상자가 나타나면 ❶ 다음과 같이 인수를 지정한 후 ❷ [확인] 버튼을 클릭합니다.

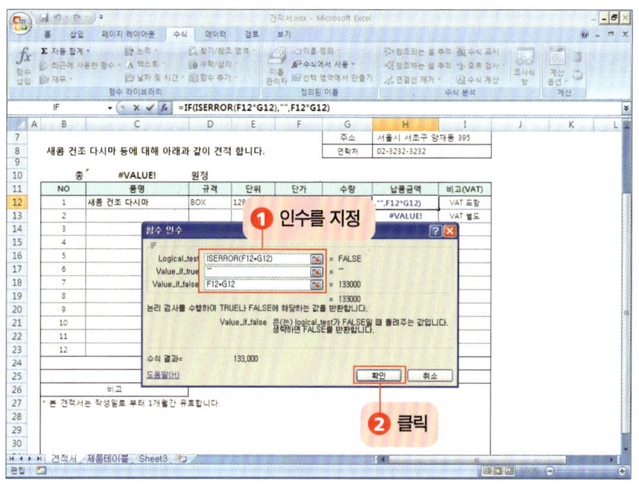

info **Logical_test** : ISERROR(F12*G12) ▶ 단가와 수량을 곱해서
Value_if_true : " " ▶ 에러가 있으면 아무것도 표시하지 않고
Value_if_false : F12*G12 ▶ 에러가 없으면 단가와 수량을 곱합니다.

17 [H12] 셀의 채우기 핸들을 드래그하여 [H23] 셀까지 복사합니다.

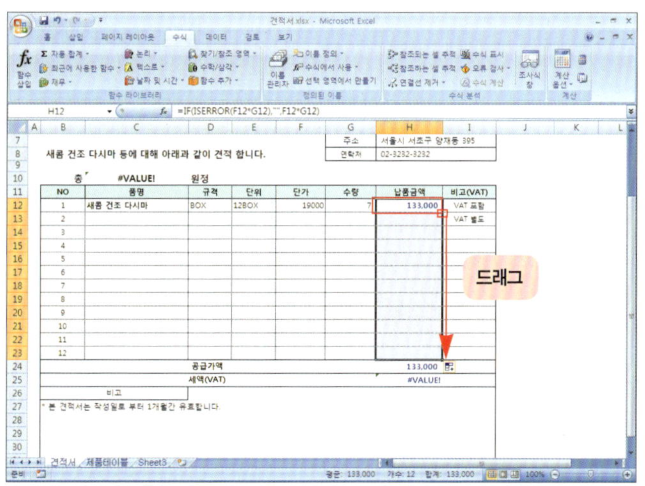

18 품명을 선택하면 미리 지정되어 있는 수식에 의해 규격, 단위, 단가, 납품 금액이 자동으로 구해집니다.

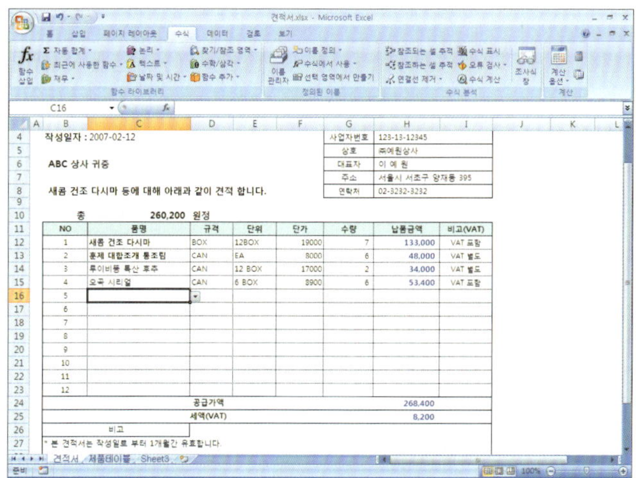

PART
07

데이터를 시각적으로 분석하는 차트

엑셀 2007 기본 + 활용

실무 테크닉

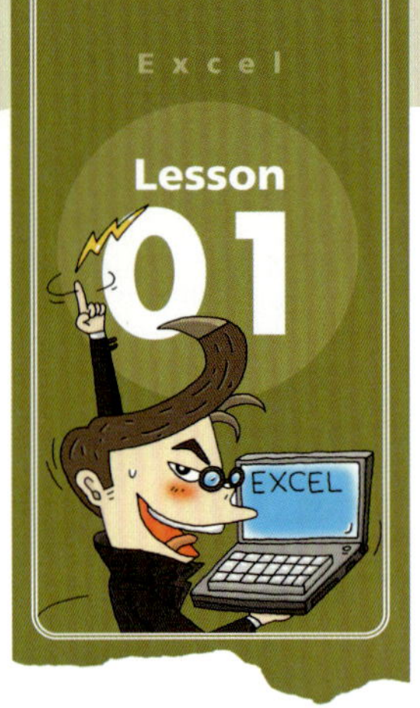

Lesson 01

엑셀에서 만들 수 있는 차트

차트는 데이터를 시각적으로 분석하는 도구입니다. 이번 레슨에서는 몇 번의 클릭만으로도 디자이너 못지않은 세련된 형태의 차트를 만들 수 있도록 도와 주는 차트 도구에 대해 알아보겠습니다.

 차트 종류 살펴보기

엑셀은 여러 종류의 차트를 제공하는데, 데이터를 효과적으로 분석하려면 해당 데이터를 가장 적절하게 표현할 수 있는 차트를 선택해야 합니다. 다음은 차트의 종류에 따른 특징과 용도를 나타낸 것입니다.

구 분	예	특 징
세로 막대형 차트	시/도별 판매액	시간 경과에 따른 데이터 변동을 표시하거나 데이터 항목별로 비교하는 데에 유용합니다.
꺾은선형 차트		시간의 흐름에 따른 데이터의 추세를 표시하는 데에 유용합니다.
원형 차트	점심 메뉴 판매 비율	데이터 계열 하나에 있는 항목의 크기가 항목 합계에 비례하여 표시됩니다. (원형 차트는 워크시트의 한 열이나 한 행에 있는 데이터만 원형 차트로 그릴 수 있습니다.)
가로 막대형 차트	지역별 판매액	개별 항목을 비교하는 차트로, 축 레이블이 길거나 표시되는 값이 기간인 경우에 유용합니다.

구 분	예	특 징
영역형 차트	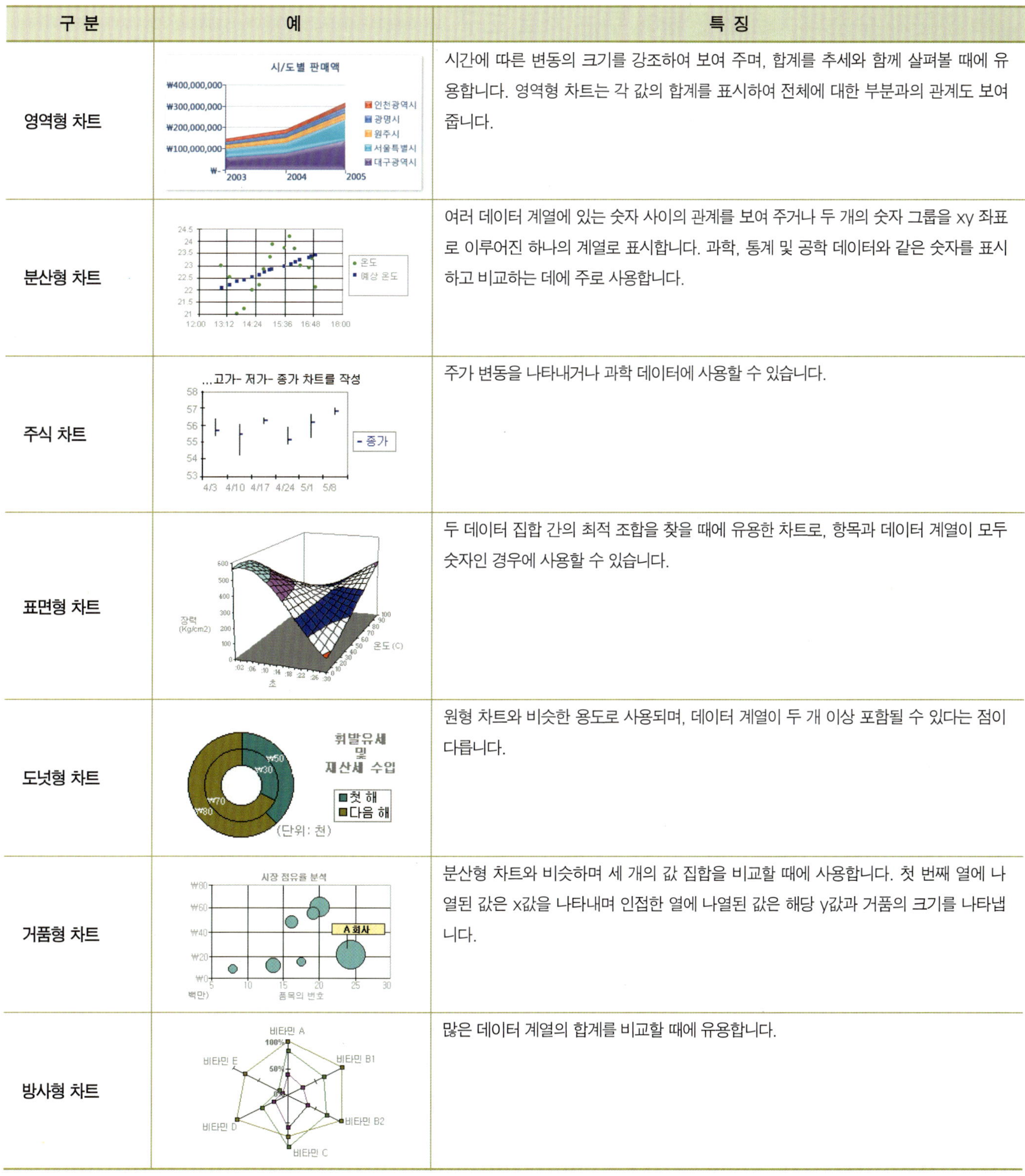	시간에 따른 변동의 크기를 강조하여 보여 주며, 합계를 추세와 함께 살펴볼 때에 유용합니다. 영역형 차트는 각 값의 합계를 표시하여 전체에 대한 부분과의 관계도 보여 줍니다.
분산형 차트		여러 데이터 계열에 있는 숫자 사이의 관계를 보여 주거나 두 개의 숫자 그룹을 xy 좌표로 이루어진 하나의 계열로 표시합니다. 과학, 통계 및 공학 데이터와 같은 숫자를 표시하고 비교하는 데에 주로 사용합니다.
주식 차트		주가 변동을 나타내거나 과학 데이터에 사용할 수 있습니다.
표면형 차트		두 데이터 집합 간의 최적 조합을 찾을 때에 유용한 차트로, 항목과 데이터 계열이 모두 숫자인 경우에 사용할 수 있습니다.
도넛형 차트		원형 차트와 비슷한 용도로 사용되며, 데이터 계열이 두 개 이상 포함될 수 있다는 점이 다릅니다.
거품형 차트		분산형 차트와 비슷하며 세 개의 값 집합을 비교할 때에 사용합니다. 첫 번째 열에 나열된 값은 x값을 나타내며 인접한 열에 나열된 값은 해당 y값과 거품의 크기를 나타냅니다.
방사형 차트		많은 데이터 계열의 합계를 비교할 때에 유용합니다.

전문가 수준의 차트를 만들어 주는 차트 도구

차트에 사용할 데이터가 들어 있는 셀을 선택한 후 [삽입] 탭의 [차트 그룹]에서 원하는 차트 종류를 클릭합니다.

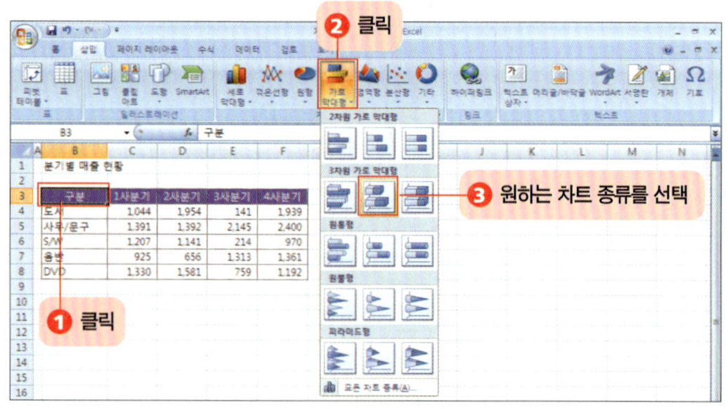

> **TIP** 차트는 기본적으로 워크시트에 포함되며 별도의 차트를 만들려면 [디자인] 탭의 [위치 – 차트 이동]을 클릭하여 차트 위치를 변경합니다.

차트를 만든 후 차트 영역을 선택하면 차트 도구인 [디자인], [레이아웃], [서식] 탭이 나타납니다. 이 세 가지 탭에 있는 명령을 이용하면 원하는 방식으로 차트를 수정할 수 있습니다.

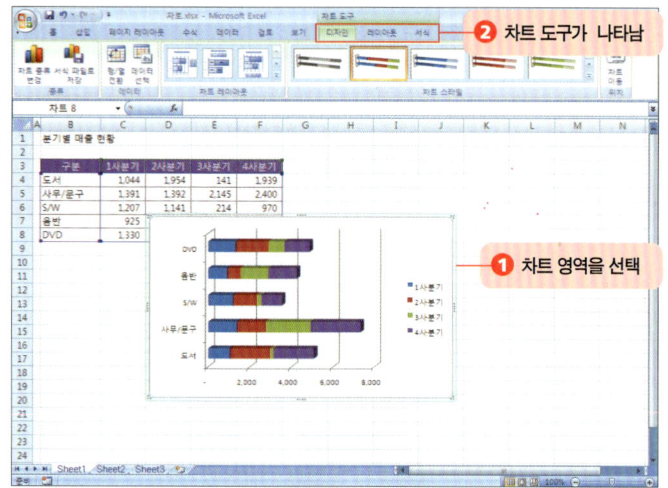

[디자인] 탭 메뉴를 이용하면 차트 종류를 변경하거나 차트를 서식 파일로 저장할 수 있으며 행 또는 열을 기준으로 데이터 계열을 전환하거나 차트의 원본 데이터를 변경할 수 있습니다. 또한 미리 정의된 레이아웃 및 스타일을 선택하거나 차트 위치를 이동할 수도 있습니다.

▲ [디자인] 탭 메뉴

[레이아웃] 탭 메뉴를 이용하면 그리기 도구를 사용할 수 있으며 차트 제목이나 데이터 레이블의 차트 요소 표시 방법을 변경할 수도 있습니다.

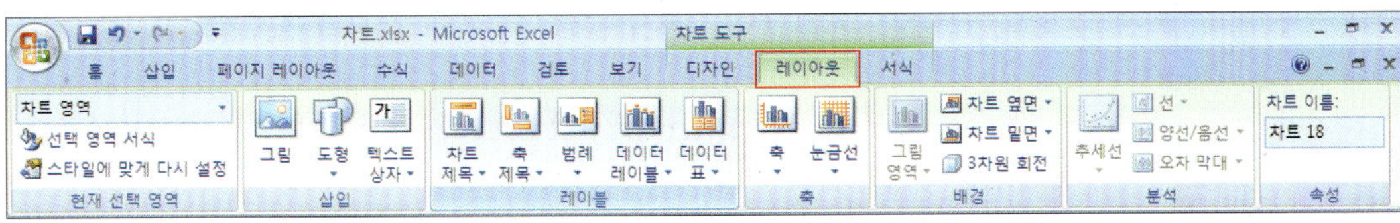

▲ 〔레이아웃〕 탭 메뉴

[서식] 탭 메뉴를 이용하면 도형 스타일과 특수 효과를 적용할 수 있습니다.

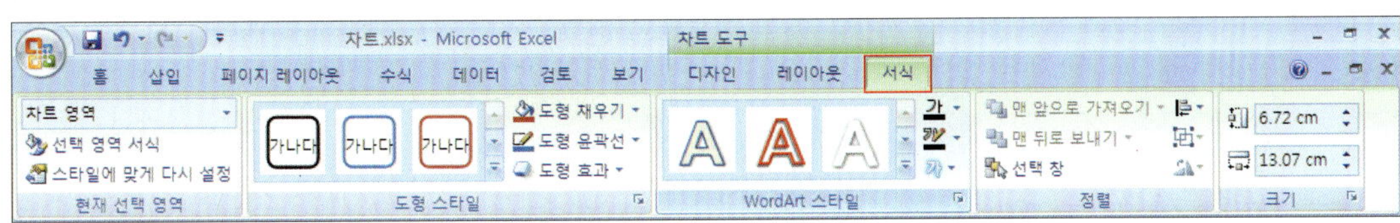

▲ 〔서식〕 탭 메뉴

TIP **단축키로 차트 빠르게 만들기**

01 데이터를 선택한 후 `Alt` + `F1` 을 누르면 현 워크시트에 기본 차트가 만들어집니다.

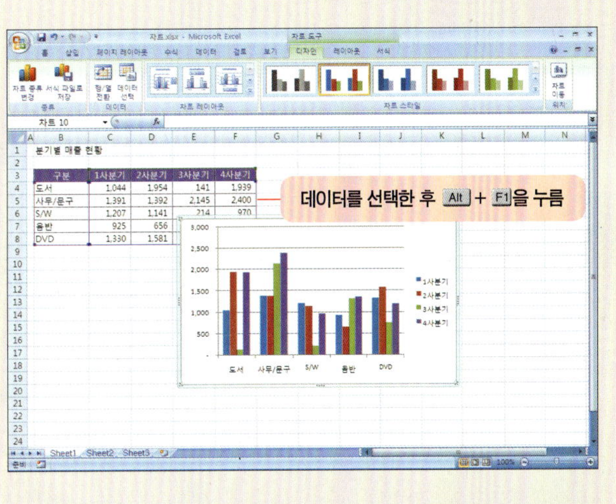

02 데이터를 선택한 후 `F11`을 누르면 차트 시트에 기본 차트가 만들어집니다.

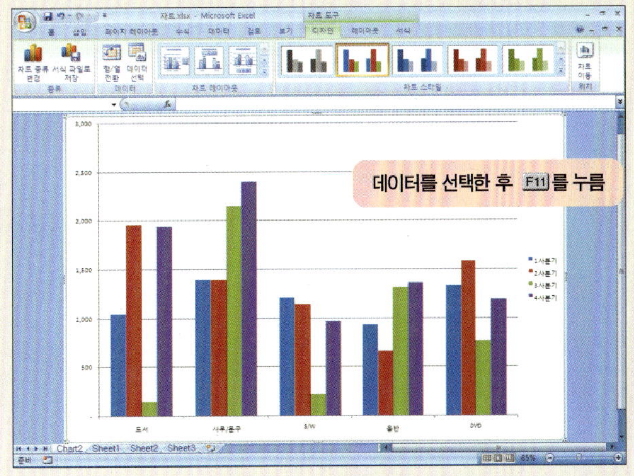

차트 도구로 매출 현황 차트 만들기

매출 현황 데이터를 차트도구를 이용하여 3차원 누적 세로 막대형으로 만들어 보겠습니다. 간단한 따라하기를 통해 연습해 보세요.

〔예제 파일 경로〕부록 CD\Sample\Part07\차트.xlsx | 〔결과 파일 경로〕부록 CD\Sample\Part07\After\차트_완성.xlsx

01 ❶ [B3] 셀을 클릭한 후 ❷ [삽입] 탭의 [차트 – 세로 막대형]을 클릭하고 ❸ '3차원 누적 세로 막대형' 을 선택합니다.

TIP 전체 데이터 중에서 2사분기와 4사분기만 차트로 만들고 싶다면 〔B3:B7〕을 범위 지정한 후 Ctrl 을 누른 상태에서 〔D3:D7〕, 〔F3:F7〕을 범위 지정하고 〔삽입〕 탭의 〔차트 – 차트 종류〕를 클릭합니다.

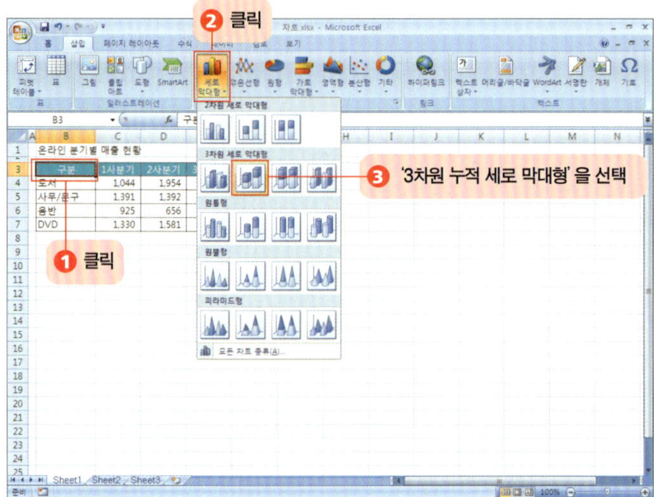

02 3차원 누적 세로 막대형 차트가 만들어지면서 차트 도구인 [디자인], [레이아웃], [서식] 탭이 나타납니다. [디자인] 탭의 [데이터 – 행/열 전환]을 클릭합니다.

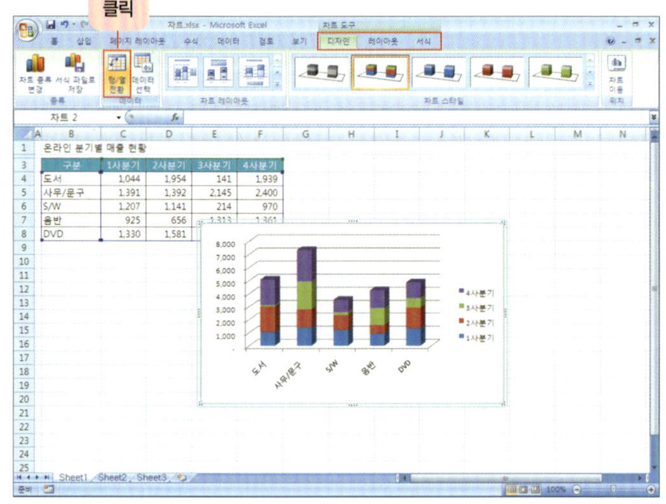

03 분기가 가로 항목으로 변경됩니다. ❶ [디자인] 탭의 [차트 스타일]에서 [자세히 ⬇]를 클릭합니다. ❷ 차트 스타일 목록이 펼쳐지면 '스타일 31'을 선택합니다.

주의 차트를 선택하지 않으면 [디자인], [레이아웃], [서식] 탭이 나타나지 않습니다.

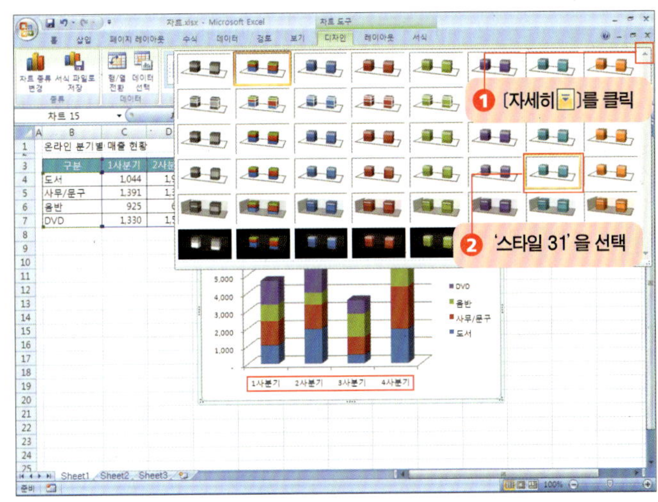

04 차트의 스타일이 변경됩니다. [디자인] 탭의 [차트 레이아웃]에서 '레이아웃 2'를 클릭합니다.

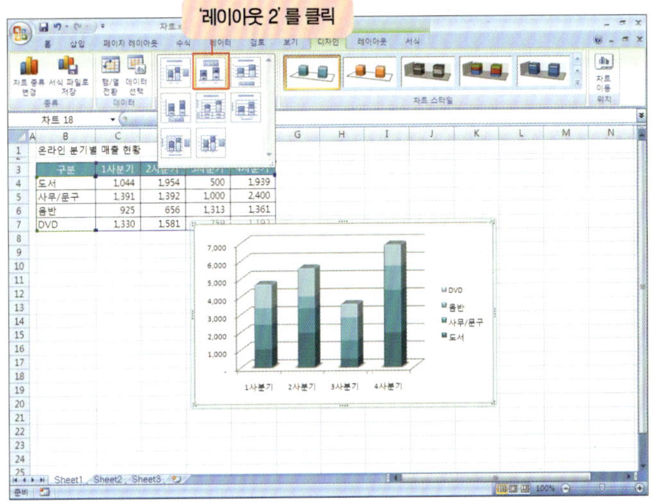

05 다음과 같이 차트 제목이 표시되면서 범례의 위치가 이동하고 데이터 계열에 값이 표시됩니다. ❶ 차트 제목에 「분기별 매출 현황」을 입력한 후 ❷ 범위 지정하면 미니 도구 모음이 나타납니다. ❸ 미니 도구 모음의 글꼴 크기에서 '14'를 클릭 합니다.

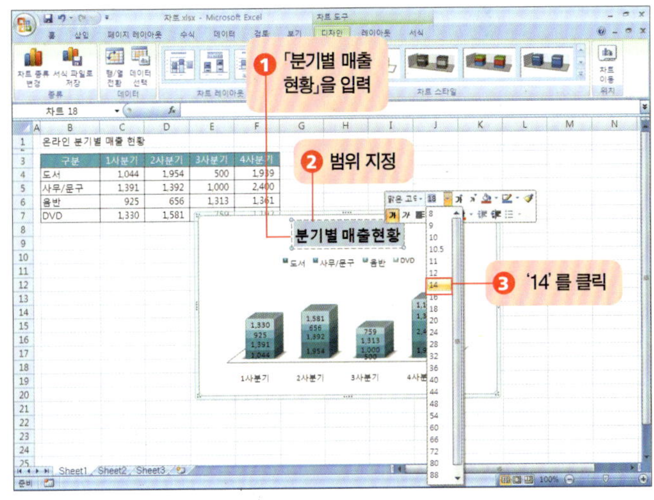

06 ❶ 차트 영역을 클릭한 후 ❷ [레이아웃] 탭의 [레이블 – 범례▦] 를 클릭하고 ❸ [오른쪽에 범례 표시]를 클릭합니다.

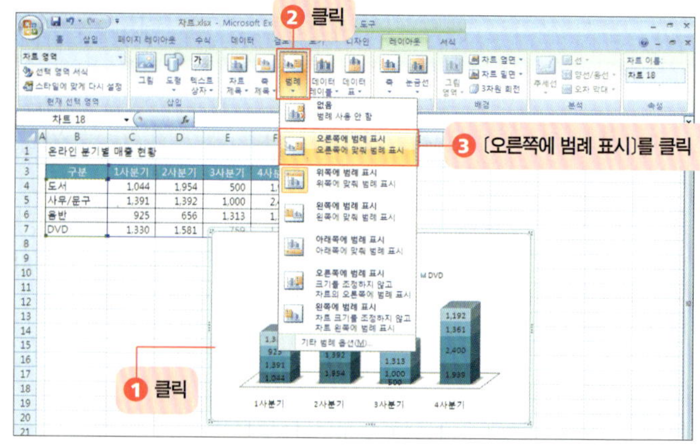

07 범례가 오른쪽으로 이동됩니다. 이번에는 [서식] 탭의 [도형 스타일]에서 [자세히▼]를 클릭한 후 '색 윤곽선 – 강조1' 을 선택합니다.

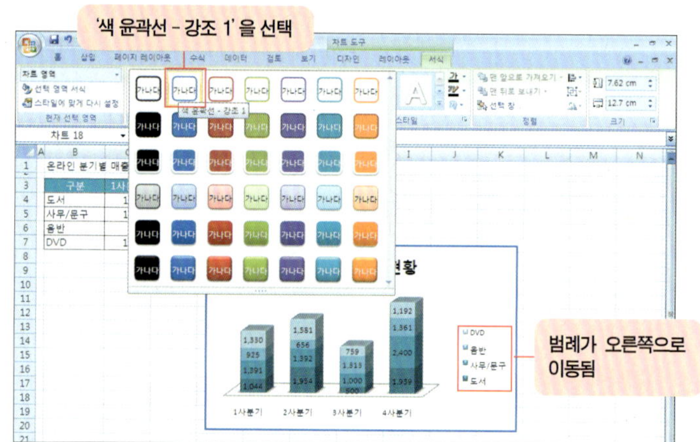

08 크기 조절점을 이용하여 차트 크기를 적절하게 조절한 후 원하는 위치로 이동하여 완성합니다.

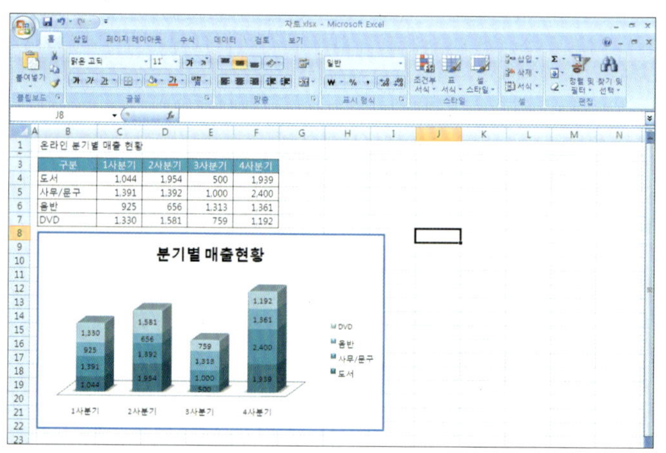

TIP **차트 크기 조절**

차트 영역을 선택한 후 크기 조절점이 있는 위치에 마우스 포인터를 위치시키면 양 방향 화살표로 바뀌는데, 이 때에 드래그하면 차트의 크기를 조절할 수 있습니다.

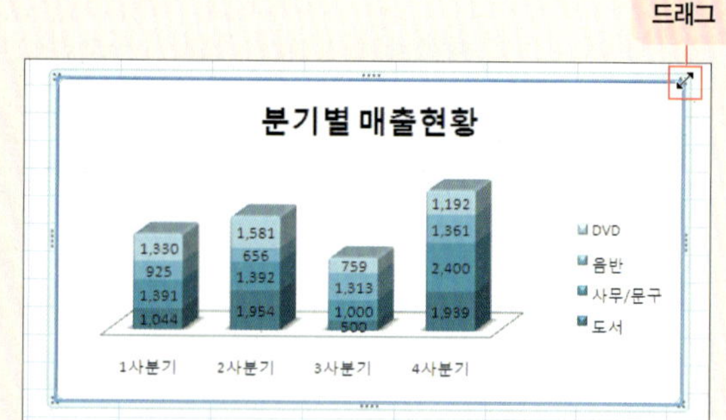

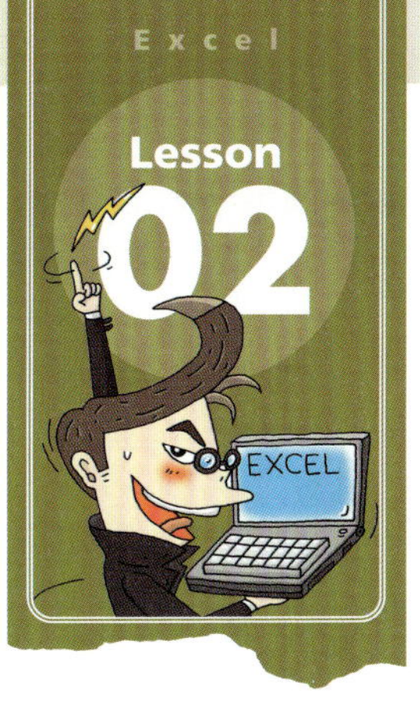

Lesson 02

차트의 화려한 변신, 차트 편집하기

차트를 편집하기 위해서는 차트 구성 요소를 먼저 이해해야 합니다. 이번 레슨에서는 차트의 구성 요소와 구성 요소별 편집 방법에 대해 알아보겠습니다.

 차트 구성 요소 이해하기

차트는 다양한 요소로 구성되며 각 요소들은 독립적이기 때문에 요소별로 서식을 지정한 후 위치를 이동할 수 있습니다. 차트의 주요 구성 요소는 다음과 같습니다.

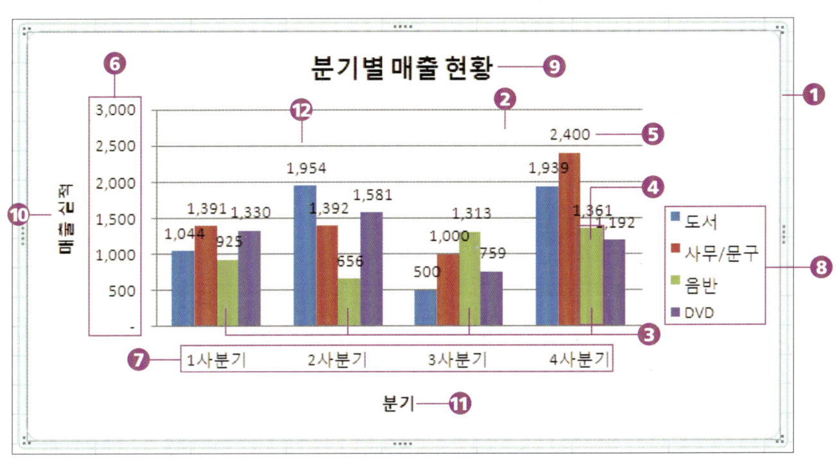

❶ **차트 영역** : 차트를 둘러싸고 있는 영역 전체를 의미합니다.

❷ **그림 영역** : X축과 Y축으로 둘러싸인 영역입니다. 3차원은 X축과 Y축 Z축으로 둘러싸인 영역입니다.

❸ **데이터 계열** : 그림 영역에 표시되는 1행 또는 1열 단위의 데이터입니다.

❹ **데이터 요소** : 데이터 계열 중 하나의 셀 단위입니다.

❺ **데이터 레이블** : 각 데이터의 값, 항목 이름, 계열 이름을 차트에 표시한 것입니다.

❻ **세로 (값) 축** : Y축으로, 데이터의 값을 나타냅니다.

❼ **가로 (항목) 축** : X축으로, 데이터의 항목명을 나타냅니다.

❽ **범례** : 각 데이터 계열을 식별하기 위한 정보를 나타냅니다.

❾ **차트 제목** : 차트 제목을 표시합니다.

❿ **세로 (값) 축 제목** : Y축 내용을 표시하는 제목입니다.

⓫ **가로 (값) 축 제목** : X축 내용을 표시하는 제목입니다.

⓬ **눈금선** : 각 데이터값을 읽기 편하도록 그림 영역 안에 그은 선입니다.

차트 구성 요소별 편집 방법

● 1단계 : 차트 선택하기

차트를 편집하려면 차트를 먼저 선택해야 합니다. 차트를 선택하면 차트 도구인 [디자인], [레이아웃], [서식] 탭이 나타나면서 차트에 조절점이 나타납니다. 차트가 선택되었다는 것은 차트 영역이 선택되었다는 것을 의미합니다.

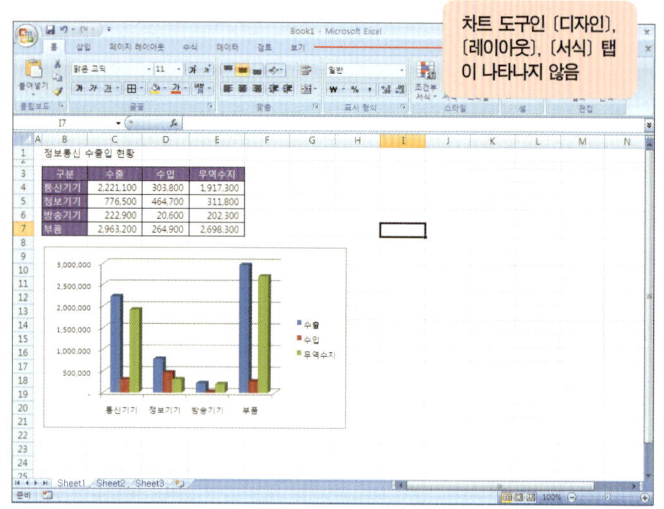

▲ 차트를 선택하지 않은 상태

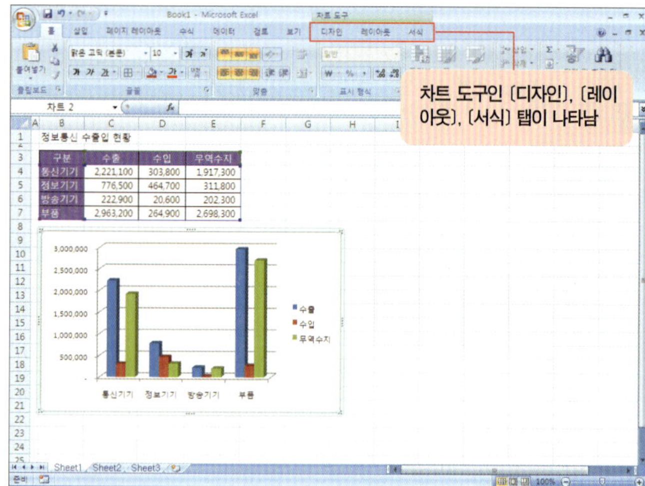

▲ 차트를 선택한 상태

● 2단계 : 구성 요소 선택하기

차트가 선택되었다면 이제 구성 요소별로 편집을 할 수 있습니다. 구성 요소를 선택하려면 구성 요소 영역을 마우스로 클릭하거나 [레이아웃] 탭의 [현재 선택 영역 – 차트 요소]를 클릭합니다. 만약 데이터 계열을 편집하려면 데이터 계열을 선택하고, 범례를 편집하려면 범례를 선택합니다.

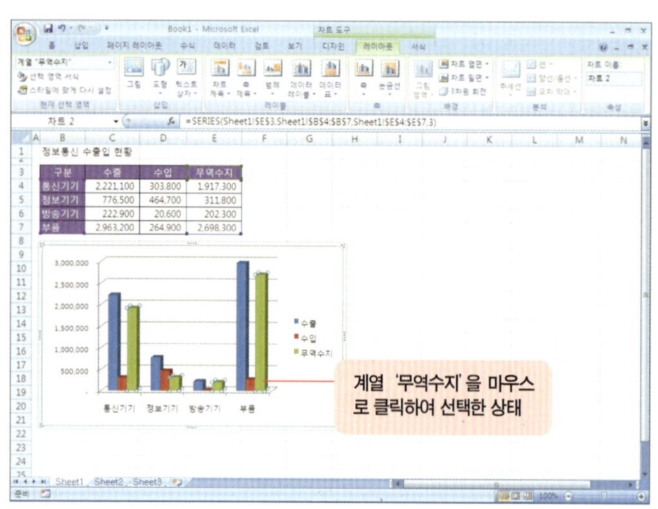

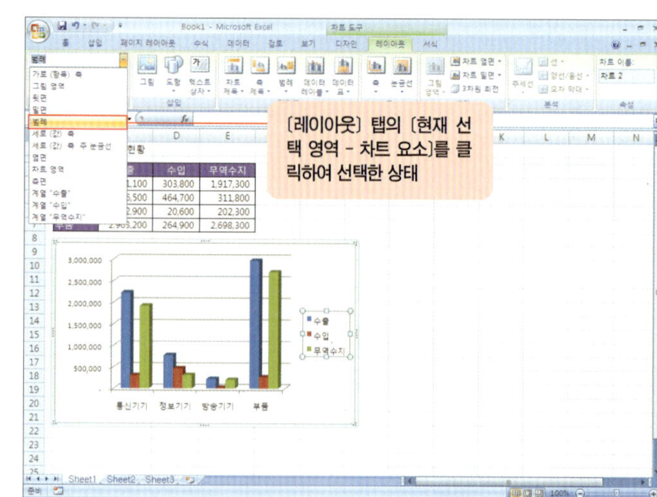

● 3단계 : 원하는 서식 지정하기

편집하려는 구성 요소가 선택되었다면 차트 도구의 [디자인], [레이아웃], [서식] 탭을 이용하여
편집하거나 선택 영역의 [서식] 대화상자를 이용하여 편집합니다.

선택 영역의 [서식] 대화상자는 해당 구성 요소에서 마우스 오른쪽 버튼을 클릭한 후 [서식]을
클릭하거나 [레이아웃] 탭의 [현재 선택 영역 – 선택 영역 서식 선택 영역 서식]을 클릭합니다.

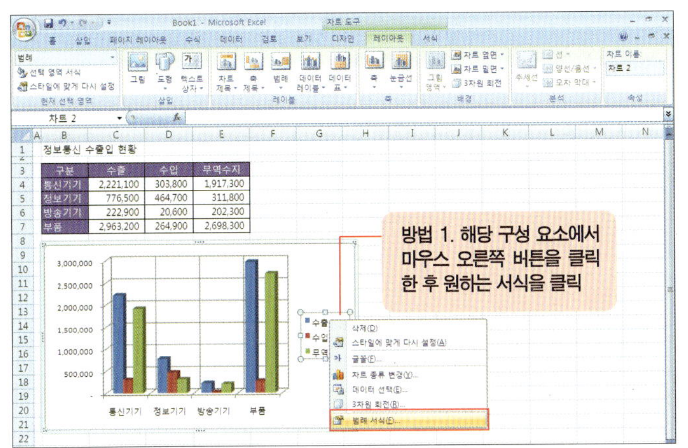

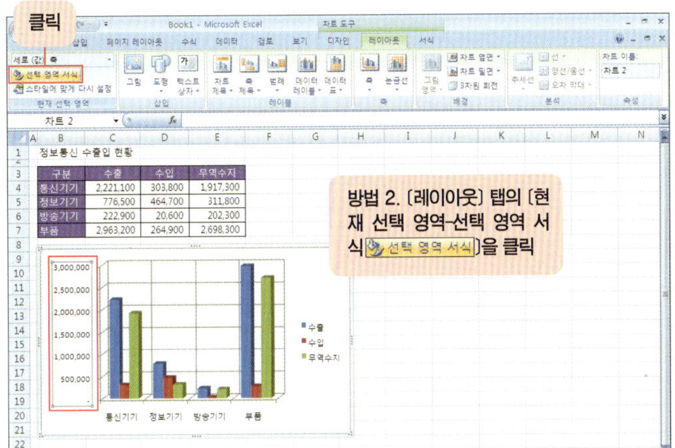

선택한 구성 요소의 [서식] 대화상자가 나타납니다. 다
음은 [축 서식] 대화상자가 나타나 있는 화면입니다.

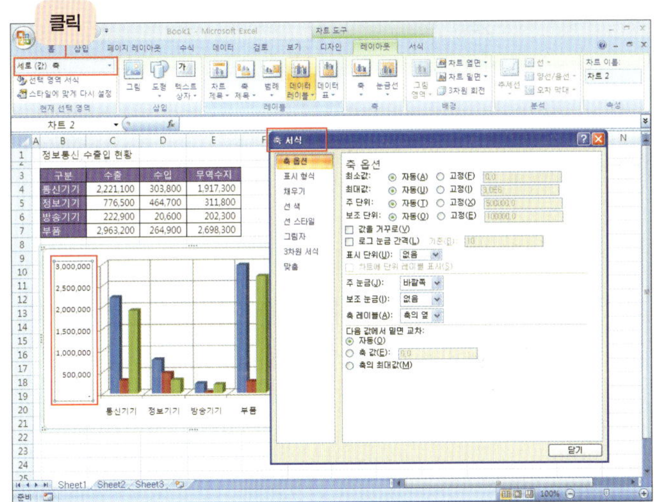

[축 서식] 대화상자에서 서식을 변경한 후 계열 '수출'
을 선택하면 계열 '수출'에 대한 [데이터 계열 서식] 대
화상자로 변경되므로 대화상자를 계속 나타낼 필요는
없습니다.

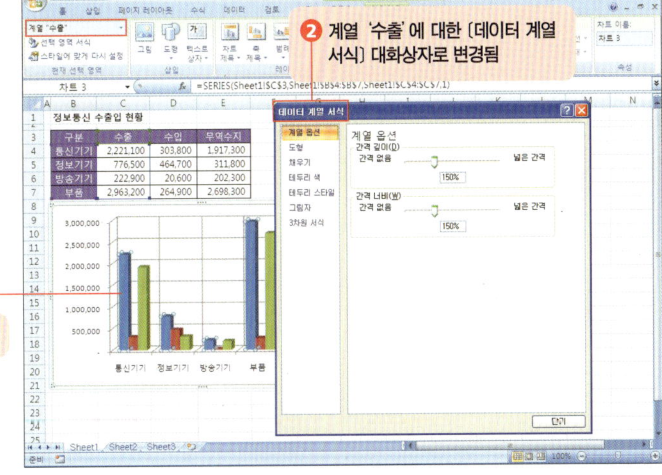

차트 종류를 편집하기

앞에서 차트를 편집하는 방법에 대해서 알아보았습니다. 이번에는 이미 만들어진 차트 종류를 변경하고 범례와
데이터 계열을 편집해 보겠습니다. 간단한 따라하기를 통해 연습해 보세요.

〔예제 파일 경로〕 부록 CD\Sample\Part07\차트편집.xlsx | 〔결과 파일 경로〕 부록 CD\Sample\Part07\After\차트편집_완성.xlsx

01 ❶ 차트 영역을 선택한 후 ❷ [디자인] 탭의 [종류 –
차트 종류 변경]을 클릭합니다.

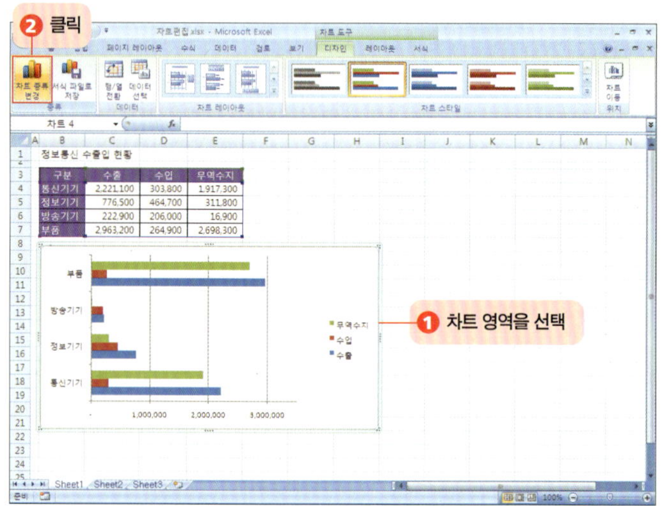

02 [차트 종류 변경] 대화상자가 나타나면 ❶ '세로
막대형'을 클릭한 후 ❷ '묶은 세로 막대형'을 선
택하고 ❸ [확인] 버튼을 클릭합니다.

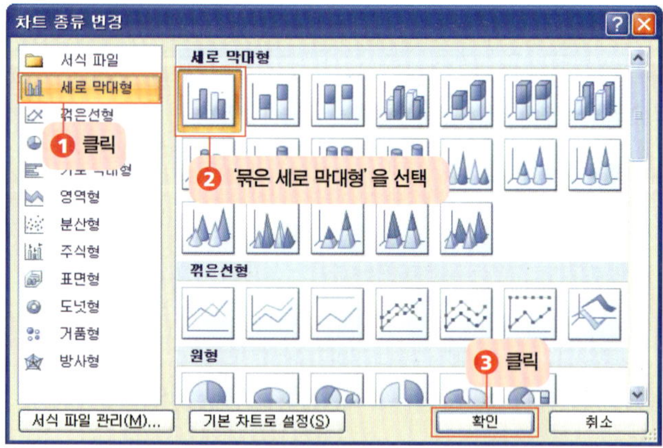

03 다음과 같이 차트 종류가 변경됩니다.

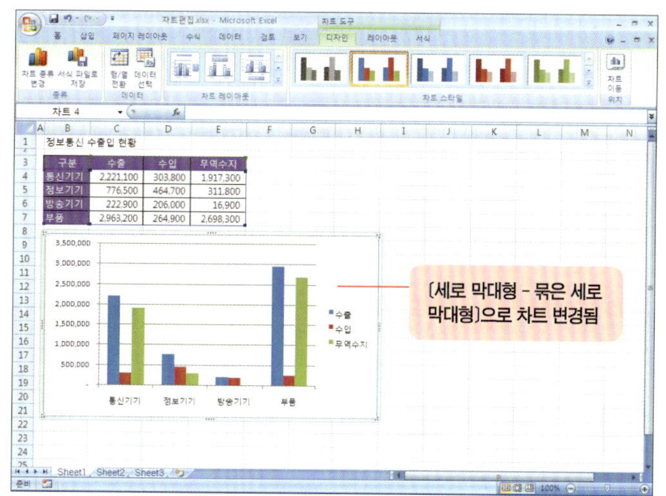

04 이번에는 계열 ‘무역수지’ 만 꺾은선형으로 바꾸기 위해 ❶ 계열 ‘무역수지’ 을 선택한 후 ❷ [디자인] 탭의 [종류 – 차트 종류 변경]을 클릭합니다.

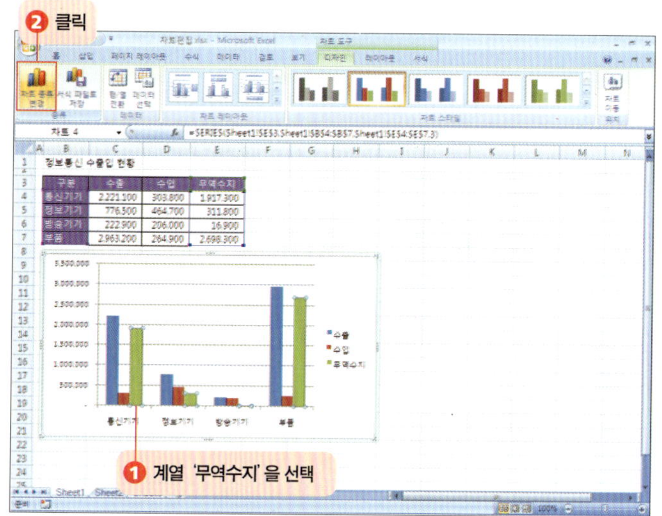

05 [차트 종류 변경] 대화상자가 나타나면 ❶ ‘꺾은선형’ 을 클릭한 후 ❷ ‘표식이 있는 꺾은선형’ 을 선택하고 ❸ [확인] 버튼을 클릭합니다.

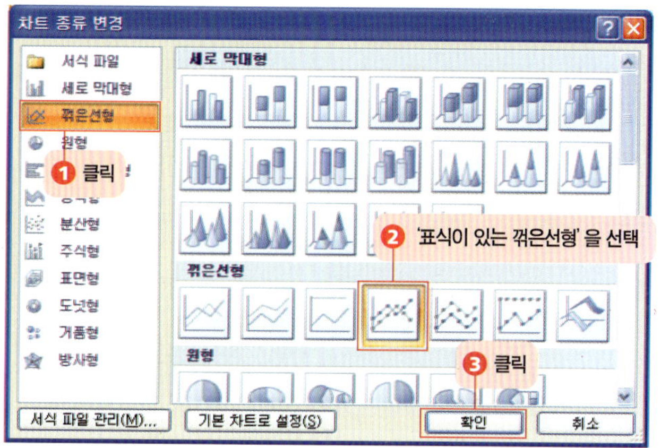

06 다음과 같이 계열 '무역수지'만 꺾은선형 차트로 변경됩니다. 이번에는 데이터값을 계열 '무역수지'에 표시해 볼까요? ❶ 계열 '무역수지'을 선택한 후 ❷ [레이아웃] 탭의 [레이블 – 데이터 레이블]을 클릭하고 ❸ [위쪽]을 클릭합니다.

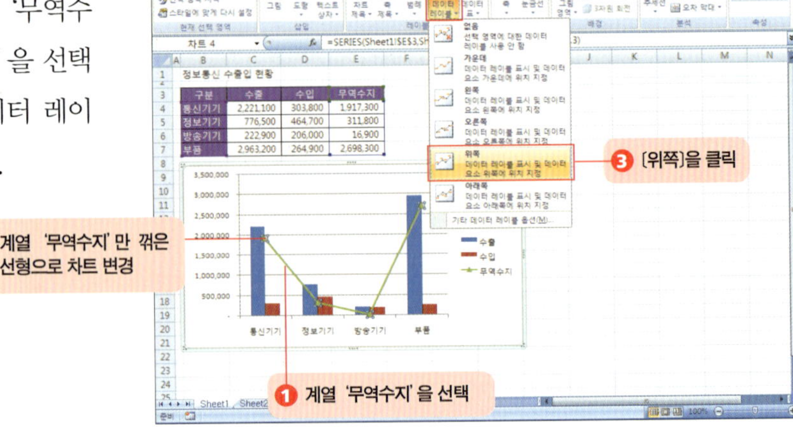

07 범례의 위치를 이동하기 위해 ❶ 범례를 선택한 후 ❷ [레이아웃] 탭의 [레이블 – 범례]을 클릭하고 ❸ [아래쪽에 범례 표시]를 클릭합니다.

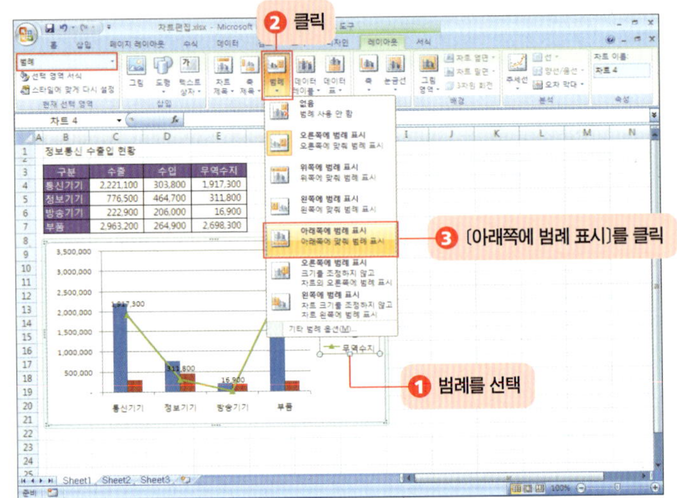

08 Y축 눈금자의 간격을 변경하기 위해 ❶ '세로 (값) 축'을 선택한 후 ❷ [레이아웃] 탭의 [현재 선택 영역 – 선택 영역 서식]을 클릭합니다.

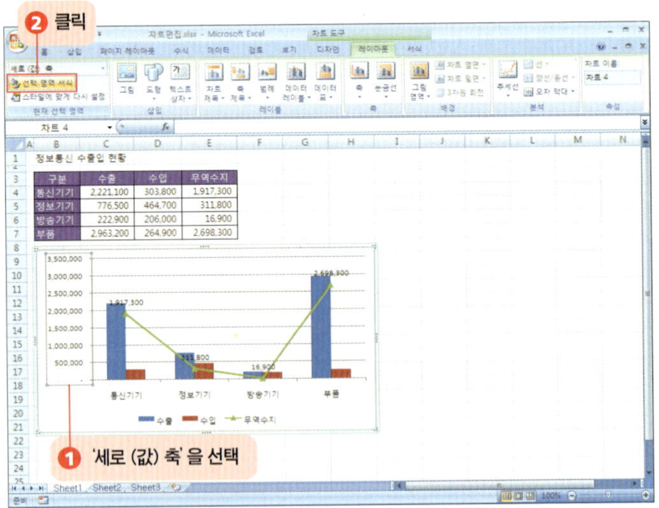

09 [축 서식] 대화상자가 나타나면 ❶ '축 옵션'을 클릭하고 ❷ 최대값에서 '고정'을 선택한 후 「3000000」을 입력합니다. ❸ 그런 다음, 주 단위에서 '고정'을 선택한 후 「1000000」을 입력하고 ❹ [닫기] 버튼을 클릭합니다.

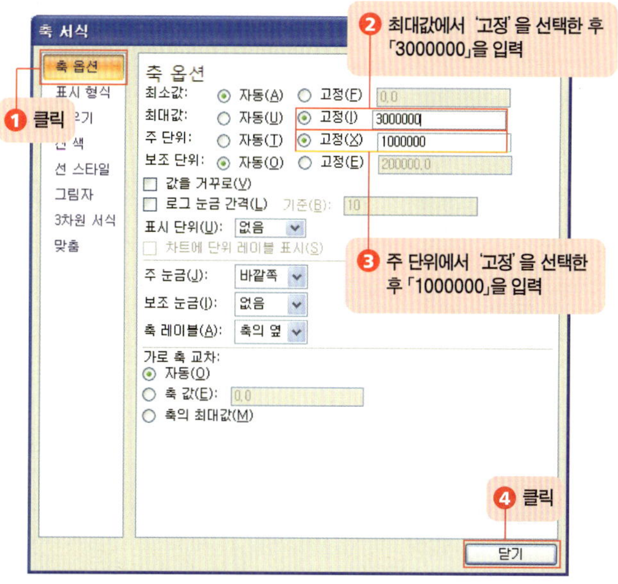

10 다음과 같이 차트가 편집됩니다.

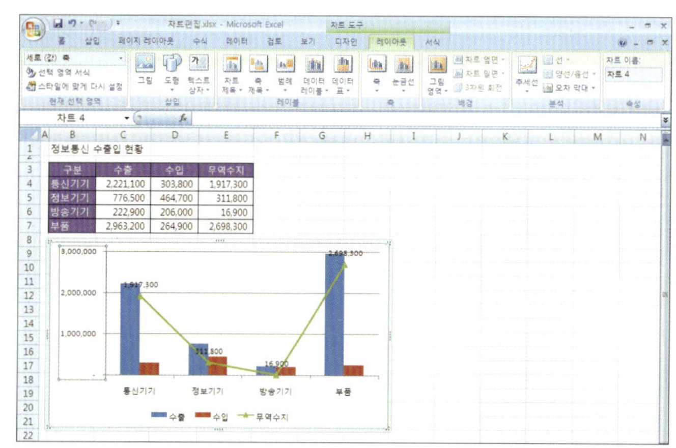

만든 차트를 차트 시트로 이동하려면 ❶ 차트를 선택한 후 ❷ [디자인] 탭의 [위치 – 차트 이동]을 클릭합니다. ❸ [차트 이동] 대화상자가 나타나면 '새 시트'를 선택한 후 ❹ [확인] 버튼을 클릭합니다.

다음과 같이 차트가 새로운 차트 시트로 이동됩니다.

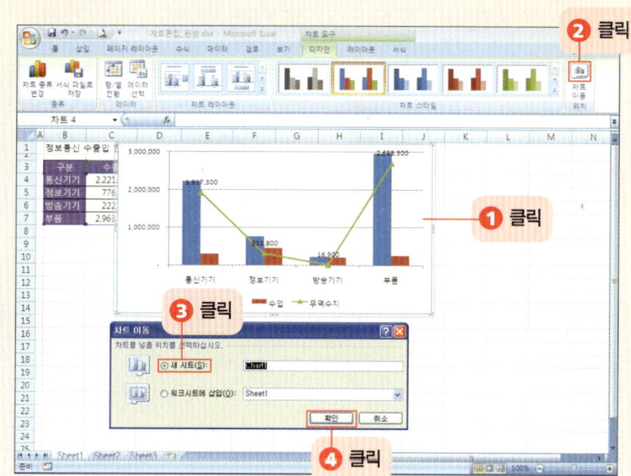

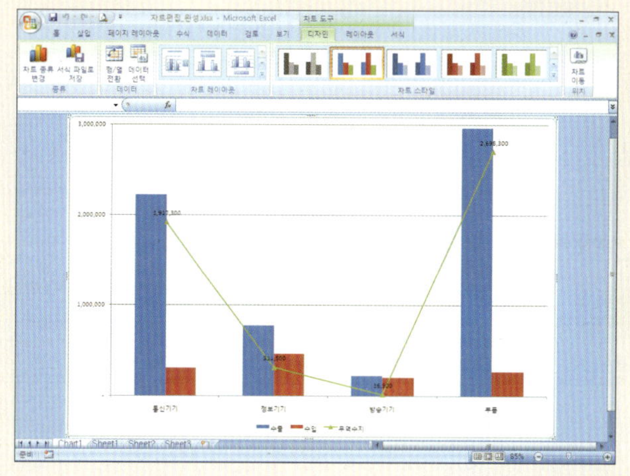

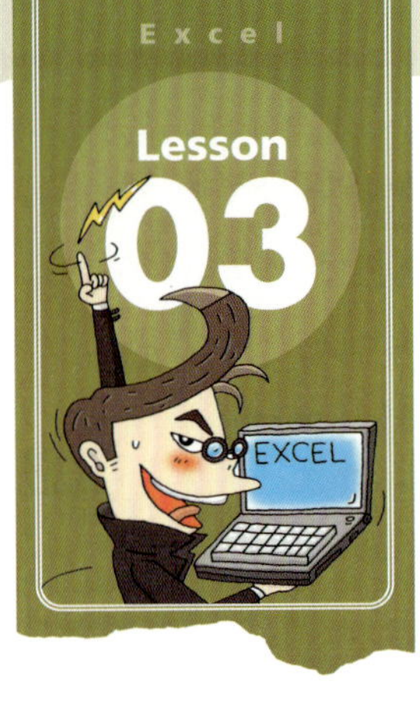

차트 200% 활용하기, 기본 차트를 변형한 실무 활용

기본 차트를 약간만 변형하면 세련된 차트를 만들 수 있습니다. 이번 레슨에서는 실무에서 활용할 수 있는 여러 가지 차트를 만들어 보겠습니다.

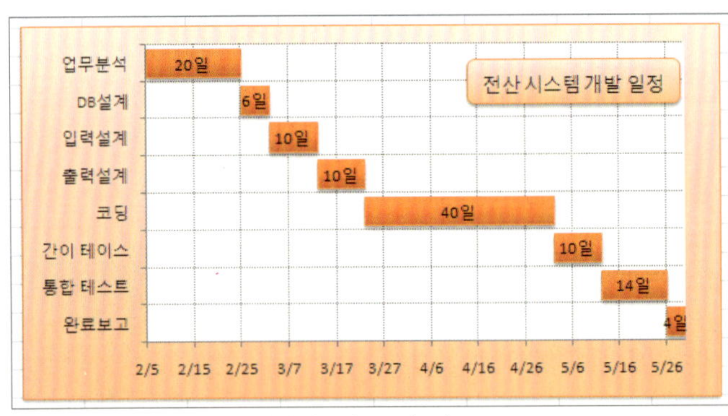

▲ 누적 가로 막대형, 프로젝트 일정 간트 차트로 만들기

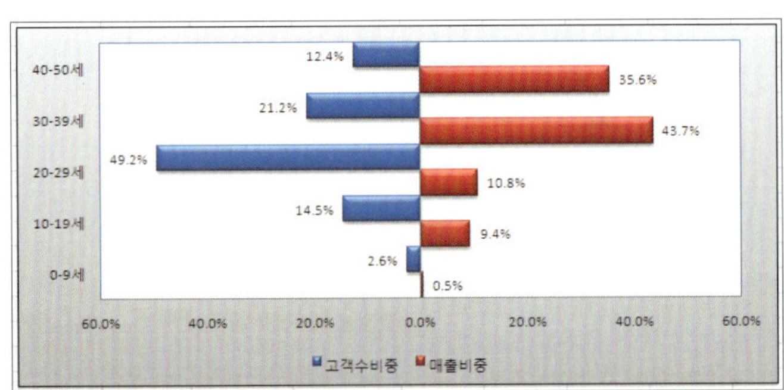

▲ 가로 막대형, 연령대별 고객수/매출액 양방향 차트로 비교하기

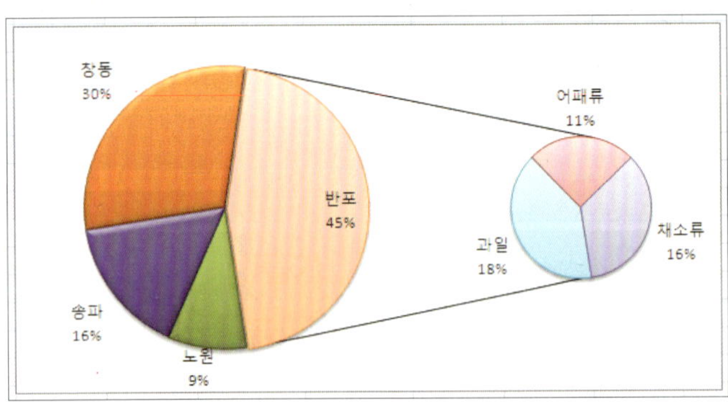

▲ 원형 대 원형, 지점별 판매 실적과 세부 내역을 동시에 나타내기

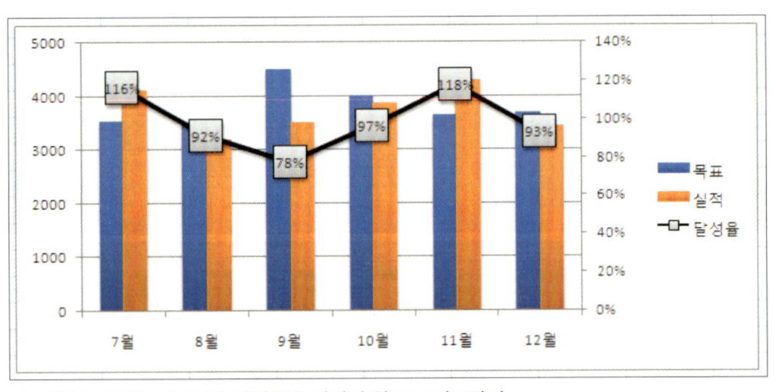

▲ 이중 축 혼합형, 금액과 달성율을 하나의 차트로 비교하기

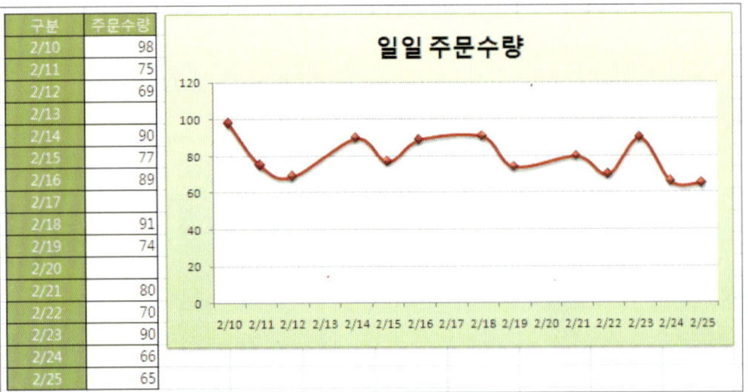

▲ 꺾은선형, 빈 셀을 선으로 연결하기

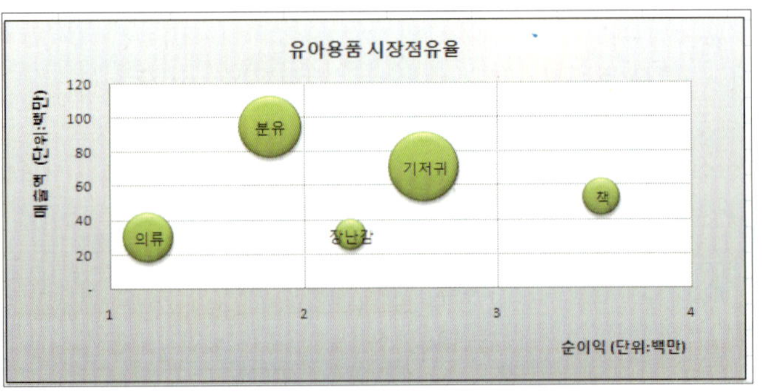

▲ 거품형, 매출액/순이익/시장 점유율을 하나의 차트로 만들기

누적 가로 막대형, 프로젝트 일정 간트 차트로 만들기

Action Excel
도전! 엑셀

간트 차트는 각 단계별로 작업이 시작되어 완료하기까지 걸리는 시간을 한눈에 파악하기 쉬운 특징이 있습니다. 이번에는 전산 시스템 개발 일정을 누적 가로 막대형 차트를 이용하여 간트 차트로 만들어 보겠습니다.

[예제 파일 경로] 부록 CD\Sample\Part07\차트활용.xlsx　|　[결과 파일 경로] 부록 CD\Sample\Part07\After\차트활용_완성.xlsx

완성
예제
**미리
보기**

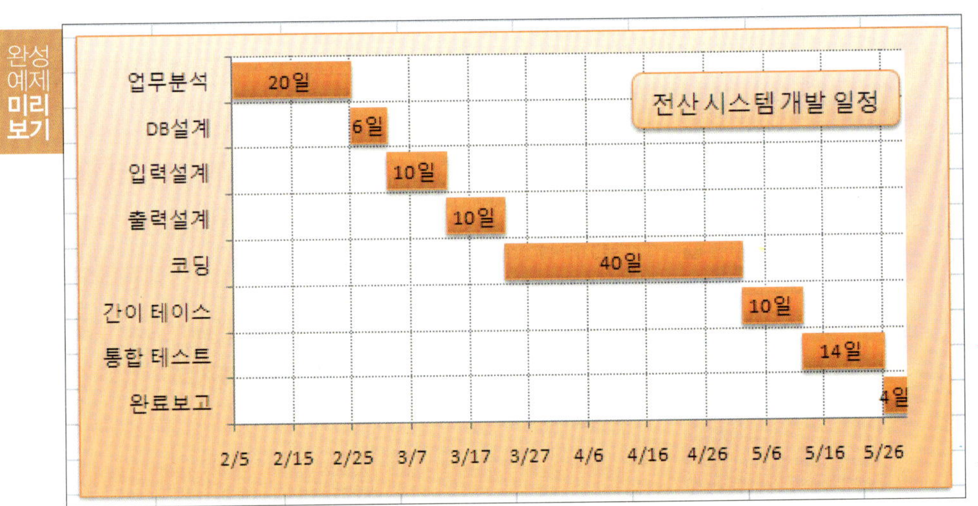

● **1단계 : 차트 만들기**

01　❶ 간트차트 시트를 클릭합니다. ❷ [B3:C11]을 범위 지정한 후 ❸ [삽입] 탭의 [차트 – 가로 막대형]을 클릭하고 ❹ '누적 가로 막대형'을 클릭합니다.

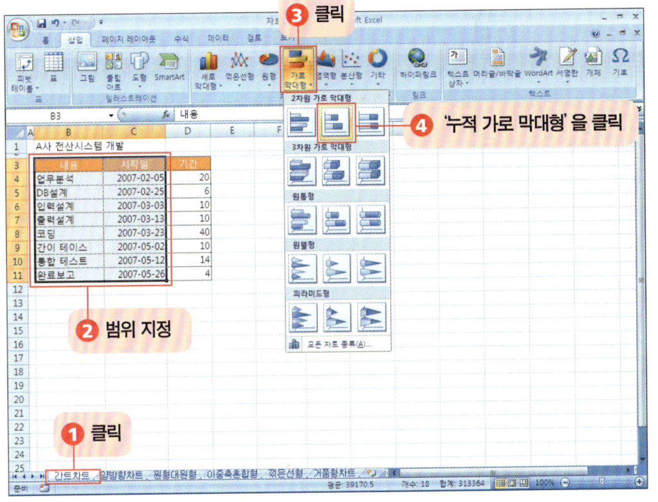

02 차트가 만들어지면 기간을 추가하기 위해 ❶ [디자인] 탭의 [데이터 –데이터 선택]을 클릭합니다. ❷ [데이터 원본 선택] 대화상자가 나타나면 [추가] 버튼을 클릭합니다.

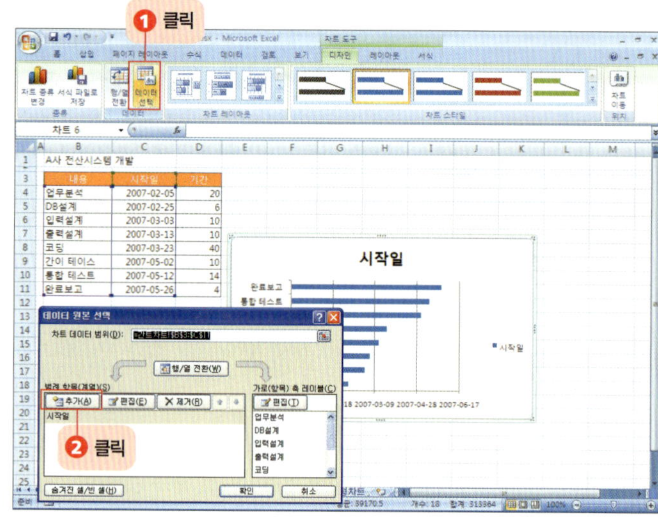

> **주 의** 처음부터 차트 범위를 기간까지 지정하면 원하는 차트 모양이 나오지 않으므로 두 번에 걸쳐 작성합니다.

03 [계열 편집] 대화상자가 나타나면 ❶ 계열 이름에 「기간」을 입력한 후 ❷ 계열값에 기본적으로 입력되어 있는 '={1}'을 지우고 [D4:D11]을 범위 지정하여 「=간트차트!$D$4:$D$11」이 입력되면 ❸ [확인] 버튼을 클릭합니다. 다시 [데이터 원본 선택] 대화상자가 나타나면 [확인] 버튼을 클릭합니다.

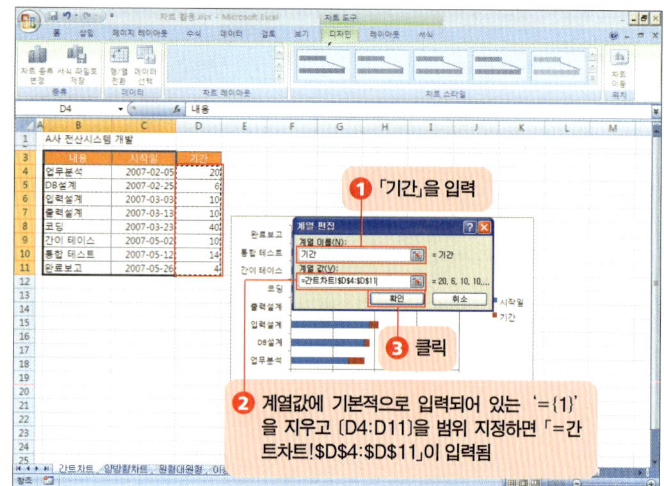

04 다음과 같이 차트가 작성됩니다.

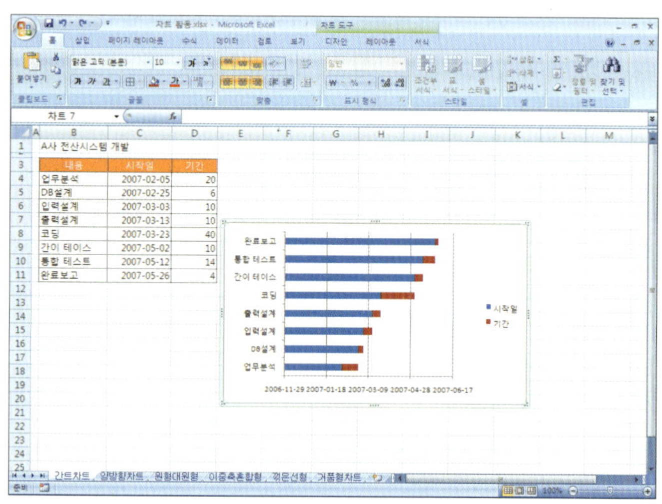

● 2 단계 : 차트 다듬기

01 ❶ 차트 영역을 선택한 후 ❷ [레이아웃] 탭의 [레이블 – 범례]를 클릭하고 ❸ [없음]을 클릭합니다.

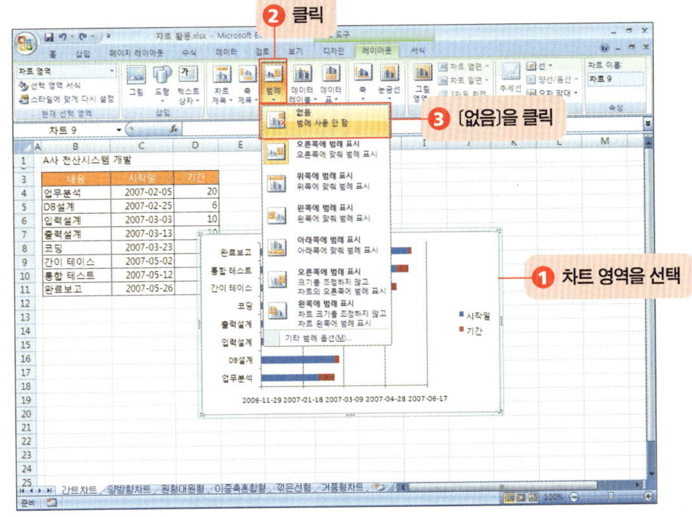

02 ❶ 계열 '시작일'에서 마우스 오른쪽 버튼을 클릭한 후 [데이터 계열 서식]을 클릭합니다. [데이터 계열 서식] 대화상자가 나타나면 ❷ '채우기'를 클릭한 후 ❸ '채우기 없음'을 선택합니다.

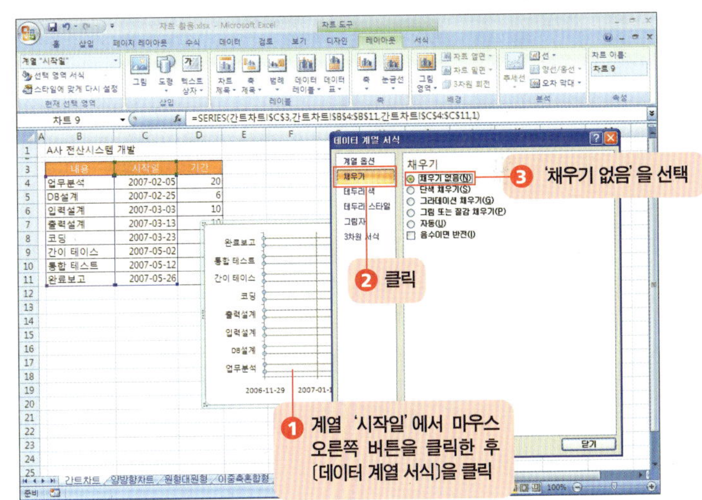

03 ❶ '테두리 색'을 클릭한 후 ❷ '선 없음'을 선택합니다.

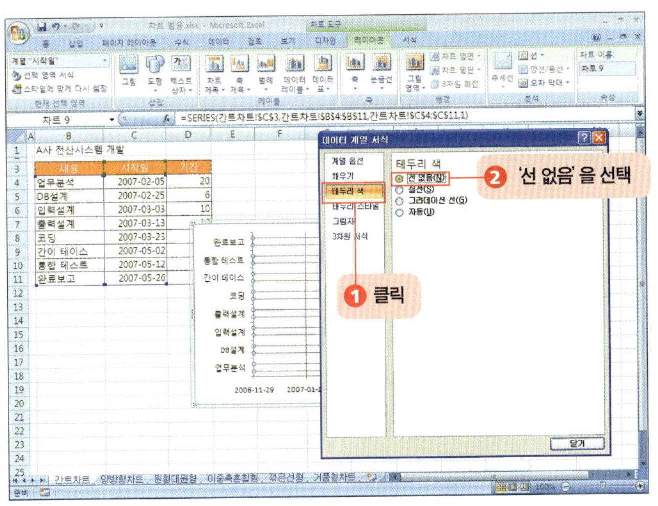

TIP 차트의 각 구성 요소는 직접 차트에서 마우스로 클릭하여 선택하거나 〔레이아웃〕 탭의 〔현재 선택 영역〕에서 드롭다운 버튼을 클릭하여 선택합니다.

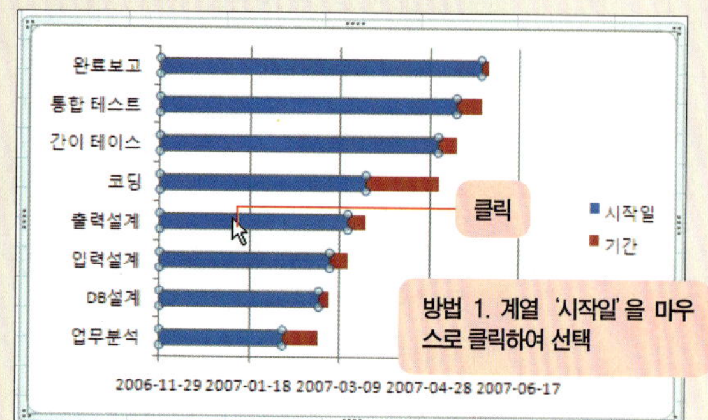

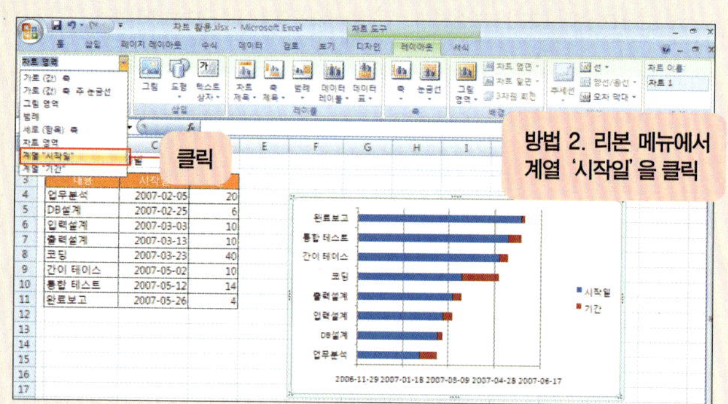

또한 각 구성 요소의 서식 대화상자를 나타내려면 원하는 계열을 클릭한 후 마우스 오른쪽 버튼을 눌러 〔데이터 계열 서식〕을 클릭하거나 〔레이아웃〕 탭의 〔현재 선택 영역 – 선택 영역 서식 선택 영역 서식〕을 클릭합니다.

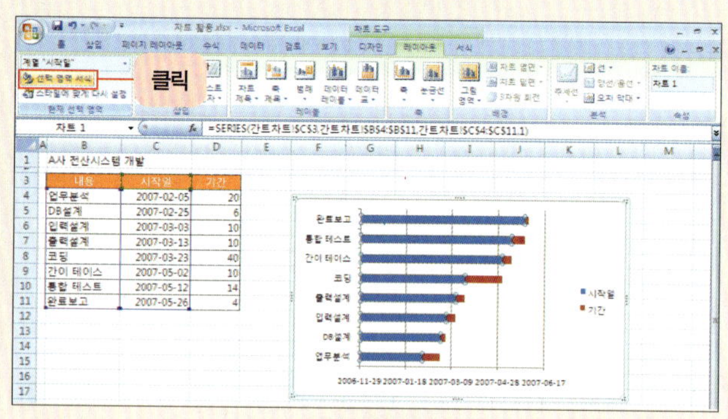

04 ❶ 가로 (값) 축을 클릭한 후 ❷ [축 서식] 대화상자의 '축 옵션'을 클릭하고 ❸ 다음 그림과 같이 축 옵션을 지정합니다.

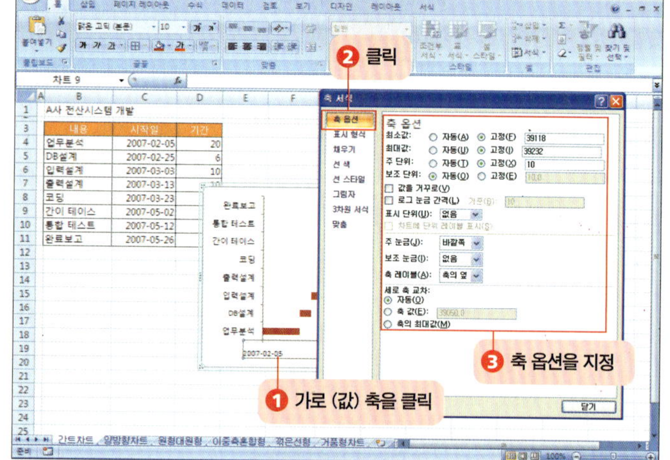

TIP 2007-2-5 날짜의 일련 번호는 임의의 셀에 「2007-2-5」를 입력한 후, 〔홈〕 탭의 〔표시 형식 – 쉼표 스타일 〕을 클릭하면 확인할 수 있습니다.

info **최소값** : '고정'을 선택하고 「39118」을 입력 ▶ 2007-2-5 날짜의 일련 번호를 입력
최대값 : '고정'을 선택하고 「39232」를 입력 ▶ 2007-5-26에서 기간 4일을 더하여 2007-5-30 날짜의 일련 번호를 입력
주 단위 : '고정'을 선택하고 「10」을 입력 ▶ 10일 단위로 눈금자를 표시

05 [축 서식] 대화상자의 ❶ '표시 형식'을 클릭한 후 ❷ '범주'에서 '날짜', ❸ '형식'에서 '3/14'를 선택합니다.

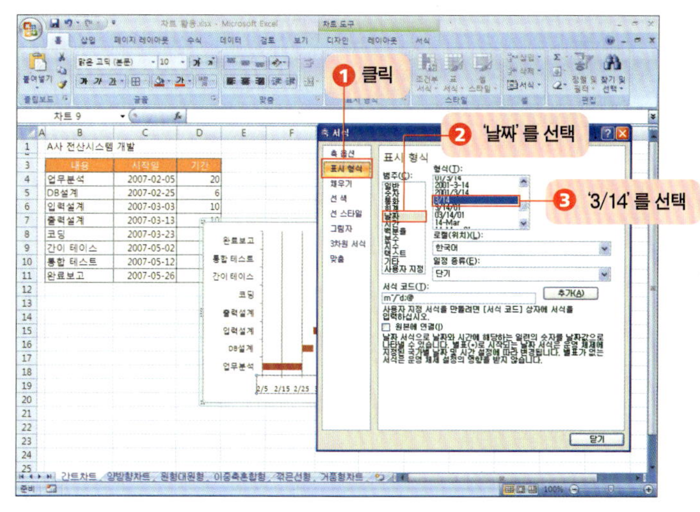

> **TIP** 차트 구성 요소를 선택할 때마다 자동으로 해당 구성 요소의 대화상자로 변경되므로 구성 요소별 편집이 끝날 때까지 대화상자를 닫을 필요가 없습니다.

06 ❶ '세로 (항목) 축'을 클릭한 후 ❷ [축 서식] 대화상자의 '축 옵션'을 클릭하고 ❸ 축 옵션에서 '항목을 거꾸로'를 선택한 후 ❹ 가로 축 교차에서 '최대 항목'을 선택합니다.

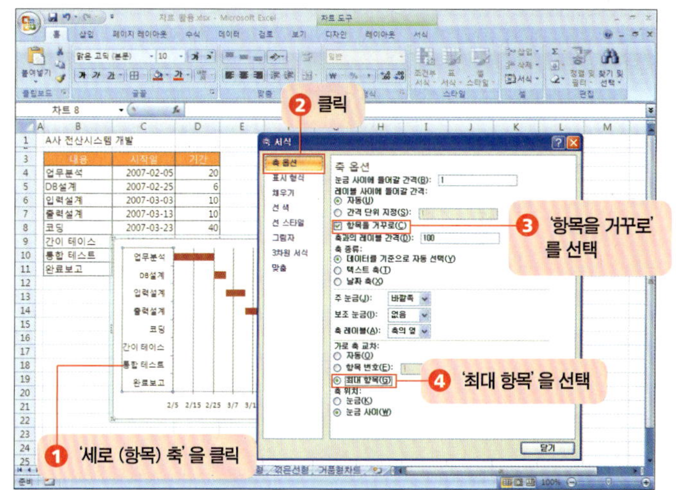

> **TIP** 일정표를 위에서부터 아래로 보기 위해서는 제일 밑에 있는 '업무 분석'을 맨 위로 오도록 해야 합니다.

07 ❶ 계열 '기간'을 선택한 후 ❷ [데이터 계열 서식] 대화상자의 '계열 옵션'을 클릭하고 ❸ 간격 너비를 '30%'로 지정합니다.

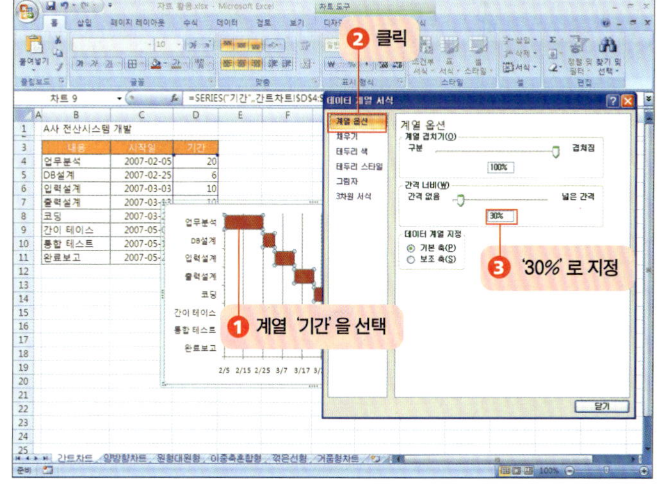

08 ❶ 차트 영역을 선택한 후 ❷ [레이아웃] 탭의 [축 - 눈금선🔲 - 기본 가로 눈금선]을 클릭하고 ❸ [주 눈금선]을 클릭합니다.

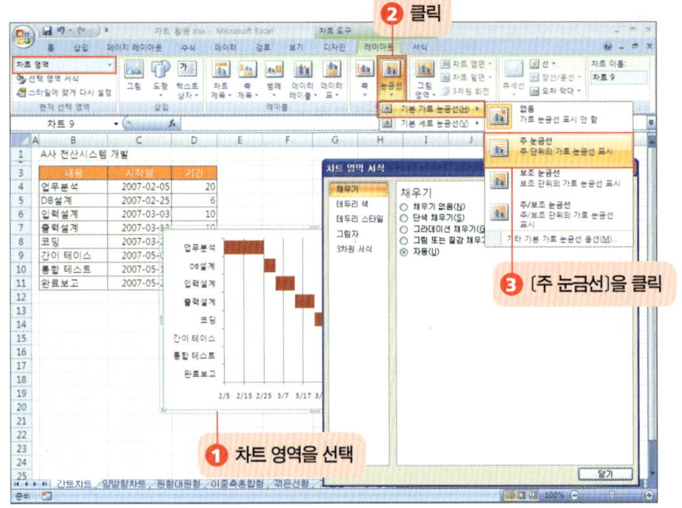

09 ❶ 계열 '기간'을 선택한 후 ❷ [레이아웃] 탭의 [레이블 - 데이터 레이블🔲]을 클릭하고 ❸ [가운데]를 클릭합니다.

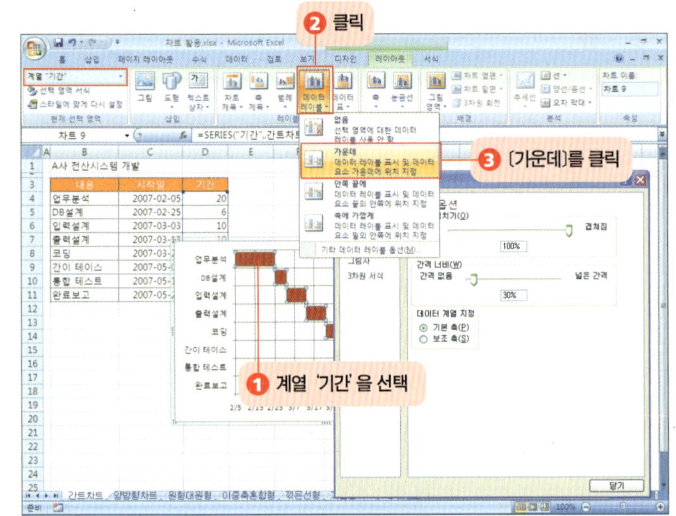

10 ❶ 가로 (값) 축 주 눈금선을 선택한 후 ❷ [주 눈금선 서식] 대화상자의 '선 스타일'을 클릭하고 ❸ 대시 종류에서 '둥근 점선'을 선택합니다.

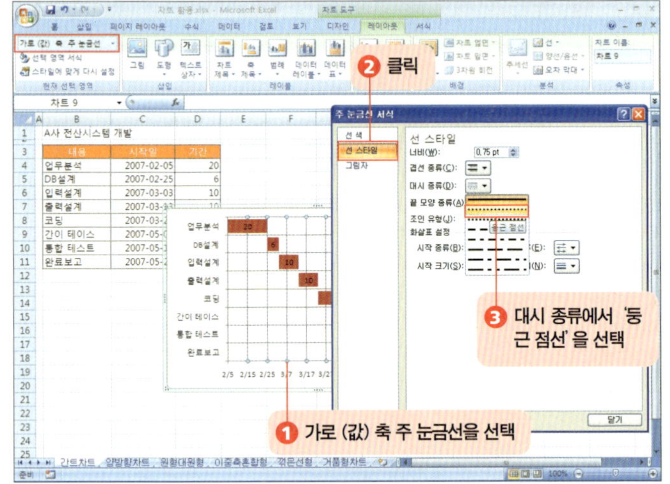

11 ❶ 세로 (항목) 축 주 눈금선을 선택한 후 ❷ [주 눈금선 서식] 대화상자의 '선 스타일'을 클릭하고 ❸ 대시 종류에서 '둥근 점선'을 선택합니다.

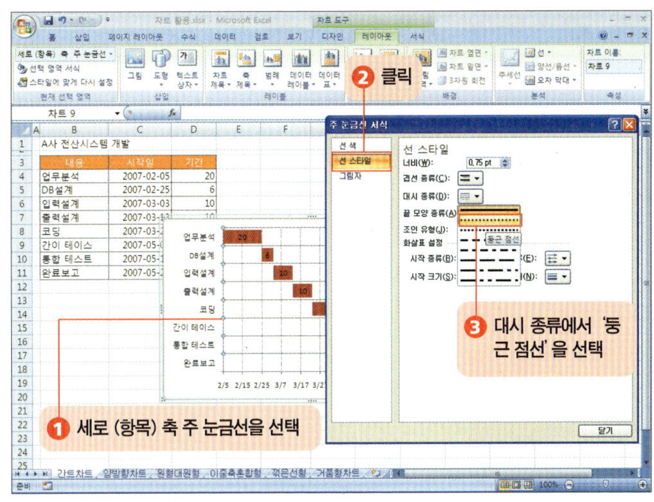

12 ❶ 계열 '기간' 데이터 레이블을 선택한 후 ❷ [데이터 레이블 서식] 대화상자의 '표시 형식'을 클릭하고 ❸ 서식 코드에 「#일」을 입력한 후 ❹ [추가] 버튼을 클릭합니다.

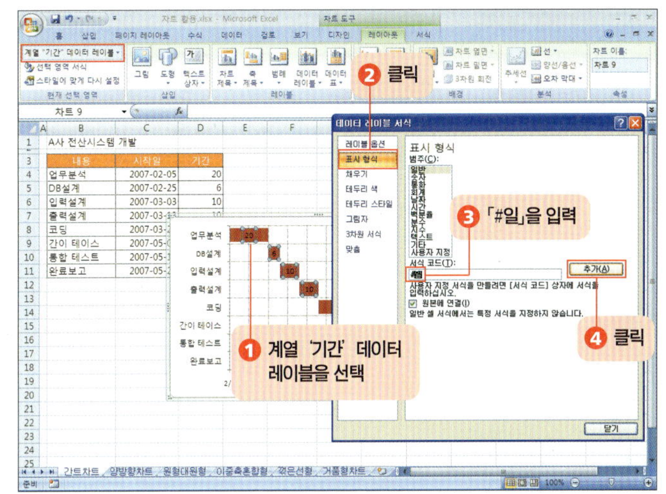

13 ❶ 계열 '기간'을 선택한 후 ❷ [서식] 탭의 [도형 스타일]에서 [자세히]를 클릭하고 '보통 효과 강조 6'을 선택합니다.

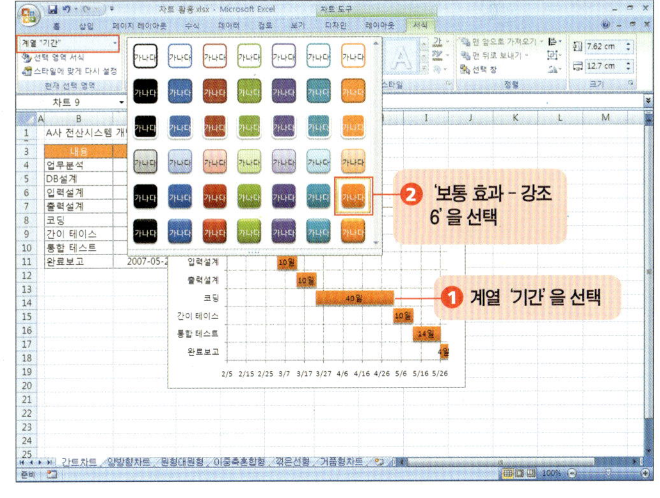

14 ❶ 차트 영역을 선택한 후 ❷ [서식] 탭의 [도형 스타일]에서 [자세히 ▼]를 클릭하고 '미세 효과 – 강조 6'을 선택합니다.

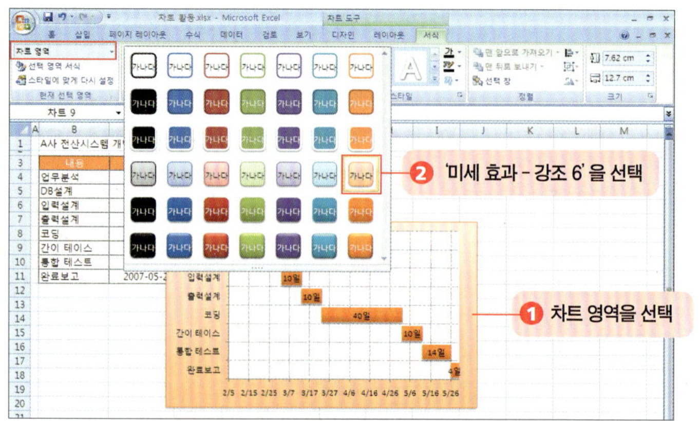

15 ❶ 차트 영역을 선택한 후 ❷ [삽입] 탭의 [일러스트레이션 – 도형]을 클릭하고 ❸ '모서리가 둥근 직사각형'을 선택합니다.

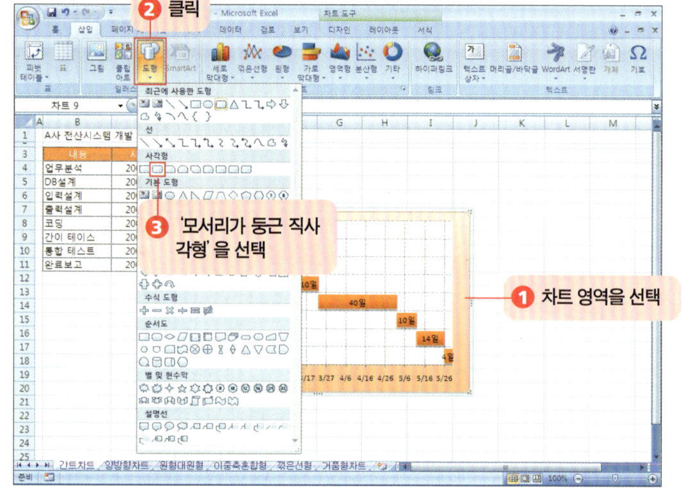

> **주의** 반드시 차트 영역을 선택한 상태에서 도형을 그려야만 차트를 이동할 때에 도형도 함께 이동합니다.

16 ❶ 차트 영역 안쪽에서 드래그하여 도형을 그린 후 「전산시스템 개발 일정」을 입력하고 ❷ [서식] 탭의 [도형 스타일]에서 [자세히 ▼]를 클릭한 후 '미세 효과 – 강조 6'을 선택합니다.

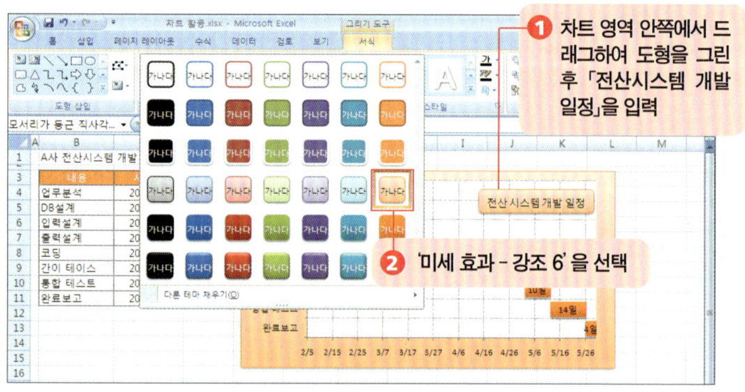

17 크기 조절점을 이용하여 차트 크기를 적절하게 조절한 후 원하는 위치로 이동하여 완성합니다.

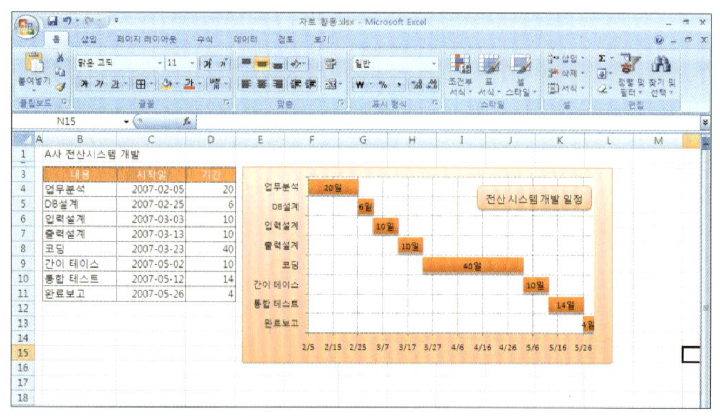

Action Excel
도전! 엑셀

가로 막대형, 연령대별 고객 수/매출액 양방향 차트로 비교하기

연령대별로 고객 수와 매출액 분포도를 나타내는 양방향 차트를 만들려면 먼저 고객 수와 매출액에 대한 고객 비중과 매출 비중을 구한 후 양방향 차트를 만들 수 있는 데이터로 가공하여 차트를 작성하고 편집해야 합니다.

〔예제 파일 경로〕 부록 CD\Sample\Part07\차트활용.xlsx | 〔결과 파일 경로〕 부록 CD\Sample\Part07\After\차트활용_완성.xlsx

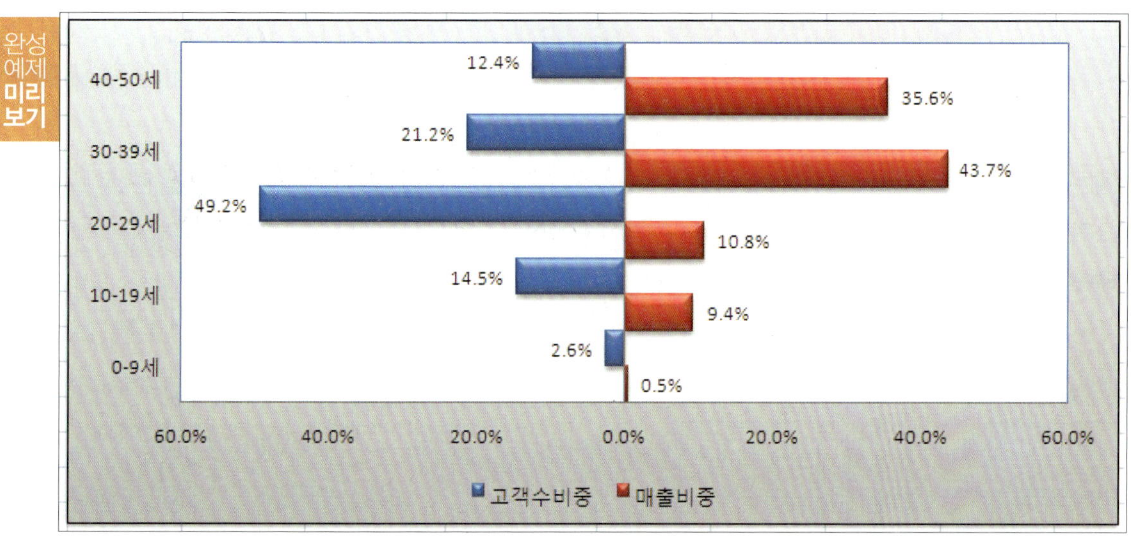

● 1단계 : 데이터 변형하기

01 ❶ [양방향차트] 시트를 클릭합니다. ❷ 고객 비중을 구하기 위해 [D4] 셀에 「=C4/$C$9」를 입력한 후 Enter 를 누릅니다.

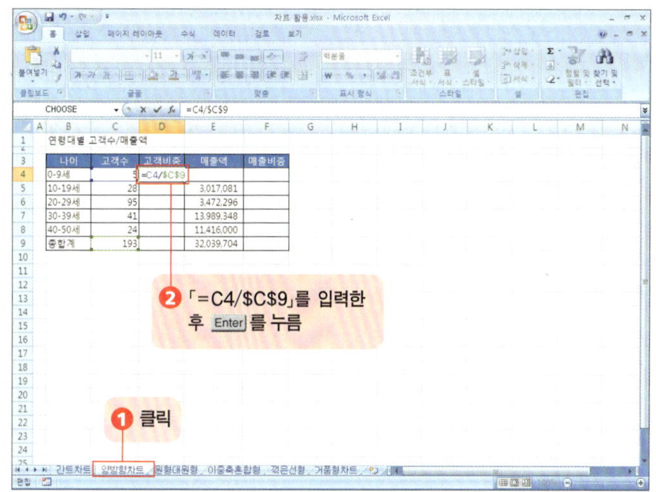

02 ❶ [D4] 셀을 클릭한 후 ❷ [홈] 탭의 [표시 형식 – 백분율 스타일 %]을 클릭하고 ❸ [홈] 탭의 [표시 형식 – 자릿수 늘림]을 클릭한 후 ❹ [D4] 셀의 채우기 핸들을 드래그하여 [D9] 셀까지 복사합니다.

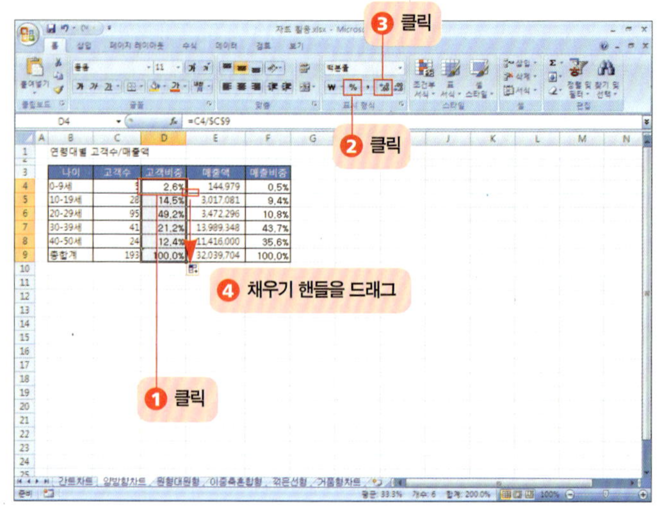

03 ❶ [F4] 셀에 수식「=E4/$E$9」를 입력하여 매출 비중을 구한 후 ❷ [홈] 탭의 [표시 형식 – 백분율 스타일 %]을 클릭하고 ❸ [홈] 탭의 [표시 형식 – 자릿수 늘림]을 클릭한 후 ❹ [F4] 셀의 채우기 핸들을 드래그하여 [F9] 셀까지 복사합니다.

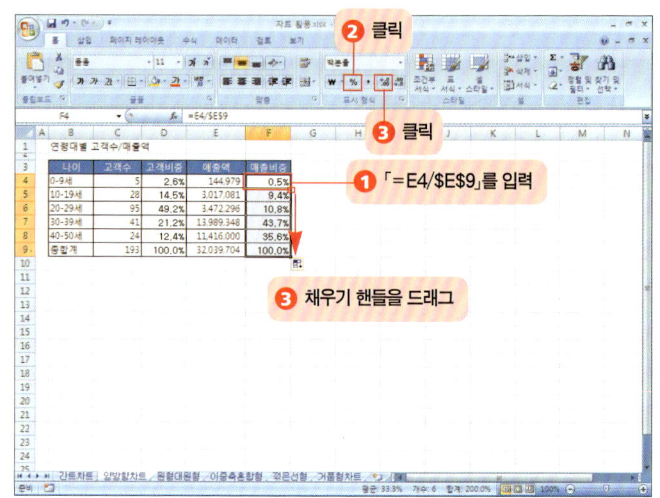

04 ❶ 임의의 셀 [H4]에 「–1」을 입력한 후 ❷ 마우스 오른쪽 버튼을 클릭하고 ❸ [복사]를 클릭합니다.

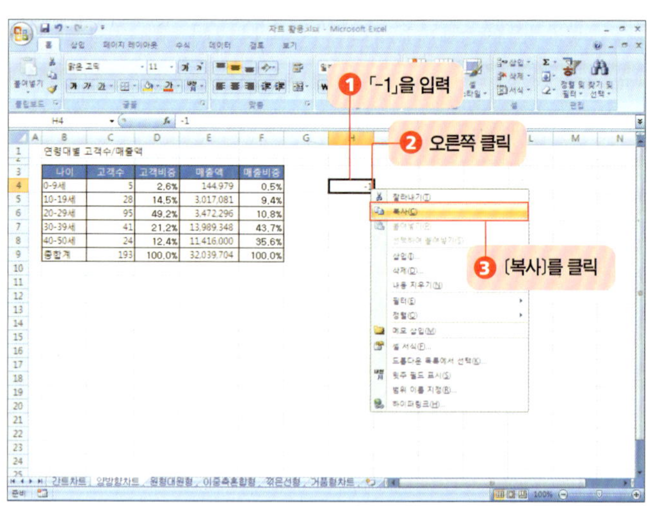

05 ❶ [D4:D9]를 범위 지정한 후 ❷ 마우스 오른쪽 버튼을 클릭하고 ❸ [선택하여 붙여넣기]를 클릭합니다.

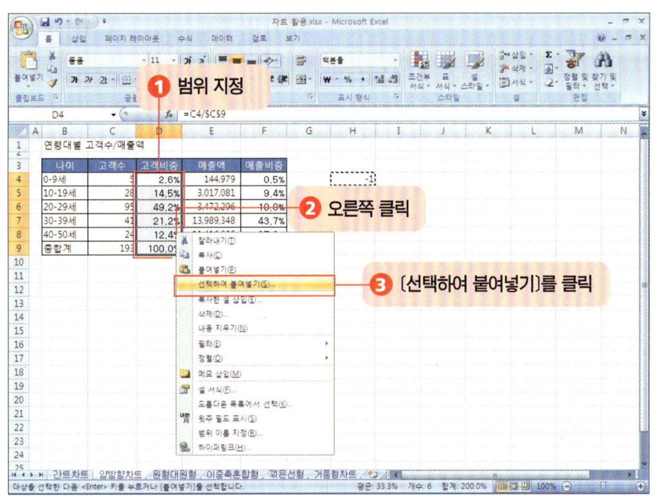

06 [선택하여 붙여넣기] 대화상자가 나타나면 ❶ 연산에서 '곱하기'를 선택한 후 ❷ [확인] 버튼을 클릭합니다.

> **TIP** 고객 비중에 –1을 곱하는 이유는 값을 음수로 바꾸기 위함입니다.

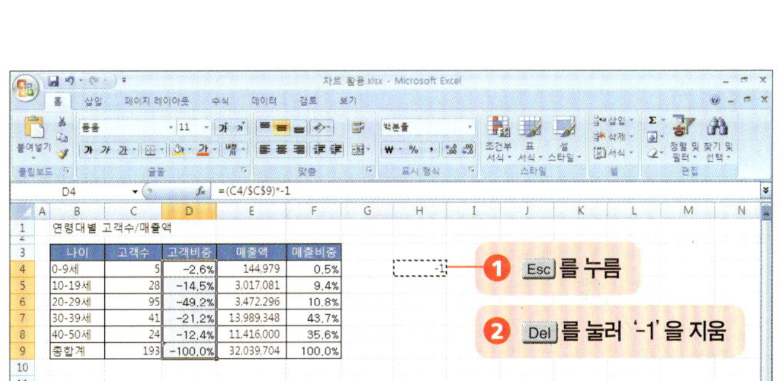

07 고객 비중이 음수값으로 변경됩니다. ❶ Esc 를 눌러 [H4] 셀의 선택을 해제한 후 ❷ Del 를 눌러 '–1'을 지웁니다.

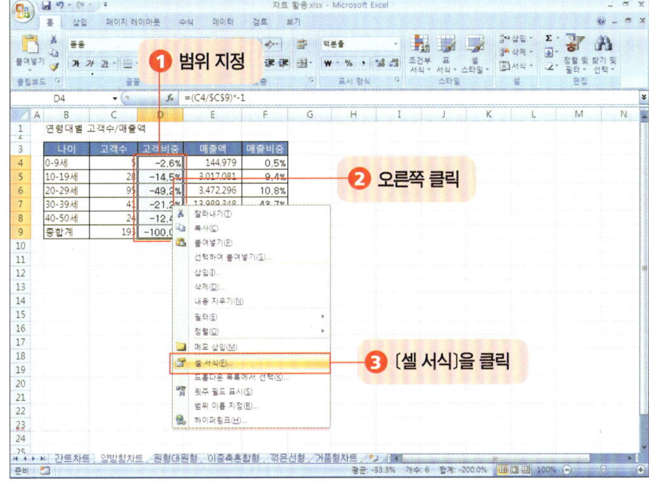

08 ❶ [D4:D9]를 범위 지정한 후 ❷ 마우스 오른쪽 버튼을 클릭하고 ❸ [셀 서식]을 클릭합니다.

> **TIP** 차트를 음의 방향으로 그리기 위해 고객 비중을 음수로 변경하였지만, 실제 표에서는 양수로 표시되어야 합니다.

09 [셀 서식] 대화상자가 나타나면 ❶ [표시 형식] 탭의 '범주'에서 '사용자 지정'을 선택한 후 ❷ '형식'에서 「0.0%; 0.0%」를 입력하고 ❸ [확인] 버튼을 클릭합니다.

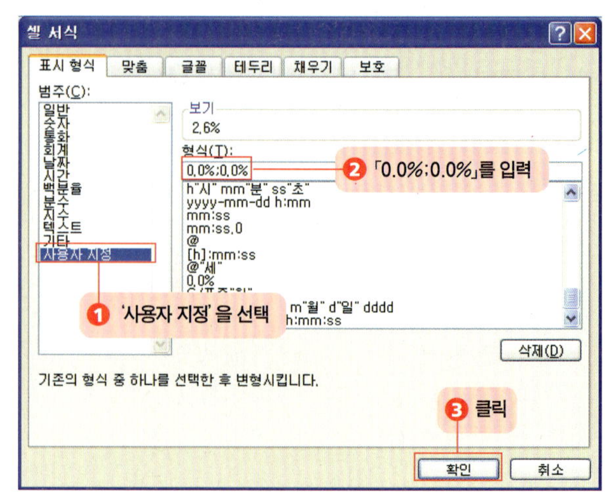

> **TIP** 사용자 지정 표시 형식을 이용하면 양수의 서식과 음수의 서식을 각각 지정할 수 있습니다. 형식은 '양수의 서식;음수의 서식' 입니다. 여기에서는 0.0%;0.0%로 지정하였으므로 양수는 양수로 표시하고 음수도 음수 부호(-) 없이 표시합니다.

> **Page** 사용자 지정 표시 형식에 대해서는 199쪽을 참고하세요.

10 실제 셀에 입력되어 있는 값은 음수이지만 다음과 같이 양수로 표시됩니다.

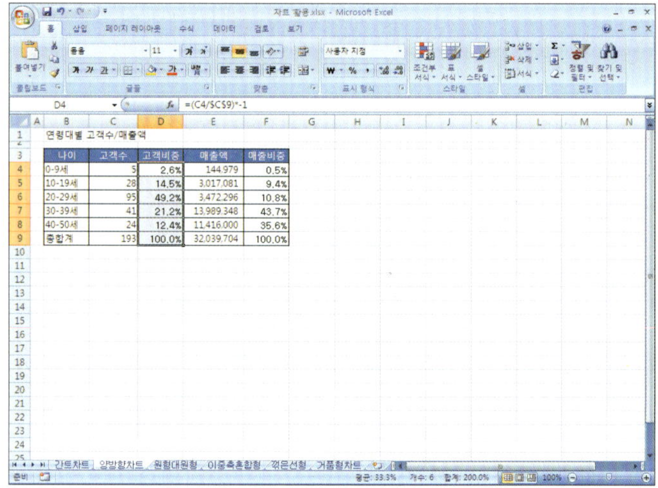

● 2단계 : 차트 만들고 편집하기

01 ❶ [B3:B8], [D3:D8], [F3:F8]을 범위 지정한 후 ❷ [삽입] 탭의 [차트 – 가로 막대형]을 클릭하고 ❸ '묶은 가로 막대형'을 선택합니다.

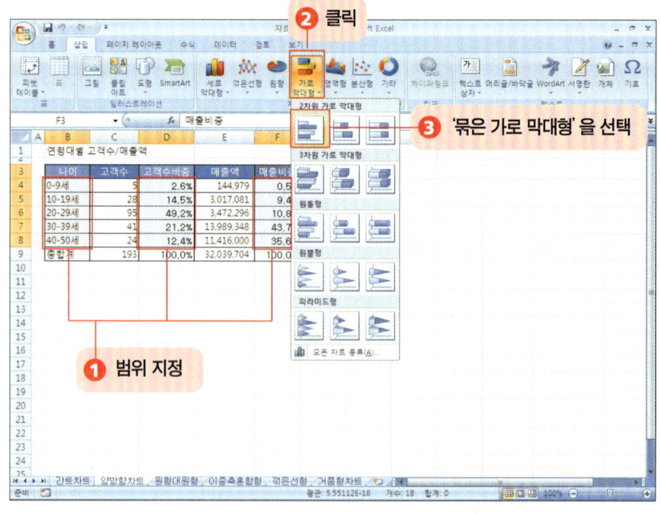

> **TIP** [B3:B8]을 드래그하여 범위 지정한 후 Ctrl 을 누른 상태에서 [D3:D8], [F3:F8]을 드래그하여 범위 지정합니다.

02 ❶ 차트 영역을 선택한 후 ❷ [디자인] 탭의 [차트 스타일]에서 [자세히 ⯆]를 클릭하고 '스타일 26'을 선택합니다.

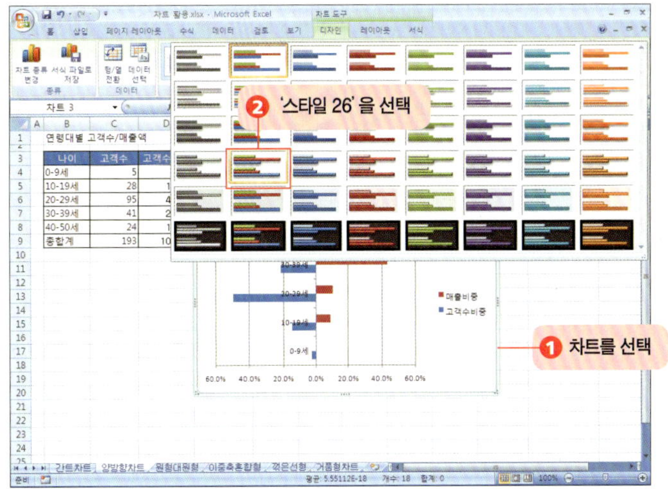

03 [디자인] 탭의 [차트 레이아웃]에서 '레이아웃 4'를 선택합니다.

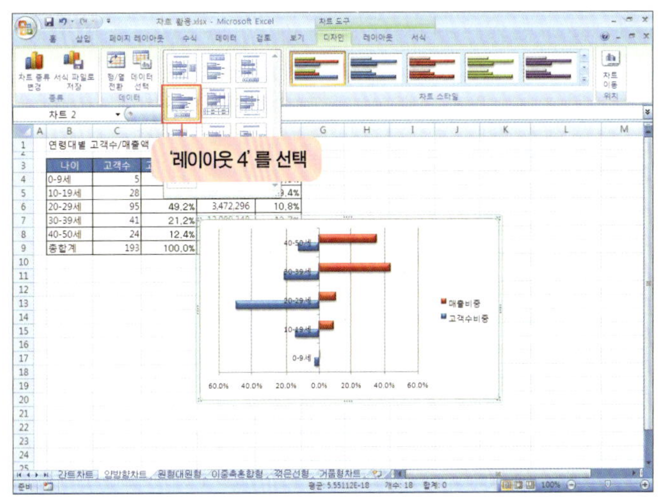

04 ❶ 세로 (항목) 축 요소 위에서 마우스 오른쪽 버튼을 클릭한 후 [축 서식]을 클릭합니다. ❷ [축 서식] 대화상자가 나타나면 '축 옵션'을 클릭한 후 ❸ 축 레이블에서 '낮은 쪽'을 선택합니다.

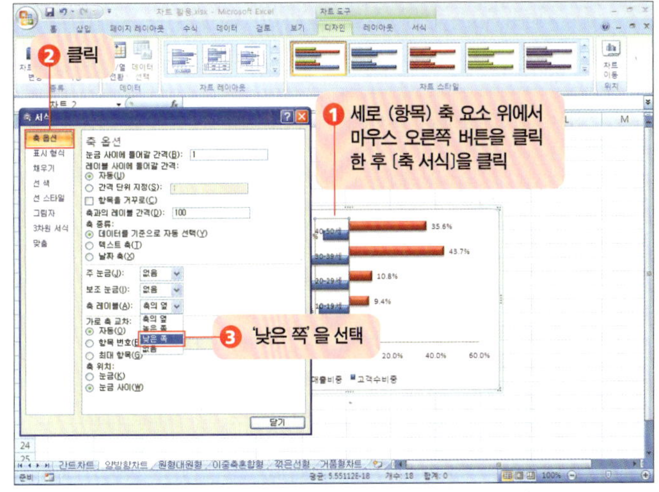

05 ❶ '매출비중' 계열을 선택한 후 ❷ [데이터 계열 서식] 대화상자의 '계열 옵션'을 클릭하고 ❸ 간격 너비를 '0%'로 지정합니다.

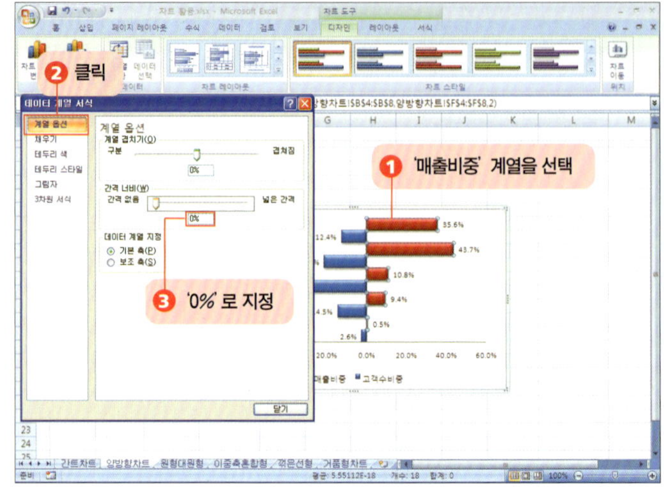

06 ❶ 그림 영역을 선택한 후 ❷ [그림 영역 서식] 대화상자의 '테두리 색'을 클릭하고 ❸ '실선'을 선택합니다.

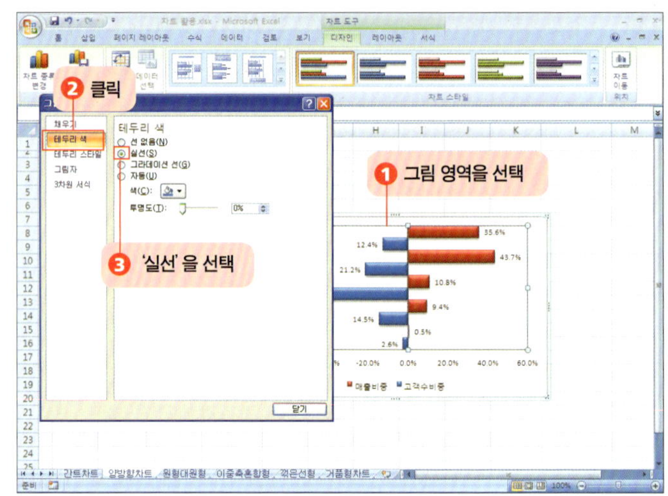

07 ❶ 가로 (값) 축 요소를 선택한 후 ❷ [축 서식] 대화상자의 '표시 형식'을 클릭하고 ❸ 서식 코드에 「0.0%;0.0%」를 입력한 후 ❹ [추가] 버튼을 클릭합니다. ❺ 그런 다음, [닫기] 버튼을 클릭하여 [축 서식] 대화상자를 닫습니다.

> **TIP** 표와 마찬가지로 실제 데이터는 음수이지만 모두 양수로 표시되도록 설정합니다.

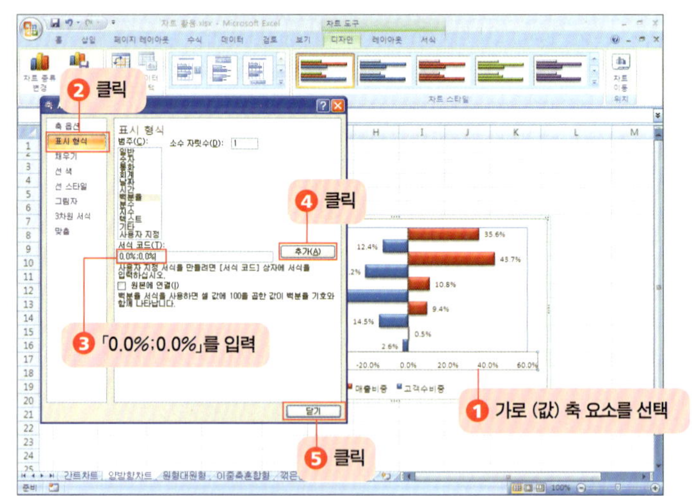

08 ❶ 차트 영역을 선택한 후 ❷ [디자인] 탭의 [데이터 – 데이터 선택]을 클릭합니다. [데이터 원본 선택] 대화상자가 나타나면 ❸ '매출비중'을 선택한 후 ❹ [위로 이동] 버튼을 클릭하고 ❺ [확인] 버튼을 클릭합니다.

TIP 차트의 '고객수비중' 계열은 왼쪽에 있는데 범례의 '고객수비중'은 오른쪽에 있어서 보기가 좋지 않으므로 그 순서를 변경하기 위해 [데이터 선택]을 이용합니다.

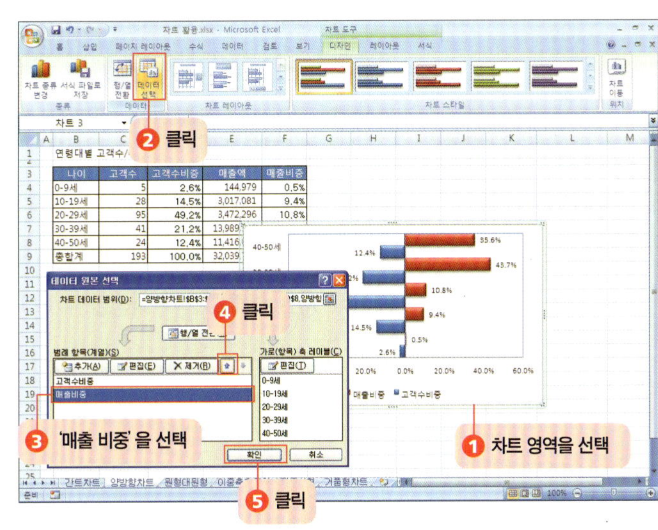

09 ❶ 차트 영역을 선택한 후 ❷ [서식] 탭의 [도형 스타일]에서 [자세히]를 클릭하고 '미세 효과 – 어둡게 1'을 선택합니다.

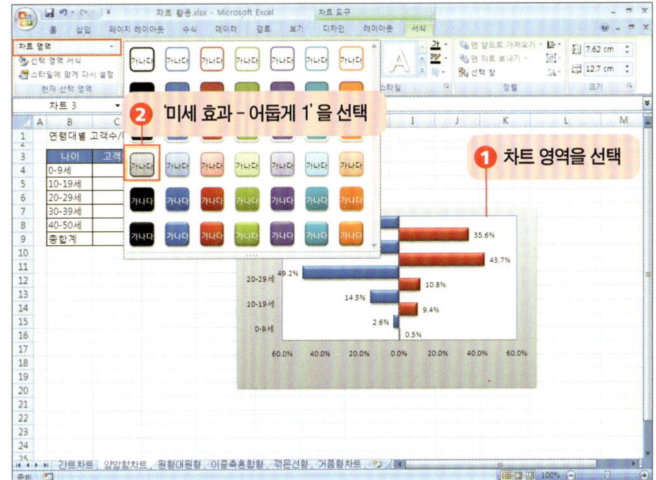

10 크기 조절점을 이용하여 차트 크기를 적절하게 조절한 후 원하는 위치로 이동하여 완성합니다.

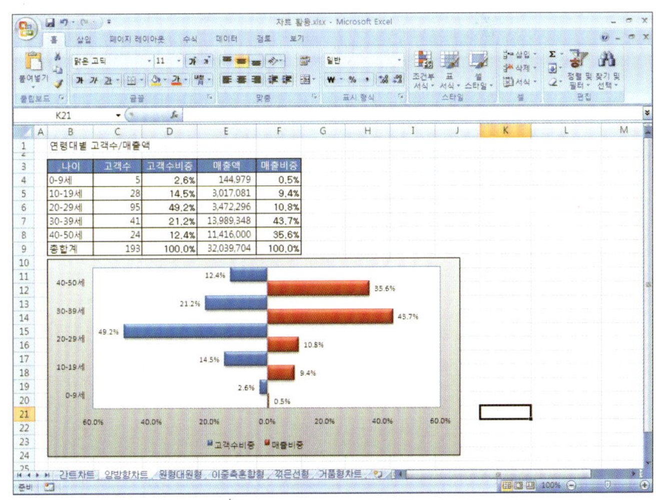

원형 대 원형, 지점별 판매 실적과 세부 내역을 동시에 나타내기

이번에는 원형 차트를 이용하여 지점별 판매 실적의 비율을 비교한 후 실적이 많은 지점에 대해서만 그 세부 내역을 작은 원형으로 나타내는 원형 대 원형 차트를 작성해 보겠습니다. 이 때에는 차트 범위를 처음부터 지정하지 않고 차트 종류를 먼저 작성한 후 데이터 계열과 레이블을 직접 지정해야 합니다.

〔예제 파일 경로〕 부록 CD\Sample\Part07\차트활용.xlsx | 〔결과 파일 경로〕 부록 CD\Sample\Part07\After\차트활용_완성.xlsx

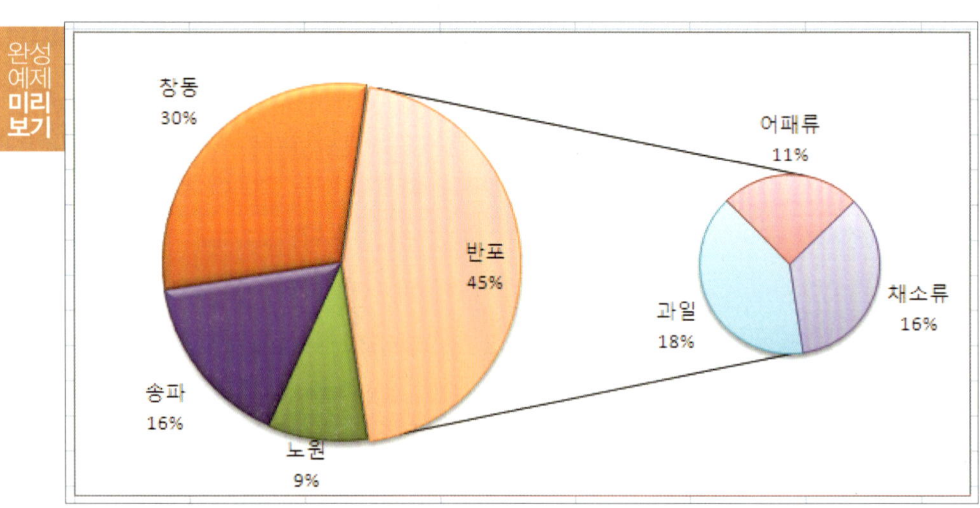

완성
예제
미리
보기

● 1단계 : 차트 만들기

01 ❶ [원형대원형] 시트를 클릭한 후 ❷ [삽입] 탭의 [차트 – 원형]을 클릭하고 ❸ '원형대원형' 을 선택합니다.

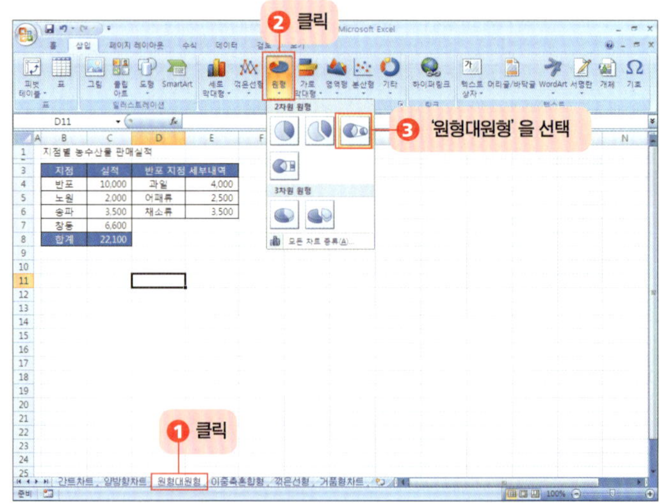

TIP 여기에서는 차트 범위를 미리 지정하지 않고 차트를 만든 후에 지정합니다.

02 빈 차트가 만들어지면 ❶ 차트 영역을 선택하고 ❷ [디자인] 탭의 [데이터 – 데이터 선택]을 클릭한 후 ❸ [데이터 원본 선택] 대화상자가 나타나면 [추가] 버튼을 클릭합니다.

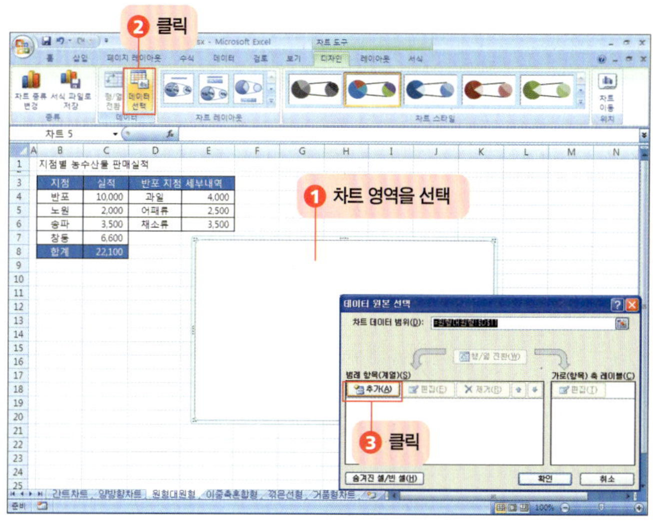

03 [계열 편집] 대화상자가 나타나면 ❶ 계열값에 기본적으로 입력되어 있는 '={1}'을 지운 후 ❷ [C5:C7]을 범위 지정하고 Ctrl 를 누른 상태에서 [E4:E6]을 범위 지정합니다. ❸ 그런 다음, [확인] 버튼을 클릭합니다.

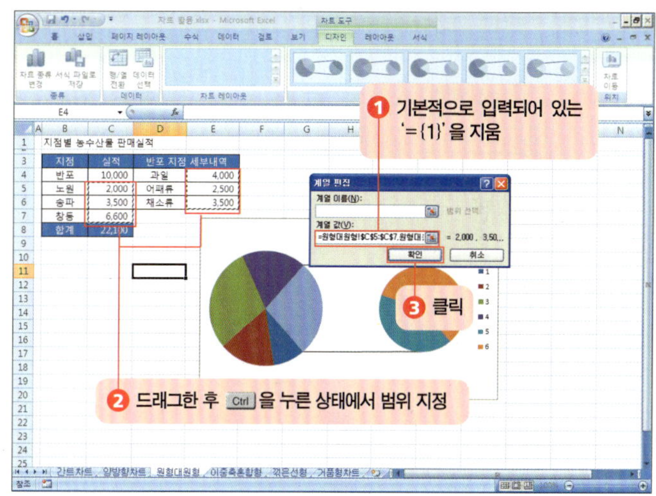

04 [데이터 원본 선택] 대화상자가 나타나면 '가로(항목) 축 레이블'의 [편집] 버튼을 클릭합니다.

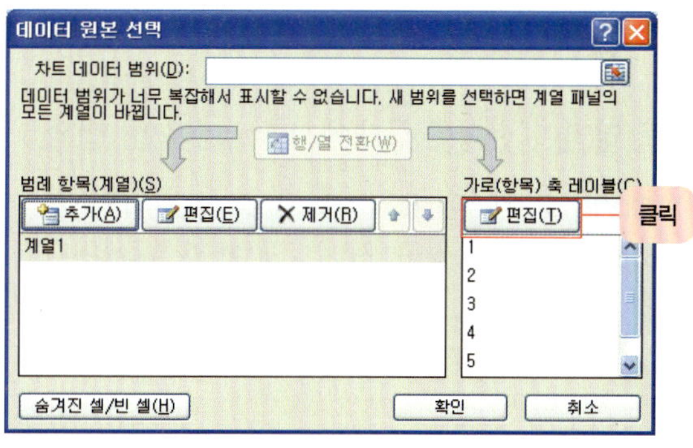

05 [축 레이블] 대화상자가 나타나면 ❶ 「노원,송파,창동,과일,어패류,채소류」를 입력한 후 ❷ [확인] 버튼을 클릭합니다. 다시 [데이터 원본 선택] 대화상자가 나타나면 [확인] 버튼을 클릭합니다.

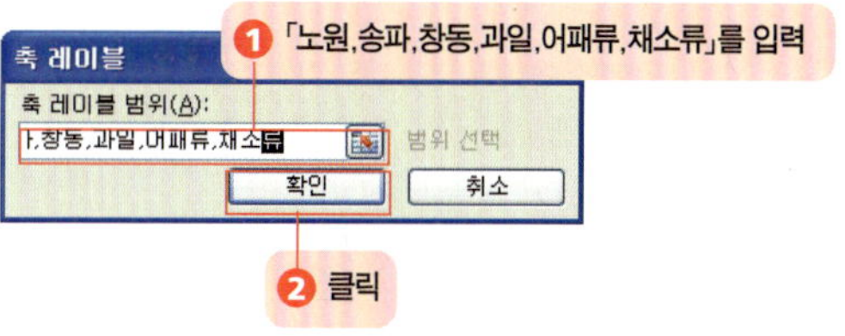

06 다음과 같이 차트가 만들어집니다.

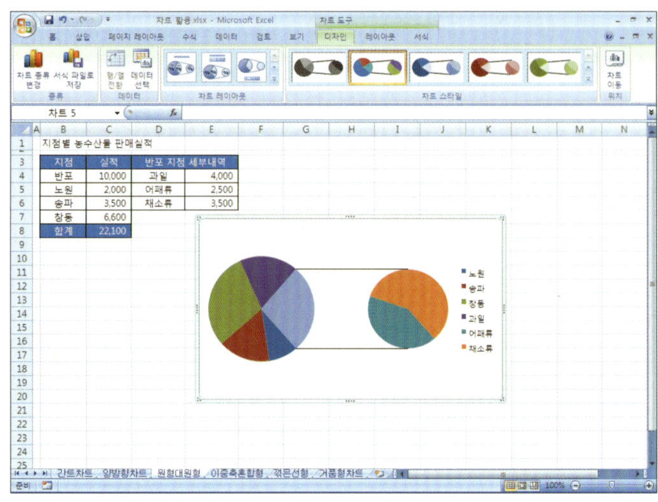

● 2단계 : 차트 편집

01 ❶ 차트 영역을 선택한 후 ❷ [디자인] 탭의 [차트 스타일]에서 [자세히 ▼]를 클릭하고 '스타일 44' 를 선택합니다.

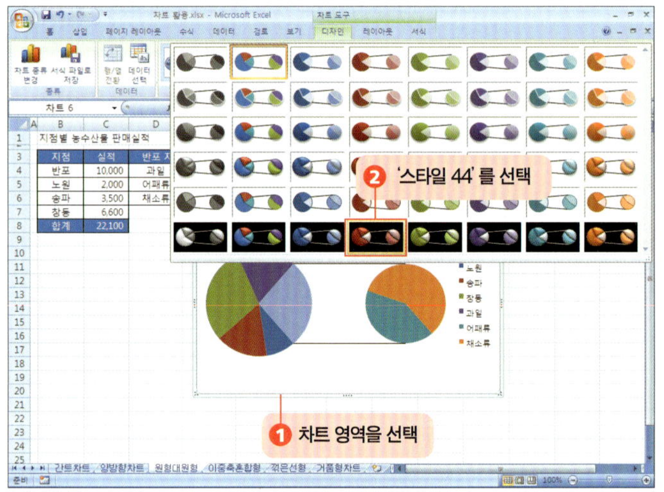

02 ❶ 차트 영역이 선택된 상태에서 ❷ [디자인] 탭의 [차트 레이아웃]에서 '레이아웃 1' 을 클릭합니다. ❸ 레이아웃이 변경되면 '차트 제목' 을 Delete 를 눌러 지웁니다.

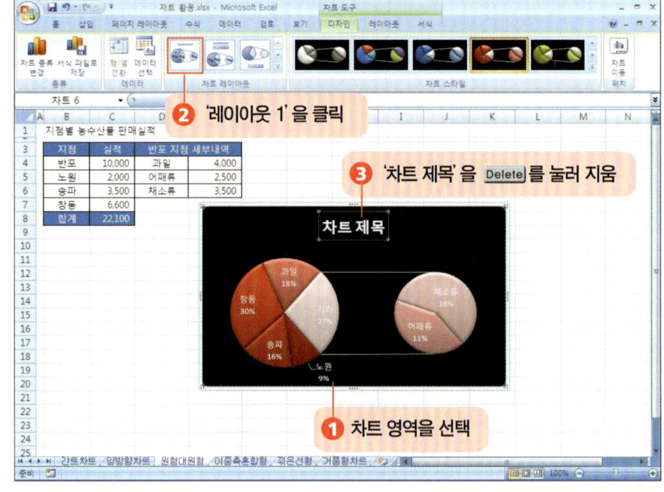

03 ❶ 원형 위에서 마우스 오른쪽 버튼을 클릭한 후
❷ [데이터 계열 서식]을 클릭합니다.

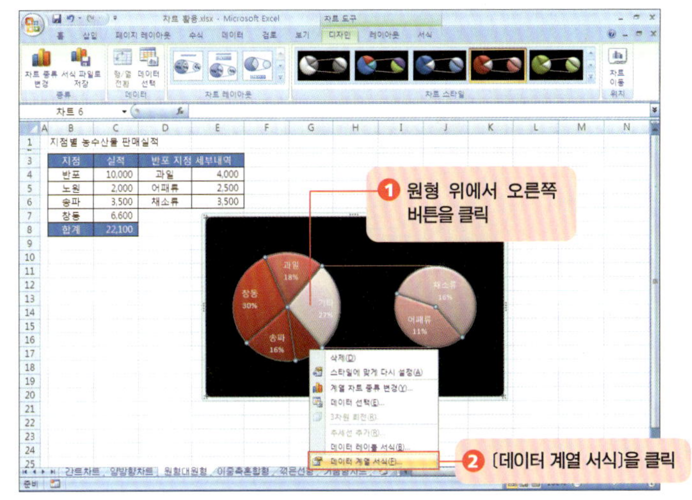

04 [데이터 계열 서식] 대화상자가 나타나면 ❶ '계열
옵션'을 클릭한 후 ❷ 둘째 영역에 포함할 마지막
값에 '3'을 지정하고 ❸ 둘째 영역 크기에 '50%'
를 지정한 후 ❹ [닫기] 버튼을 클릭합니다.

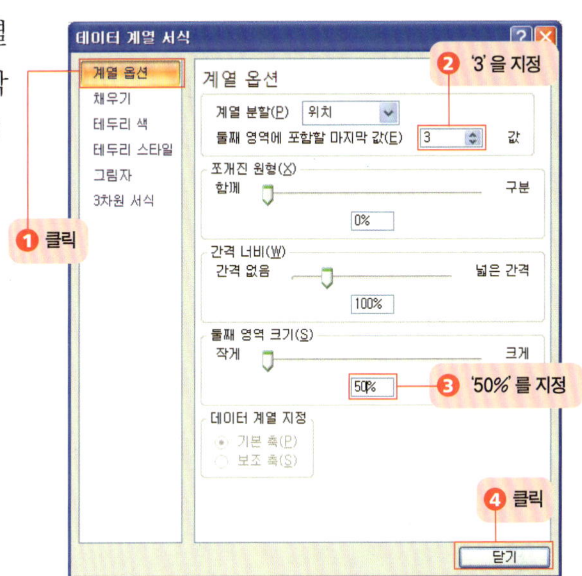

05 다음과 같이 차트가 변경됩니다.

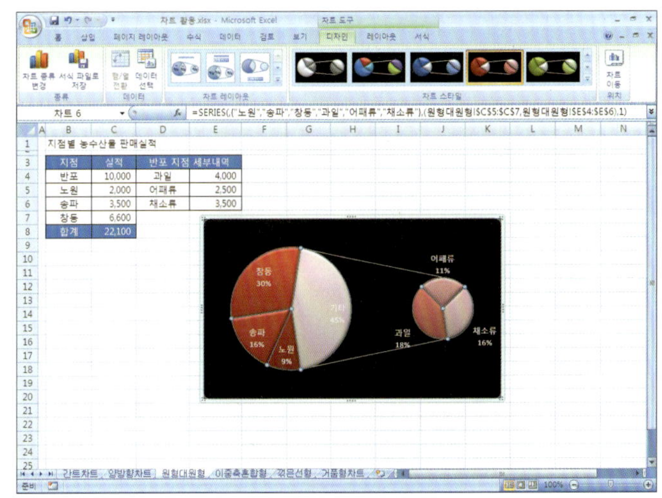

06 ❶ '기타 45%'를 클릭하면 레이블 전체가 선택되고 또 한번 '기타 45%'를 클릭하면 '기타 45%'만 선택됩니다. ❷ 그런 다음 '기타 45%'를 클릭하면 커서가 깜박이는데 이 때 '기타 45%'를 범위 지정한 후 ❸ 미니 도구 모음에서 글자색을 클릭하고 '검정'을 선택합니다.

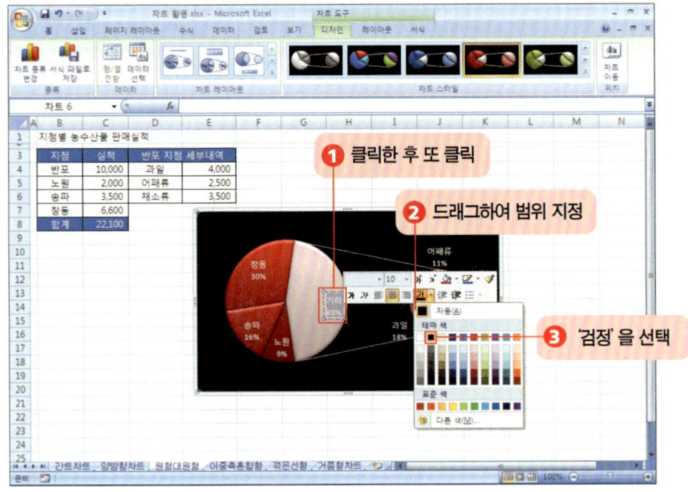

07 ❶ '기타 45%'를 '반포 45%'로 수정합니다. ❷ 크기 조절점을 이용하여 차트 크기를 적절하게 조절한 후 원하는 위치로 이동하여 완성합니다.

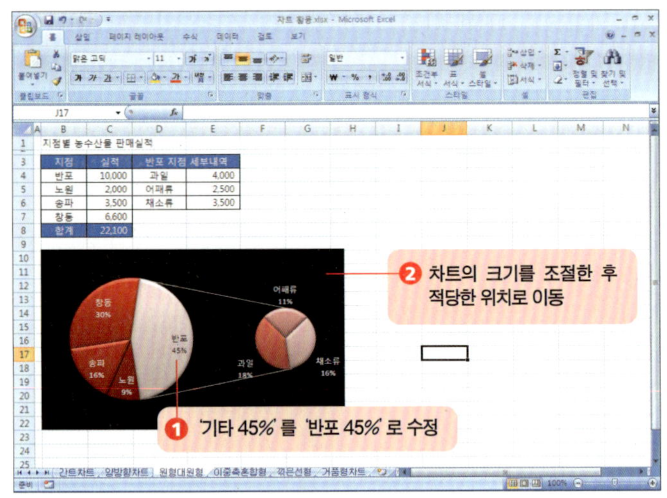

이중 축 혼합형, 금액과 달성율을 하나의 차트로 비교하기

계열 간에 값의 차이가 클 경우 하나의 축으로 차트를 만들면 값이 작은 계열은 아예 차트가 보이지 않거나 보이더라도 알아보기 힘듭니다. 이런 경우 축을 왼쪽, 오른쪽 두 개로 사용하고 차트의 종류를 달리하는 이중 축 차트를 만들면 효과적입니다.

〔예제 파일 경로〕 부록 CD\Sample\Part07\차트활용.xlsx | 〔결과 파일 경로〕 부록 CD\Sample\Part07\After\차트활용_완성.xlsx

완성
예제
**미리
보기**

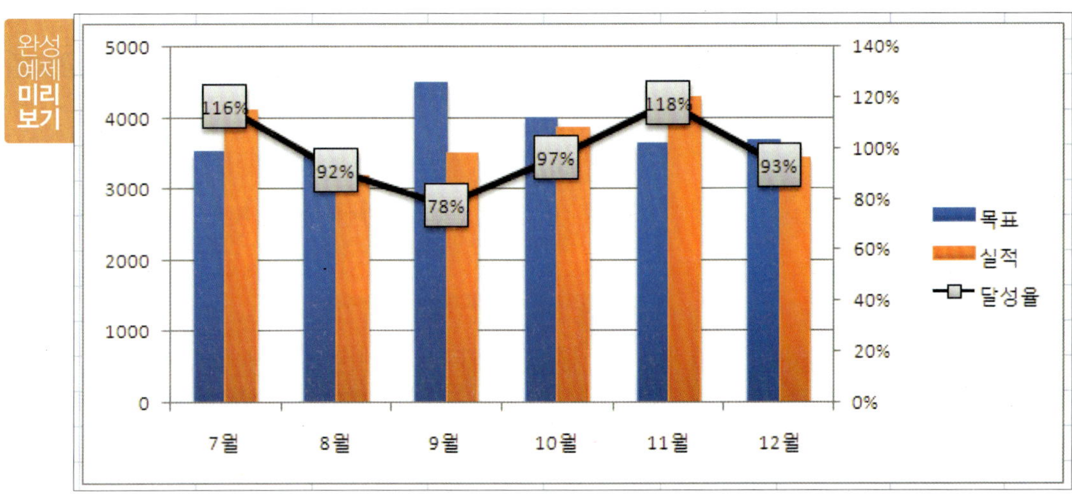

01 ❶ [이중축혼합형] 시트를 클릭한 후 ❷ [B3] 셀을 클릭하고 ❸ [삽입] 탭의 [차트 – 세로 막대형]을 클릭한 후 ❹ '묶은 세로 막대형'을 선택합니다.

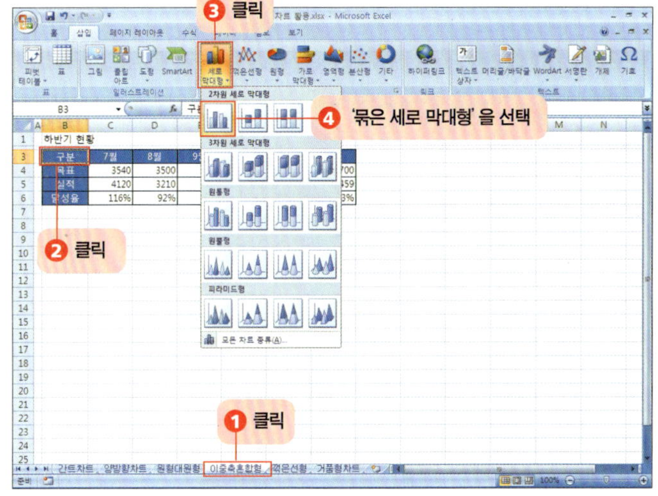

02 차트가 만들어지면 [레이아웃] 탭의 [현재 선택 영역]에서 [계열 '달성율']을 클릭합니다.

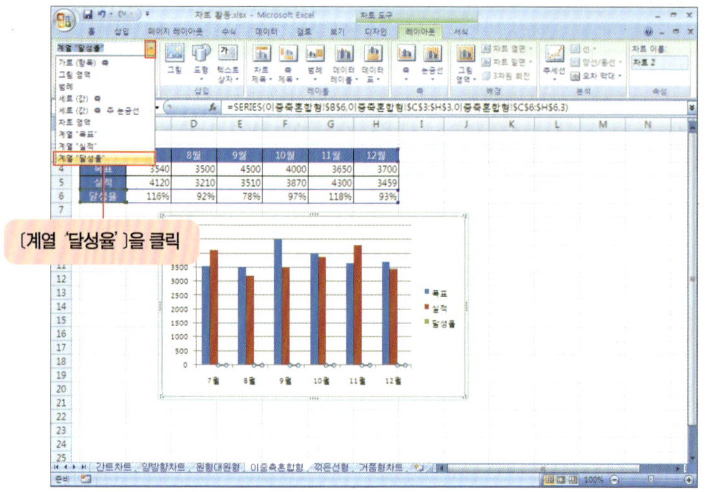

03 ❶ [디자인] 탭의 [종류 – 차트 종류 변경]을 클릭한 후 ❷ [차트 종류 변경] 대화상자가 나타나면 '꺾은선형'을 클릭하고 ❸ '표식이 있는 꺾은선형'을 선택한 후 ❹ [확인] 버튼을 클릭합니다.

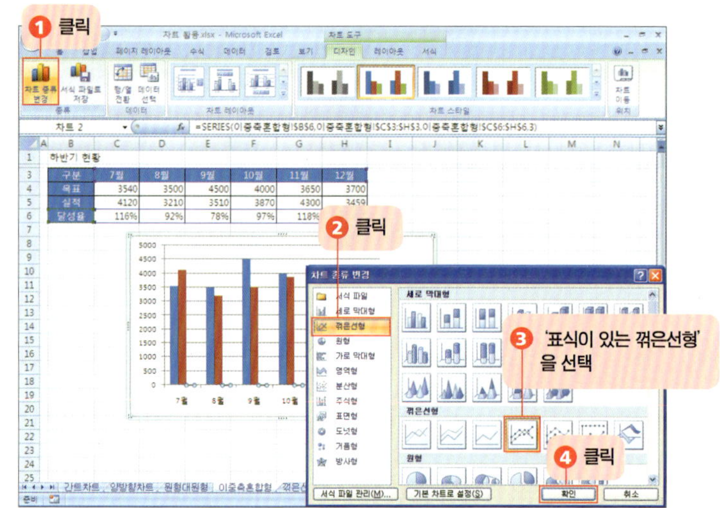

04 차트가 꺾은선형으로 변경됩니다. ❶ 계열 '달성율'에서 마우스 오른쪽 버튼을 클릭한 후 ❷ [데이터 계열 서식]을 클릭합니다.

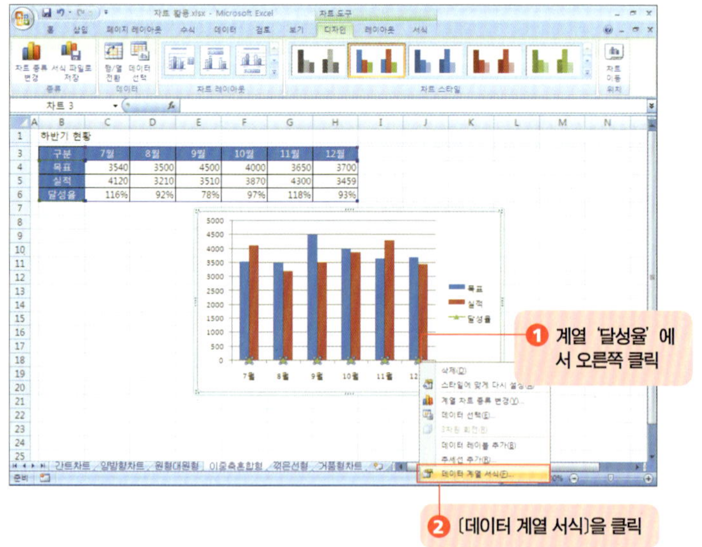

05 [데이터 계열 서식] 대화상자가 나타나면 ❶ '계열 옵션'을 클릭한 후 ❷ 데이터 계열 지정에서 '보조 축'을 선택합니다.

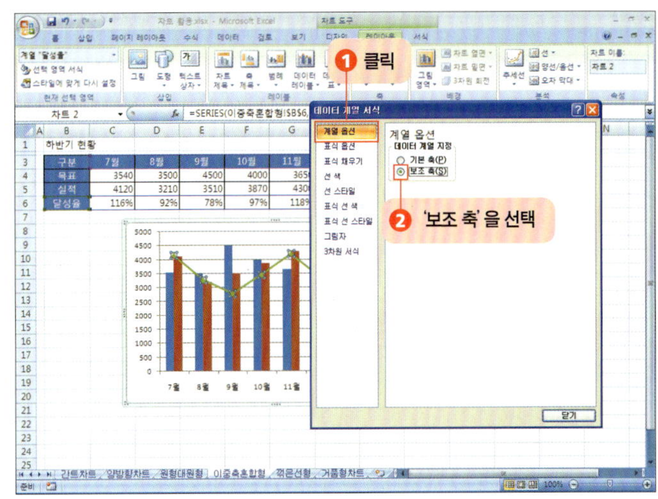

06 [데이터 계열 서식] 대화상자의 ❶ '표식 옵션'을 클릭한 후 ❷ 표식 종류에서 '기본 제공'을 선택하고 ❸ 형식은 '■', 크기는 '20'을 지정합니다.

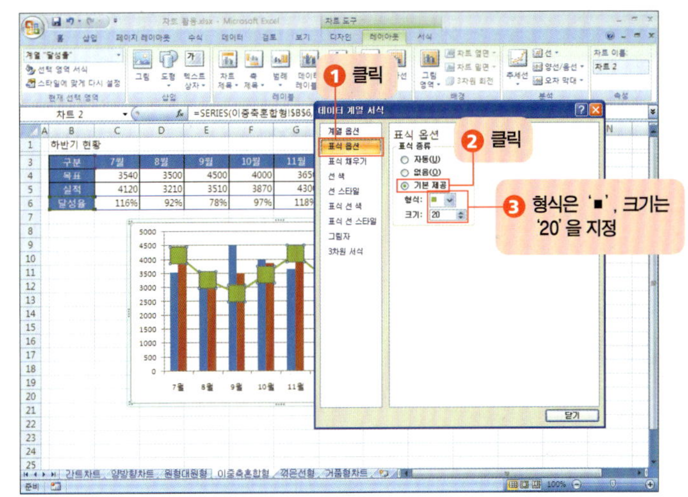

07 ❶ 세로 (값) 축을 선택한 후 ❷ [데이터 계열 서식] 대화상자의 '축 옵션'을 클릭하고 ❸ 주 단위에서 '고정'을 선택한 후 「1000」을 입력하고 ❹ [닫기] 버튼을 클릭합니다.

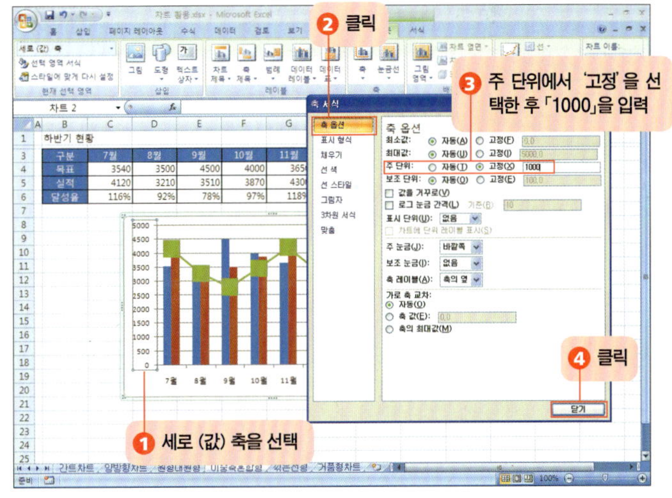

08 ❶ 계열 '달성율' 을 선택한 후 ❷ [레이아웃] 탭의 [레이블 – 데이터 레이블📊]을 클릭하고 ❸ [가운데]를 클릭합니다.

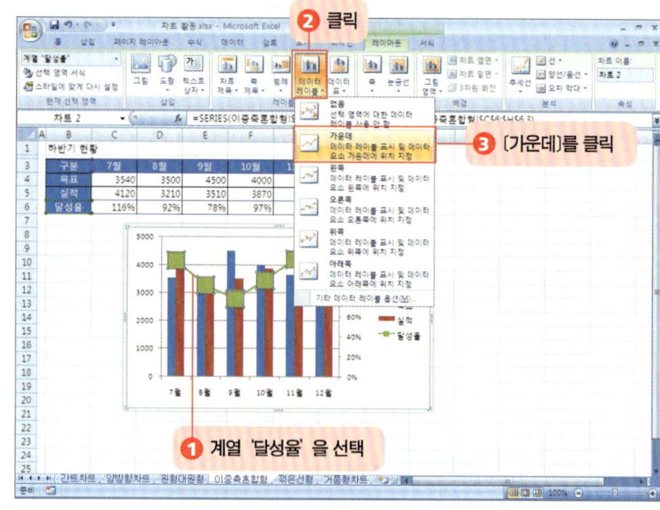

09 ❶ 계열 '목표' 를 선택한 후 ❷ [서식] 탭의 [도형 스타일]에서 [자세히▼]를 클릭하고 '보통 효과 – 강조 1' 을 선택합니다.

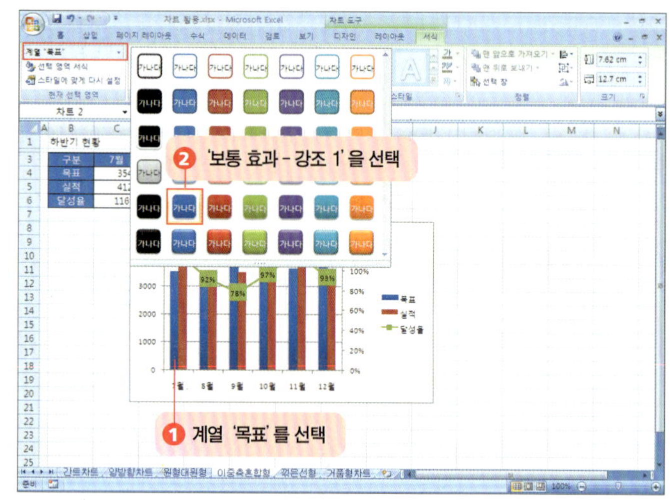

10 ❶ 계열 '실적' 을 선택한 후 ❷ [서식] 탭의 [도형 스타일]에서 [자세히▼]를 클릭하고 '보통 효과 – 강조 6' 을 선택합니다.

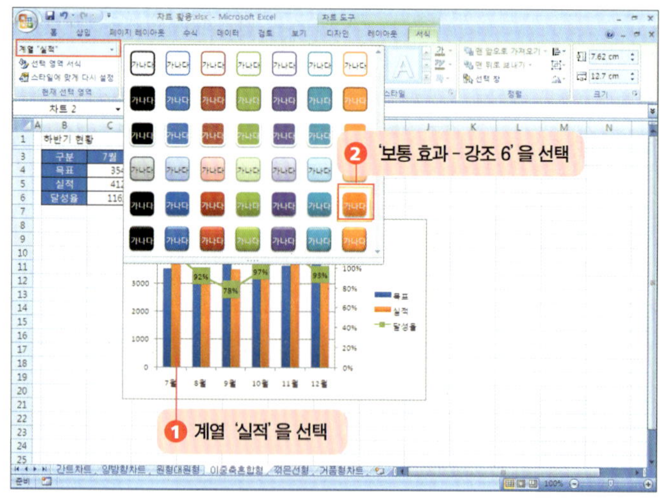

11 ❶ 계열 '달성율'을 선택한 후 ❷ [서식] 탭의 [도형 스타일]에서 [자세히 ▼]를 클릭하고 '미세 효과 – 어둡게 1'을 선택합니다.

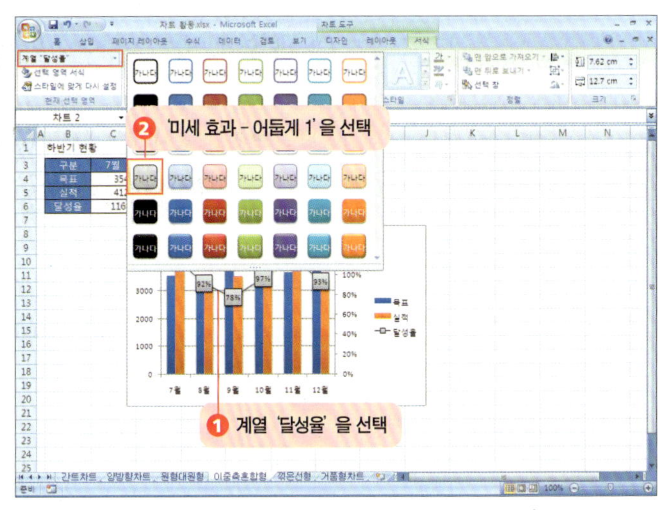

12 ❶ 계열 '달성율'에서 마우스 오른쪽 버튼을 클릭한 후 [데이터 계열 서식]을 클릭하고 ❷ [데이터 계열 서식] 대화상자가 나타나면 '선 스타일'을 클릭한 후 ❸ 너비를 '3'으로 지정하고 ❹ [닫기] 버튼을 클릭합니다.

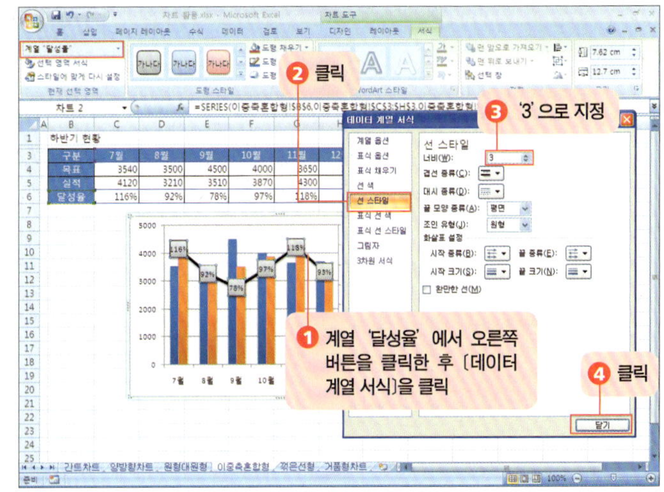

13 크기 조절점을 이용하여 차트 크기를 적절하게 조절한 후 원하는 위치로 이동하며 완성합니다.

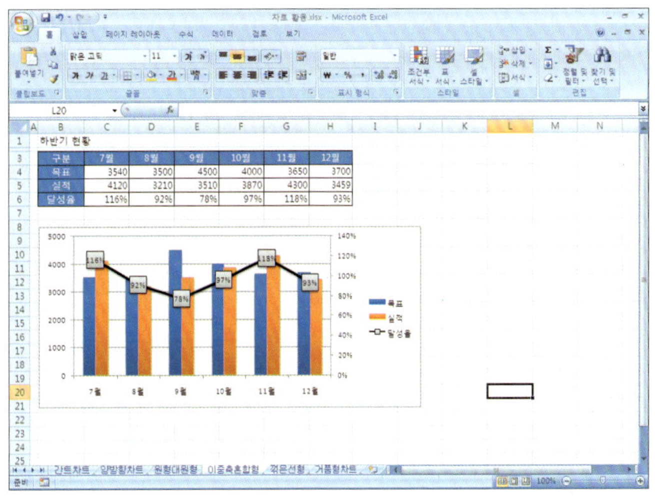

꺾은선형, 빈 셀을 선으로 연결하기

**Action Excel
도전! 엑셀**

데이터 중간에 값이 없는 경우, 이 데이터를 이용하여 꺾은선 차트를 작성하면 차트가 끊어져 보기에 좋지 않습니다. 이번에는 차트가 끊어진 경우에 선으로 연결하는 방법에 대해 알아보겠습니다.

[예제 파일 경로] 부록 CD\Sample\Part07\차트활용.xlsx | [결과 파일 경로] 부록 CD\Sample\Part07\After\차트활용_완성.xlsx

**완성
예제
미리
보기**

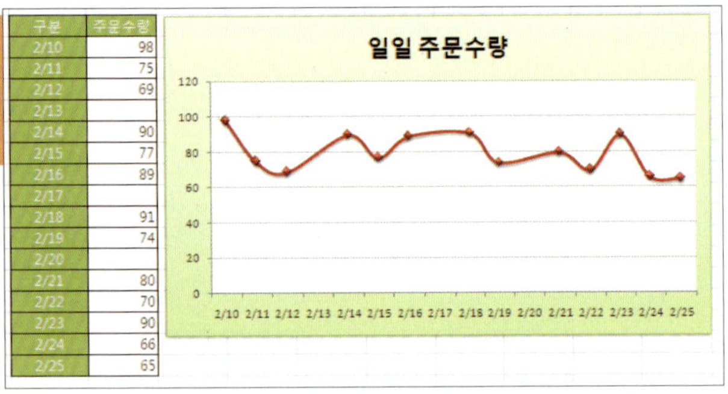

01 ❶ [꺾은선형] 시트를 클릭한 후 ❷ [B3] 셀을 클릭하고 ❸ [삽입] 탭의 [차트 – 꺾은선형]을 클릭한 후 ❹ '표식이 있는 꺾은선형'을 선택합니다.

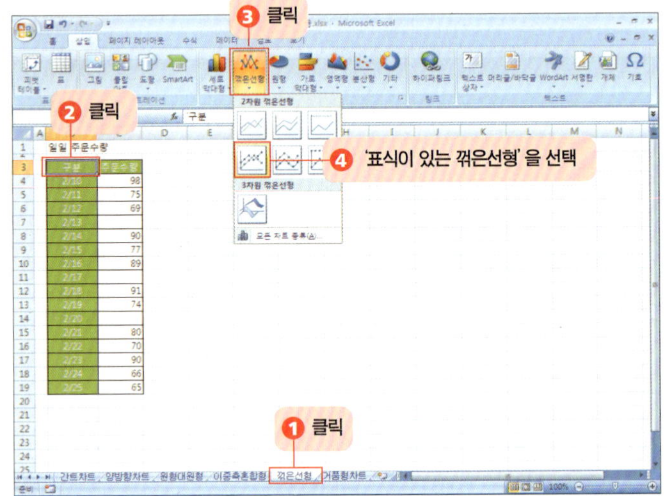

02 차트가 선택된 상태에서 ❶ [디자인] 탭의 [데이터 – 데이터 선택]을 클릭한 후 ❷ [데이터 원본 선택] 대화상자가 나타나면 [숨겨진 셀/빈 셀] 버튼을 클릭합니다.

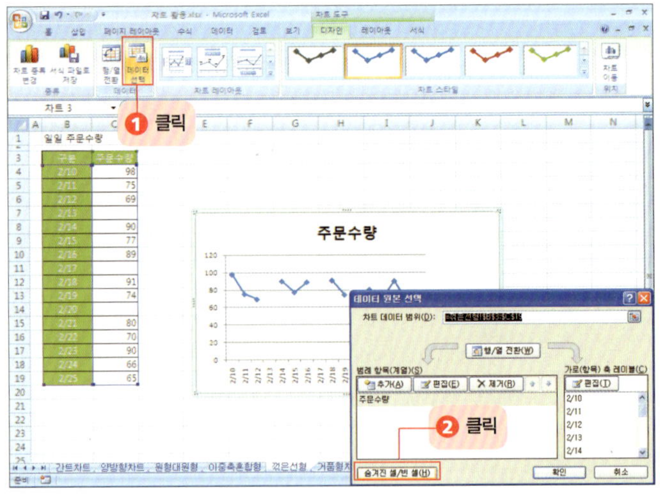

03 [숨겨진 셀/빈 셀 설정] 대화상자가 나타나면 ❶ 빈 셀 표시 형식에서 '선으로 데이터 요소 연결'을 선택하고 ❷ [확인] 버튼을 클릭합니다. ❸ [데이터 원본 선택] 대화상자가 다시 나타나면 [확인] 버튼을 클릭합니다.

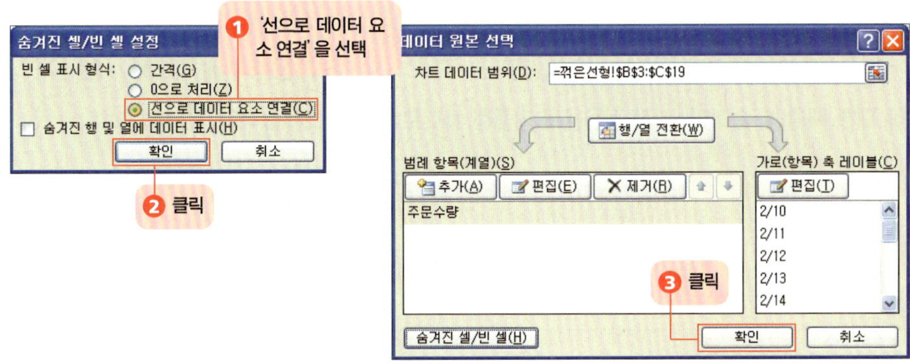

04 ❶ '주문수량' 데이터 계열 위에서 마우스 오른쪽 버튼을 클릭한 후 [데이터 계열 서식]을 클릭하고 ❷ [데이터 계열 서식] 대화상자가 나타나면 '선 스타일'을 클릭한 후 ❸ '완만한 선'에 체크 표시를 하고 ❹ [닫기] 버튼을 클릭합니다.

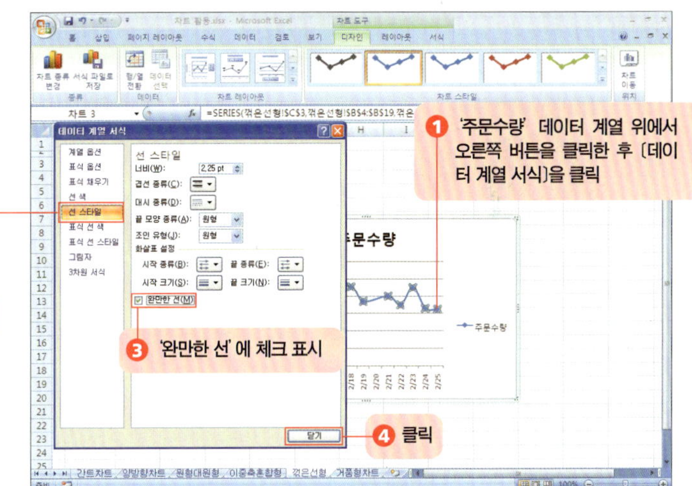

05 크기 조절점을 이용하여 차트 크기를 적절하게 조절한 후 원하는 위치로 이동하여 완성합니다.

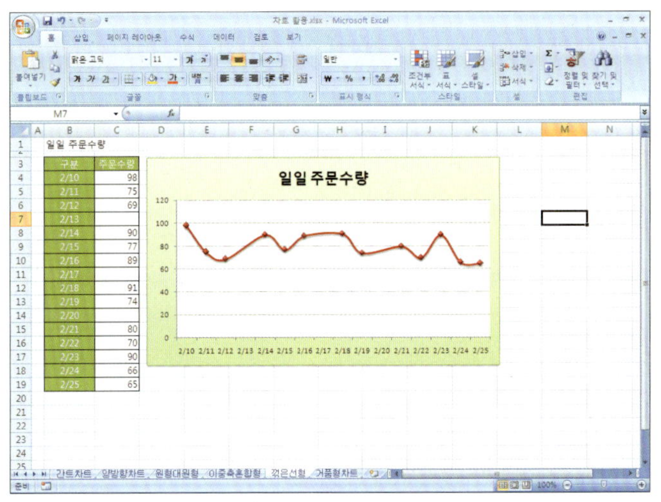

거품형, 매출액/순이익/시장 점유율을 하나의 차트로 만들기

거품형 차트를 이용하면 X축, Y축, 거품 크기의 3가지 값을 차트로 표현하여 그 상관 관계를 분석할 수 있습니다. 거품형 차트는 데이터의 첫 번째 열의 값을 X축, 두 번째 열의 값을 Y축, 세 번째 열의 값을 Z축으로 인식합니다. 만약 이 순서대로 데이터가 정렬되어 있지 않다면 직접 그 계열을 지정한 후에 작성해야 합니다. 이번에는 유아 용품에 대한 매출액, 순이익, 시장 점유율을 거품형 차트로 만들어 보겠습니다.

〔예제 파일 경로〕 부록 CD\Sample\Part07\차트활용.xlsx | 〔결과 파일 경로〕 부록 CD\Sample\Part07\After\차트활용_완성.xlsx

완성
예제
미리
보기

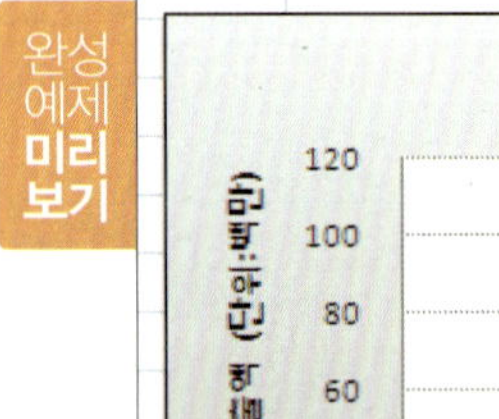

● 1단계 : 차트 작성하기

01 ❶ [거품형차트] 시트를 클릭한 후 ❷ 데이터 목록 바깥 임의의 셀을 클릭하고 ❸ [삽입] 탭의 [차트 – 기타]를 클릭한 후 ❹ '거품형'을 클릭합니다.

TIP X축, Y축, Z축을 임의로 지정하기 위해서는 셀 포인터를 데이터 목록 바깥 임의의 셀에 위치시켜야 합니다. 만약, 셀 포인터를 데이터 목록 위에 위치시킨 상태에서 '거품형' 차트를 삽입하면 X축, Y축, Z축을 데이터 순서대로 자동 지정합니다.

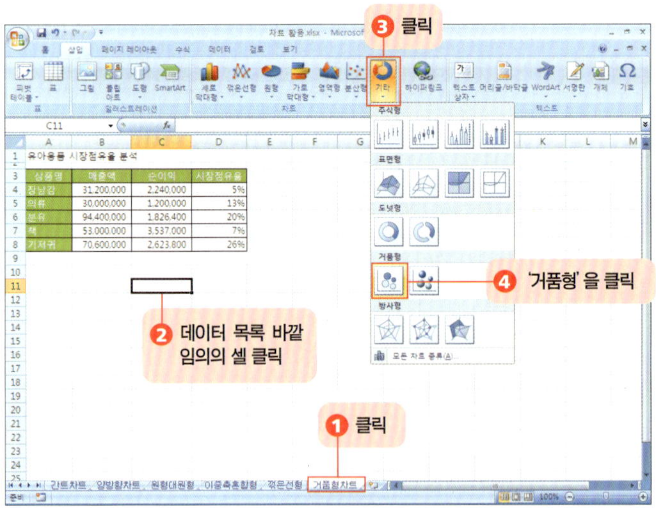

02 차트가 선택된 상태에서 ❶ [디자인] 탭의 [데이터 선택🔲]을 클릭합니다. ❷ [데이터 원본 선택] 대화상자가 나타나면 [추가] 버튼을 클릭합니다.

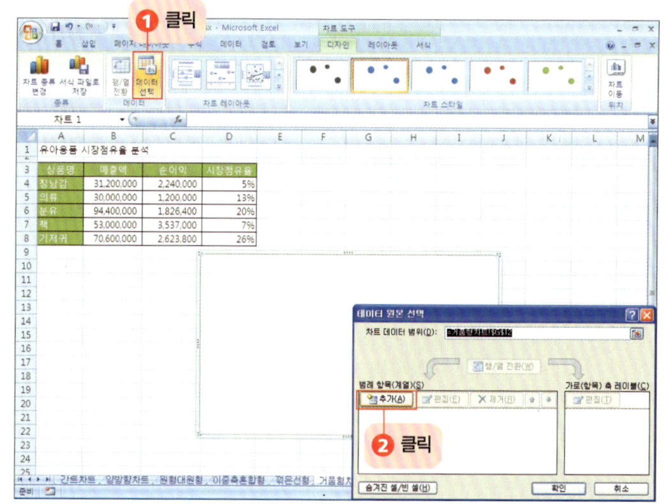

03 [계열 편집] 대화상자가 나타나면 ❶ 다음과 같이 계열 X, Y, 거품 크기의 값을 지정한 후 ❷ [확인] 버튼을 클릭합니다. 다시 [데이터 원본 선택] 대화상자가 나타나면 [확인] 버튼을 클릭합니다.

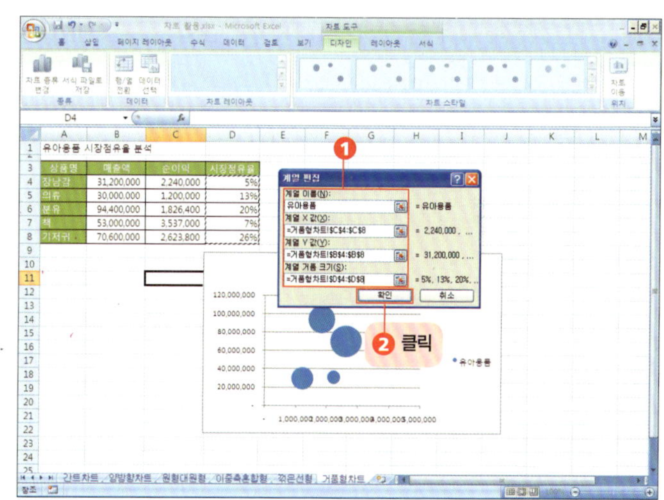

---

info

계열 이름 : 유아 용품

계열 X값 : =거품형차트!$C$4:$C$8

계열 Y값 : =거품형차트!$B$4:$B$8

계열 거품 크기 : =거품형차트!$D$4:$D$8

▶ 기본적으로 입력되어 있는 '={1}'을 지운 후 해당 영역을 마우스로 드래그하여 지정합니다.

TIP 거품형 차트는 계열 순서가 중요한데, 첫 번째 열이 X값, 두 번째 열이 Y값, 세 번째 열이 거품 크기로 그려집니다. 만약 이 순서를 바꾸려면 [디자인] 탭의 [데이터 – 데이터 선택🔲]을 클릭한 후 사용자가 원하는 계열을 직접 지정합니다.

품목 번호	매출액	시장 점유율(%)
14	₩11,200,000	13
20	₩60,000,000	23
18	₩14,400,000	5
X값	Y값	거품 크기

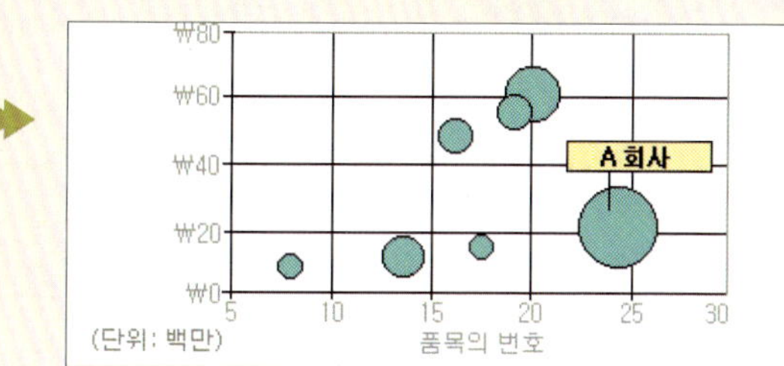

04 차트가 선택된 상태에서 [디자인] 탭의 [차트 스타일]에서 [자세히▼]를 클릭한 후 '스타일 29'를 선택합니다.

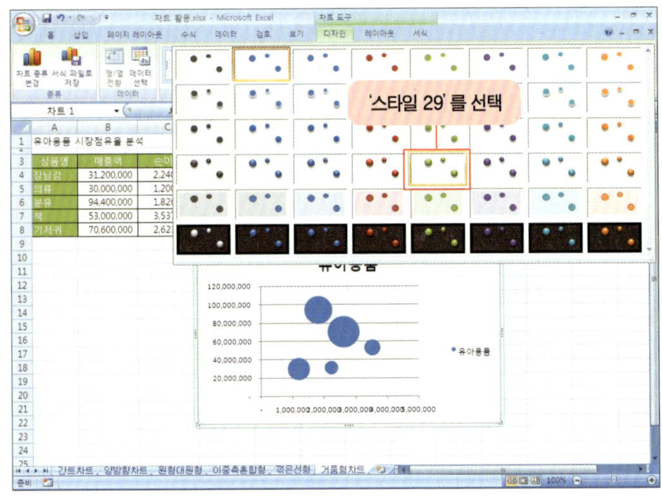

05 차트가 선택된 상태에서 [디자인] 탭의 [차트 레이아웃]에서 '레이아웃 8'을 선택합니다.

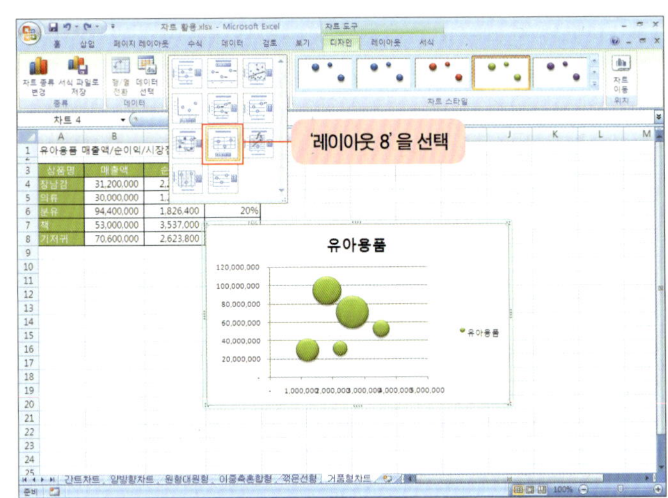

● 2단계 : 차트 편집

01 범례를 선택한 후 Delete를 눌러 삭제합니다.

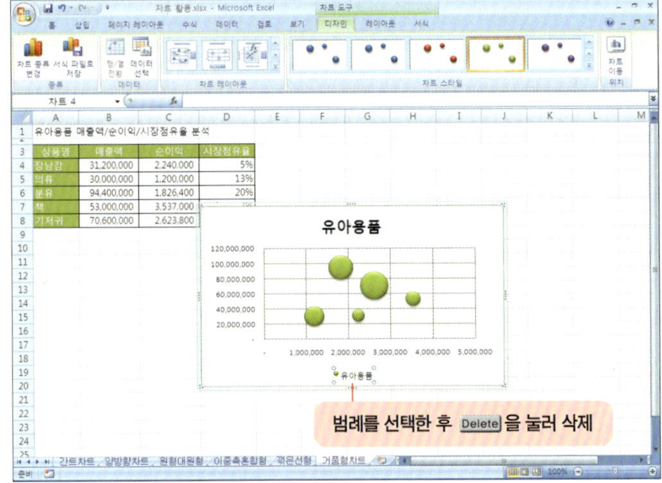

02 [레이아웃] 탭의 [레이블 – 축]을 클릭한 후 [기본 가로 축 – 백만 단위로 축 표시]를 클릭합니다.

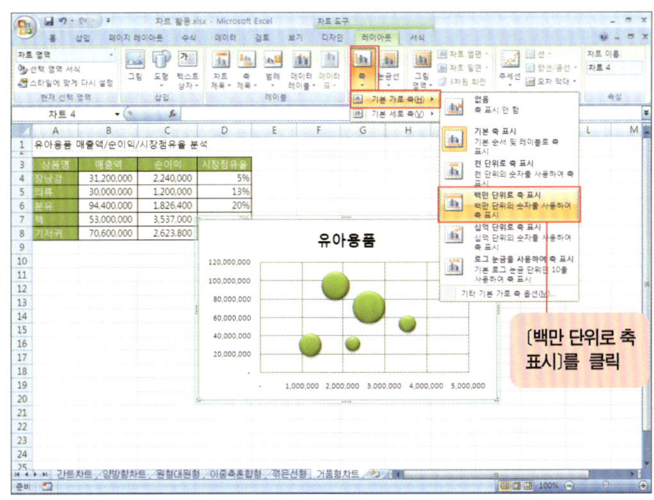

03 [레이아웃] 탭의 [레이블 – 축]을 클릭한 후 [기본 세로 축 – 백만 단위로 축 표시]를 클릭합니다.

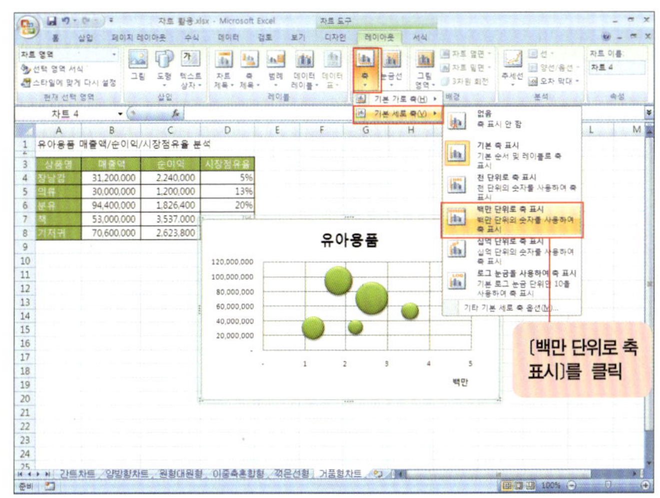

04 [레이아웃] 탭의 [레이블 – 데이터 레이블]을 클릭한 후 [가운데]를 클릭합니다.

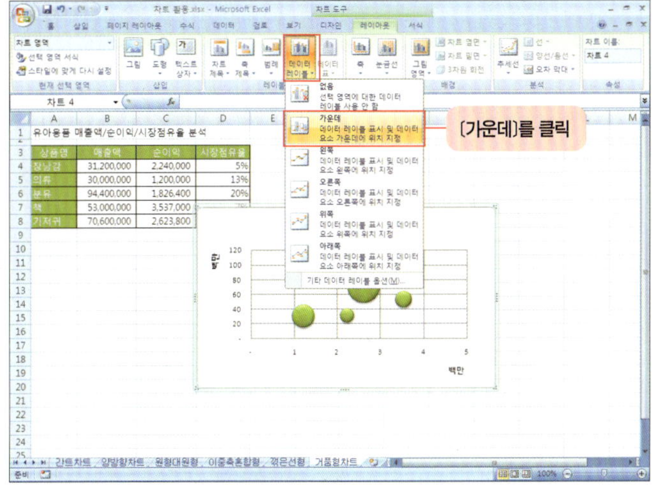

05 축 제목을 각각 클릭하여 ❶ '매출액 (단위:백만)', ❷ '순이익 (단위:백만)' 으로 수정합니다.

> **TIP** 축 제목을 한 번 클릭한 후 '백만' 이라는 글자 위에서 한 번 더 클릭하면 내용을 수정할 수 있습니다.

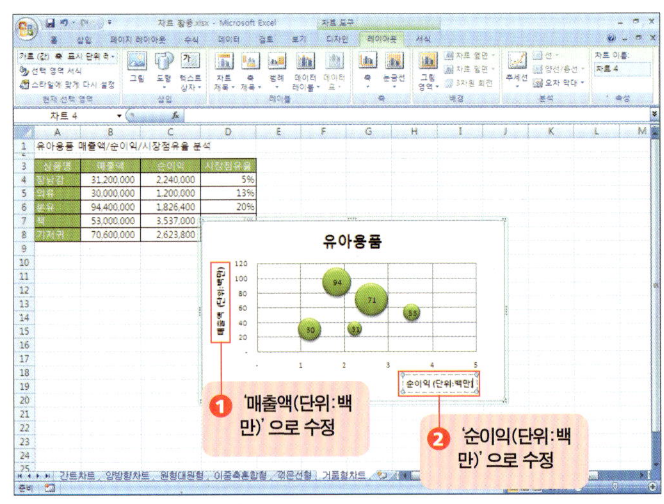

06 ❶ 가로 (값) 축 위에서 마우스 오른쪽 버튼을 클릭한 후 [축 서식]을 클릭하고 ❷ [축 서식] 대화상자가 나타나면 '축 옵션' 을 클릭합니다. ❸ 최소값에서 '고정'을 선택한 후 「1000000」을 입력하고 ❹ 최대값에서 '고정'을 선택한 후 「4000000」을 입력합니다. ❺ 그런 다음, 주 단위에서 '고정'을 선택한 후 「1000000」을 입력합니다.

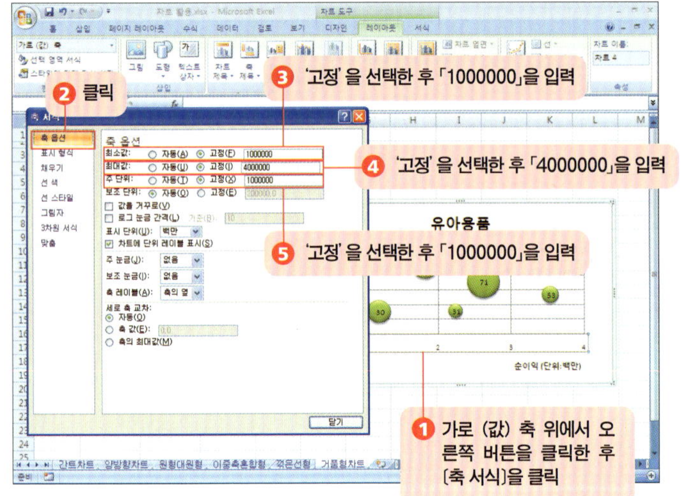

07 ❶ 세로 (값) 축 주 눈금선을 클릭한 후 ❷ [주 눈금선 서식] 대화상자의 '선 스타일' 을 클릭하고 ❸ 대시 종류에서 '둥근 점선' 을 선택합니다.

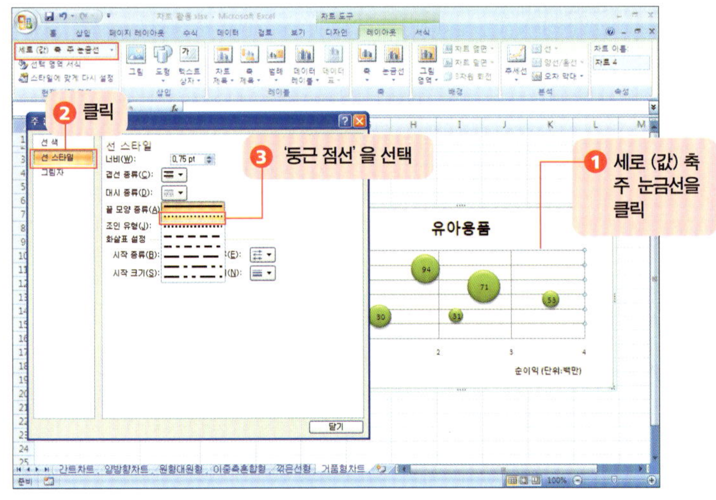

08 ❶ 가로 (값) 축 주 눈금선을 클릭한 후 ❷ [주 눈
금선 서식] 대화상자의 '선 스타일'을 클릭하고
❸ 대시 종류에서 '둥근 점선'을 선택한 후 ❹ [닫
기] 버튼을 클릭합니다.

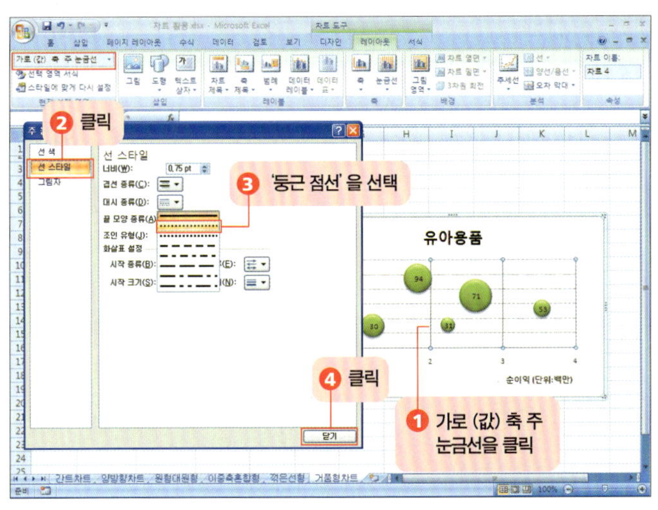

09 ❶ 각 데이터 레이블을 클릭한 후 원본 데이터와
비교하면서 해당 상품명을 입력합니다. ❷ 차트
영역을 선택한 후 ❸ [서식] 탭의 [도형 스타일]에
서 [자세히 ▼]를 클릭하고 '미세 효과 – 어둡게 1'
을 선택합니다.

> **TIP** 레이블 위에서 클릭하면 레이블 전체가 선택되는데, 다시 수
> 정할 레이블 위에서 클릭하면 레이블을 수정할 수 있습니다.
> X값, Y값, 레이블 크기, 계열 이름은 [데이터 레이블 서식]에
> 서 지정하여 표시할 수 있지만 상품명은 차트의 범위가 아니
> 므로 일일이 입력해야 합니다.

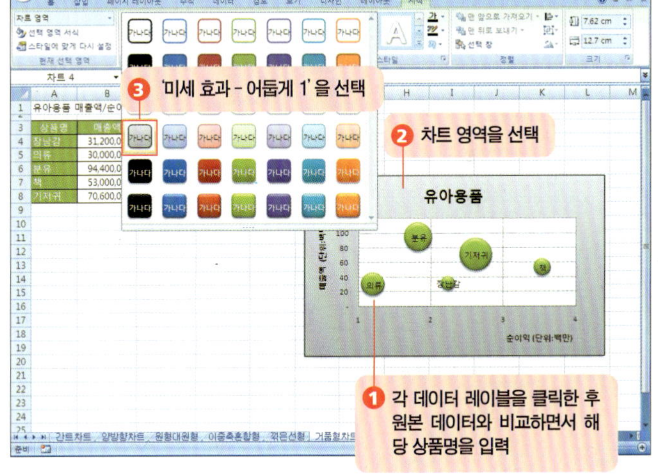

10 차트 제목을 수정한 후 크기 조절점을 이용하여
차트 크기를 적절하게 조절한 후 원하는 위치로
이동하여 완성합니다.

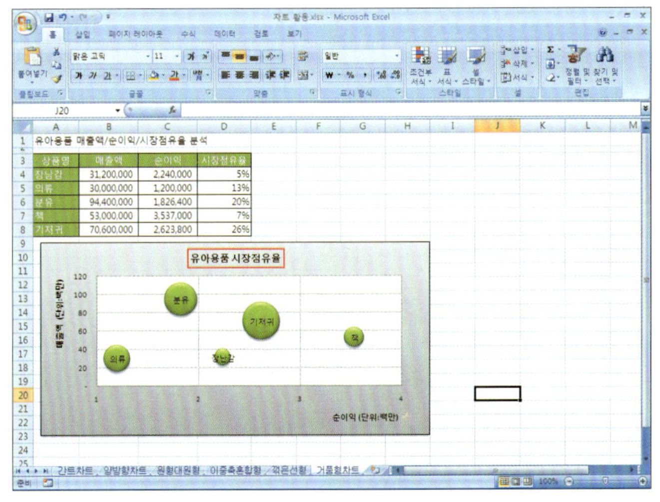

PART
08

데이터 관리도
능력이다

엑셀 2007 기본 + 활용
실무 테크닉

Lesson 01

데이터베이스가 뭐죠?

정렬, 필터, 부분합, 피벗 테이블 등을 이용하면 데이터들을 효과적으로 관리, 검색, 분석할 수 있습니다. 이러한 기능을 이용할 수 있도록 데이터를 정리해 놓은 것을 데이터베이스라고 합니다. 이번 레슨에서는 데이터베이스의 구조와 데이터베이스를 작성할 때에 유의할 점에 대해 알아보겠습니다.

 ## 데이터베이스 구조 살펴보기

정렬, 필터, 부분합, 피벗 테이블 등을 제대로 활용하려면 데이터를 일정한 형식에 맞게 입력해야 합니다. 여기서 일정한 형식이라 함은, 필드와 레코드로 구성되어지는 데이터 목록의 형태를 말합니다.

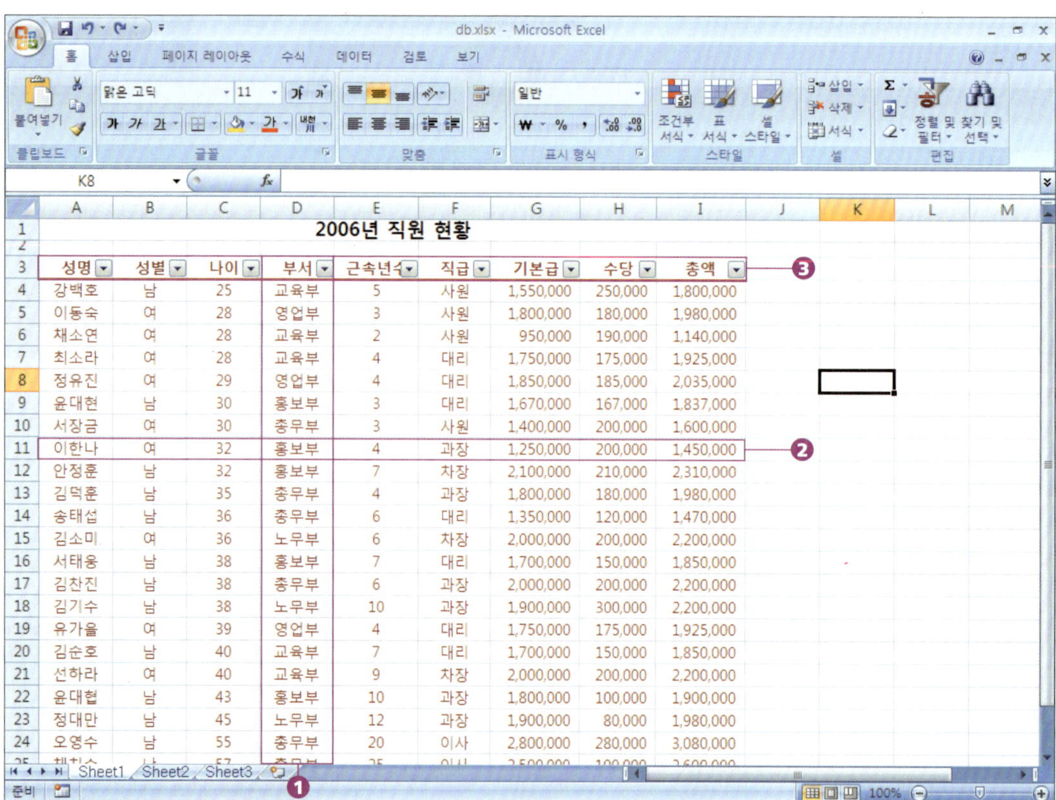

❶ **필드(Field)** : 같은 성격의 데이터군으로, 각각의 열을 말합니다.

❷ **레코드(Record)** : 각각의 행을 말합니다.

❸ **필드 이름(Field Name)** : 각 필드를 구분할 수 있는 필드의 이름으로 데이터 목록의 첫 행을 말합니다.

데이터 목록 작성 시 주의할 점

데이터 목록 작성 시 주의해야 할 사항은 다음과 같습니다.

1 | 하나의 필드에 다른 성격의 데이터를 입력하면 의미
있는 데이터 관리가 이루어지지 않으므로 하나의 필
드에는 같은 성격의 데이터를 입력합니다.

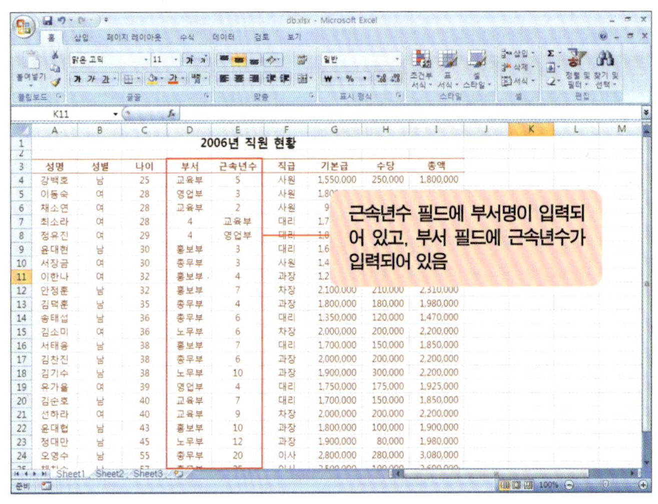

2 | 병합된 셀이 있으면 데이터베이스 기능을 원활하게
사용할 수 없습니다.

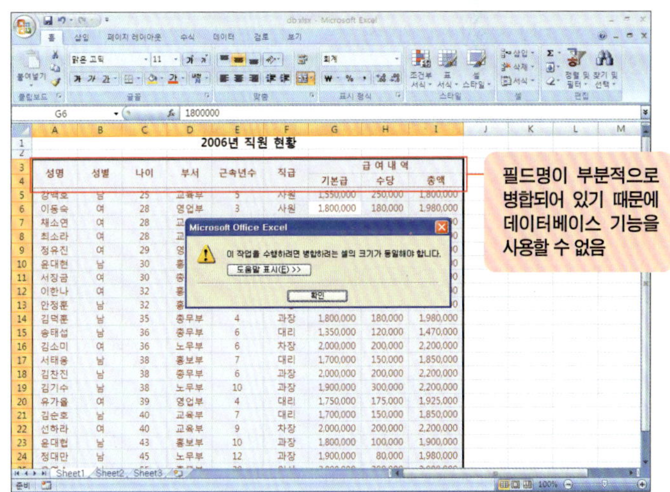

3 | 하나의 데이터베이스에는 빈 행이나 빈 열이 없어야
합니다.

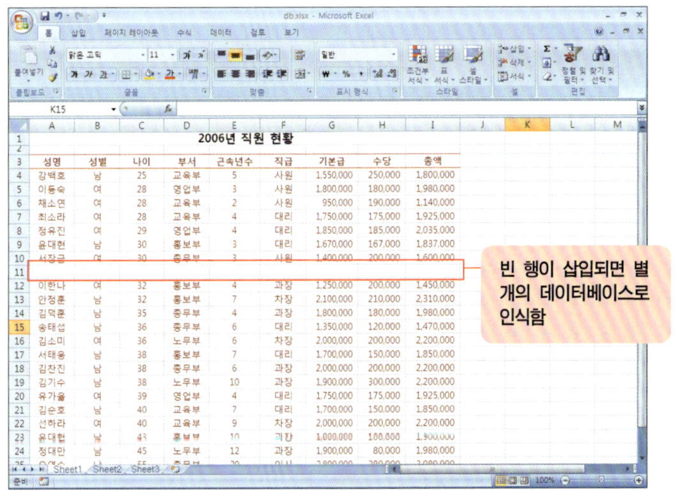

표와 데이터베이스의 관계

엑셀의 표를 이용하면 셀 범위의 서식을 빠르게 적용하거나 관련 데이터 그룹을 효과적으로 관리하고 분석할 수 있습니다. 예를 들어 표에서 새 레코드를 추가하면 수식이 자동으로 확장되고, 피벗 테이블에서 새로 고침을 누르면 새로 추가한 레코드가 자동으로 반영됩니다. 엑셀 2007에서는 엑셀 2003의 '목록 만들기'가 '표'로 변경되었습니다.

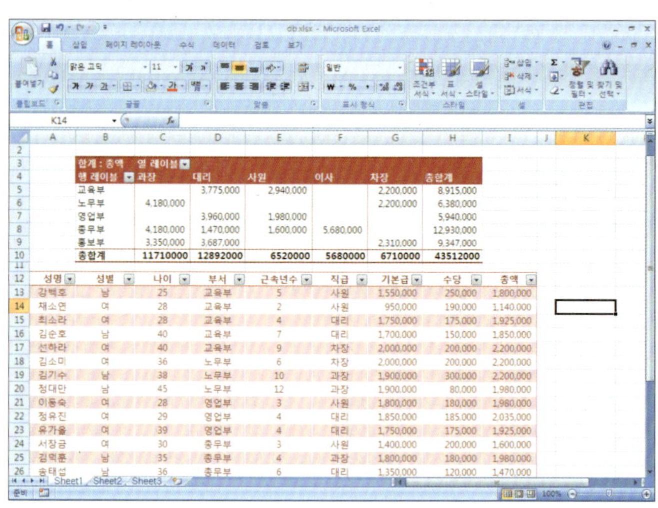

TIP 엑셀의 표를 이용하면 셀 범위의 서식을 빠르게 적용하고 관련 데이터 그룹을 관리하고 분석할 때에 효과적입니다. 예를 들어 데이터 목록을 기반으로 피벗테이블을 만들면 데이터가 추가되었을 때 추가된 데이터까지를 피벗테이블에서 자동으로 반영하지 못하므로 피벗테이블을 지우고 다시 만들어야 하는 불편함이 있었습니다. 하지만 표 데이터를 기반으로 피벗테이블을 만들면 표에서 새 레코드가 추가되고 피벗 테이블에서 새로 고침을 누르면 새로 추가한 레코드까지 자동으로 반영합니다.

엑셀 2003의 '목록 만들기'가 엑셀 2007에서 '표'로 변경되었습니다.

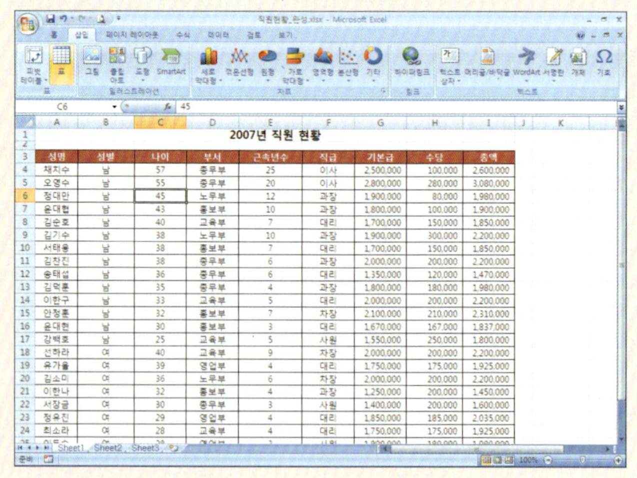

데이터 목록을 표를 만드는 방법은 〔홈〕 탭의 〔스타일 - 표 서식〕을 클릭하거나 〔삽입〕 탭의 〔표 - 표〕를 클릭하여 만들 수 있습니다.

정렬은 내게 맡겨라~

엑셀에서는 텍스트, 숫자, 날짜/시간을 기준으로 오름차순 또는 내림차순으로 정렬할 수 있습니다. 엑셀 2007에서는 이전 버전과 달리 셀 색, 글꼴 색, 아이콘을 기준으로도 정렬할 수 있으며, 정렬 기준은 최대 64개까지 추가할 수 있습니다.

 향상된 정렬 및 필터 기능

엑셀 2007에서는 셀 포인터가 위치한 곳의 데이터가 숫자, 텍스트, 날짜/시간이냐에 따라 정렬 메뉴가 달라집니다. 데이터 목록에서 정렬하기를 원하는 필드의 한 셀에서 [홈] 탭의 [편집 – 정렬 및 필터]를 클릭하면 메뉴가 나타납니다.

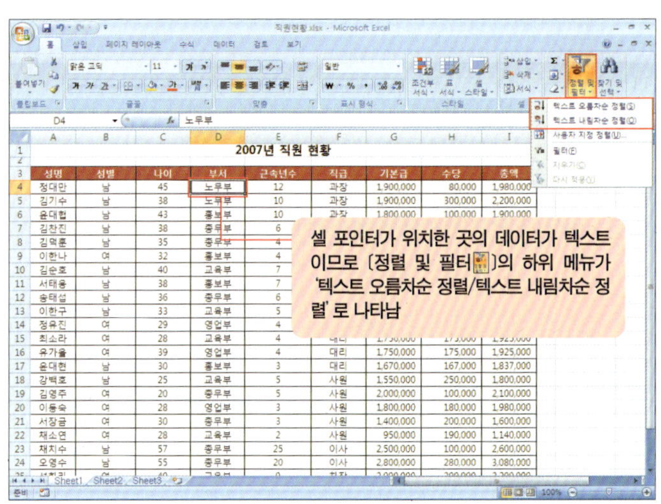

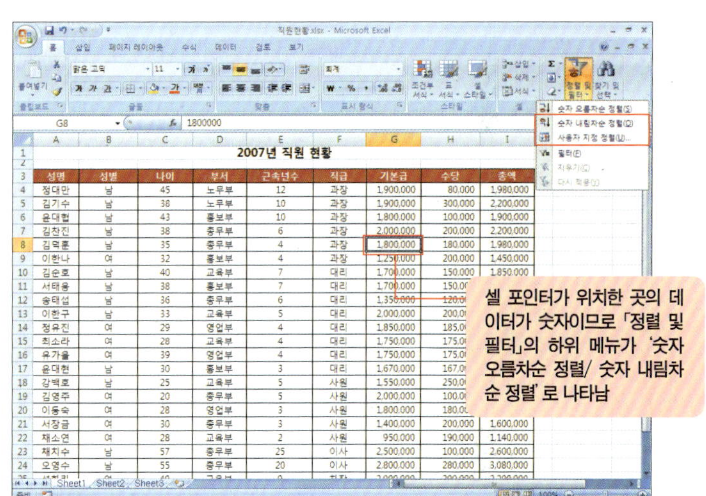

 셀 색/글꼴 색/아이콘을 기준으로 정렬

셀 색, 글꼴 색을 기준으로 정렬할 수 있으며 조건부 서식에서 지정한 아이콘을 기준으로도 정렬할 수 있습니다. 셀 아이콘이나 셀 색, 글꼴 색이 있는 셀에서 마우스 오른쪽 버튼을 클릭하면 나타나는 바로 가기 메뉴에서 [정렬]을 클릭하면 다양한 하위 메뉴가 나타나는데, 이 하위 메뉴 중에서 원하는 정렬을 클릭합니다.

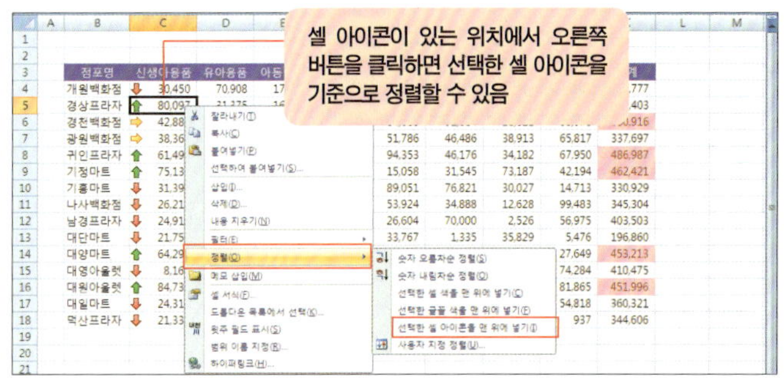

여러 기준으로 정렬하기

텍스트와 숫자 데이터를 기반으로 오름차순 또는 내림차순으로 정렬합니다. 그리고 두 개 이상의 기준으로 정렬하는 법을 배워봅니다.

〔예제 파일 경로〕 부록 CD\Sample\Part08\직원현황.xlsx　|　〔결과 파일 경로〕 부록 CD\Sample\Part08\After\직원현황_완성.xlsx

01 부서별로 오름차순 정렬하기 위해 ❶ [D4] 셀을 클릭한 후 ❷ [홈] 탭의 [편집 – 정렬 및 필터]를 클릭하고 ❸ [텍스트 오름차순 정렬]을 클릭합니다.

Note 셀 포인터는 부서 필드 내의 아무곳이나 있어도 됩니다.

TIP 정렬 메뉴는 마우스 오른쪽 버튼을 클릭하여 나타나는 바로 가기 메뉴를 이용해도 됩니다.

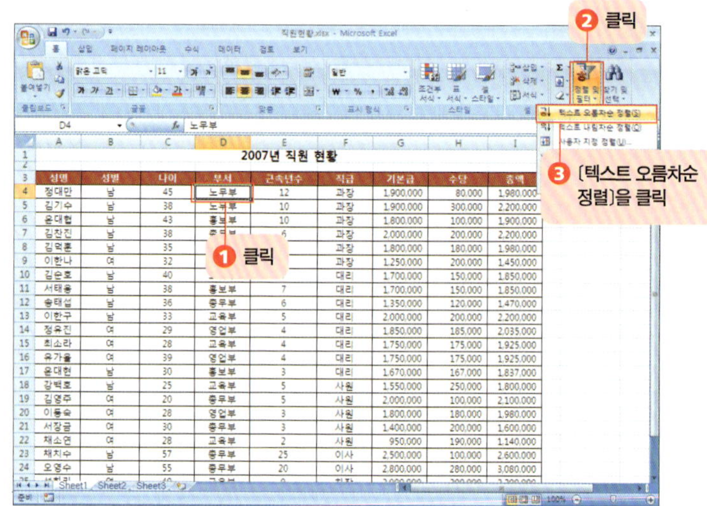

02 부서 필드를 기준으로 데이터가 오름차순 정렬되며 정렬은 레코드 단위로 이동합니다. 근속년수가 오래된 직원순으로 정렬하기 위해 ❶ [E4] 셀을 클릭한 후 ❷ [홈] 탭의 [편집 – 정렬 및 필터]를 클릭하고 ❸ [숫자 내림차순 정렬]을 클릭합니다.

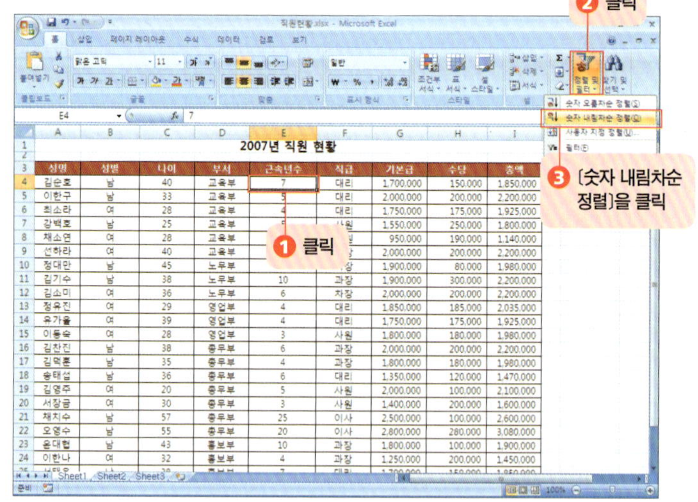

03 다음과 같이 근속년수가 오래된 직원순으로 정렬
됩니다. 이번에는 성별순으로 정렬한 후 나이가
많은 순서로 정렬하기 위해 ❶ 데이터 목록 중에
서 임의의 셀을 클릭한 후 ❷ [홈] 탭의 [편집 – 정
렬 및 필터🔽]를 클릭하고 ❸ [사용자 지정 정렬]을
클릭합니다.

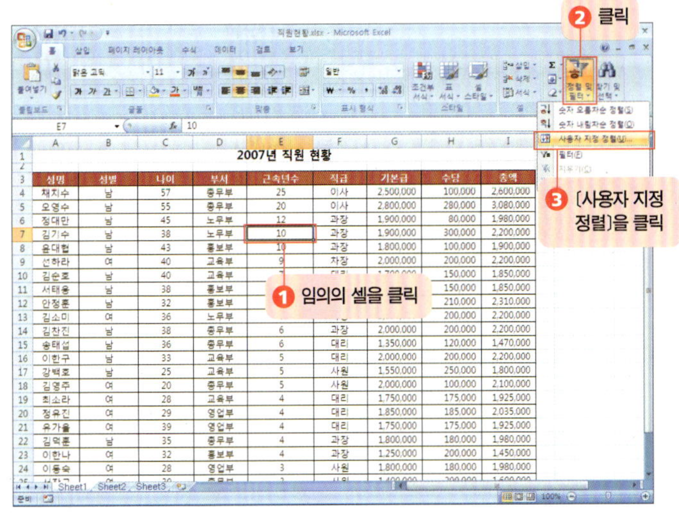

> **TIP** 정렬 기준을 2개 이상 지정하려면 [사용자 지정 정렬] 메뉴
> 를 이용합니다.

04 [정렬] 대화상자가 나타나면 ❶ 정렬 기준을 다음
과 같이 지정한 후 ❷ [기준 추가] 버튼을 클릭하
고 ❸ 두 번째 기준인 다음 기준을 다음과 같이 지
정한 후 ❹ [확인] 버튼을 클릭합니다.

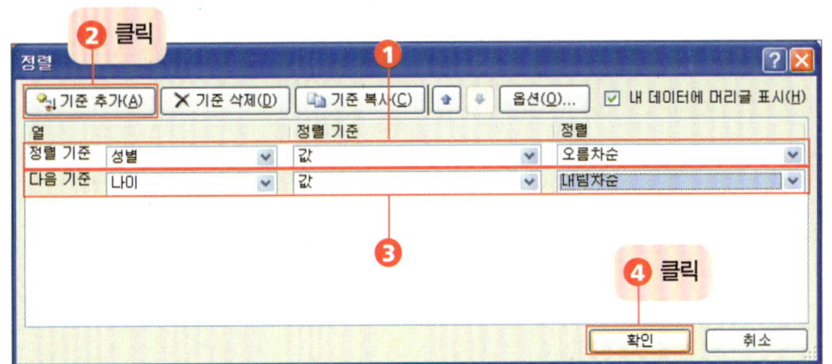

> **TIP** 정렬 기준은 최대 64개까지 추가할 수 있습니다.

05 다음과 같이 성별순, 연장자순으로 정렬되었습니다.

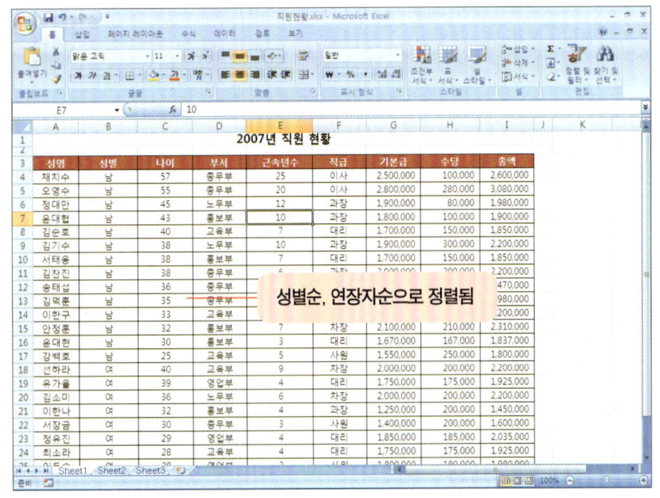

조건부 서식에서 지정한 서식을 기준으로 정렬하기

조건부 서식에서 지정한 셀 아이콘과 셀 색을 기준으로 정렬해 보겠습니다. 간단한 따라하기를 통해 연습해 보세요.

〔예제 파일 경로〕 부록 CD\Sample\Part08\셀아이콘정렬.xlsx | 〔결과 파일 경로〕 부록 CD\Sample\Part08\After\셀아이콘정렬_완성.xlsx

01 '신생아 용품' 필드에는 아이콘 집합이 있고 '합계' 필드에는 셀 색이 설정되어 있습니다. ❶ [C5] 셀에서 마우스 오른쪽 버튼을 클릭한 후 ❷ [정렬 – 선택한 셀 아이콘을 맨 위에 넣기]를 클릭합니다.

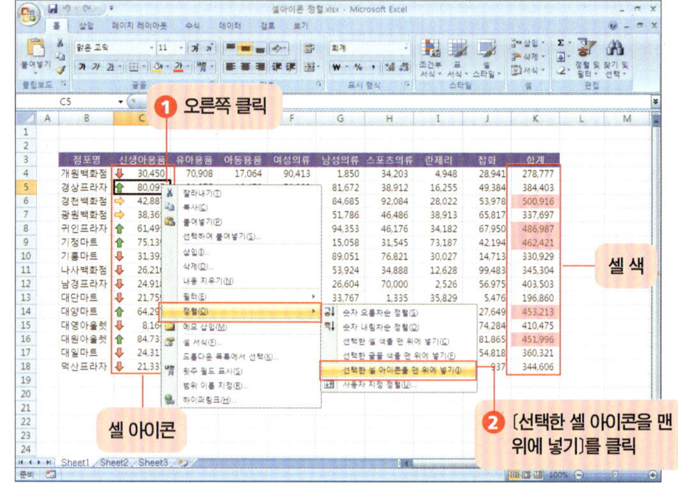

02 다음과 같이 ⬆순으로 정렬됩니다. ❶ [K5] 셀에서 마우스 오른쪽 버튼을 클릭한 후 ❷ [정렬 – 선택한 셀 색을 맨 위에 넣기]를 클릭합니다.

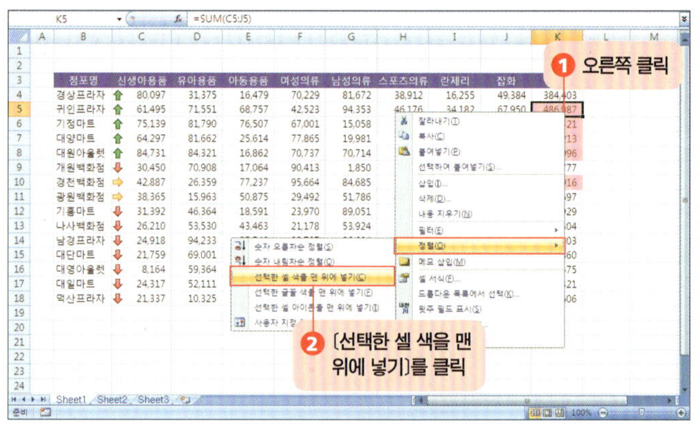

03 다음과 같이 선택한 셀 색을 기준으로 정렬됩니다.

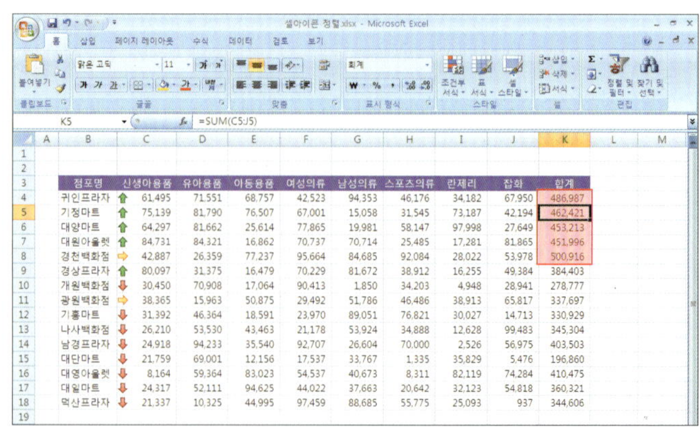

 ## 사용자가 원하는 순서대로 정렬하기

텍스트를 기준으로 오름차순이나 내림차순 정렬하면 가
나다 순서나 그 역순으로 정렬할 수 있습니다. 이번에는
사용자가 원하는 순서대로 정렬하는 방법에 대해 알아보
겠습니다. 사용자가 원하는 순서대로 정렬하려면 먼저 [사
용자 지정 목록]에 원하는 목록을 추가해야 합니다.

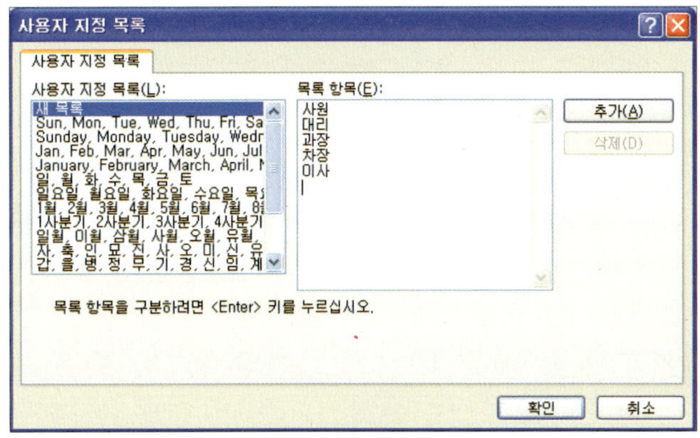

[사용자 지정 목록] 대화상자를 나타내려면 [Office 단추]를 클릭한 후 [Excel 옵션]을 클릭
하면 나타나는 [Excel 옵션] 대화상자에서 '기본 설정'을 클릭하고 [사용자 지정 목록 편집] 버
튼을 클릭합니다.

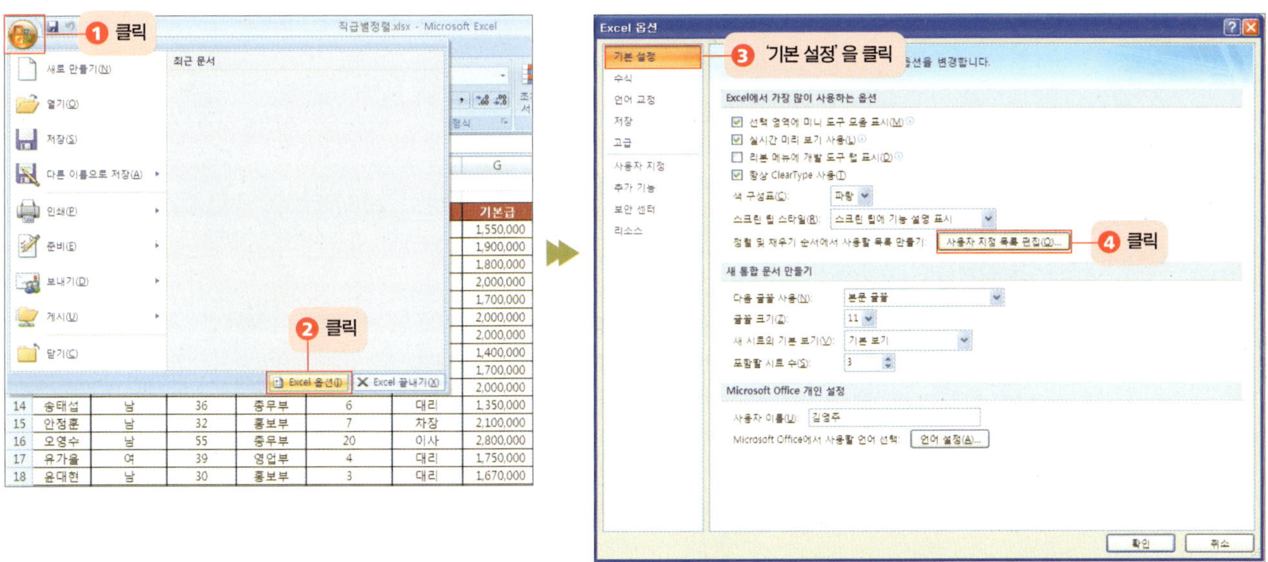

또는 ❶ [홈] 탭의 [편집 – 정렬 및 필터]를 클릭한 후 ❷ [사용자 지정 정렬]을 클릭하면 나타
나는 [정렬] 대화상자에서 ❸ [사용자 지정 목록]을 클릭합니다.

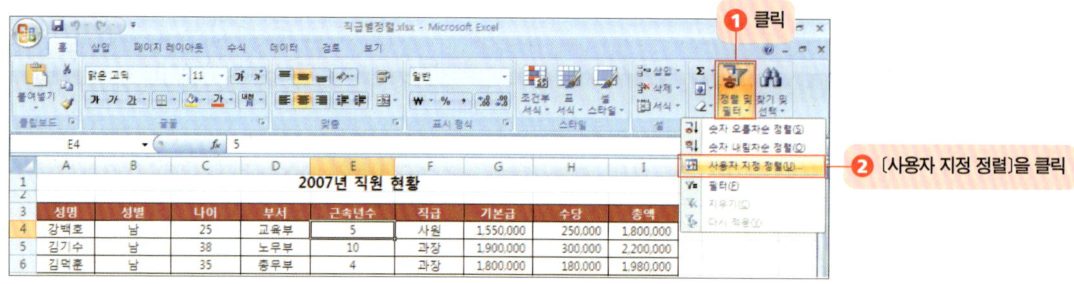

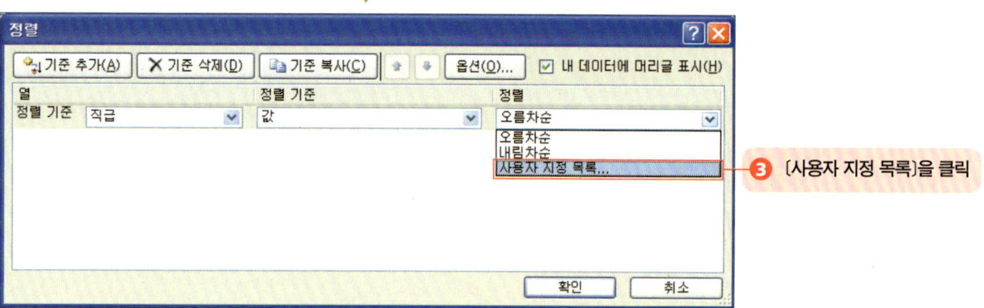

TIP **기본 정렬 순서**

오름차순 정렬은 다음 순서로 정렬되고 내림차순 정렬은 역순으로 정렬됩니다.

값	설명
숫자	숫자는 가장 작은 음수에서 가장 큰 양수의 순서로 정렬됩니다.
날짜	날짜는 가장 이전 날짜에서 가장 최근 날짜의 순서로 정렬됩니다.
텍스트	영숫자 텍스트는 왼쪽에서 오른쪽으로 문자 단위로 정렬됩니다. 예를 들어 "A100"이라는 텍스트가 들어 있는 셀은 "A1"이라는 텍스트가 들어 있는 셀 뒤와 "A11"이라는 텍스트가 들어 있는 셀 앞에 배치됩니다. 텍스트와 텍스트로 저장된 숫자가 함께 들어 있으면 다음 순서로 정렬됩니다. ※ 0 1 2 3 4 5 6 7 8 9 (공백) ! " # $ % & ( ) * , . / : ; ? @ [₩] ^ _ ` { | } ~ + < = > A B C D E F G H I J K L M N O P Q R S T U V W X Y Z ※ 작은 따옴표(')와 하이픈(-)은 다음 경우를 제외하고 무시됩니다. 두 텍스트 문자열이 하이픈을 제외하고 같으면 하이픈이 있는 텍스트가 뒤에 정렬됩니다. 참고 ┃ 사용자가 [정렬 옵션] 대화상자에서 대/소문자를 구분하도록 기본 정렬 순서를 변경하면 알파벳 문자가 a A b B c C d D e E f F g G h H i I j J k K l L m M n N o O p P q Q r R s S t T u U v V w W x X y Y z Z의 순서로 정렬됩니다.
논리 값	논리 값의 경우 FALSE가 TRUE 앞에 정렬됩니다.
오류 값	#NUM!, #REF! 등의 오류 값은 정렬 순서가 모두 동일합니다.
빈 셀	오름차순 정렬과 내림차순 정렬에서 모두 빈 셀은 항상 마지막으로 정렬됩니다.

직급이 높은 순서대로 정렬하기

「텍스트 내림차순 정렬」을 클릭하면 가, 나, 다…의 역순인 하, 파, 카… 순으로 정렬됩니다. 단어상의 정렬이 아닌 실제 직급이 높은 순서대로 정렬해 보겠습니다.

〔예제 파일 경로〕 부록 CD\Sample\Part08\직급별정렬.xlsx ｜ 〔결과 파일 경로〕 부록 CD\Sample\Part08\After\직급별정렬_완성.xlsx

01 ❶ [F5] 셀을 클릭한 후 ❷ [홈] 탭의 [편집 − 정렬 및 필터]를 클릭하고 ❸ [텍스트 내림차순 정렬]을 클릭합니다.

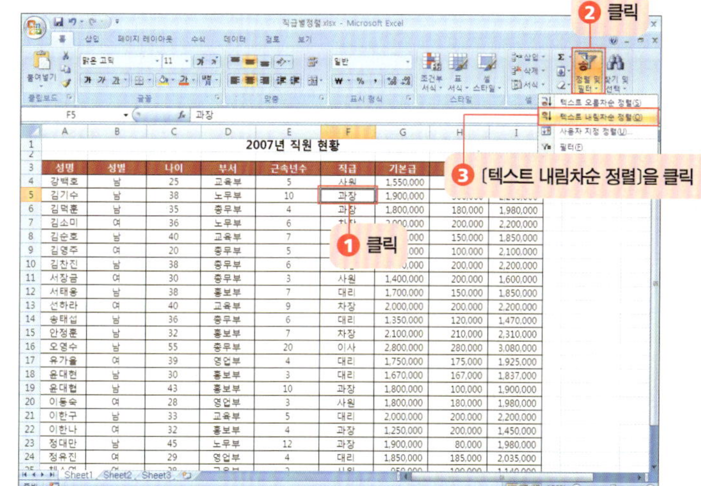

02 정렬된 순서를 보면 차장, 이사, 사원, 대리, 과장과 같이 단어상의 내림차순으로 정렬됩니다. 실제 직급이 높은 순서로 정렬하기 위해 ❶ 직급 필드 임의의 셀을 클릭한 후 ❷ [홈] 탭의 [편집 − 정렬 및 필터]를 클릭하고 ❸ [사용자 지정 정렬]을 클릭합니다.

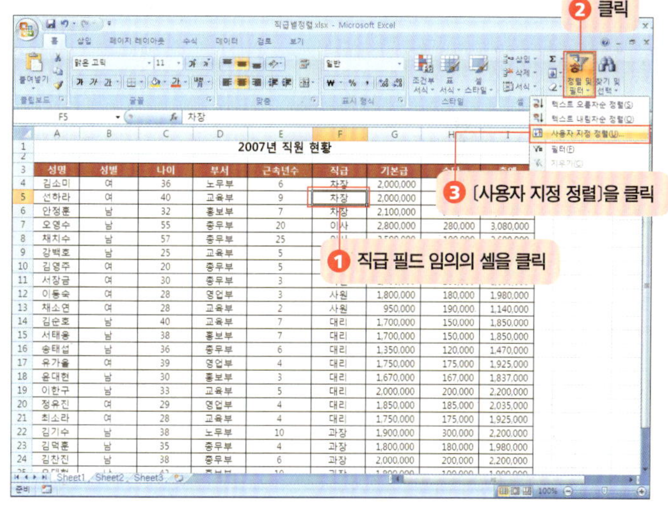

03 [정렬] 대화상자가 나타나면 정렬 기준을 다음과 같이 설정하고 정렬의 드롭다운 버튼을 클릭한 후 '사용자 지정 목록'을 선택합니다.

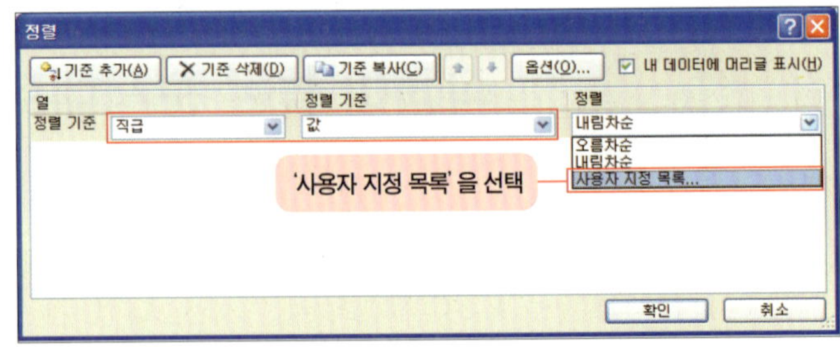

04 [사용자 지정 목록] 대화상자가 나타나면 ❶ '새 목록'을 클릭한 후 ❷ '목록 항목'에 다음과 같이 내용을 입력하고 ❸ [추가] 버튼을 클릭합니다. ❹ 사용자 지정 목록에 추가된 것을 확인한 후 [확인] 버튼을 클릭합니다.

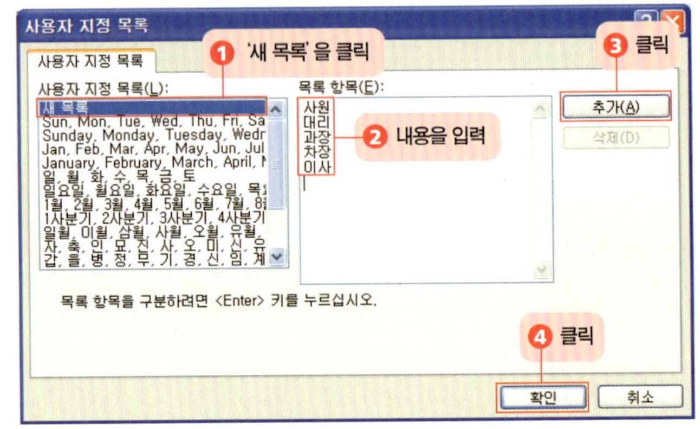

05 다시 [정렬] 대화상자가 나타나면 직급이 높은 순으로 정렬하기 위해 ❶ 정렬에서 '이사, 차장, 과장, 대리, 사원'을 선택하고 ❷ [확인] 버튼을 클릭합니다.

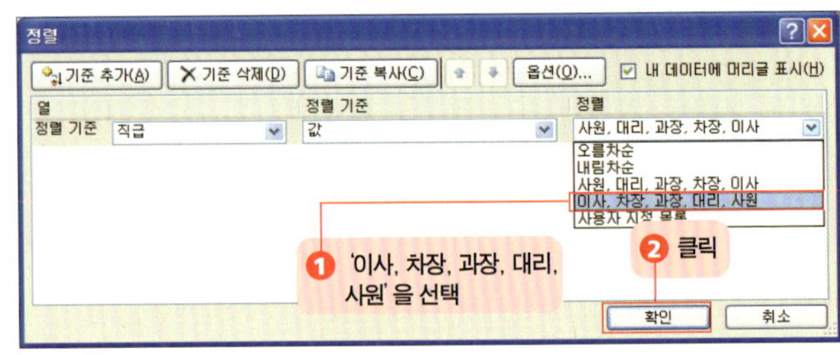

06 직급이 높은 순서로 정렬됩니다.

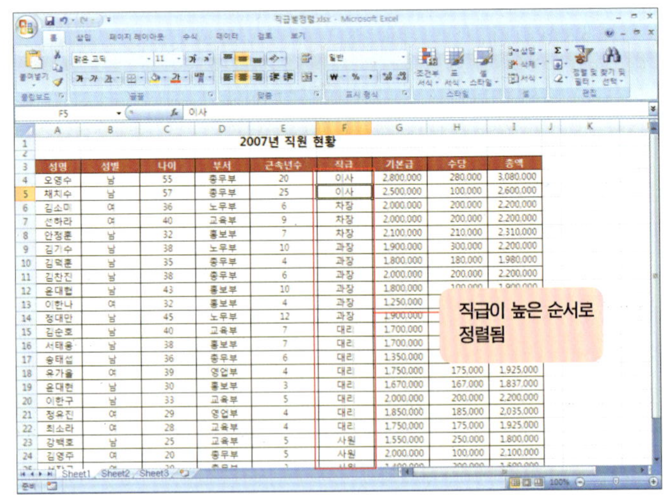

매출 합계가 높은 순서대로 행 기준 정렬하기

Master Excel 실력다지기

'팀별 상반기 실적' 표에서 매출 합계가 높은 순서로 정렬하기 위해서는 열 기준이 아닌 행 기준으로 정렬해야 합니다. 이번에는 행 기준으로 정렬하는 방법에 대해 알아보겠습니다.

〔예제 파일 경로〕 부록 CD\Sample\Part08\행정렬.xlsx | 〔결과 파일 경로〕 부록 CD\Sample\Part08\After\행정렬_완성.xlsx

완성 예제 미리 보기

	영업1팀	영업2팀	영업3팀	영업4팀	영업5팀
국내 판매	100	113	102	84	70
기타 용역	93	10	10	10	93
수출 판매	70	15	120	114	10
매출할인	45	23	200	11	20
임대 수익	72	117	20	103	90
매출 합계	380	278	452	322	283

	영업3팀	영업1팀	영업4팀	영업5팀	영업2팀
국내 판매	102	100	84	70	113
기타 용역	10	93	10	93	10
수출 판매	120	70	114	10	15
매출할인	200	45	11	20	23
임대 수익	20	72	103	90	117
매출 합계	452	380	322	283	278

01 ❶ 데이터 목록에서 임의의 셀을 클릭한 후 ❷ [홈] 탭의 [편집 – 정렬 및 필터]를 클릭하고 ❸ [사용자 지정 정렬]을 클릭합니다.

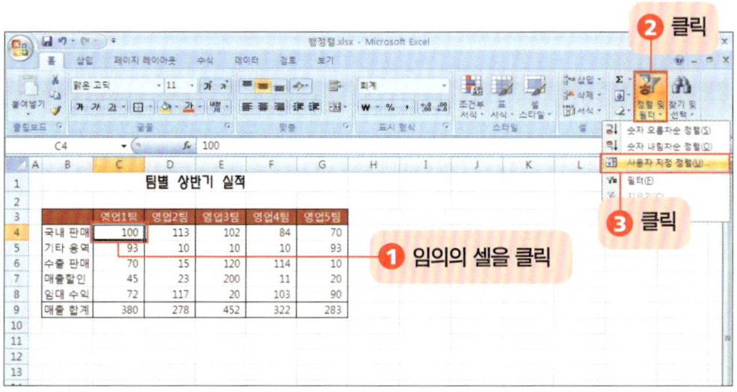

02 [정렬] 대화상자가 나타나면 [옵션] 버튼을 클릭합니다.

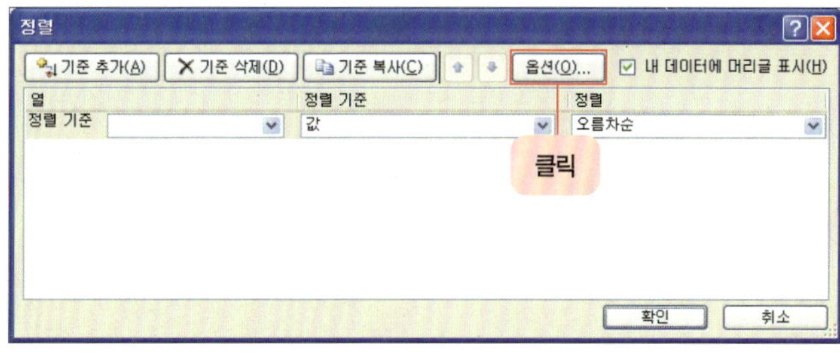

03 [정렬 옵션] 대화상자가 나타나면 ❶ 방향에서 '왼쪽에서 오른쪽'을 선택한 후 ❷ [확인] 버튼을 클릭합니다. 다시 [정렬] 대화상자가 나타나면 정렬 기준이 '열'에서 '행'으로 변경된 것을 확인한 후, ❸ 정렬 기준에서 '행 9, 값, 내림차순'을 선택한 후 ❹ [확인] 버튼을 클릭합니다.

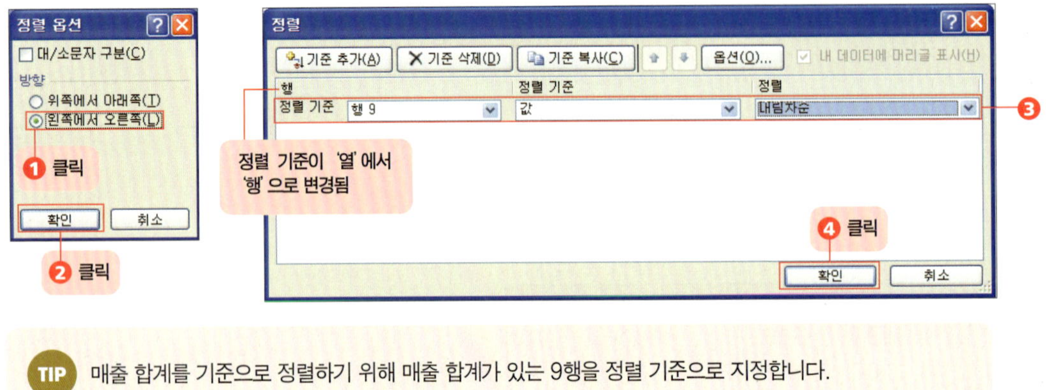

> **TIP** 매출 합계를 기준으로 정렬하기 위해 매출 합계가 있는 9행을 정렬 기준으로 지정합니다.

04 다음과 같이 매출 합계가 높은 순서대로 가로 정렬 됩니다.

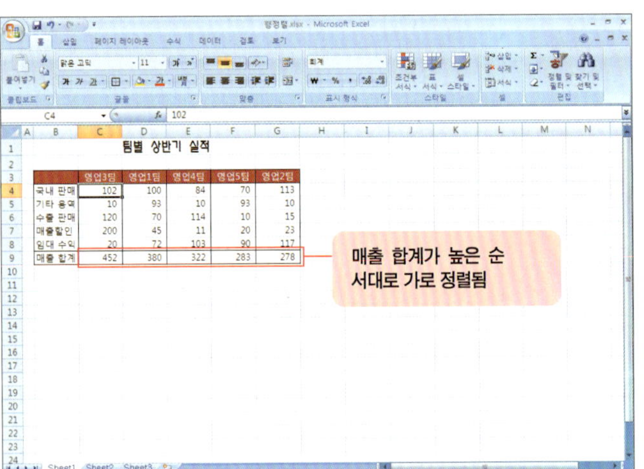

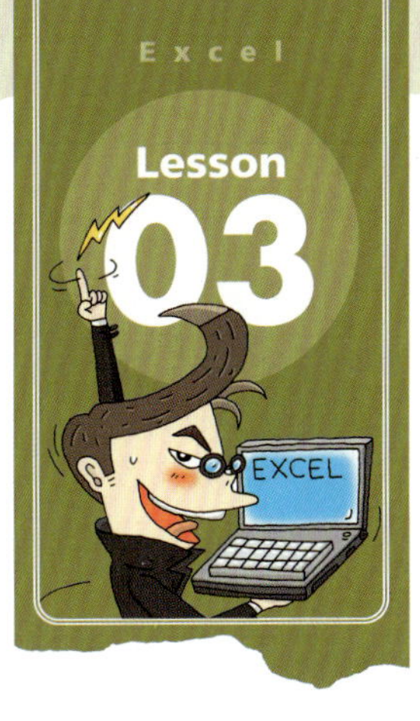

Lesson 03

새로워진 필터와 중복 데이터 제거하기

이번 레슨에서는 조건에 맞는 레코드만 선택하여 표시해 주는 필터와 복잡한 조건을 지정하여 선택하는 고급 필터, 그리고 데이터 목록에서 중복된 데이터를 제거해 주는 중복 항목 제거 기능에 대해 알아보겠습니다.

원하는 것만 추출하는 필터

필터란 데이터 목록에서 조건에 맞는 레코드만 선택하여 표시해 주는 것을 말합니다. 엑셀 2007에서는 다양한 날짜 조건(어제, 작년, 분기, 올해 등)과 아이콘별, 색상별 필터가 가능하고, 한 필드에 두 개 이상의 조건을 지정할 수도 있습니다.

● 필터하는 두 가지 방법

1 | 데이터 목록 중에서 임의의 셀을 클릭한 후 [홈] 탭의 [편집 – 정렬 및 필터 ]를 클릭하고 [필터]를 클릭합니다.

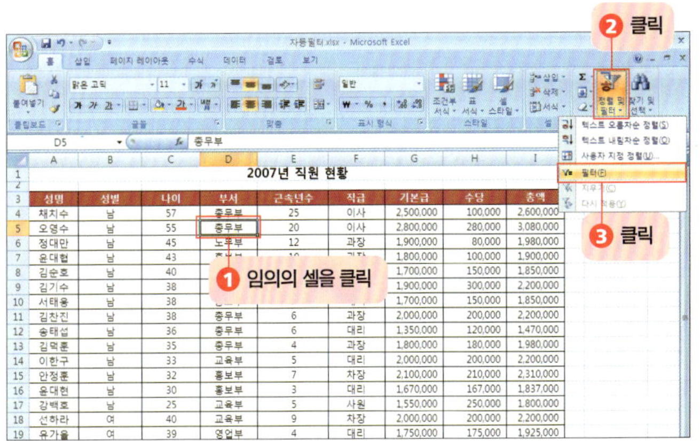

2 | 필터 조건이 있는 곳에서 마우스 오른쪽 버튼을 클릭하면 나타나는 바로 가기 메뉴를 이용합니다.

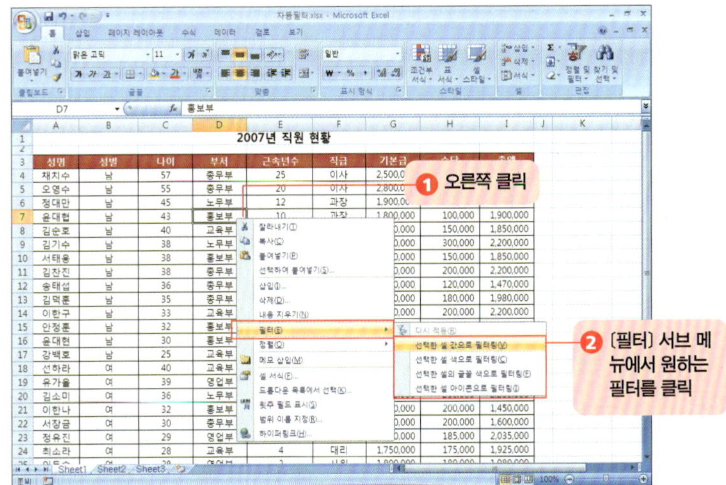

● 엑셀 2007에서 향상된 다양한 필터 조건

1 | 한 필드에서 두 개 이상의 조건으로 필터할 수 있습니다.

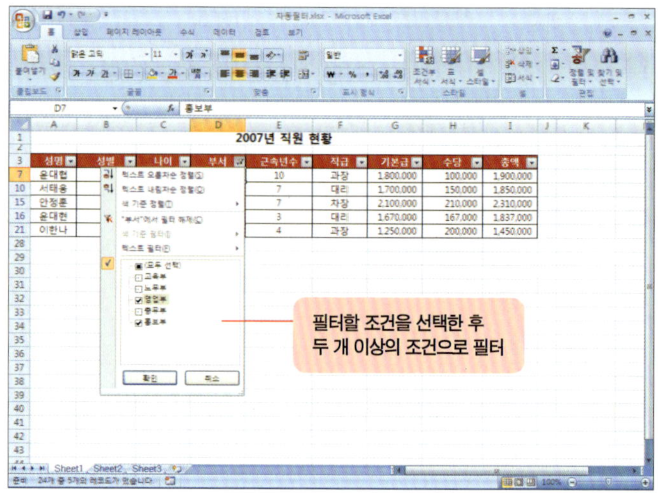

2 | 다양한 날짜 조건으로 필터할 수 있습니다.

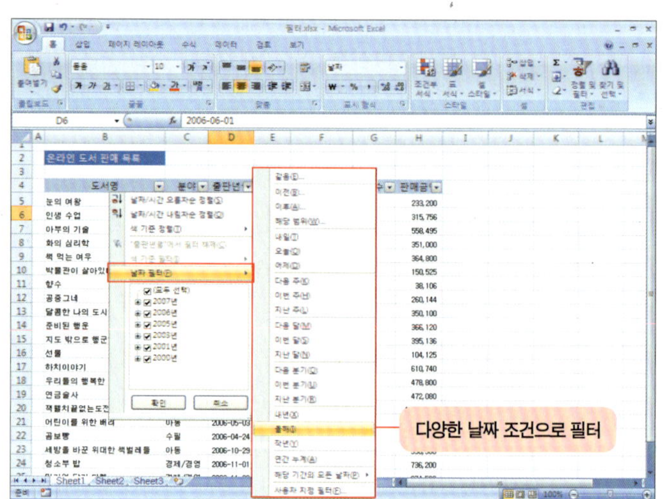

3 | 색 기준 필터를 이용하여 셀 색, 글꼴 색, 아이콘별로 필터할 수 있습니다.

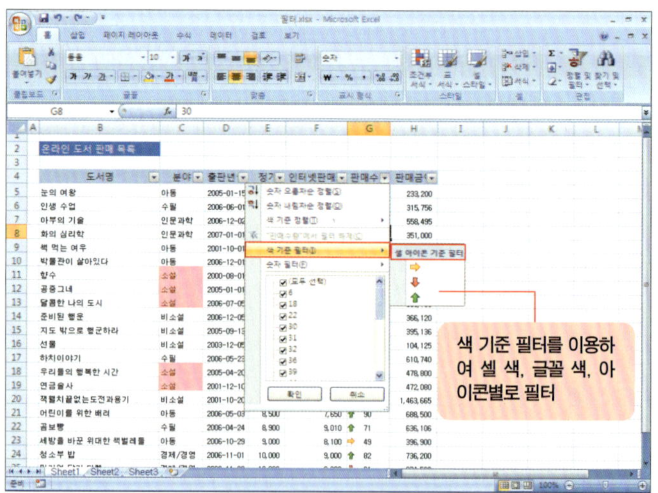

다양한 기준으로 필터 적용하기

선택한 셀 값, 날짜 필터, 색 기준으로 데이터를 필터할 수 있습니다. 간단한 따라하기를 통해 연습해 보세요.

〔예제 파일 경로〕 부록 CD\Sample\Part08\필터.xlsx　|　〔결과 파일 경로〕 부록 CD\Sample\Part08\After\필터_완성.xlsx

01　'소설' 분야만 필터하기 위해 ❶ 분야 필드의 '소설'에서 마우스 오른쪽 버튼을 클릭한 후 ❷ [필터 – 선택한 셀 값으로 필터링]을 클릭합니다.

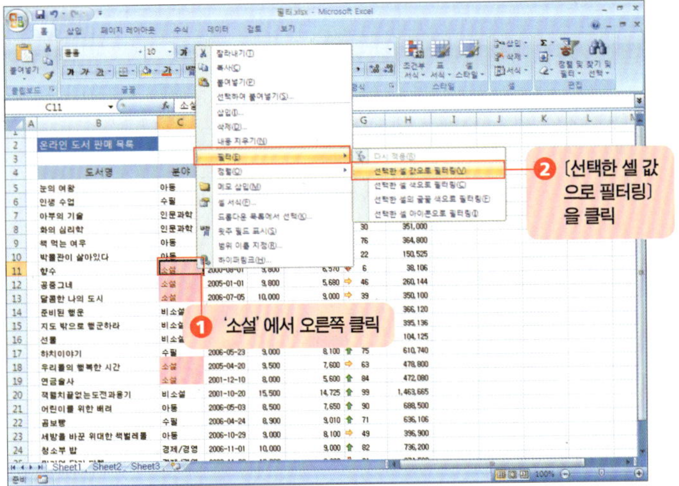

02　열 머리글에 드롭다운 버튼 이 생기고 현재 조건이 지정된 열 머리글은 으로 바뀌면서 소설 분야만 필터됩니다.

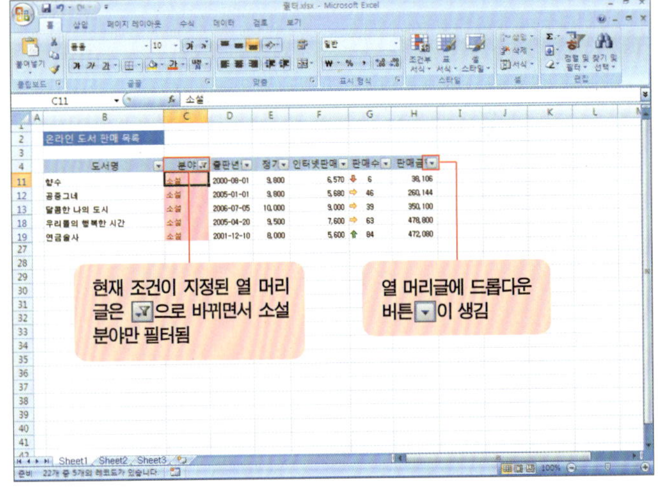

03 ❶ [C4] 셀의 열 머리글에서 [필터]을 클릭한 후 ❷ '아동'에 체크 표시를 하고 ❸ [확인] 버튼을 클릭합니다.

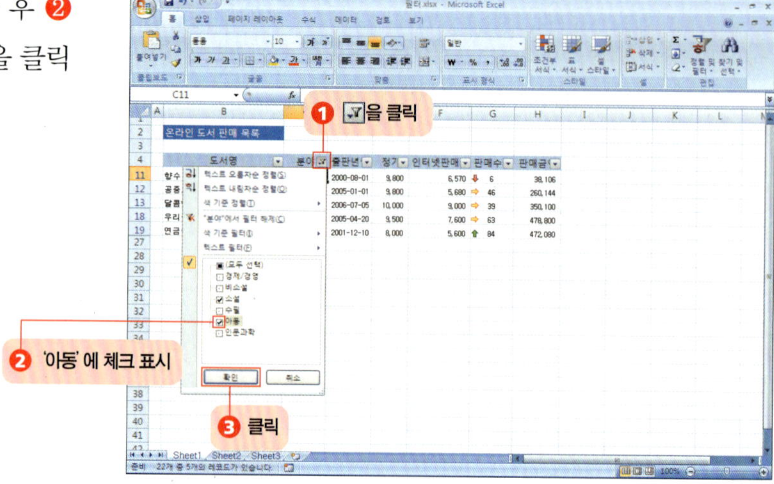

04 다음과 같이 '아동'이나 '소설'만 필터됩니다.

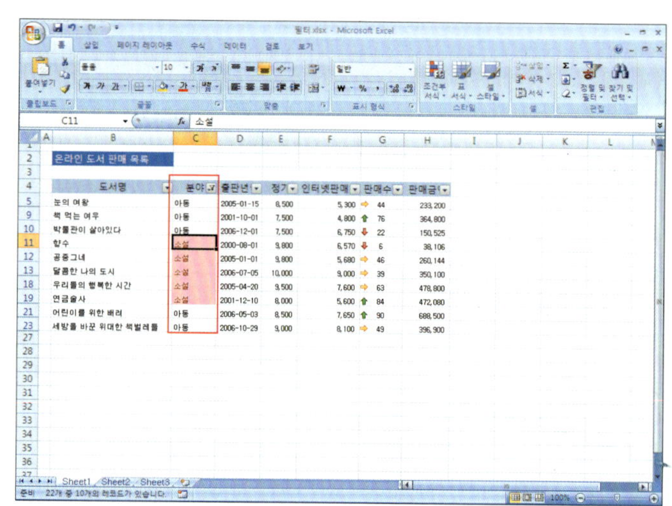

05 필터 조건을 해제하려면 ❶ [C4] 셀의 열 머리글에서 [필터]을 클릭한 후 ❷ ['분야'에서 필터 해제]를 클릭합니다.

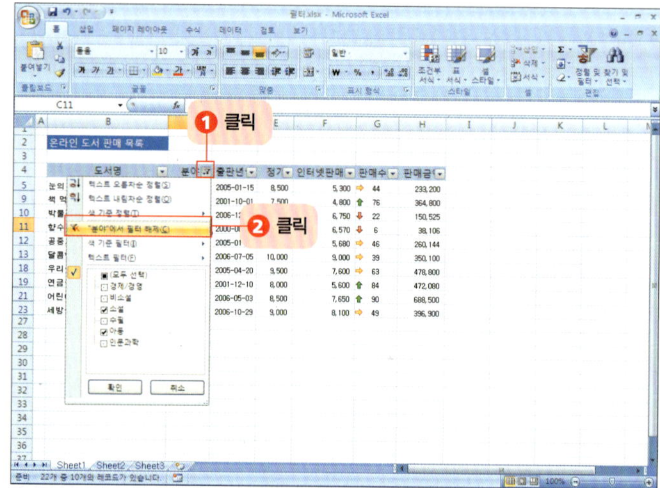

> **TIP** 제거할 조건이 많을 경우에는 각각의 필드에서 조건을 지우기보다는 [홈] 탭의 [편집 - 정렬 및 필터] 를 클릭한 후 [지우기]를 클릭하는 것이 효율적입니다.

06 다음과 같이 필터 조건이 해제됩니다.

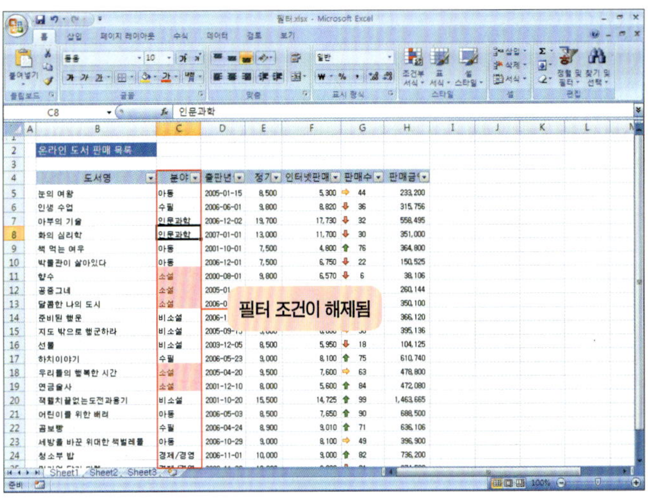

07 이번에는 작년에 출판된 도서 목록만 필터하기 위해 ❶ [D4] 셀의 열 머리글에서 드롭다운 버튼을 클릭한 후 ❷ [날짜 필터 – 작년]을 클릭합니다.

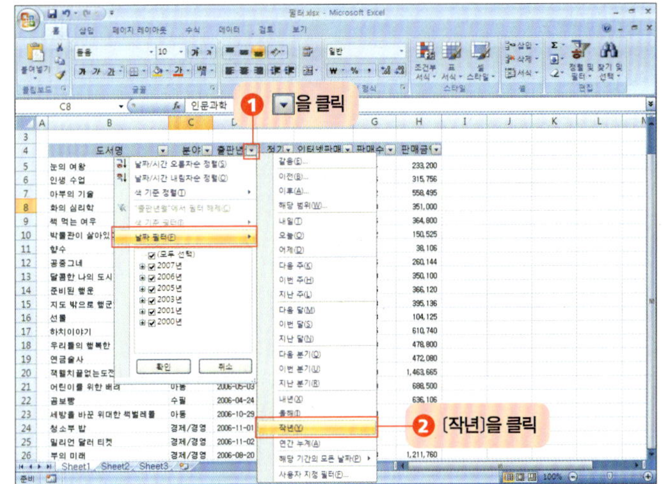

> **TIP** 오늘, 이번 주, 연간 누계 등의 동적 날짜 및 시간 필터는 작업하는 시점에 따라 다른 결과가 나타납니다.

08 2007년도를 기준으로 작년인 2006년도에 출판된 도서만 필터됩니다.

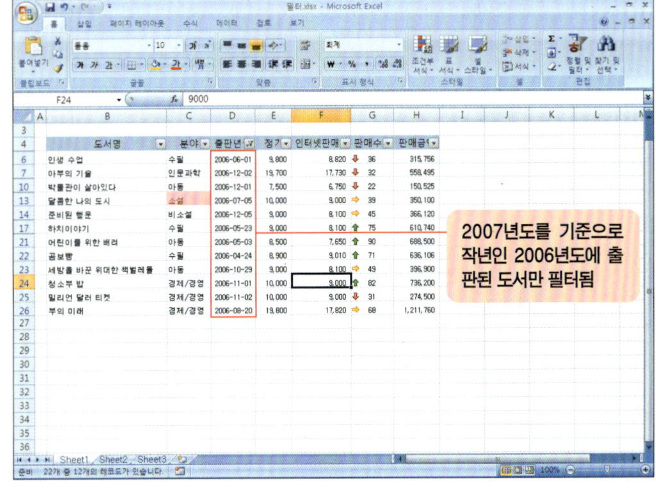

09 이번에는 ❶ [G4] 셀의 열 머리글에서 드롭다운 버튼 ▼ 을 클릭한 후 ❷ [색 기준 필터 – ⬆]를 클릭합니다.

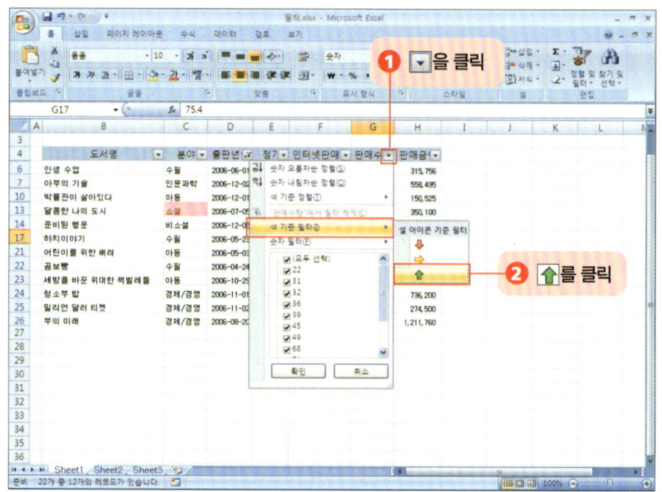

10 다음과 같이 2006년도에 출판된 도서 중에서 판매 수량의 아이콘이 ⬆ 인것만 필터됩니다.

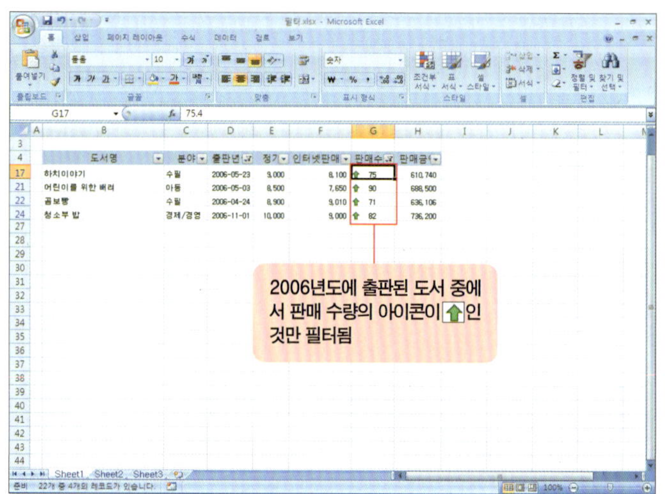

11 필터 기능을 해제하기 위해 ❶ [홈] 탭의 [편집 – 정렬 및 필터]를 클릭한 후 ❷ [필터]를 클릭합니다.

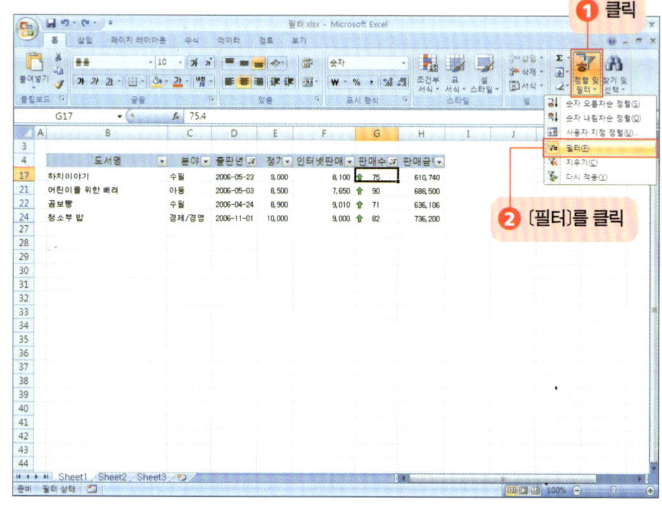

판매 수량 베스트 5 필터하기

Action Excel 도전! 엑셀

숫자 필터에서 〔상위 10〕을 선택하여 필터하면 높은 숫자 또는 낮은 숫자를 기준으로 몇 순위, 몇 퍼센트로 필터할 수 있습니다.

〔예제 파일 경로〕 부록 CD\Sample\Part08\상위권필터.xlsx | 〔결과 파일 경로〕 부록 CD\Sample\Part08\After\상위권필터_완성.xlsx

01 ❶ 데이터 목록 중에서 임의의 셀을 클릭한 후 ❷ [홈] 탭의 [편집 – 정렬 및 필터]를 클릭하고 ❸ [필터]를 클릭합니다.

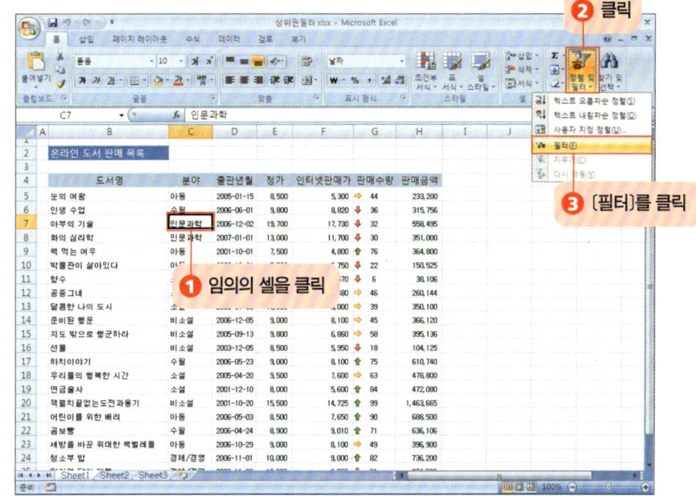

02 ❶ [G4] 셀의 열 머리글에서 드롭다운 버튼을 클릭한 후 ❷ [숫자 필터 – 상위 10]을 클릭합니다.

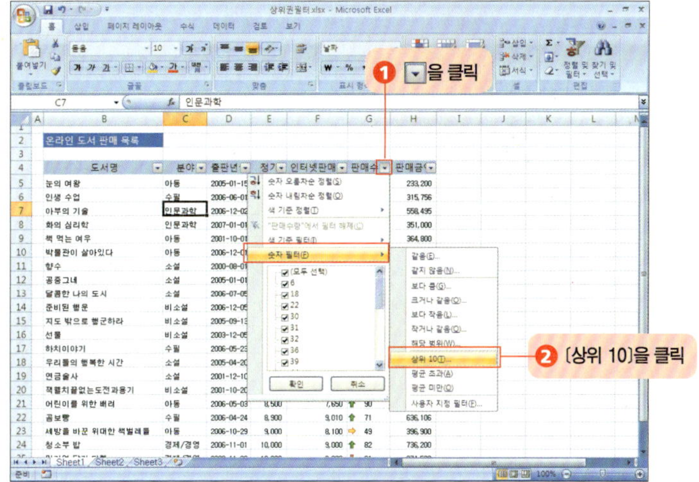

03 [상위 10 자동 필터] 대화상자가 나타나면 ❶「상위, 5, 항목」으로 지정한 후 ❷ [확인] 버튼을 클릭합니다.

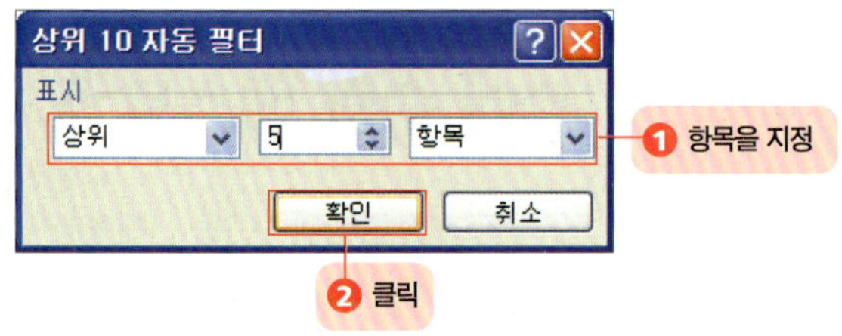

04 판매 수량이 가장 높은 상위 5권만 필터됩니다.

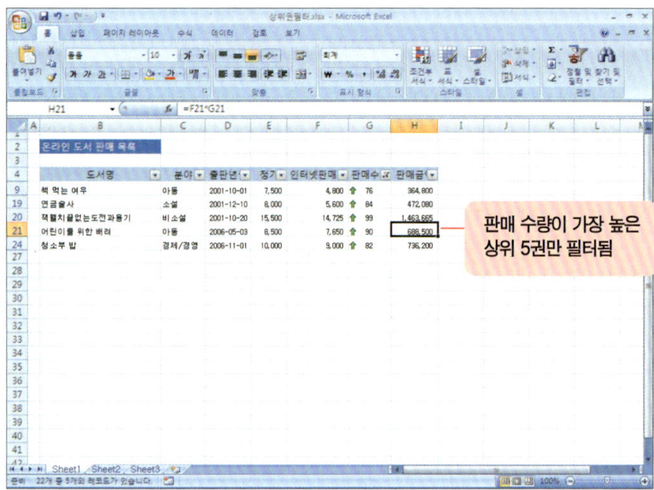

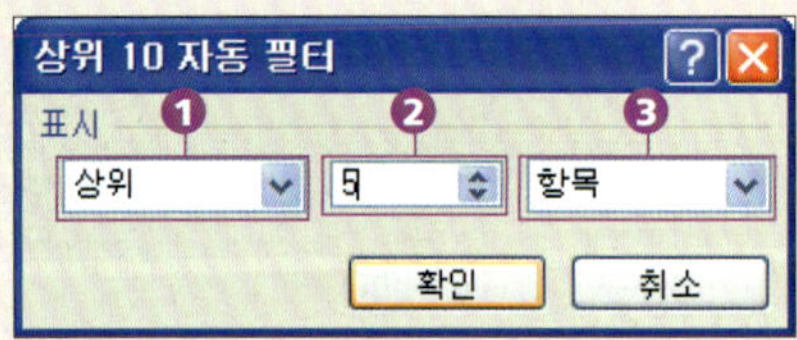
TIP 〔상위 10 자동 필터〕 대화상자

❶ 상위와 하위 중 선택할 수 있습니다. 상위를 선택하면 높은 숫자를 기준으로, 하위를 선택하면 낮은 숫자를 기준으로 필터합니다.

❷ 몇 순위 또는 몇 퍼센트까지 표시할 것인지에 따라 원하는 숫자를 입력합니다.

❸ 항목과 % 중 선택할 수 있습니다. 항목을 선택하면 두 번째 옵션에서 선택한 순위까지 표시하고, %를 선택하면 두 번째 옵션에서 선택한 퍼센트까지 표시합니다.

다양한 조건으로 추출하는 고급 필터

다양하고 복잡한 조건으로 필터하려면 고급 필터를 이용합니다. 고급 필터는 데이터 목록에서 조건에 맞는 레코드만 필터하여 다른 위치에 복사할 수 있습니다. 고급 필터를 이용하려면 워크시트에 조건을 미리 입력해야 합니다.

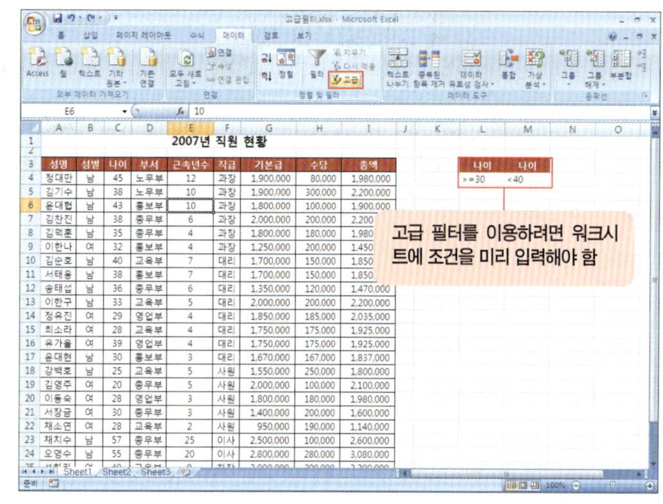

● 고급 필터 조건 만드는 방법

워크시트에 입력하는 조건에는 AND 조건과 OR 조건이 있습니다.

AND 조건

조건을 같은 행에 입력하면 AND 조건이 됩니다.

	A	B	C
1	직급	나이	
2	과장	>=35	
3			

직급이 '과장' 이면서 나이가 35세 이상인 사람을 추출하는 조건

OR 조건

조건을 다른 행에 입력하면 OR 조건이 됩니다.

	A	B
1	직급	나이
2	과장	
3		>=35
4		

직급이 '과장' 이거나 나이가 35세 이상인 사람을 추출하는 조건

복합된 형태

AND 조건과 OR 조건이 복합된 형태로 사용됩니다.

	A	B
1	판매원	판매액
2	강백호	>300000
3	이한나	>150000
4		

판매원이 "강백호"이고 판매액이 3,000,000원 이상이거나 판매원이 "이한나"이고 판매액이 1,500,000원 이상인 사람을 추출하는 조건

나이가 30대인 사람만 추출하기

고급 필터에서 AND 조건으로 필터하려면 필드명을 입력 후 조건을 같은 행에 입력해야 합니다.

〔예제 파일 경로〕 부록 CD\Sample\Part08\고급필터.xlsx | 〔결과 파일 경로〕 부록 CD\Sample\Part08\After\고급필터_완성.xlsx

01 고급 필터로 필터하려면 조건을 미리 입력해야 하는데, 여기서는 [L3:M4]에 조건을 미리 입력해 두었습니다. ❶ 데이터 목록 중에서 임의의 셀을 클릭한 후 ❷ [데이터] 탭의 [정렬 및 필터 – 고급 고급]을 클릭합니다.

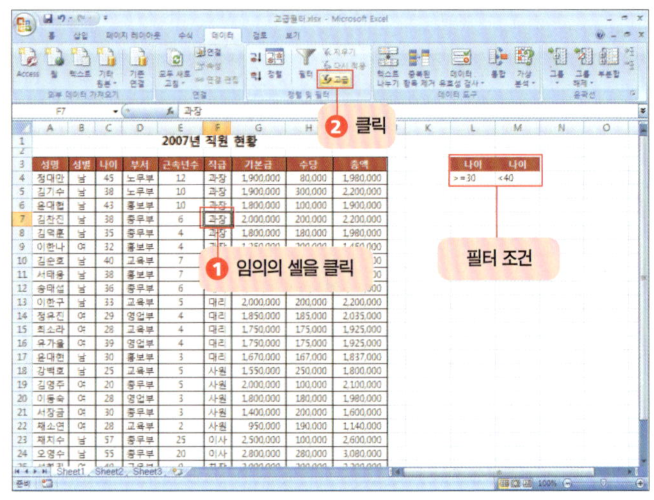

TIP 조건이 같은 행에 입력되어 있으므로 AND 조건입니다. 나이가 30 이상 40 미만인 사람만 추출하는 조건, 즉 30대인 사람만 추출하는 조건입니다.

02 [고급 필터] 대화상자가 나타나면 ❶ 결과에서 '다른 장소에 복사'를 선택한 후 ❷ 다음과 같이 목록 범위, 조건 범위, 복사 위치를 지정하고 ❸ [확인] 버튼을 클릭합니다.

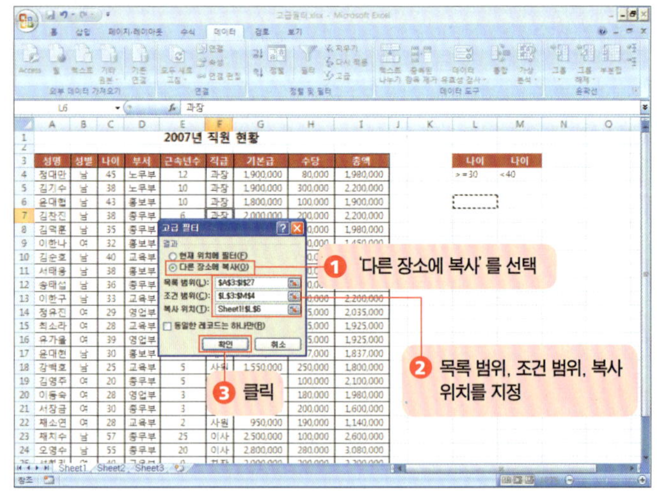

info **목록 범위** : $A$3:$I$27 ▶ 셀 포인터를 데이터 목록에 위치시킨 후에 〔고급〕을 클릭했다면 목록 범위는 자동으로 지정되어 있습니다.
조건 범위 : $L$3:$M$4 ▶ 조건이 입력된 영역을 드래그하면 자동으로 절대 참조 유형으로 지정됩니다.
복사 위치 : $L$6 ▶ 조건에 해당하는 레코드만 추출한 결과를 복사할 위치로 임의의 셀을 지정합니다.
목록 범위, 조건 범위, 복사 위치에서 마우스로 임의의 셀을 클릭하거나 드래그하여 지정하면 〔시트이름!셀주소〕 형태가 됩니다. 즉, 〔Sheet1!$L$6〕으로 나타납니다.

03 다음과 같이 나이가 30대인 사람만 필터됩니다.

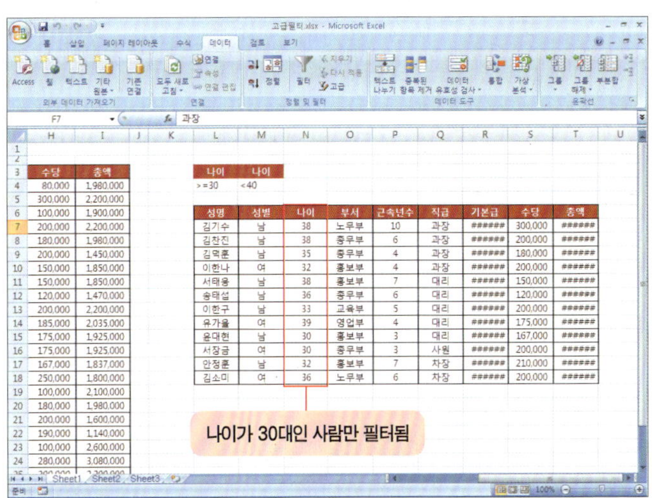

TIP 고급 필터의 결과에서 '현재 위치에 필터'를 선택하면 기존 데이터 목록에 조건에 해당하는 것만 필터됩니다. 만약 필터 조건을 지우려면 〔데이터〕 탭의 〔정렬 및 필터 – 지우기 지우기〕를 클릭합니다.

홍보부나 교육부인 사람만 다른 시트로 추출하기

고급 필터에서 OR 조건으로 필터하려면 조건을 다른 행에 입력해야 하며 필터 결과를 다른 시트나 다른 파일로 추출하려면 추출해 갈 다른 시트나 다른 파일에서 고급 필터 메뉴를 실행해야 합니다.

〔예제 파일 경로〕 부록 CD\Sample\Part08\고급필터2.xlsx | 〔결과 파일 경로〕 부록 CD\Sample\Part08\After\고급필터2_완성.xlsx

01 부서가 홍보부이이거나 교육부인 사람만 추출하기 위한 조건을 [L3:L5]에 미리 입력해 두었습니다.

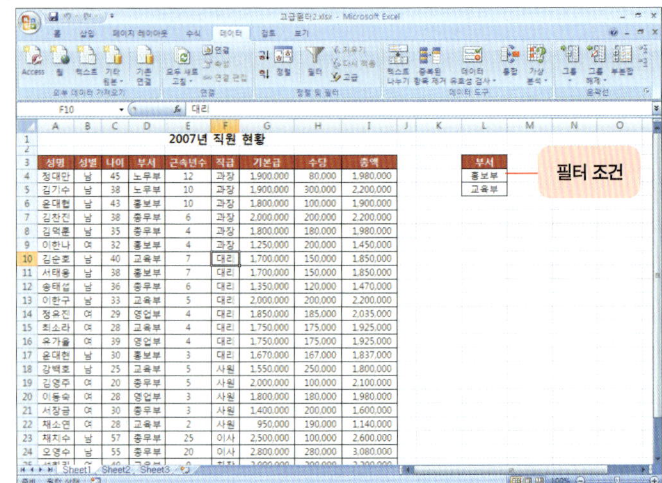

TIP 조건이 다른 행에 입력되어 있으므로 OR 조건입니다.

02 부서가 홍보부이거나 교육부인 사람을 [Sheet2] 시트로 추출하기 위해 ❶ [Sheet2] 시트를 클릭한 후 ❷ [데이터] 탭의 [정렬 및 필터 – 고급 고급]을 클릭합니다.

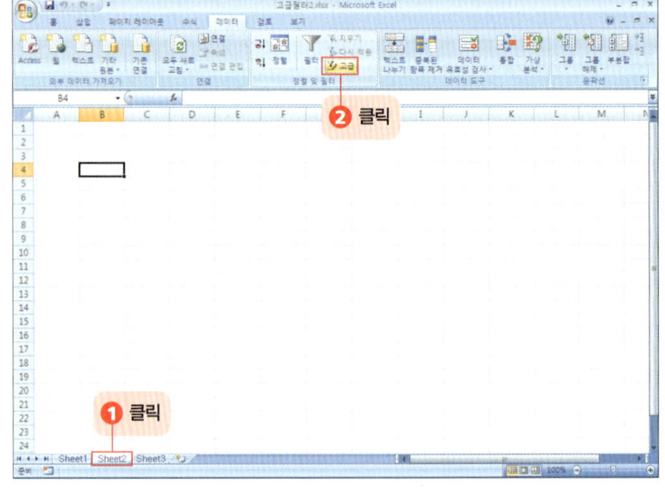

TIP 〔Sheet1〕 시트의 데이터 목록에서 필터하여 그 결과를 〔Sheet2〕 시트로 추출하려면 〔Sheet2〕 시트에서 〔데이터〕 탭의 〔정렬 및 필터 – 고급〕을 클릭해야 합니다.

03 [고급 필터] 대화상자가 나타나면 ❶ 결과에서 '다른 장소에 복사'를 선택한 후 ❷ 목록 범위에 커서를 위치시키고 ❸ [Sheet1] 시트를 클릭한 후 ❹ [A3] 셀에서 Ctrl + Shift + ↓와 Ctrl + Shift + →을 눌러 데이터 목록을 범위 지정합니다.

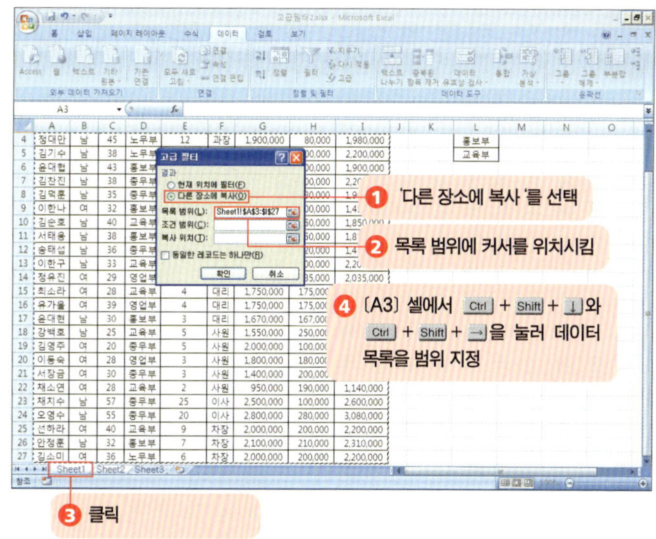

04 ❶ 조건 범위에 커서를 위치시킨 후 ❷ [Sheet1] 시트를 클릭하고 ❸ [L3:L5]를 범위 지정합니다.

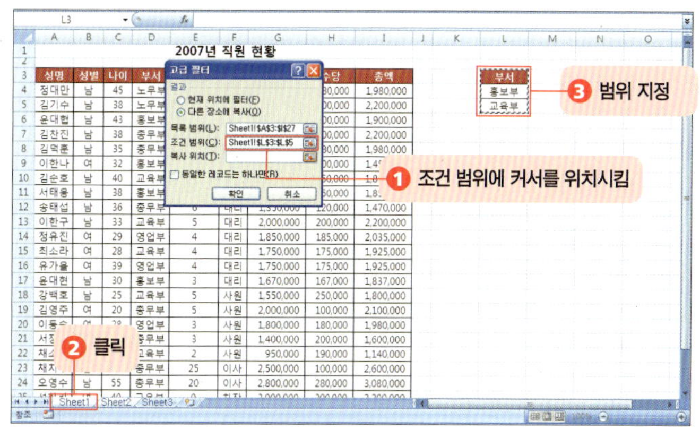

05 ❶ '복사 위치'에 커서를 위치시킨 후 ❷ [A1] 셀을 클릭하고 ❸ [확인] 버튼을 클릭합니다.

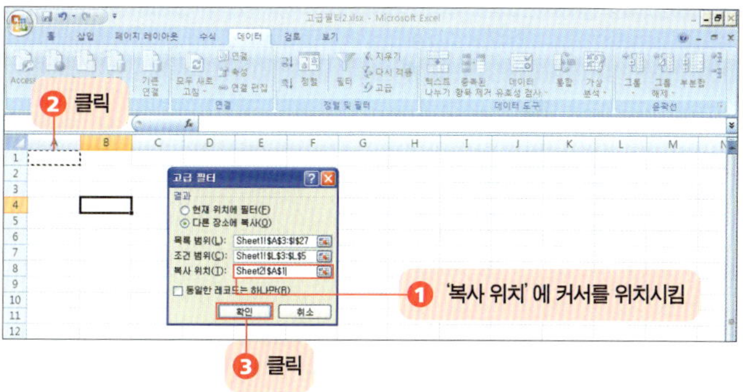

06 [Sheet2] 시트에 조건에 해당하는 레코드만 추출됩니다.

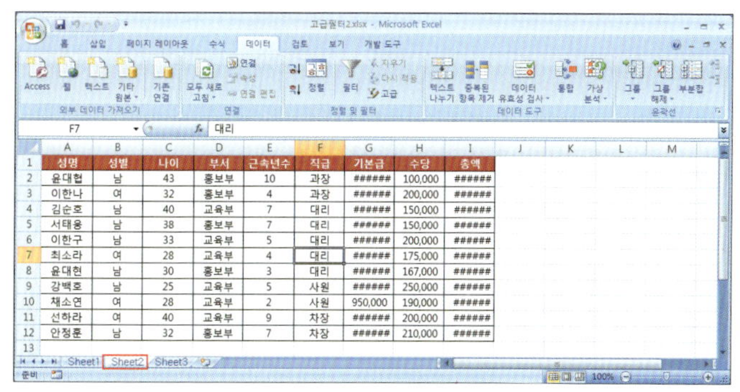

고유 항목 필터와 중복 항목 제거

중복된 항목이 있는 데이터 목록에서 고유 항목만 필터하려면 [데이터] 탭의 [정렬 및 필터 – 고급]을 클릭해야 합니다. [고급 필터] 대화상자에서 '동일한 레코드는 하나만'에 체크 표시를 하면 고유 항목만 필터됩니다.

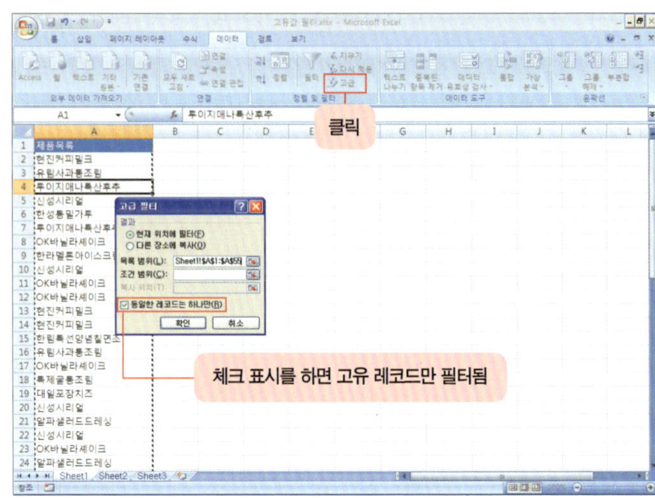

데이터 목록에 중복된 항목이 있는 경우 엑셀 2007에서 추가된 '중복된 항목 제거'를 이용하면 쉽고 빠르게 중복된 항목을 제거할 수 있습니다. [데이터] 탭의 [데이터 도구 – 중복된 항목 제거]를 클릭하여 실행합니다.

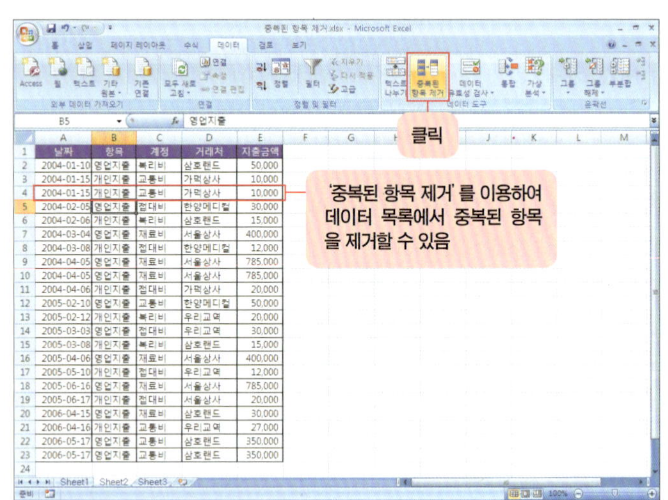

고유 항목을 필터하는 것은 중복된 값을 임시로 숨기는 것이고, 중복 항목을 제거하는 것은 중복된 값을 영구적으로 삭제하는 것이므로 필요에 따라 원하는 방법을 선택하면 됩니다.

고유 항목 필터하기

고급 필터를 이용하여 데이터 목록에서 고유 항목만 필터해 보겠습니다.

〔예제 파일 경로〕 부록 CD\Sample\Part08\고유값 필터.xlsx　|　〔결과 파일 경로〕 부록 CD\Sample\Part08\After\고유값 필터_완성.xlsx

01 [Sheet1] 시트에 있는 제품 목록 중에서 고유 제품명만 필터하겠습니다. ❶ 데이터 목록 중에서 임의의 셀을 클릭한 후 ❷ [데이터] 탭의 [정렬 및 필터 – 고급 ▼ 고급]을 클릭합니다.

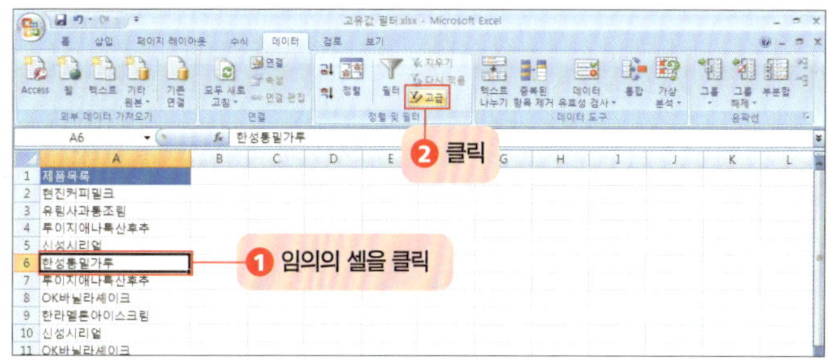

02 [고급 필터] 대화상자가 나타나면 ❶ 결과에서 '다른 장소에 복사'를 선택합니다. '목록 범위'는 이미 지정되어 있으므로 그대로 둡니다. ❷ '복사 위치'에 커서를 위치시킨 후 ❸ 임의의 셀 [D1]을 클릭합니다. ❹ '동일한 레코드는 하나만'에 체크 표시를 한 후 ❺ [확인] 버튼을 클릭합니다.

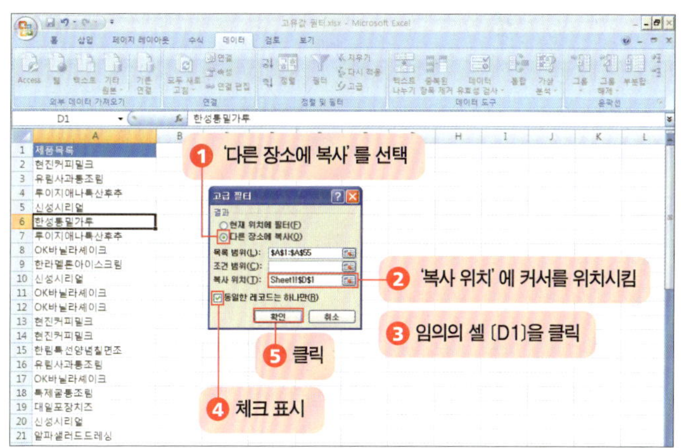

03 다음과 같이 중복된 제품 목록 중에서 고유 제품명만 필터됩니다.

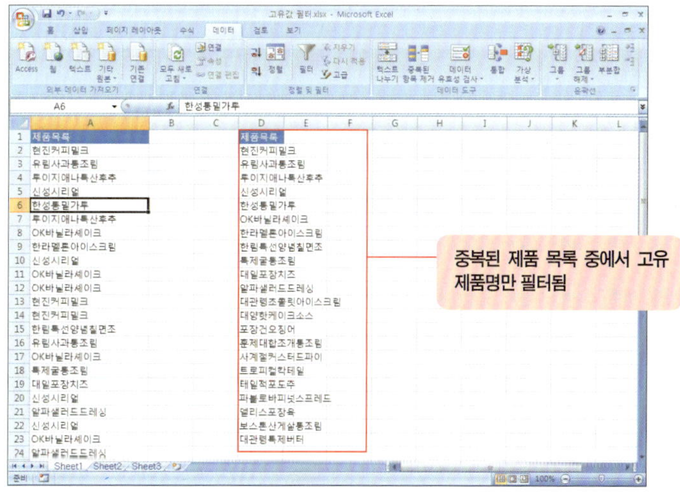

04 이번에는 [Sheet2] 시트의 데이터 목록에서 고유 레코드만 필터하겠습니다. ❶ [Sheet2] 시트를 클릭한 후 ❷ 데이터 목록 중에서 임의의 셀을 클릭하고 ❸ [데이터] 탭의 [정렬 및 필터 - 고급 ✏고급]을 클릭합니다.

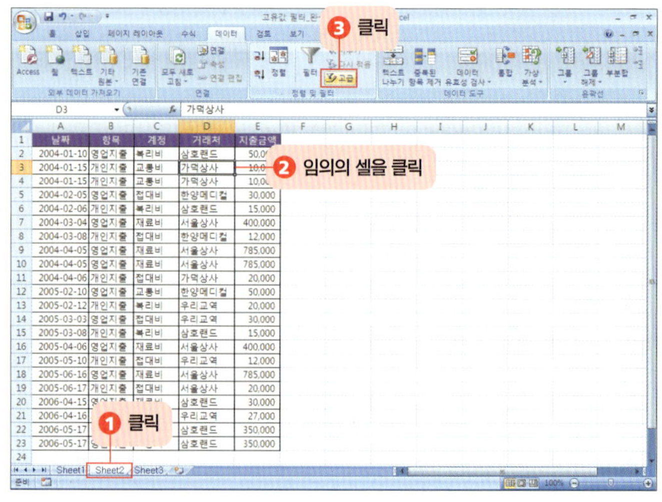

05 다음과 같이 [고급 필터] 대화상자가 나타나면 ❶ 결과에서 '다른 장소에 복사'를 선택합니다. '목록 범위'는 이미 지정되어 있으므로 그대로 둡니다. ❷ '복사 위치'에 커서를 위치시킨 후 ❸ 임의의 셀 [G1]을 클릭합니다. ❹ '동일한 레코드는 하나만'에 체크 표시를 한 후 ❺ [확인] 버튼을 클릭합니다.

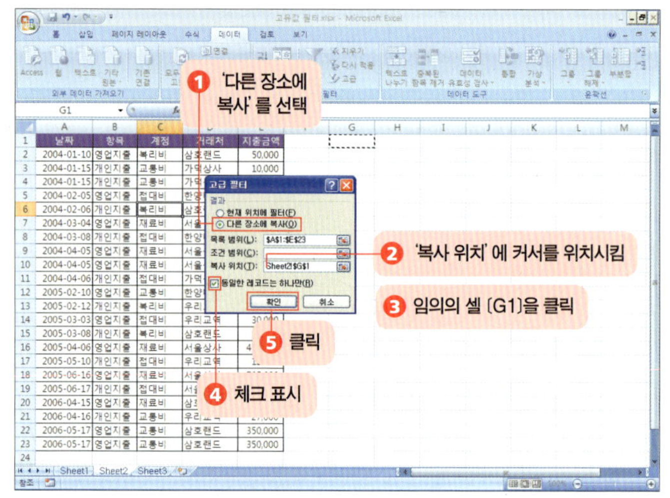

06 다음과 같이 고유한 레코드만 필터됩니다.

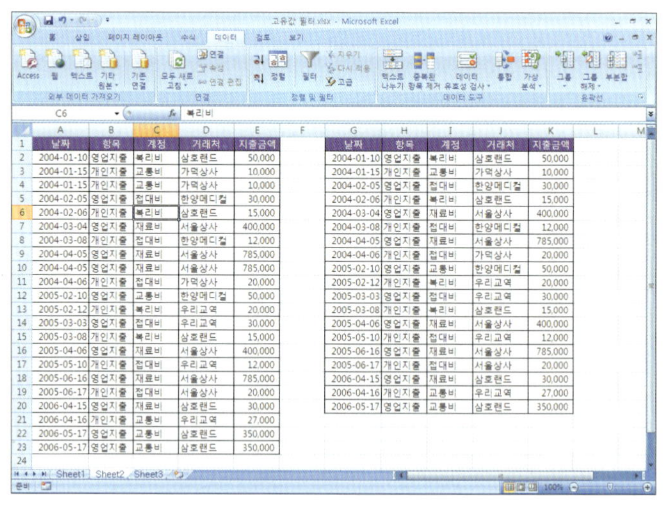

중복 항목 제거하기

데이터 목록에서 중복된 항목을 제거해 보겠습니다.

〔예제 파일 경로〕 부록 CD\Sample\Part08\중복된항목제거.xlsx | 〔결과 파일 경로〕 부록 CD\Sample\Part08\After\중복된항목제거_완성.xlsx

01 제품 목록에서 중복된 제품명을 제거하기 위해 ❶ 데이터 목록 중에서 임의의 셀을 클릭한 후 ❷ [데이터] 탭의 [데이터 도구 – 중복된 항목 제거]를 클릭합니다.

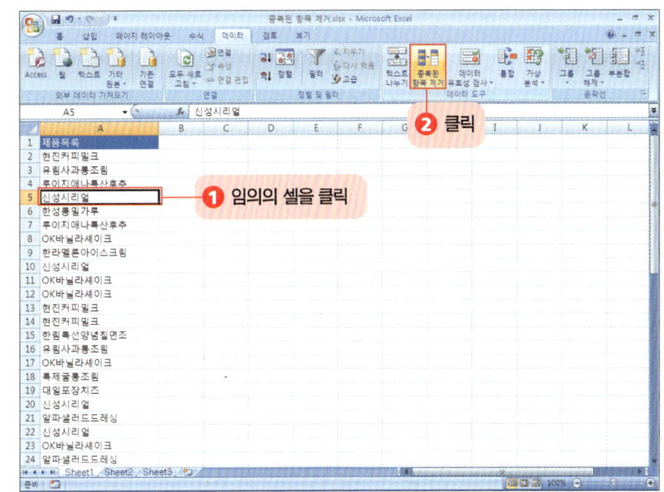

02 [중복된 항목 제거] 대화상자가 나타나면 '제품 목록'에 체크 표시가 되어 있는지를 확인한 후 ❶ [확인] 버튼을 클릭합니다. ❷ 중복된 값을 제거했다는 대화상자가 나타나면 [확인] 버튼을 클릭합니다.

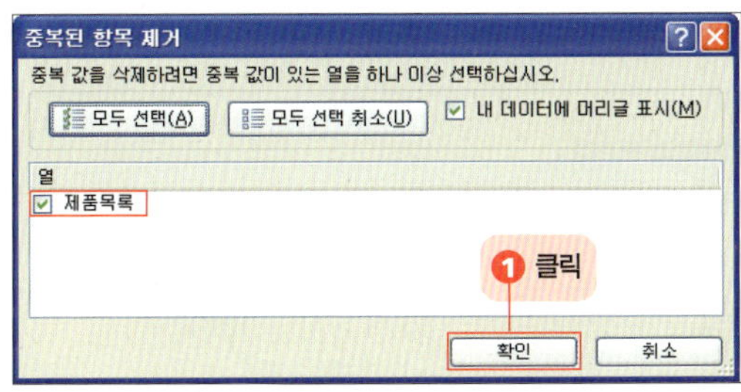

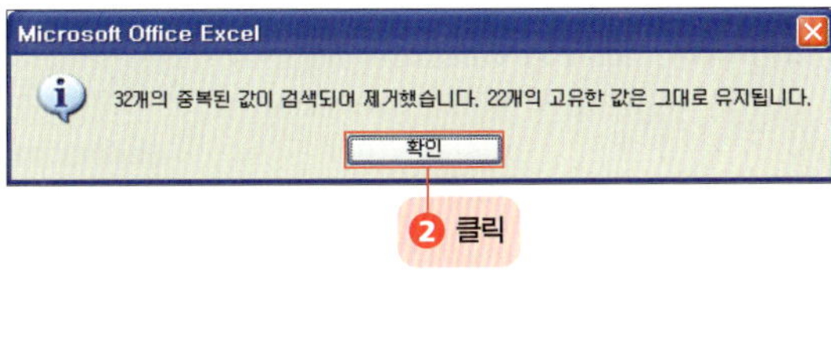

 '중복 항목 제거'는 데이터를 영구적으로 삭제하는 것입니다. 만약 원본 데이터 목록을 보존하려면 중복된 값을 제거하기 전에 데이터 목록을 다른 워크시트나 통합 문서에 복사해 두는 것이 좋습니다.

03 다음과 같이 중복된 제품명은 제거되고 고유 제품명만 남습니다.

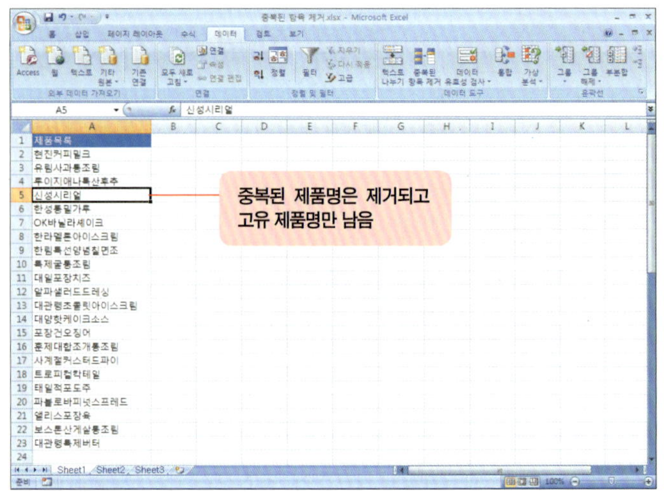

04 이번에는 중복된 레코드가 있는 곳에서 중복 레코드를 제거하겠습니다. ❶ [Sheet2] 시트를 클릭한 후 ❷ 데이터 목록 중에서 임의의 셀을 클릭하고 ❸ [데이터] 탭의 [데이터 도구 – 중복된 항목 제거]를 클릭합니다. ❹ [중복된 항목 제거] 대화상자가 나타나면 [모두 선택]을 클릭하고 ❺ [확인] 버튼을 클릭합니다.

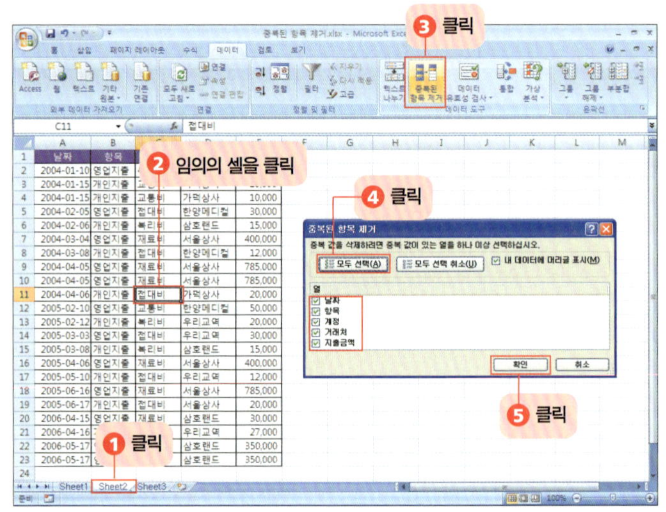

05 몇 개의 항목이 제거되었다는 대화상자가 나타나면 [확인] 버튼을 클릭합니다. 중복된 레코드는 제거되고 고유 레코드만 남습니다.

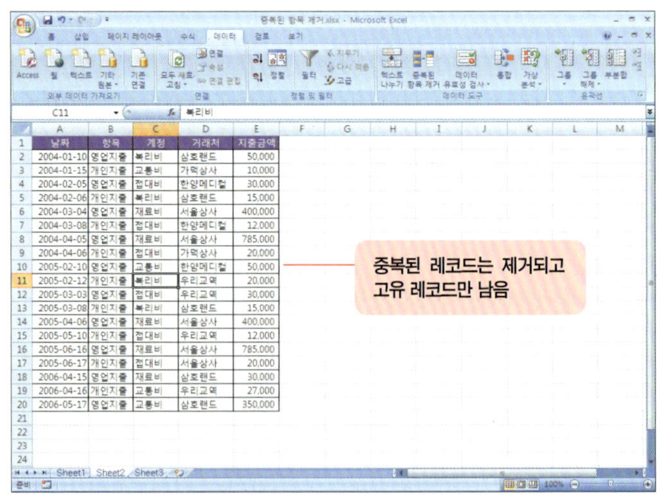

외주 가공비 내역만 다른 시트로 추출하기

이번에는 '일일 원가 요소별 지출 내역' 현황에서 '외주가공비' 내역만 다른 시트로 복사하기 위해 고급 필터를 이용해 보겠습니다.

〔예제 파일 경로〕 부록 CD\Sample\Part08\외주가공비내역필터.xlsx | 〔결과 파일 경로〕 부록 CD\Sample\Part08\After\외주가공비내역필터_완성.xlsx

완성 예제 미리 보기

날짜	원가요소	거래처	금액
2006-01-03	외주가공비	뜨거열처리	777,000
2006-01-03	외주가공비	뜨거열처리	555,000
2006-01-03	외주가공비	영일너트	12,000
2006-01-03	외주가공비	영일너트	13,000
2006-01-03	외주가공비	오래오래열처리	
2006-01-03	외주가공비	오래오래열처리	
2006-01-03	원자재구입	영일정밀금속	
2006-01-03	원자재구입	대양정밀강	
2006-01-03	원자재구입	대양정밀강	
2006-01-07	외주가공비	한영정밀	
2006-01-07	외주가공비	성산정밀접착	
2006-01-07	원자재구입	형진금속	
2006-01-07	외주가공비	귀인정밀	
2006-01-07	외주가공비	영일너트	
2006-01-07	외주가공비	한영정밀	
2006-01-07	외주가공비	한영정밀	
2006-01-07	원자재구입	대양정밀강	
2006-01-07	자산성.계측기	엔에스ENG	
2006-01-11	외주가공비	성실한공업사	
2006-01-11	외주가공비	성실한공업사	
2006-01-11	외주가공비	영일너트	
2006-01-11	외주가공비	영일너트	
2006-01-11	외주가공비	영일너트	
2006-01-11	외주가공비	영일너트	
2006-01-11	소모공구	삼한상사	
2006-01-13	원자재구입	대단한스틸	
2006-01-13	원자재구입	대양정밀강	
2006-01-16	외주가공비	성실한공업사	

날짜	원가요소	거래처	금액
2006-01-03	외주가공비	뜨거열처리	777,000
2006-01-03	외주가공비	뜨거열처리	555,000
2006-01-03	외주가공비	영일너트	12,000
2006-01-03	외주가공비	영일너트	13,000
2006-01-03	외주가공비	오래오래열처리	10,500
2006-01-03	외주가공비	오래오래열처리	13,000
2006-01-07	외주가공비	한영정밀	100,000
2006-01-07	외주가공비	성산정밀접착	120,000
2006-01-07	외주가공비	귀인정밀	382,000
2006-01-07	외주가공비	영일너트	68,114
2006-01-07	외주가공비	한영정밀	2,520,000
2006-01-07	외주가공비	한영정밀	3,640,000
2006-01-11	외주가공비	성실한공업사	10,500
2006-01-11	외주가공비	성실한공업사	46,900
2006-01-11	외주가공비	영일너트	22,000
2006-01-11	외주가공비	영일너트	33,000
2006-01-11	외주가공비	영일너트	85,900
2006-01-11	외주가공비	영일너트	45,700
2006-01-16	외주가공비	성실한공업사	100,000
2006-01-16	외주가공비	성실한공업사	7,500
2006-01-16	외주가공비	영어특수강	770,000
2006-01-16	외주가공비	기정기계	67,200
2006-01-16	외주가공비	남경정밀	784,000
2006-01-16	외주가공비	개원시스템	130,500
2006-01-16	외주가공비	개원시스템	29,100
2006-01-16	외주가공비	개원시스템	193,000
2006-01-16	외주가공비	개원시스템	2,145,000
2006-01-16	외주가공비	개원시스템	360,000
2006-01-16	외주가공비	오래오래열처리	30,000
2006-01-16	외주가공비	오래오래열처리	373,407

01 [지출내역] 시트와 [외주가공비] 시트가 있습니다. [지출내역] 시트에서 외주가공비 내역만 [외주가공비] 시트로 추출하겠습니다.

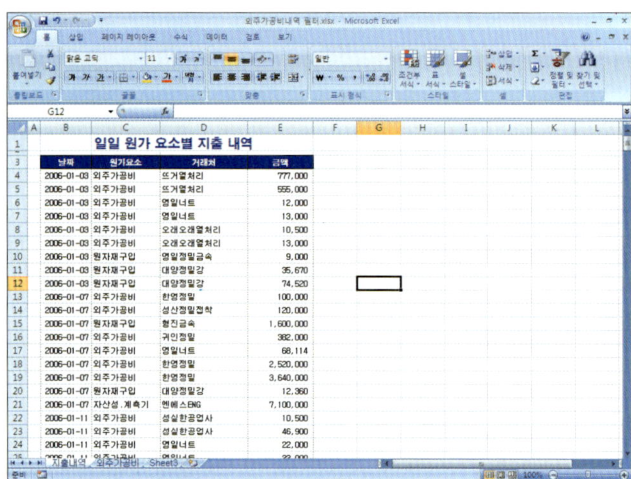

02 먼저 [외주가공비] 시트에 조건을 입력하기 위해 ❶ [외주가공비] 시트를 클릭한 후 ❷ 임의의 영역 [G1:G2]에 다음과 같이 조건을 입력합니다.

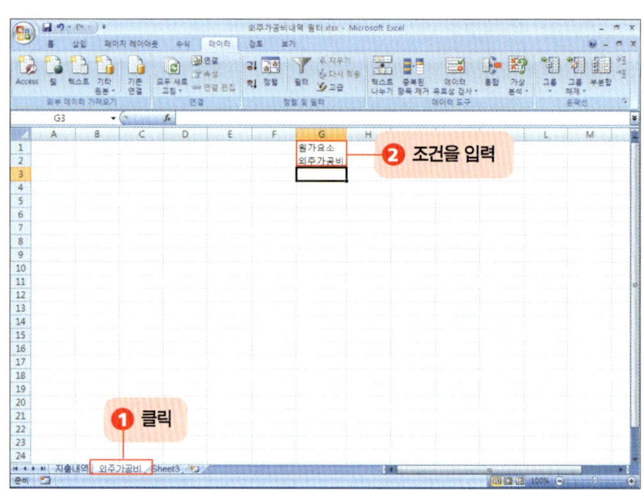

03 필터 결과를 다른 시트로 복사하려면 반드시 복사해 올 시트에서 고급 필터 메뉴를 실행해야 합니다. ❶ [외주가공비] 시트를 클릭한 후 ❷ [데이터] 탭의 [정렬 및 필터 – 고급 고급]을 클릭합니다.

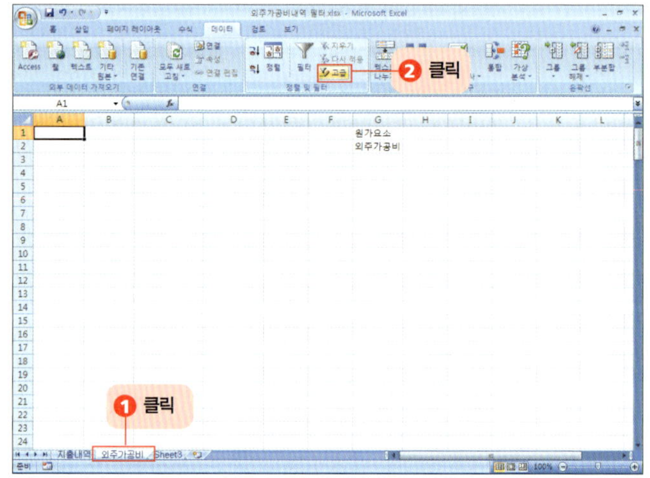

04 [고급 필터] 대화상자가 나타나면 ❶ 결과에서 '다른 장소에 복사'를 선택한 후 ❷ 목록 범위에 커서를 위치시키고 ❸ [지출내역] 시트를 클릭한 후 ❹ [B3] 셀에서 Ctrl + Shift + → 와 Ctrl + Shift + ↓ 를 눌러 데이터 목록을 범위 지정합니다.

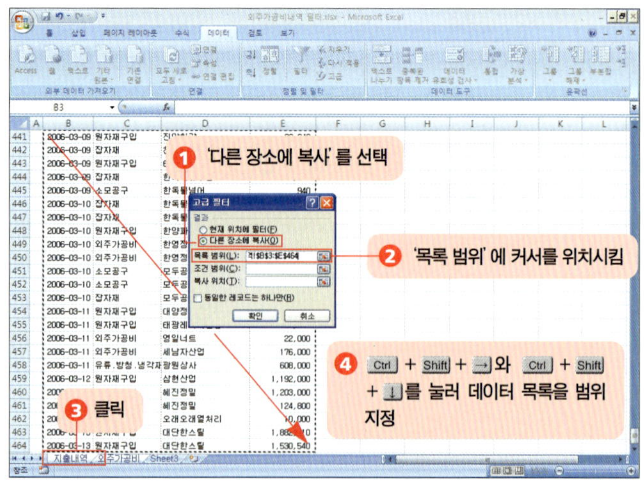

info 목록 범위 : 지출내역!$B$3:$E$464

05 ❶ '조건 범위'에 커서를 위치시킨 후 ❷ [G1:G2]를 범위 지정합니다.

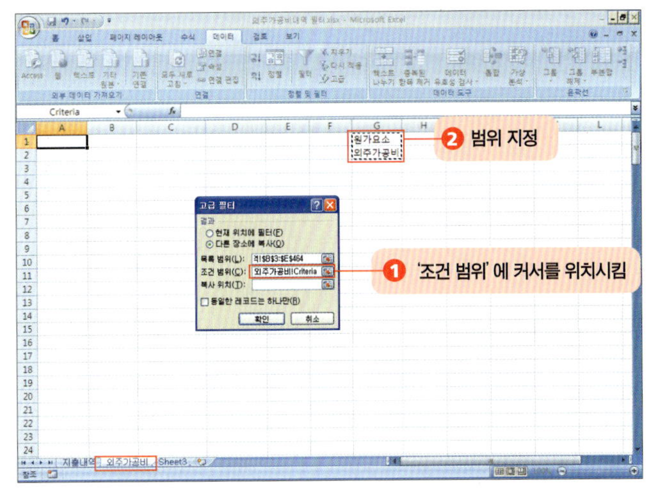

06 ❶ '복사 위치'에 커서를 위치시킨 후 ❷ 임의의 셀 [A1]을 클릭하고 ❸ [확인] 버튼을 클릭합니다.

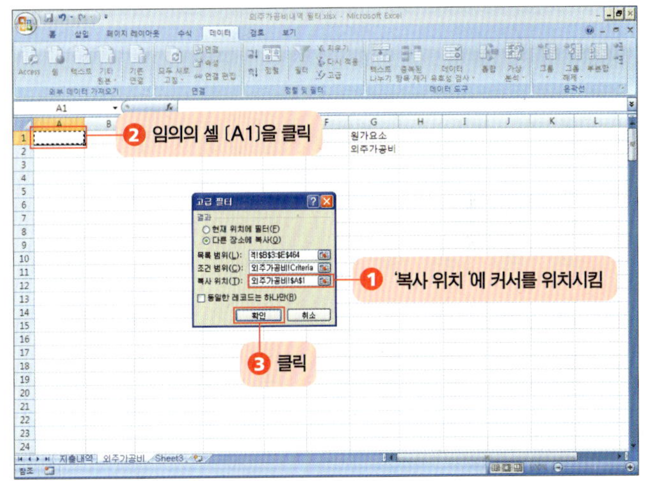

07 다음과 같이 원가 요소가 '외주가공비'인 내역만 필터됩니다.

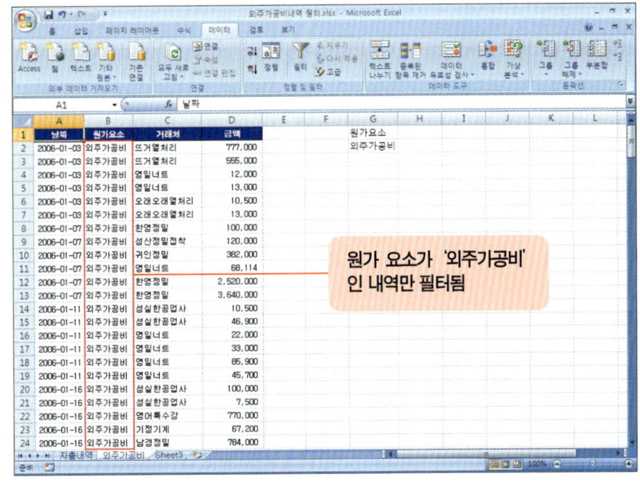

PART 09

엑셀 고수가 알려주는
데이터 집계와 분석 기법

엑셀 2007 기본 + 활용
실무 테크닉

Lesson 01 그룹별 집계를 계산하는 부분합

부분합이란 데이터 목록에서 특정 필드를 기준으로 그룹을 형성한 후 그룹별 집계를 계산하는 기능을 말합니다. 계산할 수 있는 함수에는 합계, 개수, 평균, 최소값, 최대값, 곱, 숫자 개수, 표본 표준 편차, 표준 편차, 표본 분산, 분산의 11개가 있습니다.

부분합으로 데이터 집계하기

특정 필드를 기준으로 그룹을 형성하여 부분합을 계산하려면 먼저 그룹을 형성할 필드로 정렬해야 합니다. 예를 들어 다음과 같이 성별로 그룹을 형성한 후 기본급, 수당, 총액의 합을 계산하려면 먼저 성별순으로 정렬한 다음 부분합을 실행해야 합니다.

1 2 3		A	B	C	D	E	F	G	H	I	J	K
	1	2007년 직원 현황										
	2											
	3	성명	부서	성별	나이	근속년수	직급	기본급	수당	총액		
+	18			남 요약				26,770,000	2,487,000	29,257,000		
+	29			여 요약				16,750,000	1,805,000	18,555,000		
−	30			총합계				43,520,000	4,292,000	47,812,000		
	31											

성별을 기준으로 부분합을 구하려면 먼저 성별을 기준으로 정렬해야 함

부분합은 [데이터] 탭의 [윤곽선 – 부분합]을 클릭하여 실행합니다.

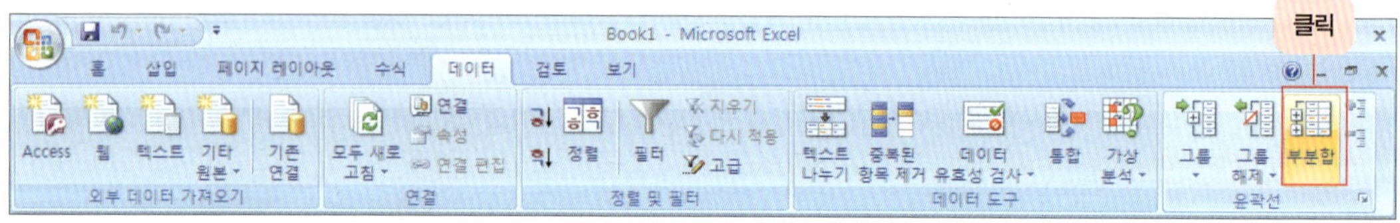

[부분합] 대화상자에서 그룹화할 항목, 사용할 함수, 부분합 계산 항목을 지정하여 부분합을 구합니다.

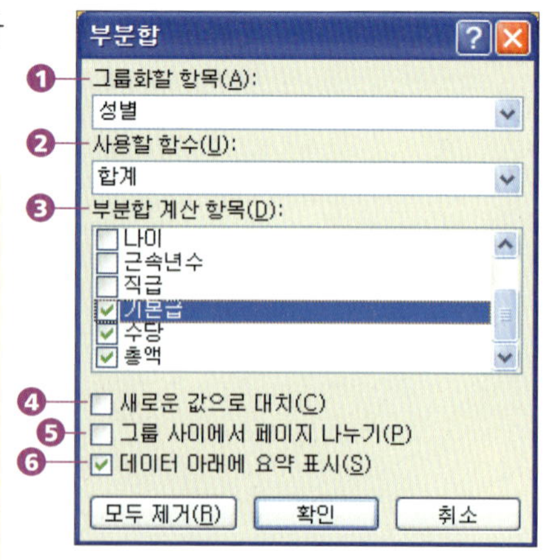

① **그룹화할 항목** : 그룹을 형성할 필드로, 정렬한 필드를 선택합니다.

② **사용할 함수** : 계산할 함수를 선택합니다.

③ **부분합 계산 항목** : 계산할 필드에 체크 표시를 합니다.

④ **새로운 값으로 대치** : 이미 부분합을 계산한 후 다시 부분합을 적용할 때에 새로운 부분합 계산으로 대치할 것인지, 새로운 부분합 계산을 추가할 것인지를 결정합니다.

⑤ **그룹 사이에서 페이지 나누기** : 체크 표시를 하면 각 그룹별로 페이지 구분선이 생깁니다.

⑥ **데이터 아래에 요약 표시** : 부분합의 결과를 각 그룹 아래에 표시할 것인지, 위쪽에 표시할 것인지를 결정합니다.

부분합을 이용하여 부서별 집계하기

부서별로 나이와 근속년수의 평균을 집계하고 기본급, 수당, 총액의 합계와 평균을 집계하는 부분합을 작성해 보겠습니다. 간단한 따라하기를 통해 연습해 보세요.

〔예제 파일 경로〕 부록 CD\Sample\Part09\부분합.xlsx | 〔결과 파일 경로〕 부록 CD\Sample\Part09\After\부분합_완성.xlsx

01 부서별로 나이와 근속년수의 평균을 집계하기 위해서는 먼저 부서별로 정렬해야 합니다. ❶ 부서 필드 중에서 임의의 셀을 클릭한 후 ❷ [홈] 탭의 [편집 – 정렬 및 필터]를 클릭하고 ❸ [텍스트 오름차순 정렬]을 클릭합니다.

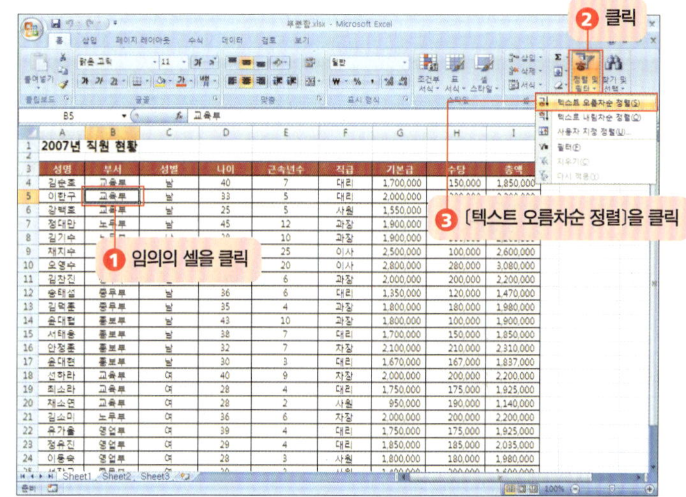

02 ❶ [데이터] 탭의 [윤곽선 – 부분합]을 클릭한 후 ❷ [부분합] 대화상자가 나타나면 다음과 같이 지정하고 ❸ [확인] 버튼을 클릭합니다.

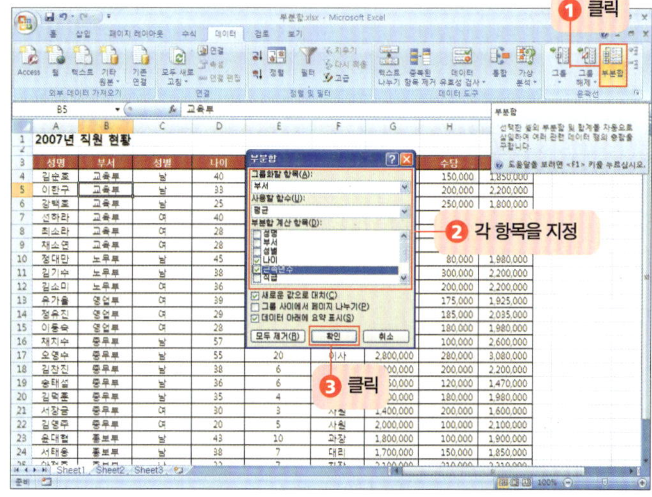

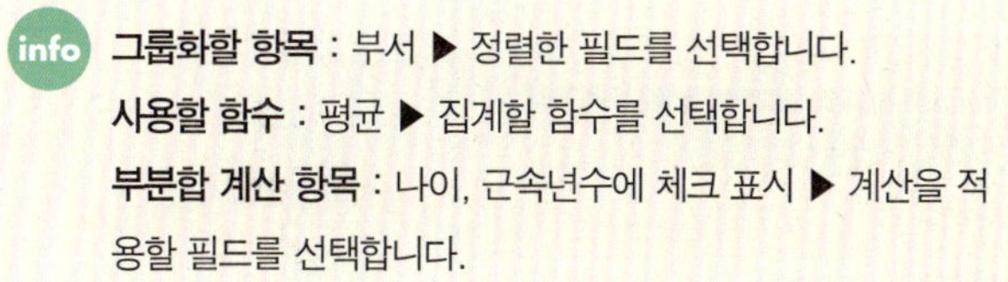
그룹화할 항목 : 부서 ▶ 정렬한 필드를 선택합니다.
사용할 함수 : 평균 ▶ 집계할 함수를 선택합니다.
부분합 계산 항목 : 나이, 근속년수에 체크 표시 ▶ 계산을 적용할 필드를 선택합니다.

03 다음과 같이 각 부서별로 그룹화되어 나이와 근속년수의 평균이 구해집니다. 부분합이 실행되면 워크시트 왼쪽에 윤곽이 형성되면서 **1**, **2**, **3**과 + 기호가 나타납니다. **1**은 전체 평균, **2**는 그룹별 평균, **3**은 전체 레코드가 표시됩니다. + 기호를 이용하면 그룹별로 레코드를 표시하거나 숨길 수 있습니다.

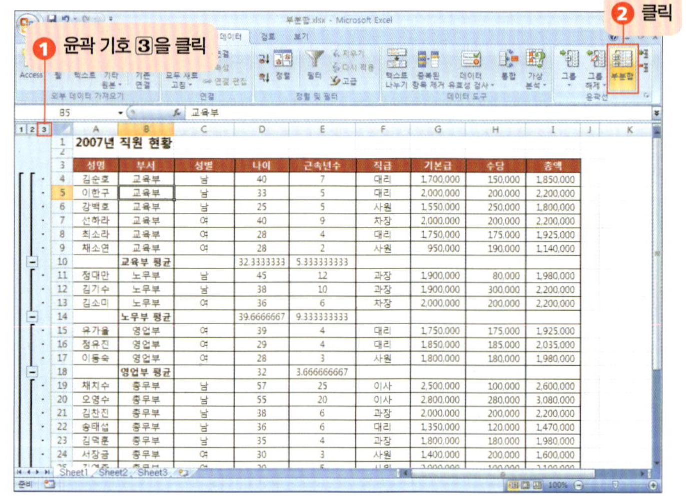

04 **1**, **2**, **3**과 + 기호를 눌러 보면서 각 윤곽 기호마다 어떻게 표시되는지를 확인합니다. ❶ 윤곽 기호 **3**을 클릭하여 전체가 다 표시되도록 한 후 ❷ 다시 [데이터] 탭의 [윤곽선 – 부분합]을 클릭합니다.

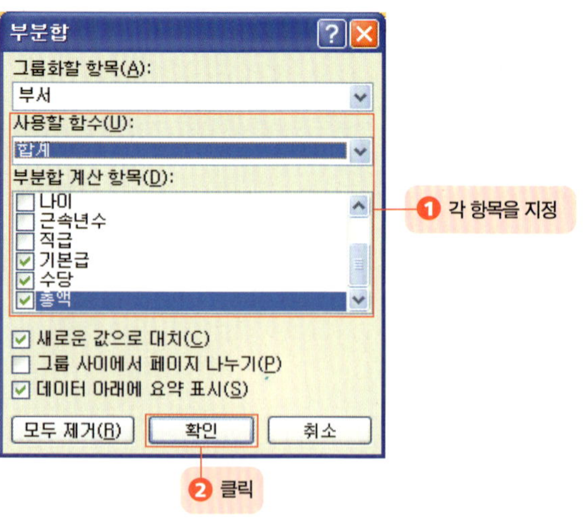

05 이번에는 부서별로 기본급, 수당, 총액의 합을 집계하기 위해 ❶ 다음과 같이 지정한 후 ❷ [확인] 버튼을 클릭합니다.

> **info**
> **그룹화할 항목** : 부서
> **사용할 함수** : 합계
> **부분합 계산 항목** : 나이와 근속년수의 체크 표시를 해제하고 기본급, 수당, 총액에 체크 표시

06 다음과 같이 부서별로 기본급, 수당, 총액의 합이
구해집니다.

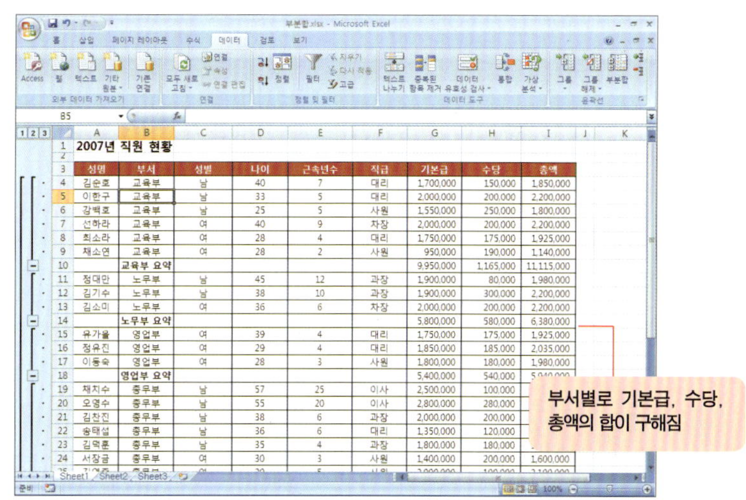

07 이번에는 부서별 기본급, 수당, 총액의 평균을 구
해 보겠습니다. ❶ 다시 [데이터] 탭의 [윤곽선 −
부분합]을 클릭하여 ❷ [부분합] 대화상자가 나
타나면 '사용할 함수'와 '새로운 값으로 대치 부
분'의 설정을 다음과 같이 변경한 후 ❸ [확인] 버
튼을 클릭합니다.

> **info** **사용할 함수** : 평균
>
> **새로운 값으로 대치** : 체크 표시를 해제 ▶ 체크 표시를 해제
> 하면 기존 계산에 새로운 함수를 적용한 계산이 추가됩니다.

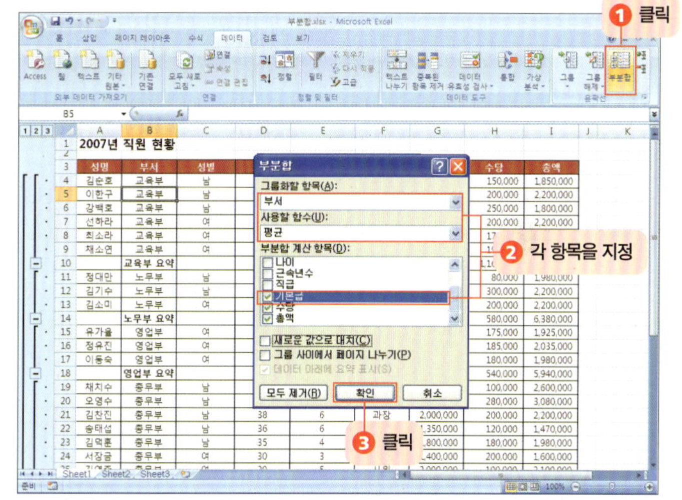

08 다음과 같이 기본급, 수당, 총액의 합에 평균이 추
가되어 평균과 합에 대한 요약 정보를 동시에 확
인할 수 있으며, 윤곽 기호도 ④까지 확장됩니다.

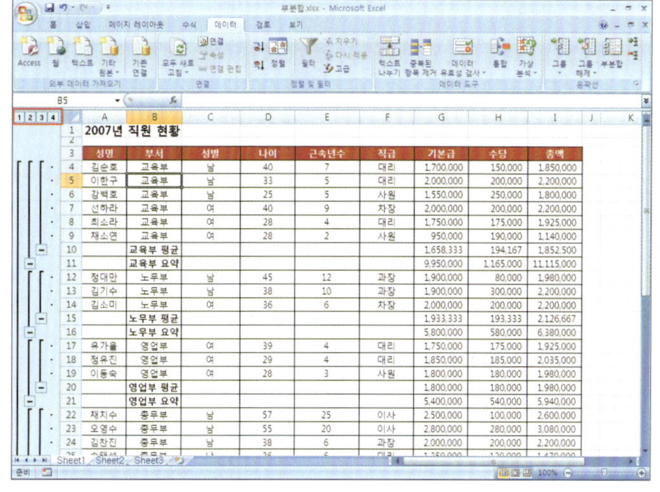

09 이제 부분합을 제거하기 위해 다시 ❶ [데이터] 탭의 [윤곽선 – 부분합]을 클릭한 후 ❷ [부분합] 대화상자가 나타나면 [모두 제거] 버튼을 클릭합니다.

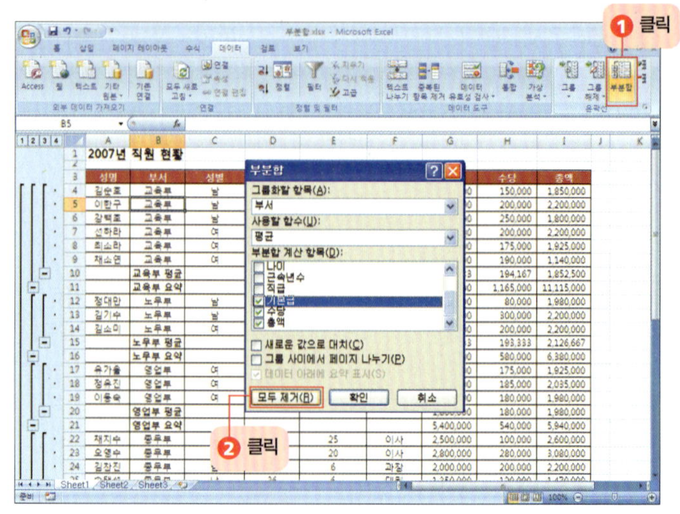

> **TIP** 부분합을 제거할 때에 셀 포인터는 반드시 부분합이 작성된 데이터 목록 임의의 셀이 있어야 합니다.

10 다음과 같이 부분합이 제거되고 원래 데이터만 표시됩니다.

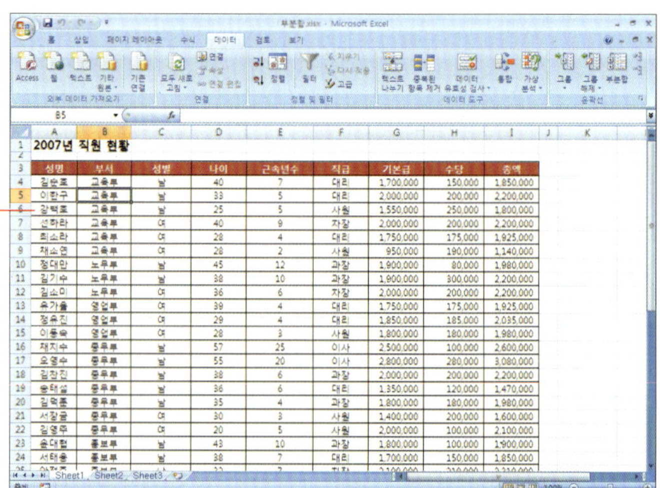

> **TIP** **부분합 요약 정보만 다른 영역으로 복사하기**
>
> 부분합을 계산한 다음 윤곽 기호 **2**를 눌러 부분합 결과만 나타나게 하고, 이 결과만을 다른 영역으로 복사하려면 [홈] 탭의 [편집 – 찾기 및 선택]을 클릭한 후 [이동 옵션]을 클릭하고 '화면에 보이는 셀만' 을 선택하면 됩니다.

1 2 3		A	B	C	D	E	F	G	H	I	J	K
	3	성명	부서	성별	나이	근속년수	직급	기본급	수당	총액		
+	10						과장 평균	1,775,000	176,667	1,951,667		
+	19						대리 평균	1,721,250	165,250	1,886,500		
+	25						사원 평균	1,540,000	184,000	1,724,000		
+	28						이사 평균	2,650,000	190,000	2,840,000		
+	32						차장 평균	2,033,333	203,333	2,236,667		
−	33						전체 평균	1,813,333	178,833	1,992,167		
	34											
	35											

부분합 요약 정보만 다른 영역으로 복사하기

직급별 기본급, 수당, 총액의 합을 부분합으로 작성한 후 부분합의 결과만을 다른 영역으로 복사해 보겠습니다.

〔예제 파일 경로〕 부록 CD\Sample\Part09\부분합결과다른영역으로 복사.xlsx | 〔결과 파일 경로〕 부록 CD\Sample\Part09\After\부분합결과다른영역으로 복사_완성.xlsx

01 ❶ 데이터 목록 중에서 임의의 셀을 클릭한 후 ❷ [홈] 탭의 [편집 – 정렬 및 필터]를 클릭하고 ❸ [사용자 지정 정렬]을 선택합니다.

> **TIP** 직급이 높은 순서대로 정렬하기 위해 사용자 지정 정렬을 클릭합니다.

> **Page** 사용자 지정 정렬에 대한 자세한 내용은 463쪽을 참고하세요.

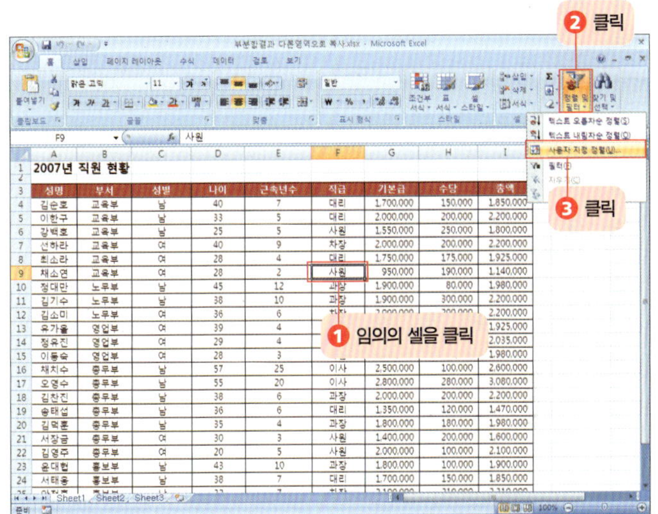

02 [정렬] 대화상자가 나타나면 ❶ 열 정렬 기준에서 '직급'을 선택한 후 ❷ 정렬에서 '사용자 지정 목록'을 선택합니다.

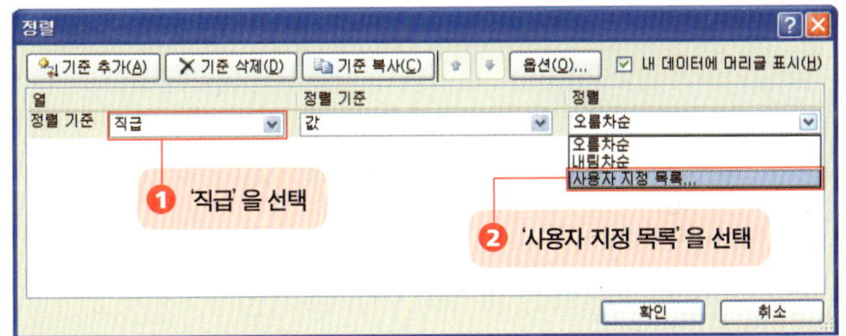

03 [사용자 지정 목록] 대화상자가 나타나면 사용자 지정 목록에서 ❶ '사원, 대리, 과장, 차장, 이사'를 선택하고 ❷ [확인] 버튼을 클릭합니다.

> **TIP** 사용자 지정 목록에 사원, 대리, 과장, 차장, 이사가 없으면 사용자 지정 목록에서 '새 목록'을 클릭한 후 사원, 대리, 과장, 차장, 이사를 추가하여 사용합니다.

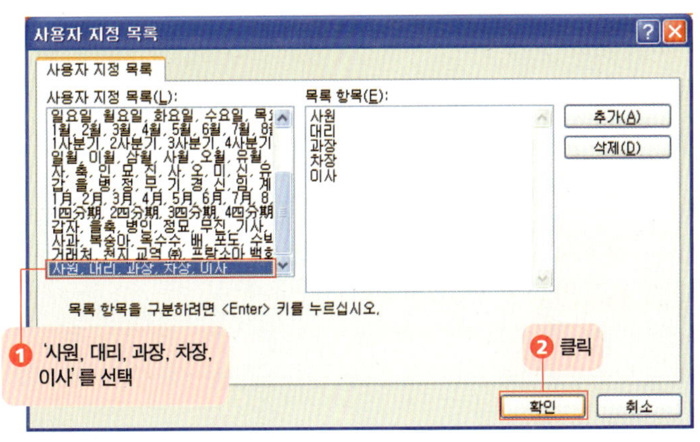

04 [정렬] 대화상자가 다시 나타나면 ❶ '이사, 차장, 과장, 대리, 사원'을 선택한 후 ❷ [확인] 버튼을 클릭합니다.

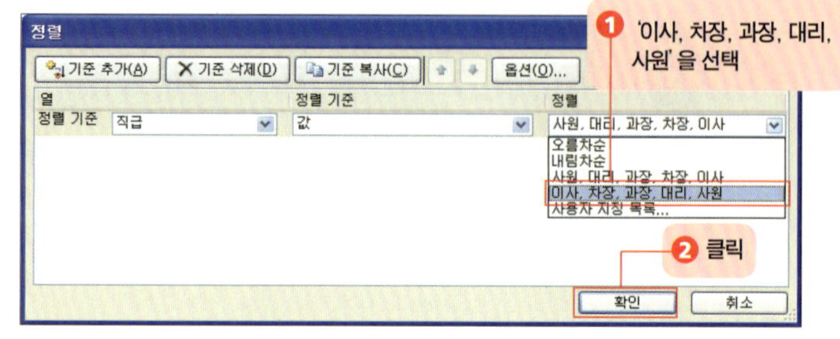

05 직급이 높은 순서대로 정렬되면 [데이터] 탭의 [윤곽선 – 부분합]을 클릭합니다. ❶ [부분합] 대화상자가 나타나면 다음과 같이 지정한 후 ❷ [확인] 버튼을 클릭합니다.

> **TIP** 정렬, 필터, 부분합 등 데이터베이스 관련 메뉴를 실행할 때에 셀 포인터는 데이터 목록의 임의의 셀에 위치하고 있어야 합니다.

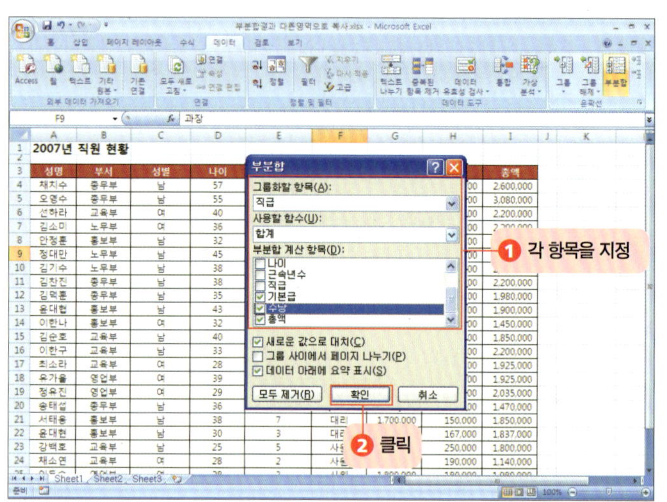

06 다음과 같이 직급별로 기본급, 수당, 총액의 부분합이 구해집니다.

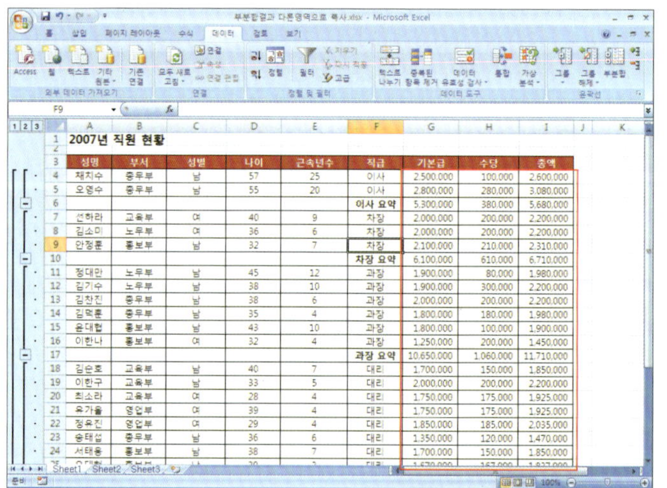

07 ❶ 윤곽 기호 **2**를 클릭하여 부분합의 요약 정보만 보이도록 한 후 ❷ [F3:I33]을 범위 지정하고 ❸ [홈] 탭의 [편집 – 찾기 및 선택]을 클릭한 후 ❹ [이동 옵션]을 클릭합니다.

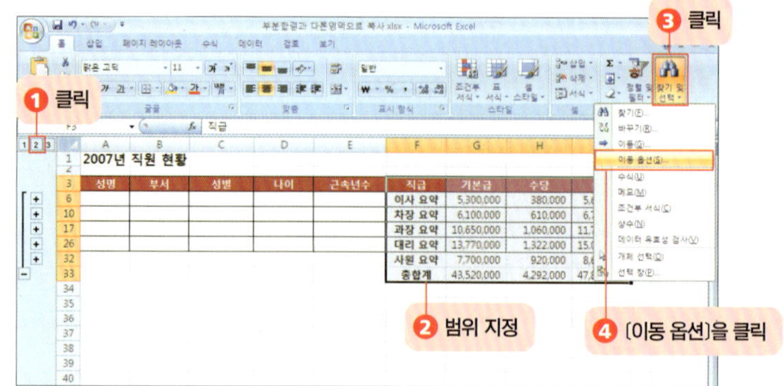

08 [이동 옵션] 대화상자가 나타나면 ❶ '화면에 보이는 셀만'을 선택한 후 ❷ [확인] 버튼을 클릭합니다.

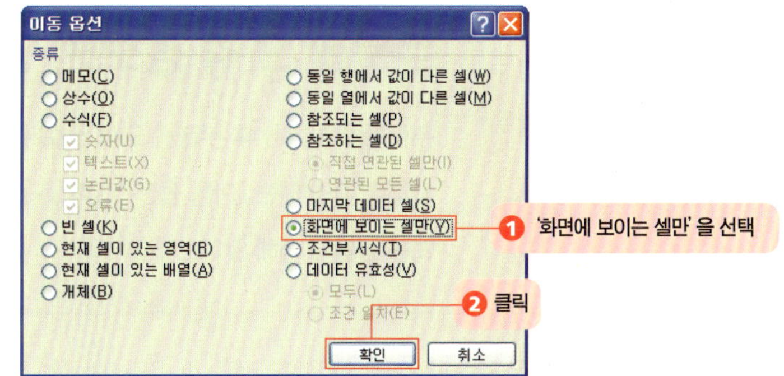

09 [홈] 탭의 [클립보드 – 복사]를 클릭합니다.

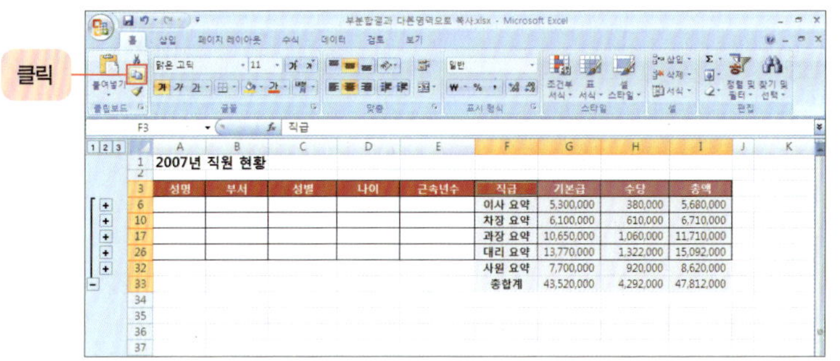

10 ❶ 붙여넣기할 임의의 셀을 클릭한 후 ❷ [홈] 탭의 [클립보드 – 붙여넣기]를 클릭합니다.

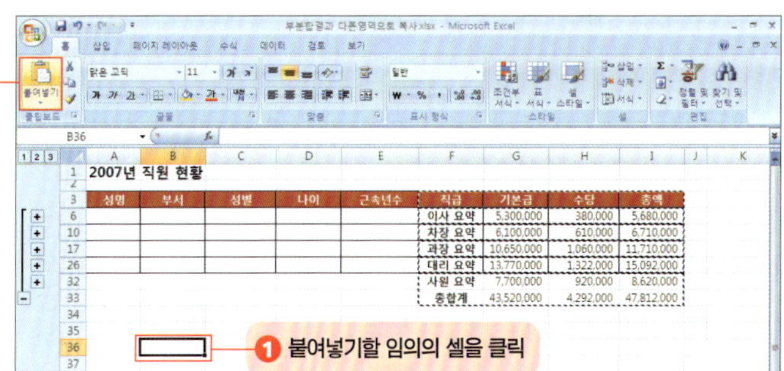

11 다음과 같이 화면에 보이는 셀만 복사됩니다.

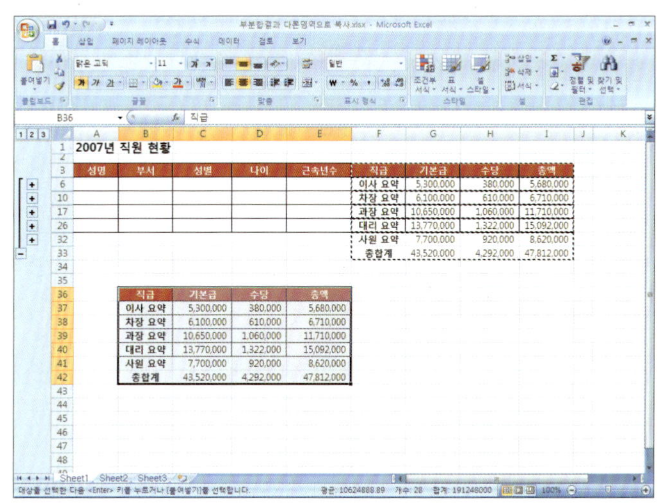

부분합 요약 정보만 강조하기

부분합을 실행한 후 부분합 요약 정보에 셀 색을 지정하면 전체 레코드 중에서 그룹별 요약 정보만 강조할 수 있습니다. 이번에는 〔이동 옵션〕 대화상자의 '화면에 보이는 셀만'을 이용하여 부분합 요약 정보에만 셀 색을 지정하는 방법에 대해 알아보겠습니다.

〔예제 파일 경로〕 부록 CD\Sample\Part09\용접결함율.xlsx | 〔결과 파일 경로〕 부록 CD\Sample\Part09\After\용접결함율_완성.xlsx

완성예제 미리보기

소속부서	사번	용접사명	실적	결함	결함율
생산1팀	7301054	강대영	100	10	10%
생산1팀	942783	강대진	40	20	50%
생산1팀	6706202	강무신	400	20	5%
생산1팀	952717	강병록	150	-	0%
생산1팀	0795086	김민철	100	-	0%
생산1팀	1704038	박상완	20	-	0%
생산1팀	7207220	박석근	100	20	20%
생산1팀	823113	박석순	160		0%
생산1팀	901733	이민호	200	-	0%
생산1팀	6208203	이병길	100	20	20%
생산1팀 평균			137	9	11%
생산2팀	2704004	강광영	250	20	8%
생산2팀	1104092	강구내	300	30	10%
생산2팀	802007	강기중	500	-	0%
생산2팀	802007	김기중	400	-	0%
생산2팀	943286	김대식	600	10	2%
생산2팀	343445	노유민	234	-	0%
생산2팀	424354	송태섭	140	30	21%
생산2팀	7503052	이경철	200	10	5%
생산2팀	536535	임해철	180	-	0%
생산2팀 평균			312	11	5%
생산기술팀	7010202	강명복	250	-	0%
생산기술팀	7903059	강상기	100	-	0%
생산기술팀	1103019	김병철	200	20	10%
생산기술팀	0998088	박동권	100	-	0%
생산기술팀	7101221	이대춘	20	20	100%
생산기술팀	9903137	이도영	50	10	20%
생산기술팀	1202013	이도현	10	-	0%
생산기술팀	0998088	이동권	200	40	20%
생산기술팀 평균			116	11	19%
품질보증팀	6310060	강대훈	30	-	0%

01 ❶ 소속 부서 필드 중에서 임의의 셀을 클릭한 후 ❷ [데이터] 탭의 [정렬 및 필터 – 텍스트 오름차순 정렬]을 클릭하고 ❸ [데이터] 탭의 [윤곽선 – 부분합]을 클릭합니다.

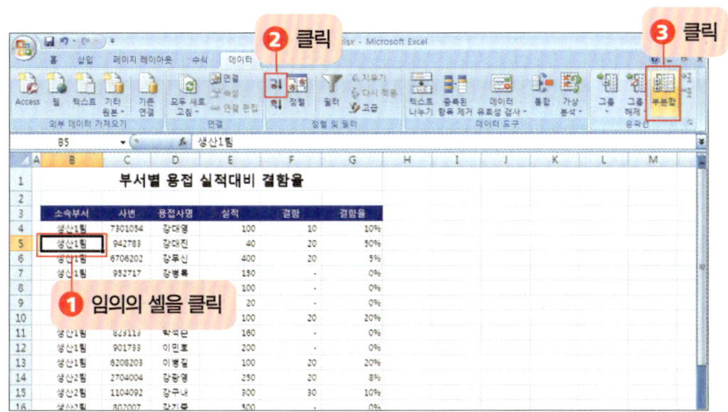

02 ❶ [부분합] 대화상자가 나타나면 다음과 같이 지정한 후 ❷ [확인] 버튼을 클릭합니다.

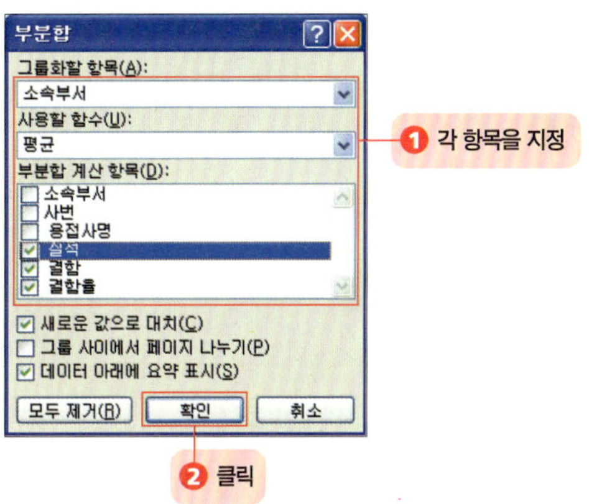

03 다음과 같이 부분합이 작성됩니다. ❶ 윤곽 기호 **2**를 클릭하여 부분합의 요약 정보만 보이도록 한 후 ❷ [B14:G47]을 범위 지정하고 ❸ [홈] 탭의 [편집 – 찾기 및 선택]을 클릭한 후 ❹ [이동 옵션]을 클릭합니다.

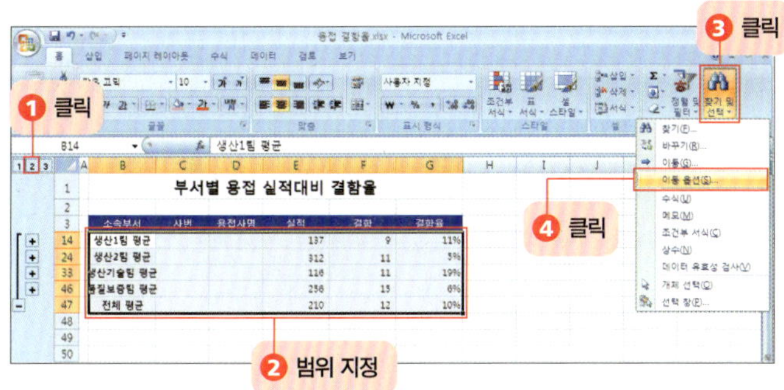

04 [이동 옵션] 대화상자가 나타나면 ❶ '화면에 보이는 셀만'을 선택한 후 ❷ [확인] 버튼을 클릭합니다.

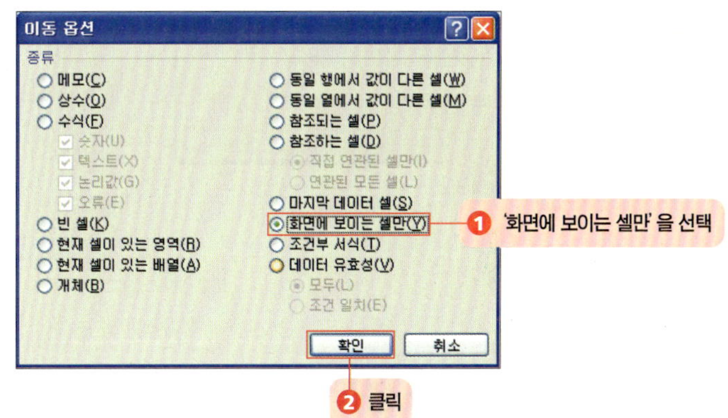

05 ❶ [홈] 탭의 [글꼴 – 채우기 색]에서 '진한 파랑, 텍스트 2, 60% 더 밝게'를 지정합니다. ❷ 윤곽 기호 **3**을 클릭하여 전체 내용이 모두 보이도록 하면 부분합 요약 정보에만 색상이 지정되어 있는 것을 확인할 수 있습니다.

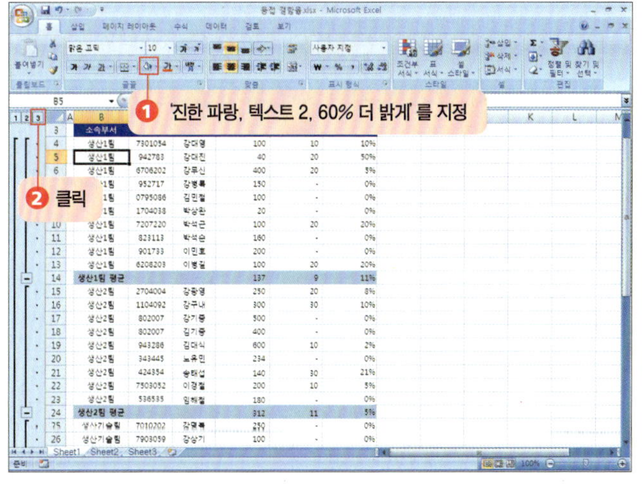

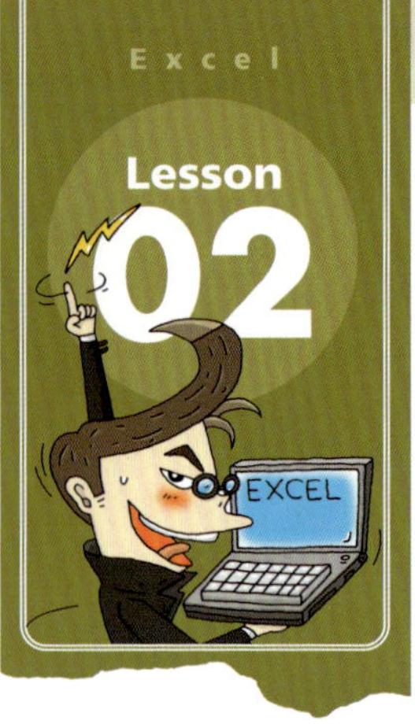

Lesson 02

흩어져 있는 데이터 통합하기

데이터 '통합' 기능을 이용하면 흩어져 있는 데이터들을 각 항목별로 통합할 수 있습니다. 데이터를 통합하는 방법에는 '레이블에 따라 통합하기'와 '위치에 따라 통합하기'가 있습니다. 통합을 이용하면 여러 워크시트의 결과를 요약하여 마스터 워크시트로 통합하고, 같은 통합 문서에 있는 워크시트뿐만 아니라 다른 통합 문서에 있는 워크시트도 통합할 수 있습니다.

 ## 레이블에 따라 통합

통합하려는 범위의 첫 행과 왼쪽 열의 이름을 이용하여 통합하므로 데이터 목록의 구성은 달라도 되지만 결합할 열 레이블이나 행 레이블이 정확하게 일치하는지는 반드시 확인해야 합니다. 예를 들어 '공급가액'과 '공급 가액'은 다르므로 통합되지 않습니다.

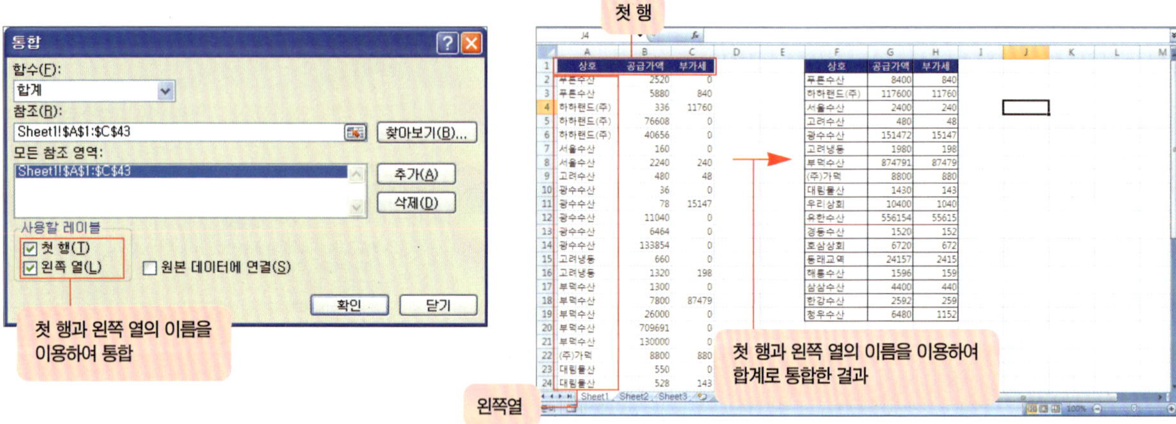

 ## 위치에 따라 통합

[통합] 대화상자의 사용할 레이블에서 '첫 행'과 '왼쪽 열'을 선택하지 않고 위치만으로 통합합니다. 위치만으로 통합하려면 통합할 데이터의 레이아웃이 동일해야 합니다.

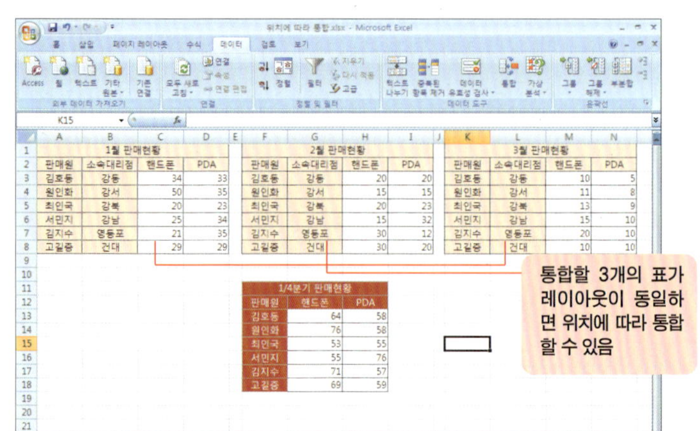

거래처별 공급가액 통합하기

Action Excel
도전! 엑셀

[A1:C43]의 데이터를 첫 행과 왼쪽열의 레이블에 따라 통합해 보겠습니다. 간단한 따라하기를 통해 연습해 보세요.

〔예제 파일 경로〕부록 CD\Sample\Part09\레이블에따라통합.xlsx | 〔결과 파일 경로〕부록 CD\Sample\Part09\After\레이블에따라통합_완성.xlsx

01 ❶ 통합 결과를 나타낼 임의의 [F2] 셀을 클릭한 후 ❷ [데이터] 탭의 [데이터 도구 – 통합]을 클릭합니다.

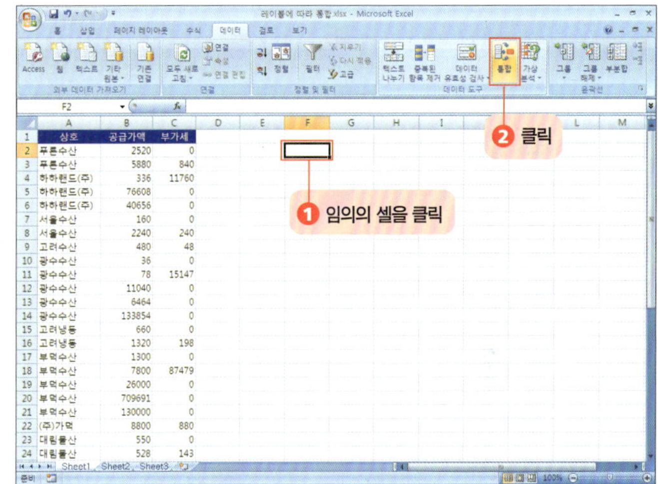

02 [통합] 대화상자가 나타나면 ❶ 함수에서 '합계'를 선택하고 ❷ 참조에 커서를 위치시킨 후 ❸ [A1:C1]을 범위 지정하고 Ctrl + Shift + ↓을 눌러 데이터가 입력된 끝까지 지정되면 ❹ [추가] 버튼을 클릭합니다. 지정한 범위가 모든 참조 영역으로 추가되었으면 ❺ '첫 행'과 '왼쪽 열'에 체크 표시를 하고 ❻ [확인] 버튼을 클릭합니다.

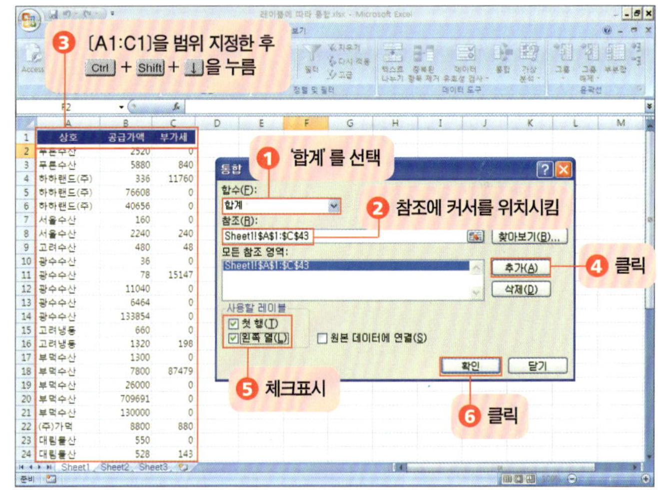

03 다음과 같이 첫 행과 왼쪽 열의 레이블에 따라 데이터가 통합됩니다. 통합된 데이터의 제목을 입력한 후 서식을 지정하여 완성합니다.

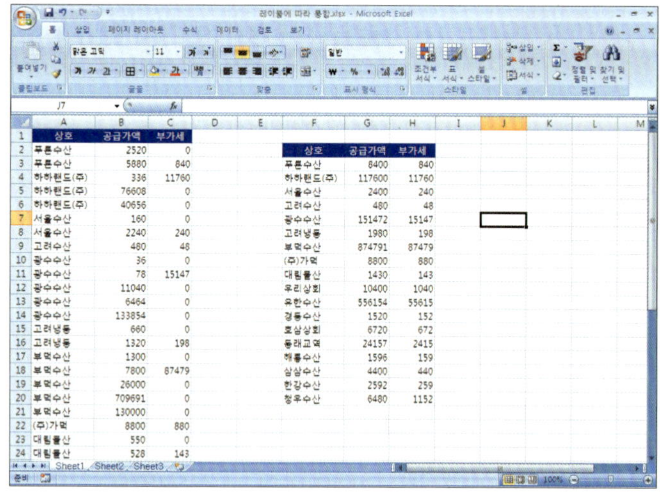

TIP 제한적인 통합

상호가 푸른수산, 서울수산, 고려냉동, 대림물산인 곳의 데이터만 통합하려면 먼저 ❶ [G1:I5]를 범위 지정한 후 ❷ [데이터] 탭의 [데이터 도구 - 통합]을 클릭하여 위와 동일한 방법으로 통합합니다.

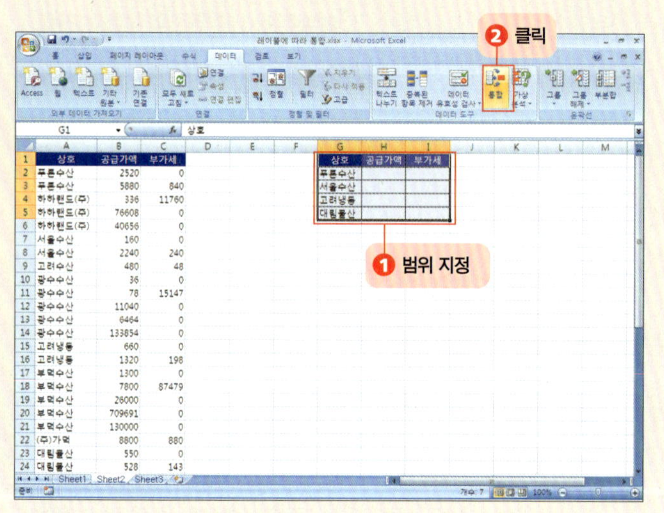

1/4분기 판매 현황 통합하기

**Action Excel
도전! 엑셀**

이번에는 1월~3월까지의 판매 현황을 통합하여 1/4분기 합을 구해 보겠습니다. 단, 예제에서는 더하기를 할 값과 사용할 레이블이 연속된 공간에 있지 않으므로 위치에 따라 통합하겠습니다.

〔예제 파일 경로〕 부록 CD\Sample\Part09\위치에따라통합.xlsx | 〔결과 파일 경로〕 부록 CD\Sample\Part09\After\위치에따라통합_완성.xlsx

01 ❶ [G13] 셀을 클릭한 후 ❷ [데이터] 탭의 [데이터 도구 – 통합]을 클릭합니다.

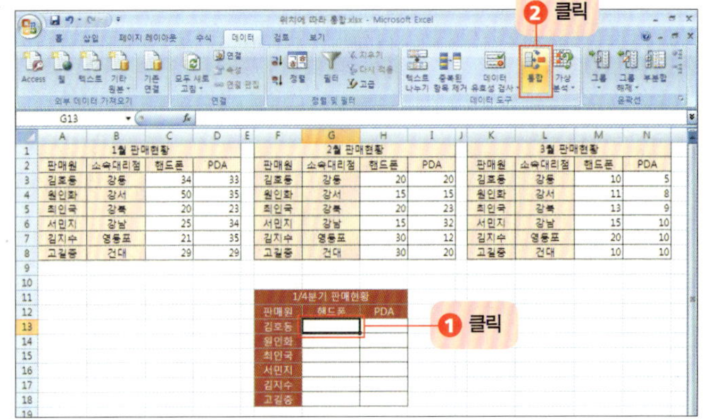

02 [통합] 대화상자가 나타나면 ❶ 함수에서 '합계'를 선택한 후 ❷ 참조에 커서를 위치시키고 ❸ [C3:D8]을 범위 지정한 후 ❹ [추가] 버튼을 클릭합니다. 그러면 모든 참조 영역으로 추가됩니다. ❺ [H3:I8]과 [M3:N8]도 동일한 방법으로 모든 참조 영역으로 추가한 후 ❻ [확인] 버튼을 클릭합니다.

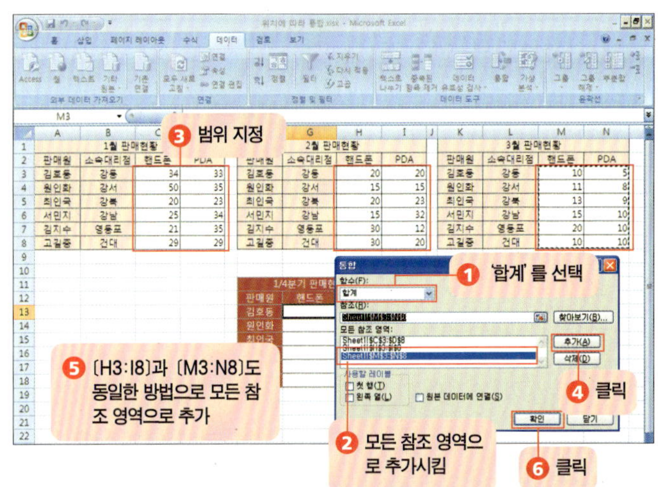

03 다음과 같이 각각의 값이 위치에 따라 통합됩니다.

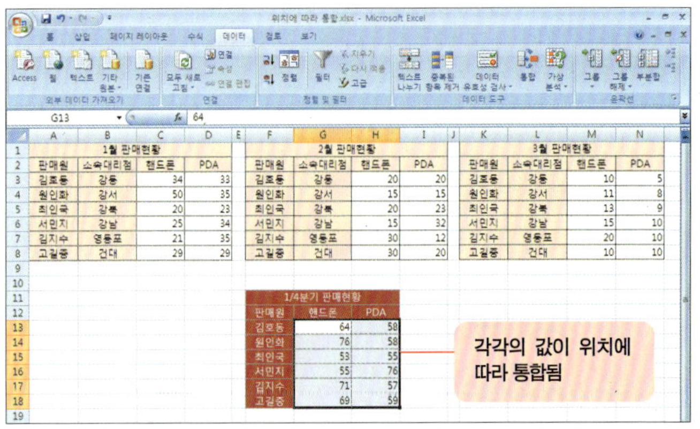

대리점별 재고 현황 통합하기

[강남점], [건대점], [홍대점] 시트에 있는 각각의 재고 현황을 [통합] 시트에 통합하고 원본 데이터가 수정되면
[통합] 시트에도 자동으로 반영되도록 하겠습니다.

 〔예제 파일 경로〕 부록 CD\Sample\Part09\지점별재고현황통합.xlsx | 〔결과 파일 경로〕 부록 CD\Sample\Part09\After\지점별재고현황통합_완성.xlsx

완성예제 미리보기

대리점 전체 재고 현황

품명	색상	사이즈					총합계
		90호	95호	100호	105호	110호	
라운드T	흰색	11	5	12	6	4	38
	그레이	4	2	5	2	4	17
	검정색	5	4	4	2	6	21
	초록색	5	5	4	3	6	23
남성반팔T	흰색	3	1	6	4	9	23
	그레이	2	4	8	8	2	24
	검정색	2	6	14	6	9	37
	초록색	7	7	5	10	11	40
남성긴팔T	흰색	7	5	4	4	2	22
	그레이	4	4	6	12	3	
	검정색	2	4	5	2	4	17
	초록색	3	5	3	2	5	18
여성반팔T	흰색	3	9	3	6	4	25
	그레이	3	5	5	2	3	18
	검정색	6	5	7	2	5	25
	초록색	5	6	3	2	3	19

강남점 / 건대점 / 홍대점 / 통합 / Sheet3

01 [강남점], [건대점], [홍대점] 시트에 있는 각각의 재고 현황을 [통합] 시트에 통합하겠습니다. ❶ [통합] 시트를 클릭한 후 ❷ [C5] 셀을 클릭하고 ❸ [데이터] 탭의 [데이터 도구 – 통합]을 클릭합니다.

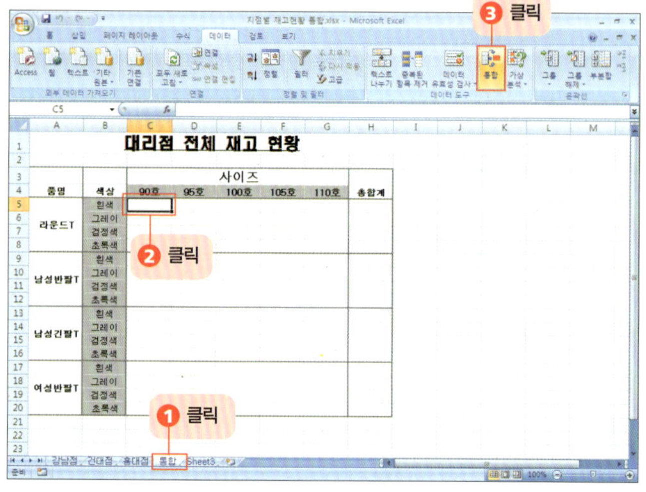

02 [통합] 대화상자가 나타나면 ❶ 함수에서 '합계'를 선택한 후 ❷ 참조에 커서를 위치시키고 ❸ [강남점] 시트를 클릭한 후 ❹ [C5:H20]을 범위 지정하고 ❺ [추가] 버튼을 클릭하면 범위 지정한 영역이 모든 참조 영역으로 추가됩니다.

03 계속해서 ❶ [건대점] 시트를 클릭하면 셀 범위가 자동으로 설정되어 있는 것을 알 수 있습니다. ❷ [추가] 버튼을 클릭한 후 ❸ [홍대점] 시트를 클릭하고 ❹ 다시 [추가] 버튼을 클릭하면 세 범위가 '모든 참조 영역'에 추가됩니다. ❺ '원본 데이터에 연결'에 체크 표시를 한 후 ❻ [확인] 버튼을 클릭합니다.

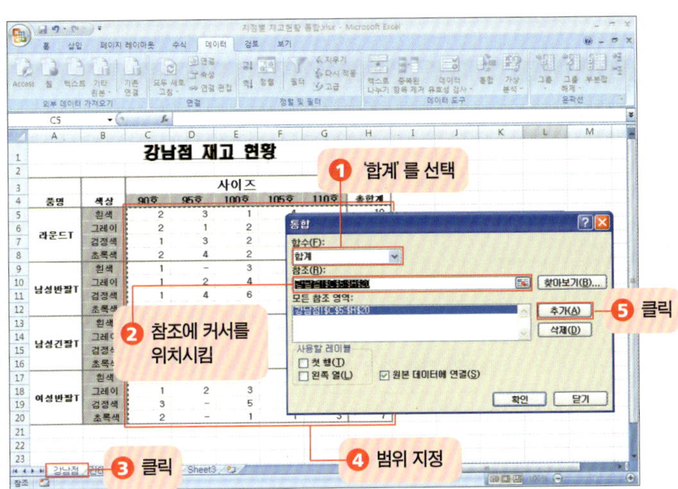

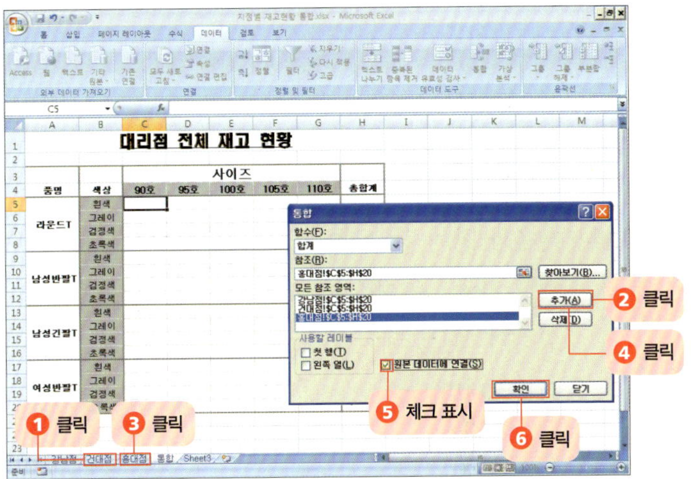

> **TIP** 셀을 범위 지정하면 「강남점!$C$5:$H$20」으로 나타납니다. 시트명을 구분하기 위해 !가 자동으로 나타납니다.

> **TIP** '원본 데이터에 연결'에 체크 표시를 하면 원본 데이터가 수정될 경우 통합한 시트도 함께 수정됩니다.

04 다음과 같이 대리점 전체의 재고가 통합됩니다. 워크시트 왼쪽 부분에 있는 +를 클릭하면 −로 바뀌면서 강남점, 건대점, 홍대점의 재고 현황이 함께 나타납니다.

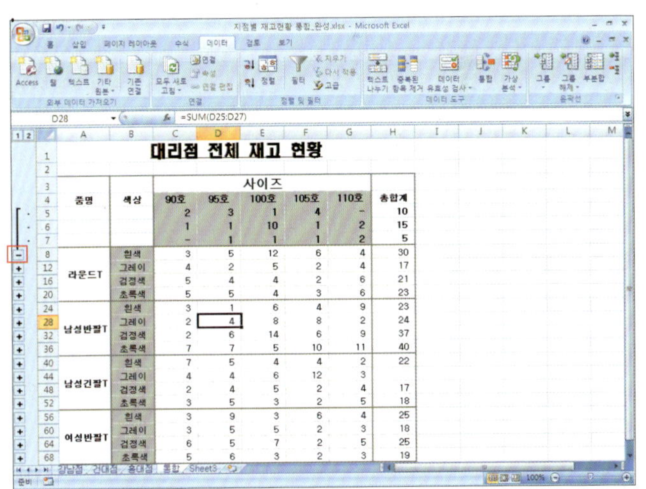

05 ❶ [강남점] 시트를 클릭한 후 ❷ [C5] 셀의 값을 「2」에서 「10」으로 수정합니다.

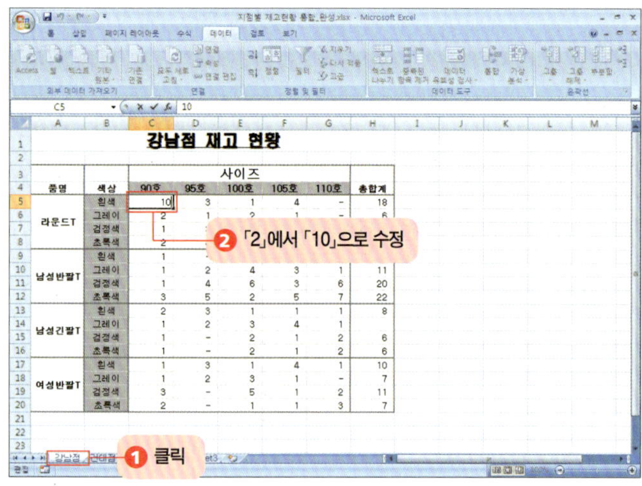

06 다음과 같이 강남점에서 수정한 사항이 통합 시트에도 자동으로 반영됩니다. 그 이유는 [통합] 대화 상자의 '원본 데이터에 연결'에 체크 표시를 했기 때문입니다.

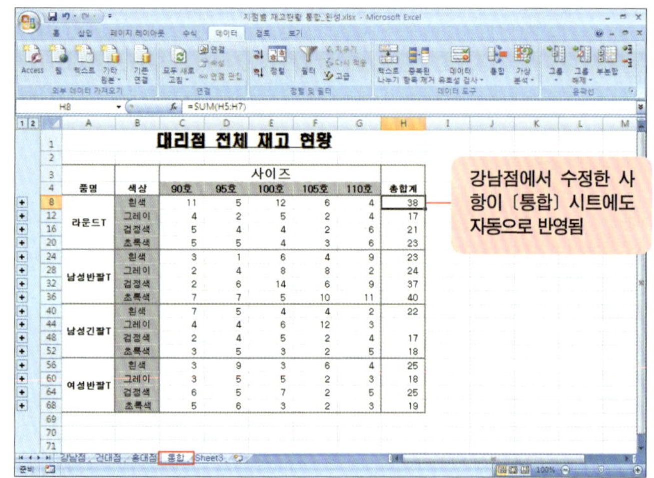

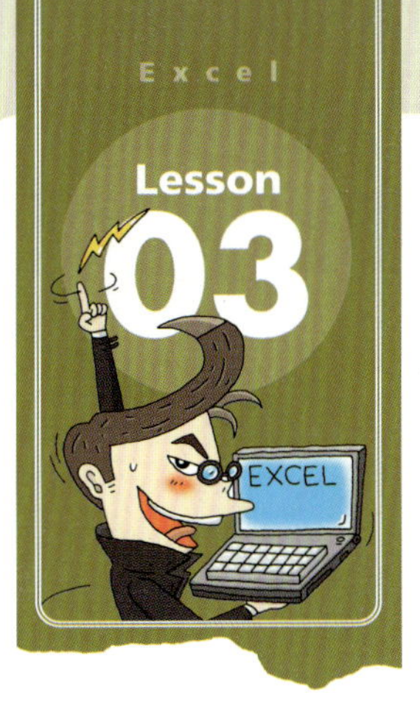

Lesson 03

방대한 데이터를 요약해 주는 피벗 테이블

피벗 테이블은 방대한 양의 데이터를 분석할 수 있도록 해 주는 강력한 도구입니다. 이번 레슨에서는 피벗 테이블을 만드는 방법과 여러 옵션들을 추가하여 상황에 맞게 가장 적절한 방법으로 데이터를 분석할 수 있는 여러 가지 방법에 대해 배워 보겠습니다.

 ## 피벗 테이블 만들기

피벗 테이블은 대량의 데이터를 빠르게 요약하여 한눈에 분석할 수 있도록 해 주는 대화형 테이블입니다. 피벗 테이블을 이용하면 행을 열로 또는 열을 행으로 이동(피벗)하여 원본 데이터를 다양한 방식으로 요약하여 표시할 수 있습니다. 다음의 데이터는 분기별 각 스포츠에 대한 매출액을 분석하기 위해 만든 피벗 테이블입니다.

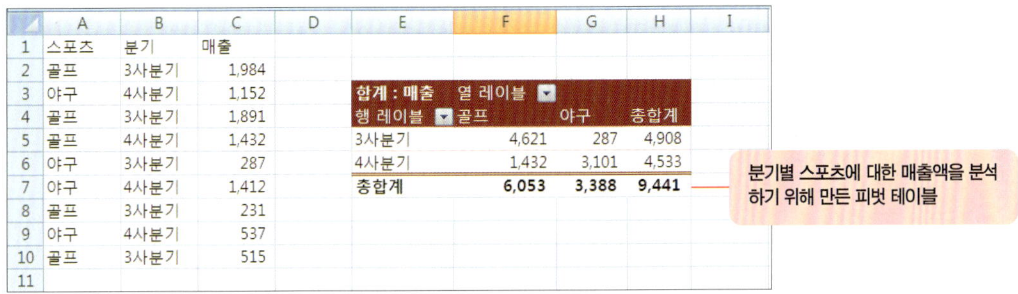

피벗 테이블을 만들려면 [삽입] 탭의 [표 – 피벗 테이블]을 클릭합니다.

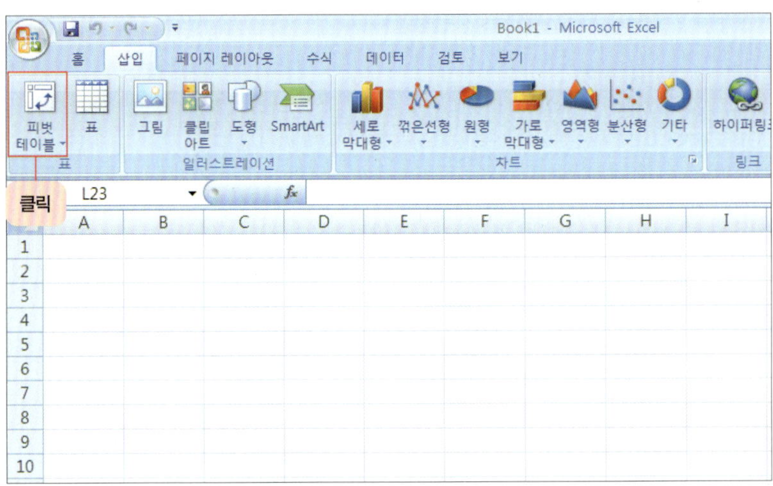

피벗 테이블을 삽입하면 워크시트의 오른쪽에 [피벗 테이블 필드 목록]이 나타나는데, 데이터를 어떻게 요약할 것이냐에 따라 보고서 필터, 열 레이블, 행 레이블, Σ 값에 각각의 필드를 추가합니다.

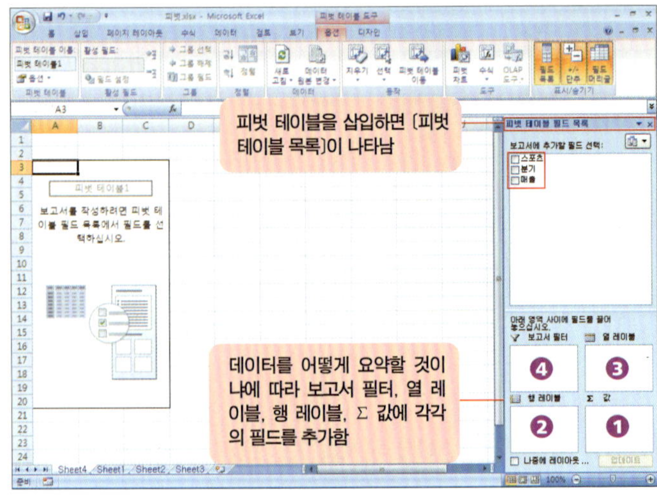

피벗 테이블 레이아웃의 각 영역에 대한 설명은 다음과 같습니다.

피벗 테이블 보고서	설 명
❶ Σ 값	요약 데이터를 표시하는 데에 사용하는 것으로 계산할 필드를 추가합니다. 예를 들어 분기별 예를 들어 분기별 스포츠별 매출의 합을 요약한다면 Σ 값에 '매출' 이라는 필드를 추가합니다.
❷ 행 레이블	필드를 그룹화하여 보고서의 옆쪽 행으로 표시합니다. 예를 들어 분기별 스포츠별 매출의 합을 분석한다면 그룹화할 '분기' 필드나 '스포츠' 필드를 행 레이블에 추가합니다.
❸ 열 레이블	필드를 그룹화하여 보고서 위쪽 열로 표시합니다. 예를 들어 분기별 스포츠별 매출의 합을 분석한다면 그룹화할 '분기' 필드나 '스포츠' 필드를 열 레이블에 추가합니다.
❹ 보고서 필터	필드를 보고서 필터에 추가하면 항목을 필터할 수 있습니다.

필드를 피벗 테이블 보고서에 추가하는 방법은 세 가지가 있습니다.

첫째, 자동으로 피벗 테이블 보고서를 구성하려면 [피벗 테이블 필드 목록]에서 사용할 필드명에 체크 표시를 해야 합니다.

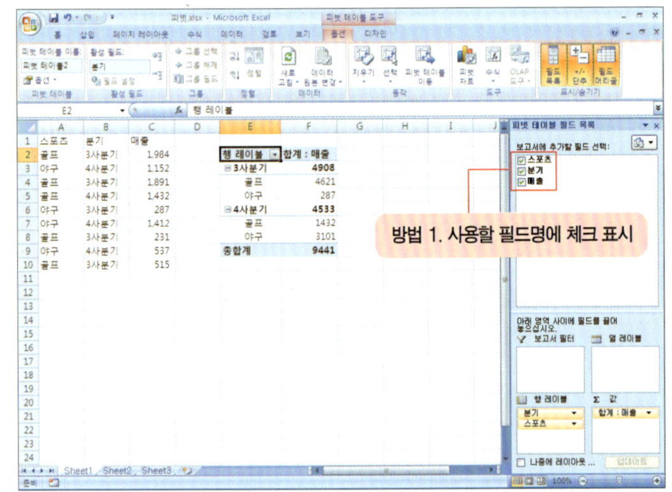

둘째, 사용자가 원하는 형태로 피벗 테이블 보고서를 구성하려면 마우스 오른쪽 버튼을 클릭하면 나타나는 바로 가기 메뉴를 이용하여 추가하거나 셋째, 필드를 원하는 보고서 영역으로 드래그하여 추가합니다.

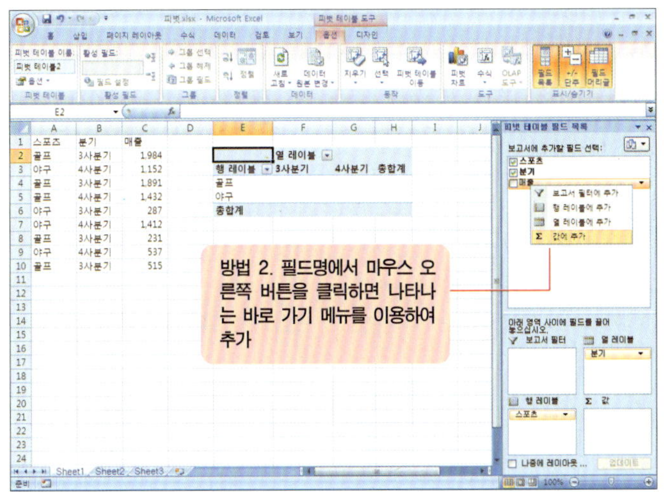

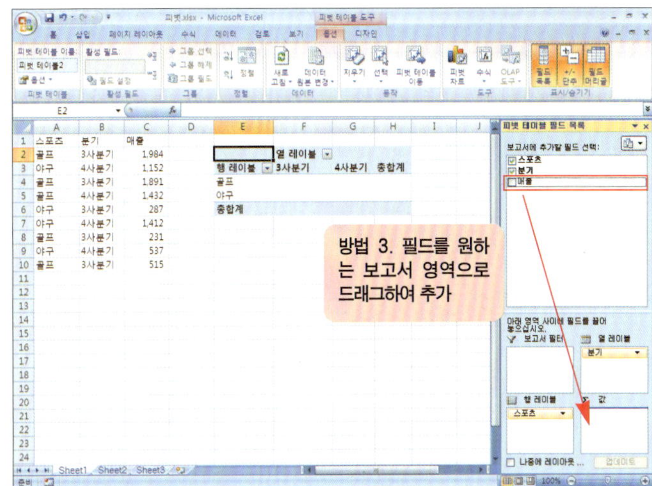

피벗 테이블 보고서의 Σ 값에서 요약에 사용할 수 있는 계산 유형에는 합계, 개수, 평균, 최대값, 최소값, 곱, 숫자 개수, 표본 표준 편차, 표준 편차, 표본 분산, 분산의 11개가 있습니다.

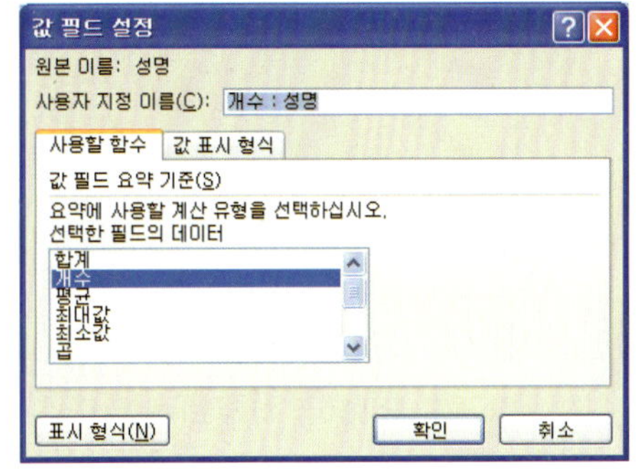

스포츠별, 분기별 매출의 합 분석하기

스포츠별, 분기별 매출의 합을 분석하기 위한 피벗 테이블 작성 방법에 대해 알아보겠습니다. 간단한 따라하기를 통해 연습해 보세요.

〔예제 파일 경로〕 부록 CD\Sample\Part09\피벗.xlsx | 〔결과 파일 경로〕 부록 CD\Sample\Part09\After\피벗_완성.xlsx

01 ❶ 데이터 목록 중에서 임의의 셀을 클릭한 후 ❷ [삽입] 탭의 [표 – 피벗 테이블]을 클릭합니다.

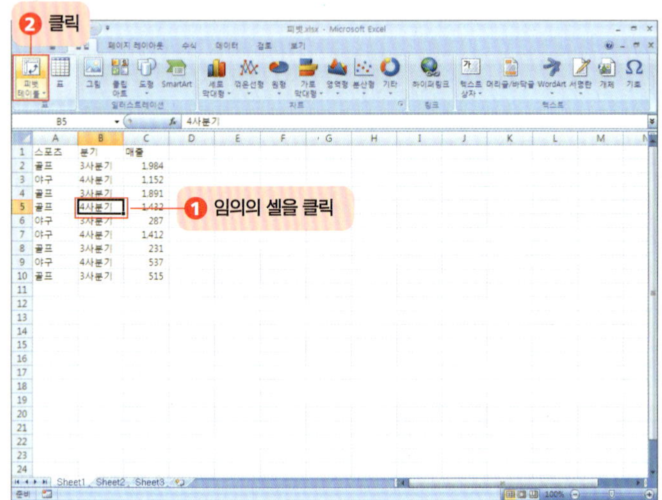

02 [피벗 테이블 만들기] 대화상자가 나타나면 '표/범위'에 자동으로 데이터 목록이 지정되어 있는 것을 알 수 있습니다. ❶ '기존 워크시트'를 선택한 후 ❷ 임의의 [E2] 셀을 클릭하고 ❸ [확인] 버튼을 클릭합니다.

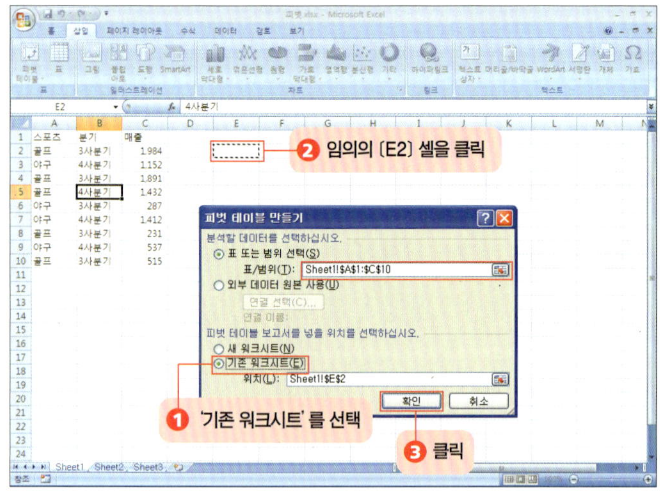

03 다음과 같이 레이아웃을 설정하기 위한 상태가 됩니다. 셀 포인터를 피벗 테이블 영역에 위치시키면 오른쪽에 '피벗 테이블 필드 목록'이 나타납니다.

TIP 셀 포인터를 피벗 테이블 영역에 위치시켰음에도 불구하고 '피벗 테이블 필드 목록'이 나타나지 않으면 〔옵션〕탭의 〔표시/숨기기 – 필드 목록〕을 클릭합니다.

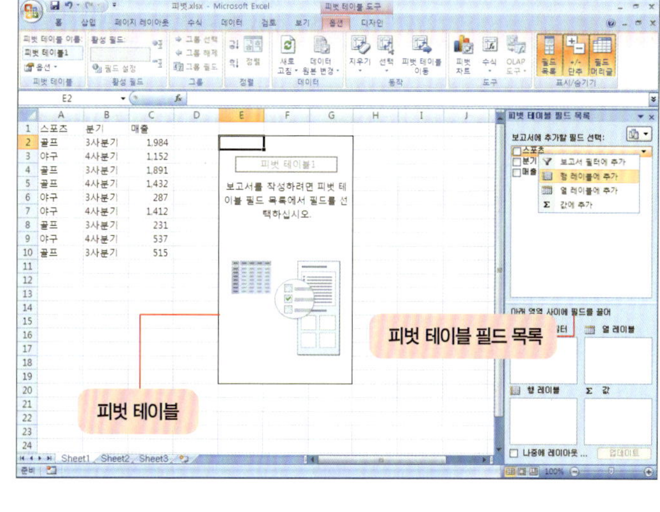

04 ❶ '스포츠' 필드 위에서 마우스 오른쪽 버튼을 클릭한 후 ❷ [행 레이블에 추가]를 클릭합니다.

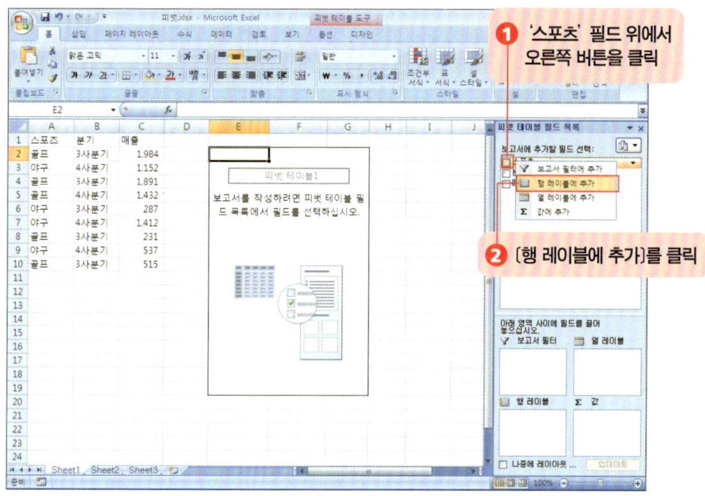

05 ❶ '분기' 필드 위에서 마우스 오른쪽 버튼을 클릭한 후 ❷ [열 레이블에 추가]를 클릭합니다.

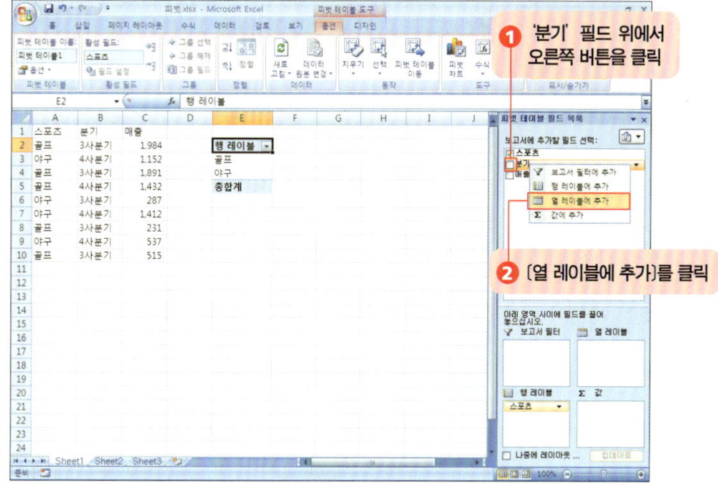

06 ❶ '매출' 필드 위에서 마우스 오른쪽 버튼을 클릭한 후 ❷ [Σ 값에 추가]를 클릭합니다.

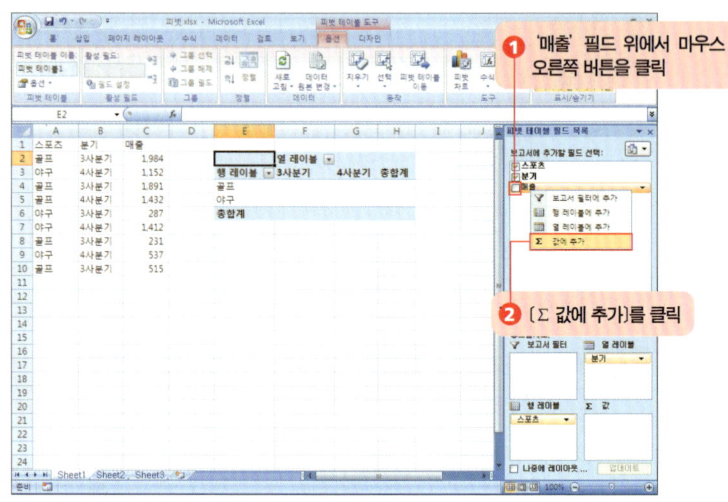

> **TIP** 스포츠별 분기별 매출의 합을 분석하기 위해 그룹화할 항목은 '스포츠'와 '분기' 필드이고, 계산할 필드는 '매출'입니다. 그룹화할 항목은 행 레이블이나 열 레이블에 자유롭게 추가할 수 있지만 계산할 필드는 반드시 Σ 값 영역에 추가해야 합니다. 그렇기 때문에 '매출' 필드를 Σ 값 영역에 추가한 것입니다.

07 ❶ 셀 포인터를 피벗 테이블 영역 위에 위치시킨 후 ❷ [디자인] 탭의 [피벗 테이블 스타일]에서 [자세히 ▼]를 클릭하고 '피벗 스타일 보통 6'을 선택합니다.

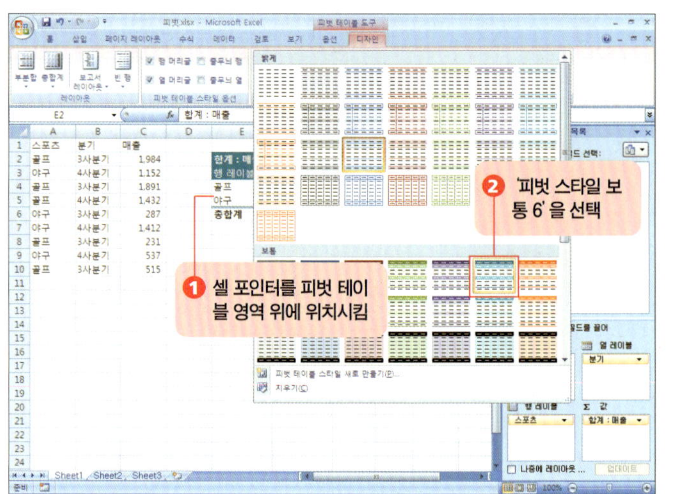

08 다음과 같이 피벗 테이블이 완성됩니다.

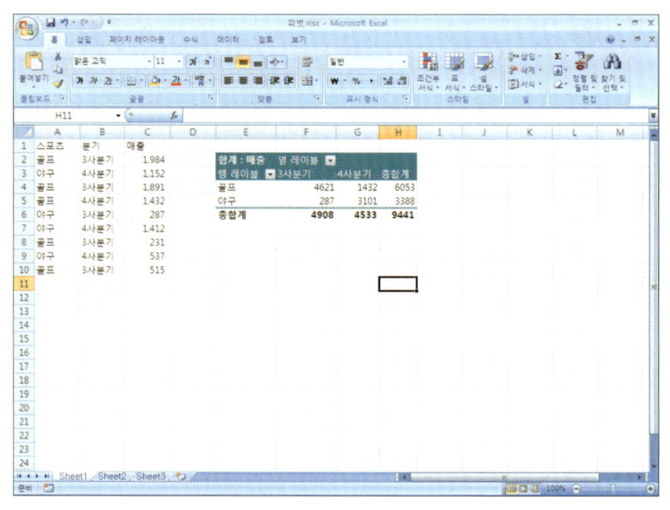

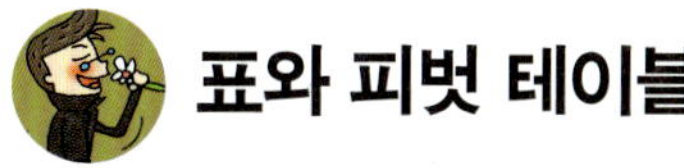 표와 피벗 테이블

원본 데이터의 레코드가 지속적으로 추가된다면 데이터 목록을 '표'로 만든 후 피벗 테이블을
작성하는 것이 효율적입니다. 왜냐하면 피벗 테이블을 만든 후 원본 데이터에 새로운 레코드가
추가되면 피벗 테이블에서 추가한 내용을 반영하지 못하기 때문입니다. 그러나 데이터 목록을
'표'로 만든 후 피벗 테이블을 만들면 데이터에 새로운 레코드가 추가되었을 경우 피벗 테이블
에도 자동으로 반영됩니다. 이 때에는 물론 '새로 고침'을 클릭해야 합니다.

[삽입] 탭의 [표 − 표]를 클릭하여 데이터 목록을 표로
만듭니다.

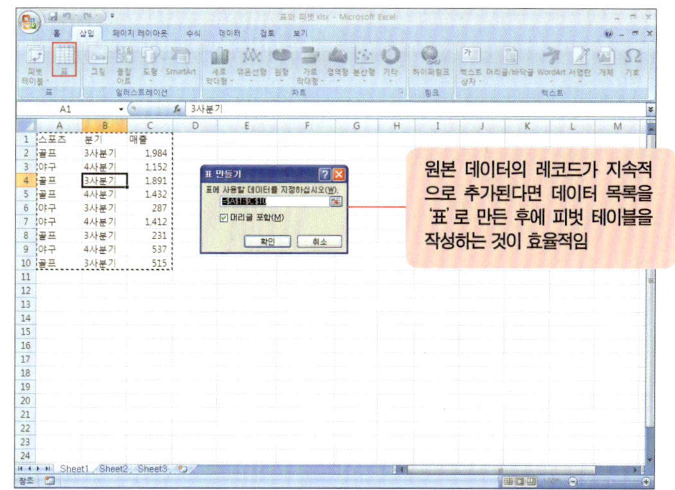

피벗 테이블을 만든 후 레코드가 추가되면 [옵션] 탭의
[데이터 − 새로 고침]을 클릭하여 새로 추가한 레코드
를 피벗 테이블에 반영합니다.

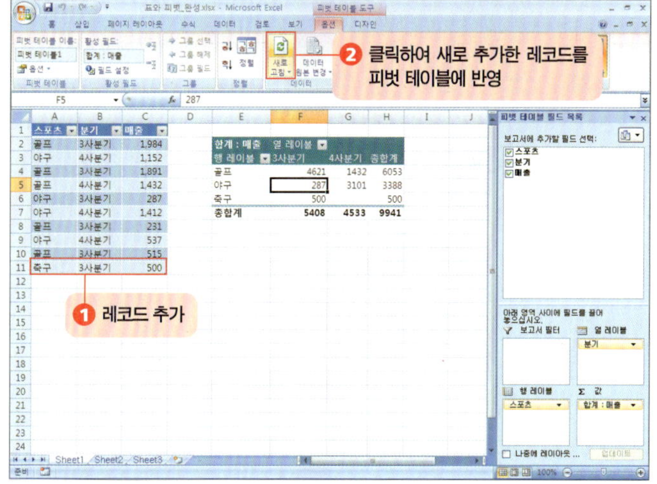

TIP 원본 데이터를 변경하였을 경우 반드시 '새로 고침'을 클릭해야만 피벗 테이블에도 변경된 내용이 반영됩니다.

01 〔C6〕의 값 「287」을 「500」으로 수정합니다.

02 피벗 테이블에 자동으로 반영되지 않으므로 ❶ 셀 포인터를 피벗 테이블 위에 위치시킨 후 ❷ 〔옵션〕 탭의 〔데이터 – 새로 고침〕을 클릭합니다.

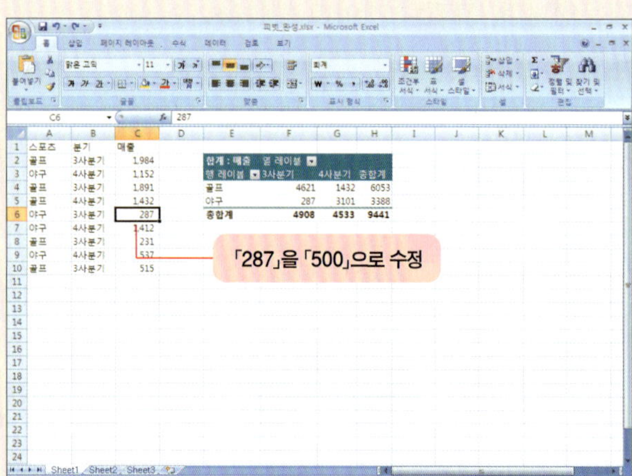

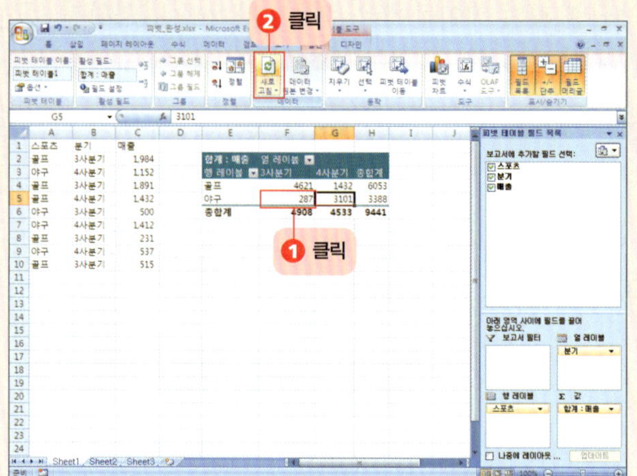

03 다음과 같이 피벗 테이블에도 변경된 내용이 반영됩니다.

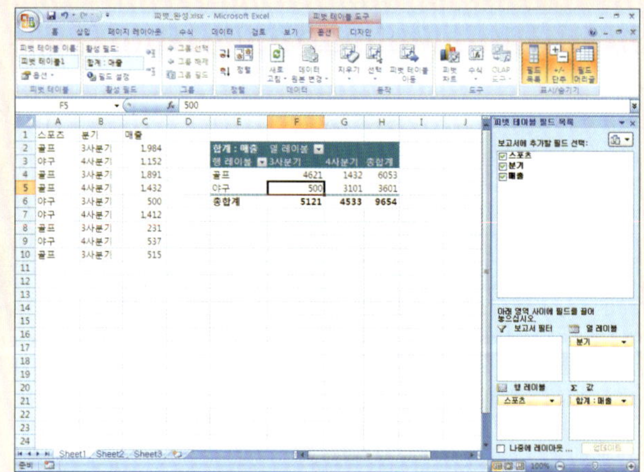

추가된 데이터를 피벗 테이블에 자동으로 반영하기

데이터 목록을 '표'로 만든 후 피벗 테이블을 만들어 데이터가 추가되면 피벗 테이블에도 추가된 데이터를 '새로 고침'만 눌러 자동으로 반영할 수 있습니다. 간단한 따라하기를 통해 연습해 보세요.

〔예제 파일 경로〕부록 CD\Sample\Part09\표와피벗.xlsx　│　〔결과 파일 경로〕부록 CD\Sample\Part09\After\표와피벗_완성.xlsx

01 [A11:C11]에 새로운 레코드를 다음과 같이 추가합니다.

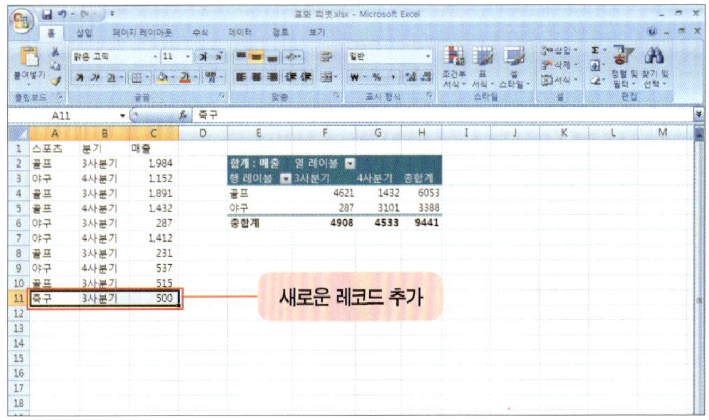

02 ❶ 피벗 테이블을 클릭한 후 ❷ [옵션] 탭의 [데이터 – 새로 고침]을 클릭합니다.

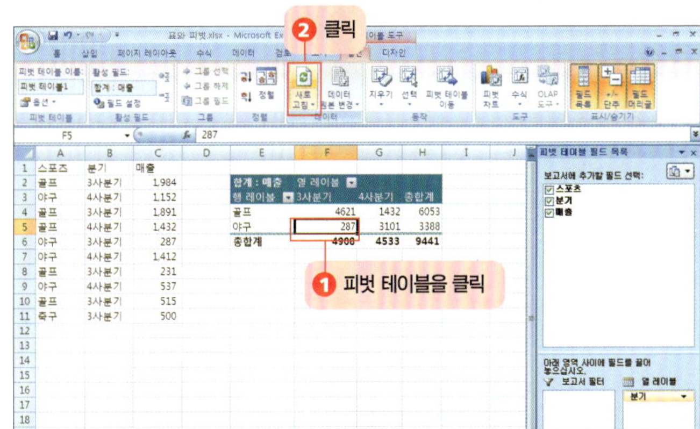

03 새로 추가된 레코드가 반영되지 못합니다. 피벗 테이블을 지우기 위해 ❶ [옵션] 탭의 [동작 – 지우기]를 클릭한 후 ❷ [모두 지우기]를 클릭합니다.

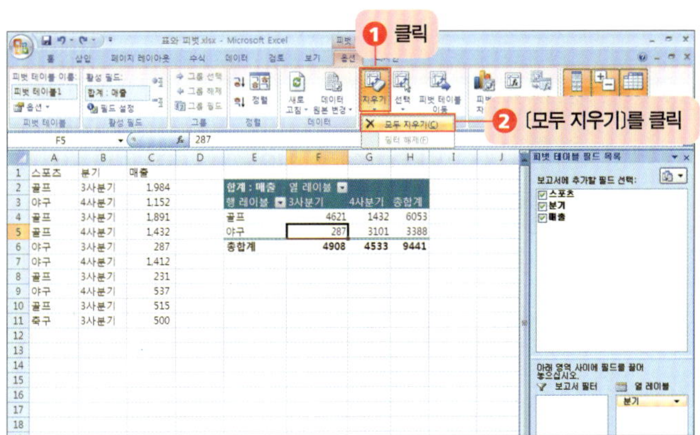

04 다음과 같이 피벗 테이블을 지웠습니다. [A11:C11]의 데이터도 범위 지정한 후 Delete 을 눌러 지웁니다.

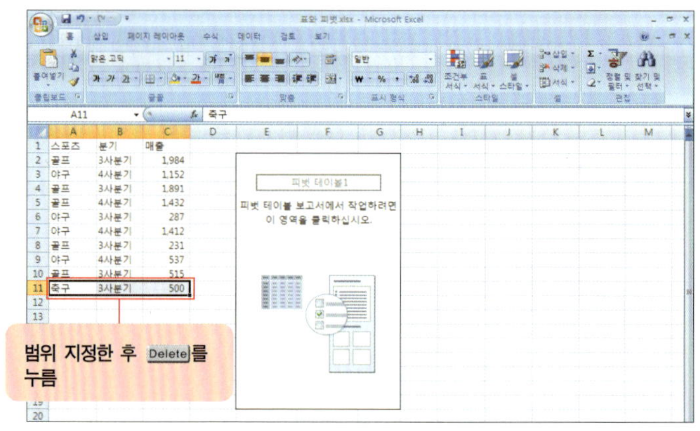

05 이번에는 데이터 목록을 표로 만든 후 피벗 테이블을 작성해 보겠습니다. ❶ [삽입] 탭의 [표 − 표]를 클릭한 후 ❷ [표 만들기] 대화상자가 나타나면 데이터 목록 범위가 지정되었는지를 확인하고 [확인] 버튼을 클릭합니다.

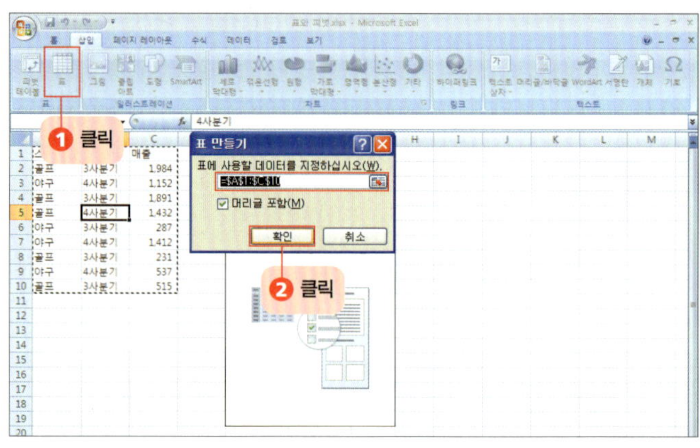

06 다음과 같은 피벗 테이블을 만든 후 [A11:C11]에 다음과 같이 레코드를 추가합니다.

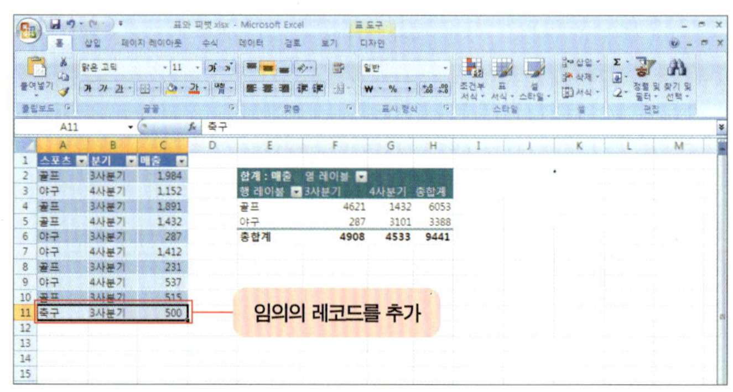

Page 피벗 테이블 작성에 대해서는 509쪽을 참고하세요.

07 ❶ 셀 포인터를 피벗 테이블 위에 위치시킨 후 ❷ [옵션] 탭의 [데이터 − 새로 고침]을 클릭합니다. 다음과 같이 새로 추가된 레코드가 반영됩니다.

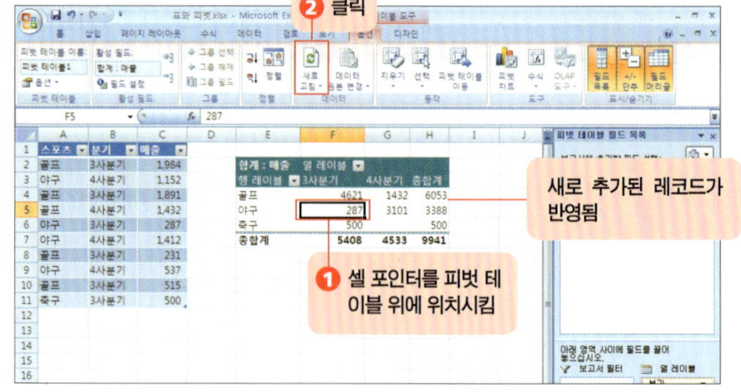

피벗 테이블 항목을 그룹으로 묶기

피벗 테이블은 숫자, 날짜, 시간 등 선택한 항목을 그룹으로 묶어 데이터를 좀 더 효율적으로 분석할 수 있도록 해 줍니다.

다음은 나이를 10살 단위로 묶어 세대별 직급별 인원 수를 파악할 수 있도록 작성한 피벗 테이블입니다. 그룹은 [옵션] 탭의 [그룹 - 그룹 필드 ◈ 그룹 필드]에서 지정합니다.

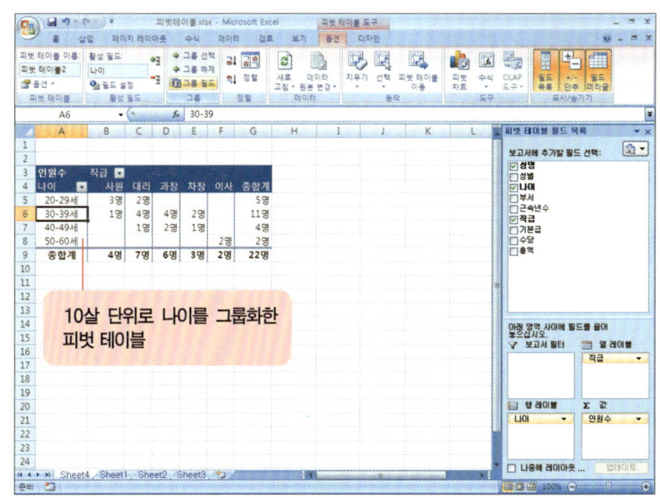

피벗 테이블 요약 값을 비율로 표시하기

보고서에서는 금액이나 숫자 자체만으로 데이터를 분석하기도 하지만 전체 금액의 몇 퍼센트, 전체 숫자의 몇 퍼센트로 분석하기도 합니다. 피벗 테이블에서 [옵션] 탭의 [활성 필드 - 필드 설정 ◈ 필드 설정]을 이용하면 전체 숫자에 대한 비율을 쉽게 표시할 수 있습니다.

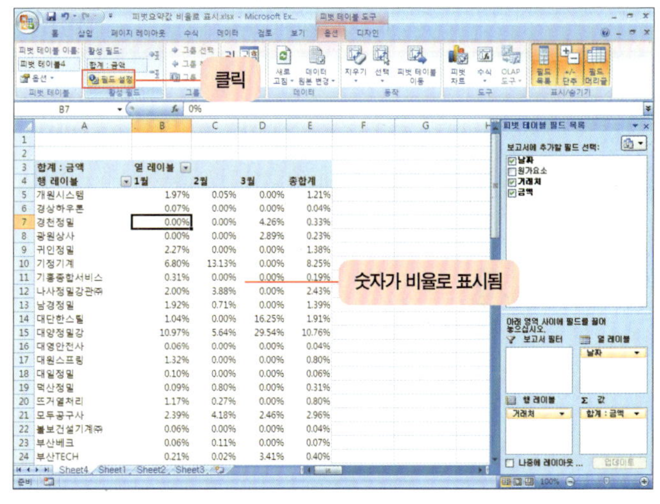

일일 데이터를 월별로 분석하는 피벗 테이블 만들기

일일 단위로 입력되어 있는 원가 요소의 금액을 월별로 분석하기 위해 피벗 테이블을 만든 후 날짜 필드를 '월' 단위로 그룹화 해 보겠습니다. 간단한 따라하기를 통해 연습해 보세요.

〔예제 파일 경로〕 부록 CD\Sample\Part09\피벗그룹화.xlsx | 〔결과 파일 경로〕 부록 CD\Sample\Part09\After\피벗그룹화_완성.xlsx

01 ❶ 데이터 목록 중에서 임의의 셀을 클릭한 후 ❷ [삽입] 탭의 [표 – 피벗 테이블]을 클릭합니다.

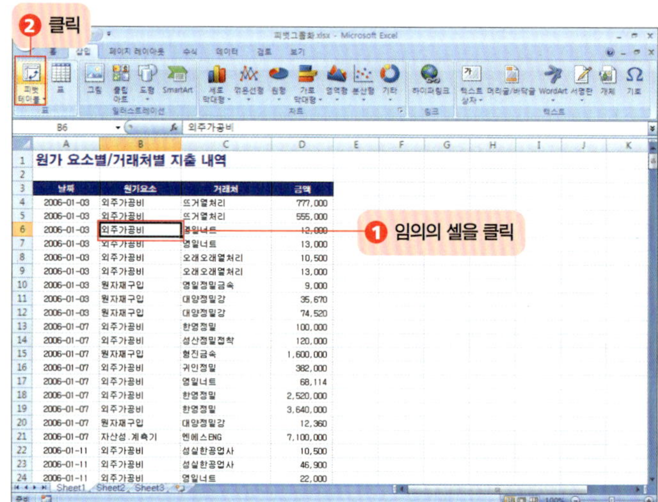

02 [피벗 테이블 만들기] 대화상자가 나타나면 '표/범위'가 자동으로 지정되어 있는 것을 확인한 후 ❶ 피벗 테이블 보고서를 넣을 위치에서 '새 워크시트'를 선택하고 ❷ [확인] 버튼을 클릭합니다.

> **TIP** 만약 셀 포인터를 데이터 목록에 위치시키지 않은 상태에서 〔삽입〕 탭의 〔표 – 피벗 테이블〕을 클릭하면 '표/범위'는 자동으로 지정되지 않으므로 데이터 목록 영역을 드래그하여 데이터 목록 범위를 지정해야 합니다.

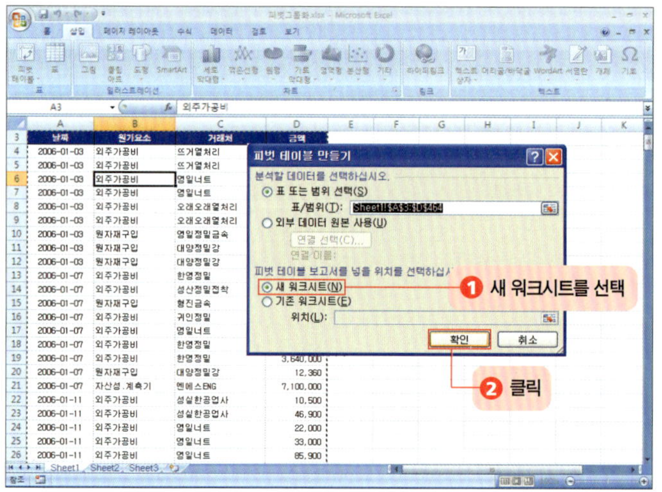

03 새 워크시트가 추가되면서 피벗 테이블을 만들 수 있는 상태가 됩니다. 오른쪽의 [피벗 테이블 필드 목록]에서 ❶ '날짜' 필드 위에서 마우스 오른쪽 버튼을 클릭한 후 ❷ [열 레이블에 추가]를 클릭합니다.

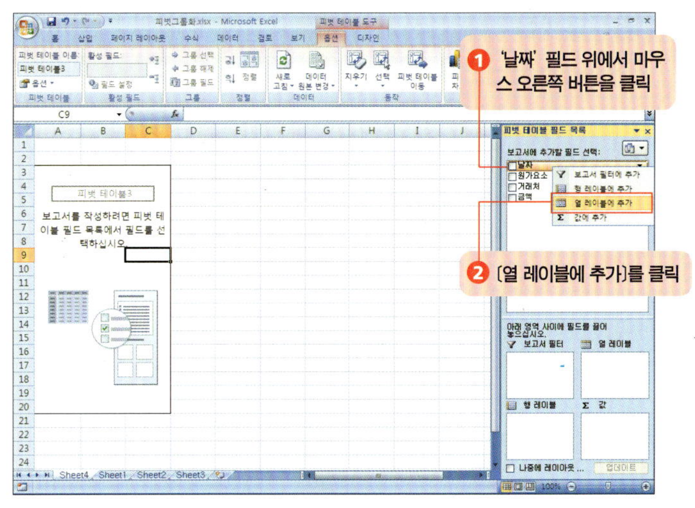

04 ❶ '원가 요소' 필드 위에서 마우스 오른쪽 버튼을 클릭한 후 ❷ [행 레이블에 추가]를 클릭합니다.

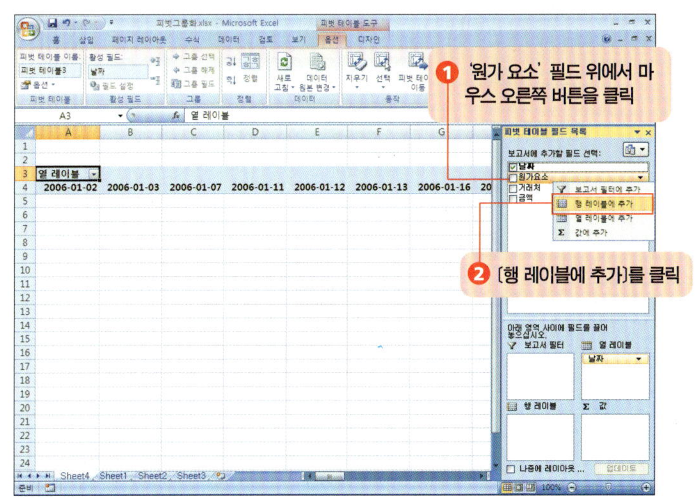

05 ❶ '금액' 필드 위에서 마우스 오른쪽 버튼을 클릭한 후 ❷ [Σ 값에 추가]를 클릭합니다.

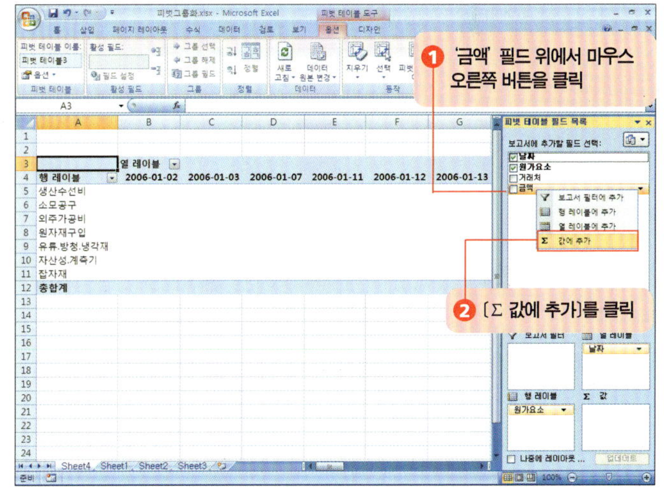

06 날짜를 그룹화하기 위해 ❶ 날짜가 있는 필드 중에서 임의의 [C4] 셀을 클릭한 후 ❷ [옵션] 탭의 [그룹 – 그룹 필드 ⚙ 그룹 필드]를 클릭합니다.

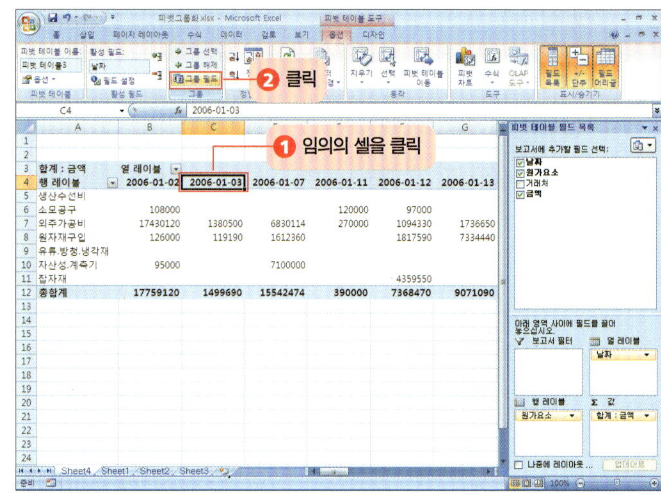

07 [그룹화] 대화상자가 나타나면 자동으로 지정된 '시작'과 '끝' 날짜는 그대로 두고 '월' 단위로 그룹화하기 위해 ❶ '월'을 선택한 후 ❷ [확인] 버튼을 클릭합니다.

> **TIP** 그룹화 단위에서 단위를 한 번 클릭하면 지정되고 다시 클릭하면 해제됩니다. 또한 복수로 선택할 수 있으므로 연도별, 분기별, 월별로 그룹화하려면 '연', '분기', '월'을 차례대로 클릭합니다.

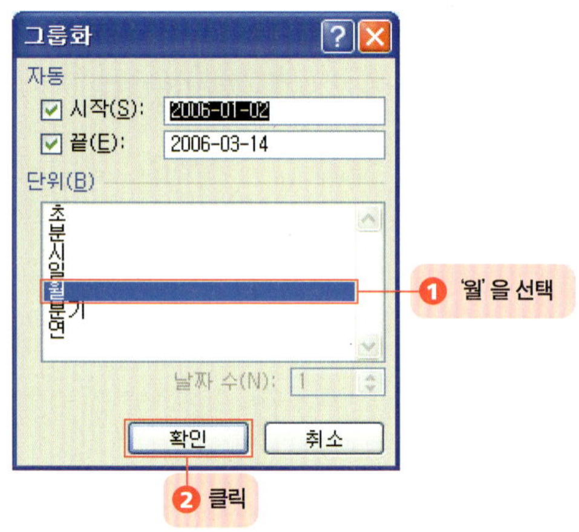

08 다음과 같이 월별로 그룹화되어 원가 요소별 거래 금액의 합을 분석하기가 쉬워집니다.

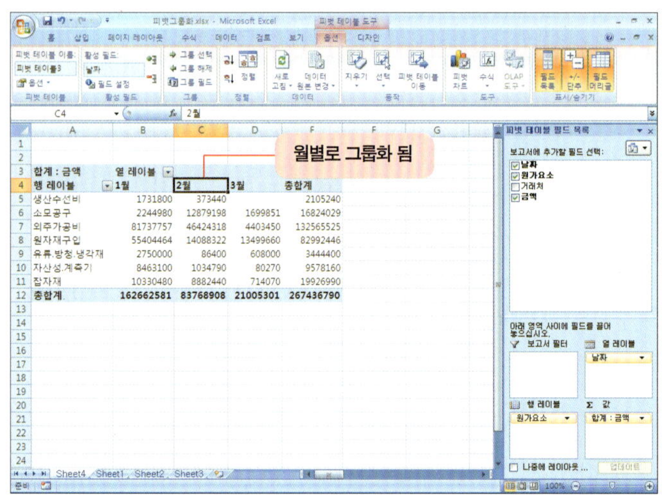

거래처별 지출 내역 비율로 분석하기

**Action Excel
도전! 엑셀**

이번에는 각 거래처의 월별 지출 내역을 비율로 분석하는 피벗 테이블을 만들어 보겠습니다. 간단한 따라하기를 통해 연습해 보세요.

〔예제 파일 경로〕 부록 CD\Sample\Part09\피벗요약값 비율로 표시.xlsx | 〔결과 파일 경로〕 부록 CD\Sample\Part09\After\피벗요약값 비율로 표시_완성.xlsx

01 ❶ 데이터 목록 중에서 임의의 셀을 클릭한 후 ❷ [삽입] 탭의 [표 – 피벗 테이블]을 클릭합니다.

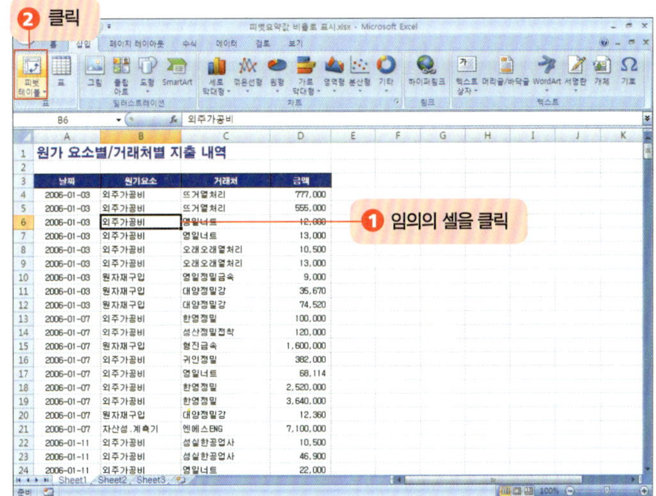

02 [피벗 테이블 만들기] 대화상자가 나타나면 표/범위가 자동으로 지정되어 있는 것을 확인한 후 ❶ 피벗 테이블 보고서를 넣을 위치에서 '새 워크시트'를 선택하고 ❷ [확인] 버튼을 클릭합니다.

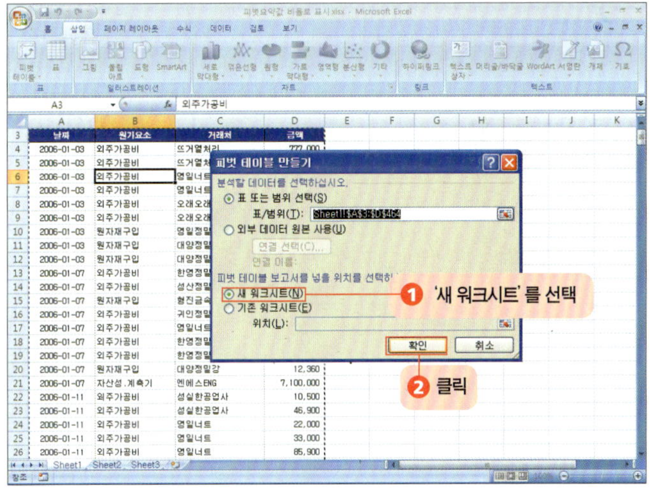

03 새 워크시트가 추가되면서 피벗 테이블을 만들 수 있는 상태가 됩니다. 오른쪽의 [피벗 테이블 필드 목록]에서 ❶ '날짜' 필드 위에서 마우스 오른쪽 버튼을 클릭한 후 ❷ [열 레이블에 추가]를 클릭합니다.

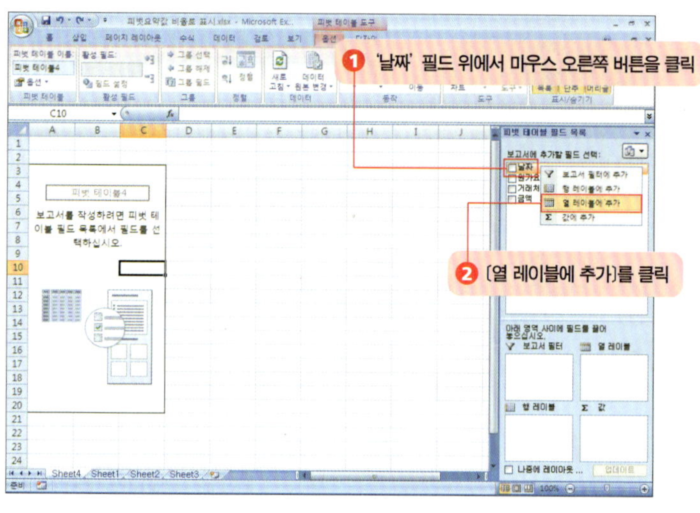

04 ❶ '거래처' 필드 위에서 마우스 오른쪽 버튼을 클릭한 후 ❷ [행 레이블에 추가]를 클릭합니다. 이어서 ❸ '금액' 필드 위에서 마우스 오른쪽 버튼을 클릭한 후 ❹ [Σ 값에 추가]를 클릭합니다.

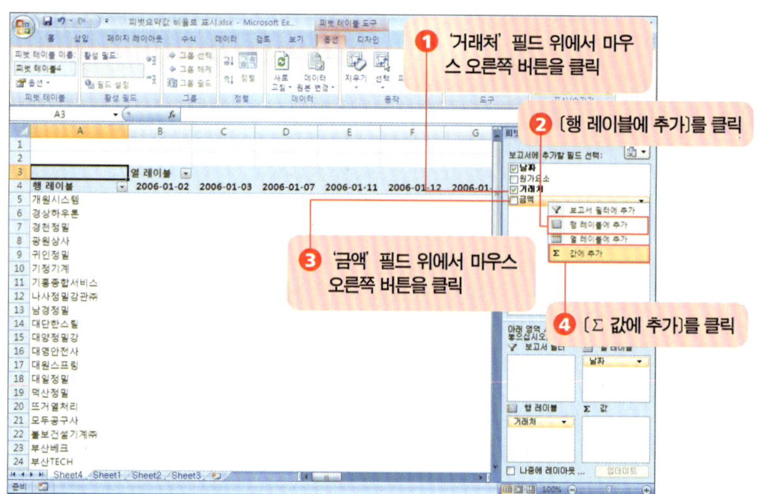

05 ❶ 날짜가 입력된 임의의 [C4] 셀을 클릭한 후 ❷ [옵션] 탭의 [그룹 – 그룹 필드 그룹 필드]를 클릭합니다.

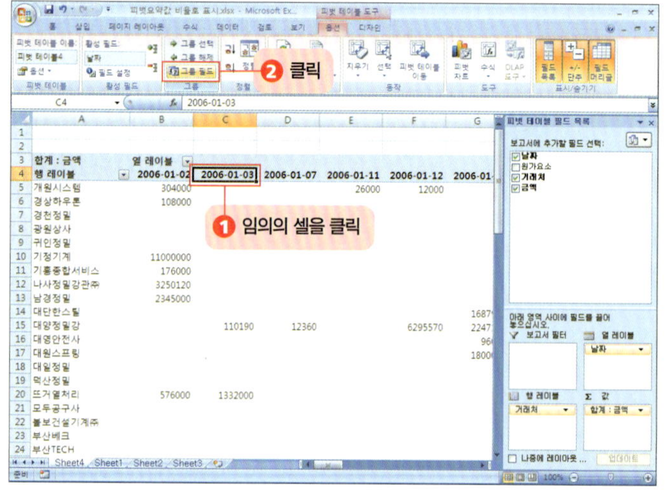

06 [그룹화] 대화상자가 나타나면 자동으로 지정되어 있는 '시작', '끝' 날짜는 그대로 두고, 월 단위로 그룹화하기 위해 ❶ '월'을 선택한 후 ❷ [확인] 버튼을 클릭합니다.

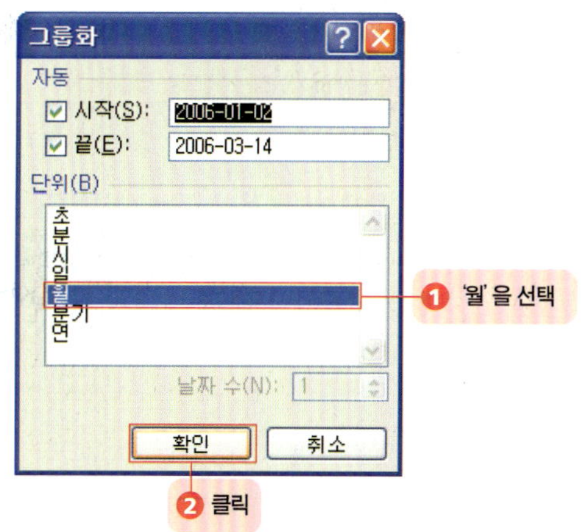

07 요약 값을 전체 금액에 대한 비율로 표시하기 위해 ❶ 요약 값이 입력된 임의의 [B6] 셀을 클릭한 후 ❷ [옵션] 탭의 [활성 필드 – 필드 설정]을 클릭합니다.

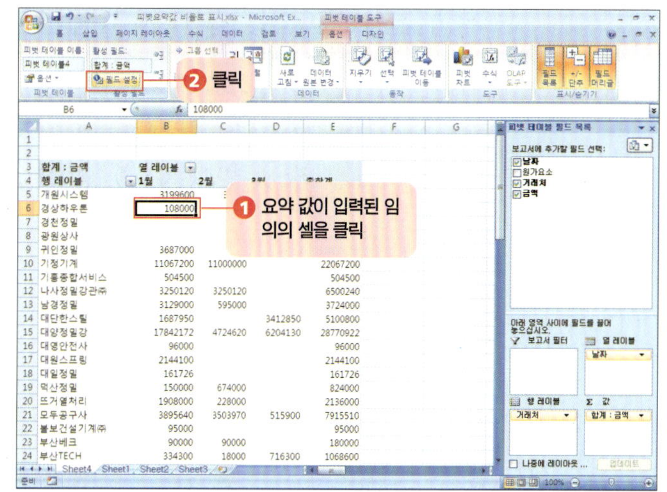

08 [값 필드 설정] 대화상자가 나타나면 ❶ [값 표시 형식] 탭을 클릭한 후 ❷ 값 표시 형식에서 '행 방향의 비율'을 선택하고 ❸ [확인] 버튼을 클릭합니다.

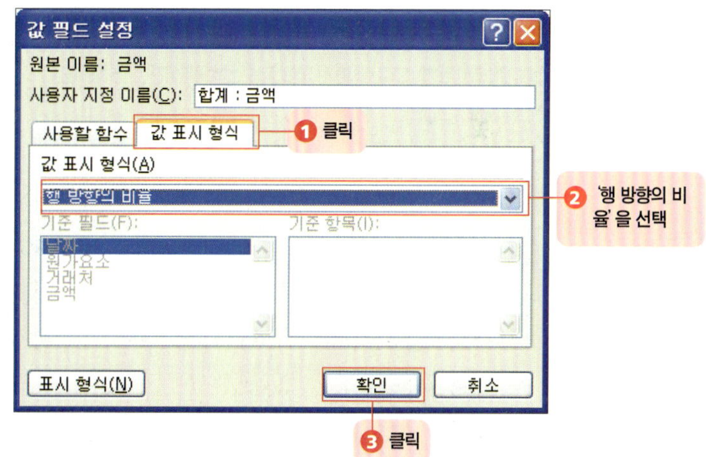

09 다음과 같이 각 거래처의 월별 구성비를 파악할 수 있는 보고서가 완성됩니다.

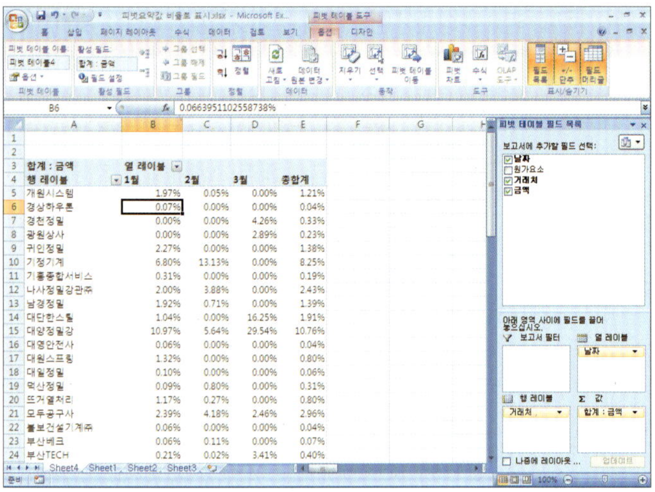

TIP 1월 '생산수선비'에 대한 구체적인 레코드를 확인하려면 1월 '생산수선비' 요약 값이 있는 (B5) 셀을 더블클릭합니다.

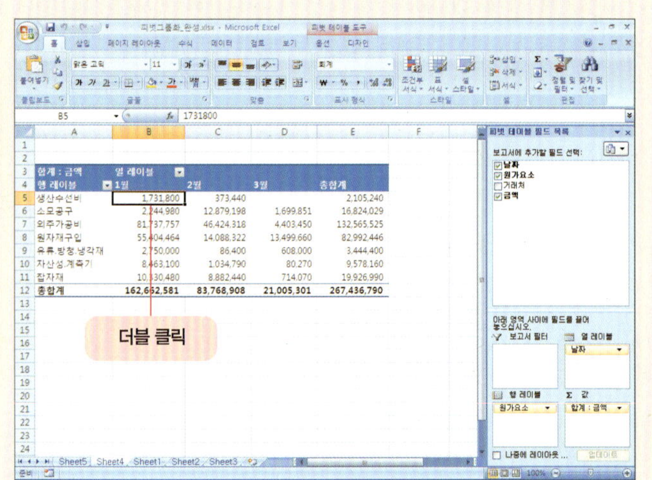

새로운 워크시트가 추가되면서 생산 수선비에 대한 구체적인 레코드가 나타납니다.

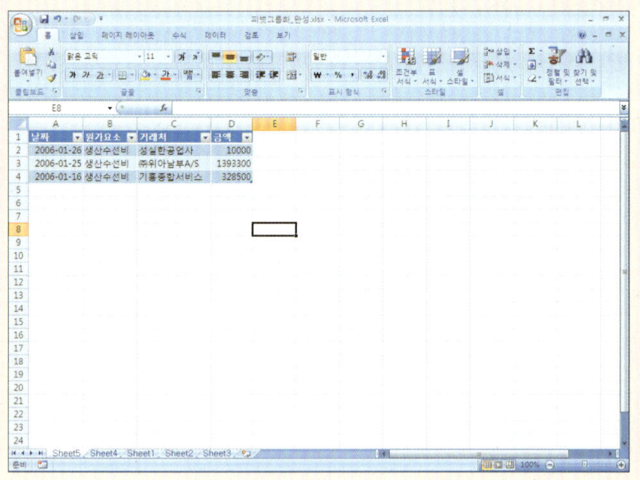

Action Excel
실력다지기

전화 사용 실적 나이대별로 분석하기

이번에는 전화 요금 내역 데이터를 이용하여 나이대별 고객 수와 고객 비중을 파악하고 매출액과 매출 비중을 분석하는 피벗 테이블을 만들어 보겠습니다.

〔예제 파일 경로〕 부록 CD\Sample\Part09\피벗테이블 실전예제.xlsx | 〔결과 파일 경로〕 부록 CD\Sample\Part09\after\피벗테이블 실전예제_완성.xlsx

완성
예제
미리
보기

고객명	성별	생년월일	나이	전화번호	전화요금
강백호	남	1996-10-01	11	010-***-****	1,750
윤대협	남	1974-01-17	33	010-***-****	21,931
서태웅	남	1992-03-01	15	010-***-****	46,360
이한나	여	1970-11-15	37	010-***-****	10,903
오일상	남	1968-01-02	39	010-***-****	11,770
김양경	남	1974-08-01	33	010-***-****	292,035
김운형	남	1970-02-05	37	010-***-****	583,588
이민영	여	1970-03-05	37	010-***-****	653,362
김태욱	남	1970-04-05	37	010-***-****	432,406
오하람	여	1970-05-05	37	010-***-****	337,266
김효진	여	1970-06-05	37	010-***-****	426,809
박명화	여	1970-07-05	37	010-***-****	952,369
박세희	여	1970-08-05	37	010-***-****	953,116
신예지	여	1970-09-05	37	010-***-****	341,419
박영환	남	1970-10-05	37	010-***-****	59,798
김희수	여	1970-11-05	37	010-***-****	798,560
박서현	여	1970-12-05	37	010-***-****	676,686
이정길	남	1971-01-05	36	010-***-****	113,154
김태백	남	1992-08-01	15	010-***-****	495,207
박태산	남	1994-12-05	13	010-***-****	23,889
황선홍	남	1999-07-01	8	010-***-****	4,819
강니나	여	1996-07-01	11	010-***-****	292,000
성운용	남	1995-05-01	12	010-***-****	527,155
김말자	여	2000-01-03	7	010-***-****	41,100
임태자	남	1987-05-17	20	010-***-****	23,340
이정수	남	1988-02-04	19	010-***-****	1,320
강종석	남	1985-02-15			
박만영	여	1987-03-16			
임재기	남	1989-03-16			

나이	값			
	고객수	고객수 비중	매출액	매출액 비중
0-9세	2명	1.04%	₩45,919	0.14%
10-19세	27명	13.99%	₩3,026,521	9.45%
20-29세	99명	51.30%	₩3,561,916	11.12%
30-39세	41명	21.24%	₩13,989,348	43.66%
40-50세	24명	12.44%	₩11,416,000	35.63%
총합계	193명	100.00%	₩32,039,704	100.00%

● 1단계 : 피벗 테이블 보고서 만들기

01 ❶ 데이터 목록 중에서 임의의 셀을 클릭한 후 ❷ [삽입] 탭의 [표 – 피벗 테이블]을 클릭합니다.

02 [피벗 테이블 만들기] 대화상자가 나타나면 '표/범위'가 자동으로 지정되어 있는 것을 확인한 후 ❶ 피벗 테이블을 넣는 위치에서 '새 워크시트'를 선택한 후 ❷ [확인] 버튼을 클릭합니다.

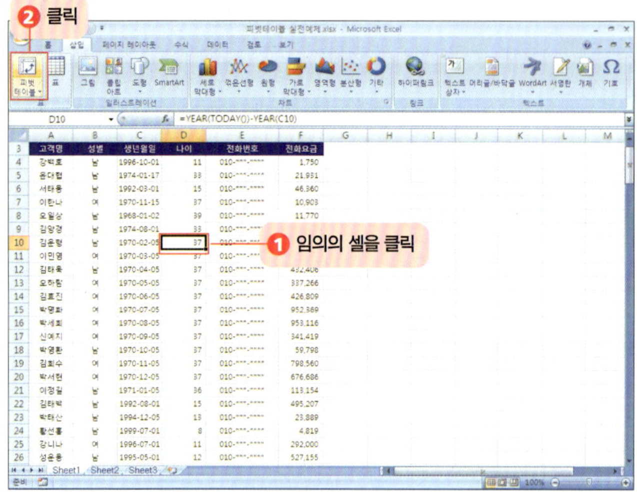

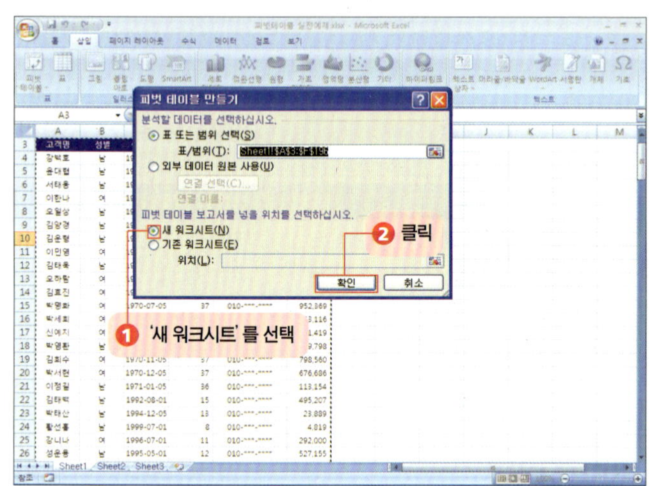

03 새 워크시트가 추가되면서 피벗 테이블을 만들 수 있는 상태가 됩니다. 오른쪽의 [피벗 테이블 필드 목록]에서 ❶ '나이' 필드 위에서 마우스 오른쪽 버튼을 클릭한 후 ❷ [행 레이블에 추가]를 클릭합니다.

04 ❶ '고객명' 필드 위에서 마우스 오른쪽 버튼을 클릭하고 ❷ [Σ 값에 추가]를 클릭합니다. ❸ 다시 한 번 '고객명' 필드 위에서 마우스 오른쪽 버튼을 클릭한 후 ❹ [Σ 값에 추가]를 클릭합니다.

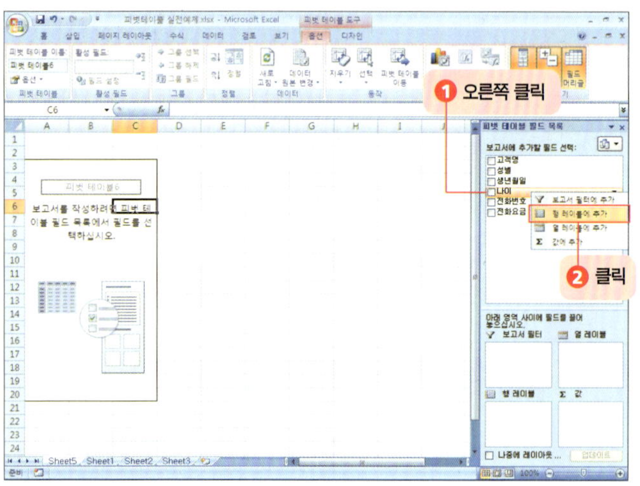

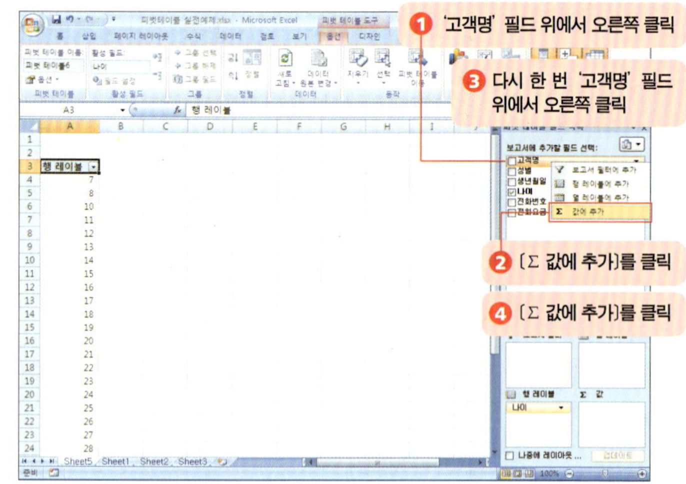

05 ❶ '전화요금' 필드 위에서 마우스 오른쪽 버튼을 클릭하고 ❷ [Σ 값에 추가]를 클릭합니다. ❸ 다시 한 번 '전화요금' 필드 위에서 마우스 오른쪽 버튼을 클릭한 후 ❹ [Σ 값에 추가]를 클릭합니다.

06 'Σ 값' 영역에 '고객명' 필드와 '전화요금' 필드가 두 개씩 추가됩니다. 두 개씩 추가한 이유는 각각의 숫자와 숫자에 대한 비율을 나타내기 위해서입니다.

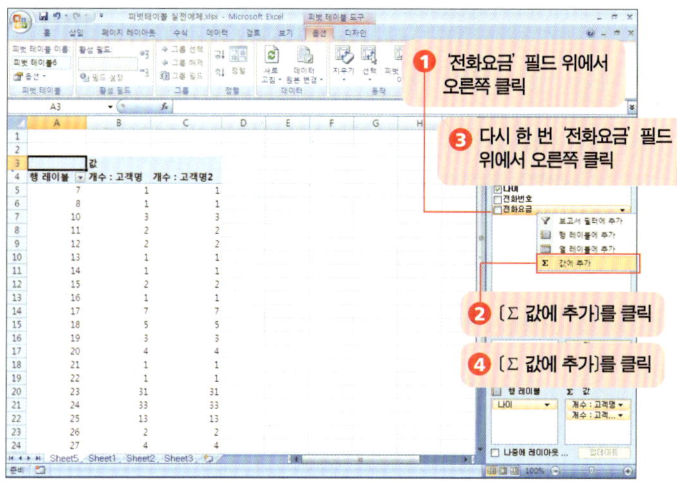

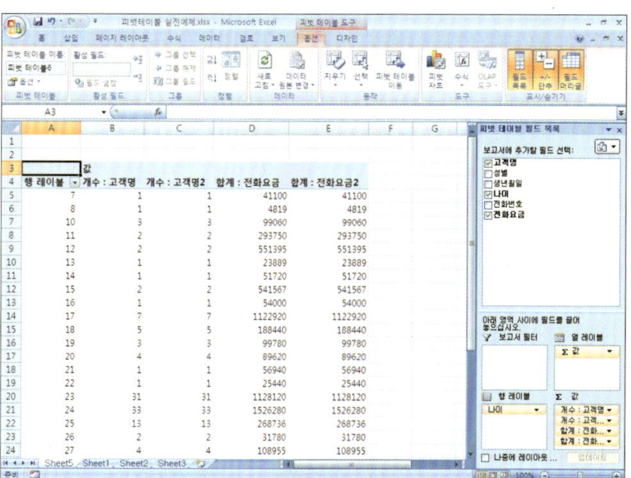

● **2단계 : 피벗 테이블 보고서 편집하기**

01 ❶ 'Σ 값' 영역에서 첫 번째의 '개수 : 고객명' 을 클릭한 후 ❷ [값 필드 설정]을 클릭합니다.

02 [값 필드 설정] 대화상자가 나타나면 ❶ 사용자 지정 이름을 「고객 수」로 변경하고 ❷ [표시 형식] 버튼을 클릭합니다.

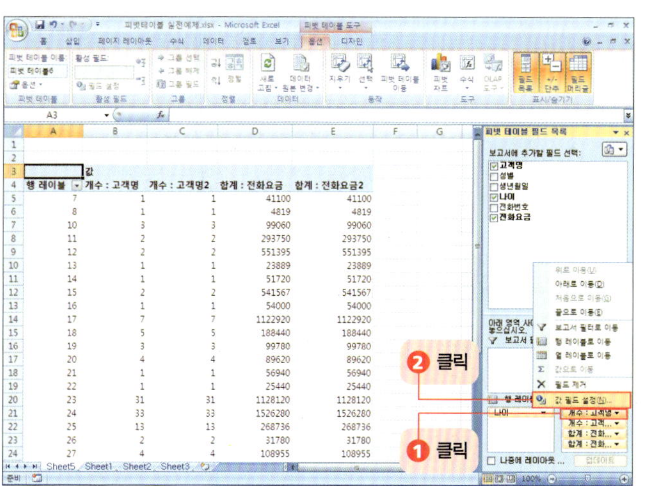

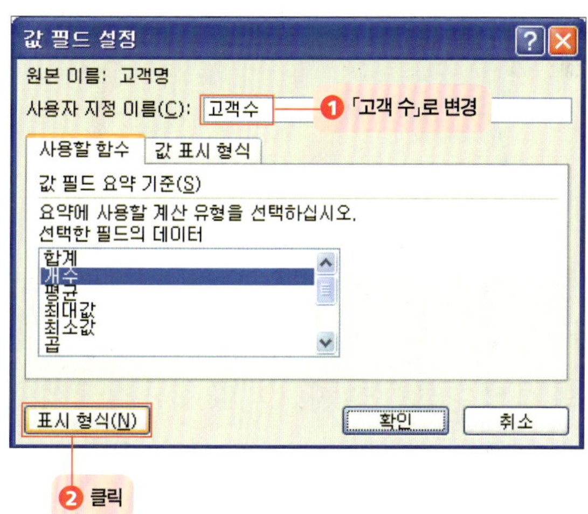

03 [셀 서식] 대화상자가 나타나면 ❶ 범주에서 '사용자 지정'을 선택한 후 ❷ 형식에 「#명」을 입력하고 ❸ [확인] 버튼을 클릭합니다.

04 다시 [값 필드 설정] 대화상자가 나타나면 [확인] 버튼을 클릭합니다.

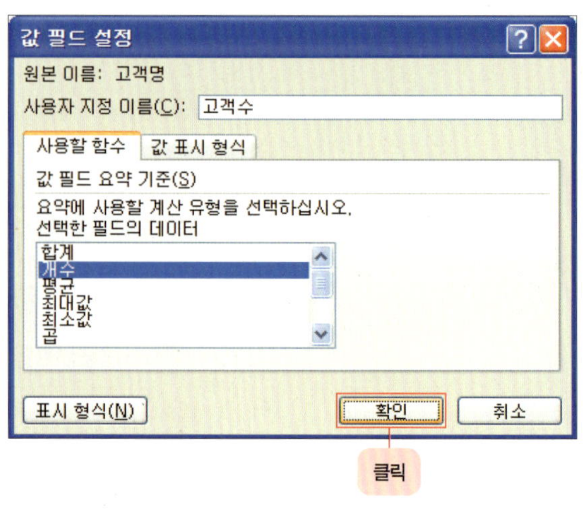

05 'Σ 값' 영역에서 ❶ 두 번째의 '개수 : 고객명'을 클릭한 후 ❷ [값 필드 설정]을 클릭합니다.

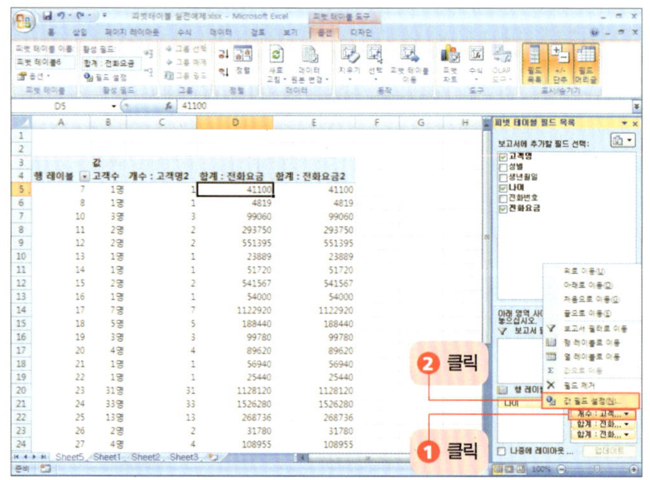

06 [값 필드 설정] 대화상자가 나타나면 ❶ 사용자 지정 이름을 「고객 수 비중」으로 변경하고 ❷ [값 표시 형식] 탭을 클릭합니다. ❸ '값 표시 형식'에서 '행 방향의 비율'을 선택한 후 ❹ [확인] 버튼을 클릭합니다.

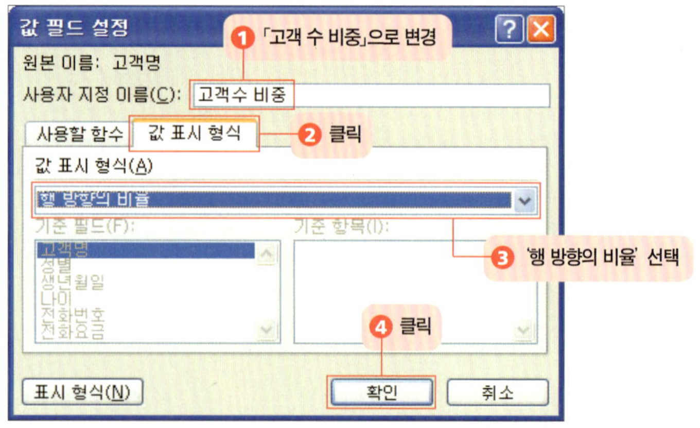

07 ‘∑ 값’ 영역에서 ❶ 세 번째의 ‘합계 : 전화요금’ 을 클릭한 후 ❷ [값 필드 설정]을 클릭합니다.

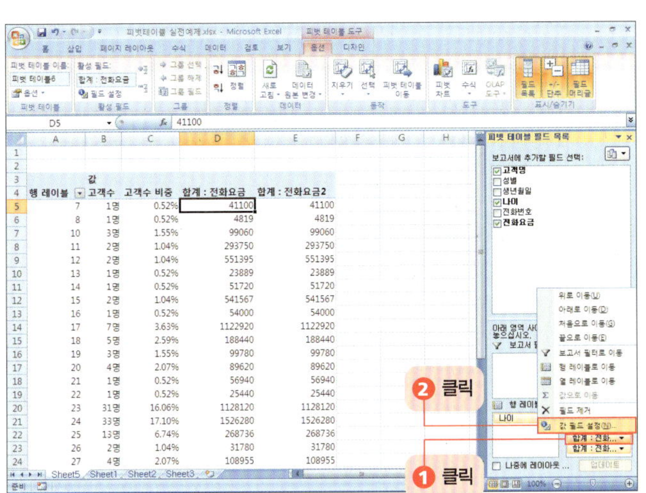

08 [값 필드 설정] 대화상자가 나타나면 ❶ 사용자 지정 이름을 「매출액」으로 변경한 후 ❷ [표시 형식] 버튼을 클릭합니다.

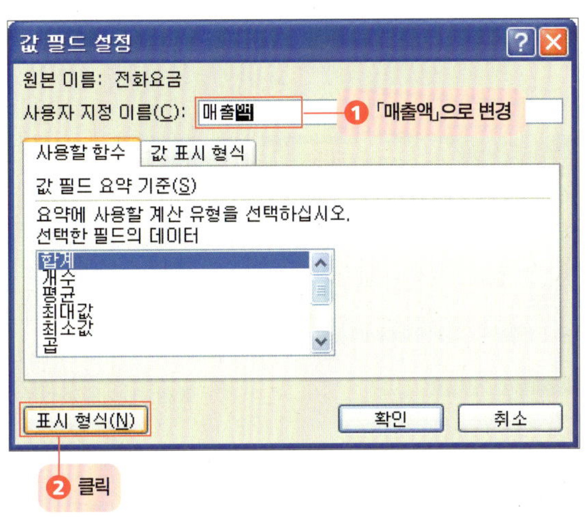

09 [셀 서식] 대화상자가 나타나면 ❶ 범주에서 ‘통화’ 를 선택한 후 ❷ [확인] 버튼을 클릭합니다. 다시 [값 필드 설정] 대화상자가 나타나면 [확인] 버튼을 클릭합니다.

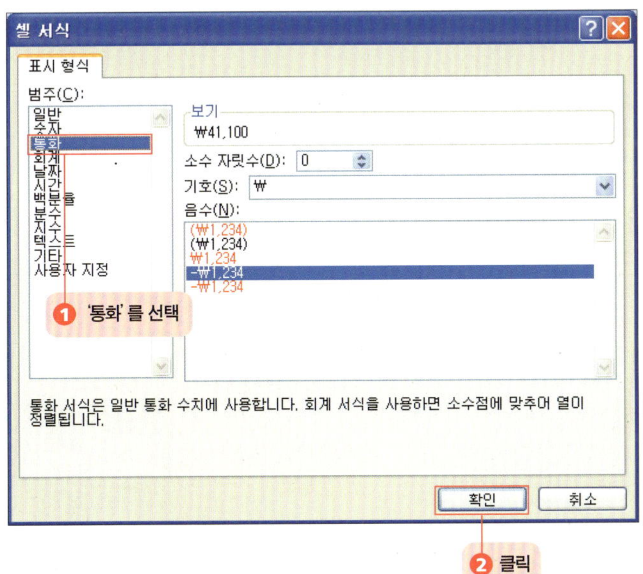

10 ‘∑ 값’ 영역에서 ❶ 네 번째의 ‘합계 : 전화요금’ 을 클릭한 후 ❷ [값 필드 설정]을 클릭합니다.

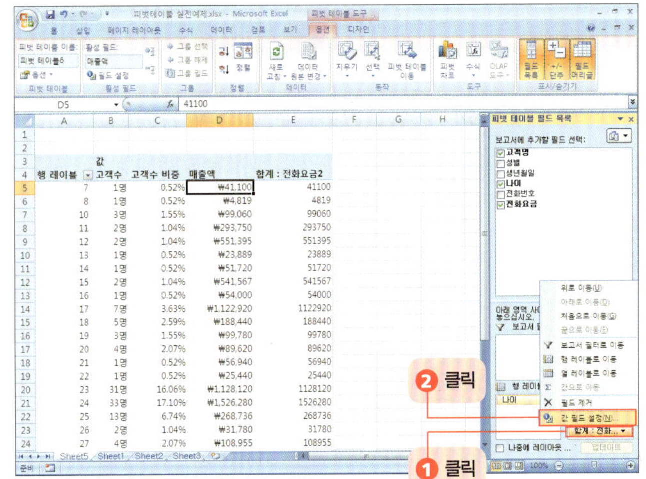

11 [값 필드 설정] 대화상자가 나타나면 ❶ 사용자 지정 이름을 「매출액 비중」으로 변경한 후 ❷ [값 표시 형식] 탭을 클릭합니다. ❸ '값 표시 형식'에서 '행 방향의 비율'을 선택한 후 ❹ [확인] 버튼을 클릭합니다.

12 이번에는 행 레이블의 나이를 그룹화하기 위해 임의의 행 영역에 셀 포인터를 위치시킨 후 [옵션] 탭의 [그룹 – 그룹 필드]를 클릭합니다.

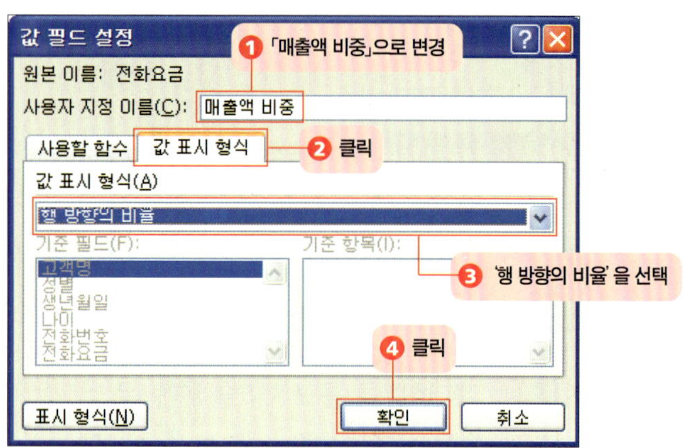

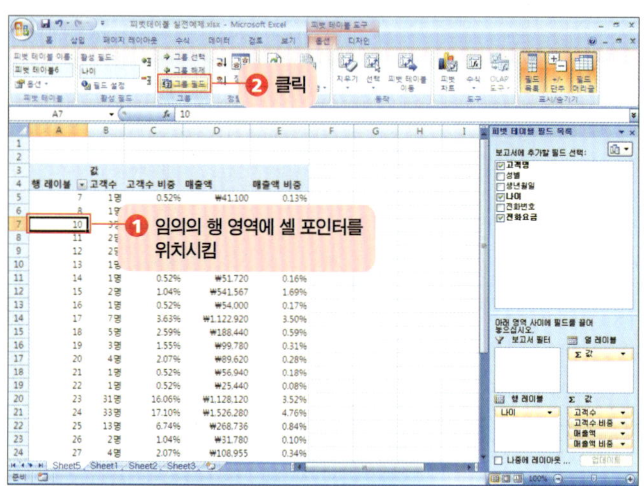

13 [그룹화] 대화상자가 나타나면 ❶ 다음과 같이 지정한 후 ❷ [확인] 버튼을 클릭합니다.

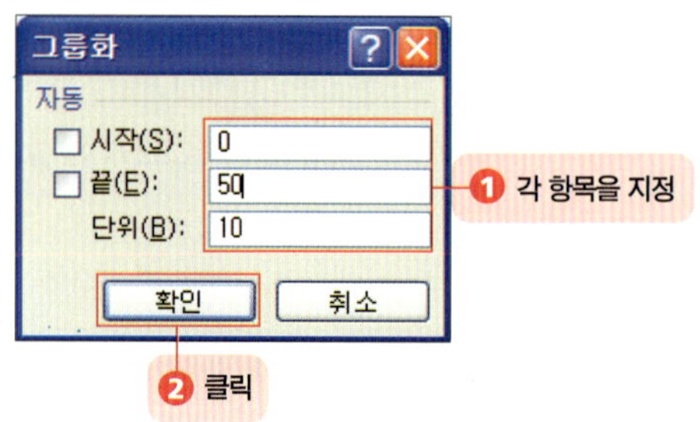

14 ❶ [A5:A9] 영역을 범위 지정한 후 마우스 오른쪽 버튼을 클릭하여 ❷ [셀 서식]을 클릭합니다.

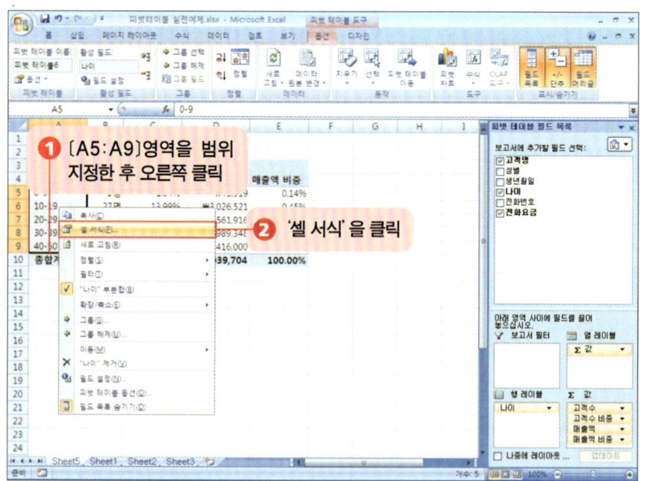

15 [셀 서식] 대화상자가 나타나면 ❶ [표시 형식] 탭의 '범주'에서 '사용자 지정'을 선택한 후 ❷ '형식'에 「@세」를 입력하고 ❸ [확인] 버튼을 클릭합니다.

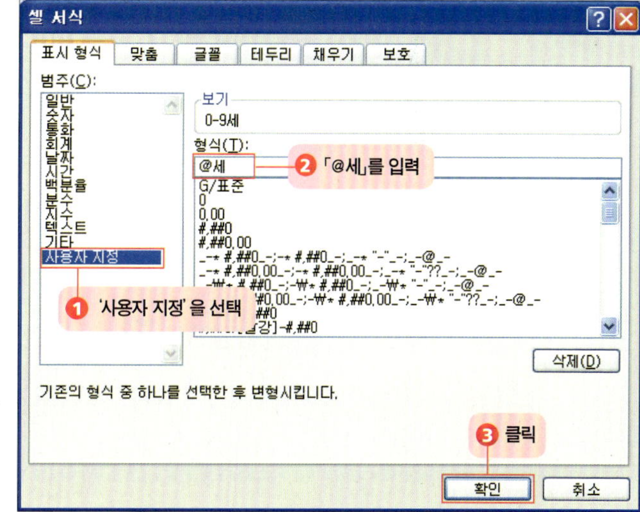

Page 사용자 지정 표시 형식에 대한 내용은 199쪽을 참고하세요.

16 [디자인] 탭의 [피벗 테이블 스타일]에서 [자세히▼]를 클릭한 후 '피벗 스타일 보통 11'을 선택합니다.

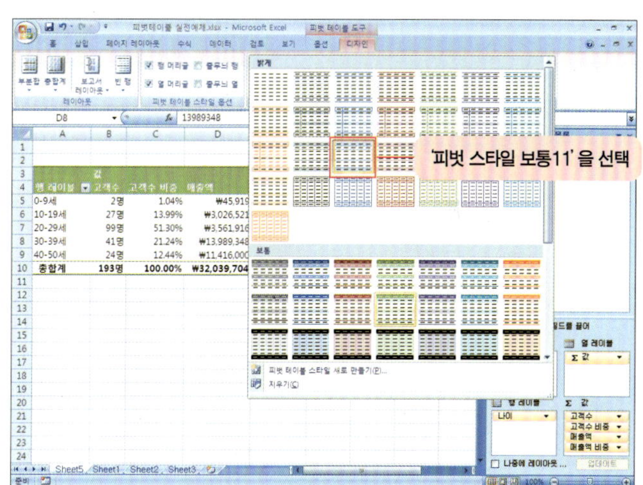

17 다음과 같이 피벗 테이블이 완성됩니다.

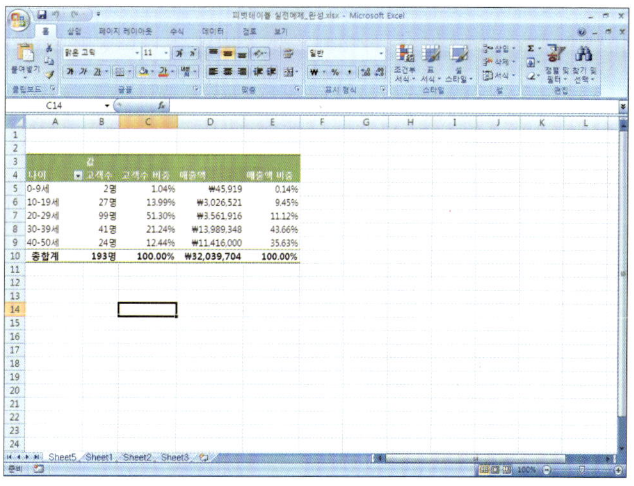

마케팅을 도와 주는
가상 분석과 기타 기능

엑셀 2007 기본 + 활용
실무 테크닉

Lesson 01

가상 분석을 위한 데이터 표

데이터 표는 가상 분석 명령군의 일부로써 수식의 특정 값을 변경할 경우 결과가 어떻게 달라지는지를 한눈에 파악하는 데에 이용됩니다. 데이터 표는 변수를 사용하기 때문에 여러 변경 값을 한 번의 연산으로 빠르게 계산할 수 있으며, 그 결과를 워크시트에서 비교할 수 있습니다.

데이터 표 이해하기

데이터 표는 행과 열을 배열식으로 처리하는 편리한 기능으로 여러 시뮬레이션 분석에 사용됩니다. 데이터 표를 이해하기 위해 구구단 표를 예로 들어 보겠습니다.

데이터 표는 행과 열을 배열식으로 처리한다는 것을 염두에 둔 상태에서 다음의 몇 가지 규칙을 지켜야 합니다.

첫째, 행의 값을 대입할 임의의 셀을 정합니다.

둘째, 열의 값을 대입할 임의의 셀을 정합니다.

셋째, 수식은 행과 열이 만나는 교차 지점에 작성합니다.

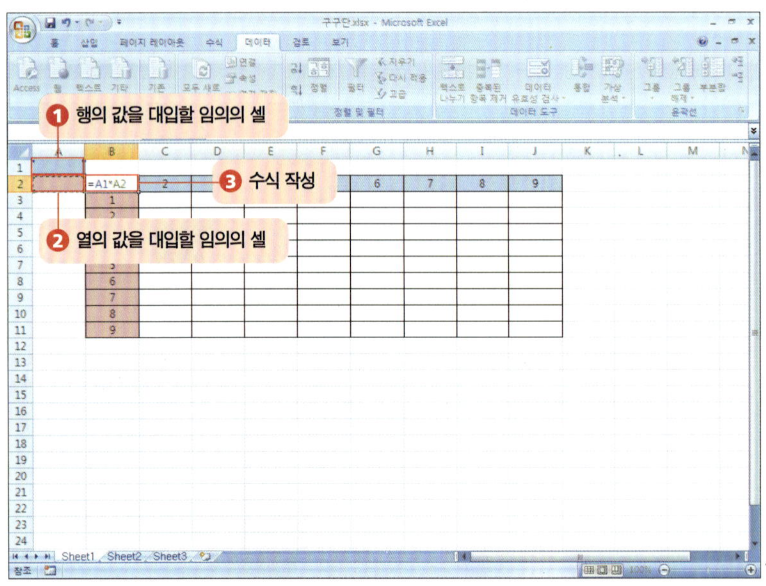

 TIP '가상 분석'이란 셀값의 변경으로 워크시트 수식 결과에 어떤 영향을 주는지를 확인하기 위한 과정입니다. 예를 들어 상환 표에서 이율을 여러 가지로 변경하여 지급액을 결정하는 작업을 할 수 있습니다.

구구단으로 데이터 표 이해하기

**Action Excel
도전! 엑셀**

간단한 따라하기를 통해 연습해 보세요.

〔예제 파일 경로〕 부록 CD\Sample\Part10\구구단.xlsx | 〔결과 파일 경로〕 부록 CD\Sample\Part10\After\구구단_완성.xlsx

01 예제 파일을 불러 오면 구구단 틀이 만들어져 있습니다. 파란색으로 칠해져 있는 부분이 행, 빨간색으로 칠해져 있는 부분이 열입니다. 수식 '행×열' 하여 빈 셀에 구구단의 결과를 채워야 합니다.

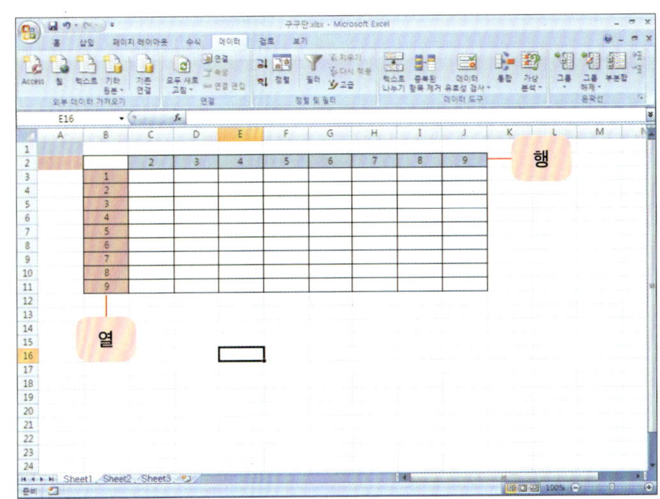

02 [B2] 셀에 「=A1*A2」를 입력한 후 Enter 를 누릅니다.

Note 행에는 2~9, 열에는 1~9까지의 숫자가 있습니다. 데이터 표를 이용하려면 이 숫자들을 임의의 셀에 대입해야 합니다. 그래서 행의 값은 임의의 〔A1〕 셀에 대입하기로 약속하고, 열의 값은 임의의 〔A2〕 셀에 대입하기로 약속합니다. 구구단은 '행*열'이므로 수식은 '행 대입 셀 * 열 대입 셀', 즉 '=A1*A2'로 작성합니다. 수식은 반드시 행과 열이 만나는 교차 지점에 입력해야 하므로 〔B2〕 셀에 입력하는 것입니다.

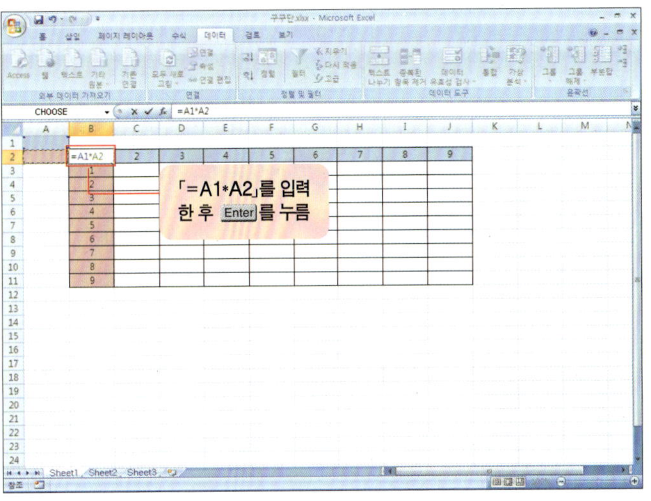

03 ❶ [B2:J9]를 범위 지정한 후 ❷ 「데이터」 탭의 [데이터 도구 – 가상 분석█]을 클릭하고 ❸ [데이터 표]를 클릭합니다.

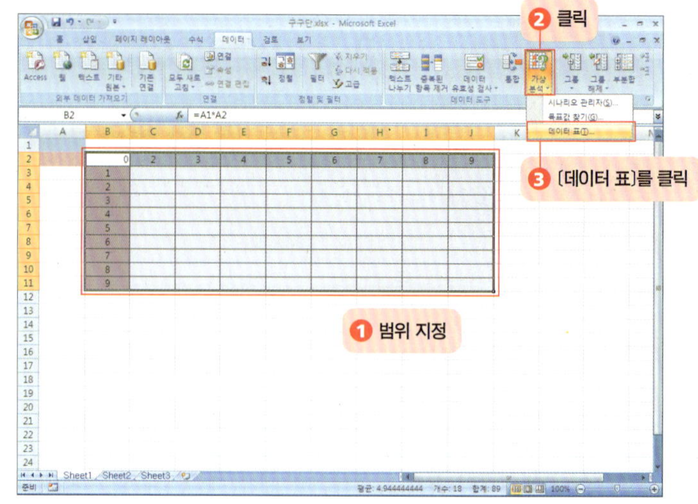

04 [데이터 표] 대화상자가 나타나면 ❶ 행 입력 셀에서 [A1] 셀을, ❷ 열 입력 셀에서 [A2] 셀을 클릭한 후 ❸ [확인] 버튼을 클릭합니다.

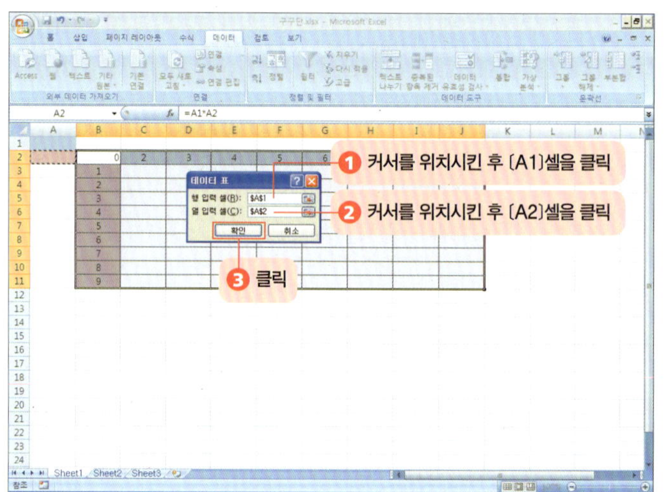

> **TIP** 마우스로 셀을 지정하면 자동으로 절대 주소($)가 입력됩니다.

05 다음과 같이 구구단의 결과가 한 번에 구해집니다. 만약 표의 일부를 지우기 위해 Delete 를 누르면 다음과 같은 경고창이 나타나면서 지울 수 없습니다. 결과값은 배열 형식이므로 모든 값을 지워야만 지울 수 있습니다.

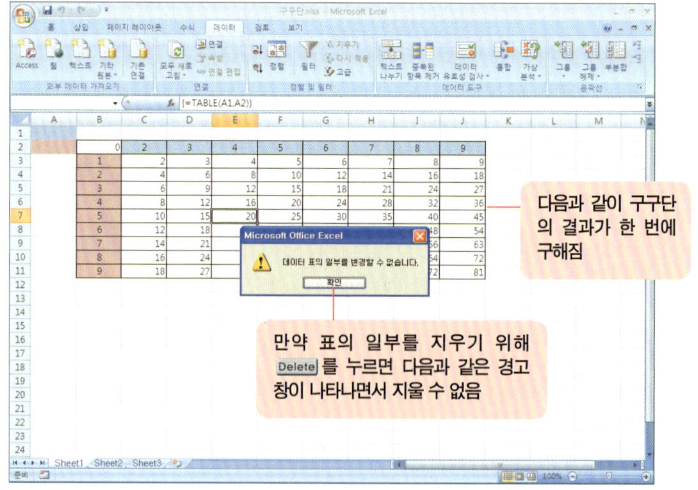

사용 기간에 따른 기본 요금의 할인액 파악하기

이번에는 1년 약정으로 A사 통신망을 사용하면 약정 할인율을 5% 적용한다고 했을 때에 사용 개월 수에 따른 기본 요금의 할인액을 한눈에 볼 수 있도록 데이터 표를 작성해 보겠습니다.

〔예제 파일 경로〕 부록 CD\Sample\Part10\기간별할인요금.xlsx | 〔결과 파일 경로〕 부록 CD\Sample\Part10\After\기간별할인요금_완성.xlsx

완성 예제 미리 보기

기간별 할인 요금 추이

기본요금	₩10,000
사용기간(개월)	1
할인율	5%
할인요금	500

	₩10,000	₩15,000	₩20,000	₩25,000	₩30,000	₩35,000
1개월	500	750	1,000	1,250	1,500	1,750
2개월	1,000	1,500	2,000	2,500	3,000	3,500
3개월	1,500	2,250	3,000	3,750	4,500	5,250
4개월	2,000	3,000	4,000	5,000	6,000	7,000
5개월	2,500	3,750	5,000	6,250	7,500	8,750
6개월	3,000	4,500	6,000	7,500	9,000	10,500
7개월	3,500	5,250	7,000	8,750	10,500	12,250
8개월	4,000	6,000	8,000	10,000	12,000	14,000
9개월	4,500	6,750	9,000	11,250	13,500	15,750
10개월	5,000	7,500	10,000	12,500	15,000	17,500
11개월	5,500	8,250	11,000	13,750	16,500	19,250
12개월	6,000	9,000	12,000	15,000	18,000	21,000

01 〔B6〕 셀에는 기본 요금 ₩10,000, 사용 기간이 1개월, 할인율이 5%일 때의 할인 요금 수식이 입력되어 있습니다. 〔B8〕 셀에 「=B6」을 입력한 후 Enter 를 누릅니다.

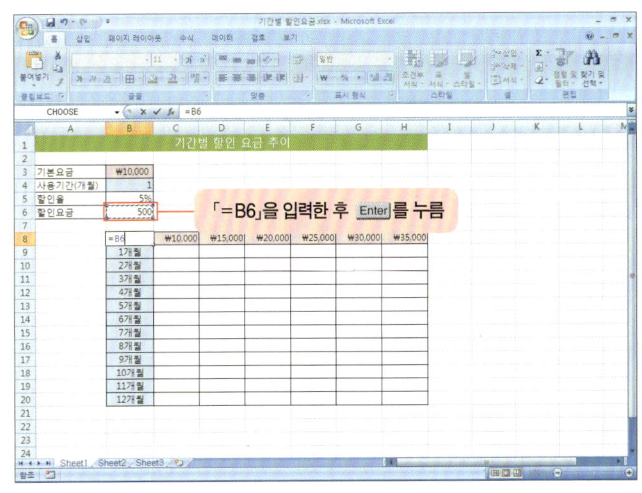

 〔B8〕 셀에 기본 요금과 개월 수에 따른 할인 요금 수식을 작성해야 하는데 〔B6〕 셀에 이미 수식이 입력되어 있으므로 〔B6〕 셀의 수식을 연결하여 가져옵니다.

02 ❶ [B8:H20]을 범위 지정한 후 ❷ [데이터] 탭의 [데이터 도구 – 가상 분석]을 클릭하고 ❸ [데이터 표]를 클릭합니다.

03 [데이터 표] 대화상자가 나타나면 ❶ 행 입력 셀에 [B3] 셀을, ❷ 열 입력 셀에 [B4] 셀을 클릭한 후 ❸ [확인] 버튼을 클릭합니다.

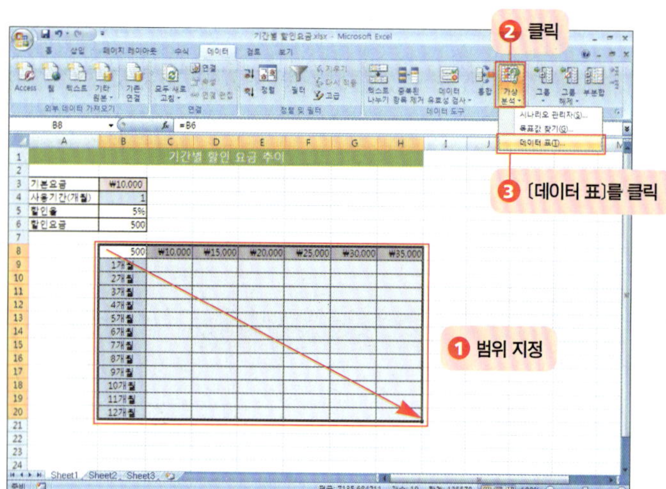

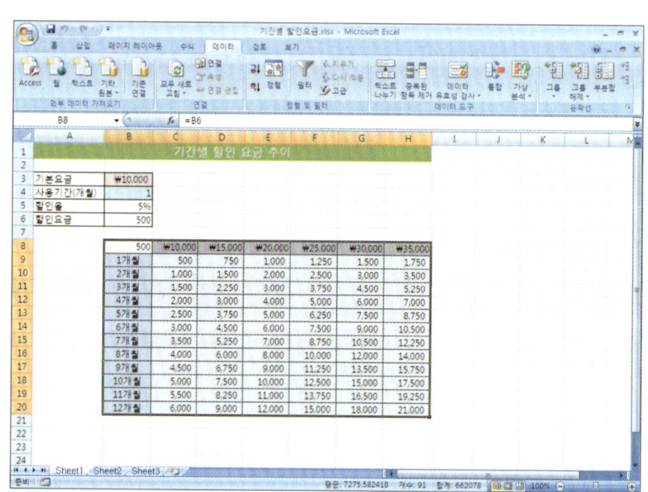

04 기본 요금과 사용 기간에 따른 할인액이 구해집니다.

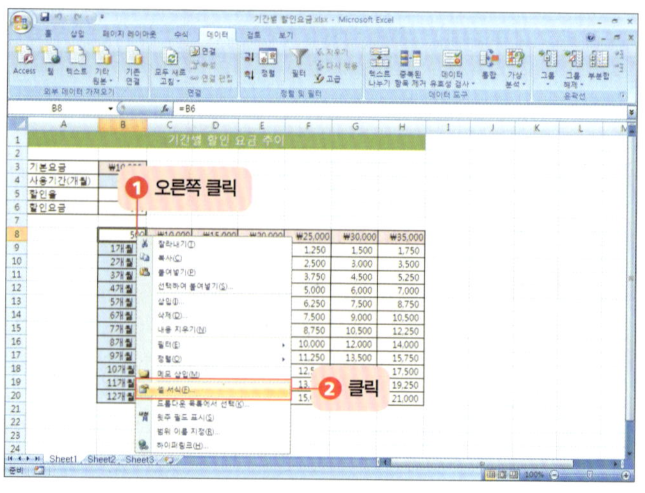

05 [B8] 셀의 수식 결과가 보기 좋지 않으므로, 이를 표시하지 않기 위하여 ❶ [B8] 셀에서 마우스 오른쪽 버튼을 클릭한 후 ❷ [셀 서식]을 클릭합니다.

06 [셀 서식] 대화상자가 나타나면 ❶ [표시 형식] 탭의 '범주'에서 '사용자 지정'을 선택한 후 ❷ '형식'에서 「;;;」을 입력하고 ❸ [확인] 버튼을 클릭합니다.

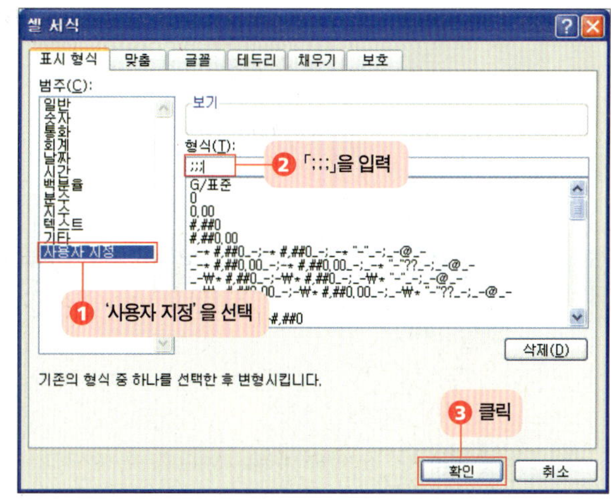

> **TIP** 표시 형식 항목에 「;;;」을 입력하는 것은 숫자(양수, 음수, 0의 값)와 문자 모두를 표시하지 않겠다는 의미입니다.

07 다음과 같이 완성됩니다.

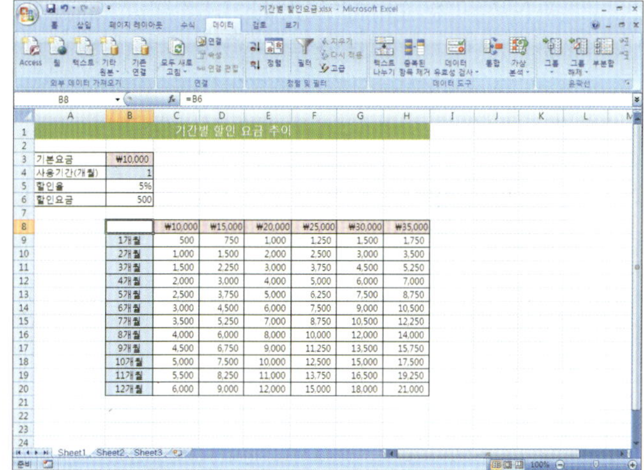

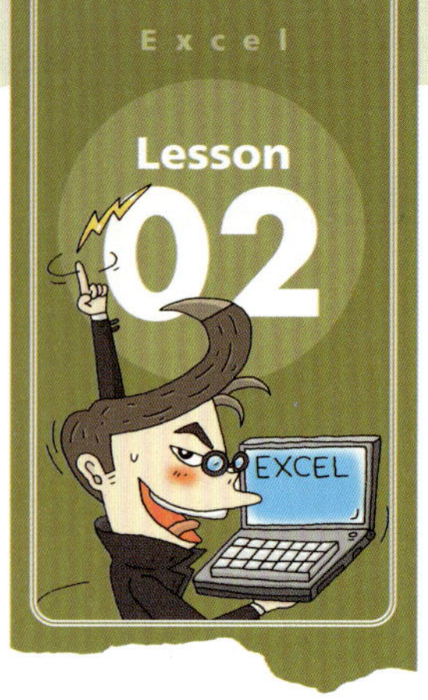

Excel

Lesson 02

결과값에 도달하기 위한 입력값 예측

목표값 찾기는 미리 결과값을 정한 후에 역으로 변수를 추산하는 기능입니다. 즉, 100만 원의 수익을 내기 위해 물건을 얼마에, 몇 개를 판매해야 하는지 구할 때에 필요한 기능입니다. 이번에는 목표값을 찾는 방법과 이를 활용하는 방법에 대해 알아보겠습니다.

목표값 찾기

목표값 찾기는 [데이터] 탭의 [데이터 도구 – 가상 분석]를 클릭하면 나타나는 [목표값 찾기]에서 실행합니다. 목표값 찾기를 이용하면 다음의 예처럼 오천만 원의 대여금에 대해 월 1,000,000원씩 갚아갈 수 있다고 했을 때에 기간을 어느 정도 연장해야 하는지를 알 수 있습니다.

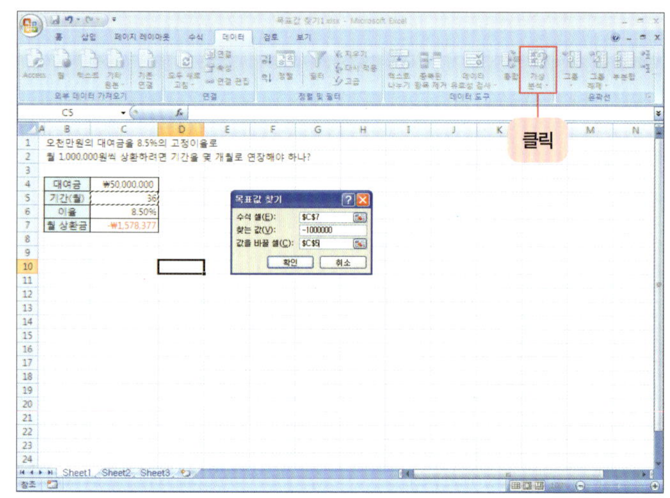

[목표값 찾기] 대화상자의 각 기능은 다음과 같습니다

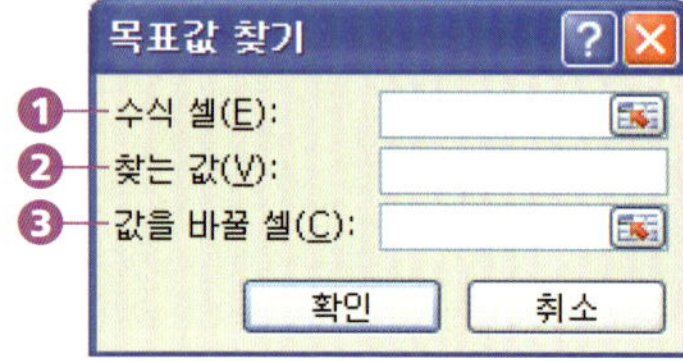

❶ **수식 셀** : 반드시 수식이 입력되어 있는 셀로 목표값으로 바꿀 셀입니다.

❷ **찾는 값** : 목표값을 입력합니다.

❸ **값을 바꿀 셀** : 목표값을 찾기 위해 값을 조정할 셀입니다.

대여금의 상환 기간 예측하기

오천만 원의 대여금을 8.5%의 고정 이율로 월 1,000,000원씩 상환한다고 했을 때에 기간을 몇 개월로 연장해야 하는지를 계산해 보겠습니다.

〔예제 파일 경로〕 부록 CD\Sample\Part10\목표값 찾기1.xlsx | 〔결과 파일 경로〕 부록 CD\Sample\Part10\After\목표값 찾기1_완성.xlsx

01 [C7] 셀에는 재무 함수인 PMT 함수로 월 상환금을 계산하는 수식이 작성되어 있습니다.

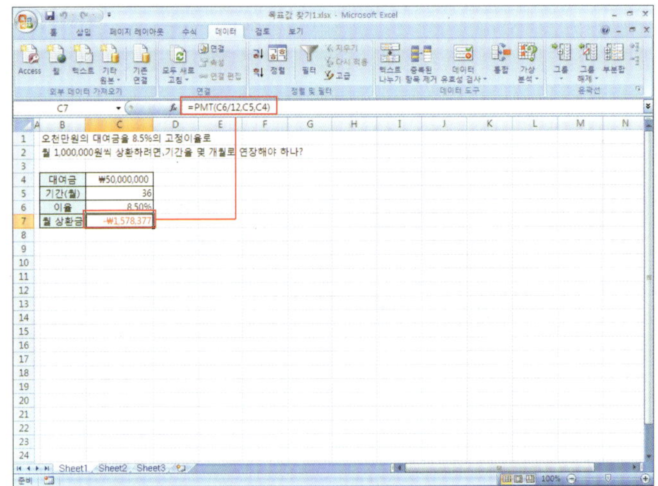

02 ❶ [데이터] 탭의 [데이터 도구 – 가상 분석]을 클릭한 후 ❷ [목표값 찾기]를 클릭합니다.

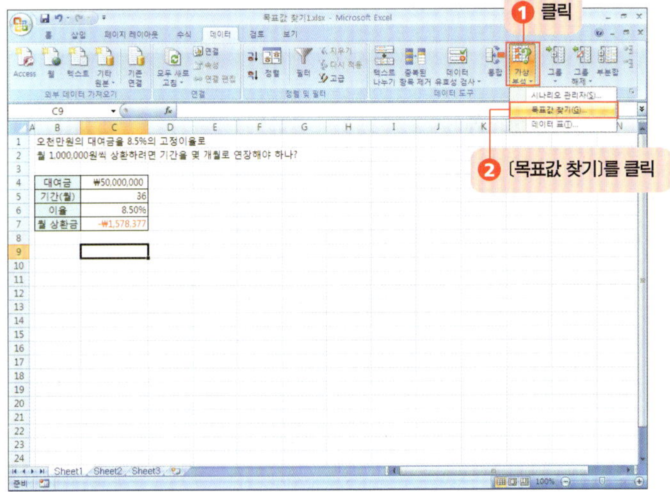

03 [목표값 찾기] 대화상자가 나타나면 ❶ 다음과 같이 지정한 후 ❷ [확인] 버튼을 클릭합니다.

 1. **수식 셀** : $C$7 ▶ 월 상환금 수식이 작성되어 있는 셀
2. **찾는 값** : -1000000 ▶ 목표값 1,000,000을 상환하는 금액이므로 -1000000을 입력합니다.
3. **값을 바꿀 셀** : $C$5 ▶ 목표값을 찾기 위해 조절할 셀은 기간($C$5)입니다.

 마우스로 해당 셀을 클릭하면 절대 주소로 지정됩니다.

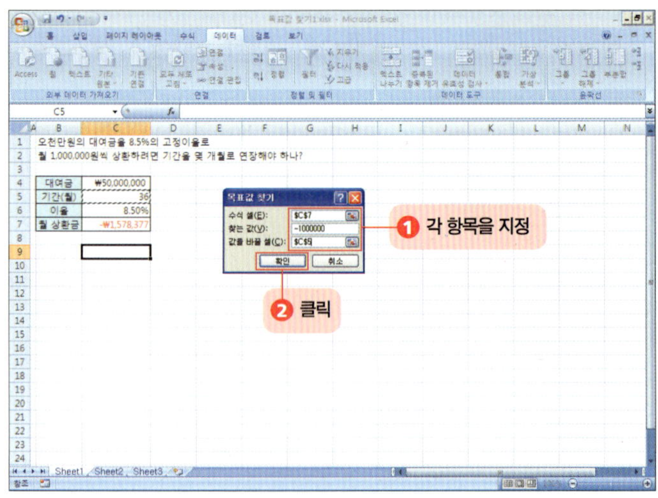

04 [C7] 셀의 값이 바뀌고 [C5] 셀의 값도 바뀌었습니다. [목표값 찾기 상태] 대화상자의 [확인] 버튼을 클릭하면 바뀐 값으로 입력되고, [취소] 버튼을 클릭하면 원래 상태로 돌아갑니다.

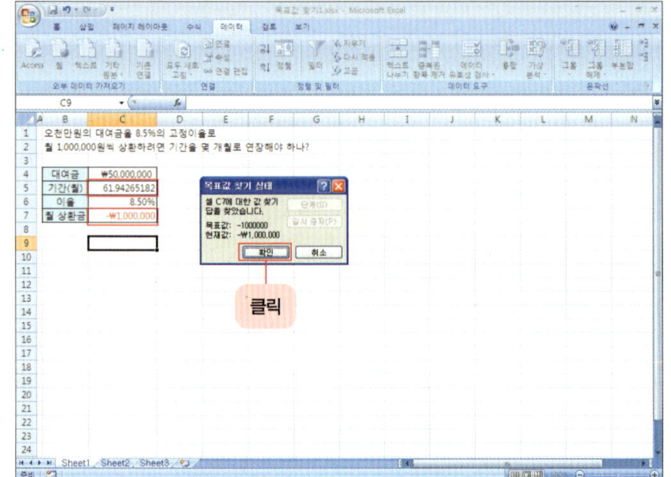

05 다음과 같이 완성됩니다.

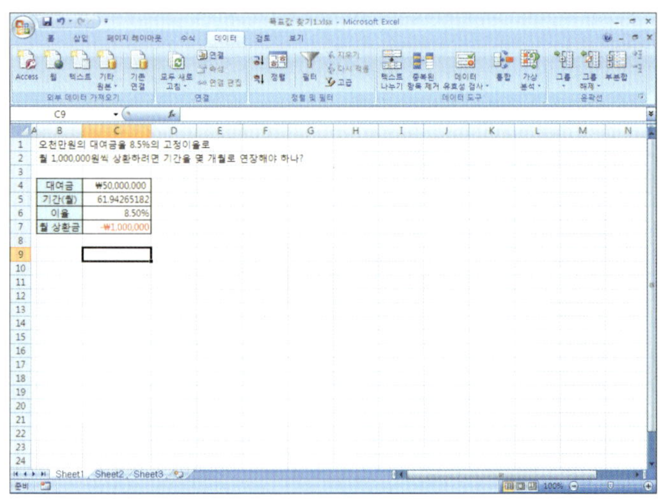

목표 이익금을 달성하기 위한 판매 수량 계획

소요 경비와 예상 매출 및 이익에 대한 수식은 미리 작성되어 있습니다. 이번에는 예상 이익 10,000,000원을 달성하기 위해 상품을 얼마 만큼 판매해야 하는지에 대해 알아보겠습니다.

[예제 파일 경로] 부록 CD\Sample\Part10\목표값찾기2.xlsx　|　[결과 파일 경로] 부록 CD\Sample\Part10\After\목표값찾기2_완성.xlsx

완성예제 미리보기

소요 경비		예상 매출 및 이익	
인건비	3,000,000	판매단가	200,000
홍보비	1,250,000	판매수량	81
간접비	1,943,182	예상매출	16,193,182
경비합계	6,193,182	예상이익	10,000,000

01 ❶ [데이터] 탭의 [데이터 도구 – 가상 분석]을 클릭한 후 ❷ [목표값 찾기]를 클릭합니다.

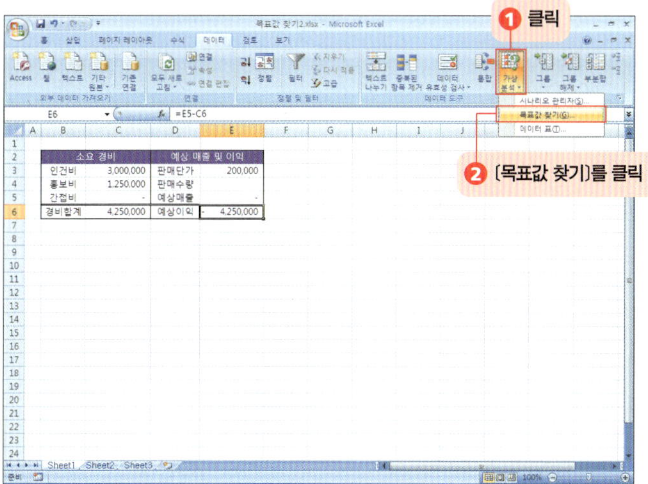

02 [목표값 찾기] 대화상자가 나타나면 ❶ 다음과 같이 지정한 후 ❷ [확인] 버튼을 클릭합니다.

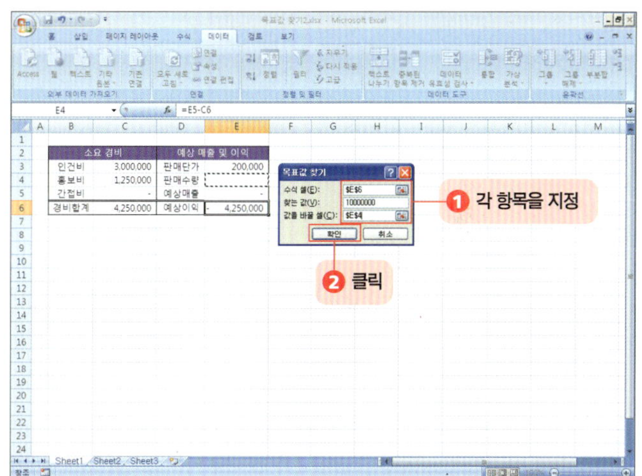

info
1. **수식 셀** : $E$6 ▶ 예상 이익 수식이 들어 있는 셀입니다.
2. **찾는 값** : 10000000 ▶ 목표값
3. **값을 바꿀 셀** : $E$4 ▶ 예상 이익 10,000,000원을 달성하기 위해 상품을 얼마 만큼 판매해야 하는지를 계산할 셀입니다.

03 다음과 같이 판매 수량이 81이 되어야 예상 이익 10,000,000원을 달성합니다. [목표값 찾기 상태] 대화상자에서 [확인] 버튼을 클릭합니다.

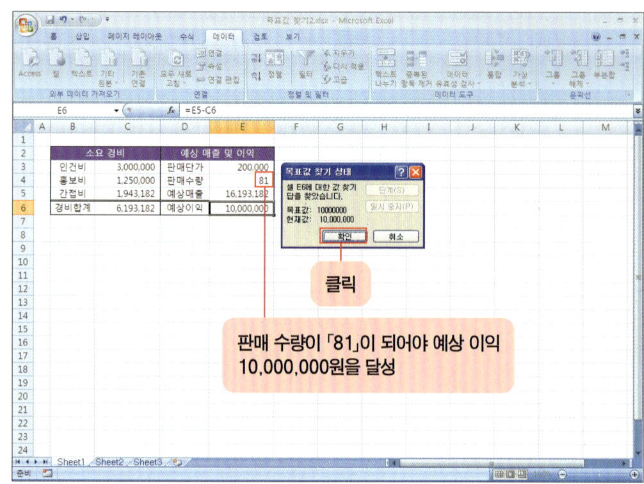

04 다음과 같이 예상 매출 및 이익이 완성됩니다.

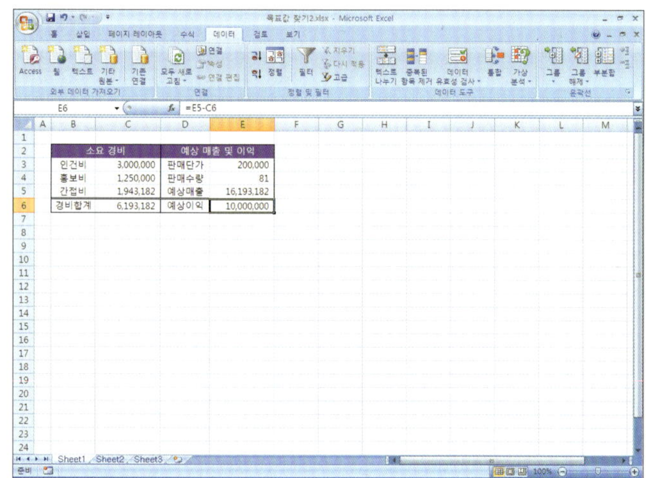

Lesson 03 다양한 상황을 예측하는 시나리오

시나리오는 워크시트에 계산되어 있는 자료를 토대로 여러 변수를 적용하여 다양한 상황에 대한 결과를 예측할 수 있는 기능입니다. 이번에는 직급별로 연봉 인상률에 대한 시나리오를 작성하는 방법에 대해 알아보겠습니다.

 시나리오 작성하기

직급별로 연봉을 인상하기 전 현재의 연봉에서 2% 인상했을 때, 또는 4% 인상했을 때의 연봉 결과를 미리 시뮬레이션해 보려면 시나리오 기능을 이용합니다. 시나리오는 [데이터] 탭의 [데이터 도구 – 가상 분석]을 클릭하면 나타나는 [시나리오 관리자]에서 실행합니다.

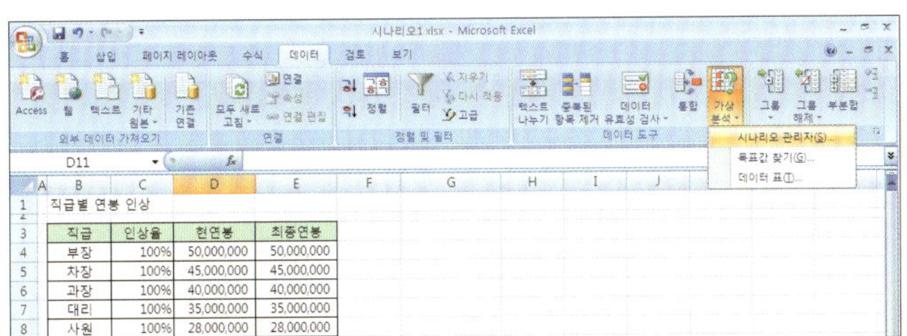

[시나리오 관리자] 대화상자의 각 기능은 다음과 같습니다.

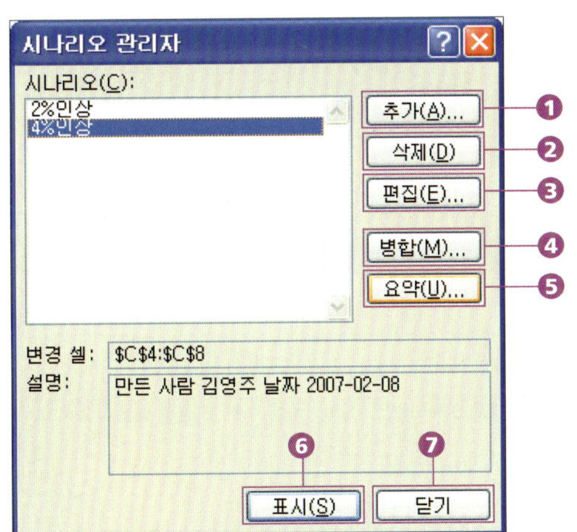

❶ **추가** : 새로운 시나리오를 추가합니다.

❷ **삭제** : 시나리오를 삭제합니다.

❸ **편집** : 기존의 시나리오를 편집합니다.

❹ **병합** : 다른 워크시트의 시나리오를 현재 워크시트에 복사합니다.

❺ **요약** : 새로운 워크시트를 추가하여 만들어진 시나리오를 한꺼번에 보여 줍니다.

❻ **표시** : [시나리오 값] 대화상자에서 입력한 값을 셀에 대입하여 계산 결과를 표시합니다.

❼ **닫기** : [시나리오 관리자] 창을 닫습니다.

직급별 연봉 인상률에 대한 시나리오 작성하기

Action Excel
도전! 엑셀

이번에는 직급별로 연봉을 인상하기 전 현재의 연봉에서 2% 인상했을 때와 4% 인상했을 때의 연봉 결과를 미리 시뮬레이션 해 보는 시나리오를 작성해 보겠습니다. 간단한 따라하기를 통해 연습해 보세요.

〔예제 파일 경로〕 부록 CD\Sample\Part10\시나리오1.xlsx | 〔결과 파일 경로〕 부록 CD\Sample\Part10\After\시나리오1_완성.xlsx

01 ❶ [데이터] 탭의 [데이터 도구 - 가상 분석]을 클릭한 후 ❷ [시나리오 관리자]를 클릭합니다.

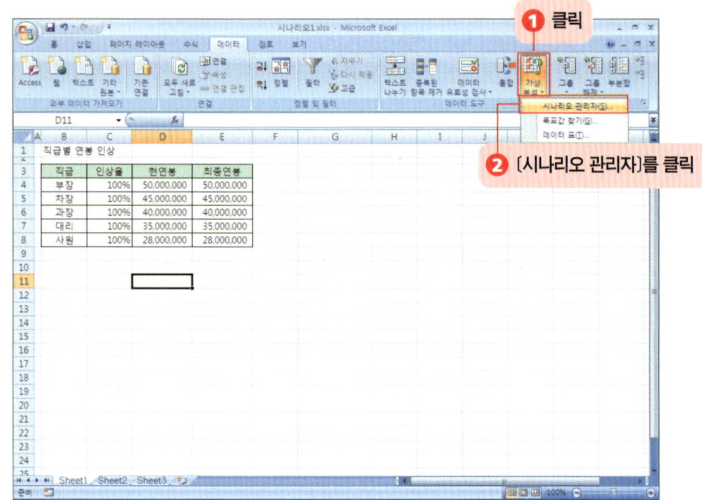

02 [시나리오 관리자] 대화상자가 나타나면 ❶ [추가] 버튼을 클릭합니다. [시나리오 편집] 대화상자가 나타나면 ❷ 다음과 같이 지정한 후 ❸ [확인] 버튼을 클릭합니다.

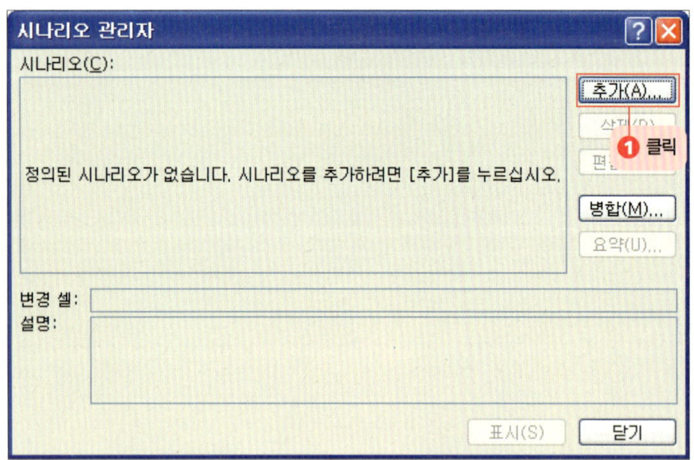

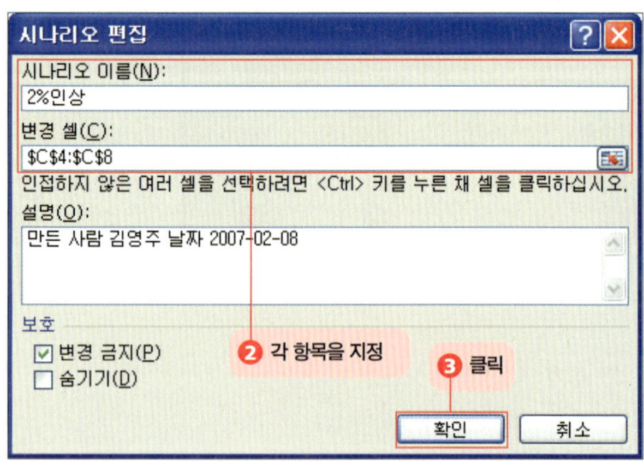

info
1. **시나리오 이름** : 2%인상 ▶ 임의의 이름을 입력합니다.
2. **변경 셀** : $C$4:$C$8 ▶ 마우스로 드래그하여 범위 지정하면 자동으로 절대 참조 주소가 됩니다.

03 [시나리오 값] 대화상자가 나타나면 전 단계에서 '변경 셀'로 지정했던 셀들이 표시됩니다. 직급별로 모두 2% 인상했을 경우의 연봉을 확인할 것이므로 ❶ 각 셀마다 「1.02」를 입력한 후 ❷ [추가] 버튼을 클릭합니다. 다시 [시나리오 추가] 대화상자가 나타나면 ❸ 시나리오 이름에 「4%인상」을 입력한 후 변경 셀은 지정되어 있는 그대로 두고 ❹ [확인] 버튼을 클릭합니다.

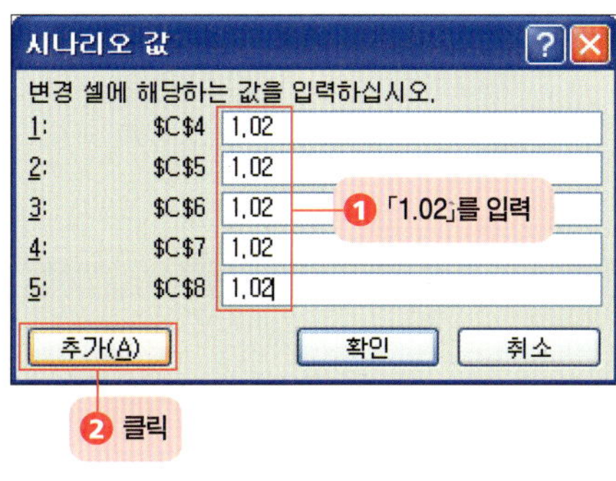
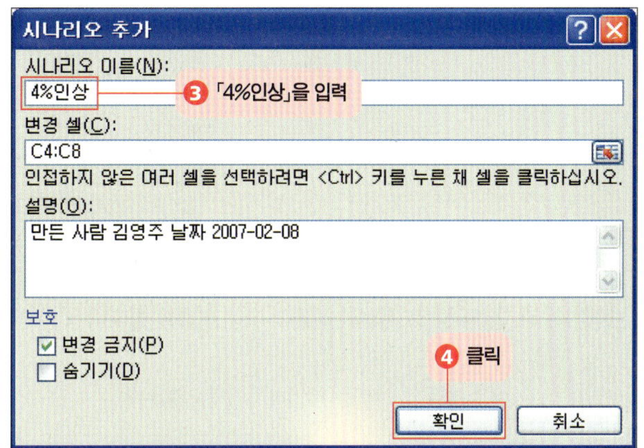

04 [시나리오 값] 대화상자가 나타나면 이번에는 직급별로 모두 4% 인상했을 경우의 연봉을 확인할 것이므로 ❶ 각 셀마다 「1.04」를 입력한 후 ❷ [확인] 버튼을 클릭합니다. [시나리오 관리자] 대화상자가 나타나면 ❸ [요약] 버튼을 클릭합니다.

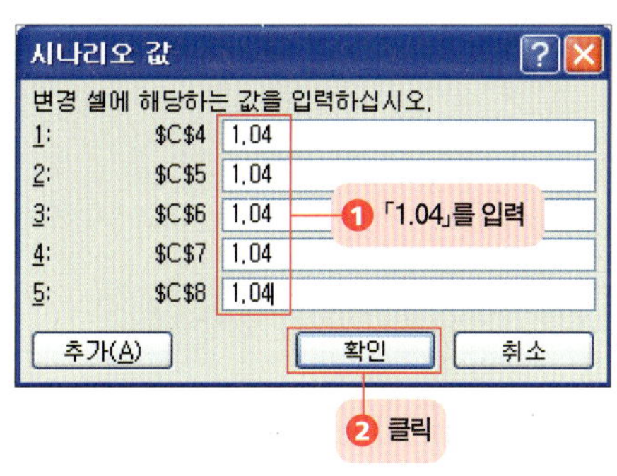
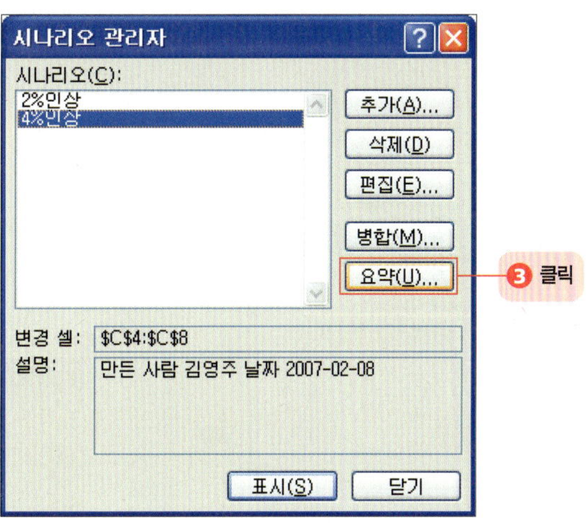

05 [시나리오 요약] 대화상자가 나타나면 ❶ 보고서 종류에서 '시나리오 요약'을 선택한 후 ❷ 결과 셀에 [E4:E8]을 범위 지정하고 ❸ [확인] 버튼을 클릭합니다.

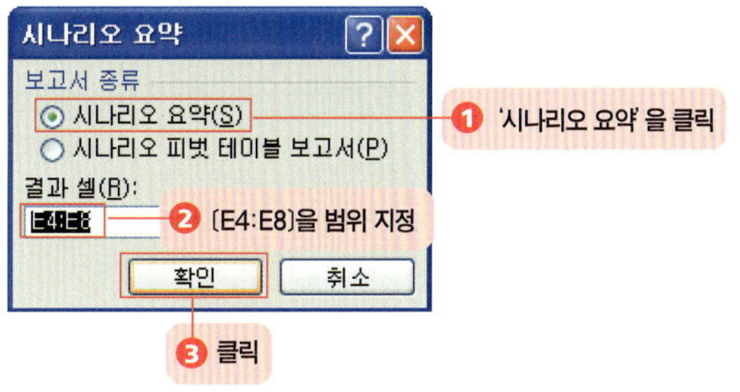

06　다음과 같이 현재의 연봉에서 2% 인상했을 때,
4% 인상했을 때의 결과를 보여 줍니다.

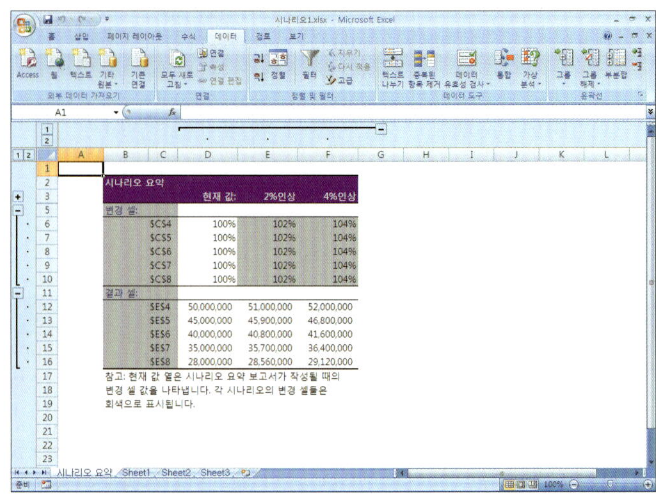

TIP　시나리오를 만들기 전에 '변경 셀' 과 '결과 셀' 로 지정할 셀들에 대해 이름을 정의해 두면 편리합니다.

01　〔시나리오 값〕 대화상자에서 각 변경 셀들의 이름을 확인하기가 편리합니다.

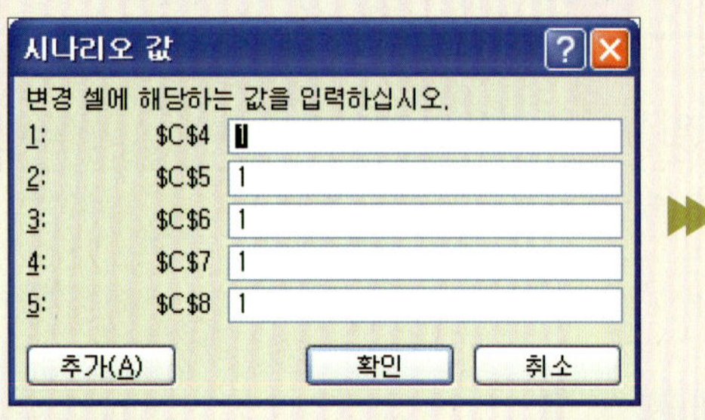

이름 정의 전

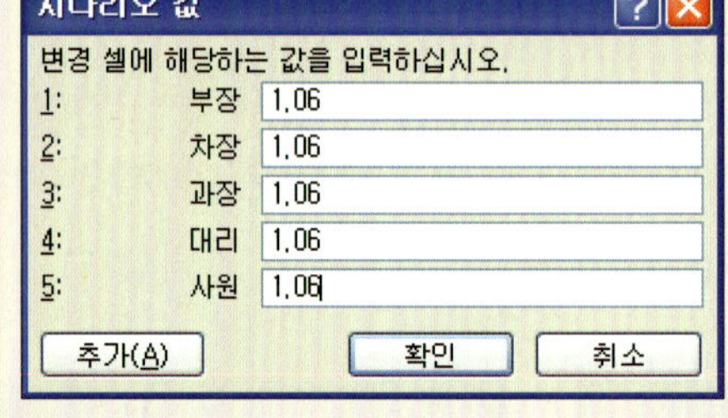

이름 정의 후

02　시나리오 요약도 보기에 더 편리합니다.

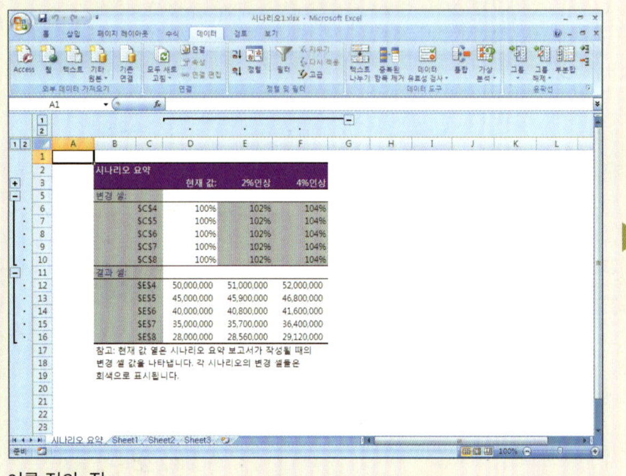

이름 정의 전

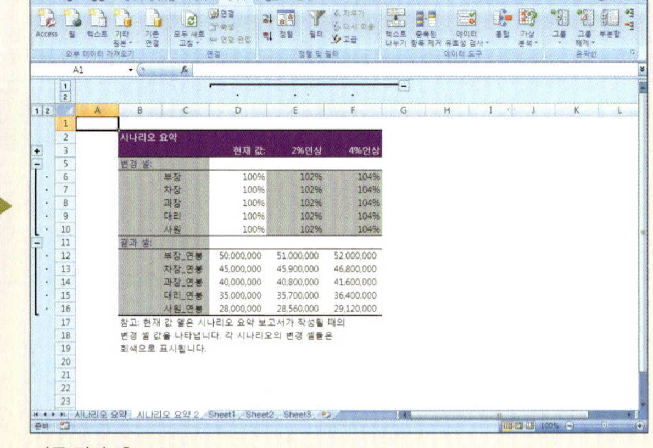

이름 정의 후

매출 계획 시나리오 작성하기

과거 2년, 즉 2005년과 2006년의 매출액으로 성장률을 파악한 후 2007년도의 예상 성장률을 예측해 보고자 합니다. 경기가 좋을 경우와 나쁠 경우를 예상하여 경기 '호조', '악화' 라는 두 개의 시나리오를 만들어 매출액을 예측해 보겠습니다.

〔예제 파일 경로〕 부록 CD\Sample\Part10\시나리오2.xlsx | 〔결과 파일 경로〕 부록 CD\Sample\Part10\After\시나리오2_완성.xlsx

완성 예제 미리 보기

시나리오 요약			(단위:백만)
	현재 값:	호조	악화
변경 셀:			
가전_성장율	4%	5%	3%
통신_성장율	10%	12%	5%
컴퓨터_성장율	-1%	1%	-5%
결과 셀:			
가전_매출계획	572	578	567
통신_매출계획	605	616	578
컴퓨터_매출계획	196	200	188

01 시나리오 작성 시 사용할 '변경 셀'과 '결과 셀'에 대해 이름 정의한 후 사용하면 편리하므로 미리 이름을 정의하였습니다. 정의한 이름을 확인하려면 [수식] 탭의 [정의된 이름 – 이름 관리자]를 클릭합니다.

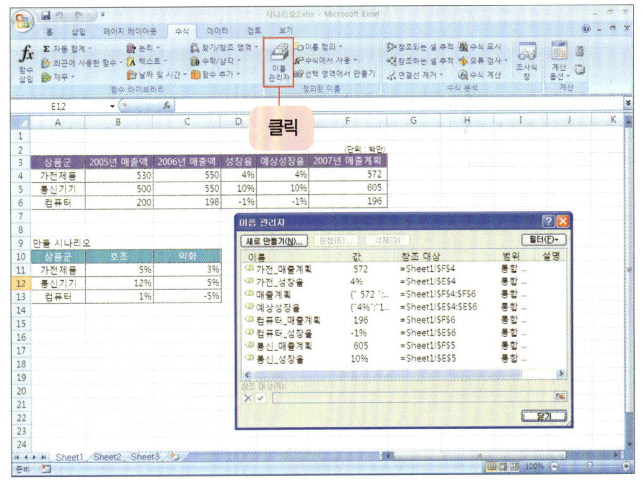

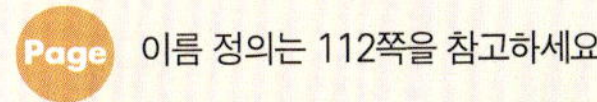
Page 이름 정의는 112쪽을 참고하세요.

02 ❶ [데이터] 탭의 [데이터 도구 – 가상 분석]을 클릭한 후 ❷ [시나리오 관리자]를 클릭합니다.

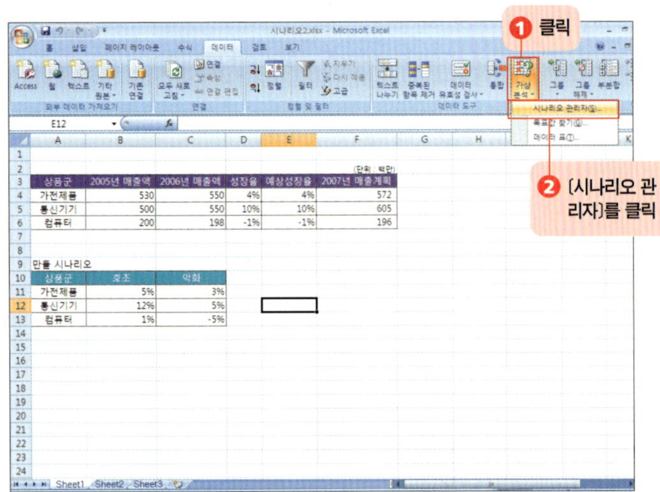

03 [시나리오 관리자] 대화상자가 나타나면 [추가] 버튼을 클릭합니다.

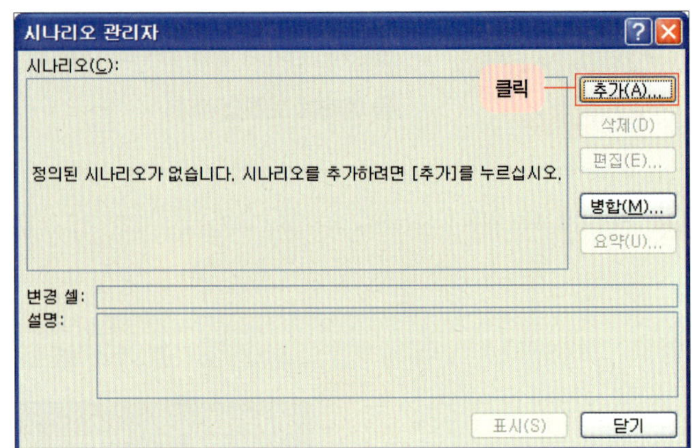

04 [시나리오 편집] 대화상자가 나타나면 ❶ 다음과 같이 지정한 후 ❷ [확인] 버튼을 클릭합니다.

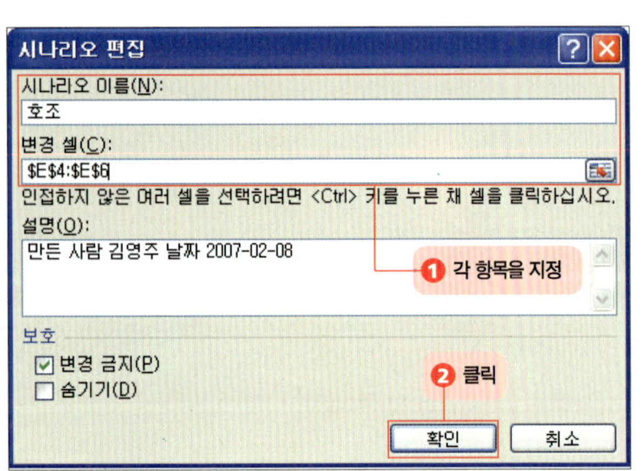

05 [시나리오 값] 대화상자가 나타나면 다음과 같이 입력한 후 [추가] 버튼을 클릭합니다.

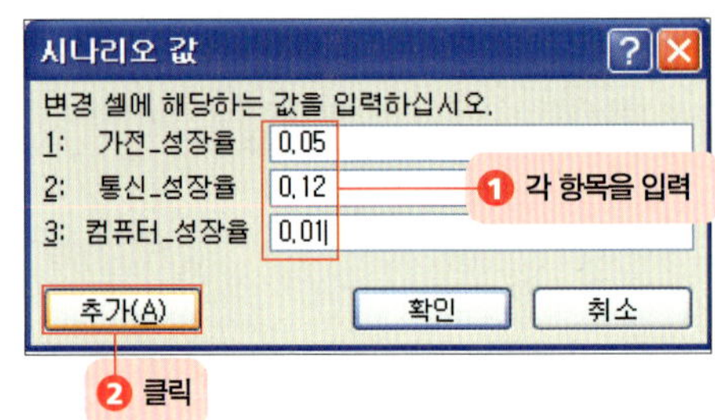

06 ❶ [시나리오 추가] 대화상자가 나타나면 다음과 같이 지정한 후 ❷ [확인] 버튼을 클릭합니다.

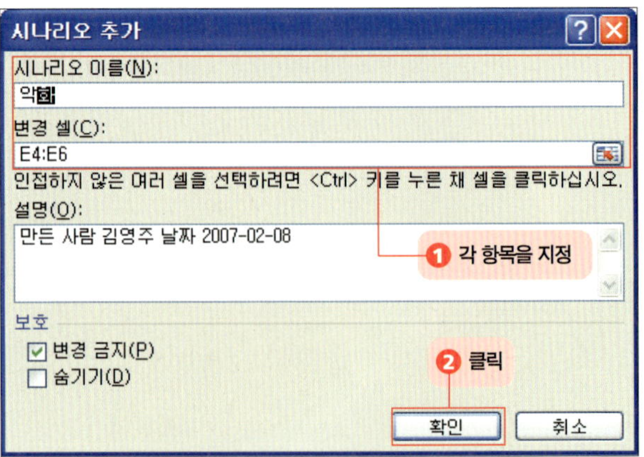

07 [시나리오 값] 대화상자가 나타나면 ❶ 다음과 같이 입력한 후 ❷ [확인] 버튼을 클릭합니다.

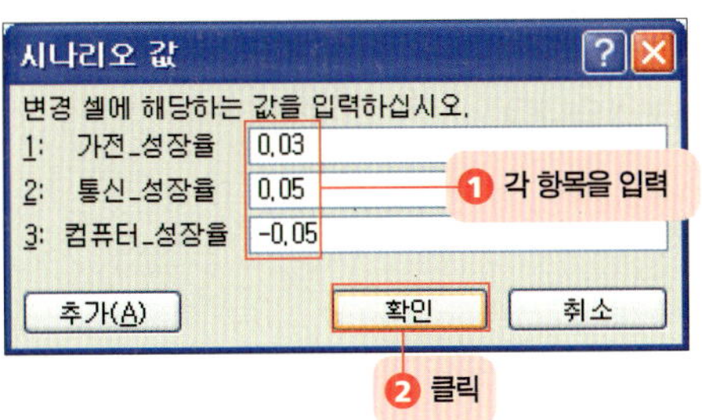

08 [시나리오 관리자] 대화상자가 나타나면 [요약] 버튼을 클릭합니다.

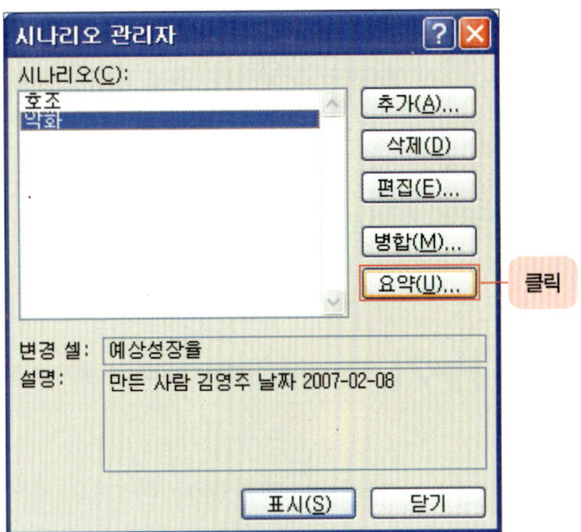

09 [시나리오 요약] 대화상자가 나타나면 ❶ '시나리오 요약'을 선택한 후 ❷ '결과 셀'에 [F4:F6]을 범위 지정하고 ❸ [확인] 버튼을 클릭합니다.

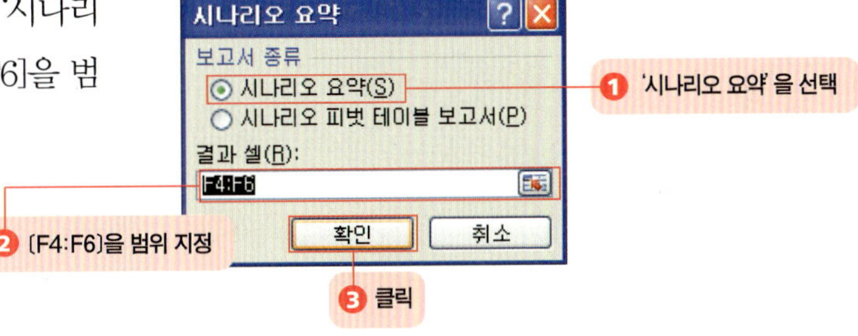

10 다음과 같이 경기가 '호조'일 때와 '악화'일 때의 시나리오 요약 결과가 만들어집니다.

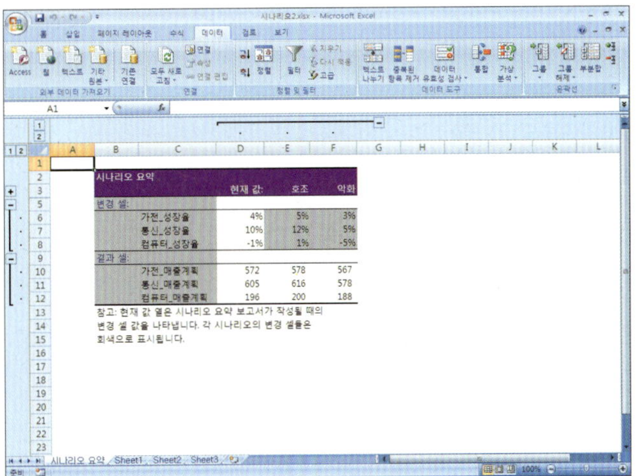

Lesson 04

알아두면 편리한 기타 기능

이번 레슨에서는 알아 두면 효율적인 기타 기능 중에서 셀의 데이터를 분리하는 텍스트 나누기, 엑셀 문서를 PDF로 저장하기, 엑셀 표를 파워포인트로 가져가기에 대해 알아보겠습니다.

텍스트 나누기

한 셀에 입력된 내용을 여러 셀로 분리해야 할 경우에는 '텍스트 나누기' 기능을 이용합니다.
외부 데이터를 엑셀로 가져와 사용할 때나 셀의 입력된 데이터를 재가공하여 사용할 때에 주로 이용합니다.

텍스트 나누기를 이용하면 구분 기호를 기준으로 나누 거나 일정한 너비로 나눌 수 있습니다.

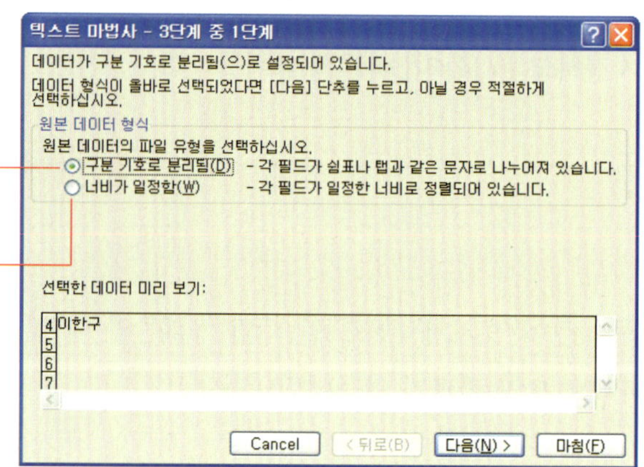

쉼표, 탭과 같은 기호를 기준으로 나눌 수 있음

일정한 너비를 기준으로 나눌 수 있음

예를 들어 이름을 성과 이름으로 나누려고 한다면, [A] 열의 이름은 '너비가 일정함'으로 나눌 수 있고, [E] 열의 이름은 성과 이름 사이에 공백이 있으므로 '공백'이 라는 구분 기호를 기준으로 나눌 수 있습니다.

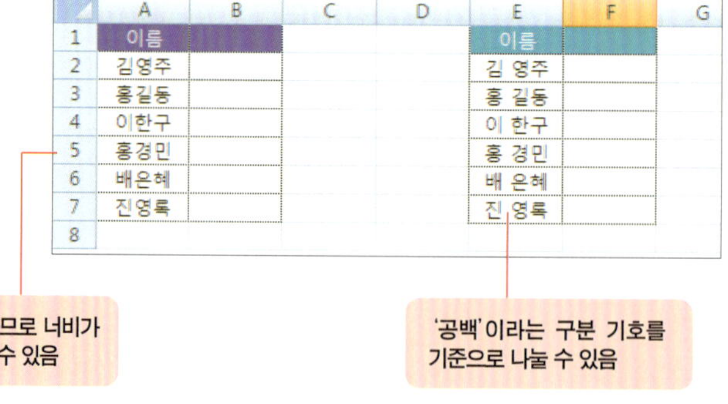

글자 수가 동일하므로 너비가 일정함으로 나눌 수 있음

'공백'이라는 구분 기호를 기준으로 나눌 수 있음

상황별 텍스트 나누기 활용하기

Action Excel
도전! 엑셀

이번에는 두 가지의 사례를 통하여 텍스트 나누기 기능을 어떻게 활용할 수 있는지에 대해 알아보겠습니다. 간단한 따라하기를 통해 연습해 보세요.

〔예제 파일 경로〕부록 CD\Sample\Part10\텍스트나누기.xlsx　|　〔결과 파일 경로〕부록 CD\Sample\Part10\After\텍스트나누기_완성.xlsx

● 사례 1 : '예약자/콘도'를 '예약자'와 '콘도'로 나누기

01 [B] 열의 내용을 '너비가 일정함'으로 나누어 보겠습니다. 열을 삽입하기 위하여 ❶ [C] 열 머리글을 클릭한 후 ❷ `Ctrl` 을 누른 상태로 [D] 열 머리글을 클릭하여 범위 지정합니다. ❸ 그런 다음 마우스 오른쪽 버튼을 클릭한 후 ❹ [삽입]을 클릭합니다.

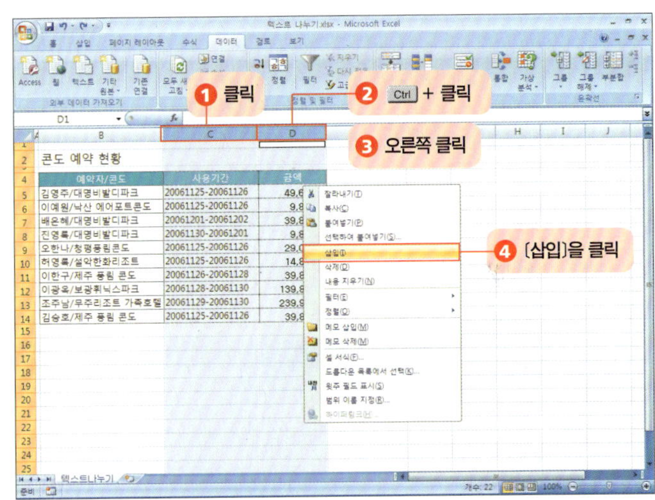

주의 범위 지정할 때에 〔C〕 열과 〔D〕 열을 드래그하여 연속적으로 지정하면, 연속된 두 개의 열이 삽입되므로 반드시 `Ctrl` 을 누른 상태로 따로 따로 범위를 지정해야만 떨어진 영역에 각각의 열이 삽입됩니다.

Note 한 셀의 내용을 나누게 되면 오른쪽으로 여유 공간이 필요하므로 공간을 확보해야 합니다.

02 ❶ [B4:B14]를 범위 지정한 후 ❷ [데이터] 탭의 [데이터 도구 – 텍스트 나누기]를 클릭합니다.

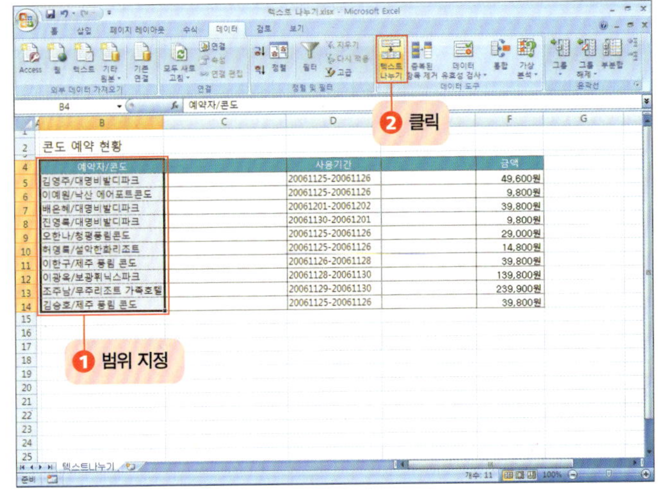

03 [텍스트 마법사 – 3단계 중 1단계] 대화상자가 나타나면 ❶ '구분 기호로 분리됨'을 선택한 후 ❷ [다음] 버튼을 클릭합니다. 계속해서 [텍스트 마법사 – 3단계 중 2단계] 대화상자가 나타나면 ❸ 구분 기호에서 '기타'에 체크 표시를 하고 「/」를 입력한 후 ❹ [다음] 버튼을 클릭합니다.

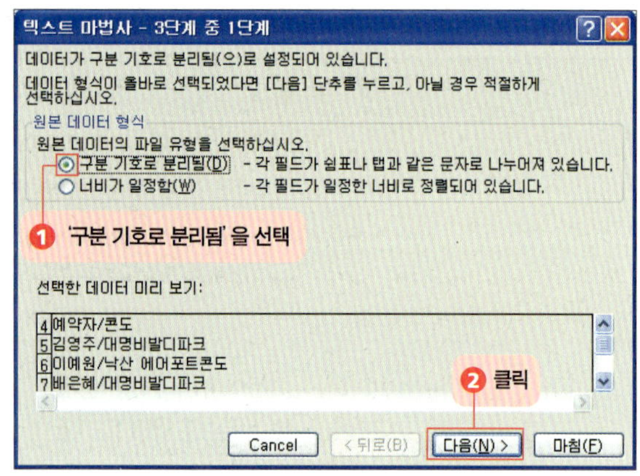

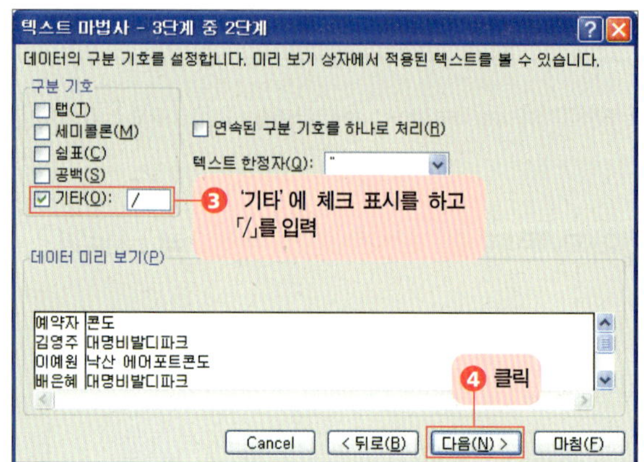

04 [텍스트 마법사 – 3단계 중 3단계] 대화상자가 나타나면 ❶ [마침] 버튼을 클릭합니다. 경고창이 나타나면 ❷ [확인] 버튼을 클릭합니다.

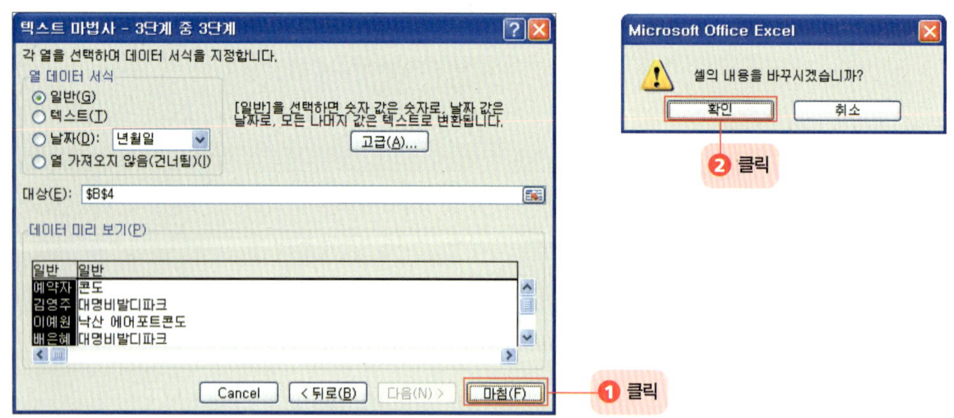

05 다음과 같이 예약자와 콘도가 분리됩니다.

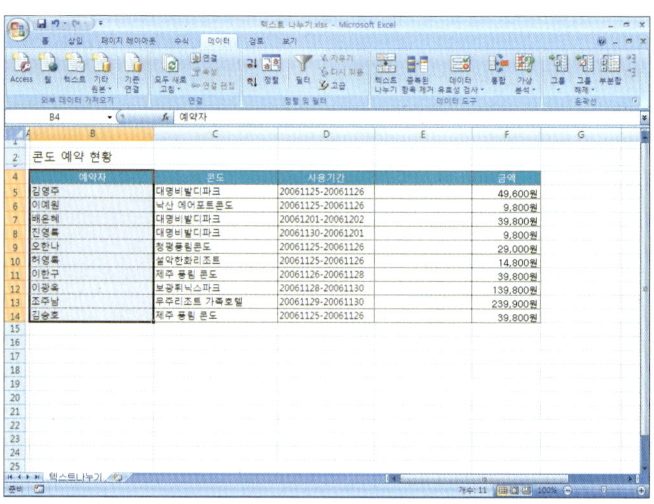

● 사례 2 : 사용 기간 나누기

01 ❶ [D5:D14]를 범위 지정한 후 ❷ [데이터] 탭의
[데이터 도구 – 텍스트 나누기▦]를 클릭합니다.

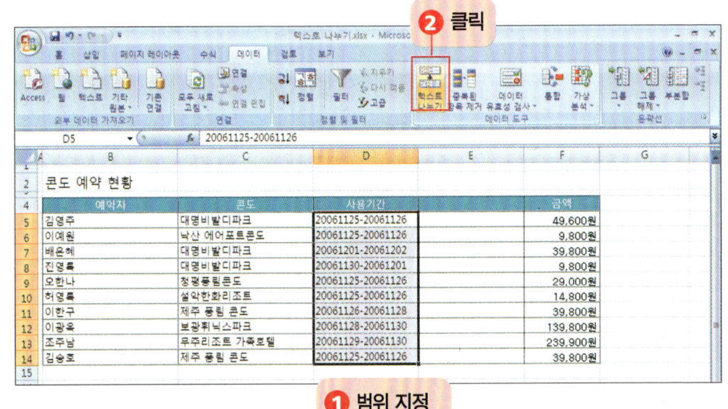

02 [텍스트 마법사 – 3단계 중 1단계] 대화상자가 나
타나면 ❶ '구분 기호로 분리됨' 을 선택한 후 ❷
[다음] 버튼을 클릭합니다.

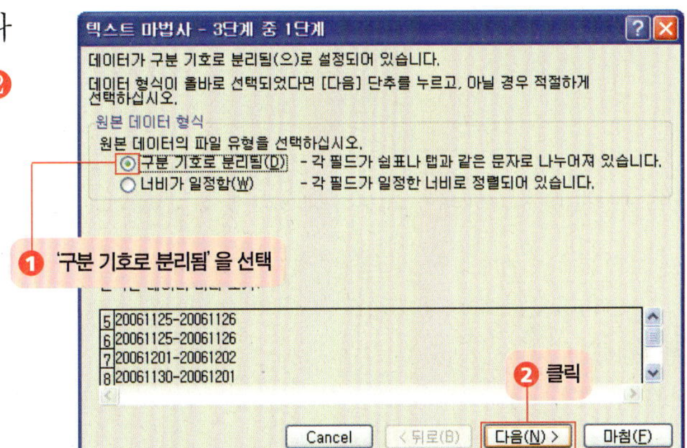

03 [텍스트 마법사 – 3단계 중 2단계] 대화상자가 나
타나면 ❶ 구분 기호에서 '기타' 에 체크 표시를 하
고 「–」을 입력한 후 ❷ [다음] 버튼을 클릭합니다.

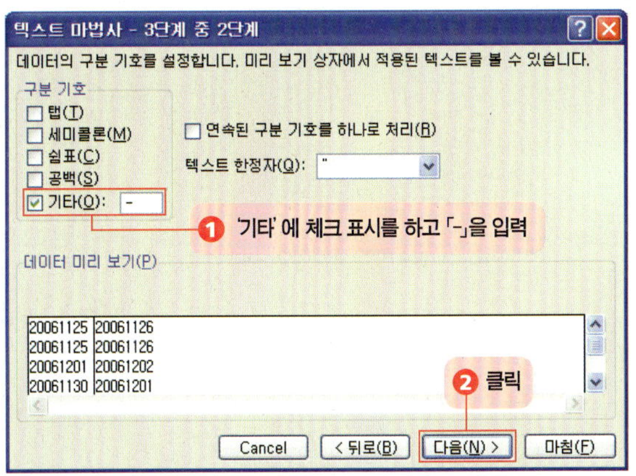

04 [텍스트 마법사 – 3단계 중 3단계] 대화상자의 ❶
열 데이터 서식에서 '날짜' 를 선택하면 데이터 미
리 보기가 '년월일' 로 변경됩니다. ❷ '일반' 을 클
릭한 후 ❸ 열 데이터 서식에서 '날짜' 를 선택하고
❹ [마침] 버튼을 클릭합니다.

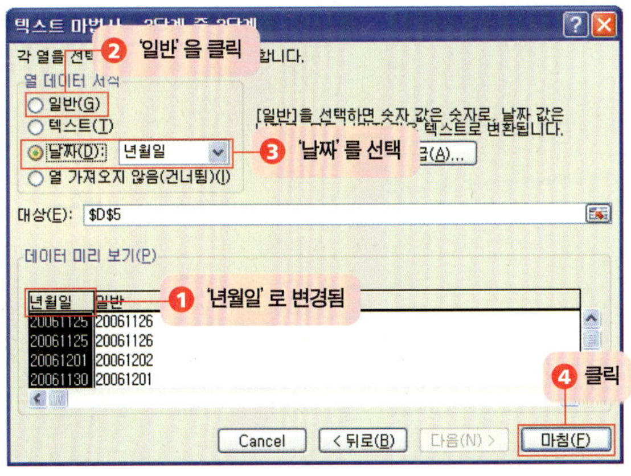

05 경고창이 나타나면 [확인] 버튼을 클릭합니다.

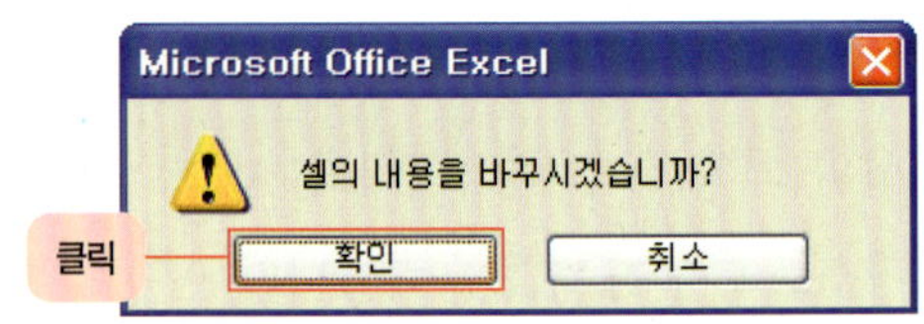

06 다음과 같이 날짜가 분리됩니다.

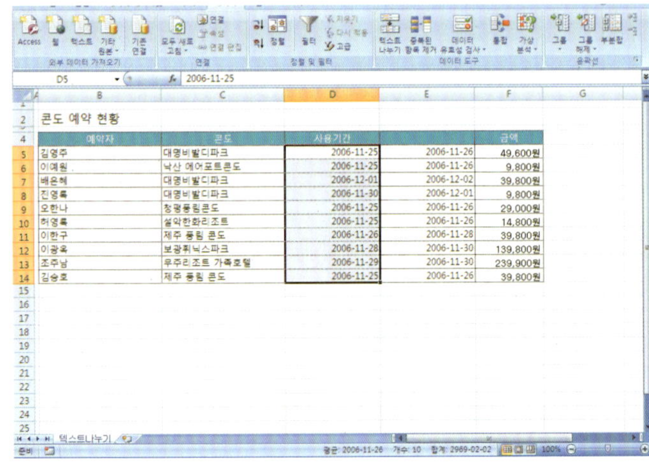

 금액 분리하기

텍스트 나누기를 이용하여 「49,600원」에서 "원"을 삭제할 수 있습니다.

[텍스트 마법사 – 3단계 중 2단계]에서 구분 기호를 「기타 : 원」으로 선택
하여 나누기를 합니다.

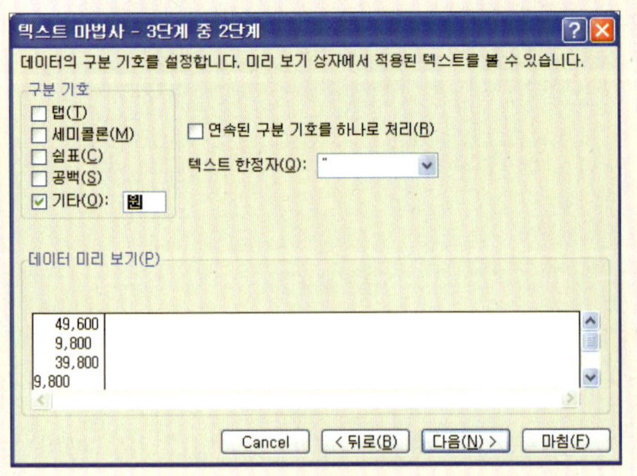

PDF로 저장하기

엑셀뿐만 아니라 모든 2007 Microsoft Office system
프로그램에서 추가 기능을 설치하면 PDF 파일 또는
XPS 파일로 저장할 수 있습니다. 추가 기능을 설치하려
면 마이크로소프트 웹 사이트(http://www.microsoft.
com/downloads)에서 다운로드하여 설치합니다.

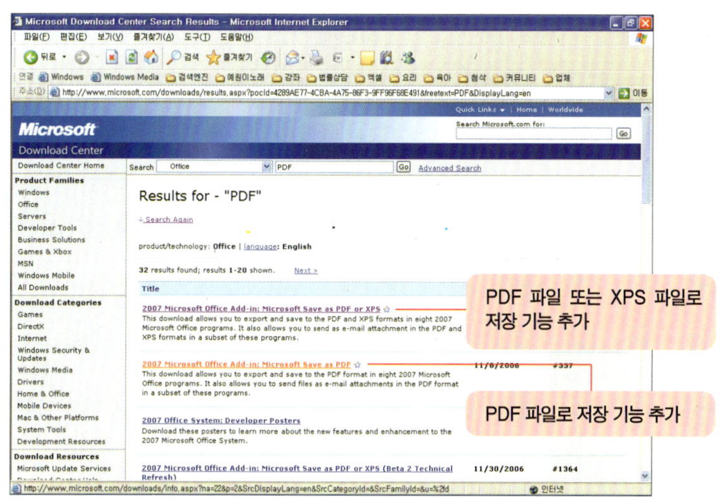

설치가 되었다면 엑셀의 [Office 단추]를 클릭한 후
[다른 이름으로 저장 – PDF]를 클릭하여 저장합니다.

> **TIP PDF 파일이란?**
>
> PDF(Portable Document Format)는 문서 서식이 유지되
> 고 파일 공유가 가능한, 고정된 레이아웃의 전자 파일 형식입
> 니다. PDF 형식을 사용하면 파일을 온라인으로 보거나 인쇄
> 할 때에 원하는 형식을 그대로 유지할 수 있으며, 파일의 데
> 이터를 쉽게 변경하지 못하도록 할 수도 있습니다. 또한 고급
> 인쇄 방법을 사용하여 복제되는 문서에도 편리하게 사용할
> 수 있습니다.

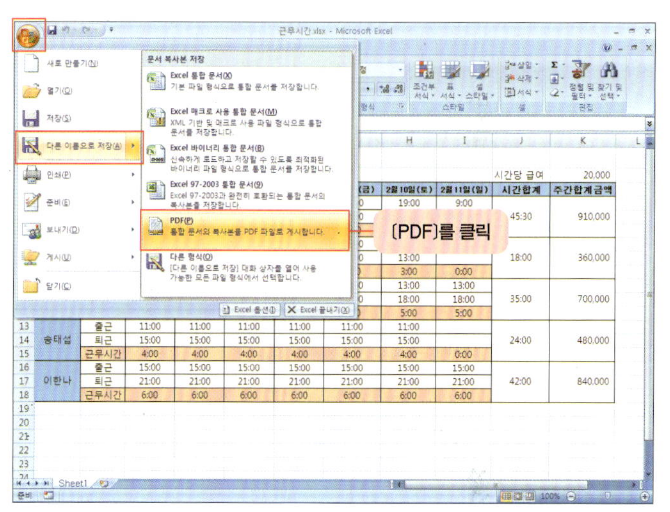

❶ **게시 후 파일 열기** : 문서를 저장한 후 바로 열려면 이 확인란에
체크 표시를 합니다. 이 확인란은 컴퓨터에 PDF Reader가 설
치되어 있는 경우에만 사용할 수 있습니다.

❷ **표준(온라인 게시 및 인쇄)** : 통합 문서를 고품질로 인쇄해야 할
경우에 선택합니다.

❸ **최소 크기(온라인 게시)** : 인쇄 품질보다 파일 크기를 줄이는 것
이 더 중요한 경우에 선택합니다.

❹ **옵션** : 파일에 다양한 옵션을 지정합니다.

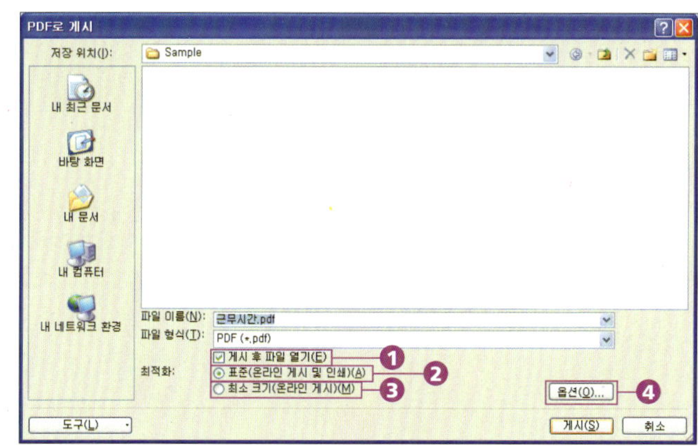

엑셀 문서 PDF로 저장하기

시간제 사원 근무 시간 문서를 PDF 파일 형식으로 저장해 보겠습니다. PDF로 저장하려면 마이크로소프트 웹 사이트(http://www.microsoft.com/downloads)에서 추가 기능을 다운로드하여 설치해야 합니다.

〔예제 파일 경로〕 부록 CD\Sample\Part10\근무시간.xlsx | 〔결과 파일 경로〕 부록 CD\Sample\Part10\After\근무시간.pdf

01 ❶ [Office 단추]를 클릭한 후 ❷ [다른 이름으로 저장 – PDF]를 클릭합니다.

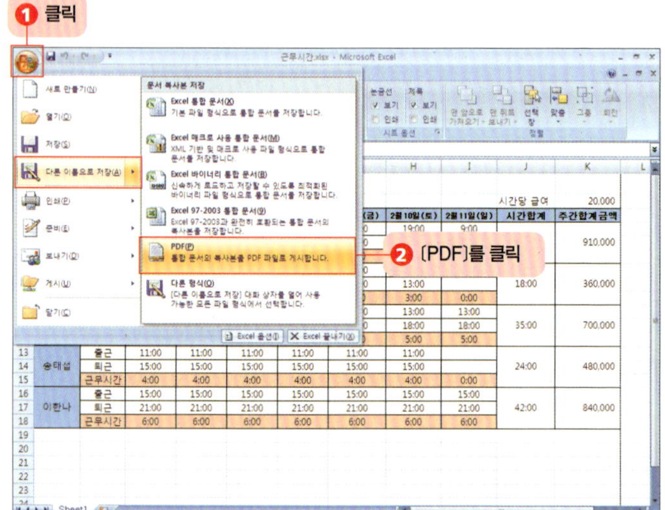

02 [PDF로 게시] 대화상자가 나타나면 ❶ 저장 위치를 선택한 후 ❷ 파일 이름을 입력하고 ❸ [게시] 버튼을 클릭합니다.

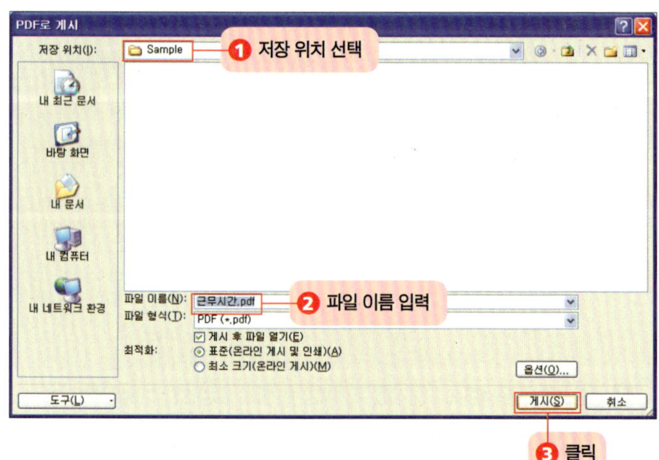

03 다음과 같이 PDF Reader가 실행되면서 '근무시간.PDF'가 열립니다.

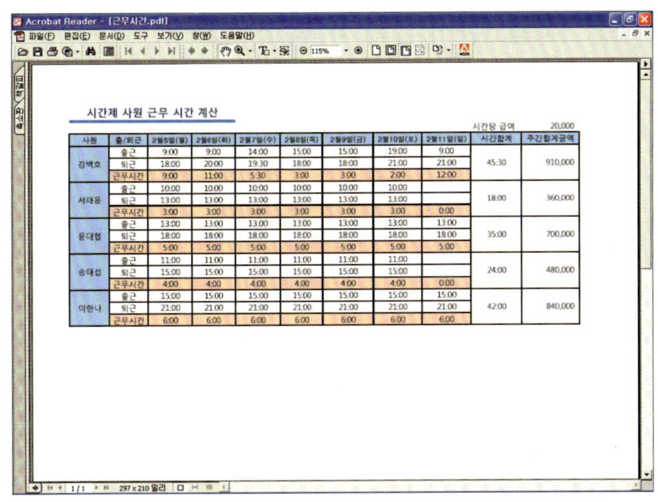

04 저장한 폴더 위치를 확인하면 '근무시간.pdf' 파일이 생성되어 있는 것을 알 수 있습니다.

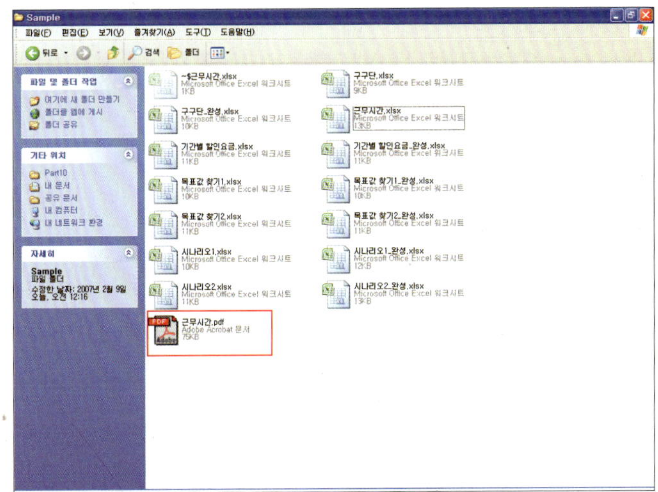

엑셀 데이터를 파워포인트로 가져가기

엑셀에서 작성한 표를 파워포인트로 가져간 다음 보고서나 프레젠테이션 자료로 활용하는 경우가 많습니다. 엑셀 데이터를 파워포인트를 가져가는 방법에는 복사/붙여넣기, 그림으로 가져가기, 연결하여 붙여넣기 등이 있습니다. 이 세 가지의 방법에 대해 알아보겠습니다.

1 | 복사/붙여넣기

엑셀에서 파워포인트로 가져갈 데이터를 [복사]한 후 파워포인트에서 [붙여넣기]를 실행합니다. 파워포인트에서 더블클릭하면 엑셀이 활성화되고 데이터를 수정할 수 있습니다.

2 | 그림으로 가져가기

엑셀에서 파워포인트로 가져갈 데이터를 [복사]하고 파워포인트에서 [선택하여 붙여넣기]를 선택한 후 그림으로 붙여 넣습니다. 그림으로 붙여 넣었기 때문에 크기 조정이나 위치 이동 등의 작업은 편리하지만 수정은 불가능합니다.

3 | 연결하여 붙여넣기

엑셀에서 파워포인트로 가져갈 데이터를 [복사]하고 파워포인트에서 [선택하여 붙여넣기]를 선택한 후 연결하여 붙여 넣습니다. 엑셀 원본 파일과 연결되므로 원본의 데이터가 변경되면 파워포인트에서도 자동 수정됩니다.

엑셀로 작성한 매출 현황을 파워포인트로 가져가기

이번에는 엑셀에서 작성한 매출 현황 데이터를 파워포인트로 가져가는 세 가지 방법에 대해 알아보겠습니다.
간단한 따라하기를 통해 연습해 보세요.

〔예제 파일 경로〕 부록 CD\Sample\Part10\매출현황.xlsx | 부록 CD\Sample\Part10\파워포인트.pptx | 〔결과 파일 경로〕 부록 CD\Sample\Part10\After\파워포인트_완성.pptx

● 방법 1 : 복사/붙여넣기로 가져가기

01 ❶ 파워포인트로 가져갈 영역을 범위 지정한 후 ❷ 마우스 오른쪽 버튼을 클릭하고 ❸ [복사]를 클릭합니다.

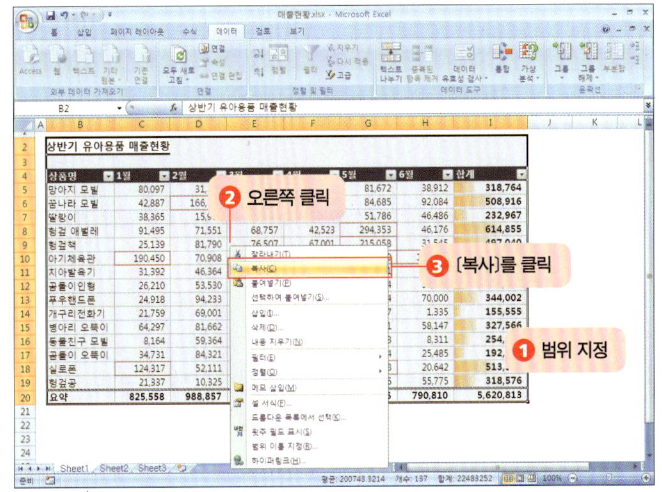

02 파워포인트를 실행한 후 ❶ 첫 번째 슬라이드에서 마우스 오른쪽 버튼을 클릭하고 ❷ [붙여넣기]를 클릭합니다.

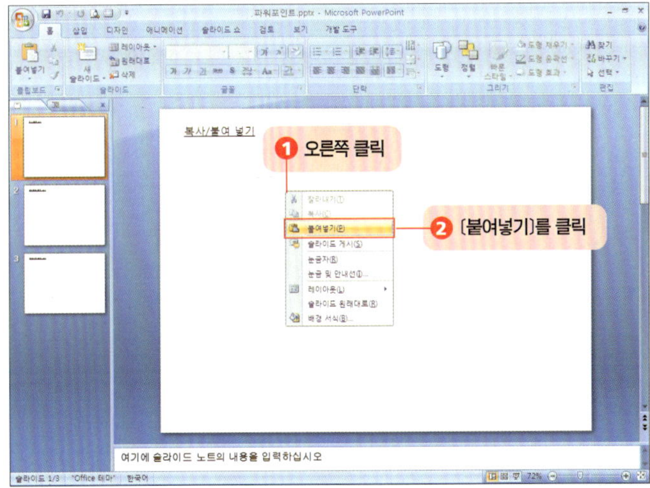

03 다음과 같이 붙여넣기가 됩니다. 표의 테두리를 드래그하면 표를 늘리거나 줄일 수 있습니다. 또한 셀 안에서 클릭하여 데이터를 수정할 수도 있습니다.

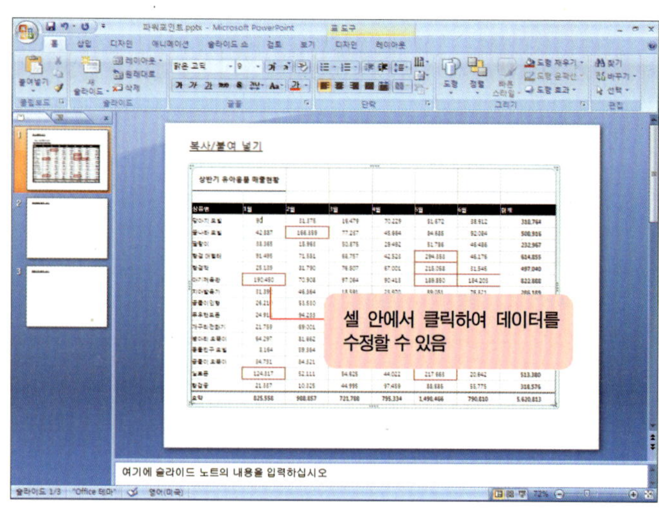

● 방법 2 : 그림으로 붙여넣기

01 ❶ 두 번째 슬라이드를 클릭한 후 ❷ [홈] 탭의 [클립보드 – 붙여넣기]를 클릭하고 [선택하여 붙여넣기]를 클릭합니다.

> **TIP** 한 번 [복사]한 내용은 다른 내용을 복사하기 전까지는 계속 클립보드에 남아 있으므로 [붙여넣기]를 바로 수행할 수 있습니다.

> **주의** 만약 엑셀에서 '복사' 영역이 해제되었다면 파워포인트에서 [붙여넣기] 메뉴가 활성화되지 않으므로 다시 엑셀에서 [복사]를 실행해야 합니다.

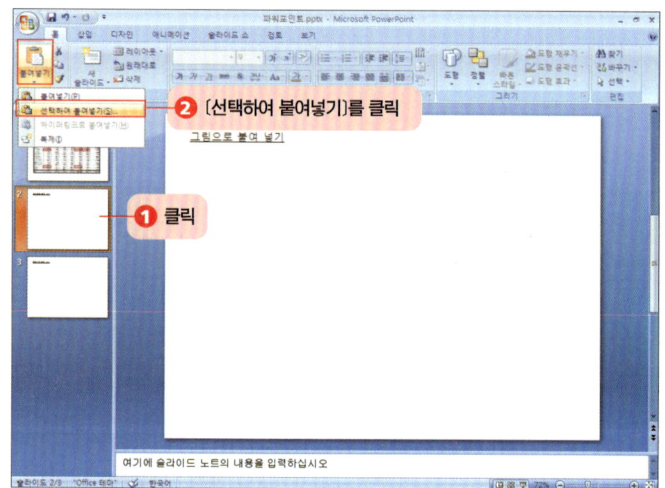

02 [선택하여 붙여넣기] 대화상자가 나타나면 ❶ '그림(확장 메타파일)'을 선택한 후 ❷ [확인] 버튼을 클릭합니다.

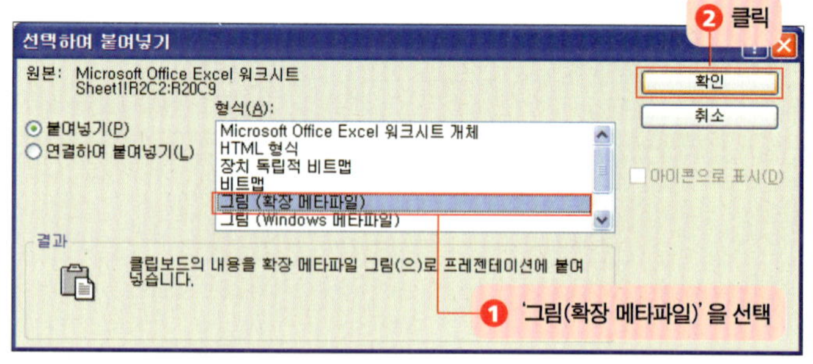

03 다음과 같이 그림 형태로 붙여넣기가 됩니다.

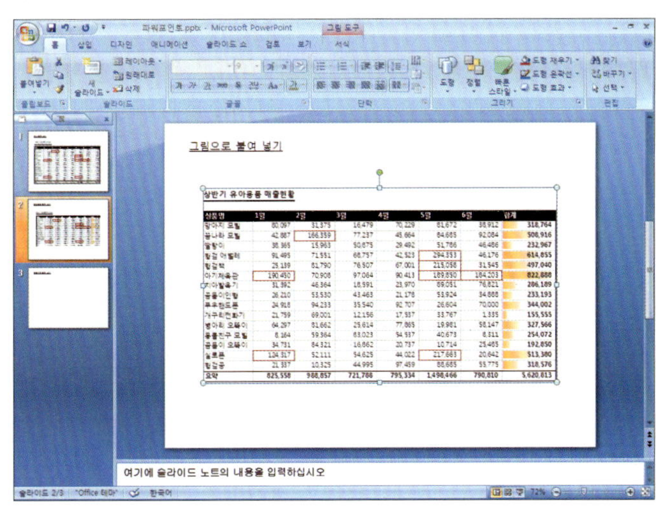

● 방법 3 : 엑셀 원본 데이터와 연결하여 붙여넣기

01 ❶ 세 번째 슬라이드를 클릭한 후 ❷ [홈] 탭의 [클립보드 – 붙여넣기]를 클릭하고 [선택하여 붙여넣기]를 클릭합니다.

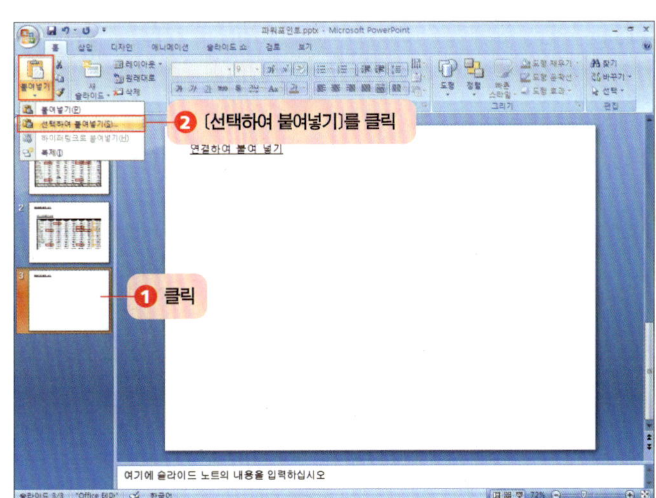

02 [선택하여 붙여넣기] 대화상자가 나타나면 ❶ '연결하여 붙여넣기'를 선택한 후 ❷ [확인] 버튼을 클릭합니다.

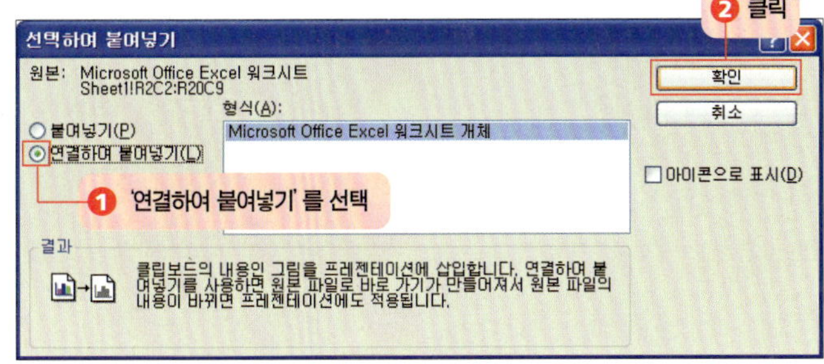

03 다음과 같이 붙여넣기가 됩니다.

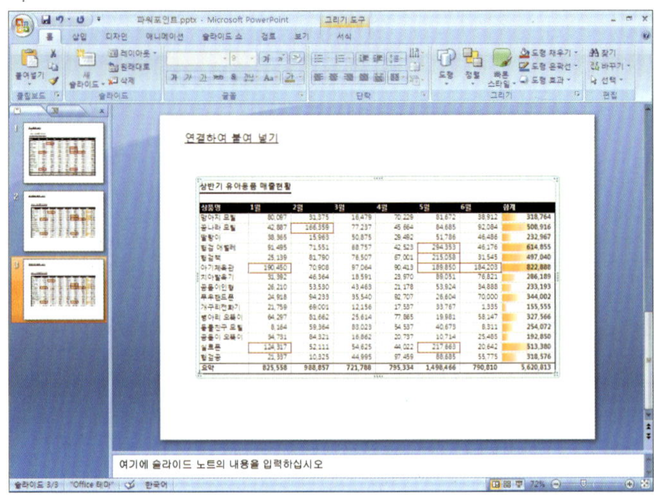

04 원본 데이터를 수정하면 복사된 사본에는 어떤 영향을 미치는지 확인해 보기 위해 엑셀에서 [C5] 셀의 값을 「10000」으로 수정합니다.

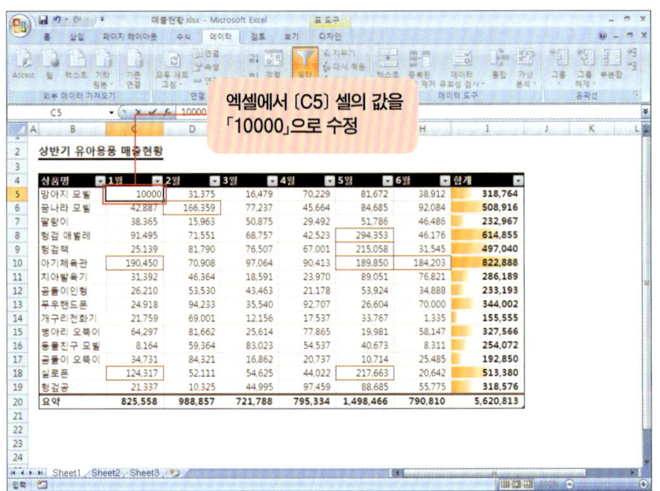

05 파워포인트에서 '연결하여 붙여넣기'로 복사한 슬라이드의 표가 수정되어 있는 것을 확인할 수 있습니다.

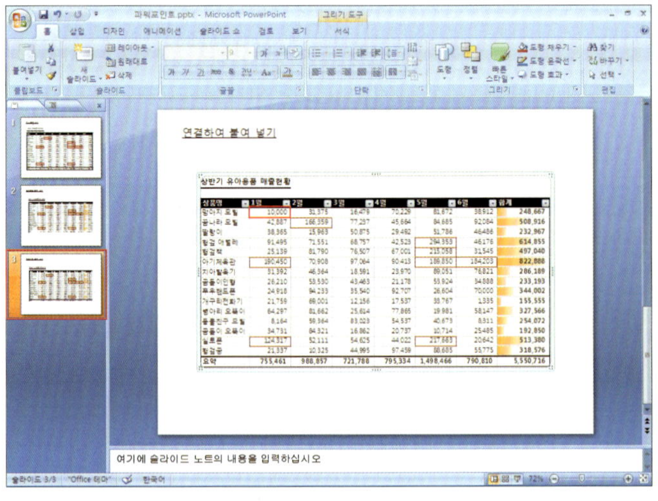

 **웹 페이지 실시간으로 엑셀로 가져오기**

엑셀의 '외부 데이터 가져오기' 기능을 이용하면 매번 해당 사이트에 접속하지 않고도 엑셀에서 실시간으로 정보를 업데이트 시킬 수 있습니다.

01 [데이터] 탭의 [외부 데이터 가져오기 – 웹]을 클릭합니다.

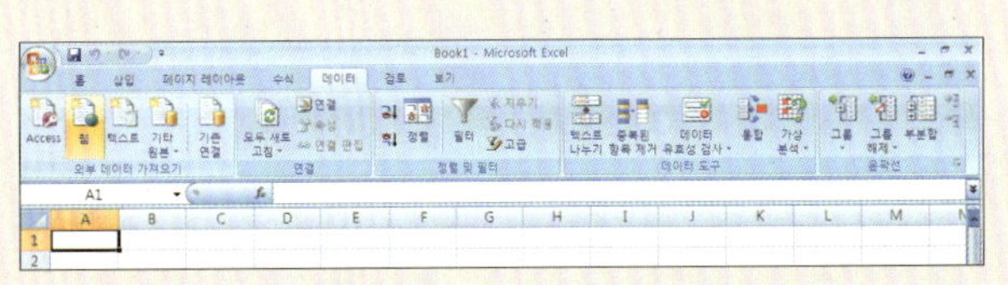

02 [새 웹 쿼리] 대화상자가 나타나면 '주소' 영역에 엑셀로 가져 갈 사이트 주소를 입력합니다. 해당 사이트에 접속되면 테이블 옆의 ➡를 클릭하면 ✔로 바뀌는데, ✔를 클릭하여 엑셀로 가져갈 영역을 선택한 뒤 [가져오기] 버튼을 클릭합니다.

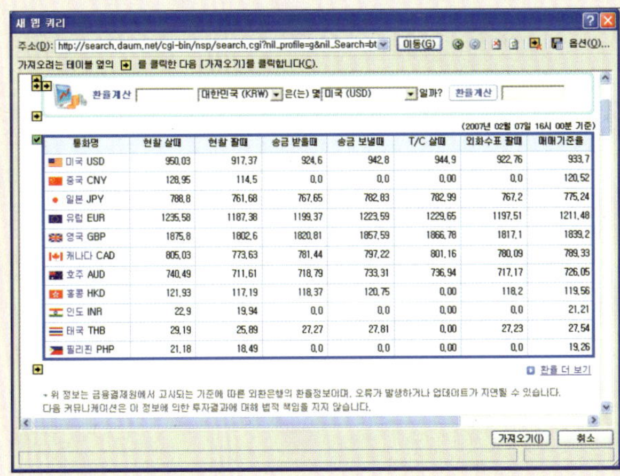

03 [데이터 가져오기] 대화상자에서 데이터가 들어갈 위치를 선택한 후 [확인] 버튼을 클릭하면 웹 페이지의 정보를 엑셀로 가져옵니다.

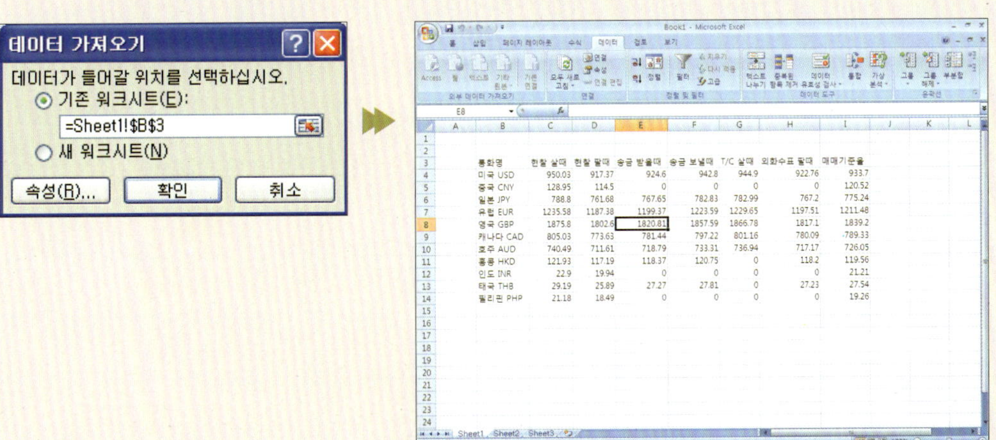

PART
11

반복되는 작업을 자동화하는 매크로

엑셀 2007 기본＋활용
실무 테크닉

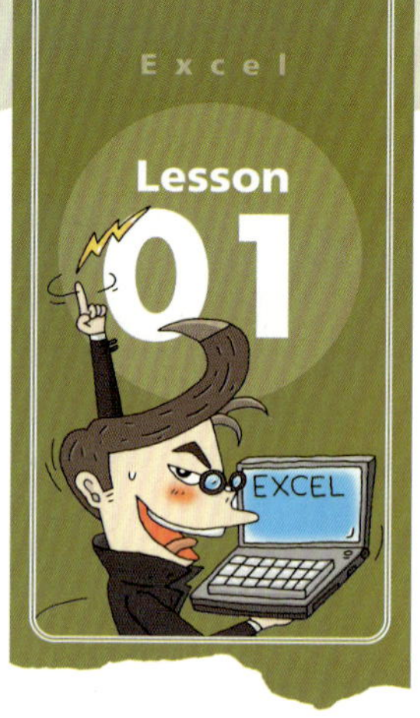

Lesson 01

매크로 사용과 환경 설정

매크로는 여러 작업을 한 번에 자동으로 실행할 수 있는 기능으로 업무를 원활하게 처리하는 데에 많은 도움을 줍니다. 이번 레슨에서는 매크로 정의와 매크로를 사용하기 위한 환경 설정에 대해 알아보고 간단한 매크로 작성을 통해 매크로가 어떻게 작성, 실행되는지를 알아보겠습니다.

매크로란?

매크로란 여러 작업을 묶어 하나의 작업으로 일괄 처리할 수 있는 기능을 말합니다. 매번 반복되는 작업을 매크로로 작성하면 일일이 작업을 하지 않고도 버튼이나 단축키를 눌러 일괄적으로 처리할 수 있습니다.

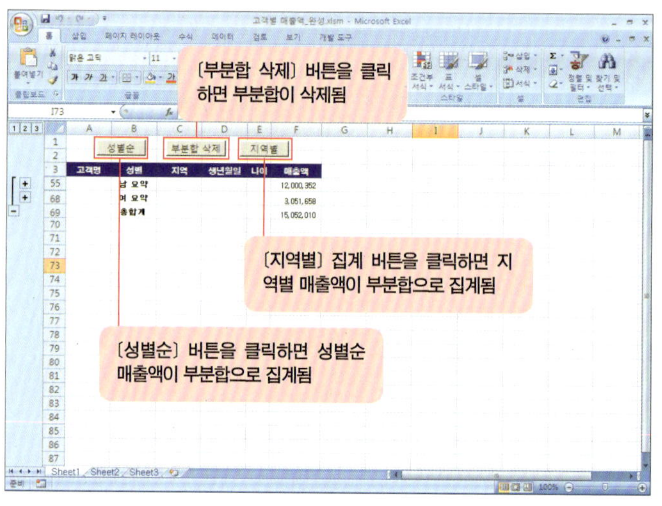

엑셀 매크로는 VBA로 만들어집니다. VBA(Visual Basic Application)는 응용 프로그램에서 사용되는 비주얼베이직 프로그래밍 언어입니다. 하지만 엑셀 매크로를 작성하기 위해 일반인이 비주얼베이직 언어를 배우는 것은 그리 쉬운 일이 아닙니다. 엑셀은 녹음기에 목소리를 녹음하듯이 마우스나 키보드가 하는 일련의 작업을 코드로 기록하여 주는 '매크로 기록' 기능을 제공합니다. 이 기능을 이용하면 매크로를 보다 쉽게 만들어 사용할 수 있습니다.

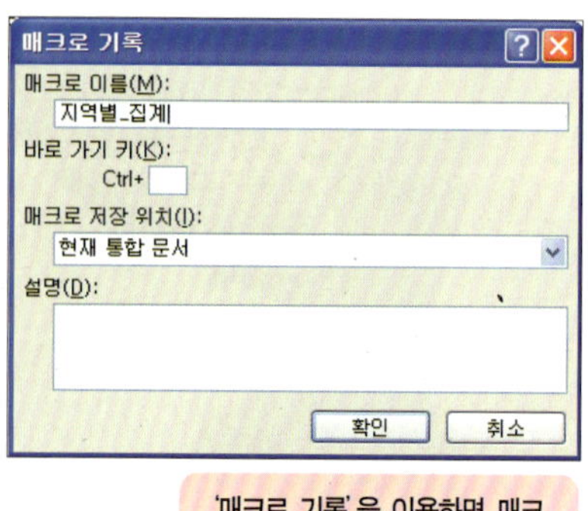

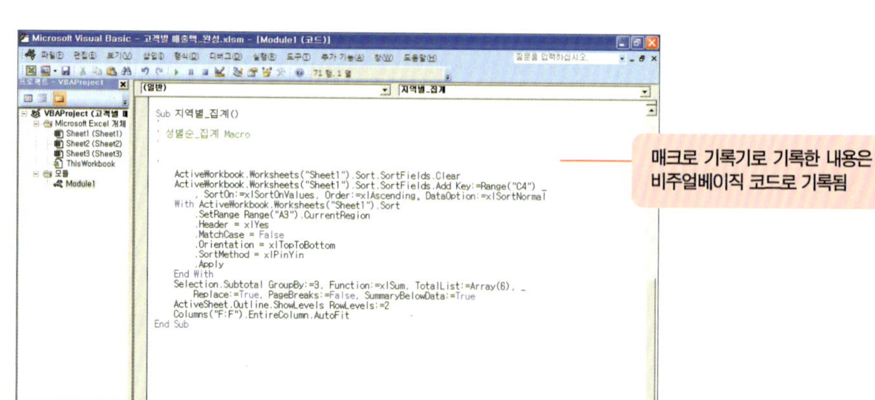

매크로를 사용하기 위한 환경 설정

● 개발 도구 탭 표시하기

기본적인 리본 메뉴에는 매크로와 관련된 항목이 나타나지 않으므로 리본 메뉴에 [개발 도구] 탭을 나타내야만 매크로를 작성할 수 있습니다. [개발 도구] 탭을 나타내려면 [Office 단추 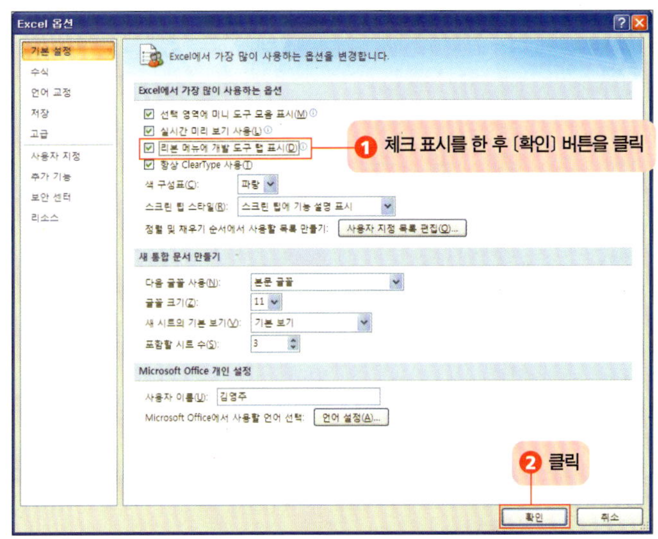]를 클릭한 후 [Excel 옵션]을 클릭하면 나타내는 [Excel 옵션] 대화상자에서 [기본 설정]의 '리본 메뉴에 개발 도구 탭 표시'에 체크 표시한 후 [확인] 버튼을 클릭합니다.

리본 메뉴에 [개발 도구] 탭이 나타납니다.

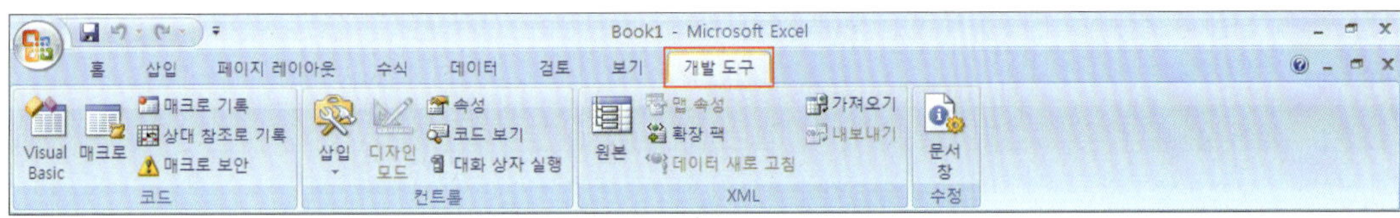

● 매크로 보안 설정

매크로 보안 설정을 하면 매크로가 포함된 통합 문서를 열 때에 발생하는 여러 가지 사항들을 제어할 수 있습니다. 보안 설정은 [개발 도구] 탭의 [코드 – 매크로 보안]을 클릭하여 나타나는 [보안 센터]를 이용합니다. 그러나 사용자가 조직에 속한 경우 해당 사용자가 설정을 변경하지 못하도록 시스템 관리자가 기본 설정을 변경할 수도 있습니다.

[개발 도구] 탭의 [코드 – 매크로 보안]을 클릭하면 나타나는 [보안 센터] 대화상자의 [매크로 설정]에서 매크로가 포함된 통합 문서를 어떻게 열 것인지에 관한 사항을 설정할 수 있습니다.

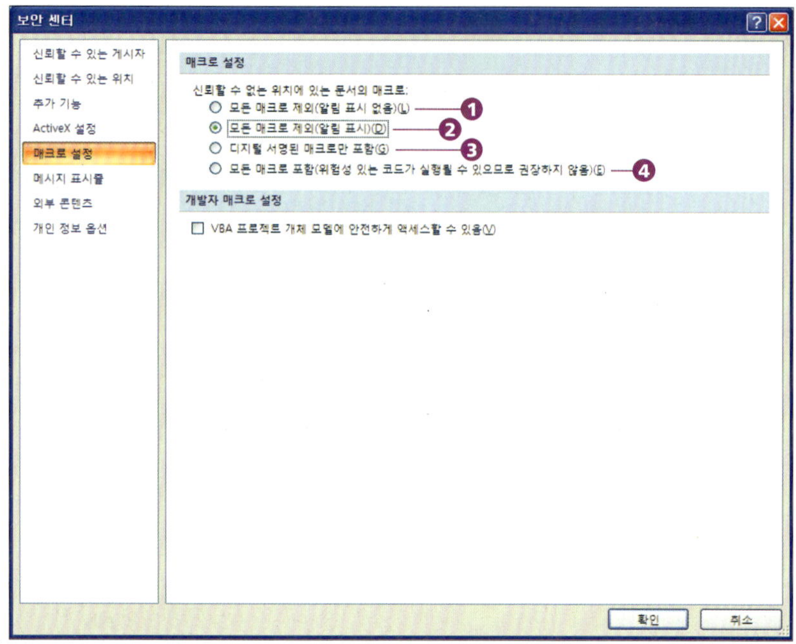

❶ 모든 매크로 제외(알림 표시 없음) : 매크로를 신뢰하지 않는 경우에 사용합니다. 문서에 포함된 모든 매크로와 매크로에 대한 보안 경고가 사용되지 않습니다. 사용자가 신뢰하지만 서명되지 않은 매크로가 포함된 문서가 있는 경우 해당 문서를 신뢰할 수 있는 위치에 넣을 수 있습니다. 신뢰할 수 있는 위치에 있는 문서는 보안 센터 보안 시스템의 확인 없이 실행할 수 있습니다.

❷ 모든 매크로 제외(알림 표시 없음) : 기본 설정입니다. 매크로를 사용하지 않지만 매크로가 있을 경우 보안 경고를 받으려면 선택합니다. 따라서 상황별로 매크로를 사용하도록 선택할 수 있습니다.

❸ 디지털 서명된 매크로만 포함 : 이 설정은 사용자가 이미 게시자를 신뢰한 경우, 신뢰할 수 있는 게시자가 매크로에 디지털 서명을 하면 매크로를 실행할 수 있다는 점을 제외하고 모든 매크로 제외(알림 표시) 옵션과 동일합니다. 게시자를 신뢰하지 않은 경우에는 알림 메시지가 표시됩니다. 따라서 서명된 매크로를 사용하거나 게시자를 신뢰하도록 선택할 수 있습니다. 서명되지 않은 매크로는 모두 사용되지 않으며 알림 메시지가 나타나지 않습니다.

❹ 모든 매크로 포함(위험성 있는 코드가 실행될 수 있으므로 권장하지 않음) : 모든 매크로가 실행되도록 하려는 경우에 일시적으로 사용합니다. 컴퓨터가 해로울 수 있는 코드에 노출되므로 이 설정을 영구적으로 사용하는 것은 좋지 않습니다.

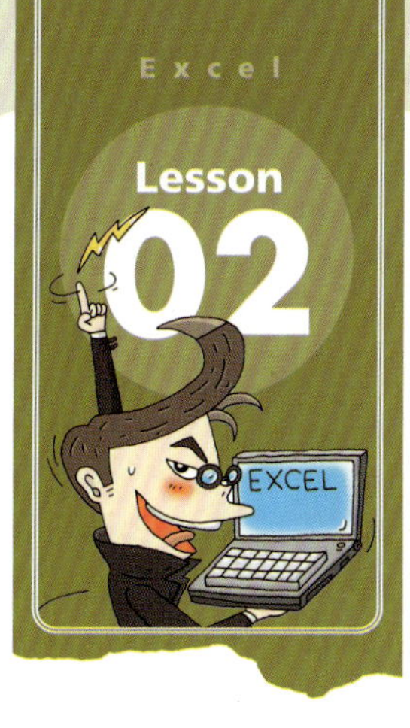

Lesson 02

매크로 기록 및 실행하기

이번 레슨에서는 매크로를 기록하거나 기록한 매크로를 실행하고, 매크로가 있는 통합 문서를 저장하는 방법에 대해 알아보겠습니다. 여기에서는 간단한 예제를 이용하여 매크로를 기록하고 실행하는 방법에 대해 알아볼 것이므로 경우에 따라서는 "매크로를 왜 사용하는 거지?"라고 생각할 수 있습니다. 하지만 이번 레슨에서는 "매크로를 왜 사용하지?"에 대한 이해보다 매크로를 어떻게 기록하고 실행하는지가 더욱 중요합니다.

 ## 절대 참조와 상대 참조

매크로 기록은 절대 참조와 상대 참조로 기록할 수 있습니다. 절대 참조로 기록된 매크로는 매크로 실행 시 항상 고정된 위치에 실행되고 상대 참조로 기록된 매크로는 매크로 실행 시 유동적인 위치에 실행됩니다.

[개발 도구] 탭의 [코드 – 상대 참조로 기록 상대 참조로 기록]이 선택되어 있지 않으면 절대 참조로 기록되고, 선택되어 있으면 상대 참조로 기록됩니다.

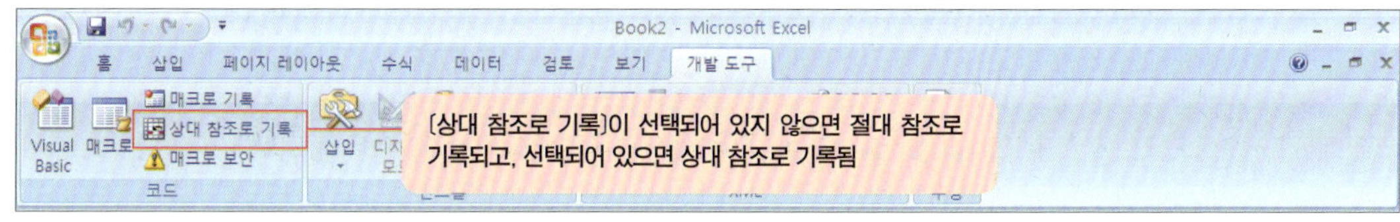

매크로를 기록하려면 [개발 도구] 탭의 [코드 – 매크로 기록 매크로 기록]을 클릭합니다.

 ## 매크로 실행하기

매크로를 실행하는 방법에 대해 알아보겠습니다. 매크로를 실행하는 방법에는 여러 가지가 있지만 여기에서는 메뉴를 이용하여 실행하는 방법에 대해서만 알아보겠습니다.

[개발 도구] 탭의 [코드 – 매크로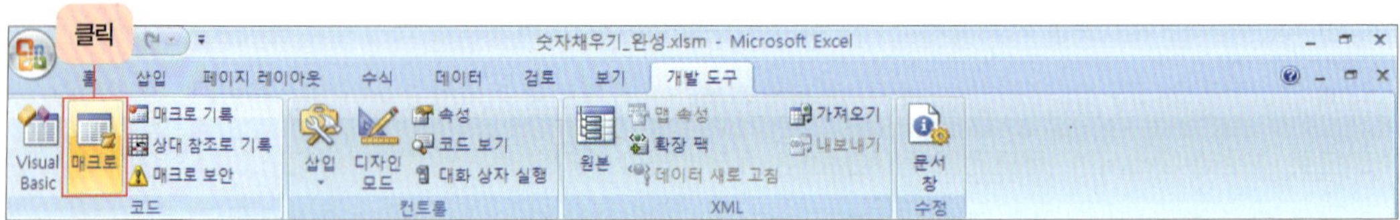]를 클릭하면 [매크로] 대화상자가 나타나는데, 여기에서 실행할 매크로를 지정한 후 [실행] 버튼을 클릭합니다.

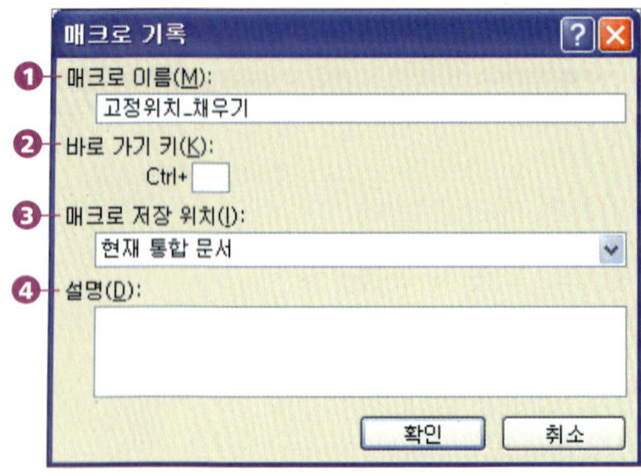

❶ **매크로 이름** : 매크로 이름을 입력합니다. 이름은 반드시 문자로 시작해야 하며 뒤에 문자, 숫자 또는 밑줄이 올 수 있습니다. 또한 매크로 이름에는 공백을 사용할 수 없습니다.

❷ **바로 가기 키** : 매크로를 실행할 때에 사용할 단축키를 입력합니다. 이 단축키는 매크로가 포함된 통합 문서가 실행된 동안은 동일한 기본 Excel 단축키를 무시합니다.

❸ **매크로 저장 위치** : 매크로 저장 위치 목록에서 매크로를 저장할 통합 문서를 선택합니다. 만약 Excel을 사용할 때마다 매크로를 사용할 수 있도록 하려면 개인용 매크로 통합 문서를 선택합니다. 개인용 매크로 통합 문서를 선택하면 숨겨진 개인용 매크로 통합 문서인 Personal.xlsb가 생성되고 이 통합 문서에 매크로가 저장됩니다. Microsoft Windows XP에서는 이 통합 문서가 C:\Documents and Settings\user name\Application Data\Microsoft\Excel\XLStart 폴더에 저장되므로 Excel을 시작할 때마다 자동으로 로드됩니다. 참고로 Microsoft Windows Vista에서는 이 통합 문서가 C:\Users\user name\ApplicationData\Microsoft\Excel\ XLStart 폴더에 저장됩니다.

❹ **설명** : 매크로에 대한 설명을 입력합니다.

절대 참조로 기록하기

Action Excel 도전! 엑셀

숫자 1에서 10까지를 자동으로 입력하는 매크로를 절대 참조로 기록해 보겠습니다. 이번 실습을 통하여 매크로를 어떻게 기록하는지 연습해 보세요.

[결과 파일 경로] 부록 CD\Sample\Part11\After\숫자채우기_완성.xlsm

---

01 ❶빈 문서에서 [개발 도구] 탭의 [코드 – 매크로 기록 ▦ 매크로 기록]을 클릭합니다. [매크로 기록] 대화상자가 나타나면 ❷ 매크로 이름에 「고정위치_채우기」를 입력하고 ❸ [확인] 버튼을 클릭합니다.

> **주의** 만약 [개발 도구] 탭이 나타나 있지 않으면 [Office 단추 🔘]를 클릭한 후 [Excel 옵션]을 클릭하면 나타나는 [Excel 옵션] 대화상자에서 '리본 메뉴에 개발 도구 탭 표시'에 체크 표시를 합니다.

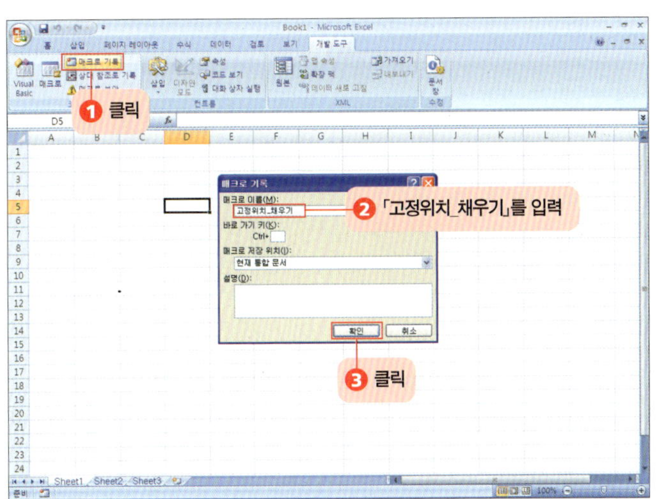

---

02 ❶ [B1] 셀에 「1」, [B2] 셀에 「2」를 입력한 후 ❷ [B1:B2]를 범위 지정하고 채우기 핸들을 드래그하여 10까지 복사합니다.

> **TIP** 매크로 기록이 시작되었으므로 기록할 작업 외에는 다른 작업을 하지 않도록 합니다.

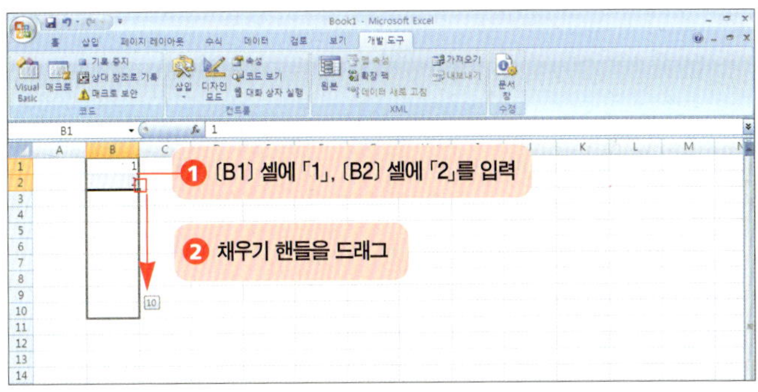

---

03 범위 지정한 것을 해제하기 위해 ❶ [B1] 셀을 클릭한 후 ❷ [개발 도구] 탭의 [코드 – 기록 중지 ▦ 기록 중지]를 클릭하여 기록을 중지합니다.

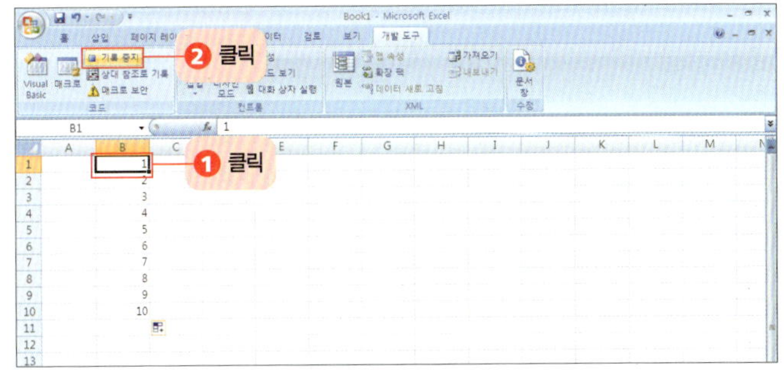

04 먼저 입력되어 있는 숫자들을 범위 지정한 후 Delete를 눌러 지웁니다.

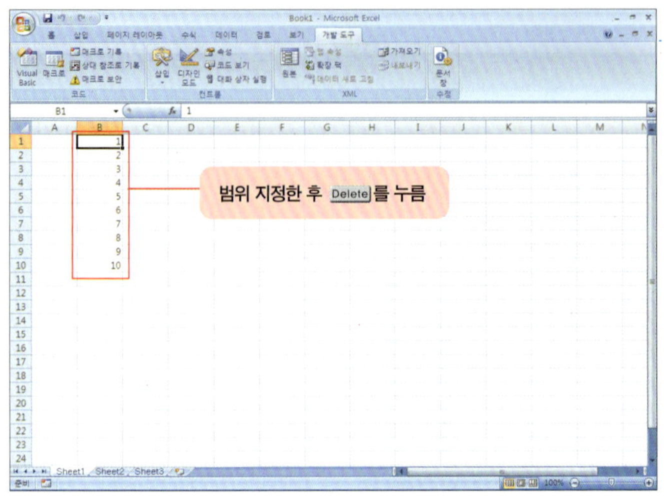

05 ❶ [개발 도구] 탭의 [코드 – 매크로]를 클릭합니다. [매크로] 대화상자가 나타나면 ❷ '고정위치_채우기'를 선택한 후 ❸ [실행] 버튼을 클릭합니다.

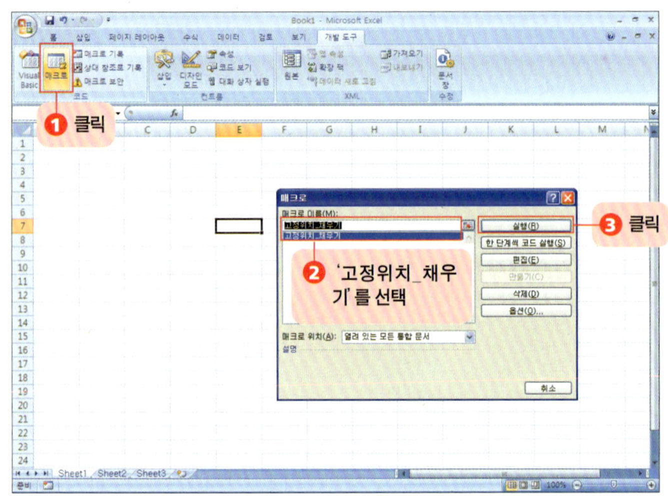

06 다음과 같이 동일한 위치인 [B1:B10]에 숫자가 입력됩니다.

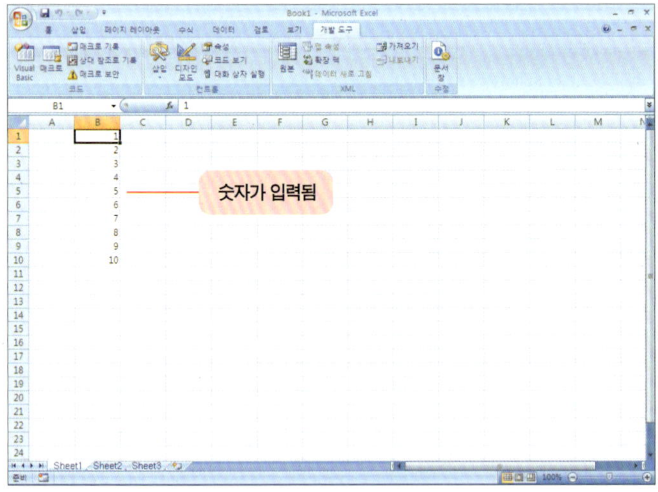

상대 참조로 기록하기

앞에서 기록한 '고정위치_채우기' 매크로는 항상 동일한 위치인 [B1:B10]에 숫자가 채워집니다. 이번에는 고정된 위치가 아닌 유동적인 위치에 1~10까지의 숫자가 채워지는 매크로를 기록해 보겠습니다.

[결과 파일 경로] 부록 CD\Sample\Part11\After\숫자채우기_완성.xlsm

01 ❶ [개발 도구] 탭의 [코드 – 상대 참조로 기록 상대 참조로 기록]을 클릭한 후 ❷ 임의의 위치인 [D2] 셀을 클릭하고 ❸ [개발 도구] 탭의 [코드 – 매크로 기록 매크로 기록]을 클릭합니다.

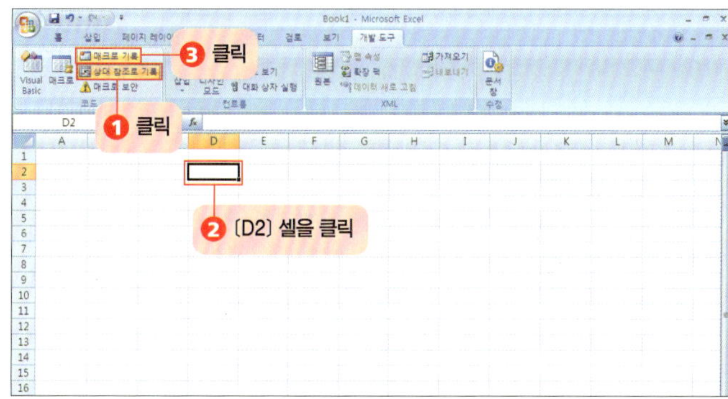

02 [매크로 기록] 대화상자가 나타나면 ❶ 매크로 이름에 「상대적위치_채우기」를 입력한 후 ❷ [확인] 버튼을 클릭합니다.

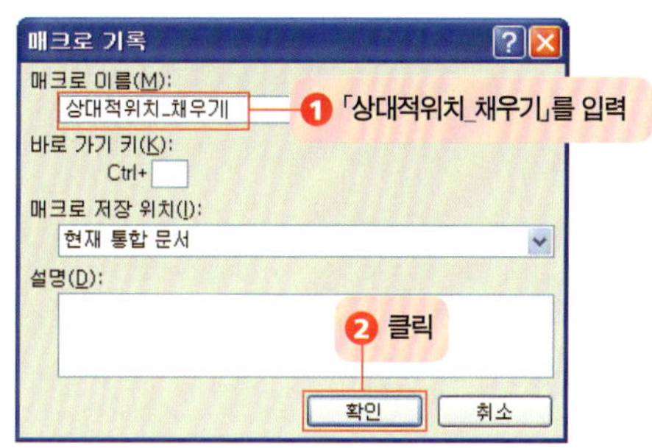

03 ❶ [D2] 셀에 「1」, [D3]에 「2」를 입력한 후 ❷ 범위 지정하고 채우기 핸들을 드래그하여 10까지 채워지도록 복사합니다.

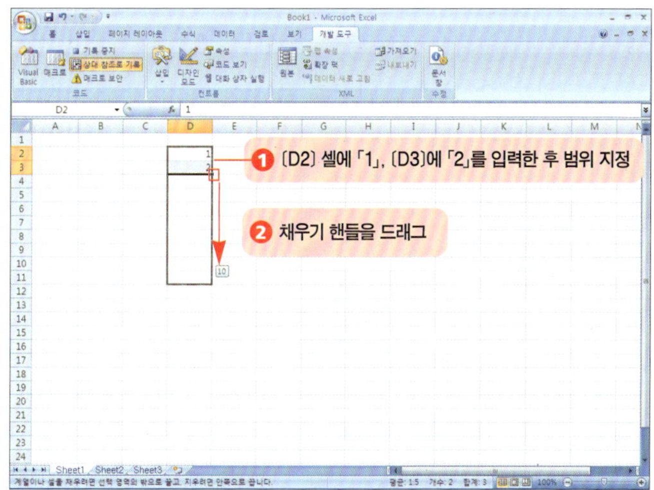

04 10까지 채우기가 되었으면 범위 설정을 해제하기 위해 ❶ [D2] 셀을 클릭합니다. ❷ [개발 도구] 탭의 [코드 – 기록 중지 ■ 기록 중지]를 클릭합니다.

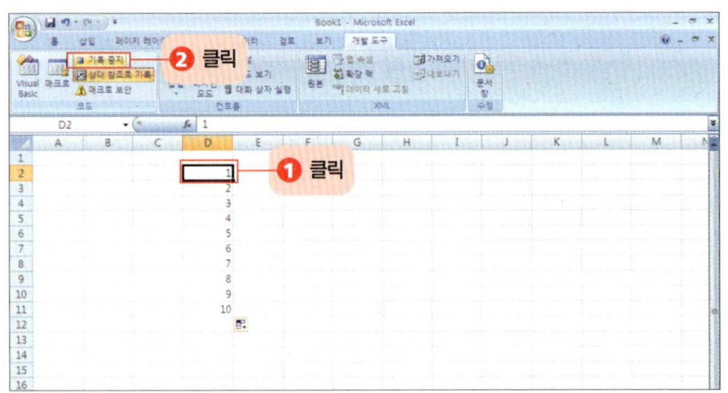

05 이제 셀 포인터를 이동하면서 기록한 매크로를 실행해 봅니다. ❶ 임의의 [G2] 셀을 클릭한 후 ❷ [개발 도구] 탭의 [코드 – 매크로]를 클릭합니다.

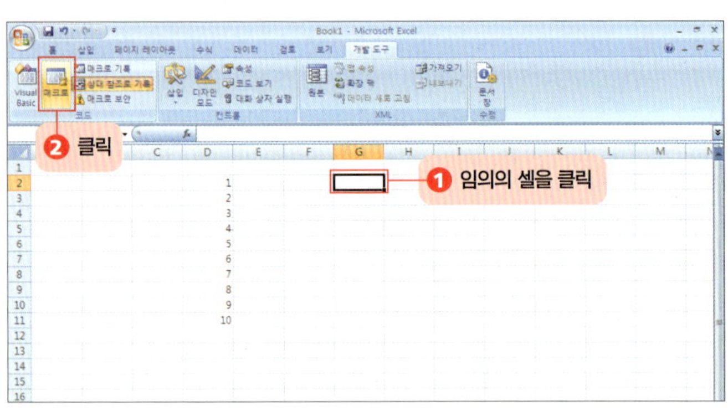

06 [매크로] 대화상자가 나타나면 ❶ 매크로 이름에서 '상대적위치_채우기'를 선택한 후 ❷ [실행] 버튼을 클릭합니다.

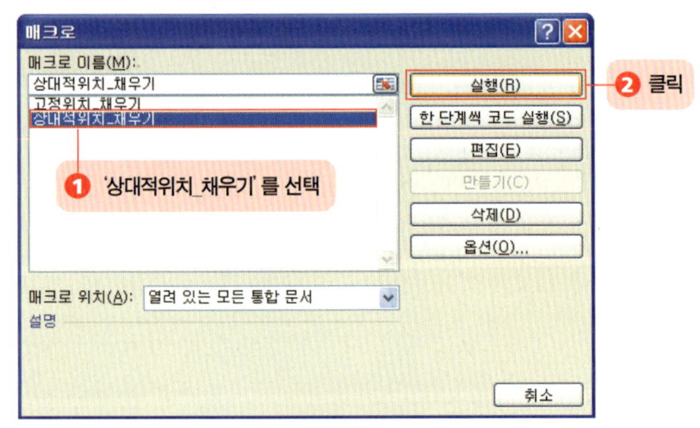

07 다음과 같이 셀 포인터가 위치한 [G2] 셀에 숫자가 채워집니다. 항상 고정된 위치가 아닌 매크로를 실행하는 위치에 숫자가 채워지는 것을 확인할 수 있습니다.

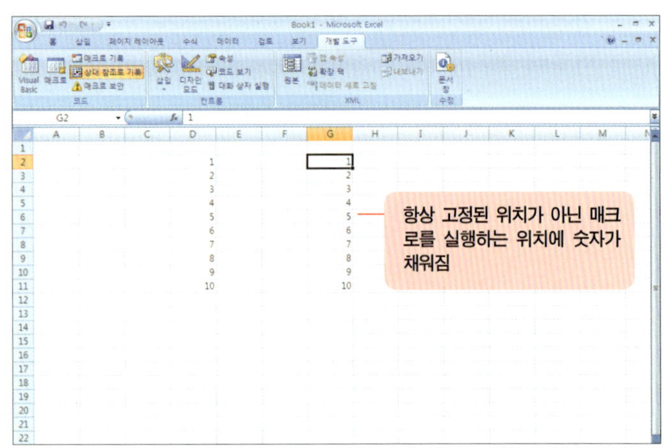

매크로가 들어 있는 통합 문서 저장 및 열기

매크로가 들어 있는 통합 문서는 *.xlsx 형식이 아니라 매크로 사용 통합 문서 형식인 *.xlsm 형식으로 저장해야 합니다.

(결과 파일 경로) 부록 CD\Sample\Part11\After\숫자채우기_완성.xlsm

01 ❶ [Office 단추 📎]를 클릭한 후 ❷ [다른 이름으로 저장 – Excel 매크로 사용 통합 문서]를 클릭합니다.

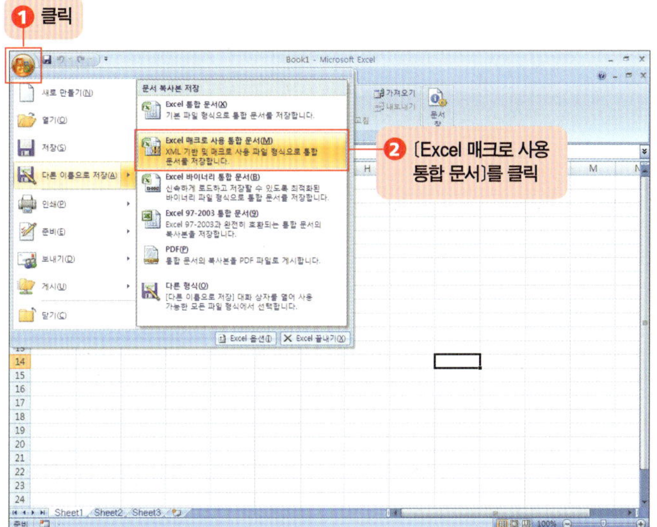

02 [다른 이름으로 저장] 대화상자가 나타나면 ❶ 저장 위치와 파일 이름을 입력한 후 ❷ [저장] 버튼을 클릭합니다.

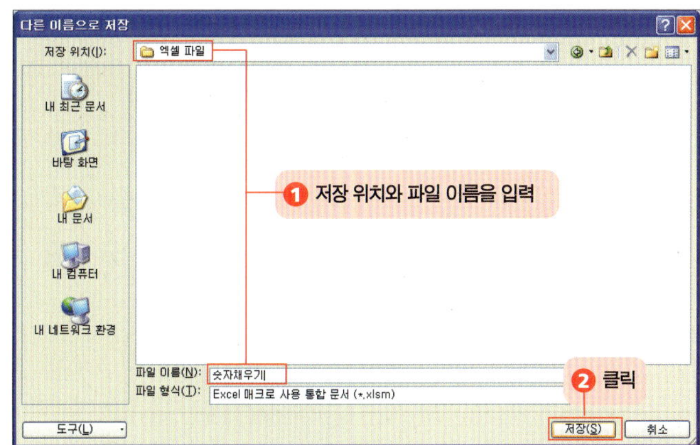

03 저장이 완료되면 제목 표시줄에 파일명이 표시됩니다. 이 문서를 닫기 위해 [창 닫기]를 클릭합니다.

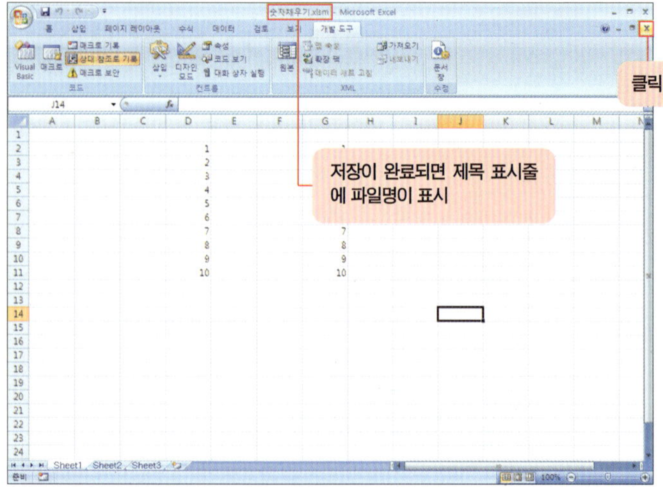

04 다시 해당 문서를 열기 위해 ❶ [Office 단추 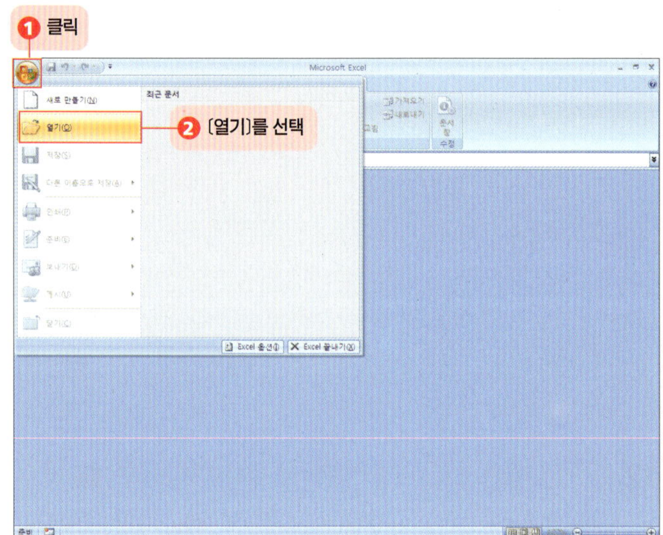]를 클릭한 후 ❷ [열기]를 선택합니다.

05 [열기] 대화상자가 나타나면 ❶ 찾는 위치를 지정한 후 ❷ 파일을 선택하고 ❸ [열기] 버튼을 클릭합니다.

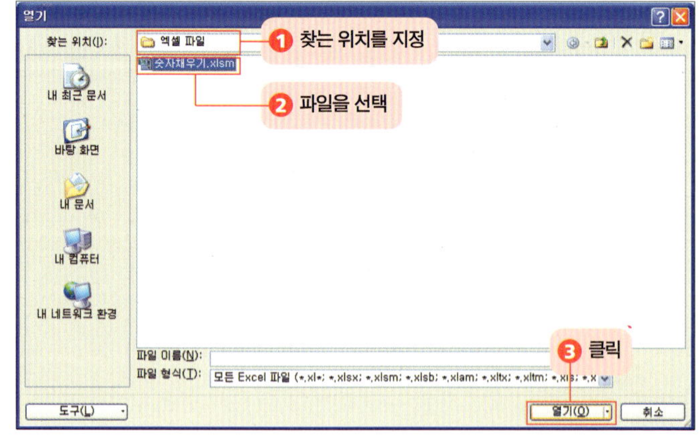

06 파일이 열리면서 수식 입력줄 위에 '보안 경고'가 표시됩니다. 해당 매크로를 실행하기 위해 [옵션]을 클릭합니다.

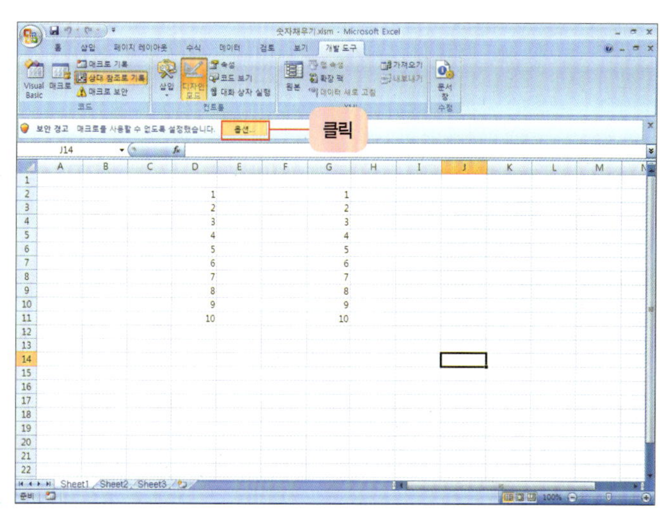

TIP 매크로 보안 설정이 '모든 매크로 제외(알림 표시)'로 되어 있기 때문입니다. 만약 무조건적으로 매크로가 열리도록 하려면 매크로 보안 설정에서 '모든 매크로 포함'을 선택합니다. 매크로 보안은 [개발 도구] 탭의 [보안 – 매크로 보안]에서 설정할 수 있습니다.

07 [Microsoft Office 보안 옵션] 대화상자가 나타나면 ❶ '이 콘텐츠 사용'을 선택한 후 ❷ [확인] 버튼을 클릭합니다.

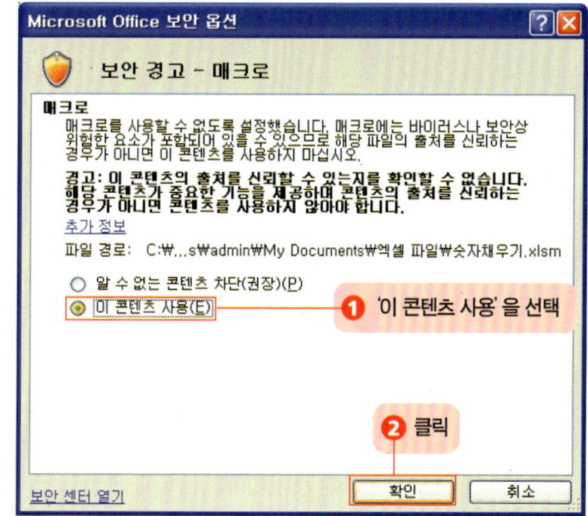

08 이제 매크로를 사용할 수 있는 상황으로 통합 문서가 열립니다.

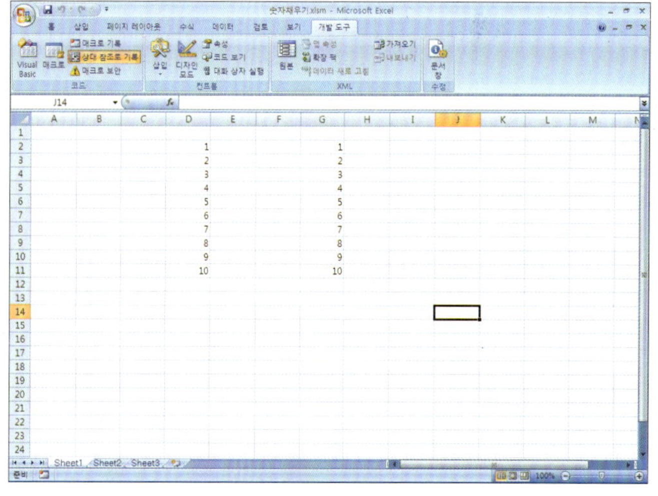

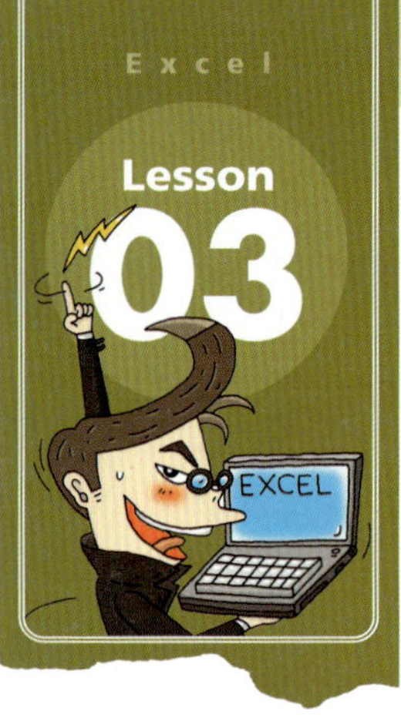

Lesson 03

매크로 편집 및 삭제하기

매크로 기록기로 기록된 매크로는 비주얼베이직 언어로 기록됩니다. 매크로 기록기로 기록한 소스를 확인하거나 편집하려면 VB 편집기를 이용합니다. VB(Visual Basic) 편집기에서는 매크로를 만들고, 편집하고, 삭제할 수 있습니다.

매크로 편집하기

기록된 매크로를 편집하려면 [개발 도구] 탭의 [코드 – Visual Basic]을 클릭합니다.

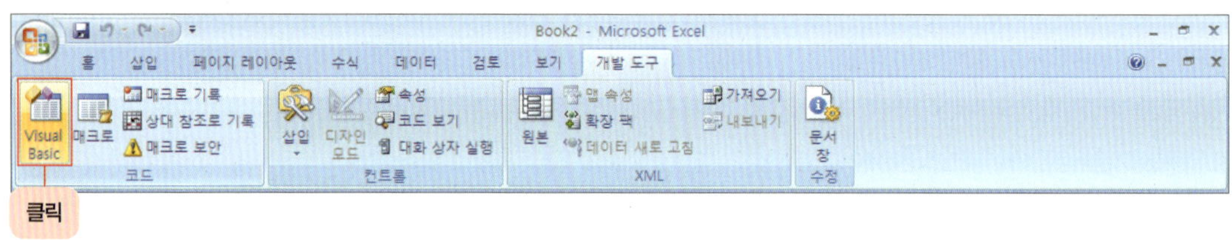

[VB 편집기] 창이 나타나면서 기록된 매크로를 확인할 수 있습니다.

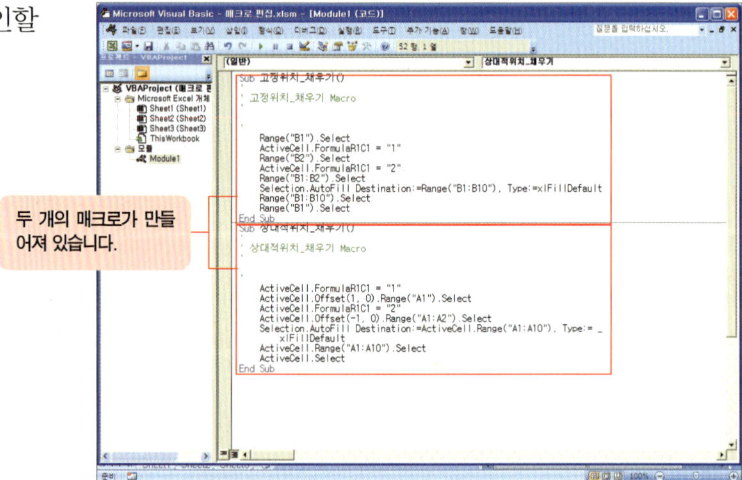

코드로 기록된 매크로의 기본 형태는 다음과 같습니다.

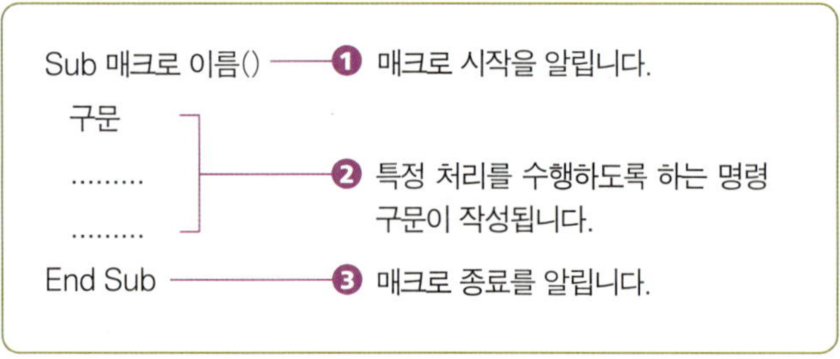

매크로 삭제하기

작성한 매크로는 엑셀에서 삭제하거나 VB 편집기에서 삭제할 수 있습니다.

● 엑셀에서 삭제

[개발 도구] 탭의 [코드 – 매크로]를 클릭하면 나타나는 [매크로]
대화상자에서 ❶ 삭제할 매크로 이름을 선택한 후 ❷ [삭제] 버튼을
클릭합니다.

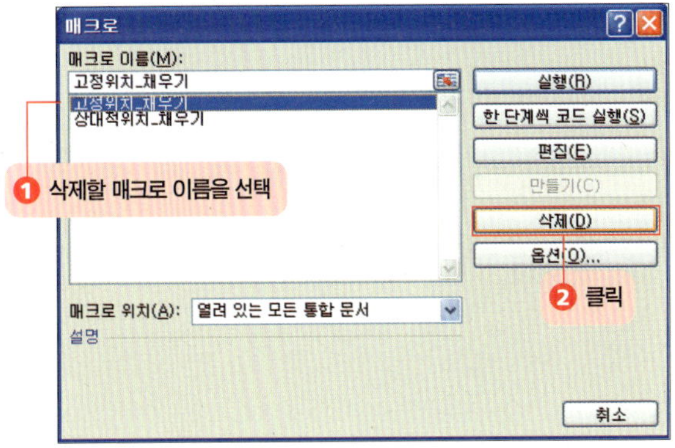

● VB 편집기에서 삭제하기

삭제할 매크로를 드래그하여 범위 지정한 후 Delete 를
눌러 지웁니다. 하나의 매크로는 다음과 같은 형식으로
시작해서 끝나므로 이 부분을 모두 범위 지정하여 지웁
니다.

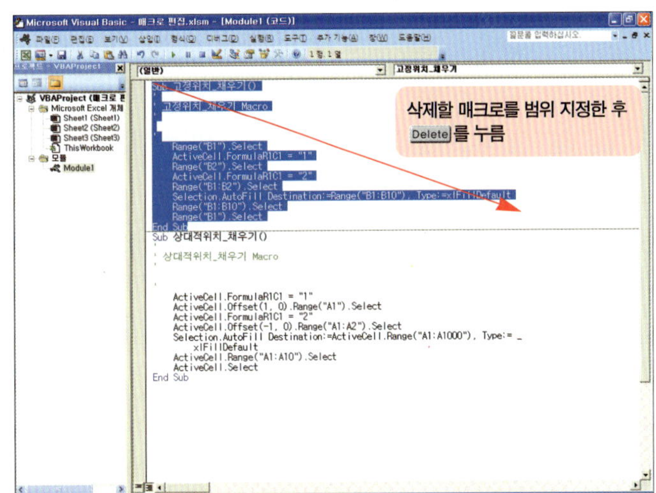


```
Sub 매크로 이름
~
End Sub
```

기록한 매크로 편집하기

앞에서 기록한 '상대적위치_채우기' 매크로는 숫자 1~10까지를 입력하는 매크로입니다. 이번에는 1~1000까지 입력하는 매크로로 수정해 보겠습니다.

〔예제 파일 경로〕 부록 CD\Sample\Part11\매크로편집.xlsm | 〔결과 파일 경로〕 부록 CD\Sample\Part11\After\매크로편집_완성.xlsm

01 [개발 도구] 탭의 [코드 - Visual Basic]을 클릭합니다.

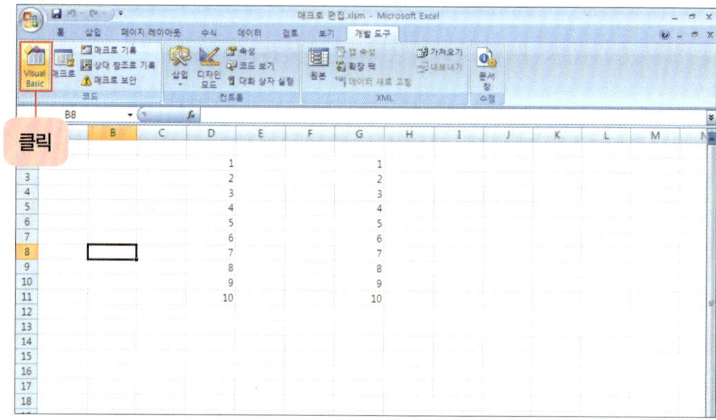

02 [Microsoft Visual Basic] 창이 열리면서 왼쪽에 프로젝트창이 나타납니다. ❶ '모듈' 폴더를 더블클릭한 후 ❷ 'Module1'이 나타나면 다시 'Module1'을 더블클릭합니다. 그러면 오른쪽에 매크로 코드가 나타납니다.

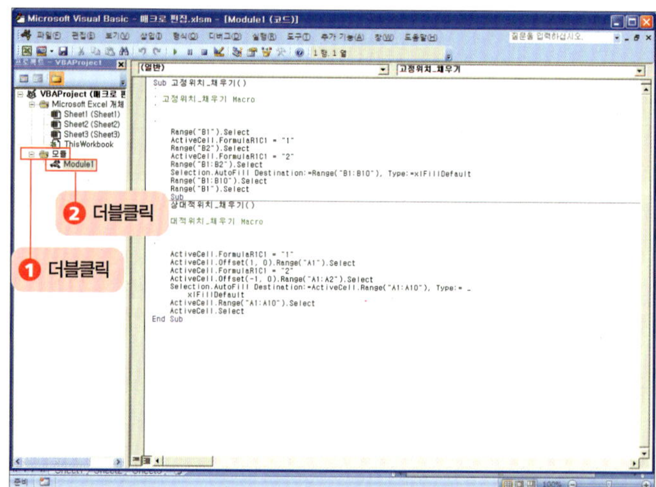

TIP 만약 프로젝트창이 보이지 않는다면 〔보기〕 메뉴의 〔프로젝트 탐색기〕를 클릭합니다.

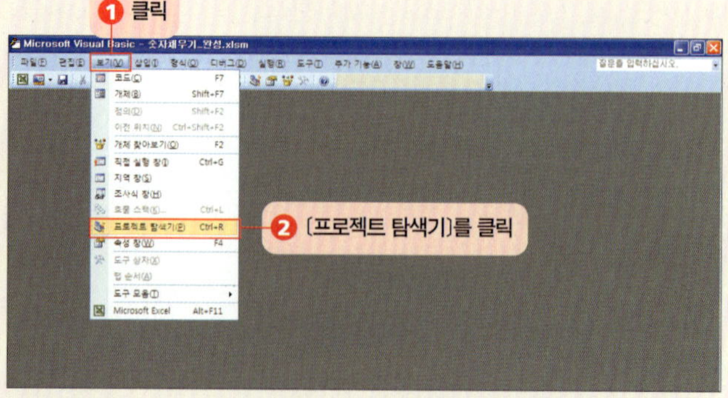

03 '고정위치_채우기' 매크로와 '상대적위치_채우기' 매크로 두 개가 작성되어 있는데, ❶ '상대적위치_채우기' 매크로에서 「Range("A1:A10")」을 「Range("A1:A1000")」으로 수정한 후 ❷ [보기_Microsoft Excel 💠]을 클릭합니다.

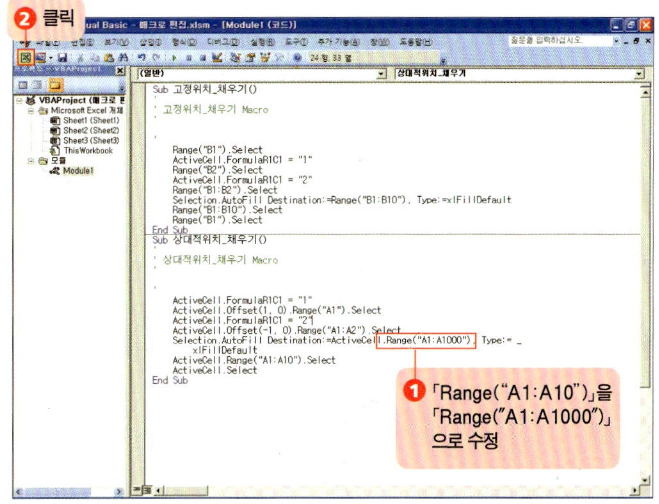

 편집기의 글꼴 크기를 크게 하려면 [도구]메뉴의 [옵션]을 클릭한 후 [옵션] 대화상자의 [편집기 형식] 탭에서 글자 크기를 지정합니다.

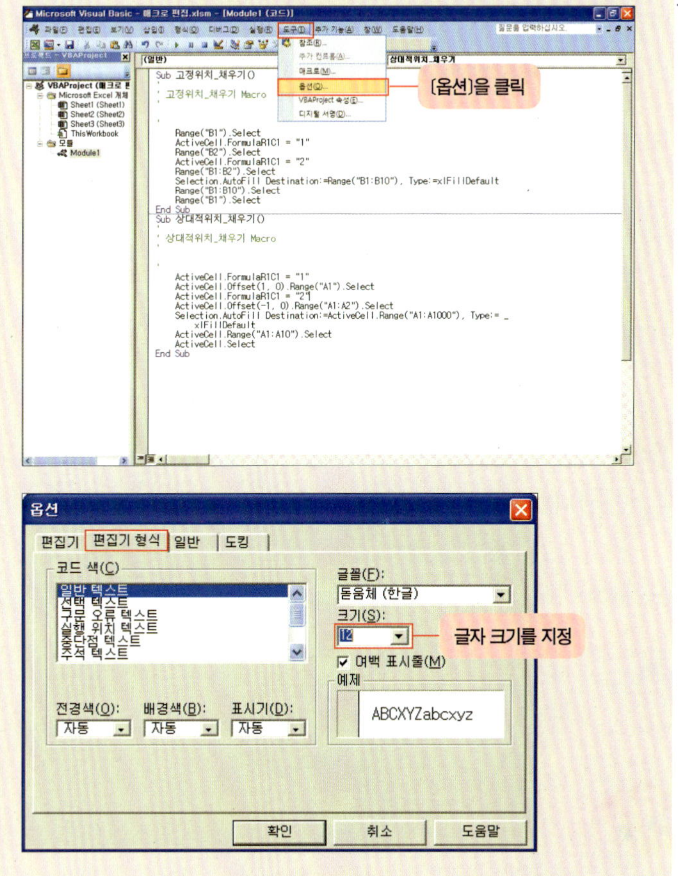

 [VB 편집기] 창과 [엑셀] 창을 전환하는 데에는 ❶ [보기_Microsoft Excel 💠]을 클릭하는 방법 ❷ 작업 표시줄에서 엑셀을 클릭하는 방법 ❸ Alt + F11 을 누르는 방법이 있습니다.

04 수정한 매크로를 실행하기 위해 [개발 도구] 탭의 [코드 – 매크로]를 클릭합니다.

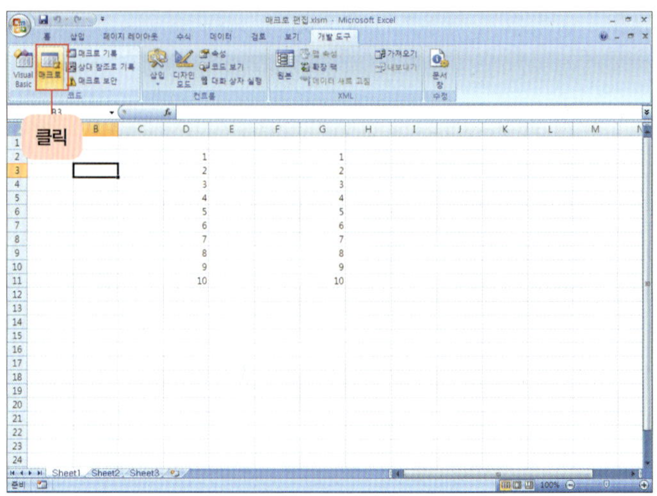

05 [매크로] 대화상자가 나타나면 ❶ '상대적위치_채우기'를 선택한 후 ❷ [실행] 버튼을 클릭합니다.

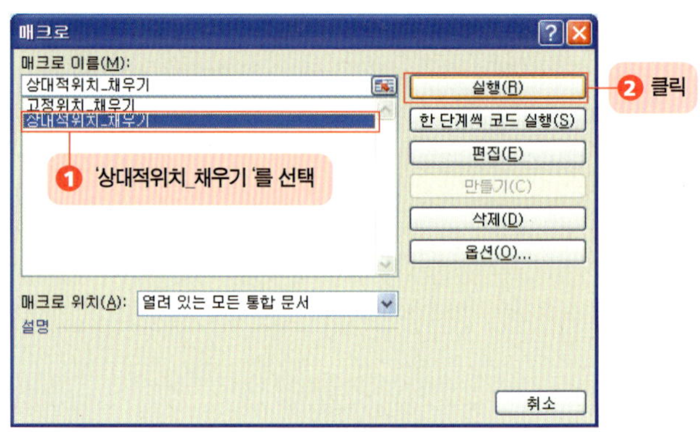

06 다음과 같이 숫자 1~1000까지가 자동으로 입력됩니다.

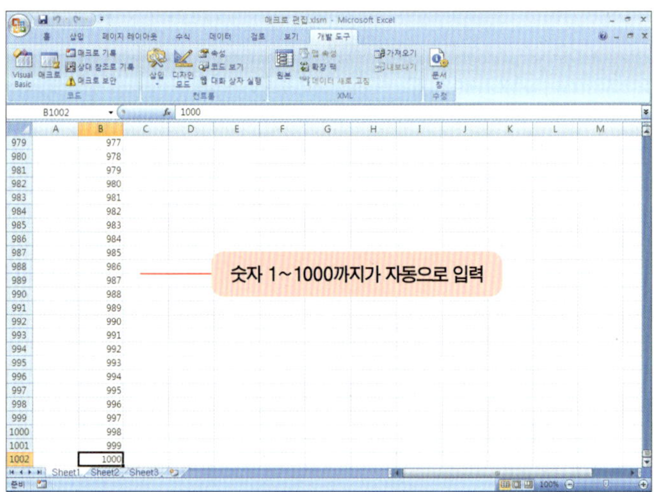

부분합을 자동화하는 매크로

고객별 매출 현황이 매일 누적되는 데이터베이스에서 성별순 매출액의 합과 지역별 매출액의 합을 부분합을 이용하여 집계합니다. 매번 데이터가 추가될 때마다 부분합을 작성하고 집계 결과를 확인하는 것이 번거로우므로 데이터를 추가한 후 버튼만 누르면 성별순 매출액의 합과 지역별 매출액의 합을 확인할 수 있는 부분합을 자동화하는 매크로를 작성해 보겠습니다. '성별순_집계'와 '부분합_삭제' 매크로는 매크로 기록기로 기록하여 만들고 '지역별_집계' 매크로는 VB 편집기에서 '성별순_집계'를 복사한 후 수정하여 만듭니다.

〔예제 파일 경로〕 부록 CD\Sample\Part11\고객별매출액.xlsx | 〔결과 파일 경로〕 부록 CD\Sample\Part11\After\고객별매출액_완성.xlsm

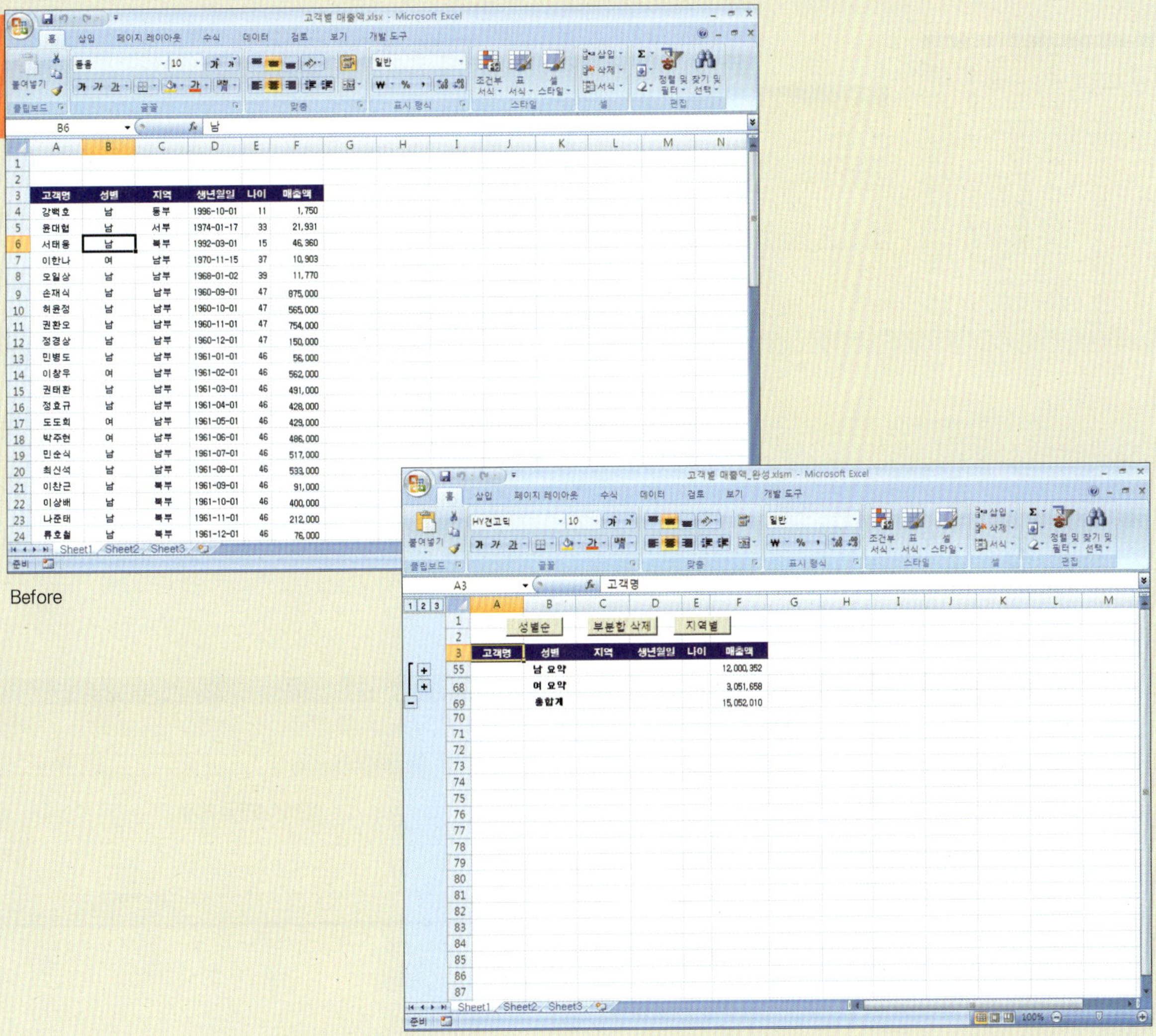

Before

● 1단계 : 성별순_집계 매크로로 기록하기

성별순으로 매출액의 합을 집계하는 부분합을 작성하려면 먼저 성별순으로 정렬한 후 부분합
을 작성해야 합니다. 이 과정을 매크로로 기록해 보겠습니다.

01 ❶ [개발 도구] 탭의 [코드 – 매크로 기록]을 클릭합니다. [매크로 기록] 대화상자가 나타나면 ❷ 매크로 이름에 「성별순_집계」를 입력한 후 ❸ [확인] 버튼을 클릭합니다.

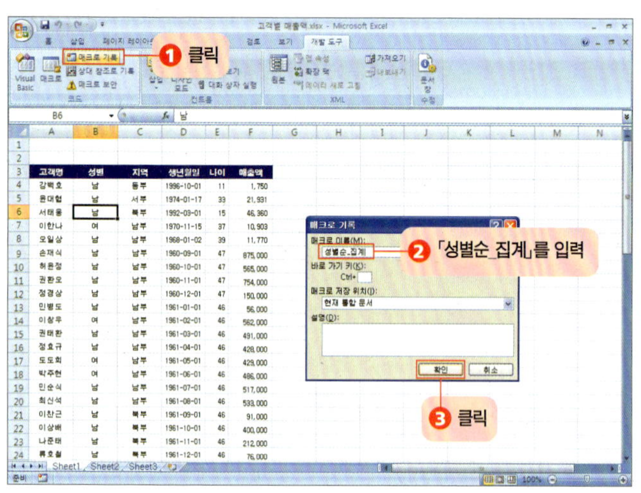

02 ❶ [성별] 필드 중에서 임의의 셀을 클릭한 후 ❷ [데이터] 탭의 [정렬 및 필터 – 정렬]을 클릭합니다.

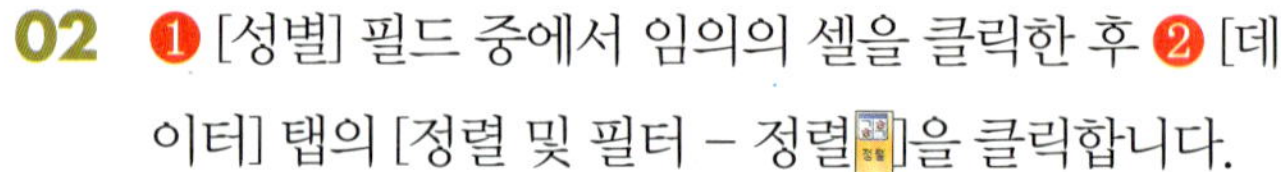

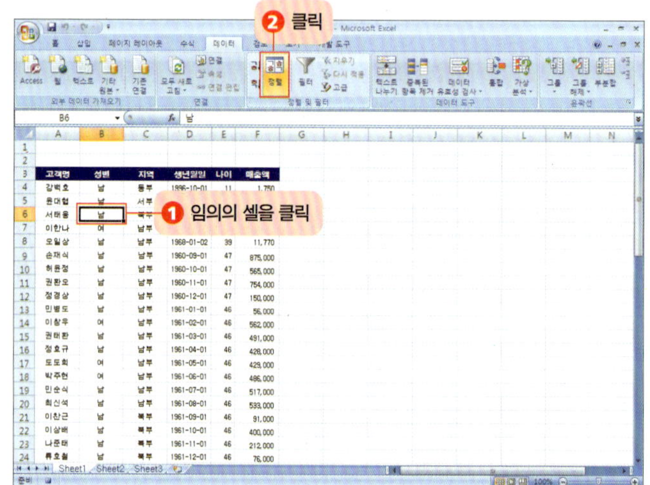

> **주의** 셀 포인터가 이미 정렬할 필드에 위치해 있더라도 반드시 정렬할 필드 셀을 클릭하는 동작을 추가해야 합니다. 그래야만 매크로를 실행할 때에 셀 포인터가 어디에 있든지, 정렬하기 전에 자동으로 셀 포인터를 데이터 목록에 위치시킵니다.

03 [정렬] 대화상자가 나타나면 ❶ 다음과 같이 지정한 후 ❷ [확인] 버튼을 클릭합니다.

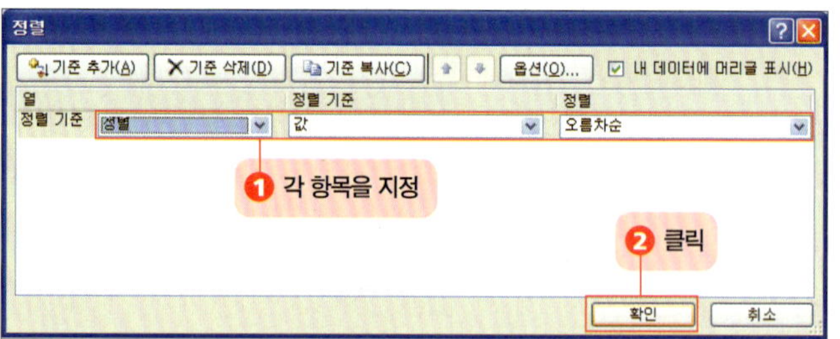

04 ❶ [데이터] 탭의 [윤곽선 – 부분합]을 클릭합니다. [부분합] 대화상자가 나타나면 ❷ 다음과 같이 지정한 후 ❸ [확인] 버튼을 클릭합니다.

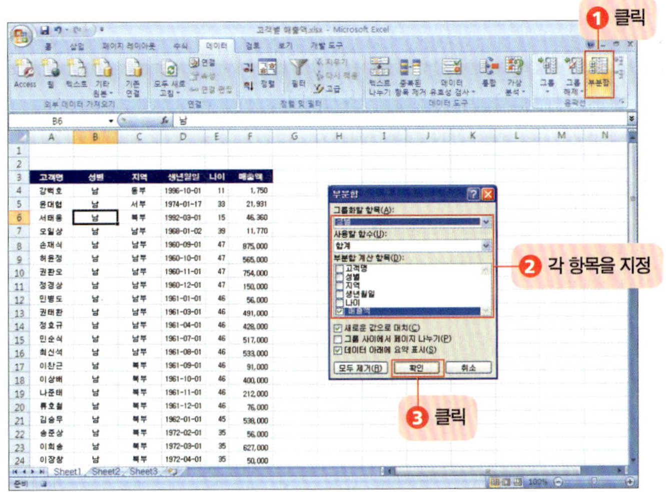

05 부분합이 작성되었습니다. 데이터가 많아 부분합의 요약 정보를 보기 힘들므로, 워크시트 왼쪽 영역의 [윤곽 기호 2]를 클릭합니다.

06 ❶ [F] 열과 [G] 열 머리글 경계선에서 더블클릭하여 셀 폭을 자동으로 조절합니다. 매크로 기록을 끝내기 위해 ❷ [개발 도구] 탭의 [코드 – 기록 중지 기록 중지]를 클릭합니다.

TIP 데이터가 계속 추가되면 요약 정보의 매출액도 커질 것이므로 매크로를 실행할 때마다 [F] 열을 자동으로 조절하기 위해서 매크로에 기록하는 것입니다.

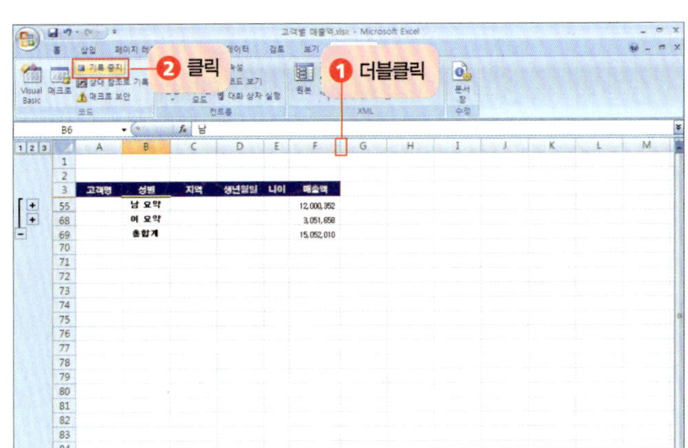

● **2단계 : 부분합_삭제 매크로 기록하기**

01 ❶ [개발 도구] 탭의 [코드 – 매크로 기록 매크로 기록]을 클릭합니다. [매크로 기록] 대화상자가 나타나면 ❷ 매크로 이름에 「부분합_삭제」를 입력한 후 ❸ [확인] 버튼을 클릭합니다.

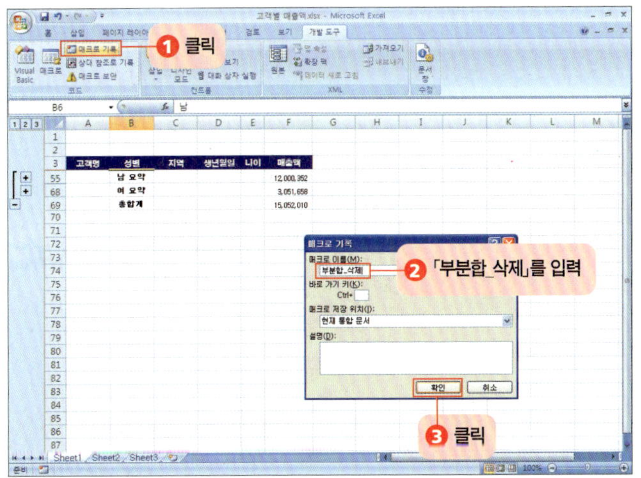

02 ❶ 부분합 영역인 [A3] 셀을 클릭한 후 ❷ [데이터]
탭의 [윤곽선 – 부분합]을 클릭합니다. [부분합]
대화상자가 나타나면 ❸ [모두 제거] 버튼을 클릭
합니다.

03 다음과 같이 부분합이 제거되었으면 [개발 도구]
탭의 [코드 – 기록 중지 기록 중지]를 클릭합니다.

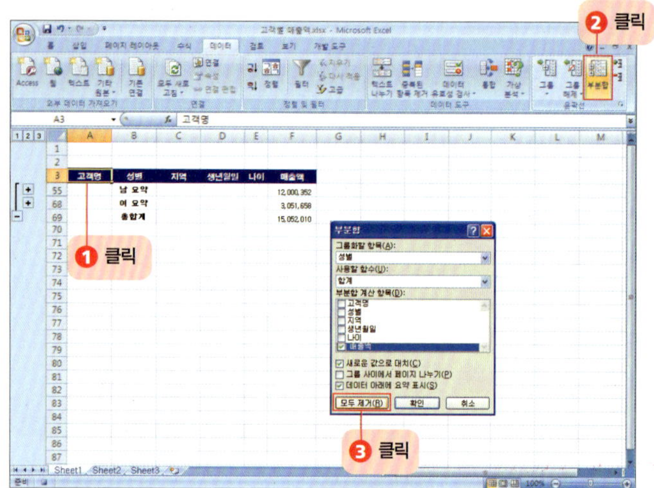

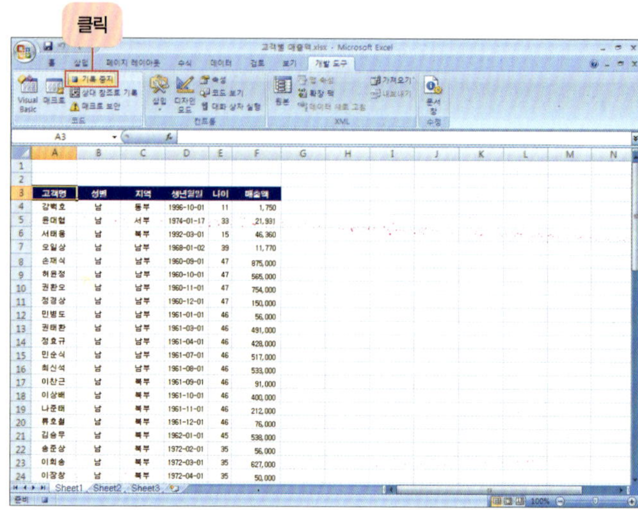

● **3단계 : VB 편집기에서 수정 및 '지역별_집계' 매크로 작성하기**

01 [개발 도구] 탭의 [코드 – Visual Basic]을 클릭하
여 [Microsoft Visual Basic] 창이 나타나면 ❶ 왼
쪽의 프로젝트창에서 '모듈'을 더블클릭한 후 ❷
'Module1'이 나타나면 'Module1'을 더블클릭하
여 코드창을 엽니다.

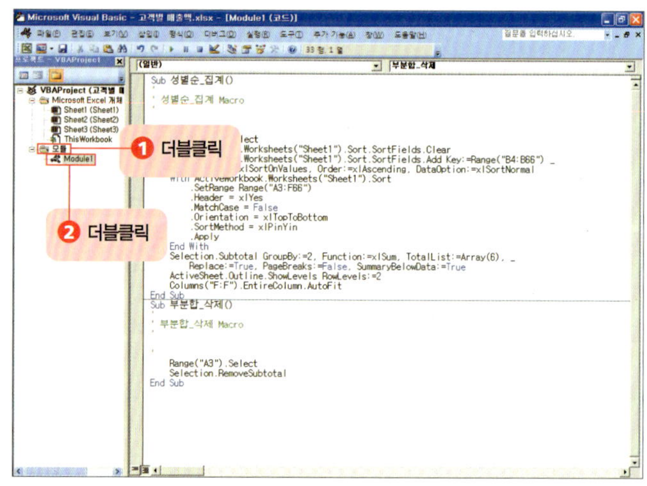

Note 코드에 대한 간단한 설명은 다음과 같습니다.

```
Sub 성별순_집계()
'
' 성별순_집계 Macro
'
```

→ 주석문으로 비실행문입니다. 불필요한 설명이라면 지워도 괜찮습니다.

```
Range("B6").select
ActiveWorkbook.Worksheets("Sheet1").Sort.SortFields.Clear
ActiveWorkbook.Worksheets("Sheet1").Sort.SortFields.Add Key:=Range("B4:B66") _
    , SortOn:=xlSortOnValues, Order:=xlAscending, DataOption:=xlSortNormal
With ActiveWorkbook.Worksheets("Sheet1").Sort
    .SetRange Range("A3:F66")
    .Header = xlYes
    .MatchCase = False
    .Orientation = xlTopToBottom
    .SortMethod = xlPinYin
    .Apply
End With
```

→ 정렬에 대한 코드

```
Selection.Subtotal GroupBy:=2, Function:=xlSum, TotalList:=Array(6), _
    Replace:=True, PageBreaks:=False, SummaryBelowData:=True
ActiveSheet.Outline.ShowLevels RowLevels:=2
Columns("F:F").EntireColumn.AutoFit
End Sub
```

→ 부분합에 대한 코드

02 데이터가 추가로 입력되면 추가된 데이터까지를 포함하여 정렬하기 위해 소스를 다음과 같이 수정합니다.

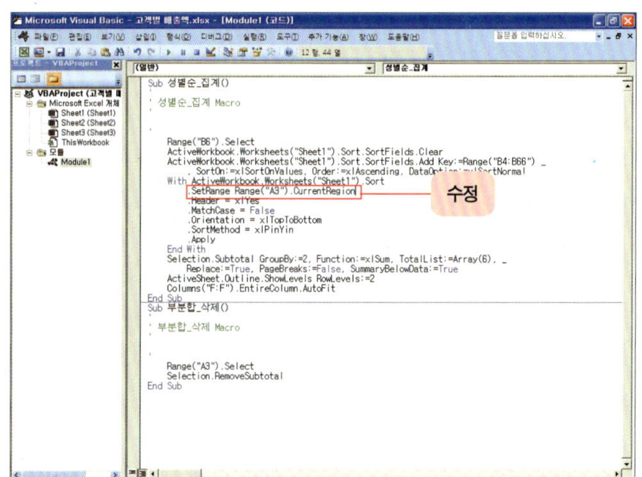

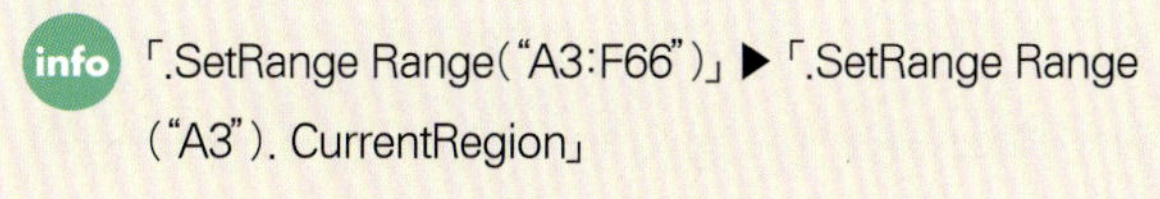

info 「.SetRange Range("A3:F66")」 ▶ 「.SetRange Range("A3").CurrentRegion」

Note 정렬하는 코드에서 「.SetRange Range("A3:F66")」은 정렬 대상이 되는 데이터 목록을 [A3:F66]으로 고정시키므로, 데이터가 추가되면 추가로 입력된 데이터는 정렬되지 않습니다. 그러므로 데이터가 추가로 입력된 데까지 정렬 대상으로 하기 위해 「.SetRange Range("A3").CurrentRegion」으로 변경합니다.

03 다음과 같이 ❶ '성별순_집계' 매크로를 범위 지정한 후 ❷ `Ctrl`+`C`를 눌러 복사합니다.

04 가장 아래쪽에서 ❶ `Ctrl`+`V`를 눌러 붙여넣기를 한 후 ❷ 매크로 이름을 '지역별_집계'로 수정합니다.

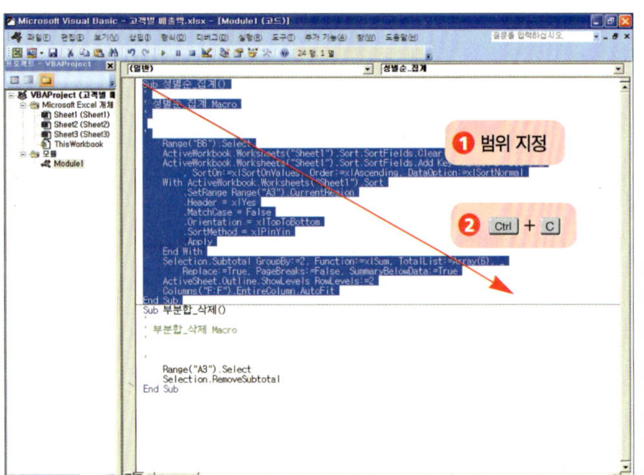

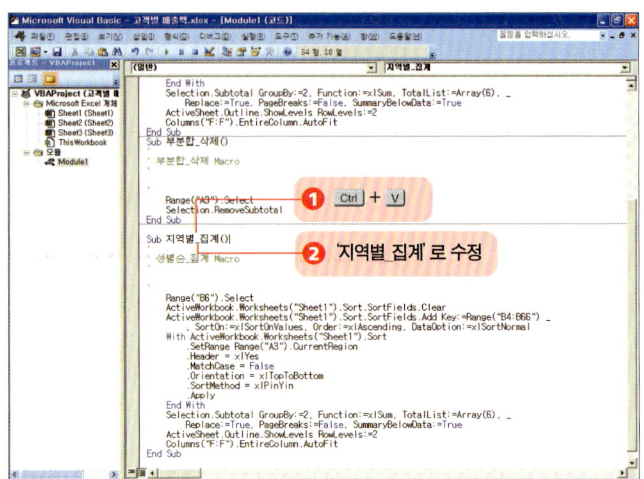

05 지역별 집계를 하기 위한 정렬과 부분합이 만들어지도록 소스를 다음과 같이 수정합니다.

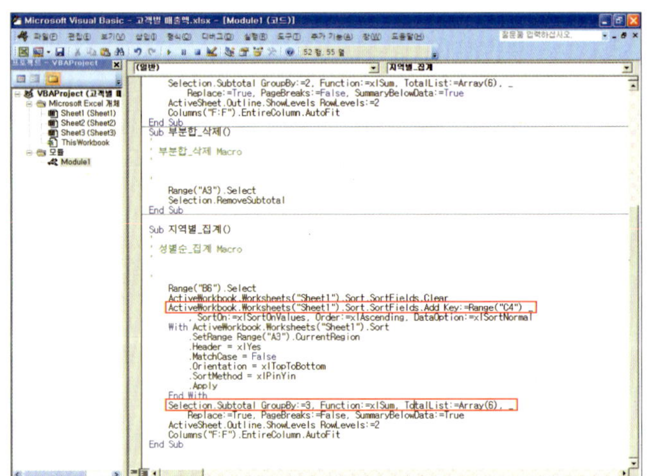

info ActiveWorkbook.Worksheets("Sheet1").Sort.SortFields.Add Key:=Range("C4") _

▶ '지역' 필드로 정렬하기 위해 기준 키를 [C4] 셀로 지정합니다.

Selection.Subtotal GroupBy:=3, Function:=xlSum, TotalList:=Array(6), _

▶ 부분합을 작성하는 코드 중의 일부이며 지역별로 집계하는 부분합을 구하려면 그룹화할 항목에서 '지역' 필드를 선택해야 합니다. '지역' 필드는 세 번째에 위치하므로 GroupBy:=3으로 수정합니다.

```
Sub 지역별_집계()
'
' 성별순_집계 Macro
'
```

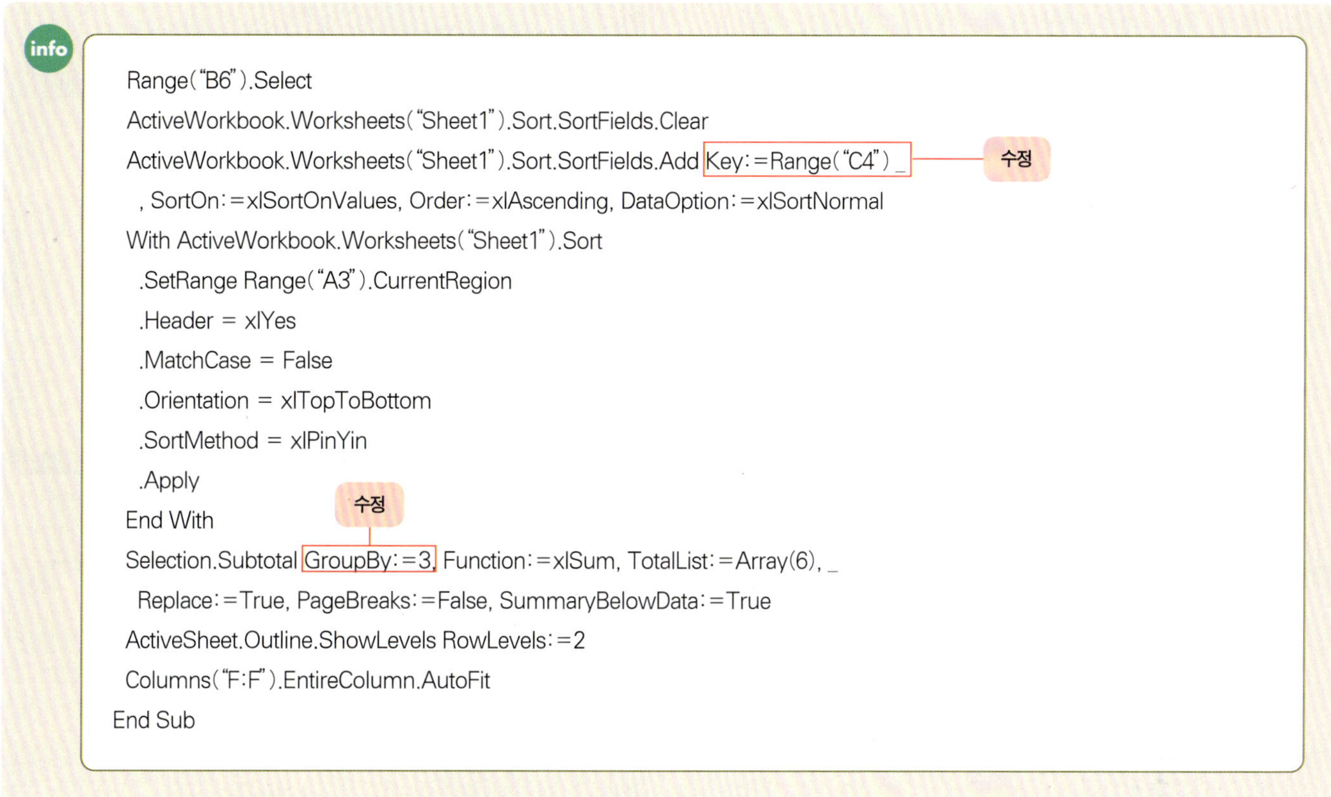


```
Range("B6").Select
ActiveWorkbook.Worksheets("Sheet1").Sort.SortFields.Clear
ActiveWorkbook.Worksheets("Sheet1").Sort.SortFields.Add Key:=Range("C4") _
  , SortOn:=xlSortOnValues, Order:=xlAscending, DataOption:=xlSortNormal
With ActiveWorkbook.Worksheets("Sheet1").Sort
  .SetRange Range("A3").CurrentRegion
  .Header = xlYes
  .MatchCase = False
  .Orientation = xlTopToBottom
  .SortMethod = xlPinYin
  .Apply
End With
Selection.Subtotal GroupBy:=3, Function:=xlSum, TotalList:=Array(6), _
  Replace:=True, PageBreaks:=False, SummaryBelowData:=True
ActiveSheet.Outline.ShowLevels RowLevels:=2
Columns("F:F").EntireColumn.AutoFit
End Sub
```


● 4단계 : 매크로 버튼을 만들어 실행하기

만들어진 세 개의 매크로를 편리하게 실행하기 위해 단추에 연결시킵니다. 단추에 매크로를 연결되면 단추만 클릭해도 해당 매크로를 실행할 수 있습니다. 단추는 [개발 도구] 탭의 [컨트롤 – 삽입] – 양식 컨트롤]에서 삽입합니다.

01 [개발 도구] 탭의 [컨트롤 – 삽입]을 클릭한 후 [양식 컨트롤]에서 '단추(양식 컨트롤)'을 선택합니다.

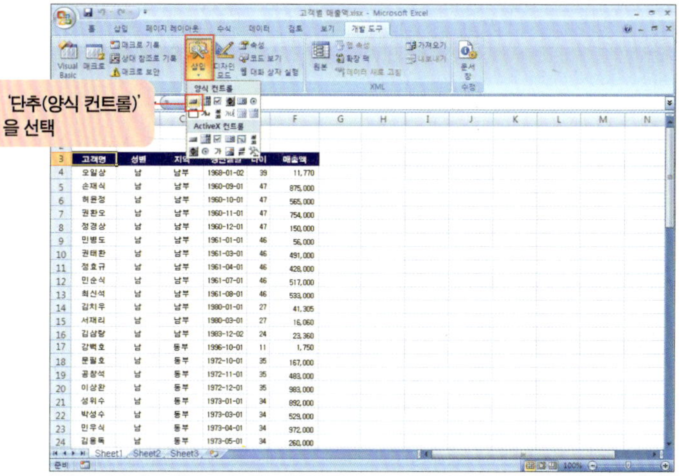

02 ❶ 셀 위에서 적당한 크기로 드래그하다가 손을 놓으면 '단추 1'이 그려지면서 [매크로 지정] 대화상자가 나타납니다. ❷ '성별순_집계' 매크로를 선택한 후 ❸ [확인] 버튼을 클릭합니다.

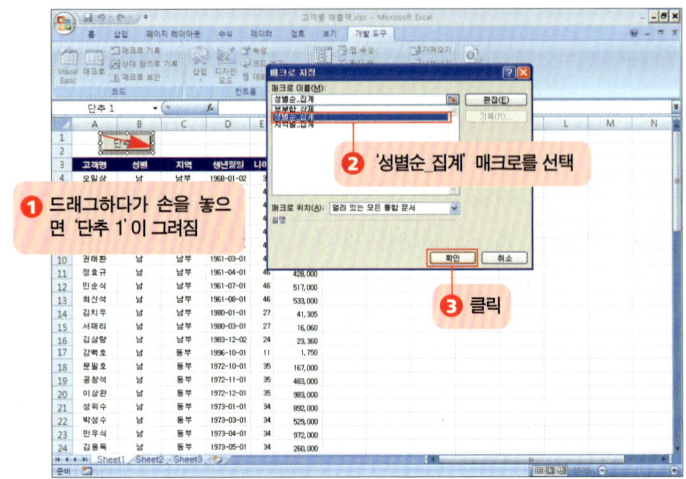

03 단추의 이름을 「성별순」으로 수정합니다.

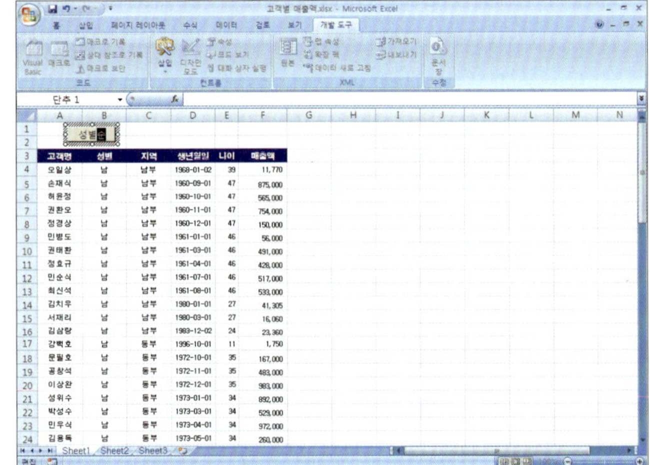

> **TIP** 만약 단추에 커서가 들어가지 않으면 단추에서 마우스 오른쪽 버튼을 클릭한 후 [텍스트 편집]을 클릭합니다.

04 '부분합_삭제' 매크로와 '지역별_집계' 매크로도 동일한 방법으로 단추에 연결시킵니다.

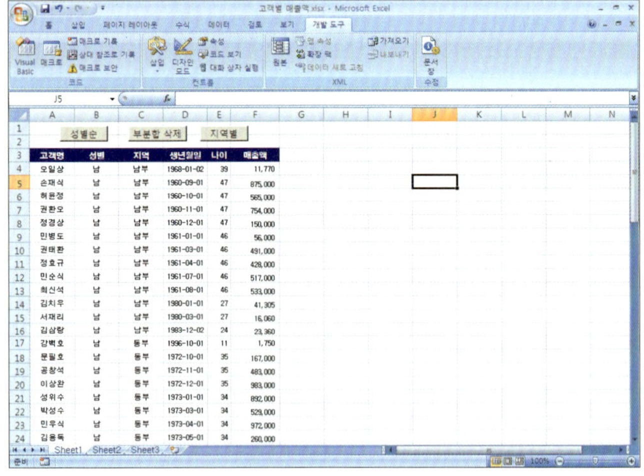

05 각각의 단추를 클릭하여 매크로를 실행해 봅니다.

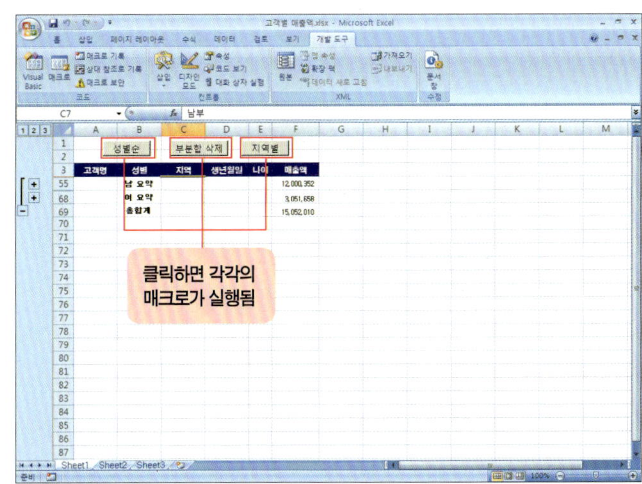

06 ‘부분합 삭제’ 단추를 클릭하여 부분합을 삭제합니다. 임의의 데이터를 추가한 후 각 매크로 단추를 클릭하여 추가한 데이터까지를 포함한 부분합의 결과가 나타나는지를 확인합니다.

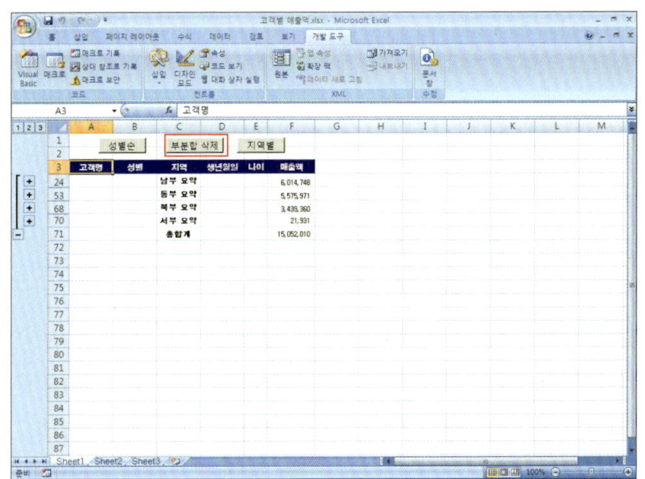

ㅇ

ㅈ ~ ㅌ

ㅍ~ㅎ

A~D

E~O

P~S

T~Y

기 타

이야기가 묻어나는 사진!

폼텍 사진 용지에 출력하세요.

디카로 촬영한 사진들,
아직도 인화만 고집하세요?
간단한 편집작업으로 이야기가
담겨진 소중한 사진으로
만들어 직접 출력해 보세요.
폼텍 전용 소프트웨어를
이용하면 보다 쉽고 편리하게
편집하여 출력할 수 있습니다.

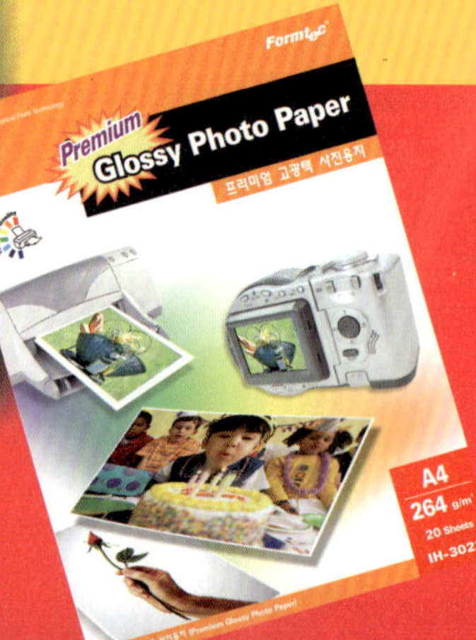

Design Pro 7 출시

이미지 편집 관련 주요기능

- 3,000여 가지의 디자인 클립아트 제공
- 뽀샤시 만들기, 액자삽입, 빛 바랜 사진 만들기 등 다양한 연출기능
- 선명도, 밝기 등 색상조절 기능 및 간단한 이미지 편집 기능

품텍 홈페이지를 통해 무료로 다운로드하여 사용할 수 있습니다.

한국폼텍 (주)
고객지원센터 1588-4952
www.formtec.co.kr

지식근로자의 배움과 나눔터 - 오피스튜터

오피스튜터는 마이크로소프트 오피스 프로그램에 대한 콘텐츠 개발 및 교육, 온라인 서비스를 위해 1999년에 설립된 회사로서 오피스 제품 분야별 최고 전문가들이 쌓아온 노하우와 오피스 사용자들의 지식과 정보를 통합하는데 노력을 기울이고 있습니다.

총 1만 페이지가 넘는 오피스 제품의 무료 강좌를 비롯 제품별 커뮤니티, 마이크로소프트 국제자격증(MOS)과정, 사이버 아카데미 등 오피스 사용자들의 지식포탈 사이트를 구축하고 있으며, 다양한 이벤트(오류의 밤, 설문조사, 베타 테스트, 유저 빌러티 테스트, MVP 선발 등)를 정기적으로 개최하고 있습니다

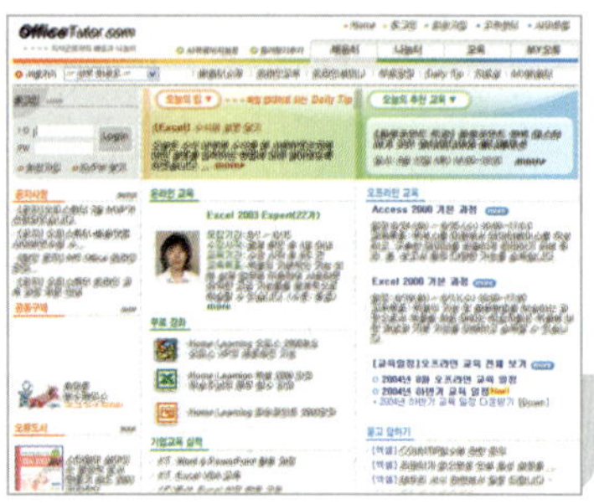

오피스튜터는 이렇게 다릅니다

단일 사이트(www.officetutor.com)로는 전세계 최대의 Office 콘텐츠 및 커뮤니티 확보

- 강좌: 10,000 페이지 이상, Q&A : 35만건
- 커뮤니티: 가입회원 27만명, 일 페이지뷰 10만 페이지 (2005. 9월 기준)
- 네이버, 야후 외 다수 검색엔진에 추천사이트로 등록, 다수 언론 매체에 오피스튜터의 콘텐츠 추천

E-Learning 업체 중 최대 MS-Office 콘텐츠 개발 실적

- 매일경제 TV 오피스 강좌 총 16회 출연, 마이크로소프트에 97,2000, XP 교재, 제품 매뉴얼 및 콘텐츠 다수 납품
- 배움닷컴 오피스 강좌 공동 개발 및 국내 주요 기업 사이버 연수 진행
- MSN, 다음, 드림위즈 등 주요 포탈에 콘텐츠 제공
- 영진닷컴, 정보문화사(MS Press)를 통한 다수의 도서 출간
- 국민은행, 하나은행, 조흥은행, 현대중공업 등 기업용 콘텐츠 제작, 납품
- 마이크로소프트 오피스 제품에 대한 Daily Tip 제작

랭키닷컴 1위
온라인 IT교육 부문

오피스튜터의 다양한 교육 서비스 형태

오프라인 교육

기업 출강 교육

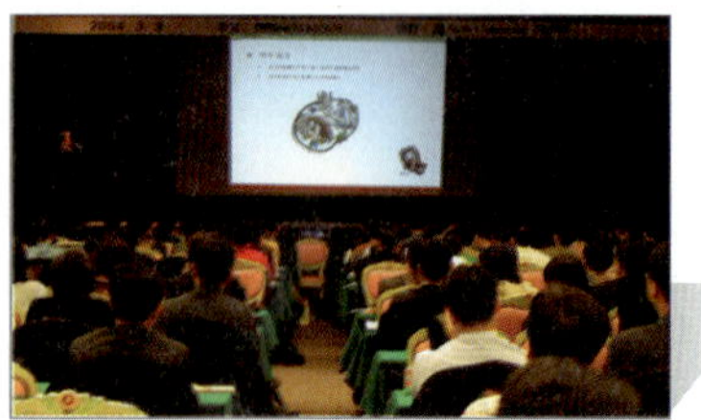

워크샵 / 세미나